CW00515007

DICTIONNAIRE
FRANÇAIS · ESPAGNOL
ESPAGNOL · FRANÇAIS

DICCIONARIO
FRANCÉS · ESPAÑOL
ESPAÑOL · FRANCÉS

FRANÇAIS · ESPAGNOL
ESPAGNOL · FRANÇAIS

FRANCÉS · ESPAÑOL
ESPAÑOL · FRANCÉS

Carlos Giordano

Saul Yurkievich

Collins
London and Glasgow

Hachette
Paris

Grijalbo
Barcelona

first published 1980

© William Collins Sons & Co. Ltd. 1980

latest reprint 1988

ISBN 0 00 458686 7

sous la direction de
bajo la dirección de
Pierre-Henri Cousin

avec la collaboration de
en colaboración con
Gérard et Sylvie de Cortanze, Mike Gonzalez,
Eleanor Londero, Angela Rosso,
Gladys Yurkievich

secrétariat de rédaction
redacción
Pat Feehan, Claude Nimmo

Ediciones Grijalbo, S.A.
Aragón 385, Barcelona 08013

ISBN 84-253-1219-1

INTRODUCTION

L'usager qui désire comprendre l'espagnol - qui déchiffre - trouvera dans ce dictionnaire un vocabulaire moderne et très complet, comprenant de nombreux composés et locutions appartenant à la langue contemporaine. Il trouvera aussi dans l'ordre alphabétique les principales formes irrégulières, avec un renvoi à la forme de base où figure la traduction, ainsi qu'abréviations, sigles et noms géographiques choisis parmi les plus courants.

L'usager qui veut s'exprimer - communiquer - dans la langue étrangère trouvera un traitement détaillé du vocabulaire fondamental, avec de nombreuses indications le guidant vers la traduction juste, et lui montrant comment l'utiliser correctement.

INTRODUCCIÓN

Quien desee leer y entender el francés encontrará en este diccionario un extenso léxico moderno que abarca una amplia gama de locuciones de uso corriente. Igualmente encontrará, en su debido orden alfabético, las abreviaturas, las siglas, los nombres geográficos más conocidos y, además, las principales formas de verbo irregulares, donde se le referirá a las respectivas formas de base, hallándose allí la traducción.

Quien aspire comunicarse y expresarse en lengua extranjera, hallará aquí una clara y detallada explicación de las palabras básicas, empleándose un sistema de indicadores que le remitirán a la traducción más apta y le señalarán su correcto uso.

ABRÉVIATIONS		ABREVIATURAS
adjectif, locution adjective	**a**	adjetivo, locución adjetiva
abréviation	**abrév, abr**	abreviatura
adverbe, locution adverbiale	**ad**	adverbio, locución adverbial
administration, langue administrative	**ADMIN**	administración, lengua administrativa
agriculture	**AGR**	agricultura
Amérique Latine	**AM**	América Latina
anatomie	**ANAT**	anatomía
architecture	**ARCHIT**	arquitectura
architecture	**ARQ**	arquitectura
astrologie, astronomie	**ASTRO**	astrología, astronomía
l'automobile: circulation, mécanique, sport	**AUTO**	el automóvil: circulación, mécanica, deporte
aviation, voyages aériens	**AVIAT**	aviación, viajes aéreos
biologie	**BIO**	biología
botanique	**BOT**	botánica, flores
conjonction	**conj**	conjunción
commerce, finance, banque	**COM(M)**	comercio, finanzas, banca
cuisine	**CULIN**	cocina
déterminant: article, adjectif démonstratif, indéfini, possessif	**dét, det**	determinante: artículo, adjetivo demonstrativo, indefinido, posesivo
économie	**ÉCON, ECON**	economía
électricité, électronique	**ÉLEC, ELEC**	electricidad, electrónica
enseignement, système scolaire et universitaire	**ESCOL**	enseñanza, sistema escolar y universitario
exclamation, interjection	**excl**	exclamación, interjección
féminin	**f**	feminino
langue familière	**fam**	lengua familiar
emploi figuré	**fig**	uso figurado
photographie	**FOTO**	fotografía
dans la plupart des sens; sens courant et non spécialisé	**gén, gen**	en la mayoría de los sentidos; sentido corriente y no especializado
géographie, géologie	**GÉO, GEO**	geografía, geología
invariable	**inv**	invariable

vi

domaine juridique	JUR	lo jurídico
grammaire, linguistique	LING	gramática, lingüística
masculin	m	masculino
mathématiques, algèbre	MAT(H)	matemáticas, álgebra
médecine	MÉD, MED	medicina
masculin ou féminin, suivant le sexe	m/f	masculino o femenino, según el sexo
domaine militaire, armée	MIL	lo militar, ejército
musique	MUS	música
nom	n	nombre
navigation, nautisme	NAUT	navegación, náutica
adjectif ou nom numérique	num	adjetivo o nombre numérico
péjoratif	péj, pey	peyorativo
photographie	PHOTO	fotografía
pluriel	pl	plural
politique	POL	política
participe passé	pp	participio de pasado
préfixe	préf, pref	prefijo
préposition	prép, prep	preposición
pronom	pron	pronombre
psychologie, psychiatrie	PSICO	psicología, psiquiatría
psychologie, psychiatrie	PSYCH	psicología, psiquiatría
quelque chose	qch	algo
quelqu'un	qn	alguien
religions, domaine ecclésiastique	REL	religiones, lo eclesiástico
enseignement, système scolaire et universitaire	SCOL	enseñanza, sistema escolar y universitario
sujet	suj	sujeto
tauromachie	TAUR	tauromaquia
techniques, technologie	TEC(H)	técnica, tecnología
télécommunications	TÉLÉC, TELEC	telecomunicaciones
télévision	TV	televisión
verbe	vb	verbo
verbe intransitif	vi	verbo intransitivo
verbe pronominal	vr	verbo pronominal
verbe transitif	vt	verbo transitivo
vulgaire	vulg	vulgar
zoologie, animaux	ZOOL	zoología, animales
marque déposée	®	marca registrada
indique une équivalence culturelle	≈	indica un equivalente cultural

LA PRONONCIATION DE L'ESPAGNOL

La prononciation de l'espagnol pose peu de problèmes au francophone, du moins lorsqu'il s'agit de se faire comprendre sans essayer de passer pour un hispanophone. Nous ne montrerons donc ici pour mémoire que la dizaine de lettres ou groupes de lettres qui correspondent à une prononciation très différente de celle à laquelle le francophone pourrait s'attendre.

CONSONNES

ci, ce	le c se prononce comme le *th* anglais dans *thin*: on appelle ce son une dentale fricative sourde
ch	se prononcent *tch*
gi, ge, j	le son représenté ici par le g ou le j se prononce approximativement comme le *ch* de *nach* en allemand: on l'appelle une vélaire fricative sourde
ll	se prononcent approximativement comme le *lli* de *million*
ñ	se prononce comme le *gn* de *agneau*
r, rr	le r espagnol est roulé, le rr doublement roulé
v	se prononce approximativement comme *b* (un b prononcé de façon douce): on appelle ce son une bilabiale fricative sonore
z	se prononce comme le *th* anglais dans *thin*: on appelle ce son une dentale fricative sourde

VOYELLES

e   n'est jamais muet, mais
se prononce toujours,
comme un *é* ou *è*

u   se prononce comme le *ou*
de *cou* (mais reste muet
dans les groupes **gue, gui**)

an, en   il n'y a pas de nasales
etc   en espagnol: *tanto* se
prononce *tann-to*, **viento**
bienn-to etc

DIPHTONGUES

ai, ay   se prononcent *aille*
comme dans *bataille*

ei, ey   se prononcent *eille*
comme dans *bouteille*

oi, oy   se prononce comme on
prononcerait *oille*

eu   se prononcent *é-ou*:
deuda *dé-ouda*

au   se prononcent *ao* :
causa *kao-sa*

L'ACCENT TONIQUE

Il est très important pour être compris de placer correctement
l'accent tonique. Voici les règles à observer:
a) mot se terminant par une voyelle (sauf *y*), par *n* ou *s* :
   accent sur l'avant-dernière syllabe
   aparta**men**to, ha**bla**mos, **co**men, **ma**dre
b) mot se terminant par *y*, par une consonne (sauf *n* ou *s*):
   accent sur la dernière syllabe
   ca**rey**, ciu**dad**, ha**blar**, des**leal**
c) Les exceptions sont signalées dans l'orthographe espagnole par un
   accent (aigu) marquant la syllabe accentuée :
   inte**rés**, co**mún**, dactil**ó**grafo, **glán**dula

TRANSCRIPCIÓN FONÉTICA DEL FRANCÉS

CONSONANTES

poupée poupe	p	f	*fer phare gaffe*
			paraphe
bombe	b	v	*valve*
tente thermal	t	l	*lent salle sol*
dinde	d	R	*rare venir rentrer*
coq qui képi sac	k	m	*maman femme*
pastèque			
gag gare bague	g	n	*non nonne*
gringalet			
sale ce ça dessous	s	ɲ	*gnôle agneau vigne*
nation pouce tous		h	*hop! (avec h aspiré)*
zéro maison rose	z	j	*yeux paille pied hier*
chat tache	ʃ	w	*nouer oui*
gilet juge	ʒ	ɥ	*huile lui*

VOCALES

ici vie lyre	i	œ	*beurre peur*
jouer été fermée	e	ø	*peu deux*
lait jouet merci	ɛ	ɔ	*mort or homme*
patte plat amour	a	o	*geôle mot dôme eau*
			gauche chevaux
bas pâte	ɑ	u	*genou roue*
le premier	ə	y	*rue vêtu urne*
matin plein brin	ɛ̃	ɑ̃	*vent sang an dans*
brun	œ̃	ɔ̃	*bon ombre*

DIVERSOS

·en el léxico francés:	·	'	en la transcripción francesa
no hay enlace			no hay enlace

FRANÇAIS - ESPAGNOL
FRANCÉS - ESPAÑOL

A

a *vb voir* avoir.

à [a] *prép (situation)* en; *(direction, attribution)* a; *(provenance)* de; *(moyen)* con, en, a; au, à la, a, al m, a la f, a los *mpl*, a las *fpl*; **payé au mois/à l'heure** pagado por mes/por hora; **cent km à l'heure** cien km por hora; **à 3 heures** a las tres (horas); **à minuit** a medianoche; **à la radio/télévision** por la radio/televisión; **au départ/mois de juin** en la partida/el mes de junio; **se chauffer au gaz** calentarse con gas; **aller à bicyclette/à pied** ir en bicicleta/a pie; **l'homme aux yeux bleus** el hombre de ojos azules; **à demain/lundi!** ¡hasta mañana/el lunes!

abaisser [abese] *vt* bajar; *(dénigrer, humilier)* rebajar; **s'~** *vi* descender; **s'~ à** rebajarse a.

abandon [abãdɔ̃] *nm* abandono; renuncia; *(SPORT)* abandono; *(relâchement)* naturalidad f; **à l'~** estar abandonado(a) o descuidado(a).

abandonné, e [abãdɔne] *a* abandonado(a); desamparado(a); natural, relajado(a).

abandonner [abãdɔne] *vt (ami, femme, possessions)* abandonar, dejar; *(lieu, projet, activité)* abandonar, renunciar a; *(céder)*: **~ qch à qn** dejar algo a alguien // *vi (SPORT)* abandonar; **s'~ à** *(paresse, plaisirs)* abandonarse a, dejarse llevar por.

abasourdir [abazurdiʀ] *vt* aturdir, aturrullar.

abat-jour [abaʒuʀ] *nm inv* pantalla.

abats [aba] *nmpl* achuras.

abattage [abataʒ] *nm (du bois)* tala; *(d'un animal)* matanza;

abattement [abatmã] *nm* abatimiento; *(déduction)* exoneración f, descuento.

abattis [abati] *nmpl* menudillos.

abattoir [abatwaʀ] *nm* matadero.

abattre [abatʀ(ə)] *vt (arbre, maison, avion)* derribar; *(tuer: animal)* matar, sacrificar; *(: personne)* matar; *(fig)* abatir, agotar, deprimir; **~ ses cartes** jugar sus cartas, mostrar sus cartas; **~ du travail** darle duro al trabajo; **s'~** *vi* caer.

abbaye [abei] *nf* abadía.

abbé [abe] *nm (d'une abbaye)* abad m; *(de paroisse)* párroco.

abc, ABC [abese] *nm* abecé m.

abcès [apsɛ] *nm* absceso.

abdication [abdikasjɔ̃] *nf* abdicación f.

abdiquer [abdike] *vi* abdicar // *vt* renunciar a.

abdomen [abdɔmɛn] *nm* abdómen m; abdominal, e, aux *a* abdominal // *mpl*: **faire des abdominaux** ejercitar los abdominales.

abeille [abɛj] *nf* abeja.

aberrant, e [abeʀã, ãt] *a* aberrante, absurdo(a).

abêtir [abetiʀ] *vt* embrutecer, entontecer.

abhorrer [abɔʀe] *vt* aborrecer, abominar.

abîme [abim] *nm* abismo, precipicio.

abîmer [abime] *vt* estropear, deteriorar; **s'~** *vi* estropearse, deteriorarse.

abject, e [abʒɛkt] *a* abyecto(a), vil.

abjurer [abʒyʀe] *vt* abjurar, renegar.

ablation [ablasjɔ̃] *nf* extirpación f, ablación f.

ablutions [ablysjɔ̃] *nfpl:* faire ses ~ hacer sus abluciones *fpl.*

abnégation [abnegasjɔ̃] *nf* abnegación *f,* altruismo.

aboiement [abwamã] *nm* ladrido.

abois [abwa] *nmpl:* être aux ~ estar acorralado/a.

abolir [abɔliʀ] *vt* abolir; **abolition** *nf* abolición *f.*

abominable [abɔminabl(ə)] *a* abominable.

abondance [abɔ̃dɑ̃s] *nf* abundancia; **en** ~ en abundancia.

abondant, e [abɔ̃dɑ̃, ɑ̃t] *a* abundante.

abonder [abɔ̃de] *vi* abundar; ~ **en** abundar en.

abonné, e [abɔne] *nm/f (du téléphone)* abonado/a; *(à un journal)* suscriptor/ora.

abonnement [abɔnmã] *nm* suscripción *f; (de bus etc)* abono.

abonner [abɔne] *vt:* ~ **qn à** *(journal etc)* suscribir a alguien a; **s'**~ **à** suscribirse a, abonarse a.

abord [abɔʀ] *nm:* être d'un ~ facile ser de fácil acceso; ~**s** *mpl (d'un lieu)* accesos, alrededores *mpl;* **au premier** ~ en principio, a primera vista; **d'**~ *ad* primero, en primer lugar.

abordage [abɔʀdaʒ] *nm* abordaje *m.*

aborder [abɔʀde] *vi* abordar, arribar // *vt (NAUT)* abordar; *(fig: sujet)* abordar, plantear; *(: personne)* abordar, interpelar; *(: virage)* tomar, abordar.

aborigène [abɔʀiʒɛn] *nm* aborigen *m.*

aboutir [abutiʀ] *vi (projet etc)* dar resultado, tener éxito; ~ **à/dans/sur** desembocar en, conducir a; *(fig)* llevar a, conducir a.

aboyer [abwaje] *vi* ladrar.

abracadabrant, e [abʀakadabʀã, ãt] *a* estrambótico(a), extravagante.

abrasif, ive [abʀazif, iv] *a* abrasivo(a).

abrégé [abʀeʒe] *nm* resumen *m; (livre)* compendio.

abréger [abʀeʒe] *vt (texte)* abreviar, resumir; *(mot)* abreviar; *(réunion, voyage)* acortar, abreviar.

abreuver [abʀœve] *vt* abrevar; **s'**~ beber.

abreuvoir [abʀœvwaʀ] *nm* abrevadero, bebedero.

abréviation [abʀevjasjɔ̃] *nf* abreviatura.

abri [abʀi] *nm* abrigo, refugio; **être/se mettre à l'**~ estar/ponerse a cubierto; **à l'**~ **de** al abrigo de, protegido/a contra; *(fig)* a salvo o fuera del alcance de.

abricot [abʀiko] *nm* albaricoque *m;* ~**ier** *nm* albaricoquero.

abriter [abʀite] *vt (lieu)* proteger, resguardar; *(personne)* proteger, albergar; *(recevoir, loger)* albergar, alojar; **s'**~ protegerse.

abroger [abʀɔʒe] *vt* abrogar, revocar.

abrupt, e [abʀypt, ypt(ə)] *a* abrupto(a), escarpado(a); *(fig)* brusco(a), rudo(a).

abruti, e [abʀyti] *nm/f (fam)* estúpido/a, idiota *m/f.*

abrutir [abʀytiʀ] *vt* agobiar, agotar.

abscisse [apsis] *nf* abscisa.

absence [apsɑ̃s] *nf* ausencia; *(MÉD)* falla; **en l'**~ **de** en ausencia de.

absent, e [apsɑ̃, ɑ̃t] *a* ausente; *(inexistant)* ausente, inexistente; *(fig: air, attitude)* ausente, distraído(a) // *nm/f* ausente *nm/f.*

absentéisme [apsɑ̃teism(ə)] *nm* absentismo.

absenter [apsɑ̃te]: **s'**~ *vi (pour maladie etc)* ausentarse, faltar; *(momentanément: sortir)* ausentarse, salir.

absinthe [apsɛ̃t] *nf* ajenjo.

absolu, e [apsɔly] *a* absoluto(a) total; *(POL)* absoluto(a); *(personne)* terminante, intransigente.

absolument [apsɔlymã] *ad* absolutamente, completamente.

absolution [apsɔlysjɔ̃] nf absolución f.

absolutisme [apsɔlytism(ə)] nm absolutismo.

absolve etc vb voir **absoudre**.

absorber [apsɔrbe] vt absorber; **tissu absorbant** tejido absorbente.

absoudre [apsudr(ə)] vt absolver.

abstenir [apstənir]: **s'~** vi abstenerse; **s'~ de** privarse de; **abstention** [apstɑ̃sjɔ̃] nf abstención f; **abstentionnisme** nm abstencionismo.

abstinence [apstinɑ̃s] nf abstinencia.

abstraction [apstraksjɔ̃] nf abstracción f; **faire ~ de** hacer abstracción de, no tener en cuenta; **~ faite de** dejando de lado, a excepción de.

abstraire [apstrɛr] vt abstraer; **s'~ de** abstraerse de, aislarse de.

abstrait, e [apstrɛ, ɛt] a abstracto(a) // nm: **dans l'~** en la abstracción.

absurde [apsyrd(ə)] a absurdo(a), ilógico(a).

absurdité [apsyrdite] nf absurdidad f; absurdo m.

abus [aby] nm (d'alcool etc) abuso, exceso; (injustice) abuso, atropello; **~ de confiance** abuso de confianza.

abuser [abyze] vi abusar; excederse // vt (tromper) engañar; **~ de** vt abusar de; (femme) abusar de, violar; **s'~** (se méprendre) engañarse, equivocarse.

abusif, ive [abyzif, iv] a (prix, usage) abusivo(a), excesivo(a).

acabit [akabi] nm: **de cet ~, du même ~** de semejante ralea, de la misma estofa.

acacia [akasja] nm acacia.

académicien, ne [akademisjɛ̃, jɛn] nm/f académico(a).

académie [akademi] nf academia; (ART) academia, desnudo; (SCOL) distrito universitario; **académique** a académico(a); (ART, péj) académico(a), retórico(a); (SCOL) universitario(a).

acajou [akaʒu] nm (bois) caoba.

acariâtre [akarjɑtr(ə)] a gruñón(ona).

accablant, e [akablɑ̃, ɑ̃t] a (témoignage, preuve) demoledor(ora), abrumador(ora); (chaleur, poids) agobiante, insoportable.

accablement [akabləmɑ̃] nm abatimiento, desaliento.

accabler [akable] vt (physiquement) agotar, agobiar; (moralement) abatir, desanimar; (suj: preuve, témoignage) inculpar o delatar a; **~ qn d'injures/de travail** colmar a alguien de injurias/de trabajo; **accablé de dettes/soucis** cargado de deudas/preocupaciones.

accalmie [akalmi] nf sosiego, tregua.

accaparer [akapare] vt acaparar, monopolizar; (suj: travail, client etc) acaparar, retener.

accéder [aksede]: **~ à** vt dar a, llegar a; (fig) llegar a, acceder a; (requête, désirs) acceder o consentir a.

accélérateur [akseleratœr] nm acelerador m.

accélération [akselerɑsjɔ̃] nf aceleración f.

accélérer [akselere] vt acelerar, apresurar // vi (AUTO) acelerar.

accent [aksɑ̃] nm (régional etc) acento, pronunciación f; (inflexions expressives) acento, inflexión f; (LING: intonation) acento, entonación f; (: signe) acento; **mettre l'~ sur** (fig) acentuar, recalcar; **~ aigu/grave** acento agudo/grave.

accentuation [aksɑ̃tyɑsjɔ̃] nf acentuación f.

accentuer [aksɑ̃tye] vt (LING) acentuar; (marquer, augmenter) acentuar, hacer resaltar; **s'~** vi acentuarse, aumentar.

acceptable [akseptabl(ə)] a aceptable.

acceptation [akseptɑsjɔ̃] nf aceptación f.

accepter [aksepte] vt (gén) aceptar; (personne: tolérer, *intégrer*) aceptar, acoger; (: *candidat*) admitir; ~ **de faire** aceptar hacer.

acception [aksɛpsjɔ̃] *nf* (LING) acepción *f*, sentido; **dans toute l'~ du terme** en toda la acepción de la palabra.

accès [aksɛ] *nm* acceso // *mpl* (*routes, entrées etc*) accesos, entradas; **d'~ facile** de fácil acceso; ~ **de colère** arranque *m* de cólera; **donner** ~ **à** (*lieu*) dar acceso a; (*situation, carrière*) dar acceso *o* derecho a; **avoir** ~ **auprès de qn** tener familiaridad con alguien.

accessible [aksesibl(ə)] *a* (à *portée*) accesible, asequible; (*facile*): ~ (**à qn**) accesible (a alguien), inteligible (para alguien); **être** ~ **à la pitié** ser propenso(a) a la piedad.

accession [aksesjɔ̃] *nf* accesión *f*, acceso.

accessit [aksesit] *nm* accésit *m*.

accessoire [akseswaʀ] *a* accesorio(a) // *nm* accesorio; ~**ment** *ad* accesoriamente, secundariamente; **accessoiriste** *nm/f* accesorista *m/f*.

accident [aksidã] *nm* (*de voiture, d'avion*) accidente *m*, catástrofe *f*; (*événement fortuit*) accidente, peripecia; **par** ~ por accidente *o* casualidad; ~**é, e** *a* (*terrain*) accidentado(a), abrupto(a); (*voiture*) dañado(a), estropeado(a); (*personne*) accidentado(a); ~**el, le** *a* accidental; (*fortuit*) casual, fortuito(a).

acclamation [aklamasjɔ̃] *nf*: **par** ~ (*vote*) por aclamación; ~**s** *fpl* ovaciones *fpl*, aplausos.

acclamer [aklame] *vt* aclamar, vitorear.

acclimatation [aklimatasjɔ̃] *nf* aclimatación *f*.

acclimater [aklimate] *vt* aclimatar, adaptar; (*personne*) adaptar, acostumbrar; **s'~** *vi* adaptarse, acostumbrarse.

accointances [akwɛ̃tãs] *nfpl* relaciones *fpl*.

accolade [akɔlad] *nf* (*amicale*) abrazo; (*signe*) llave *f*; **donner l'~ à qn** dar el espaldarazo a alguien.

accoler [akɔle] *vt* juntar, agregar.

accommodant, e [akɔmɔdã, ãt] *a* condescendiente, deferente.

accommodement [akɔmɔdmã] *nm* arreglo, acuerdo.

accommoder [akɔmɔde] *vt* (CULIN) aderezar, preparar; (*fig*) arreglar, adaptar; ~ **qch à** (*adapter*) adaptar algo a; **s'~ de** (*accepter*) aceptar, contentarse con.

accompagnateur, trice [akɔ̃paɲatœʀ, tʀis] *nm/f* acompañante/a.

accompagnement [akɔ̃paɲmã] *nm* (MUS) acompañamiento; (CULIN) guarnición *f*, aderezo.

accompagner [akɔ̃paɲe] *vt* acompañar; **s'~ de** seguirse de.

accompli, e [akɔ̃pli] *a*: **musicien/talent** ~ músico/talento consumado.

accomplir [akɔ̃pliʀ] *vt* (*tâche*) realizar, llevar a cabo; (*souhait*) cumplir, satisfacer; **s'~** *vi* (*souhait*) cumplirse, realizarse; **accomplissement** *nm* realización *f*, cumplimiento.

accord [akɔʀ] *nm* (*entente*) acuerdo, entendimiento; (*harmonie*) concordancia, armonía; (*contrat*) acuerdo, tratado; (*autorisation*) consentimiento, conformidad *f*; (MUS) acorde *m*; (LING) concordancia; **mettre d'~** (*adversaires etc*) poner de acuerdo, conciliar; **se mettre d'~** ponerse de acuerdo; **être d'~** estar de acuerdo en hacer/no que; ~; **être d'~ de faire/que** estar de acuerdo en hacer/en que; ~ **en genre et en nombre** (LING) concordancia en género y en número; ~ **parfait** (MUS) acorde perfecto.

accordéon [akɔʀdeɔ̃] *nm* (MUS) acordeón *m*; ~**iste** [-ɔnist(ə)] *nm/f* acordeonista *m/f*.

accorder [akɔʀde] vt (faveur, délai) acordar; otorgar; (harmoniser) armonizar; (MUS) afinar; (LING) concordar; **je vous accorde que...** reconozco o admito que...; **s'~** ponerse d'acuerdo; (LING) concordar; **accordeur** nm afinador m.

accoster [akɔste] vt abordar // vi (NAUT) atracar.

accotement [akɔtmã] nm banquina, arcén m.

accoter [akɔte] vt: ~ qch contre/à apoyar algo contra/a.

accouchement [akuʃmã] nm parto.

accoucher [akuʃe] vi parir, dar a luz // vt asistir al parto de; ~ **d'un enfant** parir un niño; **accoucheur, euse** nm/f partero/a.

accouder [akude]: **s'~** vi: **s'~ à/contre** acodarse en; **accoudoir** [akudwaʀ] nm brazo.

accouplement [akupləmã] nm (copulation) apareamiento.

accoupler [akuple] vt (moteurs, idées) acoplar; (animaux: attacher) uncir; **s'~** aparearse, cruzarse.

accourir [akuʀiʀ] vi precipitarse, acudir apresuradamente.

accoutrement [akutʀəmã] nm (péj) traje ridículo, disfraz m.

accoutumance [akutymãs] nf hábito.

accoutumé, e [akutyme] a acostumbrado(a), habitual; **comme à l'~e** como de costumbre.

accoutumer [akutyme] vt: ~ **qn à** habituar a alguien a; **s'~ à** acostumbrarse o habituarse a.

accréditer [akʀedite] vt (personne) acreditar; (nouvelle) dar crédito a.

accroc [akʀo] nm (déchirure) siete m, desgarrón m; (fig) contratiempo, tacha.

accrochage [akʀoʃaʒ] nm colgamiento; enganche m; (AUTO) choque m, roce m; (MIL) encuentro, escaramuza; (dispute) riña, agarrada.

accroche-cœur [akʀoʃkœʀ] nm rizo (en la sien).

accrocher [akʀoʃe] vt (suspendre) colgar; (wagon, remorque) enganchar; (heurter) chocar, rozar; (déchirer) rasgar; (MIL) chocar con, entrar en combate con; (regard, client) atraer, atrapar; **s'~** (se disputer) pelearse; **s'~ à** (rester pris) engancharse en, quedarse colgado(a) de; (agripper) agarrarse o aferrarse a; (: fig: personne) pegarse a; (: espoir, idée) aferrarse o asirse a.

accroissement [akʀwasmã] nm acrecentamiento; incremento.

accroître [akʀwɑtʀ(ə)] vt acrecentar, aumentar; **s'~** vi acrecentarse.

accroupi, e [akʀupi] a acuclilla-do(a).

accroupir [akʀupiʀ]: **s'~** vi acuclillarse.

accru, e [akʀy] a acrecentado(a).

accu [aky] nm abrév de **accumulateur.**

accueil [akœj] nm recibimiento, acogida; **centre/comité d'~** centro/comité m de ayuda.

accueillant, e [akœjã, ãt] a acoge-dor(a).

accueillir [akœjiʀ] vt acoger, recibir; (loger) acoger, alojar.

acculer [akyle] vt: ~ **qn dans/contre** acorralar a alguien en/contra; (fig): ~ **qn à** arrastrar a alguien a.

accumulateur [akymylatœʀ] nm acumulador m.

accumulation [akymylɑsjɔ̃] nf acumulación f; **chauffage/radiateur à ~** calefacción f/radiador m a termosifón.

accumuler [akymyle] vt acumular, reunir; **s'~** vi acumularse.

accusateur, trice [akyzatœʀ, tʀis] a, nm/f acusador(a).

accusatif [akyzatif] nm acusativo.

accusation [akyzɑsjɔ̃] nf (gén) acusación f; (JUR: action) acusación imputación f; (:*partie*) acusación; **mettre en ~** iniciar causa en contra de.

accusé, e [akyze] nm/f acusado/a; **~ de réception** acuse m de recibo.

accuser [akyze] vt (*gén*) acusar; (*JUR*) acusar, inculpar; (*différence, fatigue*) poner de relieve, resaltar; **~ qn de qch** acusar a alguien de algo; **~ qch de qch** culpar a algo de algo; **~ réception** de acusar recibo de.

acerbe [asɛrb(ə)] a acerbo(a), ofensivo(a).

acéré, e [asere] a acerado(a), agudo(a).

acétone [aseton] nf acetona.

acétylène [asetilen] nm acetileno.

achalandé, e [aʃalãde] a: **bien/mal ~** bien/mal provisto o surtido; (*fréquenté*) frecuentado/poco frecuentado.

acharné, e [aʃarne] a encarnizado(a), implacable; (*travail*) tesonero(a).

acharnement [aʃarnəmã] nm encarnizamiento.

acharner [aʃarne]: **s'~** vi: **s'~ contre/sur** ensañarse con, perseguir con saña a; **s'~ à** obstinarse en.

achat [aʃa] nm compra, adquisición f; **faire l'~ de** comprar; **faire des ~s** hacer compras.

acheminer [aʃmine] vt (*courrier, troupes*) despachar; (*train*) circular; **s'~ vers** encaminarse hacia.

acheter [aʃte] vt comprar, adquirir; (*corrompre*) sobornar, comprar; **~ qch à** (*marchand*) comprar algo a; (*ami etc: offrir*) comprar algo para; **acheteur, euse** nm/f comprador/ora.

achevé, e [aʃve] a: **d'un ridicule ~** de una ridiculez rematada.

achèvement [aʃevmã] nm terminación f, finalización f.

achever [aʃve] vt (*terminer*) acabar, finalizar; (*tuer*) acabar, rematar; **s'~** vi acabarse, terminarse.

achoppement [aʃɔpmã] nm: **pierre d'~** traba, escollo.

acide [asid] a ácido(a), agrio(a); (*CHIMIE*) ácido(a)// nm (*CHIMIE*) ácido; **acidifier** vt acidular; **acidité** nf acidez f; **acidulé, e** a acidulado(a), ácido(a); **bonbons acidulés** caramelos ácidos.

acier [asje] nm acero.

aciérie [asjeri] nf acería.

acné [akne] nm acné m.

acolyte [akɔlit] nm (*péj*) acólito.

acompte [akɔ̃t] nm adelanto, anticipo.

acquiner [akɔkine]: **s'~ avec** vt (*péj*) juntarse o concharbarse con.

à-côté [akote] nm detalle m, menudencia; (*argent*) extra m.

à-coup [aku] nm altibajo, sacudida; **sans/par ~s** suavemente/a rachas, a empujones.

acoustique [akustik] nf acústica // a acústico(a).

acquéreur [akerœr] nm adquiridor/ora.

acquérir [akerir] vt (*biens*) adquirir; (*droit, certitude*) adquirir, lograr; **ce que ses efforts lui ont acquis** lo que sus esfuerzos le han reportado.

acquiers etc vb voir **acquérir**.

acquiescer [akjese] vi asentir; **~ à qch** consentir en algo, aceptar algo.

acquis, e [aki, iz] pp de **acquérir** // a adquirido(a) // nm experiencia, saber m; **être ~ à** (*personne*) ser adicto de; (*plan, idée*) ser partidario de.

acquisition [akizisjɔ̃] nf adquisición f; **faire l'~ de** adquirir, comprar.

acquit [aki] vb voir **acquérir** // nm recibo; **pour ~** recibí, recibimos; **par ~ de conscience** para tranquilidad de conciencia.

acquittement [akitmã] nm absolución f, pago.

acquitter [akite] vt absolver (*dette, facture*) liquidar, pagar; **s'~**

de (devoir, engagement) cumplir con, llevar a cabo.

âcre [akʀ(ə)] a acre, áspero(a).

acrobate [akʀɔbat] nm/f acróbata m/f.

acrobatie [akʀɔbasi] nf acrobacia; (fig) ardid m, artimaña; **acrobatique** [-tik] a acrobático(a), de acrobacia.

acte [akt(ə)] nm acto, hecho; (document) acta, escritura; (THÉÂTRE) acto; ~s mpl (compterendu) actas; **prendre** ~ **de** tomar nota de; **faire** ~ **de candidature** presentarse a la candidatura; ~ **d'accusation** acta de acusación; ~ **de naissance** partida de nacimiento.

acteur, trice [aktœʀ, tʀis] nm/f actor/triz, artista m/f.

actif, ive [aktif, iv] a (dynamique) activo(a), diligente; (rôle, remède) activo(a), eficaz; (service, population) activo(a); (armée) permanente // nm (COMM) activo, haber m; (fig): **mettre/avoir qch à son** ~ poner/tener algo en su haber.

action [aksjɔ̃] nf acción f, acto; (activité, déploiement d'énergie) acción, actividad f; (influence) acción, efecto; (THÉÂTRE CINÉMA etc) acción; (COMM) acción; (JUR) acción, demanda; **une bonne** ~ una buena acción; **passer à l'**~ pasar a la acción; **un homme d'**~ un hombre de acción; **un film d'**~ una película de acción; ~ **en diffamation** demanda por difamación; ~**naire** nm/f accionista m/f; ~**ner** vt accionar, poner en marcha.

active [aktiv] a voir actif.

activement [aktivmɑ̃] ad activamente.

activer [aktive] vt activar, acelerar; **s'**~ vi apresurarse, agitarse.

activisme [aktivism(ə)] nm activismo; **activiste** [aktivist] nm/f activista m/f.

activité [aktivite] nf (énergie) actividad f, pujanza; (agitation) actividad, movimiento; (d'un organe, organisme etc) actividad, funcionamiento; (occupation) oficio, actividad; **cesser toute activité;** **volcan en** ~ volcán en actividad.

actrice [aktʀis] nf voir acteur.

actualiser [aktyalize] vt actualizar.

actualité [aktyalite] nf actualidad f; ~**s** fpl (CINÉMA, TV) actualidades fpl; **l'**~ **politique** la actualidad política; **d'**~ de actualidad.

actuel, le [aktyɛl] a (présent) actual, presente; (d'actualité) actual; (non virtuel) actual; ~**lement** ad actualmente.

acuité [akyite] nf (des sens) agudeza, penetración f; (d'une crise, douleur) agudeza, vivacidad f.

acupuncteur, acupunctor [akypɔ̃ktœʀ] nm especialista m/f en acupuntura.

acupuncture, acupuncture [akypɔ̃ktyʀ] nf acupuntura.

adage [adaʒ] nm adagio, máxima.

adagio [adadʒjo] nm adagio.

adaptateur, trice [adaptatœʀ, tʀis] nm (ÉLEC) transformador m // nm/f (THÉÂTRE etc) adaptador/ora.

adaptation [adaptasjɔ̃] nf adaptación f.

adapter [adapte] vt (MUS, CINÉMA) adaptar; (approprier): ~ **qch à** adaptar algo a o con (para); ~ **qch sur/dans/à** ajustar algo sobre/en/a; **s'**~ (**à**) (suj: personne) adaptarse (a).

addenda [adɛ̃da] nm apéndice m.

addendum [adɛ̃dɔm] nm addendum m, agregado.

additif [aditif] nm cláusula.

addition [adisjɔ̃] nf agregado, adición f; (MATH) adición, suma; (note, ajout) añadido; (au café etc) cuenta; ~**nel, le** a adicional; ~**ner** vt (MATH) adicionar, sumar; ~**ner un produit/vin d'eau** etc agregar agua etc a un producto/un vino.

adduction [adyksjɔ̃] nf
canalización f.

adepte [adɛpt(ə)] nm/f adepto/a,
partidario/a.

adéquat, e [adekwa, at] a
adecuado(a), apropiado(a).

adhérence [adeRɑ̃s] nf
adherencia.

adhérent, e [adeRɑ̃, ɑ̃t] nm/f
adherente m/f, afiliado/a.

adhérer [adeRe] vi adherir,
pegarse; ~ à vt (coller) adherir a,
fijarse a; (parti, club) adherir a,
afiliarse a; (opinion) adherir a;
adhésif, ive [adezif, iv] a
adhesivo(a) // nm adhesivo;
adhésion [adezjɔ̃] nf adhesión f.

ad hoc [adɔk] a ad hoc.

adieu, x [adjø] excl adiós // nm
adiós m; ~x mpl despedida; dire ~
à qn decir adiós a alguien,
despedirse de alguien; dire ~ à qch
decir adiós a algo, renunciar a algo.

adipeux, euse [adipø, øz] a
adiposo(a).

adjacent, e [adʒasɑ̃, ɑ̃t] a
adyacente.

adjectif, ive [adʒɛktif, iv] a
adjetivo(a) // nm adjetivo;
démonstratif/indéfini/numéral adjetivo demostrativo/indefinido/nu-
meral; ~ **possessif/qualificatif**
adjetivo posesivo/calificativo; ~
verbal adjetivo verbal; ~ **attribut**
atributo; ~ **épithète** epíteto; **adjec-
tival, e, aux** a adjetival.

adjoindre [adʒwɛ̃dR(ə)] vt: ~ qch
à qch añadir o agregar algo a algo;
~ qn à qn/un groupe asociar alguien a alguien/a un grupo; s'~ **un
collaborateur** etc tomar un colaborador etc; **adjoint, e** [adʒwɛ̃, wɛ̃t]
nm/f adjunto/a, asociado/a; **directeur adjoint** director adjunto; **adjoint au maire** teniente m de
alcalde; **adjonction** [adʒɔ̃ksjɔ̃] nf
agregado, asociación f.

adjudant [adʒydɑ̃] nm ayuda de
campo; ~ **chef** ayudante m jefe.

adjudicataire [adʒydikatɛR] nm/f
adjudicatario/a.

adjudication [adʒydikasjɔ̃] nf adjudicación f.

adjuger [adʒyʒe] vt adjudicar; s'~
vt adjudicarse, apropiarse; **adjugé!**
¡adjudicado!, ¡vendido!

adjurer [adʒyRe] vt: ~ qn de faire
implorar o rogar a alguien que
haga.

adjuvant [adʒyvɑ̃] nm coadyuvante m.

admettre [admɛtR(ə)] vt (visiteur,
client) admitir, aceptar; (candidat)
admitir, aprobar; (gaz, air) admitir;
(comportement, erreur) admitir,
tolerar; (point de vue, explication)
admitir, reconocer; ~ que admitir
que.

administrateur, trice [administ-
RatœR, tRis] nm/f administra-
dor/ora.

administratif, ive [administ-
Ratif, iv] a administrativo(a).

administration [administRasjɔ̃]
nf administración f; l'A~ el Estado,
la Administración Pública.

administré, e [administRe] nm/f
administrado/a.

administrer [administRe] vt
administrar; (remède, sacrement)
suministrar, dar.

admirable [admiRabl(ə)] a
admirable, asombroso(a).

admirateur, trice [admiRatœR,
tRis] nm/f admirador/ora.

admiratif, ive [admiRatif, iv] a
admirativo(a).

admiration [admiRasjɔ̃] nf
admiración f, asombro.

admirer [admiRe] vt admirar.

admis, e pp de admettre.

admissible [admisibl(ə)] a (candidat) admisible; (comportement)
admisible, aceptable.

admission [admisjɔ̃] nf admisión f,
aprobación f; **tuyau** etc d'~ tubo
de admisión; **demande** d'~ pedido
de admisión o ingreso.

admonester [admɔnɛste] vt
amonestar.

adolescence [adɔlesɑ̃s] nf adolescencia; **adolescent, e** nm/f adolescente m/f.

adonner [adɔne]: **s'~ à** vt entregarse o consagrarse a.

adopter [adɔpte] vt adoptar; (projet de loi etc) adoptar, aprobar; **adoptif, ive** a adoptivo(a); **adoption** [adɔpsjɔ̃] nf adopción f.

adorable [adɔrabl(ə)] a adorable, encantador(ora).

adoration [adɔrasjɔ̃] nf (REL) adoración f; (gén) adoración, pasión f.

adorer [adɔre] vt (REL) adorar; (gén) adorar, idolatrar.

adosser [adose] vt: **~ qch à** o **contre** adosar algo a o contra; **s'~ à** o **contre** respaldarse en o contra; **être adossé à** o **contre** estar apoyado en o adosado a o contra.

adoucir [adusir] vt suavizar; (fig: mœurs, personne) atemperar, suavizar; (: peine, douleur) suavizar, mitigar; **s'~** vi suavizarse, atenuarse; **adoucissement** nm suavizamiento, atenuación f.

adresse [adrɛs] nf destreza, astucia; (domicile) dirección f, señas; **à l'~ de** (pour) dirigido a.

adresser [adrɛse] vt dirigir, enviar; (injure, compliments) dirigir, destinar; **~ qn à un docteur** enviar a uno a un médico; **~ la parole à qn** dirigir la palabra a alguien; **s'~ à** (parler à) dirigirse a; (suj: livre, conseil) dedicarse o dirigirse a.

Adriatique [adrijatik] nf: **l'~** el Adriático.

adroit, e [adrwa, wat] a diestro(a), hábil; (rusé) astuto(a), sagaz; **~ement** ad hábilmente, sagazmente.

aduler [adyle] vt adular, halagar.

adulte [adylt(ə)] nm/f adulto/a // a adulto(a); (attitude) adulto(a), maduro(a); **l'âge ~** la edad adulta, la madurez.

adultère [adyltɛr] a, nm/f adúltero(a) // nm (acte) adulterio; **adultérin, e** [-terɛ̃, in] a adulterino(a).

advenir [advənir] vi sobrevenir, ocurrir; **qu'adviendra-t-il de...** qué ocurrirá con...; **quoiqu'il advienne** pase lo que pase.

adverbe [advɛrb(ə)] nm adverbio; **adverbial, e, aux** a adverbial.

adversaire [advɛrsɛr] nm/f adversario/a; (non partisan): **~ de qch** adversario/a o antagonista m/f de algo.

adverse [advɛrs(ə)] a adverso(a), opuesto(a); **la partie ~** (JUR) la parte contraria.

adversité [advɛrsite] nf adversidad f, infortunio.

aérateur [aeratœr] nm ventilador m.

aération [aerasjɔ̃] nf ventilación f, aeración f; **conduit/bouche d'~** conducto/boca de ventilación.

aéré, e [aere] a aireado(a), ventilado(a); (tissu) de trama no apretada.

aérer [aere] vt airear, ventilar; (fig) airear; **s'~** tomar aire, airearse.

aérien, ne [aerjɛ̃, jɛn] a aéreo(a); (fig) etéreo(a).

aéro-club [aeroklœb] nm aeroclub m.

aérodrome [aerodrom] nm aeródromo.

aérodynamique [aerodinamik] a aerodinámico(a).

aérogare [aerogar] nf (à l'aéroport) terminal f del aeropuerto; (en ville) aeroestación f.

aéroglisseur [aeroglisœr] nm hidroala aerodeslizador m.

aéronautique [aeronotik] a aeronáutico(a) // nf aeronáutica.

aéronaval, e [aeronaval] a aeronaval // nf organización aeronaval de la marina.

aérophagie [aerofaʒi] nf aerofagia.

aéroport [aeropɔr] nm aeropuerto.

aéroporté, e [aeroporte] a aerotransportado(a).

aéroportuaire [aeʀɔpɔʀtɥeʀ] *a* del aeropuerto.

aérosol [aeʀɔsɔl] *nm* (*MÉD*) atomizador *m*, vaporizador *m*; (*bombe*) aerosol *m*.

aérospatial, e, aux [aeʀɔspasjal,)o] *a* aeroespacial.

aérostat [aeʀɔsta] *nm* aeróstato.

aérostatique [aeʀɔstatik] *a* aero-stático(a).

aérotrain [aeʀɔtʀɛ̃] *nm* tren aerodeslizador *m*.

affable [afabl(ə)] *a* afable, cordial.

affabulation [afabylasjɔ̃] *nf* trama, argumento.

affaiblir [afebliʀ] *vt* (*malade*) debilitar, extenuar; (*poutre, câble*) aflojar; (*position, parti etc*) debilitar; **s'~** *vi* debilitarse; aflojarse; **affaiblissement** *nm* debilitamiento.

affaire [afɛʀ] *nf* (*problème, question*) asunto, cuestión *f*; (*JUR*) causa, caso; (*entreprise, magasin*) negocio, empresa; (*transaction*) trato, negocio; (: *occasion in-téressante*) ganga; **~s** *fpl* (*intérêts privés ou publics*) asuntos; (*COMM*) negocios; (*effets personnels*) efectos, trastos; **ce sont mes/tes ~s** (*cela me/te concerne*) es asunto mío/tuyo; **ceci fera l'~** esto bastará; **avoir ~ à qn/qch** tener que ver con alguien/algo; **les A~s étrangères** los Asuntos exteriores.

affairer [afeʀe] **s'~** *vi* afanarse, atarearse.

affairisme [afeʀism(ə)] *nm* mer-cantilismo.

affaisser [afese] **s'~** *vi* hundirse; (*personne*) desplomarse.

affaler [afale] **s'~** *vi*: **s'~ dans/sur** dejarse caer en/sobre.

affamer [afame] *vt* hambrear, hacer sufrir hambre.

affectation [afɛktasjɔ̃] *nf* (*voir affecter*) afectación *f*; destinación *f*; (*voir affecté*) afectación.

affecté, e [afɛkte] *a* (*prétentieux*) rebuscado(a), afectado(a).

affecter [afɛkte] *vt* (*toucher, émouvoir*) afectar, conmover;

(*sentiment*) fingir, simular; (*crédits, main d'œuvre*) destinar; (*employé, diplomate*) afectar, destinar; (*présenter, avoir*) poseer, presentar; **~ qch d'un coefficient** asignar a algo un coeficiente.

affectif, ive [afɛktif, iv] *a* afectivo(a).

affection [afɛksjɔ̃] *nf* afecto, aprecio; (*MÉD*) afección *f*.

affectionner [afɛksjɔne] *vt* apreciar, estimar.

affectueux, euse [afɛktɥø, øz] *a* afectuoso(a); **affectueusement** *ad* afectuosamente.

afférent, e [afeʀɑ̃, ɑ̃t] *a*: **~ à** inherente a.

affermir [afɛʀmiʀ] *vt* (*sol, liquide*) consolidar, solidificar; (*fig*) asegurar, consolidar.

affichage [afiʃaʒ] *nm* anuncio, fijación *f* (de carteles).

affiche [afiʃ] *nf* anuncio, cartel *m*; (*THÉÂTRE, CINÉMA*): **être à l'~** estar en cartelera; **tenir l'~** mantenerse en cartelera.

afficher [afiʃe] *vt* anunciar (por medio de carteles); (*fig: attitude*) ostentar, jactarse de.

affilée [afile]: **d'~** *ad* de corrido.

affiler [afile] *vt* afilar.

affilier [afilje]: **s'~ à** *vt* (*club, société*) afiliarse a.

affiner [afine] *vt* (*fromage*) madurar; (*métal*) afinar; (*goût, manières*) refinar, perfeccionar.

affinité [afinite] *nf* afinidad *f*.

affirmatif, ive [afiʀmatif, iv] *a* afirmativo(a), terminante // *nf*: **répondre par l'affirmative** responder por la afirmativa; **dans l'affirmative** en caso afirmativo.

affirmation [afiʀmasjɔ̃] *nf* afirmación *f*.

affirmer [afiʀme] *vt* sostener, afirmar; (*autorité, désir*) afirmar, manifestar; (**à qn**) **que** afirmar a alguien que.

affleurer [aflœʀe] *vi* aflorar, emerger.

affliction [afliksjɔ̃] nf aflicción f, pena.

affligé, e [afliʒe] a afligido(a), apenado(a); ~ **d'une maladie/tare** aquejado de una enfermedad/un defecto.

affliger [afliʒe] vt afligir, apenar.

affluence [aflyɑ̃s] nf afluencia, concurrencia; **heure/jour d'~** hora/día m de afluencia.

affluent [aflyɑ̃] nm afluente m.

affluer [aflye] vi confluir, afluir; (sang) afluir; **afflux** [afly] nm afluencia, confluencia; aflujo.

affoler [afɔle] vt enloquecer, aterrorizar; s'~ enloquecerse.

affranchir [afrɑ̃ʃir] vt franquear; (esclave) libertar; (d'une contrainte, menace) liberar; **affranchissement** nm franqueo; liberación f.

affréter [afrete] vt fletar.

affreux, euse [afrø, øz] a repugnante, horrible; (accident, douleur, temps) horrible, espantoso(a).

affriolant, e [afrijɔlɑ̃, ɑ̃t] a atractivo(a), seductor(ora).

affront [afrɔ̃] nm afrenta, ultraje m.

affronter [afrɔ̃te] vt afrontar, enfrentar; (fig) afrontar, desafiar; s'~ enfrentarse.

affubler [afyble] vt (péj): ~ qn de disfrazar a alguien con; (surnom) motejar a alguien de.

affût [afy] nm (de canon) cureña; à l'~ (de) al acecho (de).

affûter [afyte] vt afilar.

afin [afɛ̃]: ~ que conj a fin de que; ~ de faire a fin de hacer.

a fortiori [afɔrsjɔri] ad a fortiori.

AFP sigle f = **Agence France Presse**.

africain, e [afrikɛ̃, ɛn] a, nm/f africano(a).

Afrique [afrik(ə)] nf África; ~ **du Sud** África del Sur.

agacer [agase] vt fastidiar, enervar; molestar, exasperar; provocar.

âge [aʒ] nm edad f; **quel ~ as-tu?**

¿qué edad tienes?, ¿cuántos años tienes?; **prendre de l'~** envejecer; **limite/dispense d'~** límite/dispensa de edad; l'~ **ingrat** edad del pavo; ~ **mental** edad mental; l'~ **mûr** la edad madura, la madurez; ~ **de raison** edad de la razón o del juicio.

âgé, e [aʒe] a de edad; ~ **de 10 ans** de 10 años de edad.

agence [aʒɑ̃s] nf agencia; ~ **immobilière/matrimoniale/de voyages** agencia inmobiliaria/matrimonial/de viajes; ~ **de presse** agencia de prensa; ~ **de publicité** agencia de publicidad.

agencer [aʒɑ̃se] vt (éléments, texte) disponer, componer; (appartement) distribuir, disponer.

agenda [aʒɛ̃da] nm agenda.

agenouiller [aʒnuje]: s'~ vi arrodillarse, prosternarse.

agent [aʒɑ̃] nm (ADMIN) agente m, funcionario; (fig) agente, factor m; ~ **d'assurances/de change** agente de seguros/de cambios; ~ (de police) agente (de policía); ~ (secret) agente (secreto).

agglomération [aglɔmerasjɔ̃] nf zona poblada, poblado; ~ **parisienne** París y sus suburbios.

aggloméré [aglɔmere] nm aglomerado.

agglomérer [aglɔmere] vt aglomerar.

agglutiner [aglytine] vt aglutinar; s'~ vi aglutinarse, apelmazarse.

aggravant, e [agravɑ̃, ɑ̃t] a: **circonstance ~e** circunstancia agravante.

aggraver [agrave] vt agravar, empeorar; (JUR: peine) agravar; s'~ vi agravarse, empeorar; ~ **son cas** agravar su caso.

agile [aʒil] a ágil, ligero(a); **agilité** nf agilidad f, ligereza.

agir [aʒir] vi (se comporter) actuar, proceder; (faire quelque chose) actuar, intervenir; (suj: chose) actuar, operar; **il s'agit de** (il est question de) se trata de; (il importe *que*): **il s'agit de faire** es preciso hacer; **de quoi s'agit-il?** ¿de qué se trata?

agitateur, trice [aʒitatœr, tris] *nm/f* agitador/ora.

agitation [aʒitɑsjɔ̃] *nf* agitación *f*, ajetreo; *(état d'excitation, d'inquiétude)* agitación, inquietud *f*; *(politique, syndicale)* agitación, perturbación *f*.

agité, e [aʒite] *a (turbulent)* inquieto(a), excitado(a); *(troublé, excité)* agitado(a), desasosegado(a); *(vie, journée)* agitado(a); **une mer** ~e un mar revuelto *o* agitado; **un sommeil** ~ un sueño intranquilo *o* turbado.

agiter [aʒite] *vt (objet)* agitar, sacudir; *(question, problème)* examinar, discutir; *(personne: préoccuper, exciter)* inquietar, turbar; **s'**~ *vi* agitarse, inquietarse.

agneau, x [aɲo] *nm* cordero.

agnostique [agnɔstik] *a* agnóstico(a).

agonie [agɔni] *nf* agonía; **agoniser** [-ze] *vi* agonizar.

agrafe [agraf] *nf* corchete *m*, broche *m*; *(de bureau)* grapa; **agrafer** *vt* abrochar, sujetar; engrapar; **agrafeuse** *nf* cosepapeles *m*.

agraire [agrɛr] *a* agrario(a).

agrandir [agrɑ̃dir] *vt* agrandar, ampliar; *(PHOTO)* ampliar; **s'**~ *vi* agrandarse, extenderse; **agrandissement** *nm* ampliación *f*; **agrandisseur** *nm* ampliadora.

agréable [agreabl(ə)] *a (sensation, expérience)* agradable, placentero(a); *(personne)* agradable, afable.

agréé, e [agree] *a*: **concessionnaire** ~ concesionario autorizado.

agréer [agree] *vt* admitir; ~ **à** *vt* agradar a.

agrégat [agrega] *nm* conglomerado.

agrégation [agregɑsjɔ̃] *nf* concurso por oposición que otorga la habilitación para la enseñanza secundaria

y universitaria; **agrégé, e** [agreʒe] *nm/f* catedrático/a por oposición.

agréger [agreʒe]: **s'**~ *vi* asociarse, unirse.

agrément [agremɑ̃] *nm (accord)* consentimiento, aprobación *f*; *(attraits)* atractivo; *(plaisir)* agrado, placer *m*; **jardin d'**~ jardín *m* de recreación *f*; ~**er** *vt (conversation, texte)* amenizar; *(suj: personne)*: ~**er qch** de ornar *o* embellecer algo con.

agrès [agrɛ] *nmpl* aparatos *m* de gimnasia).

agresser [agrese] *vt* agredir, atacar; **agresseur** *nm* agresor *m*; **agressif, ive** [agresif] *a* agresivo(a), provocativo(a); **agression** *nf* agresión *f*, ataque *m*; *(POL, MIL)* agresión.

agreste [agrɛst(ə)] *a* agreste, silvestre.

agricole [agrikɔl] *a* agrícola.

agriculteur [agrikyltœr] *nm* agricultor *m*, labrador *m*.

agriculture [agrikyltyr] *nf* agricultura.

agripper [agripe] *vt* aferrar, asir; **s'**~ **à** aferrarse *o* asirse a.

agronome [agronɔm] *nm* agrónomo.

agronomie [agronɔmi] *nf* agronomía.

agrumes [agrym] *nmpl* citrus *mpl* agrios.

aguerrir [agerir] *vt* aguerrir foguear.

aguets [age]: **aux** ~ *ad*: **être aux** ~ estar al acecho *o* a la expectativa.

aguicher [agiʃe] *vt* excitar provocar.

ahurir [ayrir] *vt* pasmar, espantar; **ahurissement** *nm* estupor *m*, asombro.

ai *vb voir* **avoir**.

aide [ɛd] *nf* ayuda, apoyo // *ayudante m/f*, asistente *m/f*; **à l'**~ **de** *(outil, moyen)* con la ayuda de; **appeler à l'**~ pedir auxilio; **comptable/électricien** *nm* auxilia *m* de contabilidad/electricista; ~ **familiale** auxiliar *f* de la casa; ~ **de laboratoire** *nm/f* auxiliar *m/f* de laboratorio; ~**mémoire** *nm inv* memorándum *m*, resumen *m*; ~ **sociale** (*assistance*) asistencia social; ~ **soignant, e** *nm/f* auxiliar *m/f* de enfermería.

aider [ede] *vt* ayudar a; ~ **qn à faire qch** ayudar a alguien a hacer algo; ~ **à** (*faciliter, favoriser*) favorecer, contribuir a; **s'~ de** (*se servir de*) servirse o valerse de.

aie *etc vb voir* **avoir**.

aïeul, e [ajœl] *nm/f* abuelo/a; **aïeux** *mpl* antepasados.

aie [aj] *excl* ¡ay!

aigle [ɛgl(ə)] *nm* águila.

aigre [ɛgʀ(ə)] *a* agrio(a), ácido(a); (*fig*) agrio(a), cáustico(a); ~**doux, ouce** *a* agridulce; ~**let, te** *a* agrete, agridulce.

aigreur [ɛgʀœʀ] *nf* acidez *f*, acritud *f*; ~**s d'estomac** acedía.

aigrir [ɛgʀiʀ] *vt* (*fig*) agriar, avinagrar; **s'~** *vi* agriarse; (*fig*) agriarse, avinagrarse.

aigu, ë [egy] *a* agudo(a), afilado(a); (*objet, arête*) agudo(a), afilado(a).

aigue-marine [ɛgmaʀin] *nf* aguamarina.

aiguillage [egɥijaʒ] *nm* aparato de cambio de vía.

aiguille [egɥij] *nf* (*de réveil etc*) aguja, manecilla; (*à coudre, de sapin*) aguja; (*montagne*) pico, cumbre *f*; ~ **à tricoter** aguja de hacer punto.

aiguiller [egɥije] *vt* encauzar, encarrilar; (*RAIL*) maniobrar; **aiguilleur** *nm* guardaagujas *m*.

aiguillon [egɥijɔ̃] *nm* (*d'abeille*) aguijón *m*; (*fig*) aguijón, incentivo; ~**ner** *vt* aguijonear, incentivar.

aiguiser [egize] *vt* afilar; (*fig*) aguzar.

ail [aj] *nm* ajo.

aile [ɛl] *nf* ala; (*de voiture*) aleta, guardabarros *m*; (*MIL, POL, SPORT*) flanco, ala; **ailé, e** *a* alado(a); ~**ron**

nm (*de requin*) aleta; (*d'avion, voiture*) alerón *m*; **ailette** *nf* aleta.

ailier [elje] *nm* extremo; **ailier droit/gauche** extremo derecha/izquierda.

aille *etc vb voir* **aller**.

ailleurs [ajœʀ] *ad* en otra parte; **partout/nulle part** ~ en cualquier/ en ninguna otra parte; **d'~** *ad* por otra parte, además; **par** ~ *ad* por lo demás, por otra parte.

ailloli [ajɔli] *nm* alioli *m*.

aimable [ɛmabl(ə)] *a* amable, cordial; ~**ment** *ad* amablemente.

aimant, e [ɛmɑ̃, ɑ̃t] *a* afectuoso(a), cariñoso(a) // *a* imán *m*; ~**ation** *nf* imantación *f*; ~ *vt* imantar.

aimer [eme] *vt* (*d'amour*) amar; (*d'amitié, affection*) amar, querer; (*chose, activité*) gustarle (a uno); ~ **faire qch** gustarle (a uno) hacer algo; ~ **que...** gustarle que...; **bien** ~ **qn** querer mucho a alguien; **bien** ~ **qch** gustarle (a uno) mucho algo; **j'aime mieux** *ou* **autant faire...** prefiero hacer...; **j'aimerais mieux** *ou* **j'aime autant faire...**, me gustaría más hacer...]

aine [ɛn] *nf* ingle *f*.

aîné, e [ene] *a*, *nm/f* mayor (*m/f*), primogénito(a); ~**s** *mpl* (*fig*) mayores *mpl*, predecesores *mpl*.

ainsi [ɛ̃si] *ad* (*de cette façon*) así, de este modo; (*ce faisant*) así, de esta manera // *conj* como consecuencia, entonces; ~ **que** (*comme*) como, tal que; (*et aussi*) tanto como, así como; **pour** ~ **dire** por decirlo así; ~ **donc** así pues, entonces; ~ **soit-il** (*REL*) así sea; **et** ~ **de suite** y así sucesivamente.

air [ɛʀ] *nm* aire *m*; (*vent*) aire, brisa; (*expression, attitude*) aire, aspecto; **regarder en l'**~ mirar hacia arriba; **tirer en l'**~ disparar al aire; **parole/menace en l'**~ palabra/amenaza vana; **prendre l'**~ tomar aire; (*avion*) emprender el vuelo; **avoir l'**~ tener aspecto, parecer; **avoir l'**~ **de dormir** parecer dormir; **avoir l'**~ **d'un clown** parecer un payaso.

aire [ɛR] nf pista; (fig) área, dominio; (MATH) área, superficie f; (nid) aguilera.

aisance [ɛzɑ̃s] nf (facilité) facilidad f, comodidad f; (grâce, adresse) desenvoltura, soltura; (richesse) bienestar m, desahogo.

aise [ɛz] nf (confort) comodidad f; (financière) holgura, desahogo // à : **être bien ~ de/que** estar encantado(a) de/de que; ~ **s** fpl: **prendre/aimer ses ~s** instalarse con/gustar de la comodidad; **soupirer d'~** suspirar de gozo; **être à l'~** ou **à son ~** estar a gusto o a sus anchas; (financièrement) estar acomodado(a), vivir con desahogo; **se mettre à l'~** ponerse cómodo(a); **être mal à l'~** ou **à son ~** estar incómodo(a) o molesto(a); **mettre qn à l'~/mal à l'~** hacer que alguien se sienta cómodo(a)/ incómodo(a); **à votre ~** como usted guste; **en faire à son ~** hacer lo que le plazca; **aisé, e** a fácil, sencillo(a); (naturel) desenvuelto(a), suelto(a); (assez riche) acomodado(a), pudiente.

aisselle [ɛsɛl] nf axila.

ait vb voir **avoir**.

ajonc [aʒɔ̃] nm aulaga.

ajouré, e [aʒuRe] a calado(a).

ajournement [aʒuRnəmɑ̃] nm aplazamiento; suspensión f.

ajourner [aʒuRne] vt diferir, aplazar; (candidat, conscrit) suspender.

ajout [aʒu] nm agregado, añadido.

ajouter [aʒute] vt agregar, añadir; ~ **que** agregar que; ~ **à** aumentar, acrecentar; **s'~ à** sumarse a; ~ **foi à** dar fe.

ajustage [aʒystaʒ] nm ajuste m, regulación f.

ajustement [aʒystəmɑ̃] nm apuntamiento, ajuste m de puntería.

ajuster [aʒyste] vt (TECH: régler) ajustar, regular; (: coup de fusil, cible) apuntar; (: adapter) adaptar, adecuar; (: pièces d'assemblage)

adaptar, ajustar; **ajusteur** nm ajustador m.

alambic [alɑ̃bik] nm alambique m.

alanguir [alɑ̃giR] vt extenuar, debilitar; **s'~** vi languidecer.

alarme [alaRm(ə)] nf (signal) alarma; (inquiétude) alarma, inquietud f; **donner l'~** dar la alarma.

alarmer [alaRme] vt alarmar, inquietar; **s'~** vi preocuparse, alarmarse.

albâtre [albɑtR(ə)] nm alabastro.

albatros [albatRos] nm albatros m.

albinos [albinos] nm/f albino/a.

album [albɔm] nm (gén) álbum m.

albumen [albymɛn] nm albumen m.

albumine [albymin] nf albúmina; **avoir** ou **faire de l'~** padecer albuminuria.

alcalin, e [alkalɛ̃, in] a alcalino(a).

alchimie [alʃimi] nf alquimia; **alchimiste** nm alquimista m.

alcool [alkɔl] nm alcohol m; ~ **à brûler** alcohol de quemar; ~ **à 90°** alcohol de 90°; ~**ique** a, nm/f alcohólico(a); ~**isé, e** a alcoholico(a); ~**isme** nm alcoholismo.

alcootest [alkotɛst] ® nm alcohómetro.

alcôve [alkov] nf alcoba.

aléas [alea] nmpl contingencias, riesgos.

aléatoire [aleatwaR] a aleatorio(a); azaroso(a).

alentour [alɑ̃tuR] ad alrededor; ~**s** nmpl alrededores mpl, cercanías; **aux** ~ **s de** (espace) en las cercanías de; (temps) alrededor de las, cerca de las.

alerte [alɛRt(ə)] a alerta, ágil // nf (menace) alarma, amenaza; (signal) alarma, alerta; **donner l'~** dar la alarma.

alerter [alɛRte] vt alertar.

alèse [alɛz] nf sábana bajera de goma.

aléser [aleze] vt calibrar, fresar.

alevin [alvɛ̃] nm alevín m.

alexandrin [alɛksɑ̃drɛ̃] *nm* alejandrino.

algarade [algaʀad] *nf* altercado, reyerta.

algèbre [alʒɛbʀ(ə)] *nf* álgebra; **algébrique** *a* algebraico(a).

Alger [alʒe] *n* Argel.

Algérie [alʒeʀi] *nf* Argelia; **algérien, ne** *a, nm/f* argelino(a).

Algérois, e [alʒeʀwa, waz] *nm/f* argelino/a // *nm* (*région*) región f de Argel.

algorithme [algoʀitm(ə)] *nm* algoritmo.

algue [alg(ə)] *nf* alga.

alias [aljɑs] *ad* alias.

alibi [alibi] *nm* coartada.

aliéné, e [aljene] *nm/f* alienado/a.

aliéner [aljene] *vt* (*bien, liberté*) alienar, enajenar; (*partisans, support*) apartar, perder.

alignement [alipmɑ̃] *nm* alineación f; (*file*) alineación, fila; **à l'~** en fila.

aligner [alipe] *vt* (*points, arbres, soldats*) alinear, poner en fila; (*point de vue, monnaie*) alinear, ajustar; (*équipe, idée, chiffres*) ordenar; **s'~** (*concurrents*) enfrentarse; (*POL*) alinearse.

aliment [alimɑ̃] *nm* alimento, (*fig*) alimento, sustento; **~aire** *a* alimenticio(a); (*péj*) lucrativo(a).

alimentation [alimɑ̃tasjɔ̃] *nf* alimentación f, provisión f; (*aliments*) alimentación.

alimenter [alimɑ̃te] *vt* alimentar, nutrir; (*en eau, électricité*) proveer, abastecer; (*fig*) sostener, alimentar.

alinéa [alinea] *nm* sangrado, párrafo.

aliter [alite]: **s'~** *vi* guardar cama.

alizé [alize] *a, nm*: (**vent**) ~ (viento) alisio.

allaiter [alete] *vt* amamantar, criar.

allant [alɑ̃] *nm* energía, resolución f.

allécher [aleʃe] *vt* atraer, engatusar.

allée [ale] *nf* sendero, alameda; ~s **et venues** idas y venidas.

allégation [alegasjɔ̃] *nf* declaración f, afirmación f.

alléger [aleʒe] *vt* aligerar; (*dette, souffrance*) disminuir, aliviar; (*impôt*) desgravar.

allégorie [alegoʀi] *nf* alegoría.

allègre [alɛgʀ(ə)] *a* (*vif*) ágil, resuelto(a); (*joyeux*) alegre, jovial; **allégresse** [alegʀes] *nf* alegría, regocijo.

alléguer [alege] *vt* (*fait, texte*) alegar, invocar; (*prétexte*) alegar, aducir.

Allemagne [alman] *nf* Alemania; ~ **de l'est/l'ouest** Alemania oriental/federal; **allemand, e** [almɑ̃, ɑ̃d] *a, nm/f* alemán(ana) // *nm* (*LING*) alemán m.

aller [ale] *nm* ida // *vi* ir, marchar; (*être, se comporter*) andar, estar; (*être adapté, ajusté*): ~ **à** *vt* andar en, adaptarse a; ~ **avec** *vt* ir con, andar o pegar con; **je vais y** ~ **me fâcher** voy a ir/enojarme; **j'y vais** (ahí) voy; ~ **voir/chercher qch** ir a ver/buscar algo; **comment allez-vous/va-t-il?** ¿cómo está usted/él?; **je vais bien/mal** estoy bien/mal; **ça va?** ¿qué tal?; **cela me va** (*couleur, vêtement*) (esto) me sienta; (*projet, dispositions*) (esto) me conviene o gusta; **cela va bien avec le tapis** (esto) queda bien o pega con la alfombra; **cela ne va pas sans difficultés** esto ocasionará dificultades; **il y va de leur vie** están en juego sus vidas; **s'en** ~ (*partir*) irse, marcharse; (*disparaître*) irse, desparecer; ~ **et retour** ida y vuelta; ~ **simple** ida.

allergie [alɛʀʒi] *nf* alergia; **allergique** *a* alérgico(a).

alliage [aljaʒ] *nm* aleación f.

alliance [aljɑ̃s] *nf* (*MIL, POL*) alianza, acuerdo; (*mariage*) matrimonio, alianza; (*bague*) alianza; **neveu par** ~ sobrino político.

allié, e [alje] *nm/f* aliado/a.

parents et ~s parientes mpl y allegados.

allier [alje] vt (métaux) alear; (pays, personne) alear, ligar; (éléments, qualités) unir, asociar; s'~ (pays, personnes) aliarse, ligarse; (éléments, caractéristiques) unirse, asociarse; s'~ à unirse a, emparentarse con.

allitération [aliteʀasjɔ̃] nf aliteración f.

allô [alo] excl ¡alo!

allocataire [alɔkatɛʀ] nm/f beneficiario/a.

allocation [alɔkasjɔ̃] nf asignación f; (subside) asignación, subsidio; ~ (de) logement/chômage prestación f o subsidio para alojamiento/por desempleo; ~s familiales subsidios familiares.

allocution [alɔkysjɔ̃] nf alocución f.

allonger [alɔ̃ʒe] vt alargar, prolongar; (bras, jambe) estirar, alargar; s'~ alargarse, prolongarse; (personne) tenderse, echarse; ~ le pas alargar o apresurar el paso.

allouer [alwe] vt asignar, otorgar.

allumage [alymaʒ] nm (AUTO) encendido.

allume-cigare [alymsigaʀ] nm encendedor m.

allume-gaz [alymgaz] nm encendedor m.

allumer [alyme] vt encender; (pièce) alumbrar, iluminar; ~ (la lumière ou l'électricité) encender (la luz); s'~ vi encenderse, iluminarse.

allumette [alymɛt] nf fósforo, cerilla.

allumeuse [alymøz] nf coqueta, provocadora.

allure [alyʀ] nf (vitesse) velocidad f, marcha; (démarche, maintien) porte m, presencia; (aspect, air) aspecto, semblante m; avoir de l'~ tener buena presencia; à toute ~ a toda velocidad.

allusion [alyzjɔ̃] nf alusión f, insinuación f; faire ~ à hacer referencia a.

alluvions [alyvjɔ̃] nfpl aluviones mpl.

almanach [almana] nm almanaque m.

aloès [alɔɛs] nm áloe m.

aloi [alwa] nm: de bon/mauvais ~ de buen/mal gusto.

alors [alɔʀ] ad, conj entonces; et ~? ¿y con eso?; ~ que conj (au moment où) cuando; (pendant que) cuando, mientras; (tandis que) mientras que.

alouette [alwɛt] nf alondra.

alourdir [aluʀdiʀ] vt volver pesado(a), gravar; (fig: style) abarrotar, sobrecargar; (: démarche) entorpecer.

aloyau [alwajo] nm solomillo.

alpage [alpaʒ] nm pradera en la montaña.

Alpes [alp(ə)] nfpl Alpes mpl.

alpestre [alpɛstʀ(ə)] a alpino(a).

alphabet [alfabɛ] nm alfabeto; (livre) alfabeto, abecedario; **alphabétique** a alfabético(a); **alphabétiser** vt alfabetizar.

alpin, e [alpɛ̃, in] a alpino(a).

alpinisme [alpinism(ə)] nm alpinismo; **alpiniste** nm/f alpinista m/f.

Alsace [alzas] nf Alsacia; **alsacien, ne** a, nm/f alsaciano(a).

altercation [altɛʀkasjɔ̃] nf altercado, disputa.

altérer [alteʀe] vt (texte, document) alterar, modificar; (matériau) alterar, afectar; (sentiment) modificar, cambiar; (donner soif à) provocar sed a, ~ s'y alterarse; modificarse.

alternance [altɛʀnɑ̃s] nf sucesión f, alternación f; en ~ alternativamente.

alternateur [altɛʀnatœʀ] nm alternador m, generador m.

alternatif, ive [altɛʀnatif, iv] a sucesivo(a), alternativo(a) // nf (choix) alternativa, opción f.

alterner [altɛʀne] vt, vi alternar; (faire) ~ qch avec qch alternar algo con algo.

altesse [altɛs] nf: **son ~ le...** Su Alteza, el...

altier, ière [altje, jɛʀ] a altivo(a), arrogante).

altimètre [altimɛtʀ(ǝ)] nm altímetro.

altiste [altist(ǝ)] nm/f ejecutante m/f de viola.

altitude [altityd] nf altitud f, altura; **en ~** muy alto, en las alturas.

alto [alto] nm viola // nf contralto f.

altruisme [altʀɥism(ǝ)] nm altruismo, filantropía; **altruiste** a altruista.

aluminium [alyminjɔm] nm aluminio.

alun [alœ̃] nm alumbre m.

alunir [alyniʀ] vi alunizar.

alvéole [alveɔl] nf celdilla, alvéolo.

amabilité [amabilite] nf amabilidad f, cortesía; **il a eu l'~ de...** tuvo la amabilidad de...

amadou [amadu] nm yesca.

amadouer [amadwe] vt embelecar, granjearse.

amaigrir [amegʀiʀ] vt adelgazar, enflaquecer; **amaigrissant, e** a: **régime amaigrissant** régimen m para adelgazar.

amalgame [amalgam] nm amalgama, mezcla; (fig) amalgama, combinación f; **amalgamer** vt amalgamar; mezclar.

amande [amɑ̃d] nf almendra; (de noyau de fruit) hueso; **en ~** (yeux) almendrado(a).

amandier [amɑ̃dje] nm almendra.

amant, e [amɑ̃, ɑ̃t] nm/f amante m/f.

amarre [amaʀ] nf amarra; **~s** fpl amarras; **amarrer** vt (NAUT) amarrar; (gén) amarrar, sujetar.

amas [amɑ] nm montón m, pila; **amasser** vt amontonar, acumular; **s'amasser** vi amontonarse.

amateur [amatœʀ] nm aficionado/a, (péj) aficionado/a, diletante m/f; **~ de musique** etc aficionado a la música etc; **musicien/sportif ~** músico/deportista aficionado; **en ~** (péj) como

aficionado o diletante; **~isme** nm diletantismo.

amazone [amazon] nf: **en ~** a asentadillas, a la inglesa.

Amazone [amazon] nf Amazonas m.

ambages [ɑ̃baʒ] : **sans ~** ad sin ambages, sin rodeos.

ambassade [ɑ̃basad] nf embajada; **ambassadeur, drice** nm/f (POL) embajador/ora, (fig) embajador/ora, representante m/f.

ambiance [ɑ̃bjɑ̃s] nf ambiente m, atmósfera; **il y a de l'~** hay animación.

ambiant, e [ɑ̃bjɑ̃, ɑ̃t] a ambiente.

ambidextre [ɑ̃bidɛkstʀ(ǝ)] a ambidextro(a).

ambigu, ë [ɑ̃bigy] a ambiguo(a), equívoco(a); **~ïté** nf ambigüedad f.

ambitieux, euse [ɑ̃bisjø, øz] a ambicioso(a), pretencioso(a); (personne) ambicioso(a) // nm/f ambicioso/a.

ambition [ɑ̃bisjɔ̃] nf ambición f; (but, visée) ambición, aspiración f.

ambitionner [ɑ̃bisjɔne] vt ambicionar, ansiar.

ambivalent, e [ɑ̃bivalɑ̃, ɑ̃t] a ambivalente.

ambre [ɑ̃bʀ(ǝ)] nm: **~ jaune/gris** ámbar amarillo/gris.

ambulance [ɑ̃bylɑ̃s] nf ambulancia; **ambulancier, ière** nm/f conductor/ora de una ambulancia.

ambulant, e [ɑ̃bylɑ̃, ɑ̃t] a ambulante.

âme [ɑm] nf alma, espíritu m; (habitant) alma; **rendre l'~** entregar el alma, pasar a mejor vida; **~ sœur** alma gemela, espíritu gemelo.

améliorer [ameljɔʀe] vt mejorar, perfeccionar; **s'~** vi mejorarse.

aménagement [amenaʒmɑ̃] nm acondicionamiento; disposición f; (installation) habilitación f; **l'~ du territoire** el fomento de los recursos de un país; **~s fiscaux** desgravaciones impositivas.

aménager [amenaʒe] vt arreglar, acondicionar; (coin-cuisine etc: dans un local) disponer, habilitar.

amende [amɑ̃d] nf multa; **mettre à l'~** reprender, amonestar; **faire ~ honorable** retractarse.

amendement [amɑ̃dmɑ̃] nm (JUR) enmienda.

amender [amɑ̃de] vt (JUR) enmendar, rectificar; (AGR) abonar, fertilizar; **s'~** vi (coupable) enmendarse, corregirse.

amène [amɛn] a ameno(a), grato(a).

amener [amne] vt llevar, conducir; (causer) provocar, ocasionar; (baisser) arriar, bajar; **~ qn à qch/faire** incitar a alguien a algo/hacer; **s'~** vi (fam) llegar, venir.

amenuiser [amənɥize]: **s'~** vi disminuir, reducirse.

amer, ère [amɛr] a amargo(a), acerbo(a); (fig) amargo(a), doloroso(a); (: personne) amargado(a), amargo(a).

américain, e [amerikɛ̃, ɛn] a, nm/f americano(a).

Amérique [amerik] nf América; **l'~ centrale/latine** la América Central/Latina; **l'~ du Nord/Sud** la América del Norte/Sur.

amerrir [amerir] vi amarar.

amertume [amɛrtym] nf amargor m, amargura.

améthyste [ametist(ə)] nf amatista.

ameublement [amœbləmɑ̃] nm moblaje m; (meubles) mobiliario; **tissu d'~** género de tapicería; **papier d'~** papel pintado.

ameuter [amøte] vt amotinar, alborotar.

ami, e [ami] nm/f amigo/a; (amant, maîtresse) amigo/a, amante m/f // a: **famille ~e** familia amiga; **pays/groupe ~** país/grupo aliado; **être (très) ~ avec qn** ser (muy) amigo de alguien; **être ~ de l'ordre** ser amigo del orden; **un ~ des arts** un amigo de las artes; **petit ~/**

petite ~e (fam) querido/a, amante m/f.

amiable [amjabl(ə)] a amistoso(a); **à l'~** ad amigablemente.

amiante [amjɑ̃t] nf amianto.

amibe [amib] nf ameba.

amical, e, aux [amikal, o] a amistoso(a), cordial // nf (club) círculo, asociación f.

amidon [amidɔ̃] nm almidón m; **~ner** vt almidonar.

amincir [amɛ̃sir] vt rebajar, afinar; (personne) adelgazar; (suj: robe, style) adelgazar, afinar; **s'~** vi adelgazarse, volverse delgado(a); (personne) adelgazar.

amiral, aux [amiral, o] nm almirante m.

amirauté [amirote] nf almirantazgo.

amitié [amitje] nf amistad f; **prendre en ~** aficionarse (a), cobrar cariño (a); **faire ou présenter ses ~s à qn** dar o enviar sus recuerdos a alguien.

ammoniac [amɔnjak] nm: (gaz) ~ amoníaco.

ammoniaque [amɔnjak] nf amoníaco.

amnésie [amnezi] nf amnesia; **amnésique** a amnésico(a).

amnistie [amnisti] nf amnistía; **amnistier** vt amnistiar.

amoindrir [amwɛ̃drir] vt menguar, reducir.

amollir [amɔlir] vt ablandar, debilitar.

amonceler [amɔ̃sle] vt amontonar, acumular.

amont [amɔ̃]: **en ~** ad río arriba; **en ~ de** río más arriba de.

amorce [amɔrs(ə)] nf cebo, carnada; (explosif) fulminante m; (fig: début) principio; **amorcer** vt cebar; (munition) colocar el fulminante a, cargar; (fig) iniciar, emprender; (geste) esbozar.

amorphe [amɔrf(ə)] a amorfo(a), apático(a).

amortir [amɔrtir] vt amortiguar, atenuar; (COMM) amortizar;

amortisseur *nm* (AUTO) amortiguador *m*.

amour [amur] *nm* amor *m*; (*statuette etc*) amorcillo; **faire l'~** hacer el amor; **l'~ libre** el amor libre; **~ platonique** amor platónico; **s'~acher de** *vt* (*pers*) enamoriscarse de, encamotarse de; **~ette** *nf* amorío; **~eux, euse** *a* (*regard, tempérament*) amoroso(a), ardiente; (*vie, passions*) amoroso(a) // *nm/f* enamorado/a, amante *m/f*; **être ~eux (de qn)** estar enamorado (de alguien); **être ~eux de qch** estar enamorado de algo, ser amante de algo; **un ~eux des bêtes** un amante de los animales; **~propre** *nm* amor propio.

amovible [amɔvibl(ə)] *a* amovible.

ampère [ɑ̃pɛʀ] *nm* amperio; **~mètre** *nm* amperímetro.

amphétamine [ɑ̃fetamin] *nf* anfetamina.

amphibie [ɑ̃fibi] *a* anfibio(a).

amphithéâtre [ɑ̃fiteɑtʀ(ə)] *nm* anfiteatro; (*SCOL*) aula, anfiteatro.

amphore [ɑ̃fɔʀ] *nf* ánfora.

ample [ɑ̃pl(ə)] *a* amplio(a); (*ressources*) vasto(a), abundante; **jusqu'à plus ~ informé** hasta mayor información; **~ment** *ad* ampliamente; **ampleur** *nf* amplitud *f*; (*importance*) magnitud *f*.

amplificateur [ɑ̃plifikatœʀ] *nm* amplificador *m*.

amplifier [ɑ̃plifje] *vt* (*son, oscillation*) amplificar; (*fig*) acrecentar, incrementar.

amplitude [ɑ̃plityd] *nf* amplitud *f*; (*des températures*) variación *f*.

ampoule [ɑ̃pul] *nf* ampolla; (*électrique*) bombilla.

ampoulé, e [ɑ̃pule] *a* ampuloso(a).

amputation [ɑ̃pytasjɔ̃] *nf* amputación *f*.

amputer [ɑ̃pyte] *vt* (*MÉD*) amputar; (*fig*) reducir; **~ qn** (**d'un bras/pied**) amputar a alguien un brazo/pie.

amulette [amylɛt] *nf* amuleto.

amusant, e [amyzɑ̃, ɑ̃t] *a* divertido(a).

amusé, e [amyze] *a* divertido(a).

amuse-gueules [amyzgœl] *nmpl* tapas.

amusement [amyzmɑ̃] *nm* diversión *f*; (*jeu, divertissement*) diversión, entretenimiento.

amuser [amyze] *vt* (*divertir*) divertir, entretener; (*égayer, faire rire*) divertir; (*détourner l'attention*) distraer; **s'~** *vi* divertirse; (*péj*) entretenerse, holgar; **s'~ de qch** (*trouver comique*) divertirse con algo; **s'~ avec ou de qn** (*duper*) burlarse de alguien; **amusette** *nf* pasatiempo, distracción *f*; **amuseur** *nm* (*péj*) bufón *m*.

amygdale [amidal] *nf* amígdala.

an [ɑ̃] *nm* año; **être âgé de ou avoir 3 ~s** tener tres años de edad; **en l'~ 1980** en el año 1980; **le jour de l'~, le nouvel ~** el día de año nuevo, año nuevo.

anachronique [anakʀɔnik] *a* anacrónico(a).

anachronisme [anakʀɔnism(ə)] *nm* anacronismo.

anagramme [anagʀam] *nf* anagrama *m*.

anal, e, aux [anal, o] *a* anal.

analgésique [analʒezik] *nm* analgésico(a).

analogie [analɔʒi] *nf* analogía; **analogue** [-lɔg] *a* análogo(a).

analphabète [analfabɛt] *nm/f* analfabeto/a.

analyse [analiz] *nf* análisis *m*; **en dernière ~** en ultimo análisis, al fin de cuentas; **analyser** *vt* analizar; **analyste** [analist(ə)] *nm/f* analista *m/f*; **analytique** *a* analítico(a).

ananas [anana] *nm* piña.

anarchie [anaʀʃi] *nf* anarquía; **anarchisme** *nm* anarquismo; **anarchiste** *a, nm/f* anarquista (*m/f*).

anathème [anatɛm] *nm*: **jeter l'~ sur** echar la maldición sobre.

anatomie [anatɔmi] *nf* anatomía; **anatomique** *a* anatómico(a).

ancestral, e, aux [ɑ̃sɛstʀal, o] *a* ancestral.

ancêtre [ɑ̃sɛtʀ(ə)] nm/f antepasado/a; ~s mpl antepasados; l'~ de (fig) el precursor de, el antecesor de.

anche [ɑ̃ʃ] nf lengüeta.

anchois [ɑ̃ʃwa] nm anchoa.

ancien, ne [ɑ̃sjɛ̃, ɛn] a viejo(a), antiguo(a); (de jadis, de l'antiquité) antiguo(a); (précédent, ex-) ex- // nm/f (dans un groupe, une tribu) anciano/a; **un ~ ministre** un ex-ministro; **mon ~ne voiture** mi viejo coche; **être plus ~ que qn** (dans une fonction) tener más antigüedad que alguien; **~s élèves** (SCOL) ex-estudiantes; **~nement** [-jɛnmɑ̃] ad antiguamente; **~neté** [-jɛnte] nf antigüedad f.

ancrage [ɑ̃kʀaʒ] nm fijación f, (NAUT: mouillage) fondeadero.

ancre [ɑ̃kʀ(ə)] nf (NAUT) ancla; **jeter l'~** echar el ancla; **lever l'~** levar anclas; **à l'~** anclado(a); **~r** vt (CONSTRUCTION) fijar, sujetar; (fig) afianzar; **s'ancrer** vi (NAUT) anclar.

Andalousie [ɑ̃daluzi] nf Andalucía.

Andes [ɑ̃d] nfpl: **les ~** los Andes.

Andorre [ɑ̃dɔʀ] n Andorra.

andouille [ɑ̃duj] nf (CULIN) especie de embutido; (fam) imbécil m/f, idiota m/f.

âne [ɑn] nm asno, burro.

anéantir [aneɑ̃tiʀ] vt aniquilar; (personne) aniquilar, anonadar.

anecdote [anɛkdɔt] nf anécdota; **anecdotique** a anecdótico(a).

anémie [anemi] nf anemia; **anémié, e** a anémico(a); **anémique** a anémico(a).

anémone [anemɔn] nf anémona; (ZOOL): **~ de mer** anémona de mar.

ânerie [anʀi] nf burrada.

ânesse [anɛs] nf asna, burra.

anesthésie [anɛstezi] nf anestesia; **~ générale/locale** anestesia general/local; **anesthésier** [-zje] vt anestesiar; (fig) adormecer, aplacar; **anesthésique** nm anestésico; **anesthésiste** nm/f anestesista m/f.

anfractuosité [ɑ̃fʀaktyozite] nf anfractuosidad f; cavidad f.

ange [ɑ̃ʒ] nm ángel m; **être aux ~s** estar en la gloria; **~ gardien** ángel de la guarda; **angélique** [ɑ̃ʒelik] a angelical, angélico(a).

angélus [ɑ̃ʒelys] nm angelus m.

angine [ɑ̃ʒin] nf angina; **~ de poitrine** angina de pecho.

anglais, e [ɑ̃glɛ, ɛz] a, nm/f inglés(esa) // nm (LING) inglés m; **~es** fpl (cheveux) bucles mpl; **filer à l'~e** tomar las de Villadiego.

angle [ɑ̃gl(ə)] nm ángulo, esquina; (GÉOMÉTRIE, de tir, prise de vue) ángulo; (fig: point de vue) punto de vista; **~ droit/obtus/aigu** ángulo recto/obtuso/agudo.

Angleterre [ɑ̃glətɛʀ] nf: l'~ la Inglaterra.

anglican, e [ɑ̃glikɑ̃, an] a, nm/f anglicano(a).

anglicisme [ɑ̃glisism(ə)] nm anglicismo.

angliciste [ɑ̃glisist(ə)] nm/f anglicista m/f.

anglo... [ɑ̃glɔ] préf anglo; **~ ~normand, e** a anglonormando(a); **les îles ~normandes** las islas anglonormandas; **~phile** [-fil] a anglófilo(a); **~phobe** [-fɔb] a anglófobo(a); **~phone** [-fɔn] a angloparlante; **~saxon, ne** [-saksɔ̃, ɔn] a anglosajón(ona).

angoisse [ɑ̃gwas] nf: l'~ la angustia; **avoir des ~s** estar angustiado(a); **angoisser** vt angustiar.

angora [ɑ̃gɔʀa] a de angora.

anguille [ɑ̃gij] nf anguila; **~ de mer** congrio.

angulaire [ɑ̃gylɛʀ] a angular.

anguleux, euse [ɑ̃gylø, øz] a anguloso(a).

anicroche [anikʀɔʃ] nf inconveniente m, engorro.

animal, e, aux [animal, o] a animal // nm animal m; (fam) animal, bestia; **~ domestique/sauvage** animal doméstico/salvaje; **~ier** a: **peintre**

~**ier** pintor *m* de animales.

animateur, trice [animatœʀ, tʀis] *nm/f* animador/ora.

animation [animɔsjɔ̃] *nf* animación *f*.

animé, e [anime] *a* animado(a).

animer [anime] *vt* animar; **s'~** *vi* animarse.

animosité [animozite] *nf* animosidad *f*.

anis [ani] *nm* anís *m*.

anisette [anizɛt] *nf* anisete *m*.

ankylose [ãkiloz] *nf* anquilosis *f*; **s'ankyloser** *vi* anquilosarse.

annales [anal] *nfpl* anales *mpl*.

anneau, x [ano] *nm* (de rideau) anilla, argolla; (de chaîne) eslabón *m*; (bague) anillo.

année [ane] *nf* año; ~ **fiscale** año fiscal; ~**-lumière** año luz; ~ **scolaire** curso escolar.

annelé, e [anle] *a* anillado(a).

annexe [anɛks(ə)] *a* anexo(a) // *nf* (bâtiment) anexo; (document) adjunto.

annexer [anɛkse] *vt* (pays, biens) anexar; (texte, document) adjuntar; **s'~** *vt* anexarse; **annexion** *nf* anexión *f*.

annihiler [aniile] *vt* aniquilar.

anniversaire [anivɛʀsɛʀ] *a*: **fête/jour** ~ fiesta/día aniversario // *nm* (d'une personne) cumpleaños *m*; (d'un événement, bâtiment) aniversario.

annonce [anɔ̃s] *nf* anuncio; (CARTES) declaración *f*; **les petites** ~**s** avisos, anuncios.

annoncer [anɔ̃se] *vt* (nouvelle, décision) anunciar, informar; (être le signe de) anunciar, indicar; (visiteur) anunciar; **s'~**: **s'~ bien/difficile** presentarse bien/difícil; **annonceur, euse** *nm/f* (TV, RADIO) locutor/ora; (qui fait insérer une annonce publicitaire) anunciador/ora.

annonciation [anɔ̃sjasjɔ̃] *nf*: **l'A~** la Anunciación.

annoter [anɔte] *vt* comentar, anotar.

annuaire [anɥɛʀ] *nm* anuario; ~ **téléphonique** guía telefónica.

annuel, le [anɥɛl] *a* anual; ~**lement** *ad* anualmente.

annuité [anɥite] *nf* anualidad *f*.

annulaire [anɥlɛʀ] *nm* anular *m*.

annulation [anylasjɔ̃] *nf* anulación *f*.

annuler [anyle] *vt* anular; **s'~** anularse.

anoblir [anɔbliʀ] *vt* ennoblecer.

anode [anɔd] *nf* ánodo.

anodin, e [anɔdɛ̃, in] *a* anodino(a).

anomalie [anɔmali] *nf* anomalía.

ânonner [ɑnɔne] *vi*, *vt* farfullar, balbucir.

anonymat [anɔnima] *nm* anonimato.

anonyme [anɔnim] *a* anónimo(a); (fig) impersonal; ~**ment** *ad* anónimamente.

anorak [anɔʀak] *nm* anorac *m*.

anormal, e, aux [anɔʀmal, o] *a* anormal; (injuste) ilógico(a) // *nm/f* anormal *m/f*.

anse [ɑ̃s] *nf* (de panier, tasse) asa; (GÉO) ensenada.

antagonisme [ɑ̃tagonism(ə)] *nm* antagonismo; **antagoniste** *a*: **force/parti antagoniste** fuerza/partido antagonista // *nm/f* antagonista *m/f*, adversario/a.

antan [ɑ̃tɑ̃]: **d'~** *a* de antaño.

antarctique [ɑ̃taʀktik] *a* antártico(a) // *nm*: **l'A~** la Antártida.

antécédent [ɑ̃tesedɑ̃] *nm* antecedente *m*; ~**s** *mpl* antecedentes *mpl*.

antédiluvien, ne [ɑ̃tedilyvjɛ̃, ɛn] *a* antediluviano(a).

antenne [ɑ̃tɛn] *nf* antena; (poste avancé, petite succursale ou agence) emisora; **avoir l'~** estar en conexión; **adapter pour l'~** adaptar para la emisión; **passer à l'~** hablar por radio; **prendre l'~** sintonizar; **deux heures d'~** un espacio de dos horas.

antépénultième [ɑ̃tepenyltjɛm] *a* antepenúltimo(a).

antérieur, e [ɑ̃teʀjœʀ] a anterior; ~ **à** anterior a; **~ement** ad anteriormente, precedentemente; **~ement à** antes de; **antériorité** [-jɔʀite] nf anterioridad f.

anthologie [ɑ̃tɔlɔʒi] nf antología.

anthracite [ɑ̃tʀasit] nm antracita.

anthropocentrisme [ɑ̃tʀɔpɔsɑ̃tʀism(ə)] nm antropocentrismo.

anthropologie [ɑ̃tʀɔpɔlɔʒi] nf antropología; **anthropologue** [ɑ̃tʀɔpɔlɔg] nm/f antropólogo/a.

anthropométrie [ɑ̃tʀɔpɔmetʀi] nf antropometría; **anthropométrique** a: **fiche/signalement anthropométrique** ficha/descripción antropométrica.

anthropomorphisme [ɑ̃tʀɔpɔmɔʀfism(ə)] nm antropomorfismo.

anthropophage [ɑ̃tʀɔpɔfaʒ] a, nm/f antropófago(a).

anthropophagie [ɑ̃tʀɔpɔfaʒi] nf antropofagia.

anti... [ɑ̃ti] préf anti... .

antiaérien, ne [ɑ̃tiaeʀjɛ̃, ɛn] a antiaéreo(a).

antialcoolique [ɑ̃tialkɔlik] a antialcohólico(a).

antiatomique [ɑ̃tiatɔmik] a antiatómico(a).

antibiotique [ɑ̃tibjɔtik] nm antibiótico.

antibrouillard [ɑ̃tibʀujaʀ] a antiniebla.

anticancéreux, euse [ɑ̃tikɑ̃seʀø, øz] a anticanceroso(a).

antichambre [ɑ̃tiʃɑ̃bʀ(ə)] nf antecámara; **faire ~** hacer antecámara o antesala.

antichar [ɑ̃tiʃaʀ] a antitanque.

anticipation [ɑ̃tisipɑsjɔ̃] nf anticipación f; anticipo; **par ~** adelantado; **livre/film d'~** libro/película sobre el futuro.

anticipé, e [ɑ̃tisipe] a anticipado(a); por adelantado; **avec mes remerciements ~s** agradeciendo desde ya.

anticiper [ɑ̃tisipe] vt (prévoir) anticipar; (paiement) anticipar,

adelantar // vi anticiparse; ~ **sur** vt anticiparse a.

anticlérical, e, aux [ɑ̃tikleʀikal, o] a anticlerical.

anticonceptionnel, le [ɑ̃tikɔ̃sepsjɔnɛl] a anticonceptivo(a).

anticorps [ɑ̃tikɔʀ] nm anticuerpo.

anticyclone [ɑ̃tisiklɔn] nm anticiclón m.

antidater [ɑ̃tidate] vt antedatar.

antidérapant, e [ɑ̃tideʀapɑ̃, ɑ̃t] a antidelizante, antiderrapante.

antidote [ɑ̃tidɔt] nm antídoto.

antienne [ɑ̃tjɛn] nf (REL) antífona; (fig) estribillo, adagio.

antigel [ɑ̃tiʒɛl] nm anticongelante m.

Antilles [ɑ̃tij] nfpl: **les ~** las Antillas.

antilope [ɑ̃tilɔp] nf antílope m.

antimilitariste [ɑ̃timilitaʀist(ə)] a antimilitarista.

antimite(s) [ɑ̃timit] a, nm: **(produit) ~** (producto) antipolilla.

antiparasite [ɑ̃tipaʀazit] a antiparásito(a).

antipathie [ɑ̃tipati] nf antipatía; **antipathique** a antipático(a).

antiphrase [ɑ̃tifʀaz] nf: **par ~** por antífrasis.

antipodes [ɑ̃tipɔd] nmpl antípodas; (fig): **être aux ~ de** estar en las antípodas de.

antiquaire [ɑ̃tikɛʀ] nm/f anticuario m.

antique [ɑ̃tik] a antiguo(a); (très vieux) anticuado(a); **antiquité** [-ite] nf antigüedad f; **l'Antiquité** la Antigüedad; **magasin d'antiquités** tienda de antigüedades.

antirabique [ɑ̃tiʀabik] a antirrábico(a).

antiraciste [ɑ̃tiʀasist(ə)] a antirracista.

antirides [ɑ̃tiʀid] a inv antiarrugas.

antirouille [ɑ̃tiʀuj] a inv: **peinture ~** pintura antioxidante.

antisémite [ɑ̃tisemit] a antisemita.

antisémitisme [ɑ̃tisemitism(ə)] nm antisemitismo.

antiseptique [ãtisɛptik] *a* antiséptico(a) // *nm* antiséptico.

antitétanique [ãtitetanik] *a* antitetánico(a).

antithèse [ãtitɛz] *nf* antítesis f.

antituberculeux, euse [ãtityberkylø, øz] *a* antituberculoso(a).

antivol [ãtivɔl] *a, nm:* (dispositif) ~ (dispositivo) antirrobo.

antre [ãtr(ə)] *nm* antro, cueva; (fig) antro.

anus [anys] *nm* ano.

anxiété [ãksjete] *nf* ansiedad f.

anxieux, euse [ãksjø, øz] *a* ansioso(a); (impatient): **être ~ de faire** estar ansioso por hacer.

aorte [aɔrt(ə)] *nf* aorta.

août [u] *nm* agosto.

apaisement [apɛzmã] *nm* sosiego; calma; ~**s** *mpl* seguridades fpl.

apaiser [apeze] *vt* apaciguar, mitigar; (personne) apaciguar, calmar; **s'~** *vi* aplacarse, apaciguarse.

apanage [apanaʒ] *nm:* **être l'~ de** ser el privilegio o la prerrogativa de.

aparté [aparte] *nm* aparte m; **en ~** *ad* confidencialmente.

apathie [apati] *nf* apatía.

apathique *a* apático(a).

apatride [apatrid] *nm/f* apátrida m/f.

apercevoir [apɛrsəvwar] *vt* (voir) distinguir, avistar; (constater, percevoir) percibir; **s'~ de** darse cuenta de, notar; **s'~ que** notar que, darse cuenta de que.

aperçu [apɛrsy] *nm* imagen f, apreciación f; (intuition) percepción f, idea.

apéritif [aperitif] *nm* aperitivo.

à-peu-près [apøprɛ] *nm inv* aproximación f, imprecisión f.

apeuré, e [apœre] *a* atemorizado(a), asustado(a).

aphone [afon] *a* afónico(a).

aphrodisiaque [afrodizjak] *a* afrodisíaco(a) // *nm* afrodisíaco.

aphte [aft(ə)] *nm* afta; **aphteuse** *a:* **fièvre aphteuse** fiebre aftosa.

apiculteur [apikyltœr] *nm* apicultor m.

apiculture [apikyltyr] *nf* apicultura.

apitoyer [apitwaje] *vt* apiadar, hacer compadecer; ~ **qn sur** apiadar a alguien por; **s'~ (sur)** apiadarse o compadecerse de.

aplanir [aplanir] *vt* (surface) aplanar, nivelar; (fig) allanar.

aplati, e [aplati] *a* achatado(a).

aplatir [aplatir] *vt* aplanar, aplastar; (vaincre, écraser) aplastar; **s'~** *vi* (s'allonger par terre) echarse; (s'humilier) rebajarse.

aplomb [aplɔ̃] *nm* (équilibre) equilibrio; (fig) aplomo, serenidad f; **d'~** *ad* (en équilibre) derecho.

apocalypse [apɔkalips(ə)] *nf* apocalipsis m.

apogée [apɔʒe] *nm* apogeo.

apolitique [apɔlitik] *a* apolítico(a).

apologie [apɔlɔʒi] *nf* apología, alabanza.

apoplexie [apɔplɛksi] *nf* apoplejía.

a posteriori [aposterjɔri] *ad* a posteriori.

apostolat [apɔstɔla] *nm* apostolado.

apostolique [apɔstɔlik] *a* apostólico(a).

apostrophe [apɔstrɔf] *nf* (signe) apóstrofo f; (interpellation) apóstrofe m, improperio; **apostropher** *vt* apostrofar, increpar.

apothéose [apoteoz] *nf* apoteosis f.

apôtre [apotr(ə)] *nm* apóstol m.

apparaître [aparɛtr(ə)] *vi* aparecer, surgir; (difficultés, symptômes) surgir, manifestarse // *vb avec attribut* parecer; **il apparaît que** parece que.

apparat [apara] *nm:* **tenue d'~** traje m de etiqueta; ~ **critique** aparato crítico.

appareil [aparɛj] *nm* aparato; (politique, syndical) aparato, maquinaria; (dentaire) aparato (de ortodoncia); ~ **digestif/ reproducteur** aparato digestivo/

reproductor; **qui est à l'~?** ¿quién habla?; **dans le plus simple ~ en cueros**; **~ de photographie, ~(-photo)** cámara fotográfica.

appareillage [apaʀejaʒ] *nm* (*appareils*) equipo; (*NAUT*) partida.

appareiller [apaʀeje] *vi* (*NAUT*) zarpar // *vt* (*assortir*) emparejar.

apparemment [apaʀamã] *ad* aparentemente.

apparence [apaʀãs] *nf* apariencia.

apparent, e [apaʀã, ãt] *a* (*visible*) aparente, palpable; (*ostensible*) manifiesto(a), ostensible; (*illusoire, superficiel*) aparente, ilusorio(a); **coutures ~es** costuras falsas.

apparenté, e [apaʀãte] *a*: **~ à** emparentado con.

appariteur [apaʀitœʀ] *nm* bedel *m*.

apparition [apaʀisjɔ̃] *nf* aparición *f*.

appartement [apaʀtǝmã] *nm* apartamento.

appartenance [apaʀtǝnãs] *nf* pertenencia.

appartenir [apaʀtǝniʀ]: **~ à** *vt* pertenecer a; (*fig*) corresponder a.

apparu, e *pp* de **apparaître.**

appas [apɑ] *nmpl* atractivos, seducción *f*.

appât [apɑ] *nm* cebo, carnada; (*fig*) incentivo, aliciente *m*; **~er** *vt* colocar el cebo a; (*gibier, poisson*) cebar, atraer; (*fig*) atraer, cautivar.

appauvrir [apovʀiʀ] *vt* empobrecer, (*sol*) empobrecer, esterilizar; (*fig*) empobrecer, debilitar; **s'~** *vi* empobrecerse.

appel [apɛl] *nm* llamamiento, (*incitation*) llamada, llamamiento; (*attirance*) reclamo, llamada; (*nominal*) lista; (*JUR*) apelación *f*; **faire ~ à** recurrir o apelar a; **faire l'~** pasar lista; **sans ~** sin apelación; **~ d'air** aspiración *f* de aire; **~ d'offres** llamado a licitación; **~ (téléphonique)** llamada (telefónica).

appelé [aple] *nm* (*MIL*) recluta.

appeler [aple] *vt* llamar; (*en faisant l'appel*) nombrar, llamar; (*fig*) reclamar, exigir; **~ qn à un poste** nombrar a alguien para un destino; **~ qn à comparaître** citar a alguien a comparecer; **en ~ à qn** *ou* **qch** apelar a alguien *o* algo; **s'~** llamarse.

appellation [apelasjɔ̃] *nf* (*d'un produit*) denominación *f*; **vin d'~ contrôlée** vino de denominación de origen.

appendice [apɛ̃dis] *nm* apéndice *m*; **appendicite** [-it] *nf* apendicitis *f*.

appentis [apãti] *nm* cobertizo, tinglado.

appesantir [apǝzãtiʀ]: **s'~** *vi* volverse pesado(a), entorpecerse; **s'~ sur** persistir o insistir en.

appétissant, e [apetisã, ãt] *a* apetitoso(a).

appétit [apeti] *nm* apetito; **avoir un gros/petit ~** tener mucho/poco apetito; **couper l'~ (de qn)** quitarle las ganas (a uno); **bon ~!** ¡buen provecho!

applaudir [aplodiʀ] *vt*, *vi* aplaudir; **~ à** *vt* aplaudir, aprobar; **applaudissements** *nmpl* aplausos.

applicable [aplikabl(ǝ)] *a* aplicable.

application [aplikasjɔ̃] *nf* aplicación *f*.

applique [aplik] *nf* aplique *m*, lámpara de pared.

appliqué, e [aplike] *a* aplicado(a), esmerado(a).

appliquer [aplike] *vt* (*fig*) aplicar; (*poser*) aplicar, colocar; **s'~** *vi* (*élève, ouvrier*) aplicarse; **s'~ à faire qch** esmerarse en hacer algo.

appoint [apwɛ̃] *nm* contribución *f*, aporte *m*; **avoir/faire l'~** tener/dar suelto; **chauffage d'~** calefacción suplementaria.

appointements [apwɛ̃tmã] *nmpl* honorarios.

appontement [apɔ̃tmã] *nm* muelle *m*.

apport [apɔʀ] *nm* (*fig: soutien*)

aporte *m*, contribución *f*.

apporter [apɔʀte] *vt* traer; (*soutien, preuve*) aportar, procurar; (*produire*) producir, procurar.

apposer [apoze] *vt* colocar, aplicar; **apposition** *nf* colocación *f*, aplicación *f*; (LING): **en apposition** en aposición.

appréciable [apʀesjabl] *a* (*important*) apreciable.

appréciation [apʀesjɑsjɔ̃] *nf* apreciación *f*, evaluación *f*; ~s *fpl* (*avis*) apreciaciones.

apprécier [apʀesje] *vt* (*gentillesse, personne*) apreciar, estimar; (*distance, importance*) evaluar, estimar.

appréhender [apʀeɑ̃de] *vt* temer; (JUR) arrestar, detener; ~ **que/de faire** temer que/hacer; **appréhension** *nf* aprensión *f*, temor *m*.

apprendre [apʀɑ̃dʀ(ə)] *vt* (*nouvelle, résultat*) conocer, enterarse de; (*leçon, texte*) aprender; (*métier, la patience, la vie*) aprender, conocer; ~ **qch à qn** (*informer*) enterar de algo a alguien; (*enseigner*) enseñar algo a alguien; ~ **à faire qch** aprender a hacer algo; ~ **à qn à faire qch** enseñar a alguien a hacer algo.

apprenti, e [apʀɑ̃ti] *nm/f* aprendiz/iza; (*fig*) principiante *m/f*, novato/a.

apprentissage [apʀɑ̃tisaʒ] *nm* aprendizaje *m*.

apprêt [apʀɛ] *nm* (*sur un cuir*) adobo; (*sur un mur*) enduido; (*sur un papier, une étoffe*) apresto.

apprêté, e [apʀɛte] *a* (*fig*) amanerado(a), rebuscado(a).

apprêter [apʀɛte] *vt* adobar; aprestar.

appris, e *pp* **de apprendre**.

apprivoiser [apʀivwɑze] *vt* domesticar, amansar.

approbateur, trice [apʀobatœʀ, tʀis] *a* de aprobación *f*.

approbation [apʀɔbɑsjɔ̃] *nf* (*autorisation*) autorización *f*, conformidad *f*; (*jugement favorable*) aprobación *f*, asentimiento.

approche [apʀɔʃ] *nf* acercamiento; (*fig*) aproximación *f*; enfoque *m*; ~s *fpl* (*abords*) acceso, cercanías; **à l'~ du train/de Paris** al acercarse el tren/a París.

approché, e [apʀɔʃe] *a* (*approximatif*) aproximativo(a), aproximado(a).

approcher [apʀɔʃe] *vi* aproximarse, acercarse // *vt* (*vedette, artiste*) relacionarse con, acercarse a; (*objet*) acercar, aproximar; ~ **de** *vt* aproximarse *o* acercarse a.

approfondi, e [apʀɔfɔ̃di] *a* profundo(a).

approfondir [apʀɔfɔ̃diʀ] *vt* ahondar, hacer más profundo(a); (*fig*) profundizar, intensificar.

approprié, e [apʀɔpʀije] *a* (*adéquat*) apropiado(a), adecuado(a); ~ **à** adecuado a, conforme a.

approprier [apʀɔpʀije]: **s'~ vt** apropiarse.

approuver [apʀuve] *vt* aprobar.

approvisionnement [apʀɔvizjɔnmɑ̃] *nm* aprovisionamiento; (*provisions*) provisión *f*.

approvisionner [apʀɔvizjɔne] *vt* proveer, aprovisionar; (*compte bancaire*) cubrir; **s'~ dans un magasin** proveerse en una tienda.

approximatif, ive [apʀɔksimatif, iv] *a* aproximativo(a).

approximativement [apʀɔksimativmɑ̃] *ad* aproximadamente.

Appt *abr* de **appartement**.

appui [apɥi] *nm* apoyo; (*de fenêtre*) antepecho; (*d'escalier etc*) soporte *m*; (*fig: aide*) apoyo, sostén *m*; **prendre ~ sur** apoyarse en; **point d'~** punto de apoyo; **à l'~ de** en prueba de; **à l'~** en prueba; **~-tête** *nm*, **~-tête** *nm inv* cabezal *m*.

appuyer [apɥije] *vt* (*personne, demande*) apoyar, respaldar; ~ **qch sur/contre/à** apoyar algo sobre *o* en/contra *o* en/en; ~ **sur** *vt* *(bouton, frein)* oprimir, apretar; *(fig: mot, détail)* recalcar, insistir en o sobre; *(suj: chose: peser sur)* afirmarse contra; **~ contre** vt *(mur, porte)* apoyarse contra; **~ à droite** ou **sur sa droite** *(se diriger)* tomar hacia la derecha o a su derecha; **s'~ sur** vt *(s'accouder à)* apoyarse en; *(fig: se baser sur)* apoyarse o fundarse en; **s'~ sur qn** *(fig)* apoyarse en alguien.

âpre [aprə] a áspero(a); *(voix)* áspero(a), duro(a); *(hiver, froid)* desapacible, riguroso(a); *(lutte, bataille)* encarnizado(a), arduo(a); **~ au gain** ávido(a) de lucro.

après [aprε] nm: **l'~** el después // prép *(temporel)* después de, luego de; *(spatial, dans une série)* después de, tras // **à** después; **~ avoir fait/qu'il soit parti** después de haber hecho/de que él haya partido; **d'~** prép *(selon)* según; **~ coup** ad a destiempo, posteriormente; **~ tout** ad *(au fond)* después de todo; **et** **(puis)** **~!** ¡y con eso!, ¡(bueno!) ¿y qué?; **~demain** ad pasado mañana; **~guerre** nm postguerra; **~midi** nm inv ou nf inv tarde f; **~ski** nm calzado "après-ski".

a priori [aprijɔri] ad a priori.

à-propos [apropo] nm ocurrencia, ingenio.

apte [apt(ə)] a apto(a); ~ capacitado(a); **~ à** apto(a) para; **aptitude** nf aptitud f, capacidad f.

aquarelle [akwarεl] nf acuarela.

aquarium [akwarjɔm] nm acuario.

aquatique [akwatik] a acuático(a).

aqueduc [akdyk] nm acueducto.

aqueux, euse [akø, øz] a acuoso(a).

arabe [arab] a, nm/f árabe *(m/f)* // nm *(LING)* árabe m.

arabesque [arabεsk(ə)] nf arabesco.

Arabie [arabi] nf Arabia; **~** **Saoudite** Arabia Saudita.

arable [arabl(ə)] a arable.

arachide [araʃid] nf cacahuete m, maní m.

araignée [arεɲe] nf araña; **~ de mer** araña de mar.

aratoire [aratwar] a: **instrument** **~** instrumento de labranza.

arbitrage [arbitraʒ] nm arbitraje m.

arbitraire [arbitrεr] a arbitrario(a).

arbitre [arbitr(ə)] nm árbitro.

arbitrer [arbitre] vt arbitrar.

arborer [arbɔre] vt *(drapeau, enseigne)* enarbolar, izar; *(vêtement)* lucir, ostentar; *(fig)* ostentar, mostrar.

arboriculture [arbɔrikyltyr] nf arboricultura.

arbre [arbr(ə)] nm árbol m; **~ à** **cames/de transmission** árbol de levas/de transmisión; **~** **généalogique** árbol genealógico; **~** **de Noël** árbol de Navidad.

arbrisseau, x [arbriso] nm arbolito, arbusto.

arbuste [arbyst(ə)] nm arbusto.

arc [ark] nm arco; **~ de cercle** arco de círculo; **A~ de triomphe** Arco de triunfo.

arcade [arkad] nf arcada; **~ sour-** **cillère** arco superciliar.

arcanes [arkan] nmpl arcanos, misterios.

arc-boutant [arkbutɑ̃] nm arbotante m.

arc-bouter [arkbute]: **s'~** vi apuntalarse, afianzarse.

arceau, x [arso] nm *(de voûte)* arco; *(métallique etc)* aro, arco.

arc-en-ciel [arkɑ̃sjεl] nm arco iris m.

archaïque [arkaik] a arcaico(a), perimido(a).

archaïsme [arkaism(ə)] nm arcaísmo.

archange [arkɑ̃ʒ] nm arcángel m.

arche [arʃ(ə)] nf arca; **~ de Noé** arca de Noé.

archéologie [arkeɔlɔʒi] nf arqueología; **archéologique** a arqueológico(a); **archéologue** [-lɔg] nm/f arqueólogo/a.

archer [arʃe] nm arquero.

archet [aʀʃɛ] *nm* arco.

archevêché [aʀʃəveʃe] *nm* arzobispado.

archevêque [aʀʃəvɛk] *nm* arzobispo.

archipel [aʀʃipɛl] *nm* archipiélago.

architecte [aʀʃitɛkt(ə)] *nm* arquitecto; (*fig*) artífice *m*.

architecture [aʀʃitɛktyʀ] *nf* (*art*) arquitectura; (*structure, agencement*) arquitectura, estructura.

archives [aʀʃiv] *nfpl* archivo; **archiviste** *nm/f* archivero/a, archivista *m/f*.

arçon [aʀsɔ̃] *nm voir* cheval.

arctique [aʀktik] *a* ártico(a) // *nm*: l'A~ el Ártico; l'océan A~ el Océano Glacial Ártico.

ardemment [aʀdamɑ̃] *ad* ardientemente.

ardent, e [aʀdɑ̃, ɑ̃t] *a* (*feu, soleil*) ardiente, abrasador(ora); (*fièvre, soif*) ardiente; (*amour, lutte, prière*) ardiente, fervoroso(a); **ardeur** [aʀdœʀ] *nf* (*du soleil, feu*) ardor *m*, calor *m*; (*fig*) ferveur, vehemencia.

ardoise [aʀdwaz] *nf* pizarra.

Ardt *abrév de* **arrondissement**.

ardu, e [aʀdy] *a* (*travail, problème*) arduo(a), difícil.

are [aʀ] *nm* área.

arène [aʀɛn] *nf* (*antique*) arena; (*fig*): l'~ **politique** la palestra política; ~s *fpl* (*de corrida*) plaza de toros, ruedo.

arête [aʀɛt] *nf* espina; (*d'une montagne*) cresta; (*GÉOMÉTRIE*) arista; (*d'une poutre, d'un toit*) cumbrera.

argent [aʀʒɑ̃] *nm* (*métal*) plata; (*monnaie*) dinero; ~ **liquide** dinero líquido; ~ **de poche** dinero para gastos menudos; **argenté, e** *a* plateado(a); ~**er** *vt* platear; ~**erie** *nf* platería.

argentin, e [aʀʒɑ̃tɛ̃, in] *a, nm/f* argentino(a).

Argentine [aʀʒɑ̃tin] *nf* Argentina.

argile [aʀʒil] *nf* arcilla; **argileux, euse** *a* arcilloso(a).

argot [aʀgo] *nm* jerga, germanía; ~**ique** *a* de jerga, jergal.

arguer [aʀgɥe]: ~ **de** *vt* argüir, pretextar; ~ **que** argüir que.

argument [aʀgymɑ̃] *nm* argumento, pretexto; (*d'un ouvrage*) argumento; ~**ation** *nf* argumentación *f*, razonamiento; ~**er** *vi* argumentar, discutir.

argus [aʀgys] *nm* publicación con las cotizaciones de coches de ocasión.

aride [aʀid] *a* árido(a), yermo(a); (*fig: cœur*) insensible, duro(a); (*texte*) árido(a), aburrido(a); **aridité** *nf* aridez *f*.

aristocrate [aʀistɔkʀat] *nm/f* aristócrata *m/f*; **aristocratie** [-kʀasi] *nf* aristocracia; **aristocratique** *a* aristocrático(a).

arithmétique [aʀitmetik] *a* aritmético(a) // *nf* aritmética.

armateur [aʀmatœʀ] *nm* armador *m*.

armature [aʀmatyʀ] *nf* armazón *f*, base *f*; (*de soutien-gorge*) armazón.

arme [aʀm(ə)] *nf* arma; ~**s** *fpl* (*blason*) armas, escudo; (*MIL: profession*): **les** ~**s** las armas; ~ **blanche** arma blanca; ~ **à feu** arma de fuego.

armée [aʀme] *nf* ejército; ~ **de l'air/de terre** ejército del aire/de tierra; ~ **du Salut** ejército de Salvación.

armement [aʀməmɑ̃] *nm* armamento; ~**s nucléaires** armamentos nucleares; **course aux** ~**s** carrera armamentista *o de* armamentos.

armer [aʀme] *vt* armar; (*d'une pointe, d'un blindage*) munir, proveer; (*de pouvoirs etc*) dotar, proveer; (*arme à feu, appareil-photo*) armar, montar; **s'**~ **de** armarse con; (*fig*) armarse de.

armistice [aʀmistis] *nm* armisticio.

armoire [aʀmwaʀ] *nf* armario.

armoiries [aʀmwaʀi] *nfpl* escudo de armas.

armure [aʀmyʀ] *nf* armadura.

armurier [aʀmyʀje] nm armero.

arnica [aʀnika] nm: **(teinture d')**~ (tintura de) árnica.

aromate [aʀɔmat] nm planta aromática.

aromatique [aʀɔmatik] a aromático(a).

aromatisé, e [aʀɔmatize] a aromatizado(a).

arôme [aʀom] nm aroma m, perfume m.

arpège [aʀpɛʒ] nm arpegio.

arpentage [aʀpɑ̃taʒ] nm agrimensura.

arpenter [aʀpɑ̃te] vt recorrer a grandes pasos.

arpenteur [aʀpɑ̃tœʀ] nm agrimensor/ora.

arqué, e [aʀke] a arqueado(a), curvado(a).

arrachage [aʀaʃaʒ] nm recolección f, cosecha.

arraché [aʀaʃe] nm arrancada; **à l'**~ con gran esfuerzo.

arrache-pied [aʀaʃpje]: **d'**~ a brazo partido.

arracher [aʀaʃe] vt (pomme de terre etc) cosechar, recoger; (herbe, clou, dent) arrancar, extraer; (page, fil) arrancar, cortar; (accidentellement: joue, bras) desgarrar; (fig: augmentation, promesse) sacar, arrancar; ~ **qch à qn** arrebatar algo a alguien; ~ **qn à** (solitude, rêverie) sacar o arrancar a alguien de; **s'**~ **de/à** alejarse o separarse de; **s'**~ vt (personne, article recherché) disputarse, quitarse.

arraisonner [aʀezɔne] vt inspeccionar, registrar.

arrangeant, e [aʀɑ̃ʒɑ̃, ɑ̃t] a conciliable, complaciente.

arrangement [aʀɑ̃ʒmɑ̃] nm arreglo, disposición f, (compromis) acuerdo, (MUS) adaptación f, arreglo.

arranger [aʀɑ̃ʒe] vt (agencer) arreglar, disponer, (voyage, rendez-vous) organizar, concertar; (réparer) arreglar, componer; (problème, difficulté) solucionar,

arreglar; (personne) convenir; (MUS) adaptar; **s'**~ (se mettre d'accord) arreglarse, convenir; **s'**~ **pour que** arreglárselas para que; **arranger** un adaptador m, arreglador m.

arrestation [aʀestasjɔ̃] nf arresto, detención f.

arrêt [aʀɛ] nm detención f; interrupción f; (de bus etc) parada; (JUR) fallo, sentencia; ~**s** mpl (MIL) arresto; **être à l'**~ estar detenido(a); **rester** ou **tomber en** ~ **devant**... quedarse atónito(a) ante...; **sans** ~ sin parar; **~ de travail** paro, huelga.

arrêté [aʀete] nm disposición f, decreto.

arrêter [aʀete] vt (projet, maladie) detener, interrumpir; (voiture, personne) detener, parar; (date, choix) fijar, decidir; (suspect) detener, arrestar; ~ **de faire qch** dejar de hacer algo; **s'**~ vi detenerse, pararse; (pluie, bruit) detenerse, interrumpirse.

arrhes [aʀ] nfpl arras.

arrière [aʀjɛʀ] a inv: **feu/siège/roue** ~ luz f/asiento/rueda trasero(a) // nm (d'une voiture, maison) parte trasera; (SPORT) defensa m, zaguero; ~**s** mpl: **protéger ses** ~**s** (fig) proteger sus espaldas o su retaguardia; **à l'**~ ad detrás, en la parte de atrás; **en** ~ ad hacia atrás; **en** ~ **de** prép detrás de; **arriéré, e** [aʀjeʀe] a (péj) retrasado(a) // nm atraso; ~**boutique** nf trastienda; ~**garde** nf retaguardia; ~**goût** nm dejo; ~**grand-mère** nf bisabuela; ~**grand-père** nm bisabuelo; ~**pays** nm inv interior m, tierra adentro; ~**pensée** nf segunda intención; ~**petits-enfants** nmpl bisnietos; ~**plan** nm segundo plano; **à l'**~**plan** en segundo plano; **arriérer** [aʀjeʀe]: **s'arriérer** vi atrasarse, retrasarse; ~**saison** nf final m del otoño; ~**train** nm (d'un animal) cuarto trasero.

arrimer [aʀime] vt estibar, calzar.

arrivage [aʀivaʒ] nm arribo.

arrivée [aʀive] nf llegada, arribo; (ligne d'arrivée) llegada, meta; ~ d'air/de gaz entrada de aire/de gas.

arriver [aʀive] vi (événement, fait) ocurrir, suceder; (dans un lieu) llegar; ~ à qch/faire qch (réussir) lograr algo/hacer algo; ~ à qch (atteindre: limite etc) llegar a, alcanzar; il arrive que suele ocurrir que, ocurre que; il lui arrive de... suele, suele ocurrirle... .

arriviste [aʀivist(ə)] nm/f arribista m/f.

arrogance [aʀɔgãs] nf arrogancia, altivez f.

arrogant, e [aʀɔgã, ãt] a arrogante, altivo(a).

arroger [aʀɔʒe]: s'~ vt arrogarse, atribuirse.

arrondi, e [aʀɔ̃di] a redondeado(a) // nm redondeo.

arrondir [aʀɔ̃diʀ] vt redondear; s'~ vi (dos, ventre) redondearse, engordar.

arrondissement [aʀɔ̃dismã] nm (ADMIN) distrito.

arrosage [aʀozaʒ] nm riego.

arroser [aʀoze] vt regar; (fig: fête, victoire) aguar, mojar; (CULIN: rôti) rociar; (suj: fleuve, rivière) bañar; **arroseuse** nf camión m de riego; **arrosoir** [-zwaʀ] nm regadera.

arsenal, aux [aʀsənal, o] nm (gén) arsenal m.

arsenic [aʀsənik] nm arsénico.

art [aʀ] nm (méthode, technique) arte f; (expression artistique): l'~ el arte; (fig): avoir l'~ de faire qch tener la habilidad de hacer algo; les ~s las artes; livre d'~ libro de arte; ~ dramatique arte dramática; ~s ménagers artes domésticas; les ~s et métiers (las) artes y oficios; les ~s plastiques artes plásticas.

artère [aʀtɛʀ] nf arteria; **artériel, le** a arterial; **artériosclérose** [aʀteʀjɔskleʀoz] nf arteriosclerosis f.

arthrite [aʀtʀit] nf artritis f.

arthrose [aʀtʀoz] nf artrosis f.

artichaut [aʀtiʃo] nm alcachofa.

article [aʀtikl(ə)] nm artículo; **faire l'~** hacer el cartel, ponderar la mercadería; ~ défini/indéfini artículo definido/indefinido; ~ de fond artículo de fondo, editorial m.

articulaire [aʀtikylɛʀ] a articular.

articulation [aʀtikylasjɔ̃] nf (gén) articulación f; (TECH) articulación, junta; (fig: d'un texte) ilación f.

articuler [aʀtikyle] vt (mot, phrase) articular; pronunciar; (TECH) articular, juntar; s'~ (sur) articularse (con).

artifice [aʀtifis] nm artificio, truco.

artificiel, le [aʀtifisjɛl] a artificial; (péj) fingido(a), simulado(a); ~lement ad artificialmente.

artificier [aʀtifisje] nm pirotécnico.

artificieux, euse [aʀtifisjø, øz] a falso(a), engañoso(a).

artillerie [aʀtijʀi] nf artillería; **artilleur** [aʀtijœʀ] nm artillero.

artisan [aʀtizã] nm artesano; l'~ de la victoire el artífice de la victoria; ~at [aʀtizana] nm artesanado, artesanía.

artiste [aʀtist(ə)] nm/f artista m/f; **artistique** a artístico(a).

aryen, ne [aʀjɛ̃, jɛn] a ario(a).

as vb voir **avoir** // nm [as] as m.

ascendance [asãdãs] nf ascendencia.

ascendant, e [asãdã, ãt] a ascendente // nm ascendiente m; ~s mpl (parents) ascendientes mpl.

ascenseur [asãsœʀ] nm ascensor m.

ascension [asãsjɔ̃] nf ascensión f; (ALPINISME) escalada, alpinismo; l'A~ la Ascensión.

ascète [asɛt] nm/f asceta m/f; **ascétique** a ascético(a).

asepsie [asɛpsi] nf asepsia; **aseptique** [asɛptik] a aséptico(a); **aseptiser** [asɛptize] vt esterilizar.

asiatique [azjatik] a, nm/f asiático(a).

Asie [azi] nf Asia.

asile [azil] nm asilo, refugio; (psychiatrique) manicomio; (de vieillards) asilo.

aspect [aspɛ] nm aspecto, apariencia; (point de vue, LING) aspecto; à l'~ **de...** a la vista de..., frente a...

asperge [aspɛrʒ(ə)] nf espárrago.

asperger [aspɛrʒe] vt rociar, salpicar.

aspérité [asperite] nf aspereza, rugosidad f.

aspersion [aspɛrsjɔ̃] nf aspersión f.

asphalte [asfalt(ə)] nm asfalto; **asphalter** vt asfaltar.

asphyxie [asfiksi] nf asfixia, ahogo; **asphyxier** vt asfixiar; (fig) asfixiar, paralizar.

aspic [aspik] nm áspid m; (CULIN) aspic m, fiambre con gelatina.

aspirant, e [aspirã, ãt] a: **pompe** ~**e** bomba aspirante // nm (NAUT) guardiamarina m.

aspirateur [aspiratœr] nm aspirador m.

aspiration [aspirasjɔ̃] nf aspiración f.

aspirer [aspire] vt (air, liquide) aspirar, absorber; (suj: appareil) aspirar; ~ à vt aspirar a.

aspirine [aspirin] nf aspirina.

assagir [asaʒir] vt atemperar, sosegar; **s'**~ vi aplacarse, sosegarse.

assaillant, e [asajã, ãt] nm/f agresor/ora, asaltante m/f.

assaillir [asajir] vt atacar, asaltar; (fig) atosigar, acosar.

assainir [asenir] vt sanear.

assaisonnement [asɛzɔnmã] nm condimento, aliño.

assaisonner [asɛzɔne] vt condimentar, sazonar.

assassin [asasɛ̃] nm asesino/a, criminal m/f.

assassinat [asasina] nm asesinato, homicidio.

assassiner [asasine] vt asesinar, matar.

assaut [aso] nm (MIL) asalto, carga; (fig) torneo, rivalidad f; **prendre**

d'~ tomar por asalto; **donner l'**~ dar el asalto; **faire** ~ **de** rivalizar o competir en.

assécher [aseʃe] vt desecar, desaguar.

assemblage [asãblaʒ] nm ensamblaje m; trabazón f.

assemblée [asãble] nf asamblea; (public, assistance) concurrencia, espectadores mpl; l'A~ **Nationale** Cortes fpl.

assembler [asãble] vt ensamblar; (mots, idées) reunir, estructurar; **s'**~ vi (personnes) reunirse, congregarse.

assener, asséner [asene] vt: ~ **un coup à qn** asestar un golpe a alguien.

assentiment [asãtimã] nm asentimiento.

asseoir [aswar] vt sentar; (fig) asentar, fundar; (: objet, fondations) asentar, afirmar; **s'**~ vi (personne) sentarse.

assermenté, e [asɛrmãte] a (JUR) juramentado(a), jurado(a).

assertion [asɛrsjɔ̃] nf aserción f, afirmación f.

asservir [asɛrvir] vt someter, dominar.

assesseur [asesœr] nm (JUR) asesor m.

asseye etc vb voir **asseoir**.

assez [ase] ad bastante; **est-il fort?** ¿es suficientemente fuerte?; **est passé** ~ **vite** ha pasado bastante rápido; ~ **de pain** bastante pan; ~ **de livres** bastantes libros; **en avoir** ~ **de qch** estar harto(a) de algo.

assidu, e [asidy] a (zélé) aplicado(a), perseverante; (régulier, ponctuel) asiduo(a), cumplidor(ora); (soins, travail) constante, asiduo(a); ~ **auprès de qn** solícito con alguien; ~**ité** nf asiduidad f; constancia; ~**ités** fpl atenciones fpl, cortesías; **assidûment** ad asiduamente, regularmente.

assieds etc vb voir **asseoir**.

assiéger [asjeʒe] *vt* (MIL) sitiar; (*fig*) asediar.

assiérai *etc vb voir* **asseoir**.

assiette [asjɛt] *nf* (*gén*) plato; (*stabilité*) equilibrio, base *f*; ~ **plate/creuse/à dessert** plato llano/hondo/de postre; ~ **anglaise** plato de fiambres surtidos.

assigner [asiɲe] *vt* asignar, otorgar; (*cause, effet*) asignar, imputar; (*limite*) imponer, establecer; (*personne*) asignar, destinar.

assimiler [asimile] *vt* asimilar; (*fig*) asimilar, adquirir; (: *immigrants, nouveaux-venus*) integrar, incorporar; ~ **qch/qn** a comparar algo/alguien con; **ils sont assimilés aux infirmiers** (ADMIN) están asimilados a los enfermeros; **s'~** *vi* (*s'intégrer*) asimilarse, integrarse.

assis, e [asi, iz] *pp de* **asseoir** // a sentado/a // *nf* hilada, capa; (*fig*) cimientos, base *f*; ~**es** *fpl* (JUR) audiencia; (*congrès*) sesión *f*, congreso.

assistance [asistɑ̃s] *nf* (*public*) asistencia, concurrencia; (*aide*) asistencia, auxilio; **l'A~ publique** la Beneficencia (pública).

assistant, e [asistɑ̃, ɑ̃t] *nm/f* (UNIVERSITÉ) adjunto/a, asistente m/a; (*de lycée*) ayudante/a; (*d'un professeur, médecin etc*) ayudante/a, asistente m/a, ayudante/a; ~**s** *mpl* (*auditeurs etc*) asistentes *mpl*, concurrentes *mpl*; ~(e) **social(e)** asistente/a social.

assisté, e [asiste] a (AUTO) controlado/a), asistido/a).

assister [asiste] *vt* asistir; ~ **à** *vt* asistir a, presenciar; (*conférence, séminaire*) asistir a, concurrir a.

association [asɔsjɑsjɔ̃] *nf* asociación *f*; ~ **d'idées/d'images** asociación de ideas/imágenes.

associé, e [asɔsje] a socio/a), asociado/a) // *nm/f* socio/a.

associer [asɔsje] *vt* asociar; **s'~ à** asociarse a, armonizar con; (*fig*: *opinions, sentiment*) asociarse a, adherirse a.

assoiffé, e [aswafe] a sediento/a).

assolement [asɔlmɑ̃] *nm* rotación *f* de cultivos.

assombrir [asɔ̃bʀiʀ] *vt* oscurecer; (*fig*) entristecer, ensombrecer; **s'~** *vi* oscurecerse, ensombrecerse.

assommer [asɔme] *vt* abatir, tumbar; (*suj*: *médicament etc*) aturdir, atontar; (*fam*) aburrir.

Assomption [asɔ̃psjɔ̃] *nf*: **l'~** la Asunción *f*.

assorti, e [asɔʀti] a (*en harmonie*) combinado(a), armonizado(a); **fromages ~s** quesos surtidos; ~ **à** que hace juego con.

assortiment [asɔʀtimɑ̃] *nm* (*choix*) variedad *f*, surtido.

assortir [asɔʀtiʀ] *vt* combinar, armonizar; ~ **qch à** armonizar algo con; **s'~ de** combinarse con, estar acompañado(a) de.

assoupir [asupiʀ]: **s'~** *vi* adormecerse, amodorrarse.

assouplir [asupliʀ] *vt* flexibilizar, ablandar; (*fig*) hacer más flexible, ablandar.

assourdir [asuʀdiʀ] *vt* (*bruit*) atenuar, amortiguar; (*suj*: *bruit*) ensordecer.

assouvir [asuviʀ] *vt* satisfacer, saciar.

assujettir [asyʒetiʀ] *vt* (*peuple, pays*) someter, sojuzgar; ~ **qn à** someter o obligar a alguien a.

assumer [asyme] *vt* asumir.

assurance [asyʀɑ̃s] *nf* (*certitude*) seguridad *f*, certeza; (*fig*: *confiance*) seguridad, confianza; (*contrat*) seguro; **compagnie d'~s** compañía de seguros; ~ **contre l'incendie/le vol** seguro contra incendio/robo; **maladie** seguro de enfermedad; ~ **tous risques** seguro contra todo riesgo; ~ **vie** seguro de vida; ~**s sociales** seguros sociales.

assuré, e [asyʀe] a seguro(a), asegurado(a); (*démarche, voix*) seguro(a), resuelto(a) // *nm/f* asegurado/a; ~ **de** seguro de; ~ **social** asegurado social.

assurément [asyʀemɑ̃] *ad* seguramente, indudablemente.

assurer [asyʀe] vt (gén) asegurar; (démarche, construction, victoire) asegurar, garantizar; (frontières, pouvoir) resguardar, proteger; **s'~ qn** de asegurar a alguien de, dar a alguien la seguridad de; **s'~ (contre)** (COMM) asegurarse (contra); **s'~ de/que** (vérifier) cerciorarse de/de que; **s'~ le concours/la collaboration de qn** asegurarse la ayuda/colaboración de alguien; **assureur** nm asegurador m.

astérisque [asteʀisk(ə)] nm asterisco.

asthmatique [asmatik] a asmático(a).

asthme [asm(ə)] nm asma.

asticot [astiko] nm cresa.

astigmate [astigmat] a astigmático(a).

astiquer [astike] vt lustrar, bruñir.

astrakan [astʀakɑ̃] nm astracán m.

astre [astʀ(ə)] nm astro.

astreignant, e [astʀɛɲɑ̃, ɑ̃t] a esclavizante.

astreindre [astʀɛ̃dʀ(ə)] vt: **~ qn à** forzar a alguien a; **s'~ à** constrenirse o forzarse a.

astringent, e [astʀɛ̃ʒɑ̃, ɑ̃t] a astringente.

astrologie [astʀɔlɔʒi] nf astrología; **astrologue** [-lɔg] nm/f astrólogo/a.

astronaute [astʀɔnot] nm/f astronauta m/f.

astronautique [astʀɔnotik] nf astronáutica.

astronome [astʀɔnɔm] nm/f astrónomo/a.

astronomie [astʀɔnɔmi] nf astronomía.

astronomique [astʀɔnɔmik] a astronómico(a).

astuce [astys] nf astucia, sagacidad f; (plaisanterie) picardía, broma; **astucieux, euse** a astuto(a), ingenioso(a).

asymétrique [asimetʀik] a asimétrico(a).

atelier [atəlje] nm taller m; (de peintre) taller, estudio.

athée [ate] a, nm/f ateo(a).

Athènes [atɛn] n Atenas.

athlète [atlɛt] nm/f atleta m/f; **athlétique** a atlético(a); (fort, puissant) atlético(a), fornido(a).

athlétisme [atletism(ə)] nm atletismo.

atlantique [atlɑ̃tik] a atlántico(a) // nm: **l'(océan) A~** el (Océano) Atlántico.

atlas [atlɑs] nm atlas m.

atmosphère [atmɔsfɛʀ] nf atmósfera; (fig) atmósfera, ambiente m; **atmosphérique** a atmosférico(a).

atoll [atɔl] nm atolón m.

atome [atom] nm átomo; **atomique** a atómico(a).

atomiseur [atɔmizœʀ] nm atomizador m.

atone [aton] a inexpresivo(a), taciturno(a); (LING) átono(a).

atours [atuʀ] nmpl atuendos.

atout [atu] nm triunfo; (fig) triunfo, ventaja; **~ pique/trèfle** triunfo de pica/trébol.

âtre [ɑtʀ(ə)] nm hogar m.

atroce [atʀɔs] a atroz, horrible; **atrocité** nf atrocidad f; barbaridad f; (calomnie) barbaridad f, disparate m.

atrophie [atʀɔfi] nf atrofia.

atrophier [atʀɔfje] **s'~** vi atrofiarse.

attabler [atable] **s'~** vi sentarse a la mesa.

attachant, e [ataʃɑ̃, ɑ̃t] a atrayente, encantador(ora).

attache [ataʃ] nf (agrafe) grapa; (fig: lien) lazo, atadura; **~s** fpl (relations) conexiones fpl; **à l'~** (chien) atado(a), encadenado(a).

attaché, e [ataʃe] a: **être ~ à** (aimer) estar apegado o encariñado con // (ADMIN) agregado; **attaché-case** [ataʃekes] nm maletín m portadocumentos.

attachement [ataʃmɑ̃] nm apego, cariño.

attacher [ataʃe] vt atar, sujetar;

(*bateau*) amarrar; (*étiquette etc*) fijar, pegar; (*colis, prisonnier*) atar, ligar // *vi* (*CULIN*) pegarse; ~ qch à (*fixer*) atar algo a; ~ **du prix à** atribuir valor a; **s'~ à** (*par affection*) apegarse a, encariñarse con; **s'~ à faire qch** consagrarse a hacer algo.

attaquant [atakã] *nm* (*MIL*) agresor *m*; (*SPORT*) atacante *m*.

attaque [atak] *nf* (*gén*) ataque *m*; (*SPORT: joueurs*) ofensiva; **être d'~** estar en forma; ~ **à main armée** ataque a mano armada.

attaquer [atake] *vt* (*gén*) atacar; (*JUR*) entablar acción judicial contra; (*suj: rouille, acide*) atacar, deteriorar; (*entreprendre: travail*) emprender, acometer // *vi* (*SPORT*) atacar; **s'~ à** enfrentarse a, atacar; (*fig*) atacar, combatir.

attardé, e [atarde] *a* (*gén*) retrasado(a); (*péj*) retrogado(a).

attarder [atarde]: **s'~** *vi* retrasarse, demorarse.

atteindre [atɛ̃dr(ə)] *vt* (*endroit*) llegar a, alcanzar; (*cible, fig*) alcanzar, conseguir; (*personne: blesser*) alcanzar, herir; (*: contacter*) contactar, comunicarse con; (*: émouvoir*) turbar, alterar; (*suj: projectile*) alcanzar.

atteint, e [atɛ̃, ɛ̃t] *a*: **être ~ de** estar aquejado de // *nf* ofensa, lesión *f*; (*d'un mal*) ataque *m*; **hors d'~e** fuera de alcance; **porter ~e à** lesionar, atentar contra.

attelage [atlaʒ] *nm* enganche *m*.

atteler [atle] *vt* enganchar; (*bœufs*) uncir; **s'~ à** (*fig*) dedicarse a.

attelle [atɛl] *nf* (*MÉD*) tablilla.

attenant, e [atnã, ãt] *a* lindante: ~ **à** lindante con.

attendant [atãdã]: **en ~** *ad* (*dans l'intervalle*) mientras tanto, entretanto; (*quoi qu'il en soit*) de todos modos.

attendre [atãdr(ə)] *vt* esperar; (*suj: sort, succès etc*) esperar, aguardar; ~ **qch de qn** *ou* **qch** esperar algo de alguien *o* algo // *vi*

esperar; (*suj: travail etc*) esperar, durar; ~ **un enfant** (*grossesse*) esperar un niño; ~ **de voir** esperar a ver; ~ **que** esperar que; **s'~ à** contar con.

attendrir [atãdrir] *vt* (*personne*) enternecer; (*viande*) ablandar; **s'~** (*sur*) enternecerse *o* conmoverse con; **attendrissant, e** *a* enternecedor(ora), conmovedor(ora).

attendu [atãdy] *nm* considerando; ~ **que** *conj* visto que, considerando que.

attentat [atãta] *nm* atentado; ~ **à la bombe** atentado con bomba; ~ **aux mœurs** atentado contra las buenas costumbres; ~ **à la pudeur** atentado al pudor.

attente [atãt] *nf* espera; (*espérance*) esperanza, expectativa.

attenter [atãte]: ~ **à** *vt* atentar contra.

attentif, ive [atãtif, iv] *a* atento(a); (*soins, travail*) deferente, cuidadoso(a); ~ **à** atento a; cuidadoso de.

attention [atãsjɔ̃] *nf* atención *f*; (*prévenance*) atención, miramiento; **à l'~ de** (*ADMIN*) al, a la; **porter qch à l'~ de qn** presentar algo a la consideración de alguien; **faire ~ à/que/à ce que** tener cuidado con/que/de que; **~!** ¡cuidado!; **~né, e** *a* atento(a), solícito(a).

attentisme [atãtism(ə)] *nm* política de espera.

attentivement [atãtivmã] *ad* atentamente.

atténuer [atenɥe] *vt* atenuar, disminuir; **s'~** *vi* atenuarse.

atterrer [atere] *vt* desolar, desconsolar.

atterrir [aterir] *vi* (*avion*) aterrizar; **atterrissage** *nm* aterrizaje *m*; **atterrissage sur le ventre** aterrizaje de panza.

attestation [atɛstasjɔ̃] *nf* (*document*) atestado, certificado.

attester [atɛste] *vt* testimoniar, atestiguar; (*suj: chose*) atestiguar, confirmer; ~ **que** atestiguar que, demostrar que.

attirail [atiʀaj] *nm* pertrechos; (*péj*) bártulos, cachivaches *mpl*.

attirance [atiʀɑ̃s] *nf* (*pouvoir de séduction*) atractivo, hechizo; (*attrait, attraction*) atracción *f*, inclinación *f*; l'~ **du vide** la atracción del abismo o vacío.

attirant, e [atiʀɑ̃, ɑ̃t] *a* atractivo(a), cautivante.

attirer [atiʀe] *vt* (*gén*) atraer, cautivar; (*magnétiquement*) atraer; ~ **qn dans un coin/vers soi** atraer a alguien a un rincón/hacia sí; ~ l'**attention de qn** (**sur qch**) llamar la atención de alguien (sobre algo); ~ **des ennuis à qn** provocar dificultades a alguien; s'~ **des ennuis** buscarse dificultades.

attiser [atize] *vt* atizar; (*fig*) fomentar, atizar.

attitré, e [atitʀe] *a* a titular.

attitude [atityd] *nf* (*comportement*) actitud *f*, conducta; (*position du corps*) actitud, postura; (*état d'esprit*) actitud, disposición *f*.

attouchements [atuʃmɑ̃] *nmpl* toques *mpl*, caricias.

attraction [atʀaksjɔ̃] *nf* atracción *f*.

attrait [atʀɛ] *nm* (*fascination*) atractivo, encanto; (: *de l'argent, la gloire*) incentivo, acicate *m*; (*attirance, penchant*) interés *m*, afición *f*; ~**s** *mpl* (*d'une femme*) atractivos, encantos.

attrape [atʀap] *nf voir* **farce** / *préf*: ~**-nigaud** *nm* engañabobos *m inv*.

attraper [atʀape] *vt* atrapar, asir; (*voleur, animal*) atrapar, agarrar; (*fig*: *train, autobus*) pillar, pescar; (:*maladie, habitude, amende*) pescarse, pillarse; (*fam*) regañar, reprender; (:*duper*) embaucar, camelar.

attrayant, e [atʀɛjɑ̃, ɑ̃t] *a* atrayente, interesante.

attribuer [atʀibɥe] *vt* (*prix, tâche*) asignar, otorgar; (*conséquence, fait*)

atribuir, achacar; (*qualité, importance*) atribuir, asignar; s'~ *vt* atribuirse, apropiarse de.

attribut [atʀiby] *nm* atributo, símbolo; (*LING*) atributo.

attribution [atʀibysjɔ̃] *nf* asignación *f*, atribución *f*; ~**s** *fpl* (*pouvoirs*) atribuciones *fpl*; **complément d'**~ (*LING*) atributo.

attrister [atʀiste] *vt* entristecer, afligir.

attroupement [atʀupmɑ̃] *nm* (*groupe*) concentración *f*, aglomeración *f*.

attrouper [atʀupe]: s'~ *vi* aglomerarse, agolparse.

au [o] *prép* + *déf voir* **à**.

aubade [obad] *nf* alborada, serenata.

aubaine [obɛn] *nf* fortuna, suerte *f*.

aube [ob] *nf* alba, madrugada; (*fig*): l'~ **de** el origen de, el comienzo de; à l'~ al alba, de madrugada.

aubépine [obepin] *nf* espino.

auberge [obɛʀʒ(ə)] *nf* hostería, posada; ~ **de jeunesse** albergue *m* de la juventud.

aubergine [obɛʀʒin] *nf* berenjena.

aubergiste [obɛʀʒist(ə)] *nm/f* posadero/a.

aucun, e [okœ̃, yn] *dét* ningún *m*, ninguna *f* // *pron* ninguno *m*, ninguna *f*, nadie *m/f*; **sans** ~ **hésitation** sin ninguna vacilación, sin vacilación alguna; **plus qu'**~ **autre/qu'**~ **de ceux qui...** más que ninguno/que alguno de los que...; ~ **des deux/participants** ninguno de los dos/participantes; **d'**~**s** algunos.

aucunement [okynmɑ̃] *ad* de ninguna manera.

audace [odas] *nf* audacia, intrepidez *f*; (*péj*) atrevimiento, descaro; **payer d'**~ atreverse, arrojo; **audacieux, euse** [-sjø, jøz] *a* audaz, intrépido(a); (*entreprise, solution*) audaz, arriesgado(a).

au-delà [odla] *ad* más allá o *nm*: l'~ el más allá; ~ **de** *prép* más allá de.

au-dessous [odsu] *ad* abajo; ~ **de**

prép debajo de; (*limite, somme etc*) por debajo de; (*dignité, condition*) por debajo de, inferior a.

au-dessus [odsy] *ad* arriba; ~ de *prép* arriba de, encima de, sobre; (*limite, somme etc*) por encima de.

au-devant [odvã]: ~ de *prép* al encuentro de; **aller** ~ **des désirs de** adelantarse a los deseos de.

audible [odibl(ə)] *a* audible.

audience [odjãs] *nf* (*attention*) atención *f*, interés *m*; (*auditeurs etc*) auditorio, público; (*entrevue, JUR*) audiencia.

audio-visuel, le [odjovizɥɛl] *a* audiovisual.

auditeur, trice [oditœR, tRis] *nm/f* (*à la radio*) radioescucha *m/f*, oyente *m/f*; (*à une conférence*) oyente; ~ **libre** oyente libre.

audition [odisjɔ̃] *nf* (*gén*) audición *f*; (*de témoins*) audiencia; (*MUS, THÉÂTRE*) prueba, audición; ~**ner** vi probar // vi presentarse a una prueba.

auditoire [oditwaR] *nm* auditorio.

auditorium [oditoRjɔm] *nm* auditorium *m*.

auge [oʒ] *nf* comedero, artesa.

augmentation [ogmãtasjɔ̃] *nf* aumento.

augmenter [ogmãte] vt (*gén*) aumentar; (*salaire, prix*) aumentar, incrementar // vi aumentar, crecer.

augure [ogyR] *nm* agorero, adivino; **de bon** ~ de buen agüero.

augurer [ogyRe] vt ~ **qch de qch** conjeturar o presumir algo por algo; ~ **bien de qch** tener un buen presentimiento de algo.

auguste [ogyst(ə)] *a* augusto(a).

aujourd'hui [oʒuRdɥi] *ad* hoy; (*de nos jours*) hoy en día, ahora.

aumône [omon] *nf* limosna; **faire l'**~ (**à qn**) dar limosna (a alguien); **faire l'**~ **de qch à qn** conceder la gracia de algo a alguien.

aumônerie [omonRi] *nf* capellanía.

aumônier [omonje] *nm* capellán *m*.

auparavant [opaRavã] *ad* antes.

auprès [opRɛ]: ~ **de** *prép* al lado de, cerca de; (*ADMIN*) ante; (*en comparaison de*) al lado de, comparado(a) con.

auquel [okɛl] *prép* + *pron voir* **lequel**.

aurai etc vb voir **avoir**.

auréole [oReol] *nf* aureola.

auriculaire [oRikylɛR] *nm* meñique *m*.

aurons etc vb voir **avoir**.

aurore [oRoR] *nf* aurora; ~ **boréale** aurora boreal.

ausculter [oskylte] vt auscultar.

auspices [ospis] *nmpl*: **sous les** ~ **de** bajo los auspicios de; **sous de bons** ~ con buenos auspicios.

aussi [osi] *ad* también; (*de comparaison*) tan, tanto // *conj* por lo tanto, por eso; ~ **fort que...** tan fuerte que...; **il va y aller—moi** ~ él irá—yo también; ~ **bien que** (*ainsi que*) lo mismo que, tanto como.

aussitôt [osito] *ad* inmediatamente, en seguida; ~ **que** tan pronto como; ~ **pris/fait** bien tomado/hecho.

austère [ostɛR] *a* austero(a); **austérité** *nf* austeridad *f*.

austral, e [ostRal] *a* austral.

Australie [ostRali] *nf* Australia; **australien, ne** *a, nm/f* australiano(a).

autant [otã] *ad* tanto; ~ (**que**) tanto (como), tan (como); ~ **de** tanto(a), tan; **de** tanto(a), tantos(as); ~ **ne rien dire** más vale no decir nada; **pourquoi en prendre** ~? por qué tomar otro tanto?; **il y a** ~ **de garçons que de filles** hay tantos varones como niñas; **y en a-t-il** ~ (**qu'avant?** ¿hay tanto (como antes)?; **fort** ~ **que courageux** tan fuerte como valeroso; **ce sont** ~ **d'erreurs** son otros tantos errores; **il n'est pas découragé/ce n'est pas réussi pour** ~ no se ha acobardado/no se ha logrado sin embargo; **pour** ~ *conj* por lo que, en la medida en que; **d'**~ **plus/moins/mieux** (**que**) tanto más/menos/mejor (cuanto que).

autarcie [otaRsi] *nf* autarcía.

autel [ɔtɛl] *nm* aitar *m*.

auteur [otœʀ] *nm* autor/ora.

authentifier [ɔtɑ̃tifje] *vt* autentificar.

authentique [ɔtɑ̃tik] *a* auténtico(a), genuino(a); (*récit, histoire*) auténtico(a), cierto(a); (*peur, expérience*) auténtico(a), verdadero(a).

auto [oto] *nf* auto, coche *m* // *préf*: ~ ... auto...

autobiographie [ɔtɔbjɔgrafi] *nf* autobiografía.

autobus [ɔtɔbys] *nm* autobús *m*.

autocar [ɔtɔkar] *nm* autocar *m*.

autochtone [ɔtɔkton] *nm/f* autóctono/a, aborigen *m*.

auto-collant, e [ɔtɔkɔlɑ̃, ɑ̃t] *a* autoadhesivo(a) // *nm* autoadhesivo.

autocratique [ɔtɔkratik] *a* autocrático(a).

autocritique [ɔtɔkritik] *nf* autocrítica.

autocuiseur [ɔtɔkɥizœr] *nm* olla a presión.

autodidacte [ɔtɔdidakt] *nm/f* autodidacto/a.

auto-école [ɔtɔekɔl] *nf* autoescuela.

autofinancement [ɔtɔfinɑ̃smɑ̃] *nm* autofinanciamiento.

autogestion [ɔtɔʒɛstjɔ̃] *nf* autogestión f.

autographe [ɔtɔgraf] *nm* autógrafo.

automate [ɔtɔmat] *nm* autómata *m*.

automatique [ɔtɔmatik] *a* automático(a); (*machinal*) automático(a), mecánico(a); (*d'office*) automático(a), regular; ~**ment** *ad* automáticamente.

automatiser [ɔtɔmatize] *vt* automatizar.

automatisme [ɔtɔmatism(ə)] *nm* automatismo.

automne [ɔtɔn] *nm* otoño *m*.

automobile [ɔtɔmɔbil] *nf*, *a* automóvil (*m*); **automobiliste** *nm/f* automovilista *m/f*.

autonome [ɔtɔnom(ə)] *a* autónomo(a).

autonomie [ɔtɔnɔmi] *nf* autonomía.

autopsie [ɔtɔpsi] *nf* autopsia.

autorisation [ɔtɔrizasjɔ̃] *nf* autorización f; permiso.

autorisé, e [ɔtɔrize] *a* autorizado(a), acreditado(a).

autoriser [ɔtɔrize] *vt* autorizar, permitir; ~ **qn à faire** permitir a alguien hacer.

autoritaire [ɔtɔritɛr] *a* autoritario(a), despótico(a).

autorité [ɔtɔrite] *nf* (*JUR, gén: du président, chef etc*) poder *m*, autoridad f; (*ascendant, influence*) ascendiente, autoridad; (*prestige, réputation*) autoridad, fama; **les** ~**s** (*MIL, POL etc*) las autoridades; **faire** ~ ser (una) autoridad.

autoroute [ɔtɔrut] *nf* autopista.

auto-stop [ɔtɔstɔp] *nm*: **l'**~ el autostop; **faire de l'**~ hacer autostop; **prendre qn en** ~ recoger a alguien que hace autostop; ~**peur, euse** *nm/f* autostopista *m/f*.

autour [otur] *ad* alrededor; en torno; ~ **de** *prép* (*en cercle*) alrededor de, en torno a; (*près de*) alrededor de, cerca de; (*à peu près*) alrededor de, casi; **tout** ~ *ad* por todas partes, en derredor.

autre [otr(ə)] *a* otro(a) // *pron* otro(a); **un** ~, **d'**~**s** otro, otros(as); **l'**~, **les** ~**s** el otro, los otros (la(s) otra(s)); **l'un et l'**~ uno y otro, ambos; (*se détester etc*): **l'un l'**~/**les uns les** ~**s** uno a otro/unos a otros, mutuamente; **d'une minute à l'**~ de un minuto al otro; ~ **chose** otra cosa; **d'**~ **part** (*en outre*) por otra parte; **entre** ~**s** entre otros(as); **nous/vous** ~**s** nosotros/vosotros; **les** ~**s** (*autrui*) los otros, los demás.

autrefois [otʀəfwa] *ad* antes, antaño.

autrement [otrəmɑ̃] *ad* de otra manera o otro modo; ~ **dit** dicho de otra manera.

Autriche [otʀiʃ] nf Austria; **autrichien, ne** a, nm/f austríaco(a).

autruche [otʀyʃ] nf avestruz m.

autrui [otʀyi] pron otro(a), el prójimo, los demás.

auvent [ovã] nm alero, tejadillo.

aux [o] prép + dét voir **à**.

auxiliaire [ɔksiljɛʀ] a, nm/f, nm auxiliar (m,f); **se faire l'~ de** convertirse en el ayudante de.

auxquels, auxquelles [okɛl] prép + pron voir **lequel**.

av. abrév de **avenue**.

aval [aval] nm: **en ~** río abajo; **en ~ de** más abajo de.

avalanche [avalãʃ] nf avalancha, alud m; (fig) avalancha, lluvia; **~ poudreuse** alud de polvo de nieve.

avaler [avale] vt tragar, devorar; (fig) devorar, tragarse.

avance [avãs] nf avance m, adelanto m; (d'argent) adelanto, anticipo; (opposé à retard) adelanto; **~s** fpl solicitud f, acercamiento; (amoureuses) petición f, proposiciones fpl; **une ~ de 300 m/4h** una ventaja de 300 m/4h; **(être) en ~** (estar) adelantado(a); **payer/réserver d'~** pagar/reservar por anticipado; **à l'~** de antemano.

avancé, e [avãse] a avanzado(a), adelantado(a); (technique, civilisation) avanzado(a) // nf (de maison, falaise) saliente m.

avancement [avãsmã] nm progreso, adelanto.

avancer [avãse] vi (objet, personne) avanzar; (projet, travail) avanzar, adelantar; (être en saillie, surplomb) avanzar, sobresalir; (montre, réveil) adelantar // vt (objet, pion) acercar, adelantar; (troupes) hacer avanzar; (date, rencontre) adelantar; (proposer) sugerir, presentar; (argent) adelantar, facilitar; **s'~** vi (personne) adelantarse, acercarse; (: fig: se hasarder) aventurarse, comprometerse.

avanies [avani] nfpl agravios, ofensas.

avant [avã] prép antes de // ad: **trop/plus ~** (loin) demasiado/más lejos // nm (d'un véhicule, bâtiment) delantera, frente m; (SPORT: joueur) delantero; **en ~/partie de** antes de que parta/de hacer; **~ tout** (surtout) ante todo; **à l'~** (dans un véhicule) en la delantera; **en ~** ad adelante, por delante; **en ~ de** prép ante, delante de.

avantage [avãtaʒ] nm (supériorité) ventaja, supremacía; (intérêt, bénéfice) ventaja, beneficio; (TENNIS): **~ service/dehors** ventaja de servicio/de fondo; **à l'~ de** en beneficio de alguien; **~s sociaux** beneficios sociales.

avantager [avãtaʒe] vt favorecer, beneficiar; (embellir) favorecer.

avantageux, euse [avãtaʒø, øz] a ventajoso(a), conveniente.

avant-bras [avãbʀa] nm inv antebrazo.

avant-centre [avãsãtʀ(ə)] nm delantero centro.

avant-coureur [avãkuʀœʀ] a presagiador(ora), precursor(ora).

avant-dernier, ère [avãdɛʀnje, jɛʀ] nm/f penúltimo/a.

avant-garde [avãgaʀd(ə)] nf vanguardia; **d'~** de vanguardia.

avant-goût [avãgu] nm sensación previa, prefiguración f.

avant-hier [avãtjɛʀ] ad anteayer.

avant-poste [avãpɔst(ə)] nm (MIL) puesto avanzado.

avant-première [avãpʀəmjɛʀ] nf función anticipada para la crítica; **en ~** antes de presentarlo(a) al público.

avant-projet [avãpʀɔʒe] nm anteproyecto.

avant-propos [avãpʀɔpo] nm prólogo.

avant-veille [avãvɛj] nf: **l'~** la antevíspera.

avare [avaʀ] a avaro(a); (fig): **~ de compliments** mezquino/a en cumplidos // nm/f avaro/a; **avarice** nf avaricia.

avarié, e [avarje] a pasado(a), descompuesto(a).

avaries [avari] *nfpl* (NAUT) averías.

avatar [avatar] *nm* (*malheur*) avatar *m*, vicisitud *f*; (*métamorphose*) transformación *f*, avatar.

avec [avɛk] *prép* (*gén*) con; (*contre: lutter etc*) con, contra; (*en plus de*) además; ~ **des habileté** con habilidad; ~ **eux/ces maladies** (*en ce qui concerne*) con ellos/estas enfermedades; ~ **ça/ces qualités** (*en dépit de*) a pesar de ese/esas cualidades; ~ **cela que...** como si...

avenant, e [avnɑ̃, ɑ̃t] a afable, cordial; **à l'~** ad: **le reste à l'~** el resto otro tanto, el resto por el estilo.

avènement [avɛnmɑ̃] *nm* advenimiento, llegada.

avenir [avnir] *nm*: **l'~** el porvenir, el futuro; **l'~ de l'automobile** el porvenir del automóvil; **à l'~** en el futuro, en adelante; **carrière d'~** carrera de porvenir.

Avent [avɑ̃] *nm*: **l'~** el Adviento.

aventure [avɑ̃tyr] *nf* aventura; **roman/film d'~** novela/película de aventuras; **aventurer: s'aventurer** vi aventurarse, arriesgarse; **aventureux, euse** a aventurado(a), arriesgado(a).

aventurier, ère [avɑ̃tyrje, jɛr] *nm/f* aventurero/a.

avenu, e [avny] a: **nul et non** ~ nulo y sin efecto.

avenue [avny] *nf* avenida.

avérer [avere]: **s'~** vb avec attribut revelarse.

averse [avɛrs(ə)] *nf* chaparrón *m*, aguacero; (*fig*) lluvia, diluvio.

aversion [avɛrsjɔ̃] *nf* aversión *f*, repugnancia.

averti, e [avɛrti] a conocedor(ora), entendido(a).

avertir [avɛrtir] *vt* advertir, prevenir; ~ **qn de qch/que** prevenir a alguien de algo/que; ~ **qn de faire qch** advertir a alguien (de) que debe hacer algo; **avertissement** *nm* advertencia; (*blâme*) notificación *f*;

(*d'un livre*) advertencia, introducción *f*; **avertisseur** *nm* (AUTO) bocina.

aveu, x [avø] *nm* confesión *f*, declaración *f*.

aveugle [avœgl(ə)] a ciego(a); ~**ment** *nm* ofuscamiento, ceguera; **aveuglément** [avœglemɑ̃] ad ciegamente.

aveugler [avœgle] *vt* (*suj: lumière, soleil*) deslumbrar; (*:amour, colère*) enceguecer, ofuscar.

aveuglette [avœglɛt]: **à l'~** ad a tientas; (*fig*) a tientas, al tuntún.

avez *vb voir* **avoir.**

aviateur, trice [avjatœr, tris] *nm/f* aviador/ora.

aviation [avjasjɔ̃] *nf* aviación *f*.

avide [avid] a ávido(a), ansioso(a); **avidité** *nf* avidez *f*.

avilir [avilir] *vt* desvalorizar, envilecer.

aviné, e [avine] a avinado(a), aguardentoso(a).

avion [avjɔ̃] *nm* avión *m*; ~ **supersonique/à réaction** avión supersónico/de reacción.

aviron [avirɔ̃] *nm* remo.

avis [avi] *nm* opinión *f*, criterio; (*notification*) aviso, advertencia; **être d'~ que** ser de la opinión de; **changer d'~** cambiar de opinión; **sauf ~ contraire** salvo aviso en contrario; **jusqu'à nouvel ~** hasta nuevo aviso; ~ **mortuaires** necrológicas.

avisé, e [avize] a perspicaz, sensato(a); **être bien/mal ~ de faire** ser muy/poco sensato hacer.

aviser [avize] *vt* (*voir*) avisar, advertir // *vi* (*réfléchir*) prever, reflexionar; **s'~ de qch/que** darse cuenta de algo/que; **s'~ de faire qch/que** ocurrírsele hacer algo.

avocat, e [avɔka, at] *nm/f* abogado/a; (*fig*) abogado/a, defensor/ora // *nm* (BOT) aguacate *m*; ~ **général** fiscal *m*; ~ **stagiaire** *nm* pasante *m* de abogado.

avoine [avwan] nf avena.

avoir [avwaʀ] nm tener // vt (gén, posséder) tener, poseer; (fam) pegársela, embaucar // vb auxiliaire haber; ~ à faire qch tener que o deber hacer algo; il a 3 ans tiene 3 años; voir faim, peur etc; ~ 3 m de haut tener 3 m de alto; ~ du courage tener coraje; ~ les cheveux blancs tener los cabellos blancos; il y a: il y a du sable/un homme/des hommes hay arena/un hombre/hombres; (temporel): il y a 10 ans hace 10 años; il y a 10 ans/longtemps que je le sais hace 10 años/mucho tiempo que lo sé; il ne peut y ~ qu'un no puede haber más que uno; il n'y a qu'à faire... sólo hay que hacer...; qu'est-ce qu'il y a? ¿qué tiene?; ¿qué le ocurre?; en ~ à ou contre qn estar enojado(a) con alguien.

avoisinant, e [avwazinɑ̃, ɑ̃t] a próximo(a), cercano(a).

avoisiner [avwazine] vt (lieu) estar cerca de; (limite, nombre) acercarse o aproximarse a; (l'indifférence, l'insolence) lindar con, rayar en.

avons vb voir avoir.

avortement [avɔʀtəmɑ̃] nm (MÉD) aborto.

avorter [avɔʀte] vi (MÉD) abortar; (fig) abortar, malograr; faire ~ hacer abortar.

avorton [avɔʀtɔ̃] nm feto, aborto.

avoué, e [avwe] a reconocido(a), admitido(a) // nm (JUR) procurador m judicial.

avouer [avwe] vt confesar, declarar; ~ avoir fait/être/que confesar haber hecho/ser/que; s'~ vaincu declararse vencido.

avril [avʀil] nm abril m.

axe [aks(ə)] nm (gén) eje m; (fig) línea, orientación f; ~ de symétrie eje de simetría.

axer [akse] vt (fig): ~ qch sur centrar algo sobre.

ayant droit [ɛjɑ̃dʀwa] nm derechohabiente m.

ayons etc vb voir avoir.

azalée [azale] nf azalea.

azimut [azimyt] nm acimut m; tous ~ s a (fig) en todas las direcciones.

azote [azɔt] nm nitrógeno; azoté, e a nitrogenado(a).

azur [azyʀ] nm (couleur) azul m.

azyme [azim] a: pain ~ pan ácimo.

B

baba [baba] a: en être ~ estar pasmado(a) o atontado(a) // nm: ~ au rhum bizcocho borracho.

babil [babi] nm parloteo.

babiller [babije] vi parlotear.

babines [babin] nfpl morros.

babiole [babjɔl] nf (bibelot) chuchería; (vétille) bagatela.

bâbord [babɔʀ] nm: à ou par ~ a babor.

babouin [babwɛ̃] nm babuino, mandril m.

bac [bak] nm (SCOL) abrév de baccalauréat; (bateau) balsa; (récipient) cubeta; ~ à glace cubeta para hielo.

baccalauréat [bakalɔʀea] nm bachillerato.

bâche [baʃ] nf toldo; bâcher vt entoldar.

bachot [baʃo] nm abrév de baccalauréat.

bacille [basil] nm bacilo.

bâcler [bukle] vt atrancar.

bactérie [bakteʀi] nf bacteria; bactériologie nf bacteriología.

badaud, e [bado, od] nm/f paseante m/f, mirón/ona.

baderne [badɛʀn(ə)] nf (péj): (vieille) ~ vejestorio.

badigeon [badiʒɔ̃] nm lechada; ~ner vt blanquear, encalar; (péj) pintarrajear; (MÉD) untar.

badin, e [badɛ̃, in] a jocoso(a), bromista.

badine [badin] nf bastoncillo.

badiner [badine] *vi* bromear, chancear; **ne pas ~ avec** *ou* **sur qch** no bromear con algo.

baffe [baf] *nf* (*fam*) bofetada, sopapo.

bafoué, e [bafwe] *a* engañado(a); ultrajado(a).

bafouer [bafwe] *vt* escarnecer, mofarse de.

bafouiller [bafuje] *vt, vi* farfullar, tartajear.

bâfrer [bɑfʀe] (*fam*) *vt* engullir, devorar // *vi* glotonear.

bagage [bagaʒ] *nm* (*gén*: **~s**) equipaje *m*, (*fig*): **~** bagaje literario; **~s à main** equipaje de mano.

bagarre [bagaʀ] *nf* pelea, camorra; **bagarrer: se bagarrer** *vi* pelearse.

bagatelle [bagatɛl] *nf* bagatela; baratija.

bagnard [baɲaʀ] *nm* presidiario, penado.

bagne [baɲ] *nm* penal *m*, presidio.

bagnole [baɲɔl] *nf* (*fam*) automóvil *m*; (*péj*) chacharro.

bagout, bagou [bagu] *nm* labia.

bague [bag] *nf* anillo, sortija; (*d'identification*) anilla; (*TECH*): **~ de serrage** casquillo; **~ de fiançailles** anillo de boda.

baguenauder [bagnode]: **se ~** *vi* callejear.

baguer [bage] *vt* (*oiseau*) anillar.

baguette [bagɛt] *nf* varilla; (*chinoise*) palillo; (*de chef d'orchestre*) batuta; (*pain*) barra; **mener qn à la ~** llevar a alguien a la baqueta; **~ magique** varita mágica; **~ de tambour** palillo.

bahut [bay] *nm* (*coffre*) baúl *m*, arca.

baie [bɛ] *nf* (*GÉO*) bahía; (*fruit*) baya; (*vitrée*) ventanal *m*.

baignade [bɛɲad] *nf* baño.

baigner [beɲe] *vt* (*bébé*) bañar; **se ~** *vi* bañarse; **baigneur, euse** *nm/f* bañero/a, bañista *m/f*.

baignoire [beɲwaʀ] *nf* bañera; (*THÉÂTRE*) palco de platea.

bail, baux [baj, bo] *nm* contrato de arriendo.

bâillement [bɑjmɑ̃] *nm* bostezo.

bâiller [bɑje] *vi* bostezar; (*être ouvert*) entornar.

bailleur [bajœʀ] *nm*: **~ de fonds** socio comanditario; garante *m/f*, caballo blanco.

bâillon [bɑjɔ̃] *nm* mordaza; **~ner** *vt* amordazar; (*fig*) amordazar; cohibir.

bain [bɛ̃] *nm* baño; **prendre un ~** tomar un baño; **prendre un ~ de soleil** tomar un baño de sol; **costume** *ou* **maillot de ~** traje *m* de baño; **~ de foule** paseo público; **~-marie** baño de maría; **~ de mousse** baño de espuma; **~ de pieds** baño de pies; **~s-(douches) municipaux** baños públicos; **~s de mer** baños de mar.

baïonnette [bajɔnɛt] *nf* bayoneta.

baisemain [bɛzmɛ̃] *nm* besamanos *m inv*.

baiser [beze] *nm* beso // *vt* besar; (*fam!*) tirarse a (!).

baisse [bɛs] *nf* baja; disminución *f*, descenso; decaimiento; (*COMM*): **~ sur la viande** abaratamiento de la carne.

baisser [bese] *vt* bajar; (*tête, yeux*) inclinar, bajar; (*voix, radio, chauffage*) bajar; disminuir; (*prix*) rebajar // *vi* (*niveau, température*) bajar; (*facultés, santé, vue*) disminuir, decaer; (*jour, lumière*) declinar; (*cours, prix*) bajar, disminuir; **se ~** *vi* inclinarse, agacharse.

bajoues [baʒu] *nfpl* carrillos; (*péj*) mofletes *mpl*.

bal [bal] *nm* baile *m*; **~ masqué** baile de máscaras; **~ musette** baile popular.

balade [balad] *nf* (*à pied*) paseo, vuelta; caminata; (*en voiture*) recorrido, paseo.

balader [balade] *vt* pasear; **se ~** *vi* pasearse.

baladeuse [baladøz] *nf* bombilla portátil.

baladin [baladɛ̃] nm bufón m, payaso.

balafre [balafʀ(ə)] nf tajo, cuchillada (en la cara); (cicatrice) cicatriz f, costurón m (en la cara); **balafrer** vt tajar (la cara).

balai [balɛ] nm escoba; ~**-brosse** nm cepillo.

balance [balɑ̃s] nf (à plateaux) balanza; (de précision) balanza de precisión; (ASTRO): **la B~** Libra; **être de la B~** ser de Libra; ~ **des comptes** (ÉCON) balance m de cuentas; ~ **des forces** (POL) equilibrio político o de fuerzas; ~ **des paiements** (ÉCON) balanza o balance de pagos; ~ **romaine** (balanza) romana.

balancer [balɑ̃se] vt balancear; (lancer) arrojar; (renvoyer, jeter) despedir // vi (lustre etc) oscilar; **se** ~ vi balancearse, mecerse; (sur une balançoire) hamacarse, columpiarse; **se** ~ **de** mofarse de, no hacer caso de; **je m'en balance** me importa un pito.

balancier [balɑ̃sje] nm (de pendule) péndulo; (de montre, d'équilibriste) balancín m.

balançoire [balɑ̃swaʀ] nf hamaca, columpio; (sur pivot) balancín m.

balayer [baleje] vt barrer; **balayeur, euse** nm/f barrendero/a // nf barredera; **balayures** [-jyʀ] nfpl barreduras.

balbutier [balbysje] vi balbucear // vt balbucear, musitar.

balcon [balkɔ̃] nm balcón m; (THÉÂTRE) principal m.

baldaquin [baldakɛ̃] nm baldaquín m, dosel m.

Bâle [bɑl] n Basilea.

Baléares [baleaʀ] nfpl: **les** ~ **les** Baleares.

baleine [balɛn] nf ballena; (de parapluie) varilla; **baleinière** nf ballenero.

balise [baliz] nf baliza (NAUT) baliza, boya; **baliser** vt balizar, abalizar.

balistique [balistik] nf balística.

balivernes [balivɛʀn(ə)] nfpl pamplinas.

Balkans [balkɑ̃] nmpl: **les** ~ **los** Balcanes.

ballade [balad] nf balada.

ballant, e [balɑ̃, ɑ̃t] a: **les bras** ~**s** los brazos colgando.

ballast [balast] nm balasto.

balle [bal] nf (de fusil) bala; (de tennis, golf, ping-pong) pelota; (du blé) cascarilla; (paquet) fardo, paca; ~ **perdue bala** perdida.

ballerine [balʀin] nf bailarina.

ballet [balɛ] nm ballet m.

ballon [balɔ̃] nm (SPORT) balón m, pelota; (jouet) globo; (AVIAT) globo, aeróstato; (de vin) balón; ~ **de football** balón de fútbol.

ballonné, e [balɔne] a hinchado(a).

ballon-sonde [balɔ̃sɔ̃d] nm globo sonda.

ballot [balo] nm hato, bulto; (péj) bodoque m, alcornoque m.

ballottage [balɔtaʒ] nm (POL) escrutinio repetido para lograr la mayoría.

ballotter [balɔte] vi traquetear, bambolearse // vt bambolear, pelotear; **être ballotté entre** ~ dudar entre...

bal(l)uchon [balyʃɔ̃] nm hatillo.

balnéaire [balneɛʀ] a balneario(a).

balourd, e [baluʀ, uʀd(ə)] a chambón(ona), torpe.

balte [balt] a, nm/f báltico(a).

balustrade [balystʀad] nf balaustrada.

bambin [bɑ̃bɛ̃] nm niño, chiquillo.

bambou [bɑ̃bu] nm bambú m.

ban [bɑ̃] nm aplauso; ~**s** mpl (mariage) amonestaciones fpl matrimoniales; **mettre au** ~ **de...** poner al margen de...; **le** ~ **et l'arrière-** ~ **de la famille** todos los miembros de la familia.

banal, e [banal] a trivial; (péj) baladí; **moulin** ~ **(ou aux) molino** comunal; ~**ité** nf trivialidad f.

banane [banan] nf plátano; ~**raie**

[-RE] nf platanar m; **bananier** nm plátano; (cargo) barco transportador de plátanos.

banc [bā] nm banco; **le ~ des témoins/accusés** el banquillo de los testigos/acusados; **~ d'essai** banco de prueba; **~ de poissons** banco de peces; **~ de sable** banco de arena.

bancaire [bākεʀ] a bancario(a).

bancal, e [bākal] a cojo(a).

bandage [bādaʒ] nm vendaje m; **~ herniaire** braguero.

bande [bād] nf (de tissu etc) faja; (pour panser) venda; (motif, dessin) banda, franja; (groupe) banda; **faire ~ à part** hacer rancho aparte; **par la ~** por la banda; **donner de la ~** (NAUT) dar a la banda, escorar; **~ dessinée** tira, historieta; **~ magnétique** cinta magnetofónica; **~ perforée** banda perforada; **~ sonore** banda sonora.

bandeau, x [bādo] nm (autour du front) cinta; (sur les yeux) venda.

bander [bāde] vt vendar; (muscle) tensar; **~ les yeux à qn** vendar los ojos a alguien.

banderille [bādʀij] nf banderilla.

banderole [bādʀɔl] nf banderola.

bandit [bādi] nm bandido, bandolero; (fig: escroc) estafador m; **~isme** nm bandidaje m, bandolerismo.

bandoulière [bāduljεʀ] nf: **en ~** en bandolera, terciado(a).

banjo [bādʒo] nm banjo.

banlieue [bāljø] nf suburbio, barrio (exterior); **la ~** las afueras; **quartier de ~** barrio suburbano; **lignes de ~** líneas suburbanas; **trains de ~** trenes suburbanos; **banlieusard, e** [-zaʀ, aʀd(ə)] nm/f suburbano/a.

bannière [banjεʀ] nf estandarte m, bandera.

bannir [baniʀ] vt expulsar, desterrar.

banque [bāk] nf banca; **~ du sang** banco de sangre.

banqueroute [bākʀut] nf bancarrota, quiebra.

banquet [bākε] nm (de club, de noces) banquete m; (fastueux) festín m.

banquette [bākεt] nf banqueta, taburete m; (d'auto) asiento.

banquier [bākje] nm banquero.

banquise [bākiz] nf banco de hielo, témpano.

baptême [batεm] nm bautismo; **~ de l'air** bautismo del aire.

baptiser [batize] vt bautizar.

baptismal, e, aux [batismal, o] a: **eau ~e** agua bautismal.

baquet [bakε] nm cubeta.

bar [baʀ] nm bar m; (comptoir) barra, mostrador m.

baragouin [baʀagwε̃] nm jerigonza.

baragouiner [baʀagwine] vt, vi chapurrear.

baraque [baʀak] nf barraca; (fam) casucha; **~ foraine** barraca de feria.

baraqué, e [baʀake] a (fam) formado(a), plantado(a).

baraquements [baʀakmā] nmpl campamento de barracas.

baratiner [baʀatine] vt (fam) camelar.

Barbade [baʀbad] nf: **la ~ la** Barbada, las Barbadas.

barbare [baʀbaʀ] a, nm/f bárbaro(a); **barbarie** nf barbarie f.

barbarisme [baʀbaʀism(ə)] nm barbarismo.

barbe [baʀb(ə)] nf barba; **quelle ~!** (fam) ¡qué lata!; **~ à papa** algodón m de azúcar.

barbelé [baʀbəle] nm dentado.

barber [baʀbe] vt (fam) dar la lata a, aburrir.

barbiche [baʀbiʃ] nf perilla.

barbiturique [baʀbityʀik] nm barbitúrico.

barboter [baʀbɔte] vi chapotear / vt (fam) afanar, birlar.

barboteuse [baʀbɔtøz] nf pelele m.

barbouiller [baʀbuje] vt embadurnar; **avoir l'estomac barbouillé** tener el estómago revuelto.

barbu, e [baʀby] a barbudo(a).

Barcelone [baʀsəlɔn] n Barcelona.

barda [baʀda] nm (fam) bártulos.

barde [baʀd(ə)] nf (CULIN) lonja o tajada de tocino // nm barde.

bardé, e [baʀde] a: ~ **de médailles** etc abarrotado de medallas.

bardeaux [baʀdo] nmpl ripias.

barder [baʀde] vi: **ça va ~** (fam) arderá Troya.

barème [baʀɛm] nm baremo, tabla; **~ des salaires** tabla de salarios.

barguigner [baʀgiɲe] vi: **sans ~** sin titubear o vacilar.

baril [baʀil] nm barril m.

barillet [baʀijɛ] nm (de revolver) tambor m.

bariolé, e [baʀjole] a abigarrado(a).

barman [baʀman] nm barman m.

baromètre [baʀɔmɛtʀ(ə)] nm barómetro.

baron, ne [baʀɔ̃, ɔn] nm/f barón(onesa).

baroque [baʀɔk] a barroco(a); (fig) barroco(a), extravagante.

baroud [baʀud] nm: ~ **d'honneur** último combate.

barque [baʀk(ə)] nf barca.

barrage [baʀaʒ] nm barrera; ~ **de police** cordón m policial.

barre [baʀ] nf barra; (NAUT) caña del timón; (JUR): **la ~ la barra**; **comparaître à la ~** comparecer ante el juez; **être à** o **tenir la ~** (NAUT) estar en o llevar el timón; **~ fixe** (SPORT) barra fija; ~ **à mine** barrena; **~s parallèles** (SPORT) barras paralelas.

barreau, x [baʀo] nm barrote m; (JUR): **le ~** el foro.

barrer [baʀe] vt obstruir, interceptar; (mot) tachar; (chèque) cruzar; (NAUT) timonear; **se ~** vi (fam) pirarse.

barrette [baʀɛt] nf (pince à cheveux) pasador m, broche m.

barreur [baʀœʀ] nm timonel m.

barricade [baʀikad] nf barricada; **barricader** vt barrear, cerrar con

barricadas; **se barricader chez soi** encerrarse en su casa.

barrière [baʀjɛʀ] nf barrera; (obstacle) barrera, traba; **~s douanières** barreras aduaneras.

barrique [baʀik] nf barrica, tonel m.

baryton [baʀitɔ̃] nm barítono.

bas, basse [bɑ, bɑs] a bajo(a); (vue) corto(a) // nm (chaussette) media; (partie inférieure) la ~ de...; (montagne, page) el pie de...; (jambes, corps) la parte inferior de... // nm (MUS) bajo; (instrument) contrabajo // ad bajo; plus ~ más bajo; (dans un texte) pie; más abajo; **la tête basse** la cabeza baja, cabizbajo(a); **au ~ mot** por lo menos, por lo bajo; **enfant en ~ âge** niño de corta edad; **en ~** abajo; **en ~ de** en lo bajo de, en la parte baja de; **de ~ en haut** de abajo hacia arriba; **mettre ~** vi parir (animales) // vt (chargement) depositar; **à ~ la dictature!** ¡Abajo la dictadura!; **~ morceaux** nmpl carne de bajo precio y calidad.

basalte [bazalt(ə)] nm basalto.

basané, e [bazane] a curtido(a), bronceado(a).

bas-côté [bakote] nm (de route) borde m, andén m; (d'église) nave f lateral.

bascule [baskyl] nf: (jeu de) ~ balancín m, subibaja; (balance à) ~ báscula; **fauteuil à ~** mecedora; **système à ~** sistema m a báscula.

basculer [baskyle] vi, vt (gén: faire ~) volcar.

base [bɑz] nf base f; **à la ~ de** (fig) en el origen de; **à ~ de café** etc a base de café etc; **principe/produit de ~** principio/producto básico.

baser [bɑze] vt: ~ **qch sur** basar algo en; **se ~ sur** basarse en.

bas-fond [bɑfɔ̃] nm (NAUT) bajío; (fig): **~s** bajos fondos, hampa m.

basilic [bazilik] nm albahaca.

basilique [bazilik] nf basílica.

basket(-ball) [basket(bol)] nm baloncesto.

basque [bask(ǝ)] a, nm/f vasco(a) // nm (LING) vasco, vascuence m.

basques [bask(ǝ)] nfpl faldones mpl; **pendu aux ~ de qn** cosido a las faldas de alguien.

bas-relief [baʀǝljɛf] nm bajorrelieve m.

basse [bas] a, nf voir **bas**.

basse-cour [baskuʀ] nf corral m, gallinero.

bassin [basɛ̃] nm (cuvette) cubeta, palangana; (pièce d'eau) estanque m; (de fontaine) pila; (GÉO) cuenca; (ANAT) pelvis f; (portuaire) dársena; **~ houiller** cuenca hullera.

bassiste [basist(ǝ)] nm abrév de **contre-bassiste**.

bastingage [bastɛ̃gaʒ] nm borda.

bastion [bastjɔ̃] nm bastión m; (fig) bastión, baluarte m.

bas-ventre [bavɑ̃tʀ(ǝ)] nm bajo vientre.

bat etc vb voir **battre**.

Bat. abrév de **bâtiment**.

bât [bɑ] nm albarda, angarilla.

bataille [bataj] nf batalla; **~ rangée** batalla campal.

bataillon [batajɔ̃] nm (MIL) batallón m.

bâtard, e [bataʀ, aʀd(ǝ)] a (solution) espurio // nm/f bastardo/a.

bateau, x [bato] nm barco.

batelier, ière [batǝlje, jɛʀ] nm/f barquero/a, batelero/a.

bat-flanc [baflɑ̃] nm inv cama de tablas; (d'écurie) tabla de separación en los establos.

bâti, e [bati] a: **bien ~** (personne) formido // nm armazón f.

batifoler [batifɔle] vi retozar, loquear.

bâtiment [batimɑ̃] nm edificio, construcción f; (NAUT) navío; (industrie) **le ~** la construcción.

bâtir [batiʀ] vt construir, edificar; (fig) edificar, forjar.

bâtisse [batis] nf obra, construcción f.

bâton [batɔ̃] nm palo, vara; (d'agent de police) porra; **mettre des ~s**

dans les roues à qn chafar la guitarra a alguien; **à ~s rompus** sin orden ni concierto; **~ de rouge (de lèvres)** barra de labios.

batracien [batʀasjɛ̃] nm batracio.

battage [bataʒ] nm (publicité) publicidad f de bombo.

battant [batɑ̃] nm (de cloche) badajo; (de volet, porte) hoja, batiente m; **porte à double ~** puerta de doble batiente.

battement [batmɑ̃] nm (de cœur) latido, palpitación f; (intervalle) intervalo; **~ de paupières** parpadeo.

batterie [batʀi] nf batería; **~ de cuisine** batería de cocina.

batteur [batœʀ] nm (MUS) baterista m/f; (appareil) batidor m, batidora.

batteuse [batøz] nf trilladora.

battre [batʀ(ǝ)] vt golpear; (suj: pluie, vagues) azotar, golpear; (vaincre) derrotar, vencer; (œufs etc, aussi fer) batir; (blé) trillar; (tapis) sacudir; (explorer, parcourir) registrar minuciosamente // vi (cœur) latir, palpitar; (volets etc) golpear; **se ~** vi batirse, combatir; (fig) esforzarse, empeñarse; **~ des mains** aplaudir, batir palmas; **~ des ailes** aletear; **~ la mesure** llevar el compás; **~ qn aux points** ganar a alguien por puntos; **~ en brèche** batir en brecha; **~ son plein** estar en su apogeo; **~ pavillon britannique** enarbolar bandera británica; **~ la semelle** golpear el suelo con los pies (para calentarlos); **~ en retraite** batirse en retirada.

battue [baty] nf batida.

baume [bom] nm bálsamo.

bauxite [boksit] nf bauxita.

bavard, e [bavaʀ, aʀd(ǝ)] a parlanchín(ina); **~age** nm charla; **~er** vi charlar; (indiscrètement) charlatanear.

bave [bav] nf baba; **baver** vi babear; (fam): **en ~** pasar las de Caín; **bavette** nf babero; **baveux, euse** a baboso(a); **omelette baveuse** tortilla babosa.

bavure [bavyʀ] nf rebaba; (fig) borrón m.

bayer [baje] vi: ~ **aux corneilles** estar en babia.

bazar [bazaʀ] nm bazar m; (fam) leonera.

bazarder [bazaʀde] vt (fam) liquidar, malbaratar.

BCG sigle m voir **vaccin**.

bd. abrév de **boulevard**.

béant, e [beã, ãt] a muy abierto(a).

béat, e [bea, at] a beato(a); ~**itude** [-tityd] nf beatitud f.

beau (**bel**), **belle**, **beaux** [bo, bɛl, bo] a hermoso(a); (visuellement) bello(a); (homme) guapo; (femme) hermosa; (voyage, histoire) encantador(ora), agradable; (moralement) magnífico(a), admirable; **un** ~ **geste** (fig) un bello gesto, un gesto noble; **un** ~ **salaire** un buen salario; **un** ~ **rhume** un buen resfriado // **un** (SPORT): **la belle** le desempate; **en faire de belles** hacerlas buenas // nm: **avoir le sens du** ~ tener sentido estético; **le temps est au** ~ el tiempo se promete bueno // **un** ~ **jour** un buen día, cierto día; **de plus belle** a más y mejor; **bel et bien** absolutamente, sin duda; **le plus** ~ **c'est que...** lo mejor es que...; **c'est du** ~! ¡qué bonito!; **on a** ~ **essayer...** por más que se intente...; **il a** ~ **jeu de...** le ha de ser bastante fácil...; **faire le** ~ (chien) ponerse en dos patas; **porter** ~ conservar apuesto; ~ **parleur** charlatán m.

beaucoup [boku] ad mucho; **pas** ~ no demasiado(a), no mucho(a); **no demasiados(as), no muchos(as); de** ~ mucho(a); **muchos(as); plus/trop** etc mucho más/demasiado; **de** ~ con mucho.

beau-fils [bofis] nm yerno; (d'un remariage) hijastro.

beau-frère [bofʀɛʀ] nm cuñado.

beau-père [bopɛʀ] nm suegro; (d'un remariage) padrastro.

beauté [bote] nf belleza; **de toute** ~

de maravilla; **en** ~ elegantemente.

beaux-arts [bozaʀ] nmpl bellas artes.

beaux-parents [bopaʀã] nmpl suegros.

bébé [bebe] nm nene/a, bebé m.

bec [bɛk] nm (d'oiseau) pico; (de plume) punta; ~ **de gaz** pico de gas; ~ **verseur** pico vertedor.

bécane [bekan] nf (fam) bicicleta, bici f.

bécasse [bekas] nf (ZOOL) becada; (fam) tonta.

bec-de-lièvre [bɛkdəljɛvʀ(ə)] nm labio leporino.

bêche [bɛʃ] nf laya; **bêcher** vt layar.

bécoter [bekɔte] vt besuquear.

becquée [beke] nf: **donner la** ~ à dar de comer a.

becqueter [bɛkte] vt picotear.

bedaine [bədɛn] nf barriga.

bedeau, x [bədo] nm sacristán m.

bedonnant, e [bədɔnã, ãt] a barrigón(ona).

bée [be] a: **bouche** ~ con la boca abierta, boquiabierto(a).

beffroi [befʀwa] nm campanario, atalaya.

bégayer [begeje] vi tartamudear, tartajear // vt farfullar.

bègue [bɛg] a, nm/f tartamudo(a).

bégueule [begœl] a: **pas** ~ nada mojigato(a).

béguin [begɛ̃] nm capricho.

beige [bɛʒ] a, nm beige (m).

beignet [bɛɲɛ] nm buñuelo.

bel [bɛl] am voir **beau**.

bêler [bele] vi balar.

belette [bəlɛt] nf comadreja.

belge [bɛlʒ(ə)] a, nm/f belga (m/f).

Belgique [bɛlʒik] nf Bélgica.

bélier [belje] nm (ZOOL) carnero; (ASTRO): **le B~** Aries; (engin) ariete m; **être du B~** ser de Aries.

belle [bɛl] a, nf voir **beau**.

belle-fille [bɛlfij] nf nuera; (d'un remariage) hijastra.

belle-mère [bɛlmɛʀ] nf suegra; (d'un remariage) madrastra.

belle-sœur [bɛlsœʀ] nf cuñada.

belligérant, e [beliʒeʀɑ̃, ɑ̃t] *a* beligerante.

belliqueux, euse [belikø, øz] *a* belicoso(a).

belote [bɔlɔt] *nf un juego de naipes.*

belvédère [bɛlvedɛʀ] *nm* mirador *m.*

bémol [bemɔl] *nm* bemol *m.*

bénédictin [benediktɛ̃] *nm* benedictino; **travail de ~** trabajo paciente y minucioso.

bénédiction [benediksjɔ̃] *nf* bendición *f.*

bénéfice [benefis] *nm* (COMM) beneficio; (*avantage*) beneficio, provecho; **au ~ de** para bien de, para el provecho de.

bénéficiaire [benefisjɛʀ] *nm/f* beneficiario/a.

bénéficier [benefisje] *vi*: **~ de** gozar de, disfrutar de; (*tirer profit de*) beneficiarse de, aprovecharse de; (*obtenir*) disfrutar de.

bénéfique [benefik] *a* benéfico(a), beneficioso(a).

Bénélux [benelyks] *nm*: **le ~** el Benelux.

benêt [bɔnɛ] *am* ingenuo, pánfilo.

bénévole [benevɔl] *a* benévolo(a); voluntario(a); **~ment** *ad* benévolamente.

bénin, igne [benɛ̃, iɲ] *a* benigno(a), benévolo(a); (*tumeur, mal*) benigno(a).

bénir [beniʀ] *vt* bendecir; **béni, e** *a* bendito(a); **eau bénite** agua bendita.

bénitier [benitje] *nm* pila de agua bendita.

benjamin, ine [bɛ̃ʒamɛ̃, in] *nm/f* benjamín/ina.

benne [bɛn] *nf* volquete *m*; **~ basculante** volquete.

benzine [bɛ̃zin] *nf* bencina.

béotien, ne [beɔsjɛ̃, jɛn] *nm/f* tosco/a, bruto/a.

BEPC *sigle m voir* brevet.

béquille [bekij] *nf* muleta; (*de bicyclette*) puntal *m.*

bercail [bɛʀkaj] *nm* redil *m.*

berceau, x [bɛʀso] *nm* cuna.

bercer [bɛʀse] *vt* acunar, mecer;

(*suj: musique etc*) mecer, arrullar; **~ qn de** ilusionar a alguien con; **berceur, euse** *a* arrullador(ora) // *nf* canción *f* de cuna; (*siège*) mecedora.

béret [beʀɛ] *nm* (*basque*) boina.

berge [bɛʀʒ(ə)] *nf* ribera.

berger, ère [bɛʀʒe, ɛʀ] *nm/f* pastor/a // *nf* poltrona.

bergerie [bɛʀʒəʀi] *nf* redil *m*, aprisco.

béribéri [beʀibeʀi] *nm* beriberi *m.*

Berlin [bɛʀlɛ̃] *n* Berlín.

berline [bɛʀlin] *nf* berlina.

berlingot [bɛʀlɛ̃go] *nm* (*emballage*) envase de cartón.

berlue [bɛʀly] *nf*: **avoir la ~** tener telarañas en los ojos.

berne [bɛʀn(ə)]: **en ~ a**, **ad a** media asta.

Berne [bɛʀn(ə)] *n* Berna.

berner [bɛʀne] *vt* mantear.

besogne [bəzɔɲ] *nf* tarea, faena.

besogneux, euse [bəzɔɲø, øz] *a* menesteroso(a).

besoin [bəzwɛ̃] *nm* necesidad *f*; **le ~ d'argent** la sed de dinero; **faire ses ~s** hacer sus necesidades; **avoir ~ de qch/de faire qch** tener necesidad de algo/de hacer algo; **au ~** si es menester; **pour les ~s de la cause** por exigencias de la causa.

bestiaux [bɛstjo] *nmpl* ganado, reses *fpl.*

bestiole [bɛstjɔl] *nf* bicho.

bétail [betaj] *nm* ganado; **~ humain** recua humana (*esclavos*).

bête [bɛt] *nf* animal *m*; (*insecte, bestiole*) bicho // *a* bestia; **chercher la petite ~** buscarle pelos al huevo; **les ~s** (*bétail*) el ganado; **~ noire** pesadilla; **~ de somme** bestia de carga; **~s sauvages** animales salvajes, fieras.

bêtise [betiz] *nf* estupidez *f*, necedad *f*, tontería.

béton [betɔ̃] *nm* hormigón *m*; **~ armé** hormigón armado; **~ner** *vt* construir con hormigón; **~nière** *nf* hormigonera.

betterave [bɛtʀav] *nf* remolacha.

~ **fourragère/sucrière** remolacha forrajera/azucarera.

beugler [bøgle] vi mugir; bramar; (péj) berrear, bramar.

beurre [bœr] nm mantequilla; **beurrer** vt untar con mantequilla; **beurrier** nm mantequera.

beuverie [bœvri] nf francachela; borrachera.

bévue [bevy] nf error m, coladura.

bi... [bi] préf bi...

biais [bjɛ] nm (d'un tissu) sesgo; (fig) oblicuo; **en ~, de ~** al sesgo; (fig) indirectamente; **~er** [bjeze] vi (fig) desviarse, dar rodeos.

bibelot [biblo] nm chuchería.

biberon [bibrɔ̃] nm biberón m; **nourrir au ~** alimentar con biberón.

bible [bibl(ə)] nf biblia.

bibliobus [biblijobys] nm biblioteca ambulante.

bibliographie [biblijografi] nf bibliografía.

bibliophile [biblijɔfil] nm/f bibliófilo/a.

bibliothécaire [biblijotekɛr] nm/f bibliotecario/a.

bibliothèque [biblijɔtɛk] nf biblioteca.

biblique [biblik] a bíblico(a).

bicarbonate [bikarbɔnat] nm: ~ **(de soude)** bicarbonato (sódico).

biceps [bisɛps] nm bíceps m inv.

biche [biʃ] nf cierva.

bichonner [biʃɔne] vt acicalar.

bicolore [bikɔlɔr] a bicolor.

bicoque [bikɔk] nf (péj) casucha.

bicorne [bikɔrn(ə)] nm bicornio.

bicyclette [bisiklɛt] nf bicicleta.

bidasse [bidas] nm recluta.

bide [bid] nm (fam) panza; (THÉÂTRE) fracaso.

bidet [bidɛ] nm bidé m.

bidon [bidɔ̃] nm bidón m; (fam): **c'est du ~** es un camelo // a inv (fam) simulado(a).

bielle [bjɛl] nf biela; **couler une ~** (AUTO) fundir una biela.

bien [bjɛ̃] nm bien m; (patrimoine, possession) bien, bienes; **faire du ~**

à qn hacer bien a alguien, aprovechar a alguien; **dire du ~ de** hablar bien de; **changer en ~** cambiar para bien; **mener à** llevar a cabo; **le ~ public** el bien público; **~s de consommation** bienes mpl de consumo // ad bien; **~ jeune/souvent** muy joven/a menudo; **~ assez** demasiado(a); demasiados(as); **~ mieux** mucho mejor; **~ du temps/des gens** mucho tiempo/mucha gente; **j'espère ~ y aller** sí espero poder ir allá; **je veux ~ y aller** (concession) estoy contento(a) de ir allá; **il faut ~ le faire** es necesario hacerlo; **~ sûr** a de seguro; **c'est ~ fait** (mérité) está bien hecho // a inv bien; **cette maison/secrétaire est ~** esta es una buena casa/secretaria; **elle est ~** (jolie) es bien parecida; **des gens ~** (parfois péj) gente bien; **être ~ avec qn** estar en buenos términos con alguien; **~ que** conj aunque; **~-aimé, e** [bjɛ̃neme] a querido(a), bienamado/a // nm/f querido/a; **~-être** [bjɛ̃nɛtr(ə)] nm bienestar m; **~-faisance** [-fazɑ̃s] nf caridad f; **~-faisant, e** [-fazɑ̃, ɑ̃t] a (chose) beneficioso(a); **~-fait** [-fɛ] nm (faveur, générosité) favor m; (avantage, conséquence heureuse) ventaja; **~-faiteur, trice** [-fɛtœr, tris] nm/f bienhechor/a; **~-fondé** nm legitimidad f; **~-fonds** nm bienes mpl raíces; **~-heureux, euse** [bjɛ̃nœrø, øz] a bienaventurado(a).

biennal, e, aux [bjɛnal, o] a bienal.

bienséant, e [bjɛ̃seɑ̃, ɑ̃t] a decoroso(a), decente.

bientôt [bjɛ̃to] ad pronto; luego; **à ~** ¡hasta pronto!, ¡hasta luego!

bienveillance [bjɛ̃vɛjɑ̃s] nf benevolencia.

bienveillant, e [bjɛ̃vɛjɑ̃, ɑ̃t] a benévolo(a).

bienvenu, e [bjɛ̃vny] a bienvenido/a // nm/f: **être le ~/la ~e** ser bienvenido/a // nf:

souhaiter la ~e à desear la bienvenida a; **~e à...** bienvenida a... .

bière [bjɛʀ] *nf* cerveza; *(cercueil)* ataúd *m*, féretro; **~ blonde/brune** cerveza dorada/negra; **~ (à la) pression** cerveza de barril.

biffer [bife] *vt* tachar, rayar.

bifide [bifid] *a* bífido(a).

bifteck [biftɛk] *nm* bistec *m*, bisté *m*.

bifurcation [bifyʀkɑsjɔ̃] *nf* bifurcación *f*.

bifurquer [bifyʀke] *vi* bifurcarse; *(véhicule, personne)* desviarse.

bigame [bigam] *a* bígamo(a).

bigamie [bigami] *nf* bigamia.

bigarré, e [bigaʀe] *a* abigarrado(a).

bigorneau, x [bigɔʀno] *nm* bígaro.

bigot, e [bigo, ɔt] *(péj) a* santurrón/ona) // *nm/f* santurrón/ona, beato/a.

bigoudi [bigudi] *nm* bigudí *m*.

bijou, x [biʒu] *nm* alhaja, joya; **~terie** *nf* joyería; **~tier, ière** [ʒutje, jɛʀ] *nm/f* joyero/a.

bikini [bikini] *nm* biquini *m*, bikini *m*.

bilan [bilɑ̃] *nm* balance *m*; *(d'une catastrophe)* balance, número de víctimas; **déposer son ~** *(COMM)* declararse en quiebra.

bilatéral, e, aux [bilateʀal, o] *a* bilateral.

Bilbao [bilbao] *n* Bilbao.

bile [bil] *nf* bilis *f*; **se faire de la ~** *(fam)* hacerse mala sangre; **bilieux, euse** *a* bilioso(a).

bilingue [bilɛ̃g] *a* bilingüe.

billard [bijaʀ] *nm* biliar *m*; *(fam)* hule *m*.

bille [bij] *nf (gén)* bola; *(du jeu de billes)* canica.

billet [bijɛ] *nm* billete *m*; *(courte lettre)* billete, esquela; **~ (de banque)** billete (de banco); **~ circulaire** circular *f*; **~ de commerce** letra de cambio; **~ doux** carta de amor; **~ de loterie** billete de lotería; **~ de quai** billete de andén.

billion [biljɔ̃] *nm* billón *m*.

billot [bijo] *nm* tajo.

bimensuel, le [bimɑ̃sɥɛl] *a* quincenal.

bimoteur [bimɔtœʀ] *a* bimotor.

binaire [binɛʀ] *a* binario(a).

binette [binɛt] *nf* escardillo.

binocle [binɔkl(ə)] *nm* quevedos.

binoculaire [binɔkylɛʀ] *a* binocular.

binôme [binom] *nm* binomio.

bio... [bjo] *préf* bio...; **biodégradable** [-degʀadabl(ə)] *a* biodegradable; **biographe** *nm/f* biógrafo/a; **biographie** [bjɔgʀafi] *nf* biografía; **biographique** *a* biográfico(a); **biologie** [bjɔlɔʒi] *nf* biología; **biologique** *a* biológico(a); **biologiste** *nm/f* biólogo/a.

bipède [biped] *nm* bípedo.

biplan [biplɑ̃] *nm* biplano.

biréacteur [biʀeaktœʀ] *nm* bi-rreactor *m*.

bis, e [bi, biz] *a* moreno(a), trigueño(a) // *ad* [bis] *(après un chiffre)* bis // *excl, nm* [bis] ¡otra! // *nf (baiser)* beso; *(vent)* cierzo.

bisannuel, le [bizanɥɛl] *a* bienal.

bisbille [bisbij] *nf*: **être en ~ avec qn** estar de pique con alguien.

Biscaye [biskɛ] *n*: **le golfe de ~** el golfo de Vizcaya.

biscornu, e [biskɔʀny] *a (aussi péj)* estrafalario(a), extravagante.

biscotte [biskɔt] *nf* tostada al horno.

biscuit [biskɥi] *nm* bizcocho, galleta; *(porcelaine)* porcelana bizcocho *f*, biscuit *m*.

bise [biz] *af, nf voir* **bis**.

biseau, x [bizo] *nm* bisel *m*; **en ~** biselado(a); **~ter** *vt* biselar.

bison [bizɔ̃] *nm* bisonte *m*.

bisque [bisk(ə)] *nf*: **~ d'écrevisses** sopa de cangrejos.

bissectrice [bisɛktʀis] *nf* bisectriz *f*.

bisser [bise] *vt* repetir; hacer repetir.

bissextile [bisɛkstil] *a*: **année ~** año bisiesto.

bissexué, e [bisɛksɥe] a bisexual.

bistouri [bisturi] nm bisturí m.

bistre [bistʀ(ə)] a oscuro(a), moreno(a).

bistro(t) [bistro] nm bar m, café m.

bitte [bit] nf: ~ **d'amarrage** noray m.

bitume [bitym] nm asfalto.

bivouac [bivwak] nm vivac m, vivaque m; **bivouaquer** vi vivaquear.

bizarre [bizaʀ] a raro(a), extravagante.

blafard, e [blafaʀ, aʀd(ə)] a pálido(a).

blague [blag] nf chiste m; (farce) broma; **sans ~!** ¡no me digas!; à **tabac** petaca; **blaguer** vi bromear // vt embromar.

blaireau, x [blɛʀo] nm (ZOOL) tejón m; (brosse) brocha.

blâme [blɑm] nm (jugement) reprobación f; (sanction) censura; **blâmer** vt reprobar, censurar.

blanc, blanche [blɑ̃, blɑ̃ʃ] a blanco(a); (innocent) puro(a) // nm/f blanco/a // nm blanco; (linge): **le ~** la ropa blanca // nf (MUS) blanca; **d'une voix blanche** con una voz opaca; **les B~s** los blancos; **du (vin) ~** (vino) blanco; **laisser en ~** dejar en blanco; à **~** ad (chauffer) al rojo blanco; (tirer, charger) blanco; **le ~ de l'œil** el blanco del ojo; ~ **(d'œuf)** clara (de huevo); ~ **(de poulet)** pechuga; ~**bec** nm mocoso; **blancheur** nf blancura.

blanchir [blɑ̃ʃiʀ] vt blanquear; (linge) lavar; (CULIN) escaldar; (fig) rehabilitar // vi blanquear; (cheveux) encanecer, blanquear; **blanchi à la chaux** encalado, enjalbegado; **blanchissage** nm lavado.

blanchisserie [blɑ̃ʃisʀi] nf lavadero.

blanchisseur, euse [blɑ̃ʃisœʀ, øz] nm/f lavandero/a.

blanc-seing [blɑ̃sɛ̃] nm firma en blanco.

blanquette [blɑ̃kɛt] nf: ~ **de veau** estofado de ternera.

blasé, e [blaze] a hastiado(a).

blason [blazɔ̃] nm blasón m.

blasphème [blasfɛm] nm blasfemia; **blasphémer** vi blasfemar // vt maldecir de, blasfemar contra.

blatte [blat] nf cucaracha.

blazer [blazœʀ] nm blazer m.

blé [ble] nm trigo; ~ **en herbe** trigo tierno.

bled [blɛd] nm (péj) poblacho perdido; (en Afrique du Nord): **le ~** el interior.

blême [blɛm] a pálido(a).

blennorragie [blenɔʀaʒi] nf blenorragia.

blessant, e [blesɑ̃, ɑ̃t] a hiriente, ofensivo(a).

blessé, e [blese] a, nm/f herido(a); ~ **léger/grave** herido leve/grave.

blesser [blese] vt agraviar, herir; (suj: chaussures, couleurs, sons etc) hacer daño; (offenser) herir // **se** ~ herirse, lastimarse; **se** ~ **au pied** etc lastimarse el pie etc.

blessure [blesyʀ] nf herida.

blet, te [blɛ, blɛt] a pasado(a).

bleu [blø] a azul; (bifteck etc) poco(a) cocido(a) // nm azul m; (novice) bisoño; (contusion) cardenal m, moretón m; (vêtement: aussi: ~s) mono; (CULIN): **au ~** forma de cocer el pescado; **marine** azul marino inv; **une peur** ~**e** un miedo cerval; **une colère** ~**e** una furia loca.

bleuet [bløɛ] nm azulejo.

bleuir [blø̃iʀ] vt azular // vi ponerse azul.

bleuté, e [bløte] a azulado(a).

blindage [blɛ̃daʒ] nm blindaje m.

blindé, e [blɛ̃de] a blindado(a) // nm (MIL) tanque m, carro de combate.

blinder [blɛ̃de] vt blindar; (fig) acorazar.

blizzard [blizaʀ] nm ventisca.

bloc [blɔk] nm bloque m; (de papier à lettres) bloc m; à ~ a fondo; **en** ~

en bloque; **faire ~** aliarse; **~ opératoire** quirófano.

blocage [blɔkaʒ] *nm* bloqueo.

bloc-moteur [blɔkmɔtœr] *nm* bloque *m* del motor.

bloc-notes [blɔknɔt] *nm* bloc *m*.

blocus [blɔkys] *nm* bloqueo.

blond, e [blɔ̃, ɔ̃d] *a* rubio(a); (*sable, blés*) dorado(a) // *nm/f* rubio/a // *nm* rubio; **~ cendré** rubio ceniciento.

bloquer [blɔke] *vt* bloquear; (*regrouper*) agrupar, poner juntos; **~ les freins** (AUTO) frenar bruscamente.

blottir [blɔtir]: **se ~** *vi* acurrucarse.

blouse [bluz] *nf* bata, guardapolvo.

blouson [bluzɔ̃] *nm* cazadora; **~ noir** (*fig*) gamberro.

blues [bluz] *nm* blues *m*.

bluet [blyɛ] *nm* = **bleuet**.

bluffer [blœfe] *vi* engañar, exagerar // *vt* embaucar.

boa [bɔa] *nm* boa.

bobard [bɔbar] *nm* (*fam*) patraña.

bobèche [bɔbɛʃ] *nf* arandela (*de una vela*).

bobine [bɔbin] *nf* carrete *m*, bobina; (*de film*) carrete; (ÉLEC) bobina.

bobo [bɔbo] *nm* (*langage enfantin*) pupa.

bocage [bɔkaʒ] *nm* boscaje *m*.

bocal, aux [bɔkal, o] *nm* bote *m* de vidrio.

bock [bɔk] *nm* tarro de cerveza.

bœuf [bœf] *nm* buey *m*; (CULIN) carne *f* de vaca.

bohème [bɔɛm] *nf* bohemia // *a* bohemio(a).

bohémien, ne [bɔemjɛ̃, jɛn] *a*, *nm/f* bohemio/a.

boire [bwar] *vt* beber; (*suj: éponge, terre, buvard*) chupar // *vi* beber.

bois [bwa] *nm* madera; (*de chauffage*) leña; (*forêt*) bosque *m*; **de ~, en ~** de madera; **~ vert/mort** leña verde/seca; **~ de lit** armazón *f* de la cama.

boiser [bwaze] *vt* (*chambre*) enmaderar, revestir de madera;

(*galerie de mine*) entibar; (*terrain*) cubrir de árboles.

boiseries [bwazri] *nfpl* artesonado.

boisson [bwasɔ̃] *nf* bebida; **pris de ~** bebido; **~s alcoolisées/gazeuses** bebidas alcohólicas/gaseosas.

boîte [bwat] *nf* caja, lata; **aliments en ~** alimentos envasados *o* en lata; **~ de conserves/de sardines** lata de conservas/de sardinas; **une ~ d'allumettes** una caja de cerillas; **~ crânienne** caja craneana; **~ à gants** guantera; **~ aux lettres** buzón *m*; **~ à musique** cajita de música; **~ de nuit** club *m* de noche, boîte *f*; **~ à outils** caja de herramientas; **~ postale, BP** apartado postal, AP; **~ de vitesses** caja de cambios.

boiter [bwate] *vi* cojear, renquear; (*fig*) cojear.

boîtier [bwatje] *nm* caja.

boivent *vb voir* **boire**.

bol [bɔl] *nm* tazón *m*, escudilla; **un ~ de café** *etc* un tazón de café *etc*; **un ~ d'air** una bocanada de aire.

bolet [bɔlɛ] *nm* boleto (*champiñón*).

bolide [bɔlid] *nm* (*véhicule*) bólido.

bombance [bɔ̃bɑ̃s] *nf*: **faire ~** ir *o* estar de parranda.

bombardement [bɔ̃bardəmɑ̃] *nm* bombardeo.

bombarder [bɔ̃barde] *vt* bombardear; **~ qn directeur** *etc* nombrar director *etc* a alguien de sopetón.

bombardier [bɔ̃bardje] *nm* bombardero.

bombe [bɔ̃b] *nf* bomba; (*atomiseur*) atomizador *m*; **~ atomique** bomba atómica; **~ à retardement** bomba de efecto retardado.

bombé, e [bɔ̃be] *a* combado(a), abombado(a).

bomber [bɔ̃be] *vt*: **le torse** sacar el pecho.

bon, bonne [bɔ̃, bɔn] *a* bueno(a), buen(a); (*juste*): **c'est le ~ numéro/moment** es el número correcto/el buen momento // *ad* bien // *excl*: **~!** ¡bueno!, ¡bien! // *nm*

bono; (aussi: ~ **cadeau**) bono
obsequio // nf muchacha, criada;
bonne année ¡feliz año nuevo!; ~
anniversaire ¡feliz cumpleaños!;
bonne chance! ¡buena suerte!;
bonne nuit! ¡buenas noches!; ~ **voyage!** ¡buen viaje!; **de bonne heure**
temprano; **faire** ~ **poids** dar peso
corrido; **avoir** ~ **dos** tener buenas
espaldas; **il fait** ~ hace buen
tiempo; **es agradable**; **tenir** ~
resistir; **pour ce** ~ de veras; **juger**
~ **de faire**... juzgar oportuno
hacer...; **il y a du** ~ **dans cela** hay
algo bueno en esto; ~ **de caisse**
vale m de caja; **d'essence** cupo
de gasolina; **(à)** ~ **marché** a inv, a
barato(a); ~ **sens** sentido común;
~ **à tirer** nm listo para imprimir; ~
du trésor bono del tesoro; ~ **vivant**
bon vivant m, hombre m jovial;
bonne d'enfant niñera; **bonne
femme** nf (péj) mujerzuela; **bonne à
tout faire** nf criada.

bonasse [bɔnas] a buenazo(a), bo-
nachón(ona).

bonbon [bɔ̃bɔ̃] nm caramelo.

bonbonne [bɔ̃bɔn] nf demajuana,
bombona.

bonbonnière [bɔ̃bɔnjɛr] nf
bombonera.

bond [bɔ̃] nm salto, brinco; (fig)
salto; **faire un** ~ dar un salto; **d'un
seul** ~ de un salto.

bonde [bɔ̃d] nf (d'évier etc) desagüe
m; (de tonneau) agujero; (bouchon)
tapón m.

bondé, e [bɔ̃de] a abarrotado(a).

bondir [bɔ̃dir] vi saltar, brincar; ~
de joie (fig) saltar de alegría; ~
colère (fig) montar en cólera.

bonheur [bɔnœr] nm felicidad f; **au
petit** ~ a la buena de Dios; **par** ~
por fortuna.

bonhomie [bɔnɔmi] nf bondad f,
sencillez f.

bonhomme [bɔnɔm] nm (pl
bonshommes) buen hombre // a
bonachón; **un vieux** ~ un pobre
viejo; **aller son** ~ **de chemin** ir paso

a paso; ~ **de neige** muñeco de
nieve.

boni [bɔni] nm resto.

bonification [bɔnifikasjɔ̃] nf
(somme) bonificación f.

bonifier [bɔnifje] vt bonificar,
mejorar.

boniment [bɔnimɑ̃] nm cameleo,
charlatanería.

bonjour [bɔ̃ʒur] nm buenos días; ~
Monsieur buenos días, señor; **dire**
~ **à qn** dar los buenos días a
alguien.

bonne [bɔn] a, nf voir **bon**.

Bonne-Espérance [bɔnɛsperɑ̃s]
n: **cap de** ~ cabo de Buena
Esperanza.

bonnement [bɔnmɑ̃] ad: **tout** ~
lisa y llanamente.

bonnet [bɔnɛ] nm gorro; ~ **d'âne**
bonete m de asno; ~ **de bain** gorro
de baño; ~ **de nuit** gorro de dormir.

bonneterie [bɔnetri] nf
industria/tienda de artículos de
punto.

bon-papa [bɔ̃papa] nm abuelito.

bonsoir [bɔ̃swar] nm buenas tar-
des/noches.

bonté [bɔ̃te] nf bondad f.

bonze [bɔ̃z] nm (REL) bonzo.

bord [bɔr] nm (de table, verre)
borde m; (de rivière, falaise, route)
orilla; à ~ (NAUT) a bordo; **monter
à** ~ subir a bordo; **jeter par-dessus**
~ arrojar por la borda; **les hommes
du** ~ los hombres de a bordo; **du
même** ~ (fig) de la misma opinión;
au ~ **de la mer/route** a orillas de la
mar/ruta.

bordage [bɔrdaʒ] nm tablazón f.

bordeaux [bɔrdo] nm (vin)
burdeos m // a inv rojo violáceo.

bordée [bɔrde] nf andanada f.

bordel [bɔrdɛl] nm (fam) burdel m.

border [bɔrde] vt orillar, bordear;
(garnir) bordear, ribetear;
(personne, lit) arropar; **bordé de**
bordeado de; ribeteado de.

bordereau, x [bɔrdəro] nm memoria; factura.

bordure [bɔrdyr] nf borde m;

bordura; (*sur un vêtement*) ribete *m*; en ~ de a orillas de.

boréal, e, aux [bɔʀeal, o] *a voir* **aurore.**

borgne [bɔʀɲ(ə)] *a* tuerto(a); (*fenêtre*) que permite la entrada de luz pero no la visión; **hôtel** *m* de mala reputación.

borne [bɔʀn(ə)] *nf* (*pour délimiter*) mojón *m*; (*gén: kilométrique*) poste *m* de kilometraje; **~s** *fpl* límites *mpl*; **sans ~(s)** sin límites; **borner** *vt* limitar; **se borner à** limitarse a.

bosquet [bɔske] *nm* bosquecillo.

bosse [bɔs] *nf* (*de terrain*) montículo; (*sur un objet etc*) protuberancia; (*enflure*) chichón *m*, bulto; (*du bossu*) joroba, giba; (*du chameau etc*) joroba; **avoir la ~ des maths** *etc* tener disposición para las matemáticas *etc*; **rouler sa ~** rodar por el mundo.

bosseler [bɔsle] *vt* (*travailler*) repujar; (*abîmer*) abollar.

bosser [bɔse] *vi* (*fam*) reventarse.

bossu, e [bɔsy] *a, nm/f* jorobado(a).

bot [bo] *am*: **pied** ~ zopo(a) de un pie.

botanique [bɔtanik] *nf* botánica // *a* botánico(a); **botaniste** *nm/f* botánico/a.

botte [bɔt] *nf* (*ESCRIME*) estocada; ~ **de radis** manojo de rábanos; ~ **de paille** haz *m* de paja; **~s de caoutchouc** botas de goma.

botter [bɔte] *vt* dar un puntapié a.

bottier [bɔtje] *nm* zapatero a la medida.

bottin [bɔtɛ̃] *nm* anuario del comercio.

bottine [bɔtin] *nf* botina.

bouc [buk] *nm* macho cabrío; (*barbe*) perilla; ~ **émissaire** cabeza de turco.

boucan [bukã] *nm* jaleo, alboroto.

boucanier [bukanje] *nm* bucanero.

bouche [buʃ] *nf* boca; (*fig*): **une ~ inutile/à nourrir** una boca para mantener; ~ **cousue!** ¡punto en boca!; ~ **à ~** *nm* boca a boca; ~ **de** chaleur entrada de aire; ~ **d'égout** sumidero, alcantarilla; ~ **d'incendie** boca de incendio; ~ **de métro** boca de subterráneo.

bouché, e [buʃe] *a* tapado(a); (*vin, cidre*) embotellado(a); (*temps, ciel*) encapotado(a); (*péj*) cerrado(a) // *nf* bocado; (*fig*): **pour une ~e de pain** por una bicoca; (*CULIN*): ~**es à la reine** cierto tipo de pastelillo.

boucher [buʃe] *vt* tapar, obstruir // *nm* carnicero; **se ~ le nez** taparse la nariz; **se ~** *vi* taparse, cubrirse.

bouchère [buʃɛʀ] *nf* carnicera.

boucherie [buʃʀi] *nf* carnicería.

bouche-trou [buʃtʀu] *nm* (*fig*) comodín *m*.

bouchon [buʃɔ̃] *nm* (*en liège*) corcho; (*autre matière*) tapón *m*; (*fig: AUTO*) taponamiento; (*de ligne de pêche*) flotador *m*.

bouchonner [buʃɔne] *vt* restregar, arrugar.

boucle [bukl(ə)] *nf* curva; (*d'un fleuve*) meandro; (*objet*) argolla; (*: de ceinture*) hebilla; (*de cheveux*) bucle *m*; ~ **d'oreille** zarcillo, pendiente *m*; **bouclé, e** *a* (*cheveux*) ensortijado(a); **boucler** *vt* (*fermer*) ajustar, cerrar; (*enfermer*) encerrar // *vi* (*cheveux*) rizar; **boucler son budget** equilibrar su presupuesto.

bouclier [buklije] *nm* escudo.

bouddhiste [budist(ə)] *a* budista.

bouder [bude] *vi* enfurruñarse // *vt* poner mala cara.

bouderie [budʀi] *nf* enfurruñamiento, enojadizo(a).

boudeur, euse [budœʀ, øz] *a* enfurruñado(a), enojadizo(a).

boudin [budɛ̃] *nm* morcilla; (*TECH*) resorte *m* en espiral.

boudoir [budwaʀ] *nm* tocador *m*.

boue [bu] *nf* lodo, barro.

bouée [bwe] *nf* (*balise*) boya; ~ **de sauvetage)** salvavidas *m inv*.

boueux, euse [bwø, øz] *a* fangoso(a), enlodado(a) // *nm* basurero.

bouffant, e [bufã, ãt] *a* abullonado(a).

bouffe [buf] *nf* (*fam*) comilona.

bouffée [bufe] nf (de fumée, d'air) tufarada, bocanada; (de pipe) bocanada; ~ **d'orgueil** arrebato de orgullo; ~ **de fièvre** fiebre pasajera.

bouffer [bufe] vt (fam) jamar.

bouffi, e [bufi] a hinchado(a).

bouffon, ne [bufɔ̃, ɔn] a bufón(ona).

bouge [buʒ] nm tugurio.

bougeoir [buʒwaʀ] nm palmatoria.

bougeotte [buʒɔt] nf hormiguillo.

bouger [buʒe] vi moverse; (agir) moverse, agitarse // vt cambiar de sitio, mover; se ~ (fam) moverse.

bougie [buʒi] nf bujía.

bougonner [bugɔne] vi gruñir, refunfuñar.

bougre [bugʀ(ə)] nm tipo; **ce ~ de...** este bribón de...

bouillabaisse [bujabɛs] nf sopa de pescado.

bouillant, e [bujã, ãt] a hirviente, hirviendo inv.

bouille [buj] nf (fam) cara.

bouilleur de cru [bujœʀdkʀy] nm destilador m de su propia cosecha.

bouilli, e [buji] a hervido(a) // nm carne hervida // nf papilla.

bouillir [bujiʀ] vi hervir; (fig) hervir, arder // vt (gén: faire ~) hervir.

bouilloire [bujwaʀ] nf hervidor m.

bouillon [bujɔ̃] nm (CULIN) caldo; (bulles, écume) borbotón m, burbuja; ~ **de culture** caldo de cultivo.

bouillonnement [bujɔnmã] nm hervor m, burbujeo; (fig) efervescencia.

bouillonner [bujɔne] vi borbotear.

bouillotte [bujɔt] nf hervidor pequeño; calentador m para pies.

boulanger, ère [bulɑ̃ʒe, ɛʀ] nm/f panadero/a.

boulangerie [bulɑ̃ʒʀi] nf panadería; ~**-pâtisserie** nf panadería-confitería.

boule [bul] nf (gén) bola; (pour jouer) bocha, bola; **roulé en ~** hecho un ovillo; **taillé en ~** cortado

en redondo; **se mettre en ~** (fig) enfurecerse; **perdre la ~** (fig fam) perder la chaveta; ~ **de neige** bola de nieve; **faire ~ de neige** (fig) agrandarse, extenderse.

bouleau, x [bulo] nm abedul m.

bouledogue [buldɔg] nm buldog m.

boulet [bulɛ] nm (aussi: ~ **de canon**) bala de cañón; (de forçat) bola de hierro; (charbon) aglomerado esférico.

boulette [bulɛt] nf bolita; ~ **de viande** albóndiga.

boulevard [bulvaʀ] nm bulevar m.

bouleversé, e [bulvɛʀse] a (ému) conmovido(a).

bouleversement [bulvɛʀsəmã] nm conmoción f.

bouleverser [bulvɛʀse] vt trastornar, conturbar; (pays, vie) trastornar; (papiers, objets) desordenar.

boulier [bulje] nm ábaco.

boulimie [bulimi] nf bulimia.

boulon [bulɔ̃] nm perno; ~**ner** vt empernar.

boulot, te [bulo, ɔt] a rechoncho(a) // nm trabajo, tarea.

bouquet [bukɛ] nm ramo, ramillete m; (parfum) aroma m; **c'est le ~!** ¡es el colmo!

bouquetin [buktɛ̃] nm cabra montés f.

bouquin [bukɛ̃] nm librito; ~**er** [-kine] vi leer; ~**iste** [-kinist(ə)] nm/f librero de lance.

bourbeux, euse [buʀbø, øz] a cenagoso(a).

bourbier [buʀbje] nm lodazal m; (fig) atolladero.

bourde [buʀd(ə)] nf patraña; sandez f; pifia.

bourdon [buʀdɔ̃] nm (ZOOL) abejorro.

bourdonner [buʀdɔne] vi zumbar.

bourg [buʀ] nm ciudad pequeña.

bourgade [buʀgad] nf aldea.

bourgeois, e [buʀʒwa, waz] a burgués(esa); (péj) burgués(esa), aburgesado(a) // nm/f (aussi péj) burgués/esa; ~**ie** [-zi] nf burguesía;

haute/petite ~**ie** alta/pequeña burguesía.

bourgeon [buʀʒɔ̃] nm brote m, yema; ~**ner** vi brotar.

Bourgogne [buʀgɔɲ] nf Borgoña // nm: **b~** (vin) borgoña; **bourguignon, ne** [buʀgiɲɔ̃, ɔn] a borgoñón(ona); (bœuf) **bourguignon** nm encebollado de vaca.

bourlinguer [buʀlɛ̃ge] vi correr mundo.

bourrade [buʀad] nf empellón m.

bourrage [buʀaʒ] nm: ~ **de crâne** camelo, propaganda falsa.

bourrasque [buʀask(ə)] nf borrasca.

bourratif, ive [buʀatif, iv] a pesado(a).

bourreau, x [buʀo] nm verdugo; **un** ~ **de travail** una fiera para el trabajo.

bourreler [buʀle] vt: **être bourrelé de remords** estar torturado por los remordimientos.

bourrelet [buʀlɛ] nm (bande de feutre etc) burlete m; (de chair) rollo.

bourrer [buʀe] vt atiborrar; (pipe) cargar; ~ **de coups** moler a golpes a alguien; ~ **le crâne à qn** hinchar la cabeza a alguien.

bourrique [buʀik] nf (âne) borrico.

bourru, e [buʀy] a rudo(a).

bourse [buʀs(ə)] nf (SCOL) beca; (porte-monnaie) bolsa; **la B~** la Bolsa; **sans** ~ **délier** sin soltar un céntimo; **boursier, ière** a (COMM) bolsista // nm/f (SCOL) becario/a.

boursouflé, e [buʀsufle] a (visage) abotagado(a); (fig) ampuloso(a).

boursoufler [buʀsufle] vt hinchar; **se** ~ vi (visage) abotagarse; (peinture etc) ampollarse.

bousculade [buskylad] nf atropello.

bousculer [buskyle] vt atropellar; (presser, inciter) empujar; **être bousculé** (pressé) estar apremiado o ajetreado.

bouse [buz] nf: ~ **(de vache)** bosta.

bousiller [buzije] vt (moteur) destruir.

boussole [busɔl] nf brújula.

bout [bu] vb voir **bouillir** // nm (morceau) trozo; (extrémité) punta; (: de table, rue) extremo; (de période, vie) final m; **à** ~ **filtre** a emboquillado(a); **à** ~ **portant** a quemarropa; **au** ~ **de** (après) al cabo de, al final de; **être à** ~ estar agotado(a); **pousser qn à** ~ sacar a alguien de sus casillas; **venir à** ~ **de qch** llevar a cabo algo; **venir à** ~ **de qn** acabar con alguien; ~ **à uno tras otro; d'un** ~ **à l'autre, de** ~ **en** ~ de cabo a rabo.

boutade [butad] nf ocurrencia, salida.

boute-en-train [butɑ̃tʀɛ̃] nm inv animador/a.

bouteille [butɛj] nf botella; (de gaz butane) bombona.

boutique [butik] nf tienda; **boutiquier, ière** nm/f (péj) mercachifle m.

bouton [butɔ̃] nm botón m; (pustule) grano; (d'une porte, sonnette, radio) pomo, botón; ~ **d'or** botón de oro; ~**s de manchette** gemelos; ~**ner** vt abotonar, abrochar; ~**nière** nf ojal m; ~ **pression** nm automático.

bouture [butyʀ] nf esqueje m, gajo.

bouvreuil [buvʀœj] nm pinzón m.

bovidé [bɔvide] nm bóvido.

bovin, e [bɔvɛ̃, in] a bovino(a).

bowling [bɔliŋ] nm bolos.

box, es [bɔks] nm (d'un accusé) celda para acusados en la sala de tribunales; (d'un cheval) cada compartimiento en una caballeriza.

boxe [bɔks(ə)] nf boxeo; **boxeur** nm boxeador m.

boyau, x [bwajo] nm tripa; (corde de raquette etc) cuerda de tripa; (galerie) pasadizo; (tuyau) manga.

boycotter [bɔjkɔte] vt boicotear.

BP nf voir **boîte**.

bracelet [bʀaslɛ] nm pulsera, brazalete m; ~**-montre** nm reloj m de pulsera.

braconner [bʀakɔne] *vt* cazar/pescar furtivamente;
braconnier *nm* cazador/pescador furtivo.

brader [bʀade] *vt* vender de segunda mano a bajo precio.

braguette [bʀagɛt] *nf* bragueta.

brailler [bʀaje] *vi*, *vt* gritar, chillar.

braire [bʀɛʀ] *vi* rebuznar.

braise [bʀɛz] *nf* brasas, ascuas.

braiser [bʀeze] *vt* estofar; **bœuf braisé** carne f de vaca estofada.

bramer [bʀame] *vi* (*cerf*) bramar.

brancard [bʀɑ̃kaʀ] *nm* camilla; (*de charrue etc*) varal m; **~ier** *nm* camillero.

branchages [bʀɑ̃ʃaʒ] *nmpl* ramajes *mpl*.

branche [bʀɑ̃ʃ] *nf* rama; (*de lunettes*) patilla.

branchement [bʀɑ̃ʃmɑ̃] *nm* empalme m; conexión f.

brancher [bʀɑ̃ʃe] *vt* empalmar; (*lampe, appareil électrique, téléphone*) conectar.

branchies [bʀɑ̃ʃi] *nfpl* branquias.

brandir [bʀɑ̃diʀ] *vt* blandir, esgrimir.

brandon [bʀɑ̃dɔ̃] *nm* tea.

branlant, e [bʀɑ̃lɑ̃, ɑ̃t] *a* (*mur, meuble*) oscilante, vacilante.

branle [bʀɑ̃l] *nm*: **mettre en ~** poner en movimiento; **donner le ~ à** poner en marcha; **~-bas** *nm inv* zafarrancho.

branler [bʀɑ̃le] *vi* bambolear, moverse // *vt*: **~ la tête** menear la cabeza.

braquer [bʀake] *vi* torcer // *vt* (*revolver*) apuntar; (*yeux*) fijar, clavar; (*mettre en colère*) predisponer; **se ~** *vi* oponerse.

bras [bʀa] *nm* brazo // *nm*: **~** brazos; **avoir le ~ long** tener mucha influencia; **à ~** (*charrette etc*) a brazo; **à ~ raccourcis** a brazo partido; **~ droit** (*fig*) brazo derecho; **~ de levier** brazo de palanca; **~ de mer** brazo de mar.

brasero [bʀazeʀo] *nm* brasero.

brasier [bʀazje] *nm* hoguera.

bras-le-corps [bʀalkɔʀ]: **à ~** *ad* por la cintura.

brassage [bʀasaʒ] *nm* (*fig*) mezcla.

brassard [bʀasaʀ] *nm* brazalete m; **~ noir** *ou* **de deuil** brazalete de luto.

brasse [bʀas] *nf* brazada; (*mesure*) braza; **~ papillon** brazada mariposa.

brassée [bʀase] *nf* brazada.

brasser [bʀase] *vt* mezclar; (*argent, affaires*) manejar.

brasserie [bʀasʀi] *nf* cervecería.

brasseur [bʀasœʀ] *nm* (*de bière*) cervecero; **~ d'affaires** hombre m de negocios.

brassière [bʀasjɛʀ] *nf* (*de bébé*) camisita, juboncito.

bravache [bʀavaʃ] *a* bravucón(ona).

bravade [bʀavad] *nf*: **par ~** por fanfarronería.

brave [bʀav] *a* bravo(a), valiente; (*bon, gentil*) bueno(a); (*péj*) valiente.

braver [bʀave] *vt* (*ordre*) desafiar; (*danger*) afrontar, desafiar.

bravo [bʀavo] *excl* ¡bravo.

bravoure [bʀavuʀ] *nf* bravura.

break [bʀɛk] *nm* (*AUTO*) break m, furgoneta.

brebis [bʀɔbi] *nf* oveja; **~ galeuse** oveja negra, manzana podrida.

brèche [bʀɛʃ] *nf* brecha, boquete m.

bredouille [bʀɔduj] *a* con las manos vacías.

bredouiller [bʀɔduje] *vi*, *vt* farfullar.

bref, brève [bʀɛf, ɛv] *a* breve // *ad* total, en pocas palabras; **d'un ton ~** con un tono tajante; (*voyelle*) **brève** (*vocal*) breve f; **en ~** en resumen.

brelan [bʀɔlɑ̃] *nm* berlanga; trío.

breloque [bʀɔlɔk] *nf* dije m.

brème [bʀɛm] *nf* tipo de carpa.

Brésil [bʀezil] *nm* Brasil m; **b~ien, ne** *a*, *nm/f* brasileño(a).

Bretagne [bʀɔtaɲ] *nf* Bretaña.

bretelle [brətɛl] nf hombrera; (de fusil etc) correa; (autoroute) empalme m; ~s fpl (pour pantalon) tirantes mpl.

breton, ne [brətɔ̃, ɔn] a, nm/f bretón(ona) // nm (LING) bretón m.

breuvage [brœvaʒ] nm bebida, brebaje m.

brève [brɛv] a, nf voir bref.

brevet [brəvɛ] nm certificado; ~ (d'invention) patente f; ~ d'apprentissage certificado de idoneidad; ~ d'études du premier cycle, BEPC ≈ bachillerato elemental.

breveté, e [brəvte] a patentado(a); (diplômé) diplomado(a).

breveter [brəvte] vt (invention) patentar.

bréviaire [brevjɛr] nm breviario.

bribes [brib] nfpl (de conversation) fragmentos; (de fortune etc) migajas; **par** ~ por retazos.

bric-à-brac [brikabrak] nm inv baratillo.

bricolage [brikɔlaʒ] nm bricolaje m; (péj) chapuza.

bricole [brikɔl] nf nadería.

bricoler [brikɔle] vi hacer chapuzas // vt amañar, componer mañosamente; **bricoleur, euse** nm/f aficionado/a // a aficionado(a), mañoso(a).

bride [brid] nf brida; (d'un bonnet) barboquejo; **à** ~ **abattue** a rienda suelta; **tenir en** ~ contener; **lâcher la** ~ **à, laisser la** ~ **sur le cou à** dar rienda suelta a, dejar libertad de acción a.

bridé, e [bride] a: **yeux** ~**s** ojos oblicuos.

brider [bride] vt refrenar; (cheval) embridar; (CULIN) atar.

bridge [bridʒ(ə)] nm (jeu) bridge m; (dentaire) puente m.

brièvement [brijɛvmã] ad brevemente, en breve.

brièveté [brijɛvte] nf brevedad f.

brigade [brigad] nf (MIL) brigada; (d'ouvriers etc) brigada, cuadrilla.

brigadier [brigadje] nm cabo; brigadier m.

brigand [brigã] nm salteador m, bandolero; ~age nm bandolerismo.

briguer [brige] vt pretender, aspirar a.

brillamment [brijamã] ad brillantemente.

brillant, e [brijã, ãt] a brillante // (éclat, diamant) brillante m.

briller [brije] vi brillar.

brimade [brimad] nf novatada, vejación f.

brimbaler [brɛ̃bale] = **bringuebaler**

brimer [brime] vt vejar, molestar.

brin [brɛ̃] nm hebra; (fig): **un** ~ **de** una pizca de; ~ **d'herbe/de paille** brizna de hierba/de paja; ~ **de muguet** ramita de muguete.

brindille [brɛ̃dij] nf ramilla.

bringuebaler [brɛ̃gbale] vi bambolearse.

brio [brijo] nm brío.

brioche [brijɔʃ] nf bollo; (fam) panza.

brique [brik] nf ladrillo // a inv rojo(a) ladrillo.

briquer [brike] vt frotar.

briquet [brikɛ] nm encendedor m.

brisant [brizã] nm rompiente m.

brise [briz] nf brisa.

brisé, e [brize] a quebrado(a).

brisées [brize] nfpl: **marcher sur les** ~ **de qn** pisar el terreno a alguien; **suivre les** ~ **de qn** seguir las huellas de alguien.

brise-glace(s) [brizglas] nm inv rompehielos m inv.

brise-jet [brizʒɛ] nm inv tubo amortiguador para grifo.

brise-lames [brizlam] nm inv escollera.

briser [brize] vt quebrar, hacer añicos; (carrière, vie, amitié) destrozar, destruir; (volonté, grève, personne) quebrar; (fatiguer) destrozar, moler; **se** ~ vi estrellarse, hacerse añicos; (fig) destrozarse.

briseur, euse [brizœr, øz] nm/f: ~ **de grève** esquirol m.

britannique [bʀitanik] *a, nm/f* británico(a).

broc [bʀo] *nm* jarra.

brocante [bʀokɑ̃t] *nf* baratillo; **brocanteur, euse** *nm/f* prendero/a.

broche [bʀoʃ] *nf* (*bijou*) broche *m*; (*CULIN*) espetón *m*; (*CULIN*): **à la ~** al asador.

broché, e [bʀoʃe] *a* en rústica.

brochet [bʀoʃɛ] *nm* lucio.

brochette [bʀoʃɛt] *nf* (*CULIN*) brocheta; **~ de décorations** pasador *m* de condecoraciones.

brochure [bʀoʃyʀ] *nf* folleto.

brodequins [bʀodkɛ̃] *nmpl* borceguíes *mpl*.

broder [bʀode] *vt* bordar // *vi* (*inventer, embellir*) adornar; **~ie** [bʀodʀi] *nf* bordado.

bromure [bʀomyʀ] *nm* bromuro.

broncher [bʀɔ̃ʃe] *vi* vacilar.

bronches [bʀɔ̃ʃ] *nfpl* bronquios.

bronchite [bʀɔ̃ʃit] *nf* bronquitis *f*.

broncho-pneumonie [bʀɔ̃kopnemoni] *nf* bronconeumonía.

bronze [bʀɔ̃z] *nm* bronce *m*.

bronzé, e [bʀɔ̃ze] *a* bronceado(a).

bronzer [bʀɔ̃ze] *vi*: **se ~** broncearse.

brosse [bʀos] *nf* cepillo; **donner un coup de ~ à** dar una cepilladura a; **en ~** al cepillo; **~ à cheveux/à dents/à habits** cepillo para cabellos/de dientes/de ropa; **~ à ongles** cepillo de uñas; **brosser** *vt* cepillar; (*fig*) bosquejar; **se brosser** *vt* cepillarse; (*fam*) privarse.

brou de noix [bʀudnwa] *nm* nogalina.

brouette [bʀuɛt] *nf* carretilla.

brouhaha [bʀuaa] *nm* batahola, alboroto.

brouillage [bʀujaʒ] *nm* interferencia.

brouillard [bʀujaʀ] *nm* niebla.

brouille [bʀuj] *nf* desavenencia.

brouillé, e [bʀuje] *a* (*fâché*) desavenido(a); (*teint*) alterado(a).

brouiller [bʀuje] *vt* embarullar; (*RADIO: émission*) interferir; (*personnes, amis*) disgustar; desavenir;

~ les pistes enredar las pistas; **se ~** (*ciel, temps*) nublarse; (*vitres, vue*) nublarse, empañarse; (*détails*) confundirse; (*amis*) disgustarse.

brouillon, ne [bʀujɔ̃, ɔn] *a* desordenado(a) // *nm* borrador *m*.

broussailles [bʀusaj] *nfpl* zarzal *m*, maleza.

brousse [bʀus] *nf* monte *m*; (*péj*) monte, campo.

brouter [bʀute] *vt* pastar, ramonear // *vi* (*mécanisme*) engranar mal, vibrar.

broutille [bʀutij] *nf* fruslería.

broyer [bʀwaje] *vt* moler, triturar; **~ du noir** verlo todo negro.

bru [bʀy] *nf* nuera.

brucelles [bʀysɛl] *nfpl*: (*pinces*) **~** pinzas finas.

bruine [bʀɥin] *nf* llovizna.

bruiner [bʀɥine] *vb impersonnel*: **il bruine** llovizna.

bruire [bʀɥiʀ] *vi* murmurar; zumbar; **bruissement** *nm* murmullo.

bruit [bʀɥi] *nm* ruido; (*fig*) rumor *m*; **sans ~** sin ruido, silenciosamente; (*fig*): **faire grand ~** dar resonancia; **~ de fond** ruido de fondo.

bruitage [bʀɥitaʒ] *nm* efectos sonoros; **bruiteur, euse** *nm/f* especialista *m/f* en efectos sonoros.

brûlant, e [bʀylɑ̃, ɑ̃t] *a* ardiente, que quema; (*regard*) ardiente; (*sujet*) candente.

brûlé, e [bʀyle] *a* (*fig*) desenmascarado(a) // *nm*: **odeur de ~** olor *m* a quemado.

brûle-pourpoint [bʀylpuʀpwɛ̃]: **à ~** *ad* a quemarropa.

brûler [bʀyle] *vt* quemar; (*suj: eau bouillante*) escaldar; (*consommer*) consumir; (*fig*) arder; (*feu rouge, signal*) pasar de largo // *vi* arder; (*se consumer*) arder, consumirse; (*combustible*) consumirse; (*jeu*): **tu brûles** te quemas; **se ~** (*accidentellement*) quemarse; escaldarse; **se ~ la cervelle** levantarse la tapa de los sesos.

brûleur [bʀylœʀ] *nm* quemador *m*.

brûlure [bʀylyʀ] *nf* quemadura,

escaldadura; (*sensation*) quemazón
f; ~**s d'estomac** ardor *m* de
estómago.

brume [bʀym] *nf* bruma; **brumeux,
euse** *a* brumoso(a); (*fig*) confuso(a).

brun, e [bʀɛ̃, yn] *a, nm/f*
moreno(a) // *nm* (*couleur*) pardo;
~**ir** [bʀyniʀ] *vi* tostarse // *vt* tostar.

brusque [bʀysk(ə)] *a* brusco(a);
~**ment** *ad* bruscamente.

brusquer [bʀyske] *vt* tratar
bruscamente; (*fig*) precipitar; **ne
rien** ~ no precipitarse.

brut, e [bʀyt] *a* bruto(a) // *nm*:
(*champagne*) ~ champán muy seco
// *nf* bruto/a.

brutal, e, aux [bʀytal, o] *a* brutal;
~**iser** *vt* maltratar; ~**ité** *nf*
brutalidad *f*.

brute [bʀyt] *af, nf* voir **brut**.

Bruxelles [bʀysɛl] *n* Bruselas.

bruyamment [bʀɥijamã] *ad*
ruidosamente.

bruyant, e [bʀɥijã, ãt] *a*
ruidoso(a).

bruyère [bʀyjɛʀ] *nf* brezo.

bu, e *pp* de **boire**.

buanderie [bɥãdʀi] *nf* lavadero.

Bucarest [bykaʀɛst] *n* Bucarest.

buccal, e, aux [bykal, o] *a*: **par
voie** ~**e** por vía bucal.

bûche [byʃ] *nf* leño; (*fig*): **prendre
une** ~ darse un porrazo; ~ **de Noël**
tipo de bizcocho navideño.

bûcher [byʃe] *nm* hoguera // *vi, vt*
(*fam*) empollar, dar duro.

bûcheron [byʃʀɔ̃] *nm* leñador *m*.

bucolique [bykɔlik] *a* bucólico(a).

Budapest [bydapɛst] *n* Budapest.

budget [bydʒɛ] *nm* presupuesto;
budgétaire *a* presupuestario(a).

buée [bɥe] *nf* vapor *m*; (*de l'haleine*)
vaho.

buffet [byfɛ] *nm* aparador *m*; (*de
réception*) bufet *m*; (*de gare*) bar *m*.

buffle [byfl(ə)] *nm* búfalo.

buis [bɥi] *nm* boj *m*.

buisson [bɥisɔ̃] *nm* matorral *m*.

buissonnière [bɥisɔnjɛʀ] *af*: **faire
l'école** ~ hacer rabona.

bulbe [bylb(ə)] *nm* bulbo; (*coupole*)
cúpula de bulbo.

bulgare [bylgaʀ] *a, nm/f*
búlgaro(a) // *nm* (*LING*) búlgaro.

Bulgarie [bylgaʀi] *nf* Bulgaria.

bulldozer [buldozɛʀ] *nm* máquina
topadora.

bulle [byl] *nf* burbuja; (*papale*) bula;
~ **de savon** pompa de jabón.

bulletin [byltɛ̃] *nm* boletín *m*, parte
m; (*SCOL*) boletín; ~ **d'informations**
boletín de informaciones; ~
météorologique boletín meteorológico; ~ **de santé** parte médico; ~
(**de vote**) papeleta.

buraliste [byʀalist(ə)] *nm/f*
estanquero/a.

bure [byʀ] *nf* sayal *m*.

bureau, x [byʀo] *nm* escritorio;
(*d'une entreprise*) administración *f*;
(*service administratif*) oficinas; ~
de change oficina de cambio; ~ **de
location** taquilla; ~ **de poste** oficina
de correos; ~ **de tabac** estanco; ~
de vote colegio electoral.

bureaucrate [byʀokʀat] *nm/f*
burócrata *m/f*.

bureaucratie [byʀokʀasi] *nf* burocracia; **bureaucratique** [-tik] *a* buro-
crático(a).

burette [byʀɛt] *nf* (*de mécanicien*)
aceitera; (*de chimiste*) bureta.

burin [byʀɛ̃] *nm* buril *m*.

buriné, e [byʀine] *a* (*fig*) mar-
cado(a) profundamente.

burlesque [byʀlɛsk(ə)] *a* bur-
lesco(a).

burnous [byʀnu] *nm* alboroz *m*.

bus [bys] *nm* autobús *m*.

buse [byz] *nf* cernícalo.

busqué, e [byske] *a*: **nez** ~ nariz
aguileña.

buste [byst(ə)] *nm* busto.

but [by] *nm* (*cible*) blanco; (*fig: d'un
voyage*) meta; (: *d'une entreprise,
action*) objetivo; (*SPORT*) portería; (:
point) tanto; **de** ~ **en blanc** de
buenas a primeras; **avoir pour** ~ **de**
faire tener como objetivo hacer;
dans le ~ **de...** con el propósito de

gagner par 3 ~**s à 2** ganar por 3 tantos a 2.

butane [bytan] *nm* butano.

buté, e [byte] *a* terco(a).

butée [byte] *nf* tope *m* de retención.

buter [byte] *vi*: ~ **contre** *ou* **contre** **qch** tropezar con *o* en *o* contra algo; chocar con algo; (*fig*) tropezar con algo // *vt* (*braquer*) llevar a obstinarse; **se** ~ *vi* tropezarse; obstinarse.

buteur [bytœr] *nm* goleador *m*.

butin [bytɛ̃] *nm* botín *m*.

butiner [bytine] *vi* libar.

butor [bytɔr] *nm* (*fig*) cernícalo, bruto.

butte [byt] *nf* loma; **être en** ~ **à** ser el blanco de.

buvable [byvabl(ə)] *a* bebible; pasable.

buvais etc *vb voir* **boire**.

buvard [byvar] *nm* secante *m*.

buvette [byvet] *nf* cantina.

buveur, euse [byvœr, øz] *nm/f* (*péj*) borracho/a; (*consommateur*) bebedor/a.

byzantin, e [bizɑ̃tɛ̃, in] *a* bizantino(a).

C

c' [s] *dét voir* **ce**.

ça [sa] *pron* (*pour désigner*: *proximité*) esto; (*:non proximité*) eso; (*plus loin*) aquello; (*comme sujet indéfini*) eso *o* aquello; ~ **m'étonne** que me asombra que; ~ **va?** ¿qué tal?; **c'est** ~ muy bien, eso es.

çà [sa] *ad*: ~ **et là** aquí y allá.

caban [kabɑ̃] *nm* gabán *m*, chaquetón *m*.

cabane [kaban] *nf* cabaña; **cabanon** *nm* (*hutte*) cabañuela; (*en Provence*) casa de campo.

cabaret [kabarɛ] *nm* cabaret *m*.

cabas [kaba] *nm* cesto, canasta.

cabestan [kabɛstɑ̃] *nm* cabrestante *m*.

cabillaud [kabijo] *nm* bacalao fresco.

cabine [kabin] *nf* (*de bateau*) camarote *m*; (*de plage*) caseta; (*de camion, train, avion*) cabina; ~ (**d'ascenseur**) caja (del ascensor); ~ **spatiale** cabina de cápsula espacial; ~ (**téléphonique**) cabina (telefónica).

cabinet [kabinɛ] *nm* gabinete *m*; (*de médecin*) gabinete de consulta; (*d'avocat*) bufete *m*; (*clientèle*) clientela; ~**s** *mpl* (*w.c.*) retretes *mpl*, excusados; ~ **de toilette** cuarto de aseo, tocador *m*.

câble [kɑbl(ə)] *nm* cable *m*; (*télégramme*) cable, cablegrama *m*; **câbler** *vt* telegrafiar, cablegrafiar.

cabosser [kabɔse] *vt* abollar.

cabotage [kabɔtaʒ] *nm* cabotaje *m*.

caboteur [kabɔtœr] *nm* motonave *f*.

cabotin, e [kabɔtɛ̃, in] *nm/f* comediante/a, comicastro/a; ~**age** [-tinaʒ] *nm* fanfarronada.

cabrer [kabre] *vt* (*personne*) irritar, encolerizar; (*cheval, avion*) encabritar; **se** ~ *vi* (*cheval*) encabritarse.

cabri [kabri] *nm* cabrito.

cabriole [kabrijɔl] *nf*: **faire des** ~**s** hacer cabriolas, dar volteretas.

cabriolet [kabrijɔlɛ] *nm* (*aussi*: **voiture** ~) cabriolé *m*.

cacahuète [kakawɛt] *nf* maní *m*, cacahuete *m*.

cacao [kakao] *nm* cacao.

cachalot [kaʃalo] *nm* cachalote *m*.

cache [kaʃ] *nm* ocultador *m*; (*pour protéger l'objectif*) tapa protectora // *nf* escondrijo *m*.

cache-cache [kaʃkaʃ] *nm*: **jouer à** ~ jugar al escondite *m*.

cache-col [kaʃkɔl] *nm* bufanda.

cachemire [kaʃmir] *nm* cachemira.

cache-nez [kaʃne] *nm inv* bufanda.

cache-pot [kaʃpo] *nm inv* cubretiesto, cubremaceta *m*.

cacher [kaʃe] vt ocultar, esconder; **je ne vous cache pas que** no te oculto que; **se ~** ocultarse, esconderse; **(être ~ caché)** esconderse, disimularse; **se ~ de qn pour faire qch** ocultarse de alguien para hacer algo.

cachet [kaʃɛ] nm sello; (d'artiste) cachet m, retribución f.

cacheter [kaʃte] vt cerrar, pegar.

cachette [kaʃɛt] nf escondrijo; **en ~ a escondidas.**

cachot [kaʃo] nm calabozo.

cachotterie [kaʃɔtʀi] nf secreteo, sigilo; **cachottier, ière** a sigiloso(a).

cachou [kaʃu] nm cachunde m.

cactus [kaktys] nm cactus m.

cadastre [kadastʀ(ə)] nm catastro; **cadastral, e, aux** a catastral.

cadavérique [kadaveʀik] a cadavérico(a).

cadavre [kadavʀ(ə)] nm cadáver m.

cadeau, x [kado] nm regalo; (fig) ventaja; **faire un ~ à qch à qn** regalar un regalo a alguien; **faire ~ de qch à qn** regalar algo a alguien.

cadenas [kadnɑ] nm candado; **~ser** [kadnase] vt poner candado a, cerrar con candado.

cadence [kadɑ̃s] nf cadencia, ritmo; (de travail) ritmo; **en ~ rítmicamente, acompasadamente; à la ~ de 10 par jour** a un ritmo de 10 por día; **cadencé, e** a cadencioso(a); **(MIL): pas cadencé** paso acompasado.

cadet, te [kadɛ, ɛt] a: **sœur/frère ~(te)** hermana/hermano menor // nm/f (de la famille) menor m/f; **les ~s** (SPORT) los menores, los cadetes.

Cadix [kadiks] n Cádiz.

cadran [kadʀɑ̃] nm esfera; (du téléphone) disco; **~ solaire** reloj m de sol.

cadre [kadʀ(ə)] nm marco; (de vélo) cuadro; (milieu, entourage) medio, ambiente m; (ADMIN) directivo, ejecutivo; **moyen/supérieur** (ADMIN) directivo medio/superior; **rayer qn des ~s** dar de baja a alguien; **dans le ~ de** (fig) en el marco de.

cadrer [kadʀe] vi: **~ avec qch** cuadrar con algo // vt encuadrar.

caduc, uque [kadyk] a (théorie, loi) caduco(a), perimido(a).

cafard [kafaʀ] nm (ZOOL) cucaracha; **avoir le ~** estar triste o melancólico(a).

café [kafe] nm (plante) cafeto; (grains, boisson) café m; (bistro) café, cafetería // a inv café; **~ au lait/noir** café con leche/negro o solo; **~ bar** bar m cafetería; **~ tabac** café tabaquería; **~ine** [kafein] nf cafeína; **cafetier, ière** [kaftje, jɛʀ] nm/f dueño/a de un café // nf cafetera.

cafouiller [kafuje] vi (personne) confundirse, equivocarse; (appareil, projet) fallar.

cage [kaʒ] nf jaula; (FOOTBALL): **(des buts)** área (de meta), portería; **~ en** ~ en jaula; la **~ (d'escalier)** caja (de la escalera); **~ thoracique** caja torácica.

cageot [kaʒo] nm cobertizo.

cagibi [kaʒibi] nm cobertizo.

cagneux, euse [kaɲø, øz] a patizambo(a), chueco(a).

cagnotte [kaɲɔt] nf (tire-lire) hucha; (argent) baza, pozo.

cagoule [kagul] nf cogulla, capirote m.

cahier [kaje] nm cuaderno; (TYPOGRAPHIE) cuadernillo, pliego; (revue): **~s** cuadernos; **~ d'exercices/de brouillon** cuaderno de ejercicios/de borrador; **~ de revendications** pliego de reivindicaciones; **~ de doléances** libro de quejas o reclamaciones; **~ des charges** pliego de condiciones.

cahin-caha [kaɛ̃kaa] ad danda tumbos.

cahot [kao] nm traqueteo; **~er** vi sacudir // vt traquetear; **~eux, euse** a con baches.

cahute [kayt] nf pocilga.

caïd [kaid] nm cabecilla.

caille [kɑj] nf codorniz f.

caillé, e [kɑje] a: **lait ~ leche cuajada.**

cailler [kɑje] vi cuajar, coagular.

caillot [kɑjo] nm coágulo.

caillou, x [kɑju] nm piedra, guijarro; **~ter** vt empedrar, enguijarrar; **~teux,** euse a pedregoso(a); **~tis** nm pedregullo, grava.

caisse [kɛs] nf caja; **grosse ~** (MUS) bombo; **~ d'épargne/de retraite** caja de ahorros/de jubilaciones; **~ claire** (MUS) caja clara, tambor m; **~ enregistreuse** caja registradora; **caissier, ière** [kesje, jɛʀ] nm/f cajero/a; **caisson** [kɛsɔ̃] nm caja; (de décompression) campana.

cajoler [kaʒɔle] vt mimar; **~les** [kaʒɔlʀi] nfpl mimos, arrumacos.

cake [kɛk] nm pan m de especias, bizcocho.

calaminé, e [kalamine] a empastado(a).

calamité [kalamite] nf calamidad f, catástrofe f.

calandre [kalɑ̃dʀ(ə)] nf rejilla, coraza.

calanque [kalɑ̃k] nf cala, bahía.

calcaire [kalkɛʀ] nm caliza // a calcáreo(a).

calciné, e [kalsine] a calcinado(a), carbonizado(a).

calcium [kalsjɔm] nm calcio.

calcul [kalkyl] nm cálculo; (MÉD): **~** (biliaire/rénal) cálculo (biliar/renal); **~ mental** cálculo mental; **~ateur, trice** [-atœʀ, tʀis] nm/f calculador/ora // nm calculador m // nf calculadora.

calculer [kalkyle] vt calcular, estimar; (combiner, arranger) premeditar, calcular // vi calcular; (péj) premeditar, maquinar.

cale [kal] nf (de bateau) bodega; (en bois) cuña; **~ sèche** (NAUT) dique seco.

calé, e [kale] a (fam) calzado(a); (personne) sabihondo(a); (problème) difícil, arduo(a).

calebasse [kalbɑs] nf calabaza.

caleçon [kalsɔ̃] nm calzoncillos; **~ de bain** calzón m o pantalón m de baño.

calembour [kalɑ̃buʀ] nm retruécano.

calendrier [kalɑ̃dʀije] nm (système) calendario; (objet) calendario, almanaque m; (fig) calendario, programa m.

cale-pied [kalpje] nm inv calzapiés m.

calepin [kalpɛ̃] nm libreta, agenda.

caler [kale] vt (fixer) calzar; (son moteur/véhicule) parar (su motor/vehículo).

calfeutrer [kalføtʀe] vt colocar burletes a.

calibre [kalibʀ(ə)] nm (d'un fruit) diámetro; (d'une arme) calibre m; (fig) calibre, envergadura; **calibrer** vt (fruits) clasificar.

calice [kalis] nm cáliz m.

califourchon [kalifuʀʃɔ̃]: **à ~** ad a horcajadas.

câlin, e [kɑlɛ̃, in] a mimoso(a).

câliner [kɑline] vt mimar, acariciar.

calleux, euse [kalø, øz] a calloso(a).

calligraphie [kaligʀafi] nf caligrafía.

calmant, e [kalmɑ̃, ɑ̃t] a calmante, tranquilizador(ora) // nm (MÉD) calmante m.

calme [kalm(ə)] a calmo(a), tranquilo(a); (décontracté) sosegado(a), tranquilo(a) // nm calma, tranquilidad f; (d'une personne) calma, sosiego.

calmer [kalme] vt calmar, tranquilizar; (douleur, jalousie, colère) calmar, sosegar; **se ~** calmarse, tranquilizarse; (vent, mer) calmarse, apaciguarse; (colère etc) calmarse, sosegarse.

calomnie [kalɔmni] nf calumnia, difamación f; **calomnier** vt calumniar, difamar; **calomnieux, euse** a calumnioso(a), infamante.

calorie [kalɔʀi] nf caloría.

calorifère [kalɔʀifɛʀ] nm estufa.

calorifique [kalɔrifik] *a* calorifi-co(a).

calorifuge [kalɔrifyʒ] *a* calorífu-go(a) // *nm* calorífugo, aislante *m*.

calot [kalo] *nm* (MIL.) gorra.

calotte [kalɔt] *nf* (*coiffure*) birreta; (*gifle*) bofetada; (GÉO): **~ glaciaire** casquete *m* glaciar.

calque [kalk(ə)] *nm* (*aussi*: **papier ~**) calco, papel *m* de calco; (*dessin, fig*) calco, imitación f.

calquer [kalke] *vt* calcar; (*fig*) copiar, imitar.

calvaire [kalvɛʀ] *nm* calvario, vía crucis *m*.

calvitie [kalvisi] *nf* calvicie f.

camaïeu [kamajø] *nm*: **(motif de) ~** (motivo en) monocromo.

camarade [kamarad] *nm/f* camarada *m*, compañero/a.

camaraderie [kamaradʀi] *nf* (*amitié*) camaradería, compañeris-mo.

cambouis [kɑ̃bwi] *nm* grasa.

cambrer [kɑ̃bre] *vt* arquear; **se ~** arquearse.

cambriolage [kɑ̃brijɔlaʒ] *nm* atraco, asalto.

cambrioler [kɑ̃brijɔle] *vt* atracar, asaltar; **cambrioleur, euse** *nm/f* asaltante *m/f*, ladrón/ona.

cambrure [kɑ̃bryr] *nf* arco, combadura.

cambuse [kɑ̃byz] *nf* (NAUT) gambuza, pañol *m*.

came [kam] *nf* *voir* **arbre**.

camée [kame] *nm* camafeo.

caméléon [kameleɔ̃] *nm* (ZOOL) camaleón *m*.

camelot [kamlo] *nm* vendedor ambulante *o* callejero.

camelote [kamlɔt] *nf* porquería.

caméra [kamera] *nf* cámara; **~man** [-man] *nm* cameraman *m*, operador *m*.

camion [kamjɔ̃] *nm* camión *m*; (*charge*) **~ de sable** *etc* camión de arena *etc*; **~citerne** *nm* camión *m* cisterna; **~nage** *nm*: **frais/ entreprise de ~nage** gastos/ empresa de camionaje; **~nette** *nf*

camionneta; **~neur** *nm* transportista *m*; (*chauffeur*) camionero.

camisole [kamizɔl] *nf*: **~ (de force)** camisa (de fuerza).

camomille [kamɔmij] *nf* manza-nilla.

camouflage [kamuflaʒ] *nm* camuflaje *m*.

camoufler [kamufle] *vt* camuflar; (*fig*) disimular, enmascarar.

camp [kɑ̃] *nm* campamento; (POL, SPORT) campo; **~ de concentration** campo de concentración; **~ de nudistes** campo *o* colonia nudista; **~ de vacances** colonia de vacaciones.

campagnard, e [kɑ̃paɲaʀ, aʀd(ə)] *a* campestre, rustico(a) // *nm/f* campesino/a.

campagne [kɑ̃paɲ] *nf* (*nature*) campo; (*province*) pueblo; (*opposé à*: *mer, montagne*) campo, campiña; (MIL, POL, COMM) campaña; **en ~** (MIL) en campaña; **à la ~** en el campo.

campanile [kɑ̃panil] *nm* campanario.

campement [kɑ̃pmɑ̃] *nm* campa-mento.

camper [kɑ̃pe] *vi* acampar // *vt* (*chapeau etc*) plantarse, meterse; (*dessin, tableau, personnage*) trazar; **se ~ devant qn/qch** plantarse frente a alguien/algo; **campeur, euse** *nm/f* campista *m/f*.

camphre [kɑ̃fr(ə)] *nm* alcanfor *m*; **camphré, e** *a* alcanforado(a).

camping [kɑ̃piŋ] *nm* camping *m*; **(terrain de) ~** camping; **faire du ~** practicar camping.

camus [kamy, yz] *a*: **nez ~** nariz chata *o* aplastada.

Canada [kanada] *nm* Canadá *m*; **canadien, ne** *a* canadiense (*m/f*) // *nf* gabán forrado en piel.

canaille [kanaj] *nf* (*péj*) (*crapule*) canalla *m*, vil *m/f*.

canal, aux [kanal, o] *nm* canal *m*; (ANAT) canal, conducto; (ADMIN): **par le ~ de** por medio *o* conducto de.

canalisation [kanalizasjɔ̃] nf canalización f, cañería.

canaliser [kanalize] vt (eau) canalizar; (fig) orientar, canalizar.

canapé [kanape] nm (fauteuil) sofá m; (CULIN) canapé m.

canard [kanaʀ] nm (ZOOL) pato.

canari [kanaʀi] nm canario.

Canaries [kanaʀi] nfpl: les ~ las Islas Canarias.

cancans [kɑ̃kɑ̃] nmpl habladurías, murmuraciones.

cancer [kɑ̃sɛʀ] nm cáncer m; (ASTRO): le C~ Cáncer; être du C~ ser de Cáncer; **cancéreux, euse** a, nm/t canceroso(a); **cancérigène** [kɑ̃seʀiʒɛn] a cancerígeno(a) // nm cancerígeno.

cancre [kɑ̃kʀ(ə)] nm zángano, holgazán(ana).

cancrelat [kɑ̃kʀəla] nm cucaracha.

candélabre [kɑ̃delabʀ(ə)] nm candelabro.

candeur [kɑ̃dœʀ] nf candor m, candidez f.

candi [kɑ̃di] a inv: sucre ~ azúcar cristalizado o cande.

candidat, e [kɑ̃dida, at] nm/t candidato/a; **~ure** nf candidatura.

candide [kɑ̃did] a candido(a), ingenuo(a).

cane [kan] nf pata.

caneton [kantɔ̃] nm patito.

canette [kanɛt] nf (de bière) botella; (COUTURE) canilla, bobina.

canevas [kanva] nm cañamazo; (fig) bosquejo, esbozo.

caniche [kanif] nm caniche m.

canicule [kanikyl] nf canícula, bochorno.

canif [kanif] nm navaja, cortaplumas m inv.

canin, e [kanɛ̃, in] a canino(a) // nf canino.

caniveau, x [kanivo] nm arroyo.

canne [kan] nm bastón m; ~ à pêche caña de pescar; ~ à sucre caña de azúcar.

cannelle [kanɛl] nf (BOT) canela.

cannelure [kanlyʀ] nf estría.

cannibale [kanibal] a, nm/t caníbal (m/f).

canoë [kanɔe] nm bote m, canoa; ~ (kayac) (SPORT) kayac m, bote de canalete.

canon [kanɔ̃] nm cañón m; (fig: type) canon m, modelo; (règles, code) canon.

cañon [kaɲɔ̃] nm (GÉO) cañón m.

canoniser [kanɔnize] vt canonizar.

canonnade [kanɔnad] nf cañoneo.

canonnier [kanɔnje] nm artillero.

canonnière [kanɔnjɛʀ] nf cañonera.

canot [kano] nm bote m; ~ pneumatique bote inflable o neumático; ~ de sauvetage bote salvavidas; **~er** vi remar, andar en bote.

canotier [kanɔtje] nm sombrero de paja.

cantate [kɑ̃tat] nf cantata.

cantatrice [kɑ̃tatʀis] nf cantante f.

cantine [kɑ̃tin] nf (malle) baúl m; (restaurant) cantina.

cantique [kɑ̃tik] nm (REL) cántico.

canton [kɑ̃tɔ̃] nm (en France) partido; (en Suisse) cantón m.

cantonade [kɑ̃tɔnad]: **à la ~** ad a los cuatro vientos.

cantonner [kɑ̃tɔne] vt (troupes) acantonar; (personne) encasillar, limitar; **se ~ dans** aislarse en, limitarse a.

cantonnier [kɑ̃tɔnje] nm obrero caminero.

canular [kanylaʀ] nm broma, jugarreta.

canule [kanyl] nf (MÉD) cánula.

caoutchouc [kautʃu] nm caucho, goma; (élastique) elástico; **~ de** caucho o goma; **~ mousse** nm goma espuma; **caoutchouté, e** a impermeabilizado; **caoutchouteux, euse** a correoso(a), gomoso(a).

cap [kap] nm (GÉO) cabo; (NAUT) proa; (fig) límite m, barrera; **mettre le ~ sur** hacer rumbo a.

CAP sigle m voir **certificat**.

capable [kapabl(ə)] a (compétent)

capacitado(a), competente; ~ **de faire** capaz de o apto(a) para hacer; ~ **d'un effort** capaz de un esfuerzo; **il est** ~ **d'échouer** es capaz de fracasar; **livre** ~ **d'intéresser** libro susceptible de interés; **capacité** [kapasite] nf capacidad f, competencia f; (d'un récipient) capacidad f; (diplôme): ~ **(en droit)** idoneidad en derecho.

cape [kap] nf capa.

CAPES sigle m voir **certificat.**

capharnaüm [kafaʀnaɔm] nm leonera, cuchitril m.

capillaire [kapilɛʀ] a capilar; **artiste** ~ peinador/ora.

capillarité [kapilaʀite] nf capilaridad f.

capilotade [kapilɔtad]: **en** ~ ad hecho añicos o papilla.

capitaine [kapitɛn] nm capitán m.

capital, e, aux [kapital, o] a capital; (JUR): **peine** ~ **e** pena capital // nm capital m; (fig) capital, caudal m // nf (ville) capital f; (lettre) mayúscula; **capitaux** mpl capitales mpl, fondos; ~ **(social)** capital m, patrimonio; ~**iser** vt capitalizar.

capitalisme [kapitalism(ə)] nm capitalismo; **capitaliste** a, nm/f capitalista (m/f).

capiteux, euse [kapitø, øz] a embriagador(ora); (femme) sensual.

capitonner [kapitɔne] vt acolchar.

capitulation [kapitylasjɔ̃] nf capitulación f.

capituler [kapityle] vi capitular.

caporal, aux [kapɔʀal, o] nm cabo.

capot [kapo] nm capó // a inv capote.

capote [kapɔt] nf (de voiture) capota; (de soldat) capote m.

capoter [kapɔte] vi volcar, darse vuelta.

câpre [kɑpʀ(ə)] nf alcaparra.

caprice [kapʀis] nm capricho, antojo; ~**s** mpl (de la mode etc) caprichos; **capricieux, euse** a (enfant, femme) caprichoso(a);

(vent, moteur) variable, inconstante.

Capricorne [kapʀikɔʀn(ə)] nm (ASTRO): **le** ~ Capricornio; **être du** ~ ser de Capricornio.

capsule [kapsyl] nf cápsula; (de bouteille) cápsula, tapa.

capter [kapte] vt (eau) canalizar; (RADIO) captar; (attention, intérêt) captar, atraer.

captieux, euse [kapsjø, øz] a capcioso(a), falso(a).

captif, ive [kaptif, iv] a, nm/f cautivo(a), prisionero(a).

captiver [kaptive] vt cautivar, atraer.

captivité [kaptivite] nf cautiverio, prisión f; **en** ~ prisionero(a), en cautiverio.

capture [kaptyʀ] nf captura.

capturer [kaptyʀe] vt capturar, apresar.

capuche [kapyʃ] nf (de manteau) capucha.

capuchon [kapyʃɔ̃] nm capuchón m.

capucine [kapysin] nf (BOT) capuchina, espuela de galán.

caquet [kake] nm: **rabattre le** ~ **à qn** bajarle el copete a alguien.

caqueter [kakte] vi cacarear.

car [kaʀ] nm autobús m de turismo, microbús m // conj pues, porque.

carabine [kaʀabin] nf carabina.

caracoler [kaʀakɔle] vi (cheval) caracolear.

caractère [kaʀaktɛʀ] nm carácter m, temperamento; (fermeté) carácter, firmeza; (de choses: nature) carácter; (cachet) carácter, personalidad f; (lettre, signe) letra, carácter; ~ **(d'imprimerie)** letra (de imprenta); **en** ~**s gras en** negrita; **prière d'écrire en** ~**s d'imprimerie** se ruega escribir en letra de imprenta; **avoir du** ~ (personne) tener carácter; (paysage, musique) tener personalidad o originalidad; **avoir bon/mauvais** ~ tener buen/mal carácter.

caractériel, le [kaʀaktɛʀjɛl] a de

caractère [karaktɛr] nm/finadaptado/a.
caractérisé, e [karakterize] a característico(a), peculiar.
caractériser [karakterize] vt (définir) caracterizar, definir; se ~ par caracterizarse por; caractéristique a característico(a), típico(a) // nf característica, rasgo.
carafe [karaf] nf jarra.
carambolage [karɑ̃bolaʒ] nm choques mpl en serie.
caramel [karamɛl] nm, a inv caramelo; **caraméliser** vt (sucre) acaramelar.
carapace [karapas] nf caparazón m, concha; (fig) capa, caparazón.
carat [kara] nm quilate m; or à 18 ~s oro de 18 quilates.
caravane [karavan] nf (de chameaux) caravana; (camping) autovivienda, roulotte f.
caravaning [karavaniŋ] nm (camping) camping practicado con roulotte.
carbone [karbon] nm carbono; (aussi: papier ~) papel m carbón; (double) copia, duplicado; **carbonique** a: gaz carbonique anhídrido carbónico; **neige carbonique** nieve carbónica.
carboniser [karbɔnize] vt carbonizar.
carburant [karbyrɑ̃] nm carburante m.
carburateur [karbyratœr] nm carburador m.
carburation [karbyrɑsjɔ̃] nf carburación f.
carcan [karkɑ̃] nm (fig) yugo.
carcasse [karkas] nf armazón m, esqueleto; (de voiture) armazón m.
carder [karde] vt cardar.
cardiaque [kardjak] a, nm/f cardíaco(a).
cardigan [kardigɑ̃] nm cardigan m, chaqueta de punto.
cardinal, e, aux [kardinal, o] a cardinal // nm (REL) cardenal m.
cardiologie [kardjɔlɔʒi] nf cardiología; **cardiologue** [-lɔg] nm/f cardiólogo/a.

carême [karɛm] nm (fête) cuaresma.
carence [karɑ̃s] nf incapacidad f, ineptitud f; (manque) carencia, insuficiencia; ~ vitaminique carencia vitamínica.
carène [karɛn] nf obra viva.
caréner [karene] vt (NAUT) carenar; (AUTO) dar forma aerodinámica a.
caressant, e [karesɑ̃, ɑ̃t] a afectuoso(a), cariñoso(a); (voix, regard) acariciador(ora), aterciopelado(a).
caresse [karɛs] nf caricia.
caresser [karese] vt acariciar; (projet, espoir) acariciar, abrigar.
cargaison [kargɛzɔ̃] nf carga, cargamento.
cargo [kargo] nm carguero, buque m de carga.
caricatural, e, aux [karikatyral, o] a caricaturesco(a).
caricature [karikatyr] nf (dessin) caricatura; **caricaturiste** nm/f caricaturista m/f.
carie [kari] nf: ~ (dentaire) caries f (dental); **carié, e** [karje] a: dent **cariée** diente cariado.
carillon [karijɔ̃] nm (d'église) carillón m; (pendule) carillón, reloj de pared con carillón; (sonnette): (électrique) timbre m.
carillonner [karijɔne] vi repicar, tañer.
carlingue [karlɛ̃g] nf carlinga.
carnage [karnaʒ] nm degollina, carnicería.
carnassier, ière [karnasje, jɛr] a carnicero(a), carnívoro(a) // nm/f carnívoro/a.
carnation [karnasjɔ̃] nf color de la tez.
carnaval [karnaval] nm carnaval m.
carnet [karnɛ] nm libreta; (de tickets etc) cuadernillo, taco; (journal intime) diario íntimo; ~ de chèques talonario de cheques; ~ de commandes talonario o libreta de pedidos.

carnier [kaʀnje] nm morral m.

carnivore [kaʀnivɔʀ] a, nm/f carnívoro(a).

carotide [kaʀɔtid] nf carótida.

carotte [kaʀɔt] nf (BOT) zanahoria.

carpe [kaʀp(ə)] nf (ZOOL) carpa.

carpette [kaʀpɛt] nf alfombrilla.

carquois [kaʀkwa] nm carcaj m.

carré, e [kaʀe] a cuadrado,a ; (direct, franc) franco(a), directo(a) // nm cuadrado ; (de terrain, jardin) arriate m; (NAUT) sala, cámara; **élever un nombre au ~** elevar un número al cuadrado; **mètre ~** metro cuadrado; **~ d'as** póker m de ases.

carreau, x [kaʀo] nm baldosa, azulejo; (de fenêtre) vidrio, cristal m; (dessin) cuadro; (CARTES) diamantes mpl, ≈ oros; (carte) diamante m, ≈ oro; **papier à ~x** papel m de cuadros.

carrefour [kaʀfuʀ] nm cruce m, (fig) punto de reunión o de encuentro.

carrelage [kaʀlaʒ] nm embaldosado; solado.

carreler [kaʀle] vt embaldosar, solar; **carreleur** nm embaldosador m, solador m.

carrelet [kaʀlɛ] nm (filet) nasa; (poisson) platija.

carrément [kaʀemɑ̃] ad francamente, directamente.

carrer [kaʀe] : **se ~** vi: **se ~ dans un fauteuil** arrellanarse en un sillón.

carrier [kaʀje] nm: (ouvrier) cantero, picapedrero.

carrière [kaʀjɛʀ] nf cantera; (métier) carrera; **militaire de ~** militar m de carrera; **faire ~ dans** hacer carrera en.

carriole [kaʀjɔl] nf carricoche m.

carrossable [kaʀosabl(ə)] a transitable.

carrosse [kaʀos] nm carroza.

carrosserie [kaʀosʀi] nf carrocería; **carrossier** nm carrocero; (dessinateur) diseñador m de carrocerías.

carrousel [kaʀuzɛl] nm carrusel m.

carrure [kaʀyʀ] nf anchura del torso; **de ~ athlétique** de torso atlético.

cartable [kaʀtabl(ə)] nm cartera.

carte [kaʀt(ə)] nf (GÉO) mapa; (de fichier) ficha; (de jeu) naipe m, carta; (d'électeur, d'abonnement etc) tarjeta, carnet m; (au restaurant) carta, menú m; (aussi: ~ postale) (tarjeta) postal f; (aussi: ~ de visite) tarjeta (de visita); **à la ~** (au restaurant) a la carta; **donner ~ blanche** dar carta blanca; **~ grise** título de propiedad de un coche; **~ d'identité** cédula de identidad; **~ perforée** ficha perforada.

cartel [kaʀtɛl] nm frente m.

carte-lettre [kaʀtlɛtʀ(ə)] nf billete m postal.

carter [kaʀtɛʀ] nm (AUTO) cárter m.

cartilage [kaʀtilaʒ] nm cartílago.

cartographe [kaʀtɔgʀaf] nm/f cartógrafo/a.

cartographie [kaʀtɔgʀafi] nf cartografía.

cartomancie [kaʀtɔmɑ̃si] nf cartomancia; **cartomancien, ne** nm/f cartomántico/a.

carton [kaʀtɔ̃] nm cartón m; (boîte) caja; (carte, ticket) tarjeta, ficha; **en ~ de cartón; faire un ~** (au tir) tirar al blanco; **~ (à dessin)** cartapacio.

cartonnage [kaʀtɔnaʒ] nm (emballage) embalaje m.

cartonné, e [kaʀtɔne] a en cartoné.

carton-pâte [kaʀtɔpɑt] nm cartón m piedra.

cartouche [kaʀtuʃ] nf (de fusil) cartucho; (de stylo) carga; (de film, de ruban encreur) carrete m; **cartouchière** nf canana.

cas [kɑ] nm caso; **faire grand ~ de** dar gran importancia a; **en aucun ~** en ningún caso, de ninguna manera; **au ~ où** en caso de que, en el caso que; **en ~ de** en caso de; **en tout ~** en todo caso, de todos modos; **~ de conscience** caso de conciencia; **~ limite** caso límite o extremo.

casanier, ière [kazanje, jɛʀ] a casero(a).

casaque [kazak] *nf* casaca.

cascade [kaskad] *nf* cascada; (*fig*) lluvia, andanada.

cascadeur [kaskadœʀ] *nm* doble m.

case [kɑz] *nf* (*hutte*) choza; (*compartiment*) casilla, compartimento; (*sur une surface*) casilla; **cochez la ~ réservée à cet effet** señale la casilla reservada a tal efecto.

caséine [kazein] *nf* caseína.

casemate [kazmat] *nf* casamata.

caser [kaze] *vt* colocar, meter; (*personne*) colocar.

caserne [kazɛʀn(ə)] *nf* cuartel m.

casernement [kazɛʀnəmɑ̃] *nm* acuartelamiento; (*caserne*) cuartel m.

cash [kaʃ] *ad*: **payer ~** pagar al contado.

casier [kazje] *nm* casillero; (*à poisson*) nasa; **~ judiciaire** registro de antecedentes, prontuario.

casino [kazino] *nm* casino.

casque [kask(ə)] *nm* casco; (*chez le coiffeur*) secador m; (*pour audition*) auriculares *mpl*.

casquette [kasket] *nf* gorra.

cassant, e [kasɑ̃, ɑ̃t] a quebradizo(a); tajante.

cassate [kasat] *nf*: (**glace**) **~** postre helado.

cassation [kasasjɔ̃] *nf* (*JUR*): **se pourvoir en ~** apelar al Tribunal Supremo; **recours en ~** recurso de casación; **cour de ~** Tribunal Supremo.

casse [kas] *nf*: **mettre à la ~** dar o vender como chatarra; **il y a eu de la ~** hubo daños o pérdidas.

casse... [kas] *préf*: **~cou** *a/nm* peligroso(a), riesgoso(a); (*imprudent*) arriesgado(a), alocado(a) //

nm inv imprudente m/f. temerario/a; **crier ~cou** prevenir del peligro; **~croûte** *nm inv* merienda, refrigerio; **~noisette(s), ~noix** *nm inv* cascanueces m; **~pieds** (*a) a* fastidioso(a), insufrible // *nm/f* pesado/a.

casser [kase] *vt* romper, quebrar; (*montre, moteur*) romper, deteriorar; (*gradé*) dejar cesante; (*arrêt, décision*) anular, casar // *vi* romperse, cortarse; **se ~** *vi* quebrarse, romperse; (*fige fragile*) quebrarse.

casserole [kasʀɔl] *nf* cacerola; **à la ~** (*CULIN*) a la cacerola.

casse-tête [kastɛt] *nm inv* (*aussi*: **~ chinois**) quebradero de cabeza.

cassette [kaset] *nf* bobina de cinta magnetofónica, cassette m; (*coffret*) joyero, cofrecito.

casseur [kasœʀ] *nm* depredador m.

cassis [kasis] *nm* (*BOT*) grosellero negro; (*liqueur*) casis m; (*de la route*) badén m.

cassonade [kasɔnad] *nf* azúcar semirrefinado.

cassoulet [kasule] *nm* guiso de judías.

cassure [kasyʀ] *nf* (*fissure*) rotura, grieta.

castagnettes [kastaɲet] *nfpl* castañuelas.

caste [kast(ə)] *nf* casta.

Castille [kastij] *nf*: **la ~** Castilla.

castor [kastɔʀ] *nm* (*ZOOL*) castor m.

castrer [kastʀe] *vt* castrar.

cataclysme [kataklism(ə)] *nm* cataclismo.

catacombes [katakɔ̃b] *nfpl* catacumbas.

catadioptre [katadjɔptʀ(ə)] *nm* = **cataphote**.

catafalque [katafalk(ə)] *nm* catafalco, túmulo.

catalepsie [katalepsi] *nf* catalepsia.

catalogue [katalɔg] *nm* catálogo; **cataloguer** *vt* catalogar.

Catalogne [katalɔɲ] *nf* Cataluña.

catalyse [kataliz] *nf* catálisis f;

catalyseur nm catalizador/ora.

cataphote [katafɔt] nm reflectante m.

cataplasme [kataplasm(ə)] nm cataplasma m.

catapulte [katapylt(ə)] nf catapulta; **catapulter** vt catapultar.

cataracte [katarakt(ə)] nf catarata; **opérer qn de la ~** operar a alguien de cataratas.

catarrhe [katar] nm catarro.

catastrophe [katastrɔf] nf catástrofe f, desastre m; **catastrophique** a catastrófico(a), desastroso(a).

catch [katʃ] nm (SPORT) catch m, lucha libre; **~eur, euse** nm/f luchador/ora de catch.

catéchiser [kateʃize] vt (endoctriner) adoctrinar, aleccionar.

catéchisme [kateʃism(ə)] nm catecismo.

catéchumène [katekymɛn] nm/f catecúmeno/a.

catégorie [kategɔri] nf categoría.

catégorique [kategɔrik] a categórico(a).

cathédrale [katedral] nf catedral f.

cathode [katɔd] nf cátodo.

catholicisme [katɔlisism(ə)] nm catolicismo.

catholique [katɔlik] a, nm/f católico(a); **pas très ~** no muy católico(a) o limpio(a).

catimini [katimini] : **en ~** ad a escondidas.

cauchemar [koʃmar] nm pesadilla; **~desque** a de pesadilla.

caudal, e, aux [kodal, o] a caudal.

causal, e [kozal] a causal.

causalité [kozalite] nf causalidad f.

cause [koz] nf causa, motivo; (JUR) causa; **être ~ de** ser causa o motivo de; **à ~ de** (gén) a causa o en razón de; (par la faute de) a causa o por culpa de; **pour ~ de décès** etc por deceso etc; **(et) pour ~** (y) con causa o razón; **être/mettre en ~** estar/poner en juego; **être hors de**

~ estar fuera de cuestión; en tout état de ~ en todo caso, sea como fuere.

causer [koze] vt causar, provocar // vi charlar, conversar.

causerie [kozri] nf charla.

caustique [kostik] a cáustico(a).

cauteleux, euse [kotlø, øz] a taimado(a), ladino(a).

cautériser [koterize] vt cauterizar.

caution [kosjɔ̃] nf (argent) garantía, fianza; (JUR) caución f; (soutien, appui) apoyo, aval m; **libéré sous ~** (JUR) liberado bajo fianza; **sujet à ~** dudoso, inseguro; **~nement** nm aval m; fianza; **~ner** vt avalar, apoyar.

cavalcade [kavalkad] nf cabalgata.

cavalerie [kavalri] nf caballería.

cavalier, ière [kavalje, jɛr] a desconsiderado(a), impertinente // nm/f jinete/a; (au bal) pareja m/f, acompañante/a // nm (ÉCHECS) caballo; **faire ~ seul** hacer rancho aparte.

cave [kav] nf sótano; (réserve de vins) bodega; (cabaret) cabaret m en el subsuelo // a: **yeux ~s** ojos hundidos.

caveau, x [kavo] nm sepulcro.

caverne [kavɛrn(ə)] nf caverna.

caverneux, euse [kavɛrnø, øz] a: **voix caverneuse** voz cavernosa.

caviar [kavjar] nm caviar m.

cavité [kavite] nf cavidad f, hueco.

CC abrév de **corps consulaire**.

CCP sigle m voir **compte**.

CD abrév de **corps diplomatique**.

ce(c'), cet, cette, ces [sə, sɛt, se] dét (proximité) este m, esta f, estos mpl, estas fpl; (non proximité) ese m, esa f, esos mpl, esas fpl; (: plus loin) aquel m, aquella f, aquellos mpl, aquellas fpl; **~ chapeau-ci/là** este/ese o aquel sombrero; **cette nuit** (qui vient) esta noche; (passée) anoche // pron: **~ qui, que** lo que; **tout ~ qui/que** todo cuanto o lo que; il n'avait pas d'enfants ~ qui le chagrinait no tenía niños lo que o lo cual le apenaba; ~ dont j'ai parlé lo o eso de que hablé; s'attendre à ~ que esperar a ~; ~ que c'est grand! ¡qué grande (es)!; c'est ~ petit/grand es pequeño/grande; c'est un peintre, ~ sont des peintres es un pintor, son pintores; c'est le plombier etc (à la porte) es el fontanero etc; soy el fontanero etc; c'est une voiture en un coche; qui est~? ¿quién es?; (en désignant) ¿quién es éste/ésa?; qu'est~? ¿qué es?; ...: es que c'est lent ...es que es lento; voir aussi -ci, est-ce que, n'est-ce pas, c'est-à-dire

ceci [səsi] pron esto.

cécité [sesite] nf ceguera.

céder [sede] vt ceder, traspasar // vi ceder; (personne) ceder, someterse; ~ à ceder a.

cédille [sedij] nf cedilla.

cèdre [sɛdʀ(ə)] nm cedro.

CEE sigle f voir **communauté**.

ceindre [sɛ̃dʀ(ə)] vt ceñir.

ceinture [sɛ̃tyʀ] nf cinturón m, correa; (fig) cintura; **jusqu'à la** ~ hasta la cintura; ~ **de sécurité** cinturón de seguridad.

ceinturer [sɛ̃tyʀe] vt atrapar por la cintura; (entourer) rodear.

ceinturon [sɛ̃tyʀɔ̃] nm cinto, cinturón m.

cela [səla] pron eso; (plus loin) aquello; (comme sujet indéfini) eso; aquello; ~ **m'étonne que** me asombra que...; **quand/où** ~? ¿cuándo/dónde?

célèbre [selɛbʀ(ə)] a célebre, famoso(a).

célébrer [selebʀe] vt celebrar, festejar; (messe) celebrar; (personne) encomiar, celebrar.

célébrité [selebʀite] nf celebridad f, renombre m; (star) celebridad f.

céleri [sɛlʀi] nm ~(-rave) apio nabo; ~ **en branche** apio.

célérité [seleʀite] nf celeridad f, rapidez f.

céleste [selɛst(ə)] a celeste, celestial.

célibat [seliba] nm celibato.

célibataire [selibatɛʀ] a célibe, soltero(a); (ADMIN) soltero(a) // nm/f soltero/a.

celle, celles [sɛl] pron voir **celui**.

cellier [selje] nm bodega.

cellophane [selɔfan] nf celofán m.

cellulaire [selylɛʀ] a (BIO) celular; **voiture ou fourgon** ~ coche m o furgón m celular.

cellule [selyl] nf célula; (de prisonnier, moine) celda; ~ **photo-électrique** célula fotoeléctrica.

cellulite [selylit] nf celulitis f.

celluloïd [selylɔid] nm celuloide m.

cellulose [selyloz] nf celulosa.

celui, celle, ceux, celles [səlɥi, sɛl, sø] pron el m, la f, los mpl, las fpl; ~ **qui/que** el que; ~ **dont je parle** el de que hablo; ~ **qui veut** (valeur indéfinie) quien o el que quiera; ~ **du salon/de mon frère** el del salón/de mi hermano; ~**ci/-là**, **celle-ci/-là** éste/aquél o ésta/ésa o aquélla; **ceux-ci**, **celles-ci** éstos, éstas; **ceux-là**, **celles-là** ésos o aquéllos, ésas o aquéllas.

cénacle [senakl(ə)] nm cenáculo.

cendre [sɑ̃dʀ(ə)] nf ceniza; ~**s** fpl cenizas; (d'un défunt) cenizas, restos; **sous la** ~ (CULIN) en las cenizas; **cendré, e** a ceniciento(a); **piste cendrée** pista de ceniza; **cendrier** [sɑ̃dʀije] nm cenicero.

cène [sɛn] nf (REL) (última) cena.

censé, e [sɑ̃se] a supuesto(a); **être** ~ **faire** suponerse que hace.

censeur [sɑ̃sœʀ] nm (ADMIN) celador m; (qui censure) censor m.

censure [sɑ̃syʀ] nf censura.

censurer [sɑ̃syʀe] vt censurar; (POL) censurar, reprobar.

cent [sɑ̃] num cien o ciento; **pour** ~ () por ciento.

centaine [sɑ̃tɛn] nf centena.

centenaire [sɑ̃tnɛʀ] a centenario(a), secular // nm/f centenario/a // nm centenario.

centième [sɑ̃tjɛm] *num* centési-
mo(a).

centigrade [sɑ̃tigrad] *nm* centi-
grado.

centigramme [sɑ̃tigram] *nm*
centigramo.

centilitre [sɑ̃tilitr(ə)] *nm*
centilitro.

centime [sɑ̃tim] *nm* centavo,
céntimo.

centimètre [sɑ̃timɛtr(ə)] *nm*
centímetro; (*ruban*) cinta métrica.

central, e, aux [sɑ̃tral, o] *a*
central // *nf* (*prison*) central // ~ʃ
nm: ~ (*téléphonique*) central
(telefónica); ~e électrique/
nucléaire central eléctrica/nuclear;
~e syndicale centralsindical.

centraliser [sɑ̃tralize] *vt* centralizar.

centre [sɑ̃tr(ə)] *nm* centro; ~ de
gravité centro de gravedad; ~
national de la recherche
scientifique, CNRS centro nacional
de la investigación científica; ~ de
tri (*POSTES*) centro de clasificación,
sala de batalla; le ~ville el centro
(de la ciudad).

centrer [sɑ̃tre] *vt, vi* centrar.

centrifuge [sɑ̃trifyʒ] *a*: force ~
fuerza centrífuga; **centrifuger** *vt*
centrifugar.

centripète [sɑ̃tripɛt] *a*: force ~
fuerza centrípeta.

centuple [sɑ̃typl(ə)] *nm* céntuplo.

centupler [sɑ̃typle] *vi, vt* centuplicar.

cep [sɛp] *nm* cepa.

cépage [sepaʒ] *nm* cepa.

cèpe [sɛp] *nm* seta.

cependant [səpɑ̃dɑ̃] *ad* sin
embargo, pero.

céramique [seramik] *nf*
cerámica.

cercle [sɛrkl(ə)] *nm* círculo; ~
polaire círculo polar; ~ vicieux
círculo vicioso.

cercueil [sɛrkœj] *nm* féretro, ataúd
m.

céréale [sereal] *nf* cereal *m*.

cérébral, e, aux [serebral, o] *a*

cerebral; (*fig*) cerebral, mental.

cérémonial [seremɔnjal] *nm*
ceremonial *m*.

cérémonie [seremɔni] *nf* ceremonia; (*façons*) ceremonia, cumplido;
cérémonieux, euse *a* ceremonio-
so(a).

cerf [sɛr] *nm* ciervo.

cerfeuil [sɛrfœj] *nm* perifolio.

cerf-volant [sɛrvɔlɑ̃] *nm* cometa.

cerise [səriz] *nf* cereza.

cerisier [sərizje] *nm* cerezo.

cerne [sɛrn(ə)] *nm* (*des yeux*)
ojera.

cerné, e [sɛrne] *a* rodeado(a),
cercado(a); **avoir les yeux** ~s estar
ojeroso(a).

cerner [sɛrne] *vt* (*armée, ville*)
rodear, cercar; (*problème, question*)
circunscribir, delimitar; (*suj: chose*)
rodear, contornear.

certain, e [sɛrtɛ̃, ɛn] *a* (*indéniable*)
cierto(a), evidente; (*sûr*) seguro(a),
convencido(a) // *dét* cierto(a); **un**
~ Georges/dimanche cierto Jorge/
domingo; **un** ~ **courage** cierto
coraje; **d'un** ~ **âge** de cierta edad;
un ~ **temps** cierto tiempo; ~s
individus ciertos individuos; ~s
pron ciertos, algunos; ~ **de/que**
seguro de/(de) que; **sûr et** ~
completamente seguro; ~**ement**
[sɛrtɛnmɑ̃] *ad* (*probablement*) posiblemente, indudablemente; (*bien
sûr*) ciertamente, sin duda.

certes [sɛrt(ə)] *ad* (*bien sûr*) desde
luego, evidentemente; (*en réponse*)
ciertamente, por cierto.

certificat [sɛrtifika] *nm* certificado, diploma *m*; ~ **d'aptitude
professionnelle, CAP** certificado de
aptitud profesional; ~ **d'aptitude au
professorat de l'enseignement du
second degré, CAPES** concurso por
oposición que otorga la habilitación
para la enseñanza secundaria; **le** ~
d'études el diploma de estudios; ~
médical certificado médico; ~ **de
scolarité** certificado de escolaridad;
~ **de vaccination** certificado de
vacuna.

certifié, e [sɛrtifje] a: **professeur** ~ profesor/ora, diplomado/a; ~ **conforme à l'original** (ADMIN) legalizado, fiel del original.

certifier [sɛrtifje] vt atestiguar, certificar; ~ **que** certificar que, asegurar que.

certitude [sɛrtityd] nf certidumbre f, seguridad f; (chose certaine) certeza, realidad f.

cerveau, x [sɛrvo] nm cerebro.

cervelas [sɛrvəla] nm tipo de salchicha.

cervelle [sɛrvɛl] nf cerebro; (CULIN) seso.

cervical, e, aux [sɛrvikal, o] a cervical.

ces [se] dét voir ce.

césarienne [sezarjɛn] nf cesárea.

cessantes [sesɑ̃t] afpl: **toutes affaires** ~ con prioridad, con exclusión de lo demás.

cessation [sesasjɔ̃] nf: ~ **des hostilités** cese m de las hostilidades.

cesse [sɛs] nf: **sans** ~ ad sin cesar, continuamente; **n'avoir de** ~ **que** no descansar o darse tregua hasta que.

cesser [sese] vt cesar, suspender // vi cesar, parar; ~ **de faire** cesar o dejar de hacer.

cessez-le-feu [seselfø] nm inv alto el fuego.

cession [sesjɔ̃] nf cesión f.

c'est-à-dire [setadir] ad es decir, mejor dicho.

cet [sɛt] dét voir ce.

cétacé [setase] nm cetáceo.

cette [sɛt] dét voir ce.

ceux [sø] pron voir celui.

CFDT sigle f = **Confédération française et démocratique du travail.**

CGC sigle f = **Confédération générale des cadres.**

CGT sigle f = **Confédération générale du travail.**

chacal [ʃakal] nm chacal m.

chacun, e [ʃakœ̃, yn] pron cada uno(a), todos(as).

chagrin, e [ʃagrɛ̃, in] a triste, taciturno(a) // nm pena, tristeza,

~**er** [-ine] vt apenar, entristecer.

chahut [ʃay] nm batahola, bulla; (SCOL: organisé) alboroto, jaleo; ~**er** [ʃayte] vt abuchear // vi alborotar; ~**eur, euse** [ʃaytœr, øz] nm/f alborotador/ora.

chai [ʃɛ] nm cantina, bodega.

chaîne [ʃɛn] nf (gén) cadena; (RADIO, TV) cadena, red f; ~**s** fpl (fig) cadenas, yugo; **travail à la** ~ trabajo en cadena; **réaction en** ~ reacción f en cadena; **faire la** ~ hacer cadena; ~ **(haute-fidélité ou hi-fi)** equipo (de alta fidelidad); ~ **(de montage ou de fabrication)** cadena (de montaje o de fabricación); ~ **(de montagnes)** cadena (de montañas).

chaînette [ʃɛnɛt] nf (bijou) cadenita, cadeneta.

chaînon [ʃɛnɔ̃] nm (fig) eslabón m.

chair [ʃɛr] nf (ANAT, REL) carne f, (de fruit, tomate) carne, pulpa // a (color) carne; **avoir la** ~ **de poule** tener carne o piel de gallina; **être bien en** ~ ser entrado(a) en carnes; **en** ~ **et en os** en carne y hueso; **à saucisses** carne picada.

chaire [ʃɛr] nf (d'église) púlpito; (SCOL: poste) cátedra.

chaise [ʃɛz] nf silla; ~ **électrique** silla eléctrica; ~ **longue** silla de extensión.

chaland [ʃalɑ̃] nm chalana, gabarra.

châle [ʃɑl] nm chal m.

chalet [ʃalɛ] nm (de montagne) cabaña.

chaleur [ʃalœr] nf calor m; (de l'accueil) calor, calidez f; (ardeur, emportement) calor, fervor m; ~**eux, euse** a cálido(a), caluroso(a).

challenge [ʃalɑ̃ʒ] nm copa, trofeo, campeonato.

chaloupe [ʃalup] nf (de sauvetage) chalupa, bote m salvavidas.

chalumeau, x [ʃalymo] nm (outil) soplete m.

chalut [ʃaly] nm red f barredera.

chalutier [ʃalytje] nm (bateau) bou m.

chamailler [ʃamɑje] : se ~ vi altercar, reñir.

chamarré, e [ʃamaʀe] a (étoffe) recargado(a).

chambarder [ʃãbaʀde] vt desordenar, desbarajustar.

chambranle [ʃãbʀãl] nm (de porte) marco.

chambre [ʃãbʀ(ə)] nf habitación f, cuarto; (JUR, POL) cámara, sala; **faire ~ à part** dormir en habitaciones separadas; **stratège en ~** estratega m de café; **à un lit/deux lits** habitación de una cama/dos camas; **~ de commerce/de l'industrie** cámara de comercio/de la industria; **~ à air** cámara de aire; **~ à coucher** dormitorio; **la C~ des députés** la cámara de diputados; **~ noire** cuarto oscuro.

chambrée [ʃãbʀe] nf (à l'armée) dormitorio de tropa.

chambrer [ʃãbʀe] vt (vin) poner a temperatura ambiente.

chameau, x [ʃamo] nm camello.

chamois [ʃamwa] nm gamuza.

champ [ʃã] nm campo; les ~s (la campagne) el campo; **~ de bataille** campo de batalla; **~ de courses** pista para carreras, hipódromo.

champagne [ʃãpaɲ] nf champaña m.

champêtre [ʃãpɛtʀ(ə)] a campestre.

champignon [ʃãpiɲɔ̃] nm hongo; **~ de couche** ou **de Paris** champiñón m.

champion, ne [ʃãpjɔ̃, ɔn] a campeón(ona) // nm/f campeón/ona; (d'une cause) campeón(ona), adalid m; **~nat** nm campeonato.

chance [ʃãs] nf suerte f, fortuna; ~s fpl (probabilités) posibilidades fpl.

chanceler [ʃãsle] vi vacilar, tambalear.

chancelier [ʃãsəlje] nm canciller m.

chanceux, euse [ʃãsø, øz] a afortunado(a).

chancre [ʃãkʀ(ə)] nm (MÉD) chancro.

chandail [ʃãdaj] nm pulóver m, jersey m.

Chandeleur [ʃãdlœʀ] nf Candelaria.

chandelier [ʃãdəlje] nm candelabro, candelero.

chandelle [ʃãdɛl] nf candela, vela.

change [ʃãʒ] nm (COMM) cambio; **le cours du ~** la cotización; **le contrôle des ~s** el control de cambio.

changeant, e [ʃãʒã, ãt] a inconstante, variable.

changement [ʃãʒmã] nm cambio; **~ de vitesses** cambio de velocidades.

changer [ʃãʒe] vt cambiar; (remplacer, échanger) cambiar, reemplazar; (:argent) cambiar; (rhabiller) cambiar, mudar // vi cambiar, variar; **se ~** cambiarse, mudarse; **~ de** cambiar (de); **~ d'idée/de train** cambiar de idea/de tren; **~ de place avec qn** cambiar de ubicación con alguien; **~ qch en** transformar algo en; **il faut ~ à Lyon** hay que transbordar en Lyon; **cela me change** esto me cambia, es un cambio para mí; **changeur** nm cambista m; (appareil): **changeur automatique** máquina automática para cambio.

chanoine [ʃanwan] nm canónigo.

chanson [ʃãsɔ̃] nf canción f.

chansonnier [ʃãsɔnje] nm canzonetista m, tonadillero.

chant [ʃã] nm canto.

chantage [ʃãtaʒ] nm chantaje m; **faire du ~** hacer chantaje.

chanter [ʃãte] vt cantar; (vanter, louer) cantar, alabar // vi cantar; **si cela lui chante** (fam) si le apetece.

chanterelle [ʃãtʀɛl] nf (BOT) rovellón m, mízcalo.

chanteur, euse [ʃãtœʀ, øz] nm/f cantante m/f.

chantier [ʃãtje] nm (de construction) obra; **mettre en**

poner en ejecución; ~ **naval** astillero.

chantonner [ʃɑ̃tɔne] vi canturrear.

chanvre [ʃɑ̃vR(ə)] nm cáñamo.

chaos [kao] nm caos m; **chaotique** [-tik] a caótico(a).

chaparder [ʃaparde] vt birlar, afanar.

chapeau, x [ʃapo] nm sombrero; ~ **mou/de soleil** sombrero flexible/para sol.

chapeauter [ʃapote] vt (ADMIN) mandar, dirigir.

chapelet [ʃaplɛ] nm (REL) rosario; (d'îles) serie f, rosario; (d'ail) ristra; **dire son** ~ rezar su rosario.

chapelle [ʃapɛl] nf (église) capilla; ~ **ardente** capilla ardiente.

chapelure [ʃaplyR] nf pan m rallado.

chaperon [ʃapRɔ̃] nm acompañante/a; ~**ner** vt acompañar.

chapiteau, x [ʃapito] nm (ARCHIT) capitel m; (de cirque) tienda.

chapitre [ʃapitR(ə)] nm capítulo; (fig: sujet) capítulo, tema m; **avoir voix au** ~ tener peso o voz.

chapitrer [ʃapitre] vt reprender, regañar.

chaque [ʃak] dét cada, cada uno(a).

char [ʃaR] nm (à foin etc) carreta, carro; (MIL aussi: ~ **d'assaut**) carro (de asalto); (de carnaval) carroza.

charabia [ʃaRabja] nm galimatías m.

charade [ʃaRad] nf charada.

charbon [ʃaRbɔ̃] nm carbón m; ~ **de bois** carbón de leña; ~**nage** nm: ~**nages de France** minas hulleras de Francia; ~**nier** nm carbonero.

charcuterie [ʃaRkytRi] nf tienda de embutidos; (CULIN) embutidos; **charcutier, ière** nm/f salchichero/a.

chardon [ʃaRdɔ̃] nm cardo.

charge [ʃaRʒ(ə)] nf (role, mission, JUR) cargo; ~**s** fpl (du loyer) cargas, gastos de mantenimiento; ~**s sociales/ familiales** cargas sociales/familiares; **à la** ~ **de** a

cargo de; **à** ~ **de revanche** a la recíproca; **prendre en** ~ **qn/qch** hacerse cargo de algo/alguien; ~ **utile** (AUTO) carga útil.

chargé, e [ʃaRʒe] a cargado(a); (estomac, langue) cargado(a), pesado(a); ~ **de** (responsable de) encargado de; ~ **d'affaires** nm encargado de negocios; ~ **de cours** nm encargado de curso.

chargement [ʃaRʒəmɑ̃] nm carga.

charger [ʃaRʒe] vt, vi cargar; (JUR) culpar, acusar; (portrait, description) recargar, exagerar; (fig): ~ **qn de qch/faire qch** encargar a alguien algo/hacer algo; **se** ~ **de** encargarse de.

chariot [ʃaRjo] nm carretilla; (charrette, de machine à écrire) carro.

charitable [ʃaRitabl(ə)] a caritativo(a), bondadoso(a).

charité [ʃaRite] nf (REL: vertu) caridad f; (aumône) caridad, limosna; **faire la** ~ hacer caridad, dar limosna.

charlatan [ʃaRlatɑ̃] nm charlatán m, embaucador m.

charmant, e [ʃaRmɑ̃, ɑ̃t] a encantador(ora), agradable.

charme [ʃaRm(ə)] nm encanto, atractivo; (envoûtement) encanto, hechizo; ~**s** mpl (appas) encanto, atractivo.

charmer [ʃaRme] vt encantar, seducir; (envoûter) encantar, hechizar; **je suis charmé de estoy** encantado de; **charmeur, euse** nm/f encantador/ora, hechicero/a; **charmeur de serpents** encantador de serpientes.

charnel, le [ʃaRnɛl] a carnal, sensual.

charnier [ʃaRnje] nm fosa común.

charnière [ʃaRnjɛR] nf gozne m, bisagra; (fig) transición f.

charnu, e [ʃaRny] a carnoso(a).

charogne [ʃaRɔɲ] nf carroña.

charpente [ʃaRpɑ̃t] nf armazón f; (fig) armazón, estructura.

charpentier [ʃaʀpɑ̃tje] nm carpintero de obra.

charpie [ʃaʀpi] nf (MÉD) hila; **mettre en** ~ hacer trizas o picadillo.

charretier [ʃaʀtje] nm carretero.

charrette [ʃaʀɛt] nf carreta.

charrier [ʃaʀje] vt (suj: torrent) acarrear, arrastrar; (suj: camion) acarrear, transportar.

charrue [ʃaʀy] nf arado.

charte [ʃaʀt(ə)] nf carta.

chas [ʃa] nm ojo.

chasse [ʃas] nf caza; (poursuite) cacería, caza; **la** ~ **est ouverte** el período de caza está abierto; **prendre en** ~ perseguir; **donner la** ~ **à** perseguir a, dar caza a; **tirer la** ~ (**d'eau**) tirar la cadena, hacer correr agua; ~ **à l'homme** cacería humana; ~ **sous-marine** caza submarina.

châsse [ʃɑs] nf relicario.

chassé-croisé [ʃasekʀwaze] nm desencuentro.

chasse-neige [ʃasnɛʒ] nm inv quitanieves nm inv.

chasser [ʃase] vt (gibier, voleur) cazar; (employé, intrus, idée) echar, expulsar; (nuages, scrupules) disipar // vi (AUTO) patinar; **chasseur, euse** nm/f cazador/ora // (avion) caza m; (domestique) botones m; (MIL): **chasseurs alpins** cazadores mpl de montaña; **chasseur d'images** reportero gráfico.

châssis [ʃasi] nm (AUTO) chasis m; (cadre) bastidor m; (AGR) bastidor para protección.

chaste [ʃast(ə)] a casto(a); ~**té** nf castidad f.

chasuble [ʃazybl(ə)] nf casulla.

chat, chatte [ʃa, ʃat] nm/f gato/a.

châtaigne [ʃatɛɲ] nf (BOT) castaña.

châtaignier [ʃatɛɲe] nm castaño.

châtain [ʃatɛ̃] a inv castaño(a).

château, x [ʃato] nm (forteresse) castillo; (palais) castillo, palacio; ~ **d'eau** arca de agua; ~ (**fort**) castillo (fortificado), alcázar m; ~ **de sable** castillo de arena.

châtier [ʃatje] vt castigar; (fig) pulir; **châtiment** [ʃatimɑ̃] nm castigo.

chatoiement [ʃatwamɑ̃] nm tornasol m.

chaton [ʃatɔ̃] nm (ZOOL) gatito; (de bague) engaste m.

chatouiller [ʃatuje] vt cosquillear, hacer cosquillas; (fig) excitar (agradablemente).

chatouilleux, euse [ʃatujø, øz] a cosquilloso(a); (susceptible) quisquilloso(a).

chatoyer [ʃatwaje] vi tornasolar.

châtrer [ʃatʀe] vt castrar.

chatte [ʃat] nf voir **chat**.

chatterton [ʃatɛʀtɔn] nm cinta aisladora.

chaud, e [ʃo, od] a (gén) caliente; (vêtement) abrigado(a); (couleur) cálido(a); (fig) ardiente, apasionado(a); **il fait** ~ hace calor; **manger** ~ comer cosas calientes; **avoir** ~ tener calor; **rester au** ~ permanecer abrigado(a); **un** ~ **et froid** un enfriamiento; ~**ement** [ʃodmɑ̃] ad calurosamente (fig), con mucho abrigo.

chaudière [ʃodjɛʀ] nf caldera.

chaudron [ʃodʀɔ̃] nm caldero.

chaudronnerie [ʃodʀɔnʀi] nf (usine) caldelería.

chauffage [ʃofaʒ] nm calentamiento; (appareils) calefacción f; **arrêter le** ~ cerrar la calefacción; ~ **central** calefacción central; ~ **au gaz** calefacción a gas.

chauffant, e [ʃofɑ̃, ɑ̃t] a: **couverture** ~ manta térmica.

chauffard [ʃofaʀ] nm (péj) mal chófer m.

chauffe-bain [ʃofbɛ̃] nm calentador m de baño.

chauffe-eau [ʃofo] nm inv calentador m de agua.

chauffer [ʃofe] vt, vi calentar; **se** ~ (se mettre en train) animarse; (au soleil) calentarse.

chaufferie [ʃofʀi] nf forja, fragua; (d'un bateau) cuarto de calderas.

chauffeur [ʃofœʀ] nm chófer m.

chaume [ʃom] nm (du toit) caña, paja; (AGR) rastrojo.

chaumière [ʃomjɛʀ] nf choza.

chaussée [ʃose] nf calzada.

chausse-pied [ʃospje] nm calzador m.

chausser [ʃose] vt calzar; ~ du 38/42 calzar el 38/42; ~ grand/bien (suj: soulier) quedar grande/bien; se ~ calzarse.

chaussette [ʃosɛt] nf calcetín m.

chausseur [ʃosœʀ] nm zapatero.

chausson [ʃosɔ̃] nm (pantoufle) zapatilla; ~ (aux pommes) empanadilla (de manzanas).

chaussure [ʃosyʀ] nf zapato; (industrie): la ~ el calzado; ~s basses zapatos; ~s montantes botas.

chauve [ʃov] a calvo(a).

chauve-souris [ʃovsuʀi] nf murciélago.

chauvin, e [ʃovɛ̃, in] a chauvinista, patriotero(a); ~isme [ʃovinism(ə)] nm chauvinismo, patriotería.

chaux [ʃo] nf cal f.

chavirer [ʃaviʀe] vi (bateau) zozobrar.

chef [ʃɛf] nm jefe m; au premier ~ en el más alto grado, ante todo; général en ~ general m en jefe; ~ d'accusation (JUR) base f de acusación; ~ de cabinet jefe de gabinete; ~ d'entreprise jefe de empresa; ~ de l'État Jefe de estado; ~ de famille cabeza de familia; ~ de file (de parti etc) dirigente m; ~ d'orchestre director m de orquesta; ~ de service jefe de servicio.

chef-d'œuvre [ʃɛdœvʀ(ə)] nm obra maestra.

chef-lieu [ʃɛfljø] nm capital f, cabecera.

cheftaine [ʃɛftɛn] nf jefa de exploradores.

cheik [ʃɛk] nm jeque m.

chemin [ʃəmɛ̃] nm camino; en ~ de paso, en camino; ~ de fer ferrocarril m.

cheminée [ʃəmine] nf chimenea;

(d'intérieur) hogar m, chimenea.

cheminement [ʃəminmã] nm marcha, evolución f.

cheminer [ʃəmine] vi caminar, marchar; (fig) marchar, progresar.

cheminot [ʃəmino] nm ferroviario.

chemise [ʃəmiz] nf (vêtement) camisa; (dossier) carpeta; ~ de nuit camisón m; ~rie [ʃəmizʀi] nf (magasin) camisería.

chemisette [ʃəmizɛt] nf camiseta.

chemisier [ʃəmizje] nm (vêtement) blusa.

chenal, aux [ʃənal, o] nm canal m.

chêne [ʃɛn] nm roble m.

chenil [ʃənil] nm (cage) perrera; (élevage) criadero de perros.

chenille [ʃənij] nf oruga.

chenillette [ʃənijɛt] nf coche m oruga.

cheptel [ʃɛptɛl] nm cabaña, riqueza ganadera.

chèque [ʃɛk] nm cheque m; ~ barré/sans provision/au porteur cheque cruzado/sin fondos/al portador.

chéquier [ʃekje] nm talonario de cheques.

cher, ère [ʃɛʀ] a querido(a); (coûteux) caro(a) // ad: coûter/payer ~ costar/pagar caro // nf: la bonne chère la buena mesa o comida.

chercher [ʃɛʀʃe] vt buscar; aller ~ ir a buscar o traer, ir por.

chercheur, euse [ʃɛʀʃœʀ, øz] nm/f investigador/ora; ~ d'or buscador de oro.

chère [ʃɛʀ] af, nf voir **cher**.

chéri, e [ʃeʀi] a (aimé) querido(a); (mon) ~I ¡(mi) querido!

chérir [ʃeʀiʀ] vt querer.

cherté [ʃɛʀte] nf carestía.

chérubin [ʃeʀybɛ̃] nm querubín m.

chétif, ive [ʃetif, iv] a (personne) enclenque, raquítico(a).

cheval, aux [ʃəval, o] nm caballo; (AUTO: ~ vapeur) caballo (de vapor); faire du ~ practicar equitación; être à ~ estar a caballo; à ~ sur (mur etc) a caballo sobre, a horcajadas sobre; (périodes, domaines) entre; ~ **d'arçons** potro; ~ **de bataille** (fig) caballo de batalla.

chevaleresque [ʃəvalʀɛsk(ə)] a caballeresco(a).

chevalerie [ʃəvalʀi] nf caballería.

chevalet [ʃəvalɛ] nm (du peintre) caballete m.

chevalier [ʃəvalje] nm caballero; ~ **servant** rendido caballero.

chevalière [ʃəvaljɛʀ] nf anillo de sello.

chevalin, e [ʃəvalɛ̃, in] a caballuno(a); (race) caballar, equino(a); **boucherie ~e** carnicería que vende carne de caballo.

cheval-vapeur [ʃəvalvapœʀ] nm caballo de vapor.

chevauchée [ʃəvoʃe] nf cabalgata.

chevaucher [ʃəvoʃe] vi (aussi: se ~) superponerse // vt cabalgar.

chevelu, e [ʃəvly] a melenudo(a), cabelludo(a); **cuir ~** cuero cabelludo.

chevelure [ʃəvlyʀ] nf cabellera.

chevet [ʃəvɛ] nm: **au ~ de qn** a la cabecera de alguien; **lampe de ~** lámpara de cabecera.

cheveu, x [ʃəvø] nm pelo, cabello; **~x** mpl cabellos, pelo; **avoir les ~x courts/en brosse** tener el pelo corto/al cepillo.

cheville [ʃəvij] nf (ANAT) tobillo; (de bois) tarugo; **~ ouvrière** (fig) alma.

chèvre [ʃɛvʀ(ə)] nf cabra.

chevreau, x [ʃəvʀo] nm cabrito.

chèvrefeuille [ʃɛvʀəfœj] nm madreselva.

chevreuil [ʃəvʀœj] nm corzo; (CULIN) comida hecha con carne de corzo.

chevron [ʃəvʀɔ̃] nm (poutre) cabrío; (motif) espiguilla; **à ~s** de espiguillas.

chevronné, e [ʃəvʀɔne] a veterano(a).

chevrotant, e [ʃəvʀɔtɑ̃, ɑ̃t] a trémulo(a), tembloroso(a).

chevrotine [ʃəvʀɔtin] nf posta.

chewing-gum [ʃwiŋɡɔm] nm chicle m.

chez [ʃe] prép en lo de, en casa de; (parmi, dans le caractère de) entre; ~ **moi/nous** (à la maison) en mi/nuestra casa; ~ **le boulanger** (à la boulangerie) en la panadería, en lo del panadero; ~ **les Français** (dans leur caractère) entre los franceses; ~ **ce musicien** (dans ses œuvres) en este músico; ~ **soi** nm inv casa propia, domicilio.

chic [ʃik] a inv distinguido(a), elegante; (généreux) generoso(a) // nm: **avoir le ~ de** tener la habilidad de; **de ~** ad: **faire qch de ~** hacer algo espontáneamente; ~**!** ¡estupendo!

chicane [ʃikan] nf (obstacle) obstáculos colocados en zigzag; (querelle) enredo, lío.

chiche [ʃiʃ] a tacaño(a), mezquino(a); ~**!** ¡a que sí!

chicorée [ʃikɔʀe] nf achicoria.

chicot [ʃiko] nm raigón m.

chien, ne [ʃjɛ̃, ɛn] nm/f perro/a // nm (de pistolet) gatillo; **couché en ~ de fusil** acostado hecho un ovillo acurrucado; ~ **de garde** perro de guardia.

chiendent [ʃjɛ̃dɑ̃] nm grama.

chien-loup [ʃjɛ̃lu] nm perro lobo.

chienne [ʃjɛn] nf voir **chien**.

chiffon [ʃifɔ̃] nm trapo.

chiffonner [ʃifɔne] vt arrugar.

chiffonnier, ière [ʃifɔnje, jɛʀ] nm/f trapero/a // nm (meuble) chiffonnier m.

chiffre [ʃifʀ(ə)] nm cifra; (montant total) importe m, monto; **en ~ ronds** en números redondos; **écrire un nombre en ~s** escribir un número en cifras; ~**s romains/arabes** numeración romana/arábiga; ~ **d'affaires** volumen m o monto de ventas.

chiffrer [ʃifʀe] vt (dépense) evaluar; (message) cifrar.

chignole [ʃiɲɔl] nf (outil) taladro.

chignon [ʃiɲɔ̃] nm rodete m.

Chili [ʃili] *nm* Chile *m*; **chilien, ne** *a*, *nm/f* chileno(a).

chimère [ʃimɛr] *nf* quimera.

chimie [ʃimi] *nf* química.

chimique [ʃimik] *a* químico(a).

chimiste [ʃimist(ə)] *nm/f* químico/a.

Chine [ʃin] *nf* China.

chiné, e [ʃine] *a* de mezcla.

chinois, e [ʃinwa, waz] *a* chino(a); **(pointilleux)** chinchoso(a), fastidioso(a) // *nm/f* chino/a // *nm* chino.

chiot [ʃjo] *nm* cachorro.

chips [ʃip(s)] *nfpl* (*aussi:* **pommes ~**) patatas fritas.

chique [ʃik] *nf* tabaco de mascar.

chiquenaude [ʃiknod] *nf* (*coup*) tincazo, papirotazo.

chiquer [ʃike] *vi* mascar tabaco // *vt* mascar.

chiromancie [kiRɔmɑ̃si] *nf* quiromancia; **chiromancien, ne** *nm/f* quiromántico(a).

chirurgical, e, aux [ʃiRyRʒikal, o] *a* quirúrgico(a).

chirurgie [ʃiRyRʒi] *nf* cirugía; **~ esthétique** cirugía estética; **chirurgien, ne** *nm/f* cirujano/a.

chistera [ʃistera] *nf* cesta.

chlore [klɔR] *nm* cloro.

chloroforme [klɔRɔfɔRm(ə)] *nm* cloroformo.

chlorophylle [klɔRɔfil] *nf* clorofila.

choc [ʃɔk] *nm* choque *m* // *a*: **prix ~** precio de choque; **~ opératoire** choque operatorio.

chocolat [ʃɔkɔla] *nm* chocolate *m*; (*bonbon*) bombón *m*; **~ au lait/à croquer** chocolate con leche/para crudo.

chœur [kœR] *nm* coro; **en ~** a coro.

choir [ʃwaR] *vi* caer.

choisi, e [ʃwazi] *a* escogido(a), selecto(a); **textes/morceaux ~s** textos/trozos escogidos.

choisir [ʃwaziR] *vt* escoger, elegir; (*candidat, représentant*) elegir.

choix [ʃwa] *nm* elección *f*; (*assortiment*) surtido(a); **avoir le ~** tener la opción; **premier/second**

(*COMM*) primera/segunda calidad; **de ~** de calidad, escogido(a); **au ~** a elección, a gusto; **de mon/son ~** de mi/su preferencia o elección.

choléra [kɔleRa] *nm* cólera *m*.

chômage [ʃomaʒ] *nm* desempleo, paro; **être au ~** estar sin trabajo; **~ technique** paro técnico.

chômé, e [ʃome] *a*: **jour ~** día *m* no laborable.

chômer [ʃome] *vi* estar en paro forzoso // *vt* suspender, tener libre.

chômeur, euse [ʃomœR, øz] *nm/f* desocupado/a.

chope [ʃɔp] *nf* bock *m*.

choquer [ʃɔke] *vt* chocar, ofender; (*commotioner*) chocar, impresionar.

choral, e [kɔRal] *a*, *nm* coral (*m*) // *nf* agrupación *f* coral.

chorégraphe [kɔRegRaf] *nm/f* coreógrafo/a.

chorégraphie [kɔRegRafi] *nf* coreografía.

choriste [kɔRist(e)] *nm/f* corista *m/f*.

chorus [kɔRys] *nm*: **faire ~ (avec)** hacer coro (a).

chose [ʃoz] *nf* cosa; **c'est peu de ~** es poca cosa.

chou, x [ʃu] *nm* repollo, col *m*; **~ (à la crème)** especie de pastelito; **mon petit ou gros ~** mi tesoro, querido mío.

choucas [ʃuka] *nm* chova.

chouchou, te [ʃuʃu, ut] *nm/f* (*SCOL*) preferido/a, favorito/a.

choucroute [ʃukRut] *nf* chucrut *m*.

chouette [ʃwɛt] *nf* lechuza // *a*: c'est ~!–¡macanudo! ¡estupendo!

chou-fleur [ʃuflœR] *nm* coliflor *f*.

chou-rave [ʃuRav] *nm* colinabo.

choyer [ʃwaje] *vt* mimar.

chrétien, ne [kRetjɛ̃, jɛn] *a*, *nm/f* cristiano(a); **~nement** -tjɛnmɑ̃] *ad* cristianamente; **~té** [-tjɛte] *nf* cristiandad *f*.

Christ [kRist] *nm*: **le ~** Cristo; (*crucifix, peinture*): **c~** cristo; **Jésus—** Jesucristo; **c~ianiser** [-janize] *vt* cristianizar; **c~ianisme**

[-janism(ɔ)] nm cristianismo.

chromatique [krɔmatik] a cromático(a).

chrome [krom] nm cromo; **chromé, e** a cromado(a).

chromosome [krɔmozom] nm cromosoma m.

chronique [krɔnik] a crónico(a) // nf crónica; ~ **sportive/théâtrale** crónica deportiva/teatral; **la ~ locale** la crónica local; **chroniqueur** nm cronista m.

chronologie [krɔnɔlɔʒi] nf cronología; **chronologique** a cronológico(a).

chrono(mètre) [krɔnɔ(mɛtr(ɔ))] nm cronómetro; **chronométrer** vt cronometrar.

chrysalide [krizalid] nf crisálida.

chrysanthème [krizɑ̃tɛm] nm crisantemo.

chu, e [ʃy] pp de **choir**.

chuchoter [ʃyʃɔte] vt cuchichear.

chuinter [ʃɥɛ̃te] vi silbar.

chut [ʃyt] excl ¡chito!

chute [ʃyt] nf caída; (de bois, papier) recorte m; (CARTES): **trois de ~** tres de menos; **~ (d'eau)** salto de agua; **chuter** vi fracasar; (CARTES) hacer de menos.

Chypre [ʃipr(ɔ)] n Chipre.

ci- [si] ad voir **par, comme, ci-contre, ci-joint** etc.

-ci [si] dét: **cet homme-ci** este hombre; **cette femme-ci** esta mujer; **ces hommes-ci** estos hombres; **ces femmes-ci** estas mujeres; **cet homme-là** ese o aquel hombre; **cette femme-là** esa o aquella mujer; **ces hommes-là** esos o aquellos hombres; **ces femmes-là** esas o aquellas mujeres.

ci-après [siaprɛ] ad a continuación.

cible [sibl(ɔ)] nf blanco.

ciboire [sibwar] nm copón m.

ciboule [sibul] nf cebollino.

ciboulette [sibulɛt] nf ajo cebollino.

cicatrice [sikatris] nf cicatriz f.

cicatriser [sikatrize] vt cicatrizar; **se ~** vi cicatrizarse.

ci-contre [sikɔ̃tr(ɔ)] ad al lado.

ci-dessous [sidsu] ad más abajo.

ci-dessus [sidsy] ad arriba, antes.

Cie abrév de **compagnie**.

ciel, pl **cieux** [sjɛl, sjø] nm cielo; (REL: aussi **cieux**) cielos.

cierge [sjɛrʒ(ɔ)] nm cirio.

cigale [sigal] nf cigarra, chicharra.

cigare [sigar] nm cigarro.

cigarette [sigarɛt] nf cigarrillo.

ci-gît [siʒi] ad + vb aquí yace.

cigogne [sigɔɲ] nf cigüeña.

ciguë [sigy] nf cicuta.

ci-inclus, e [siɛ̃kly, yz] a, ad incluso(a).

ci-joint, e [siʒwɛ̃, ʒwɛt] a, ad adjunto(a); **veuillez trouver ~...** encontrará adjunto...

cil [sil] nm pestaña.

ciller [sije] vi pestañear.

cime [sim] nf cima.

ciment [simɑ̃] nm cemento; **~ armé** cemento armado; **~er** vt unir o cubrir con cemento; (fig) cimentar, consolidar; **~erie** [-tri] nf fábrica de cemento.

cimetière [simtjɛr] nm cementerio; **~ de voitures** cementerio de automóviles.

cinéaste [sineast(ɔ)] nm/f cineasta m/f.

ciné-club [sineklœb] nm cine-club m.

cinéma [sinema] nm cinematografía, cine m; (local) cinematógrafo, cine; **~scope** nm cinemascope m ®; **~thèque** nf cinemateca; **~tographique** a cinematográfico(a).

cinéphile [sinefil] nm/f amante m/f del cine.

cinétique [sinetik] a cinético(a).

cingler [sɛ̃gle] vt (suj: fouet, vent) azotar; (suj: insulte) fustigar // vi (NAUT) singlar.

cinq [sɛ̃k] num cinco.

cinquantaine [sɛ̃kɑ̃tɛn] nu cincuentena.

cinquante [sɛ̃kɑ̃t] num cincuent **~naire** a, nm/f cincuentón(on cincuentenario(a); **cinquantième** num cincuagésimo(a).

cinquième [sɛ̃kjɛm] num quinto(a).

cintre [sɛ̃tR(ə)] nm percha; (CONSTRUCTION) cimbra, cintra; **~s** mpl (THÉÂTRE) telar m.

cintré, e [sɛ̃tRe] a (chemise) ceñido(a); (bois) cimbrado(a), combado(a).

cirage [siRaʒ] nm betún m.

circoncire [siRkɔ̃siR] vt circuncidar; **circoncis, e** a circunciso(a); **circoncision** [-sizjɔ̃] nf circuncisión f.

circonférence [siRkɔ̃feRɑ̃s] nf circunferencia.

circonflexe [siRkɔ̃flɛks(ə)] a: **accent ~** acento circunflejo.

circonscription [siRkɔ̃skRipsjɔ̃] nf: **~ électorale/militaire** circunscripción f electoral/militar.

circonscrire [siRkɔ̃skRiR] vt delimitar, circunscribir.

circonspect, e [siRkɔ̃spɛ, ɛkt(ə)] a circunspecto(a), prudente.

circonstance [siRkɔ̃stɑ̃s] nf circunstancia; **~s** fpl (situation, contexte) circunstancias; **~s atténuantes** circunstancias atenuantes.

circonstancié, e [siRkɔ̃stɑ̃sje] a circunstanciado(a), detallado(a).

circonstanciel, le [siRkɔ̃stɑ̃sjɛl] a: **complément/proposition ~(le)** complemento/proposición f circunstancial.

circonvenir [siRkɔ̃vniR] vt embaucar.

circonvolution [siRkɔ̃vɔlysjɔ̃] nf circonvolución f.

circuit [siRkɥi] nm circuito; **~ automobile** (SPORT) circuito automovilístico; **~ de distribution** (COMM) circuito de distribución.

circulaire [siRkylɛR] a circular; (regard) abarcándolo todo // nf circular f.

circulation [siRkylasjɔ̃] nf circulación f, (AUTO): **la ~** la circulación, el tránsito; **il y a beaucoup de ~** hay mucha

circulación; **mettre en ~** poner en circulación.

circuler [siRkyle] vi circular, transitar; (devises, sang, électricité etc) circular; (fig) circular, difundirse; **faire ~** (nouvelle) hacer circular, difundir; (badauds) hacer circular.

ciré, e [siRe] a (parquet) encerado(a), lustrado(a) // (vêtement) impermeable m de hule.

cirer [siRe] vt (parquet) encerar, sacar brillo a.

cireur [siRœR] nm (de chaussures) limpiabotas m.

cireuse [siRøz] nf (appareil) enceradora.

cirque [siRk(ə)] nm circo; (GÉO) anfiteatro; (fig) desbarajuste m.

cirrhose [siRoz] nf: **~ du foie** cirrosis f.

cisaille(s) [sizaj] nf(pl) (de jardin) tijeras para podar.

cisailler [sizaje] vt podar, cortar.

ciseau, x [sizo] nm: **~ (à bois)** escoplo; **~ à froid** cortafrío; **~x** mpl tijeras; **sauter en ~x** (SPORT) saltar en tijereta.

ciseler [sizle] vt (bijou) cincelar.

citadelle [sitadɛl] nf ciudadela.

citadin, e [sitadɛ̃, in] nm/f, a ciudadano(a).

citation [sitasjɔ̃] nf cita; (JUR) citación f, (MIL) mención f.

cité [site] nf ciudad f; **~ ouvrière/universitaire** ciudad obrera/universitaria.

citer [site] vt citar; (nommer) citar, mencionar.

citerne [sitɛRn(ə)] nf cisterna.

cithare [sitaR] nf cítara.

citoyen, ne [sitwajɛ̃, ɛn] nm/f ciudadano/a; **~neté** [-jɑ̃te] nf ciudadanía.

citron [sitRɔ̃] nm limón m; **~ vert** limón verde; **~nade** [-ɔnad] nf limonada.

citronnelle [sitRɔnɛl] nf (BOT) cidronela, toronjil m.

citronnier [sitrɔnje] *nm* limonero.

citrouille [sitruj] *nf* calabaza.

civet [sive] *nm* encebollado.

civette [sivɛt] *nf* (*BOT*) cebolleta; (*ZOOL*) civeta.

civière [sivjɛR] *nf* camilla, parihuelas.

civil, e [sivil] *a* (*poli*) cortés // *nm* (*MIL*) civil *m*; **habillé en ~** vestido de civil; **dans le ~** en la vida civil.

civilisation [sivilizasjɔ̃] *nf* civilización *f*.

civiliser [sivilize] *vt* civilizar.

civique [sivik] *a* cívico(a).

civisme [sivism(ə)] *nm* civismo.

claie [klɛ] *nf* enrejado, encañizado.

clair, e [klɛR] *a* claro(a); (*eau*) claro(a), transparente; (*son*) claro(a), argentino(a) // *ad*: **voir ~** ver claro *o* claramente // *nm*: **~ de lune** claro de luna; **bleu ~** azul claro; **tirer qch au ~** sacar algo en claro; **mettre au ~** (*notes etc*) poner en limpio; **le plus ~ de son temps** la mayor parte de su tiempo; **en ~** (*non codé*) no cifrado(a); **~ement** *ad* claramente.

claire-voie [klɛRvwa] : **à ~** *ad* separadamente (*para dejar pasar la luz*).

clairière [klɛRjɛR] *nf* claro.

clairon [klɛRɔ̃] *nm* (*MUS*) clarín *m*.

claironner [klɛRɔne] *vt* (*fig*) pregonar, vocear.

clairsemé, e [klɛRsəme] *a* (*cheveux, herbe*) ralo(a), escaso(a).

clairvoyant, e [klɛRvwajɑ̃, ɑ̃t] *a* clarividente, perspicaz // *nm/f* vidente *m/f*.

clameur [klamœR] *nf* clamor *m*.

clandestin, e [klɑ̃dɛstɛ̃, in] *a* clandestino(a).

clapier [klapje] *nm* conejera.

clapoter [klapɔte] *vi* chapotear; **clapotis** [-ti] *nm* chapoteo.

claquage [klaka3] *nm* distensión *f*.

claque [klak] *nf* bofetada, cachetada.

claquer [klake] *vi* (*drapeau*) flamear (*produciendo ruido*); (*coup*

de feu) estallar, sonar // *vt* (*porte*) golpear, batir; (*doigts*) castañetear; **se ~ un muscle** distenderse un músculo.

claquettes [klakɛt] *nfpl* zapateo.

clarifier [klaRifje] *vt* (*fig*) clarificar, aclarar.

clarinette [klaRinɛt] *nf* clarinete *m*.

clarté [klaRte] *nf* claridad *f*.

classe [klɑs] *nf* clase *f*; (*SCOL: local*) aula, clase *f*; (*leçon*) clase, lección *f*; (*élèves*) clase, curso; **faire ses ~s** (*MIL*) recibir instrucción militar; **faire la ~** (*SCOL*) dar *o* dictar clase; **aller/travailler en ~** (*SCOL*) ir a/trabajar en clase; **~ grammaticale** categoría gramatical.

classement [klɑsmɑ̃] *nm*: classificación *f*; (*liste*) clasificación, ordenación *f*; **premier au ~ général** (*SPORT*) primero en la clasificación general.

classer [klɑse] *vt* clasificar; (*JUR: affaire*) archivar, cerrar; **se ~ premier/dernier** clasificarse primero/último.

classeur [klɑsœR] *nm* (*cahier*) carpeta; (*meuble*) archivo.

classification [klasifikasjɔ̃] *nf* clasificación *f*.

classifier [klasifje] *vt* clasificar.

classique [klasik] *a* clásico(a); (*habituel*) clásico(a), corriente // *nm* clásico.

claudication [klodikasjɔ̃] *nf* renguera, cojera.

clause [kloz] *nf* cláusula.

claustrer [klostRe] *vt* enclaustrar.

claustrophobie [klostRofɔbi] *nf* claustrofobia.

clavecin [klavsɛ̃] *nm* clavicordio, clave *m*.

clavicule [klavikyl] *nf* clavícula.

clavier [klavje] *nm* teclado.

clé *ou* **clef** [kle] *nf* llave *f*; (*MUS, fig*) clave *f* // *a*: **position ~** posición clave; **~ de sol/de fa/d'ut** (*MUS*) clave de sol/de fa/de do; **~ anglaise/à tubes** llave inglesa/

tubo; ~ à molette/universelle llave inglesa/universal; ~ de contact (AUTO) llave de arranque o encendido; ~ de voûte piedra angular.

clémence [klemãs] nf clemencia.

clément, e [klemã, ãt] a (temps) benigno(a); (juge, peine) clemente, indulgente.

clémentine [klemãtin] nf variedad de mandarina.

cleptomane [kleptoman] nm/f = **kleptomane**.

clerc [klɛʀ] nm: ~ de notaire/d'avoué pasante m, escribiente m.

clergé [klɛʀʒe] nm clero.

clergyman [klɛʀʒiman] nm pastor m protestante.

clérical, e, aux [klerikal, o] a clerical.

cliché [klife] nm (PHOTO) clisé m; (LING) lugar m común.

client, e [klijã, ãt] nm/f cliente m/f.

clientèle [klijãtɛl] nf clientela; accorder/retirer sa ~ à hacerse/dejar de ser cliente de.

cligner [kliɲe] vi: ~ des yeux entornar los ojos, parpadear; ~ de l'œil guiñar el ojo.

clignotant, e [kliɲɔtã, ãt] a (lumière) intermitente // nm (AUTO) indicador m de dirección.

clignoter [kliɲɔte] vi parpadear, pestañear.

climat [klima] nm clima m; (politique, social) clima, atmósfera; ~ique a climático(a).

climatisation [klimatizɑsjɔ̃] nf acondicionamiento de aire.

climatisé, e [klimatize] a con aire acondicionado.

clin d'œil [klɛ̃dœj] nm guiño.

clinique [klinik] a clínico(a) // nf clínica.

clinquant, e [klɛ̃kã, ãt] a de oropel, chillón(ona).

liqueter [klikte] vi sonar, tintinear; **cliquetis** [-ti] nm ruido, tintineo.

litoris [klitɔʀis] nm clítoris m.

clivage [klivaʒ] nm (GÉO) crucero; (fig) diferencia.

clochard, e [klɔʃaʀ, aʀd(ə)] nm/f vagabundo/a, mendigo/a.

cloche [klɔʃ] nf campana; (fam) tonto/a; ~ à fromage quesera.

cloche-pied [klɔʃpje]: à ~ ad a la pata coja.

clocher [klɔʃe] nm campanario // vi (fam) fallar, no andar bien.

clocheton [klɔʃtɔ̃] nm pináculo.

clochette [klɔʃɛt] nf campanilla, cencerro; (de fleur) campanilla.

cloison [klwazɔ̃] nf tabique m; ~ner vt tabicar, dividir en compartimientos.

cloître [klwatʀ(ə)] nm claustro.

cloîtrer [klwatʀe] vt enclaustrar, recluir.

clopin-clopant [klɔpɛ̃klɔpã] ad cojeando, así así.

cloporte [klɔpɔʀt(ə)] nm cochinilla.

cloque [klɔk] nf ampolla.

clore [klɔʀ] vt cerrar, clausurar; **clos, e** [klo, oz] a cerrado(a); (liste) concluido(a), cerrado(a) // nm cercado; la séance est close la sesión ha terminado o concluido.

clôture [klotyʀ] nf clausura, cierre m; (d'un festival, d'une manifestation) clausura, término; (barrière) valla; **clôturer** vt (terrain) cercar, cerrar; (festival, débats) clausurar, cerrar.

clou [klu] nm clavo; (furoncle) divieso; (fam: gén: vieux ~) trasto; ~s nmpl = passage clouté; pneus à ~s neumáticos para nieve o montaña; le ~ du spectacle (fig) la principal atracción del espectáculo; ~er vt clavar; ~er qch/qn sur/contre inmovilizar algo/a alguien en/contra; ~té, e a claveteado(a), tachonado(a).

clown [klun] nm payaso, clown m; faire le ~ (fig) hacer el payaso.

club [klœb] nm club m.

CNRS sigle m voir **centre**.

coaguler [kɔagyle] vi (aussi: se ~) coagular, coagularse // vt coagular.

coaliser [kɔalize]: se ~ vi

coligarse, agruparse; **coalition** nf
coalición f, alianza.

coasser [kɔase] vi croar.

cobaye [kɔbaj] nm (ZOOL) cobayo;
(fig) conejillo de Indias (fig).

cobra [kɔbʀa] nm cobra.

cocagne [kɔkaɲ] nf: **pays de ~**
Jauja; **mât de ~** cucaña.

cocaïne [kɔkain] nf cocaína.

cocarde [kɔkaʀd(ə)] nf escarapela,
curcarda.

cocardier, ère [kɔkaʀdje, ɛʀ] a
patriotero(a).

cocasse [kɔkas] a chusco(a),
chistoso(a).

coccinelle [kɔksinɛl] nf mariquita.

coccyx [kɔksis] nm coxis m.

cocher [kɔʃe] nm cochero // vt
marcar, subrayar.

cochère [kɔʃɛʀ] af: **porte ~** puerta
cochera.

cochon, ne [kɔʃɔ̃, ɔn] nm (ZOOL)
cerdo, marrano // nm/f puerco/a,
cochino/a; (méchant) malvado/a,
malo/a // a puerco(a), cochino(a).

cochonnaille [kɔʃɔnaj] nf (péj)
embutidos.

cochonnerie [kɔʃɔnʀi] nf (fam)
porquería; cochinada.

cochonnet [kɔʃɔnɛ] nm (BOULES)
bolín m.

cocktail [kɔktɛl] nm cóctel m.

coco [kɔko] nm voir noix; (fam) tío,
tipo.

cocon [kɔkɔ̃] nm capullo.

cocorico [kɔkɔriko] excl, nm
quiquiriquí (m).

cocotier [kɔkɔtje] nm cocotero.

cocotte [kɔkɔt] nf (en fonte) olla,
cacerola; **ma ~** (fam) mi niñita, mi
pollita; **~ (minute)** olla de presión;
~ en papier pajarita de papel.

cocu [kɔky] nm cornudo.

code [kɔd] nm código; (AUTO): **se
mettre en ~(s)** poner la luz de
cruce; **~ civil/pénal** código
civil/penal; **~ postal** código postal;
~ de la route código de la
circulación; **~ secret** código
secreto; **coder** vt poner en código.

codifier [kɔdifje] vt codificar.

coefficient [kɔefisjã] nm coeficiente m.

coercition [kɔɛʀsisjɔ̃] nf coerción
f.

cœur [kœʀ] nm corazón m; (milieu):
~ du débat centro o punto álgido
del debate; (CARTES: couleur)
corazones mpl, ≈ copas; (:carte)
corazón m, ≈ copa; **avoir bon ~ ou
du ~** tener buen corazón; **avoir mal
au ~** tener náuseas; **contre son ~**
contra su pecho; **souhaiter qch de
tout son ~** desear algo de todo
corazón; **en avoir le ~ net** saber a
qué atenerse; **apprendre/savoir par
~** aprender/saber de memoria; **de
bon ~** de buena gana; **de grand ~**
con toda el alma; **avoir à ~ de faire**
empeñarse en hacer; **cela lui tient
à ~** esto le interesa mucho; **~ de
laitue** cogollo de lechuga; **~
d'artichaut** corazón de alcachofa.

coexister [kɔɛgziste] vi coexistir.

coffrage [kɔfʀaʒ] nm encofrado.

coffre [kɔfʀ(ə)] nm cofre m, arca
(d'auto) portaequipaje m; (fam)
pecho; **~(-fort)** caja de caudales.

coffrer [kɔfʀe] vt (fam) meter en
chirona o a la sombra.

coffret [kɔfʀɛ] nm cofrecillo.

cognac [kɔɲak] nm coñac m.

cogner [kɔɲe] vi golpear; **~ à la
porte/fenêtre** golpear o golpear a la
puerta/ventana; **se ~** vi golpearse.

cohabiter [kɔabite] vi cohabitar.

cohérent, e [kɔeʀɑ̃, ɑ̃t]
coherente.

cohésion [kɔezjɔ̃] nf cohesión f.

cohorte [kɔɔʀt(ə)] nf cohorte f.

cohue [kɔy] nf tropel m, tumulto.

coi, te [kwa, at] a: **rester ~** no
decir esta boca es mía.

coiffe [kwaf] nf toca.

coiffé, e [kwafe] a: **bien/mal ~**
bien/mal peinado; **d'un béret**
cubierto con una boina; **~ en
arrière/en brosse** peinado hacia
atrás/al cepillo.

coiffer [kwafe] vt peinar; (d'un
chapeau) cubrir la cabeza
(colline, sommet) corona

(*sections, organismes*) dirigir, supervisar; (*fig: dépasser*) ganar, sobrepasar; **se ~** peinarse; (*se couvrir*) ponerse el sombrero, cubrirse; **coiffeur, euse** nm/f peluquero/a // nf tocador m.

coiffure [kwafyʀ] nf peinado; (*chapeau*) tocado; (*art*): **la ~** el arte del peinado.

coin [kwɛ̃] nm (*gén*) ángulo; (*gén d'une pièce*) rincón m; (*gén de la rue*) esquina; (*outil*) cuña; (*endroit*) barrio; lugar m; **l'épicerie du ~** la tienda de comestibles de la esquina; **dans le ~** (*dans les alentours*) en los alrededores; **au ~ du feu** al amor de la lumbre, junto al hogar; **du ~ de l'œil** con el rabillo del ojo, de reojo; **regard en ~** mirada de soslayo.

coincer [kwɛ̃se] vt atascar, calzar; (*fam*) arrinconar, acorralar.

coïncidence [kɔɛ̃sidãs] nf coincidencia.

coïncider [kɔɛ̃side] vi: **~ (avec)** coincidir (con).

coing [kwɛ̃] nm membrillo.

coït [kɔit] nm coito.

coite [kwat] af voir **coi**.

coke [kɔk] nm coque m.

col [kɔl] nm cuello; (*de montagne*) paso; (*de verre, bouteille*) cuello, gollete m; (*MÉD*): **~ du fémur** cuello del fémur; **~ roulé** polo; **~ de l'utérus** cerviz f.

coléoptère [kɔleɔptɛʀ] nm coleóptero.

colère [kɔlɛʀ] nf: **la ~** la cólera; la ira; **une ~** una cólera; **coléreux, euse, colérique** a colérico(a), irascible.

colifichet [kɔlifiʃɛ] nm baratija.

colimaçon [kɔlimasɔ̃] nm: **en ~** ad en espiral, en caracol.

colin [kɔlɛ̃] nm merluza.

colin-maillard [kɔlɛ̃majaʀ] nm gallina ciega.

colique [kɔlik] nf (*MÉD*) cólico.

colis [kɔli] nm paquete m; **~ postal** paquete postal.

collaborateur, trice [kɔlabɔʀatœʀ, tʀis] nm/f colaborador/ora; (*POL*) colaboracionista m/f.

collaboration [kɔlabɔʀasjɔ̃] nf colaboración f.

collaborer [kɔlabɔʀe] vi colaborar; **~ à** colaborar en.

collant, e [kɔlã, ãt] a adherente, pegajoso(a); (*péj: personne*) pesado(a) // nm (*bas*) pantimedia; (*de danseur*) malla de danza.

collation [kɔlasjɔ̃] nf colación f, merienda.

colle [kɔl] nf cola, goma; (*devinette*) pega, problema m difícil; (*SCOL*) castigo; **~ de bureau** goma de pegar (de oficina); **~ forte** cola fuerte.

collecte [kɔlɛkt(ə)] nf colecta; **collecter** vt recolectar.

collecteur [kɔlɛktœʀ] nm (*égout*) colector m, cloaca.

collectif, ive [kɔlɛktif, iv] a colectivo(a).

collection [kɔlɛksjɔ̃] nf colección f; **faire ~ de** coleccionar; **~neur** vt coleccionar; **~neur, euse** nm/f coleccionista m/f.

collectivité [kɔlɛktivite] nf colectividad f; **~s locales** (*ADMIN*) colectividades locales.

collège [kɔlɛʒ] nm colegio; (*assemblée*) colegio, cuerpo.

collégial, e, aux [kɔleʒjal, o] a colegiado(a).

collégien, ne [kɔleʒjɛ̃, ɛn] nm/f colegial/a.

collègue [kɔlɛg] nm/f colega m/f.

coller [kɔle] vt pegar, adherir; (*morceaux*) pegar, encolar; (*bas: mettre*) largar, arrojar; (*par une devinette*) dar una pega a; (*SCOL*) castigar; suspender (*en un exámen*) // vi (*être collant*) pegarse, adherirse; (*adhérer*) adherir; **~ à** adherirse a, cuadrar con (*fig*).

collerette [kɔlʀɛt] nf cuello, gorguera.

collet [kɔlɛ] nm (*piège*) lazo; **prendre qn au ~** echarle a uno la garra o el guante; **~ monté** a inv encopetado(a), presumido(a).

collier [kɔlje] *nm* collar *m*; *(de tuyau)* collar, abrazadera.

colline [kɔlin] *nf* colina.

collision [kɔlizjɔ̃] *nf* (AUTO) colisión *f*, choque *m*; **entrer en ~ (avec)** *(fig)* entrar en conflicto (con), enfrentarse (con).

colloque [kɔlɔk] *nm* coloquio.

colmater [kɔlmate] *vt* obstruir, tapar.

colombe [kɔlɔ̃b] *nf* paloma.

colon [kɔlɔ̃] *nm* colono; *(enfant: en vacances)* integrante de una colonia de vacaciones.

colonel [kɔlɔnɛl] *nm* coronel *m*.

colonial, e, aux [kɔlɔnjal, o] *a* colonial.

colonialisme [kɔlɔnjalism(ə)] *nm* colonialismo; **colonialiste, a,** *nm/f* colonialista *(m/f)*.

colonie [kɔlɔni] *nf* colonia; **~ (de vacances)** colonia de vacaciones; **colonisation** [-zasjɔ̃] *nf* colonización *f*; **coloniser** [-ze] *vt* colonizar.

colonne [kɔlɔn] *nf* columna; *(de soldats, camions)* columna, hilera; (ANAT): **~ (vertébrale)** columna (vertebral); **se mettre en ~ par 2/4** formar hilera de a 2/4; **~ de secours** columna de socorro.

colophane [kɔlɔfan] *nf* colofonia.

colorant [kɔlɔrɑ̃] *nm* colorante *m*.

coloration [kɔlɔrasjɔ̃] *nf* coloración *f*.

colorer [kɔlɔʀe] *vt* colorear; **se ~** *vi* colorearse.

colorier [kɔlɔʀje] *vt* colorear, pintar.

coloris [kɔlɔʀi] *nm* colorido, tonalidad *f*.

colossal, e, aux [kɔlɔsal, o] *a* colosal.

colporter [kɔlpɔʀte] *vt* vender de puerta en puerta; *(fig)* divulgar, propagar; **colporteur, euse** *nm/f* vendedor/ora ambulante.

colza [kɔlza] *nm* colza.

coma [kɔma] *nm* coma *m*; **être dans le ~** estar en coma; **~teux, euse** *a* comatoso(a).

combat [kɔ̃ba] *nm* (MIL) combate

m, lucha; *(fig)* combate; **~ de boxe** combate de box; **~ de rues** combate en las calles.

combatif, ive [kɔ̃batif, iv] *a* combativo(a).

combattant, e [kɔ̃batɑ̃, ɑ̃t] *a, nm/f* combatiente *(m)*; **ancien ~** ex combatiente.

combattre [kɔ̃batʀ(ə)] *vt* combatir.

combien [kɔ̃bjɛ̃] *ad* cuánto; *(exclamatif)* ¡cómo!, ¡cuán!, ¡qué!; **~ coûte/pèse** ceci? ¿cuánto cuesta/pesa esto?; **~ de personnes?** ¿cuántas personas?; **~ d'eau?** ¿cuánto agua?; **~ de temps?** ¿cuánto tiempo?

combinaison [kɔ̃binɛzɔ̃] *nf* (gén) combinación *f*; *(spatiale, de scaphandrier)* traje *m*; *(bleu de travail)* mono.

combiné [kɔ̃bine] *nm* (aussi: **~ téléphonique)** microteléfono; *(SKI)* prueba mixta.

combiner [kɔ̃bine] *vt* (éléments, couleurs) combinar; *(plan, horaire, rencontre)* combinar, organizar.

comble [kɔ̃bl(ə)] *a* lleno(a), repleto(a) // *nm* colmo; **~s** *mpl* armazón *f* del techo; **c'est le ~!** ¡es el colmo!

combler [kɔ̃ble] *vt* (trou) colmar, llenar; *(lacune, déficit)* cubrir; *(désirs, personne)* colmar, cumplir; **~ qn de joie** colmar a uno de alegría.

combustible [kɔ̃bystibl(ə)] *a, nm* combustible *(m)*.

combustion [kɔ̃bystjɔ̃] *nf* combustión *f*.

comédie [kɔmedi] *nf* comedia; **jouer la ~** *(fig)* hacer la comedia; **~ musicale** comedia musical.

comédien, ne [kɔmedjɛ̃, jɛn] *nm*, comediante/a; *(simulateur)* farsante *m*, comediante/a.

comestible [kɔmestibl(ə)] *a* comestible.

comète [kɔmɛt] *nf* cometa *m*.

comique [kɔmik] *a, nm/f* cómico(a) // *nm*: **le ~ de qch** lo cómico o gracioso de algo.

comité [kɔmite] nm comité m; ~ d'entreprise jurado de empresa.

commandant [kɔmãdã] nm (MIL) comandante m; (NAUT) comandante, capitán m; (AVIAT): ~ (de bord) comandante (de a bordo).

commande [kɔmãd] nf (COMM) pedido, encargo; ~s fpl (de voiture, d'avion) mandos; en doubles ~s de dobles mandos; sur ~ a pedido, de encargo.

commandement [kɔmãdmã] nm mando; (ordre) mandato, orden f; (REL) mandamiento.

commander [kɔmãde] vt (COMM) encargar, pedir; (armée, bateau, avion) mandar, comandar; (fig: agir sur, contrôler) regular, controlar; (nécessiter) exigir, demandar; ~ à qn mandar o dominar a alguien; ~ à qn de faire qch ordenar a alguien que haga algo; ~ à qch (maîtriser) dominar o refrenar algo.

commanditaire [kɔmãditɛʀ] nm socio comanditario.

commando [kɔmãdo] nm comando.

comme [kɔm] prép como; donner ~ prix/heure dar como precio/hora // conj como; (au moment où) cuando // ad (exclamatif): ~ il est fort/c'est bon! ¡qué fuerte/bueno es!; faites-le ~ cela ou ça hágalo así; comment ça va? — ~ ça ¿cómo está? o ¿qué tal? — así, así, regular; ~ ça ou cela on n'aura pas d'ennuis así o de este modo no tendremos dificultades; ~ ci ~ ça así así; joli ~ tout muy bonito.

commémoration [kɔmemɔʀasjɔ̃] nf conmemoración f.

commémorer [kɔmemɔʀe] vt conmemorar.

commencement [kɔmãsmã] nm comienzo; principio.

commencer [kɔmãse] vt comenzar, iniciar; (être placé au début de) comenzar, empezar // vi comenzar, iniciarse; ~ à faire comenzar o empezar a hacer.

commensal, e, aux [kɔmãsal, o] nm/f comensal m/f.

comment [kɔmã] ad cómo; et ~, ~ donc ¡y cómo!, ¡ya lo creo!

commentaire [kɔmãtɛʀ] nm comentario; ~ (de texte) comentario (de texto).

commentateur, trice [kɔmãtatœʀ, tʀis] nm/f comentarista m/f.

commenter [kɔmãte] vt comentar.

commérages [kɔmeʀaʒ] nmpl comadreos, chismes mpl.

commerçant, e [kɔmɛʀsã, ãt] a comercial; (personne) comerciante // nm/f comerciante m/f.

commerce [kɔmɛʀs(ə)] nm comercio; (boutique) comercio, tienda; (fig) relación f, trato; faire ~ de comerciar con; vendu dans le ~ en venta en los comercios; vendu hors-~ en venta fuera de comercio; **commercial, e, aux** a comercial; **commercialiser** vt comercializar.

commère [kɔmɛʀ] nf comadre f.

commettre [kɔmɛtʀ(ə)] vt cometer.

commis [kɔmi] nm dependiente m, empleado; ~ voyageur viajante m de comercio.

commisération [kɔmizeʀasjɔ̃] nf conmiseración f, piedad f.

commissaire [kɔmisɛʀ] nm (de police) comisario; (de course, compétition) juez m; ~ aux comptes (ADMIN) interventor m de cuentas; ~priseur [-pʀizœʀ] nm rematador m, subastador m; **commissariat** [kɔmisaʀja] nm (de police) comisaría; (ministère) intervención f.

commission [kɔmisjɔ̃] nf comisión f; (message) recado; ~s fpl (achats) mandados; ~naire nm/f mandadero/a.

commissure [kɔmisyʀ] nf: ~ des lèvres comisura de los labios.

commode [kɔmɔd] a cómodo(a), apropiado(a); (facile, aisé) fácil, accesible; (aimable) accesible, tolerante // nf cómoda; **commodité**

nf comodidad *f*, practicidad *f*.

commotion [kɔmosjɔ̃] *nf* (*MÉD*): ~
(**cérébrale**) conmoción *f* (cerebral).

commotionné, e [kɔmosjane] *a*
conmocionado(a), turbado(a).

commuer [kɔmɥe] *vt* conmutar.

commun, e [kɔmœ̃, yn] *a* común;
(*identique*) común, igual; (*ordinaire*) común, corriente // *nm*: **cela
sort du** ~ esto sale de lo común, es
una cosa fuera de lo común; **le** ~
des mortels la generalidad *o* la
mayoría de los mortales // *nf*
(*ADMIN*) municipio; ~**s** *mpl*
dependencias; **en** ~ en común,
juntos; **peu** ~ poco común,
extraordinario; **d'un** ~ **accord** de
común acuerdo; ~**al, e, aux**
[kɔmynal, o] *a* municipal.

communauté [kɔmynote] *nf* comunidad *f*; (*REL*) comunidad,
congregación *f*; **régime de la** ~
régimen *m* de bienes gananciales;
~ **économique européenne, CEE**
comunidad económica europea,
CEE.

commune [kɔmyn] *af, nf voir*
commun.

communiant, e [kɔmynjɑ̃, ɑ̃t]
nm/f comulgante *m/f*; **premier
(première)** ~**(e)** persona que hace
la primera comunión.

communicatif, ive [kɔmynikatif,
iv] *a* comunicativo(a).

communication [kɔmynikasjɔ̃] *nf*
comunicación *f*; **en** ~ **avec** en
comunicación con; **avoir/donner la**
~ (*TÉLÉC*) obtener/dar comunicación; ~ **en PCV** comunicación a
cargo del destinatario.

communier [kɔmynje] *vi* (*REL*)
comulgar.

communion [kɔmynjɔ̃] *nf* comunión *f*; **première** ~, ~ **privée**
primera comunión; ~ **solennelle**
comunión solemne.

communiqué [kɔmynike] *nm*
comunicado.

communiquer [kɔmynike] *vt*
comunicar, trasmitir; (*demande,
dossier*) dirigir, enviar; (*maladie,*

chaleur) trasmitir, propagar // *vi*
comunicar; ~ **avec** (*suj: pièce*)
comunicar con; **se** ~ **à** propagarse
o difundirse a.

communisme [kɔmynism(ə)] *nm*
comunismo; **communiste** *a, nm/f*
comunista (*m/f*).

commutateur [kɔmytatœr] *nm*
conmutador *m*.

compact, e [kɔ̃pakt, akt(ə)] *a*
compacto(a), denso(a).

compagne [kɔ̃paɲ] *nf voir*
compagnon.

compagnie [kɔ̃paɲi] *nf* compañía *f*;
(*COMM*): **Dupont et** ~ Dupont y
compañía; ~ **républicaine de
sécurité, CRS** ≈ Guardia Civil;
tenir ~ **à** hacer compañía a;
fausser ~ **à** plantar a; **en** ~ **de** en
compañía de.

compagnon, compagne [kɔ̃-
paɲɔ̃, kɔ̃paɲ] *nm/f* compañero/a //
nm (*ouvrier*) obrero.~

comparable [kɔ̃parabl(ə)] *a*: ~
(**à**) comparable (a).

comparaison [kɔ̃parɛzɔ̃] *nf*
comparación *f*.

comparaître [kɔ̃parɛtr(ə)] *vi*: ~
(**devant**) comparecer (ante).

comparatif, ive [kɔ̃paratif, iv] *a*
comparativo(a) // *nm* (*LING*)
comparativo.

comparé, e [kɔ̃pare] *a*: **littérature** ~**e** literatura comparada.

comparer [kɔ̃pare] *vt* comparar,
cotejar; ~ **qch/qn à** *ou* **et qch/qn**
comparar algo/a alguien con
algo/alguien.

comparse [kɔ̃pars(ə)] *nm/f* pelele
m, nulidad *f*.

compartiment [kɔ̃partimɑ̃] *nm*
(*de train*) compartimiento; (*case*)
compartimiento, casilla; ~ **étanche**
compartimiento estanco; **com-
partimenté, e** *a* compartimenta-
do(a).

comparution [kɔ̃parysjɔ̃] *n*
comparición *f*, comparecencia *f*.

compas [kɔ̃pa] *nm* (*MATH*) compá
m; (*NAUT*) compás, brújula.

compassé, e [kɔ̃pase] a afectado(a).

compassion [kɔ̃pasjɔ̃] nf compasión f, piedad f.

compatible [kɔ̃patibl] a: ~ (avec) compatible (con).

compatir [kɔ̃patiʀ] vi: ~ à compadecer, compadecerse de o con.

compatriote [kɔ̃patʀijɔt] nm/f compatriota m/f.

compensation [kɔ̃pɑ̃sasjɔ̃] nf compensación f.

compenser [kɔ̃pɑ̃se] vt compensar, equilibrar.

compère [kɔ̃pɛʀ] nm cómplice m, compinche f.

compétence [kɔ̃petɑ̃s] nf competencia, capacidad f, (JUR) competencia.

compétent, e [kɔ̃petɑ̃, ɑ̃t] a competente, capaz; (JUR) competente.

compétitif, ive [kɔ̃petitif, iv] a competitivo(a).

compétition [kɔ̃petisjɔ̃] nf competencia, (SPORT) competición; la/une ~ la/una competición; être en ~ avec estar en competencia con.

compiler [kɔ̃pile] vt compilar.

complainte [kɔ̃plɛ̃t] nf endecha.

complaire [kɔ̃plɛʀ] : se ~ vi: se ~ dans complacerse en.

complaisance [kɔ̃plɛzɑ̃s] nf amabilidad f, deferencia; (péj) complacencia; **certificat de** ~ certificado de favor.

complaisant, e [kɔ̃plɛzɑ̃, ɑ̃t] a deferente, solícito(a); (péj) complaciente.

complément [kɔ̃plemɑ̃] nm (gén) complemento, suplemento; (LING) complemento; ~ d'objet direct/indirect ~ (circonstanciel) de lieu/temps complemento directo/indirecto; ~ (circonstanciel) de lieu/temps complemento de lugar/tiempo; ~ d'agent/de moyen complemento agente/de modo; ~ d'information suplemento de información; ~aire a complementario(a).

omplet, ète [kɔ̃plɛ, ɛt] a comple-

to(a), lleno(a); (obscurité, échec) completo(a), total; (entier) completo(a), íntegro(a) // ~ nm (aussi: ~-veston) traje m;

compléter vt completar, acabar; (fig: partenaire etc) completar, complementar; **se compléter** vt recíproque complementarse // vi (collection etc) completarse.

complexe [kɔ̃plɛks(ə)] a complejo(a), complicado(a); (BIO, BOT etc) complejo(a) // nm complejo; **portuaire/hospitalier** complejo portuario/hospitalario; **complexé, e** a acomplejado(a); **complexité** nf complejidad f.

complication [kɔ̃plikasjɔ̃] nf complicación f; (difficulté, ennui) complicación, contratiempo; ~s fpl (MÉD) complicaciones fpl.

complice [kɔ̃plis] nm/f cómplice m/f; **complicité** nf complicidad f.

compliment [kɔ̃plimɑ̃] nm cumplido, felicitaciones fpl; ~er vt cumplimentar, felicitar.

compliqué, e [kɔ̃plike] a complicado(a).

compliquer [kɔ̃plike] vt complicar; se ~ complicarse.

complot [kɔ̃plo] nm complot m, conspiración f; ~er vi complotar, conspirar // vt tramar.

comportement [kɔ̃pɔʀtəmɑ̃] nm comportamiento, actitud f; (TECH) funcionamiento.

comporter [kɔ̃pɔʀte] vt constar de; se ~ vi comportarse; (TECH) funcionar.

composant [kɔ̃pozɑ̃] nm componente m.

composante [kɔ̃pozɑ̃t] nf componente m, factor m.

composé, e [kɔ̃poze] a compuesto(a); (visage, air) de circunstancias, afectado(a) // nm compuesto; ~ de compuesto de.

composer [kɔ̃poze] vt (musique) componer; (mélange, équipe, texte) armar, estructurar; (suj: choses) componer, constituir // vi (SCOL) hacer un ejercicio; (transiger) contemporizar, ceder; ~ **un numéro** (au téléphone) discar o marcar un número; **se ~ de** componerse de.

composite [kɔpozit] a variado(a), heterogéneo(a).

compositeur, trice [kɔpozitœr, tris] nm/f (MUS) compositor/ora; (TYPOGRAPHIE) cajista m.

composition [kɔpozisjɔ̃] nf composición f, (SCOL) disertación f, prueba; **de bonne ~** con~temporizador(ora), tratable; **amener qn à ~** llegar a un acuerdo con alguien; ~ **française** redacción f o composición de francés.

compote [kɔpɔt] nf compota; **compotier** nm compotera, frutera.

compréhensible [kɔpreɑ̃sibl(ə)] a comprensible, inteligible, (fig) comprensible.

compréhensif, ive [kɔpreɑ̃sif, iv] a comprensivo(a).

compréhension [kɔpreɑ̃sjɔ̃] nf comprensión f.

comprendre [kɔprɑ̃dr(ə)] vt (suj: chose) comprender, incluir; (sens, problème etc) comprender, entender, (fig) comprender.

compresse [kɔpres] nf compresa.

compresseur [kɔpresœr] am voir **rouleau** // nm compresor m.

compressible [kɔpresibl(ə)] a compresible, comprimible.

compression [kɔpresjɔ̃] nf compresión f, reducción f.

comprimé, e [kɔprime] a: **air ~** aire comprimido // nm (MÉD) pastilla, comprimido.

comprimer [kɔprime] vt comprimir, (fig) reducir, disminuir.

compris, e [kɔpri, iz] pp de **comprendre** // a (inclus) incluso(a); (: COMM) incluido(a); **~ entre** incluido comprendido entre; **~?** ¿entendido?; ¿está claro?; **la maison ~ e**, y ~ **la maison** la casa inclusiva, incluida la casa; **la maison non ~ e, non ~ la maison** sin incluir la casa; **service ~** servicio incluido; **100 F tout ~** 100 F

en total o todo incluido; **la formule du tout ~** fórmula que incluye todo.

compromettant, e [kɔprɔmetɑ̃, ɑ̃t] a comprometedor(ora).

compromettre [kɔprɔmetr(ə)] vt comprometer.

compromis [kɔprɔmi] nm compromiso, convenio.

comptabilité [kɔtabilite] nf contabilidad f, (service) contaduría; **comptable** [kɔtabl(ə)] nm/f tenedor m de libros, contable m // a contable.

comptant [kɔtɑ̃] ad: **payer/acheter ~** pagar/comprar al contado.

compte [kɔt] nm cuenta; (total, montant) cuenta, suma; **faire le ~ de** hacer la cuenta de; **en fin de ~** (fig) en resumidas cuentas; **à bon ~** barato(a), a buen precio; **avoir son ~** (fig) tener su merecido; **pour le ~ de qn** por cuenta de alguien; **travailler à son ~** trabajar por su cuenta o por cuenta propia; **prendre qch à son ~** tomar algo por su cuenta, hacerse cargo de algo; ~ **chèques postaux**, CCP cuenta de cheques postales; ~ **courant** cuenta corriente; ~ **de dépôt** cuenta de depósitos; ~ **à rebours** cuenta regresiva.

compte-gouttes [kɔtgut] nm inv (MÉD) cuentagotas m inv.

compter [kɔte] vt contar, enumerar; (facturer) facturar, cobrar; (victoire, condamnations) contar; (comporter) contar, constar de; (espérer) ~ **réussir** contar con o esperar lograr // vi contar; (être économe) contar los céntimos; (être non négligeable) contar, tener poca importancia; (valoir): ~ **pour** valer por, contar para; (figurer): ~ **parmi** contarse o figurar entre; ~ **sur** contar con; ~ **avec/sans qch/qn** contar/no contar con algo/alguien, tener/no tener en cuenta algo a alguien; **sans ~ que** sin contar (con) que, sin tener en cuenta que; **à ~ du 10 janvier** (COMM) a partir del 10 enero.

compte-rendu [kɔ̃tʀɑ̃dy] *nm* informe *m*, acta.

compte-tours [kɔ̃ttuʀ] *nm inv* cuentarrevoluciones *m inv*.

compteur [kɔ̃tœʀ] *nm* contador *m*; ~ **de vitesse** contador de velocidad.

comptine [kɔ̃tin] *nf* canción infantil (en los juegos).

comptoir [kɔ̃twaʀ] *nm* (*de magasin*) mostrador *m*; (*de café*) barra; (*ville coloniale*) factoría.

compulser [kɔ̃pylse] *vt* consultar, examinar.

comte, comtesse [kɔ̃t, kɔ̃tɛs] *nm/f* conde/condesa.

concave [kɔ̃kav] *a* cóncavo(a).

concéder [kɔ̃sede] *vt* reconocer, admitir; (*avantage, droit à qn*) conceder.

concentration [kɔ̃sɑ̃tʀasjɔ̃] *nf* concentración *f*; (*d'esprit*) reconcentración *f*, ensimismamiento.

concentrationnaire [kɔ̃sɑ̃tʀasjɔneʀ] *a* de campo de concentración.

concentré, e [kɔ̃sɑ̃tʀe] *a* concentrado(a), concentrado(a); (*personne*) concentrado(a), absorto(a) // *nm* (*de tomate, d'orange*) jugo concentrado.

concentrer [kɔ̃sɑ̃tʀe] *vt* concentrar; (*population, pouvoirs*) concentrar, reunir; **se** ~ *vi* concentrarse, reconcentrarse.

concentrique [kɔ̃sɑ̃tʀik] *a* concéntrico(a).

concept [kɔ̃sɛpt] *nm* concepto.

conception [kɔ̃sɛpsjɔ̃] *nf* concepción *f*.

concerner [kɔ̃sɛʀne] *vt* concernir a, referirse a; **en ce qui concerne** en lo que concierne a.

concert [kɔ̃sɛʀ] *nm* concierto; (*fig*) coro; **de** ~ **ad** de común acuerdo.

concerter [kɔ̃sɛʀte] *vt* concertar, acordar; **se** ~ ponerse de acuerdo.

concerto [kɔ̃sɛʀto] *nm* concierto.

concession [kɔ̃sesjɔ̃] *nf* concesión *f*.

concessionnaire [kɔ̃sesjɔneʀ] *nm/f* concesionario/a.

concevable [kɔ̃svabl(ə)] *a* concebible.

concevoir [kɔ̃svwaʀ] *vt* concebir.

concierge [kɔ̃sjɛʀʒ(ə)] *nm/f* portero/a; ~**rie** [-ʒəʀi] *nf* portería.

concile [kɔ̃sil] *nm* concilio.

conciliabules [kɔ̃siljabyl] *nmpl* conciliábulos.

conciliation [kɔ̃siljasjɔ̃] *nf* conciliación *f*, acuerdo.

concilier [kɔ̃silje] *vt* conciliar, conjugar; **se** ~ **qn** ganarse a alguien.

concis, e [kɔ̃si, iz] *a* conciso(a); ~**ion** [-zjɔ̃] *nf* concisión *f*.

concitoyen, ne [kɔ̃sitwajɛ̃, jɛn] *nm/f* conciudadano/a.

conclave [kɔ̃klav] *nm* cónclave *m*.

concluant, e [kɔ̃klyɑ̃, ɑ̃t] *a* concluyente, determinante.

conclure [kɔ̃klyʀ] *vt* concertar, firmar; (*terminer*) concluir, terminar; ~ **qch de qch** deducir o inferir algo de algo; ~ **à** pronunciarse por; **j'en conclus que** deduzco que; **conclusion** [kɔ̃klyzjɔ̃] *nf* concertación *f*, término; (*d'un raisonnement*) conclusión *f*.

conçois *etc vb voir* **concevoir**.

concombre [kɔ̃kɔ̃bʀ(ə)] *nm* pepino.

concordance [kɔ̃kɔʀdɑ̃s] *nf*: **la** ~ **des temps** la concordancia de los tiempos.

concorde [kɔ̃kɔʀd(ə)] *nf* concordia.

concorder [kɔ̃kɔʀde] *vi* concordar, estar de acuerdo.

concourir [kɔ̃kuʀiʀ] *vi* competir; ~ **à** contribuir a.

concours [kɔ̃kuʀ] *nm* competición *f*; (*examen*) examen *m*, prueba; (*aide*) cooperación *f*, participación *f*; **recrutement par voie de** ~ se harán oposiciones; **apporter son** ~ **à** dar su ayuda a; ~ **de circonstances** cúmulo de circunstancias; ~ **hippique** concurso hípico.

concret, ète [kɔ̃kʀɛ, ɛt] *a* concreto(a); **concrétiser** [-tize] *vt* concretar; **se concrétiser** vi concretarse.

conçu, e pp de **concevoir.**

concubin, e [kɔ̃kybɛ̃, in] nm/f concubino/a; **~age** [-binaʒ] nm concubinato.

concurremment [kɔ̃kyramã] ad simultáneamente, a la vez.

concurrence [kɔ̃kyrɑ̃s] nf competencia, competencia; **en ~** en competencia con; **jusqu'à ~ de** hasta un monto de; **~ déloyale** competencia desleal.

concurrent, e [kɔ̃kyrɑ̃, ɑ̃t] a opositor(ora), rival // nm/f competidor/ora; (SCOL) concursante m/f; opositor/ora.

condamnation [kɔ̃danɑsjɔ̃] nf reprobación f; condenación f.

condamné, e [kɔ̃dane] nm/f (JUR) condenado/a.

condamner [kɔ̃dane] vt reprobar, condenar; (coupable, aussi ouverture) condenar; (malade) desahuciar; **~ qn à qch/faire** condenar a uno a algo/hacer; **~ qn à 2 ans de prison** condenar a uno a 2 años de prisión.

condensateur [kɔ̃dɑ̃satœr] nm (ÉLEC) condensador m.

condensation [kɔ̃dɑ̃sɑsjɔ̃] nf condensación f.

condensé, e [kɔ̃dɑ̃se] a (lait) condensado(a) // nm resumen m, compendio.

condenser [kɔ̃dɑ̃se] vt condensar; **se ~** vi condensarse.

condescendant, e [kɔ̃desɑ̃dɑ̃, ɑ̃t] a condescendiente.

condescendre [kɔ̃desɑ̃dr(ə)] vi: **~ à qch/faire qch** condescender a algo/en hacer algo.

condiment [kɔ̃dimɑ̃] nm condimento.

condisciple [kɔ̃disipl(ə)] nm/f condiscípulo/a.

condition [kɔ̃disjɔ̃] nf condición f; (rang social) condición, clase f; **~s** fpl (tarif, prix) condiciones fpl, tarifas; (circonstances) condiciones; **sans ~** sin condición, incondicio-

nalmente; **sous ~ de/que** con la condición de/que; **à ~ de/que a** condición de que, siempre que; **physique** condición física; **~s atmosphériques** condiciones atmosféricas; **~s de vie** condiciones de vida.

conditionné, e [kɔ̃disjɔne] a: **air ~** aire acondicionado.

conditionnel, le [kɔ̃disjɔnel] a condicional // nm condicional m, potencial m.

conditionnement [kɔ̃disjɔnmã] nm (emballage) acondicionamiento, embalaje m.

conditionner [kɔ̃disjɔne] vt condicionar, determinar; (COMM) acondicionar; (fig) condicionar, predisponer.

condoléances [kɔ̃dɔleɑ̃s] nfpl condolencias, pésame m.

conducteur, trice [kɔ̃dyktœr, tris] a conductor(ora) // nm conductor m // nm/f (AUTO) conductor/ora, chófer m.

conduire [kɔ̃dɥir] vt (véhicule) conducir; (délégation, troupeau, société) guiar, dirigir; (personne: quelque part) conducir, llevar; (suj: route, sentier): **~ vers/à** llevar a conducir hacia/a; (suj: attitude, erreur, études): **~ à** llevar a; **se ~** portarse, comportarse.

conduit [kɔ̃dɥi] nm conducto.

conduite [kɔ̃dɥit] nf conducción f; (comportement) conducta, comportamiento; (d'eau, de gaz) conducto, cañería; **~ à gauche** (AUTO) volante m a la izquierda; **~ d'échec** conducta de fracaso; **~ intérieure** coche cerrado.

cône [kon] nm cono; **~ d'avalanche** (GÉO) cono de avalancha.

confection [kɔ̃fɛksjɔ̃] nf confección f, ejecución f; (COUTURE): **la ~** la confección.

confectionner [kɔ̃fɛksjɔne] vt confeccionar, fabricar.

confédération [kɔ̃federɑsjɔ̃] n confederación f.

conférence [kɔ̃ferɑ̃s] nf con

ferencia; (*pourparlers*) conferencia,
entrevista; ~ **de presse** conferencia de prensa; **conférencier, ière**
[-sje, jɛʀ] nm/f conferenciante m/f.
conférer [kɔ̃feʀe] vt: ~ à **qn**
conferir o otorgar a alguien; ~ à
qn/qch (suj: chose) otorgar o dar a
alguien/a algo.
confesser [kɔ̃fese] vt confesar,
reconocer; (REL) confesar; **se** ~
confesarse; **confesseur** nm confesor
m; **confession** nf confesión f;
confessionnal, aux nm confesionario; **confessionnel, le** a
confesional, religioso(a).
confetti [kɔ̃feti] nm confeti m.
confiance [kɔ̃fjɑ̃s] nf confianza,
seguridad f; **avoir** ~ **en** tener
confianza en; **en toute** ~ con toda
confianza; **question/vote de** ~
(POL) voto de confianza; **confiant, e**
[kɔ̃fjɑ̃, ɑ̃t] a confiado(a).
confidence [kɔ̃fidɑ̃s] nf: **une** ~
una confidencia; **dire qch en** ~
decir algo en confidencia;
confident, e [kɔ̃fidɑ̃, ɑ̃t] nm/f
confidente/a.
confidentiel, le [kɔ̃fidɑ̃sjɛl] a
confidencial.
confier [kɔ̃fje] vt: ~ **à qn** confiar a
alguien; **se** ~ **à qn** confiarse a
alguien.
configuration [kɔ̃figyʀasjɔ̃] nf
configuración f.
confiné, e [kɔ̃fine] a viciado(a).
confiner [kɔ̃fine]: ~ **à** vt lindar
con, rayar en; se ~ **dans** confinarse
o encerrarse en; **se** ~ **à** limitarse a
alguien.
confins [kɔ̃fɛ̃] nmpl: **aux** ~ **de** en
los confines de.
confirmation [kɔ̃fiʀmasjɔ̃] nf
confirmación f.
confirmer [kɔ̃fiʀme] vt confirmar.
confiscation [kɔ̃fiskasjɔ̃] nf
confiscación f.
confiserie [kɔ̃fizʀi] nf confitería;
(*bonbon*) golosina, dulce m;
confiseur, euse nm/f confitero/a.
confisquer [kɔ̃fiske] vt confiscar,
decomisar.
confit, e [kɔ̃fi, it] a: **fruits ~s**

frutas confitadas // nm: ~ **d'oie**
conserva o escabeche m de ganso.
confiture [kɔ̃fityʀ] nf confitura,
mermelada.
conflagration [kɔ̃flagʀasjɔ̃] nf
conflagración f.
conflit [kɔ̃fli] nm conflicto; (*fig*)
conflicto, choque m; ~ **armé**
conflicto armado.
confluent [kɔ̃flyɑ̃] nm confluencia.
confondre [kɔ̃fɔ̃dʀ(ə)] vt
confundir; (*témoin, menteur*)
confundir, desorientar; **se** ~ **en
excuses** deshacerse en disculpas.
confondu, e [kɔ̃fɔ̃dy] a confuso(a),
perplejo(a).
conformation [kɔ̃fɔʀmasjɔ̃] nf
conformación f.
conforme [kɔ̃fɔʀm(ə)] a: ~ **à**
conforme a o con, adecuado(a) a;
copie certifiée ~ copia autenticada
o legalizada; **conformément** ad:
conformément à qch/à ce que de
acuerdo a o con algo/a o con lo que;
conformer vt: **conformer qch à**
adaptar o adecuar algo a; **se**
conformer à adaptarse o adecuarse
a.
conformisme [kɔ̃fɔʀmism(ə)] nm
conformismo; **conformiste** a, nm/f
conformista (m/f).
conformité [kɔ̃fɔʀmite] nf conformidad f, concordancia.
confort [kɔ̃fɔʀ] nm confort m,
comodidad f; **tout** ~ con todas las
comodidades; ~**able** [-tabl(ə)] a
confortable, cómodo(a); (*fig*)
considerable, decoroso(a).
confrère [kɔ̃fʀɛʀ] nm colega m.
confrérie [kɔ̃fʀeʀi] nf cofradía.
confrontation [kɔ̃fʀɔ̃tasjɔ̃] nf confrontación f; careo.
confronté, e [kɔ̃fʀɔ̃te] a: ~ **à**
(*problème, situation*) confrontado a.
confronter [kɔ̃fʀɔ̃te] vt confrontar,
cotejar; (*JUR*) carear.
confus, e [kɔ̃fy, yz] a confuso(a),
oscuro(a); (*bataille, situation*) desor-
denado(a), confuso(a); (*personne:
embarrassé*) confuso(a), turbado(a).
confusion [kɔ̃fyzjɔ̃] nf confusión f.

congé [kɔʒe] nm licencia, vacaciones fpl; (avis de départ) despedida; **en ~ de** licencia, de vacaciones; **semaine/jour de ~** semana/día m de asueto; **prendre ~ de qn** despedirse de alguien; **donner son ~ à** despedir a; **~ de maladie** licencia por enfermedad; **~s payés** licencia pagada, vacaciones pagadas; **~dier** [-dje] vt despedir.

congélateur [kɔʒelatœr] nm congelador m.

congeler [kɔʒle] vt congelar.

congénère [kɔʒenɛr] nm/f congénere m.

congénital, e, aux [kɔʒenital, o] a congénito(a).

congère [kɔʒɛr] nf ventisquero.

congestion [kɔʒɛstjɔ̃] nf congestión f; **~ pulmonaire/cérébrale** congestión pulmonar/cerebral.

congestionné, e [kɔʒɛstjɔne] a congestionado(a).

congestionner [kɔʒɛstjɔne] vt congestionar.

conglomérat [kɔglomera] nm conglomerado.

congratuler [kɔgratyle] vt congratular, felicitar.

congre [kɔgr(ə)] nm congrio.

congrégation [kɔgregasjɔ̃] nf congregación f.

congrès [kɔgrɛ] nm congreso.

congru, e [kɔgry] a: **portion ~e** porción exigua.

conifère [kɔnifɛr] nm conífera f.

conique [kɔnik] a cónico(a).

conjecturer [kɔʒɛktyre] vt, vi conjeturar, presumir.

conjoint, e [kɔʒwɛ̃, wɛt] a conjunto(a) // nm/f cónyuge m/f; **~ement** [-ɛtmɑ̃] ad conjuntamente, simultáneamente.

conjonctif, ive [kɔʒɔ̃ktif, iv] a: **tissu ~** tejido conjuntivo.

conjonction [kɔʒɔ̃ksjɔ̃] nf conjunción f.

conjonctivite [kɔʒɔ̃ktivit] nf conjuntivitis f.

conjoncture [kɔʒɔ̃ktyr] nf coyuntura, circunstancias; **conjoncturel, le** a coyuntural.

conjugaison [kɔʒygɛzɔ̃] nf (LING) conjugación f.

conjugal, e, aux [kɔʒygal, o] a conyugal.

conjuguer [kɔʒyge] vt conjugar; (fig) conjugar, aunar.

conjuration [kɔʒyrasjɔ̃] nf conjura, conspiración f; **conjuré, e** nm/f conjurado/a, conspirador/a.

conjurer [kɔʒyre] vt conjurar; **~ qn de faire qch** rogar o suplicar a alguien que haga algo.

connaissance [kɔnɛsɑ̃s] nf conocimiento; (personne connue) conocido/a; **~s** fpl (savoir) conocimientos; être sans/perdre ~ estar sin/perder el conocimiento; à ma/sa ~ por lo que se/sabe; **prendre ~ de** tomar conocimiento de; **donner ~ de** dar a conocer, informar; **en ~ de cause** con conocimiento de causa.

connaisseur, euse [kɔnɛsœr, øz] nm/f conocedor/ora.

connaître [kɔnɛtr(ə)] vt (gén) conocer; (date, fait, adresse) conocer, saber; (avoir l'expérience de) conocer, dominar; **~ qn de nom/vue** conocer a alguien de nombre/vista; **se ~** vt réfléchi conocerse.

connecter [kɔnɛkte] vt conectar.

connexe [kɔnɛks(ə)] a conexo(a), afín.

connexion [kɔnɛksjɔ̃] nf conexión f.

connivence [kɔnivɑ̃s] nf connivencia.

connotation [kɔnɔtasjɔ̃] nf connotación f.

connu, e [kɔny] pp de **connaître** // a conocido(a); (célèbre) conocido(a), reputado(a).

conquérant, e [kɔkerɑ̃, ɑ̃t] nm, conquistador/ora.

conquérir [kɔkerir] vt conquistar.

conquête [kɔkɛt] nf conquista.

consacré [kɔsakre] a: **~ à** (REL) consagrado a; (employé à consagrado a, destinado a; *(traitant de)* consagrado a, dedicado a.

consacrer [kɔsakʁe] *vt* consagrar; ~ **qch à/à faire** consagrar *o* destinar algo a/a hacer; **se** ~ **à qch/faire** consagrarse *o* dedicarse a algo/a hacer.

consanguin, e [kɔsãgɛ̃, in] *a* consanguíneo(a).

conscience [kɔsjãs] *nf* conciencia; **avoir/prendre** ~ **de** tener/tomar conciencia de; **perdre** ~ perder el conocimiento; **avoir bonne/ mauvaise** ~ tener la conciencia limpia/sucia; ~ **professionnelle** conciencia profesional.

consciencieux, euse [kɔsjãsjø, øz] *a* concienzudo(a), escrupuloso(a).

conscient, e [kɔsjã, ãt] *a (MÉD)* consciente; *(délibéré)* consciente, deliberado(a); ~ **de** consciente de.

conscription [kɔskʁipsjɔ̃] *nf* reclutamiento *m*.

conscrit [kɔskʁi] *nm* recluta *m*.

consécration [kɔsekʁasjɔ̃] *nf* consagración *f.*

consécutif, ive [kɔsekytif, iv] *a* consecutivo(a); ~ **à** a causa de, debido a.

conseil [kɔsɛj] *nm* consejo; **tenir** ~ celebrar consejo; **prendre** ~ **auprès de qn** pedir consejo a alguien; **ingénieur/médecin-** ingeniero/médico asesor; ~ **d'administration des ministres** consejo de administración de ministros; ~ **de discipline** consejo *o* junta de disciplina; ~ **municipal** ayuntamiento, concejo; ~ **de révision** junta de revisión.

conseiller [kɔseje] *vt* aconsejar; **conseiller, ère** *nm/f* consejero/a; ~ **municipal** concejal *m*.

consentement [kɔsãtmã] *nm* consentimiento, aprobación *f.*

consentir [kɔsãtiʁ] *vt*: ~ **qch à qn** consentir *o* acordar algo a alguien; ~ **à qch/faire** aceptar algo/hacer.

conséquence [kɔsekãs] *nf* consecuencia; **en** ~ en consecuencia,

conforme a esto; **en** ~ *(donc)* en consecuencia, por consiguiente; **tirer à** ~ traer consecuencias, tener importancia; **sans** ~ sin consecuencia *o* importancia.

conséquent, e [kɔsekã, ãt] *a* consecuente; **par** ~ por consiguiente.

conservateur, trice [kɔsɛʁvatœʁ, tʁis] *a*, *nm/f* conservador(ora) // *nm (de musée)* conservador *m*.

conservation [kɔsɛʁvasjɔ̃] *nf* conservación *f.*

conserve [kɔsɛʁv(ə)] *nf* conserva; **en** ~ en conserva; **de** ~ conjuntamente, en compañía.

conserver [kɔsɛʁve] *vt* conservar; *(faculté, amis, livres)* conservar, mantener.

conserverie [kɔsɛʁvʁi] *nf* fábrica de conservas.

considérable [kɔsideʁabl(ə)] *a* considerable, importante.

considération [kɔsideʁasjɔ̃] *nf* consideración *f*; *(estime)* consideración, estima; *(raison)* razonamiento; ~**s** *fpl (remarques)* consideraciones *fpl*; **prendre en** ~ tomar en consideración; **en** ~ **de** en razón de, teniendo en cuenta.

considéré, e [kɔsideʁe] *a (respecté)* considerado(a).

considérer [kɔsideʁe] *vt (étudier)* considerar; *(tenir compte de)* considerar, tener en cuenta; *(regarder)* examinar, observar; *(estimer)*: ~ **que** considerar *o* estimar que; ~ **qch comme** considerar algo como.

consigne [kɔsiɲ] *nf* consigna; *(COMM)* importe *(reembolsable) de un envase etc*; *(SCOL, MIL)* castigo.

consigner [kɔsiɲe] *vt* consignar, anotar; *(soldat, élève)* castigar; *(COMM)* cobrar el importe del envase.

consistance [kɔsistãs] *nf* consistencia; *(fig)* consistencia, solidez *f.*

consistant, e [kɔsistã, ãt] *a* consistente, firme.

consister [kɔsiste] *vi*: ~ **en**

consistir en, componerse de; ~ **dans** consistir o residir en; ~ **à faire** consistir en hacer.

consœur [kɔ̃sœʀ] nf colega m.

consolation [kɔ̃sɔlasjɔ̃] nf: **avoir la ~ de** tener el consuelo de; **lot/prix de ~** premio consuelo o de consolación.

console [kɔ̃sɔl] nf (CONSTRUCTION) ménsula f; (d'ordinateur) tablero.

consoler [kɔ̃sɔle] vt consolar, calmar; **se ~ (de qch)** consolarse (de algo).

consolider [kɔ̃sɔlide] vt consolidar, reforzar; (fig) consolidar, afirmar.

consommateur, trice [kɔ̃sɔmatœʀ, tʀis] nm/f consumidor/ora; (dans un café) consumidor/ora, cliente m/f.

consommation [kɔ̃sɔmasjɔ̃] nf consumo; (boisson) consumición f; **~ de 10 litres aux 100 km** (AUTO) consumo de 10 litros cada o en 100 km.

consommé, e [kɔ̃sɔme] a consumado(a) // nm caldo, consomé m.

consommer [kɔ̃sɔme] vt consumir; (suj: voiture, usine, poêle) consumir, gastar // vi (dans un café) consumir.

consonance [kɔ̃sɔnɑ̃s] nf consonancia; **nom à ~ étrangère** nombre m de resonancia extranjera.

consonne [kɔ̃sɔn] nf consonante f.

consort [kɔ̃sɔʀ] s nmpl (péj): **et ~s** y compañía, y secuaces.

consortium [kɔ̃sɔʀsjɔm] nm consorcio.

conspiration [kɔ̃spiʀasjɔ̃] nf conspiración f.

conspirer [kɔ̃spiʀe] vi conspirar, complotar.

conspuer [kɔ̃spɥe] vt abuchear.

constamment [kɔ̃stamɑ̃] ad constantemente.

constant, e [kɔ̃stɑ̃, ɑ̃t] a (personne) constante, perseverante; (température, augmentation) constante.

constat [kɔ̃sta] nm (d'huissier) acta; (après un accident) atestado.

~ **(à l'amiable)** acta (de conciliación).

constatation [kɔ̃statasjɔ̃] nf comprobación f.

constater [kɔ̃state] vt comprobar; (remarquer) comprobar, notar; ~ **que** notar o comprobar que; (faire observer, dire) advertir que.

constellation [kɔ̃stelasjɔ̃] nf constelación f.

constellé, e [kɔ̃stele] a: ~ **de** salpicado o cuajado de.

consterner [kɔ̃stɛʀne] vt consternar, afligir.

constipation [kɔ̃stipasjɔ̃] nf estreñimiento, constipación f.

constipé, e [kɔ̃stipe] a estreñido(a), constipado(a); (fig) fruncido(a), antipático(a).

constitué, e [kɔ̃stitɥe] a: ~ **de** constituido o formado por; **bien/mal ~** bien/mal conformado.

constituer [kɔ̃stitɥe] vt (former) constituir, organizar; (dossier, collection) formar, armar; (suj: éléments, parties) constituir, formar; (représenter, être) constituir, representar; **se ~ prisonnier** constituirse prisionero.

constitution [kɔ̃stitysjɔ̃] nf formación f; (composition) composición f, constitución f; (santé, POL) constitución; ~**nel, le** a constitucional.

constructeur [kɔ̃stʀyktœʀ] nm (de voitures) constructor m, fabricante m; (de bateaux) armador m.

construction [kɔ̃stʀyksjɔ̃] nf construcción f; (de phrase, roman) estructura; (bâtiment) construcción, edificio.

construire [kɔ̃stʀɥiʀ] vt construir, levantar; (histoire, phrase, théorie) construir, armar; **se ~** (immeuble, quartier) construirse, edificarse.

consul [kɔ̃syl] nm cónsul m; ~**aire** a consular; ~**at** nm consulado.

consultation [kɔ̃syltasjɔ̃] nf consulta; ~**s** fpl (POL) deliberaciones fpl; **être en ~** (délibé-

ration) estar en deliberación; **aller à la ~** (_MÉD_) ir a la consulta, ir a lo del médico; **heures de ~** (_MÉD_) horas de consulta o de atención.

consulter [kɔ̃sylte] vt consultar; (_baromètre_, _montre_) consultar, observar // vi examinar; **se ~** vt _réciproque_ consultarse.

consumer [kɔ̃syme] vt consumir; **se ~** vi consumirse.

contact [kɔ̃takt] nm contacto; (_rencontres_, _rapports_) contacto, frecuentación f; **au ~ de l'air** en contacto con el aire; **mettre/couper le ~** (_AUTO_) poner/cortar o interrumpir el encendido; **entrer en ~ (avec)** entrar en contacto o relación (con); **prendre ~ avec qn** tomar contacto con alguien; **au ~ de ces gens** en (o por) la frecuentación de esta gente.

contacter [kɔ̃takte] vt relacionarse con.

contagieux, euse [kɔ̃taʒjø, øz] a contagioso(a).

contagion [kɔ̃taʒjɔ̃] nf (_MÉD_) contagio.

container [kɔ̃tɛnɛr] nm empaque m, caja.

contamination [kɔ̃taminasjɔ̃] nf contaminación f.

contaminer [kɔ̃tamine] vt (_MÉD_) contaminar.

conte [kɔ̃t] nm cuento, narración f; **~ de fées** cuento de hadas.

contemplatif, ive [kɔ̃tãplatif, iv] a (_REL_) contemplativo(a).

contemplation [kɔ̃tãplasjɔ̃] nf contemplación f.

contempler [kɔ̃tãple] vt contemplar.

contemporain, e [kɔ̃tãpɔrɛ̃, ɛn] a, nm/f contemporáneo(a).

contenance [kɔ̃tnãs] nf contenido, capacidad f; (_attitude_) prestancia, aplomo; **perdre ~** perder la serenidad o el aplomo; **se donner une ~** ocultar su turbación, disimular.

contenir [kɔ̃tnir] vt contener; (_foule_, _colère_) contener, refrenar;

se ~ contenerse, dominarse.

content, e [kɔ̃tã, ãt] a contento(a); **~ de qn/qch** contento con alguien/algo; **~ de soi** satisfecho de sí mismo; **~ement** nm contento, alegría; **~er** vt contentar; (_envie_, _caprice_) contentar, satisfacer; **se ~er de** contentarse con.

contentieux [kɔ̃tãsjø] nm recurso contencioso administrativo.

contenu [kɔ̃tny] nm contenido.

conter [kɔ̃te] vt contar, relatar.

contestation [kɔ̃tɛstasjɔ̃] nf discusión f, polémica; (_POL_): **la ~** la polémica.

conteste [kɔ̃tɛst(ə)]: **sans ~** sin discusión, sin ninguna duda.

contester [kɔ̃tɛste] vt discutir, cuestionar // vi impugnar, discutir.

conteur, euse [kɔ̃tœr, øz] nm/f narrador/ora.

contexte [kɔ̃tɛkst(ə)] nm contexto.

contigu, ë [kɔ̃tigy] a: **~ (à)** contiguo (a).

continence [kɔ̃tinãs] nf continencia.

continent [kɔ̃tinã] nm continente m; **~al, e aux** a continental.

contingences [kɔ̃tɛ̃ʒãs] nfpl contingencias, eventualidades fpl.

contingent, e [kɔ̃tɛ̃ʒã, ãt] a contingente, eventual // nm (_MIL_) contingente m; (_COMM_) provisión f, abastecimiento.

contingenter [kɔ̃tɛ̃ʒãte] vt racionar.

continu, e [kɔ̃tiny] a continuo(a), ininterrumpido(a) // nm: (_courant_) **~** corriente continua.

continuation [kɔ̃tinɥasjɔ̃] nf continuación f, prosecución f.

continuel, le [kɔ̃tinɥɛl] a continuo(a), constante.

continuer [kɔ̃tinɥe] vt continuar, proseguir; (_alignement_, _rue_) prolongarse, continuar // vi continuar, seguir; **~ à ou de faire** continuar o seguir haciendo; **se ~ par** prolongarse en.

continuité [kɔ̃tinɥite] nf continuidad f, prolongación f.

contorsion [kɔ̃tɔʀsjɔ̃] nf contorsión f; gesticulación f; **se ~ner** vi contorsionarse.

contour [kɔ̃tuʀ] nm contorno, perímetro; (virage) meandro, recodo.

contourner [kɔ̃tuʀne] vt rodear, evitar.

contraceptif, ive [kɔ̃tʀaseptif, iv] a contraceptivo(a) // nm contraceptivo.

contraception [kɔ̃tʀasɛpsjɔ̃] nf contracepción f.

contracté, e [kɔ̃tʀakte] a contraído(a); (personne) tenso(a), crispado(a).

contracter [kɔ̃tʀakte] vt contraer; **se ~** vi contraerse; **contraction** nf contracción f.

contractuel, le [kɔ̃tʀaktɥel] a contractual // nm/f agente contratado por el estado.

contradiction [kɔ̃tʀadiksjɔ̃] nf contradicción f; (dans un texte, argument) contradicción, discordancia.

contradictoire [kɔ̃tʀadiktwaʀ] a contradictorio(a), incompatible; (débat) contradictorio(a).

contraignant, e [kɔ̃tʀɛɲɑ̃, ɑ̃t] a imperioso(a), apremiante.

contraindre [kɔ̃tʀɛ̃dʀ(ə)] vt: ~ qn à obliger o forzar a alguien a; **contraint, e** [kɔ̃tʀɛ̃, ɛ̃t] a forzado(a) // nf presión f, obligación f; **sans contrainte** sin coerción, libremente.

contraire [kɔ̃tʀɛʀ] a contrario(a), opuesto(a); ~ à contrario(a), opuesto(a) a // nm lo contrario, lo opuesto; **au ~** al por lo contrario; **le ~ de** lo contrario de, lo opuesto a.

contrarier [kɔ̃tʀaʀje] vt contrariar, molestar; (mouvement, action) dificultar, entorpecer; **contrariété** nf contrariedad f, contratiempo.

contraste [kɔ̃tʀast(ə)] nm contraste m; **contraster** vi: **contraster (avec)** contrastar (con).

contrat [kɔ̃tʀa] nm (COMM) contra-

to; ~ **de mariage** contrato de matrimonio.

contravention [kɔ̃tʀavɑ̃sjɔ̃] nf contravención f, infracción f; (amende) multa; (procès-verbal) atestado; **en ~ à** en contravención con.

contre [kɔ̃tʀ(ə)] prép contra, por, junto a.

contre-amiral [kɔ̃tʀamiʀal] nm contraalmirante m.

contre-attaque [kɔ̃tʀatak] nf contraataque m; **contre-attaquer** vi contraatacar.

contrebalancer [kɔ̃tʀəbalɑ̃se] vt contrapesar, equilibrar.

contrebande [kɔ̃tʀəbɑ̃d] nf contrabando; **faire la ~ de** hacer contrabando de; **contrebandier** nm contrabandista m.

contrebas [kɔ̃tʀəba]: **en ~** ad más abajo.

contrebasse [kɔ̃tʀəbas] nf contrabajo; **contrebassiste** nm contrabajo.

contrecarrer [kɔ̃tʀəkaʀe] vt contrarrestar, contrariar.

contrechamp [kɔ̃tʀəʃɑ̃] nm toma desde el ángulo opuesto.

contrecœur [kɔ̃tʀəkœʀ]: **à ~** ad a desgano, contra la voluntad.

contrecoup [kɔ̃tʀəku] nm consecuencia, rebote m.

contre-courant [kɔ̃tʀəkuʀɑ̃]: **à ~** ad contra la corriente.

contredire [kɔ̃tʀədiʀ] vt contradecir, rebatir; (: témoignage, assertion) contradecir; refutar; (suj: chose) contradecir, desmentir; **se ~** (personne) contradecirse.

contrée [kɔ̃tʀe] nf comarca, región f.

contre-écrou [kɔ̃tʀekʀu] nm contratuerca.

contre-espionnage [kɔ̃tʀespjɔnaʒ] nm contraespionaje m.

contre-expertise [kɔ̃tʀekspɛʀtiz] nf peritaje para verificar otro anterior.

contrefaçon [kɔ̃tʀəfasɔ̃] nf falsificación f.

contrefaire [kɔ̃tʀəfɛʀ] vt falsificar; (*personne, démarche*) imitar, remedar; (*sa voix, son écriture*) alterar, desfigurar.

contrefait, e [kɔ̃trəfɛ, ɛt] a (*difforme*) contrahecho(a), deforme.

contreforts [kɔ̃trəfɔr] nmpl (*GÉO*) estribaciones fpl.

contre-haut [kɔ̃trəo]: **en ~ ad** más arriba, encima.

contre-indication [kɔ̃trɛ̃dikasjɔ̃] nf contraindicación f.

contre-jour [kɔ̃trəʒur]: **à ~ ad** a contraluz.

contremaître [kɔ̃trəmɛtr(ə)] nm capataz m.

contre-manifestation [kɔ̃trəmanifɛstasjɔ̃] nf contramanifestación f.

contremarque [kɔ̃trəmark(ə)] nf (*ticket*) contraseña.

contre-offensive [kɔ̃trəfãsiv] nf contraofensiva.

contre-ordre [kɔ̃trɔrdr(ə)] nm = **contrordre.**

contrepartie [kɔ̃trəparti] nf contrapartida, compensación f; **en ~** en compensación, en cambio.

contre-performance [kɔ̃trəpɛrfɔrmãs] nf marca desfavorable.

contrepèterie [kɔ̃trəpɛtri] nf inversión de sílabas que hacen una frase burlesca.

contre-pied [kɔ̃trəpje] nm: **le ~** de lo contrario o la contrapartida de; **à ~** (*SPORT*) de revés; **prendre qn à ~** (*fig*) despistar a alguien.

contre-plaqué [kɔ̃trəplake] nm enchapado, madera contrachapeada.

contre-plongée [kɔ̃trəplɔ̃ʒe] nf secuencia filmada de abajo hacia arriba.

contrepoids [kɔ̃trəpwa] nm contrapeso; **faire ~** hacer contrapeso.

contrepoint [kɔ̃trəpwɛ̃] nm contrapunto.

contrepoison [kɔ̃trəpwazɔ̃] nm contraveneno, antídoto.

contrer [kɔ̃tre] vt oponerse a, desafiar.

contre-révolution [kɔ̃trərevolysjɔ̃] nf contrarrevolución f.

contre-sens [kɔ̃trəsãs] nm contrasentido; **à ~ ad** en sentido contrario.

contresigner [kɔ̃trəsiɲe] vt refrendar.

contretemps [kɔ̃trətã] nm contratiempo; **à ~ ad** a destiempo.

contre-terrorisme [kɔ̃trətɛrɔrism(ə)] nm contraterrorismo.

contre-torpilleur [kɔ̃trətɔrpijœr] nm cazatorpedero.

contrevenir [kɔ̃trəvnir]: **~ à** vt contravenir, transgredir.

contribuable [kɔ̃tribɥabl(ə)] nm/f contribuyente m/f.

contribuer [kɔ̃tribɥe]: **~ à** vt contribuir a, participar en; (*dépense, frais*) contribuir a; **contribution** nf contribución f; (*concours, apport*) contribución f; **les contributions** (*ADMIN: bureaux*) la oficina de impuestos; **contributions directes/indirectes** (*impôts*) contribuciones directas/indirectas; **mettre à contribution** utilizar los servicios de.

contrit, e [kɔ̃tri, it] a contrito(a), compungido(a).

contrôle [kɔ̃trol] nm control m; (*surveillance*) control, vigilancia; (*maîtrise*) control, dominio; **perdre/garder le ~ de son véhicule** perder/conservar el control de su vehículo; **~ des naissances/d'identité** control de la natalidad/de identidad.

contrôler [kɔ̃trole] vt verificar, controlar; (*surveiller*) controlar, vigilar; (*fig*) dominar, controlar; (*COMM*) controlar; **se ~** (*personne*) controlarse, dominarse; **contrôleur, euse** nm/f (*de train, bus*) revisor/ora; **contrôleur des finances/postes** inspector m de finanzas/correos.

contrordre [kɔ̃trɔrdr(ə)] nm

contraorden f; **sauf** ~ salvo contraorden.

controverse [kɔ̃trɔvɛrs(ə)] nf controversia, polémica; **controversé, e** a controvertido(a), discutido(a).

contumace [kɔ̃tymas]: **par** ~ ad en rebeldía, en contumacia.

contusion [kɔ̃tyzjɔ̃] nf contusión f; ~né, e a magullado(a), contuso(a).

conurbation [kɔnyrbasjɔ̃] nf aglomeración urbana.

convaincant, e [kɔ̃vɛ̃kɑ̃, ɑ̃t] a convincente, persuasivo(a).

convaincre [kɔ̃vɛ̃kr(ə)] vt: ~ qn de qch convencer a alguien de algo; ~ qn de (JUR) inculpar a alguien de; **convaincu, e** [kɔ̃vɛ̃ky] a convencido(a).

convalescence [kɔ̃valesɑ̃s] nf convalescencia; **maison de** ~ casa de reposo; **convalescent, e** a, nm/f convaleciente (m/f).

convenable [kɔ̃vnabl(ə)] a conveniente, decoroso(a); (salaire, travail) conveniente, provechoso(a).

convenance [kɔ̃vnɑ̃s] nf: **à votre** ~ a su conveniencia o comodidad; **~s** fpl conveniencias.

convenir [kɔ̃vnir] vi convenir; ~ **à** convenir a, ser apropiado(a) para; (arranger, plaire à) convenir a; **il convient de faire/que** es conveniente hacer/que; ~ **de** vt (admettre) reconocer, admitir; (fixer) convenir, acordar; ~ **de faire qch** decidir hacer algo; **comme convenu** como se ha decidido, como estaba convenido.

convention [kɔ̃vɑ̃sjɔ̃] nf convenio, acuerdo; (ART, THÉÂTRE) reglas fpl, convención f; (POL) convención; **de** ~ convencional; ~**s** fpl (règles, convenances) convenciones; ~ **collective** convenio colectivo; ~**né, e** a adherido(a) por un convenio; ~**nel**, **le** a convencional.

convenu, e [kɔ̃vny] pp de **convenir** // a convenido(a), acordado(a).

converger [kɔ̃vɛrʒe] vi converger; (efforts, idées) converger, coincidir; ~ **vers** converger hacia.

conversation [kɔ̃vɛrsasjɔ̃] nf conversación f; **avoir de la** ~ tener conversación.

converser [kɔ̃vɛrse] vi conversar.

conversion [kɔ̃vɛrsjɔ̃] nf conversión f; transformación f; (SKI) viraje m.

convertible [kɔ̃vɛrtibl(ə)] a (ÉCON) canjeable.

convertir [kɔ̃vɛrtir] vt: ~ **qn à** convertir a alguien (a); ~ **qch en** convertir o transformar algo en; **se** ~ **(à)** convertirse (a).

convertisseur [kɔ̃vɛrtisœr] nm (ÉLEC) transformador m.

convexe [kɔ̃vɛks(ə)] a convexo(a).

conviction [kɔ̃viksjɔ̃] nf convicción f, certidumbre f; (opinion, croyance) convicción, creencia; **sans** ~ sin convicción.

conviendrai, conviens etc vb voir **convenir**.

convier [kɔ̃vje] vt: ~ **qn à** convidar o invitar a alguien a.

convive [kɔ̃viv] nm/f convidado(a), invitado(a).

convocation [kɔ̃vɔkasjɔ̃] nf convocatoria, llamado; (papier, document) convocatoria, citación f.

convoi [kɔ̃vwa] nm convoy m; (train) tren m; ~ **(funèbre)** cortejo (fúnebre).

convoiter [kɔ̃vwate] vt codiciar, ansiar; **convoitise** nf codicia, avidez f.

convoler [kɔ̃vɔle] vi: ~ **en justes noces** llevar al altar, casarse nuevamente.

convoquer [kɔ̃vɔke] vt convocar, llamar; (assemblée, comité) convocar.

convoyer [kɔ̃vwaje] vt escoltar.

convoyeur [kɔ̃vwajœr] nm (NAUT) buque m de escolta; ~ **de fonds** escolta de caudales.

convulsif, ive [kɔ̃vylsif, iv] a convulsivo(a).

convulsions [kɔ̃vylsjɔ̃] nfpl (MÉD) convulsiones fpl.

coopératif, ive [kɔɔperatif, iv] a cooperativo(a), cooperador(ora)

coopération [kɔɔperasjɔ̃] nf cooperación f; la C~ militaire/technique la Cooperación militar/técnica.

coop(érative) [kɔɔperativ] nf cooperativa.

coopérer [kɔɔpere] vi cooperar; ~ à cooperar en.

coordination [kɔɔrdinasjɔ̃] nf coordinación f.

coordonnées [kɔɔrdone] nfpl coordenadas.

coordonner [kɔɔrdone] vt coordinar.

copain, copine [kɔpɛ̃, kɔpin] nm/f compañero/a.

copeau, x [kɔpo] nm viruta.

Copenhague [kɔpənag] n Copenhague.

copie [kɔpi] nf copia; reproducción f; (double) copia, duplicado m; (contrefaçon) imitación f, copia; (SCOL: feuille d'examen) hoja; (: devoir) ejercicio; (TYPOGRAPHIE) copia; (JOURNALISME) artículo.

copier [kɔpje] vt copiar, reproducir; (œuvre d'art) reproducir; (contrefaire, mimer) imitar, remedar // vi (SCOL) copiar.

copieux, euse [kɔpjø, øz] a copioso(a), abundante.

copilote [kɔpilɔt] nm copiloto.

copine [kɔpin] nf voir **copain**.

copiste [kɔpist(ə)] nm/f copista m/f.

coproduction [kɔprɔdyksjɔ̃] nf coproducción f.

copropriété [kɔprɔprijete] nf copropiedad f.

copulation [kɔpylasjɔ̃] nf cópula.

coq [kɔk] a inv (BOXE): **poids gallo** // nm gallo; ~ -à-l'âne [kɔkalan] nm inv dislate m, despropósito; ~ de bruyère urogallo, gallo montés o silvestre; ~ du village (fig péj) galán m de pueblo, tenorio; ~ au vin pollo al vino.

coque [kɔk] nf (de noix) cáscara; (de bateau) casco; (d'auto) carrocería; (d'avion) fuselaje m,

casco; (mollusque) berberecho; **à la ~** (CULIN) pasado(a) por agua.

coquelicot [kɔkliko] nm (BOT) amapola.

coqueluche [kɔklyʃ] nf (MÉD) tos ferina.

coquet, te [kɔkɛ, ɛt] a pinturero(a), presumido(a); (robe, village) gracioso(a); bonito(a); (somme, salaire) lindo(a), gracioso(a).

coquetier [kɔktje] nm huevera.

coquette [kɔkɛt] af voir **coquet**.

coquetterie [kɔkɛtri] nf coquetería, vanidad f.

coquillage [kɔkijaʒ] nm (mollusque) marisco; (coquille) concha.

coquille [kɔkij] nf (de mollusque) concha; shell f; (d'œuf) cáscara, cascarón m; (TYPOGRAPHIE) errata; ~ de beurre mantequilla rosqueada; ~ St Jacques vernera, vieira.

coquin, e [kɔkɛ̃, in] a pícaro(a), travieso(a) // nm/f (fripon) pícaro/a, pillo/a.

cor [kɔr] nm corneta, tuba; (MÉD): ~ **au pied** callo; **à** ~ **et à cri** (fig) a grito limpio; ~ **anglais/de chasse** corno inglés/de caza.

corail, aux [kɔraj, o] nm coral m.

Coran [kɔrã] nm: **le** ~ el Corán.

corbeau, x [kɔrbo] nm cuervo.

corbeille [kɔrbɛj] nf cesto, canasta; (à la Bourse) mostrador para los corredores, corro; ~ **de mariage** ajuar m, canastilla de boda; ~ **à ouvrage** cestilla de labor; ~ **à pain** cestillo del pan; ~ **à papier** cesto de los papeles, papelera.

corbillard [kɔrbijar] nm coche m fúnebre.

cordage [kɔrdaʒ] nm jarcias, cordaje m.

corde [kɔrd(ə)] nf cuerda, soga; (de violon, raquette, d'arc) cuerda; la ~ (d'un tissu) la trama; (ATHLÉTISME, AUTO) el borde de la pista; **les** ~ **s** (BOXE, MUS) las cuerdas; **tapis/semelles de** ~ alfombra/suelas de esparto; ~ **lisse/à nœuds** cuerda lisa/de nudos; ~ **à linge** cuerda del tendedero;

à sauter cuerda para saltar, comba; **la ~ sensible** la fibra sensible, el punto débil; **~s vocales** cuerdas vocales.

cordeau, x [kɔrdo] nm cordel m; **tracé au ~** trazado a la perfección.

cordée [kɔrde] nf cordada.

cordial, e, aux [kɔrdjal, o] a cordial, afable; **~ité** nf cordialidad f, afabilidad f.

cordon [kɔrdɔ̃] nm cordón m; **~ de police/sanitaire** cordón policial/ sanitario; **~ bleu** cocinero de categoría; **~ ombilical** cordón ombilical.

cordonnerie [kɔrdɔnri] nf zapatería.

cordonnier [kɔrdɔnje] nm zapatero.

Cordoue [kɔrdu] n Córdoba.

Corée [kɔre] nf: **~ du Nord/Sud** Corea del Norte/del Sur.

coreligionnaire [kɔrelijɔnɛr] nm/f correligionario/a.

coriace [kɔrjas] a correoso(a), duro(a); obstinado(a), tenaz.

cormoran [kɔrmɔrɑ̃] nm cormorán m, cuervo marino.

cornac [kɔrnak] nm cornaca m.

corne [kɔrn(ə)] nf cuerno; (matière) asta m; **~ de brume** sirena de bruma.

cornée [kɔrne] nf cornea.

corneille [kɔrnɛj] nf corneja.

cornélien, ne [kɔrneljɛ̃, jɛn] a conflictivo(a).

cornemuse [kɔrnəmyz] nf cornamusa, gaita.

corner [kɔrnɛr] nm córner m // vb [kɔrne] vt plegar // vi tocar bocina.

cornet [kɔrnɛ] nm cucurucho.

cornette [kɔrnɛt] nf toca.

corniaud [kɔrnjo] nm bastardo.

corniche [kɔrniʃ] nf cornisa.

cornichon [kɔrniʃɔ̃] nm pepinillo.

Cornouailles [kɔrnwaj] n Cornualles m.

corollaire [kɔrɔlɛr] nm corolario.

corolle [kɔrɔl] nf corola.

coron [kɔrɔ̃] nm caserío minero.

coronaire [kɔrɔnɛr] a coronario(a).

corporation [kɔrpɔrasjɔ̃] nf corporación f, colectividad f.

corporel, le [kɔrpɔrɛl] a corporal.

corps [kɔr] nm cuerpo; **à son ~ défendant** a su pesar, contra su voluntad; **perdu ~ et biens** hundido con bienes y personas; **faire ~ avec** formar bloque con; **~ à ~** ad cuerpo a cuerpo; **à ~ perdu** ad con toda el alma, sin reservas; **les ~ constitués** (POL) los cuerpos constituídos; **le ~ diplomatique/ électoral/enseignant** el cuerpo diplomático/electoral/docente; **~ d'armée** cuerpo de ejército; **~ de ballet** cuerpo de ballet o baile; **~ consulaire** cuerpo consular; **~ étranger** (MÉD, BIO) cuerpo extraño.

corpulent, e [kɔrpylɑ̃, ɑ̃t] a corpulento(a).

corpusculaire [kɔrpyskylɛr] a corpuscular.

correct, e [kɔrɛkt, ɛkt(ə)] a (exact) correcto(a), exacto(a); (bienséant) correcto(a), decoroso(a); (honnête) correcto(a), honesto(a); (passable) regular, razonable; **~ement** ad correctamente.

correcteur, trice [kɔrɛktœr, tris] nm/f (d'examen) examinador/ ora; (TYPOGRAPHIE) corrector/ora.

correction [kɔrɛksjɔ̃] nf corrección f; (rature, surcharge) corrección, enmienda; (coups) corrección, reprimenda.

correctionnel, le [kɔrɛksjɔnɛl] a correccional // nf (JUR) tribunal m correccional.

corrélation [kɔrelɑsjɔ̃] nf correlación f, relación f.

correspondance [kɔrɛspɔ̃dɑ̃s] nf correspondencia; (de train, d'avion) empalme m; **ce train assure la ~ avec l'avion de 10h** este tren asegura el empalme con el vuelo de las 10h; **correspondancier, ère** nm/f encargado/a de la correspondencia en una empresa.

correspondant, e [kɔʀɛspɔ̃dɑ̃, ɑ̃t] nm/f (épistolaire) corresponsal m; (au téléphone) interlocutor/ora; (journaliste) corresponsal; (COMM) responsable.

correspondre [kɔʀɛspɔ̃dʀ(ə)] vi (données, témoignages) corresponder; (chambres) comunicar; ~ à corresponder a, ser apropiado(a) a; (se rapporter à) corresponder a; ~ avec qn (écrire) mantener correspondencia con alguien, cartearse con alguien.

corrida [kɔʀida] nf corrida.

corridor [kɔʀidɔʀ] nm corredor m, pasillo.

corrigé [kɔʀiʒe] nm modelo.

corriger [kɔʀiʒe] vt (devoir, texte) corregir; (erreur, défaut) corregir, rectificar; (idée, trajectoire) corregir, modificar; (punir) castigar.

corroborer [kɔʀɔbɔʀe] vt corroborar, confirmar.

corroder [kɔʀɔde] vt corroer, carcomer.

corrompre [kɔʀɔ̃pʀ(ə)] vt (soudoyer) corromper, sobornar; (dépraver) corromper, pervertir.

corrosif, ive [kɔʀozif, iv] a corrosivo(a).

corrosion [kɔʀozjɔ̃] nf corrosión f, desgaste m.

corruption [kɔʀypsjɔ̃] nf corrupción f; soborno.

corsage [kɔʀsaʒ] nm blusa.

corsaire [kɔʀsɛʀ] nm corsario.

Corse [kɔʀs(ə)] nf: la ~ la Córcega; c~ a, nm/f corso(a).

corsé, e [kɔʀse] a fuerte; (fig) escabroso(a).

corset [kɔʀsɛ] nm corsé m.

corso [kɔʀso] nm: ~ fleuri desfile m de carrozas.

cortège [kɔʀtɛʒ] nm cortejo.

cortisone [kɔʀtizon] nf cortisona.

corvée [kɔʀve] nf fastidio; (MIL) faena, fajina.

cosaque [kɔzak] nm cosaco.

cosinus [kɔsinys] nm coseno.

cosmétique [kɔsmetik] nm pomada para cabellos, fijador m.

cosmique [kɔsmik] a cósmico(a).

cosmonaute [kɔsmonot] nm/f cosmonauta m/f.

cosmopolite [kɔsmɔpɔlit] a cosmopolita.

cosmos [kɔsmos] nm cosmos m, universo.

cosse [kɔs] nf (BOT) vaina; (ÉLEC) terminal m.

cossu, e [kɔsy] a fastuoso(a), señorial.

costaud, e [kɔsto, od] a fuerte, robusto(a).

costume [kɔstym] nm traje m.

costumé, e [kɔstyme] a disfrazado(a).

cotangente [kɔtɑ̃ʒɑ̃t] nf cotangente f.

cote [kɔt] nf (en Bourse) cotización f; (d'un cheval, candidat) clasificación f; (mesure) nivel m; ~ d'alerte nivel de alarma.

côte [kot] nf cuesta, pendiente f; (rivage) costa; (ANAT) costilla; (d'un tricot, tissu) bastoncillos; ~ à ~ ad uno/a al lado de otro/a; C~ d'Azur Costa Azul; C~ d'Ivoire Costa de Marfil.

côté [kote] nm (du corps) lado, costado; (gén: droite, feuille etc) costado, cara; (: de la route, rivière etc) lado, orilla; (GÉOMÉTRIE) lado; (direction) lado, dirección f; (fig) lado, aspecto; de 10 m de ~ de 10 m de lado; des 2 ~s de la route ambos lados de la ruta; de tous les ~s por todos lados, de todas partes; de quel ~ est-il parti? ¿para qué lado ha partido?; de ce/de l'autre ~ de este/del otro lado; du ~ de por el lado de, en dirección a; (fig) en cuanto a, en lo que concierne a; de ~ ad de lado, de costado; (être, se tenir) a un lado, aparte; laisser de ~ dejar de lado; mettre de ~ poner a un lado, economizar; à ~ al lado, cerca; (d'autre part) por otra parte, por otro lado; à ~ de al lado de, cerca de; (fig) al lado de, en comparación con; être aux ~s de estar al lado o cerca de; *(fig)* estar del lado de o de la parte de.

coteau, x [kɔto] *nm* colina, ladera.

côtelé, e [kotle] *a*: **velours ~** pana.

côtelette [kotlɛt] *nf* chuleta.

coter [kɔte] *vt (en Bourse)* cotizar.

coterie [kɔtʀi] *nf* clan *m*, camarilla.

côtier, ière [kotje, jɛʀ] *a* costero(a).

cotisation [kɔtizasjɔ̃] *nf (argent)* cuota.

cotiser [kɔtize] *vi* pagar la cuota; **se ~** contribuir con una suma.

coton [kɔtɔ̃] *nm* algodón *m*; **~ hydrophile** algodón hidrófilo.

côtoyer [kotwaje] *vt (personne)* codearse con, frecuentar; *(précipice, rivière)* bordear, costear; *(misère, indécence)* rayar en, lindar con.

cou [ku] *nm (ANAT)* cuello.

couard, e [kwaʀ, aʀd(ə)] *a* cobarde, pusilánime.

couchage [kuʃaʒ] *nm voir* sac.

couchant [kuʃɑ̃] *a*: **soleil ~** sol *m* poniente.

couche [kuʃ] *nf* capa; *(de bébé)* pañal *m*; *(GÉO)* capa, estrato; **~s** *fpl (MÉD)* parto; **~-culotte** *nf* pantalón de goma *(para bebé)*.

coucher [kuʃe] *nm*: **~ (de soleil)** puesta de sol; **à prendre avant le ~** *(MÉD)* para tomar antes de acostarse // *vt* acostar; *(objet)* tumbar, acostar; *(idées)* registrar, anotar // *vi (dormir)* acostarse, dormir; *(fam)*: **avec qn** acostarse con alguien; **se ~** *vi (personne)* acostarse; *(: pour se reposer)* recostarse, echarse; *(soleil)* ponerse.

couchette [kuʃɛt] *nf* litera.

coucou [kuku] *nm (ZOOL)* cuclillo, cuco // *excl* ¡hola!

coude [kud] *nm* codo; *(de la route)* recodo.

cou-de-pied [kudpje] *nm* empeine *m*.

coudre [kudʀ(ə)] *vt, vi* coser.

couenne [kwan] *nf* cuero de cerdo.

coulant, e [kulɑ̃, ɑ̃t] *a (indulgent)* tolerante, condescendiente.

coulée [kule] *nf* corriente *f*; *(de métal en fusion)* colada.

couler [kule] *vi* correr, fluir; *(stylo, récipient)* perder, gotear; *(bateau)* hundirse, zozobrar // *vt (cloche, sculpture)* colar, vaciar; *(bateau)* hundir; *(fig)* perder, arruinar; **se ~ dans** deslizarse o colarse en.

couleur [kulœʀ] *nf* color *m*; *(fig: aspect)* color, aspecto; *(CARTES)* palo; **~s** *fpl (du teint)* colores *mpl*; **les ~s** *(MIL)* la bandera, el pabellón; **film/télévision en ~s** película/televisión *f* en colores.

couleuvre [kulœvʀ(ə)] *nf* culebra.

coulisse [kulis] *nf (TECH)* ranura, corredera; **~s** *fpl (THÉÂTRE)* bastidores *mpl*; *(fig)* entretelones *mpl*; **fenêtre à ~** ventana de corredera.

coulisser [kulise] *vi* correr, deslizarse.

couloir [kulwaʀ] *nm* pasillo, corredor *m*; *(de train, bus)* pasillo; *(SPORT. de piste)* calle *f*, banda; *(GÉO)* garganta, barranco; **~ aérien** corredor aéreo.

coulpe [kulp] *nf*: **battre sa ~** llorar con lágrimas de sangre.

coup [ku] *nm* golpe *m*; *(de fusil)* disparo, tiro; *(d'horloge)* campanada, toque *m*; *(fois)* vez *f*, vuelta; *(ÉCHECS)* movimiento, jugada; **à ~s de hache/marteau** a hachazos/martillazos; **avoir le ~** tener la habilidad, darse maña; **boire un ~** beber un trago; **d'un seul ~** *ad* de repente; *(à la fois)* de un solo golpe; **du ou au premier ~** al primer intento; **du même ~** al mismo tiempo; **à ~ sûr** sobre seguro, seguramente; **~ sur ~** sucesivamente, uno/a detrás de otro/a; **sur le ~** instantáneamente, de golpe; **sous le ~ de** bajo el efecto o la acción de; *(JUR)* bajo efecto de; **donner un ~ de balai** dar un barrido; **~ de chance** golpe de suerte; **~ de chiffon** sacudida limpiadora; **~ de coude** codazo; **~ de couteau** cuchillada, puñalada;

de crayon trazo; ~ **dur** desgracia, golpe duro; ~ **d'essai** ensayo; ~ **d'état** golpe de estado; ~ **de feu** disparo; ~ **de filet** (*POLICE*) redada; ~ **de foudre** flechazo; ~ **de frein** frenada; ~ **de genou** rodillazo; ~ **de grâce** golpe de gracia; ~ **d'œil** ojeada; ~ **de main** (*aide*) mano, ayuda; (*raid*) incursión f, raid m; ~ **de pied** puntapié m; ~ **de pinceau** pincelada; ~ **de poing** puñetazo, trompada; ~ **de soleil** insolación f; ~ **de sonnette** llamada, timbrazo; ~ **de téléphone** golpe de teléfono, llamada; ~ **de tête** (*fig*) cabezonada; ~ **de théâtre** (*fig*) giro o cambio imprevisto; ~ **de tonnerre** trueno; ~ **de vent** (*NAUT etc*) ráfaga de viento; **en ~ de vent** como una ráfaga, como un relámpago.

coupable [kupabl(ə)] *a* culpable, responsable; (*pensée, passion*) culpable, condenable // *nm/f* reo *m/f*, culpable *m/f*; ~ **de** culpable o responsable de.

coupe [kup] *nf* (*verre, dans une compétition*) copa; (*à fruits*) compotera, frutero; (*de cheveux, de vêtement, graphique*) corte *m*; **vu en** ~ visto en sección; **être sous le** ~ **de** estar bajo la férula de; **faire des** ~**s sombres dans** talar parcialmente, hacer tala parcial en.

coupé [kupe] *nm* cupé *m*, berlina.

coupe-circuit [kupsirkɥi] *nm inv* cortacircuito.

coupe-papier [kuppapje] *nm* plegadero, abrecartas *m*.

couper [kupe] *vt* cortar; (*tranche, morceau*) cortar, rebanar; (*scinder, croiser*) cortar, atravesar; (*route, retraite*) cortar, interceptar; (*communication, eau, courant*) cortar, interrumpir; (*vin, cidre*) mezclar; (*TENNIS etc*) volear // *vi* cortar; (*prendre un raccourci*) cortar, atajar; (*CARTES*) cortar; (*:avec d'atout*) fallar; **se** ~ (*se blesser*) cortarse; (*en témoignant etc*) contradecirse, traicionarse; ~

la parole à qn cortar la palabra a alguien; ~ **les vivres à qn** suprimir los subsidios a alguien.

couperet [kuprɛ] *nm* (*de boucher*) cuchilla.

couperosé, e [kuproze] *a* congestionado(a).

couple [kupl(ə)] *nm* (*époux*) pareja; (*TECH*) par *m*.

coupler [kuple] *vt* acoplar.

couplet [kuplɛ] *nm* (*MUS*) copla.

coupole [kupol] *nf* bóveda, cúpula.

coupon [kupɔ̃] *nm* (*ticket*) cupón *m*; (*de tissu*) retazo; ~**-réponse international** cupón de respuesta internacional.

coupure [kupyr] *nf* corte *m*; (*fig*) corte, ruptura; (*billet de banque*) billete *m* de banco; (*de journal*) recorte *m*.

cour [kur] *nf* (*de ferme, jardin*) patio; (*JUR*) tribunal *m*, corte f; (*royale*) corte; **faire la** ~ **à qn** hacer la corte a alguien; ~ **d'assises** Audiencia; **la** ~ **des comptes** el Tribunal de Cuentas; ~ **martiale** Tribunal militar.

courage [kuraʒ] *nm* valor *m*, coraje *m*; **courageux, euse** *a* valiente, valeroso(a).

couramment [kuramã] *ad* frecuentemente; (*parler*) con soltura.

courant, e [kurã, ãt] *a* (*usuel*) corriente, común; (*en cours*) en curso // *nm* (*gén*) corriente f; (*fig*) corriente, tendencia; **être/se tenir au** ~ (**de**) estar/mantenerse al corriente (de); **dans le** ~ **de** durante el transcurso de; **le 10** ~ **el** 10 del corriente; ~ (**d'air**) corriente (de aire); ~ (**électrique**) corriente (eléctrica).

courbature [kurbatyr] *nf* agotamiento, derrengamiento; **courbaturé, e** *a* derrengado(a).

courbe [kurb(ə)] *a* curvo(a), arqueado(a) // *nf* curva; ~ **de niveau** curva de nivel.

courber [kurbe] *vt* doblar, curvar; ~ **la tête** inclinar la cabeza; **se** ~ inclinarse

coureur, euse [kuʀœʀ, øz] a vagabundo(a) // nm (péj) mariposón m; (SPORT) corredor m // nf (péj) callejera, buscona; ~ **cycliste/automobile** corredor ciclístico/automovilístico.

courge [kuʀʒ(ə)] nf calabaza.

courgette [kuʀʒɛt] nf calabacín m.

courir [kuʀiʀ] vi correr; (se dépêcher) correr, apurarse; (fig: rumeur) correr, propagarse // vt (SPORT) correr; (danger, risque) correr, exponerse a; ~ **les cafés** frecuentar los cafés ~ **après qn** correr detrás de alguien; (péj) perseguir a alguien.

couronne [kuʀɔn] nf (gén) corona; (fig: cercle) corona, aureola.

couronnement [kuʀɔnmã] nm coronación f; (fig: apogée) coronación, apogeo.

couronner [kuʀɔne] vt coronar.

courrai etc vb voir **courir**.

courrier [kuʀje] nm correo; ~ **du cœur** correo sentimental.

courroie [kuʀwa] nf correa.

courroucé, e [kuʀuse] a encolerizado(a), iracundo(a).

cours [kuʀ] vb voir **courir** // nm (gén) curso; (leçon: heure) clase f; (avenue) avenida, paseo; (ÉCON) valor m, cotización f; **donner libre** ~ **à** dar rienda suelta a; **avoir** ~ tener valor, estar en circulación; **en** ~ curso; **en** ~ **de route** en el camino; **au** ~ **de** en el curso de; **par correspondance** curso por correspondencia; ~ **d'eau** curso de agua, río; ~ **préparatoire** (SCOL) curso preparatorio; ~ **du soir** (SCOL) enseñanza postescolar facultativa.

course [kuʀs(ə)] nf carrera; (du soleil) curso; (d'un piston) recorrido; (d'un projectile) trayectoria; (excursion en montagne) recorrida, trayecto; (d'un taxi, autocar) carrera, recorrido; (petite mission) recado; ~**s** fpl (achats) compras, recados; (HIPPISME) carreras; **faire les/ses** ~**s** hacer los/sus recados.

court vb voir **courir**.

court, e [kuʀ, kuʀt(ə)] a (nuit, voyage, délai) corto(a), breve; (en longueur, distance) corto(a); (en hauteur) bajo(a), corto(a) // ad: **s'arrêter** ~ pararse en seco; **tourner** ~ cambiar o cesar bruscamente; **couper** ~ **à** acabar con // nm (de tennis) pista de tennis; **à** ~ **de** escaso(a) de; **prendre qn de** ~ tomar a alguien de imprevisto; **avoir la vue** ~ **e** ser corto(a) de vista; **avoir le souffle** ~ perder rápidamente el aliento; **tirer à la** ~ **e paille** tirar suerte.

court-bouillon [kuʀbujɔ] nm caldo para cocer pescado.

court-circuit [kuʀsiʀkɥi] nm cortocircuito.

courtepointe [kuʀtəpwɛt] nf sobrecama, colcha.

courtier, ère [kuʀtje, jɛʀ] nm/f (COMM) corredor/ora.

courtisan, e [kuʀtizã, an] nm/f cortesano/a.

courtisane [kuʀtizan] nf (femme) cortesana.

courtiser [kuʀtize] vt cortejar, requebrar.

courtois, e [kuʀtwa, waz] a cortés, atento(a); ~**ie** nf cortesía, amabilidad f.

couscous [kuskus] nm alcuzcuz m.

cousin, e [kuzɛ, in] nm/f primo/a; ~ **(e) germain(e)** primo/a carnal.

cousons etc vb voir **coudre**.

coussin [kusɛ] nm cojín m; (TECH) almohadilla; ~ **d'air** (TECH) colchón m de aire.

cousu, e [kuzy] pp de **coudre** // voir **bouche**; ~ **d'or** forrado de oro.

coût [ku] nm costo, precio; **le** ~ **de la vie** el costo de la vida.

coûtant [kutã] a: **au prix** ~ precio de costo.

couteau, x [kuto] nm cuchillo; ~ **cran d'arrêt** navaja de resorte; ~ **de poche** navaja de bolsillo; ~ **sci** ~ nm cuchillo dentado.

coutellerie [kutɛlʀi] nf cuchillería.

coûter [kute] vt costar, valer; (fig: effort, place, vie) costar // vi: ~ **qn** (suj: décision etc) costarle alguien; ~ **cher** costar caro; **combien ça coûte?** ¿cuánto cuesta esto?; **coûte que coûte** cueste lo que cueste, a toda costa; **coûteux, euse** *a* costoso(a), caro(a).

coutume [kutym] *nf* costumbre *f*, hábito; (JUR): **la** ~ el derecho consuetudinario; **coutumier, ère** *a* habitual, acostumbrado(a).

couture [kutyʀ] *nf* costura; **couturier, ière** *nm/f* costurera *f*, modisto/a.

couvée [kuve] *nf* (*de poussins*) nidada, pollada.

couvent [kuvɑ̃] *nm* convento; (*établissement scolaire*) colegio de monjas.

couver [kuve] *vt* (*œufs*) empollar; (*maladie*) incubar // *vi* estar latente; ~ **qn** llenar a alguien de atenciones; ~ **qch des yeux** devorar algo con los ojos.

couvercle [kuvɛʀkl(ə)] *nm* tapa.

couvert, e [kuvɛʀ, ɛʀt(ə)] *pp de* **couvrir** // *nm* cubierto // *a* (*ciel, temps*) encapotado(a), nublado(a); (*coiffé d'un chapeau*) cubierto(a); ~ **de** cubierto de; **bien/pas assez** ~ (*habillé*) bien/no muy abrigado o arropado; **mettre le** ~ poner la mesa; ~ **compris/10** (*au restaurant*) cubierto incluido/10; **service de 12** ~s **en argent** juego o servicio de 12 cubiertos de plata; **à** ~ **(de)** a cubierto (de), al abrigo (de); **sous le** ~ **de** bajo la cobertura o apariencia de.

couverture [kuvɛʀtyʀ] *nf* (*de lit*) manta, cobertor *m*; (*de bâtiment*) techo, techumbre *f*; (*de livre, cahier*) tapa, cubierta; (*fig*) cobertura, pretexto.

couveuse [kuvøz] *nf* incubadora.

couvre-chef [kuvʀəʃef] *nm* sombrero.

couvre-feu [kuvʀəfø] *nm* queda.

couvre-lit [kuvʀəli] *nm* colcha, cubrecama *f*.

couvre-pied [kuvʀəpje] *nm* cubrepiés *m*.

couvreur [kuvʀœʀ] *nm* techador *m*.

couvrir [kuvʀiʀ] *vt* (*habiller, recouvrir*) abrigar, cubrir; (*fig*) cubrir, colmar; (*suj: assurance, attestation*) cubrir, proteger; (*frais*) cubrir, compensar; (*distance*) cubrir, recorrer; **se** ~ (*temps, ciel*) encapotarse, nublarse; (*s'habiller*) abrigarse; (*se coiffer*) cubrirse, ponerse el sombrero; (*par une assurance*) cubrirse, asegurarse; **se** ~ **de fleurs** cubrirse de flores.

cover-girl [kɔvœʀgœʀl] *nf* cover-girl *f*, modelo *f*.

cow-boy [kɔboj] *nm* cow-boy *m*, vaquero.

crabe [kʀab] *nm* cangrejo.

crachat [kʀaʃa] *nm* escupitajo.

cracher [kʀaʃe] *vi* escupir // *vt* escupir; (*fig*) escupir, arrojar.

crachin [kʀaʃɛ̃] *nm* llovizna.

crachoir [kʀaʃwaʀ] *nm* (*de dentiste*) fuente *f* para escupir, escupidera.

craie [kʀɛ] *nf* (*substance*) creta; (*morceau*) tiza.

craindre [kʀɛ̃dʀ(ə)] *vt* temer; (*chaleur, froid*) no tolerar, padecer; **crainte** [kʀɛ̃t] *nf* miedo, temor *m*; **crainte de/que** temor de/de que; **de crainte de/que** por temor a o de/a o de que; **craintif, ive** *a* temeroso(a), miedoso(a).

cramoisi, e [kʀamwazi] *a* carmesí.

crampe [kʀɑ̃p] *nf* calambre *m*; ~ **d'estomac** dolor *m* de estómago.

crampon [kʀɑ̃pɔ̃] *nm* crampón *m*.

cramponner [kʀɑ̃pɔne] : **se** ~ *vi* aferrarse.

cran [kʀɑ̃] *nm* (*entaille*) muesca; (*trou*) agujero; (*courage*) coraje *m*, arrojo; **à** ~ **d'arrêt** de resorte.

crâne [kʀɑn] *nm* cráneo; **crânien, ne** *a* craneano(a).

crâner [kʀɑne] *vi* (*fam*) farolear, fanfarronear.

crapaud [kʀapo] *nm* sapo, escuerzo.

crapule [kʀapyl] *nf* crápula *m*;

crapuleux, euse a: **crime crapuleux** crimen depravado.

craquelure [kRaklyR] nf (fissure) resquebrajadura, grieta.

craquement [kRakmã] nm crujido.

craquer [kRake] vi (bruit: bois, bateau) crujir; (se briser) desgarrarse, abrirse; (fig) quebrantarse // vt: ~ **une allumette** frotar un fósforo.

crasse [kRas] nf mugre f, roña; **crasseux, euse** a mugriento(a), roñoso(a).

crassier [kRasje] nm escorial m.

cratère [kRatɛR] nm cráter m.

cravache [kRavaʃ] nf fusta.

cravate [kRavat] nf corbata.

crawl [kRol] nm crawl m; **dos crawlé** crawl de espaldas.

crayeux, euse [kRejø, øz] a gredoso(a).

crayon [kRɛjɔ̃] nm lápiz m; (de rouge à lèvres etc) lápiz o barra de labios; ~ **à bille** bolígrafo; ~ **de couleur** lápiz de color.

créancier, ière [kReãsje, jɛR] nm/f acreedor/ora.

créateur, trice [kReatœR, tRis] a, nm/f creador(ora); **le** C~ el Creador.

création [kReasjɔ̃] nf creación f.

créature [kReatyR] nf criatura.

crécelle [kResɛl] nf matraca.

crèche [kRɛʃ] nf (de Noël) nacimiento; (garderie) guardería.

crédibilité [kRedibilite] nf credibilidad f, veracidad f.

crédit [kRedi] nm crédito, influencia; (ÉCON) crédito, préstamo; (d'un compte bancaire) crédito, haber m; ~**s** mpl (fonds) fondos, presupuesto; **payer/acheter à** ~ pagar/comprar a crédito o plazos; **faire** ~ **à qn** tener confianza en alguien; ~**er** vt (compte) acreditar; ~**eur, trice** a, nm/f acreedor/ora.

credo [kRedo] nm credo.

crédule [kRedyl] a crédulo(a), ingenuo(a).

créer [kRee] vt crear; (COMM) crear,

fabricar; (occasionner) crear, causar; (spectacle) crear, concebir.

crémaillère [kRemajɛR] nf cremallera; **pendre la** ~ estrenar la casa.

crémation [kRemasjɔ̃] nf cremación f; **crématoire** a: **four crématoire** horno crematorio.

crème [kRɛm] nf (du lait) crema, nata; (de beauté) crema; (entremets) natilla // a inv crema; **un (café)** ~ un café con crema o leche; ~ **fouettée** crema batida; **à raser** crema de afeitar.

crémerie [kRɛmRi] nf lechería.

crémeux, euse [kRemø, øz] a cremoso(a).

crémier, ière [kRemje, jɛR] nm/f lechero/a.

créneau, x [kReno] nm almena; (fig) espacio disponible; (AUTO): **faire un** ~ estacionar entre dos autos.

créole [kReɔl] a, nm/f criollo(a) // nm (LING) lengua criolla.

crêpe [kRɛp] nf tortita hojuela // nm crespón m; **semelle (de)** ~ suela (de) crepé.

crêpé, e [kRepe] a (cheveux) cardado(a).

crêperie [kRepRi] nf lugar en donde se hacen y se consumen tortitas hojuelas.

crépi [kRepi] nm revoque m; **crépir** vt revocar.

crépiter [kRepite] vi crepitar restallar.

crépon [kRepɔ̃] nm crespón m.

crépu, e [kRepy] a crespo(a).

crépuscule [kRepyskyl] nm crepúsculo, ocaso.

crescendo [kReʃendo] nm (MUS crescendo; (fig) aumento m aumento // ad (MUS) en crescendo (fig) en aumento.

cresson [kRɛsɔ̃] nm berro.

crête [kRɛt] nf cresta.

Crète [kRɛt] nf Creta.

crétin [kRetɛ̃, in] nm/f cretino/ (péj) cretino/a, imbécil.

cretonne [kRǝtɔn] nf cretona.

creuser [kRøze] vt (trou, tunne

cavar; (bois, sol) ahuecar, excavar; (fig: approfondir) profundizar, ahondar; **cela creuse l'estomac** esto abre el apetito.

creuset [krøze] nm (TECH) crisol m.

creux, euse [krø, øz] a (évidé) hueco(a); (concave) cóncavo(a); (son, voix) cavernoso(a) // nm hueco; (fig: dans statistique) bajo; **heures creuses** (circulation) horas de poca actividad; **mois/jours ~** meses/días de poca actividad; **le ~ de l'estomac** la boca del estómago.

crevaison [krøvezɔ] nf pinchazo.

crevasse [krøvas] nf grieta.

crève-cœur [krevkœr] nm inv desconsuelo.

crever [krøve] vt (papier, tambour, ballon) reventar // vi (pneu, automobilise) pincharse; (abcès, outre, nuage) reventar, reventarse; (fam) estirar la pata.

crevette [krøvɛt] nf (ZOOL): ~ **rose** gamba; ~ **grise** quisquilla.

cri [kri] nm grito; (d'animal: spécifique) voz f; ~ **s de protestation/d'enthousiasme** gritos de protesta/de entusiasmo; **pull dernier** ~ jersey m (de) última moda.

criant, e [krijã, ãt] a (injustice) manifiesto(a).

criard, e [krijar, ard(ə)] a llamativo(a); (voix) chillón(ona), agudo(a).

crible [kribl(ə)] nm tamiz m; **passer qch au** ~ pasar algo por el tamiz; (fig) analizar minuciosamente.

criblé, e [krible] a acribillado(a).

cric [krik] nm (AUTO) gato.

crier [krije] vi (gen) vt gritar; ~ **famine** llorar de hambre; ~ **grâce** pedir merced; ~ **au scandale** poner el grito en el cielo; **crieur m: crieur de journaux** vendedor m de periódicos.

crime [krim] nm (JUR) crimen m; (meurtre) crimen, homicidio; (fig) crimen, maldad f; **criminalité** nf criminalidad f; **criminel, le** a

criminal // nm/f criminal m/f, homicida m/f; **criminel de guerre** criminal de guerra; **criminologiste** nm/f criminólogo/a.

crin [krɛ] nm crin f; (comme fibre) crin, cerda.

crinière [krinjer] nf crin f, melena.

crique [krik] nf caleta.

criquet [krike] nm (ZOOL) langosta, saltamontes m.

crise [kriz] nf crisis f; ~ **cardiaque/de foie** ataque cardíaco/al hígado; ~ **de nerfs** crisis nerviosa, ataque de nervios.

crisper [krispe] vt crispar, contraer; **se** ~ **vi** crisparse, contraerse.

crisser [krise] vi (neige) crujir; (pneu) chirriar.

cristal, aux [kristal, o] nm cristal m; **cristaux** mpl (objets de verre) cristalería.

cristallin, e [kristalɛ, in] a cristalino(a), claro(a) // nm (ANAT) cristalino.

cristalliser [kristalize] vi (aussi: **se** ~) cristalizar, cristalizarse // vt cristalizar.

critère [kriter] nm criterio.

critérium [kriterjɔm] nm prueba de clasificación, selección f.

critique [kritik] a crítico(a); (dangereux) crítico(a), riesgoso(a); (crucial) crítico(a), crucial // nf censura, crítica; (reproche) crítica, reproche m; (THÉÂTRE, ART) crítica // nm crítico.

critiquer [kritike] vt (dénigrer) criticar, censurar; (évaluer, juger) criticar, juzgar.

croasser [kroase] vi graznar.

croc [kro] nm (dent) colmillo; (de boucher) gancho, garabato.

croc-en-jambe [krokãʒãb] nm zancadilla.

croche [krɔʃ] nf (MUS) corchea; **double** ~ semicorchea; **triple** ~ fusa.

croche-pied [krɔʃpje] nm zancadilla.

crochet [krɔʃe] nm (gén) gancho;

(tige, clef) ganzúa; *(détour)* desvío, rodeo; *(TRICOT)* ganchillo; **~s** *mpl (TYPOGRAPHIE)* corchetes *mpl*; **vivre aux ~s de qn** vivir a expensas de alguien; **~er** [kʀɔʃte] *vt* abrir con ganzúa.

crochu, e [kʀɔʃy] *a* ganchudo(a), curvo(a).

crocodile [kʀɔkɔdil] *nm* cocodrilo.

crocus [kʀɔkys] *nm* azafrán *m*.

croire [kʀwaʀ] *vt* creer; **~ qn honnête** tomar honesto(a) a alguien; **~ que** creer que; **~ être/faire** creer ser/hacer; **en~ à** creer en; **~ en** tener confianza en, creer en; **~ (en Dieu)** creer (en Dios).

croîs *etc vb voir* **croître.**

crois *etc vb voir* **croître.**

croisade [kʀwazad] *nf* cruzada.

croisé, e [kʀwaze] *a* cruzado(a) // *nm* cruzado // *nf* ventana; **~e d'ogives** bóveda de crucería; **à la ~e des chemins** en el cruce de los caminos, en la encrucijada.

croisement [kʀwazmã] *nm* cruce *m*, intersección *f*; *(carrefour)* cruce.

croiser [kʀwaze] *vt* cruzar // *vi (NAUT)* patrullar; **se ~** cruzarse; **se ~ les bras** *(fig)* cruzarse de brazos.

croiseur [kʀwazœʀ] *nm* crucero.

croisière [kʀwazjɛʀ] *nf* crucero; **vitesse de ~** velocidad *f* de crucero.

croisillon [kʀwazijɔ̃] *nm*: **motif/fe-nêtre à ~s** motivo/ventana en cruceros.

croissance [kʀwasãs] *nf* creci-miento, desarrollo; **troubles de la/maladie de ~** *(MÉD)* perturba-ciones *fpl*/enfermedad *f* del crecimiento; **~ économique** desa-rrollo económico.

croissant, e [kʀwasã, ãt] *a* cre-ciente // *nm* medialuna; *(motif)* medialuna, semicírculo; **~ de lune** media luna.

croît *vb voir* **croire.**

croître [kʀwatʀ(ə)] *vi* crecer, desarrollarse; *(fig)* crecer, aumen-tar; *(lune)* crecer; *(jours)* alargarse.

croix [kʀwa] *nf* cruz *f*; **en ~** *a, ad*

en cruz; **la C~ Rouge** la Cruz Roja.

croquant, e [kʀɔkã, ãt] *a* crujiente.

croque-au-sel [kʀɔkosɛl] : **à la ~** *ad* en sal.

croque-mitaine [kʀɔkmitɛn] *nm* coco.

croque-monsieur [kʀɔkməsjø] *nm* emparedado caliente de jamón y queso.

croque-mort [kʀɔkmɔʀ] *nm* enterrador *m*, sepulturero.

croquer [kʀɔke] *vt* mascar, comer; *(dessiner)* bosquejar, hacer un croquis de // crujir.

croquet [kʀɔkɛ] *nm* croquet *m*.

croquis [kʀɔki] *nm* croquis *m*, boceto; *(description)* reseña, croquis.

cross(-country) [kʀɔskuntʀi] *nm* cross *m*, carrera a campo traviesa.

crosse [kʀɔs] *nf (de fusil)* culata; *(d'évêque)* báculo.

crotale [kʀɔtal] *nm* serpiente *f* de cascabel.

crotte [kʀɔt] *nf* caca, boñiga.

crotté, e [kʀɔte] *a* embarrado(a), enlodado(a).

crottin [kʀɔtɛ̃] *nm*: **~ (de cheval)** bosta.

crouler [kʀule] *vi* derrumbarse, desplomarse; *(être délabré)* venirse abajo, hundirse; **~ sous (le poids de) qch** hundirse bajo (el peso de algo.

croupe [kʀup] *nf* grupa; **en ~** a la grupa.

croupier [kʀupje] *nm* crupier *m*.

croupion [kʀupjɔ̃] *nm* rabadilla.

croupir [kʀupiʀ] *vi* podrirse, estar carse; *(fig)* corromperse, sumirse.

croustillant, e [kʀustijã, ãt] *a* cru jiente; *(fig)* sabroso(a), picares co(a).

croustiller [kʀustije] *vi* crujir.

croûte [kʀut] *nf* costra, corteza *(sur un liquide)* capa; *(MÉD)* costra *(sur un solide)* costra, capa; **en ~** *(CULIN)* en pastel; **~ a fromage/aux champignons** *(CULIN)* pastel *m* de queso/de hongos; **~**

pain (*morceau*) mendrugo; ~ **terrestre** corteza terrestre.

croûton [krutɔ̃] *nm* pico; (*CULIN*) pan frito.

croyable [krwajabl(ə)] *a* creíble.

croyais *etc vb voir* **croire**.

croyance [krwajɑ̃s] *nf* creencia, fe *f*.

croyant, e [krwajɑ̃, ɑ̃t] *a, nm/f* (*REL*) creyente (*m/f*).

CRS *sigle m* = membre d'une compagnie républicaine de sécurité // *sigle f voir* **compagnie**.

cru, e [kry] *pp de* **croire** / a crudo(a); (*lumière, couleur*) crudo(a), violento(a); (*paroles, langage*) crudo(a), brutal // *nm* viñedo; (*vin*) caldo, vino // *nf* creciente *f*; **en ~e** en creciente.

crû *pp de* **croître**.

cruauté [kryote] *nf* crueldad *f*.

cruche [kryʃ] *nf* cántaro.

crucial, e, aux [krysjal, o] *a* crucial.

crucifier [krysifje] *vt* crucificar.

crucifix [krysifi] *nm* crucifijo.

cruciforme [krysifɔrm(ə)] *a* cruciforme.

cruciverbiste [krysivɛrbist(ə)] *nm/f* aficionado/a a los crucigramas.

crudité [krydite] *nf*: ~s *fpl* frutas *y* legumbres crudas.

crue [kry] *af, nf voir* **cru**.

cruel, le [kryɛl] *a* cruel, despiadado(a); ~**lement** *ad* cruelmente.

crûment [krymɑ̃] *ad* crudamente.

crustacés [krystase] *nmpl* crustáceos.

crypte [kript(ə)] *nf* cripta.

Cuba [kyba] *n* Cuba.

cubage [kybaʒ] *nm* volúmen *m*, capacidad *f*.

cube [kyb] *nm* cubo; **élever au ~** (*MATH*) elevar al cubo; **mètre ~** metro cúbico; **cubique** *a* cúbico(a).

cubisme [kybism(ə)] *nm* cubismo.

cubitus [kybitys] *nm* cúbito.

cueillette [kœjɛt] *nf* recolección *f*, cosecha.

cueillir [kœjir] *vt* recoger; (*fig*) atrapar, agarrar.

cuiller, cuillère [kɥijɛr] *nf* cuchara; ~ **à soupe** cuchara de sopa; ~ **à café** cucharilla de café; **cuillerée** *nf* cucharada.

cuir [kɥir] *nm* cuero; ~ **chevelu** cuero cabelludo.

cuirasse [kɥiras] *nf* coraza.

cuirassé [kɥirase] *nm* acorazado.

cuire [kɥir] *vt* cocer // *vi* cocerse; (*picoter*) arder, escocer.

cuisant, e [kɥizɑ̃, ɑ̃t] *a* denigrante, humillante; (*sensation*) punzante, agudo(a).

cuisine [kɥizin] *nf* (*pièce, art*) cocina; (*nourriture*) comida, cocina; **faire la ~** hacer la comida, cocinar.

cuisiné [kɥizine] *a*: **plat ~** plato cocido.

cuisiner [kɥizine] *vt* cocinar; (*fam*) cocinar, acribillar a preguntas // *vi* cocinar; **cuisinier, ière** *nm/f* cocinero/a // *nf* cocina.

cuisse [kɥis] *nf* muslo; (*de poulet, mouton*) pierna.

cuisson [kɥisɔ̃] *nf* cocción *f*; cochura.

cuistre [kɥistr(ə)] *nm* sabihondo.

cuit, e [kɥi, it] *pp de* **cuire** // *a* cocido(a).

cuivre [kɥivr(ə)] *nm* cobre *m*; **les ~s** (*MUS*) los cobres; **cuivré, e** *a* cobrizo(a).

cul [ky] *nm* (*fam*) culo; ~ **de bouteille** culo de botella.

culasse [kylas] *nf* (*AUTO*) culata; (*de fusil*) cerrojo.

culbute [kylbyt] *nf* vuelta de campana; (*accidentelle*) tumbo, vuelco; **culbuter** *vi* tumbar, volcar.

culbuteur [kylbytœr] *nm* (*AUTO*) balancín *m*.

cul-de-jatte [kydʒat] *nm/f* inválido/a, lisiado/a.

cul-de-sac [kydsak] *nm* (*rue*) callejón *m* sin salida.

culinaire [kyliner] *a* culinario(a).

culminant, e [kylminɑ̃, ɑ̃t] *a*: **point ~** punto culminante.

culminer [kylmine] *vi* culminar.

culot [kylo] *nm* (*d'ampoule*)

casquillo; *(effronterie)* desfachatez *f*, descaro.

culotte [kylɔt] *nf* pantalón corto; *(de femme):* **(petite)** ~ bragas; ~ **de cheval** pantalón de montar.

culotté, e [kylɔte] *a (pipe, cuir)* curado(a), usado(a).

culpabilité [kylpabilite] *nf* culpabilidad *f*.

culte [kylt] *nm* culto, fe *f*; *(hommage, vénération)* culto, veneración *f*; *(protestant: service)* culto.

cultivateur, trice [kyltivatœr, tris] *nm/f* cultivador/ora, labrador/ora.

cultivé, e [kyltive] *a* cultivado(a), labrado(a); *(personne)* cultivado(a), ilustrado(a).

cultiver [kyltive] *vt* cultivar, labrar; *(légumes)* cultivar; *(fig)* cultivar, ejercitar.

culture [kyltyr] *nf* cultivo; labranza; *(connaissances etc)* cultura; **(champs de)** ~**s** (campos de) cultivo, cultivos; ~ **physique** cultura física; **culturel, le** *a* cultural.

cumin [kymɛ̃] *nm* comino.

cumuler [kymyle] *vt* acumular, acaparar.

cupide [kypid] *a* codicioso(a), ambicioso(a); **cupidité** *nf* codicia, ambición *f*.

curable [kyrabl(ə)] *a* curable.

curatif, ive [kyratif, iv] *a* curativo(a).

cure [kyr] *nf* (MÉD) cura, curación *f*; *(REL)* curato; **faire une** ~ **de fruits** hacer una cura de frutas; **n'avoir** ~ **de** no preocuparse por o de; ~ **thermale** cura termal.

curé [kyre] *nm* cura m, párroco.

cure-dents [kyrdɑ̃] *nm* mondadientes *m inv*.

cure-pipe [kyrpip] *nm* limpiapipa *m*.

curer [kyre] *vt* curar, limpiar.

curieux, euse [kyrjø, øz] *a (étrange)* curioso(a), raro(a); *(indiscret)* curioso(a), indiscreto(a) // *nmpl (badauds)* curiosos, mirones *mpl*.

curiosité [kyrjozite] *nf* curiosidad *f*, indiscreción *f*; *(objet, lieu)* singularidad *f*, rareza.

curiste [kyrist(ə)] *nm/f* agüista *m/f*.

curriculum vitae [kyrikylɔmvite] *nm inv* curriculum vitae *m*.

curseur [kyrsœr] *nm* cursor m.

cursif, ive [kyrsif, iv] *a*: **écriture cursive** escritura cursiva.

curviligne [kyrvilin] *a* curvilíneo(a).

cutané, e [kytane] *a* cutáneo(a).

cuticule [kytikyl] *nf* cutícula.

cuti-réaction [kytireaksjɔ̃] *nf* dermorreacción *f*.

cuve [kyv] *nf* depósito, tanque *m*.

cuvée [kyve] *nf (de vin)* cuba, cosecha.

cuvette [kyvεt] *nf* jofaina, palangana; *(GÉO)* hondonada.

CV *abrév de* **cheval-vapeur**; **curriculum vitae**.

cyanure [sjanyʀ] *nm* cianuro.

cybernétique [sibεʀnetik] *nf* cibernética.

cyclable [siklabl(ə)] *a*: **piste** ~ pista para ciclistas.

cyclamen [siklamεn] *nm* ciclamino.

cycle [sikl(ə)] *nm* ciclo; **cyclique** *a* cíclico(a).

cyclisme [siklism(ə)] *nm* ciclismo; **cycliste** *nm/f* ciclista *m/f*.

cyclomoteur [siklɔmɔtœr] *nm* ciclomoto, ciclomotor *m*; **cyclomotoriste** *nm/f* ciclomotorista *m/f*.

cyclone [siklon] *nm* ciclón *m*.

cygne [siɲ] *nm* cisne *m*.

cylindre [silɛ̃dʀ(ə)] *nm* cilindro.

cylindrée [silɛ̃dre] *nf* cilindrada.

cylindrique [silɛ̃drik] *a* cilíndrico(a).

cymbale [sɛ̃bal] *nf* platillo.

cynique [sinik] *a* cínico(a).

cynisme [sinism(ə)] *nm* cinismo.

cyprès [siprε] *nm* ciprés *m*.

cyrillique [sirilik] *a* cirílico(a).

cystite [sistit] *nf* cistitis *f*.

cytise [sitiz] *nm* lluvia de oro, cítis

D

d' prép, dét voir de.

dactylo [daktilo] nf (aussi: ~graphe) dactilógrafa; (aussi: ~graphie) dactilografía; **~graphier** vt dactilografiar.

dague [dag] nf daga.

daigner [deɲe] vt dignarse.

daim [dɛ̃] nm gamo; (peau) gamuza.

dais [dɛ] nm dosel m, palio.

dallage [dalaʒ] nm embaldosado.

dalle [dal] nf baldosa.

daltonien, ne [daltonjɛ̃, jɛn] a daltoniano(a).

daltonisme [daltonism(ə)] nm daltonismo.

damas [dama] nm damasco.

dame [dam] nf dama; **~s** fpl (jeu) damas; **les (toilettes des) ~s** los servicios para damas.

damer [dame] vt apisonar.

damier [damje] nm damero; (dessin) ajedrezado; **en ~** ajedrezado(a).

damner [dane] vt condenar.

dancing [dãsiŋ] nm sala de baile.

dandiner [dãdine]: **se ~** vi bambolearse, contonearse.

Danemark [danmark] nm Dinamarca.

danger [dãʒe] nm peligro; **~eux, euse** [dãʒrø, øz] a peligroso(a).

danois, e [danwa, waz] a, nm/f danés(esa) // nm danés m.

dans [dã] prép en; (à l'intérieur de) dentro de, en; **je l'ai pris ~ le tiroir/la salle** lo tomé del cajón/salón; **boire ~ un verre** beber dentro de un vaso; **~ 2 mois** en 2 meses, dentro de 2 meses; **~ les 20F/4 mois** unos 20F/4 meses; **monter ~ une voiture** subir a un coche.

dansant, e [dãsã, ãt] a: **soirée ~e** velada danzante.

danse [dãs] nf danza.

danser [dãse] vt, vi danzar, bailar; **~eur, euse** nm/f (professionnel)

bailarín/ina;   (cyclisme): **en danseuse** de pie sobre los pedales; **~ de corde** volatinero.

dard [dar] nm (zool) aguijón m.

darder [darde] vt lanzar, clavar.

date [dat] nf fecha; **de longue ou vieille/fraîche ~** de larga o vieja/reciente data; **premier en ~** más antiguo; **dernier en ~** más reciente; **prendre ~ (avec qn)** fijar fecha (con alguien); **faire ~** hacer época; **~ de naissance** fecha de nacimiento.

dater [date] vt fechar // vi ser anticuado(a); **~ de** datar de; **à ~ de** a partir de.

datif [datif] nm dativo.

datte [dat] nf dátil m; **dattier** nm palmera.

daube [dob] nf: **en ~** estofado(a), adobado(a).

dauphin [dofɛ̃] nm delfín m.

davantage [davãtaʒ] ad más; **~ de** más; **~ que** más que.

de [də] prép de; (moyen) con; de; **du, de la, des del m, de la f, de los npl, de las fpl // dét: du vin, de l'eau, des pommes** vino, agua, (unas) manzanas; **des enfants sont venus** unos niños vinieron; **a-t-il du vin/des enfants?** ¿tiene vino/niños?; **il ne veut pas de vin/de pommes** no quiere vino/manzanas; **pendant des mois** durante (varios) meses.

dé [de] nm (aussi: **~ à coudre**) dedal m; (à jouer) dado; **~s** mpl (jeu) dados.

débâcle [debakl(ə)] nf (dégel) deshielo; (armée) desbandada.

déballer [debale] vt desembalar, desempacar; (fam) desembuchar.

débarbouiller [debarbuje] vt lavar la cara a, asear.

débarcadère [debarkadɛr] nm desembarcadero, muelle m.

débardeur [debardœr] nm estibador m; (maillot) camiseta sin mangas.

débarquer [debarke] vt, vi desembarcar.

débarras [debaʀa] nm trastero; **bon ~** ¡buen viaje!

débarrasser [debaʀase] vt quitar, desembarazar; **~ la table** quitar la mesa; **~ qn/qch de** liberar a alguien/algo de; **se ~ de** vt desembarazarse o liberarse de.

débat [deba] nm debate m.

débattre [debatʀ(ə)] vt debatir, discutir; **se ~** vi debatirse.

débauche [deboʃ] nf desenfreno; (profusion) derroche m.

débauché, e [deboʃe] a libertino(a).

débaucher [deboʃe] vt despedir; (entraîner) corromper.

débile [debil] a, nm/f débil (m/f).

débit [debi] nm caudal m; (d'un magasin) venta; (d'un moyen de transport) capacidad f; (élocution) habla, palabra; (à la banque) débito; **~ de boisson** despacho de bebidas; **~ de tabac** estanco.

débiter [debite] vt (compte) cargar en cuenta de; (liquide, gaz) suministrar; (bois, viande) cortar; (péj) recitar, soltar.

débiteur, trice [debitœʀ, tʀis] a deudora // nm/f deudor/ora.

déblai [deblɛ] nm escombro.

déblaiement [deblɛmɑ̃] nm despeje m.

déblayer [debleje] vt despejar; (fig) allanar.

débloquer [debloke] vt (frein, prix, salaires) liberar; (crédit) desbloquear.

déboires [debwaʀ] nmpl sinsabores mpl.

déboiser [debwaze] vt talar, desmontar.

déboîter [debwate] vi (AUTO) salirse de la fila, adelantarse // vt: **se ~ le genou** dislocarse o desencajarse la rodilla.

débonnaire [deboneʀ] a bonachón(ona).

débordant, e [debɔʀdɑ̃, ɑ̃t] a desbordante.

débordé, e [debɔʀde] a: **être ~** estar agobiado o abrumado.

débordement [debɔʀdəmɑ̃] nm desbordamiento; **~ d'enthousiasme** profusión f de entusiasmo.

déborder [debɔʀde] vi desbordarse; (eau, lait) derramarse, desbordarse // vt (MIL. SPORT) flanquear, desbordar; (dépasser): **~ (de)** desbordar (de), rebasar; (fig): **~ de** rebosar de.

débouché [debuʃe] nm desembocadura; (COMM) salida, mercado; (perspectives d'emploi) posibilidad des fpl.

déboucher [debuʃe] vt destapar; (bouteille) descorchar, destapar / vi desembocar; **~ de** salir de; **~ sur** desembocar en.

déboulonner [debulone] vt desmontar.

débourser [debuʀse] vt desembolsar.

debout [dabu] ad: **être ~** estar de pie; (chose) estar en pie; **être encore ~** (fig) estar todavía en pie; **se mettre ~** ponerse de pie; **~! ¡de pie!, ¡arriba!; ça ne tient pas ~** (fig) esto no se tiene en pie.

déboutonner [debutone] vt desabrochar, desabotonar; **se ~** desabrocharse, desabotonarse.

débraillé, e [debʀaje] a descuido(a), desaliñado(a).

débrayage [debʀejaʒ] nm (AUTO) desembrague m; (grève) paro; **double ~** doble desembrague.

débrayer [debʀeje] vi (AUTO) desembragar; (cesser de trabajar) hacer paro.

débridé, e [debʀide] a desenfrenado(a).

débris [debʀi] nm resto, pedazo; (déchet) resto, residuo.

débrouiller [debʀuje] vt (affaire) aclarar, desenredar; (écheveau) desenredar; **se ~** vi arreglárselas, ingeniárselas.

débroussailler [debʀusaje] vt desbrozar.

débusquer [debyske] vt hacer salir de su refugio a.

début [deby] nm comienzo,

pio; ~s mpl (CINÉMA, SPORT etc) debuts mpl; faire ses ~s hacer sus primeras armas; au ~ al principio.

débutant, e [debytã, ãt] a principiante, novel // nm/f principiante m.

débuter [debyte] vi comenzar, principiar; (personne) comenzar, debutar.

deçà [dəsa]: en ~ de prép de este lado de, sin llegar a.

décacheter [dekaʃte] vt abrir.

décade [dekad] nf década.

décadent, e [dekadã, ãt] a decadente.

décaféiné, e [dekafeine] a sin cafeína.

décalage [dekalaʒ] nm desnivelación f; variación f; (de position) desplazamiento, desnivelación; (temporel) diferencia, variación f; (fig) desacuerdo; ~ horaire diferencia horaria.

décaler [dekale] vt desplazar, desnivelar; (dans le temps) variar; ~ de 10 cm desplazar 10 cm; ~ de 2 h variar en 2 hs.

décalquer [dekalke] vt calcar.

décanter [dekãte] vt decantar; se ~ vi decantarse; (fig) aclararse.

décapant [dekapã] nm disolvente m, abrasivo.

décaper [dekape] vt raspar, limpiar.

décapiter [dekapite] vt decapitar; (fig) tronchar.

décapotable [dekapotabl(ə)] a descapotable.

décapoter [dekapote] vt descapotar.

décapsuler [dekapsyle] vt destapar; **décapsuleur** nm abrebotellas mpl.

décathlon [dekatlõ] nm decatlón m.

décéder [desede] vi fallecer.

déceler [desle] vt descubrir; (suj: indice etc) revelar.

décélération [deseleʀasjõ] nf minoración f.

décembre [desãbʀ(ə)] nm diciembre m.

décemment [desamã] ad decentemente; (raisonnablement) razonablemente.

décence [desãs] nf decencia.

décent, e [desã, ãt] a decente.

décentraliser [desãtʀalize] vt descentralizar.

décentrer [desãtʀe] vt descentrar; se ~ descentrarse.

déception [desɛpsjõ] nf decepción f.

décerner [desɛʀne] vt otorgar.

décès [desɛ] nm fallecimiento.

décevant, e [dɛsvã, ãt] a decepcionante.

décevoir [dɛsvwaʀ] vt decepcionar; (espérances etc) defraudar.

déchaîner [deʃene] vt desencadenar, desatar.

déchanter [deʃãte] vi desencantarse.

décharge [deʃaʀʒ(ə)] nf (dépôt d'ordures) vertedero; (JUR) descargo; (aussi: ~ électrique) descarga; à la ~ de en descargo de.

décharger [deʃaʀʒe] vt descargar; ~ qn (fig) dispensar a alguien.

décharné, e [deʃaʀne] a descarnado(a).

déchausser [deʃose] vt descalzar; se ~ (personne) descalzarse; (dent) descarnarse.

déchéance [deʃeãs] nf degradación f.

déchet [deʃɛ] nm resto, residuo; il y a beaucoup de ~ hay mucha pérdida.

déchiffrer [deʃifʀe] vt descifrar; (musique, partition) repentizar.

déchiqueter [deʃikte] vt despedazar.

déchirant, e [deʃiʀã, ãt] a desgarrador(ora).

déchirement [deʃiʀmã] nm (chagrin) desgarramiento; (conflit) divisiones fpl, discordias.

déchirer [deʃiʀe] vt rasgar, romper; (fig) destrozar; (: pays, peuple) dividir, destrozar; se ~ vi desgarrarse, desollarse; **se ~ un muscle** desgarrarse un músculo; **ça se déchire facilement** esto se rompe fácilmente.

déchirure [deʃiʀyʀ] nf desgarrón m.

déchoir [deʃwaʀ] vi rebajarse, decaer; **~ de** perder; **déchu, e** a caído(a), desposeído(a).

décibel [desibɛl] nm decibel m, decibelio.

décidé, e [deside] a decidido(a), resuelto(a); **c'est ~** está decidido; **être ~ à** estar resuelto a.

décider [deside] vt decidir; **~ de faire** decidir hacer; **~ de qch** decidir o resolver algo; (suj: chose) decidir, determinar; **se ~** (personne) decidirse; **se ~ à qch** decidirse a algo; **se ~ à faire** decidirse a hacer; **se ~ pour** decidirse por.

décilitre [desilitr(ə)] nm decilitro.

décimal, e, aux [desimal, o] a, nf decimal (m).

décimer [desime] vt diezmar.

décimètre [desimɛtr(ə)] nm decímetro; **double ~** doble decímetro.

décisif, ive [desizif, iv] a decisivo(a).

décision [desizjɔ̃] nf decisión f; (ADMIN, JUR) resolución f; **emporter ou faire la ~** adoptar la decisión.

déclamatoire [deklamatwaʀ] a declamatorio(a).

déclamer [deklame] vt, vi declamar.

déclaration [deklaʀasjɔ̃] nf declaración f.

déclarer [deklare] vt declarar; **~ qch/qn inutile** etc declarar inútil algo/a alguien etc; **se ~** vi declararse; **se ~ favorable/prêt à** declararse favorable a/listo para.

déclassé, e [deklase] a venido(a) a menos.

déclasser [deklase] vt (sportif, cheval) descalificar; (hôtel) rebajar de categoría a.

déclencher [deklɑ̃ʃe] vt disparar; (fig) iniciar, desencadenar; **se ~** vi desencadenarse; **déclencheur** nm disparador m.

déclic [deklik] nm disparador m; (bruit) chasquido.

déclin [deklɛ̃] nm decadencia, ocaso.

déclinaison [deklinɛzɔ̃] nf (LING) declinación f.

décliner [dekline] vi decaer; (santé) declinar, decaer; (jour, soleil) declinar // vt (gén) declinar; (nom, adresse) dar a conocer; **se ~** (LING) declinarse.

déclivité [deklivite] nf declive m; **en ~** en declive.

décocher [dekɔʃe] vt (coup) soltar; (fig) lanzar.

décoction [dekɔksjɔ̃] nf decocción f.

décoder [dekɔde] vt descifrar.

décoiffer [dekwafe] vt despeinar; (enlever le chapeau) quitar el sombrero a; **se ~** vt despeinarse.

décoincer [dekwɛ̃se] vt (débloquer) desencajar, descalzar.

décollage [dekɔlaʒ] nm (avion) despegue m.

décollement [dekɔlmɑ̃] nm: **~ de la rétine** desprendimiento de la retina.

décoller [dekɔle] vt, vi despegar; **se ~** vi despegarse.

décolleté, e [dekɔlte] a, nm escote (m).

décolleter [dekɔlte] vt escotar; (TECH) aterrajar; **se ~** (femme) escotarse.

décoloniser [dekɔlɔnize] vt descolonizar.

décolorant, e [dekɔlɔʀɑ̃, ɑ̃t] a descolorante (m).

décoloration [dekɔlɔʀasjɔ̃] nf decoloración f.

décolorer [dekɔlɔʀe] vt decolorar; (cheveux) decolorar; **se ~** vi decolorarse.

décombres [dekɔ̃bʀ(ə)] nmpl escombros.

décommander [dekɔmɑ̃de] vt cancelar un pedido de; (réception) cancelar; (invités) cancelar invitación a; **se ~** excusarse.

décomposer [dekɔ̃poze] vt descomponer; **se ~** descomponer (fig: société) disgregarse, desco ponerse; **décomposition** nf descomposición f.

décompression [dekɔpresjɔ̃] nf descompresión f.

décomprimer [dekɔprime] vt descomprimir.

décompte [dekɔ̃t] nm descuento; (facture détaillée) detalle m.

décompter [dekɔ̃te] vt descontar.

déconcentration [dekɔ̃sɑ̃trasjɔ̃] nf (ADMIN) descentralización f.

déconcerter [dekɔ̃sɛrte] vt desconcertar.

déconfit, e [dekɔ̃fi, it] a abatido(a), aplastado(a).

déconfiture [dekɔ̃fityr] nf derrota, ruina.

décongeler [dekɔ̃ʒle] vt deshelar.

décongestionner [dekɔ̃ʒɛstjone] vt descongestionar.

déconseiller [dekɔ̃seje] vt: ~ à qn qch desaconsejar algo a alguien; ~ de faire aconsejar no hacer; c'est déconseillé no es aconsejable.

déconsigner [dekɔ̃siɲe] vt (valise) retirar de la consigna; (COMM) devolver reembolsando su costo.

décontenancer [dekɔ̃tnɑ̃se] vt desconcertar.

décontracter [dekɔ̃trakte] vt relajar; se ~ relajarse.

déconvenue [dekɔvny] nf decepción f, chasco.

décor [dekɔr] nm decoración f; (THÉÂTRE, CINÉMA) decorado; (paysage) panorama m.

décorateur [dekɔratœr] nm decorador m; (CINÉMA) decorador, escenógrafo.

décoratif, ive [dekɔratif, iv] a decorativo(a).

décoration [dekɔrasjɔ̃] nf decoración f; condecoración f; (guirlande) decoración; (médaille) condecoración.

décorer [dekɔre] vt decorar; (médailler) condecorar.

décortiquer [dekɔrtike] vt descortezar, descascarar.

découdre [dekudr(ə)] vt descoser; se ~ vi descoserse.

découler [dekule] vi: ~ de desprenderse de.

découpage [dekupaʒ] nm recorte m; trinchado; desglose m; (image) recortables mpl, recortes mpl; ~ électoral establecimiento de las circunscripciones electorales.

découper [dekupe] vt recortar; (volaille, viande) trinchar; (fig) desglosar, fragmentar; se ~ sur recortarse contra.

découpure [dekupyr] nf festón m; (d'une côte etc) quebradura, hendidura.

décourageant, e [dekuraʒɑ̃, ɑ̃t] a desalentador(ora).

décourager [dekuraʒe] vt desalentar; (dissuader) desanimar; se ~ desanimarse, desalentarse; ~ qn de faire desalentar a alguien de.

décousu, e [dekuzy] a descosido(a); (fig) deshilvanado(a).

découvert, e [dekuvɛr, ɛrt(ə)] a descubierto(a) // nm descubierto; à ~ (MIL) al descubierto; (fig) abiertamente; (banque) en descubierto // nf descubrimiento; aller à la ~e de ir en busca de.

découvrir [dekuvrir] vt descubrir; (voiture) descubrir, descapotar; se ~ descubrirse; (au lit) destaparse.

décrasser [dekrase] vt quitar la mugre a.

décrépit, e [dekrepi, it] a decrépito(a); ~ude nf (d'une institution, d'un quartier) decrepitud f, decadencia.

decrescendo [dekreʃendo] nm (MUS) decrescendo; aller ~ (fig) ir decreciendo.

décret [dekre] nm (JUR) decreto.

décréter [dekrete] vt (JUR) decretar; (imposer) decretar, ordenar.

décrié, e [dekrije] a desprestigiado(a).

décrire [dekrir] vt describir.

décrocher [dekrɔʃe] vt descolgar; (fig) obtener // vi retirarse.

décroissant, e [dekrwasɑ̃, ɑ̃t] a: par ordre ~ en orden decreciente.

décroître [dekʀwatʀ(ə)] vi
decrecer.

décrue [dekʀy] nf descenso.

décrypter [dekʀipte] vt descifrar.

déçu, e [desy] a decepcionado(a),
frustrado(a).

déculotter [dekylɔte] vt quitar los
calzones o pantalones a.

décuple [dekypl(ə)] nm décuplo;
décupler vt decuplicar // vi
decuplicarse.

dédaigner [dedeɲe] vt desdeñar;
~ **de faire** despreciar hacer.

dédain [dedɛ̃] nm desdén m,
desprecio.

dedans [dədɑ̃] ad adentro, dentro //
nm interior m; **au** ~ dentro; por
dentro; **en** ~ por dentro, hacia
dentro; **là—** ahí dentro.

dédicacer [dedikase] vt dedicar.

dédier [dedje] vt dedicar.

dédire [dediʀ] : **se** ~ vi
desdecirse.

dédit [dedi] nm (JUR) indemnización
f.

dédommagement [dedɔmaʒmɑ̃]
nm (indemnité) resarcimiento,
indemnización f.

dédommager [dedɔmaʒe] vt
(payer) resarcir, indemnizar;
(remercier) recompensar.

dédouaner [dedwane] vt retirar de
la aduana.

dédoublement [dedubləmɑ̃] nm:
~ **de la personnalité** desdobla-
miento de la personalidad.

dédoubler [deduble] vt (classe,
effectifs) desdoblar, subdividir;
(manteau) quitar el forro a.

déduction [dedyksjɔ̃] nf deducción
f.

déduire [dedɥiʀ] vt deducir.

déesse [deɛs] nf diosa.

défaillance [defajɑ̃s] nf fallo;
(syncope) desmayo.

défaillant, e [defajɑ̃, ɑ̃t] a que
falla; (personne) desfalleciente;
(JUR) que no comparece, contumaz.

défaire [defɛʀ] vt deshacer; **se** ~
vi deshacerse; **se** ~ **de** vt deshacerse de.

défait, e [defɛ, ɛt] a (visage) des-
compuesto(a) // nf (MIL) derrota;
(gén) derrota, fracaso.

défaitiste [defetist(ə)] a, nm/f
derrotista m/f, pesimista m/f.

défausser [defose] vt descartar; **se**
~ vi descartarse.

défaut [defo] nm defecto; (d'étoffe
etc) falla; (manque) falta, falla;
(JUR): **par** ~ en rebeldía, en
contumacia; **à** ~ **de** a falta de, en
defecto de; **en** ~ en falta; **faire** ~
faltar.

défaveur [defavœʀ] nf disfavor m.

défavorable [defavɔʀabl(ə)] a desfavorable.

défavoriser [defavɔʀize] vt desfavorecer.

défectif, ive [defektif, iv] a: **verbe**
~ verbo defectivo.

défection [defɛksjɔ̃] nf defección f;
(absence) ausencia; **faire** ~
desertar.

défectueux, euse [defektɥø, øz] a
defectuoso(a).

défendre [defɑ̃dʀ(ə)] vt defender;
(interdire) prohibir; ~ **à qn/de**
faire prohibir algo a alguien/hacer;
se ~ vi defenderse; **se** ~ **de/contre**
defenderse de/contra; **se** ~ **de**
(éviter) defenderse de, evitar;
(nier) negar.

défense [defɑ̃s] nf defensa; (corne)
colmillo; **ministre de la D**—
ministro del Ejército o de la Guerra
la ~ **nationale/contre avions** de
defensa nacional/antiaérea.

défenseur [defɑ̃sœʀ] nm (gén)
defensor m.

défensif, ive [defɑ̃sif, iv] a defensi-
vo(a) // nf: **être sur la défensive**
estar/ponerse a la defensiva.

déféquer [defeke] vi defecar.

déférent, e [deferɑ̃, ɑ̃t] a (pol.)
deferente.

déférer [defeʀe] vt deferir; ~
deferir a; ~ **qn à la justice** hace
comparecer a alguien ante
justicia.

déferler [defɛʀle] vi (vague.

romper, estrellarse; (joie, enfants) desencadenarse, afluir.

défi [defi] nm desafío, reto; (refus) desafío.

défiance [defjɑ̃s] nf desconfianza.

déficience [defisjɑ̃s] nf deficiencia.

déficit [defisit] nm déficit m; (PSYCH etc) déficit, deficiencia; ~ budgétaire déficit presupuestario; ~aire a deficitario(a); (année, récolte) deficitario(a), insuficiente.

défier [defje] vt desafiar, retar; (fig) desafiar; ~ qn de faire qch desafiar a alguien a hacer algo; qn à desafiar a alguien a; se ~ de desconfiar de.

défigurer [defigyre] vt desfigurar.

défilé [defile] nm desfiladero, (soldats etc) desfile m; (grand nombre): un ~ de un desfile de.

défiler [defile] vi desfilar.

défini, e [defini] a definido(a).

définir [definir] vt definir.

définitif, ive [definitif, iv] a definitivo(a) // nf: en définitive en definitiva, al fin y al cabo.

définition [definisjɔ̃] nf definición f.

définitivement [definitivmɑ̃] ad definitivamente.

déflagration [deflagrasjɔ̃] nf (explosion) deflagración f.

déflation [deflasjɔ̃] nf (ÉCON) deflación f; ~niste a deflacionista.

défoncer [defɔ̃se] vt (boîte) desfondar; (lit, fauteuil) hundir, desfondar; (route) desfondar; (terrain) bachear.

déformation [defɔrmasjɔ̃] nf deformación f.

déformer [defɔrme] vt deformar; se ~ vi deformarse.

défouler [defule]: se ~ vi liberarse.

défraîchir [defreʃir]: se ~ vi deslucirse.

défrayer [defreje] vt: qn (de) resarcir a alguien de; (fig): ~ la chronique acaparar la crónica.

défricher [defriʃe] vt desmontar,

desbrozar; (fig) desbrozar.

défriser [defrize] vt desrizar.

défroquer [defrɔke] vi (gén: se ~) colgar los hábitos.

défunt, e [defœ̃, œ̃t] a, nm/f difunto(a).

dégagé, e [degaʒe] a despejado(a); (ton, air) desenvuelto(a).

dégagement [degaʒmɑ̃] nm (espace libre) espacio despejado; (FOOTBALL) saque m; (MIL) levantamiento del cerco; voie de ~ vía muerta.

dégager [degaʒe] vt despedir, emanar; (délivrer) liberar, sacar; (responsabilité, parole) liberar, retirar; (désencombrer) despejar; (idée, aspect) extraer, separar; ~ qn de (parole etc) liberar a alguien de; se ~ vt réfléchi liberarse, desprenderse; (fig) liberarse // desprenderse; (passage bloqué, ciel) despejarse.

dégainer [degene] vt desenfundar, desenvainar.

dégarnir [degarnir] vt desguarnecer; se ~ vi vaciarse; (tempe, crâne) despoblarse, encalvecer.

dégâts [dega] nmpl daños, estragos.

dégazer [degaze] vi (pétrolier) extraer el gas.

dégel [deʒɛl] nm deshielo.

dégeler [deʒle] vt deshelar; (fig) descongelar; (: atmosphère) romper el hielo de, animar // vi deshelarse; se ~ vi (fig) animarse.

dégénérer [deʒenere] vi degenerar; **dégénérescence** nf degeneración f.

dégivrage [deʒivraʒ] nm desescarchado.

dégivrer [deʒivre] vt deshelar, desescarchar; **dégivreur** nm aparato para quitar la escarcha.

déglutir [deglytir] vi deglutir; **déglutition** nf deglución f.

dégonfler [degɔ̃fle] vt desinflar.

dégorger [degɔrʒe] vi macerar; (escargots) purgar; (aussi: se ~: ~ dans desaguar en // (: déverser) verter, desaguar.

dégouliner [deguline] vi gotear, chorrear.

dégourdir [degurdir] vt (eau) entibiar; (personne) despabilar; se ~ (les jambes) desentumecerse.

dégoût [degu] nm asco, repugnancia; (fig) repugnancia.

dégoûtant, e [degutã, ãt] a asqueroso(a); repugnante; inmundo(a).

dégoûté, e [degute] a delicado(a) melindroso(a).

dégoûter [degute] vt asquear, repugnar; ~ qn de qch repugnar algo a uno; (fig): ~ qn de quitar a uno las ganas de; se ~ de (se lasser de) hartarse o hastiarse de.

dégoutter [degute] vi gotear.

dégradation [degradasjɔ̃] nf (dégâts) deterioro.

dégradé, e [degrade] a (couleur) desvanecido(a) // nm (en peinture) desvanecimiento, degradación f.

dégrader [degrade] vt deteriorar; (abîmer) deteriorar; se ~ vi degradarse; (roche) erosionarse; (relations) deteriorarse.

dégrafer [degrafe] vt desabrochar; se ~ desabrocharse.

dégraissant, e [degresɑ̃, ãt] a, nm desengrasante (m), detergente (m).

dégraisser [degrese] vt (soupe) desengrasar; (vêtement) limpiar, quitar las manchas de grasa de.

degré [dəgre] nm grado; (escalier) escalón m, peldaño; (fig) grado, peldaño; brûlure au 1er/2ème ~ quemadura de 1º/2º grado; par ~(s) ad gradualmente.

dégressif, ive [degresif, iv] a decreciente.

dégrever [degrəve] vt desgravar.

dégringoler [degrɛ̃gɔle] vi rodar, caer rodando; (fig) venirse abajo; hundirse // vt bajar precipitadamente.

dégriser [degrize] vt quitar la borrachera a; desengañar.

dégrossir [degrosir] vt desbastar; (fig) bosquejar.

déguenillé, e [degnije] a harapiento(a).

déguerpir [degɛrpir] vi largarse.

déguisement [degizmã] nm disfraz m.

déguiser [degize] vt disfrazar; (fig) disfrazar, encubrir; se ~ disfrazarse.

dégustation [degystasjɔ̃] nf degustación f; (séance) paladeo, degustación.

déguster [degyste] vt degustar; (fig) saborear, paladear.

déhancher [deɑ̃ʃe]: se ~ vi contonearse.

dehors [dəɔr] ad fuera, afuera // nm exterior m // nmpl apariencias; au ~ fuera, por fuera; au ~ de fuera de; en ~ hacia afuera; en ~ de (hormis) fuera de, aparte de.

déjà [deʒa] ad ya; (interrogatif): quel nom, ~? entonces, ¿cuál era el nombre?

déjanter [deʒɑ̃te] vt sacar de la llanta.

déjeuner [deʒœne] vi desayunar; (à midi) almorzar // nm desayuno; (à midi) almuerzo.

déjouer [deʒwe] vt desbaratar.

delà [dəla] ad: par ~ prép del otro lado de, más allá de; au/en ~ (de) ad, (prép) más allá de.

délabrer [delabre]: se ~ vi deteriorarse, arruinarse.

délacer [delase] vt (chaussures) desatar.

délai [dele] nm (attente) plazo; (sursis) prórroga; sans ~ sin demora; à bref ~ en breve plazo; dans les ~ s dentro de los plazos.

délaisser [delese] vt abandonar.

délasser [delase] vt recrear, distraer; se ~ vi recrearse distraerse.

délation [delasjɔ̃] nf delación f.

délavé, e [delave] a lavado(a), deslucido(a); (pantalon) descolorido(a).

délayer [deleje] vt desleír, diluir; (fig) diluir.

delco [dɛlko] nm (AUTO) sistema de encendido.

délecter [delɛkte]: se ~ vi deleitarse.

délégation [delegasjɔ̃] nf (groupe) delegación f; ~ de pouvoir (document) poder m.

délégué, e [delege] a, nm/f delegado(a).

déléguer [delege] vt delegar.

délester [deleste] vt (navire) deslastrar; (route) descongestionar.

délibératif, ive [deliberatif, iv] a deliberativo(a).

délibération [deliberasjɔ̃] nf deliberación f; ~s fpl (décisions) deliberaciones.

délibéré, e [delibere] a deliberado(a).

délibérer [delibere] vi deliberar; ~ de deliberar sobre.

délicat, e [delika, at] a delicado(a); (plein de tact, d'attention) delicado(a), cuidadoso(a); ~esse nf delicadeza.

délice [delis] nm deleite m, delicia.

délicieux, euse [delisjø, jøz] a delicioso(a).

délié, e [delje] a suelto(a), desligado(a); (agile) despierto(a), agudo(a) // nm: les ~s los perfiles.

délier [delje] vt (paquet) desatar, desligar; (fig): ~ qn de desligar a alguien de.

délimitation [delimitasjɔ̃] nf delimitación f; (d'un terrain): ~s límites mpl.

délimiter [delimite] vt delimitar, circunscribir; (suj: chose) delimitar.

délinquance [delɛ̃kɑ̃s] nf delincuencia; ~ juvénile delincuencia juvenil.

délinquant, e [delɛ̃kɑ̃, ɑ̃t] a, nm/f delincuente (m/f).

déliquescent, e [delikesɑ̃, ɑ̃t] a (fig) decadente, delicuescente.

délire [delir] nm delirio.

délirer [delire] vi delirar.

délirium tremens [delirjɔmtremɛ̃s] nm delírium tremens m.

délit [deli] nm delito.

délivrance [delivrɑ̃s] nf liberación f; expedición f.

délivrer [delivre] vt liberar; (passeport, certificat) librar, expedir.

déloger [delɔʒe] vt desalojar.

déloyal, e, aux [delwajal, o] a desleal.

delta [dɛlta] nm (GÉO) delta m.

déluge [delyʒ] nm diluvio.

démagogie [demagɔʒi] nf demagogia; **démagogue** [demagɔg] a, nm/f demagogo(a).

démailler [demaje] a (bas) desmallado(a).

demain [dəmɛ̃] ad mañana; ~ matin mañana por la mañana; ~ soir mañana por la tarde; mañana por la noche; à ~ hasta mañana.

demande [dəmɑ̃d] nf pedido, petición f; (ADMIN) solicitud f; (ÉCON): la ~ la demanda; ~ de poste/naturalisation solicitud de puesto/ciudadanía; faire sa ~ (en mariage) pedir la mano.

demandé, e [dəmɑ̃de] a solicitado(a).

demander [dəmɑ̃de] vt pedir; (questionner, interroger) preguntar; (exiger) requerir, exigir; ~ l'heure/son chemin preguntar la hora/el camino; ~ à ou de voir/faire solicitar ver/hacer; ~ qn de faire pedir o solicitar a alguien que haga; ~ que pedir que, solicitar que; ~ si/pourquoi preguntar si/por qué; se ~ si/pourquoi etc preguntarse si/por qué etc; on vous demande au téléphone le llaman por o al teléfono.

démanger [demɑ̃ʒe] vi picar.

démanteler [demɑ̃tle] vt desmantelar.

démaquillant, e [demakijɑ̃, ɑ̃t] a desmaquillador(ora) // nm desmaquillador m.

démaquiller [demakije] vt desmaquillar; se ~ vt desmaquillarse.

démarcation [demarkasjɔ̃] nf demarcación f; (fig) límite m, separación f.

démarchage [demarʃaʒ] nm

(COMM) búsqueda de clientes a domicilio.

démarche [demaʀʃ(e)] nf paso, andar m; (fig) proceso; (requête, tractation) gestión f; **faire des ~s auprès de** hacer gestiones ante.

démarcheur, euse [demaʀʃœʀ, øz] nm/f vendedor/ora a domicilio.

démarqué, e [demaʀke] a (SPORT) desmarcado(a); **prix ~s** precios rebajados.

démarquer [demaʀke] vt (prix) bajar de precio; (SPORT) desmarcar a, quitar la marca a; **se ~** (SPORT) desmarcarse, quitarse la marca.

démarrer [demaʀe] vi arrancar; (travaux) ponerse en marcha // vt arrancar; (travail) poner en marcha; **démarreur** nm botón m de arranque.

démasquer [demaske] vt desenmascarar, descubrir.

démêler [demele] vt (fil) desenredar; (fig) desembrollar.

démêlés [demele] nmpl dificultades fpl, altercados.

démembrer [demãbʀe] vt (fig) desmembrar.

déménagement [demenaʒmã] nm mudanza.

déménager [demenaʒe] vt mudar, trasladar // vi mudarse; **déménageur** nm persona encargada de hacer mudanzas.

démence [demãs] nf demencia; (fig) locura.

démener [demne]: **se ~** vi agitarse; (fig) moverse, ajetrearse.

démentir [demãtiʀ] vt desmentir.

démériter [demeʀite] vi: ~ (auprès de qn) despreciarse ante alguien.

démettre [demetʀ(ə)] vt: ~ **qn de** destituir a alguien de; **se ~** vi dimitir // vt dislocarse.

demeurant [dəmœʀã]: **au ~** ad después de todo, por lo demás.

demeure [dəmœʀ] nf residencia, morada; **mettre qn en ~ de faire** intimar a alguien a que haga; **à ~**

ad de manera estable o permanente.

demeurer [dəmœʀe] vi residir, vivir; (rester) permanecer, quedarse.

demi, e [dəmi] a: **et ~: trois heures/bouteilles et ~e** tres horas/botellas y media; **il est 2 heures et demie/midi et demi** son las dos/doce y media // nm (bière) caña; (FOOTBALL) medio; **à ~** a medias; (presque) medio; **à la ~e** (heure) a la media; **~-cercle** nm semicírculo; **~-douzaine** nf media docena; **~-finale** nf semifinal f; **~-fond** nm medio fondo; **~-frère** nm medio hermano, hermanastro; **~-gros** nm comercio entre mayorista y minorista; **~-heure** nf media hora; **~-jour** nm media luz f; **~-journée** nf media jornada, medio día m; **~-litre** nm medio litro; **~-livre** nf media libra; **~-longueur** nf medio largo; **~-lune** ad: **en ~-lune** en media luna; **~-mesure** nf término medio, medida insuficiente; **~-mot**: **à ~-mot** a medias palabras.

déminer [demine] vt quitar las minas de.

demi-pension [dəmipãsjõ] nf (hôtel) media pensión f.

demi-pensionnaire [dəmipãsjɔnɛʀ] nm/f (lycée) mediopensionista m/f.

démis, e [demi, iz] a dislocado(a).

demi-saison [dəmisɛzõ] nf: **vêtements de ~** ropa de entretiempo.

demi-sel [dəmisɛl] a semisalado(a).

demi-sœur [dəmisœʀ] nf media hermana, hermanastra.

démission [demisjõ] nf dimisión f; **~ner** vi dimitir.

demi-tarif [dəmitaʀif] nm media tarifa.

demi-tour [dəmituʀ] nm media vuelta; **faire ~** dar media vuelta.

démobiliser [demɔbilize] vt (MIL) desmovilizar.

démocrate [demɔkʀat] *a, nm/f* démócrata (*m/f*).

démocratie [demɔkʀasi] *nf* democracia; **démocratique** [demɔkʀatik] *a* democrático(a); **démocratiser** *vt* democratizar.

démodé, e [demode] *a* pasado(a) de moda, anticuado(a).

démographie [demɔgʀafi] *nf* demografía.

demoiselle [dəmwazɛl] *nf* señorita; (*célibataire*) soltera, señorita; ~ **d'honneur** dama de honor.

démolir [demɔliʀ] *vt* demoler; **démolition** *nf* demolición *f*.

démon [demɔ̃] *nm* demonio.

démonstrateur, trice [demɔ̃stʀatœʀ, tʀis] *nm/f* demostrador/ora.

démonstratif, ive [demɔ̃stʀatif, iv] *a* expansivo(a); (LING) demostrativo(a) // *nm* (LING) demostrativo.

démonstration [demɔ̃stʀasjɔ̃] *nf* demostración *f*; (*aérienne, navale*) demostración, exhibición *f*.

démonté, e [demɔ̃te] *a* (*mer*) revuelto(a), encrespado(a).

démonter [demɔ̃te] *vt* desmontar; (*fig*) deshacer, desmoronar; (: *personne*) desconcertar, turbar.

démontrer [demɔ̃tʀe] *vt* demostrar, probar; (*fig*) demostrar.

démoraliser [demɔʀalize] *vt* desmoralizar.

démordre [demɔʀdʀ(ə)] *vi*: **ne pas** ~ **de** no dar su brazo a torcer en, no ceder en.

démouler [demule] *vt* desmoldar, sacar del molde.

démuni, e [demyni] *a* desprovisto(a), pelado(a).

démunir [demyniʀ] *vt* desproveer, despojar; **se** ~ **de** despojarse de.

démystifier [demistifje] *vt* desengañar.

dénationaliser [denasjɔnalize] *vt* desnacionalizar.

dénaturer [denatyʀe] *vt* desnaturalizar.

dénégations [denegasjɔ̃] *nfpl* negativas.

denier [dənje] *nm* denario; **de ses (propres)** ~**s** de su (propio) bolsillo; ~ **du culte** ofrenda para el culto; ~**s publics** fondos públicos.

dénigrer [denigʀe] *vt* denigrar.

dénivellation [denivɛlasjɔ̃] *nf*, **dénivellement** [denivɛlmɑ̃] *nm* desnivel *m*; (*cassis*) depresión *f*; (*pente*) pendiente *f*.

dénombrer [denɔ̃bʀe] *vt* (*compter*) contar; (*énumérer*) enumerar.

dénominateur [denɔminatœʀ] *nm* denominador *m*.

dénommé, e [denɔme] *a*: **le** ~ **Dupont** el llamado Dupont, el tal Dupont.

dénommer [denɔme] *vt* denominar.

dénoncer [denɔ̃se] *vt* denunciar; **se** ~ denunciarse; **dénonciation** *nf* denuncia.

dénoter [denɔte] *vt* denotar.

dénouement [denumɑ̃] *nm* desenlace *m*.

dénouer [denwe] *vt* (*ficelle*) desatar, desanudar.

dénoyauter [denwajote] *vt* despepitar, deshuesar.

denrée [dɑ̃ʀe] *nf* producto, mercancía; ~**s alimentaires** productos alimenticios.

dense [dɑ̃s] *a* denso(a); **densité** *nf* densidad *f*.

dent [dɑ̃] *nf* diente *m*; ~ **de lait** diente de leche; ~ **de sagesse** muela del juicio; **en** ~**s de scie** dentado(a); ~**aire** *a* dental, dentario(a); **cabinet** ~**aire** consultorio odontológico; **école** ~**aire** escuela de odontología; ~**é, e** *a* dentado(a); ~**elé, e** *a* dentado(a).

dentelle [dɑ̃tɛl] *nf* encaje *m*, puntilla.

denture [dɑ̃tyʀ] *nf* festón *m*.

dentier [dɑ̃tje] *nm* dentadura postiza.

dentifrice [dɑ̃tifʀis] *a*: **pâte/eau** ~ pasta/agua dentífrica // *nm* dentífrico.

dentiste [dātist(ə)] nm/f dentista m/f.

dentition [dātisjɔ̃] nf dentadura; (formation) dentición f.

dénuder [denyde] vt desnudar; (sol, fil électrique) pelar.

dénué, e [denɥe] a: ~ de desprovisto de.

dénuement [denymã] nm indigencia.

déodorant [deɔdɔrã] nm desodorante m.

dépanner [depane] vt reparar; (fig) sacar de apuros a; **dépanneuse** nf auxilio mecánico.

dépareillé, e [depareje] a desacabalado(a).

déparer [depare] vt afear, estropear.

départ [depar] nm partida; (d'un employé) partida, marcha; au ~ (au début) en un principio, al comienzo.

départager [departaʒe] vt desempatar.

département [departəmã] nm ≈ provincia; (de ministère) ≈ ministerio; (d'université, de magasin) sección f.

départir [departir]: se ~ de vt abandonar, desistir de.

dépassement [depasmã] nm rebasamiento; (AUTO) adelantamiento.

dépasser [depase] vt adelantarse a, aventajar; (endroit) dejar atrás; (somme, limite fixée, prévisions) superar; (fig) aventajar, superar; (être en saillie sur) sobrepasar, sobresalir // vi (ourlet, jupon) sobresalir.

dépayser [depeize] vt despistar.

dépecer [depəse] vt despedazar, parcelar.

dépêche [depɛʃ] nf despacho.

dépêcher [depeʃe] vt despachar; se ~ (de) apresurarse (a).

dépeindre [depɛ̃dr(ə)] vt pintar, describir.

dépendance [depãdãs] nf dependencia.

dépendre [depãdr(ə)] vt descolgar; ~ de vt depender de.

dépens [depã] nmpl: aux ~ de a expensas de, en detrimento de.

dépense [depãs] nf gasto; (COMPTABILITÉ) debe m; ~ physique/de temps consumo físico/de tiempo.

dépenser [depãse] vt gastar; (gaz, eau) consumir; (fig) prodigar, gastar; se ~ prodigarse; **dépensier, ière** a derrochador(ora), pródigo(a).

déperdition [deperdisjɔ̃] nf pérdida.

dépérir [deperir] vi debilitarse.

dépeupler [depœple] vt despoblar; se ~ vi despoblarse.

déphasage [defazaʒ] nm desfasaje m.

déphasé, e [defaze] a desfasado(a).

dépilatoire [depilatwar] a: crème/lait ~ crema/leche depilatoria.

dépister [depiste] vt detectar; (voleur) descubrir el rastro de; (poursuivants) despistar.

dépit [depi] nm despecho; en ~ de prép a pesar de; en ~ du bon sens sin sentido común; ~é, e a contrariado(a).

déplacé, e [deplase] a (propos) fuera de lugar, impropio(a).

déplacement [deplasmã] nm (voyage) desplazamiento, viaje m; ~ de vertèbre desviación f de vértebra.

déplacer [deplase] vt desplazar; (employé) trasladar; (fig) cambiar; se ~ vi desplazarse // vi (vertèbre etc) dislocarse, desencajarse.

déplaire [depler] vi: à ~ à qn desagradar o disgustar a alguien; (indisposer) disgustar a alguien; se ~ vi (quelque part) hallarse a disgusto; **déplaisant, e** a desagradable.

dépliant [deplijã] nm desplegable m.

déplier [deplije] vt desplegar, desdoblar; se ~ vi desplegarse, abrirse.

déplisser [deplise] vt desarrugar.

déploiement [deplwamɑ̃] *nm* despliegue *m*.

déplomber [deplɔ̃be] *vt* (*caisse, compteur*) quitar el precinto a.

déplorer [deplɔʀe] *vt* deplorar.

déployer [deplwaje] *vt* desplegar.

dépoli, e [depɔli] *a:* verre ~ vidrio esmerilado.

déponent, e [depɔnɑ̃, ɑ̃t] *a* (LING) deponente.

déportation [depɔʀtasjɔ̃] *nf* reclusión en un campo de concentración.

déporter [depɔʀte] *vt* (POL) deportar; (*voiture*) desviar; **se** ~ *vi* (*voiture*) desviarse.

déposé, e [depoze] *a voir* **marque**.

déposer [depoze] *vt* depositar; (*passager*) dejar; (*serrure, rideau, moteur*) desmontar; (*roi*) deponer; (*réclamation*) presentar // *vi* (*vin etc*) sedimentar; (JUR): ~ (**contre**) deponer *o* declarar (contra); **se** ~ *vi* depositarse.

dépositaire [depozitɛʀ] *nm/f* (COMM) consignatario, concesionario; ~ **agréé** consignatario autorizado.

déposition [depozisjɔ̃] *nf* (JUR) deposición *f*, declaración *f*.

dépôt [depo] *nm* depósito; (ADMIN. *de candidature*) presentación *f*.

dépoter [depɔte] *vt* sacar del tiesto.

dépotoir [depɔtwaʀ] *nm* vertedero.

dépouille [depuj] *nf* piel *f*; ~ (**mortelle**) restos.

dépouillement [depujmɑ̃] *nm* (*du scrutin*) escrutinio.

dépouiller [depuje] *vt* (*animal*) desollar; (*fig: personne*) despojar; (*résultats, documents*) analizar, examinar.

dépourvu, e [depuʀvy] *a:* ~ **de** desprovisto de; **au** ~ *ad* de improviso, desprevenido(a).

dépraver [depʀave] *vt* depravar, corromper; (*goût*) estropear, corromper.

déprécier [depʀesje] *vt* menospreciar, despreciar; (*chose*) des-

preciar; **se** ~ *vi* desvalorizarse, depreciarse.

déprédation [depʀedasjɔ̃] *nf* depredación *f*.

dépression [depʀesjɔ̃] *nf* depresión *f*; ~ (**nerveuse**) depresión.

déprimer [depʀime] *vt* deprimir, abatir.

dépuceler [depysle] *vt* (*fam*) desvirgar.

depuis [dɔpɥi] *prép* desde // *ad* (*temps*) desde, después.

députation [depytasjɔ̃] *nf* delegación *f*; (*fonction*) diputación *f*.

député [depyte] *nm* (POL) diputado.

députer [depyte] *vt* delegar, diputar.

déraciner [deʀasine] *vt* desarraigar.

dérailler [deʀaje] *vi* descarrilar.

dérailleur [deʀajœʀ] *nm* (*de vélo*) cambio de velocidades en la bicicleta.

déraisonner [deʀɛzone] *vi* disparatar, desatinar.

dérangement [deʀɑ̃ʒmɑ̃] *nm* (*gêne*) molestia, perturbación *f*; (*gastrique etc*) descomposición *f* (*de vientre*); (*mécanique*) desperfecto, perturbación; **en** ~ descompuesto(a).

déranger [deʀɑ̃ʒe] *vt* desordenar, desarreglar; (*fig*) molestar, importunar; (: *projet*) perturbar, alterar; **se** ~ (*se déplacer*) moverse, molestarse.

dérapage [deʀapaʒ] *nm* patinazo, derrape *m*; ~ **contrôlé** derrape controlado.

déraper [deʀape] *vi* patinar, derrapar; (*personne*) resbalar; (*stylo, couteau etc*) resbalar(se).

dérégler [deʀegle] *vt* desajustar; (*estomac*) indisponer, descomponer; (*mœurs, vie*) desordenar, descarriar; **se** ~ *vi* desajustarse; indisponerse; descarriarse.

dérider [deʀide] *vt* regocijar, hacer sonreír.

dérision [deʀizjɔ̃] *nf* escarnio, burla *f*; **par** ~ en broma, por burla.

dérisoire [derizwar] *a* irrisorio(a).

dérivatif [derivatif] *nm* distracción *f*.

dérive [deriv] *nf (NAUT)* orza de deriva.

dérivé, e [derive] *a* derivado(a) // *nm* derivado(a) // *nf (MATH)* derivada.

dériver [derive] *vt, vi* derivar.

dermatologie [dermatɔlɔʒi] *nf* dermatología; **dermatologue** [dermatɔlɔg] *nm/f* dermatólogo/a.

dernier, ière [dernje, jer] *a, nm, nf* último(a); **lundi/le mois** ~ lunes/el mes pasado; **en** ~ al final; **ce** ~ este último; **dernièrement** *ad* últimamente; ~**né, dernière-née** *nm/f* hijo/a último(a); *(fig)* último modelo.

dérobé, e [derɔbe] *a (porte, escalier)* falso(a), secreto(a) // *nf*: **à la** ~ e a hurtadillas.

dérober [derɔbe] *vt* hurtar; ~ **qch à (la vue de) qn** ocultar algo a (la vista de) alguien; **se** ~ *vi* escurrirse, sustraerse; **se** ~ **sous** aflojarse o ceder (bajo); **se** ~ **à** sustraerse a, eludir.

dérogation [derɔgasjɔ̃] *nf* excepción *f*.

dérouiller [deruje] *vt*: **se** ~ **les jambes** estirar las piernas.

dérouler [derule] *vt* desenrollar; **se** ~ *vi (avoir lieu)* desarrollarse.

déroute [derut] *nf* desbandada; fracaso, derrota; **en** ~ a la desbandada.

dérouter [derute] *vt* cambiar de ruta; *(fig)* despistar, asombrar.

derrick [derik] *nm* torre *f* (de perforación).

derrière [derjer] *prép* tras, detrás de; *(fig)* más allá de, tras // *ad* detrás, atrás // *nm (d'une maison)* trasera; *(ANAT)* asentaderas, trasero; **les pattes/roues de** ~ las patas/ruedas traseras; **par** ~ por detrás.

des [de] *dét, prép* + *dét* voir **de**.

dès [de] *prép* desde; ~ **que** *conj* tan pronto como, en cuanto; ~ **son retour** *(passé)* tan pronto como

volvió; *(futur)* tan pronto como vuelva; ~ **lors** *ad* desde entonces; ~ **lors que** *conj* ya que; en cuanto.

désabusé, e [dezabyze] *a* desengañado(a).

désaccord [dezakɔr] *nm* desacuerdo, discrepancia; *(contraste)* discordancia.

désaccordé, e [dezakɔrde] *a* desafinado(a).

désaffecté, e [dezafɛkte] *a (église)* secularizado(a); *(gare)* desafectado(a).

désagréable [dezagreabl(ə)] *a* desagradable.

désagréger [dezagreʒe] : **se** ~ *vi* disgregarse.

désagrément [dezagremã] *nm* desagrado, disgusto.

désaltérer [dezaltere] *vt* quitar la sed a // *vi* quitar la sed; **se** ~ *vi* beber.

désamorcer [dezamɔrse] *vt* descebar.

désappointé, e [dezapwɛte] *a* contrariado(a), decepcionado(a).

désapprouver [dezapruve] *vt* desaprobar.

désarçonner [dezarsɔne] *vt* desarzonar; *(fig)* desconcertar, confundir.

désarmement [dezarməmã] *nm* desarme *m*.

désarmer [dezarme] *vt* desarmar.

désarroi [dezarwa] *nm* desasosiego.

désarticuler [dezartikyle] *vt*: **se** ~ desarticularse.

désassorti, e [dezasɔrti] *a (incomplet)* desemparejado(a).

désastre [dezastr(ə)] *nm* desastre *m*.

désavantage [dezavãtaʒ] *nm (handicap)* inferioridad *f*, desventaja; *(inconvénient)* desventaja; **désavantager** *vt* perjudicar, desfavorecer; **désavantageux, euse** *a* desventajoso(a), desfavorable.

désaveu [dezavø] *nm* desaprobación *f*, rechazo.

désavouer [dezavwe] vt desaprobar.

désaxé, e [dezakse] a, nm/f
(personne) desequilibrado(a).

désaxer [dezakse] vt (roue)
descentrar.

desceller [desele] vt desempotrar,
arrancar.

descendance [desɑ̃dɑ̃s] nf
descendencia.

descendant, e [desɑ̃dɑ̃, ɑ̃t] nm/f
descendiente m/f // a marée.

descendre [desɑ̃dʀ(ə)] vt
descender, bajar; (rivière) in río
abajo; (valise, paquet) bajar; (fam)
apiolar; (: avion) derribar // vi
descender; (passager, avion,
voiture) descender, bajar; (niveau,
température, voix) bajar; (nuit)
caer; ~ de (famille) descender de;
~ du train/d'un arbre/de cheval
bajar del tren/de un árbol/del
caballo; ~ à l'hôtel parar en un
hotel; ~ dans la rue (manifester)
marchar en manifestación.

descente [desɑ̃t] nf descenso,
bajada; (route) pendiente f, bajada;
(SKI) descenso; ~ de lit alfombrilla
de cama; ~ de police operativo,
allanamiento.

descriptif, ive [deskriptif, iv] a
descriptivo(a).

description [deskripsjɔ̃] nf descripción f.

désembuer [dezɑ̃bɥe] vt desempa-
ñar.

désemparer [dezɑ̃paʀe] vi: sans
~ sin parar.

désemplir [dezɑ̃pliʀ] vi: ne pas ~
estar siempre lleno(a).

désenfler [dezɑ̃fle] vi deshinchar.

désengagement [dezɑ̃gaʒmɑ̃] nm
(POL) rompimiento del compromiso.

désensibiliser [desɑ̃sibilize] vt
insensibilizar.

désépaissir [dezepesiʀ] vt
(cheveux) ralear, entresacar.

déséquilibre [dezekilibʀ(ə)] nm
desequilibrio; en ~ desequili-
brado(a).

déséquilibrer [dezekilibʀe] vt

(personne) desequilibrar.

désert, e [dezɛʀ, ɛʀt(ə)] a
desierto(a) // nm desierto.

déserter [dezɛʀte] vi (MIL)
desertar // vt abandonar; **déserteur**
nm desertor m.

désertique [dezɛʀtik] a desérti-
co(a).

désescalade [dezeskalad] nf (MIL)
disminución, en frecuencia y
gravedad, de los operativos militares;
(sociale) descenso, caída.

désespéré, e [dezespeʀe] a, nm/f
desesperado(a).

désespérer [dezespeʀe] vi desesperar; ~ de qn no confiar más en
alguien.

désespoir [dezespwaʀ] nm deses-
peranza, desesperación f.

déshabillé, e [dezabije] a, (deshabi-
lido(a)) // nm traje m de casa, desha-
billé m.

déshabiller [dezabije] vt desvestir;
se ~ desvestirse.

déshabituer [dezabitɥe] vt: se ~
de desacostumbrarse o deshabituar-
se de.

désherbant [dezɛʀbɑ̃] nm
herbicida m.

désherber [dezɛʀbe] vt desherbar.

déshériter [dezeʀite] vt desheredar.

déshonneur [dezɔnœʀ] nm
deshonor m, deshonra; **déshonorer**
vt deshonrar.

déshydrater [dezidʀate] vt deshi-
dratar.

déshypothéquer [dezipɔteke] vt
deshipotecar.

design [dizajn] nm dibujo, diseño.

désignation [dezinasjɔ̃] nf
designación f.

désigner [dezine] vt señalar,
indicar; (suj: symbole, signe)
designar, representar; (nommer)
designar, nombrar.

désillusion [dezilyzjɔ̃] nf desilusión
f.

désinence [dezinɑ̃s] nf desinencia.

désinfectant, e [dezɛ̃fɛktɑ̃, ɑ̃t] a,
nm desinfectante (m).

désinfecter [dezɛ̃fɛkte] vt desinfectar.

désintégrer [dezɛ̃tegre] vt desintegrar; se ~ vi desintegrarse.

désintéressement [dezɛ̃teʀɛsmã] nm desinterés m.

désintéresser [dezɛ̃terese] vt: se ~ (de) desinteresarse (de).

désintérêt [dezɛ̃tere] nm desinterés m.

désintoxication [dezɛ̃tɔksikasjɔ̃] nf: cure de ~ cura de desintoxicación.

désinvolte [dezɛ̃vɔlt(ə)] a desenvuelto(a).

désir [deziʀ] nm deseo, anhelo; (politesse): exprimer le ~ de expresar el deseo de.

désirer [dezire] vt desear, anhelar; (femme) desear; ~ que/faire qch desear que/hacer algo.

désister [deziste] : se ~ vi desistir (a una candidatura).

désobéir [dezɔbeiʀ] vi: ~ (à qn/qch) desobedecer (a alguien/algo); **désobéissant, e** a descortés, desagradable.

désobligeant, e [dezɔbliʒã, ãt] a descortés, desagradable.

désodorisant, e [dezɔdɔʀizã, ãt] a, nm desodorante (m).

désœuvré, e [dezœvʀe] a, nm/f ocioso(a), desocupado(a).

désœuvrement [dezœvʀəmã] nm ocio.

désolant, e [dezɔlã, ãt] a desolador(ora), lamentable.

désolé, e [dezɔle] a desolado(a); je suis ~, il n'y en a plus lo siento mucho, no hay más.

désoler [dezɔle] vt afligir, desconsolar.

désolidariser [dezɔlidaʀize] vt: se ~ (de ou d'avec) dejar de ser solidario(a) (con).

désopilant, e [dezɔpilã, ãt] a jocoso(a), hilarante.

désordonné, e [dezɔʀdɔne] a desordenado(a).

désordre [dezɔʀdʀ(ə)] nm desorden m; ~s mpl desórdenes mpl; en ~ en desorden; dans le ~ (tiercé)

sin dar el orden (en una apuesta triple).

désorganiser [dezɔʀganize] vt desorganizar.

désorienter [dezɔʀjãte] vt desorientar.

désormais [dezɔʀmɛ] ad en adelante, desde ahora.

désosser [dezɔse] vt deshuesar.

despote [dɛspɔt] nm déspota m; **despotisme** nm despotismo.

desquels, desquelles [dekɛl] prép + pron voir lequel.

dessaisir [deseziʀ]: se ~ de vt desprenderse de.

dessaler [desale] vt desalar // vi (voilier) dar una vuelta de campana.

desséché, e [deseʃe] a seco(a).

dessécher [deseʃe] vt secar, desecar; (fig) endurecer, insensibilizar; se ~ (plante) secarse, agostarse.

dessein [desɛ̃] nm designio, intención f; dans le ~ de con el propósito de; à ~ a propósito, adrede.

desserrer [desere] vt aflojar; (ÉCON. crédit) reabrir.

dessert [desɛʀ] nm postre m.

desserte [desɛʀt(ə)] nf (table) mesa de servicio.

desservir [desɛʀviʀ] vt quitar; (ville etc) hacer el servicio de; (nuire) perjudicar.

dessiller [desije]: se ~ vi desengañarse.

dessin [desɛ̃] nm (tableau) dibujo; (plan, projet) plano, diseño; (motif) veta; (contour) contorno; (art): le ~ el dibujo; le ~ industriel el diseño industrial; ~ animé dibujo animado; ~ humoristique dibujo humorístico; ~ateur, trice [desinatœʀ, tʀis] nm/f dibujante m/f; (industriel) diseñador/ora; ~er [desine] vt dibujar; diseñar; se ~er vi dibujarse; (fig) esbozarse, precisarse.

dessoûler [desule] vt quitar la borrachera a.

dessous [dəsu] ad debajo, abajo // nm la parte inferior // mpl (fig) intríngulis mpl; (sous-vêtements) ropa interior; **l'appartement du ~** el apartamento de abajo; **en ~** abajo, por debajo; (fig) a hurtadillas, arteramente; **par ~** por debajo; **au ~ debajo, abajo, de abajo; au ~ de prép** por debajo de, bajo; (fig) por debajo de, inferior a; **avoir le ~** tener o llevar la peor parte; **~-de-plat** nm salvamantel m.

dessus [dəsy] ad arriba, encima // nm la parte superior; **en ~** encima, arriba; **par ~** (por) encima, (por) arriba; **au ~** arriba, encima; **l'appartement du ~** el apartamento de arriba; **de ~** de arriba, de encima; **au ~ de prép** por encima de, sobre; (fig) por encima de, superior a; **avoir/prendre le ~** tener/llevar la mejor parte; **reprendre le ~** rehacerse, recobrarse; **~-de-lit** nm cubrecama m.

destin [dɛstɛ̃] nm destino.

destinataire [dɛstinatɛʀ] nm/f destinatario/a.

destination [dɛstinasjɔ̃] nf destino; (fig) destino, empleo.

destinée [dɛstine] nf destino.

destiner [dɛstine] vt destinar.

destituer [dɛstitɥe] vt destituir.

destruction [dɛstʀyksjɔ̃] nf destrucción f.

désuet, uète [desɥe, ɛt] a desusado(a), anticuado(a).

désunir [dezyniʀ] vt (brouiller) desunir; **se ~** vi (athlète) perder el ritmo.

détachant [detaʃɑ̃] nm quitamanchas m inv.

détaché, e [detaʃe] a (fig) indiferente, despreocupado(a).

détachement [detaʃmɑ̃] nm desprendimiento; agregación f; (MIL) destacamento.

détacher [detaʃe] vt desprender, soltar; (représentant, envoyé) destacar, agregar; (nettoyer) desmanchar; (MIL) destacar; **se ~** (SPORT)

separarse adelantándose; (tomber) desprenderse, caer; (fig) destacarse; (se désintéresser) desapegarse, desinteresarse.

détail [detaj] nm detalle m; (COMM) le ~ el menudeo, la venta al por menor; (COMM): **au ~** al por menor.

détaillant [detajɑ̃] nm minorista m.

détaillé, e [detaje] a detallado(a).

détailler [detaje] vt (denrée) vender al por menor o menudeo.

détartrer [detaʀtʀe] vt (radiateur) desincrustar.

détaxer [detakse] vt desgravar.

détecter [detɛkte] vt detectar; **détecteur** nm (TECH) detector m; **détection** nf descubrimiento, detección f.

détective [detɛktiv] nm detective m; ~ (privé) detective (privado).

déteindre [detɛ̃dʀ(ə)] vi desteñir; (fig): ~ **sur** influir sobre, contagiar.

dételer [detle] vt (cheval) desenganchar.

détendre [detɑ̃dʀ(ə)] vt (fil, élastique) aflojar; (PHYSIQUE: gaz) descomprimir; (personne) relajar; **se ~** vi aflojarse; (se reposer) relajarse, descansarse // vt relajarse; **détendu, e** a (calme) calmado(a); sin tensión f.

détenir [detniʀ] vt guardar, poseer; (otage, prisonnier) detener; (record) tener, poseer; (POL): ~ **le pouvoir** detentar el poder.

détente [detɑ̃t] nf (relaxation) calma, relajación f; (fig) calma, tranquilidad f; (loisirs) esparcimiento; (d'une arme) disparador m, gatillo; (SPORT) resorte m.

détenteur, trice [detɑ̃tœʀ, tʀis] nm/f poseedor/ora; detentor/ora.

détention [detɑ̃sjɔ̃] nf: ~ **préventive** detención o prisión f preventiva.

détenu, e [detny] nm/f detenido/a.

détergent [detɛʀʒɑ̃] nm detergente m.

détériorer [deteʀjɔʀe] vt deteriorar, estropear; **se ~** vi deteriorarse.

déterminant, e [detɛrminã, ãt] a,
nm determinante (m).

déterminatif, ive [detɛrminatif,
iv] a determinativo(a) // nm determinativo.

déterminé, e [detɛrmine] a
decidido(a); (fixé) determinado(a).

déterminer [detɛrmine] vt (fixer)
determinar; (fig): ~ **qn (à)** decidir a
alguien (a); **se ~ (à)** decidirse o
determinarse (a).

déterminisme [detɛrminism(ə)]
nm determinismo.

déterrer [detere] vt desenterrar.

détersif, ive [detɛrsif, iv] a detersivo(a), detergente // nm detergente m.

détester [detɛste] vt aborrecer,
detestar; (sens affaibli) detestar, no
poder ver.

détonateur [detɔnatœr] nm detonador m, fulminante m.

détonation [detɔnɑsjɔ̃] nf detonación f.

détoner [detɔne] vi detonar.

détonner [detɔne] vi desentonar.

détour [detur] nm rodeo, vuelta;
(tournant, courbe) curva, recodo;
(fig) rodeo.

détourné, e [deturne] a (moyen)
indirecto(a).

détournement [deturnəmã] nm:
~ **d'avion** desvío de un avión; (fig):
~ **(de fonds)** malversación f de fondos,
desfalco; ~ **de mineur** corrupción f
de menores.

détourner [deturne] vt desviar;
(yeux, tête) desviar, volver; (de
l'argent) desfalcar; **se** ~ vi
volverse; ~ **qn de** (fig) apartar a
alguien de.

détracteur, trice [detraktœr,
tris] nm/f detractor/ora.

détraquer [detrake] vt descomponer.

détrempe [detrãp] nf (PEINTURE)
temple m; (TECH) destemple m.

détrempé, e [detrãpe] a (sol)
empapado(a).

détresse [detrɛs] nf (désarroi)

angustia; (misère) desamparo; **en**
~ en peligro.

détriment [detrimã] nm: **au** ~ **de**
en detrimento de; **à mon/son** ~ en
mi/su perjuicio.

détritus [detritys] nmpl detritus m,
detrito.

détroit [detrwa] nm estrecho.

détromper [detrɔ̃pe] vt desengañar; **se** ~ desengañarse.

détrôner [detrone] vt destronar.

détruire [detrɥir] vt destruir;
(population) destruir, exterminar.

dette [dɛt] nf deuda.

deuil [dœj] nm duelo; **porter le** ~
llevar luto; **être en** ~ estar de
duelo.

deux [dø] num dos; ~ **points** dos
puntos; ~**ième** ~ [døzjɛm] a
segundo(a); ~**-temps** a (moteur) de
dos tiempos.

dévaler [devale] vt bajar rápidamente.

dévaliser [devalize] vt desvalijar.

dévaluer [devalɥe] vt devaluar; **se**
~ vi devaluarse.

devancer [dəvãse] vt (être devant)
preceder, adelantarse a; (arriver
avant, aussi fig) adelantarse a;
(prévenir, anticiper) adelantarse a,
prevenir; (MIL): ~ **l'appel** alistarse
como voluntario.

devant [dəvã] ad delante, adelante
// prép delante de; (fig) ante // nm
(de maison) fachada; (d'un
vêtement, d'une voiture) delantera;
par ~ ante, por delante; **pattes de**
~ patas delanteras; **aller au** ~ **de**
qn/qch salir al paso o ir al
encuentro de alguien/algo.

devanture [dəvãtyr] nf fachada;
(étalage) escaparate m.

dévaster [devaste] vt devastar.

déveine [devɛn] nf mala suerte f.

développement [devlɔpmã] nm
desarrollo; revelado; despliegue m;
(exposé) desarrollo; (rebondissement) alternativa.

développer [devlɔpe] vt desarrollar; (photo) revelar; (déplier) desenrollar, desplegar; **se** ~ vi desarrollarse.

devenir [dəvniʀ] vb avec attribut volverse.

devers [dəvεʀ] ad: **par** ~ **soi** para sí, en su poder.

déverser [devεʀse] vt verter, derramar; (fig) descargar, volcar; **se** ~ **dans** verterse en.

dévêtir [devetiʀ] vt desvestir, desnudar.

déviation [devjɑsjɔ̃] nf desviación f, desvío; (AUTO) desvío; (MÉD): ~ **de la colonne (vertébrale)** desviación de la columna (vertebral).

dévider [devide] vt devanar.

deviens etc vb voir **devenir**.

dévier [devje] vt, vi desviar.

devin [dəvε̃] nm adivino.

deviner [dəvine] vt adivinar; (apercevoir) adivinar, atisbar; **devinette** nf adivinanza.

devis [dəvi] nm presupuesto.

dévisager [devizaʒe] vt mirar de arriba abajo.

devise [dəviz] nf lema m, divisa; (ÉCON) divisa.

deviser [dəvize] vi platicar.

dévisser [devise] vt destornillar, desatornillar.

dévitaliser [devitalize] vt matar el nervio de.

dévoiler [devwale] vt (statue) descubrir; (fig) revelar, descubrir.

devoir [dəvwaʀ] nm deber m; (scolaire) deber, tarea // vt (obligation): ~ **faire qch** tener que hacer algo.

dévolu, e [devɔly] a: ~ **à qn** destinado o atribuido a alguien.

dévorer [devɔʀe] vt devorar.

dévot, e [devo, ɔt] a, nm/f devoto(a).

dévoué, e [devwe] a adicto(a), fiel; **être** ~ **à qn** ser adicto a alguien.

dévouement [devumã] nm devoción f, adhesión f.

dévouer [devwe]: **se** ~ vi: **se** ~ **(pour)** sacrificarse (por); **se** ~ **à** dedicarse o consagrarse a.

dévoyé, e [devwaje] a descarria-

do(a), perdido(a) // nm/f perdido/a.

devrai etc vb voir **devoir**.

dextérité [dεksteʀite] nf destreza.

diabète [djabεt] nm diabetes f; **diabétique** nm/f diabético/a.

diable [djabl(ə)] nm diablo.

diabolique [djabɔlik] a diabólico(a).

diacre [djakʀ(ə)] nm diácono.

diadème [djadεm] nm diadema.

diagnostic [djagnɔstik] nm diagnóstico; **diagnostiquer** vt diagnosticar.

diagonal, e, aux [djagɔnal, o] a, nf diagonal (f); **en** ~ **e** en diagonal; (fig) a la ligera, superficialmente.

diagramme [djagʀam] nm diagrama m.

dialecte [djalεkt(ə)] nm dialecto.

dialogue [djalɔg] nm diálogo; **dialoguer** vi (POL) dialogar.

diamant [djamã] nm diamante m.

diamétralement [djametʀalmã] ad diametralmente.

diamètre [djamεtʀ(ə)] nm diámetro.

diapason [djapazɔ̃] nm (MUS: instrument) diapasón m.

diaphragme [djafʀagm(ə)] nm diafragma m.

diapositive [djapozitiv] nf diapositiva.

diarrhée [djaʀe] nf diarrea.

dictaphone [diktafɔn] nm dictáfono.

dictateur [diktatœʀ] nm dictador m; **dictatorial, e, aux** a dictatorial.

dictature [diktatyʀ] nf dictadura.

dictée [dikte] nf dictado.

dicter [dikte] vt dictar.

diction [diksjɔ̃] nf dicción f.

dictionnaire [diksjɔnεʀ] nm diccionario.

didactique [didaktik] a didáctico(a).

dicton [diktɔ̃] nm dicho, refrán m.

dièse [djεz] nm sostenido.

diesel [djezεl] nm diesel m; **un (véhicule/moteur)** ~ un (vehículo/motor) diesel.

diète [djɛt] nf dieta; **être à la ~** estar a dieta.

diététicien, ienne [djetetisjɛ̃, jɛn] nm/f dietista m/f.

diététique [djetetik] a dietético(a) // nf dietética.

dieu, x [djø] nm dios m; (fig) dios, ídolo.

diffamation [difamasjɔ̃] nf difamación f; **attaquer qn en ~** atacar a alguien difamándole.

diffamer [difame] vt difamar.

différé [difere] nm (TV): **en ~** diferido(a).

différence [diferɑ̃s] nf diferencia; **à la ~ de** a diferencia de; **différencier** vt diferenciar; **se différencier (de)** diferenciarse (de).

différend [diferɑ̃] nm discrepancia, diferencia.

différent, e [diferɑ̃, ɑ̃t] a diferente.

différentiel, le [diferɑ̃sjɛl] a, nm diferencial (m).

différer [difere] vt diferir // vi: **~ (de)** diferir de; **~ (de faire qch)** demorar (en hacer algo).

difficile [difisil] a difícil; **~ment** ad difícilmente.

difficulté [difikylte] nf dificultad f; (ennui) dificultad, contratiempo; **faire des ~s (pour)** poner dificultades o trabas (para); **en ~** en apuros; **avoir de la ~ à faire qch** tener dificultad para hacer algo.

difforme [difɔrm(ə)] a deforme.

diffus, e [dify, yz] a (lumière, bruit) difuso(a).

diffuser [difyze] vt difundir; **diffuseur** nm (de lumière) difusor m; **diffusion** nf difusión f; **journal à grande diffusion** diario de gran difusión.

digérer [diʒere] vt digerir; (suj: machine) tragar, devorar; (fig) digerir; **digestible** a digerible.

digestif, ive [diʒɛstif, iv] a digestivo(a) // nm licor m.

digestion [diʒɛstjɔ̃] nf digestión f.

digital, e, aux [diʒital, o] a digital.

digne [diɲ] a digno(a); **~ de**

digno(a) de; **être ~ que** ser digno(a) de que, ser digno(a) de.

dignitaire [diɲitɛr] nm dignatario.

dignité [diɲite] nf dignidad f.

digression [digresjɔ̃] nf digresión f.

digue [dig] nf dique m.

diktat [diktat] nm imposición f.

dilater [delate] vt dilatar; **se ~** vi dilatarse.

dilemme [dilɛm] nm dilema m.

diligence [diliʒɑ̃s] nf diligencia.

diligent, e [diliʒɑ̃, ɑ̃t] a diligente.

diluer [dilɥe] vt diluir.

diluvien, ne [dilyvjɛ̃, jɛn] a: **pluie ~ne** lluvia torrencial.

dimanche [dimɑ̃ʃ] nm domingo.

dimension [dimɑ̃sjɔ̃] nf dimensión f.

diminuer [diminɥe] vt disminuir; (fig) disminuir, menguar; (personne) disminuir, debilitar; (: moralement) disminuir, rebajar // vi disminuir, menguar; (intensité) disminuir, atenuar.

diminutif [diminytif] nm diminutivo.

diminution [diminysjɔ̃] nf disminución f, menguado; (tricot) menguado.

dinde [dɛ̃d] nf pava.

dindon [dɛ̃dɔ̃] nm pavo.

dîner [dine] nm cena // vi cenar.

dinosaure [dinozɔr] nm dinosaurio.

diocèse [djɔsɛz] nm diócesis f.

diphtérie [difteri] nf difteria.

diphtongue [diftɔ̃g] nf diptongo.

diplomate [diplɔmat] a diplomático(a) // nm diplomático; **diplomatie** [diplɔmasi] nf diplomacia; **diplomatique** a diplomático(a).

diplôme [diplom] nm diploma m; (examen) examen para graduarse; **diplômé, e** a diplomado(a).

dire [dir] nm: **au ~ de** al decir de, en la opinión de; **~s** mp afirmaciones fpl, opiniones fpl // vt decir; (réciter) decir, recitar; (suj: horloge etc) indicar, marcar; **~ qch à qn** decir algo a alguien; **n'avoir**

rien à ~ à qch no tener nada que
decir de algo; **vouloir** ~ **(que)**
querer decir (que); **cela me/lui dit
(de faire)** me/le atrae (hacer); **on
dirait que** se diría que; **on dirait un
chat** etc se diría que es un gato etc;
à vrai ~ a decir verdad; **pour ainsi**
~ por así decir; **cela va sans** ~ ¡ni
qué decir tiene!; **tu peux le** ~, **à qui
le dis-tu** bien puedes decirlo, tan
luego a mí me lo dices.

direct, e [direkt, ekt(ə)] a
directo(a) // nm (BOXE) directo;
~ement ad directamente.

directeur, trice [direktœr, tris]
a (principe, fil) conductor(ora) //
nm/f director/ora; **comité** ~
comité directivo; (SCOL): ~ **de thèse**
padrino de tesis.

direction [direksjɔ̃] nf dirección f;
~ **de la surveillance du territoire,**
DST servicio de seguridad interna.

directive [direktiv] nf orden f,
disposición f.

directorial, e, aux [direktɔrjal,
jo] a del director.

dirigeable [diriʒabl(ə)] a, nm:
(ballon) ~ (globo) dirigible.

diriger [diriʒe] vt dirigir;
(véhicule) conducir; **se** ~ **vers** se
dirigir hacia.

dirigisme [diriʒism(ə)] nm inter-
vencionismo.

dis vb voir **dire.**

discerner [diserne] vt discernir,
distinguir; (fig) discernir.

disciple [disipl(ə)] nm (REL)
discípulo; (fig) discípulo(a).

disciplinaire [disipliner] a disci-
plinario(a).

discipline [disiplin] nf disciplina;
discipliner vt disciplinar.

discontinu, e [diskɔ̃tiny] a (bruit,
effort) discontinuo(a).

discontinuer [diskɔ̃tinɥe] vi: **sans**
~ sin interrupción f.

disconvenir [diskɔ̃vnir] vi: **ne pas**
~ **de qch** no negar algo.

discophile [diskɔfil] nm/f discó-
filo/a, amante m/f de los discos.

discordant, e [diskɔrdɑ̃, ɑ̃t] a
discordante.

discorde [diskɔrd(ə)] nf discordia.

discothèque [diskɔtek] nf discote-
ca.

discourir [diskurir] vi disertar,
perorar.

discours [diskur] nm discurso;
(bavardages) palabrería, charla;
(LING) oración f.

discréditer [diskredite] vt desacreditar.

discret, ète [diskre, et] a
discreto(a); **un endroit** ~ un lugar
tranquilo o reservado; **discrètement**
ad discretamente; **discrétion** nf discreción f; **être à la discrétion de qn**
depender de la voluntad de alguien;
à discrétion (boisson etc) a discreción.

discrimination [diskriminasjɔ̃] nf
discriminación f.

discriminatoire [diskrimina-
twar] a discriminatorio(a).

disculper [diskylpe] vt absolver; **se**
~ disculparse, justificarse.

discussion [diskysjɔ̃] nf discusión
f; ~**s** fpl (négociations) negociaciones fpl.

discuter [diskyte] vt discutir; ~ **de**
discutir sobre.

disent vb voir **dire.**

disette [dizet] nf escasez f, hambre
f.

diseuse [dizøz] nf: ~ **de bonne
aventure** echadora de buenaventura.

disgrâce [disgrɑs] nf desgracia.

disgracieux, euse [disgrasjø,
jøz] a desagradable, falto(a) de
gracia.

disjoindre [disʒwɛ̃dr(ə)] vt
(pierre, tuyau) desunir; **se** ~ vi
desunirse.

disjoncteur [disʒɔ̃ktœr] nm
disyuntor m.

disloquer [dislɔke] vt (membre)
dislocar; (chaise) desvencijar,
dislocar; (troupe, manifestants)
dispersar; **se** ~ vi (cortège, empire)
disgregarse, desmembrarse; **se** ~
l'épaule dislocarse el hombro.

disons vb voir **dire.**

disparaître [disparɛtr(ə)] vi desaparecer.

disparate [disparat] a contrastante, dispar.

disparité [disparite] nf disparidad f.

disparition [disparisjɔ̃] nf desaparición f.

disparu, e [dispary] nm/f desaparecido/a.

dispensaire [dispɑ̃sɛr] nm dispensario.

dispense [dispɑ̃s] nf dispensa.

dispenser [dispɑ̃se] vt dispensar; **se ~ de qch/faire qch** disculparse de algo/hacer algo.

disperser [dispɛrse] vt dispersar; (objets, bureaux) desparramar, dispersar; **se ~** vi dispersarse, desparramarse; (penseur, chercheur) dispersarse.

disponibilité [disponibilite] nf disponibilidad f.

disponible [disponibl(ə)] a disponible.

dispos, e [dispo, oz] a: (frais et) ~ pimpante.

disposé, e [dispoze] a: bien ou mal ~ (personne) de buen o mal humor.

disposer [dispoze] vt disponer; **se ~ à** disponerse a // vi: **vous pouvez ~** puede usted retirarse.

dispositif [dispozitif] nm dispositivo; (fig) operativo.

disposition [dispozisjɔ̃] nf disposición f; (tendance) predisposición f; **~s** fpl (aptitudes) disposiciones fpl; (intentions) predisposiciones fpl, intenciones fpl.

disproportion [disprɔpɔrsjɔ̃] nf desproporción f; **~né, e** a desproporcionado(a).

dispute [dispyt] nf disputa.

disputer [dispyte] vt disputar; **se ~** vi pelearse.

disquaire [diskɛr] nm/f vendedor/ora de discos.

disqualification [diskalifikasjɔ̃] nf descalificación f.

disqualifier [diskalifje] vt (SPORT) descalificar.

disque [disk(ə)] nm disco.

dissection [disɛksjɔ̃] nf disección f.

dissemblable [disɑ̃blabl(ə)] a desemejante, diferente.

disséminer [disemine] vt diseminar; (chasser) dispersar.

dissension [disɑ̃sjɔ̃] nf disensión f, desavenencia.

disséquer [diseke] vt disecar.

dissertation [disɛrtasjɔ̃] nf (SCOL) redacción f.

disserter [disɛrte] vi discutir; (écrire) redactar; **~ sur** disertar sobre.

dissident, e [disidɑ̃, ɑ̃t] a, nm/f disidente (m/f).

dissimulation [disimylasjɔ̃] nf disimulación f, disimulo.

dissimuler [disimyle] vt disimular; (masquer à la vue) disimular, ocultar; **se ~** ocultarse; (être masqué, caché) encubrirse, ocultarse.

dissipé, e [disipe] a indisciplinado(a), indócil.

dissiper [disipe] vt disipar; **se ~** vi disiparse; (perdre sa concentration) dispersarse.

dissolution [disɔlysjɔ̃] nf disolución f.

dissolvant [disɔlvɑ̃, ɑ̃t] a disolvente // nm (CHIMIE) solvente m; **~ (gras)** disolvente m, solvente.

dissonant, e [disɔnɑ̃, ɑ̃t] a disonante.

dissoudre [disudr(ə)] vt disolver; **se ~** vi disolverse.

dissuader [disɥade] vt disuadir; **dissuasion** [disɥazjɔ̃] nf disuasión f.

distance [distɑ̃s] nf distancia; **à ~** a distancia; **tenir qn à ~** mantener a distancia a alguien; **prendre/garder ses ~s** tomar/guardar las distancias; **tenir la ~** (SPORT) mantener la distancia.

distancer [distɑ̃se] vt (concurrent) distanciarse de.

distant, e [distɑ̃, ɑ̃t] a distante.

distendre [distɑ̃dr(ə)] vt distender, aflojar; **se ~** vi distenderse, aflojarse.

distillation [distilasjɔ̃] nf destilación f.

distillé, e [distile] a: eau ~e agua destilada.

distiller [distile] vt destilar; ~le [distilʀi] nf destilería.

distinct, e [distɛ̃, ɛ̃kt(ə)] a distinto(a), diverso(a); (clair, net) preciso(a), claro(a); ~if, ive [distɛ̃ktif, iv] a distintivo(a).

distinction [distɛ̃ksjɔ̃] nf distinción f; (distingue) distingo, distinción.

distingué, e [distɛ̃ge] a distinguido(a).

distinguer [distɛ̃ge] vt distinguir; se ~ distinguirse.

distorsion [distɔʀsjɔ̃] nf (fig) distorsión f, desequilibrio.

distraction [distʀaksjɔ̃] nf distracción f; (bévue, oubli) distracción, descuido.

distraire [distʀɛʀ] vt distraer // vi, se ~ distraerse.

distrait, e [distʀɛ, ɛt] a distraído(a).

distribuer [distʀibɥe] vt distribuir, repartir; (rôles, film, livres) distribuir; **distributeur, trice** nm/f distribuidor/ora // nm: distributeur (automatique) distribuidor (automático); **distribution** nf distribución f; (choix d'acteurs) reparto.

district [distʀikt] nm distrito.

dit, e pp de dire // a: le jour ~ el día fijado; **X, ~ Pierrot** X, alias o llamado Pedrito.

diurétique [djyʀetik] a diurético(a).

diurne [djyʀn(ə)] a diurno(a).

divaguer [divage] vi divagar.

divan [divɑ̃] nm diván m; ~-lit nm diván cama.

divergent, e [divɛʀʒɑ̃, ɑ̃t] a divergente; (opinions etc) divergente, discrepante.

diverger [divɛʀʒe] vi divergir, discrepar; (rayons, lignes) divergir.

divers, es [divɛʀ, ɛʀs(ə)] a diverso(a), vario(a) // dét varios(as), diversos(as); (rubrique)

"~" (sección f) varios; (frais) ~ (comm) (gastos) varios.

diversion [divɛʀsjɔ̃] nf diversión f; faire ~ (à) entretener (a).

diversité [divɛʀsite] nf diversidad f, multiplicidad f.

divertir [divɛʀtiʀ] vt divertir; se ~ divertirse; **divertissement** nm diversión f; (mus) divertimento.

dividende [dividɑ̃d] nm dividendo.

divin, e [divɛ̃, in] a divino(a).

divination [divinasjɔ̃] nf adivinación f.

divinité [divinite] nf divinidad f.

diviser [divize] vt dividir; (subdiviser) dividir, subdividir; (séparer, distinguer) dividir, separar; (brouiller, opposer) dividir, escindir; se ~ (en) dividirse (en), subdividirse (en).

diviseur [divizœʀ] nm divisor m.

division [divizjɔ̃] nf división f; (secteur, branche, graduation) división, subdivisión f; (désaccord) división, escisión f.

divorce [divɔʀs(ə)] nm divorcio; **divorcé, e** a y nf divorciado(a); **divorcer** vi divorciarse; **divorcer d'ou d'avec qn** divorciarse de alguien.

divulguer [divylge] vt divulgar.

dix [dis] num diez; ~ième [dizjɛm] num décimo(a) // nm (fraction) décimo; **dizaine** [dizɛn] nf decena; **une dizaine de...** una decena de..., unos(as) diez... .

do [do] nm do.

docile [dɔsil] a dócil.

dock [dɔk] nm dock m; ~er [dɔkɛʀ] nm cargador m o descargador m de puerto.

docteur [dɔktœʀ] nm (méd) doctor m, médico; (scol) doctor.

doctorat [dɔktɔʀa] nm: ~ d'Université doctorado universitario; ~ d'Etat doctorado.

doctoresse [dɔktɔʀɛs] nf doctora.

doctrine [dɔktʀin] nf doctrina.

document [dɔkymɑ̃] nm documento; ~aire a documental // nm: (film) ~aire (película) documental m; ~aliste nm/f archivero/a; ~ation nf (documents) docu-

mentation f; ~er vt documentar; se
~er (sur) documentarse (sobre).

dodeliner [dɔdline] vi: ~ de la tête
cabecear.

dodo [dɔdo] nm: faire ~ hacer
nana.

dodu, e [dɔdy] a rollizo(a), regorde-
te.

dogme [dɔgm(ə)] nm dogma m.

dogue [dɔg] nm dogo.

doigt [dwa] nm dedo; à deux ~s de
a dos pasos de, a punto de; le petit
~ el meñique, el dedo pequeño; ~
de pied dedo del pie.

doigté [dwate] nm (MUS) digitación
f; (fig) tacto, tiento.

dois etc vb voir **devoir**.

doléances [dɔleɑ̃s] nfpl quejas.

dollar [dɔlar] nm dólar m.

dolmen [dɔlmɛn] nm dolmen m.

DOM sigle m = département
d'outre-mer.

domaine [dɔmɛn] nm dominio m;
(fig) dominio, ámbito.

domanial, e, aux [dɔmanjal, jo] a
estatal, público(a).

dôme [dom] nm domo, cúpula.

domestique [dɔmɛstik] a, nm/f
doméstico(a); **domestiquer** vt domesticar.

domicile [dɔmisil] nm domicilio; à
~ a domicilio; **domicilié, e** a:
domicilié à domiciliado en.

dominant, e [dɔminɑ̃, ɑ̃t] a
dominante; (fig) dominante, pre-
ponderante // nf (trait) rasgo característico; (couleur) color m dominante.

domination [dɔminasjɔ̃] nf dominación f.

dominer [dɔmine] vt (subjuguer,
soumettre) dominar, someter; (passions etc) dominar, reprimir; (surpasser) sobrepasar; (surplomber)
dominar // vi (SPORT) dominar;
(être les plus nombreux) predominar.

domino [dɔmino] nm (pièce)
dominó; ~s mpl (jeu) dominó.

dommage [dɔmaʒ] nm daño,
perjuicio; (dégâts, pertes) daños,

pérdidas; **c'est ~ de faire/que...** es
una lástima hacer/que...; **~s-
intérêts** nmpl daños y perjuicios.

dompter [dɔ̃te] vt domar, domesticar; (fig) dominar, domeñar; **dompteur, euse** nm/f domador/ora.

don [dɔ̃] nm don m, dádiva f;
(aptitude) don.

donateur, trice [dɔnatœr, tris]
nm/f donador/ora, donante m/f.

donation [dɔnasjɔ̃] nf donación f.

donc [dɔ̃k] conj luego, por tanto;
(après une digression) entonces.

donjon [dɔ̃ʒɔ̃] nm torre f.

don juan [dɔ̃ʒyɑ̃] nm donjuán m.

donné, e [dɔne] a: **prix/jour** ~
precio/día determinado; (pas cher):
c'est ~ es regalado o tirado // nf
(MATH) dato; (gén) dato, enunciado,
étant ~ ceci/que... dado esto/que...

donner [dɔne] vt dar // vi: **~**
dar a o sobre; (MIL): **faire ~**
l'infanterie hacer cargar a la
infantería; se ~ à fond (à son
travail) entregarse de lleno (a su
trabajo); se ~ du mal (à faire qch)
molestarse (en) o tomarse el
trabajo (de) (hacer algo); **donneur,
euse** nm/f (MÉD) donante m/f,
(CARTES) dador/ora.

dont pron relatif: **la maison** ~ je
vois le toit la casa cuyo techo veo;
l'homme ~ je connais la sœur el
hombre cuya hermana conozco; 10
blessés, ~ 2 grièvement 10 heridos,
2 de gravedad; **2 livres** ~ l'un est...
2 libros, uno de los cuales es...; **il y
avait plusieurs personnes,** ~
Barbara había varias personas,
entre ellas Bárbara; **le fils** ~ il est
si fier el hijo de quien está tan
orgulloso; **ce** ~ je parle eso de que
hablo; voir **adjectifs** et **verbes à
complément prépositionnel: responsable de, souffrir de** etc.

dorénavant [dɔrenavɑ̃] ad en
adelante, en lo sucesivo.

dorer [dɔre] vt, vi dorar.

dorloter [dɔrlɔte] vt (gâter)
mimar.

dormir [dɔrmir] vi dormir.

dorsal, e, aux [dɔʀsal, o] a dorsal.

dortoir [dɔʀtwaʀ] nm dormitorio común; **cité ~** (fig) barrio dormitorio.

dorure [dɔʀyʀ] nf (technique) dorado; (revêtement) doradura.

dos [do] nm espalda, lomo; (de vêtement) espalda; (de livre, cahier) lomo; (d'un papier, chèque) dorso; **voir au ~** véase al dorso; **vu de ~** visto de espaldas; **à ~ de mulet/chameau** a lomo de mulo/camello.

dosage [doza3] nm dosificación f.

dos-d'âne [dodan] nm badén m.

dose [doz] nf dosis f.

doser [doze] vt dosificar.

dossard [dɔsaʀ] nm dorsal m (de los deportistas).

dossier [dosje] nm expediente m, legajo; (chemise, enveloppe) carpeta; (de chaise) respaldo; (fig): **le ~ social** el asunto social.

dot [dɔt] nf dote f.

doter [dɔte] vt: **~ de** dotar de.

douane [dwan] nf aduana; (taxes) impuesto de aduana; **douanier, ière** a, nm/f aduanero(a).

double [dubl(ə)] a doble // ad: **voir ~** ver doble // nm doble m; (autre exemplaire) duplicado; **messieurs/mixte** doble caballeros/mixto; **en ~** (exemplaire) por duplicado; **faire ~ emploi** estar repetido(a).

doubler [duble] vt duplicar; (vêtement) forrar; (dépasser) adelantarse a; (film, acteur) doblar // vi duplicarse; (SCOL) repetir; **doublure** nf forro; (CINÉMA) doble m/f.

douce [dus] af voir **doux.**

douceâtre [dusatʀ(ə)] a dulzón(ona).

doucement [dusmã] ad (délicatement) dulcemente; (lentement) despacio, lentamente; (graduellement) suavemente, gradualmente.

doucereux, euse [dusʀø, øz] a zalamero(a), empalagoso(a).

douceur [dusœʀ] nf dulzura; **~s** fpl (friandises) golosinas.

douche [duʃ] nf ducha; **~ écossaise** (fig) vicisitudes fpl; **doucher** vt duchar; (fig) chasquear; **se doucher** ducharse.

doué, e [dwe] a dotado(a).

douille [duj] nf casquillo.

douillet, te [duje, ct] a delicado(a); (lit, maison) confortable.

douleur [dulœʀ] nf dolor m; **douloureux, euse** a doloroso(a); (membre, endroit) dolorido(a).

doute [dut] nm duda; **sans nul** ou **aucun ~** sin duda alguna; **nul ~ que** no hay duda que.

douter [dute] : **~ de** vt dudar de; **se ~ de/que** sospechar de/que; **douteux, euse** a dudoso(a).

douve [duv] nf (fossé) foso.

doux, douce [du, dus] a dulce, suave; (climat, région) templado(a), benigno(a).

douzaine [duzɛn] nf docena; **une ~ de...** unos(as) doce...

douze [duz] num doce; **douzième** num duodécimo(a) // nm (fraction) dozavo, duodécimo.

doyen, ne [dwajɛ̃, ɛn] nm/f decano/a.

dragée [dʀaʒe] nf peladilla; (MÉD) grageas.

dragon [dʀagɔ̃] nm dragón m.

drague [dʀag] nf draga; **draguer** vt (rivière) dragar; (fam) mariposear, piñonear; **dragueur** nm (aussi: **~ de mines**) dragador m, dragaminas m.

drain [dʀɛ̃] nm (MÉD) cánula.

drainer [dʀene] vt (sol) drenar; (fig) absorber.

dramatique [dʀamatik] a dramático(a) // nf (TV) teleteatro.

dramaturge [dʀamatyʀʒ(ə)] nm dramaturgo.

drame [dʀam] nm drama m.

drap [dʀa] nm (de lit) sábana; (tissu) paño.

drapeau, x [dʀapo] nm bandera; (en sport, de chef de gare etc) estandarte m, bandera f.

draper [dʀape] vt (personne, statue) cubrir.

draperies [drapri] *nfpl* colgaduras.

drapier [drapje] *nm* pañero.

dresser [drese] *vt* enderezar; *(fig)* hacer, redactar; *(animal)* adiestrar, amaestrar; **se ~** vi erguirse, levantarse; *(personne)* levantarse, ponerse de pie; **~ l'oreille** aguzar las orejas; **~ la table** poner la mesa; **~ la tente** armar la tienda; **~ qn contre qn d'autre** rebelarse una contra alguien; **dresseur, euse** *nm/f* domador/ora.

dressoir [dreswar] *nm* trinchero.

dribbler [drible] *vt* regatear.

drogue [drog] *nf* droga; **drogué, e** *nm/f* drogadicto/a; **droguer** *vt* drogar; **se droguer** drogarse.

droguerie [drogri] *nf* droguería; **droguiste** *nm/f* droguero/a.

droit, e [drwa, at] *a* derecho(a), recto(a); *(vertical, opposé à gauche)* derecho(a) // *ad* derecho // *nm* derecho // *nf* derecha; *(MATH)* recta; **~s** *mpl (taxes)* derechos, impuestos; **avoir ~ à** tener derecho a; **à qui de ~** a quien corresponda; **à ~e (de)** a la derecha (de); **venir de ~e** venir de la derecha; **~ de vote** derecho al voto; **droitier, ière** *nm/f* diestro/a.

drôle [drol] *a* gracioso(a); *(bizarre)* singular, curioso(a).

dromadaire [dromadɛr] *nm* dromedario.

dru, e [dry] *a* tupido(a), espeso(a).

drugstore [drœgstɔr] *nm* tienda de artículos de farmacia, limpieza y comestibles.

DST *sigle f voir* **direction**.

du [dy] *prép + dét*, dét *voir* **de**.

dû, e [dy] *pp de* **devoir** // *a* debido(a) // *nm (somme)* (lo) debido.

Dublin [dyblɛ̃] *n* Dublín.

duc [dyk] *nm* duque *m*; **duché** [dyʃe] *nm* ducado; **duchesse** [dyʃes] *nf* duquesa.

duel [dɥɛl] *nm* duelo.

dûment [dymã] *ad* debidamente.

dune [dyn] *nf* duna.

duo [duo] *nm* dúo.

duper [dype] *vt* embaucar, engañar.

duplex [dyplɛks] *nm* dúplex *m*.

duplicata [dyplikata] *nm inv* duplicado.

duplicateur [dyplikatœr] *nm* multicopista *m*.

duplicité [dyplisite] *nf* duplicidad *f*, doblez *m*.

duquel [dykɛl] *prép + pron voir* **lequel**.

dur, e [dyr] *a* duro(a); *(lumière, voix, climat)* crudo(a), duro(a); *(résistant)* duro(a), fuerte // *nm*: **en ~** de fábrica // *ad* duro, duramente; **~ d'oreille** duro de oídos.

duralumin, dural [dyralymɛ̃, dyral] *nm* duraluminio.

durant [dyrã] *prép* durante; **~ des mois, des mois ~** durante meses.

durcir [dyrsir] *vt* endurecer // *vi*, **se ~** vi endurecerse.

durée [dyre] *nf* duración *f*.

durement [dyrmã] *ad* duramente.

durent *vb voir* **devoir**.

durer [dyre] *vb avec attribut* durar, permanecer // *vi (se prolonger)* durar; *(résister à l'usure)* durar, conservarse.

durillon [dyrijõ] *nm* callosidad *f*.

dus, dut *vb voir* **devoir**.

duvet [dyvɛ] *nm (de poussin)* plumón *m*; *(poils)* vello; *(sac de couchage en)* ~ (bolsa *o* saco de dormir de) plumón.

dynamique [dinamik] *a* dinámico(a).

dynamite [dinamit] *nf* dinamita *f*; **dynamiter** *vt* dinamitar.

dynamo [dinamo] *nf* dínamo *f*.

dynastie [dinasti] *nf* dinastía.

dysenterie [disãtri] *nf* disentería *f*.

dyslexie [disleksi] *nf* dislexia.

E

E abrév de est.

eau, x [o] nf agua; l'~ el agua; ~x fpl (thermales) aguas, aguas termales; **prendre l'~** empaparse, mojarse; (embarcation) calarse; ~ **douce/salée** agua dulce/salada; ~ **de Cologne/de toilette** agua de Colonia/de olor; ~ **gazeuse/miné-rale** agua gaseosa/mineral; ~ **oxy-génée/lourde** agua oxigenada/pesa-da; ~ **courante** agua corriente; ~ **de-vie** nf aguardiente m; ~ **forte** nf aguafuerte f; **les E~x et Forêts** (ADMIN) la Administración de Montes; ~x **territoriales** aguas jurisdiccionales.

ébahi, e [ebai] a pasmado(a), atónito(a).

ébats [eba] nmpl retozos.

ébattre [ebatR(ə)]: **s'~** vi retozar, brincar.

ébauche [eboʃ] nf esbozo, boceto.

ébaucher [eboʃe] vt esbozar, bosquejar.

ébène [eben] nm ébano.

ébéniste [ebenist(ə)] nm ebanista m; ~**rie** nf ebanistería; (bâti) caja, armazón f.

éberlué, e [eberlɥe] a asom-brado(a), estupefacto(a).

éblouir [ebluiR] vt deslumbrar, encandilar; (fig) deslumbrar, fascinar; **éblouissement** nm deslumbramiento; (faiblesse) vahí-do.

ébonite [ebɔnit] nf ebonita.

éborgner [ebɔRɲe] vt dejar tuerto(a).

éboueur [ebwœR] nm basurero.

ébouillanter [ebujãte] vt (légumes) escaldar; **s'~** escaldarse.

éboulement [ebulmã] nm despren-dimiento, desmoronamiento.

ébouler [ebule]: **s'~** vi desmoronarse, desprenderse; **éboulis** [ebuli] nmpl escombros.

ébouriffé, e [eburife] a desgreña-do(a).

ébranler [ebRɑ̃le] vt (vitres, immeuble) estremecer, hacer vibrar; (poteau, mur) desquiciar; (fig) quebrantar, hacer vacilar; **s'~** vi ponerse en movimiento.

ébrécher [ebReʃe] vt mellar.

ébriété [ebRijete] nf: **en état d'~** en estado de ebriedad.

ébrouer [ebRue]: **s'~** vi sacudirse.

ébruiter [ebRɥite] vt propalar, divulgar.

ébullition [ebylisjɔ̃] nf ebullición f.

écaille [ekaj] nf (de poisson) escama; (de coquillage) concha; (matière) carey m; (de roc etc) placa, escama; **écailler** vt escamar; (huître) desbullar; (aussi: **faire s'écailler**) desconchar, descascarar; **s'écailler** vi (peinture) descon-charse, descascararse.

écarlate [ekaRlat] a escarlata inv.

écarquiller [ekaRkije] vt: ~ **les yeux** abrir desmesuradamente los ojos.

écart [ekaR] nm distancia, separación f; (de prix etc) margen m, diferencia; (embardée, mouvement) desviación f; (de langage, de conduite) digresión f; descarrío; **à l'~** aparte, a distancia; **à l'~ de** prép separado(a) de, apartado(a) de; (fig) alejado(a) de, apartado(a) de; **le grand ~** el spaccato.

écarté, e [ekaRte] a alejado(a), apartado(a); **les jambes ~es** las piernas separadas o abiertas; **les bras ~s** los brazos abiertos.

écarteler [ekaRtəle] vt descuartizar.

écartement [ekaRtəmã] nm separación f; (des rails) ancho, separación.

écarter [ekaRte] vt (éloigner) alejar; (séparer) separar, apartar; (bras, jambes) abrir, separar; (rideaux) abrir, correr; (candidat, possibilité) desechar, descartar; **s'~**

vi (*parois, jambes*) separarse, abrirse; (*personne*) alejarse; **s'~ de** alejarse de, apartarse de; (*fig*) alejarse de.

ecchymose [ekimoz] *nf* equimosis f.

ecclésiastique [eklezjastik] *a* eclesiástico(a) / *nm* eclesiástico.

écervelé, e [esɛrvəle] *a* atolondrado(a), alocado(a).

échafaud [eʃafo] *nm* cadalso.

échafaudage [eʃafodaʒ] *nm* andamiaje m; (*amas*) montón m.

échafauder [eʃafode] *vt* (*fig*) organizar, trazar.

échalote [eʃalɔt] *nf* chalote m.

échancrer [eʃɑ̃kre] *vt* escotar; **échancrure** *nf* escote m; (*de côte etc*) escotadura.

échange [eʃɑ̃ʒ] *nm* intercambio; canje m; permuta; (*PHYSIQUE*) intercambio; **en ~** en cambio, en compensación; **en ~ de** a cambio de; **~s culturels/commerciaux** intercambios culturales/comerciales; **~ de lettres/de vues** intercambio de cartas/de opiniones.

échanger [eʃɑ̃ʒe] *vt* (*timbres etc*) canjear, permutar; (*lettres, cadeaux, propos*) intercambiar; **~ qch (contre)** permutar o canjear algo (por); **~ qch avec qn** intercambiar algo con alguien.

échangeur [eʃɑ̃ʒœr] *nm* cruce de carreteras a diferentes niveles.

échantillon [eʃɑ̃tijɔ̃] *nm* muestra.

échantillonnage [eʃɑ̃tijɔnaʒ] *nm* muestrario.

échappatoire [eʃapatwar] *nf* escapatoria, subterfugio.

échappée [eʃape] *nf* (*vue*) vista; (*CYCLISME*) escapada, arrancada.

échappement [eʃapmɑ̃] *nm* escape m.

échapper [eʃape] : **~ à** *vt* escapar de; **~ à qn** (*suj: détail, objet, mot*) escapársele a alguien; **s'~** *vi* escaparse; **l'~ belle** salvarse por un pelo.

écharde [eʃard(ə)] *nf* astilla.

écharpe [eʃarp(ə)] *nf* echarpe m,

bufanda; (*de maire*) faja; **avoir un bras en ~** tener un brazo en cabestrillo; **prendre en ~** coger de refilón.

écharper [eʃarpe] *vt* linchar, despedazar.

échasse [eʃas] *nf* zanco.

échassier [eʃasje] *nm* zancuda.

échauffer [eʃofe] *vt* recalentar; (*corps, personne*) calentar; (*fig*) acalorar, inflamar; **s'~** (*SPORT*) calentarse; (*fig*) acalorarse, exaltarse.

échauffourée [eʃofure] *nf* gresca, refriega.

échéance [eʃeɑ̃s] *nf* vencimiento; (*somme due*) deuda; (*d'engagements, promesses*) plazo; **à brève/longue ~** a corto/largo plazo.

échéant [eʃeɑ̃]: **le cas ~** *ad* llegado el caso.

échec [eʃɛk] *nm* fracaso, revés m; (*ÉCHECS*) jaque m; **~s** *mpl* (*jeu*) ajedrez m; **~ et mat/au roi** jaque mate/al rey.

échelle [eʃɛl] *nf* escalera; (*fig*) escala, jerarquía; (: *des* *salaires, d'une carte etc*) escala; **à l'~ de** en proporción a; **sur une grande/petite ~** en gran/pequeña escala; **faire la courte ~** hacer estribo.

échelon [eʃlɔ̃] *nm* escalón m, peldaño; (*ADMIN, SPORT*) grado, categoría.

échelonner [eʃlɔne] *vt* escalonar, graduar.

écheveau, x [eʃvo] *nm* madejilla.

échevelé, e [eʃəvle] *a* desgreñado(a).

échine [eʃin] *nf* espinazo.

échiquier [eʃikje] *nm* tablero.

écho [eko] *nm* eco; (*fig*) eco; resonancia; **~s** *mpl* gacetilla.

échoir [eʃwar] *vi* vencer; **~ à** *v* tocar a, tocarle en suerte a.

échoppe [eʃɔp] *nf* tenderete m.

échouer [eʃwe] *vi* (*tentative*) fracasar; (*candidat*) ser suspendido // *vt* varar; **s'~** *vi* encallar.

échu, e [eʃy] pp de **échoir.**

éclabousser [eklabuse] vt salpicar; **éclaboussure** nf salpicadura, mancha.

éclair [eklɛʀ] nm relámpago; (fig) chispa; (gâteau) pastelillo con crema // a inv relámpago inv.

éclairage [eklɛʀaʒ] nm iluminación f, alumbrado; (dispositif) iluminación; (fig) luz f, iluminación; (fig) luz f, punto de vista.

éclaircie [eklɛʀsi] nf clara, escampada.

éclaircir [eklɛʀsiʀ] vt aclarar; (fig) aclarar, clarificar; s'~ vi (ciel) aclararse, despejarse; s'~ la voix aclararse la voz; **éclaircissement** nm aclaración f, esclarecimiento.

éclairer [eklɛʀe] vt iluminar, alumbrar; (personne) alumbrar; (fig) aclarar, ilustrar // vi iluminar, alumbrar; s'~ vi (phare) encenderse; (rue) iluminarse; s'~ à la bougie alumbrarse con velas.

éclaireur, euse [eklɛʀœʀ, øz] nm (MIL) explorador // nm/f (scout) explorador/ora; **en ~** como explorador, por delante.

éclat [ekla] nm fragmento; (du soleil, d'une couleur etc) resplandor m, brillo; (d'une cérémonie) brillo, esplendor m; **faire un ~** hacer o armar un escándalo; **~ de rire** estallido de risa, carcajada; **~ de voix** grito, gritería.

éclatant, e [eklatɑ̃, ɑ̃t] a resplandeciente, brillante; (voix, son) estrepitoso(a), estruendoso(a); (fig) palmario(a), notorio(a).

éclater [eklate] vi estallar, reventar; (fig) estallar; (: groupe, parti) fragmentarse; ~ **de rire/en sanglots** romper en risa/en sollozos.

éclipse [eklips(ə)] nf eclipse m; **éclipser** vt eclipsar, ocultar; (fig) eclipsar, superar; s'~ vi (fig) eclipsarse, largarse.

éclopé, e [eklɔpe] a tullido(a), contuso(a).

éclore [eklɔʀ] vi abrirse; (fig) surgir, nacer.

éclosion [eklozjɔ̃] nf abertura; eclosión f, aparición f.

écluse [eklyz] nf esclusa.

écœurer [ekœʀe] vt dar náuseas a, repugnar; (fig) desagradar, desazonar.

école [ekɔl] nf escuela; colegio; **faire ~** formar escuela, crear una escuela; ~ **maternelle/primaire/secondaire** escuela de párvulos/primaria/secundaria; ~ **de dessin/danse** academia de dibujo/danza; ~ **hôtelière** escuela de hostelería; ~ **d'interprétariat** escuela de intérpretes; ~ **normale, EN** (d'instituteurs) escuela normal; ~ **de secrétariat** escuela de secretariado; **écolier, ière** nm/f colegial/a; alumno/a.

écologie [ekɔlɔʒi] nf ecología.

éconduire [ekɔ̃dɥiʀ] vt despedir, no recibir.

économat [ekɔnɔma] nm economato.

économe [ekɔnɔm] a económico(a), ahorrativo(a) // nm/f ecónomo/a.

économie [ekɔnɔmi] nf economía; (d'argent, de temps etc) economía, ahorro; (plan, arrangement d'ensemble) estructura, organización f; ~**s** fpl (pécule) ahorros; **une ~ de temps/d'argent** un ahorro de tiempo/de dinero; **économique** a económico(a), barato(a); (ÉCON) económico(a); **économiser** vt economizar, ahorrar // vi ahorrar; **économiste** nm/f economista m/f.

écoper [ekɔpe] vt achicar // vi achicarse; (fig) cobrar, pagar el pato; ~ **(de)** cobrar.

écorce [ekɔʀs(ə)] nf corteza, cáscara; **écorcer** vt descortezar, pelar.

écorcher [ekɔʀʃe] vt desollar, despellejar; (égratigner) despellejar, arañar; s'~ despellejarse, arañarse; **écorchure** nf rasguño, desolladura.

écossais, e [ekɔsɛ, ɛz] a, nm/f escocés(esa).

Écosse [ekɔs] nf Escocia.

écosser [ekɔse] vt desgranar.

écot [eko] nm cuota, parte f.

écoulement [ekulmɑ̃] nm venta, circulación f; flujo; transcurso.

écouler [ekule] vt (stock) vender, despachar; (billets) poner en circulación; s'~ vi (rivière, eau) correr, fluir; (jours, temps) transcurrir, pasar.

écourter [ekurte] vt (visite) acortar, abreviar.

écoute [ekut] nf (RADIO, TV) audición f; prendre l'~ sintonizar; être/rester à l'~ de estar/permanecer a la escucha de; être aux ~s estar atento(a).

écouter [ekute] vt escuchar; (fig) escuchar, atender.

écouteur [ekutœʀ] nm auricular m.

écoutille [ekutij] nf escotilla.

écran [ekʀɑ̃] nm pantalla; ~ de fumée cortina de humo; porter à l'~ llevar a la pantalla; le petit ~ la pantalla chica.

écrasant, e [ekʀazɑ̃, ɑ̃t] a agobiador(ora), abrumador(ora); (supériorité etc) demoledor(ora), aplastante.

écraser [ekʀaze] vt aplastar, triturar; (suj: voiture, train etc) atropellar, pisar; (armée, adversaire) aplastar, derrotar; (suj: travail, impôts etc) aplastar, agobiar; ~ qn d'impôts etc agobiar a alguien con impuestos etc; s'~ (au sol) (avion) estrellarse; s'~ contre/sur estrellarse contra/en.

écrémer [ekʀeme] vt (lait) desnatar.

écrevisse [ekʀəvis] nf cangrejo.

écrier [ekʀije] : s'~ vi gritar, exclamar.

écrin [ekʀɛ̃] nm joyero, estuche m.

écrire [ekʀiʀ] vt, vi escribir; s'~ vb réciproque escribirse, cartearse // vi (mot) escribirse.

écrit, e [ekʀi, it] a escrito(a) // nm escrito; par ~ por escrito.

écriteau, x [ekʀito] nm cartel m, letrero.

écriture [ekʀityʀ] nf escritura; (style) estilo; (COMM) asiento; ~s fpl (COMM) libros; l'É~, les É~s la Escritura, las Escrituras.

écrivain [ekʀivɛ̃] nm escritor/ora.

écrivais etc vb voir **écrire**.

écrou [ekʀu] nm tuerca.

écrouer [ekʀue] vt encarcelar.

écrouler [ekʀule] : s'~ vi derrumbarse; (personne, animal) desplomarse; (fig) venirse abajo.

écru, e [ekʀy] a crudo(a).

écu [eky] nm escudo.

écueil [ekœj] nm escollo.

écuelle [ekɥɛl] nf escudilla.

éculé, e [ekyle] a gastado(a); (fig péj) viejo(a), gastado(a).

écume [ekym] nf espuma.

écumer [ekyme] vt (CULIN) espumar; (fig: région, bibliothèque) asolar, devastar // vi (mer) espumar; (fig: personne) echar espuma por la boca, enfurecerse; **écumoire** nf espumadera.

écureuil [ekyʀœj] nm ardilla.

écurie [ekyʀi] nf caballeriza; (de course hippique) cuadra; (de course automobile) escudería.

écusson [ekysɔ̃] nm (motif) escudo.

écuyer, ère [ekɥije, ɛʀ] nm/f (artiste) artista m/f ecuestre.

eczéma [ɛgzema] nm eczema m.

edelweiss [edelvajs] nm rosa de los Alpes, edelweiss m.

édenté, e [edɑ̃te] a desdentado(a).

EDF sigle f = Electricité de France.

édifiant, e [edifjɑ̃, ɑ̃t] a edificante, instructivo(a); (iro) edificante.

édifice [edifis] nm edificio; (fig) estructura.

édifier [edifje] vt edificar, construir; (fig) estructurar, (personne) edificar, ilustrar; (: iro) informar.

édile [edil] nm concejal m.

Edimbourg [edɛ̃buʀ] Edimburgo.

édit [edi] nm edicto.

éditer [edite] vt editar; (auteur

musicien) editar, publicar; **éditeur, trice** nm/f editor/ora.

édition [edisjɔ̃] nf edición f; l'~ la industria editorial.

éditorial, aux [editɔrjal, o] nm editorial m, artículo de fondo; **~iste** nm/f editorialista m/f.

édredon [edʀɑdɔ̃] nm edredón m.

éducation [edykasjɔ̃] nf educación f, instrucción f; (théorie, système, formation, aussi manières) educación; **~ physique** educación física; **l'É~ Nationale** la Instrucción Pública.

édulcorer [edylkɔʀe] vt edulcorar; (fig) suavizar.

éduquer [edyke] vt educar, instruir; (inculquer les bonnes manières) educar, formar; (faculté) disciplinar, formar; **bien/mal éduqué** bien/mal educado.

effacer [efase] vt borrar; **s'~** borrarse, (pour laisser passer) hacerse a un lado; (souvenir, erreur) borrarse, desvanecerse.

effarer [efaʀe] vt asombrar, pasmar.

effaroucher [efaʀuʃe] vt espantar, asustar.

effectif, ive [efɛktif, iv] a efectivo(a), real // nm contingente m, efectivo; **effectivement** ad efectivamente, realmente; (comme réponse) efectivamente.

effectuer [efɛktɥe] vt efectuar, realizar; **s'~** efectuarse, llevarse a cabo.

efféminé, e [efemine] a afeminado(a).

effervescence [efɛʀvesɑ̃s] nf (fig) agitación f, efervescencia.

effervescent, e [efɛʀvesɑ̃, ɑ̃t] a efervescente; (fig) exaltado(a), agitado(a).

effet [efɛ] nm efecto, resultado; (impression) efecto, impresión f; **~s** mpl (vêtements) prendas; **faire de l'~** hacer efecto; **sous l'~ de** bajo el efecto de; **en ~** ad en efecto; **~ de style/couleur/voix** efecto de

estilo/color/voz; **~ de jambes** lucimiento de piernas.

effeuiller [efœje] vt deshojar.

efficace [efikas] a eficaz, efectivo(a); **efficacité** nf eficacia.

effigie [efiʒi] nf efigie f.

effilé, e [efile] a afilado(a), delgado(a).

effiler [efile] vt (cheveux) atusar; (tissu) deshilar.

effilocher [efiloʃe]: **s'~** vi (tissu) deshilacharse.

efflanqué, e [eflɑ̃ke] a enjuto(a), enclenque.

effleurer [eflœʀe] vt rozar; (fig: suj: idée, pensée) pasar por la cabeza.

effluves [eflyv] nmpl efluvios, emanaciones fpl.

effondrement [efɔ̃dʀəmɑ̃] nm derrumbe m; caída.

effondrer [efɔ̃dʀe]: **s'~** vi derrumbarse, hundirse; (prix, marché) venirse abajo, caer; (blessé, coureur etc) desplomarse; (accusé) abatirse.

efforcer [efɔʀse]: **s'~** vt: **s'~ de faire** esforzarse por o en hacer.

effort [efɔʀ] nm esfuerzo.

effraction [efʀaksjɔ̃] nf efracción f, fractura.

effrangé, e [efʀɑ̃ʒe] a desflecado(a), deshilado(a).

effrayant, e [efʀejɑ̃, ɑ̃t] a aterrador(ora), espantoso(a); (sens affaibli) terrible, tremendo(a).

effrayer [efʀeje] vt aterrorizar, horrorizar; (fig) amilanar, desanimar; **s'~** aterrorizarse, horrorizarse.

effréné, e [efʀene] a desenfrenado(a).

effriter [efʀite]: **s'~** vi desmenuzarse, pulverizarse; (prix, valeur) desmoronarse.

effroi [efʀwa] nm terror m, pavor m.

effronté, e [efʀɔ̃te] a descarado(a), atrevido(a).

effroyable [efʀwajabl(ə)] a horroroso(a), terrible.

effusion [efyzjɔ̃] nf efusión f; sans ~ de sang sin derramamiento de sangre.

égailler [egaje]: s'~ vi dispersarse, diseminarse.

égal, e, aux [egal, o] a (chances, nombres) igual, mismo(a); (terrain, surface) liso(a), parejo(a); (vitesse, rythme) uniforme, parejo(a); (équitable) ° equivalente, similar; (personnes) igual // nm/f semejante m/f; être ~ à (prix, nombre) ser igual a, equivaler; ça lui/nous est ~ le/nos da igual o mismo; c'est ~ poco importa, como sea; sans ~ sin igual, incomparable; à l'~ de al igual que, lo mismo que; d'~ à ~ de igual a igual; ~ement ad igualmente, uniformemente; (en outre, aussi) igualmente, asimismo; ~er vt igualar; 3 plus 3 égale 6 3 más 3 es igual a 6; ~iser vt nivelar, igualar // (SPORT) empatar.

égalitaire [egalitɛʀ] a igualitario(a); **égalitarisme** nm igualitarismo.

égalité [egalite] nf igualdad f, uniformidad f; (MATH) igualdad, equivalencia; (POL PHILOSOPHIE): l'~ la igualdad; être à ~ (de points) estar empatados (en tantos).

égard [egaʀ] nm: à cet ~/certains ~s/tous ~s desde este/cierto/todo punto de vista; eu ~ à teniendo en cuenta, en consideración de; par ~ pour por consideración a; sans ~ pour sin consideración para (con); à l'~ de prép respecto a, con respecto a; ~s mpl miramientos, consideración f.

égarement [egaʀmɑ̃] nm confusión f, extravío; (débauche) perdición f, extravío.

égarer [egaʀe] vt extraviar, perder; (fourvoyer) confundir, despistar; s'~ vi perderse, desorientarse; (fig) perderse, equivocarse; (objet) perderse, extraviarse.

égayer [egeje] vt alegrar,

regocijar; (récit, endroit) alegrar.

égide [eʒid] nf: sous l'~ de bajo la égida de.

églantier [eglɑ̃tje] nm mosqueta silvestre, escaramujo.

églantine [eglɑ̃tin] nf zarzarrosa.

églefin [eglɔfɛ̃] nm abadejo.

église [egliz] nf iglesia; l'É~ catholique/presbytérienne la Iglesia católica/presbiteriana.

égocentrique [egɔsɑ̃tʀik] a egocéntrico(a).

égoïsme [egɔism(ə)] nm egoísmo; **égoïste** a egoísta.

égorger [egɔʀʒe] vt degollar.

égosiller [egozije]: s'~ vi desgañitarse.

égout [egu] nm cloaca, sumidero; **égoutier** nm pocero.

égoutter [egute] vt escurrir // vi, s'~ vi escurrirse; (eau) gotear, escurrirse.

égratigner [egʀatiɲe] vt rasguñar; (fig) picar, burlarse de; s'~ rasguñarse; **égratignure** nf rasguñadura, rasguño.

égrener [egʀəne] vt desgranar; s'~ vi (fig) desgranarse; (: se disperser) esparcirse, diseminarse.

Égypte [eʒipt(ə)] nf Egipto; **égyptien, ne** [eʒipsjɛ̃, ɛn] a, nm/f egipcio(a); **égyptologie** nf egiptología.

eh [e] excl ¡eh!; ~ bien (surprise etc) ¡bueno!, ¡y bien!; ~ bien? (attente, doute etc) ¿y bien?; ~ bien (donc) pues bien.

éhonté, e [eɔ̃te] a desvergonzado(a).

éjaculer [eʒakyle] vi eyacular.

éjectable [eʒɛktabl(ə)] a voi. siège.

éjecter [eʒɛkte] vt (TECH) eyectar, expulsar; (fam) echar, arrojar.

élaborer [elabɔʀe] vt elaborar; (BIO) asimilar.

élaguer [elage] vt (arbre) podar, (fig) podar, acortar.

élan [elɑ̃] nm (ZOOL) alce m; (SPOR d'un véhicule, objet) impulso; (fig

impulso, arrebato; **prendre de l'~**
tomar impulso.

élancé, e [elãse] a espigado(a),
esbelto(a).

élancement [elãsmã] nm
punzada.

élancer [elãse]: **s'~** vi
abalanzarse, precipitarse; (fig)
alargarse, elevarse.

élargir [elaʀʒiʀ] vt ensanchar,
ampliar; (vêtement) agrandar,
ensanchar; (fig) ampliar; (JUR)
liberar, soltar; **s'~** vi ensancharse,
ampliarse; (vêtement) ensancharse,
agrandarse; **élargissement** nm
ampliación f; ensanche m.

élasticité [elastisite] nf elasticidad
f; **~ de l'offre/de la demande**
variabilidad f de la oferta/de la
demanda.

élastique [elastik] a elástico(a),
flexible; (fig) flexible, maleable //
nm (lien) goma; (tissu) elástico.

eldorado [eldoʀado] nm Eldorado.

électeur, trice [elektœʀ, tʀis] a,
nm/f electoʀ(ora).

élection [eleksjɔ̃] nf elección f; **~s**
fpl (POL) elecciones fpl.

électoral, e, aux [elektoʀal, o] a
electoral.

électorat [elektoʀa] nm electorado.

électricien, ne [elektʀisjɛ̃, ɛn]
nm/f electricista m/f.

électricité [elektʀisite] nf
electricidad f; (fig) tensión f; **avoir
l'~** tener electricidad o corriente
eléctrica; **allumer/éteindre l'~**
encender/apagar la luz;
fonctionner à l'~ funcionar con
electricidad; **~ statique**
electricidad estática.

électrifier [elektʀifje] vt electrificar.

électrique [elektʀik] a eléctri-
co(a); (fig) tenso(a).

électriser [elektʀize] vt electrizar,
exaltar.

électro-aimant [elektʀoɛmã] nm
electroimán m.

électrocardiogramme [elek-

tʀokaʀdjogʀam] nm electrocardio-
grama m.

électrochoc [elektʀoʃok] nm
electrochoque m.

électrocuter [elektʀokyte] vt elec-
trocutar; **électrocution** nf electro-
cución f.

électrode [elektʀod] nf electrodo.

électro-encéphalogramme
[elektʀoãsefalogʀam] nm electro-
encefalograma m.

électrogène [elektʀoʒɛn] a voir
groupe.

électrolyse [elektʀoliz] nf
electrólisis f.

électromagnétique [elektʀo-
manetik] a electromagnético(a).

électroménager [elektʀomena-
ʒe] a: **appareils ~s** aparatos elec-
trodomésticos // nm: **l'~** el electro-
doméstico.

électron [elektʀɔ̃] nm electrón m.

électronicien, ne [elektʀonisjɛ̃,
ɛn] nm/f especialista m/f de
electrónica.

électronique [elektʀonik] a elec-
trónico(a).

électrophone [elektʀofon] nm
tocadiscos m.

électrostatique [elektʀostatik] a
electroestático(a).

élégance [elegãs] nf elegancia;
distinción f; corrección f; **l'~** la
elegancia.

élégant, e [elegã, ãt] a elegante,
distinguido(a); (style, forme)
elegante, gracioso(a); (geste,
procédé) elegante, correcto(a).

élément [elemã] nm elemento; **~s**
mpl (eau, air etc) elementos;
(rudiments) elementos, rudimentos.

élémentaire [elemãtɛʀ] a
elemental, rudimentario(a); (fondamental, de base) elemental,
básico(a); (CHIM) elemental.

éléphant [elefã] nm elefante m.

élevage [elvaʒ] nm cría; **l'~** la
ganadería.

élévateur [elevatœʀ] nm elevador.

élévation [elevasjɔ̃] nf (voir
élever) levantamiento; subida; (voir

s'élever) levantamiento, alzamiento;
(voir élevé) nobleza, grandeza;
(monticule) elevación f, altura;
(GÉOMÉTRIE, REL) elevación.

élève [elɛv] nm/f (SCOL) alumno/a,
discípulo/a; (disciple) discípulo/a;
~ **infirmière** nf aspirante
enfermera.

élevé, e [elve] a elevado(a), alto(a);
(fig) elevado(a), noble; **bien/mal** ~
bien/mal educado.

élever [elve] vt (enfant, animaux)
criar; (immeuble, monument)
elevar, levantar; (taux, niveau etc)
alzar, subir; (fig) ennoblecer,
formar; **s'~** vi elevarse; (clocher,
montagne) elevarse, alzarse; (cri,
protestations) alzarse, levantarse;
(niveau, température) elevarse,
subir; (difficultés) sobrevenir,
aparecer; ~ **une protestation**
formular o elevar una protesta; ~
la voix alzar la voz; ~ **qn au grade**
de elevar a alguien al grado de; **s'~**
contre qch levantarse o sublevarse
contra algo; **s'~ à** (suj: dégâts,
frais) elevarse a.

éleveur, euse [elvœr, øz] nm/f
ganadero/a.

élidé, e [elide] a elidido(a).

élider [elide] vt; **s'~** elidirse.

éligible [eliʒibl(ə)] a elegible.

élimé, e [elime] a raído(a),
gastado(a).

élimination [eliminɑsjɔ̃] nf
eliminación f.

éliminatoire [eliminatwar] a
eliminatorio(a) // nf (SPORT)
eliminatoria.

éliminer [elimine] vt eliminar;
(fig) eliminar, suprimir.

élire [elir] vt elegir; ~ **domicile à**
fijar domicilio en.

élision [elizjɔ̃] nf elisión f.

élite [elit] nf elite f, minoría selecta;
tireur d'~ tirador de primera;
élitisme nm élitismo.

élixir [eliksir] nm elixir m.

elle [el] pron ella; ~**s** pron pl ellas;
avec ~ con ella; (réfléchi) consigo;
~**-même** ella misma; (après prép)

sí (misma); ~**s- mêmes** ellas
mismas; (après prép) sí (mismas).

ellipse [elips(ə)] nf elipse m; (LING)
elipsis f; **elliptique** a elíptico(a).

élocution [elɔkysjɔ̃] nf elocución f,
dicción f.

éloge [elɔʒ] nm elogio, ponderación
f; (discours) elogio, apología;
élogieux, euse a elogioso(a).

éloigné, e [elwaɲe] a alejado(a),
lejano(a); (date, échéance)
lejano(a), remoto(a); (famille,
parent) lejano(a).

éloignement [elwaɲmã] nm (voir
éloigner) alejamiento; (voir éloigné)
lejanía.

éloigner [elwaɲe] vt alejar,
apartar; (échéance, but) posponer,
diferir; (personne) alejar; **s'~** vi
alejarse; (affectivement) alejarse,
apartarse; **s'~** de alejarse de; (fig)
alejarse de, apartarse de.

élongation [elɔ̃gɑsjɔ̃] nf (MÉD)
elongación f.

éloquence [elɔkɑ̃s] nf elocuencia.

éloquent, e [elɔkɑ̃, t] a elocuente.

élu, e [ely] pp de **élire** // nm/f
electo/a, elegido/a; (REL) elegido/a.

élucider [elyside] vt dilucidar
aclarar.

éluder [elyde] vt eludir, soslayar.

émacié, e [emasje] a
demacrado(a), consumido(a).

émail, aux [emaj, o] nm esmalt
m; ~**lé, e** a esmaltado(a); ~**ler** v
esmaltar.

émanation [emanɑsjɔ̃] nf
emanación f, efluvio; **être l'~ de** se
la manifestación o expresión de.

émancipation [emɑ̃sipɑsjɔ̃] nf
emancipación f.

émancipé, e [emɑ̃sipe] a
emancipado(a), libre.

émanciper [emɑ̃sipe] vt (JU
emancipar; (gén) emancipa
liberar; **s'~** emanciparse.

émaner [emane] : ~ **de**
emanar de.

émarger [emarʒe] vt firmar
margen; ~ **à un budget** figur
como acreedor en un presupuesto.

émasculer [emaskyle] *vt* castrar, debilitar.

emballage [ɑbalaʒ] *nm* embalaje *m*; (*papier, boîte*) embalaje, envase *m*.

emballer [ɑbale] *vt* empaquetar, embalar; (*fig*) embalar, entusiasmar; **s'~** *vi* (*moteur*) embalarse; (*cheval*) desbocarse; (*fig*) embalarse, arrebatarse.

embarcadère [ɑbarkadɛr] *nm* embarcadero.

embarcation [ɑbarkasjɔ̃] *nf* embarcación *f*.

embardée [ɑbarde] *nf* bandazo; **faire une ~** dar bandazo.

embargo [ɑbargo] *nm* (*de marchandises*) embargo, confiscación *f*; **mettre l'~ sur** embargar, decomisar.

embarquement [ɑbarkəmɑ̃] *nm* embarco; embarque *m*.

embarquer [ɑbarke] *vt* embarcar; (*fam*) alzarse con // *vi* embarcar; (*NAUT*) estar encapillado(a) por las olas; **s'~** *vi* embarcarse; **s'~ dans** embarcarse en.

embarras [ɑbara] *nm* obstáculo, traba; (*confusion, perplexité*) confusión *f*, embarazo.

embarrasser [ɑbarase] *vt* embarazar, dificultar; (*gêner, troubler*) perturbar, embarazar; **s'~ de** cargarse de; (*fig*) preocuparse por.

embauche [ɑboʃ] *nf* contratación *f*, contrata; **bureau d'~** oficina de contratación.

embaucher [ɑboʃe] *vt* tomar, dar trabajo a; **s'~** inscribirse, anotarse.

mbaumer [ɑbome] *vt* (*corps*) embalsamar; (*lieu*) embalsamar, perfumar // *vi* perfumar, aromar; **~ la lavande** tener perfume de lavanda.

mbellir [ɑbeliʀ] *vt* embellecer, hermosear; (*personnage, histoire*) adornar, embellecer // *vi* mejorar, ponerse más bello(a).

mbêtant, e [ɑbɛtɑ̃, ɑ̃t] *a* molesto(a); fastidioso(a).

embêter [ɑbete] *vt* molestar, fastidiar; (*assommer, raser*) fastidiar, aburrir; (*contrarier, ennuyer*) fastidiar, contrariar; **s'~** *vi* aburrirse; **on ne s'embête pas!** ¡se divierte!, ¡la pasa bien!

emblée [ɑble]: **d'~** *ad* de entrada.

emblème [ɑblɛm] *nm* emblema *m*.

embobiner [ɑbɔbine] *vt* bobinar.

emboîter [ɑbwate] *vt* encajar; **~ le pas à** qn seguir los pasos de alguien; **s'~ (dans)** encajarse (en).

embolie [ɑbɔli] *nf* embolia.

embouché, e [ɑbuʃe] *a*: **mal ~** malhablado, deslenguado.

embouchure [ɑbuʃyʀ] *nf* (*GÉO*) desembocadura; (*MUS*) boquilla.

embourber [ɑburbe]: **s'~** *vi* empantanarse, atascarse.

embourgeoiser [ɑburʒwaze]: **s'~** *vi* aburguesarse.

embout [ɑbu] *nm* contera, regatón *m*.

embouteillage [ɑbutejaʒ] *nm* embotellamiento.

embouteiller [ɑbuteje] *vt* embotellar, atascar.

emboutir [ɑbutiʀ] *vt* chocar con; (*TECH*) forjar, moldear.

embranchement [ɑbrɑ̃ʃmɑ̃] *nm* (*routier*) bifurcación *f*; (*SCIENCE*) tipo.

embraser [ɑbraze]: **s'~** *vi* abrasarse, arder; (*fig*) inflamarse, anardecerse.

embrassade [ɑbrasad] *nf* abrazo.

embrasser [ɑbrase] *vt* besar; (*fig*) abarcar; **s'~** besarse; **~ une carrière** abrazar una carrera.

embrasure [ɑbrazyʀ] *nf* hueco, vano.

embrayage [ɑbrejaʒ] *nm* embrague *m*.

embrayer [ɑbreje] *vi* (*AUTO*) embragar.

embrigader [ɑbrigade] *vt* reclutar.

embrocher [ɑbrɔʃe] *vt* ensartar; (*fig*) traspasar, atravesar.

embrouillamini [ɑbrujamini] *nm* batahola, barahunda.

embrouiller [ãbʀuje] vt (fils) enredar; (fiches) embarullar, embrollar; (idées, questions) enredar, embrollar; (personne) embrollar, confundir; **s'~** vi (personne) enredarse, embrollarse.

embroussaillé, e [ãbʀusaje] a cubierto(a) de maleza.

embruns [ãbʀœ̃] nmpl salpicaduras.

embryon [ãbʀijɔ̃] nm embrión m; (fig) embrión, germen m.

embûches [ãbyʃ] nfpl obstáculos, tramoyas.

embué, e [ãbɥe] a empañado(a).

embuscade [ãbyskad] nf emboscada.

embusquer [ãbyske] vt emboscar; **s'~** vi emboscarse.

éméché, e [emeʃe] a achispado(a).

émeraude [emʀod] nf, a inv esmeralda.

émerger [emɛʀʒe] vi (de l'eau) emerger, surgir; (fig) sobresalir.

émeri [emʀi] nm: **toile/papier ~** tela/papel esmerilado(a) o de lija.

émérite [emeʀit] a emérito(a), consumado(a).

émerveiller [emɛʀveje] vt maravillar; **s'~ de qch** maravillarse de algo.

émetteur, trice [emɛtœʀ, tʀis] a emisor(ora) // nm emisora.

émettre [emɛtʀ(ə)] vt emitir, irradiar; (RADIO, TV) emitir, transmitir; (billet, timbre) emitir, poner en circulación; (hypothèse, avis) emitir // vi (RADIO, TV) emitir.

émeus etc vb voir **émouvoir**.

émeute [emøt] nf motín m, insurrección f; **émeutier, ère** nm/f amotinado(a), insurrecto/a.

émietter [emjete] vt desmigajar, desmenuzar.

émigrant, e [emigʀã, ãt] nm/f emigrante m/f.

émigré, e [emigʀe] nm/f emigrado/a.

émigrer [emigʀe] vi emigrar.

éminemment [eminamã] ad eminentemente.

éminence [eminãs] nf eminencia; (colline) elevación f, eminencia; **Son/Votre E~** Su/Vuestra Eminencia.

éminent, e [eminã, ãt] a (illustre) eminente, excelente.

émir [emiʀ] nm emir m; **~at** nm emirato.

émissaire [emisɛʀ] nm emisario.

émission [emisjɔ̃] nf emisión f.

emmagasiner [ãmagazine] vt almacenar; (fig) acumular.

emmailloter [ãmajote] vt envolver.

emmanchure [ãmãʃyʀ] nf sisa.

emmêler [ãmele] vt enredar; (fig) enredar, embrollar; **s'~** enredarse.

emménager [ãmenaʒe] vi mudarse, instalarse; **~ dans** mudarse a, instalarse en.

emmener [ãmne] vt llevar; (comme otage, capture) llevarse; (SPORT, MIL) conducir, dirigir.

emmerder [ãmɛʀde] vt (fam!) jeringar, jorobar.

emmitoufler [ãmitufle] vt arropar, abrigar; **s'~** arroparse, abrigarse.

emmurer [ãmyʀe] vt encerrar, recluir; (accidentellement) sepultar.

émoi [emwa] nm inquietud f, exaltación f; **en ~** alterado(a), sobresaltado(a).

émoluments [emɔlymã] nmpl emolumentos, remuneración f.

émonder [emɔ̃de] vt podar.

émotif, ive [emɔtif, iv] emocional; (personne) emotivo(a).

émotion [emɔsjɔ̃] nf emoción f (attendrissement) emoción, enternecimiento m; **donner des ~** provocar emociones; **~nel, le** emocional.

émotivité [emɔtivite] nf emotividad f.

émoulu, e [emuly] a: **frais ~ ¿** recién salido de.

émousser [emuse] vt desafila (fig) atenuar, debilitar.

émouvoir [emuvwaʀ] vt (trouble) emocionar, turbar; (touche) *attendrir*) conmover, enternecer; (*indigner*) alterar, indignar; (*effrayer*) perturbar, impresionar; **s'~** *vi* conmoverse; emocionarse.

empailler [ãpaje] *vt* (*animal*) disecar, embalsamar.

empaler [ãpale] *vt* empalar; **s'~ sur** ensartarse en.

empaqueter [ãpakte] *vt* empaquetar.

emparer [ãpare]: **s'~ de** *vt* apoderarse de.

empâter [ãpate]: **s'~** *vi* engordar.

empattement [ãpatmã] *nm* batalla.

empêché, e [ãpeʃe] *a* impedido(a), ocupado(a).

empêcher [ãpeʃe] *vt* impedir; **~ qn de faire qch** impedir a alguien que haga algo; ~que impedir que, evitar que; **il n'empêche que no** obstante esto, esto no impide que; **ne pas pouvoir s'~ de** no poder dejar de; **empêcheur de: empêcheur de danser en rond** aguafiestas *m inv*.

empeigne [ãpɛɲ] *nf* empella, pala.

empennage [ãpenaʒ] *nm* (*AVIAT*) empenaje *m*.

empereur [ãprœr] *nm* emperador *m*.

empesé, e [ãpəze] *a* (*fig*) envarado(a), afectado(a).

empeser [ãpəze] *vt* almidonar.

empester [ãpɛste] *vt* apestar, infestar // *vi* apestar, heder; **~ le tabac** apestar a tabaco.

empêtrer [ãpetre] *vt*: **s'~** *vt* enredarse.

emphase [ãfaz] *nf* énfasis *m*, grandilocuencia; **emphatique** [ãfatik] *a* enfático(a), ampuloso(a).

empierrer [ãpjere] *vt* empedrar.

empiéter [ãpjete]: **~ sur** *vt* invadir, usurpar.

empiffrer [ãpifre]: **s'~** *vi* (*péj*) atiborrarse, apiparse.

empiler [ãpile] *vt* apilar, amontonar; **s'~** *vi* apilarse, amontonarse.

empire [ãpir] *nm* imperio; (*influence*) imperio, dominio; **style E~** = estilo Imperio; **sous l'~ de** bajo el efecto o dominio de.

empirer [ãpire] *vi* empeorar, agravar.

empirique [ãpirik] *a* empírico(a).

empirisme [ãpirism(ə)] *nm* empirismo.

emplacement [ãplasmã] *nm* emplazamiento.

emplâtre [ãplatr(ə)] *nm* (*MÉD*) emplasto, cataplasma.

emplette [ãplet] *nf*: **faire des ~s** hacer compras, ir de compras; **faire l'~ de** comprar, adquirir.

emplir [ãplir] *vt* llenar, colmar; **s'~ (de)** llenarse o colmarse (de).

emploi [ãplwa] *nm* empleo, uso; (*poste*) empleo, puesto; (*ÉCON*) **l'~** el empleo; **offre/demande d'~** oferta/demanda de empleo o trabajo; **~ du temps** horario, ocupaciones *fpl*.

employé, e [ãplwaje] *nm/f* empleado/a.

employer [ãplwaje] *vt* emplear, utilizar; (*ouvrier, main d'œuvre*) emplear; **~ la force/les grands moyens** recurrir a la fuerza/a los medios decisivos; **s'~ à faire qch** ocuparse o consagrarse a hacer algo; **employeur** *nm* empleador *m*.

empocher [ãpoʃe] *vt* embolsar, meter en el bolsillo.

empoignade [ãpwaɲad] *nf* agarrada, gresca.

empoigner [ãpwaɲe] *vt* (*objet*) asir, empuñar; **s'~** agarrarse, irse a las manos.

empoisonnement [ãpwazɔnmã] *nm* envenenamiento, intoxicación *f*.

empoisonner [ãpwazɔne] *vt* envenar; (*suj: nourriture, substance*) envenar, intoxicar; (*air, pièce*) contaminar, infestar; (*fam*) envenenar, amargar; **~ l'atmosphère** contaminar la atmósfera; **s'~** envenenarse; (*accidentellement*) envenenarse, intoxicarse.

emportement [ɑ̃pɔrtəmɑ̃] *nm* vehemencia, arrebato.

emporte-pièce [ɑ̃pɔrtəpjɛs] *nm*: **formule à l'~** fórmula categórica.

emporter [ɑ̃pɔrte] *vt* llevar; (*en dérobant, enlevant*) arrebatar, arrancar; (*blessés, voyageurs*) llevar, trasladar; (*suj: courant, vent, fig etc*) arrastrar; (*suj: avalanche, choc etc*) arrasar, arrancar; (*gagner*) ganar, lograr; **s'~** *vi* arrebatarse, enfurecerse; **la maladie qui l'a emporté** la enfermedad que se lo ha llevado; **l'~ vencer**, ganar; **l'~ sur** prevalecer *o* predominar sobre; **boissons à ~** bebidas para llevar.

empourpré, e [ɑ̃purpre] *a* enrojecido(a).

empreint, e [ɑ̃prɛ̃, ɛ̃t] *a*: ~ **de** impregnado *o* lleno de; ~*nf* huella, marca; (*fig*) impronta; ~**e (digitale)** huella *o* impresión *f* (digital).

empressé, e [ɑ̃prese] *a* atento(a), diligente; (*péj*) obsecuente.

empressement [ɑ̃presmɑ̃] *nm* atención *f*, complacencia; (*hâte*) diligencia, prisa.

empresser [ɑ̃prese]: **s'~** *vi* apresurarse, apurarse; **s'~ auprès de** qn mostrarse solícito(a) con alguien; **s'~** de apresurarse a.

emprise [ɑ̃priz] *nf* influencia, ascendiente *m*; **sous l'~ de** bajo el dominio *o* la influencia de.

emprisonnement [ɑ̃prizɔnmɑ̃] *nm* encarcelamiento.

emprisonner [ɑ̃prizɔne] *vt* encarcelar; (*fig*) aprisionar, encerrar.

emprunt [ɑ̃prœ̃] *nm* préstamo; (*gén, COMM*) préstamo, empréstito; (*littéraire*) imitación *f*.

emprunté, e [ɑ̃prœ̃te] *a* (*fig*) confuso(a), embarazado(a).

emprunter [ɑ̃prœ̃te] *vt* pedir prestado; (*route, itinéraire*) tomar, seguir; (*objet*) tomar, imitar; **emprunteur, euse** *nm/f* el/la que toma prestado, prestatario/a.

empuantir [ɑ̃pɥɑ̃tir] *vt* infestar, contaminar.

ému, e [emy] *pp* de **émouvoir** // *a* emocionado(a); (*attendri*) conmovido(a).

émulation [emylasjɔ̃] *nf* emulación *f*, competencia.

émule [emyl] *nm/f* émulo/a, competidor/ora; (*péj*) émulo/a.

émulsion [emylsjɔ̃] *nf* emulsión *f*.

en [ɑ̃] *prép en*; (*avec direction*) a; ~ **bois/verre** de madera/vidrio; ~ **travaillant** trabajando; ~ **dormant** durmiendo, al dormir; ~ **apprenant la nouvelle/sortant** al conocer la noticia/salir; ~ **bon diplomate, il n'a rien dit** como buen diplomático, no dijo nada; **le même ~ plus grand** el mismo en tamaño más grande // *pron*: **j'~ viens/sors** de allí vengo/salgo; **il ~ est mort/perd le sommeil** por eso murió/pierde el sueño; **il ~ est aimé** es amado por él(ella); **il l'~ a frappé** lo golpeó con él; **j'~ connais les défauts** conozco los defectos de eso; **j'~ ai/veux** (lo/la/los/las) tengo/quiero; **j'~ ai assez** estoy harto(a); **où ~ étais- je?** ¿dónde estaba?, ¿en qué estaba?; **ne pas s'~ faire** no preocuparse; **j'~ viens à penser que** llego a pensar que.

EN sigle f voir **école**.

ENA [ena] *sigle f = École nationale d'administration.*

énamourer, **enamourer** [enamure]: **s'~ de** *vt* enamorarse de.

en-avant [ɑ̃navɑ̃] *nm* en adelante.

encablure [ɑ̃kablyr] *nf* cable *m*.

encadrement [ɑ̃kadrəmɑ̃] *nm* (*de porte*) marco, recuadro.

encadrer [ɑ̃kadre] *vt* encuadrar, enmarcar; (*fig*) rodear, flanquear; (*personnel, soldats etc*) tener a su mando; (*ÉCON*) controlar; **encadreur** *nm* fabricante *o* montador *m* de marcos.

encaisse [ɑ̃kɛs] *nf* ca

recaudación f; ~ or/métallique respaldo oro/metálico.

encaissé, e [ɑ̃kese] a encajonado(a).

encaisser [ɑ̃kese] vt cobrar; (fig) cobrar, llevarse; **s'~** vi encajonarse; **encaisseur** nm cobrador m, recaudador m.

encan [ɑ̃kɑ̃]: **à l'~** de en subasta.

encanailler [ɑ̃kɑnɑje]: **s'~** vi encanallarse, corromperse.

encart [ɑ̃kar] nm (publicitaire) encarte m, volante m.

en-cas, encas [ɑ̃kɑ] nm colación f, refrigerio

encastrer [ɑ̃kastre] vt encastrar, empotrar; **s'~ dans** embutirse o empotrarse en; (fig) estrellarse o chocar contra.

encaustique [ɑ̃kostik] nf cera; **encaustiquer** vt encerar.

enceinte [ɑ̃sɛ̃t] af encinta, embarazada; **~ de 6 mois** embarazada de 6 meses // murailla; (espace, pièce) recinto; **~ (acoustique)** circuito (acústico).

encens [ɑ̃sɑ̃] nm incienso; **~er** vt incensar, quemar incienso; (fig) incensar, adular; **~oir** nm incensario.

encéphalite [ɑ̃sefalit] nf encefalitis f.

encercler [ɑ̃serkle] vt cercar.

enchaînement [ɑ̃ʃɛnmɑ̃] nm (liaison) coordinación f, ilación f; **~ de circonstances** encadenamiento o concatenación f de circunstancias.

enchaîner [ɑ̃ʃene] vt encadenar; (coordonner) coordinar; encadenar.

enchanté, e [ɑ̃ʃɑ̃te] a: **~ (de faire votre connaissance)** encantado de conocerle.

enchantement [ɑ̃ʃɑ̃tmɑ̃] nm (magie) encantamiento, hechizo; **comme par ~** como por encanto o arte de magia.

enchanter [ɑ̃ʃɑ̃te] vt encantar, embelesar; **enchanteur, eresse** a encantador(ora).

enchâsser [ɑ̃ʃɑse] vt engastar,

engarzar; (pièce, élément) encastrar.

enchère [ɑ̃ʃer] nf puja, oferta; **faire une ~** hacer una oferta; **mettre/vendre aux ~s** sacar a/vender en subasta; **les ~s montent** las ofertas suben.

enchevêtrer [ɑ̃ʃəvetre] vt embrollar, enmarañar; **s'~** vi enmarañarse, embrollarse.

enclave [ɑ̃klav] nf enclave m; **enclaver** vt (entourer) enclavar.

enclencher [ɑ̃klɑ̃ʃe] vt engranar, acoplar; **s'~** vi engranarse.

enclin, e [ɑ̃klɛ̃, in] a: **~ à** propenso a.

enclore [ɑ̃klɔr] vt cercar.

enclos [ɑ̃klo] nm cercado.

enclume [ɑ̃klym] nf yunque m.

encoche [ɑ̃kɔʃ] nf muesca.

encoignure [ɑ̃kwanyr] nf rincón m.

encoller [ɑ̃kɔle] vt encolar.

encolure [ɑ̃kɔlyr] nf cuello; (COUTURE, décolleté) escote m.

encombrant, e [ɑ̃kɔ̃brɑ̃, ɑ̃t] a molesto(a), fastidioso(a).

encombre [ɑ̃kɔ̃br(ə)]: **sans ~** ad sin inconvenientes.

encombrement [ɑ̃kɔ̃brəmɑ̃] nm atascamiento, obstrucción f; (de circulation) embotellamiento; (d'un objet) volumen m, tamaño.

encombrer [ɑ̃kɔ̃bre] vt estorbar, obstruir; (fig) recargar, abarrotar; (personne) estorbar, fastidiar; **s'~ de** cargarse o atiborrarse de.

encontre [ɑ̃kɔ̃tr(ə)]: **à l'~ de** prép en contra de.

encorbellement [ɑ̃kɔrbɛlmɑ̃] nm saledizo, saliente f; **en ~** en saliente.

encorder [ɑ̃kɔrde] vt: **s'~** encordarse.

encore [ɑ̃kɔr] ad todavía, aún; (de nouveau) otra vez, otra vez más; (restriction) aún así, con todo; **~ plus fort/mieux** aún más fuerte/mejor; **pas ~** todavía o aún no; **~ que** a pesar de que, aunque; **~ une fois/deux jours** una vez/dos díás más; **non seulement... mais** ~ no sólo... sino también.

encouragement [ākuraʒmã] *nm* ánimo, aliento.

encourager [ākuraʒe] *vt* animar, alentar; (*activité, tendance*) fomentar, alentar.

encourir [ākuriʀ] *vt* arriesgarse o exponerse a.

encrasser [ākʀase] *vt* ensuciar.

encre [ākʀ(ə)] *nf* tinta; ~ **de Chine** tinta china; ~ **sympathique** tinta simpática o invisible; **encrer** *vt* entintar; **encrier** *am*: **rouleau encreur** rodillo entintador; **encrier** *nm* tintero.

encroûter [ākʀute]: **s'**~ *vi* embrutecerse, sumirse.

encyclique [āsiklik] *nf* encíclica.

encyclopédie [āsiklɔpedi] *nf* enciclopedia; **encyclopédique** *a* enciclopédico(a).

endémique [ādemik] *a* (*MÉD*) endémico(a).

endetter [ādete] *vt* llenar de deudas; **s'**~ endeudarse.

endeuiller [ādœje] *vt* enlutar.

endiablé, e [ādjable] *a* endiablado(a); (*turbulent*) inquieto(a), revoltoso(a).

endiguer [ādige] *vt* embalsar; (*fig*) poner dique a, refrenar.

endimancher [ādimāʃe] *vt*: **s'**~ endomingarse.

endive [ādiv] *nf* endibia, escarola.

endocrine [ādɔkʀin] *af*: **glande** ~ glándula endocrina.

endoctriner [ādɔktʀine] *vt* adoctrinar.

endommager [ādɔmaʒe] *vt* dañar, perjudicar.

endormi, e [ādɔʀmi] *a* (*indolent, lent*) haragán(ana), indolente.

endormir [ādɔʀmiʀ] *vt* adormecer, dormir; (*fig*) engañar; distraer; (*ennuyer*) aburrir, dar sueño; (*MÉD*) dormir, anestesiar; **s'**~ vi adormecerse, dormirse; (*fig*) dormirse, distraerse.

endosser [ādose] *vt* asumir;

(*chèque*) endosar; (*tenue*) endosar, vestir.

endroit [ādʀwa] *nm* lugar *m*, sitio; (*d'un objet, d'une douleur*) parte *f*, sitio; (*opposé à l'envers*) derecho; **à l'**~ al derecho; **à l'**~ **de** *prép* para con, con respecto a.

enduire [ādɥiʀ] *vt* recubrir; ~ **qch de** untar o recubrir algo con; **enduit** *nm* capa, mano *f*.

endurant, e [ādyʀā, āt] *a* resistente, fuerte.

endurci, e [ādyʀsi] *a* inveterado(a).

endurcir [ādyʀsiʀ] *vt* curtir, insensibilizar; **s'**~ *vi* curtirse, endurecerse.

endurer [ādyʀe] *vt* resistir, soportar.

énergétique [enɛʀʒetik] *a* energético(a).

énergie [enɛʀʒi] *nf* energía; **énergique** a enérgico(a).

énerver [enɛʀve] *vt* irritar, exasperar; **s'**~ *vi* irritarse, ponerse nervioso(a).

enfance [āfās] *nf* infancia; **c'est l'**~ **de l'art** es un juego de niños, está tirado.

enfant [āfā] *nm/f* niño/a, chico/a; (*fig*) niño/a, chiquillo/a; (*fils, fille, fig*) hijo/a; **bon** ~ a bonachón(ona); **petit(e)** ~ (*bambin*) niñito/a, nene/a; ~ **de chœur** monaguillo; (*fig*) inocentón *m*, crédulo; ~ **prodigue** hijo pródigo; ~**er** vi parir, dar a luz // vt (*œuvre*) producir, crear; ~**illage** *nm* (*péj*) chiquillada, simpleza; ~**in, e** *a* infantil; (*simple*) pueril, infantil.

enfer [āfɛʀ] *nm* infierno; **allure/bruit d'**~ ritmo/ruido infernal.

enfermer [āfɛʀme] *vt* encerrar; **s'**~ encerrarse, recluirse.

enferrer [āfeʀe]: **s'**~ *vi* (*fig*) enredarse.

enfiévré, e [āfjevʀe] a excitado(a), enardecido(a).

enfilade [āfilad] *nf*: ~ **de** hilera de **en** ~ en fila o hilera.

enfiler [ãfile] vt enhebrar, ensartar; (aiguille) enhebrar; (vêtement) ponerse; (rue, couloir) tomar, coger; (insérer) meter, ensartar.

enfin [ãfɛ̃] ad (pour finir, finalement) finalmente, por fin; (dans une énumération) por último; (de restriction, concession, de résignation, pour conclure) en fin.

enflammer [ãflame] vt inflamar, encender; (MÉD) inflamar, irritar; (fig) inflamar, enardecer; s'~ inflamarse.

enflé, e [ãfle] a hinchado(a); (péj) ampuloso(a).

enfler [ãfle] vi (MÉD) hincharse; s'~ vi (fig) aumentar, hincharse.

enfoncé, e [ãfõse] a (yeux) hundido(a).

enfoncer [ãfõse] vt (clou) clavar, hundir; (porte, plancher etc) derribar; (lignes ennemies) abatir, arrollar; (fam) hundir, derrotar //; vi hundirse; s'~ vi hundirse; ~ qch dans hundir algo en; s'~ dans (forêt, ville) adentrarse o penetrar en; (mensonge, erreur) hundirse o sumirse en.

enfouir [ãfwir] vt ocultar, esconder; (dans le sol) enterrar; s'~ dans/sous sumergirse en/bajo.

enfourcher [ãfurʃe] vt montar a horcajadas en.

enfourner [ãfurne] vt poner al horno; (mettre) enfundar, meter.

enfreindre [ãfrɛ̃dr(ə)] vt infringir, transgredir.

enfuir [ãfɥir]: s'~ vi huir, evadirse.

enfumer [ãfyme] vt ahumar.

engagé, e [ãgaʒe] a comprometido(a) // fam (MIL) voluntario.

engageant, e [ãgaʒã, ãt] a prometedor(ora), atractivo(a).

engagement [ãgaʒmã] nm contrata, iniciación f; compromiso; (promesse) compromiso, promesa; (rendez-vous etc) compromiso; (MIL) encuentro.

engager [ãgaʒe] vt (embaucher)

tomar, contratar; (commencer) iniciar, entablar; (suj: promesse etc) comprometer; (argent) invertir, colocar; (troupes) hacer intervenir, hacer entrar en acción; (inciter) animar, inducir; (faire pénétrer) meter, introducir; s'~ vi contratarse, alistarse; (promettre) comprometerse; s'~ dans internarse o entrar en; (voie, carrière) meterse o aventurarse en.

engelure, e [ãʒləʀ] a: ~ dans embutido en.

engorger [ãgɔʀʒe] vt obstruir, atascar; s'~ vi atascarse, obstruirse.

engouement [ãgumã] nm entusiasmo, deslumbramiento.

engouffrer [ãgufʀe] vt consumir, devorar; s'~ dans precipitarse en.

engourdi, e [ãgurdi] a entumecido(a).

engourdir [ãgurdir] vt adormecer, entumecer; (fig) embotar; s'~ vi embotarse, adormecerse.

engrais [ãgʀɛ] nm abono, fertilizante m; ~ chimique abono químico o artificial.

engraisser [ãgʀese] vt engordar, cebar // vi (péj) engordar, enriquecerse.

engranger [ãgʀãʒe] vt entrojar.

engrenage [ãgʀənaʒ] nm engranaje m; (fig) engranaje, encadenamiento.

engueuler [ãgœle] vt (fam) regañar, sermonear.

enhardir [ãardir]: s'~ vi atreverse.

énigmatique [enigmatik] a enigmático(a).

énigme [enigm(ə)] nf (jeu) enigma m; (fig) enigma, misterio.

enivrer [ãnivʀe] vt embriagar, emborrachar; (fig) embriagar, marear.

enjambée [ãʒãbe] nf salto; zancada.

enjamber [ãʒãbe] vt saltar, franquear; (suj: pont etc) franquear.

enjeu, x [ãʒø] nm apuesta, postura; (d'une élection, d'un match) lo que está en juego.

enjoindre [ãʒwɛ̃dʀ(ə)] vt: ~ à qn de faire ordenar a alguien que haga.

enjôler [ãʒole] vt camelar, engañar.

enjoliver [ãʒolive] vt adornar, aderezar.

enjoliveur [ãʒolivœʀ] nm (AUTO) embellecedor m.

enjoué, e [ãʒwe] a alegre, jovial.

enlacer [ãlase] vt abrazar, estrechar; (suj: corde, liane) liar, atar.

enlaidir [ãlediʀ] vt afear // vi ponerse feo(a).

enlèvement [ãlɛvmã] nm rapto, secuestro.

enlever [ãlve] vt quitarse, sacarse; (meuble, objet qui traîne) sacar, quitar; (tache etc) quitar; (MÉD: organe) sacar, extraer; (ordures) recoger; (meubles à déménager) retirar; (kidnapper) raptar, secuestrar; (suj: maladie) llevar; (prix, victoire, contrat etc) llevarse, lograr; (MIL: position ennemie) conquistar; (MUS) ejecutar brillantemente; ~ qch à qn quitar algo a alguien.

enliser [ãlize] s'~ vi empantanarse, atascarse.

enluminure [ãlyminyʀ] nf estampa.

enneigé, e [ãneʒe] a nevado(a), cubierto(a) de nieve.

enneigement [ãnɛʒmã] nm estado de la nieve.

ennemi, e [ɛnmi] a enemigo(a) // nm/f enemigo/a, adversario/a // nm enemigo; être l'~ de ser enemigo de o contrario a.

ennoblir [ãnɔbliʀ] vt ennoblecer, enaltecer.

ennui [ãnɥi] nm aburrimiento, hastío; un ~ una dificultad, un contratiempo; avoir des ~s tener dificultades o problemas.

ennuyer [ãnɥije] vt molestar,

fastidiar; (contrarier) contrariar, fastidiar; (lasser) aburrir, cansar; si cela ne vous ennuie pas si no le molesta; s'~ vi aburrirse; s'~ de qn/qch echar de menos a alguien/algo; ennuyeux, euse a aburrido(a), fastidioso(a); (contrariant) molesto(a), fastidioso(a).

énoncé [enõse] nm enunciado.

énoncer [enõse] vt enunciar, formular.

enorgueillir [ãnɔʀɡœjiʀ] : s'~ de vt enorgullecerse de, jactarse de.

énorme [enɔʀm(ə)] a enorme, inmenso(a); (important) enorme, colosal; **énormément** ad muchísimo; **énormément de** muchísimo(s); **énormité** nf enormidad f, inmensidad f.

enquérir [ãkeʀiʀ] : s'~ de vt informarse sobre, preguntar por.

enquête [ãkɛt] nf investigación f, sumario; (de journaliste, sondage d'opinion) encuesta; **enquêter** vi investigar; (journaliste) hacer una encuesta; **enquêter sur** investigar sobre; **enquêteur, euse** ou **trice** nm/f investigador/ora, encuestador/ora.

enquiers etc vb voir **enquérir**.

enraciné, e [ãʀasine] a (fig) arraigado(a).

enragé, e [ãʀaʒe] a rabioso(a); (fig) apasionado(a), empedernido(a); ~ de apasionado por, fanático de.

enrageant, e [ãʀaʒã, ãt] a enojoso(a), irritante.

enrager [ãʀaʒe] vi rabiar; **faire ~ qn** hacer rabiar a alguien.

enrayer [ãʀeje] vt detener, cortar; s'~ vi atascarse, encasquillarse.

enregistrement [ãʀʒistʀəmã] nm grabación f; inscripción f; facturación f; (bande, disque) grabación.

enregistrer [ãʀʒistʀe] vt grabar; (amélioration, perte etc) registrar; acusar; (plainte, requête) registrar; inscribir; (mémoriser) registrar,

grabar; (aussi: **faire** ~: **bagages**)
facturar; **enregistreur, euse** a
registrador(ora) // nm registrador
m.

enrhumer [ɑ̃ryme]: **s'~** vi resfriarse, constiparse.

enrichir [ɑ̃riʃir] vt enriquecer; **s'~**
enriquecerse.

enrober [ɑ̃rɔbe] vt: ~ **qch de**
revestir o cubrir algo con.

enrôler [ɑ̃role] vt enrolar, reclutar;
s'~ (dans) enrolarse o alistarse
(en).

enroué, e [ɑ̃rwe] a ronco(a).

enrouer [ɑ̃rwe]: **s'~** vi ponerse
ronco(a).

enrouler [ɑ̃rule] vt enrollar; ~
qch autour de enrollar o envolver
algo alrededor de; **s'~** enrollarse,
envolverse; **enrouleur, euse** a
enrollador(ora) // nm: **ceinture de
sécurité à enrouleur** cinturón m de
seguridad arrollable.

enrubanné, e [ɑ̃rybane] a
adornado(a) con cintas.

ENS sigle f = Ecole normale
supérieure.

ensabler [ɑ̃sɑble] vt enarenar;
(embarcation) varar en la arena;
s'~ vi enarenarse; encallarse en la
arena.

ensanglanté, e [ɑ̃sɑ̃glɑ̃te] a en-
sangrentado(a).

enseignant, e [ɑ̃sɛɲɑ̃, ɑ̃t] a, nm/f
docente (m/f).

enseigne [ɑ̃sɛɲ] nf letrero; **à telle
~ que** a tal punto que, la prueba es
que.

enseignement [ɑ̃sɛɲmɑ̃] nm
enseñanza; (leçon, conclusion)
enseñanza, lección f; (profession)
enseñanza, docencia; (administration) enseñanza, instrucción f; ~
primaire/secondaire enseñanza
primaria/secundaria; ~ **supérieur
ou universitaire** enseñanza superior
o universitaria.

enseigner [ɑ̃sɛɲe] vt enseñar; (suj:
choses) enseñar, aleccionar // vi
enseñar.

ensemble [ɑ̃sɑ̃bl(ə)] ad juntos(as);

(en même temps) juntos(as),
simultáneamente // nm conjunto;
(unité, harmonie) armonía, unidad
f; **l'~ de** la totalidad de, todo(a);
aller ~ (être assorti) combinarse;
impression/mouvement d'~
impresión f/movimiento general o
de conjunto; **dans l'~** en conjunto,
en rasgos generales; ~ **vocal**
conjunto vocal.

ensemblier [ɑ̃sɑ̃blije] nm
decorador/ora.

ensemencer [ɑ̃smɑ̃se] vt sembrar.

enserrer [ɑ̃sere] vt apretar, ceñir.

ensevelir [ɑ̃səvlir] vt sepultar.

ensilage [ɑ̃silaʒ] nm ensilaje m.

ensoleillé, e [ɑ̃sɔleje] a soleado(a),
luminoso(a).

ensoleillement [ɑ̃sɔlejmɑ̃] nm
soleamiento.

ensommeillé, e [ɑ̃sɔmeje] a som-
noliento(a), amodorrado(a).

ensorceler [ɑ̃sɔrsəle] vt embrujar.

ensuite [ɑ̃sɥit] ad después; (plus
tard) después, luego; ~ **de quoi**
después de lo cual.

ensuivre [ɑ̃sɥivr(ə)]: **s'~** vi
derivarse, seguirse; **il s'ensuit que**
como consecuencia, de esto resulta
que.

entacher [ɑ̃taʃe] vt mancillar;
entaché de nullité viciado de
nulidad.

entaille [ɑ̃taj] nf muesca, ranura;
(blessure) tajo, herida.

entailler [ɑ̃taje] vt cortar; **s'~ le
doigt** etc lastimarse el dedo etc.

entamer [ɑ̃tame] vt comenzar,
empezar; (hostilités, pourparlers)
iniciar, entablar; (fig) menguar,
debilitar.

entartrer [ɑ̃tartre]: **s'~** vi
cubrirse de sarro.

entasser [ɑ̃tase] vt amontonar,
apilar; (personnes, animaux)
amontonar, hacinar; **s'~** vi
amontonarse, apiñarse.

entendement [ɑ̃tɑ̃dmɑ̃] nm entendimiento, razón f.

entendre [ɑ̃tɑ̃dr(ə)] vt oír,
escuchar; (accusé, témoin)

escuchar, atender; (*comprendre*)
entender, comprender; (*vouloir
dire*) entender, querer decir; ~ **être
obéi/que** exigir ser obedecido/que;
s'~ entenderse, comprenderse; (*se
mettre d'accord*) entenderse,
ponerse de acuerdo; **j'ai entendu
dire que** quise decir que; ~ **raison**
entrar en razones; **s'~ à qch**
entender de algo; **s'~ à faire qch**
ser entendido(a) o competente para
hacer algo; **je m'entends** yo me
entiendo, se lo que digo; (*cela*)
s'entend (eso) se entiende,
naturalmente.

entendu, **e** [ãtãdy] a (*affaire*)
resuelto(a), decidido(a); (*air*)
entendido(a), conocedor(ora); **c'est
~ de acuerdo**; **bien ~** ¡por
supuesto!

entente [ãtãt] *nf* comprensión *f*,
unión *f*; (*accord, traité*) acuerdo,
tratado; **à double ~** de doble
sentido.

entériner [ãterine] *vt* convalidar,
ratificar.

entérite [ãterit] *nf* enteritis *f*.

enterrement [ãtɛrmã] *nm*
entierro, funeral *m*.

enterrer [ãtɛre] *vt* enterrar,
sepultar; (*trésor etc*) enterrar; (*suj:
avalanche etc*) sepultar; (*dispute,
projet*) echar tierra sobre.

entêtant, **e** [ãtɛtã, ãt] a que aturde
o marea.

en-tête [ãtɛt] *nm* membrete *m*; **à ~**
a con membrete.

entêté, **e** [ãtɛte] a porfiado(a),
tozudo(a).

entêter : **s'~** *vi*
empecinarse, obstinarse; **s'~ à**
empecinarse en.

enthousiasme [ãtuzjasm(ə)] *nm*
entusiasmo, exaltación *f*;
enthousiasmer *vt* entusiasmar,
encantar; **s'enthousiasmer (pour
qch)** entusiasmarse o apasionarse
(con algo); **enthousiaste** a entusiasta, apasionado(a).

enticher [ãtiʃe] : **s'~ de** *vt*
encapricharse con.

entier, **ère** [ãtje, jɛr] a (*non
entamé*) entero(a); (*en totalité*)
todo(a), completo(a); (*total,
complet*) total, absoluto(a);
(*personne, caractère*) íntegro(a),
cabal // *nm* (*MATH*) entero; **en ~**
por entero(a) o completo(a); **entièrement** *ad* totalmente, absolutamente.

entité [ãtite] *nf* entidad *f*, ente *m*.

entomologie [ãtɔmɔlɔʒi] *nf*
entomología.

entonner [ãtɔne] *vt* entonar.

entonnoir [ãtɔnwar] *nm* embudo;
(*trou*) hoyo.

entorse [ãtɔrs(ə)] *nf* esguince *m*;
(*fig*): ~ **à** violación *f* a.

entortiller [ãtɔrtije] *vt* envolver,
enrollar; (*fam*) envolver, enredar.

entourage [ãturaʒ] *nm* allegados;
(*ce qui enclôt*) cerco.

entourer [ãture] *vt* cercar, rodear;
(*cerner*) cercar, sitiar; (*suj: choses*)
rodear, bordear; (*apporter son
soutien à*) reconfortar, agasajar; ~
qch de cercar algo con; ~ **qn de
soins** prodigar cuidados a alguien;
s'~ de rodearse de.

entournures [ãturnyr] *nfpl*: **gên-
aux ~** ajustado de hombros; (*fig*)
molesto, apretado.

entracte [ãtrakt(ə)] *nm* (*au
cinéma, concert*) intermedio,
entreacto.

entraide [ãtrɛd] *nf* ayuda mutua.

entraider [ãtrɛde]: **s'~** *v*
réciproque ayudarse mutuamente.

entrailles [ãtraj] *nfpl* entrañas.

entrain [ãtrɛ̃] *nm* animación *f*,
vivacidad *f*; **avec/sans ~** con/sin
resolución o entusiasmo.

entraînant, **e** [ãtrɛnã, ãt] a
excitante, irresistible.

entraînement [ãtrɛnmã] *nm*
entrenamiento, práctica; (*TECH*):
à chaîne/galet tracción *f*
cadena/rodillo.

entraîner [ãtrɛne] *vt* (*wagons etc*)
arrastrar; (*objets arrachés*)
acarrear, arrastrar; (*TEC*)
accionar, poner en movimiento

(*emmener*) llevarse; (*mener à l'assaut*) llevar a la ofensiva; (*SPORT*) entrenar; (*influencer*) arrastrar, influenciar; (*changement, dépenses etc*) acarrear, ocasionar; ~ **qn** à arrastrar a alguien a; **s'~** (*SPORT*) entrenarse; **s'~ à** habituarse a; **entraîneur, euse** *nm/f* entrenador/ora // *nf* (*HIPPISME*) picador *m* // *nf* tanguista, gancho.

entrave [ãtʀav] *nf* (*fig*) traba, obstáculo.

entraver [ãtʀave] *vt* (*fig*) obstaculizar, dificultar.

entre [ãtʀ(ə)] *prép* entre; (à *travers*) entre, en; **l'un d'~ eux/nous** uno de ellos/nosotros; **le meilleur d'~ eux/nous** el mejor de ellos/nosotros; **ils préfèrent rester ~ eux** prefieren permanecer entre ellos; **ils se battent ~ eux** se pelean entre sí.

entrebâiller [ãtʀəbaje] *vt* entreabrir.

entrechat [ãtʀəʃa] *nm* entrechat *m*.

entrechoquer [ãtʀəʃɔke] : **s'~** *vi* entrechocarse.

entrecôte [ãtʀəkot] *nf* entrecote *m*, solomillo de vaca.

entrecouper [ãtʀəkupe] *vt*: ~ **qch de** interrumpir algo con.

entrecroiser [ãtʀəkʀwaze] *vt* entrecruzar; **s'~** *vi* entrecruzarse.

entrée [ãtʀe] *nf* entrada, ingreso; (*accès*) entrada, acceso; (*billet, voie d'accès, aussi CULIN*) entrada; ~**s** *fpl*: **avoir ses ~s chez/auprès de** tener libre acceso a; **d'~** *ad* de entrada, desde el comienzo; **faire son ~ dans** presentarse en; **'~ interdite/libre'** 'entrada prohibida/libre'; ~ **des artistes** entrada de los artistas; ~ **en matière** comienzo, introducción *f*.

entrefaites [ãtʀəfɛt] : **sur ces ~** *ad* en esto, en ese momento.

entrefilet [ãtʀəfilɛ] *nm* noticia breve, suelto.

entrejambes [ãtʀəʒãb] *nm* entrepierna.

entrelacer [ãtʀəlase] *vt* (*fils*) entrelazar.

entrelarder [ãtʀəlaʀde] *vt* (*viande*) mechar; (*fig*): **entrelardé de** salpicado de.

entremêler [ãtʀəmele] *vt* entremezclar; ~ **qch de** entremezclar algo con, entrecortar algo por.

entremets [ãtʀəmɛ] *nm* plato dulce que se sirve antes de la fruta.

entremettre(s(ə)) : **s'~** *vi* mediar, interceder; (*péj*) entremeterse; **entremise** *nf*: **par l'entremise de** por intermedio o mediación de.

entrepont [ãtʀəpɔ] *nm* cubierta intermedia, entrepuente *m*.

entreposer [ãtʀəpoze] *vt* depositar.

entrepôt [ãtʀəpo] *nm* depósito.

entreprenant, e [ãtʀəpʀənã, ãt] *a* emprendedor(ora), resuelto(a); (*trop galant*) audaz, atrevido.

entreprendre [ãtʀəpʀãdʀ(ə)] *vt* emprender, iniciar; (*personne*) abordar; ~ **de faire qch** tratar de hacer algo, intentar hacer algo.

entrepreneur [ãtʀəpʀənœʀ] *nm* (*en bâtiment*) contratista *m*; ~ **de pompes funèbres** empresario de pompas fúnebres.

entreprise [ãtʀəpʀiz] *nf* empresa; (*action, tentative*) empresa, tentativa.

entrer [ãtʀe] *vi* entrar; (*objet*) entrar, penetrar // *vt* (*aussi: faire ~*) introducir; ~ **dans** entrar en; (*fig*) entrar o ingresar en; (: *phase, période*) entrar en, iniciar; (*entrer en collision avec*) chocar; (*vues, craintes de qn*) compartir, estar de acuerdo con; (*être une composante de*) entrar en, formar parte de; ~ **à l'hôpital** ingresar en el hospital; **laisser ~** dejar entrar; (*lumière, air*) dejar pasar o entrar; **faire ~** (*visiteur*) hacer pasar, invitar a entrar.

entresol [ãtʀəsɔl] *nm* entresuelo.

entre-temps [ãtʀɔtã] ad entretanto, mientras tanto.

entretenir [ãtʀɔtniʀ] vt mantener, conservar; (feu etc, famille, péj: maîtresse) mantener; (amitié, relations) mantener, cultivar; ~ qn (de qch) hablar a alguien (de algo); s'~ (de qch) conversar (sobre algo); **entretien** nm conservación f; manutención f, (discussion) conversación f, (audience) entrevista, audiencia; **entretiens** mpl (gén POL) conferencia, coloquio; frais d'entretien gastos de mantenimiento.

entrevoir [ãtʀɔvwaʀ] vt entrever; (fig) entrever, vislumbrar.

entrevue [ãtʀɔvy] nf entrevista.

entrouvrir [ãtʀuvʀiʀ] vt entreabrir.

énumération [enymeʀasjɔ̃] nf enumeración f.

énumérer [enymeʀe] vt enumerar.

envahir [ãvaiʀ] vt invadir; (fig) invadir, apoderarse de; **envahissant, e** a (péj) entrometido(a); **envahisseur** nm invasor m.

envaser [ãvaze]: s'~ vi atascarse en el fango; (lac, rivière) cegarse.

enveloppe [ãvlɔp] nf sobre m; (gén, TECH) envoltura, funda; mettre sous ~ poner en un sobre; ~ autocollante sobre de autoadhesivo.

envelopper [ãvlɔpe] vt envolver; (fig) envolver, rodear; s'~ dans envolverse en.

envenimer [ãvnime] vt (fig) empeorar, encizañar; s'~ vi empeorarse; (plaie) enconarse.

envergure [ãveʀgyʀ] nf envergadura, (fig) envergadura, magnitud f, (: d'une personne) categoría, vuelo.

enverrai etc vb voir **envoyer**.

envers [ãveʀ] prép hacia, para con // nm (d'une feuille) envés m, cara dorsal; (d'une étoffe, d'un vêtement) revés m, contrahaz f, (fig) envés, contrario; à l'~ al revés; ~ et

contre tous ou tout contra viento y marea.

envie [ãvi] nf envidia; une ~ un deseo, unas ganas; (sur la peau) antojo; (filet de peau) padrastro; avoir ~ de qch tener ganas de algo; avoir ~ de faire qch tener ganas de hacer algo; (envisager) tener deseos de hacer algo; avoir ~ que desear que, querer que; donner à qn l'~ de faire qch dar ganas de hacer algo a alguien; **envier** vt envidiar; **envieux, euse** a envidioso(a), ávido(a) // nm/f (péj) envidioso/a.

environ [ãviʀɔ̃] ad aproximadamente, cerca de; 3 h/2 km ~ 3 h/2 km aproximadamente; ~ 3 h/2 km alrededor de 3 h/2 km; ~s nmpl alrededores mpl; aux ~s de en las cercanías de; (fig) alrededor de, aproximadamente a.

environnant, e [ãviʀɔnã, ãt] a cercano(a), circundante; (fig) que rodea, circundante.

environnement [ãviʀɔnmã] nm ambiente m, medio ambiente.

environner [ãviʀɔne] v circundar, rodear; (personne) rodear; s'~ de rodearse de.

envisager [ãvizaʒe] vt considerar, tener en cuenta; (projeter) pensar a; proyectar, tener en vista; ~ de faire planear o proyectar hacer.

envoi [ãvwa] nm envío; (paquet, colis) paquete m.

envoie etc vb voir **envoyer**.

envol [ãvɔl] nm vuelo; despegue m.

envolée [ãvɔle] nf vuelo, ímpetu m.

envoler [ãvɔle]: s'~ vi (oiseau) levantar vuelo; (avion) despegar (papier, feuille) volarse; (fig) esfumarse, evaporarse.

envoûter [ãvute] vt hechizar; (fig) hechizar, embelesar.

envoyé, e [ãvwaje] nm enviado/a, delegado/a; (de journal) ~ spécial/permanente corresponsal m especial/permanente.

envoyer [ãvwaje] vt envia mandar; (projectile, ballon) lanza (gifle, critique) propinar; s'~

(*fam*) zamparse; cargarse; **envoyer, euse** *nm/f* emitente *m/f*.
enzyme [ãzim] *nm* enzima.

épagneul, e [epaɲœl] *nm/f* podenco/a.

épais, se [epɛ, ɛs] a grueso(a), espeso(a); (*sauce, liquide*) espeso(a), denso(a); (*fumée, brouillard, foule etc*) espeso(a), compacto(a); (*péj*) obtuso(a); ~**seur** *nf* espesor *m*; densidad *f*; ~**sir** vt espesar // vi, s'~**sir** vi espesarse.

épanchement [epãʃmã] *nm* (*MÉD*): ~ **de sinovie** derrame *m* sinovial.

épancher [epãʃe] vt desahogar; s'~ vi desahogarse; (*liquide*) derramarse.

épandage [epãdaʒ] *nm* esparcimiento, diseminación *f*.

épanouir [epanwir] vt: s'~ vi (*fleur*) abrirse; (*visage*) despejarse, alegrarse; (*personne*) desarrollarse, alcanzar la plenitud; (*pays*) desarrollarse.

épargnant, e [eparɲã, ãt] *nm/f* ahorrador/ora.

épargne [eparɲ(ə)] *nf* ahorro; l'~ **logement** ahorro para la vivienda.

épargner [eparɲe] vt ahorrar; (*soucis*) evitar; (*ennemi, prisonnier*) perdonar la vida a; (*récolte, région*) salvar, exceptuar // vi ahorrar; ~ **qch à qn** evitar algo a alguien, dispensar de algo a alguien.

parpiller [eparpije] vt desparramar; (*guetteurs, postes*) diseminar; (*fig*) malgastar, derrochar; s'~ vi desparramarse, dispersarse; (*manifestants etc*) dispersarse; (*fig*) dispersarse, desperdigarse.

pars, e [epar, ars(ə)] a disperso(a), suelto(a).

paté, e [epate] a: **nez** ~ nariz achatada.

pater [epate] vt asombrar, sorprender.

paule [epol] *nf* hombro; (*CULIN*) spaldilla.

épaulé-jeté [epoleʒəte] *nm* (*SPORT*) levantada y tierra.

épaulement [epolmã] *nm* (*MIL*) parapeto; (*GÉO*) rellano.

épauler [epole] vt respaldar, apoyar; (*arme*) encararse // vi apuntar.

épaulette [epolɛt] *nf* (*MIL*) charretera; (*bretelle*) tirante *m*.

épave [epav] *nf* restos; (*véhicule abandonné*) despojo; (*fig*) deshecho, ruina.

épée [epe] *nf* espada.

épeler [eple] vt deletrear; s'~ deletrearse.

éperdu, e [epɛrdy] a loco(a), extraviado(a); (*amour, gratitude*) eterno(a), infinito(a); (*fuite*) en-loquecido(a); ~**ment** ad desespera-damente; ~**ment amoureux** perdi-damente enamorado; **s'en ficher** ~**ment** desentenderse por com-pleto.

éperon [eprõ] *nm* espuela; (*GÉO*) promontorio, espolón *m*; (*de navire*) espolón; ~**ner** vt espolear; (*fig*) aguijonear; (*navire*) embestir con la roda.

épervier [epɛrvje] *nm* gavilán *m*; (*PÊCHE*) esparavel *m*.

éphèbe [efɛb] *nm* efebo.

éphémère [efemɛr] a efímero(a).

éphéméride [efemerid] *nm* efemérides *f*.

épi [epi] *nm* espiga; ~ **de cheveux** remolino; **se garer en** ~ aparcar en batería.

épice [epis] *nf* especia; **épicé, e** a condimentado(a), picante; (*fig*) picante, picaresco(a).

épicéa [episea] *nm* pícea.

épicentre [episãtr(ə)] *nm* epicentro.

épicerie [episri] *nf* tienda de ultramarinos; (*produits*) comesti-bles *mpl*; ~ **fine** comestibles selectos; **épicier, ière** *nm/f* tendero/a de ultramarinos.

épicurien, ne [epikyrjɛ̃, ɛn] a epicúreo(a).

épidémie [epidemi] *nf* epidemia.

épiderme [epidɛʀm(ə)] nm
epidermis f; **épidermique** a (MÉD)
epidérmico(a); (fig) superficial,
frívolo(a).

épier [epje] vt espiar, vigilar;
(arrivée, changement, occasion)
estar al acecho de.

épieu, x [epjø] nm venablo.

épigone [epigɔn] nm epígono.

épigramme [epigram] nf
epigrama m.

épigraphe [epigraf] nf epígrafe m.

épilatoire [epilatwaʀ] a
depilatorio(a).

épilepsie [epilɛpsi] nf epilepsia;
épileptique a, nm/f epiléptico(a).

épiler [epile] vt depilar; **s'~** les
jambes depilarse las piernas; se
faire ~ hacerse depilar; **crème à**
~ crema para depilar.

épilogue [epilɔg] nm epílogo; (fig)
epílogo, desenlace m.

épiloguer [epilɔge] vi: ~ (sur)
comentar (sobre).

épinard [epinaʀ] nm (BOT)
espinaca f; (CULIN): ~s espinacas.

épine [epin] nf espina; (d'oursin)
púa; **épineux, euse** a espinoso(a);
(fig) espinoso(a), enrevesado(a).

épingle [epɛ̃gl(ə)] nf alfiler m; **tirer**
son ~ du jeu salir de apuros; **tiré à**
quatre ~ de punta en blanco;
monter qch en ~ poner algo por
las nubes, alardear de algo; **virage**
en ~ à cheveux curva cerrada; ~
double ou **de nourrice** ou **de sûreté**
imperdible m; ~ **de cravate** alfiler
de corbata; **épingler** vt prender;
(fam) atrapar, pescar.

épinière [epinjɛʀ] a voir **moelle**.

Epiphanie [epifani] nf Epifanía.

épique [epik] a épico(a); (fig)
memorable.

épiscopal, e, aux [episkɔpal, o] a
episcopal.

épiscopat [episkɔpa] nm
episcopado.

épisode [epizɔd] nm episodio; **film**
à ~s película en episodios;
épisodique a episódico(a).

épistémologie [epistemɔlɔʒi] nf
epistemología.

épistolaire [epistɔlɛʀ] a epistolar.

épitaphe [epitaf] nf epitafio.

épithète [epitɛt] nf, a epíteto.

épître [epitʀ(ə)] nf epístola.

éploré, e [eplɔʀe] a desconsola-
do(a), acongojado(a).

éplucher [eplyʃe] vt mondar, pelar;
(fig) examinar con atención;
éplucheur nm (à légumes)
mondador m; **épluchures** nfpl
mondaduras, cáscaras.

épointer [epwɛte] vt despuntar,
desmochar.

éponge [epɔ̃ʒ] nf esponja; **passer**
l'~ (sur) (fig) hacer borrón y
cuenta nueva (de); **éponger** vt
absorber, enjugar; (surface) pasar
una esponja por; **s'éponger le front**
enjugarse la frente.

épopée [epɔpe] nf epopeya.

époque [epɔk] nf época, período;
(de l'année, la vie) época, momento;
d'~ a de época; **à l'~** época; **à l'~** ou/de en la
época en que/de.

épouiller [epuje] vt espulgar,
despiojar.

époumoner [epumɔne]: **s'~** vi
desgañitarse.

épouse [epuz] nf voir **époux**.

épouser [epuze] vt casarse con;
(fig) adherir a; (:)forme,
mouvement) adaptarse a.

épousseter [epuste] v
desempolvar, quitar el polvo a.

époustouflant, e [epustuflɑ̃, ɑ̃t] a
sorprendente, asombroso(a).

épouvantable [epuvɑ̃tabl(ə)] a
horroroso(a), pavoroso(a); (sens
affaibli) espantoso(a), terrible.

épouvantail [epuvɑ̃taj] nm espantapájaros m inv; (fig) espectro,
coco.

épouvante [epuvɑ̃t] nf espanto,
terror m; **film d'~** película de
terror; **épouvanter** vt aterrorizar,
horrorizar; (sens affaibli) espantar.

époux, ouse [epu, uz] nm
esposo/a // nmpl esposos.

éprendre [epʀɑ̃dʀ(ə)]: **s'~ de** vt enamorarse de.

épreuve [epʀœv] nf desventura, contrariedad f; (SCOL) prueba, examen m; (SPORT, PHOTO, IMPRIMERIE) prueba; **à l'~ de** a prueba de; **mettre à l'~** poner a prueba.

épris, e [epʀi, iz] pp de **éprendre.**

éprouvant, e [epʀuvɑ̃, ɑ̃t] a penoso(a).

éprouvé, e [epʀuve] a (sûr) a toda prueba.

éprouver [epʀuve] vt probar; (personne) probar, poner a prueba; (faire souffrir) afectar, hacer padecer; (fatigue etc, sentiment) experimentar, sentir; (difficultés etc) encontrar, tropezar con.

éprouvette [epʀuvɛt] nf probeta.

épuisé, e [epɥize] a agotado(a), exhausto(a); (stock, livre) agotado(a).

épuiser [epɥize] vt agotar, extenuar; (stock, ressources etc) agotar, consumir; (fig) agotar; **s'~** vi agotarse; (stock) agotarse, acabarse.

épuisette [epɥizɛt] nf manga.

épurer [epyʀe] vt depurar; (fig) depurar, purgar.

équarrir [ekaʀiʀ] vt escuadrar, labrar a escuadra; (animal) descuartizar.

Équateur [ekwatœʀ] nm ecuador m.

Équateur [ekwatœʀ] nm: **l'~** el Ecuador.

équation [ekwasjɔ̃] nf ecuación f; **mettre en ~** convertir en ecuación.

équatorial, e, aux [ekwatɔʀjal, o] a ecuatorial.

équerre [ekɛʀ] nf escuadra; **d'~, à l'~ a, ad** a escuadra, en ángulo recto; **les jambes en ~** (GYMNASTIQUE) las piernas a escuadra.

équestre [ekɛstʀ(ə)] a ecuestre.

équeuter [ekøte] vt quitar el rabillo.

équidistant, e [ekɥidistɑ̃, ɑ̃t] a equidistante.

équilatéral, e, aux [ekɥilateʀal, o] a equilátero(a).

équilibrage [ekilibʀaʒ] nm (des roues) nivelación f.

équilibre [ekilibʀ(ə)] nm equilibrio, estabilidad f; (fig, PSYCH) equilibrio; **être en ~** (objet) estar equilibrado(a); **perdre l'~** perder el equilibrio; **équilibré, e** a equilibrado(a); **équilibrer** vt equilibrar; **s'équilibrer** vi (poids) equilibrarse; (fig) equilibrarse, compensarse; **équilibriste** nm/f equilibrista m/f.

équinoxe [ekinɔks(ə)] nm equinoccio.

équipage [ekipaʒ] nm tripulación f, dotación f; (SPORT AUTOMOBILE) equipo; (d'un roi) séquito, cortejo.

équipe [ekip] nf equipo; (de travailleurs) cuadrilla; (d'amis) pandilla; **~ de sauveteurs** equipo de salvamento.

équipée [ekipe] nf calaverada, correría.

équipement [ekipmɑ̃] nm equipo; **~s sportifs** instalaciones deportivas.

équiper [ekipe] vt equipar; (région) proveer, abastecer; **~ qn de** proveer a alguien de; **~ qch de** equipar algo con o de; **s'~** equiparse; (région, pays) proveerse, abastecerse.

équipier, ière [ekipje, jɛʀ] nm/f compañero/a de equipo.

équitable [ekitabl(ə)] a equitativo(a), imparcial.

équitation [ekitasjɔ̃] nf equitación f.

équivalence [ekivalɑ̃s] nf equivalencia.

équivalent, e [ekivalɑ̃, ɑ̃t] a equivalente, igual // nm: **l'~** el equivalente.

équivaloir [ekivalwaʀ]: **~ à** vt equivaler a, ser igual a; (refus etc) equivaler a.

équivoque [ekivɔk] a equívoco(a),

ambigu(a); (*louche*) équívoco(a), dudoso(a) // *nf* equívoco; (*expression*) equívoco, amfibología.

érable [ɛrabl(ə)] *nm* arce *m*.

érafler [ɛrafle] *vt* rasguñar, raspar; **s'~** rasguñarse; **éraflure** *nf* rasguño.

éraillé, **e** [ɛraje] *a* (*voix*) cascado(a).

ère [ɛr] *nf* era *f*.

érection [ɛrɛksjɔ̃] *nf* erección *f*.

éreinter [ɛrɛ̃te] *vt* reventar, cansar; (*fig*) denigrar, poner por el suelo; **s'~** (à faire qch/à qch) deslomarse (haciendo algo/con o por algo).

ergot [ɛrgo] *nm* espolón *m*; (*TECH*) uña.

ériger [ɛriʒe] *vt* erigir, levantar; **~ qch** en convertir algo en; **s'~ en** constituirse en.

ermitage [ɛrmitaʒ] *nm* ermita; (*fig*) retiro, refugio.

ermite [ɛrmit] *nm* ermitaño, eremita *m*; (*fig*) ermitaño.

éroder [ɛrode] *vt* desgastar.

érosion [ɛrozjɔ̃] *nf* (*GÉO*) erosión *f*.

érotique [ɛrɔtik] *a* erótico(a).

érotisme [ɛrɔtismə] *nm* erotismo.

errata [ɛrata] *nm ou nmpl* fe *f* de erratas.

erratum, a [ɛratɔm, a] *nm* errata *f*.

errer [ɛre] *vi* errar, deambular.

erreur [ɛrœr] *nf* error *m*, equivocación *f*; **~s** *fpl* (*morales*) faltas, culpas; **tomber/être dans l'~** incurrir/estar en un error; **par ~** ad por error o equivocación; **~ de fait/jugement** error de hecho/juicio; **~ judiciaire** error judicial.

erroné, **e** [ɛrone] *a* erróneo(a), errado(a).

ersatz [ɛrzats] *nm* sucedáneo.

éructer [ɛrykte] *vi* eructar.

érudit, **e** [ɛrydi, it] *a*, *nm/f* erudito(a); **~ion** *nf* erudición *f*.

éruptif, **ive** [ɛryptif, iv] *a* eruptivo(a).

éruption [ɛrypsjɔ̃] *nf* erupción *f*.

es *vb voir* **être**.

ès [ɛs] *prép*: **licencié ~ lettres** *etc* licenciado en letras *etc*.

escabeau, x [ɛskabo] *nm* escabel *m*.

escadre [ɛskadr(ə)] *nf* (*NAUT*) escuadra; (*AVIAT*) escuadrilla.

escadrille [ɛskadrij] *nf* (*AVIAT*) escuadrilla.

escadron [ɛskadrɔ̃] *nm* escuadrón *m*.

escalade [ɛskalad] *nf* escalada; **escalader** *vt* escalar, trepar.

escalator [ɛskalatɔr] *nm* escalera mecánica.

escale [ɛskal] *nf* escala; **faire ~ (à)** hacer escala (en).

escalier [ɛskalje] *nm* escalera; **~ à vis ou en colimaçon** escalera de caracol; **~ roulant** escalera automática.

escalope [ɛskalɔp] *nf* (*CULIN*) filete *m*, escalope *m*.

escamotable [ɛskamɔtabl(ə)] *a* (*TECH*) plegable.

escamoter [ɛskamɔte] *vt* escamotear, eludir; (*suj: illusionniste*) escamotear.

escapade [ɛskapad] *nf* escapada; **faire une ~** escurrirse escabullirse.

escarbille [ɛskarbij] *nf* carbonilla.

escargot [ɛskargo] *nm* caracol *m*.

escarmouche [ɛskarmuʃ] *nf* escaramuza.

escarpé, **e** [ɛskarpe] *a* escarpado(a).

escarpement [ɛskarpmɑ̃] *nm* declive *m*.

escarpin [ɛskarpɛ̃] *nm* escarpín *m*.

escarre [ɛskar] *nf* (*MÉD*) escara.

escient [ɛsjɑ̃] *nm*: **à bon ~** co fundamento, a propósito.

esclaffer [ɛsklafe]: **s'~** estallar en carcajadas.

esclandre [ɛskludr(ə)] *n* escándalo.

esclavage [ɛsklavaʒ] *nm* esclavitud *f*; **esclavagiste** *nm* esclavista *m/f*.

esclave [ɛsklav] *nm/f* esclavo/a.

escogriffe [ɛskɔgrif] *nm* (*péj*) zángón *m*, zanguango.

escompte [ɛskɔ̃t] *nm* descuento; (*COMM*) descuento, rebaja; **escompter** *vt* descontar; (*espérer*) contar con; **escompter que** contar con que.

escorte [ɛskɔrt(ə)] *nf* escolta; **toute une ~ de** (*fig*) toda una serie de; **escorter** *vt* escoltar; **escorteur** *nm* escolta.

escouade [ɛskwad] *nf* (*MIL*) escuadra, pelotón *m*.

escrime [ɛskrim] *nf*: **l'~ la** esgrima; **faire de l'~** practicar esgrima.

escrimer [ɛskrime]: **s'~** *vi*: **s'~ à faire qch/sur qch** afanarse en hacer algo/sobre algo.

escrimeur, euse [ɛskrimœr, øz] *nm/f* esgrimidor/ora.

escroc [ɛskro] *nm* estafador *m*.

escroquer [ɛskrɔke] *vt* estafar; **~ie** [ɛskrɔkri] *nf* estafa.

ésotérique [ezɔterik] *a* esotérico(a).

espace [ɛspas] *nm* espacio, extensión *f*; (*entre deux points, deux objets*) espacio; (*de temps*) espacio, lapso; **~s verts** zonas verdes.

espacé, e [ɛspase] *a* espaciado(a); distanciado(a).

espacement [ɛspasmɑ̃] *nm* separación *f*; distancia; espaciamiento.

espacer [ɛspase] *vt* espaciar, separar; (*dans le temps*) espaciar, distanciar; **s'~** *vi* espaciarse.

espadon [ɛspadɔ̃] *nm* pez espada *m*.

espadrille [ɛspadrij] *nf* alpargata.

Espagne [ɛspaɲ] *nf* España; **espagnol, e** [ɛspaɲɔl] *a, nm/f* español(ola).

spagnolette [ɛspaɲɔlɛt] *nf* falleba.

spalier [ɛspalje] *nm* espaldera.

spèce [ɛspɛs] *nf* (*BIO, BOT, ZOOL*) especie *f*; (*gén*) especie, clase *f*; **~s** *pl* (*COMM*) efectivo; (*REL*) especies *fpl*; **une ~ de** una especie de; **~ de**

...! ¡pedazo de...!; **en l'~** *ad* en la circunstancia; **payer en ~s** pagar en efectivo o metálico.

espérance [ɛsperɑ̃s] *nf* esperanza; **~ de vie** promedio de vida.

espéranto [ɛsperɑ̃to] *nm* esperanto.

espérer [ɛspere] *vt, vi* esperar; **~ que/faire qch** esperar que/hacer algo; **~ en** confiar en.

espiègle [ɛspjɛgl(ə)] *a* pícaro(a), travieso(a).

espion, ne [ɛspjɔ̃, ɔn] *a, nm/f* espía (*m/f*).

espionnage [ɛspjɔnaʒ] *nm* espionaje *m*.

espionner [ɛspjɔne] *vt* espiar.

esplanade [ɛsplanad] *nf* explanada.

espoir [ɛspwar] *nm* esperanza; **dans l'~ de/que** con la esperanza de/de que; **un ~ de la boxe** una promesa del box.

esprit [ɛspri] *nm* espíritu *m*, pensamiento; (*humour, ironie*) humor *m*, ingenio; (*fantôme etc*) espíritu; **paresse/vivacité d'~** pereza/vivacidad mental; **faire de l'~** dárselas de ingenioso(a); **reprendre ses ~s** volver en sí; **perdre l'~** perder la razón; **l'~ d'une loi** el espíritu de una ley; **l'~ d'équipe/de parti/d'entreprise** el espíritu de equipo/de partido/de empresa; **l'~ de corps** el sentido de solidaridad; **l'~ critique** el sentido crítico; **~s chagrins** espíritus sombríos.

esquif [ɛskif] *nm* esquife *m*.

esquimau, de, x [ɛskimo, ɔd] *a, nm, nf* esquimal (*m, f*).

esquinter [ɛskɛ̃te] *vt* (*fam*) estropear, deteriorar.

esquisse [ɛskis] *nf* bosquejo, boceto; **esquisser** *vt* bosquejar, esbozar; **esquisser un geste** esbozar un gesto; **s'esquisser** *vi* esbozarse.

esquive [ɛskiv] *nf*: **l'~ la** finta, la esquiva.

esquiver [ɛskive] *vt* esquivar; (*fig*) esquivar, eludir; **s'~** *vi* zafarse.

essai [esɛ] nm prueba; (*RUGBY, LITTÉRATURE*) ensayo; ~**s** mpl (*SPORT, AUTO*) pruebas; **à l'** ~ a prueba.

essaim [esɛ̃] nm enjambre m; ~**er** [eseme] vi enjambrar, (*fig*) expandirse.

essayage [esɛjaʒ] nm prueba; **salon/cabine d'** ~ salón/cabina de pruebas.

essayer [eseje] vt probar; (*avant d'acheter*) probar, probarse; ~ **de faire qch** tratar de hacer algo; **s'** ~ **à** ejercitarse en.

essayiste [esejist(ə)] nm/f ensayista m/f.

essence [esɑ̃s] nf esencia; (*carburant*) gasolina; (*d'arbre*) especie f; ~ **de lavande** esencia de lavanda; ~ **de térébenthine** esencia de trementina.

essentiel, le [esɑ̃sjɛl] a esencial, imprescindible; (*de base, fondamental*) esencial, fundamental // adj: **l'** ~ lo esencial; **être** ~ **à** ser esencial o fundamental para; **l'** ~ **d'un discours/d'une œuvre** lo fundamental de un discurso/una obra.

esseulé, e [esœle] a solo(a), desamparado(a).

essieu, x [esjø] nm eje m.

essor [esɔr] nm auge m, desarrollo.

essorer [esɔre] vt secar, escurrir; **essoreuse** nf escurridor m; (*à tambour*) secadora.

essouffler [esufle] vt sofocar, dejar sin aliento; **s'** ~ vi sofocarse, quedarse sin aliento; (*fig*) agotarse, perder la inspiración.

essuie-glace [esɥiglas] nm limpiaparabrisas m inv.

essuie-mains [esɥimɛ̃] nm toalla, paño de manos.

essuyer [esɥije] vt secar; (*épousseter*) limpiar; (*fig*) sufrir, soportar; **s'** ~ secarse.

est [ɛ] vb voir **être** // nm, a inv [ɛst] este (m); **l'E~** (*POL*) el Este; **à l'** ~ al este; (*direction*) hacia el este; **à l'** ~ **de** al este de.

estafette [ɛstafɛt] nf (*MIL*) estafeta f, correo.

estafilade [ɛstafilad] nf tajo.

est-allemand, e [ɛstalmɑ̃, ɑ̃d] a de Alemania Oriental o del Este.

estampe [ɛstɑ̃p] nf estampa.

estampille [ɛstɑ̃pij] nf sello.

est-ce que [ɛskə] ad: ~ **c'est cher?** ¿es caro?; **quand est-ce qu'il part?** ¿cuándo parte?; **où est-ce qu'il va?** ¿adónde va?; **qui est-ce qui a fait ça?** ¿quién hizo eso?

esthète [ɛstɛt] nm/f esteta m/f.

esthéticien, ne [ɛstetisjɛ̃, jɛn] nm/f esteta m/f // esteticista, especialista en belleza.

esthétique [ɛstetik] a estético(a) // nf estética.

estimation [ɛstimasjɔ̃] nf evaluación f, estimación f.

estime [ɛstim] nf estima, consideración f.

estimer [ɛstime] vt estimar, apreciar; (*expertiser*) estimar, evaluar; (*prix, importance, distance*) evaluar, calcular; ~ **que/être...** creer que/ser...; **s'** ~ **satisfait** considerarse satisfecho.

estival, e, aux [ɛstival, o] a estival.

estivant, e [ɛstivɑ̃, ɑ̃t] nm/f veraneante m/f.

estocade [ɛstɔkad] nf estocada; (*fig*) golpe m de gracia.

estomac [ɛstɔma] nm estómago.

estomaqué, e [ɛstɔmake] a alelado(a), atónito(a).

estompe [ɛstɔ̃p] nf esfumino, difumino; **estomper** vt esfumar, difuminar; (*suj: brume etc*) desdibujar, velar; (*fig*) desdibujar, borrar; **s'** ~ vi esfumarse, borrarse, desdibujarse.

estrade [ɛstrad] nf tarima.

estragon [ɛstragɔ̃] nm estragón m.

estropier [ɛstrɔpje] vt baldar, tullir; (*fig*) estropear, arruinar.

estuaire [ɛstɥɛr] nm estuario.

estudiantin, e [ɛstydjɑ̃tɛ̃, in] a estudiantil.

esturgeon [estyʀʒɔ̃] nm esturión m.

et [e] conj y; (avant i et hi prononcé [i]) e; ~ **puis** y además; ~ **alors** ou (**puis**) **après?** (qu'importe!) ¿y qué?

étable [etabl(ə)] nf establo m.

établi [etabli] nm banco.

établir [etabliʀ] vt (papiers, facture) establecer, hacer; (liste, programme) establecer, fijar; (règlement, gouvernement) establecer, instituir; (entreprise, atelier, camp) establecer, instalar; (fig) establecer, sentar; (fait, culpabilité) establecer, comprobar; (personne) colocar; **s'~** vb réfléchi (monter une entreprise etc) instalarse, poner un negocio // vi (s'installer) establecerse (por su cuenta); **s'~** (à son compte) establecerse (por su cuenta); **s'~ quelque part** radicarse en alguna parte.

établissement [etablismɑ̃] nm establecimiento.

étage [etaʒ] nm piso m, planta; (de fusée) cuerpo, sección f; (de culture, végétation) nivel m, estrato; **habiter à l'~/au deuxième ~** vivir en el primer piso/el segundo piso; **de bas ~** a de baja estofa o calidad.

étager [etaʒe] vt (fig) escalonar; **s'~** vi escalonarse.

étagère [etaʒɛʀ] nf estante m; (meuble) estantería.

étai [ete] nm puntal m.

étain [etɛ̃] nm estaño m.

étais etc vb voir **être**.

étal [etal] nm puesto.

étalage [etalaʒ] nm ostentación f, exhibición f, (de magasin) escaparate m; **étalagiste** nm/f escaparatista m/f.

étale [etal] a estacionario(a).

étalement [etalmɑ̃] nm escalonamiento.

étaler [etale] vt (carte, nappe) extender, desplegar; (peinture, liquide) aplicar, desparramar; (échelonner) escalonar; (marchandises) exponer; (richesses, connaissances) ostentar; **s'~** vi desparramarse;

(luxe etc) ostentarse; (travaux, paiements) escalonarse; (fam) caerse a lo largo.

étalon [etalɔ̃] nm patrón m; (cheval) semental m; **l'~-or** el patrón oro.

étalonner [etalɔne] vt graduar.

étamer [etame] vt estañar, azogar.

étamine [etamin] nf (de fleur) estambre m; (tissu) estameña f.

étanche [etɑ̃ʃ] a impermeable; (récipient) estanco(a); (montre) hermético(a).

étancher [etɑ̃ʃe] vt estancar; (sang) restañar.

étançon [etɑ̃sɔ̃] nm puntal m.

étang [etɑ̃] nm estanque m.

étant [etɑ̃] vb voir **être, donné**.

étape [etap] nf etapa; (fig) etapa, fase f; **faire ~ à** hacer etapa o alto en.

état [eta] nm estado; (gouvernement): **l'~** el Estado; (liste, inventaire) registro, estado; (condition professionnelle ou sociale) condición f, profesión f; **en ~ de marche** en funcionamiento; **en ~** en buen estado; **hors d'~** fuera de uso, en mal estado; **être en ~/hors d'~ de** faire qch estar en condiciones/imposibilitado(a) de hacer algo; **remettre en ~** volver a poner en condiciones; **être dans tous ses ~s** estar fuera de sí; **faire ~ de** hacer valer; **être en ~ d'arrestation** en arresto, estar detenido(a); ~ **civil** estado civil; **d'esprit** mentalidad f; **~ des lieux** estado del inmueble; **~s de service** foja de servicios; **étatique** a estatal; **étatiser** vt nacionalizar; **étatisme** nm estatismo.

état-major [etamaʒɔʀ] nm estado mayor, plana mayor.

Etats-Unis [etazyni] nmpl: **les ~ (d'Amérique)** los Estados Unidos (de América).

étau, x [eto] nm torno; (fig) tenazas.

étayer [eteje] vt apuntalar; (fig) reforzar.

été [ete] *pp de* **être** // *nm* verano, estío.

éteignoir [etɛɲwaʀ] *nm* apagavelas *m inv*; (*péj*) aguafiestas *m/f inv*.

éteindre [etɛ̃dʀ(ə)] *vt* apagar; (*incendie, bougie*) extinguir, apagar; (*fig*) calmar, apagar; (*JUR: dette*) amortizar, saldar; **s'~** *vi* apagarse, borrarse; (*mourir*) extinguirse.

éteint, e [etɛ̃, ɛ̃t] *a* apagado(a).

étendard [etɑ̃daʀ] *nm* estandarte *m.*

étendre [etɑ̃dʀ(ə)] *vt* extender, aplicar; (*carte, tapis*) extender, desplegar; (*lessive, linge*) tender; (*bras, jambes*) extender; (*blessé, malade*) tender; (*vin, sauce*) diluir, aguar; (*fig: agrandir*) extender, ampliar; **s'~** *vi* propagarse, extenderse; (*terrain, forêt etc*) extenderse; (*personne: s'allonger*) **s'~ (sur)** tenderse (sobre, en); (*: se reposer*) tenderse; (*fig*): **s'~ (sur)** (*sujet, problème*) extenderse (sobre).

étendu, e [etɑ̃dy] *a* extenso(a); (*fig*) amplio(a) // *nf* amplitud *f*, alcance *m*; (*surface*) extensión *f.*

éternel, le [etɛʀnɛl] *a* eterno(a); (*habituel*) acostumbrado(a), perpetuo(a); **~lement** *ad* eternamente.

éterniser [etɛʀnize]: **s'~** *vi* eternizarse, hacerse interminable; (*visiteur*) eternizarse.

éternité [etɛʀnite] *nf* eternidad *f*; **de toute ~** desde siempre, de tiempo inmemorial.

éternuement [etɛʀnymɑ̃] *nm* estornudo.

éternuer [etɛʀnɥe] *vi* estornudar.

êtes *vb voir* **être.**

étêter [etete] *vt* (*arbre*) desmochar; (*clou, poisson*) descabezar.

éther [etɛʀ] *nm* éter m.

Ethiopie [etjɔpi] *nf* Etiopía; **éthiopien, ne** *a, nm/f* etíope (*m/f*).

éthique [etik] *a* ético(a) // *nf* ética.

ethnie [ɛtni] *nf* etnia; **ethnique** *a* étnico(a); **ethnographie** [ɛtnɔgʀaf] *nm/f* etnógrafo/a; **ethnographie** *nf* etnografía; **ethnographique** *a* etnográfico(a); **ethnologie** [ɛtnɔlɔʒi] *nf* etnología; **ethnologue** [ɛtnɔlɔg] *nm/f* etnólogo/a.

éthylisme [etilism(ə)] *nm* etilismo.

étiage [etjaʒ] *nm* estiaje *m.*

étincelant, e [etɛ̃slɑ̃, ɑ̃t] *a* brillante, resplandeciente.

étinceler [etɛ̃sle] *vt* destellar, brillar.

étincelle [etɛ̃sɛl] *nf* chispa; (*fig*) chispa, destello.

étioler [etjole] : **s'~** *vi* marchitarse.

étique [etik] *a* enteco(a), enclenque.

étiqueter [etikte] *vt* etiquetar; (*fig*) clasificar, etiquetar.

étiquette [etikɛt] *nf* etiqueta; (*fig*) etiqueta, rótulo; (*protocole*): **l'~** la etiqueta.

étirer [etiʀe] *vt* estirar; **s'~** *vi* estirarse; (*convoi, route*): **s'~ sur** extenderse por.

Etna [etna] *nm*: **l'~** el monte Etna.

étoffe [etɔf] *nf* tela; **avoir l'~ d'un chef etc** tener pasta de jefe *etc.*

étoffer [etɔfe] *vt* dar cuerpo o amplitud a; **s'~** *vi* engrosar, robustecerse.

étoile [etwal] *nf* estrella; (*signe*) asterisco // *a*: **danseuse ~** primera bailarina; **danseur ~** primer bailarín; **à la belle ~** al aire libre, al sereno; **~ filante** estrella fugaz; **~ de mer** estrella de mar; **l'~ polaire** la estrella polar; **étoiler** *vt* constelar, salpicar; (*fêler, trouer*) estrellar.

étole [etɔl] *nf* estola.

étonnant, e [etɔnɑ̃, ɑ̃t] *a* asombroso(a), sorprendente; (*valeur intensive*) admirable, prodigioso(a).

étonnement [etɔnmɑ̃] *nm* asombro, sorpresa.

étonner [etɔne] *vt* asombrar, sorprender; **s'~ que/de** asombrarse que/de; **cela m'étonnerait (que)** me sorprendería que.

étouffant, e [etufɑ̃, ɑ̃t] *a* asfixiante, sofocante.

étouffée [etufe]: **à l'~** *ad* al estofado, ahogado(a).

étouffer [etufe] *vt* asfixiar, sofocar; *(fig)* sofocar, amortiguar; (: *nouvelle, scandale*) sofocar, silenciar // *vi* ahogarse, asfixiarse; *(avoir trop chaud)* sofocarse, ahogarse; **s'~** *vi* (*en mangeant, buvant*) ahogarse, atragantarse.

étoupe [etup] *nf* estopa.

étourderie [eturdəri] *nf* atolondramiento.

étourdi, e [eturdi] *a* atolondrado(a), distraído(a).

étourdir [eturdir] *vt* aturdir, atontar; (*griser*) aturdir; **étourdissant, e** *a* impresionante, extraordinario(a) // (*merveilleux*) sensacional, sorprendente; **étourdissement** *nm* mareo, aturdimiento.

étourneau, x [eturno] *nm* (*zool*) estornino.

étrange [etrɑ̃ʒ] *a* extraño(a), curioso(a); (*sens affaibli*) singular, insólito(a).

étranger, ère [etrɑ̃ʒe, ɛr] *a* extranjero(a); (*pas de la famille*) extraño(a); (*non familier*) extraño(a), desconocido(a) // *nm/f* extranjero(a); extraño(a) // *nm*: **l'~** el extranjero, el exterior; **à l'~** al extranjero; **~ à** ajeno a.

étranglé, e [etrɑ̃gle] *a*: **d'une voix ~** con una voz sofocada.

étranglement [etrɑ̃gləmɑ̃] *nm* (*partie resserrée*) estrechamiento, angostura.

étrangler [etrɑ̃gle] *vt* estrangular; (*accidentellement*) ahogar; **s'~** *vi* (*en mangeant etc*) ahogarse; (*se resserrer*) estrecharse, angostarse.

étrave [etrav] *nf* roda.

être [ɛtr(ə)] *nm* ser *m* // *vb avec attribut* ser; (*temporel, sans idée de permanence*) estar // *vb auxiliaire* haber // *vi* existir, ser; il est **fort/instituteur** (él) es fuerte/maestro; **~ à** qn ser de alguien; **c'est à moi/eux** es mío(a)/suyo(a) o de ellos; **c'est à lui de le faire/de décider** es

corresponde a él hacerlo/decidir; il **est à Paris/au salon** está en París/en el salón; **~ de Genève/de la même famille** ser de Ginebra/de la misma familia; **nous sommes le 10 janvier** (hoy) es 10 de enero, estamos a 10 de enero; il **est 10 heures, c'est 10 heures** son las 10 (horas); **c'est à faire/réparer** está por hacerse/para repararse; il **serait facile de/souhaitable que** sería fácil/deseable que; **~ humain** *nm* ser humano; **~ vivant** *nm* ser viviente; *voir aussi* est-ce, n'est-ce pas, c'est-à-dire, ce.

étreindre [etrɛ̃dr(ə)] *vt* estrechar, aferrarse a; (*amoureusement, amicalement*) abrazar, estrechar; (*suj: douleur, peur*) oprimir; **s'~** estrecharse, abrazarse; **étreinte** [etrɛ̃t] *nf* abrazo; (*pour s'accrocher, retenir*) abrazo, afernamiento; (*fig*): **resserrer son étreinte autour de** cerrar su cerco en torno a.

étrenner [etrene] *vt* estrenar.

étrennes [etrɛn] *nfpl* presente *m*, aguinaldo.

étrier [etrije] *nm* estribo.

étriller [etrije] *vt* (*cheval*) almohazar; (*fam: battre*) sacudir, zurrar.

étriqué, e [etrike] *a* estrecho(a), ajustado(a); (*fig*) mezquino(a).

étroit, e [etrwa, wat] *a* angosto(a), estrecho(a); (*fig: péj*) obtuso(a), limitado(a); (*liens, amitié*) estrecho(a), íntimo(a); (*surveillance, subordination*) riguroso(a), estricto(a); **à l'~** acá hacinado(a), apretadamente; **~esse** *nf* estrechez *f*, angostura; **~esse d'esprit** mentalidad obtusa.

étude [etyd] *nf* estudio; (*recherche, rapport*) estudio, investigación *f*; (*de notaire*) bufete *m*, despacho; (*scol: salle*) sala de estudios; **~s** *fpl* (*scol*) estudios; **être à l'~** estar en estudio; **faire des ~s de droit** estudiar derecho *etc*; **hautes ~s commerciales, HEC** escuela superior de comercio.

étudiant, e [etydjɑ̃, ɑ̃t] *nm/f* estudiante *m/f*.

étudié, e [etydje] a estudiado(a), fingido(a); (*prix, système*) estudiado(a), pensado(a).

étudier [etydje] vt estudiar; (*problème, question*) estudiar, examinar; (*personne, caractère de qn*) estudiar, observar // vi (SCOL) estudiar.

étui [etɥi] nm (à *lunettes, cigarettes*) estuche m.

étuve [etyv] nf baño turco; (*appareil*) estufa.

étuvée [etyve] : **à l'~** ad (CULIN) estofado(a).

étymologie [etimɔlɔʒi] nf etimología; **étymologique** a etimológico(a).

eu, eue pp de **avoir**.

eucalyptus [økaliptys] nm eucalipto.

Eucharistie [økaʀisti] nf: l'~ la Eucaristía.

euclidien, ne [øklidjɛ̃, jɛn] a: **géométrie ~ne** geometría euclidiana.

eugénique [øʒenik] a eugenésico(a) // nf eugenesia.

eugénisme [øʒenism(ə)] nm eugenesia.

eunuque [ønyk] nm eunuco.

euphémisme [øfemism(ə)] nm eufemismo.

euphonie [øfɔni] nf eufonía.

euphorie [øfɔʀi] nf euforia; **euphorique** a eufórico(a).

eurasiatique [øʀazjatik] a eurasiatico(a).

Eurasie [øʀazi] nf Eurasia; **eurasien, ne** a, nm/f eurasiano(a).

Europe [øʀɔp] nf Europa; l'~ **centrale** (la) Europa central; **européen, ne** a, nm/f europeo(a).

eurovision [øʀovizjɔ̃] nf eurovisión f.

euthanasie [øtanazi] nf eutanasia.

eux [ø] pron ellos; **~-mêmes** ellos mismos; (*après prép*) sí (mismos).

évacuation [evakɥasjɔ̃] nf evacuación f.

évacuer [evakɥe] vt (*sortir de*) evacuar, abandonar; (*lieu: d'occupants*) evacuar; (*population, occupants*) evacuar, desocupar;

(*déchets*) evacuar, eliminar.

évadé, e [evade] nm/f evadido/a.

évader [evade] : **s'~** vi evadirse, escaparse; (*fig*) evadirse.

évaluation [evalɥasjɔ̃] nf cálculo, estimación f.

évaluer [evalɥe] vt calcular, estimar.

évangélique [evãʒelik] a evangélico(a).

évangéliser [evãʒelize] vt evangelizar.

évangéliste [evãʒelist(ə)] nm evangelista m.

évangile [evãʒil] nm (*enseignement*) evangelio; (*texte*): E~ Evangelio.

évanouir [evanwiʀ]: **s'~** vi desvanecerse, desmayarse; (*fig*) desvanecerse, disiparse; **évanouissement** nm desmayo.

évaporation [evapɔʀasjɔ̃] nf evaporación f.

évaporé, e [evapɔʀe] a (*péj*) aturdido(a), botarate.

évaporer [evapɔʀe]: **s'~** v ...

évaser [evaze] vt ensanchar; **s'~** v ensancharse.

évasif, ive [evazif, iv] a evasivo(a)

évasion [evazjɔ̃] nf evasión f, fuga (*fig*) evasión; **littérature d'~** literatura de evasión.

évêché [eveʃe] nm obispado.

éveil [evɛj] nm despertar m; **mettre en ~** despertar, poner en guardia **rester en ~** estar atento(a) alerta; **donner l'~** llamar atención, alertar.

éveillé, e [eveje] a (*vif*) despier to(a), listo(a).

éveiller [eveje] vt despertar; (*fi* despertar, suscitar; **s'~** despertar se.

événement [evɛnmã] nm suce... peripecia; (*fait important*) aconte miento; **~s** mpl (POL, de hechos acontecimientos, sucesos.

éventail [evãtaj] nm abanico; (*f* gama; **en ~** en abanico.

éventaire [evãtɛʀ] nm escaparate m.

éventer [evãte] vt divulgar, descubrir; (avec un éventail) abanicar; **s'~** vi alterarse, desvanecerse.

éventrer [evãtʀe] vt reventar, destripar; (sac, maison etc) despanzurrar, reventar.

éventualité [evãtɥalite] nf eventualidad f.

éventuel, le [evãtɥɛl] a eventual, posible; **~lement** ad eventualmente.

évêque [evɛk] nm obispo.

évertuer [evɛʀtɥe]: **s'~** vi: **s'~ à** afanarse por.

éviction [eviksjɔ̃] nf exclusión f.

évidemment [evidamã] ad evidentemente, por supuesto; (de toute évidence) indiscutiblemente, evidentemente.

évidence [evidãs] nf evidencia; **de toute ~** con certeza, sin duda alguna.

évident, e [evidã, ãt] a evidente.

évider [evide] vt ahuecar.

évier [evje] nm fregadero, pileta.

évincement [evɛ̃smã] nm = éviction.

évincer [evɛ̃se] vt excluir, descartar.

éviter [evite] vt evitar; (fig) evitar, eludir; (importun, raseur) evitar, rehuir; (coup, projectile) eludir, esquivar; (ne pas heurter) evitar, esquivar; (catastrophe, malheur) evitar, precaver; **~ de faire/que** evitar hacer/que.

évocateur, trice [evokatœʀ, tʀis] a significativo(a), sugestivo(a).

évocation [evokasjɔ̃] nf evocación f; mención f.

évoluer [evolɥe] vi evolucionar; (fig) evolucionar, adelantar; (danseur, avion etc) girar, evolucionar.

évolutif, ive [evolytif, iv] a evolutivo(a).

évolution [evolysjɔ̃] nf evolución f; delanto; **~s** fpl giro, evoluciones pl; **~nisme** nm evolucionismo.

évoquer [evoke] vt evocar, mencionar; (suj: chose) evocar, recordar.

ex... [ɛks] préf ex.

exact, e [ɛgzakt] a (précis) exacto(a), preciso(a); (correct) exacto(a), justo(a); (personne) puntual, exacto(a); **l'heure ~e** la hora exacta; **~ement** ad exactamente.

exaction [ɛgzaksjɔ̃] nf abuso, extralimitación f.

exactitude [ɛgzaktityd] nf exactitud f; precisión f.

ex aequo [ɛgzeko] ad ex aequo.

exagération [ɛgzaʒeʀasjɔ̃] nf exageración, abuso.

exagérer [ɛgzaʒeʀe] vt exagerar // vi abusar, excederse; (déformer les faits, la vérité) exagerar.

exalté, e [ɛgzalte] a exaltado(a), entusiasta // nm/f (péj) exaltado/a, fanático/a.

exalter [ɛgzalte] vt exaltar, arrebatar; (glorifier) exaltar, enaltecer.

examen [ɛgzamɛ̃] nm examen m; análisis m; (SCOL) examen; (MÉD) examen, reconocimiento; **à l'~** (COMM) a prueba; **~ d'entrée/final** examen de ingreso/final; **~ blanc** prueba preliminar; **~ de la vue** examen de la vista.

examinateur, trice [ɛgzaminatœʀ, tʀis] nm/f (SCOL) examinador/ora.

examiner [ɛgzamine] vt examinar.

exaspérer [ɛgzaspeʀe] vt exasperar.

exaucer [ɛgzose] vt otorgar, satisfacer; **~ qn** satisfacer a alguien.

ex cathedra [ɛkskatedra] ad, a ex cathedra.

excavateur [ɛkskavatœʀ] nm, **excavatrice** [ɛkskavatʀis] nf excavadora.

excavation [ɛkskavasjɔ̃] nf excavación f.

excédent [ɛksedã] nm excedente m, superávit m; **en ~** en excedente; **~ de bagages** exceso de equipaje.

excéder [ɛksede] vt exceder,

sobrepasar; *(agacer)* crispar, irritar.
excellence [ɛksɛlɑ̃s] nf excelencia; **son E~** su Excelencia; **par ~** por excelencia.
excellent, e [ɛksɛlɑ̃, ɑ̃t] a excelente, exquisito(a); *(livre, résultat etc)* excelente, óptimo(a); *(élève etc)* excelente, notable.
exceller [ɛksele] vi: ~ **(en)** descollar o distinguirse (en).
excentricité [ɛksɑ̃trisite] nf excentricidad f, extravagancia.
excentrique [ɛksɑ̃trik] a excéntrico(a), extravagante; *(GÉOMÉTRIE, quartier)* excéntrico(a).
excepté, e [ɛksɛpte] a: **les élèves ~s** los alumnos exceptuados, excepto los alumnos // prép a excepción de, salvo; ~ **si/quand** salvo si/cuando; ~ **que** salvo que.
excepter [ɛksɛpte] vt exceptuar.
exception [ɛksɛpsjɔ̃] nf excepción f; **faire ~** constituir una excepción; **à l'~ de** con excepción de; **mesure/loi d'~** medida/ley f de emergencia; ~**nel, le** a excepcional, raro(a); *(excellent)* excepcional, extraordinario(a); ~**lement** ad excepcionalmente.
excès [ɛksɛ] nm exceso // mpl excesos, abusos; **à l'~** en o con exceso; ~ **de vitesse** exceso de velocidad; **excessif, ive** a excesivo(a), inmoderado(a); **excessivement** ad excesivamente.
exciper [ɛksipe]: ~ **de** vt alegar, invocar.
excipient [ɛksipjɑ̃] nm excipiente m.
exciser [ɛksize] vt estirpar.
excitant [ɛksitɑ̃] nm excitante m.
excitation [ɛksitasjɔ̃] nf *(état)* excitación f.
exciter [ɛksite] vt excitar; *(fig)* provocar; s'~ vi *(personne)* excitarse; ~ **qn à** incitar a alguien a.
exclamation [ɛksklamɑsjɔ̃] nf exclamación f.
exclamer [ɛksklame]: s'~ vi exclamar.

exclure [ɛksklyr] vt expulsar; *(ne pas compter, écarter)* excluir, descontar; *(rendre impossible)* excluir, impedir.
exclusif, ive [ɛksklyzif, iv] a exclusivo(a) // nf exclusiva; **exclusivement** ad exclusivamente, en exclusiva; *(gén comm)* exclusive.
exclusion [ɛksklyzjɔ̃] nf expulsión f; exclusión f; **à l'~ de** con exclusión de.
exclusivité [ɛksklyzivite] nf *(comm)* exclusividad f; **en ~** en exclusiva.
excommunier [ɛkskɔmynje] vt excomulgar.
excréments [ɛkskremɑ̃] nmpl excrementos.
excroissance [ɛkskrwasɑ̃s] nf excrecencia.
excursion [ɛkskyrsjɔ̃] nf excursión f; *(à pied)* excursión, caminata.
excuse [ɛkskyz] nf excusa, justificación f; *(prétexte)* excusa, pretexto; ~**s** fpl disculpas; **lettre d'~s** carta de excusas; **mot d'~** *(scol)* nota de justificación.
excuser [ɛkskyze] vt disculpar, perdonar; *(justifier)* justificar; **excusez-moi** disculpeme, dispénseme; s'~ vi disculparse, excusarse.
exécrable [ɛgzekrabl(ə)] a execrable, detestable.
exécrer [ɛgzekre] vt aborrecer, abominar.
exécutant, e [ɛgzekytɑ̃, ɑ̃t] nm ejecutante m/f.
exécuter [ɛgzekyte] vt ejecutar, ajusticiar; *(ordre, mission)* ejecutar, cumplir; *(travail, opération, mouvement)* ejecutar, efectuar; *(mus)* ejecutar, tocar; s'~ vi hacerlo, cumplir; **exécuteur, trice** nm ejecutor m, verdugo // nm/f: **exécuteur testamentaire** ejecutor/ora testamentario/a, albacea m/f.
exécutif, ive [ɛgzekytif, iv] a ejecutivo(a) // nm: **l'~** el Ejecutivo.
exécution [ɛgzekysjɔ̃] nf ejecución f; **mettre à ~** poner en ejecución, llevar a cabo.

exemplaire [ɛgzãplɛʀ] *a* ejemplar, irreprochable; *(châtiment)* ejemplar // *nm* ejemplar *m*.

exemple [ɛgzãpl(ə)] *nm* ejemplo; *(précédent)* ejemplo, precedente *m*; **par ~** por ejemplo; *(valeur intensive)* ¡no es posible!; **prendre ~ sur** tomar el ejemplo de; **à l'~ de** como, a imitación de; **pour l'~** *(punir)* para escarmiento, como ejemplo.

exempt, e [ɛgzã, ãt] *a*: **~ de** exento de.

exempter [ɛgzãte] *vt*: **~ de** eximir *o* exceptuar de.

exercé, e [ɛgzɛʀse] *a* ejercitado(a), adiestrado(a).

exercer [ɛgzɛʀse] *vt* ejercer, practicar; *(droit, prérogative)* ejercer, hacer valer; *(influence, contrôle, pression)* ejercer; *(personne, animal)* ejercer, adiestrar; *(faculté, partie du corps)* ejercitar, poner a prueba; **s'~** *vb réfléchi* ejercitarse, practicar // *vi*: **s'~ (sur/contre)** ejercerse *o* manifestarse sobre/contra.

exercice [ɛgzɛʀsis] *nm* ejercicio; ejercitación *f*; *(SCOL. GYMNASTIQUE, aussi ADMIN, COMM)* ejercicio; **l'~** *(activité sportive, physique)* el ejercicio, la gimnasia; **à l'~** *(MIL)* al adiestramiento; **en ~** en ejercicio *o* actividad; **dans l'~** de ses fonctions en el ejercicio de sus funciones.

exergue [ɛgzɛʀg] *nm* epígrafe: **mettre/porter en ~** poner/llevar como epígrafe.

exhaler [ɛgzale] *vt* exhalar; **s'~** *vi* emanar, desprenderse.

exhaustif, ive [ɛgzostif, iv] *a* exhaustivo(a).

exhiber [ɛgzibe] *vt* exhibir, mostrar; *(péj)* ostentar; **s'~** exhibirse.

exhibitionnisme [ɛgzibisjɔnism(ə)] *nm* exhibicionismo.

exhorter [ɛgzɔʀte] *vt*: **~ qn à faire qch** exhortar a alguien a que haga algo.

exhumer [ɛgzyme] *vt* exhumar.

exigeant, e [ɛgziʒã, ãt] *a* exigente, severo(a); *(péj)* absorbente, exigente.

exigence [ɛgziʒãs] *nf* exigencia.

exiger [ɛgziʒe] *vt* exigir, reclamar; *(suj: chose)* requerir.

exigu, ë [ɛgzigy] *a* exiguo(a), reducido(a).

exil [ɛgzil] *nm* exilio; **en ~** en el exilio; **~é, e** *nm/f* exiliado/a; **~er** *vt* exiliar, desterrar; **s'~er** exiliarse.

existence [ɛgzistãs] *nf* existencia; **moyens d'~** medios de vida, recursos.

existentialisme [ɛgzistãsjalism(ə)] *nm* existencialismo.

exister [ɛgziste] *vi* existir, vivir; *(suj: chose, problème etc)* existir; **il existe...** *(il y a)* hay..., existe... .

exonérer [ɛgzɔneʀe] *vt*: **~ de** eximir *o* exceptuar de.

exorbitant, e [ɛgzɔʀbitã, ãt] *a* exorbitante, desmesurado(a).

exorbité, e [ɛgzɔʀbite] *a*: **yeux ~s** ojos desorbitados.

exorciser [ɛgzɔʀsize] *vt* *(REL)* exorcizar, conjurar.

exotique [ɛgzɔtik] *a* exótico(a).

exotisme [ɛgzɔtism(ə)] *nm* exotismo.

expansif, ive [ɛkspãsif, iv] *a* expansivo(a), comunicativo(a).

expansion [ɛkspãsjɔ̃] *nf* expansión *f*, desarrollo.

expatrier [ɛkspatʀije] *vt* *(argent)* llevar al extranjero; **s'~** expatriarse, emigrar.

expectative [ɛkspɛktativ] *nf*: **être dans l'~** estar a la expectativa.

expédient [ɛkspedjã] *nm* expediente *m*, recurso; **vivre d'~s** vivir de recursos desesperados.

expédier [ɛkspedje] *vt* expedir, mandar; *(troupes, renfort)* enviar, expedir; *(péj)* despachar; **expéditeur, trice** *nm/f* remitente *m/f*, expedidor/ora.

expéditif, ive [ɛkspeditif, iv] *a* expeditivo(a).

expédition [ɛkspedisjɔ̃] *nf*

expedición f; envío; (scientifique, sportive, MIL) expedición; ~naire a: corps ~naire (MIL) cuerpo expedicionario.

expérience [ɛkspeʀjɑ̃s] nf experiencia; une ~ (scientifique) un experimento; (dans la vie) una experiencia; avoir l'~ de tener experiencia en.

expérimental, e, aux [ɛkspeʀimɑ̃tal, o] a experimental.

expérimenté, e [ɛkspeʀimɑ̃te] a experimentado(a).

expérimenter [ɛkspeʀimɑ̃te] vt experimentar, ensayar.

expert, e [ɛkspɛʀ, ɛʀt(ə)] a: ~ en experto en // nm experto/a, perito/a; ~ en assurances experto en seguros; ~-comptable nm perito/a en contabilidad; ~ise nf peritaje m; ~iser vt hacer un peritaje de; (sinistre) someter a juicio pericial.

expier [ɛkspje] vt expiar, purgar.

expiration [ɛkspiʀasjɔ̃] nf expiración f; espiración f.

expirer [ɛkspiʀe] vi vencer, expirar; (respiration) espirar; (mourir) expirar, fallecer.

explétif, ive [ɛkspletif, iv] a expletivo(a).

explicatif, ive [ɛksplikatif, iv] a explicativo(a), aclaratorio(a).

explication [ɛksplikasjɔ̃] nf explicación f; (discussion) explicación, discusión f; ~ de texte (SCOL) explicación textual.

explicite [ɛksplisit] a explícito(a), claro(a); **expliciter** vt aclarar.

expliquer [ɛksplike] vt explicar; (justifier) explicar, justificar; s'~ (erreur etc) explicarse, comprenderse; (personne) explicarse, aclarar; (discuter, aussi se quereller) discutir, pelearse; je m'explique son retard entiendo o me explico su retraso.

exploit [ɛksplwa] nm hazaña.

exploitant, e [ɛksplwatɑ̃] nm agricultor m, labrador m.

exploitation [ɛksplwatasjɔ̃] nf

explotación f; aprovechamiento; ~ agricole explotación agrícola.

exploiter [ɛksplwate] vt explotar; (fig) aprovechar, explotar; (péj) aprovechar abusivamente de, explotar; (erreur, faiblesse de qn) aprovecharse de; **exploiteur, euse** nm/f (péj) explotador/ora, aprovechador/ora.

explorateur, trice [ɛksplɔʀatœʀ, tʀis] nm/f explorador/ora.

exploration [ɛksplɔʀasjɔ̃] nf exploración f.

explorer [ɛksplɔʀe] vt explorar; (fig) examinar.

exploser [ɛksploze] vi explotar, estallar; (fig) estallar.

explosif, ive [ɛksplozif, iv] a explosivo(a) // nm explosivo.

explosion [ɛksplozjɔ̃] nf explosión f, estallido.

exponentiel, le [ɛkspɔnɑ̃sjɛl] a exponencial.

exportateur, trice [ɛkspɔʀtatœʀ, tʀis] a, nm/f exportador/ora.

exportation [ɛkspɔʀtasjɔ̃] nf exportación f.

exporter [ɛkspɔʀte] vt (ÉCON) exportar; (fig) propagar en el extranjero.

exposant, e [ɛkspozɑ̃, ɑ̃t] nm/f expositor/ora // nm (MATH) exponente m.

exposé, e [ɛkspoze] a orientado(a) // nm exposición f, disertación f.

exposer [ɛkspoze] vt (marchandises, aussi se) exponer, exhibir; (peinture, statue) exponer; (parler de) exponer, hablar de; ~ sa vie, s'~ exponer su vida, exponerse; ~ qn/qch exponer a alguien/algo a; s'~ à exponerse a; (fig) exponerse, arriesgarse a.

exposition [ɛkspozisjɔ̃] nf exposición f; (foire) exposición, feria.

exprès [ɛkspʀɛ] ad a propósito, expresamente; **faire** ~ **de faire qch** hacer algo deliberadamente; **il l'a fait** ~ lo ha hecho adrede.

exprès, esse [ɛkspʀɛs] a expr

so(a), formal // a inv: **lettre/colis** ~ carta/paquete m postal urgente // ad por expreso, con urgencia.

express [ɛkspʀɛs] a, nm: (**café**) ~ (café m) exprés m; (**train**) ~ (tren) expreso.

expressément [ɛkspʀɛsemɑ] ad expresamente, manifiestamente.

expressif, ive [ɛkspʀɛsif, iv] a expresivo(a), elocuente.

expression [ɛkspʀɛsjɔ̃] nf expresión f.

exprimer [ɛkspʀime] vt expresar, manifestar; (jus, liquide) exprimir; s'~ vi expresarse.

expropriation [ɛkspʀɔpʀijasjɔ̃] nf expropiación f.

exproprier [ɛkspʀɔpʀije] vt expropiar.

expulser [ɛkspylse] vt expulsar, echar; (locataire) desalojar, desahuciar.

expulsion [ɛkspylsjɔ̃] nf expulsión f; desalojo.

expurger [ɛkspyʀʒe] vt expurgar.

exquis, e [ɛkski, iz] a exquisito(a), delicioso(a).

exsangue [ɛgzɑ̃g] a exangüe.

exsuder [ɛksyde] vt exudar.

extase [ɛkstɑz] nf éxtasis m, embeleso; **s'extasier** vi: **s'extasier sur** extasiarse ante, embelesarse con.

extenseur [ɛkstɑ̃sœʀ] nm extensor m.

extensible [ɛkstɑ̃sibl(ə)] a extensible.

extensif, ive [ɛkstɑ̃sif, iv] a (AGR) extensivo(a).

extension [ɛkstɑ̃sjɔ̃] nf extensión f; (fig) expansión f, amplificación f.

exténuer [ɛkstenɥe] vt extenuar, agotar.

extérieur, e [ɛksteʀjœʀ] a externo(a); (commerce, politique) exterior; (calme, gaieté etc) aparente, exterior // nm exterior m; (d'une personne) apariencia, aspecto; à l'~ al exterior, fuera; (fig) en el exterior o extranjero; (SPORT) por el exterior; ~ement ad exteriormen-

te, por fuera; (en apparence) aparentemente.

extérioriser [ɛksteʀjɔʀize] vt exteriorizar.

exterminer [ɛkstɛʀmine] vt aniquilar, exterminar.

externat [ɛkstɛʀna] nm (SCOL) externado.

externe [ɛkstɛʀn(ə)] a externo(a), exterior // nm/f (SCOL) externo/a; (MÉD) practicante m/f.

extincteur [ɛkstɛ̃ktœʀ] nm extintor m.

extinction [ɛkstɛ̃ksjɔ̃] nf extinción f; (JUR: d'une dette) extinción, liquidación f; ~ **de voix** (MÉD) afonía.

extirper [ɛkstiʀpe] vt extirpar, arrancar.

extorquer [ɛkstɔʀke] vt arrancar, extorsionar.

extra [ɛkstʀa] a inv extra, de primera // nm inv extra m // préf extra.

extraction [ɛkstʀaksjɔ̃] nf extracción f.

extradition [ɛkstʀadisjɔ̃] nf extradición f.

extraire [ɛkstʀɛʀ] vt extraer; (balle, corps étranger, fig): ~ **qch de** extraer o sacar algo de.

extrait [ɛkstʀɛ] nm extracto; (de film, livre) pasaje m, trozo.

extra-lucide [ɛkstʀalysid] a: **voyante** ~ clarividente f, vidente f.

extraordinaire [ɛkstʀaɔʀdinɛʀ] a extraordinario(a), sorprendente; (sens affaibli) extraordinario(a), excepcional; **mission/envoyé** ~ (ADMIN, POL) misión f/enviado especial; **assemblée** ~ (ADMIN) asamblea extraordinaria.

extrapoler [ɛkstʀapɔle] vi extrapolar.

extra-utérin, e [ɛkstʀayteʀɛ̃, in] a extrauterino(a).

extravagance [ɛkstʀavagɑ̃s] nf extravagancia, rareza.

extravagant, e [ɛkstʀavagɑ̃, ɑ̃t] a extravagante, ridículo(a).

extraverti, e [ɛkstʀavɛʀti] a

(PSYCH) extravertido(a).

extrême [ɛkstrɛm] a extremo(a); (*chaleur*) extremado(a), excesivo(a) // nm extremo; **~ment** ad extremadamente, sumamente; **~-onction** [-ɔ̃ksjɔ̃] nf extremaunción f; **E~-Orient** nm (GÉO) Lejano Oriente m; **extrémiste** a, nm/f extremista (m/f).

extrémité [ɛkstremite] nf extremidad f; (*situation*, *geste désespéré*) desvarío, exceso; **~s** fpl extremidades fpl; **à la dernière ~** en las últimas.

exubérant, e [ɛgzyberɑ̃, ɑ̃t] a (*végétation*) exuberante, profuso(a).

exulter [ɛgzylte] vi exultar, alborozarse.

exutoire [ɛgzytwaʀ] nm derivativo.

ex-voto [ɛksvoto] nm exvoto.

F

F [ɛf] abrév de **franc.**

fa [fɑ] nm fa m.

fable [fabl(ə)] nf fábula; (*mensonge*) cuento, fábula.

fabricant [fabʀikɑ̃] nm fabricante m.

fabrication [fabʀikasjɔ̃] nf fabricación f; construcción f.

fabrique [fabʀik] nf fábrica.

fabriquer [fabʀike] vt (*produire*) fabricar, producir; (*construire*) fabricar, construir; (*fig*) imaginar, inventar.

fabulation [fabylasjɔ̃] nf inventiva, imaginación f.

fabuliste [fabylist(ə)] nm fabulista f.

façade [fasad] nf fachada.

face [fas] nf cara, rostro; (*du soleil*, *d'un objet*) cara; (*fig*) aspecto, lado; **en ~ de** prép enfrente de, delante de; (*fig*) frente a; **de ~ a,** ad de frente; **~ à** prép frente a; **faire ~ à qn/qch** hacer frente a alguien/algo;

~ à ~ ad frente a frente // nm (*débat*) debate m.

facéties [fasesi] nfpl chistes mpl, bromas.

facette [faset] nf faceta.

fâcher [faʃe] vt enfurecer, enfadar; **se ~** vi enojarse, enfadarse; **se ~ avec qn** enojarse con alguien.

fâcheux, euse [faʃø, øz] a lamentable, fastidioso(a).

faciès [fasjɛs] nm fisonomía, pinta.

facile [fasil] a fácil, sencillo(a); (*accommodant*) complaciente, accesible; (*péj*) fácil, barato(a); (*léger*) fácil, liviano(a); **~ à faire** fácil de hacer; **~ment** ad fácilmente; (*au moins*) fácilmente, por lo menos; **facilité** nf facilidad f, sencillez f; (*dispositions, dons*) facilidad; **facilités** fpl facilidades fpl; **faciliter** vt facilitar, allanar.

façon [fasɔ̃] nf modo, manera; (*d'une robe, veste*) hechura; **~s** fpl (*péj*) remilgos, melindres mpl; **de quelle ~ l'a-t-il fait?** ¿de qué modo o cómo lo hizo?; **d'une autre ~** de otra manera; **de ~ agréable** etc de manera agradable etc; **de ~ à** faire/à ce que de modo que haga/que; **de telle ~ que** de manera que; **à la ~ de** como se fuera; **de toute ~** de todas maneras.

façonner [fasɔne] vt hacer, fabricar; (*travailler*) dar forma a, trabajar; (*fig*) modelar, formar.

facteur, trice [faktœʀ, tʀis] nm cartero // nm factor m; **~ de pianos** fabricante m de pianos.

factice [faktis] a artificial, falso(a).

faction [faksjɔ̃] nf facción f; (*en gén*) guardia; **~naire** nm centinela m.

facture [faktyʀ] nf factura; (*façon de faire*) factura, ejecución f; **facturer** vt facturar.

facultatif, ive [fakyltatif, iv] a facultativo(a), optativo(a).

faculté [fakylte] nf facultad f; posibilidad f; (SCOL) facultad; **~s** (*moyens intellectuels*) facultades f; capacidad f.

fade [fad] a soso(a); (fig) insulso(a), insípido(a).

fagot [fago] nm haz m, manojo (de leña).

faible [fɛbl(ə)] a débil; (personne, membre) débil, endeble; (élève, copie) flojo(a); (rendement, intensité, revenu etc) bajo(a), escaso(a) // nm: le ~ de qn/qch le (punto) flaco de alguien/algo; avoir un ~ pour tener una debilidad por; **faiblesse** nf debilidad f, escasez f; **faiblir** vi (lumière) debilitarse, bajar; (vent etc) amainar, ceder; (ennemi) debilitarse; (résistance, intérêt) debilitarse, decaer.

faïence [fajɑ̃s] nf loza.

faignant, e [fɛɲɑ̃, ɑ̃t] nm/f = **fainéant, e.**

faille [faj] nf falla; (fig) falla, falta.

faim [fɛ̃] nf hambre f; avoir ~ tener hambre.

fainéant, e [fɛneɑ̃, ɑ̃t] nm/f holgazán/ana, haragán/ana.

faire [fɛR] vt hacer; ~ du bruit hacer ruido; ~ du ski/rugby practicar esquí/rugby; dimanche, il a fait du ski/rugby el domingo, él esquió/jugó al rugby; ~ du violon tocar el violín • **le malade** hacerse el enfermo; ~ du diabète/de la tension/de la fièvre tener diabetes/tensión/fiebre; ~ les magasins/l'Europe centrale recorrer las tiendas/Europa central; **cela ne me fait rien** eso no me interesa; (me laisse froid) eso no me importa; **cela ne me fait rien** eso no me importa; **je vous le fais 10 F; 2 et 2 font 4 2 y 2 son 4** // vi hacerse; faut-il que vous satisfaga sus necesidades; **ça fait 10 m/15 kg/10 F** son 10 m/15 kg/10 F; ne le **casse pas comme je l'ai fait** no lo rompas como lo hice yo; **il fait jour/nuit** es de día/noche; **il fait beau/chaud** hace buen tiempo/calor; **ça fait 2 ans/heures que...** hace 2 años/horas que...; **vraiment? fit-il** ¿de veras? dijo; **faites! ¡**hágalo!; **il ne fait que**

critiquer no hace más que criticar; ~ **vieux** parecer viejo; **il m'a fait traverser la rue** (aider) me ayudó a atravesar la calle; **se ~ opérer** (de) hacerse operar (de); **se ~ faire un vêtement** mandarse hacer un vestido; **se ~ vi** (fromage, vin) hacerse; **se ~ à qch** acostumbrarse o hacerse a algo; **cela se fait beaucoup/ne se fait pas** eso se usa mucho/no se usa; **comment se fait-il que...?** ¿cómo es...?; **il peut se que...** puede ocurrir que...; **il ne s'en fait pas** no se preocupa.

fair-play [fɛRplɛ] a inv que juega limpio, leal.

faisan, e [fəzɑ̃, an] nm/f faisán/ana.

faisandé, e [fəzɑ̃de] a corrompido(a), podrido(a).

faisceau, x [fɛso] nm haz m; (de branches etc) haz, gavilla.

fait [fɛ, ct] pp de **faire** // a (fromage, melon) fermentado(a), maduro(a) // nm hecho; **c'en est fait de lui** está perdido; **c'est bien fait pour lui** se lo tiene merecido; **le ~ de manger/que...** el hecho de comer/de que...; **être le ~ de** ser la característica de; (causé par) ser cosa o obra de; **être au ~ de** estar al tanto o al corriente de; **au ~** (à propos) a propósito; **en venir au ~** pasar a los hechos; **de ~ a** de hecho // ad en efecto; **du ~ que** por el hecho de que; **du ~ de** debido a, a causa de; **de ce ~** por esto, por esta razón; **en ~** en realidad; **en ~ de repas** a guisa de comida; ~ **accompli** hecho consumado; ~ **divers** sucesos.

faîte [fɛt] nm (d'arbre) cima, copa; (du toit) remate m.

faites vb voir **faire.**

faîtière [fɛtjɛR] nf (de tente) cumbrera.

fait-tout, faitout [fɛtu] nm cacerola.

fakir [fakiR] nm faquir m.

falaise [falɛz] nf acantilado.

falloir [falwaR] vb impersonnel: il

va ~ 100 F/doit ~ du temps pour faire cela para hacer eso se necesitarán 100 F/se necesitará tiempo; il me faut/faudrait 100 F/de l'aide necesito/necesitaré 100 F/ayuda; nous avons ce qu'il (nous) faut tenemos lo necesario; il faut absolument le faire hay que hacerlo necesariamente; il faut absolument qu'il y aille es preciso que él vaya; il a fallu que je parte tuve que irme; il faut qu'il ait oublié/qu'il soit malade tiene que o debe haberse olvidado/estar enfermo; il s'en faut/s'en est fallu de 5 minutes/100 F (pour que) faltan/faltaron 5 minutos/100 F (para que); il s'en faut de beaucoup que... está muy lejos de..., mucho falta para que; il s'en est fallu de peu que... faltó poco para que...; ou peu s'en faut o poco falta.

falsifier [falsifje] vt falsificar, alterar.

famé, e [fame] a: **mal ~** mal afamado, de mala fama.

fameux, euse [famø, øz] a (illustre) famoso(a), célebre; (repas, plat etc) memorable, excelente; (intensif) notable; (parfois péj) famoso(a), cacareado(a).

familial, e, aux [familjal, o] a familiar // nf (AUTO) furgoneta familiar.

familiariser [familjaʀize] vt: ~ **qn avec** familiarizar a alguien con.

familiarité [familjaʀite] nf familiaridad f; confianza; (connaissance): ~ **avec** familiaridad con; ~s fpl familiaridad, libertades fpl.

familier, ière [familje, jɛʀ] a familiar; (cavalier, impertinent) confianzudo(a) // nm asiduo, cliente m habitual.

famille [famij] nf familia.

famine [famin] nf hambre f.

fan [fan] nf/f admirador/ora.

fana [fana] nm/f abrév de **fanatique**.

fanal, aux [fanal, o] nm fanal m.

fanatique [fanatik] a fanático(a),

obcecado(a) // nm/f fanático/a, sectario/a; (sens affaibli): ~ de entusiasta m/f de.

fané, e [fane] a (couleur, tissu) deslucido(a), ajado(a).

faner [fane]: **se ~** vi (fleur) marchitarse.

fanfare [fɑ̃faʀ] nf banda militar; (morceau) marcha militar.

fanion [fanjɔ̃] nm banderín m.

fanon [fanɔ̃] nm (de baleine) barba, barbilla; (repli de peau) marmella, papada.

fantaisie [fɑ̃tezi] nf fantasía // a: **bijou ~** alhaja de fantasía; œuvre **de ~** obra de fantasía o imaginación.

fantaisiste [fɑ̃tezist(ə)] a caprichoso(a), poco serio(a) // nm (de music-hall) fantasista m.

fantasme [fɑ̃tasm(ə)] nm fantasma m.

fantasque [fɑ̃task(ə)] a peregrino(a), singular.

fantassin [fɑ̃tasɛ̃] nm infante m.

fantastique [fɑ̃tastik] a fantástico(a).

fantôme [fɑ̃tom] nm fantasma m; espectro; **électeur/gouvernement** ~ elector/gobierno fantasma.

faon [fɑ̃] nm cervatillo.

farandole [faʀɑ̃dɔl] nf farándula.

farce [faʀs(ə)] nf relleno; (THÉÂTRE) farsa; (blague) chiste m, broma; ~s **et attrapes** bromas y engaños.

farcir [faʀsiʀ] vt rellenar.

fard [faʀ] nm pintura, maquillaje m.

fardeau, x [faʀdo] nm carga, peso.

farder [faʀde] vt maquillar; **se ~** maquillarse, pintarse.

farine [faʀin] nf harina; **farineux, euse ~** harinoso(a) // nmpl farináceos.

farniente [faʀnjɛ̃t] nm holganza, ocio.

farouche [faʀuʃ] a huraño(a), arisco(a); (brutal, indompté) salvaje, feroz; (volonté, résistance) implacable, feroz.

fart [faʀt] nm cera; ~**er** vt encerar.

fascicule [fasikyl] nm fascículo.

fasciner [fasine] vt fascinar, seducir.

fascisme [faʃism(ə)] nm fascismo; **fasciste** a, nm/f fascista (m/f).

fasse etc vb voir **faire**.

faste [fast(ə)] nm fasto, pompa // a: **un jour ~** un día de suerte.

fatal, e [fatal] a fatal.

fatalité [fatalite] nf fatalidad f, adversidad f.

fatigue [fatig] nf fatiga, cansancio.

fatiguer [fatige] vt fatigar, cansar; (TECH) forzar; (fig) fastidiarse, molestar // vi (moteur) esforzarse; **se ~** vi (personne) fatigarse, cansarse; (fig): **se ~ de** cansarse de.

fatras [fatra] nm revoltijo, fárrago.

faubourg [fobur] nm suburbio, arrabal m.

fauché, e [foʃe] a (fam) pelado(a).

faucher [foʃe] vt segar, (fig: suj: mort) segar, abatir; (: véhicule) atropellar, arrolar.

faucille [fosij] nf hoz f.

faucon [fokɔ̃] nm (ZOOL) halcón m.

faudra, faudrait etc vb voir **falloir**.

faufiler [fofile] vt hilvanar; **se ~ dans/parmi/entre** colarse en/entre.

faune [fon] nf fauna // nm fauno.

faussaire [fosɛr] nm/f falsificador/ora.

fausser [fose] vt torcer; (fig) falsear, desvirtuar.

fausseté [foste] nf falsedad f, inexactitud f; hipocresía.

faut vb voir **falloir**.

faute [fot] nf (erreur) falta, error ; (REL, gén) culpa, falta; (responsabilité): **par la ~ de** por ripa de; **c'est de ta ~** es por su ripa; **prendre qn en ~** pillar a quien en falta; **~ de temps** por ppta de tiempo; **sans ~** a qué falta; **~ d'orthographe/de frappe** error de ortografía/de máquina; **~ professionnelle** negligencia profesio-

fauteuil [fotœj] nm sillón m; **~ d'orchestre** butaca de platea; **~**

roulant sillón de ruedas; **~ à roulettes** sillón con ruedas.

fauteur [fotœr] nm: **~ de troubles** promotor m de disturbios.

fautif, ive [fotif, iv] a defectuoso(a); (responsable) culpable, responsable.

fauve [fov] nm fiera // a leonado(a), rojizo(a).

fauvisme [fovism(ə)] nm fauvismo.

faux [fo] nf guadaña.

faux, fausse [fo, fos] a (inexact) falso(a), erróneo(a); (falsifié) falso(a), falsificado(a); (sournois) falso(a), hipócrita; (postiche) falso(a), postizo(a); (MUS) desentonado(a), desafinado(a); (simulé): **fausse modestie** falsa modestia; (opposé à bon, correct): **le ~ numéro** el número equivocado // ad: **jouer/chanter ~** tocar/cantar desafinadamente // nm falsificación f; (opposé au vrai): **le ~** lo falso; **~ ami** (LING) falso parentesco; **~ col** cuello postizo; **~-filet** nm solomillo bajo; **~ frais** gastos menudos; **~-fuyant** [fofuijã] nm subterfugio, evasiva; **~-monnayeur** [fomɔnɛjœr] nm monedero falso; **~ mouvement** falso movimiento; **~ nez** nariz postiza; **~ nom** seudónimo; **~ papiers** documentos falsos; **~ témoignage** falso testimonio; **fausse alerte** falsa alarma; **fausse clé** ganzúa; **fausse couche** (MÉD) aborto; **fausse note** nota falsa.

faveur [favœr] nf favor m, preferencia; (ruban) lacito, cintita; **~s** fpl (d'une femme, d'un haut personnage) favores mpl; **traitement de ~** tratamiento preferencial; **à la ~ de** aprovechando, gracias a; **en ~ de** qn/qch en favor de alguien/algo.

favorable [favorabl(ə)] a favorable; **~ à** partidario(a) de.

favori, te [favori, it] a favorito(a), preferido(a) // nm (SPORT) favorito // nf favorita; **~s** mpl (barbe) patillas.

favoriser [favorize] vt (personne)

favorecer, proteger; (*activité*)
favorecer, amparar; (*suj: chance,*
événements) favorecer.

FB *abrév de* franc belge.

fécond, e [fckɔ̃, ɔ̃d] *a* fecunda,
fértil; (*fig*) abundante, prolífero(a).

féconder [fekɔ̃de] *vt* fecundar.

fécule [fekyl] *nf* fécula.

fédéral, e, aux [federal, o] *a*
federal; **~isme** *nm* federalismo.

fédération [federasjɔ̃] *nf* federación *f*, asociación *f*; (*POL*)
federación.

fée [fe] *nf* hada.

féerie [feeri] *nf* espectáculo fantástico.

feignant, e [fɛɲ, ɑ̃t] *nm/f* =
fainéant, e.

feindre [fɛ̃dr(ə)] *vt* fingir, aparentar // *vi* simular, fingir.

feinte [fɛ̃t] *nf* finta, ficción *f*.

fêler [fele] *vt* cascar; (*MÉD: os*)
astillar.

félicitations [felisitasjɔ̃] *nfpl* felicitaciones *fpl*.

féliciter [felisite] *vt* felicitar; **~ qn**
de felicitar a alguien por.

félin, e [felɛ̃, in] *a* felino(a) // *nm*
felino.

fêlure [felyr] *nf* resquebrajadura,
raja; (*d'un os*) fisura.

femelle [fəmɛl] *a, nf* hembra.

féminin, e [feminɛ̃, in] *a* femeni-
no(a); (*charmant*) femenino, fe-
menil; (*parfois péj*) afeminado(a) //
nm (*LING*) femenino.

féministe [feminist(ə)] *a* feminista.

femme [fam] *nf* mujer *f*; (*épouse*)
mujer, esposa; **jeune ~** mujer
joven; **~ mariée/célibataire** mujer
casada/soltera; **~ de chambre**
mucama, camarera; **~ de ménage**
mujer de servicio.

fémur [femyr] *nm* fémur *m*.

fenaison [fənɛzɔ̃] *nf* siega del heno.

fendre [fɑ̃dr(ə)] *vt* partir, rajar;
(*suj: gel, séisme etc*) agrietar,
resquebrajar; (*fig*) hender, abrirse
paso entre; **se ~** *vi* astillarse,
partirse; **fendu, e** *a* resquebraja-

do(a), agrietado(a); (*jupe*)
abierto(a).

fenêtre [fənɛtr(ə)] *nf* ventana.

fenouil [fənuj] *nm* hinojo.

fente [fɑ̃t] *nf* abertura, ranura;
(*fissure*) grieta, hendidura.

féodalité [feɔdalite] *nf* feudalismo.

fer [fɛr] *nm* hierro; (*de cheval*)
herradura; **au ~ rouge** con el
hierro al rojo; **mettre aux ~s** encadenar, poner grilletes a; **~blan**
nm hojalata; **(en) ~ à cheval** (en
herradura; **~ forgé** hierro forjad
~ de lance punta de lanza; **~ à**
repasser) plancha; **~ à soude...**
soldador *m*.

ferai, ferais *etc vb voir* **faire.**

ferblantier [fɛrblɑ̃tje] *nm* hoja
tero.

férié, e [ferje] *a:* **jour ~** ...
feriado.

fermage [fɛrmaʒ] *nm* arrenc
miento.

ferme [fɛrm(ə)] *a* (*sol, cha...*
firme, consistente; (*voix, ma...*
firme, seguro(a); (*personne*) firm...
enérgico(a); (*BOURSE*) firme //...
mucho; acaloradamente; **ac**
ter/vendre ~ (*BOURSE*) co...
prar/vender en firme // *nf* gran
finca; (*maison seule*) granja, casa...
campo; **~ment** *ad* firmemen...
enérgicamente; **fermette** *nf* peq...
ña granja.

fermé, e [fɛrme] *a* cerrado...
(*fig*) impenetrable, hosco(a);...
cercle, milieu) cerrado...
inaccesible.

ferment [fɛrmɑ̃] *nm* fermento.

fermenter [fɛrmɑ̃te] *vi* fermen...

fermer [fɛrme] *vt* cerrar; (*ce...*
d'exploiter) cerrar, clausurar; (...
électricité) cortar // *vi* cerrar; **~**
lumière/radio apagar la luz/ra...
se ~ *vi* cerrarse; **se ~ à** ser ina...
sible a.

fermeté [fɛrməte] *nf* firm...
consistencia, firmeza.

fermeture [fɛrmatyr] *nf* cierr...
corte *m*; (*serrure, verrou*)
cerradura, cierre; **jour de ~** (co...

día m de cierre; ~ **éclair** ou **à glissière** cierre relámpago o de cremallera.

fermier, ière [fɛʀmje, jɛʀ] a: **beurre ~** mantequilla de granja // nm/f granjero/a; (locataire) arrendatario/a, granjero/a.

fermoir [fɛʀmwaʀ] nm broche m, cierre m.

féroce [feʀɔs] a feroz.

ferons, ferions vb voir **faire**.

ferraille [feʀaj] nf chatarra.

ferrailler [feʀaje] vi batirse a sable o espada.

ferré, e [feʀe] a guarnecido(a) de hierro; ~ **en** empollado en.

ferrer [feʀe] vt herrar, guarnecer de hierro; (poisson) enganchar con el anzuelo.

ferronnerie [feʀɔnʀi] nf forja del hierro; ~ **d'art** artesanía de hierro forjado.

ferroviaire [feʀɔvjɛʀ] a ferroviario(a).

ferrugineux, euse [feʀyʒinø, øz] a ferruginoso(a).

ferrure [feʀyʀ] nf (objet) herraje m.

ferry-boat [feʀibot] nm transbordador m de trenes.

fertile [fɛʀtil] a fértil; **fertiliser** vt fertilizar.

féru, e [feʀy] a: ~ **de** apasionado de.

fervent, e [fɛʀvɑ̃, ɑ̃t] a ferviente, devoto(a).

fesse [fɛs] nf nalga; **les ~s** las nalgas, las asentaderas; **fessée** nf paliza, tunda.

festin [fɛstɛ̃] nm festín m, jarana.

festival [fɛstival] nm festival m.

festivités [fɛstivite] nfpl festividades fpl.

feston [fɛstɔ̃] nm festón m.

festoyer [fɛstwaje] vi juerguear, jaranear.

fête [fɛt] nf fiesta; (d'une personne) santo; **faire ~ à** festejar a; **F~-dieu** Corpus Christi m; ~ **foraine** feria; ~ **mobile** fiesta móvil; **la F~ nationale** la Fiesta Nacional.

fêter [fete] vt festejar a; (événement) festejar, celebrar.

fétiche [fetiʃ] nm fetiche m, amuleto; **objet** ~ objeto mascota; **fétichisme** nm fetichismo.

fétu [fety] nm: ~ **de paille** brizna de paja, pajilla.

feu [fø] a inv: ~ **son père** su difunto padre.

feu, x [fø] nm fuego; (brasier, incendie) fuego, incendio; (signal lumineux) luz f, señal luminosa; (de cuisinière) hornilla; (fig) ardor m, pasión f; (: sensation de brûlure) ardor, irritación f; **~x** mpl (éclat, lumière) destellos, luces fpl; **tous ~x éteints** (NAUT, AUTO) con luces apagadas; **s'arrêter aux ~x** (AUTO) detenerse en el semáforo; **à ~ doux/vif** (CULIN) a fuego moderado/fuerte; **à petit ~** (CULIN) a fuego lento; **tué au ~** (MIL) muerto en combate; **prendre ~** encenderse; **mettre à ~** encender; **mettre le ~ à** dar fuego a; **faire du ~** hacer fuego, encender el fuego; **avez-vous du ~?** ¿tiene Usted fuego?; ~ **nourri/roulant** (MIL) fuego intenso/graneado; ~ **rouge/vert** (AUTO) disco rojo/verde; ~ **de position/de route** (AUTO) luz f, señal de posición/larga o de carretera; ~ **arrière** (AUTO) luz trasera, piloto; ~ **d'artifice** fuego de artificio; ~ **de camp** fuego de campo; ~ **de cheminée** fuego de chimenea; ~ **de joie** fogata; ~ **de paille** (fig) entusiasmo pasajero; ~ **x de brouillard** faros para niebla; ~ **x de croisement** (AUTO) luces de cruce.

feuillage [fœjaʒ] nm follaje m, hojarasca.

feuille [fœj] nf hoja; ~ **d'impôts** cédula de impuestos; ~ **de métal** lámina de metal; ~ **morte** hoja seca; ~ **(de papier)** hoja (de papel); ~ **de paye** aviso de pago; ~ **de vigne** hoja de parra; ~ **volante** hoja suelta o volante.

feuillet [fœjɛ] nm pliego, página.

feuilleté, e [fœjte] a hojaldrado(a).

feuilleter [fœjte] vt hojear.

feuilleton [fœjtɔ̃] nm folletón m, serial m.

feutre [føtʀ(ə)] nm fieltro; (*chapeau*) sombrero de fieltro; **stylo ~** pluma con punta de fieltro, fibra; **feutré, e** a afelpado(a); (*pas, voix, sons*) amortiguado(a), tenue; **feutrer** vi, **se feutrer** vi apelmazarse; **feutrine** nf paño lenci, pañete m.

fève [fɛv] nf haba; (*dans le gâteau des Rois*) sorpresa.

février [fevʀije] nm febrero.

FF abrév de franc français.

fiacre [fjakʀ(ə)] nm simón m, fiacre m.

fiançailles [fjãsɑj] nfpl compromiso; (*période*) noviazgo.

fiancé, e [fjãse] nm/f novio/a // a: **être ~ à** estar prometido con.

fiancer [fjãse]: **se ~** vi ponerse de novios, prometerse.

fibre [fibʀ(ə)] nf fibra; **~ de verre** lana de vidrio.

ficeler [fisle] vt atar.

ficelle [fisɛl] nf: **une ~** un cordón; **de la ~** bramante m.

fiche [fiʃ] nf ficha; (*ÉLEC*) enchufe m.

ficher [fiʃe] vt (*renseignement*) anotar en fichas; (*POLICE: suspect*) meter en gayola; (*planter*) clavar; (*fam*) hacer; dar; meter; **fiche(-moi) le camp!** (*fam*) ¡lárgate!; **se ~ de** vt (*fam*) importarle a uno un bledo de.

fichier [fiʃje] nm fichero; (*renseignements*) registro.

fichu, e [fiʃy] pp de ficher (*fam*) // nm pañoleta, pañuelo pico; (*fam*) **temps** tiempo pajolero; **être mal ~** (*fam*) sentirse mal.

fictif, ive [fiktif, iv] a ficticio(a), imaginario(a).

fiction [fiksjɔ̃] nf ficción f.

fidèle [fidɛl] a fiel; (*loyal*) fiel, leal // nm/f (*REL*) fiel m/f; (*fig*) devoto/a, fiel; **fidélité** nf fidelidad f.

fiduciaire [fidysjɛʀ] a fiduciario(a).

fief [fjɛf] nm feudo, dominio.

fiel [fjɛl] nm hiel f.

fiente [fjãt] nf excremento.

fier [fje]: **se ~ à** vt fiarse de, confiar en.

fier, fière [fjɛʀ] a orgulloso(a); (*hautain*) orgulloso(a), arrogante.

fierté [fjɛʀte] nf orgullo; arrogancia.

fièvre [fjɛvʀ(ə)] nf fiebre f; **~ typhoïde** fiebre tifoidea; **fiévreux, euse** a afiebrado(a), febril.

fifre [fifʀ(ə)] nm (*MUS*) pífano m.

figer [fiʒe] vt coagular, cuajar; (*fixer, immobiliser*) paralizar, estancar; (*fig*) petrificar; **se ~** vi coagularse, cuajarse.

figue [fig] nf higo; **figuier** nm higuera.

figurant, e [figyʀã, ãt] nm/f figurante m/f.

figuratif, ive [figyʀatif, iv] a (*art*) figurativo(a).

figure [figyʀ] nf figura; (*ANAT*) cara, aspecto, apariencia; **faire ~ de** hacer papel de, pasar por; **~ de style/de rhétorique** figura estilística/retórica.

figuré, e [figyʀe] a figurado(a).

figurer [figyʀe] vi figurar, aparecer // vt representar; **se ~ qch/que** imaginarse algo/que.

figurine [figyʀin] nf estatuilla.

fil [fil] nm hilo; (*du téléphone*) cable m; (*tranchant*) filo; **au ~ des heures** con el correr de las horas **au ~ de l'eau** a favor de corriente; **de en aiguille** poco a poco; **donner/recevoir un coup de ~** dar/recibir un telefonazo; **~ à coudre** hilo de coser; **~ électrique** cable eléctrico; **~ de fer** alambre m; **~ de fer barbelé** alambre de púas; **~ à pêche** sedal m; **~ à plomb** plomada.

filament [filamã] nm (*ÉLEC*) filamento; (*de sang, bave etc*) hilo, filamento.

filandreux, euse [filãdʀø, øz] a fibroso(a).

filature [filatyʀ] nf hilande

(policière) seguimiento de uno para espiarle.

file [fil] *nf* fila, cola; **en ~ indienne** en fila india; **se mettre à la ~** ponerse en la fila o cola; **à la ~** ad seguidos(as); *(l'un derrière l'autre)* en fila.

filer [file] *vt (tissu, toile)* hilar; *(câble etc)* largar, soltar; *(fig: note)* modular; *(personne)* seguir, vigilar // *vi (bas, maille)* correrse; *(liquide, pâte)* fluir; *(aller vite)* correr, volar.

filet [file] *nm* red *f*; *(à cheveux)* redecilla; *(CULIN: de poisson)* filete *m*; *(: viande)* solomillo; **un ~ d'eau** un hilo de agua; **~ (à provisions)** redecilla de provisiones.

filetage [filtaʒ] *nm (filet)* rosca, filete *m*.

fileter [filte] *vt (vis)* filetear, roscar.

filial, e, aux [filjal, o] *a, nf* filial *(f)*.

filière [filjɛr] *nf*: **passer par la ~** seguir el orden jerárquico; **suivre la ~** seguir el escalafón.

filigrane [filigran] *nm* filigrana; **en ~** *(fig)* en relieve.

filin [filɛ̃] *nm* cabo.

fille [fij] *nf* muchacha, chica; *(opposé à fils)* hija; *(vieille fille)* soltera; *(péj)* mujerzuela; **petite ~** niña; **~ de joie** prostituta; **~ mère** *péj* madre soltera; **~ de salle** muchacha de servicio; **fillette** *nf* chiquilla.

filleul, e [fijœl] *nm/f* ahijado/a.

film [film] *nm* película; *(œuvre)* película, film *m*; **~ muet/parlant** película muda/sonora; **~ d'animation** película de dibujos animados; **~ policier** película policial; **filmer** *vt* rodar, filmar.

filon [filɔ̃] *nm* filón *m*, veta.

fils [fis] *nm* hijo; *(REL)*: **le F~** *(de Dieu)* el Hijo *(de Dios)*; **~ de famille** hijo de buena familia.

filtre [filtr(ə)] *nm* filtro; **"avec ou sans ~?"** "¿con o sin filtro?"; **~ à air** *(AUTO)* filtro de aire; **filtrer** *vt*

filtrar; *(fig)* controlar // *vi* filtrar, filtrarse; *(fig)* filtrarse.

fin [fɛ̃] *nf* fin *m*, final *m*; *(mort)* final, muerte *f*; *(but)* fin // *nm* **voir fin, e**; **~s** *fpl (desseins)* fines *mpl*; **à la ~ mai** a fines de mayo; **en ~ de journée** al fin del día; **prendre ~** terminar, finalizar; **toucher à sa ~** llegar a su fin; **à la ~** ad al fin, finalmente; **sans ~** a, ad infinito(a), sin fin; **~ de section** *(en autobus)* final de línea.

fin, e [fɛ̃, fin] *a* fino(a), delgado(a); *(poudre, sable)* fino(a); *(subtil)* sutil, sagaz // *ad* fino // *nm*: **vouloir jouer au plus ~** querer dárselas de listo(a) // *nf (alcool)* aguardiente fino; **c'est ~!** *(iro)* ¡qué bonito!; **~ prêt** completamente listo; **un ~ gourmet** un buen paladar; **avoir l'ouïe ~e** tener oído fino o agudo; **le ~ fond de...** lo más recóndito de...; **le ~ mot de...** el porqué de...; **à seule ~** de con el solo objeto de; **~es herbes** hierbas aromáticas; **or ~** oro puro; **linge ~** ropa fina.

final, e [final] *a* final, último(a) // *nm (MUS)* final *m* // *nf (SPORT)* final *f*, **quart/huitième de ~e** cuarta/octava de final.

finalement [finalmɑ̃] *ad* finalmente; *(après tout)* después de todo.

finaliste [finalist(ə)] *nm/f* finalista *m/f*.

finance [finɑ̃s] *nf*: **la ~** la banca, las finanzas; **~s** *fpl (situation financière)* fondos, erario; *(de l'État)* hacienda, presupuesto; **moyennant ~** con dinero.

financer [finɑ̃se] *vt* financiar.

financier, ière [finɑ̃sje, jɛr] *a* financiero(a) // *nm* financiero.

finasser [finase] *vi (péj)* trapacear.

finaud, e [fino, od] *a* ladino(a).

finesse [fines] *nf* delgadez *f*, finura; sutileza; **~s** *fpl* sutilezas; **~ de goût** delicadeza de gusto; **~ d'esprit** agudeza de espíritu.

fini, e [fini] *a* acabado(a); *(sans avenir)* perdido(a), acabado(a);

(*machine etc*) arruinado(a); (*MATH, PHILOSOPHIE*) finito(a); (*fait*) terminado(a); (*valeur intensive*) consumado(a) // *nm* perfección *f*.

finir [finiʀ] *vt* terminar, acabar; (*période*) acabar, finalizar // *vi* finalizar, terminar; ~ **de faire qch** terminar de hacer algo; (*cesser*) dejar de hacer algo; ~ **par faire qch** terminar *o* acabar por hacer algo; ~ **par qch** terminar en algo; ~ **en pointe/tragédie** acabar en punta/tragedia; **en** ~ (*avec qn/qch*) acabar (con alguien/algo); **cela/il va mal** ~ eso/él acabará mal.

finish [finiʃ] *nm* final *m*.

finissage [finisaʒ] *nm* acabado.

finisseur, euse [finisœʀ, øz] *nm/f* competidor/ora que manifiesta cualidades especiales al final del recorrido.

finition [finisjɔ̃] *nf* acabado, último toque.

finlandais, e [fɛ̃lɑ̃dɛ, ɛz] *a, nm/f* finlandés(esa) // *nm* finlandés m.

Finlande [fɛ̃lɑ̃d] *nf* Finlandia; **finnois** *nm* finlandés m.

fiole [fjɔl] *nf* frasco.

fiord [fjɔʀd] *nm* = **fjord.**

firme [fiʀm(ə)] *nf* firma.

fisc [fisk] *nm* fisco; ~**al, e, aux** *a* fiscal; ~**alité** *nf* régimen tributario; (*charges*) contribución *f*, tributación *f*.

fissible [fisibl(ə)] *a* fisionable, escindible.

fission [fisjɔ̃] *nf* fisión *f*, escisión *f*.

fissure [fisyʀ] *nf* grieta, fisura; **se fissurer** *vi* agrietarse.

fiston [fistɔ̃] *nm* (*fam*) hijito.

fixateur [fiksatœʀ] *nm* fijador m.

fixatif [fiksatif] *nm* fijador m.

fixation [fiksɑsjɔ̃] *nf* fijación *f*.

fixe [fiks(ə)] *a* fijo(a) // *nm* sueldo fijo; **à date** ~ en fecha fija *o* exacta.

fixé, e [fikse] *a*: **être** ~ (**sur**) (*fig*) saber a qué atenerse (con respecto a).

fixement [fiksmɑ̃] *ad* fijamente.

fixer [fikse] *vt* fijar; (*stabiliser*: per-

sonne) estabilizar, asentar; (*poser son regard sur*) mirar con atención; ~ **qch à** fijar algo en; **se** ~ (*personne*) establecerse; **se** ~ **sur** (*suj: regard etc*) fijarse en.

fixité [fiksite] *nf* fijeza, firmeza.

flacon [flakɔ̃] *nm* frasco.

flageller [flaʒele] *vt* flagelar.

flageoler [flaʒɔle] *vi* flaquear.

flageolet [flaʒɔlɛ] *nm* (*MUS*) chirimía; (*CULIN*) frijol m.

flagrant, e [flagʀɑ̃, ɑ̃t] *a* flagrante; **prendre qn en** ~ - **délit** coger a alguien en flagrante delito.

flair [flɛʀ] *nm* olfato.

flairer [fleʀe] *vt* olfatear, husmear; (*fig*) presentir.

flamand, e [flamɑ̃, ɑ̃d] *a, nm/f* flamenco(a) // *nm* flamenco m.

flamant [flamɑ̃] *nm* flamenco.

flambant [flɑ̃bɑ̃] *ad*: ~ **neuf** nuevo flamante.

flambé, e [flɑ̃be] *a* flameado(a) // *nf* fogarada, fogata; ~**e des prix** alza brusca de precios.

flambeau, x [flɑ̃bo] *nm* antorcha.

flamber [flɑ̃be] *vi* llamear // *vt* flamear.

flamboyer [flɑ̃bwaje] *vi* resplandecer.

flamenco [flamɛ̃ko] *nm* flamenco.

flamme [flam] *nf* llama; (*fig*) fogosidad *f*, pasión *f*.

flammèche [flamɛʃ] *nf* pavesa.

flan [flɑ̃] *nm* (*CULIN*) flan m.

flanc [flɑ̃] *nm* flanco; (*d'une montagne*) ladera; **tirer au** ~ (*fam*) escurrir el bulto; **prêter le** ~ **à** (*fig*) dar lugar a.

flancher [flɑ̃ʃe] *vi* flaquear, ceder.

flanelle [flanɛl] *nf* franela.

flâner [flɑne] *vi* errar, vagar.

flanquer [flɑ̃ke] *vt* flanquear; (*fam*) arrojar; ~ **à la porte** (*fam*) echar a la calle; **être flanqué** estar escoltado por *o* de.

flapi, e [flapi] *a* extenuado(a).

flaque [flak] *nf* charco.

flash, pl flashes [flaʃ] *nm* (*PHO-*

luz f relámpago, flash m; (: lumière) fogonazo, flash; ~ **d'information** flash de noticias.

flasque [flask(ə)] a fláccido(a), fofo(a).

flatter [flate] vt adular, halagar; (suj: honneurs, amitié) halagar, deleitar; **se ~** gloriarse de; ~**le** [flatʀi] nf adulación f; **une ~ie** una lisonja.

fléau, x [fleo] nm flagelo, azote m; (de balance) astil m; (AGR) mayal m, látigo de trillar.

flèche [flɛʃ] nf flecha; (de clocher) aguja; (de grue) aguilón m; **monter en ~** (fig) subir velozmente; **fléchette** nf flechita; **fléchettes** fpl (jeu) flechitas.

fléchir [fleʃiʀ] vt doblar, flexionar; (fig) doblegar, ablandar // vi (poutre) ceder, doblarse; (fig) ceder, claudicar.

flegmatique [flɛgmatik] a flemático(a).

flegme [flɛgm(ə)] nm flema, calma.

flemme [flɛm] nf (fam) pereza.

flétrir [fletʀiʀ] vt marchitar, ajar; (fig) desprestigiar, mancillar.

fleur [flœʀ] nf flor f; tissu à ~s tela estampada a flores; **être ~ bleue** ser sentimental; ~ **de lis** flor de lis.

fleurer [flœʀe] vt oler a.

fleuret [flœʀɛ] nm florete m; (SPORT): **le ~** la esgrima.

fleurette [flœʀɛt] nf: **conter ~ à** qn piropear o requebrar a alguien.

fleuri, e [flœʀi] a florecido(a); (style, propos) florido(a); (péj) enrojecido(a), bermejo(a).

fleurir [flœʀiʀ] vi florecer // vt colocar flores en, adornar con flores; **se ~** llevar una flor, adornarse con flores.

fleuriste [flœʀist(ə)] nm/f florista m/f.

fleuve [flœv] nm río; **roman ~** novela río; **discours ~** discurso interminable.

flexible [flɛksibl(ə)] a flexible.

flexion [flɛksjɔ̃] nf flexión f.

flibustier [flibystje] nm filibustero.

flic [flik] nm (fam, péj) polizonte m.

flirt [flœʀt] nm flirteo; (personne) galán m, flirt m; ~**er** vi flirtear.

flocon [flɔkɔ̃] nm copo; (de laine: boulette) vellón m; ~**s d'avoine** copos de avena.

flonflons [flɔ̃flɔ̃] nmpl tachín tachín m.

floraison [flɔʀɛzɔ̃] nf florecimiento.

floral, e, aux [flɔʀal] a floral.

floralies [flɔʀali] nfpl floralias.

flore [flɔʀ] nf flora.

florissant, e [flɔʀisɑ̃, ɑ̃t] a floreciente.

flot [flo] nm (fig) oleada, multitud f; ~**s** mpl oleaje m; **mettre/être à ~** poner/estar a flote; (fig) sacar/estar a flote; **à ~s** a raudales.

flottage [flɔtaʒ] nm armadía.

flottaison [flɔtɛzɔ̃] nf: **ligne de ~** línea de flotación.

flottant, e [flɔtɑ̃, ɑ̃t] a amplio(a), con vuelo; (non fixe) fluctuante.

flotte [flɔt] nf flota; (fam) agua, lluvia.

flottement [flɔtmɑ̃] nm vacilación f.

flotter [flɔte] vi flotar; (drapeau, cheveux) flamear, ondear; (fig) ondear; (ÉCON) fluctuar // vt (bois) transportar por la corriente; **flotteur** nm flotador m.

flottille [flɔtij] nf flotilla.

flou, e [flu] a borroso(a).

flouer [flue] vt embaucar, engatusar.

fluctuation [flyktɥasjɔ̃] nf fluctuación f.

fluet, te [flɥɛ, ɛt] a endeble, débil.

fluide [flɥid] a fluido(a) // nm fluido.

fluor [flɥɔʀ] nm flúor m.

fluorescent, e [flɥɔʀɛsɑ̃, ɑ̃t] a fluorescente.

flûte [flyt] nf flauta; (verre) copa; (pain) pan de forma alargada; ~**!** ¡caracoles!; ~ **à bec** flauta dulce o de pico; **flûtiste** nm/f flautista m/f.

fluvial, e, aux [flyvjal, o] a fluvial.

flux [fly] nm flujo; **le ~ et le reflux** (fig) los altibajos.

fluxion [flyksjɔ̃] *nf*: ~ de poitrine pleurésia.

FM *sigle f voir* **fréquence.**

FMI *sigle m voir* **fonds.**

foc [fɔk] *nm* foque m.

focal, e, aux [fɔkal, o] a focal.

foehn [føn] *nm* viento seco y cálido.

fœtal, e, aux [fetal, o] a fetal.

fœtus [fetys] *nm* feto.

foi [fwa] *nf* fe f; (engagement) fidelidad f; **sous la ~ du serment** bajo juramento; **ajouter ~ à** dar a; **digne de ~** digno(a) de confianza, fidedigno(a); **sur la ~ de** creyendo a, en base al testimonio de; **ma ~!** ¡lo juro!

foie [fwa] *nm* hígado; ~ **gras** paté m de hígado de ganso.

foin [fwɛ̃] *nm* heno; **faire les ~s** segar el heno.

foire [fwar] *nf* feria; ~ **(exposition)** feria (de muestras); **faire la ~** (*fig fam*) vivir de juerga.

fois [fwa] *nf* vez f; **2 ~ 2** dos por dos; **deux ~ plus grand (que)** el doble (de); **la ~ suivante** la próxima vez; **la ~ précédente** la vez anterior; **une ~ pour toutes** una vez para siempre; **une ~ parti, il...** una vez que hubo partido, él...; **à la ~ (ensemble)** a la vez; **à la ~ grand et beau** grande y bello a la vez; **des ~ (parfois)** a veces; **si des ~...** (*fam*) si por casualidad...; **non mais des ~!** (*fam*) ¡pero caramba!; **il était une ~...** había una vez...; érase una vez...

foison [fwazɔ̃] *nf*: **une ~ de** una profusión de; **~ner** *vi* abundar, pulular.

folâtre [fɔlɑtr(ə)] a travieso(a).

folie [fɔli] *nf* locura; **la ~ des grandeurs** la manía o el delirio de grandezas.

folklore [fɔlklɔr] *nm* folklore m; **folklorique** a folklórico(a).

folle [fɔl] a, *nf voir* **fou.**

follement [fɔlmɑ̃] ad locamente, muchísimo.

follet [fɔlɛ] a: **feu ~** fuego fatuo.

foncé, e [fɔ̃se] a oscuro(a).

foncer [fɔ̃se] *vt* oscurecer // *vi* oscurecerse; (*fam*) correr; ~ **sur** (*fam*) arremeter contra.

foncier, ière [fɔ̃sje, jɛr] a fundamental, básico(a); (*COMM*) hipotecario(a); **foncièrement** ad profundamente.

fonction [fɔ̃ksjɔ̃] *nf* función f; (*profession*) empleo, profesión f; (*poste*) cargo, empleo; ~ (*activités, BIO*) funciones fpl; **entrer en/reprendre ses ~s** tomar posesión de/reintegrarse a su cargo; **voiture de ~** coche m oficial o de servicio; **être ~ de** depender de; **faire ~ de** hacer las veces de; **la ~ publique** la función pública.

fonctionnaire [fɔ̃ksjɔnɛr] *nm/f* funcionario/a.

fonctionnariser [fɔ̃ksjɔnarize] *vt* asimilar a la función pública.

fonctionnel, le [fɔ̃ksjɔnɛl] a funcional.

fonctionnement [fɔ̃ksjɔnmɑ̃] *nm* funcionamiento.

fonctionner [fɔ̃ksjɔne] *v* funcionar.

fond [fɔ̃] *nm* fondo; **course de ~** carrera de fondo; **envoyer par le ~** echar a pique; **à ~** a fondo; **à ~ (de train)** ad (*fam*) a todo correr **dans le ~, au ~** ad en el fondo; **de ~ en comble** de arriba abajo ~ **sonore** fondo sonoro; ~ **de teint** crema base.

fondamental, e, aux [fɔ̃damɑ̃tal, o] a fundamental.

fondant, e [fɔ̃dɑ̃, ɑ̃t] a que se funde (*au goût*) que se disuelve o deshace

fondateur, trice [fɔ̃datœr, tris] *nm/f* fundador/ora; **membre ~** miembro fundador.

fondation [fɔ̃dasjɔ̃] *nf* fundación **travaux de ~** trabajos de cimentación; ~**s** fpl (*CONSTRUCTIO* cimientos.

fondement [fɔ̃dmɑ̃] *nm* ano; ~ **mpl** cimientos; **sans ~** a sin fundamento.

fondé, e [fɔ̃de] a fundado(a); êt

~ **à** tener derecho a; ~ **de pouvoir** *nm* apoderado.

fonder [fɔ̃de] *vt* fundar; (*fig*): ~ **qch sur** basar algo en algo; **se** ~ **sur qch** basarse en algo.

fonderie [fɔ̃dri] *nf* (*usine*) fundición *f*.

fondeur [fɔ̃dœʀ] *nm*: (*ouvrier*) ~ (*obrero*) fundidor *m*.

fondre [fɔ̃dʀ(ə)] *vt* fundir; (*dans l'eau*) disolver; (*fig*) fundir, mezclar; (*se précipiter*): ~ **sur** caer sobre // *vi* fundirse; (*dans l'eau*) disolverse; (*fig*) consumirse, disiparse; **faire** ~ derretir, disolver; (*dans l'eau*) deshacer, disolver; ~ **en larmes** deshacerse en lágrimas.

fondrière [fɔ̃drijɛʀ] *nf* hoyo.

fonds [fɔ̃] *nm* capital *m*, caudal *m*; (*COMM*): ~ (**de commerce**) negocio; (*fig*) caudal // *mpl* fondos; **à** ~ **perdus** *ad* a fondo perdido; **le F**~ **monétaire international, FMI** el Fondo monetario internacional.

fondu, e [fɔ̃dy] *a* derretido(a), fundido(a); (*fig*) desvanecido(a) // *nm* (*CINÉMA*) fundido // *nf*: ~ **e au fromage** plato a base de queso fundido; ~ **enchaîné** fundido encadenado.

font *vb voir* **faire**.

fontaine [fɔ̃tɛn] *nf* fuente *f*.

fonte [fɔ̃t] *nf* fundición *f*; **en** ~ **émaillée** de hierro esmaltado; **la** ~ **des neiges** el deshielo.

fonts baptismaux [fɔ̃batismo] *nmpl* pila, fuente *f* bautismal.

football [futbol] *nm* fútbol *m*; ~ **de table** fútbol de mesa; ~ **eur** futbolista *m*.

footing [futiŋ] *nm*: **faire du** ~ trotar, hacer footing.

for [fɔʀ] *nm*: **dans mon** ~ **intérieur** en mi fuero interior.

forage [fɔʀaʒ] *nm* perforación *f*.

forain, e [fɔʀɛ̃, ɛn] *a, nm/f* feriante (*m/f*).

forban [fɔʀbã] *nm* bandido, forajido.

forçat [fɔʀsa] *nm* forzado.

force [fɔʀs(ə)] *nf* fuerza;

(*intellectuelle*) capacidad *f*; (*ÉLEC*): **la** ~ la energía, la corriente; (*physiques, MIL*) fuerzas; **de toutes mes** ~**s** con todas mis fuerzas; **à** ~ **de** a fuerza de; **arriver en** ~ llegar en cantidad; **de** ~ por la fuerza; **être de** ~ **à** ser capaz de; **de première** ~ de gran capacidad; **par la** ~ **des choses** inevitablemente, por fuerza; ~**s de police/de l'ordre** fuerzas de policia/del orden; **de frappe** fuerza de choque, potencial bélico; ~ **d'inertie** fuerza de inercia; ~**s armées** fuerzas armadas.

forcé, e [fɔʀse] *a* forzado(a); (*bain, atterrissage*) forzoso(a); ~**ment** *ad* forzosamente.

forcené, e [fɔʀsəne] *a* encarnizado(a), frenético(a) // *nm/f* furioso(a).

forceps [fɔʀsɛps] *nm* fórceps *m*.

forcer [fɔʀse] *vt* forzar; (*plante*) activar el crecimiento de; ~ **qn à qch/à faire** qch constreñir a algo/a que haga algo; ~ **la dose/l'allure** aumentar excesivamente la dosis/la velocidad; ~ **l'attention/le respect** ganarse la consideración/el respeto // *vi* (*SPORT, gén*) esforzarse; **se** ~ **à** esforzarse en.

forcing [fɔʀsiŋ] *nm*: **faire le** ~ redoblar el ataque.

forcir [fɔʀsiʀ] *vi* engordar; (*vent*) arreciar.

forer [fɔʀe] *vt* perforar, horadar; (*trou, puits*) perforar.

forestier, ière [fɔʀɛstje, jɛʀ] *a* forestal.

foreuse [fɔʀøz] *nf* perforadora.

forêt [fɔʀɛ] *nf* bosque *m*.

forfait [fɔʀfɛ] *nm* (*COMM*) ajuste *m*, convenio; (*crime*) crimen *m*; **déclarer** ~ retirarse, no competir; **travailler à** ~ trabajar a destajo; ~**aire** a convenido(a), concertado(a).

forge [fɔʀʒ(ə)] *nf* herrería, forja.

forgé, e [fɔʀʒe] *a*: ~ **de toutes pièces** inventado de punta a cabo.

forger [fɔʀʒe] vt forjar, (fig) forjar, formar, (: prétexte, alibi) fraguar; ~ **on** [fɔʀʒəʀɔ̃] nm herrero.

formaliser [fɔʀmalize] : **se** ~ vi escandalizarse, enfadarse; **se** ~ **de qch** molestarse por algo.

formalité [fɔʀmalite] nf requisito, formalidad f.

format [fɔʀma] nm formato, (TYPOGRAPHIE, PHOTO) formato, tamaño.

formation [fɔʀmasjɔ̃] nf formación f, concepción f; (groupe) grupo, conjunto; (éducation, GÉO, MINÉRALOGIE etc) formación; **la** ~ **professionnelle** la formación profesional; **en** ~ (MIL, AVIAT) en formación.

forme [fɔʀm] nf forma; (modalité, type) tipo, forma; **les** ~**s** (manières, d'une femme) las formas; **être en (bonne)** ~, **avoir la** ~ estar en buenas condiciones.

formel, le [fɔʀmɛl] a formal, categórico(a).

former [fɔʀme] vt (constituer) constituir, formar; (rassembler) formar, organizar; (sédiment, croûte etc) formar, producir; (concevoir) concebir, plasmar; (travailleur, sportif) formar, instruir; (développer) formar, desarrollar; (lettre etc) formar, componer; **se** ~ vi formarse.

formidable [fɔʀmidabl] a formidable.

formol [fɔʀmɔl] nm formol m.

formulaire [fɔʀmylɛʀ] nm formulario.

formule [fɔʀmyl] nf fórmula; (arrangement, système) solución f, sistema m; ~ **de politesse** fórmula de cortesía.

formuler [fɔʀmyle] vt formular; (expliciter: sa pensée) expresar.

fort, e [fɔʀ, ɔʀt(ə)] a fuerte; (carton, papier) resistente; (élève, artiste) capaz, talentoso(a); (important) importante, considerable; (jambe, taille, personne) grueso(a), robusto(a) // ad fuerte, con fuerza // nm fuerte m; **j'en doute** ~ dudo mucho; **avoir** ~ **à faire pour...**

darse mucho que hacer para...; **au plus** ~ **de la discussion** en lo mejor de la discusión.

forteresse [fɔʀtəʀɛs] nf fortaleza.

fortifiant [fɔʀtifjɑ̃] nm fortificante m, reconstituyente m.

fortifications [fɔʀtifikasjɔ̃] nfpl fortificaciones fpl.

fortifier [fɔʀtifje] vt fortalecer, reconfortar; (ville, château) fortificar.

fortuit, e [fɔʀtɥi, ɥit] a fortuito(a), casual.

fortune [fɔʀtyn] nf fortuna; (sort) suerte f; **de** ~ a improvisado(a); **fortuné, e** a afortunado(a).

forum [fɔʀɔm] nm foro; (débat) debate m.

fosse [fos] nf fosa; (tombe) fosa, sepultura; ~ (**d'orchestre**) foso de la orquesta; ~ **à purin** depósito de aguas de estiércol; ~ **septique** fosa séptica.

fossé [fose] nm zanja; (fig) abismo.

fossette [fosɛt] nf hoyuelo.

fossile [fosil] a, nm fósil (m).

fossoyeur [foswajœʀ] nm sepulturero.

fou(fol), folle [fu, fɔl] a loco(a); (extrême, très grand) enorme, extremado(a) // nm/f loco(a); chiflado(a) // nm (d'un roi) bufón m; (ÉCHECS) alfil m; **avoir le** ~ **rire** tener un ataque de risa; **herbe folle** hierbajo.

foudre [fudʀ(ə)] nf rayo; ~**s** fpl reprobación f.

foudroyer [fudʀwaje] vt fulminar.

fouet [fwɛ] nm látigo; (CULIN) batidor m; **de plein** ~ ad de frente; ~ **ter** vt dar latigazos a; (fig) azotar; (CULIN) batir.

fougère [fuʒɛʀ] nf helecho.

fougue [fug] nf arrebato, ímpetu m.

fouille [fuj] nf cacheo, registro; ~**s** fpl (archéologiques) excavaciones fpl; **passer à la** ~ registrar.

fouiller [fuje] vt cachear, registrar; (local, quartier) registrar, explorar; (sol) cavar, excavar // vi registrar, hurgar.

fouillis [fuji] nm revoltijo, desbarajuste m.

fouine [fwin] nf fuina, garduña.

fouisseur, euse [fwisœr, øz] a excavador(ora).

foulard [fular] nm pañuelo.

foule [ful] nf muchedumbre f, pueblo; **une** ~ **de** o una multitud de; **les** ~**s** las masas, las muchedumbres; **venir en** ~ venir en masa o en tropel.

foulée [fule] nf (SPORT) zancada; **dans la** ~ **de** inmediatamente detrás de.

fouler [fule] vt triturar, prensar; ~ **aux pieds** pisotear; **se** ~ vt torcerse // vi (fam) fatigarse, esforzarse; **foulure** nf esguince m.

four [fur] nm horno; (THÉÂTRE) fiasco, fracaso; **cuire au** ~ cocinar al horno.

fourbe [furb(ə)] a pícaro(a), astuto(a).

fourbu, e [furby] a extenuado(a), rendido(a).

fourche [furʃ(ə)] nf horca; (de bicyclette) horquilla; (d'une route) bifurcación f.

fourchette [furʃɛt] nf tenedor m; (STATISTIQUE) gama.

fourchu, e [furʃy] a (cheveu) abierto en las puntas; (arbre etc) ahorquillado(a), bifurcado(a).

fourgon [furgɔ̃] nm furgón m; ~ **mortuaire** coche m fúnebre.

fourgonnette [furgɔnɛt] nf furgoneta.

fourmi [furmi] nf hormiga; ~**lière** nf hormiguero.

fourmillement [furmijmã] nm (démangeaison) hormigueo.

fourmiller [furmije] vi hormiguear, pulular; ~ **de** estar lleno(a) de.

fournaise [furnɛz] nf hoguera, horno.

fourneau, x [furno] nm (de cuisine) horno.

fournée [furne] nf hornada.

fourni, e [furni] a (barbe, cheveux) tupido(a), espeso(a).

fournir [furnir] vt proveer, dar; (effort) hacer, realizar; (provisions, travail, main d'œuvre) proveer, suministrar; (suj: chose) dar, proporcionar; (COMM): ~ **en** proveer o abastecer de; **se** ~ **chez** proveerse en lo de; **fournisseur, euse** nm/f proveedor/ora, abastecedor/ora; **fourniture** nf abastecimiento, provisión f; **fournitures** fpl material m; **fournitures de bureau/scolaires** artículos de escritorio/escolares.

fourrage [furaʒ] nm forraje m.

fourrager, ère [furaʒe, ɛr] a forrajero(a) // nf forrajera.

fourré, e [fure] a relleno(a); (manteau, botte) forrado(a) // nm espesura, maraña.

fourreau, x [furo] nm funda, vaina.

fourrer [fure] vt (fam) meter.

fourreur [furœr] nm peletero.

fourrière [furjɛr] nf perrera; (pour voitures) depósito de coches.

fourrure [furyr] nf piel f.

foutre [futr(ə)] vt (fam!) = **ficher** (fam).

foyer [fwaje] nm (d'une cheminée, d'un four) hogar m, fogón m; (fig, OPTIQUE, PHOTO) foco; (famille) hogar, familia; (domicile) hogar; (THÉÂTRE) sala de descanso, foyer m; (local de réunion) hogar, centro; **lunettes à double** ~ gafas bifocales.

fracas [fraka] nm estruendo, fragor m.

fracasser [frakase] vt destrozar, romper; **se** ~ **le bras** romperse el brazo.

fraction [fraksjɔ̃] nf (MATH) fracción f, quebrado; (gén) fracción; ~**ner** vt fraccionar; **se** ~**ner** vi fraccionarse, dividirse.

fracture [fraktyr] nf fractura; ~ **du crâne** fractura de cráneo; **fracturer** vt romper, forzar; (os, membre) fracturar; **se fracturer la jambe** fracturarse la pierna.

fragile [fraʒil] a frágil, quebradizo(a); (estóm., santé, personne) delicado(a), frágil; (fig) endeble, delicado(a).

fragment [fʀagmã] nm fragmento, pedazo; (extrait) fragmento, trozo; **~-er** vt fragmentar; **se ~-er** vi fragmentarse.

frai [fʀɛ] nm desove m.

fraîchement [fʀɛʃmã] ad fríamente; (récemment) recientemente.

fraîcheur [fʀeʃœʀ] nf frescura; frialdad f.

frais, fraîche [fʀɛ, fʀɛʃ] a fresco(a); (accueil, réception) frío(a); (souvenir) vivo(a), claro(a); (sportif, soldat) reposado(a) // ad: il fait ~ está o hace fresco // nm: mettre au ~ poner o conservar al fresco // mpl gastos; des troupes fraîches tropas no fatigadas; prendre le ~ tomar el fresco; ~ de déplacement viáticos; ~ généraux gastos generales.

fraise [fʀɛz] nf fresa; ~ des bois fresa silvestre; **fraiser** vt fresar; **fraisier** nm fresa.

framboise [fʀãbwaz] nf frambuesa; **framboisier** nm frambueso.

franc, franche [fʀã, fʀãʃ] a franco(a), sincero(a); (net) neto(a) // ad: parler ~ hablar francamente // nm franco; ~ de port franco de porte; port ~ puerto franco; zone franche zona franca; ancien ~, ~ léger viejo franco; nouveau ~, ~ lourd nuevo franco.

français, e [fʀãse, ɛz] a, nm/f francés(esa) // nm francés m.

France [fʀãs] nf Francia.

franche [fʀãʃ] a voir franc.

franchement [fʀãʃmã] ad francamente; netamente; (tout à fait) francamente, completamente.

franchir [fʀãʃiʀ] vt franquear, superar.

franchise [fʀãʃiz] nf franqueza, sinceridad f; (exemption, ASSURANCES) franquicia.

franciser [fʀãsize] vt afrancesar.

franc-maçon [fʀãmasõ] nm francmasón m; **~nerie** nf francmasonería.

franco [fʀãko] ad libre de gastos.

franco... [fʀãko] préf franco; **francophone** [fʀãkɔfɔn] a de habla francesa; **francophonie** nf comunidad de pueblos de habla francesa.

franc-tireur [fʀãtiʀœʀ] nm francotirador m.

frange [fʀãʒ] nf fleco; (de cheveux) flequillo; (fig) franja.

franquette [fʀãkɛt]: à la bonne ~ ad a la buena de Dios, sin ceremonias.

frappe [fʀap] nf (d'une dactylo) tecleo; (BOXE) pegada, golpe m; (FOOTBALL) disparo, saque m.

frappé, e [fʀape] a helado(a).

frapper [fʀape] vt golpear; (fig) asombrar, impresionar; (suj: malheur, impôt) afectar; (monnaie) acuñar; ~ à la porte llamar a la puerta; ~ dans ses mains golpear con las manos.

fraternel, le [fʀatɛʀnɛl] a fraternal.

fraterniser [fʀatɛʀnize] vi fraternizar.

fraternité [fʀatɛʀnite] nf fraternidad f.

fratricide [fʀatʀisid] a fratricida.

fraude [fʀod] nf fraude m; **frauder** vi cometer una fraude; **frauduleux, euse** a fraudulento(a).

frayer [fʀeje] vt abrir // vi desovar, reproducirse; ~ avec frecuentar tratarse con.

frayeur [fʀejœʀ] nf terror m, espanto.

fredonner [fʀədɔne] vt tararear.

freezer [fʀizœʀ] nm congelador m.

frégate [fʀegat] nf fragata.

frein [fʀɛ̃] nm freno; ~ à main/moteur freno de mano/motor; ~s à disques/à tambour frenos de disco/de tambor.

freinage [fʀenaʒ] nm freno/frenado; distance de ~ distancia de frenado; traces de ~ marcas de frenazo.

freiner [fʀene] vi, vt frenar.

frelaté, e [fʀəlate] a adulterado(a)

frêle [fʀɛl] a fragile, delicado(a).

frémir [fʀemiʀ] vi temblar, estremecerse.

frénésie [fʀenezi] nf frenesí m, enardecimiento; **frénétique** a frenético(a).

fréquemment [fʀekamɑ̃] ad frecuentemente, a menudo.

fréquence [fʀekɑ̃s] nf frecuencia; (RADIO): **haute/basse** ~ alta/baja frecuencia; ~ **modulée**, FM frecuencia modulada.

fréquent, e [fʀekɑ̃, ɑ̃t] a frecuente.

fréquentations [fʀekɑ̃tɑsjɔ̃] nfpl (relations) relaciones fpl, compañías.

fréquenter [fʀekɑ̃te] vt frecuentar; (personne) frecuentar, tratar; (: courtiser) cortejar, festejar.

frère [fʀɛʀ] nm hermano; (fig) compañero; (REL) hermano, fray m // a: **partis/pays** ~s partidos/países hermanos.

fresque [fʀɛsk(ə)] nf fresco m.

fret [fʀɛ] nm flete m; **fréter** vt fletar, alquilar.

frétiller [fʀetije] vi menearse, agitarse.

fretin [fʀətɛ̃] nm: **le menu** ~ la morralla.

friable [fʀijabl(ə)] a desmenuzable, pulverizable.

friandise [fʀijɑ̃diz] nf golosina.

fric [fʀik] nm (fam!) guita, parné m.

fricassée [fʀikase] nf fricasé m, guiso.

friche [fʀiʃ]: **en** ~ a, ad inculto(a), sin cultivar.

friction [fʀiksjɔ̃] nf fricción f; (fig) fricción, roce m; ~**ner** vt friccionar.

frigidaire [fʀiʒideʀ] nm ® nevera, frigorífico.

frigide [fʀiʒid] a frígido(a).

frigo [fʀigo] nm abrév de **frigidaire**.

frigorifier [fʀigoʀifje] vt congelar; (fig) helar, congelar; intimidar, amilanar.

frigorifique [fʀigoʀifik] a frigorífico(a).

frileux, euse [fʀilø, øz] a friolento(a).

frimousse [fʀimus] nf cara, palmito.

fringale [fʀɛ̃gal] nf gazuza.

fripé, e [fʀipe] a chafado(a), ajado(a).

fripier, ère [fʀipje, ɛʀ] nm/f ropavejero/a.

frire [fʀiʀ] vi, vt (aussi: **faire** ~) freír.

frise [fʀiz] nf friso m.

frisé, e [fʀize] a rizado(a) // nf: (chicorée) ~**e** achicoria rizada.

friser [fʀize] vt rizar // vi ser rizado(a).

frisson [fʀisɔ̃] nm escalofrío, estremecimiento; ~**ner** vi estremecerse; (fig) temblar, estremecerse.

frit, e [fʀi, it] pp de **frire** // a frito(a) // nf patata frita.

friteuse [fʀitøz] nf freidor m.

friture [fʀityʀ] nf (huile) aceite m; (RADIO) ruido parásito; (plat): ~ (de **poissons**) fritura de (pescados), pescado frito.

frivole [fʀivɔl] a frívolo(a), baladí.

froid, e [fʀwa, ad] a frío(a) // nm frío; **il fait** ~ hace frío; **avoir** ~ tener frío; **prendre** ~ coger frío; **à** ~ ad en frío; ~**ement** ad fríamente.

froisser [fʀwase] vt arrugar; (fig) ofender; **se** ~ vi arrugarse; ofenderse, amoscarse; **se** ~ **un muscle** retorcerse un músculo.

frôler [fʀole] vt rozar.

fromage [fʀomaʒ] nm queso; ~ **blanc** requesón m; **fromager, ère** nm/f quesero/a; ~**rie** nf (usine) quesería.

froment [fʀomɑ̃] nm trigo.

fronce [fʀɔ̃s] nf frunce m; **froncer** vt fruncir; **froncer les sourcils** fruncir el ceño.

fronde [fʀɔ̃d] nf honda.

frondeur, euse [fʀɔ̃dœʀ, øz] a criticón(ona), motejador(ora).

front [fʀɔ̃] nm frente f; (MIL, fig) frente m; **avoir le** ~ **de** tener la cara o desfachatez de; **de** ~ **ad** de frente; (*rouler*) juntos(as), al lado; (*simultanément*) al mismo tiempo; ~ **de mer** avenida marítima.

frontalier, ière [frɔ̃talje, ɛr] a, nm/f fronterizo(a).

frontière [frɔ̃tjɛr] nf frontera; **poste** ~ puesto fronterizo(a).

frontispice [frɔ̃tispis] nm frontispicio.

fronton [frɔ̃tɔ̃] nm frontón m.

frottement [frɔtmɑ̃] nm frotamiento, roce m.

frotter [frɔte] vi rozar // vt frotar, restregar; (*pour nettoyer*) frotar, estregar; ~ **une allumette** frotar o raspar un fósforo.

fructifier [fryktifje] vi fructificar.

fructueux, euse [fryktɥø, øz] a fructuoso(a), provechoso(a).

frugal, e, aux [frygal, o] a frugal, austero(a).

fruit [frɥi] nm fruto m, fruta; (*fig*) fruto; ~**s de mer** mariscos; ~**s secs** frutas secas; ~**ier, ière** a: **arbre** ~**ier** árbol m frutal // nm/f frutero/a // nf (*coopérative*) consorcio de queseros.

fruste [fryst(ə)] a rústico(a), tosco(a).

frustré, e [frystre] a frustrado(a), decepcionado(a).

frustrer [frystre] vt frustrar; ~ **qn de** privar a alguien

FS abrév de franc suisse.

fuel [fjul] nm fuel-oil m.

fugitif, ive [fyʒitif, iv] a pasajero(a), efímero(a); (*prisonnier etc*) fugitivo(a) // nm/f fugitivo/a.

fugue [fyg] nf (*MUS*) fuga; **faire une** ~ fugarse, escapar.

fuir [fɥir] vt huir de, escapar a // vi huir, escapar; (*gaz, eau*) escapar, salirse; (*robinet, tuyau*) perder, salirse.

fuite [fɥit] nf huida, fuga; (*écoulement*) escape m, derrame m; (*divulgation*) indiscreción f, delación f; **être en** ~ ser prófugo(a); **mettre en** ~ ahuyentar; **prendre la** ~ escapar, huir.

fulminer [fylmine] vi: ~ (**contre**) imprecar o estallar contra.

fume-cigarette [fymsigarɛt] nm inv boquilla.

fumée [fyme] nf humo m.

fumer [fyme] vi humear; (*personne*) fumar // vt fumar; (*jambon etc*) ahumar; (*terre*) abonar; ~**le** [fymri] nf fumadero.

fumerolles [fymrɔl] nfpl fumarolas.

fumet [fyme] nm aroma.

fumeur, euse [fymœr, øz] nm/f fumador/ora.

fumeux, euse [fymø, øz] a (*péj*) ambiguo(a), confuso(a).

fumier [fymje] nm abono, estiércol m.

fumigation [fymigasjɔ̃] nf (*MÉD*) inhalación f, fumigación f.

fumigène [fymiʒɛn] a fumígeno(a), de humo.

fumiste [fymist(ə)] nm deshollinador m // nm/f (*péj*) camelista m/f.

fumoir [fymwar] nm fumadero.

funambule [fynãbyl] nm volatinero.

funèbre [fynɛbr(ə)] a fúnebre.

funérailles [fyneraj] nfpl funeral m.

funéraire [fynerɛr] a funerario(a), mortuorio(a).

funiculaire [fynikylɛr] nm funicular m.

fur [fyr]: **au** ~ **et à mesure** ad paulatinamente, poco a poco; **au** ~ **et à mesure que** a medida que; **au** ~ **et à mesure de** de acuerdo o conforme a.

furet [fyrɛ] nm hurón m.

fureur [fyrœr] nf furor m, ira; (*passion*) pasión f.

furieux, euse [fyrjø, øz] a furioso(a), rabioso(a); (*fig*) terrible, violento(a).

furoncle [fyrɔ̃kl(ə)] nm forúnculo.

furtif, ive [fyrtif, iv] a furtivo(a).

fus etc vb voir **être**.

fusain [fyzɛ̃] nm (*BOT*) bonetero; (*pour dessiner*) carboncillo; (*dessin*) dibujo al carbón.

fuseau, x [fyzo] nm (*pantalon*) pantalón tubo; (*pour filer*) huso; ~ **horaire** huso horario.

fusée [fyze] nf cohete m; ~ **éclairante** bengala.

fuselage [fyzlaʒ] nm fuselaje m.

fuselé, e [fyzle] a torneado(a), ahusado(a).

fuser [fyze] vi estallar, surgir.

fusible [fyzibl(ə)] nm fusible m.

fusil [fyzi] nm fusil m; ~ **de chasse** escopeta; ~ **à 2 coups** escopeta de tiro doble o de dos cañones.

fusilier [fyzilje] nm fusilero.

fusillade [fyzijad] nf descarga de fusilería.

fusiller [fyzije] vt fusilar.

fusil-mitrailleur [fyzimitrɑjœr] nm (MIL) fusil m ametrallador.

fusion [fyzjɔ̃] nf (COMM) fusión f; (fig) fusión f, unificación f; ~ **ner** vi fusionar, unificar; (COMM) fusionar.

fut [fy] etc vb voir **être** // nm tonel m, barril m; (*de canon*) caña, caja; (*d'arbre*) tronco; (*de colonne*) fuste m.

futaie [fyte] nf bosque viejo, oquedal m.

futile [fytil] a fútil, vano(a).

futur, e [fytyr] a futuro(a) // (LING) futuro; (*avenir*) futuro, porvenir m; **au** ~ (LING) en futuro; ~ **antérieur** futuro perfecto; ~ **iste** a futurista.

fuyais etc vb voir **fuir.**

fuyard, e [fɥijar, ard(ə)] nm/f fugitivo/a.

G

gabardine [gabardin] nf gabardina.

gabarit [gabari] nm tamaño; (*fig*) dimensión f.

gabegie [gabʒi] nf (*péj*) desbarajuste m, desorden m.

gâcher [gaʃe] vt arruinar, estropear; (*gaspiller*) malgastar, despilfarrar; (*plâtre, mortier*) amasar.

gâchette [gaʃet] nf gatillo, disparador m.

gâchis [gaʃi] nm desperdicio, despilfarro.

gadget [gadʒet] nm artilugio, aparato.

gadoue [gadu] nf lodo, fango.

gaffe [gaf] nf bichero; (*erreur*) pifia, coladura; **faire** ~ (*fam*) andar con cuidado; **gaffer** vi meter la pata.

gag [gag] nm gag m.

gage [gaʒ] nm prenda; ~**s** mpl (*salaire*) sueldo; (*garantie*) garantía, prueba; **mettre en** ~ empeñar; **laisser en** ~ dejar en prenda.

gager [gaʒe] vt: ~ **que** apostar que.

gageure [gaʒyr] nf: **c'est une** ~ es casi un imposible.

gagnant, e [gaɲɑ̃, ɑ̃t] a: **billet/numéro** ~ billete/número premiado // ad: **jouer** ~ (*aux courses*) jugar a ganador // nm/f ganador/ora, vencedor/ora.

gagne-pain [gaɲpɛ̃] nm inv sostén m.

gagner [gaɲe] vt ganar; (*aller vers*) dirigirse hacia, alcanzar; (*atteindre*) propagarse, extenderse; (*se concilier*) granjearse // vi ganar, triunfar; ~ **du temps/de la place** ganar tiempo/espacio; ~ **sa vie** ganarse la vida; ~ **du terrain** ganar terreno; ~ **à faire** convenir hacer algo.

gai, e [ge] a alegre; **gaieté** nf alegría, regocijo; **de gaieté de cœur** con agrado, de todo corazón; **gaietés** fpl (*souvent ironique*) regocijos.

gaillard, e [gajar, ard(ə)] a vigoroso(a), robusto(a); atrevido(a) // nm/f persona robusta; pícaro/a, pillo/a.

gain [gɛ̃] nm ganancia; (*avantage*) ventaja, provecho; **obtenir** ~ **de cause** ganar el pleito; (*fig*) salirse con la suya.

gaine [gɛn] nf (corset) faja; (fourreau) vaina; (de fil électrique etc) funda; ~-culotte nf faja-braga.

gainer [gene] vt enfundar.

gala [gala] nm función f de gala; soirée de ~ fiesta de gala.

galant, e [galɑ̃, ɑ̃t] a galante; (entreprenant) galanteador(ora).

galantine [galɑ̃tin] nf galantina.

galaxie [galaksi] nf galaxia.

galbe [galb(ə)] nm curva.

galbé, e [galbe] a forneado(a).

gale [gal] nf sarna.

galéjade [galeʒad] nf andaluzada.

galère [galɛʀ] nf infierno, galera.

galerie [galʀi] nf galería; (de voiture) portaequipajes m; (au tribunal) auditorio, público; (fig: spectateurs) auditorio.

galérien [galeʀjɛ̃] nm galeote m.

galet [galɛ] nm guijarro, canto rodado; (TECH): entraînement à ~ tracción f a rodillo; ~s mpl guijas, guijarros.

galette [galɛt] nf galleta, torta; la ~ des Rois el roscón de Reyes.

galeux, euse [galø, øz] a sarnoso(a).

galipette [galipɛt] nf: faire des ~ s dar piruetas o brincos.

Galles [gal] n: le pays de ~ el país de Gales.

gallicisme [galisism(ə)] nm galicismo.

gallois, e [galwa, az] a, nm/f galés(esa) // nm galés m.

galon [galɔ̃] nm galón m.

galop [galo] nm galope m; au ~ a galope.

galopade [galopad] nf galopada.

galoper [galope] vi galopar.

galopin [galopɛ̃] nm (péj) galopín m, bribón m.

galvaniser [galvanize] vt galvanizar.

galvauder [galvode] vt prostituir, degradar.

gambader [gɑ̃bade] vi dar brincos.

gamelle [gamɛl] nf escudilla; (fam): ramasser une ~ darse un porrazo.

gamin, e [gamɛ̃, in] nm/f rapazuelo/a, pilluelo/a // a retozón(ona).

gaminerie [gaminʀi] nf infantilismo; chiquillada.

gamme [gam] nf (MUS) gama, escala; (fig) gama, serie f.

gammé, e [game] a: croix ~e cruz gamada.

gang [gɑ̃g] nm banda, pandilla.

ganglion [gɑ̃glijɔ̃] nm ganglio.

gangrène [gɑ̃gʀɛn] nf gangrena; (fig) putrefacción f, corrupción f.

gangster [gɑ̃gstɛʀ] nm gánster m; **gangstérisme** nm gansterismo.

gangue [gɑ̃g] nf ganga, escoria.

gant [gɑ̃] nm guante m; ~ de toilette manquito de baño, manopla; ~s de caoutchouc guantes de goma; ~é, e a: ~ de blanc con guantes blancos; ~erie nf guantería.

garage [gaʀaʒ] nm cochera, garage m; (entreprise) taller m, garage; ~ à vélos depósito; **garagiste** nm/f garajista m; mecánico.

garant, e [gaʀɑ̃, ɑ̃t] nm/f garante m/f // nm garantía; se porter ~ de qch hacerse garante de algo; se porter ~ de qn salir garante de alguien.

garantie [gaʀɑ̃ti] nf garantía; (bon de) ~ (cupón m de) garantía.

garantir [gaʀɑ̃tiʀ] vt garantizar; (JUR: pacte) garantizar, garantizar; (protéger): ~ de proteger de o contra; je vous garantis que le aseguro que; garanti 2 ans/pure laine garantido por 2 años/pura lana.

garçon [gaʀsɔ̃] nm muchacho, varón m; (fils) chico; (célibataire) soltero; (jeune homme): gentil ~ buen mozo; petit ~ niño, chico; jeune ~ muchacho, mozo; ~ de courses mandadero; ~ d'écurie mozo de cuadra; ~-net nm muchachito, chico; ~-nière nf apartamento de soltero.

garde [gard(ǝ)] nm guardia m; (de
domaine etc) guarda m, guardián m
// nf guardia; (d'une arme)
guardamano, guarnición f; de ~
(médecin) de guardia; (pharmacie)
de turno; **page** ou **feuille de** ~
página u hoja de guarda; **mettre en**
~ poner en guardia; **prendre** ~ (à)
tener cuidado (con), estar atento(a)
(a); **être sur ses** ~ estar alerta o a
la defensiva; ~ **montante/descen-
dante** guardia entrante/saliente; ~
champêtre nm guarda rural; ~ **du
corps** nm guardaespaldas m; ~
d'enfants nf guardiana de niños; ~
des enfants nf (après divorce)
tutela; ~ **forestier** nm guarda-
bosque m; ~ **mobile** nm, nf guardia
(m, f) móvil; ~ **des Sceaux** nm
guardasellos m, ~ ministro de
Justicia; ~ **à vue** cf (JUR) guardia
de vista; ~**-à-vous** nm: **être/se
mettre au** ~**-à-vous** estar/ponerse
firmes; ~**-à-vous fixe!** ¡atentos,
firmes!

garde... [gard(ǝ)] préf: ~**-barrière**
nm/f guardabarrera m/f; ~**-boue**
nm inv guardabarros m inv; ~**-
chasse** nm guarda m de caza; ~**-
fou** nm inv antepecho, barandilla; ~
~**-malade** nf enfermera; ~
~**-manger** nm inv fresquera; ~
~**-meuble** nm guardamuebles m
inv; ~**-pêche** nm inv guarda m de
pesca.

garder [garde] vt conservar;
(surveiller: prisonnier, enfants)
vigilar, cuidar; (: immeuble, lieu)
vigilar, custodiar; (: séquestrer)
retener, detener; (place, part)
guardar, reservar; (être à l'entrée
de) guardar, custodiar; ~ **le lit**
guardar cama; ~ **la chambre** no
salir de su cuarto; ~ **à vue** (JUR)
poner guardias de vista; **se** ~ vi (se
conserver) conservarse; **se** ~ **de
faire** guardarse de hacer;
pêche/chasse gardée reserva de
pesca/caza.

garderie [gardǝri] nf guardería.

garde-robe [gardǝrɔb] nf guardarropa m.

gardeur, euse [gardœr, øz] nm/f
(d'animaux) pastor/ora, guarda-
dor/ora.

gardien, ne [gardjɛ̃, jɛn] nm/f
guarda m; (garde, de prison)
guardián/ana; (de phare) torrero/a;
(d'immeuble) portero/a, conserje
m; (fig) garante m/f, guardia m/f; ~
de but portero, guardameta m; ~
de nuit sereno; ~ **de la paix**
guardia m del orden público.

gare [gar] nf estación f // excl ¡ojo!;
~ **à ne pas...** ¡ten cuidado de no...!;
~ **maritime** estación marítima; ~
routière estación de autobuses; ~
(camions) depósito de camiones; ~
de triage apartadero.

garenne [garɛn] nf voir **lapin**.

garer [gare] vt estacionar; **se** ~ vi
estacionarse; (pour laisser passer)
apartarse.

gargariser [gargarize] : **se** ~ vi
hacer gárgaras; gargarismo

gargarisme [gargarism] nm
gargarismo.

gargote [gargɔt] nf bodegón m.

gargouille [garguj] nf gárgola m.

gargouiller [garguje] vi hacer
borborigmos o ruido; (eau)
gorgotear.

garnement [garnǝmɑ̃] nm tunante
m, bribón m.

garni, e [garni] a (plat) con
guarnición // nm piso amueblado.

garnir [garnir] vt: ~ **qch de**
(orner) adornar algo con;
(approvisionner) proveer o
abastecer algo de; (: protéger)
reforzar algo con; (CULIN) guarnecer
algo de.

garnison [garnizɔ̃] nf guarnición f.

garniture [garnityr] nf guarnición
f; (décoration) adorno; (AUTO): ~ **de
frein** forro del freno; ~ **intérieure**
(AUTO) tapicería; ~ **périodique**
compresa.

garrot [garo] nm (MÉD) torniquete
m.

garrotter [garote] vt agarrotar;
(fig) oprimir, amordazar.

gars [gɑ] nm muchacho; hombre m.

gas-oil [gɑzɔjl] nm gasoil m.

gaspillage [gaspijaʒ] nm despilfarro.

gaspiller [gaspije] vt despilfarrar, malgastar.

gastrique [gastrik] a gástrico(a).

gastronomie [gastronomi] nf gastronomía.

gastronomique [gastronomik] a gastronómico(a).

gâteau, x [gɑto] nm pastel m; ~ de riz torta de arroz; ~ **sec** galleta.

gâter [gɑte] vt mimar; (gâcher) estropear, malograr; **se** ~ vi (aliment, fruit) picarse; (fig) estropearse, echarse a perder.

gâterie [gɑtʀi] nf mimo; golosina.

gâteux, euse [gɑtø, øz] a chocho(a).

gauche [goʃ] a izquierdo(a); (maladroit) torpe // nf (POL) izquierda; **à** ~ **a la** izquierda; **à** ~ **de, à la** ~ **de** a la izquierda de; **gaucher, ère** a, nm/f zurdo(a); ~ nf torpeza; **gauchir** vt torcer, alabear; **gauchisant, e** a izquierdista, simpatizante de izquierda; **gauchiste** nm/f izquierdista m/f, de izquierda.

gaufre [gofʀ(ə)] nf barquillo.

gaufrer [gofʀe] vt (papier) estampar en relieve; (tissu) encañonar.

gaufrette [gofʀet] nf barquillo.

gaule [gol] nf vara; (canne à pêche) caña.

gaulois, e [golwa, waz] a galo(a); (grivois) picante // nm/f galo/a.

gaver [gave] vt cebar; (fig): ~ **de** atiborrar de.

gaz [gɑz] nm inv **gas** m; **mettre les** ~ (AUTO) acelerar; **chambre à** ~ cámara de gas; ~ **butane/propane** gas butano/propano; ~ **de ville/en bouteilles** gas de ciudad/en bombonas.

gaze [gɑz] nf gasa.

gazéifié, e [gazeifje] a gasificado(a).

gazelle [gazel] nf gacela.

gazer [gɑze] vt flamear // vi (fam) carburar, pitar.

gazette [gazet] nf gaceta.

gazeux, euse [gɑzø, øz] a gaseoso(a).

gazier [gɑzje] nm gasista m.

gazoduc [gɑzɔdyk] nm gasoducto.

gazomètre [gɑzɔmetʀ(ə)] nm gasómetro.

gazon [gɑzɔ̃] nm césped m; **motte de** ~ cepellón m.

gazouiller [gɑzuje] vi gorjear; (enfant) balbucear.

geai [ʒe] nm gárrulo, arrendajo.

géant, e [ʒeɑ̃, ɑ̃t] a gigante(a); (COMM) enorme, gigantesco(a) // nm/f gigante/a.

geindre [ʒɛ̃dʀ(ə)] vi gemir, quejarse.

gel [ʒel] nm helada; (de l'eau) escarcha; (fig) congelación f.

gélatine [ʒelatin] nf gelatina; **gélatineux, euse** a gelatinoso(a).

gelé, e [ʒle] a helado(a); (fig) congelado(a), bloqueado(a) // nf (de viande) gelatina; (confiture) jalea; (gel) helada; ~**e blanche** escarcha.

geler [ʒle] vt helar; (aliment) congelar, helar; (fig) congelar // vi helarse; il gèle hiela.

Gémeaux [ʒemo] nmpl (ASTRO): **les** ~ Géminis mpl, Gemelos; **être des** ~ ser de Géminis o Gemelos.

gémir [ʒemiʀ] vi gemir; **gémissement** nm gemido.

gemme [ʒem] nf gema.

gênant, e [ʒenɑ̃, ɑ̃t] a molesto(a).

gencive [ʒɑ̃siv] nf encía.

gendarme [ʒɑ̃daʀm(ə)] nm ≈ guardia m civil; **gendarmerie** nf ≈ Guardia f Civil; gendarmería.

gendre [ʒɑ̃dʀ(ə)] nm yerno.

gêne [ʒen] nf (physique) molestia, dificultad f; (dérangement) mal estar m; (manque d'argent) apuro, aprieto; (confusion) embarazo, incomodidad f.

gêné, e [ʒene] a incómodo(a), embarazado(a).

généalogie [ʒenealɔʒi] nf

genealogía; **généalogique** a genealógico(a).

gêner [ʒene] vt (*incommoder*) molestar, fastidiar; (*encombrer*) molestar, estorbar; (*déranger*) trastornar; (*embarrasser*): ~ qn molestar a alguien; **se** ~ molestarse.

général, e, aux [ʒeneral, o] a, nm general (m) // nf: (*répétition*) ~e ensayo general; **en** ~ en general; **à la satisfaction** ~**e** con la satisfacción general; ~**ement** ad generalmente.

généraliser [ʒeneralize] vt, vi generalizar; **se** ~ generalizarse.

généraliste [ʒeneralist] nm/f medico/a general.

généralités [ʒeneralite] nfpl generalidades fpl.

générateur, trice [ʒeneratœr, tris] a: ~ **de** generador de // nf generador m.

génération [ʒenerɑsjɔ̃] nf generación f.

généreusement [ʒenerøzma] ad generosamente.

généreux, euse [ʒenerø, øz] a generoso(a).

générique [ʒenerik] a genérico(a) // nm (*CINÉMA*) ficha técnica.

générosité [ʒenerozite] nf generosidad f.

genèse [ʒanɛz] nf génesis f.

genêt [ʒnɛ] nm retama.

génétique [ʒenetik] a genético(a) // nf genética.

Genève [ʒanɛv] n Ginebra; **genevois, e** [ʒanvwa, az] a, nm/f ginebrino(a).

génial, e, aux [ʒenjal, o] a genial.

génie [ʒeni] nm genio; (*MIL*): **le** ~ el cuerpo de ingenieros; ~ **civil** ingeniería; **de** ~ a talento, genial.

genièvre [ʒanjɛvr(ə)] nm enebro; (*boisson*) ginebra; **grain de** ~ enebrina.

génisse [ʒenis] nf novilla, ternera.

génital, e, aux [ʒenital, o] a genital.

génitif [ʒenitif] nm genitivo.

génocide [ʒenɔsid] nm genocidio.

génoise [ʒenwaz] nf pastelillo de almendras.

genou, x [ʒnu] nm rodilla; **à** ~**x** de rodillas; **genouillère** [-jɛr] nf (*SPORT*) rodillera.

genre [ʒɑ̃r] nm género; (*allure*) clase, tono.

gens [ʒɑ̃] nmpl (f en algunas frases) gente f; **vieilles** ~ ancianos; **les** ~ **d'Eglise** los clérigos; ~ **de maison** domésticos, servidumbre f.

gentil, le [ʒɑ̃ti, ij] a gentil, amable; (*enfant: sage*) juicioso(a), bueno(a); (*endroit etc*) agradable, placentero(a); (*intensif*) bueno(a), considerable; ~**lesse** [-jɛs] nf gentileza; **gentiment** ad gentilmente, amablemente.

gentleman [dʒɛntləman], pl **gentlemen** [dʒɛntləmɛn] nm caballero.

génuflexion [ʒenyflɛksjɔ̃] nf genuflexión f.

géographe [ʒeɔgraf] nm/f geógrafo/a.

géographie [ʒeɔgrafi] nf geografía; **géographique** a geográfico(a).

geôlier [ʒolje] nm carcelero.

géologie [ʒeɔlɔʒi] nf geología; **géologique** a geológico(a); **géologue** [-lɔg] nm/f geólogo/a.

géomètre [ʒeɔmɛtr(ə)] nm/f agrimensor/ora.

géométrie [ʒeɔmetri] nf geometría; **géométrique** a geométrico(a).

géophysique [ʒeɔfizik] nf geofísica.

gérance [ʒerɑ̃s] nf gerencia; **mettre/prendre en** ~ poner/tomar en gestión.

géranium [ʒeranjɔm] nm geranio.

gérant, e [ʒerɑ̃, ɑ̃t] nm/f gerente m; ~ **d'immeuble** administrador m de un edificio.

gerbe [ʒɛrb(ə)] nf (*de fleurs*) ramo; (*de blé*) haz m, gavilla; (*d'eau*) chorro, surtidor m; (*fig*) haz.

gercé, e [ʒɛrse] a agrietado(a).

gerçure [ʒɛRsyR] *nf* grieta.

gérer [ʒeRe] *vt* administrar, dirigir.

gériatrie [ʒeRjatRi] *nf* geriatría; **gériatrique** *a* geriátrico(a).

germain, e [ʒɛRmɛ̃, ɛn] *a voir* **cousin**.

germanique [ʒɛRmanik] *a* germánico(a).

germe [ʒɛRm(ə)] *nm* (*de plante*) brote *m*, germen *m*; (*microbe*) germen; (*fig*) cierne *m*.

germer [ʒɛRme] *vi* brotar, germinar.

gérondif [ʒeRɔ̃dif] *nm* gerundio.

gésier [ʒezje] *nm* molleja.

gésir [ʒeziR] *vi* yacer, residir; *voir aussi* **ci-gît**.

gestation [ʒɛstasjɔ̃] *nf* gestación f.

geste [ʒɛst(ə)] *nm* gesto; movimiento; ademán *m*.

gesticuler [ʒɛstikyle] *vi* gesticular.

gestion [ʒɛstjɔ̃] *nf* gestión f.

geyser [ʒɛzɛR] *nm* géiser *m*.

ghetto [ɡeto] *nm* ghetto.

gibecière [ʒibsjɛR] *nf* morral *m*.

gibet [ʒibɛ] *nm* horca.

gibier [ʒibje] *nm* (*animaux*) caza; (*fig*) facineroso/a, forajido/a.

giboulée [ʒibule] *nf* chaparrón *m*, chubasco.

giboyeux, euse [ʒibwajø, øz] *a* abundante en caza.

gicler [ʒikle] *vi* salpicar.

gicleur [ʒiklœR] *nm* (AUTO) chicler *m*.

gifle [ʒifl(ə)] *nf* bofetada, sopapo; **gifler** *vt* abofetear.

gigantesque [ʒiɡɑ̃tɛsk(ə)] *a* gigantesco(a).

gigogne [ʒiɡɔɲ] *a*: **lits/tables ~s** camas/mesas nido.

gigot [ʒiɡo] *nm* pierna.

gigoter [ʒiɡɔte] *vi* patalear.

gilet [ʒilɛ] *nm* chaleco; (*pull*) chaleco, chaqueta; (*de corps*) camiseta; **~ pare-balles** chaleco antibalas; **~ de sauvetage** chaleco salvavidas.

gin [dʒin] *nm* gin *m*, ginebra.

gingembre [ʒɛ̃ʒɑ̃bR(ə)] *nm* jengibre *m*.

girafe [ʒiRaf] *nf* jirafa.

giratoire [ʒiRatwaR] *a*: **sens ~** dirección giratoria.

girofle [ʒiRɔfl(ə)] *nm*: **clou de ~** clavo de olor.

giroflée [ʒiRɔfle] *nf* alhelí *m*.

girouette [ʒiRwɛt] *nf* veleta.

gisait *etc vb voir* **gésir**.

gisement [ʒizmɑ̃] *nm* yacimiento.

gitan, e [ʒitɑ̃, an] *nm/f* gitano/a.

gît *vb voir* **gésir**.

gîte [ʒit] *nm* hogar *m*, casa; madriguera; **~ rural** albergue *m* rural.

givre [ʒivR(ə)] *nm* escarcha.

givré, e [ʒivRe] *a* escarchado(a).

glabre [ɡlabR(ə)] *a* lampiño(a).

glace [ɡlas] *nf* hielo; (*crème glacée*) helado; (*verre*) cristal *m*; (*miroir*) espejo; (*de voiture*) ventanilla; **~s** *fpl* (GÉO) hielos, témpano.

glacé, e [ɡlase] *a* helado(a); (*fig*) frío(a).

glacer [ɡlase] *vt* (*lac, eau*) helar, congelar; (*refroidir*) helar; (*gâteau*) escarchar; (*papier, tissu*) glacear; (*fig*) dejar helado(a) a.

glaciaire [ɡlasjɛR] *a* glaciar.

glacial, e [ɡlasjal] *a* glacial.

glacier [ɡlasje] *nm* (GÉO) glaciar *m*; **~ suspendu** glaciar suspendido.

glacière [ɡlasjɛR] *nf* nevera.

glaçon [ɡlasɔ̃] *nm* témpano; (*pour boisson*) cubito de hielo.

glaïeul [ɡlajœl] *nm* gladiolo.

glaise [ɡlɛz] *nf* greda.

glaive [ɡlɛv] *nm* espada.

gland [ɡlɑ̃] *nm* bellota; (*décoration*) borla; (ANAT) glande *m*, bálano.

glande [ɡlɑ̃d] *nf* glándula.

glaner [ɡlane] *vi* espigar // *vt* (*fig*) recoger, rebuscar.

glapir [ɡlapiR] *vi* chillar.

glas [ɡlɑ] *nm* tañido; **sonner le ~** tocar a muerto.

glauque [ɡlok] *a* glauco(a).

glissade [ɡlisad] *nf* (*par jeu*) resbalón *m*, patinazo; (*chute*) resbalón; (*dérapage*) resbalamiento, bajada; **faire des ~s** dar patinazos.

glissant, e [glisã, ãt] *a* resbaladizo(a).

glissement [glismã] *nm* deslizamiento; ~ **de terrain** desmoronamiento del terreno.

glisser [glise] *vi* deslizarse; *(coulisser, tomber, être glissant)* resbalar; *(déraper)* dar un patinazo // *vt* deslizar; ~ **sur** *(détail, fait)* pasar por alto; **se** ~ **dans/entre** *(suj: personne)* escurrirse en/entre; *(suj: erreur etc)* deslizarse, escaparse.

glissière [glisjɛʀ] *nf* corredera; **à** ~ **de corredera**.

glissoire [gliswaʀ] *nf* resbaladero.

global, e, aux [glɔbal, o] *a* global.

globe [glɔb] *nm* globo; *(d'un objet)* fanal *m* de cristal; **sous** ~ **en un** fanal; **le** ~ **terrestre** el globo terráqueo; ~-**trotter** [-tʀɔtœʀ] *nm* trotamundos *m inv*.

globule [glɔbyl] *nm (du sang)* glóbulo.

globuleux, euse [glɔbylø, øz] *a*: **yeux** ~ ojos saltones.

gloire [glwaʀ] *nf* gloria; **glorieux, euse** [glɔʀjø, øz] *a* glorioso(a); **glorifier** *vt* glorificar.

glossaire [glosɛʀ] *nm* glosario.

glotte [glɔt] *nf* glotis *f.*

glousser [gluse] *vi* cloquear; *(rire)* reír sojocadamente.

glouton, ne [glutɔ̃, ɔn] *a* glotón(ona).

glu [gly] *nf* liga; ~**ant, e** *a* pegajoso(a).

glycine [glisin] *nf* glicina.

gnome [gnom] *nm* gnomo.

go [go]: **tout de** ~ *ad* de sopetón.

GO *abrév de grandes ondes.*

gobelet [gɔblɛ] *nm* cubilete *m.*

gober [gɔbe] *vt* sorber.

godet [gɔdɛ] *nm* vaso.

godiller [gɔdije] *vi* cinglar.

goéland [gɔelɑ̃] *nm* gaviota.

goélette [gɔelɛt] *nf* goleta.

goémon [gɔemɔ̃] *nm* varec *m.*

gogo [gɔgo] *nm (péj)* primo, bobo; **à** ~ *ad* a porrillo.

goguenard, e [gɔgnaʀ, aʀd(ə)] *a*

burlón(ona), zumbón(ona).

goguette [gɔgɛt] *nf*: **en** ~ achispado(a).

goinfre [gwɛ̃fʀ(ə)] *a* comilón(ona); **se goinfrer** *vi* engullir, atiborrarse; **se goinfrer de** atracarse de.

goitre [gwatʀ(ə)] *nm* bocio.

golf [gɔlf] *nm* golf *m*; ~ **miniature** minigolf *m.*

golfe [gɔlf(ə)] *nm* golfo.

gomme [gɔm] *nf* goma; *(résine)* resina; **boule de** ~ caramelo de goma.

gommer [gɔme] *vt* borrar; *(enduire de gomme)* engomar.

gond [gɔ̃] *nm* gozne *m.*

gondole [gɔ̃dɔl] *nf* góndola.

gondoler [gɔ̃dɔle] *vi*, **se** ~ *vi* combarse.

gondolier [gɔ̃dɔlje] *nm* gondolero.

gonflé, e [gɔ̃fle] *a (yeux, visage)* hinchado(a).

gonfler [gɔ̃fle] *vt* inflar; *(nombre, importance)* exagerar, ponderar // *vi* hincharse; *(CULIN: pâte)* inflarse; **gonfleur** *nm* bomba de aire.

gong [gɔ̃] *nm* gong *m.*

goret [gɔʀɛ] *nm* lechón *m*, cochinillo.

gorge [gɔʀʒ(ə)] *nf* garganta; *(poitrine)* pechos; *(rainure)* entalladura.

gorgé, e [gɔʀʒe] *a*: ~ **de** ahito de, saciado de // *nf* trago, sorbo; ~ **d'eau** empapado.

gorille [gɔʀij] *nm* gorila *m.*

gosier [gozje] *nm* garguero.

gosse [gɔs] *nm/f* chiquillo/a.

gothique [gɔtik] *a* gótico(a); ~ **flamboyant** gótico flamígero.

gouache [gwaʃ] *nf* aguada.

goudron [gudʀɔ̃] *nm* alquitrán *m*; ~**ner** *vt* alquitranar.

gouffre [gufʀ(ə)] *nm* abismo, sima; *(fig)* abismo.

goujat [guʒa] *nm* grosero, patán *m.*

goujon [guʒɔ̃] *nm* gobio.

goulet [gulɛ] *nm* bocana.

goulot [gulo] *nm* gollete *m*; **boire au** ~ beber del pico.

goulu, e [guly] *a* goloso(a).

goupillon [gupijɔ̃] nm (REL) hisopo; (brosse) escobilla.

gourd, e [gur, urd(ə)] a entumecido(a) // nf (récipient) cantimplora.

gourdin [gurdɛ̃] nm porra.

gourmand, e [gurmɑ̃, ɑ̃d] a goloso(a); ~ise nf gula; (bonbon) golosina.

gourmet [gurmɛ] nm gastrónomo/a.

gourmette [gurmɛt] nf pulsera.

gousse [gus] nf: ~ d'ail diente m de ajo.

gousset [gusɛ] nm (de gilet) bolsillo.

goût [gu] nm gusto; **avoir du ~ pour** tener inclinación por.

goûter [gute] vt probar; (apprécier) gustar // vi merendar // nm merienda; ~ à probar; (la liberté, l'amour) gozar de; ~ de experimentar o probar.

goutte [gut] nf gota; (alcool) copita de aguardiente; ~s fpl (MÉD) gotas; **une ~ de whisky** un poquito de whisky; ~ à ~ gota a gota.

goutte-à-goutte [gutagut] nm recipiente m de transfusión; **alimenter au ~** alimentar por gotas.

gouttelette [gutlɛt] nf gotita.

gouttière [gutjɛr] nf canalón m.

gouvernail [guvɛrnaj] nm timón m.

gouvernante [guvɛrnɑ̃t] nf institutriz f, aya.

gouverne [guvɛrn(ə)] nf: **pour sa ~** para su gobierno.

gouvernement [guvɛrnəmɑ̃] nm gobierno; ~al, e, aux a gubernamental.

gouverner [guvɛrne] vt gobernar; (fig) dominar; **gouverneur** nm (MIL) gobernador.

grâce [gras] nf gracia; favor m; (charme) gracia, donaire m; (JUR) gracia, indulto; ~s fpl (REL) gracias; **de bonne/mauvaise ~** de buena/mala gana; **faire ~ à qn de qch** perdonar algo a alguien; **rendre**

~s à dar gracias a; **demander ~** pedir perdón; **droit de/recours en ~** (JUR) derecho a/recurso de indulto; ~ à **prép** gracias a; **gracier** vt (JUR) indultar; **gracieux, euse** a gracioso(a).

gracile [grasil] a grácil.

gradation [gradasjɔ̃] nf gradación f, progresión f.

grade [grad] nm grado; **monter en ~** ascender de grado.

gradé [grade] nm oficial m.

gradin [gradɛ̃] nm grada; ~s mpl (de stade) gradería, gradas; **en ~s** dispuesto(a) en gradas.

graduel, le [graduɛl] a gradual.

graduer [gradye] vt graduar.

graffiti [grafiti] nmpl graffiti mpl.

grain [grɛ̃] nm grano; (NAUT) turbonada; ~ **de beauté** lunar m; ~ **de poussière** mota de polvo; ~ **de sable** (fig) pizca.

graine [grɛn] nf semilla; ~tier m comerciante m en semillas.

graissage [grɛsaʒ] nm engrase m.

graisse [grɛs] nf (sur le corps) grasa, sebo; (CULIN, lubrifiant) grasa; **graisser** vt engrasar; (tacher) manchar de grasa; **graisseux, euse** a grasiento(a); (ANAT) adiposo(a), graso(a).

grammaire [gramɛr] nf gramática.

grammatical, e, aux [gramatikal, o] a gramatical.

gramme [gram] nm gramo.

gramophone [gramofɔn] nm gramófono.

grand, e [grɑ̃, ɑ̃d] a gran, grande; (salle, maison) gran, grande, amplio(a); (long) largo(a); (large) amplio(a); (intense) fuerte // ad: **~ ouvert** abierto de par en par; **avoir ~ besoin de** tener mucha necesidad de; **il est ~ temps de** ya es hora de; **son ~ frère** su hermano mayor; **il est assez ~ pour** ya es bastante mayorcito para; **~ blessé/brûlé** herido/quemado grave; **au ~ air** al aire libre; ~ **angle** (PHOTO) gran angular m; ~

écart: faire le ~ écart esparrancarse; **~ ensemble** grupo de viviendas; **~ magasin** gran almacén de lujo; **~es écoles** escuelas de enseñanza superior universitaria; **~es lignes** (RAIL) líneas principales; **~chose** nm/f inv: **pas ~chose** poca cosa; **G~e-Bretagne** nf: **la G~e-Bretagne** (la) Gran Bretaña; **~eur** nf tamaño, dimensión f; (importance) amplitud f, magnitud f; (gloire, puissance) grandeza, gloria; (mesure, quantité) cantidad f; **~eur** nature tamaño natural; **~ir** vi crecer, desarrollarse; (bruit, hostilité) crecer, aumentar // vt hacer parecer mayor; (fig) acrecentar el prestigio a; **~mère** nf abuela; **~messe** nf misa mayor; **~peine: à ~peine** a duras penas; **~père** nm abuelo; **~route** nf carretera general; **~rue** nf calle f mayor; **~s-parents** nmpl abuelos.

grange [grɑ̃ʒ] nf granero.

granit [granit] nm granito; **~ique** a granítico(a).

granulé [granyle] nm granulado.

granuleux, euse [granylø, øz] a granuloso(a).

graphie [grafi] nf grafía, grafismo.

graphique [grafik] a gráfico(a) // nm gráfico.

graphisme [grafism(ə)] nm grafismo.

graphite [grafit] nm grafito.

graphologie [grafɔlɔʒi] nf grafología; **graphologue** [-lɔg] nm/f grafólogo/a.

grappe [grap] nf racimo, ramillete m; (fig) racimo, grupo; **~ de raisin** racimo de uvas.

grappiller [grapije] vt recoger, rebuscar.

grappin [grapɛ̃] nm gancho.

gras, se [grɑ, ɑs] a graso(a); (personne) gordo(a), grueso(a); (surface, main) pringoso(a), untuoso(a); (rire) áspero(a); (plaisanterie) grosero(a); (crayon, TYPOGRAPHIE) grueso(a) // nm

(CULIN) gordo; **toux ~se** tos f de catarro; **~sement** ad: **~sement payé** largamente pagado; **~souillet, te** a regordete(a).

gratification [gratifikasjɔ̃] nf gratificación f, recompensa.

gratifier [gratifje] vt: **~ qn de** gratificar a alguien con; (sourire etc) recompensar a alguien con.

gratin [gratɛ̃] nm gratín m; **~é, e** [-tine] a gratinado(a); (fam) horroroso(a).

gratis [gratis] ad gratis, gratuitamente.

gratitude [gratityd] nf gratitud f.

gratte-ciel [gratsjɛl] nm inv rascacielos m inv.

grattement [gratmɑ̃] nm (bruit) rascamiento.

gratte-papier [gratpapje] nm inv (péj) cagatintas m inv.

gratter [grate] vt raspar; (bras, bouton) rascar; **grattoir** nm raspador m.

gratuit, e [gratyi, it] a gratuito(a); **~ement** ad gratuitamente.

gravats [grava] nmpl escombros, cascotes mpl.

grave [grav] a grave, serio(a); (air) severo(a), serio(a); (voix, son) grave // nm (MUS) grave m; **~ment** ad gravemente, seriamente.

graver [grave] vt grabar; **graveur** nm grabador m.

gravier [gravje] nm grava.

gravillons [gravijɔ̃] nmpl gravilla.

gravir [gravir] vt subir, trepar.

gravité [gravite] nf gravedad f, seriedad f; (PHYSIQUE) gravedad.

graviter [gravite] vi: **~ autour de** gravitar alrededor de.

gravure [gravyr] nf grabado; (photo) reproducción f.

gré [gre] nm: **à son ~** a su gusto o antojo; **au ~ de** a merced de; **contre le ~ de qn** contra la voluntad de alguien; **de son (plein) ~** por su propia voluntad; **de ~ ou de force** de grado o por la fuerza; **de bon ~** con mucho gusto, de buen grado; **bon ~ mal ~** de buen o mal

grado, quieras que no quieras;
savoir ~ à **qn de qch** quedar
reconocido(a) con alguien por algo.

grec, grecque [gʀɛk] a griego(a).

Grèce [gʀɛs] nf: **la** ~ (la) Grecia.

gréement [gʀemɑ̃] nm aparejo.

greffe [gʀɛf] nf injerto; (MÉD)
trasplante m // nm archivo.

greffer [gʀefe] vt (BOT, MÉD: tissu)
injertar; (MÉD: organe) trasplantar.

greffier [gʀefje] nm escribano
forense.

grégaire [gʀegɛʀ] a gregario(a).

grège [gʀɛʒ] a: **soie** ~ seda cruda.

grêle [gʀɛl] a flaco(a), delgadu-
cho(a) // nf granizo.

grêlé, e [gʀele] a picado(a) de
viruelas.

grêler [gʀele] vi granizar; **il grêle**
graniza.

grêlon [gʀelɔ̃] nm granizo, piedra.

grelot [gʀəlo] nm cascabel m.

grelotter [gʀəlɔte] vi tintar.

grenade [gʀənad] nf granada.

grenadier [gʀənadje] nm (MIL)
granadero; (BOT) granado.

grenadine [gʀənadin] nf
granadina.

grenat [gʀəna] a inv granate.

grenier [gʀənje] nm desván m; (de
ferme) granero.

grenouille [gʀənuj] nf rana.

grenu, e [gʀəny] a granoso(a).

grès [gʀɛ] nm arenisca; (poterie)
gres m.

grésiller [gʀezije] vi chisporrotear,
chirriar; (RADIO) chirriar.

grève [gʀɛv] nf (d'ouvriers) huelga;
(plage) playa; **se mettre en/faire**
~ declararse en/hacer huelga; ~
bouchon huelga parcial; ~ **de la**
faim huelga de hambre; ~ **perlée**
huelga intermitente; ~ **sauvage**
huelga espontánea o improvisa; ~
surprise huelga sorpresa; ~ **sur le**
tas huelga de brazos caídos; ~
tournante huelga escalonada; ~ **du**
zèle huelga con aplicación minuciosa
de las consignas de trabajo a los
efectos de paralizar la producción.

grever [gʀəve] vt gravar, recargar;

grevé d'hypothèques gravado con
una hipoteca, hipotecado.

gréviste [gʀevist(ə)] nm/f
huelguista m/f.

gribouiller [gʀibuje] vt
garabatear // vi garabatear,
garrapatear.

grief [gʀijɛf] nm motivo de queja;
faire ~ à **qn de qch** reprochar algo
a alguien.

grièvement [gʀijɛvmɑ̃] ad
gravemente.

griffe [gʀif] nf garra, zarpa; (fig)
sello, etiqueta.

griffer [gʀife] vt arañar, rasguñar.

griffonner [gʀifɔne] vt
garabatear.

grignoter [gʀiɲɔte] vt roer,
mordisquear; (fig) ganar, sacar
ventaja.

gril [gʀi] nm parrilla.

grillade [gʀijad] nf carne f a la
parrilla.

grillage [gʀijaʒ] nm (treillis) reja;
alambrada.

grille [gʀij] nf (portail) reja, verja;
(d'égout, de trappe) rejilla; (fig)
casillas; red f.

grille-pain [gʀijpɛ̃] nm inv
tostador m de pan.

griller [gʀije] vt (aussi: **faire** ~:
pain) tostar; (: viande) asar; (:
ampoule etc) fundir // vi (brûler)
asarse, achicharrarse.

grillon [gʀijɔ̃] nm grillo.

grimace [gʀimas] nf mueca, mohín
m; (pour faire rire): **faire des** ~**s**
hacer muecas.

grimer [gʀime] vt maquillar.

grimpant, e [gʀɛ̃pɑ̃, ɑ̃t] a:
plante/fleur ~**e** planta/flor trepadora.

grimper [gʀɛ̃pe] vt subir, escalar
// vi (route, terrain) ascender,
empinarse; (fig) elevarse, ascender
// nm: **le** ~ (SPORT) la trepa; ~
à/sur trepar(se) a/sobre.

grinçant, e [gʀɛ̃sɑ̃, ɑ̃t] a (fig)
agrio(a), ácido(a).

grincement [gʀɛ̃smɑ̃] nm
chirrido, crujido.

grincer [grɛ̃se] vi (porte, roue) chirriar; (plancher) crujir; ~ **des dents** rechinar los dientes.

grincheux, euse [grɛ̃ʃø, øz] a rezongón(ona), cascarrabias.

grippe [grip] nf gripe f; **grippé, e**: **être grippé** estar agripado.

gripper [gripe] vt agarrotar // vi agarrotarse.

gris, e [gri, iz] a gris; (ivre) ahumado(a), alegre; ~ **vert** gris verdoso.

grisaille [grizaj] nf gris m.

griser [grize] vt (fig) embriagar.

grisonner [grizone] vi encanecer.

grisou [grizu] nm grisú m.

grive [griv] nf tordo.

grivois, e [grivwa, az] a verde, atrevido(a).

grog [grɔg] nm ponche m.

grogner [grɔɲe] vi gruñir; (fig) gruñir, refunfuñar.

groin [grwɛ̃] nm jeta, hocico.

grommeler [grɔmle] vi mascullar.

grondement [grɔ̃dmã] nm estruendo, bramido.

gronder [grɔ̃de] vi bramar, retumbar; (fig: révolte) amenazar con estallar // vt regañar a.

groom [grum] nm botones m.

gros, se [gro, os] a grande; (obèse, large) grueso(a); (fortune, commerçant) grueso(a), inmenso(a); (orage, bruit) fuerte // ad: **risquer/gagner** ~ arriesgar/ganar mucho // pt (en COMM): **le** ~ el por mayor; **écrire** ~ escribir grueso; **par** ~ **temps/~se mer** con temporal/mar agitado; **le** ~ **de** el grueso de; **en** ~ aproximadamente, más o menos; **vente en** ~ venta al por mayor; **intestin** intestino grueso; ~ **lot** premio gordo; ~ **mot** palabrota; ~ **sel** sal gruesa.

groseille [grozɛj] nf grosella; ~ **à maquereau** grosella espinosa; **groseillier** nm grosellero.

grosse [gros] af voir gros.

grossesse [grosɛs] nf embarazo; ~ **nerveuse** falso embarazo.

grosseur [grosœr] nf gordura;

volumen m; (tumeur) bulto, tuberosidad f.

grossier, ière [grosje, jɛR] a grosero(a), ordinario(a); (brut: laine) rústico(a), basto(a); (:travail, facture) rústico(a), tosco(a); (évident) grosero(a), burdo(a); **grossièrement** ad groseramente, rústicamente; aproximadamente.

grossir [grosiR] vi engordar; (fig) aumentar; (rivière, eaux) crecer // vt aumentar; (suj: vêtement): ~ **qn** hacer gordo(a) a alguien; (exagérer) agrandar, abultar; ~ **de 5 kilos** engordar 5 kilos; **grossissant, e** a de aumento; **grossissement** nm (optique) aumento.

grossiste [grosist(ǝ)] nm/f mayorista m/f.

grosso modo [grosomodo] ad grosso modo.

grotesque [grotɛsk(ǝ)] a grotesco(a).

grotte [grɔt] nf gruta.

grouiller [gruje] vi pulular, hormiguear; ~ **de** rebosar o bullir de.

groupe [grup] nm grupo; ~ **électrogène** grupo electrógeno; ~ **de pression** grupo de presión; ~ **sanguin** grupo sanguíneo.

groupement [grupmã] nm agrupación f.

grouper [grupe] vt agrupar; **se** ~ agruparse.

grue [gry] nf grúa; (ZOOL) grulla.

grumeaux [grymo] nmpl grumos.

grutier [grytje] nm conductor m de una grúa.

Guadeloupe [gwadlup] nf: **la** ~ Guadalupe f.

gué [ge] nm vado; **passer à** ~ vadear.

guenilles [gǝnij] nfpl harapos, pingajos.

guenon [gǝnɔ̃] nf mona.

guépard [gepaR] nm guepardo.

guêpe [gɛp] nf avispa.

guêpier [gepje] nm (fig) avispero.

guère [gɛR] ad: **tu n'es raisonnable** eres poco razonable; **ce**

ne sera ~ difficile no sera muy difícil; **il ne la connaît ~** apenas la conoce; **il n'y a ~ que 3 personnes** hay apenas 3 personas; **il n'y a ~ de... apenas hay...,** no hay mucho...

guéridon [geridɔ̃] nm velador m.

guérilla [gerija] nf guerrilla.

guérillero [gerijero] nm guerrillero.

guérir [gerir] vt curar // vi curarse; sanar; **~ de** curar de; **guérison** nf curación f, cura; (d'une maladie, plaie etc) curación; **guérissable** a curable; **guérisseur, euse** nm/f curandero(a).

guérite [gerit] nf garita.

guerre [gɛr] nf guerra; **en ~ en** guerra; **faire la ~ à** combatir; **de ~ lasse** cansado(a) de luchar; **~ civile** guerra civil; **~ froide** guerra fría; **~ de religion** guerra religiosa; **~ sainte** guerra santa; **~ d'usure** guerra de desgaste; **guerrier, ière** a, nm/f guerrero(a); **guerroyer** vi guerrear.

guet [ge] nm: **faire le ~** estar al acecho.

guet-apens [gɛtapɑ̃] nm celada, emboscada.

guêtre [gɛtr(ə)] nf polaina.

guetter [gete] vt (épier) acechar; (attendre) acechar, aguardar; asechar; **guetteur** [gɛtœr] nm centinela m.

gueule [gœl] nf jeta, hocico; (du canon, tunnel) boca; (fam) jeta.

gueuler [gœle] vi (fam) vociferar, chillar.

gui [gi] nm muérdago.

guichet [giʃe] nm ventanilla; (d'une porte) portillo; **les ~s** (à la gare, au théâtre) la taquilla; **~ier, ière** [giʃtje, jɛr] nm/f taquillero(a).

guide [gid] nm guía m/f; (livre) guía // nf (fille scout) guía; **~s** mpl (d'un cheval) riendas.

guider [gide] vt guiar; **se ~ sur** guiarse con o por.

guidon [gidɔ̃] nm manillar m.

guignol [giɲɔl] nm guiñol m; (fig) payaso.

guillemets [gijmɛ] nmpl: **entre ~** entre comillas.

guilleret, te [gijrɛ, ɛt] a festivo(a), vivaracho(a).

guillotine [gijɔtin] nf guillotina; **guillotiner** vt guillotinar.

guimauve [gimov] nf malvavisco, altea.

guindé, e [gɛ̃de] a estirado(a), empacado(a).

guirlande [girlɑ̃d] nf guirnalda.

guise [giz] nf: **à votre ~** a su gusto, como quiere; **en ~ de** a guisa de manera de.

guitare [gitar] nf guitarra; **guitariste** nm/f guitarrista m/f.

gustatif, ive [gystatif, iv] a gustativo(a).

guttural, e, aux [gytyral, o] a gutural.

Guyane [gɥijan] nf: **la ~** Guayana.

gymkhana [ʒimkana] nm gymkhana.

gymnase [ʒimnaz] nm gimnasio.

gymnaste [ʒimnast(ə)] nm/f gimnasta m/f.

gymnastique [ʒimnastik] nf gimnasia.

gynécologie [ʒinekɔlɔʒi] nf ginecología; **gynécologue** [-lɔg] nm/f ginecólogo/a.

gypse [ʒips(ə)] nm yeso.

H

h abrév de **heure**.

habile [abil] a hábil, diestro(a) (malin) hábil, astuto(a); **~té** nf habilidad f; astucia.

habilité, e [abilite] a ~ vestido o habilitado o capacitado para.

habillé, e [abije] a vestido(a) (chic) elegante, de vestir; (TECH) ~ de cubierto o forrado con.

habillement [abijmɑ̃] nm vestido vestimenta; (profession) confección f.

habiller [abije] vt vestir; (objet) cubrir, forrar; s'~ vestirse; (se déguiser) vestirse, disfrazarse; s'~ de/en vestirse de; s'~ chez/à vestirse en.

habit [abi] nm traje m; ~s (vêtements) ropa; ~ (de soirée) traje de noche ou gala.

habitable [abitabl(ə)] a habitable.

habitacle [abitakl] nm (AUTO) puesto de pilotaje; (de fusée etc) cabina.

habitant, e [abitā, āt] nm/f habitante m/f, vecino/a; (d'une maison) habitante, morador/ora; loger chez l'~ alojarse en una casa.

habitat [abita] nm hábitat m, alojamiento; (BOT, ZOOL) hábitat m.

habitation [abitasjɔ̃] nf residencia; domicilio; vivienda, casa; ~ à loyer modéré, HLM vivienda de renta limitada.

habité, e [abite] a habitado/a, ocupado/a.

habiter [abite] vt vivir en, habitar; (suj: sentiment) anidar en // vi: ~ à/dans vivir en; ~ chez qn vivir en casa de alguien; ~ 16 rue Montmartre vivir en la calle Montmartre no. 16.

habitude [abityd] nf hábito, costumbre f; avoir l'~ de faire tener la costumbre de hacer; d'~ generalmente, habitualmente; comme d'~ como de costumbre.

habitué, e [abitye] a: être ~ à estar acostumbrado a // nm/f amigo/a; cliente m/f.

habituel, le [abityɛl] a habitual, acostumbrado/a.

habituer [abitye] vt: ~ qn à acostumbrar a alguien a; s'~ à acostumbrarse a.

***hâbleur, euse** ['ablœr, øz] a presumido/a, fanfarrón(ona).

***hache** ['aʃ] nf hacha.

***haché, e** ['aʃe] a picado(a); (fig) entrecortado(a), cortado(a).

***hacher** ['aʃe] vt picar.

***hachette** ['aʃɛt] nf hachuela.

***hachis** ['aʃi] nm picadillo.

***hachisch** ['aʃiʃ] nm = haschisch.

***hachoir** ['aʃwar] nm cuchilla de picar; máquina de picar carne; tabla de picar.

***hachures** ['aʃyr] nfpl sombreado, plumeado.

***haddock** ['adɔk] nm eglefino ahumado.

***hagard, e** ['agar, ard(ə)] a aterrado/a, espantado/a.

***haie** ['ɛ] nf cerco, seto; (SPORT) valla, obstáculo; (fig: rang) fila, hilera; **200 m ~s** 200 m vallas; ~ d'honneur calle f de honor.

***haillons** ['ajɔ̃] nmpl harapos, andrajos.

***haine** ['ɛn] nf odio, aversión f.

***haïr** ['air] vt odiar; se ~ odiarse.

***halage** ['alaʒ] nm: chemin de ~ camino de sirga.

***hâle** ['ɑl] nm bronceado; ***hâlé, e** a bronceado/a.

haleine [alɛn] nf aliento; hors d'~ sin aliento; tenir en ~ mantener en vilo; de longue ~ de larga duración.

***haleter** ['alte] vi jadear.

***hall** ['ol] nm vestíbulo.

***hallali** [alali] nm alalí m.

***halle** ['al] nf mercado; ~s fpl mercado central.

hallucination [alysinasjɔ̃] nf alucinación f.

***halo** ['alo] nm halo, resplandor m.

***halte** ['alt(ə)] nf alto; (lieu, RAIL) parada // excl ¡alto!; faire ~ hacer un alto, detenerse.

haltère [altɛr] nm peso; ~s mpl (activité) levantamiento de pesos; **haltérophile** nm/f levantador/ora de pesos.

***hamac** ['amak] nm hamaca.

***hameau, x** ['amo] nm caserío, aldea.

hameçon [amsɔ̃] nm anzuelo.

***hampe** ['ãp] nf asta.

***hamster** ['amstɛr] nm hámster m.

***hanche** ['ãʃ] nf cadera.

***hand-ball** ['ãdbal] nm balonmano.

handicap ['ädikap] nm (fig) desventaja, inferioridad f; (SPORT) handicap m; **~é, e** a disminuido(a) // nm/f: **~é physique/mental** disminuido físicamente/mentalmente; **~é moteur** espástico; **~er** vt disminuir las posibilidades de.

hangar ['ãgar] nm cobertizo.

hanneton ['antõ] nm abejorro.

hanter ['ãte] vt frecuentar, aparecerse en; (fig) obsesionar, perseguir; ***hantise** nf obsesión f, idea fija.

happer ['ape] vt atrapar; (suj: train etc) arrollar, atropellar.

haranguer ['arãge] vt arengar.

haras ['aRa] nm acaballadero.

harassant, e ['aRasã, ãt] a agobiador(ora), extenuante.

harceler ['aRsǝle] vt (MIL) hostigar; (CHASSE) acosar; (fig) molestar.

hardes ['aRd(ǝ)] nfpl trapos, guiñapos.

hardi, e ['aRdi] a audaz, arriesgado(a).

hareng ['aRã] nm arenque m; **~ saur** arenque ahumado.

hargne ['aRɲǝ] nf saña, furor m.

haricot ['aRiko] nm judía; **~ blanc** alubia; **~ vert** judía enana.

harmonica [aRmɔnika] nm armónica.

harmonie [aRmɔni] nf armonía; **harmonieux, euse** a armonioso(a); **harmonique** nm armónico; **harmoniser** vt armonizar.

harmonium [aRmɔnjɔm] nm armonio.

harnaché, e ['aRnaʃe] a (fig) ataviado(a) ridículamente.

harnacher ['aRnaʃe] vt enjaezar.

harnais ['aRnɛ] nm arreos, arneses mpl.

*harpe ['aRp(ǝ)] nf arpa; ***harpiste** nm/f arpista m/f.

*harpon ['aRpõ] nm arpón m; ***~ner** vt arponear; (fam) pillar, enganchar.

hasard ['azaR] nm: **le ~** el azar;

un ~ una casualidad; **au ~** al azar; **par ~** por casualidad; **à tout ~** por si acaso.

*hasarder ['azaRde] vt (mot, regard) arriesgar, aventurar; (vie, fortune) arriesgar, exponer; **se ~ à** arriesgarse a, atreverse a.

*hasardeux, euse ['azaRdø, øz] a arriesgado(a).

*haschisch ['aʃiʃ] nm hachís m.

*hâte ['at] nf prisa; **à la ~** de prisa; **en ~** con premura o rapidez f; **avoir ~ de** tener prisa por; ***hâter** vt apresurar; **se hâter** apresurarse; **se hâter de** apresurarse a; ***hâtif, ive** a hecho(a) de prisa; precipitado(a), apresurado(a); (fruit, légume) temprano(a).

*hausse ['os] nf alza, subida; (de température) elevación f, aumento; (de fusil) alza; **en ~** en alza, en aumento.

*hausser ['ose] vt alzar, levantar; **se ~** alzarse, elevarse; **~ les épaules** encogerse de hombros.

haut, e ['o, 'ot] a alto(a); (ligne, limite) superior; (son, voix) agudo(a), alto(a); (fig) elevado(a) // ad alto // nm: **le ~** (lo) alto; **~ de 2 m/5 étages** de 2 m/5 pisos de alto; **20 m de ~** 20 m de alto; **à ~e voix, tout ~** en alta voz, en voz alta; **du ~ de** desde lo alto de; **de ~ en bas** (regarder) de arriba abajo; (lire) por completo, de punta a punta; (frapper) por completo; **plus ~** más alto; (dans un texte) más arriba; **en ~** arriba; **en ~ de** arriba de; **~e fidélité** alta fidelidad; la **~e finance** las altas finanzas; **des ~s et des bas** altibajos.

*hautain, e ['otɛ̃, ɛn] a altanero(a), soberbio(a).

*hautbois ['obwa] nm oboe m.

*haut-de-forme ['odfɔRm(ǝ)] nm sombrero de copa.

*hautement ['otmã] ad muy, extremadamente.

*hauteur ['otœR] nf altura; (GÉO) altura, cumbre f; (fig) elevación grandeza; altivez f, soberbia; **à la ~** de la altura de.

*haut-fond ['ofɔ̃] *nm* bajío, bajo fondo.

*haut-fourneau ['ofurno] *nm* alto horno.

*haut-le-cœur ['olkœr] *nm inv* náusea, repugnancia.

*haut-parleur ['oparlœr] *nm* altavoz *m*.

*hâve ['av] *a* macilento(a).

*havre ['avr(ə)] *nm* refugio, puerto.

*Haye ['ɛ] *n*: **la ~** la Haya.

hebdomadaire [ɛbdɔmadɛr] *a* semanal // *nm* semanario.

héberger [ebɛrʒe] *vt* hospedar; *(réfugiés)* alojar.

hébété, e [ebete] *a* aturdido(a), alelado(a).

hébraïque [ebraik] *a* hebraico(a).

hébreu, x [ebrø] *am, nm* hebreo.

HEC *sigle fpl voir* **étude.**

hectare [ɛktar] *nm* hectárea.

hectolitre [ɛktolitr(ə)] *nm* hectolitro.

hégémonie [eʒemɔni] *nf* hegemonía, supremacía.

*hein ['ɛ̃] *excl* ¿eh?

*hélas ['elɑs] *excl* ¡ay! // *ad* desgraciadamente.

*héler ['ele] *vt* llamar.

hélice [elis] *nf* hélice *f.*

hélicoptère [elikɔptɛr] *nm* helicóptero.

héliogravure [eljɔgravyr] *nf* heliograbado.

héliport [elipɔr] *nm* helipuerto.

héliporté, e [elipɔrte] *a* transportado(a) por helicóptero.

hellénique [elenik] *a* helénico(a).

helvétique [ɛlvetik] *a* helvético(a).

hématome [ematom] *nm* hematoma *m.*

hémicycle [emisikl(ə)] *nm* hemiciclo; *(POL)*: **l'~** la sala, la gradería semicircular.

*hémiplégie [emipleʒi] *nf* hemiplejía.

hémisphère [emisfɛr] *nf*: **~ nord/sud** hemisferio norte/sur.

hémoglobine [emɔglobin] *nf* hemoglobina.

hémophile [emɔfil] *a* hemofílico(a).

hémorragie [emɔraʒi] *nf* hemorragia.

hémorroïdes [emɔrɔid] *nfpl* hemorroides *fpl.*

*henné ['ene] *nm* alheña.

*hennir ['enir] *vi* relinchar.

hépatique [epatik] *a* hepático(a).

hépatite [epatit] *nf* hepatitis *f.*

herbe [ɛrb(ə)] *nf (gazon)* césped *m*; *(CULIN, MÉD)* hierba; **en ~** en cierne; **de l'~** hierba, pasto; **herbeux, euse** *a* herboso(a); **herbicide** *nm* herbicida *m*; **herbier** *nm* herbario; **herbivore** *a* herbívoro(a); **herboriser** *vi* herborizar; **herboriste** *nm/f* herbolario(a); **herboristerie** *nf (magasin)* herboristería; *(commerce)* comercio de hierbas.

herculéen, ne [ɛrkyleɛ̃, ɛn] *a* titánico(a), gigantesco(a).

*hère ['ɛr] *nm*: **pauvre ~** pobre diablo.

héréditaire [ereditɛr] *a* hereditario(a).

hérédité [eredite] *nf* herencia.

hérésie [erezi] *nf* herejía; **hérétique** *nm/f* hereje *m/f.*

*hérissé, e ['erise] *a* erizado(a), hirsuto(a); **~ de** erizado de.

*hérisser [erise] *vt*: **~ qn** ponerle los pelos de punta a alguien; *(fig)* enfadar a alguien; **se ~** *vi (poils, chat)* erizarse.

*hérisson ['erisɔ̃] *nm* erizo.

héritage [eritaʒ] *nm* herencia.

hériter [erite] *vi*: **~ de qch (de qn)** heredar algo (de alguien); **héritier, ière** *nm/f* heredero/a.

hermaphrodite [ɛrmafrɔdit] *a* hermafrodita.

hermétique [ɛrmetik] *a* hermético(a); **~ment** *ad* herméticamente.

hermine [ɛrmin] *nf* armiño.

*hernie [ɛrni] *nf* hernia.

héroïne [erɔin] *nf* heroína.

héroïque [erɔik] *a* heroico(a).

héroïsme [erɔism(ə)] *nm* héroïsme.

*****héron** ['erɔ̃] *nm* garza.

*****héros** ['ero] *nm* héroe *m.*

*****herse** ['ɛrs(ə)] *nf* rastra; (*de château*) rastrillo.

hertz [ɛrts] *nm* hertz *m.*

hésitation [ezitasjɔ̃] *nf* vacilación f.

hésiter [ezite] *vi*: ~ (à faire) dudar o vacilar (en hacer).

hétéroclite [eteroklit] *a* heteróclito(a).

hétérogène [eterɔʒɛn] *a* heterogéneo(a).

hétérosexuel, le [eterɔsɛksɥɛl] *a* heterosexual.

*****hêtre** ['ɛtr(ə)] *nm* haya.

heure [œr] *nf* hora; **c'est l'**~ es la hora; **quelle ~ est-il?** ¿qué hora es?; **à toute ~** a todas horas; **être à l'**~ ser puntual; (*montre*) estar en hora; **mettre à l'**~ poner en hora; **24 ~s sur 24** todo el día; **il est à cette hora**, (*fig*) en estos momentos, en los tiempos que corren; **sur l'**~ de inmediato, al instante; **le bus passe à l'**~ el autobús pasa a la hora en punto; **à l'**~ **actuelle** actualmente, en la actualidad; ~**s de bureau** horas de oficina; ~**s supplémentaires** horas extraordinarias.

heureusement [œrøzmã] *ad* felizmente, afortunadamente.

heureux, euse [œrø, øz] *a* feliz, dichoso(a); (*chanceux*) afortunado(a); (*judicieux*) feliz, acertado(a); **être ~ de faire** tener mucho gusto en hacer.

*****heurt** ['œr] *nm* choque *m*, colisión f; ~**s** *mpl* (*fig*) choque, disputa; desavenencia, desacuerdo.

*****heurté, e** ['œrte] *a* (*fig*) contrastado(a).

*****heurter** ['œrte] *vt* (*mur*) chocar con; (*personne*) tropezar con; (*fig*) chocar, ofender; **se ~ à** *vt* chocar con, darse en; (*fig*) enfrentarse a; **se ~** chocar, encontrarse.

*****heurtoir** ['œrtwar] *nm* aldaba.

hévéa [evea] *nm* jebe *m.*

hexagone [ɛgzagɔn] *nm* hexágono.

*****hiatus** [jatys] *nm* hiato.

hiberner [ibɛrne] *vi* hibernar.

*****hibou, x** ['ibu] *nm* búho.

*****hideux, euse** ['idø, øz] *a* horrible, horrendo(a).

hier [jɛr] *ad* ayer; ~ **matin** ayer por la mañana; ~ **soir** ayer por la tarde *o* la noche; anoche; **toute la journée d'**~ todo el día de ayer.

*****hiérarchie** ['jerarʃi] *nf* jerarquía;
*****hiérarchique** *a* jerárquico(a); *****hiérarchiser** *vt* jerarquizar.

*****hiéroglyphe** ['jerɔglif] *nm* jeroglífico.

hilare [ilar] *a* alegre, jovial.

hindou, e [ɛdu] *a* hindú(a); (*nationalité*) hindú(a), indio(a) // *nm/f* indio/a, hindú/a; (*croyant*) hindú/a.

hippique [ipik] *a* hípico(a).

hippisme [ipism(ə)] *nm* hipismo.

hippodrome [ipɔdrom] *nm* hipódromo.

hippopotame [ipɔpɔtam] *nm* hipopótamo.

hirondelle [irɔ̃dɛl] *nf* golondrina.

hirsute [irsyt] *a* hirsuto(a).

hispanique [ispanik] *a* hispánico(a).

*****hisser** ['ise] *vt* izar, subir; **se ~ sur** subirse a *o* en.

histoire [istwar] *nf* historia; (*anecdote*) historia, cuento; (*mensonge*) cuento, mentira; (*incident*) problema *m*, asunto; (*chichis*) lío; ~**s** *fpl* (*ennuis*) problemas *mpl*; ~ **sainte** historia sagrada; **historien, ne** *nm/f* historiador/ora; **historique** *a* histórico(a).

hiver [ivɛr] *nm* invierno; ~**nal, e**, **aux** *a* invernal; ~**ner** *vi* invernar.

HLM *sigle f ou m voir* **habitation**

*****hocher** ['ɔʃe] *vt*: ~ **la tête** sacudir la cabeza.

*****hochet** ['ɔʃɛ] *nm* sonajero.

*****hockey** ['ɔkɛ] *nm*: ~ (**sur glace/gazon**) hockey *m* (sobre hielo/hierba); *****~eur** [-jœr] *nm* jugador *m* de hockey.

*****holding** ['ɔldiŋ] *nm* trust *m.*

★hold-up [ˈɔldœp] nm inv asalto a mano armada.

★hollandais, e [ˈɔlɑ̃dɛ, ɛz] a, nm, nf holandés(esa).

★Hollande [ˈɔlɑ̃d] nf Holanda.

★homard [ˈɔmaʀ] nm bogavante m.

homélie [ɔmeli] nf homilía.

homéopathe [ɔmeɔpat] nm/f homeópata m/f.

homéopathie [ɔmeɔpati] nf homeopatía; **homéopathique** a homeopático(a).

homérique [ɔmeʀik] a homérico(a).

homicide [ɔmisid] nm homicidio // nm/f homicida m/f.

hommage [ɔmaʒ] nm homenaje m; ~s mpl: **présenter ses ~s** presentar sus respetos; **rendre ~ à** rendir homenaje a; **en ~ de** en prueba de.

homme [ɔm] nm hombre m; ~ **d'affaires** hombre de negocios; ~ **des cavernes** hombre de las cavernas; ~ **d'Église** eclesiástico; ~ **d'État** estadista m; ~**-grenouille** nm hombre rana; ~ **de loi** legista m; ~ **de main** matón m; ~-**orchestre** nm hombre orquesta; ~ **de paille** testaferro; **l'~ de la rue** el hombre de la calle o común; ~-**sandwich** nm hombre sandwich o anuncio.

homogène [ɔmɔʒɛn] a homogéneo(a); **homogénéité** [-ʒeneite] nf homogeneidad f.

homologue [ɔmɔlɔg] nm/f colega m.

homologué, e [ɔmɔlɔge] a homologado(a).

homonyme [ɔmɔnim] nm homónimo(a).

homosexualité [ɔmɔsɛksɥalite] nf homosexualidad f.

homosexuel, le [ɔmɔsɛksɥɛl] a homosexual.

★Hongrie [ˈɔ̃gʀi] nf: **la ~** Hungría.
★hongrois, e a, nm, nf húngaro(a).

★onnête [ɔnɛt] a honesto(a), honrado(a); (juste, satisfaisant) razonable, decente; ~**ment** ad honestamente, sinceramente; ~**té** nf honestidad f, honradez f.

honneur [ɔnœʀ] nm honor m; (faveur, considération) honra, honor; (mérite): **l'~ lui revient** es mérito suyo, el mérito le corresponde; (CARTES) triunfo; ~s mpl honores mpl; **"j'ai l'~ de..."** "tengo el honor de..."; **en l'~ de** en honor de; (événement) en celebración de; **faire ~ à** (engagements) respetar u honrar con; (famille) respetar u honrar a; (fig) hacer honor a; **être à l'~** ser honrado(a) o apreciado(a); **être en ~** ser considerado(a) u honrado(a).

honorable [ɔnɔʀabl(ə)] a honorable, digno(a); (suffisant) satisfactorio(a), honroso(a); ~**ment** ad dignamente; honrosamente.

honoraire [ɔnɔʀɛʀ] a honorario(a); ~s mpl honorarios.

honorer [ɔnɔʀe] vt honrar; (estimer) respetar; (chèque, dette) pagar; ~ **qn de** honrar a alguien con; **s'~ de** enorgullecerse de.

honorifique [ɔnɔʀifik] a honorífico(a).

★honte [ˈɔ̃t] nf vergüenza; **avoir ~ de** tener vergüenza de; **faire ~ à qn** avergonzar a alguien; **★honteux, euse** a (confus) avergonzado(a); (infâme) vergonzoso(a), escandaloso(a).

hôpital, aux [ɔpital, o] nm hospital m.

★hoquet [ˈɔkɛ] nm: **avoir le ~** tener hipo; **★~er** [ˈɔkte] vi hipar, tener hipo.

horaire [ɔʀɛʀ] a por hora // nm horario.

★horde [ˈɔʀd(ə)] nf horda.

horizon [ɔʀizɔ̃] nm horizonte m; ~s mpl (fig) horizontes mpl.

horizontal, e, aux [ɔʀizɔ̃tal, o] a horizontal; ~**ement** ad horizontalmente.

horloge [ɔʀlɔʒ] nf reloj m.

horloger, ère [ɔʀlɔʒe, ɛʀ] nm/f relojero/a.

horlogerie [ɔʀlɔʒʀi] nf relojería.

*hormis [ˈɔrmi] *prép* excepto, salvo.

hormonal, e, aux [ɔrmɔnal, o] *a* hormonal.

hormone [ɔrmon] *nf* hormona.

horoscope [ɔrɔskɔp] *nm* horóscopo.

horreur [ɔrœr] *nf* horror m, espanto; (*chose, objet laid*) horror; **l'~ d'une scène** lo horroroso de una escena; **avoir ~ de qch** sentir horror por algo; **horrible** a horrible, espantoso(a); (*laid*) horrible, horrendo(a); **horrifier** *vt* horrorizar, aterrar.

horripiler [ɔripile] *vt* exasperar.

*hors [ˈɔr] *prép* salvo; **~ de** fuera de; **~ pair** sin par; **~ de propos** fuera de lugar, inoportuno(a); **être ~ de soi** estar fuera de sí; **~ d'usage** fuera de uso; **~bord** *nm* fuera borda m; **~concours** a fuera de concurso; **~d'œuvre** *nm* entremeses *mpl*; **~jeu** *nm* fuera de juego (m); **~la-loi** *nm* persona fuera de la ley; **~taxe** a exento(a) de impuestos; **~texte** *nm* lámina fuera de texto.

hortensia [ɔrtɑ̃sja] *nm* hortensia.

horticulteur, trice [ɔrtikyltœr, tris] *nm/f* horticultor/ora.

horticulture [ɔrtikytyr] *nf* horticultura.

hospice [ɔspis] *nm* hospicio, asilo.

hospitalier, ière [ɔspitalje, jɛr] *a* hospitalario(a).

hospitaliser [ɔspitalize] *vt* hospitalizar.

hospitalité [ɔspitalite] *nf* hospitalidad f.

hostie [ɔsti] *nf* hostia.

hostile [ɔstil] *a* hostil; **~ à** (*opposé à*) contrario(a) u opositor(ora) a o de; **hostilité** *nf* hostilidad f, enemistad f; **hostilités** *fpl* hostilidades *fpl*.

hôte [ot] *nm* anfitrión m; (*invité, client*) huésped m; (*fig*) ocupante m, inquilino.

hôtel [otɛl] *nm* hotel m; **~ (particulier)** palacete m, hotel; **~**

de ville ayuntamiento; **~ier, ière** [otalje, jɛr] *a*, *nm/f* hotelero(a); **~lerie** [otɛlri] *nf* (*profession*) hostelería; (*auberge*) hostal m.

hôtesse [otɛs] *nf* anfitriona; (*dans une agence, une foire*) recepcionista; **~ de l'air** azafata.

*hotte [ɔt] *nf* cuévano; (*de cheminée*) campana; **~ aspirante** campana aspirante.

*houblon [ubl5] *nm* lúpulo.

*houille [ˈuj] *nf* hulla; **~ blanche** hulla blanca; ***houiller, ère** a hullero(a).

*houle [ul] *nf* oleaje m.

*houlette [ulɛt] *nf:* **sous la ~ de** bajo la protección de.

*houleux, euse [ulé, éz] *a* encrespado(a), agitado(a); (*fig*) agitado(a), turbulento(a).

*houppe [up], ***houppette** [up, upɛt] *nf* borla.

*hourra [ura] *nm* viva, hurra // *excl* ¡hurra!, ¡viva!

*houspiller [uspije] *vt* regañar, reprender.

*housse [us] *nf* funda; **~ (penderie)** funda.

*houx [u] *nm* acebo.

*hublot [yblo] *nm* ojo de buey.

*huche [yʃ] *nf:* **~ à pain** artesa.

*huées [ˈye] *nfpl* abucheo.

*huer [ye] *vt* abuchear.

huile [ɥil] *nf* aceite m; (*ART*) óleo; (*fam*) pez gordo; **~ d'arachide/de colza** aceite de maní/de colza; **~ de foie de morue** aceite de hígado de bacalao; **~ de table** aceite comestible; **huiler** *vt* aceitar; **huileux, euse** a aceitoso(a), grasoso(a).

huis [ɥi] *nm:* **à ~ clos** a puerta cerrada.

huissier [ɥisje] *nm* ordenanza m (*JUR*) ujier m.

*huit [ɥit] *num* ocho; **samedi en ~** sábado de la próxima semana; **un~ ~aine de jours** unos ocho días; **~ième** *num* octavo(a).

huître [ɥitr(ə)] *nf* ostra; **huîtrier** *nm* ostrero.

humain, e [ymɛ̃, ɛn] *a* humano(a)

// *nm* humano; **~ement** [-mɛnmã] *ad* humanamente; **humaniser** *vt* humanizar; **humanitaire** *a* humanitario(a); **humanité** *nf* humanidad *f*.

humble [œbl(ǝ)] *a* humilde.

humecter [ymɛkte] *vt* humedecer; **s'~ les lèvres** humedecerse los labios.

✦humer [yme] *vt* oler, aspirar.

humeur [ymœʀ] *nf* (*momentanée*) humor *m*; (*tempérament*) carácter *m*, temperamento; (*irritation*) mal humor *o* falante *m*; **de bonne/mauvaise ~** de buen/mal humor.

humide [ymid] *a* húmedo(a); **humidificateur** *nm* humectador *m*; **humidifier** *vt* humedecer; **humidité** *nf* humedad *f*.

humiliation [ymiljɑsjɔ̃] *nf* humillación *f*.

humilier [ymilje] *vt* humillar, rebajar.

humilité [ymilite] *nf* humildad *f*, modestia.

humoriste [ymɔʀist(ǝ)] *nm/f* humorista *m/f*.

humoristique [ymɔʀistik] *a* humorístico(a).

humour [ymuʀ] *nm* humor *m*; **avoir de l'~** tener sentido del humor; **~ noir** humor negro.

humus [ymys] *nm* humus *m*.

✦hurlement ['yʀlǝmã] *nm* aullido, alarido.

✦hurler ['yʀle] *vi* (*animal*) aullar; (*personne*) aullar, gritar; (*de peur*) chillar; **~ à la mort** aullar a la muerte.

✦urluberlu [yʀlybɛʀly] *nm* (*péj*) tocado, descocado.

✦hutte ['yt] *nf* choza.

✦ybride [ibʀid] *a* híbrido(a).

✦ydratant, e [idʀatã, ãt] *a* hidratante.

✦ydrate [idʀat] *nm:* **~ de carbone** hidrato de carbono.

✦ydrater [idʀate] *vt* hidratar.

✦ydraulique [idʀolik] *a* hidráulico(a).

hydravion [idʀavjɔ̃] *nm* hidroavión *m*.

hydro... [idʀo] *préf:* **~carbure** *nm* hidrocarburo; **~cution** *nf* síncope ocasionado por el brusco contacto con el agua; **~électrique** *a* hidroeléctrico(a); **~gène** *nm* hidrógeno; **~glisseur** *nm* hidroplano; **~graphie** *nf* hidrografía; **~phile** *a voir* **coton.**

✦hyène ['jɛn] *nf* hiena.

hygiène [iʒjɛn] *nf* higiene *f*; **hygiénique** *a* higiénico(a).

hymne [imn(ǝ)] *nm* himno; **~ national** himno nacional.

hyper... [ipɛʀ] *préf:* **~métrope** [-metʀɔp] *a* hipermétrope; **~tension** *nf* hipertensión *f*.

hypnose [ipnoz] *nf* hipnosis *f*; **hypnotique** *a* hipnótico(a); **hypnotiser** *vt* hipnotizar.

hypocrisie [ipɔkʀizi] *nf* hipocresía, doblez *m*.

hypocrite [ipɔkʀit] *a* hipócrita, falso(a) **//** *nm/f* hipócrita *m/f*.

hypotension [ipɔtɑsjɔ̃] *nf* hipotensión *f*.

hypothécaire [ipɔtekɛʀ] *a* hipotecario(a).

hypothèque [ipɔtɛk] *nf* hipoteca.

hypothéquer [ipɔteke] *vt* hipotecar.

hypothèse [ipɔtɛz] *nf* hipótesis *f*; **hypothétique** *a* hipotético(a).

hystérie [isteʀi] *nf* histeria, histerismo; **hystérique** *a* histérico(a).

I

ibérique [ibeʀik] *a:* **la péninsule ~** la península ibérica.

iceberg [ajsbɛʀg] *nm* iceberg *m*.

ici [isi] *ad* aquí, acá; **d'~** la entretanto; **d'~ peu** dentro de poco.

icône [ikon] *nf* icono.

iconographie [ikɔnɔgrafi] *nf* iconografía.

idéal, e, aux [ideal, o] *a*, *nm* ideal (*m*); ~**iser** *vt* idealizar; ~**iste** *a*, *nm/f* idealista (*m/f*).

idée [ide] *nf* idea; **avoir dans l'**~ **que** estar convencido o de que; ~**s noires** pensamientos negros, mal humor; ~**s reçues** prejuicios.

identification [idɑtifikasjɔ̃] *nf* identificación *f*.

identifier [idɑtifje] *vt* identificar; (*bruit, accent, pierres*) reconocer, identificar; ~ **qch à** identificar algo con; **s'**~ **à** identificarse con.

identique [idɑ̃tik] *a* idéntico(a).

identité [idɑ̃tite] *nf* igualdad *f*, semejanza; (*d'une personne*) identidad *f*.

idéologie [ideɔlɔʒi] *nf* ideología.

idiomatique [idjɔmatik] *a*: **expression** ~ expresión idiomática.

idiome [idjɔm] *nm* idioma *m*.

idiot, e [idjo, ɔt] *a* (*MÉD*) idiota; (*péj*) estúpido(a), tonto(a) // *nm/f* idiota *m/f*; ~**ie** [idjɔsi] *nf* idiotez *f*; tontería; estupidez *f*.

idolâtrer [idolatʀe] *vt* idolatrar.

idole [idɔl] *nf* ídolo.

idylle [idil] *nf* idilio; **idyllique** *a* idílico(a).

if [if] *nm* tejo.

IFOP [ifɔp] *sigle m* = Institut français d'opinion publique.

igloo [iglu] *nm* iglú *m*.

ignare [iɲaʀ] *a* ignorante, ignaro(a).

ignifugé, e [iɲifyʒe] *a* ignífugo(a).

ignoble [iɲɔbl(ə)] *a* innoble, abyecto(a); inmundo(a), asqueroso(a).

ignominie [iɲɔmini] *nf* ignominia.

ignorance [iɲɔʀɑ̃s] *nf* ignorancia; **l'**~ **de** la ignorancia o el desconocimiento de.

ignorant, e [iɲɔʀɑ̃, ɑ̃t] *a* ignorante.

ignorer [iɲɔʀe] *vt* ignorar, desconocer; (*personne*) ignorar a; (*être sans expérience de: plaisir, guerre etc*) ignorar, no conocer.

iguane [igwan] *nm* iguana.

il [il] *pron* (*généralement non traduit*) él; (*en tournure impersonnelle*) *non traduit*; ~**s** (*généralement non traduit*) ellos; ~ **pleut** llueve; ~ **fait froid** hace frío; ~ **est midi** son las doce; *voir aussi* **avoir**.

île [il] *nf* isla; **les** ~**s** (*les Antilles*) las Antillas; **les** ~**s anglo- normandes** las islas anglonormandas; **les** ~**s Britanniques** las islas británicas.

illégal, e, aux [ilegal, o] *a* ilegal, ilícito(a); ~**ité** *nf* ilegalidad *f*.

illégitime [ileʒitim] *a* ilegítimo(a); (*non justifié, fondé*) injustificado(a); ilegítimo(a).

illettré, e [iletʀe] *a* iletrado(a), analfabeto *nm* // *nm/f* analfabeto/a.

illicite [ilisit] *a* ilícito(a), ilegal.

illimité, e [ilimite] *a* (*immense*) ilimitado(a), infinito(a); (*congé, durée*) ilimitado(a), indetermina-do(a).

illisible [ilizibl(ə)] *a* ilegible.

illogique [ilɔʒik] *a* ilógico(a); **illogisme** *nm* falta de lógica.

illumination [ilyminasjɔ̃] *nf* iluminación *f*.

illuminer [ilymine] *vt* iluminar alumbrar; (*suj: joie, foi*) iluminar, s'~ *vi* iluminarse.

illusion [ilyzjɔ̃] *nf* ilusión *f*; **faire** ~ deslumbrar; ~ **d'optique** ilusión óptica; ~**ner** *nm/f* ilusionista m/f; ~**ner** *vt* ilusionar, engañar; **s'**~**ner (sur)** ilusionarse (con); **illusoire** *a* ilusorio(a), engañoso(a).

illustrateur [ilystʀatœʀ] *nm* ilustrador m.

illustration [ilystʀasjɔ̃] *nf* ilustración f.

illustre [ilystʀ(ə)] *a* ilustre, célebre.

illustré, e [ilystʀe] *a* ilustrado(a) // *nm* revista ilustrada.

illustrer [ilystʀe] *vt* ilustrar; **s'**~ (*personne*) hacerse ilustre.

îlot [ilo] *nm* islote m; (*de maison*) manzana.

image [imaʒ] *nf* imagen *f*; (*gravure, photographie*) imagen, figura; ~ **de marque** reputación f, renombre (fig) imagen; **imagé, e** a rico(a) en imágenes.

imaginaire [imaʒinɛʀ] a imaginario(a).

imagination [imaʒinasjɔ̃] nf imaginación f.

imaginer [imaʒine] vt imaginar; **s'~** vt imaginarse; **s'~ pouvoir faire qch** imaginarse que puede hacer algo.

imbattable [ɛ̃batabl(ə)] a invencible, imbatible.

imbécile [ɛ̃besil] a imbécil; **imbécillité** nf imbecilidad f.

imberbe [ɛ̃bɛʀb(ə)] a imberbe.

imbiber [ɛ̃bibe] vt: **~ qch de** embeber o empapar algo en; **s'~ de** impregnarse de; **imbibé d'eau** (chaussures, étoffe) empapado de agua; (terre) empapado o impregnado de agua.

imbriquer [ɛ̃bʀike] vt imbricar; **s'~** vi imbricarse.

imbroglio [ɛ̃bʀɔljo] nm embrollo, enredo.

imbu, e [ɛ̃by] a: **~ de** lleno de; imbuído o creído de.

imbuvable [ɛ̃byvabl(ə)] a imbebible.

imitateur, trice [imitatœʀ, tʀis] nm/f imitador/ora.

imitation [imitasjɔ̃] nm imitación f; **un sac ~ cuir** un bolso de cuero artificial.

imiter [imite] vt imitar; (parodier) imitar, remedar; (suj: chose) imitar, simular.

immaculé, e [imakyle] a inmaculado(a).

immangeable [ɛ̃mɑ̃ʒabl(ə)] a incomible.

immanquable [ɛ̃mɑ̃kabl(ə)] a infalible; (fatal) indefectible, inevitable.

immatériel, le [imateʀjɛl] a inmaterial.

immatriculation [imatʀikylasjɔ̃] nf matriculación f.

immatriculer [imatʀikyle] vt matricular, inscribir; **faire/se faire ~** hacer/hacerse inscribir o

matricular; **voiture immatriculée dans la Seine** coche matriculado en Sena.

immaturité [imatyʀite] nf inmadurez f.

immédiat, e [imedja, at] a inmediato(a) // nm: **dans l'~** por ahora; **dans le voisinage ~ de** muy cerca de; **~ement** ad inmediatamente.

immense [imɑ̃s] a inmenso(a), enorme.

immerger [imɛʀʒe] vt sumergir; (déchets) arrojar al mar; **s'~** vi (sous-marin) sumergirse.

immeuble [imœbl(ə)] nm edificio, inmueble m // a (JUR) inmueble; **~ locatif** casa de vecindario; **~ de rapport** edificio de alquiler.

immigrant, e [imigʀɑ̃, ɑ̃t] nm/f inmigrante m/f.

immigration [imigʀasjɔ̃] nf inmigración f.

immigré, e [imigʀe] nm/f inmigrado/a.

immigrer [imigʀe] vi inmigrar.

imminent, e [iminɑ̃, ɑ̃t] a inminente.

immiscer [imise]: **s'~ dans** vt inmiscuirse en, entrometerse en.

immobile [imɔbil] a inmóvil, quieto(a); (pièce de machine) fijo(a), inmóvil.

immobilier, ière [imɔbilje, jɛʀ] a inmobiliario(a) // nm: **l'~** la sociedad inmobiliaria; (JUR) los bienes inmuebles.

immobilisation [imɔbilizasjɔ̃] nf: **~s fpl** (COMM) inmovilización f.

immobiliser [imɔbilize] vt inmovilizar; (circulation, affaires) detener, entorpecer; (véhicule) stopper) detener; **s'~** (personne) inmovilizarse; (machine, véhicule) detenerse.

immobilité [imɔbilite] nf inmobilidad f.

immodéré, e [imɔdeʀe] a inmoderado(a).

immoler [imɔle] vt inmolar.

immonde [imɔ̃d] a inmundo(a).

immondices [imɔ̃dis] *nmpl* basura.

immoral, e, aux [imɔral, o] *a* inmoral.

immortaliser [imɔrtalize] *vt* inmortalizar, perpetuar.

immortel, le [imɔrtɛl] *a* inmortal.

immuable [imɥabl(ə)] *a* inmutable.

immuniser [imynize] *vt* inmunizar.

immunité [imynite] *nf* inmunidad f.

impact [ɛ̃pakt] *nm* impacto, efecto; (*d'une personne*) influencia, influjo; **point d'** ~ impacto.

impair, e [ɛ̃pɛr] *a* impar // *nm* pifia, plancha.

imparable [ɛ̃parabl(ə)] *a* imparable.

impardonnable [ɛ̃pardɔnabl(ə)] *a* imperdonable.

imparfait, e [ɛ̃parfɛ, ɛt] *a* imperfecto(a) // *nm* pretérito imperfecto.

impartial, e, aux [ɛ̃parsjal, o] *a* imparcial.

impartir [ɛ̃partir] *vt* impartir, conceder; (*JUR: délai*) acordar, otorgar.

impasse [ɛ̃pas] *nf* callejón sin salida *m*; (*fig*) callejón sin salida, atolladero; (*BRIDGE, BELOTE*) impás *m*; **être dans l'**~ (*négociations*) estar en un punto muerto.

impassible [ɛ̃pasibl(ə)] *a* impasible.

impatience [ɛ̃pasjɑ̃s] *nf* impaciencia.

impatient, e [ɛ̃pasjɑ̃, ɑ̃t] *a* impaciente; (*attente, geste*) impaciente, inquieto(a); ~ **de faire** impaciente por hacer; **s'**~**er** impacientarse.

impayable [ɛ̃pɛjabl(ə)] *a* (*drôle*) graciosísimo(a).

impayé, e [ɛ̃pɛje] *a* no pagado(a); ~**s** *nmpl* (*COMM*) impagado(a).

impeccable [ɛ̃pekabl(ə)] *a* impecable.

impénitent, e [ɛ̃penitɑ̃, ɑ̃t] *a* impenitente.

impensable [ɛ̃pɑ̃sabl(ə)] *a* inconcebible; inimaginable; increíble.

impératif, ive [ɛ̃peratif, iv] *a* perioso(a), perentorio(a); (*JUR*) obligatorio(a); (*ton, geste*) imperioso(a), autoritario(a) // *nm* imperativo; (*d'une fonction*) obligación f, imperativo.

impératrice [ɛ̃peratris] *nf* emperatriz f.

imperceptible [ɛ̃pɛrsɛptibl(ə)] *a* imperceptible.

imperfection [ɛ̃pɛrfɛksjɔ̃] *nf* imperfección f.

impérial, e, aux [ɛ̃perjal, o] *a* imperial // *nf* imperial f; **autobus à** ~**e** autobús *m* con imperial.

impérialisme [ɛ̃perjalism(ə)] *nm* imperialismo.

impérieux, euse [ɛ̃perjø, øz] *a* imperioso(a).

impérissable [ɛ̃perisabl(ə)] *a* imperecedero(a), inmortal.

imperméabiliser [ɛ̃permeabilize] *vt* impermeabilizar.

imperméable [ɛ̃pɛrmeabl(ə)] *a* impermeable; (*fig*): ~ **à** inaccesible a // *nm* impermeable *m*, gabardina.

impersonnel, le [ɛ̃pɛrsɔnel] *a* impersonal.

impertinent, e [ɛ̃pɛrtinɑ̃, ɑ̃t] *a* impertinente.

imperturbable [ɛ̃pɛrtyrbabl(ə)] *a* imperturbable.

impie [ɛ̃pi] *a* impío(a), sacrílego(a).

impitoyable [ɛ̃pitwajabl(ə)] *a* despiadado(a).

implacable [ɛ̃plakabl(ə)] *a* implacable.

implant [ɛ̃plɑ̃] *nm* (*MÉD*) injerto, trasplante *m*.

implanter [ɛ̃plɑ̃te] *vt* implantar, establecer; (*idée, préjugé*) introducir, instaurar; (*MÉD*) injertar, trasplantar; **s'**~ *vi* instalarse, establecerse.

implication [ɛ̃plikasjɔ̃] *nf* implicación f.

implicite [ɛ̃plisit] *a* implícito(a).

impliquer [ɛ̃plike] vt implicar; ~ qn dans implicar o enredar a alguien en.

implorer [ɛ̃plɔʀe] vt implorar.

implosion [ɛ̃plozjɔ̃] nf implosión f.

impoli, e [ɛ̃pɔli] a descortés, grosero(a); **~ment** ad descortésmente, descomedidamente; **~tesse** nf incorrección f; descortesía; grosería.

impopulaire [ɛ̃pɔpylɛʀ] a impopular.

importable [ɛ̃pɔʀtabl(ə)] a (COMM) importable; (vêtement) imposible de poner.

importance [ɛ̃pɔʀtɑ̃s] nf importancia.

important, e [ɛ̃pɔʀtɑ̃, ɑ̃t] a importante // nm: **l'~** lo importante.

importateur, trice [ɛ̃pɔʀtatœʀ, tʀis] a, nm/f importador(ora).

importation [ɛ̃pɔʀtasjɔ̃] nf importación f; (de plantes, maladies) importación, introducción f.

importer [ɛ̃pɔʀte] vt (COMM) importar // vi (être important) importar, tener importancia; **il importe que** es importante que; **peu m'importe** me da lo mismo; me importa poco, no me importa; **peu importe!** ¡poco importa!, ¡qué importa!; **peu importe que** no importa que, poco importa que; **peu importe le prix** no importa el precio; voir aussi **n'importe**.

import-export [ɛ̃pɔʀɛkspɔʀ] nf importación-exportación f.

importun, e [ɛ̃pɔʀtœ̃, yn] a importuno(a), molesto(a); (arrivée, visite) intempestivo(a), inoportuno(a) // nm importuno; **~er** [ɛ̃pɔʀtyne] vt importunar, molestar; (insecte, bruit) molestar, fastidiar.

imposable [ɛ̃pozabl(ə)] a imponible.

imposant, e [ɛ̃pozɑ̃, ɑ̃t] a imponente.

imposer [ɛ̃poze] vt (taxer) imponer, gravar; (personne)

imponer, obligar; (prix) exigir, imponer; (REL): **~ les mains** imponer las manos, bendecir; **~ qch à qn** imponer algo a alguien; (tribut, contribution) gravar con algo a alguien; **s'~** imponerse; **en ~ à** impresionar a; **en ~** infundir respeto.

imposition [ɛ̃pozisjɔ̃] nf (ADMIN) contribución f.

impossibilité [ɛ̃pɔsibilite] nf imposibilidad f; (chose impossible) imposible m; **être dans l'~ de faire** serle a uno imposible hacer.

impossible [ɛ̃pɔsibl(ə)] a imposible; (difficile) penoso(a), dificultoso(a); (absurde) increíble, extravagante // nm: **l'~** lo imposible; **~ à faire** imposible de hacer; **il m'est ~ de me** es me imposible.

imposteur [ɛ̃pɔstœʀ] nm impostor m, falsario.

imposture [ɛ̃pɔstyʀ] nf impostura, calumnia.

impôt [ɛ̃po] nm impuesto; **~s** mpl impuestos; **~ sur le chiffre d'affaires** impuesto sobre el capital; **~ foncier** impuesto sobre la propiedad; **~ sur les plus values** impuesto sobre las ganancias; **~ du revenu** impuesto sobre la renta.

impotent, e [ɛ̃potɑ̃, ɑ̃t] a tullido(a), impedido(a); (jambe, bras) paralítico(a).

impraticable [ɛ̃pʀatikabl(ə)] a impracticable.

imprécis, e [ɛ̃pʀesi, iz] a impreciso(a), confuso(a); (tir) sin precisión.

imprégner [ɛ̃pʀeɲe] vt impregnar; (personne) **imprégné de** imbuido de; **s'~ de** impregnarse de; (apprendre, assimiler) asimilar.

imprenable [ɛ̃pʀənabl(ə)] a inexpugnable; **vue ~** vista panorámica asegurada.

impresario [ɛ̃pʀesaʀjo] nm empresario.

impression [ɛ̃pʀesjɔ̃] nf impresión f; **faire bonne ~** causar buena impresión; **faire ~** impresionar.

impressionnant, e [ɛpʀesjonã, ãt] *a* impresionante.

impressionner [ɛpʀesjone] *vt* impresionar.

impressionnisme [ɛpʀesjonism(ə)] *nm* impresionismo.

imprévisible [ɛpʀevizibl(ə)] *a* imprevisible, inesperado(a).

imprévoyant, e [ɛpʀevwajã, ãt] *a* imprevisor(ora), desprevenido(a); (*en matière d'argent*) descuidado(a), imprevisor(ora).

imprévu, e [ɛpʀevy] *a* imprevisto(a) // *nm* imprevisto; **en cas d'**~ en el caso de que ocurriera un imprevisto.

imprimé, e [ɛpʀime] *a* estampado(a); (*livre, ouvrage*) impreso(a) // *nm* impreso; (*tissu*) estampado.

imprimer [ɛpʀime] *vt* estampar; (*empreinte etc*) imprimir, marcar; (*livre: composer*) imprimir; (: *faire paraître*) imprimir, estampar; (*auteur, écrivain*) imprimir, publicar; (*mouvement, vitesse*) imprimir, trasmitir; (*fig: direction*) imprimir, comunicar; **imprimerie** *nf* imprenta; (*établissement*) imprenta, tipografía; **imprimeur** *nm* impresor *m*; (*ouvrier*) **imprimeur** (obrero) tipógrafo; **imprimeur-libraire/-éditeur** impresor librero/editor.

improbable [ɛpʀɔbabl(ə)] *a* improbable.

improductif, ive [ɛpʀɔdyktif, iv] *a* improductivo(a).

impromptu, e [ɛpʀ̃pty] *a* improvisado(a), repentino(a) // *ad* improvisadamente; de improviso.

imprononçable [ɛpʀɔñsabl(ə)] *a* impronunciable.

impropre [ɛpʀɔpʀ(ə)] *a* impropio(a), incorrecto(a); ~ à inepto(a) o incapaz para; (*suj: chose*) inadecuado(a) para; **impropriété** *nf* (*de langage*) incorrección *f*, impropiedad *f*.

improviser [ɛpʀɔvize] *vt, vi* improvisar; **s'**~ improvisarse.

improviste [ɛpʀɔvist(ə)] : **à l'**~ *ad* de improviso.

imprudemment [ɛpʀydamã] *ad* (*conduire, circuler*) imprudentemente, con imprudencia; (*parler*) con ligereza, irreflexivamente.

imprudence [ɛpʀydãs] *nf* imprudencia; descuido.

imprudent, e [ɛpʀydã, ãt] *a* imprudente, atolondrado(a); (*remarque, projet*) imprudente.

impudent, e [ɛpydã, ãt] *a* impudente; descarado(a).

impudique [ɛpydik] *a* impúdico(a).

impuissance [ɛpɥisãs] *nf* impotencia.

impuissant, e [ɛpɥisã, ãt] *a* impotente; (*sans effet*) ineficaz // *nm* impotente *m*; ~ **à faire** incapaz de hacer.

impulsif, ive [ɛpylsif, iv] *a* impulsivo(a).

impulsion [ɛpylsj̃] *nf* impulso; (*élan*) empuje *m*, estímulo; (*influence*) instigación *f*, estímulo.

impunément [ɛpynemã] *ad* impunemente.

impunité [ɛpynite] *nf* impunidad *f*.

impur, e [ɛpyʀ] *a* impuro(a); ~**eté** *nf* impureza.

imputer [ɛpyte] *vt*: ~ **à** imputar a.

imputrescible [ɛpytʀesibl(ə)] *a* imputrescible.

in [in] *a inv* in, de moda.

inabordable [inabɔʀdabl(ə)] *a* (*lieu*) inaccesible, inalcanzable; (*cher*) inaccesible, carísimo(a).

inaccentué, e [inaksãtye] *a* (*LING*) inacentuado(a), átono(a).

inacceptable [inaksɛptabl(ə)] *a* inaceptable; inadmisible.

inaccessible [inaksesibl(ə)] *a* inaccesible; inasequible; inalcanzable; (*incompréhensible*) inasequible ininteligible; (*insensible*): ~ **à** insensible *o* indiferente a.

inaccoutumé, e [inakutyme] *a* desacostumbrado(a), inusual.

inachevé, e [inaʃve] *a* inconcluso(a), incompleto(a).

inactif, ive [inaktif, iv] *a* inactivo(a).

inaction [inaksjɔ̃] *nf* ocio, inacción *f*.

inactivité [inaktivite] *nf* (ADMIN): **en ~** en suspensión de servicio.

inadapté, e [inadapte] *a* (PSYCH) inadaptado(a); (*vie*): **~ à** inadecuado a.

inadmissible [inadmisibl(ə)] *a* inadmisible.

inadvertance [inadvɛrtɑ̃s] : **par ~** *ad* por descuido *o* inadvertencia.

inaliénable [inaljenabl(ə)] *a* inalienable.

inaltérable [inalterabl(ə)] *a* inalterable.

inamovible [inamovibl(ə)] *a* (JUR) inamovible; (*fonction*, *emploi*) inamovible, fijo(a); (*fixe*) fijo(a).

inanimé, e [inanime] *a* inanimado(a); (*mort*) inanimado(a), exánime; **tomber ~** caer exánime.

inanition [inanisjɔ̃] *nf*: **tomber d'~** desfallecer por inanición.

inaperçu, e [inapɛrsy] *a*: **passer ~** pasar desapercibido *o* inadvertido.

inapplique, e [inaplike] *a* desaplicado(a); (*procédé, loi etc*) inaplicado(a).

inappréciable [inapresjabl(ə)] *a* inapreciable.

inapte [inapt(ə)] *a*: **~ à** incapaz de, incompetente para; (MIL) no apto(a) para.

inattaquable [inatakabl(ə)] *a* (MIL) inatacable; (*texte, preuve*) incuestionable; (*argument*) irrebatible, irrefutable; (*réputation*) inobjetable, irreprochable; (*personne*) irreprochable, incensurable.

inattendu, e [inatɑ̃dy] *a* inesperado(a); (*insoupçonné*) impensado(a), insospechado(a).

inattentif, ive [inatɑ̃tif, iv] *a* desatento(a), distraído(a); **~ à** (*dangers, détails*) despreocupado de; **inattention** *nf* distracción *f*, desatención *f*; **une minute d'inattention** un minuto de descuido; **faute d'inattention** falta por descuido.

inaudible [inodibl(ə)] *a* inaudible; imperceptible.

inaugural, e, aux [inɔgyral, o] *a* inaugural.

inauguration [inɔgyrasjɔ̃] *nf* inauguración *f*.

inaugurer [inɔgyre] *vt* inaugurar.

inavouable [inavwabl(ə)] *a* inconfesable; nefando(a).

inavoué, e [inavwe] *a* inconfesado(a).

inca [ɛ̃ka] *a*, *nm/f* inca (*m/f*).

incalculable [ɛ̃kalkylabl(ə)] *a* incalculable; incontable; (*considérable*) incalculable, innumerable.

incandescence [ɛ̃kɑ̃desɑ̃s] *nf* incandescencia, ignición *f*; **porter qch à ~** llevar algo a incandescencia; **lampe/manchon à ~** lámpara/camisa incandescente.

incantation [ɛ̃kɑ̃tasjɔ̃] *nf* encantamiento, embrujo.

incapable [ɛ̃kapabl(ə)] *a* incapaz; (JUR) inepto(a), inhabilitado(a).

incapacité [ɛ̃kapasite] *nf* incapacidad *f*, incompetencia; **être dans l'~ de faire** estar imposibilitado(a) para hacer; **~ électorale** inhabilitación *f* electoral; **~ de travail** inhabilitación para el trabajo.

incarcérer [ɛ̃karsere] *vt* encarcelar.

incarnation [ɛ̃karnasjɔ̃] *nf* encarnación *f*.

incarné, e [ɛ̃karne] *a*: **ongle ~** uña encarnada.

incarner [ɛ̃karne] *vt* encarnar.

incartade [ɛ̃kartad] *nf* incorrección *f*, error *m*; (ÉQUITATION) espantada.

incassable [ɛ̃kasabl(ə)] *a* irrompible.

incendiaire [ɛ̃sɑ̃djɛr] *a* incendiario(a); (*fig*) subversivo(a), incendiario(a) // *nm/f* incendiario/a.

incendie [ɛ̃sɑ̃di] *nm* incendio; **~ criminel** incendio doloso; **~ de forêt** incendio de bosque.

incendier [ɛ̃sɑ̃dje] vt incendiar.

incertain, e [ɛ̃sɛʀtɛ̃, ɛn] a incierto(a); (imprécis, hésitant) vacilante, inseguro(a); **incertitude** nf incertidumbre f; **incertitudes** fpl (hésitations) vacilaciones fpl, irresolución f; (impondérables) inseguridad, incertidumbre.

incessamment [ɛ̃sɛsamɑ̃] ad inmediatamente, en seguida.

incessant, e [ɛ̃sɛsɑ̃, ɑ̃t] a incesante.

inceste [ɛ̃sɛst(ə)] nm incesto.

inchangé, e [ɛ̃ʃɑ̃ʒe] a (situation) igual, idéntico(a).

incidence [ɛ̃sidɑ̃s] nf incidencia.

incident, e [ɛ̃sidɑ̃, ɑ̃t] a incidente // nm incidente m; ~ **de frontière** incidente o conflicto de frontera; ~ **de parcours** incidente de tránsito; ~ **technique** dificultad técnica.

incinérateur [ɛ̃sineʀatœʀ] nm incinerador m.

incinérer [ɛ̃sineʀe] vt (mort) incinerar, cremar; (ordures) incinerar, quemar.

incise [ɛ̃siz] nf (LING) inciso.

incisif, ive [ɛ̃sizif, iv] a incisivo(a), mordaz // nf incisivo.

incision [ɛ̃sizjɔ̃] nf (d'un arbre) entalladura, incisión f; (d'une plaie, d'un organe) incisión, corte m.

inciter [ɛ̃site] vt: ~ **qn à** incitar o inducir a alguien a.

incivil, e [ɛ̃sivil] a descortés.

inclinaison [ɛ̃klinɛzɔ̃] nf inclinación f; (d'un plan, d'une pente) declive m, pendiente f; (d'un navire) tumbo.

inclination [ɛ̃klinasjɔ̃] nf inclinación f; (attrait, disposition) propensión f.

incliner [ɛ̃kline] vt inclinar; (navire: suj: vent) tumbar; (inciter): ~ **qn à** incitar a alguien a; s'~ inclinarse; (chemin, pente) descender; (toit) descender, inclinarse; s'~ (devant) inclinarse (ante); (céder) cejar (ante); (s'avouer battu) doblegarse (ante); ~ **à** tender o propender a.

inclure [ɛ̃klyʀ] vt incluir; (joindre à un envoi) adjuntar; (récit, condition) incluir, encerrar; **jusqu'au 10 mars inclus** hasta el 10 de marzo inclusive.

incoercible [ɛ̃kɔɛʀsibl(ə)] a irrefrenable, incontenible.

incognito [ɛ̃kɔɲito] ad de incógnito.

incohérence [ɛ̃kɔeʀɑ̃s] nf incoherencia.

incohérent, e [ɛ̃kɔeʀɑ̃, ɑ̃t] a incoherente, incongruente.

incollable [ɛ̃kɔlabl(ə)] a que no se puede suspender.

incolore [ɛ̃kɔlɔʀ] a incoloro(a); (fig) insulso(a), insípido(a).

incomber [ɛ̃kɔbe]: ~ **à** vt (suj: devoirs, responsabilité) incumbir a, corresponder a; (: frais, travail) corresponder a, atañer a.

incombustible [ɛ̃kɔbystibl(ə)] a incombustible.

incommode [ɛ̃kɔmɔd] a incómodo(a).

incommoder [ɛ̃kɔmɔde] vt incomodar, molestar; (suj: comportement) molestar, disgustar.

incommunicable [ɛ̃kɔmynikabl(ə)] a (JUR) intransferible, intrasmisible.

incomparable [ɛ̃kɔpaʀabl(ə)] a diferente; (inégalable) incomparable.

incompatibilité [ɛ̃kɔpatibilite] nf ~ **d'humeur** incompatibilidad f de carácter.

incompatible [ɛ̃kɔpatibl(ə)] a incompatible.

incompétent, e [ɛ̃kɔpetɑ̃, ɑ̃t] a incompetente.

incomplet, ète [ɛ̃kɔplɛ, ɛt] a incompleto(a).

incompréhensible [ɛ̃kɔpʀeɑ̃sibl(ə)] a incomprensible; (bizarre) extraño(a), curioso(a); (mystérieux) extraño(a), incomprensible.

incompréhensif, ive [ɛ̃kɔpʀeɑ̃sif, iv] a incomprensivo(a).

incompris, e [ɛ̃kɔpʀi, iz] a incomprendido(a).

inconcevable [ɛ̃kɔ̃svabl(ə)] *a* inconcebible; (*extravagant*) absurdo(a).

inconciliable [ɛ̃kɔ̃siljabl(ə)] *a* inconciliable.

inconditionnel, le [ɛ̃kɔ̃disjɔnɛl] *a* incondicional.

inconduite [ɛ̃kɔ̃dɥit] *nf* mala conducta.

inconfortable [ɛ̃kɔ̃fɔrtabl(ə)] *a* incómodo(a).

incongru, e [ɛ̃kɔ̃gry] *a* incongruente; incorrecto(a).

inconnu, e [ɛ̃kɔny] *a* desconocido(a); ignoto(a) // *nm/f* desconocido/a // *nm:* l'~ lo desconocido // *nf* (*MATH, fig*) incógnita.

inconsciemment [ɛ̃kɔ̃sjamã] *ad* inconscientemente.

inconscience [ɛ̃kɔ̃sjãs] *nf* inconsciencia.

inconscient, e [ɛ̃kɔ̃sjã, ãt] *a* inconsciente // *nm* (*PSYCH*): l'~ el inconsciente.

inconséquent, e [ɛ̃kɔ̃sekã, ãt] *a* inconsecuente, ilógico(a); precipitado(a), irreflexivo(a).

inconsidéré, e [ɛ̃kɔ̃sidere] *a* inconsiderado(a), imprudente.

inconsistant, e [ɛ̃kɔ̃sistã, ãt] *a* inconsistente; (*amorphe, indécis*) débil, flojo(a); (*crème, bouillie*) inconsistente, chirle; (*action d'un roman*) débil, insustancial.

incontestable [ɛ̃kɔ̃tɛstabl(ə)] *a* indiscutible, irrefutable.

incontesté, e [ɛ̃kɔ̃tɛste] *a* indiscutido(a).

incontinent, e [ɛ̃kɔ̃tinã, ãt] *a* incontinente.

incontrôlable [ɛ̃kɔ̃trolabl(ə)] *a* incomprobable.

inconvenant, e [ɛ̃kɔ̃vnã, ãt] *a* (*inconvenience*) (*tenue*) inconveniente, indecoroso(a); (*personne*) incorrecto(a), descortés.

inconvénient [ɛ̃kɔ̃venjã] *nm* (*d'une situation, d'un projet*) inconveniente m, desventaja; (*d'un remède, changement etc*) inconve-

niente, daño; **si vous n'y voyez pas d'~** si Usted no encuentra ningún inconveniente o impedimento; **y a-t-il un ~ à?** (*risque*) ¿hay algún peligro en?; (*objection*) ¿hay algún impedimento o inconveniente en?

incorporel, le [ɛ̃kɔrpɔrɛl] *a*: **biens ~s** bienes *mpl* inmateriales.

incorporer [ɛ̃kɔrpɔre] *vt* (*CULIN*): ~ **à** agregar a; (*paragraphe etc*) agregar; (*territoire*) incorporar, anexar; (*personne*) incorporar, introducir; (*MIL*) incorporar.

incorrect, e [ɛ̃kɔrɛkt, ɛkt(ə)] *a* incorrecto(a); (*inconvenant: tenue*) incorrecto(a), inadecuado(a).

incorrigible [ɛ̃kɔriʒibl(ə)] *a* incorregible.

incorruptible [ɛ̃kɔryptibl(ə)] *a* incorruptible, insobornable.

incrédule [ɛ̃kredyl] *a* incrédulo(a).

increvable [ɛ̃krəvabl(ə)] *a* a prueba de pinchazos; (*fam*) incansable, infatigable.

incriminer [ɛ̃krimine] *vt* (*personne*) incriminar; (*bonne foi, honnêteté*) dudar o sospechar de; **livre/article incriminé** libro/artículo censurado o reprobado.

incroyable [ɛ̃krwajabl(ə)] *a* increíble.

incroyant, e [ɛ̃krwajã, ãt] *nm/f* descreído/a.

incrustation [ɛ̃krystasjɔ̃] *nf* incrustación f; (*dans un radiateur etc*) incrustación, sarro.

incruster [ɛ̃kryste] *vt* (*ART*): ~ **qch dans/qch de** incrustar algo en/algo con; (*radiateur etc*) formar sarro en; **s'~** incrustarse; (*invité*) instalarse, aposentarse; (*radiateur etc*) cubrirse de sarro.

incubateur [ɛ̃kybatœr] *nm* incubadora.

incubation [ɛ̃kybasjɔ̃] *nf* incubación f.

inculpation [ɛ̃kylpasjɔ̃] *nf* acusación f; inculpación f.

inculpé, e [ɛ̃kylpe] *nm/f* acusado/a, inculpado/a.

inculper [ɛ̃kylpe] vt: ~ **(de)** acusar o inculpar (de).

inculquer [ɛ̃kylke] vt: ~ qch à qn inculcar algo a alguien.

inculte [ɛ̃kylt(ə)] a. inculto(a), yermo(a); (esprit, peuple) inculto(a), ignorante; (barbe) descuidado(a).

incurable [ɛ̃kyrabl(ə)] a incurable; (ignorance) irremediable, incurable.

incursion [ɛ̃kyrsjɔ̃] nf incursión f, invasión f; (fig) irrupción f, invasión.

incurvé, e [ɛ̃kyrve] a curvo(a), curvado(a).

Inde [ɛ̃d] nf: l'~ la India.

indécence [ɛ̃desɑ̃s] nf indecencia; indecoro.

indécent, e [ɛ̃desɑ̃, ɑ̃t] a indecente.

indéchiffrable [ɛ̃deʃifrabl(ə)] a indescifrable.

indécis, e [ɛ̃desi, iz] a (douteux) inseguro(a), dudoso(a); (temps) inestable; (imprécis) incierto(a), indefinido(a); (: réponse) impreciso(a), vago(a); (perplexe) indeciso(a); ~**ion** [ɛ̃desizjɔ̃] nf indecisión f; **laisser qch dans l'~ion** dejar algo en la duda.

indéfendable [ɛ̃defɑ̃dabl(ə)] a indefendible.

indéfini, e [ɛ̃defini] a indefinido(a); ~**ment** ad indefinidamente, eternamente; **indéfinissable** a indefinible.

indéformable [ɛ̃defɔrmabl(ə)] a indeformable.

indélébile [ɛ̃delebil] a indeleble.

indélicat, e [ɛ̃delika, at] a desatento(a), ordinario(a); (malhonnête) inescrupuloso(a), deshonesto(a).

indémaillable [ɛ̃demajabl(ə)] a indesmallable.

indemne [ɛ̃dɛmn(ə)] a indemne, ileso(a).

indemniser [ɛ̃dɛmnize] vt: ~ qn (de) indemnizar a alguien (de).

indemnité [ɛ̃dɛmnite] nf (dédommagement) indemnización f; (allocation) subsidio; ~ **de**

licenciement indemnización de despido; ~ **de logement** subsidio de vivienda; ~ **parlementaire** dieta parlamentaria.

indéniable [ɛ̃denjabl(ə)] a innegable.

indépendamment [ɛ̃depɑ̃damɑ̃] ad independientemente; ~ **de** (abstraction faite de) independientemente de; (en plus de) además de.

indépendance [ɛ̃depɑ̃dɑ̃s] nf independencia.

indépendant, e [ɛ̃depɑ̃dɑ̃, ɑ̃t] a independiente.

indescriptible [ɛ̃deskriptibl(ə)] a indescriptible.

indésirable [ɛ̃dezirabl(ə)] a indeseable.

indéterminé, e [ɛ̃detɛrmine] a indeterminado(a); indefinido(a).

index [ɛ̃dɛks] nm índice m; **mettre à l'~** poner en el índice.

indexer [ɛ̃dɛkse] vt (ÉCON): ~ (sur) ajustar de acuerdo (con).

indicateur [ɛ̃dikatœr] nm (POLICE) soplón m, delator m; (livre, brochure) guía; (TECH) indicador m; (indice) indicador, aforador m.

indicatif [ɛ̃dikatif] nm (LING) indicativo; (d'une émission) sinfonía; (téléphonique) prefijo; (d'un avion) distintivo // a: à titre ~ a título de información; ~ **d'appel** (RADIO) signo convencional.

indication [ɛ̃dikasjɔ̃] nf indicación f; (marque, signe) señal f, indicio; (renseignement) información f indicación; ~**s** fpl (directives) indicaciones fpl; ~ **d'origine** (COMM) marca de origen.

indice [ɛ̃dis] nm indicio; (SCIENCE TECH, ADMIN) índice m; (POLICE: lors d'une enquête) indicio, pista; ~ **des prix** índice de precios; ~ **de traitement** escala de sueldos.

indicible [ɛ̃disibl(ə)] a indecible.

indien, ne [ɛ̃djɛ̃, jɛn] a indio(a) hindú(a) // nm/f (d'Amérique) indio(a); (d'Inde) indio/a, hindú a.

indifféremment [ɛ̃diferamɑ̃] ad (sans distinction) indistintamente.

indifférence [ɛ̃difeʀɑ̃s] nf indiferencia.

indifférent, e [ɛ̃difeʀɑ̃, ɑ̃t] a indiferente; (insensible): ~ à insensible a; **parler de choses ~es** hablar de cosas sin importancia.

indigence [ɛ̃diʒɑ̃s] nf indigencia.

indigène [ɛ̃diʒɛn] a indígena; nativo(a) // nm/f nativo/a, indígena m/f.

indigent, e [ɛ̃diʒɑ̃, ɑ̃t] a indigente, menesteroso(a).

indigeste [ɛ̃diʒɛst(ə)] a indigesto(a); (fig) pesado(a).

indigestion [ɛ̃diʒɛstjɔ̃] nf indigestión f.

indignation [ɛ̃diɲasjɔ̃] nf indignación f, irritación f.

indigne [ɛ̃diɲ] a indigno(a).

indigner [ɛ̃diɲe] vt indignar, irritar; **s'~** (de qch/contre qn) indignarse (por o con algo/con o contra alguien).

indiqué, e [ɛ̃dike] a indicado(a).

indiquer [ɛ̃dike] vt (désigner): ~ qch/qn du doigt señalar algo/a alguien con el dedo; (suj: pendule, aiguille) indicar, marcar; (suj: étiquette, plan etc) indicar, dar; (faire connaître: médecin, endroit): ~ à qn indicar a alguien; (renseigner sur) indicar, señalar; (déterminer: date, lieu) fijar, señalar; (dénoter) indicar, denotar; **pourriez-vous m'~ l'heure?** ¿puede decirme la hora?

indirect, e [ɛ̃diʀɛkt, ɛkt(ə)] a indirecto(a).

indiscipline [ɛ̃disiplin] nf indisciplina, rebeldía; **indiscipliné, e** a indisciplinado(a), rebelde; (fig) rebelde.

indiscret, ète [ɛ̃diskʀɛ, ɛt] a indiscreto(a); **indiscrétion** nf indiscreción f.

indiscutable [ɛ̃diskytabl(ə)] a indiscutible, innegable.

indispensable [ɛ̃dispɑ̃sabl(ə)] a indispensable; (objet, vêtement) in-ispensable, imprescindible; (condition) necesario(a), esencial.

indisponibilité [ɛ̃disponibilite] nf (ADMIN) indisponibilidad f.

indisponible [ɛ̃disponibl(ə)] a (local) indisponible, no disponible; (personne) indisponible.

indisposé, e [ɛ̃dispoze] a indispuesto(a).

indisposer [ɛ̃dispoze] vt indisponer.

indissoluble [ɛ̃disolybl(ə)] a indisoluble.

indistinct, e [ɛ̃distɛ̃, ɛkt(ə)] a indeterminado(a), indistinto(a); (voix, bruits) confuso(a), indistinto(a); **~ement** [ɛ̃distɛ̃ktəmɑ̃] ad indistintamente.

individu [ɛ̃dividy] nm individuo; **~aliser** vt individualizar; **~aliste** a individualista.

individuel, le [ɛ̃dividɥɛl] a individual; **propriété ~le** propiedad f particular o privada; **~lement** ad individualmente.

indocile [ɛ̃dɔsil] a indócil, díscolo(a).

indolent, e [ɛ̃dɔlɑ̃, ɑ̃t] a indolente.

indolore [ɛ̃dɔlɔʀ] a indoloro(a).

indomptable [ɛ̃dɔ̃tabl(ə)] a indomable.

Indonésie [ɛ̃dɔnezi] nf Indonesia.

indonésien, ne [ɛ̃dɔnezjɛ̃, ɛn] a, nm/f indonesio(a).

indu, e [ɛ̃dy] a: **à des heures ~es** a deshora.

indubitable [ɛ̃dybitabl(ə)] a indubable.

induire [ɛ̃dɥiʀ] vt (inférer) inferir, deducir; **~ qn en erreur** inducir a alguien en error.

indulgence [ɛ̃dylʒɑ̃s] nf indulgencia.

indulgent, e [ɛ̃dylʒɑ̃, ɑ̃t] a indulgente.

indûment [ɛ̃dymɑ̃] ad indebidamente, ilícitamente; ilegítimamente.

industrialiser [ɛ̃dystʀijalize] vt industrializar; **s'~** industrializarse.

industrie [ɛ̃dystʀi] nf industria; ~ **automobile** industria automotriz; **industriel, le** a, nm industrial (m).

inébranlable [inebrãlabl(ə)] *a*
(*masse*, *colonne*) inconmovible,
firme; (*personne*) impasible,
inquebrantable; (:*déterminé*)
inmutable, impertérrito(a); (*certitude*, *foi*) firme, inquebrantable.

inédit, e [inedi, it] *a* inédito(a).

ineffaçable [inefasabl(ə)] *a*
imborrable, perdurable.

inefficace [inefikas] *a* ineficaz;
(*machine*, *employé*) inservible,
inútil; **inefficacité** *nf* ineficacia.

inégal, e, aux [inegal, o] *a*
desigual; desparejo(a); (*personnes*:
socialement) desigual, distinto(a);
(*rythme*, *pouls*) irregular, variable;
(*humeur*) inconstante, mudable;
(*œuvre*, *écrivain*) irregular, desigual.

inégalable [inegalabl(ə)] *a*
inigualable.

inégalé, e [inegale] *a*
inigualado(a).

inégalité [inegalite] *nf* desigualdad
f; irregularidad *f*; ~s *fpl* (*dans une
œuvre*) irregularidades *fpl*.

inélégant, e [inelegã, ãt] *a* poco
elegante; (*indélicat*) descortés,
desconsiderado(a).

inéligible [ineliʒibl(ə)] *a*
inelegible.

inéluctable [inelyktabl(ə)] *a*
ineluctable.

inemployé, e [inãplwaje] *a*
desaprovechado(a), inutilizado(a).

inénarrable [inenaʀabl(ə)] *a*
increíble, divertidísimo(a).

inepte [inɛpt(ə)] *a* estúpido(a),
necio(a); (*personne*) mentecato(a),
tonto(a); **ineptie** [inɛpsi] *nf* necedad
f; desatino; inepcia.

inépuisable [inepɥizabl(ə)] *a*
inagotable.

inéquitable [inekitabl(ə)] *a*
desigual, no equitativo(a).

inerte [inɛʀt(ə)] *a* inerte.

inertie [inɛʀsi] *nf* inercia.

inespéré, e [inɛspeʀe] *a* inespera-
do(a).

inesthétique [inɛstetik] *a* antiesté-
tico(a).

inestimable [inɛstimabl(ə)] *a*
inestimable, inapreciable.

inévitable [inevitabl(ə)] *a*
inevitable, ineludible; (*fatal*)
inevitable, fatal; (*habituel*)
infaltable, consabido(a).

inexact, e [inɛgza, akt(ə)] *a*
inexacto(a); que falta a la
puntualidad; ~**itude** [inɛgzaktityd]
nf error *m*, equivocación *f*.

inexcusable [inɛkskyzabl(ə)] *a*
inexcusable.

inexécutable [inɛgzekytabl(ə)] *a*
inejecutable.

inexistant, e [inɛgzistã, ãt] *a*
inexistente.

inexorable [inɛgzɔʀabl(ə)] *a*
inexorable.

inexpérience [inɛkspeʀjãs] *nf*
inexperiencia, ingenuidad *f*.

inexpérimenté, e [inɛks-
peʀimãte] *a* inexperto(a); (*arme*,
procédé) no experimentado(a).

inexplicable [inɛksplikabl(ə)] *a*
inexplicable; (*personne*) incomprensible, desconcertante.

inexploité, e [inɛksplwate] *a*
inexplotado(a).

inexpressif, ive [inɛkspʀesif, iv]
a inexpresivo(a).

inexprimable [inɛkspʀimabl(ə)] *a*
inexpresable; indecible.

inexprimé, e [inɛkspʀime] *a*
inexpresado(a), implícito(a).

in extenso [inɛkstɛ̃so] *ad* in
extenso // a íntegro(a), comple-
to(a).

in extremis [inɛkstʀemis] *ad* in
extremis // a de último momento
(*mariage*, *testament*) in extremis.

inextricable [inɛkstʀikabl(ə)] *a*
inextricable; (*affaire*) intrincado(a).

infaillible [ɛ̃fajibl(ə)] *a* infalible.

infâme [ɛ̃fam] *a* infame; inmun-
do(a).

infanterie [ɛ̃fãtʀi] *nf* infantería.

infanticide [ɛ̃fãtisid] *a, nm*
infanticida (*m/f*) // *nm* (*meurtre*)
infanticidio.

infantile [ɛ̃fãtil] *a* infantil.

infarctus [ɛ̃faʀktys] *nm*: ~

myocarde) infarto (de miocardio).

infatigable [ɛ̃fatigabl(ə)] a infatigable, incansable; (*fig*) infatigable.

infatué, e [ɛ̃fatɥe] a infatuado(a), engreído(a); ~ **de** orgulloso de.

infécond, e [ɛ̃fekɔ̃, ɔ̃d] a infecundo(a).

infect, e [ɛ̃fɛkt, ɛkt(ə)] a infecto(a), pestilente; (*odeur, goût*) repugnante, infecto(a); (*repas, vin*) asqueroso(a), repugnante; (*temps*) horrible, asqueroso(a); (*personne*) detestable, despreciable.

infecter [ɛ̃fɛkte] vt infectar, contaminar; (MÉD) contagiar; (:*plaie*) infectar; **s'~** infectarse; **infectieux, euse** [-sjø, øz] a infeccioso(a); **infection** nf pestilencia, hediondez f; (MÉD) infección f.

inféoder [ɛ̃feɔde] vt: **s'~ à** someterse a.

inférer [ɛ̃fere] vt inferir, deducir.

inférieur, e [ɛ̃ferjœr] a inferior; (*classes sociales*) bajo(a), inferior; (*nombre*) inferior, menor // nm inferior m, subalterno; ~ **à** inferior a; **infériorité** [ɛ̃ferjɔrite] nf inferioridad f.

infernal, e, aux [ɛ̃fɛrnal, o] a infernal; (*méchanceté, complot, personne*) diabólico(a); (*fam: enfant*) endiablado(a).

infester [ɛ̃fɛste] vt infestar.

infidèle [ɛ̃fidɛl] a infiel; (*narrateur, récit*) inexacto(a); ~ **à** (*devoir, serment*) infiel a; **infidélité** nf infidelidad f; inexactitud f.

infiltration [ɛ̃filtrasjɔ̃] nf infiltración f; penetración f; (MÉD) infiltración.

infiltrer [ɛ̃filtre] : **s'~** vi penetrar; (*ennemi, eau*) infiltrarse.

infime [ɛ̃fim] a ínfimo(a).

infini, e [ɛ̃fini] a infinito(a) // nm: **l'~** el infinito; **à l'~** al infinito; **s'étendre à l'~** extenderse hasta el infinito; ~**ment** al infinitamente; ~**té** nf: **une ~té** de una infinidad de.

infinitif, ive [ɛ̃finitif, iv] nm

infinitivo // a infinitivo(a).

infirme [ɛ̃firm(ə)] a inválido(a), lisiado(a) // nm/f inválido/a; ~ **mental** enfermo o débil mental; ~ **moteur** paralítico(a).

infirmer [ɛ̃firme] vt (*preuve etc*) menoscabar, debilitar; (JUR) invalidar, infirmar.

infirmerie [ɛ̃firmɔri] nf enfermería.

infirmier, ière [ɛ̃firmje, jɛr] nm/f enfermero/a.

infirmité [ɛ̃firmite] nf invalidez f, achaque m.

inflammable [ɛ̃flamabl(ə)] a inflamable.

inflammation [ɛ̃flamasjɔ̃] nf inflamación f.

inflation [ɛ̃flasjɔ̃] nf inflación f; ~**niste** a inflacionista.

infléchir [ɛ̃fleʃir] vt (fig: politique) desviar, cambiar.

inflexible [ɛ̃flɛksibl(ə)] a inflexible.

inflexion [ɛ̃flɛksjɔ̃] nf inflexión f.

infliger [ɛ̃fliʒe] vt infligir.

influençable [ɛ̃flyɑ̃sabl(ə)] a influenciable.

influence [ɛ̃flyɑ̃s] nf influencia, influjo; (*d'un médicament*) influencia, efecto; (*domination, persuasion*) influencia, autoridad f; (*autorité, crédit*) influencia, ascendiente m; (POL) influencia, predominio, influjo; **influencer** vt influenciar, influir; (*suj: conduite*) influir; (*choix, décision*) influir, intervenir en; **influent, e** a influyente.

influer [ɛ̃flye] : ~ **sur** vt influir sobre o en.

influx [ɛ̃fly] nm: ~ **nerveux** influjo nervioso.

informaticien, ne [ɛ̃fɔrmatisjɛ̃, jɛn] nm/f especialista m/f en informática.

information [ɛ̃fɔrmasjɔ̃] nf información f; (*renseignement*) informe m; **voyage d'~** viaje m de estudio.

informatique [ɛ̃fɔʀmatik] *nf* informática.

informe [ɛ̃fɔʀm(ə)] *a* (*masse, tas*) informe; (*vêtement*) deforme; (*essai, plan*) imperfecto(a), confuso(a).

informé, e [ɛ̃fɔʀme] *a:* **jusqu'à plus ample ∼** hasta mayor información.

informer [ɛ̃fɔʀme] *vt:* **∼ qn (de)** informar a alguien (de) // *vi* (*JUR*): **∼ contre qn/sur qch** informar contra alguien/sobre algo; **s'∼** informarse.

infortune [ɛ̃fɔʀtyn] *nf* infortunio, desventura.

infraction [ɛ̃fʀaksjɔ̃] *nf* infracción *f*, transgresión *f*; **être en ∼** estar en infracción.

infranchissable [ɛ̃fʀɑ̃ʃisabl(ə)] *a* (*obstacle*) infranqueable; (*distance*) insuperable; (*fig*) insuperable, invencible.

infrarouge [ɛ̃fʀaʀuʒ] *a* infrarrojo(a) // *nm* infrarrojo.

infrastructure [ɛ̃fʀastʀyktyʀ] *nf* infraestructura.

infroissable [ɛ̃fʀwasabl(ə)] *a* inarrugable.

infructueux, euse [ɛ̃fʀyktɥø, øz] *a* infructuoso(a).

infuser [ɛ̃fyze] *vt* (*gén:* **faire ∼**) dejar en infusión // *vi:* (**laisser**) ∼ dejar en infusión.

infusion [ɛ̃fyzjɔ̃] *nf* (*tisane*) infusión *f*.

ingambe [ɛ̃gɑ̃b] *a* ágil, saludable.

ingénier [ɛ̃ʒenje]: **s'∼ à** *vt:* **s'∼ à faire** ingeniarse para hacer.

ingénieur [ɛ̃ʒenjœʀ] *nm* ingeniero; **∼ agronome/chimiste** ingeniero agrónomo/químico; **∼ du son** ingeniero de sonido.

ingénieux, euse [ɛ̃ʒenjø, øz] *a* ingenioso(a).

ingénu, e [ɛ̃ʒeny] *a* ingenuo(a) // *nf* (*THÉÂTRE*) ingenua.

ingérer [ɛ̃ʒeʀe]: **s'∼ dans** *vt* inmiscuirse en.

ingrat, e [ɛ̃gʀa, at] *a* (*personne*): **∼ (envers)** ingrato *o* desagradecido

(con); (*sol*) estéril; (*travail, sujet*) ingrato(a), penoso(a); (*visage*) desagradable.

ingrédient [ɛ̃gʀedjɑ̃] *nm* ingrediente *m*, componente *m*.

inguérissable [ɛ̃geʀisabl(ə)] *a* incurable.

ingurgiter [ɛ̃gyʀʒite] *vt* tragar.

inhabile [inabil] *a* torpe, chapucero(a); inhábil.

inhabitable [inabitabl(ə)] *a* inhabitable.

inhabité, e [inabite] *a* (*régions*) despoblado(a), inhabitado(a); (*maison*) deshabitado(a).

inhabituel, le [inabitɥel] *a* inhabitual.

inhalateur [inalatœʀ] *nm* inhalador *m*.

inhalation [inalasjɔ̃] *nf* (*MÉD*) inhalación *f*.

inhérent, e [ineʀɑ̃, ɑ̃t] *a:* **∼ à** inherente a.

inhibition [inibisjɔ̃] *nf* inhibición *f*.

inhospitalier, ière [inɔspitalje, jɛʀ] *a* inhospitalario(a).

inhumain, e [inymɛ̃, ɛn] *a* inhumano(a), despiadado(a); (*cri*) brutal, inhumano(a).

inhumation [inymasjɔ̃] *nf* inhumación *f*, entierro.

inhumer [inyme] *vt* inhumar, sepultar.

inimitable [inimitabl(ə)] *a* inimitable.

inimitié [inimitje] *nf* enemistad *f*.

inintelligent, e [inɛ̃teliʒɑ̃, ɑ̃t] *a* (*personne*) carente de inteligencia (*acte, préjugé*) falto de inteligencia

inintelligible [inɛ̃teliʒibl(ə)] *a* ininteligible.

inintéressant, e [inɛ̃teʀesɑ̃, ɑ̃t] *a* poco interesante *o* atractivo(a).

ininterrompu, e [inɛ̃teʀɔ̃py] *a* ininterrumpido(a).

iniquité [inikite] *nf* iniquidad *f*.

initial, e, aux [inisjal, o] *a* inicial; **∼es** *nfpl* iniciales *fpl*.

initiateur, trice [inisjatœʀ, tʀ *nm/f* iniciador/ora, precursor/or

(d'une mode, technique) precurs-
sor/ora, promotor/ora.

initiative [inisjativ] *nf* iniciativa;
de sa propre ~ por iniciativa
propia.

initier [inisje] *vt*: ~ **qn à** iniciar a
alguien en; **s'** ~ **à** *(métier,
technique)* iniciarse en.

injecté, e [ɛ̃ʒɛkte] a: **yeux** ~**s de
sang** ojos inyectados en sangre.

injecter [ɛ̃ʒɛkte] *vt* inyectar.

injection [ɛ̃ʒɛksjɔ̃] *nf* inyección *f*; **à**
~ *(AUTO)* de inyección.

injonction [ɛ̃ʒɔ̃ksjɔ̃] *nf* exhortación
f, orden *f*.

injure [ɛ̃ʒyr] *nf* injuria, insulto;
(JUR) agravio, ultraje *m*.

injurier [ɛ̃ʒyrje] *vt* injuriar,
agraviar.

injuste [ɛ̃ʒyst(ə)] a injusto(a); ~
(avec/envers qn) injusto(a)
(con/para con alguien); **injustice** *nf*
injusticia.

inlassable [ɛ̃lasabl(ə)] a
incansable.

inné, e [ine] a innato(a), congéni-
to(a).

innocence [inɔsɑ̃s] *nf* inocencia,
candidez *f*.

innocent, e [inɔsɑ̃, ɑ̃t] a inocente,
candoroso(a); *(crédule, naïf)*
cándido(a), inocente; *(pas
coupable)*: ~ **(de qch)** inocente (de
algo); *(jeu, plaisir)* inocente,
inofensivo(a) // *nm/f* *(non
coupable)* inocente *m/f*; ~**er** *vt*
(personne) justificar, disculpar;
(JUR: accusé, suj: déclaration etc)
declarar inocente.

innombrable [inɔ̃brabl(ə)] a
innumerable, incontable.

innommable [inɔmabl(ə)] a in-
mundo(a); ignominioso(a), despreciable.

innover [inɔve] *vt, vi* innovar.

inobservation [inɔpsɛrvasjɔ̃] *nf*
incumplimiento.

inoculer [inɔkyle] *vt*: ~ **qch à qn**
(volontairement) inocular algo a
alguien; *(accidentellement)* contagiar con algo a alguien; ~ **qn con-**
tre vacunar a alguien contra(a).

inodore [inɔdɔr] a inodoro(a).

inoffensif, ive [inɔfɑ̃sif, iv] a
inofensivo(a); *(anodin)* inofensi-
vo(a), inocuo(a).

inondation [inɔ̃dasjɔ̃] *nf* inundación *f*.

inonder [inɔ̃de] *vt* inundar, anegar;
(personne: suj: pluie) empapar;
(fig) inundar.

inopérable [inɔperabl(ə)] a que no
puede ser operado(a).

inopiné, e [inɔpine] a inopinado(a),
imprevisto(a); *(subit)* repentino(a),
imprevisto(a).

inopportun, e [inɔpɔrtœ̃, yn] a
inoportuno(a).

inoubliable [inublijabl(ə)] a
inolvidable.

inouï, e [inwi] a inaudito(a).

inox [inɔks] a, *nm* abrév de
inoxydable.

inoxydable [inɔksidabl(ə)] a
inoxidable // *nm* metal *m*
inoxidable.

inqualifiable [ɛ̃kalifjabl(ə)] a in-
calificable.

inquiet, ète [ɛ̃kjɛ, ɛt] a *(personne)*
inquieto(a), intranquilo(a); *(par
nature)* inquieto(a); *(attente,
regard)* inquieto(a), preocupado(a)
// *nm/f* inquieto/a; ~ **de qch/au
sujet de qn** preocupado por algo/a
causa de alguien.

inquiétant, e [ɛ̃kjetɑ̃, ɑ̃t] a
inquietante.

inquiéter [ɛ̃kjete] *vt* inquietar,
preocupar; *(ville, pays)* hostigar;
(personne: suj: police) molestar;
s' ~ inquietarse; **s'** ~ **de** preocuparse por.

inquiétude [ɛ̃kjetyd] *nf* inquietud *f*,
desasosiego.

inquisition [ɛ̃kizisjɔ̃] *nf* inquisición
f.

insaisissable [ɛ̃sezisabl(ə)] a
(fugitif) inasible, inasequible;
(nuance) imperceptible; *(JUR)*
inembargable.

insalubre [ɛ̃salybr(ə)] a insalubre.

insanité [ɛ̃sanite] nf insensatez f, locura, necedad.

insatiable [ɛ̃sasjabl(ə)] a insaciable.

insatisfait, e [ɛ̃satisfɛ, ɛt] a insatisfecho(a).

inscription [ɛ̃skripsjɔ̃] nf (sur un écriteau etc) inscripción f, letrero; (caractères écrits ou gravés) inscripción; (à une institution) inscripción; matrícula.

inscrire [ɛ̃skʀiʀ] vt (marquer) anotar, registrar; (dans la pierre, le métal) grabar, inscribir; (à un budget) asentar, registrar; (sur une liste) anotar, registrar; (dans un club etc, à un examen etc) inscribir; (à l'université, à l'école) matricular, inscribir; (enrôler: soldat) enrolar; s'~ inscribirse; (à l'université) matricularse; s'~ en faux contre qch tachar de falso algo, desmentir algo.

insecte [ɛ̃sɛkt(ə)] nm insecto; **insecticide** a, nm insecticida (m).

insécurité [ɛ̃sekyʀite] nf inseguridad f.

INSEE [inse] sigle m = Institut national de la statistique et des études économiques.

insémination [ɛ̃seminasjɔ̃] nf inseminación f.

insensé, e [ɛ̃sɑ̃se] a insensato(a).

insensibiliser [ɛ̃sɑ̃sibilize] vt insensibilizar, anestesiar.

insensible [ɛ̃sɑ̃sibl(ə)] a insensible.

inséparable [ɛ̃sepaʀabl(ə)] a inseparable; (inhérent à, joint à): ~ de inherente a; ~s nmpl (ZOOL) inseparables mpl.

insérer [ɛ̃seʀe] vt insertar; (encart, dans un cadre etc) colocar; (exemples) agregar, introducir; s'~ (se dérouler, se placer) insertarse, incluirse.

insidieux, euse [ɛ̃sidjø, øz] a insidioso(a); penetrante.

insigne [ɛ̃siɲ] nm (d'un parti, club) distintivo, divisa // a insigne, eximio(a); (service) notable; ~s mpl (d'une fonction) insignias.

insignifiant, e [ɛ̃siɲifjɑ̃, ɑ̃t] a insignificante.

insinuation [ɛ̃sinɥasjɔ̃] nf insinuación f.

insinuer [ɛ̃sinɥe] vt insinuar; s'~ dans colarse o deslizarse en; filtrarse en.

insipide [ɛ̃sipid] a insípido(a), soso(a); (fig) insípido(a), insulso(a).

insistance [ɛ̃sistɑ̃s] nf insistencia.

insister [ɛ̃siste] vi insistir; (s'obstiner) insistir, porfiar; ~ sur insistir o persistir en; (accentuer) acentuar; ~ pour insistir en.

insociable [ɛ̃sosjabl(ə)] a insociable, intratable.

insolation [ɛ̃sɔlasjɔ̃] nf insolación f; (ensoleillement) sol m, insolación; (PHOTO) exposición f.

insolence [ɛ̃sɔlɑ̃s] nf insolencia; descaro; atrevimiento; **avec ~** con insolencia o desfachatez.

insolent, e [ɛ̃sɔlɑ̃, ɑ̃t] a insolente, descarado(a); (indécent) insolente, injurioso(a).

insolite [ɛ̃sɔlit] a insólito(a).

insoluble [ɛ̃sɔlybl(ə)] a insoluble.

insolvable [ɛ̃sɔlvabl(ə)] a insolvente.

insomnie [ɛ̃sɔmni] nf insomnio, desvelo; **avoir des ~s** sufrir de insomnio.

insondable [ɛ̃sɔ̃dabl(ə)] a (fig) insondable, impenetrable; (maladresse etc) tremendo(a).

insonore [ɛ̃sɔnɔʀ] a insonoro(a); **insonoriser** vt insonorizar.

insouciant, e [ɛ̃susjɑ̃, ɑ̃t] a despreocupado(a), indolente; (im prévoyant) descuidado(a), negligente.

insoumis, e [ɛ̃sumi, iz] a insumiso(a), indócil; (contrée, tribu) rebelde, sublevado(a); (soldat) insubordinado(a).

insoupçonnable [ɛ̃supsɔnabl(ə)] a insospechable, irreprochable.

insoutenable [ɛ̃sutnabl(ə)] a (argument) insostenible; (chaleur) insoportable, intolerable.

inspecter [ɛspɛkte] vt inspeccionar.

inspecteur, trice [ɛspɛktœʀ, tʀis] nm/f inspector/ora; ~ **d'Académie** superintendente m provincial de los estudios.

inspection [ɛspɛksjɔ̃] nf inspección f.

inspiration [ɛspiʀasjɔ̃] nf inspiración f; (conseil, suggestion) sugerencia; **sous l'~ de qn** bajo la instigación de alguien.

inspirer [ɛspiʀe] vt inspirar; (inquiétude etc) provocar, despertar; (plaire) atraer // vi (aspirer) inspirar, aspirar; **s'~ de qch** inspirarse en algo; ~ **de la crainte à qn** infundir temor a alguien.

instable [ɛstabl(ə)] a (meuble, équilibre) inestable, instable; (population) errante, nómade; (temps, paix, situation) inestable; (PSYCH) inconstante, voluble.

installation [ɛstalasjɔ̃] nf instalación f; (ameublement etc, appareils etc) instalación; ~**s** fpl instalaciones fpl.

installer [ɛstale] vt instalar; (meuble, rideaux etc) colocar, instalar; (chose): ~ **une chaise devant la porte** colocar una silla delante de la puerta; (fonctionnaire, magistrat) dar posesión del cargo a; **s'~** vi (s'établir) instalarse; (se loger) alojarse; (fig: maladie, grève) arraigarse.

instamment [ɛstamɑ̃] ad insistentemente, encarecidamente.

instance [ɛstɑ̃s] nf (ADMIN: autorité) organismo; ~**s** fpl (prières) peticiones fpl, súplicas; **affaire en** ~ asunto pendiente; **en** ~ **de divorce** en trámite de divorcio.

instant [ɛstɑ̃] nm instante m, (moment présent) presente m, momento presente; **je l'ai vu à l'~** lo he visto enseguida o de inmediato; **il faut le faire à l'~** hay que hacerlo enseguida o al instante; **à l'~** (même) **où** en el instante

(mismo) en que; **à tout** ~ a cada instante, en todo momento; **pour l'~** por el momento; **par** ~**s** por momentos, a veces; **de tous les** ~**s** a continuo(a), constante.

instantané, e [ɛstɑ̃tane] a instantáneo(a); (explosion, mort) inmediato(a) // nm instantánea f.

instar [ɛstaʀ] : **à l'~ de** prép a imitación o ejemplo de alguien.

instaurer [ɛstɔʀe] vt instaurar.

instigateur, trice [ɛstigatœʀ, tʀis] nm/f instigador/ora.

instigation [ɛstigasjɔ̃] nf: **à l'~ de qn** a instigación de alguien.

instinct [ɛstɛ̃] nm instinto; **d'~** por instinto; ~ **de conservation** instinto de conservación; ~**if, ive** [ɛstɛ̃ktif, iv] instintivo(a).

instituer [ɛstitɥe] vt instituir; (REL: évêque) elegir, designar; (JUR: héritier) nombrar; **s'~** erigirse; establecerse.

institut [ɛstity] nm instituto; ~ **de beauté** instituto de belleza; **I**~ **Universitaire de Technologie, IUT** Instituto Universitario de Tecnología.

instituteur, trice [ɛstitɥtœʀ, tʀis] nm/f maestro/a, institutriz f.

institution [ɛstitɥsjɔ̃] nf instauración f, establecimiento; (loi, groupement, régime) institución f, organismo; (collège) instituto; ~**s** fpl (formes, structures sociales) instituciones fpl.

instructeur [ɛstʀyktœʀ] a (MIL): **officier** ~ oficial m instructor; (JUR): **juge** ~ juez m de instrucción.

instructif, ive [ɛstʀyktif, iv] a instructivo(a).

instruction [ɛstʀyksjɔ̃] nf instrucción f; (JUR) sumario; (ADMIN: document) circular f; ~**s** fpl instrucciones fpl.

instruire [ɛstʀɥiʀ] vt instruir; (recrues) instruir, adiestrar; **s'~** instruirse; ~ **qn de qch** (informer) informar a alguien de algo; ~ **contre qn** (JUR) instruir causa contra alguien; **instruit, e** a instruído(a), culto(a).

instrument [ɛ̃strymɑ̃] nm (outil) instrumento, herramienta, f; (MUS) instrumento; (moyen, exécutant) instrumento, recurso; ~ **à vent/à percussion** instrumento de viento/de percusión; ~ **de mesure** instrumento de medición; ~ **de musique** instrumento musical.

insu [ɛ̃sy] nm: **à l'~ de** a ocultas o espaldas de; **à son ~** sin saberlo él/ella, a sus espaldas.

insubmersible [ɛ̃sybmɛrsibl(ə)] a insumergible.

insubordination [ɛ̃sybɔrdinasjɔ̃] nf insubordinación f.

insuffisance [ɛ̃syfizɑ̃s] nf insuficiencia, escasez f; ~**s** fpl (lacunes) deficiencias.

insuffisant, e [ɛ̃syfizɑ̃, ɑ̃t] a insuficiente, escaso(a); (lumière) insuficiente.

insuffler [ɛ̃syfle] vt: ~ **qch (dans)** insuflar algo (en).

insulaire [ɛ̃sylɛr] a insular, isleño(a); (attitude) de miras estrechas.

insuline [ɛ̃sylin] nf insulina.

insulte [ɛ̃sylt(ə)] nf insulto; **insulter** vt insultar.

insupportable [ɛ̃sypɔrtabl(ə)] a insoportable.

insurgé, e [ɛ̃syrʒe] a insurgente, sublevado(a) // nm/f insurgente m/f, faccioso/a.

insurger [ɛ̃syrʒe]: **s'~ contre** vt sublevarse contra; (fig) rebelarse contra.

insurmontable [ɛ̃syrmɔ̃tabl(ə)] a insuperable; (angoisse, aversion) invencible, irreprimible.

insurrection [ɛ̃syrɛksjɔ̃] nf insurrección f.

intact, e [ɛ̃takt, akt(ə)] a intacto(a), íntegro(a); (réputation, honneur) incólume, ileso(a).

intarissable [ɛ̃tarisabl(ə)] a inagotable.

intégral, e, aux [ɛ̃tegral, o] a

íntegro(a), completo(a); **nu ~** desnudo integral.

intégrant, e [ɛ̃tegrɑ̃, ɑ̃t] a: **faire partie ~e de** formar parte integrante de.

intègre [ɛ̃tɛgr(ə)] a íntegro(a), probo(a).

intégrer [ɛ̃tegre] vt: ~ integrar o incorporar a/en // vi (SCOL) ingresar; **s'~ dans** integrarse o incorporarse a.

intégrité [ɛ̃tegrite] nf integridad f, probidad f.

intellect [ɛ̃telɛkt] nm intelecto.

intellectuel, le [ɛ̃telɛktɥɛl] a, nm/f intelectual (m/f).

intelligence [ɛ̃teliʒɑ̃s] nf inteligencia; (personne) inteligencia, mentalidad f; (compréhension) de comprensión f de; (complicité): **regard d'~** mirada de complicidad; (accord): **vivre en bonne ~ avec qn** vivir en buena relación con alguien; ~**s** fpl (MIL) cómplices impl.

intelligent, e [ɛ̃teliʒɑ̃, ɑ̃t] a inteligente; (capable): **~ en affaires** entendido en o sagaz para los negocios.

intelligible [ɛ̃teliʒibl(ə)] a inteligible.

intempéries [ɛ̃tɑ̃peri] nfpl inclemencias, intemperie f.

intempestif, ive [ɛ̃tɑ̃pɛstif, iv] a intempestivo(a).

intenable [ɛ̃tnabl(ə)] a (indéfendable) insostenible; (situation, chaleur) insoportable; (enfant) inaguantable.

intendance [ɛ̃tɑ̃dɑ̃s] nf (MIL) intendencia; (SCOL) administración f.

intendant, e [ɛ̃tɑ̃dɑ̃, ɑ̃t] nm/f (MIL) intendente m; (SCOL, d'une propriété) administrador/ora.

intense [ɛ̃tɑ̃s] a intenso(a).

intensif, ive [ɛ̃tɑ̃sif, iv] a intensivo(a), activo(a).

intensifier [ɛ̃tɑ̃sifje] vt intensificar; **s'~** intensificarse.

intensité [ɛ̃tɑ̃site] nf intensidad f.

intenter [ɛ̃tɑ̃te] vt: ~ **un procé**

contre ou **à** entablar un proceso contra.

intention [ɛ̃tɑ̃sjɔ̃] nf intención f, propósito; (volonté, décision) propósito, designio; (but, objectif) fin m, objetivo; **avoir l'~ de faire** tener la intención de hacer; **dans l'~ de faire** con el propósito de hacer; **à l'~ de** prép para, por; (fête) en honor de; (film, ouvrage) dirigido(a) a, dedicado(a) a; **à cette ~** con este propósito; **~né, e** a: **bien/mal ~né** bien/mal intencionado; **~nel, le** a intencional, (JUR) premeditado(a).

inter [ɛ̃tɛʀ] nm (TÉLÉC) abrév de **interurbain** (SPORT) interior m.

intercalaire [ɛ̃tɛʀkalɛʀ] a intercalado(a), interpuesto(a).

intercaler [ɛ̃tɛʀkale] vt intercalar; **s'~ entre** (suj: voiture, coureur, candidat) interponerse entre.

intercéder [ɛ̃tɛʀsede] vi: **~ (pour qn)** interceder (en favor de alguien).

intercepter [ɛ̃tɛʀsɛpte] vt interceptar; (SPORT: ballon) interceptar, apoderarse de; (lumière, chaleur) aislar de, interceptar; **intercepteur** nm (AVIAT) interceptador m.

interchangeable [ɛ̃tɛʀʃɑ̃ʒablə] a intercambiable.

interclasse [ɛ̃tɛʀklas] nm (SCOL) intervalo.

interdiction [ɛ̃tɛʀdiksjɔ̃] nf prohibición f, interdicción f; (interdit) prohibición; **~ de séjour** (JUR) interdicción de residencia.

interdire [ɛ̃tɛʀdiʀ] vt prohibir, vedar; (ADMIN: stationnement, meeting, passage) prohibir, vedar; (ADMIN, REL: personne) entredecir; (suj: chose) impedir; **~ à qn de faire qch** prohibir a alguien hacer algo; **s'~ qch** evitar algo; **s'~ de faire** negarse a hacer, evitar hacer.

interdit, e [ɛ̃tɛʀdi, it] a (stupéfait) estupefacto, atónito(a) // nm interdicción f, prohibición f; **film ~ aux moins de 13 ans** película prohibida para menores de 13 años.

intéressant, e [ɛ̃teʀesɑ̃, ɑ̃t] a interesante; (affaire, prix) conveniente, provechoso(a).

intéressé, e [ɛ̃teʀese] a, nm/f interesado(a).

intéressement [ɛ̃teʀesmɑ̃] nm participación f en los beneficios.

intéresser [ɛ̃teʀese] vt (captiver) interesar; (toucher) conmover a; (ADMIN: concerner) concernir, atañer; (élèves, public) provocar o despertar el interés de; (COMM: travailleur) dar participación en los beneficios a; (:partenaire): **~ qn dans une affaire** dar participación a alguien en un negocio; **s'~ à** interesarse por.

intérêt [ɛ̃teʀɛ] nm interés m; (avantage) provecho, utilidad f; **~s** mpl intereses mpl; **avoir ~ à faire** tener interés en hacer.

interférer [ɛ̃tɛʀfeʀe] vi: **~ (avec)** interferir (con).

intérieur, e [ɛ̃teʀjœʀ] a interior; (ÉCON) interno(a), interior; (:marché) interno// nm interior m; (POL): **l'I~** ≃ la Gobernación; (décor, mobilier) piso; **à l'~ (de)** en el interior (de), dentro (de); **de l'~** (fig) desde adentro; **en ~** (CINÉMA) en interiores; **vêtement d'~** vestido para estar en casa.

intérim [ɛ̃teʀim] nm interinato; **par ~** interino(a); **~aire** a interino(a).

interjection [ɛ̃tɛʀʒɛksjɔ̃] nf interjección f.

interligne [ɛ̃tɛʀliɲ] nm entrelíneas m, entrerrenglones m; (MUS) espacio // nf interlínea.

interlocuteur, trice [ɛ̃tɛʀlɔkytœʀ, tʀis] nm/f interlocutor/ora.

interloquer [ɛ̃tɛʀlɔke] vt desconcertar.

interlude [ɛ̃tɛʀlyd] nm interludio.

intermède [ɛ̃tɛʀmɛd] nm intervalo; (THÉÂTRE etc) interludio.

intermédiaire [ɛ̃tɛʀmedjɛʀ] a intermedio(a) // nm/f intermediario/a; **par l'~ de** por intermedio de.

interminable [ɛ̃tɛʀminablə] a

interminable, inacabable.

intermittence [ɛ̃tɛrmitɑ̃s] nf: par ~ irregularmente, con intermitencia; intermitentemente, a ratos.

intermittent, e [ɛ̃tɛrmitɑ̃, ɑ̃t] a intermitente, discontinuo(a); (source, fontaine) irregular, intermitente; (lumière) intermitente; (efforts) discontinuo(a).

internat [ɛ̃tɛrna] nm (SCOL) internado.

international, e, aux [ɛ̃tɛrnasjɔnal, o] a, nm/f internacional (m/f).

interne [ɛ̃tɛrn(ə)] a, nm/f interno(a).

interner [ɛ̃tɛrne] vt (POL) internar, recluir; (MÉD) internar.

interpeller [ɛ̃tɛrpele] vt interpelar.

interphone [ɛ̃tɛrfɔn] nm intercomunicador m.

interposer [ɛ̃tɛrpoze] vt interponer; s'~ (obstacle) interponerse, obstaculizar; (dans une bagarre etc) intervenir, mediar; (s'entremettre) entrometerse; **par personnes interposées** por interpósitas personas.

interprétariat [ɛ̃tɛrpretarja] nm profesión f de intérprete.

interprète [ɛ̃tɛrpret] nm/f intérprete m/f.

interpréter [ɛ̃tɛrprete] vt interpretar.

interrogateur, trice [ɛ̃tɛrɔgatœr, tris] a interrogador(ora).

interrogatif, ive [ɛ̃tɛrɔgatif, iv] a interrogativo(a).

interrogation [ɛ̃tɛrɔgasjɔ̃] nf interrogación f, pregunta; (SCOL): ~ écrite/orale prueba escrita/oral; (LING): ~ directe/indirecte interrogación directa/indirecta.

interrogatoire [ɛ̃tɛrɔgatwar] nm interrogatorio.

interroger [ɛ̃tɛrɔʒe] vt interrogar; ~ qn (sur qch) interrogar a alguien (acerca de algo), preguntar (algo) a alguien.

interrompre [ɛ̃tɛrɔ̃pr(ə)] vt

interrumpir; s'~ interrumpirse.

interrupteur [ɛ̃tɛryptœr] nm (ÉLEC) interruptor m.

interruption [ɛ̃tɛrypsjɔ̃] nf interrupción f; ~ de grossesse interrupción de embarazo, aborto.

intersection [ɛ̃tɛrsɛksjɔ̃] nf intersección f.

interstice [ɛ̃tɛrstis] nm intersticio, resquicio.

interurbain [ɛ̃tɛryrbɛ̃] nm (TÉLÉC) teléfono/central f interurbano(a).

intervalle [ɛ̃tɛrval] nm intervalo; (espace) espacio, distancia; **dans l'**~ en el intervalo, en tanto.

intervenir [ɛ̃tɛrvənir] vi intervenir; (se produire) sobrevenir, ocurrir; ~ **auprès de** interceder ante.

intervention [ɛ̃tɛrvɑ̃sjɔ̃] nf intervención f.

intervertir [ɛ̃tɛrvɛrtir] vt invertir.

interview [ɛ̃tɛrvju] nf entrevista, interviú f; ~er [-vjuve] vt entrevistar a.

intestin, e [ɛ̃tɛstɛ̃, in] a intestino(a) // nm intestino; ~al, e aux [-tinal, o] a intestinal.

intime [ɛ̃tim] a íntimo(a); (complet, profond) profundo(a), íntimo(a) // nm/f íntimo/a.

intimer [ɛ̃time] vt intimar, notificar.

intimider [ɛ̃timide] vt intimidar; (terroriser) intimidar, amedrentar.

intimité [ɛ̃timite] nf: **dans la plu stricte** ~ en la más estricta intimidad.

intitulé [ɛ̃tityle] nm título.

intituler [ɛ̃tityle] vt intitula titular; s'~ (ouvrage) intitularse titularse; (personne) llamarse.

intolérable [ɛ̃tɔlerabl(ə)] a intolerable.

intolérant, e [ɛ̃tɔlerɑ̃, ɑ̃t] a intolerante.

intonation [ɛ̃tɔnasjɔ̃] nf entonació f.

intouchable [ɛ̃tuʃabl(ə)] a (fi intocable.

intoxication [ɛtɔksikasjɔ̃] *nf* intoxicación *f*; *(fig)* envene- namiento, emponzonamiento.

intoxiquer [ɛtɔksike] *vt* intoxicar; *(fig)* influenciar negativamente.

intraduisible [ɛtradɥizibl(ə)] *a* intraducible.

intraitable [ɛtrɛtabl(ə)] *a* intransi- gente; implacable; inflexible.

intransigeant, e [ɛtrɑ̃ziʒɑ̃, ɑ̃t] *a* intransigente.

intransitif, ive [ɛtrɑ̃zitif, iv] *a* intransitivo(a).

intransportable [ɛtrɑ̃spɔr- tabl(ə)] *a* intransportable.

intraveineux, euse [ɛtravɛnø, øz] *a* intravenoso(a).

intrépide [ɛtrepid] *a* intrépido(a), arrojado(a); *(résistance)* tenaz, in- trépido(a); *(imperturbable)* denoda- do(a).

intrigue [ɛtrig] *nf* intriga, *(aventure)* amorío, aventura.

intriguer [ɛtrige] *vi, vt* intrigar.

intrinsèque [ɛtrɛ̃sɛk] *a* intrínse- co(a), esencial.

introduction [ɛtrɔdyksjɔ̃] *nf* introducción *f*; lettre d'~ carta de presentación.

introduire [ɛtrɔdɥir] *vt* introducir; s'~ *vi* introducirse; *(eau, fumée)* penetrar, entrar; ~ qn à qn/dans un club presentar a alguien a alguien/en un club.

introniser [ɛtrɔnize] *vt* entronizar.

introuvable [ɛtruvabl(ə)] *a* que no se puede encontrar; *(rare: édition, livre)* raro(a).

introverti, e [ɛtrɔvɛrti] *nm/f* in- trovertido/a.

intrus, e [ɛtry, yz] *nm/f* intruso/a, entrometido/a.

intrusion [ɛtryzjɔ̃] *nf* intrusión *f*; intromisión *f*, ingerencia.

intuitif, ive [ɛtɥitif, iv] *a* intuitivo(a).

intuition [ɛtɥisjɔ̃] *nf* intuición *f*, presentimiento; avoir une ~ tener un presentimiento; avoir de l'~ tener intuición.

inusable [inyzabl(ə)] *a* durable, fuerte.

inusité, e [inyzite] *a* desusado(a), en desuso.

inutile [inytil] *a* inútil; **inutilisable** *a* inutilizable; **inutilité** *nf* inutilidad *f*.

invalide [ɛvalid] *a, nm/f* inválido(a).

invalider [ɛvalide] *vt* invalidar, anular; *(élection, député)* anular.

invalidité [ɛvalidite] *nf* invalidez *f*.

invariable [ɛvarjabl(ə)] *a* invaria- ble.

invasion [ɛvazjɔ̃] *nf* invasión *f*.

invectiver [ɛvɛktive] *vt* denostar, injuriar // *vi*: ~ **contre** lanzar imprecaciones contra.

invendable [ɛvɑ̃dabl(ə)] *a* invendible.

invendus [ɛvɑ̃dy] *nmpl* artículos no vendidos.

inventaire [ɛvɑ̃tɛr] *nm* inventario, *(COMM, fig)* inventario, balance *m*.

inventer [ɛvɑ̃te] *vt* inventar; ~ de faire idear hacer; **inventeur** *nm* inventor *m*; **inventif, ive** *a* inventivo(a); **invention** *nf* invención *f*; *(découverte)* descubrimiento, ha- llazgo; *(expédient)* invento, recurso; *(fable, mensonge)* ficción *f*, mentira; *(imagination)* inventiva.

inventorier [ɛvɑ̃tɔrje] *vt* inventa- riar.

inverse [ɛvɛrs(ə)] *a* inverso(a) // *nm*: l'~ lo inverso *o* contrario; **en sens** ~ en sentido inverso *o* opuesto; à l'~ al contrario, al revés; **inverser** *vt* invertir; **inversion** *nf* inversión *f*.

investigation [ɛvɛstigasjɔ̃] *nf* investigación *f*.

investir [ɛvɛstir] *vt* investir, conferir; *(MIL)* cercar; *(argent)* invertir, colocar; **investissement** *nm* inversión *f*; **investiture** *nf* investidura.

invétéré, e [ɛvetere] *a* invetera- do(a).

invincible [ɛvɛ̃sibl(ə)] *a* invencible; *(argument)* irrebatible, irrefutable; (*fig*) irresistible.

invisible [ɛ̃vizibl(ə)] *a* invisible.

invitation [ɛ̃vitasjɔ̃] *nf* invitación *f*; **à** *ou* **sur l'~ de qn** a pedido de alguien.

invité, e [ɛ̃vite] *nm/f* invitado/a, convidado/a.

inviter [ɛ̃vite] *vt* invitar, convidar; (*exhorter*) inducir; (*suj: chose*) invitar, incitar.

involontaire [ɛ̃vɔlɔ̃tɛr] *a* involuntario(a).

invoquer [ɛ̃vɔke] *vt* invocar; (*excuse, jeunesse, ignorance*) alegar; (*témoignage*) apelar a; **~ la clémence de qn** implorar la clemencia de alguien.

invraisemblable [ɛ̃vrɛsɑ̃blabl(ə)] *a* inverosímil; increíble, inaudito(a).

invulnérable [ɛ̃vylnerabl(ə)] *a* invulnerable.

iode [jɔd] *nm* yodo.

ion [jɔ̃] *nm* ion *m*.

ionique [jɔnik] *a* (*ARCHIT*) jónico(a); (*SCIENCE*) iónico(a).

irai *etc vb voir* **aller**.

irakien, ne [irakjɛ̃, jɛn] *a, nm/f* iraquí (*m/f*).

Iran [irɑ̃] *nm* Irán *m*; **i~ien, ne**, *a, nm/f* iranio/a, iraní (*m/f*).

Iraq [irak] *nm* Irak *m*.

irions *vb voir* **aller**.

iris [iris] *nm* lirio *m*; (*ANAT*) iris *m*.

irisé, e [irize] *a* irisado(a).

irlandais, e [irlɑ̃dɛ, ɛz] *a, nm/f* irlandés(esa).

Irlande [irlɑ̃d] *nf*: **~ du Nord/Sud** Irlanda del Norte/Sur.

ironie [irɔni] *nf* ironía *f*; **ironique** *a* irónico(a); **ironiser** *vi* ironizar.

irons *vb voir* **aller**.

irradier [iradje] *vi* irradiar, difundir; propagarse.

irraisonné, e [irɛzɔne] *a* impensado(a), irrazonable.

irrationnel, le [irasjɔnɛl] *a* irracional, insensato(a).

irréalisable [irealizabl(ə)] *a* irrealizable.

irrecevable [irsəvabl(ə)] *a* inadmisible.

irréconciliable [irekɔ̃siljabl(ə)] *a* irreconciliable.

irrécupérable [irekyperabl(ə)] *a* irrecuperable.

irrécusable [irekyzabl(ə)] *a* irrecusable.

irréductible [iredyktibl(ə)] *a* irreductible; indómito(a); (*MÉD*) irreducible.

irréel, le [ireɛl] *a* irreal.

irréfléchi, e [irefleʃi] *a* irreflexivo(a).

irréfutable [irefytabl(ə)] *a* irrefutable, irrebatible.

irrégularité [iregylarite] *nf* irregularidad *f*.

irrégulier, ière [iregylje, jɛr] *a* irregular; (*peu honnête*) indecoroso(a), deshonesto(a).

irrémédiable [iremedjabl(ə)] *a* irremediable.

irremplaçable [irɑ̃plasabl(ə)] *a* irreemplazable, irrecuperable; (*personne*) insustituible, único(a).

irréparable [ireparabl(ə)] *a* irreparable.

irrépressible [irepresibl(ə)] *a* irreprimible.

irréprochable [ireprɔʃabl(ə)] *a* irreprochable.

irrésistible [irezistibl(ə)] *a* irresistible; (*preuve, logique*) contundente, implacable; (*personne: qui fait rire*) gracioso(a), jocoso(a).

irrespectueux, euse [irɛspɛktyø, øz] *a* irrespetuoso(a), irreverente.

irrespirable [irɛspirabl(ə)] *a* irrespirable.

irresponsable [irɛspɔ̃sabl(ə)] *a* irresponsable.

irrévérencieux, euse [ireverɑ̃sjø, jøz] *a* irreverente.

irréversible [ireversibl(ə)] *a* irreversible.

irrévocable [irevɔkabl(ə)] *a* irrevocable.

irrigation [irigasjɔ̃] *nf* irrigación riego.

J

irriguer [iʀige] *vt* irrigar, regar.

irritable [iʀitabl(ə)] *a* irritable.

irritation [iʀitasjɔ̃] *nf* irritación *f*, enfado; (*inflammation*) irritación.

irriter [iʀite] *vt* irritar, enojar; (*enflammer*) irritar; **s'~ contre/de** enojarse o irritarse con/por.

irruption [iʀypsjɔ̃] *nf* irrupción *f*.

Islam [islam] *nm* Islam *m*; **i~ique** *a* islámico(a).

islandais, e [islɑ̃dɛ, ɛz] *a*, *nm/f* islandés(esa).

Islande [islɑ̃d] *nf* Islandia.

isocèle [izɔsɛl] *a* isósceles.

isolant, e [izɔlɑ̃, ɑ̃t] *a* aislante.

isolation [izɔlasjɔ̃] *nf* aislamiento.

isolationnisme [izɔlasjɔnism(ə)] *nm* aislacionismo.

isoler [izɔle] *vt* aislar; **s'~** apartarse, retraerse; **isoloir** *nm* cabina electoral.

Israël [israɛl] *nm* Israel *m*; **israélien, ne** *a*, *nm/f* israelí (*m/f*); **israélite** *a*, *nm/f* israelita (*m/f*).

issu, e [isy] *a*: **~ de** descendiente de; (*fig*) resultado o consecuencia de // *nf* salida; (*résultat*) resultado, desenlace *m*; **à l'~e de** al final de, al terminar.

isthme [ism(ə)] *nm* istmo.

Italie [itali] *nf* Italia; **italien, ne** *a*, *nm/f* italiano(a).

italique [italik] *nm*: **en ~** en bastardilla.

itinéraire [itineʀɛʀ] *nm* itinerario, recorrido.

itinérant, e [itineʀɑ̃, ɑ̃t] *a* ambulante.

UT *sigle m voir* **institut**.

ivoire [ivwaʀ] *nm* marfil *m*; (*sur dent*) esmalte *m*.

ivre [ivʀ(ə)] *a* ebrio(a), beodo(a); **ivresse** *nf* ebriedad *f*, embriaguez *f*; **ivrogne** [ivʀɔɲ] *nm/f* borracho/a.

jabot [ʒabo] *nm* buche *m*; (*ornement*) chorrera.

jacasser [ʒakase] *vi* (*bavarder*) cotorrear.

jachère [ʒaʃɛʀ] *nf*: **en ~ en** barbecho.

jacinthe [ʒasɛ̃t] *nf* jacinto.

jadis [ʒadis] *ad* antaño.

jaillir [ʒajiʀ] *vi* brotar.

jais [ʒɛ] *nm* azabache *m*.

jalon [ʒalɔ̃] *nm* jalón *m*, hito; **~ner** *vt* jalonar.

jalouser [ʒaluze] *vt* celar.

jalousie [ʒaluzi] *nf* celos *mpl*.

jaloux, ouse [ʒalu, uz] *a* celoso(a).

jamais [ʒamɛ] *ad* jamás, nunca; (*non nég*) algun día; **ne... ~** no... nunca, jamás.

jambage [ʒɑ̃baʒ] *nm* trazo; (*de porte etc*) jamba.

jambe [ʒɑ̃b] *nf* pierna; **à toutes ~s** a todo correr; **jambière** *nf* polaina.

jambon [ʒɑ̃bɔ̃] *nm* jamón *m*.

jante [ʒɑ̃t] *nf* llanta.

janvier [ʒɑ̃vje] *nm* enero.

Japon [ʒapɔ̃] *nm* Japón *m*; **j~ais, e** *a*, *nm/f* japonés(esa).

japper [ʒape] *vi* gañir, aullar.

jaquette [ʒakɛt] *nf* chaqueta; (*de cérémonie*) chaqué *m*.

jardin [ʒaʀdɛ̃] *nm* jardín *m*; **~ d'enfants** jardín de la infancia; **~ potager** huerta; **~ public** parque *m* público; **~age** [ʒaʀdinaʒ] *nm* jardinería; horticultura; **~ier, ière** [ʒaʀdinje, jɛʀ] *nm/f* jardinero/a; hortelano/a // *nf* jardinera; **~ier paysagiste** jardinero artístico.

jargon [ʒaʀgɔ̃] *nm* jerga, jerigonza.

jarre [ʒaʀ] *nf* tinaja.

jarret [ʒaʀɛ] *nm* corva; (*CULIN*) morcillo.

jarretelle [ʒaʀtɛl] *nf* liga.

jaser [ʒaze] *vi* charlar, cotorrear.

jasmin [ʒasmɛ̃] *nm* jazmín *m*.

jatte [ʒat] *nf* cuenco.

jauge [ʒoʒ] nf arqueo; (instrument) aspilla; **jauger** vt aforar, medir // (contenir) contener; (fig) medir; ~ **6 mètres** tener 6 metros de calado; ~ **3000 tonneaux** tener una capacidad de 3000 toneladas.

jaune [ʒon] a amarillo(a) // nm amarillo; (aussi: ~ **d'œuf**) yema // nm/f amarillo/a // ad (fam): **rire** ~ reír falsamente; **jaunir** vt, vi amarillear; **jaunisse** nf ictericia.

javel [ʒavɛl]: **eau de** ~ nf lejía.

javelot [ʒavlo] nm jabalina.

jazz [dʒaz] nm jazz m.

je [ʒ(ə)] pron yo.

jeep [dʒip] nf jeep m.

jersey [ʒɛʀzɛ] nm jersey m.

Jérusalem [ʒeʀyzalɛm] n Jerusalén.

jésuite [ʒezɥit] nm jesuita m.

Jésus-Christ [ʒezykʀi] nm Jesucristo.

jet [ʒɛ] nm lanzamiento, tiro; (jaillissement, tuyau) chorro; (avion) [dʒɛt] jet m, reactor m; (fig): **du premier** ~ de primera intención, desde el primer intento; ~ **d'eau** chorro de agua, surtidor m.

jetée [ʒəte] nf escollera.

jeter [ʒəte] vt (lancer) lanzar; (se défaire de) tirar, arrojar; (mettre, poser rapidement) echar, arrojar; (cri, insultes) arrojar, lanzar; ~ **un coup d'œil** echar una ojeada; ~ **l'ancre** echar el ancla; ~ **les bras en avant** echar los brazos hacia adelante; ~ **le trouble parmi...** sembrar la confusión entre...; ~ **qn dehors** arrojar a alguien afuera; **se** ~ **contre/dans/sur** arrojarse contra/en/sobre; **se** ~ **dans** (fleuve) desembocar en.

jeton [ʒətɔ̃] nm ficha; ~ **de présence**) ficha de asistencia.

jeu, x [ʒø] nm juego; (THÉÂTRE, MUS, CINÉMA) actuación f, ejecución f; **être/remettre en** ~ (SPORT) estar/entrar en juego; ~ **de boules** (endroit) bolera; ~ **de construction** juego de construcción; ~ **d'écritures** (COMM) compensación f

contable; ~ **de hasard** juego de azar; ~ **de massacre** pim pam pum m; ~ **de mots** juego de palabras; ~ **d'orgue(s)** registro; ~ **de patience** juego de paciencia; ~ **de société** juego de salón; ~**x olympiques** juegos olímpicos.

jeudi [ʒødi] nm jueves m.

jeun [ʒœ̃]: **à** ~ ad en ayunas.

jeune [ʒœn] a joven; (récent) nuevo(a), reciente; **les** ~**s** los jovenes; ~ **fille**, J.F. muchacha, chica; ~**s gens** jovenes; ~ **homme**, J.H. muchacho, joven m; ~ **premier** galán m joven; ~**s mariés** recién casados.

jeûne [ʒøn] nm ayuno.

jeunesse [ʒœnɛs] nf juventud f; (caractère récent de qch) actualidad f.

J.F. abrév voir **jeune**.

J.H. abrév voir **jeune**.

joaillerie [ʒɔajʀi] nf joyería.

joaillier, ière [ʒɔaje, jɛʀ] nm/f joyero/a.

joie [ʒwa] nf alegría, gozo.

joindre [ʒwɛ̃dʀ(ə)] vt juntar, unir (ajouter) añadir, agregar; (contacter) dar con; **à pieds joints** a pies juntillos; ~ **les deux bouts** (fig) hacer alcanzar apenas el dinero; **se** ~ **à** unirse a, sumarse a; **joint** e, **joint** junta, juntura; **joint de culasse** junta de culata.

joli, e [ʒɔli] a bonito(a); ~**ment** a preciosamente, graciosamente; (très) considerablemente, muy.

jonc [ʒɔ̃] nm junco.

joncher [ʒɔ̃ʃe] vt cubrir, alfombrar.

jonction [ʒɔ̃ksjɔ̃] nf unión f; (point de) ~ confluencia.

jongler [ʒɔ̃gle] vi hacer malabarismos; **jongleur, euse** nm malabarista m/f.

jonquille [ʒɔ̃kij] nf junquillo.

joue [ʒu] nf mejilla; **mettre/tenir en** ~ apuntar.

jouer [ʒwe] vt jugar; (pièce, film) interpretar, actuar; (rôle) representar, desempeñar; (simuler) fingir; (MUS) interpretar, ejecutar // vi jugar; (MUS) ejecutar, tocar; (acteur) actuar; (bois, porte) torcerse; (clé, pièce) tener juego; ~ **sur** jugar con; ~ **de** (MUS) ejecutar, tocar; (fig) servirse de; ~ **à** jugar a; (imiter) dárselas de; **se ~ de qch** no hacer caso de algo; **se ~ de qn** burlarse de alguien; ~ **un tour à qn** jugar una mala pasada a alguien; ~ **de malchance** tener mala suerte; ~ **sur les mots** jugar del equívoco; **à toi/nous de ~** (fig) a ti/nosotros nos toca.

jouet [ʒwɛ] nm juguete m.

joueur, euse [ʒwœʀ, øz] nm/f jugador/ora; (MUS) intérprete m/f, ejecutante m/f.

joufflu, e [ʒufly] a mofletudo(a).

joug [ʒu] nm yugo.

jouir [ʒwiʀ] : ~ **de** vt gozar de; **jouissance** nf goce m; (JUR) usufructo.

joujou, x [ʒuʒu] nm (fam) juguete m.

jour [ʒuʀ] nm día m; (clarté, ouverture, aussi fig) luz f; **tous les ~s** todos los días; **au ~ le ~** al día; **en plein ~** a la luz del día; **au grand ~** (fig) con toda claridad; **sous un ~ favorable** bajo una luz favorable; **mettre au ~** sacar a la luz; **mettre à ~** poner al día; **donner le ~ à** dar a luz; **voir le ~** ver la luz, nacer; **se faire ~** abrirse paso.

journal, aux [ʒuʀnal, o] nm diario, periódico; (d'une personne) diario; ~ **de bord** diario de a bordo; ~ **parlé/télévisé** noticiero radial/televisivo.

journalier, ière [ʒuʀnalje, jɛʀ] a diario(a) // nm jornalero.

journalisme [ʒuʀnalism(ə)] nm periodismo; **journaliste** nm/f periodista m/f.

journée [ʒuʀne] nf día m; (de travail) jornada; **la ~ continue** la jornada intensiva.

journellement [ʒuʀnɛlmɑ̃] ad diariamente.

joute [ʒut] nf justa, combate m.

jovial, e, aux [ʒɔvjal, o] a jovial.

joyau, x [ʒwajo] nm joya m.

joyeux, euse [ʒwajø, øz] a alegre.

jubilaire [ʒybilɛʀ] nm/f persona que ha cumplido 50 años de profesión.

jubilé [ʒybile] nm jubileo, bodas de oro.

jubiler [ʒybile] vi regocijarse.

jucher [ʒyʃe] vt: ~ **qch sur** subir algo sobre // vi (oiseau) posarse.

judas [ʒyda] nm (trou) mirilla.

judiciaire [ʒydisjɛʀ] a judicial.

judicieux, euse [ʒydisjø, øz] a juicioso(a), sensato(a).

judo [ʒydo] nm judo; ~**ka** nm judoka m.

juge [ʒyʒ] nm juez m; ~ **d'instruction/de paix** juez de instrucción/de paz; ~ **de touche** juez de línea.

jugé [ʒyʒe]: **au ~** ad al tuntún.

jugement [ʒyʒmɑ̃] nm juicio; (verdict: JUR) sentencia.

jugeote [ʒyʒɔt] nf (fam) caletre m.

juger [ʒyʒe] vt juzgar; ~ **bon de faire...** juzgar oportuno hacer...; ~ **de** vt juzgar.

jugulaire [ʒygylɛʀ] a yugular // nf barboquejo.

juif, ive [ʒuif, iv] a, nm/f judío(a).

juillet [ʒuijɛ] nm julio.

juin [ʒuɛ̃] nm junio.

juive [ʒuiv] a, nf voir **juif.**

jumeau, elle [ʒymo, ɛl] a, nm/f gemelo(a).

jumeler [ʒymle] vt acoplar; (villes) hermanar; **roues jumelées** ruedas gemelas.

jumelle [ʒymɛl] a, nf voir **jumeau**; ~**s** fpl (OPTIQUE) gemelos.

jument [ʒymɑ̃] nf yegua.

jungle [ʒœɡl(ə)] nf selva, jungla.

jupe [ʒyp] nf falda; ~**-culotte** nf falda pantalón.

jupon [ʒypɔ̃] nm enaguas.

Jura [ʒyʀa] nm: **le ~** el Jura.

juré, e [ʒyʀe] nm/f, a jurado(a).

jurer [ʒyʀe] vt, vi jurar; ~ (**avec**) desentonar (con); ~ **de faire** jurar hacer; ~ **de qch** jurar algo; **ils ne**

jurent que par lui/cela creen a ciegas en él/eso.

juridiction [ʒyridiksjɔ̃] nf jurisdicción f.

juridique [ʒyridik] a jurídico(a).

juriste [ʒyrist(ə)] nm/f jurista m/f.

juron [ʒyrɔ̃] nm juramento.

jury [ʒyri] nm jurado; (SCOL) tribunal m.

jus [ʒy] nm jugo; (fam) corriente eléctrica; agua; café m; ~ **de fruits** jugo de frutas.

jusant [ʒyzɑ̃] nm reflujo, bajamar f.

jusque [ʒysk(ə)] : **jusqu'à** prép hasta; ~ **sur/dans/vers** hasta arriba de/en/cerca de; **jusqu'à ce que** conj hasta que; ~-**là** hasta ahí o allá; **jusqu'ici** hasta aquí; **jusqu'à présent** hasta ahora.

juste [ʒyst(ə)] a justo(a); (étroit) estrecho(a), ajustado(a); (insuffisant) muy justo(a), escaso(a) // ad justo; ~ **assez** suficiente, suficientemente; **pouvoir tout** ~ **faire qch** poder apenas hacer algo; **au** ~ exactamente; **comme de** ~ como es lógico; **le** ~ **milieu** el término medio; ~**ment** ad justamente; **justesse** nf precisión f, exactitud f; (correction, vérité) rectitud f, corrección f; **de justesse** por poco.

justice [ʒystis] nf justicia; **rendre la** ~ suministrar justicia; **rendre** ~ **à qn** hacer justicia a alguien; **se faire** ~ suicidarse.

justification [ʒystifikasjɔ̃] nf justificación f.

justifier [ʒystifje] vt justificar; ~ **de** vt probar.

jute [ʒyt] nm yute m.

juteux, euse [ʒytø, øz] a jugoso(a).

juvénile [ʒyvenil] a juvenil.

juxtaposer [ʒykstapoze] vt yuxtaponer; ~ **qch à** ou **et qch** yuxtaponer algo a o con algo.

K

kaki [kaki] a inv caqui.

kaléidoscope [kaleidɔskɔp] nm calidoscopio.

kangourou [kɑ̃guru] nm canguro.

kapok [kapɔk] nm miraguano, algodón m de ceiba.

karaté [karate] nm karate m.

karting [kartiŋ] nm karting m.

kayac, kayak [kajak] nm kayac m.

képi [kepi] nm quepis m.

kermesse [kɛrmɛs] nf quermese f; (fête villageoise) feria, verbena.

kérosène [kerozɛn] nm queroseno.

kibboutz [kibuts] nm kibutz m.

kidnapper [kidnape] vt secuestrar.

kilo [kilo] nm abrév de **kilogramme** // préf: ~**gramme** nm kilogramo; ~**métrage** nm kilometraje m; ~**mètre**, **km** nm kilómetro; ~**métrique** a kilométrico(a); ~**watt** nm kilovatio.

kinésithérapeute [kinezite-rapøt] nm/f kinesiólogo/a.

kiosque [kjɔsk(ə)] nm quiosco.

kirsch [kirʃ] nm kirsch m.

klaxon [klaksɔn] nm bocina; ~**ner** vi tocar bocina // vt tocar bocina a.

kleptomane [kleptɔman] nm/f cleptómano/a.

km abrév voir **kilomètre**.

knock-out [nɔkawt; knɔkut] nm fuera de combate.

K.O. a inv fuera de combate.

kolkhoze [kɔlkoz] nm koljoz m.

Kremlin [krɛmlɛ̃] nm: **le** ~ el Kremlin.

kyrielle [kirjɛl] nf ristra, sarta.

kyste [kist(ə)] nm quiste m.

L

l' [l] *dét voir* le.

la [la] *nm* la.

la [la] *dét voir* le.

là [la] (*voir aussi* **-ci**, **celui**) *ad* allí, allá; (*ici*) ahí, acá; (*dans le temps*) entonces; **est-ce que Catherine est ~?** ¿está ahí Catalina?; **elle n'est pas ~** no está ahí; **c'est ~ que es** ahí que *o* donde; **~ où** ahí donde; **de ~** (*fig*) de ahí que, por eso; **par ~** (*fig*) por ésas; **~-bas** allá.

label [label] *nm* marca, sello.

labeur [labœʀ] *nm* faena, trabajo.

labo [labo] *nm* *abrév de* **laboratoire**.

laborantin, **e** [labɔʀɑ̃tɛ̃, in] *nm/f* técnico/a de laboratorio.

laboratoire [labɔʀatwaʀ] *nm* laboratorio; **~ de langues/d'analyses** laboratorio lingüístico/de análisis.

laborieux, **euse** [labɔʀjø, øz] *a* trabajoso(a); laborioso(a); (*masses*) trabajador(ora).

labour [labuʀ] *nm* labor *f*, labranza; **~s** *mpl* (*champs*) labrantíos; **cheval/bœuf de ~** caballo/buey *m* de labranza.

labourer [labuʀe] *vt* arar, labrar; (*fig*) surcar; **laboureur** *nm* labrador *m*.

labyrinthe [labiʀɛ̃t] *nm* laberinto.

lac [lak] *nm* lago.

lacer [lase] *vt* atar.

lacérer [laseʀe] *vt* lacerar.

lacet [lasɛ] *nm* lazo, cordón *m*; (*de route*) curva; (*piège*) lazo.

lâche [lɑʃ] *a* cobarde; (*desserré*) flojo(a); (*morale etc*) despreciable, ruin // *nm/f* cobarde *m/f*.

lâcher [lɑʃe] *vt* soltar; (*ce qui tombe*) soltar, largar; (*SPORT: distancer*) despegarse de; (*abandonner*) dejar, abandonar // *vi* soltar; **~ les amarres** soltar amarras; **~ les chiens (contre)** largar los perros (contra); **~ prise** aflojar; (*fig*) soltar prenda.

lâcheté [lɑʃte] *nf* cobardía; ruindad *f*, bajeza.

lacis [lasi] *nm* red *f*, laberinto.

laconique [lakɔnik] *a* lacónico(a).

lacrymogène [lakʀimɔʒɛn] *a* lacrimógeno(a).

lacté, **e** [lakte] *a* lácteo(a).

lacune [lakyn] *nf* laguna, blanco; (*de connaissances*) laguna, falta.

lad [lad] *nm* mozo de cuadra.

là-dedans [laddɑ̃] *ad* ahí adentro; (*fig*) de o en eso.

là-dehors [ladɔʀ] *ad* allí afuera, afuera de eso.

là-derrière [ladeʀjɛʀ] *ad* allí atrás; (*fig*) detrás de eso.

là-dessous [ladsu] *ad* ahí debajo; (*fig*) debajo de eso.

là-dessus [ladsy] *ad* ahí encima *o* arriba; (*fig*) sobre eso, respecto a eso.

là-devant [ladvɑ̃] *ad* ahí adelante, adelante.

ladite [ladit] *dét voir* **ledit**.

lagon [lagɔ̃] *nm* laguna salada.

lagune [lagyn] *nf* laguna.

là-haut [lao] *ad* allá arriba.

laïc [laik] *a*, *nm/f* = **laïque**.

laïciser [laisize] *vt* dar carácter laico a.

laid, **e** [lɛ, ɛd] *a* feo(a); **~eron** *nm* loro, callo; **~eur** *nf* fealdad *f*; abyección *f*.

laie [lɛ] *nf* jabalina.

lainage [lɛnaʒ] *nm* jersey *m*; lana, tejido de lana.

laine [lɛn] *nf* lana; **~ de verre** lana de vidrio; **laineux**, **euse** *a* lanoso(a); lanudo(a).

laïque [laik] *a* laico(a) // *nm/f* lego/a.

laisse [lɛs] *nf* (*de chien*) correa; **tenir en ~** manejar a su antojo.

laissé, **e-pour-compte** [lesepuʀkšt] *nm* (*COMM*) resto, mercadería de rechazo // *nm/f* dejado/a de lado.

laisser [lese] *vt* dejar // *vb auxiliaire*: **~ qn faire** dejar *o* permitir a alguien hacer; **se ~ exploiter** dejarse explotar; **se ~ aller** dejarse llevar; **laisse-toi faire** déjate llevar; **~-aller** nm negligencia, dejadez f.

laissez-passer [lesepɑse] nm salvoconducto.

lait [lɛ] nm leche f, frère/sœur **de ~** hermano/hermana de leche; **entier/écrémé** leche entera/desnatada; **~ concentré/en poudre** leche condensada/en polvo; **~ démaquillant** leche de limpieza; **~age** nm producto lácteo; **~erie** nf lechería; **~eux, euse** a lechoso(a); **~ier, ière** a lácteo(a) // nm/f lechero/a; **vache ~ière** vaca lechera.

laiton [lɛtɔ̃] nm latón m.

laitue [lɛty] nf lechuga.

laïus [lajys] nm (péj) perorata.

lambeau, x [lãbo] nm (de tissu) jirón m; (de chair) colgajo; **en ~x** a jirones.

lambin, e [lãbɛ̃, in] a (péj) holgazán(ana), remolón(ona).

lambris [lãbri] nm revestimiento; **~sé, e** a revestido(a).

lame [lam] nf hoja; (lamelle) lámina; (vague) ola; **~ de fond** mar m de fondo; **~ de rasoir** hoja de afeitar.

lamé, e [lame] a lamé, laminado(a) // nm lamé m.

lamelle [lamɛl] nf laminilla; (de champignon) laminilla, hojuela.

lamentable [lamãtabl(ə)] a lamentable.

lamenter [lamãte]: **se ~** vi: se **~ (sur)** lamentarse o quejarse (de).

laminer [lamine] vt laminar; **laminoir** nm laminador m.

lampadaire [lãpadɛr] nm lámpara de pie; (dans la rue) farol m, farola.

lampe [lãp(ə)] nf lámpara; (de chevet) velador m; (TECH) lámpara, válvula; **~ à pétrole** lámpara de petróleo; **~ de poche** linterna; **~ à souder** soplete m.

lampée [lãpe] nf trago.

lampion [lãpjɔ̃] nm farolillo.

lampiste [lãpist(ə)] nm lamparista m.

lance [lãs] nf lanza; **~ d'incendie** manga o manguera de incendio.

lancée [lãse] nf: continuer sur sa **~** aprovechar el impulso inicial.

lance-flammes [lãsflam] nm inv lanzallamas m inv.

lance-grenades [lãsgrənad] nm inv lanzagranadas m inv.

lancement [lãsmã] nm lanzamiento; (d'un bateau) botadura.

lance-pierres [lãspjɛr] nm inv tirador m, tirachinas m inv.

lancer [lãse] nm (SPORT) lanzamiento // vt lanzar; (ballon, pierre, flamme) lanzar, arrojar; (bateau) botar, varar; (mandat d'arrêt) dar; **~ qch à qn** arrojar algo a alguien; (avec agression) arrojar o tirar algo a alguien; **se ~** vi lanzarse.

lance-roquettes [lãsrɔkɛt] nm inv lanzaproyectiles m inv.

lance-torpilles [lãstɔrpij] nm inv lanzatorpedos m inv.

lancinant, e [lãsinã, ãt] a obsesivo(a); (douleur) punzante.

landau [lãdo] nm cochecito de niño m.

lande [lãd] nf landa.

langage [lãgaʒ] nm lenguaje m.

lange [lãʒ] nm mantilla; **langer** envolver en mantillas; **table à langer** envolvedor m.

langoureux, euse [lãgurø, øz] a lánguido(a).

langouste [lãgust(ə)] nf langosta; **langoustine** nf cigala.

langue [lãg] nf lengua; tirer la **~ (à)** sacar la lengua (a); **de ~ française** de lengua francesa; **~ maternelle** lengua madre; **~ de terre** lengua o franja de tierra; **~ verte** germanía; **~ vivante** lengua viva; **languette** nf lengüeta.

langueur [lãgœr] nf languidez f.

languir [lãgir] vi languidecer; **faire ~ qn** hacer esperar a alguien; **se ~ de** suspirar por; **languidecer de.**

lanière [lanjɛr] nf correa.

lanterne [lɑ̃tɛʀn(ə)] nf farol m; (de voiture) luz f de población; ~ rouge (fig) cola, farolillo rojo.

lapalissade [lapalisad] nf perogrullada.

laper [lape] vt beber a lengüetazos.

lapereau, x [lapʀo] nm gazapo.

lapidaire [lapidɛʀ] a lapidario(a) // nm comerciante m de piedras preciosas; artesano joyero.

lapin [lapɛ̃] nm conejo; ~ de garenne conejo de monte.

laps [laps] nm: ~ de temps lapso de tiempo.

laquais [lakɛ] nm lacayo.

laque [lak] nf laca; **laqué, e** a (cheveux) con laca.

laquelle [lakɛl] pron voir **lequel**.

larbin [laʀbɛ̃] nm (péj) lacayo.

larcin [laʀsɛ̃] nm ratería.

lard [laʀ] nm (graisse) tocino, lardo; (bacon) tocino; ~er [laʀde] vt (CULIN) mechar; ~on [laʀdɔ̃] nm (CULIN) lonja de tocino.

large [laʀʒ(ə)] a (rue, espace) ancho(a), amplio(a); (robe, veste) ancho(a), holgado(a); (sourire, panorama, place) amplio(a); (bouche) ancho(a), grande; (fig) generoso(a), espléndido(a) // ad: **calculer/voir** ~ calcular/ver con amplitud // nm ancho; (mer): le ~ el alta mar; **au** ~ **de** a la altura de; ~ **d'esprit** amplio de mentalidad; ~**ment** ad ampliamente; en abundancia; abundantemente, generosamente; al menos; más que; **largesse** nf largueza, generosidad f; **largesses** fpl (dons) dones espléndidos; **largeur** nf (qu'on mesure) ancho, anchura; (impression visuelle, fig) amplitud f.

larguer [laʀge] vt arrojar; (parachutiste) lanzar; (fam) largar; ~ **les amarres** soltar amarras.

larme [laʀm(ə)] nf lágrima; (fig): une ~ de una gota de; en ~s en lágrimas o llanto; **larmoyer** vi lagrimear; (se plaindre) lloriquear.

larron [laʀɔ̃] nm ladrón m.

larve [laʀv(ə)] nf larva.

larvé, e [laʀve] a (fig) latente.

laryngite [laʀɛ̃ʒit] nf laringitis f.

laryngologiste [laʀɛ̃gɔlɔʒist(ə)] nm//f laringólogo a.

larynx [laʀɛ̃ks] nm laringe f.

las, lasse [lɑ, lɑs] a cansado(a), extenuado(a); ~ **de** harto de.

lascar [laskaʀ] nm barbián m; (malin) pícaro, bribón m.

lascif, ive [lasif, iv] a lascivo(a).

laser [lazɛʀ] nm, a: (rayon) ~ (rayo) láser m.

lasse [lɑs] a f voir **las**.

lasser [lɑse] vt cansar, aburrir; agotar; **se** ~ **de** cansarse o hartarse de.

lassitude [lɑsityd] nf cansancio, agotamiento; hastío.

lasso [lɑso] nm lazo; **prendre au** ~ coger con lazo, enlazar.

latent, e [latɑ̃, ɑ̃t] a latente.

latéral, e, aux [lateʀal, o] a lateral; ~**ement** ad lateralmente; de lado.

latex [latɛks] nm látex m.

latin, e [latɛ̃, in] a, nm/f latino(a) // nm latín m; ~**iste** [-tinist(ə)] nm/f latinista m/f; **latino-américain, e** a latinoamericano(a).

latitude [latityd] nf latitud f; (fig) libertad f.

latrines [latʀin] nfpl letrinas.

latte [lat] nf listón m, tabla; (de plancher) tableta, listón.

lauréat, e [lɔʀea, at] nm/f galardonado/a.

laurier [lɔʀje] nm laurel m; ~s mpl (fig) laureles mpl.

lavable [lavabl(ə)] a lavable.

lavabo [lavabo] nm palangana, lavabo; ~s mpl baños.

lavage [lavaʒ] nm lavado; ~ **d'estomac/d'intestin** lavaje m de estómago o de intestinos; ~ **de cerveau** lavaje de cerebro.

lavande [lavɑ̃d] nf lavanda, espliego.

lavandière [lavɑ̃djɛʀ] nf lavandera.

lave [lav] nf lava.

lave-glace [lavglas] *nm* (AUTO) lavaparabrisas *m inv.*

lavement [lavmã] *nm* lavativa.

laver [lave] *vt* lavar; (*tache*) sacar, limpiar; **se** ~ lavarse; ~ **la vaisselle** fregar los platos; ~ **le linge** lavar la ropa; **se** ~ **les mains** lavarse las manos; **se** ~ **les mains de qch** lavarse las manos con respecto a algo; ~ **qn de** (*accusation*) defender a alguien de; ~ **ie** [lavri] *nf:* ~ **ie (automatique)** lavandería; **lavette** *nf* trapo de fregar; **lave-vaisselle** *nm inv* lavaplatos *m inv.*

lavis [lavi] *nm* (*technique*) aguada; (*dessin*) lavado.

lavoir [lavwar] *nm* lavadero; artesa para lavar, tina.

laxatif, ive [laksatif, iv] *a, nm* laxante (*m*).

layette [lɛjɛt] *nf* ropita de bebé.

le (l'), la, les [l(ə), la, le] *dét* el *m*, la *f*, los *mpl*; (*pour personnes uniquement*) lo *m*, la *f*, los *mpl,* las *fpl*; (*indique la possession*): **avoir les yeux gris/le nez rouge** tener los ojos grises/la nariz roja; (*remplaçant une phrase*): **il était riche et ne l'est plus** (él) era rico y no lo es más; **le jeudi** *etc* al los jueves; (*ce jeudi- là*) el jueves; **le matin/soir** ad por la mañana/ noche; **10 F le mètre** 10 F el metro.

lécher [leʃe] *vt* lamer; ~ **les vitrines** mirar los escaparates; **se** ~ *vt* (*doigts etc*) chuparse, lamerse.

leçon [ləsõ] *nf* lección *f;* **faire la** ~ dar clase; **faire la** ~ **à** (*fig*) dar una lección a; ~ **de choses** lección práctica; ~**s de conduite** reglas *o* lecciones de conducta *o* comportamiento; ~**s particulières** clases *fpl* particulares.

lecteur, trice [lɛktœr, tris] *nm/f* lector/ora // *vt* (TECH): ~ **de cassettes** tocacassettes *f.*

lecture [lɛktyr] *nf* lectura.

ledit [lədi], **ladite** [ladit], *mpl* **lesdits** [ledi], *fpl* **lesdites** [ledit] *dét* dicho(a), susodicho(a).

légal, e, aux [legal, o] *a* legal; ~**ement** *ad* legalmente; ~**iser** *vt* legalizar; ~**ité** *nf* legalidad *f.*

légataire [legatɛr] *nm:* ~ **universel** legatario universal.

légendaire [leʒãdɛr] *a* legendario(a); (*fig*) célebre, tradicional.

légende [leʒãd] *nf* leyenda; (*de carte, plan*) referencia.

léger, ère [leʒe, ɛr] *a* ligero(a), liviano(a); (*vent, brume, bruit, coup*) leve, ligero(a); (*erreur, retard*) leve; (*thé, boisson*) ligero(a); (*ton etc*) ligero(a), superficial; **à la légère** *ad* a la ligera; **légèrement** *ad* suavemente, levemente; (*parler, agir*) imprudentemente; **légèrement plus grand** levemente *o* ligeramente más grande; **légèreté** *nf* ligereza; liviandad *f.*

légiférer [leʒifere] *vi* legislar.

légion [leʒjõ] *nf* legión *f;* ~ **étrangère** legión extranjera; ~**naire** *nm* legionario.

législatif, ive [leʒislatif, iv] *a* legislativo(a).

législation [leʒislasjõ] *nf* legislación *f.*

législature [leʒislatyr] *nf* legislatura.

légiste [leʒist(ə)] *a:* **médecin** ~ médico forense.

légitime [leʒitim] *a* legítimo(a); **en état de** ~ **défense** en legítima defensa; ~**ment** *ad* legítimamente; **légitimité** *nf* legitimidad *f.*

legs [lɛg] *nm* legado.

léguer [lege] *vt:* ~ **qch à qn** legar algo a alguien.

légume [legym] *nm* legumbre *o* hortaliza.

leitmotiv [lajtmotif] *nm* leitmotiv *m.*

lendemain [lãdmɛ̃] *nm:* **le** ~ el día siguiente *o* después; **le** ~ **matin/soir** al día siguiente por la mañana/noche; **penser au** ~ pensar en el mañana *o* porvenir; **sans** ~ sin porvenir *o* futuro.

lénifiant, e [lenifjã, ãt] *a* consolador(ora), alentador(ora).

lent, e [lɑ̃, ɑ̃t] a lento(a), pausado(a); (*changement, administration*) lento(a); **~ement** ad lentamente; **~eur** nf lentitud f.

lentille [lɑ̃tij] nf lente f; (BOT) lenteja.

léopard [leɔpaʀ] nm leopardo.

lèpre [lɛpʀ(ə)] nf lepra; **lépreux, euse** nm/f leproso(a) // a (fig) roñoso(a).

lequel [ləkɛl], **laquelle** [lakɛl], mpl **lesquels**, fpl **lesquelles** [lekɛl] (*avec à, de:* **auquel, duquel** etc) pron (*interrogatif*) cuál m/f, cuáles m/fpl; (*relatif: personne*) que, quien m/f, quienes m/fpl, el/la cual, los/las cuales, el/la que, los/las que; (: *chose*) que, el/la cual, los/las cuales, el/la que, los/las que // a: **auquel cas** en cuyo caso; **il prit un livre, ~ livre...** (él) tomó un libro que... .

les [le] dét voir **le**.

lesbienne [lɛsbjɛn] nf lesbiana.

lèse-majesté [lɛzmaʒɛste] nf: **crime de ~** crimen m de lesa majestad.

léser [leze] vt perjudicar.

lésion [lezjɔ̃] nf lesión f.

lesquels, lesquelles [lekɛl] pron voir **lequel**.

lessive [lesiv] nf (*poudre*) lejía; (*linge*) ropa a lavar; (*opération*) lavado(a); **faire la ~** lavar la ropa.

lessiver [lesive] vt lavar.

lest [lɛst] nm lastre m.

leste [lɛst(ə)] a ágil, ligero(a).

lester [lɛste] vt lastrar.

léthargie [letaʀʒi] nf letargo; **léthargique** a aletargado(a), letárgico(a).

lettre [lɛtʀ(ə)] nf letra; (*missive*) carta; **~s** fpl literatura; (SCOL) Filosofía y Letras; **à la ~** a la letra, al pie de la letra; **en toutes ~s** por extenso, sin abreviar; **~ anonyme** carta anónima; **~ de change** letra de cambio.

lettré, e [letʀe] a letrado(a).

leucémie [løsemi] nf leucemia.

leur [lœʀ] dét su, sus // pron les,

(*avant un autre pronom à la 3ème personne*) se; **le(la), ~, les ~s** el(la) suyo(a), los(las) suyos(as); **à ~ approche** al acercarse (ellos(as)); **à ~ vue** a su vista; **al verles**.

leurre [lœʀ] nm cebo artificial; (*fig*) engaño, engañifa; **leurrer** vt embaucar, engañar.

levain [ləvɛ̃] nm levadura.

levant, e [ləvɑ̃, ɑ̃t] a: **soleil ~** sol m naciente // nm: **le L~** el Levante.

levé, e [ləve] a: **être ~** estar levantado; **au pied ~** de improviso.

levée [ləve] nf (POSTES) recogida; (CARTES) baza; **~ de boucliers** levantamiento, rebelión f; **~ du corps** levantamiento del cadáver; **~ d'écrou** liberación f; **~ de troupes** reclutamiento de tropas.

lever [ləve] vt levantar; (*vitre, bras etc*) levantar, alzar; (*impôts*) recaudar; (*armée*) reclutar; (*fam: fille*) seducir // vi (CULIN) leudar // nm: **au ~ du** al amanecer; **se ~** vi levantarse; (*soleil*) salir; (*jour*) nacer; **ça va se ~** va a aclarar o despejar(se); **~ du jour** amanecer m; **~ du rideau** subida del telón; **~ de rideau** pieza de entrada; **~ du soleil** salida del sol.

levier [ləvje] nm palanca.

lévitation [levitasjɔ̃] nf levitación f.

lèvre [lɛvʀ(ə)] nf labio.

lévrier [levʀije] nm lebrel m.

levure [ləvyʀ] nf: **~ de bière** levadura de cerveza; **~ de boulanger** levadura de pan.

lexicographie [lɛksikɔgʀafi] nf lexicografía.

lexique [lɛksik] nm léxico.

lézard [lezaʀ] nm lagarto.

lézarde [lezaʀd(ə)] nf grieta; **lézarder: se lézarder** vi agrietarse.

liaison [ljɛzɔ̃] nf relación f; (RAIL, AVIAT etc) comunicación f; (PHONÉTIQUE) enlace m; **entrer/être en ~ avec** entrar/estar en comunicación con; **~ radio/téléphonique** contacto radiofónico/telefónico.

liane [ljan] nf liana, bejuco.

liant, e [ljɑ̃, ɑ̃t] a sociable.

liasse [ljas] *nf* fajo.

Liban [libã] *nm*: le ~ el Líbano; l~ais, e *a*, *nm/f* libanés(esa).

libeller [libele] *vt*: ~ (au nom de) extender (a la orden de); (*lettre, rapport*) redactar.

libellule [libelyl] *nf* libélula.

libéral, e, aux [liberal, o] *a*, *nm/f* liberal (*m/f*); ~iser *vt* liberalizar; ~isme *nm* liberalismo.

libéralité [liberalite] *nf* don *m*, presente *m*.

libérateur, trice [liberatœr, tris] *a* liberador(ora) // *nm/f* libertador/ora.

libération [liberasjɔ̃] *nf* liberación *f*; licenciamiento.

libérer [libere] *vt* liberar; (*pays, peuple*) liberar; (*soldat*) licenciar; (*ÉCON*) liberalizar; se ~ (*de rendez-vous*) liberarse; ~ qn de liberar a uno de.

libertaire [liberter] *a* libertario(a).

liberté [liberte] *nf* libertad *f*; ~s (*privautés*) libertades *fpl*, atrevimiento; **en ~ provisoire/surveillée/conditionnelle** en libertad provisional/vigilada/condicional; ~ **de réunion/d'association** derecho de reunión/de asociación; ~ **de la presse/d'opinion** libertad de prensa/de opinión; ~ **d'esprit** libertad o independencia de juicio.

libertin, e [libertɛ̃, in] *a* libertino(a), disoluto(a).

libidineux, euse [libidinø, øz] *a* libidinoso(a), lujurioso(a).

libido [libido] *nf* libido *f*.

libraire [librer] *nm/f* librero/a.

librairie [libreri] *nf* librería.

libre [libr(ə)] *a* libre; (*propos*) licencioso(a), atrevido(a); (*manières*) desenvuelto(a), desembarazado(a); ~ **arbitre** libre arbitrio o albedrío; ~**-échange** *nm* librecambio; ~**ment** *ad* libremente; atrevidamente; ~**-service** *nm* auto-servicio.

librettiste [libretist(ə)] *nm/f* libretista *m/f*.

licence [lisãs] *nf* licencia; (*liberté*)

libertinaje *m*; licencia; libertad *f*; ~**ié, e** *nm/f* (*SCOL*) licenciado/a; ~**ié ès lettres/en droit** licenciado en letras/en derecho; (*SPORT*) poseedor/ora de una licencia.

licenciement [lisãsimã] *nm* licenciamiento, despido.

licencier [lisãsje] *vt* licenciar, despedir; (*débaucher*) despedir.

licencieux, euse [lisãsjø, øz] *a* licencioso(a), disoluto(a).

lichen [likɛn] *nm* liquen.

licorne [likɔrn(ə)] *nf* unicornio.

licou [liku] *nm* cabestro.

lie [li] *nf* heces *fpl*.

lié, e [lje] *a* (*fig*) íntimo(a).

liège [ljɛʒ] *nm* corcho.

liégeois, e [ljeʒwa, az] *a*: **café** ~ helado de café con nata.

lien [ljɛ̃] *nm* ligadura, correa; (*analogie*) relación *f*, analogía; (*affectif, culturel*) vínculo, relación; ~ **de parenté** lazo de parentesco.

lier [lje] *vt* (*attacher*) atar; (*joindre*) unir, ligar; (*fig: unir*) unir, vincular; (*CULIN*) espesar; ~ **qch à** atar algo a; ligar algo a; ~ **conversation avec** entablar conversación con; se ~ **avec** relacionarse con.

lierre [ljer] *nm* hiedra.

liesse [ljɛs] *nf*: **être en ~** estar alborozado(a).

lieu, x [ljø] *nm* lugar *m*, sitio; ~x *mpl*: **quitter les ~x** abandonar u sitio; (*endroit*): **être sur les** ~ estar en el escenario; **en ~ sûr** e lugar seguro; **en haut ~** en las altas esferas; **en premier/dernier** ~ primer/último lugar; **avoir** ~ ocurrir, efectuarse; **avoir** ~ **de** tener razones para; **tenir** ~ **de** hacer las veces de; **donner** ~ **à** dar lugar a; **au** ~ **de** en lugar de; ~ **commun** lugar común; ~ **de départ** punto o lugar de partida.

lieu-dit [ljødi] *nm* lugar denominado o llamado.

lieue [ljø] *nf* legua.

lieutenant [ljøtnã] *nm* teniente r

lièvre [ljɛvr(ə)] *nm* liebre *f*.

liftier [liftje] *nm* ascensorista *m*.

ligament [ligamã] nm ligamento.

ligature [ligatyʀ] nf ligadura; **ligaturer** vt ligar.

lige [liʒ] a: **homme ~** (péj) hombre m incondicional.

ligne [liɲ] nf línea; **à la ~** aparte, en párrafo aparte; **entrer en ~ de compte** entrar en cuenta; **~ de but** línea de gol o meta; **~ d'horizon** línea del horizonte; **~ de mire** línea de mira; **émission à ~ ouverte** emisión f en línea abierta; **~ de touche** línea de banda.

lignée [liɲe] nf (race, famille) casta; (postérité) descendencia.

ligneux, euse [liɲø, øz] a leñoso(a).

lignite [liɲit] nm lignito.

ligoter [ligɔte] vt amarrar, atar.

ligue [lig] nf liga; **liguer** vt: **se liguer contre** aliarse contra.

lilas [lila] nm lila.

limace [limas] nf babosa.

limaille [limaj] nf: **~ de fer** limadura de hierro.

limande [limɑ̃d] nf gallo, platija.

lime [lim] nf lima; **~ à ongles** lima de uñas; **limer** vt limar; (fig: prix) reducir.

limier [limje] nm sabueso.

liminaire [liminɛʀ] a preliminar.

limitation [limitɑsjɔ̃] nf limitación f.

limite [limit] nf límite m; (de terrain) lindero, linde m; **vitesse/charge ~** velocidad/carga máxima; **date ~** fecha última.

limiter [limite] vt (délimiter) delimitar, demarcar; (restreindre) restringir, limitar.

limitrophe [limitʀɔf] a limítrofe, colindante; **~ de** confinante con.

limoger [limɔʒe] vt destituir, deponer.

limon [limɔ̃] nm limo, lodo.

limonade [limɔnad] nf limonada, gaseosa.

limpide [lɛ̃pid] a límpido(a).

lin [lɛ̃] nm lino.

linceul [lɛ̃sœl] nm mortaja.

linéaire [lineɛʀ] a lineal.

linge [lɛ̃ʒ] nm (serviettes etc) ropa blanca; (pièce de tissu) lienzo; (aussi: **~ de corps**) ropa interior; (aussi: **~ de toilette**) ropa blanca; (lessive) ropa sucia; **~ sale** ropa sucia; **~rie** nf lencería.

lingot [lɛ̃go] nm lingote m.

linguiste [lɛ̃gɥist(ə)] nm/f lingüista m/f.

linguistique [lɛ̃gɥistik] a lingüístico(a) // nf lingüística.

lino(léum) [lino(leɔm)] nm linóleo.

lion, ne [ljɔ̃, ɔn] nm/f león/ona; (ASTRO): **le L~** Leo; **être du L~** ser de Leo; **~ceau, x** nm cachorro de león.

lippu, e [lipy] a bezudo(a).

liquéfier [likefje] vt licuefacer; **se ~** vi licuefacerse.

liqueur [likœʀ] nf licor m.

liquide [likid] a líquido(a) // nm líquido; (COMM): **en ~** en líquido.

liquider [likide] vt liquidar.

liquidités [likidite] nfpl (COMM) liquidez f.

lire [liʀ] nf lira // vt, vi leer.

lis [lis] nm = **lys**.

Lisbonne [lisbɔn] n Lisboa.

liseré [lizʀe] nm ribete m.

liseron [lizʀɔ̃] nm enredadera, campánula.

liseuse [lizøz] nf cubierta.

lisez vb voir **lire**.

lisible [lizibl(ə)] a legible.

lisière [lizjɛʀ] nf linde m; (de tissu) orillo.

lisons vb voir **lire**.

lisse [lis] a liso(a); **lisser** vt alisar, pulir.

liste [list(ə)] nf lista.

lit [li] vb voir **lire** // nm cama; (de rivière) lecho; **se mettre au ~** meterse en la cama; **prendre le ~** guardar cama, meterse en la cama; **~ de camp** cama de campaña; **~ de feuilles** lecho de hojas.

litanie [litani] nf letanía, sarta.

literie [litʀi] nf ropa de cama.

lithographie [litɔgʀafi] nf litografía.

litière [litjɛʀ] nf cama de paja.

litige [litiʒ] nm litigio; **litigieux, euse** a discutido(a), litigoso(a).

litre [litʀ(ə)] nm litro; (récipient) botella de litro.

littéraire [liteʀɛʀ] a literario(a).

littéral, e, aux [liteʀal, o] a literal.

littérature [liteʀatyʀ] nf literatura.

littoral, e, aux [litɔʀal, o] a, nm litoral (m).

liturgie [lityʀʒi] nf liturgia; **liturgique** a litúrgico(a).

livide [livid] a lívido(a).

livraison [livʀɛzɔ̃] nf reparto, entrega.

livre [livʀ(ə)] nm (gén) libro // nf libra; ~ **de chevet** libro de cabecera; ~ **de messe** libro de misa, misal m; ~ **de poche** libro de bolsillo.

livré, e [livʀe] a: ~ **à soi-même** librado a sí // nf librea.

livrer [livʀe] vt (COMM) entregar, repartir; (otage, coupable) entregar; (secret, information) revelar, confiar; se ~ à (se confier) confiarse con; (police etc, débauche etc, pratiques, travail) entregarse a; (sport) dedicarse a; (enquête) efectuar; ~ **bataille** entablar o librar una batalla.

livret [livʀɛ] nm librito; (d'opéra) libreto; ~ **de caisse d'épargne** cartilla de ahorros; ~ **de famille** cartilla de familia; ~ **scolaire** libro escolar.

livreur, euse [livʀœʀ, øz] nm/f repartidor/ora.

lobe [lɔb] nm lóbulo.

lober [lɔbe] vt volear por alto.

local, e, aux [lɔkal, o] a, nm local (m); **locaux** mpl locales mpl.

localiser [lɔkalize] vt localizar; (limiter) circunscribir.

localité [lɔkalite] nf localidad f.

locataire [lɔkatɛʀ] nm/f inquilino/a.

locatif, ive [lɔkatif, iv] a a cuenta del inquilino; (valeur) del alquiler,

de la locación; (immeuble) de alquiler.

location [lɔkasjɔ̃] nf alquiler m; ~-**vente** alquiler con opción a compra.

lock-out [lɔkawt] nm inv lock-out m.

locomotion [lɔkɔmosjɔ̃] nf locomoción f.

locomotive [lɔkɔmɔtiv] nf locomotora.

locution [lɔkysjɔ̃] nf frase f.

logarithme [lɔgaʀitm(ə)] nm logaritmo.

loge [lɔʒ] nf (THÉÂTRE) camarín m; (:de spectateurs) palco; (de concierge) conserjería; (de franc-maçon) logia.

logement [lɔʒmɑ̃] nm alojamiento; casa; **chercher un** ~ buscar una casa; **construire des** ~**s bon marché** construir viviendas económicas; **crise du** ~ crisis f de la vivienda; ~ **de fonction** alojamiento de servicio.

loger [lɔʒe] vt alojar; (suj: hôtel, école) alojar, albergar // ~ **à** alojarse; **se** ~: **trouver à se** ~ encontrar donde vivir; **se** ~ **dans** (suj: balle, flèche) alojarse; **meterse en; logeur, euse** nm/f hospedero/a, posadero/a.

loggia [lɔdʒja] nf loggia.

logique [lɔʒik] a lógico(a) // nf lógica; ~**ment** ad lógicamente.

logis [lɔʒi] nm casa.

logistique [lɔʒistik] nf logística.

loi [lwa] nf ley f; **faire la** ~ dictar ley; ~-**cadre** nf estatuto, ley bases.

loin [lwɛ̃] ad lejos; ~ **de** lejos; p; ~ **de 1.000 F** no mucho menos 1.000 F; **au** ~ (a lo) lejos; **de** ~ lejos.

lointain, e [lwɛ̃tɛ̃, ɛn] a lejano // nm: **dans le** ~ a lo lejos.

loir [lwaʀ] nm lirón m.

Loire [lwaʀ] nf Loira m.

loisir [lwaziʀ] nm: **heures de** ~ horas de ocio; ~**s** mpl tiempo li (activités) distracciones **prendre/avoir le** ~

tomarse/tener tiempo para; **(tout) à** ~ con (toda) tranquilidad.

londonien, ne [lɔ̃dɔnjɛ̃, ɛn] a, nm/f londinense (m/f).

Londres [lɔ̃dʀ(ə)] n Londres.

long, longue [lɔ̃, lɔ̃g] a largo(a) // ad: **en dire/savoir** ~ decir/saber mucho // nm largo // nf: **à la longue** a la larga; **ne pas faire** ~ **feu** durar poco; **être** ~ **à faire** ser lento para hacer; **en** ~ ad a lo largo; **(tout) le** ~ **de** a lo largo de; **tout au** ~ **de** (année, vie) a lo largo de; **de** ~ **en large** de un lado a otro; **en** ~ **et en large** (fig) a fondo; **navigation/capitaine au** ~ **cours** navegación f/capitán m de altura.

longanimité [lɔ̃ganimite] nf paciencia.

long-courrier [lɔ̃kuʀje] nm avión m de larga distancia.

longe [lɔ̃ʒ] nf (corde) cabestro, cadena; (CULIN) lomo.

longer [lɔ̃ʒe] vt bordear, costear; (suj: mur, route) bordear.

longévité [lɔ̃ʒevite] nf longevidad f.

longiligne [lɔ̃ʒiliɲ] a longilíneo(a).

longitude [lɔ̃ʒityd] nf longitud f.

longitudinal, e, aux [lɔ̃ʒitydinal, o] a longitudinal.

longtemps [lɔ̃tɑ̃] ad mucho tiempo, largamente; **avant** ~ dentro de poco; **pour/pendant** ~ por/durante mucho tiempo; **elle/il en a pour** ~ **(à)** (à ella/él) le queda mucho tiempo (antes de); **il y a** ~ **que je l'ai rencontré/je n'ai pas travaillé** hace mucho tiempo que le encontré/no trabajo.

longuement [lɔ̃gmɑ̃] ad largamente.

longueur [lɔ̃gœʀ] nf largo, longitud f; ~**s** fpl (fig) extensión f, largo; **une** ~ (de piscine) un largo (de piscina); **sur une** ~ **de 10 km** en una extensión de 10 km; **en** ~ a lo largo; **tirer en** ~ ir para largo; **à** ~ **de journée** durante todo el día; **d'une** ~ (SPORT) con un largo o cuerpo; ~ **d'onde** longitud de onda.

longue-vue [lɔ̃gvy] nf anteojo de larga vista.

lopin [lɔpɛ̃] nm: ~ **de terre** parcela de tierra.

loquace [lɔkas] a elocuente, locuaz.

loque [lɔk] nf pingajo, guiñapo; ~**s** fpl harapos, andrajos.

loquet [lɔkɛ] nm picaporte m.

lorgner [lɔʀɲe] vt echarle el ojo a; diquelar; codiciar.

lorgnon [lɔʀɲɔ̃] nm quevedos.

loriot [lɔʀjo] nm oropéndola.

lors [lɔʀ]: ~ **de** prép en el momento de; (pendant) durante; ~ **même que** aunque.

lorsque [lɔʀsk(ə)] conj cuando.

losange [lɔzɑ̃ʒ] nm rombo.

lot [lo] nm (part) lote m; (de loterie) premio; (fig: destin) suerte f.

loterie [lɔtʀi] nf lotería; rifa.

loti, e [lɔti] a: **bien** ~ favorecido; **mal** ~ desfavorecido.

lotion [losjɔ̃] nf loción f; ~ **après rasage** loción para después del afeitado; ~ **capillaire** tónico capilar.

lotir [lɔtiʀ] vt parcelar, lotear; **lotissement** nm terreno loteado para la construcción; parcelación f.

loto [loto] nm lotería.

louage [lwaʒ] nm: **voiture de** ~ coche m de alquiler.

louange [lwɑ̃ʒ] nf: ~**s** fpl elogios, alabanzas; **à la** ~ **de** en elogio de.

louche [luʃ] a sospechoso(a), equívoco(a) // nf cucharón m.

loucher [luʃe] vi bizquear; (fig): ~ **sur** írsele los ojos tras de.

louer [lwe] vt alquilar; (réserver) reservar; (faire l'éloge de) alabar, elogiar; (qualités) alabar, encomiar; (Dieu) alabar; **"à** ~**"** "se alquila"; **se** ~ **de** felicitarse o congratularse de.

loufoque [lufɔk] a chiflado(a).

loulou [lulu] nm (chien) perrito faldero.

loup [lu] nm lobo; ~ **de mer** lobo marino.

loupe [lup] nf lupa; (MENUISERIE): ~ **de noyer** nudo de nogal.

louper [lupe] *vt* errar, fallar.
lourd, e [lur, urd(ə)] *a* pesado(a); (*démarche, gestes*) pesado(a); torpe; (*chaleur, temps*) pesado(a); bochórnoso(a); (*tâche, impôts*) pesado(a), gravoso(a); (*parfum, vin*) fuerte // *ad*: **peser** ~ pesar mucho; ~ **de** (*conséquences, menaces*) cargado de; (*fatigue, sommeil*) lleno de; ~**aud, e a** (*péj*) cachazudo(a), torpe; fastidioso(a), latoso(a); ~**ement** *ad* pesadamente, (*fig*) fastidiosamente; ~**eur** *nf* pesadez *f*, torpeza; ~**eur d'estomac** pesadez de estómago.

loutre [lutr(ə)] *nf* nutria.
louve [luv] *nf* loba.
louveteau, x [luvto] *nm* lobezno; (*scout*) scout m joven.
louvoyer [luvwaje] *vi* bordear; (*fig*) andar con rodeos.
lover [lɔve]: **se** ~ *vi* enroscarse.
loyal, e, aux [lwajal, o] *a* leal; **loyauté** *nf* lealtad *f*.
loyer [lwaje] *nm* alquiler m, arriendo; ~ **de l'argent** interés m del dinero.
lu, lue [ly] *pp de* lire.
lubie [lybi] *nf* ventolera, antojo.
lubrifiant [lybrifjɑ̃] *nm* lubricante m.
lubrifier [lybrifje] *vt* lubricar.
lucarne [lykarn(ə)] *nf* claraboya, tragaluz m.
lucide [lysid] *a* lúcido(a).
luciole [lysjɔl] *nf* luciérnaga.
lucratif, ive [lykratif, iv] *a* lucrativo(a).
luette [lɥɛt] *nf* campanilla.
lueur [lɥœr] *nf* resplandor m; (*pâle*) luz, resplandor; (*fig*) chispa; relámpago.
luge [lyʒ] *nf* luge f.
lugubre [lygybr(ə)] *a* lúgubre.
lui [lɥi] *pron* (*objet indirect*) le, (*avant un autre pronom à la 3ème personne*) se; (*objet direct, avec prép: humain*) él m, ella *f*; (: *non humain ou animé, y compris pays*) lo; (*sujet*) él; **je le connais mieux que** ~ (yo) la conozco mejor que a él;

~ (*qu'il ne la connaît*) (yo) la conozco mejor que él; **avec** ~ con él; (*réfléchi*) consigo; ~**même** él mismo; (*avec prép*) sí (mismo).
luire [lɥir] *vi* brillar; relucir; resplandecer.
lumbago [lɔ̃bago] *nm* lumbago.
lumière [lymjɛr] *nf* luz *f*; (*fig*) aclaración *f*, esclarecimiento; ~**s** *fpl* (*d'une personne*) luces *fpl*, ilustración *f*; à **la** ~ **électrique** con luz eléctrica; **faire de la** ~ encender la luz; **faire** (*toute*) **la** ~ **sur** (*fig*) esclarecer; **mettre qch en** ~ (*fig*) poner algo en evidencia.
luminaire [lyminɛr] *nm* lámpara.
lumineux, euse [lyminø, øz] *a* luminoso(a); (*éclairé*) iluminado(a); (*ciel, journée, couleur*) radiante, luminoso(a); (*fig: regard*) brillante, radiante; **luminosité** *nf* luminosidad *f*.
lunaire [lynɛr] *a* lunar.
lunatique [lynatik] *a* mudable.
lunch [lœntʃ] *nm* lunch m.
lundi [lœdi] *nm* lunes m; **le** ~ 2~ **août** el lunes 20 de agosto.
lune [lyn] *nf* luna; ~ **de miel** luna de miel.
luné, e [lyne] *a*: **bien/mal** ~ de buen/mal humor.
lunette [lynɛt] *nf*: ~**s** *fpl* gafas, anteojos; (*protectrices*) gafas; **d'approche** anteojo de larga vista; ~ **arrière** (*AUTO*) ventana trasera; ~ **des cabinet**~ agujero del retrete; ~**s noire**~ anteojos negros; ~**s de soleil** gafa~ de sol.
lurette [lyrɛt] *nf*: **il y a belle** ~ hace tiempo o siglos.
luron, ne [lyrɔ̃, ɔn] *nm/f* bرب̃ bián/ana; **joyeux ou gai** ~ jue~ guista m.
lustre [lystr(ə)] *nm* araña.
lustrer [lystre] *vt* lustrar; (*use*~ gastar, lustrar por el uso.
luth [lyt] *nm* laúd m; ~**ier** *n* fabricante m de instrumentos ~ cuerda.
lutin [lytɛ̃] *nm* duende m.

lutrin [lytrɛ̃] nm facistol m.

lutte [lyt] nf lucha; **lutter** vi luchar; **lutteur** nm luchador m.

luxe [lyks(ǝ)] nm lujo; **de ~ a** de lujo.

Luxembourg [lyksãbur] nm: **le ~** Luxemburgo.

luxer [lykse] vt: **se ~ l'épaule** dislocarse el hombro.

luxueux, euse [lyksyø, øz] a lujoso(a).

luxure [lyksyr] nf lujuria.

luxuriant, e [lyksyrjã, ãt] a lujurioso(a).

luzerne [lyzɛrn(ǝ)] nf alfalfa.

lycée [lise] nm liceo; **~ technique** liceo o instituto técnico; **lycéen, ne** nm/f alumno/a de un liceo o instituto.

lymphatique [lɛ̃fatik] a (fig) linfático(a).

lymphe [lɛ̃f] nf linfa.

lyncher [lɛ̃ʃe] vt linchar.

lynx [lɛ̃ks] nm lince m.

lyre [lir] nf lira.

lyrique [lirik] a lírico(a).

lyrisme [lirism(ǝ)] nm lirismo.

lys [lis] nm lis m.

M

m' [ɛm] pron voir me.

M. [ɛm] abrév de Monsieur.

ma [ma] dét voir mon.

maboul [mabul] a chiflado(a).

macabre [makabr(ǝ)] a macabro(a), fúnebre.

macadam [makadam] nm macadán m.

macaron [makarɔ̃] nm macarrón m; (natte) rodete m; (ornement, motif) insignia.

macaroni [makarɔni] nm macarrones mpl; **~ au fromage/au gratin** macarrones con queso/gratinados.

macédoine [masedwan] nf: **~ de** légumes/fruits macedonia de verduras/frutas.

macérer [masere] vi macerar.

mâché, e [maʃe] a: **papier ~** pasta de papel, papel m maché.

mâchefer [maʃfɛr] nm cagafierro, escoria mineral.

mâcher [maʃe] vt mascar, masticar; **~ le travail à qn** darle el trabajo servido a alguien; **ne pas ~ ses mots** no tener pelos en la lengua.

machiavélique [makjavelik] a maquiavélico(a).

machin [maʃɛ̃] nm (fam) chirimbolo, trasto; **M~** Fulano/a.

machinal, e, aux [maʃinal, o] a maquinal, mecánico(a).

machination [maʃinasjɔ̃] nf maquinación f, tejemaneje m.

machine [maʃin] nf máquina; **la ~ administrative** el aparato administrativo; **faire ~ arrière** dar marcha atrás; **~ à laver/coudre** máquina de lavar/coser; **~ à écrire** máquina de escribir; **~-outil** nf máquina herramienta; **~ à sous** máquina tragamonedas; **~ à tricoter** máquina de hacer punto; **~ à vapeur** máquina de vapor; **~rie nf** maquinaria; (d'un navire) sala de máquinas; **machinisme** nm maquinismo; **machiniste** nm operador m, tramoyista m; (conducteur, mécanicien) maquinista m.

mâchoire [maʃwar] nf mandíbula; (TECH) mordaza, mandíbula; **~ de frein** zapata de freno.

mâchonner [maʃɔne] vt mordisquear.

maçon [masɔ̃] nm albañil m; **~ner** vt construir; mampostear; **~nerie** nf mampostería; **~nerie de briques** construcción f de ladrillos.

maçonnique [masɔnik] a masónico(a).

maculer [makyle] vt manchar.

Madame, pl Mesdames [madam, medam] nf: **~ X** la señora X; **occupez-vous de ~/Monsieur/Mademoiselle** atienda a la señora/al señor/a la señorita; **bonjour ~/Monsieur/Mademoiselle** buenos días señora/señor/señorita; **bonjour Mesdames/Messieurs/Mesdemoiselles** buenos días señoras/señores/señoritas; **~/Monsieur/Mademoiselle!** (*pour appeler*) ¡señora/señor/señorita!; **Mme/M./Mlle X** (*sur enveloppe*) la Sra/el Sr/la Srta X; **~/Monsieur/Mademoiselle** (*sur lettre*) estimada señora/estimado señor/estimada señorita; **chère ~/cher Monsieur/chère Mademoiselle** muy señora mía/señor mío/señorita mía.

madeleine [madlɛn] *nf* magdalena.

Mademoiselle, *pl* **Mesdemoiselles** [madmwazɛl, medmwazɛl] *nf* señorita; *voir aussi* **Madame**.

madère [madɛʀ] *nm* vino de Madera.

madone [madɔn] *nf* madona.

madré, e [madʀe] *a* pícaro(a), astuto(a).

Madrid [madʀid] *n* Madrid.

madrier [madʀije] *nm* tablón *m*.

madrigal, aux [madʀigal, o] *nm* madrigal *m*.

mafia [mafja] *nf* mafia.

magasin [magazɛ̃] *nm* negocio, tienda; (*entrepôt*) almacén *m*, depósito; (*d'une arme*) depósito; **magasinage** *nm* almacenaje *m*; **magasinier** *nm* almacenero.

magazine [magazin] *nm* revista; (*RADIO, TV*) emisión periódica.

mage [maʒ] *nm*: **les Rois M~s** los Reyes Magos.

magicien, ne [maʒisjɛ̃, jɛn] *nm/f* mago/a, hechicero/a.

magie [maʒi] *nf* magia, hechicería; (*séduction*) magia, hechizo.

magique [maʒik] *a* mágico(a).

magistral, e, aux [maʒistʀal, o] *a* magistral, maestro(a); (*ton*) magistral, doctoral; **enseignement/cours** *~* enseñanza/clase *f* magistral.

magistrat [maʒistʀa] *nm* magistrado.

magistrature [maʒistʀatyʀ] *nf* magistratura; **la ~ assise** los jueces; **la ~ debout** los fiscales.

magma [magma] *nm* (*GÉO*) magma *m*.

magnanerie [maɲanʀi] *nf* criadero de gusanos de seda.

magnanime [maɲanim] *a* magnánimo(a).

magnat [magna] *nm* magnate *m*.

magner [maɲe]: **se ~** *vi* (*fam*) apurarse.

magnésie [maɲezi] *nf* magnesia.

magnésium [maɲezjɔm] *nm* magnesio.

magnétique [maɲetik] *a* magnético(a).

magnétiser [maɲetize] *vt* magnetizar.

magnétisme [maɲetism(ə)] *nm* magnetismo.

magnétophone [maɲetɔfɔn] *nm* magnetófono; **~ à cassettes** magnetófono a cassettes.

magnificence [maɲifisɑ̃s] *nf* magnificencia.

magnifier [maɲifje] *vt* magnificar, ensalzar.

magnifique [maɲifik] *a* magnífico(a).

magnolia [maɲɔlja] *nm* magnolia.

magnum [magnɔm] *nm* botella de dos litros.

magot [mago] *nm* gato, hulla.

mai [mɛ] *nm* mayo.

maigre [mɛgʀ(ə)] *a* delgado(a), flaco(a); (*viande, fromage*) magro(a); (*repas, menu, végétation, moisson*) escaso(a), pobre; (*salaire, profit, résultat*) magro(a), exiguo(a) // *ad*: **faire ~** comer de vigilia; **jours ~s** días *mpl* de vigilia; **maigret, te** *a* delgaducho(a); **maigreur** *nf* delgadez *f*, flacura; escasez *f*; **maigrir** *vi*, *vt* adelgazar; **maigrir de 5 kilos** adelgazar 5 kilos.

maille [mɔj] *nf* malla, punto; (*ouverture*) malla; **monter des ~** montar puntos; **~ à l'endroit/à l'envers** punto de derecho/de revés.

maillet [mɔjɛ] *nm* mazo; (

croquet mazo, martillo.

maillon [majɔ̃] *nm* eslabón *m*.

maillot [majo] *nm* (*de danseur*) malla, leotardo; (*tricot*) jersey *m*; (*lange de bébé*) pañal *m*, mantilla; ~ **une pièce/deux-pièces** traje de baño de una pieza/de dos piezas; ~ **de bain** traje de baño *m*; ~ **de corps** camiseta; ~ **jaune** (*CYCLISME*) camiseta amarilla.

main [mɛ̃] *nf* mano *f*; (*de papier*) veinticinco hojas; **la** ~ **dans la** ~ cogidos(as) de la mano; **à deux/d'une** ~(s) con ambas/una mano(s); **se donner la** ~ darse la mano; **donner la** ~ **à qn** darse la mano a uno; **tenir qch à la** ~ tener algo en la mano; **avoir qch sous la** ~ tener algo a mano; **fait à la** ~ (*ouvrage*) hecho a mano; **haut les** ~**s!** ¡arriba las manos!, ¡manos arriba!; **à remettre en** ~**s propres** para entrega personal; **de première** ~ de primera mano; **faire** ~ **basse sur qch** alzarse con algo; **mettre la dernière** ~ **à qch** dar el último toque a algo; **prendre qch en** ~ (*fig*) tomar algo entre manos, ocuparse de algo; **donner un coup de** ~ **à qn** dar una mano a alguien; **forcer la** ~ **à qn** obligar a alguien; **se faire la** ~ hacerse la mano; **perdre la** ~ perder el tiento; **avoir une belle** ~ (*CARTES*) tener buenas cartas; **à** ~ **droite/gauche** a mano derecha/izquierda; **à** ~ **levée** (*ART: dessin etc*) hecho(a) a pulso; **à** ~**s levées** (*voter*) a manos alzadas; ~ **courante** baranda de barco.

main-d'œuvre [mɛ̃dœvR(ə)] *nf* mano *f* de obra.

main-forte [mɛ̃fɔRt(ə)] *nf*: **prêter** ~ **à qn** prestar ayuda a alguien.

mainmise [mɛ̃miz] *nf* dominio, potestad *f*.

maint, e [mɛ̃, mɛ̃t] *a*: **à** ~**es reprises** en muchas ocasiones; ~**es fois** varias veces; ~**es et** ~**es fois** millones de veces.

maintenant [mɛ̃tnɑ̃] *ad* ahora;

(*désormais*) ahora, de ahora en adelante.

maintenir [mɛ̃tniR] *vt* (*retenir, soutenir*) mantener, contener; (*personne, animal*) mantener, sostener; (*conserver*) mantener, conservar; (*affirmer*) sostener, afirmar; **se** ~ *vi* mantenerse; conservarse.

maintien [mɛ̃tjɛ̃] *nm* conservación *f*, mantenimiento; (*attitude*) actitud *f*, compostura.

maire [mɛR] *nm* alcalde *m*.

mairie [meRi] *nf* ayuntamiento *m*; (*administration*) alcaldía.

mais [mɛ] *conj* pero, mas; **il n'en a pas pris un,** ~ **deux** no tomó uno sino dos; ~ **enfin** pero después de todo; ¡vamos!; ~ **non!** ¡claro que no!; ¡qué va!

maïs [mais] *nm* maíz *m*.

maison [mezɔ̃] *nf* casa; (*famille*) familia, casa // *a inv*: **tarte** ~ tarta casera; **à la** ~ en casa; (*direction*) a casa; ~ **de santé/de repos** casa de salud/reposo; ~ **close/de passe** casa de trato/de citas; ~ **de détail/de gros** casa minorista/mayorista; ~ **d'arrêt** prisión *f*, cárcel *f*; **la M**~**-Blanche** la Casa Blanca; ~ **de campagne** casa de campo; ~ **de correction** reformatorio; ~ **des jeunes et de la culture** casa de los jóvenes y de la cultura; ~ **mère** casa matriz *o* central; ~ **de retraite** asilo de ancianos; ~**née** *nf* gente *f* de la casa, familia; ~**nette** *nf* casita.

maître, esse [mɛtR(ə), tRɛs] *nm/f* amo/a, jefe/a; (*propriétaire*) patrón/ona, dueño/a; (*SCOL*) maestro/a, profesor/ora // (*peintre etc*) maestro; (*titre*): **M**~ Maestro // *nf* (*d'un amant*) amante *f* // *a* (*principal, essentiel*) maestro/a, principal; **voiture/maison de** ~ coche *m*/casa de propiedad; **être** ~ **de** (*soi-même, situation*) dominar; **se rendre** ~ **de** (*pays, ville*) adueñarse de; (*situation, incendie*) dominar; **rester** ~

de la situation quedar dueño de la situación; une **maîtresse femme** toda una mujer; **être ~ à une couleur** (CARTES) estar fuerte en un palo; **~ d'armes** maestro de armas; **~ assistant** nm/f (SCOL) profesor/ora adjunto(a); **~ auxiliaire** nm/f (SCOL) auxiliar m/f; **~chanteur** nm chantajista m; **~ de conférences** nm/f profesor/a; **~/maîtresse d'école** maestro/a de escuela; **~ d'hôtel** camarero principal; **~/maîtresse de maison** dueño/a de casa; **~ nageur** bañero; **~queux** nm/f de cocina.

maîtrise [metʁiz] nf (calme) serenidad f, sangre fría; (habileté) maestría, habilidad f; (suprématie) imperio, dominio; (diplôme) magisterio, maestría; **maîtriser** vt dominar; (cheval) domar, amansar; (forcené) someter, dominar; (émotion) dominar, reprimir; **se maîtriser** contenerse, reprimirse.

majesté [maʒɛste] nf majestad f; **majestueux, euse** a majestuoso(a); imponente; solemne.

majeur, e [maʒœʁ] a mayor, importante; (JUR) mayor de edad // nm/f mayor m/f de edad // nm dedo medio; **en ~e partie** en su mayor parte; **la ~e partie de** la mayor parte de.

major [maʒɔʁ] nm (MIL) mayor m, médico militar; **~ de la promotion** primero/a de la promoción.

majoration [maʒɔʁasjɔ̃] nf aumento; recargo.

majordome [maʒɔʁdɔm] nm mayordomo.

majorer [maʒɔʁe] vt aumentar, recargar.

majorette [maʒɔʁɛt] nf bastonera.

majoritaire [maʒɔʁitɛʁ] a mayoritario(a); (JUR) que posee la mayoría de las acciones; **système/scrutin ~** sistema/escrutinio mayoritario.

majorité [maʒɔʁite] nf mayoría; (JUR) mayoría de edad.

Majorque [maʒɔʁk] nf Mallorca.

majuscule [maʒyskyl] nf mayúscula // a mayúsculo(a).

mal, maux [mal, mo] nm (opposé à bien) mal m; (tort) mal, desgracia; (douleur physique) mal, dolor m; (maladie) enfermedad f, mal; (difficulté, peine) trabajo, esfuerzo; (souffrance morale) mal, calamidad f // ad mal // a: **c'est ~ (de faire)** es malo (hacer); **aller ~** estar malo(a); **être ~ (mal à son aise)** estar incómodo(a); **être ~ avec qn** andar a malas con uno; **dire du ~ de** hablar mal de; **ne voir aucun ~ à** no ver ningún mal en; **craignant ~** faire temiendo mal hacer; **sans songer à ~** sin mal pensar; **faire du ~ à qn** hacer mal o daño a alguien; **se faire ~** hacerse daño, lastimarse; **se faire ~ au pied** lastimarse el pie; **ça fait ~** hacer mal o daño; **j'ai ~ (ici/au dos)** me duele (aquí/la espalda); **j'ai ~ à la tête/aux dents** tener dolor de cabeza/de muelas; **avoir ~ au cœur** tener náuseas; **avoir le ~ de l'air** marearse (en un avión); **avoir le ~ du pays** sentir nostalgia; **prendre ~** ponerse enfermo(a); **être au plus ~** estar muy mal o grave; **être ~ en point** estar bastante mal; **~ de mer** mareo; **maux de ventre** dolor m de estómago.

malade [malad] a enfermo(a), malo(a); (poitrine, gorge) enfermo(a), afectado(a); (plante) enfermo(a); (fig) en mal estado, caduco(a) // nm/f enfermo/a, paciente m/f; **tomber ~** caer enfermo(a); **être ~ du cœur** ser enfermo del corazón, sufrir del corazón; **grand ~** enfermo/a grave; **~ mental** enfermo/a mental; **maladie** nf enfermedad f, mal m; (fig: manie) enfermedad, manía; **maladie de peau** enfermedad de piel; **maladif, ive** a enfermizo(a), achacoso(a); (pâleur) enfermizo(a); (curiosité, besoin) enfermizo(a), morboso(a).

maladresse [maladʀɛs] nf torpeza; imprudencia.

maladroit, e [maladʀwa, wat] a torpe.

malaise [malɛz] nm malestar m; **malaisé, e** a trabajoso(a).

malappris, e [malapʀi, iz] nm/f malcriado/a.

malaria [malaʀja] nf malaria, paludismo.

malavisé, e [malavize] a atolondrado(a), imprudente.

malaxer [malakse] vt amasar.

malchance [malʃɑ̃s] nf: la ~ la mala suerte o adversidad; (mésaventure) desgracia; **par** ~ por desgracia; **malchanceux, euse** a desafortunado(a).

malcommode [malkɔmɔd] a incómodo(a).

maldonne [maldɔn] nf (CARTES) cartas mal dadas.

mâle [mɑl] nm macho // a varón: (animal, TECH) macho; (viril: voix, traits) varonil, viril; **prise** ~ (ÉLEC) clavija.

malédiction [malediksjɔ̃] nf maldición f, imprecación f; (fatalité, malchance) infortunio, fatalidad f.

maléfice [malefis] nm maleficio.

maléfique [malefik] a maléfico(a).

malencontreux, euse [malɑ̃kɔ̃tʀø, øz] a nefasto(a), desafortunado(a).

malentendu [malɑ̃tɑ̃dy] nm malentendido, error m.

malfaçon [malfasɔ̃] nf defecto, imperfección f.

malfaisant, e [malfəzɑ̃, ɑ̃t] a (être) maligno(a); (bête) dañino(a); (idées etc) nocivo(a), pernicioso(a).

malfaiteur [malfɛtœʀ] nm malhechor m, delincuente m.

malfamé, e [malfame] a de mala fama.

malformation [malfɔʀmasjɔ̃] nf malformación f.

malfrat [malfʀa] nm malhechor m.

malgré [malgʀe] prép contra la voluntad de, a pesar de; (en dépit de) a pesar de, pese a; ~ **soi/lui** a

pesar suyo; ~ **tout** ad a pesar de todo.

malhabile [malabil] a inhábil, torpe.

malheur [malœʀ] nm desgracia; ~**eux, euse** a infortunado(a); desgraciado(a), desdichado(a); (misérable, pauvre): **la** ~**euse victime** la pobre víctima; (insignifiant) mísero(a) // nm/f desgraciado/a; infeliz m/f; miserable m/f.

malhonnête [malɔnɛt] a deshonesto(a); ~**té** nf deshonestidad f.

malice [malis] nf picardía, broma; **par** ~ por maldad o bellaquería; **sans** ~ sin maldad; **malicieux, euse** a pícaro(a), malicioso(a).

malin, igne [malɛ̃, iɲ] a (futé: f gén: **maline**) vivo(a), astuto(a); (MÉD) maligno(a).

malingre [malɛ̃gʀ] a enteco(a), canijo(a).

malintentionné, e [malɛ̃tɑ̃sjɔne] a malintencionado(a).

malle [mal] nf baúl m, maleta; (AUTO): ~ **arrière** baúl, maletero.

malléable [maleablə] a maleable.

malle-poste [malpɔst(ə)] nf coche m de correo.

mallette [malɛt] nf maletín m.

malmener [malməne] vt maltratar; (fig) dejar maltrecho(a).

malodorant, e [malɔdɔʀɑ̃, ɑ̃t] a maloliente, hediondo(a).

malotru [malɔtʀy] nm grosero, patán m.

malpoli, e [malpɔli] nm/f mal educado/a.

malpropre [malpʀɔpʀ(ə)] a sucio(a), desaseado(a); (travail) improlijo(a), mal hecho(a); (histoire, plaisanterie) sucio(a), indecente; (malhonnête) indecente, deshonesto(a); ~**té** nf suciedad f; indecencia.

malsain, e [malsɛ̃, ɛn] a malsano(a).

malséant, e [malseɑ̃, ɑ̃t] a descortés, incorrecto(a).

malt [malt] nm malta.

maltraiter [maltʀete] vt maltratar; (critiquer) demoler, menoscabar.

malveillance [malvɛjɑ̃s] nf (animosité) malevolencia, ojeriza; (intention de nuire) malignidad f, mala intención.

malveillant, e [malvɛjɑ̃, ɑ̃t] a malvado(a), malévolo(a); (regard, propos) maligno(a), hostil.

malvenu, e [malvəny] a: être ~ de/à faire qch no tener derecho para/de hacer algo.

malversation [malvɛʀsasjɔ̃] nf malversación f.

maman [mamɑ̃] nf mamá.

mamelle [mamɛl] nf teta, mama.

mamelon [mamlɔ̃] nm pezón m; (colline) montecillo.

mammifère [mamifɛʀ] nm mamífero.

mammouth [mamut] nm mamut m.

manche [mɑ̃ʃ] nf manga; (d'un jeu) mano f // nm mango; (de violon, guitare) mástil m, mango; (fam) zopenco; ~ **à air** manguera de ventilación; ~ **à balai** palo de escoba; (AVIAT) palanca de gobierno.

Manche [mɑ̃ʃ] nf: **la** ~ el Canal de la Mancha.

manchette [mɑ̃ʃɛt] nf puño; (coup) golpe dado con el antebrazo; (titre) titular m.

manchon [mɑ̃ʃɔ̃] nm (de fourrure) manguito; ~ **(à incandescence)** camisa (incandescente).

manchot [mɑ̃ʃo] nm manco (ZOOL) pájaro bobo o niño.

mandarine [mɑ̃daʀin] nf mandarina.

mandat [mɑ̃da] nm mandato; (postal) giro; ~ **d'arrêt/de dépôt/d'amener** orden f de detención/de prisión/de comparecer; ~ **télégraphique** giro telegráfico; ~**aire** [mɑ̃datɛʀ] nm/f mandatario/a, delegado/a; ~**carte** nm giro que se envía como tarjeta postal; ~**lettre** nm giro postal.

mander [mɑ̃de] vt anunciar, informar.

mandibule [mɑ̃dibyl] nf mandíbula.

mandoline [mɑ̃dɔlin] nf mandolina.

manège [manɛʒ] nm picadero; (à la foire) tiovivo; (fig) embrollo, maniobra; **faire un tour de** ~ dar una vuelta en tiovivo; ~ **de chevaux de bois** tiovivo, caballitos.

manette [manɛt] nf palanca, mando.

manganèse [mɑ̃ganɛz] nm manganeso.

mangeable [mɑ̃ʒabl(ə)] a comestible; (juste bon à manger) comible, comestible.

mangeoire [mɑ̃ʒwaʀ] nf comedero.

manger [mɑ̃ʒe] vt comer; (ronger: suj: rouille etc) carcomer; (consommer: suj: poêle etc) consumir; (fortune etc) despilfarrar, comerse // vi comer.

mangouste [mɑ̃gust(ə)] nf mangosta.

mangue [mɑ̃g] nf mango.

maniable [manjabl(ə)] a (outil) manuable; (voiture, voilier) manuable, manejable.

maniaque [manjak] a maníático(a); maníaco(a) // nm/f maníaco/a.

manie [mani] nf manía.

manier [manje] vt manejar; (peuple, foule) conducir, manejar; **maniement** nm manejo; **maniement d'armes** manejo de las armas.

manière [manjɛʀ] nf manera; modo; (genre, style) género, estilo; ~**s** fpl (attitude) maneras, modales mpl; de ~ à para, con objeto de; **de telle ~ que** de tal modo o manera que; **de cette** ~ de este modo, de esta manera; **d'une ~ générale** e general, por regla; **de toute** ~ de todos modos, de todas maneras; **d'une certaine** ~ en cierto sentido; **manquer de** ~**s** carecer de educación o buenos modales; **fai...**

des ~s andar con remilgos; **sans ~s** sin ceremonias; **employer la ~ forte** emplear la fuerza, forzar; **complément/adverbe de ~** complemento/adverbio de modo; **maniéré, e** a afectado(a), amanerado(a).

manifestant, e [manifɛstɑ̃, ɑ̃t] nm/f manifestante m/f.

manifestation [manifɛstasjɔ̃] nf manifestación f.

manifeste [manifɛst(ə)] a manifiesto(a), evidente // nm manifiesto.

manifester [manifɛste] vt (volonté, intentions) manifestar, declarar; (joie, peur) manifestar, mostrar // vi manifestarse; **se ~** vi manifestarse, mostrarse; (personne) presentarse, manifestarse.

manigance [manigɑ̃s] nf treta, artimaña; **manigancer** vt maquinar, tramar.

manioc [manjɔk] nm mandioca.

manipuler [manipyle] vt manipular; (comptes etc) alterar; (fig) manejar.

manivelle [manivɛl] nf manivela.

manne [man] nf maná m.

mannequin [mankɛ̃] nm maniquí m; (MODE: femme) modelo f; **taille ~** talla maniquí.

manœuvre [manœvr(ə)] nf maniobra // nm peón m.

manœuvrer [manœvre] vt maniobrar, manejar; (personne) manejar // vi maniobrar.

manoir [manwaʀ] nm casa solariega.

manomètre [manomɛtr(ə)] nm manómetro.

manque [mɑ̃k] nm falta, carencia; **~s** mpl (lacunes) omisiones fpl, lagunas; **par ~ de** por falta de; **~ à gagner** lucro cesante.

manqué, e [mɑ̃ke] a: **garçon ~** marimacho.

manquement [mɑ̃kmɑ̃] nm: **~ à** (infraction à) transgresión f a.

manquer [mɑ̃ke] vi faltar // vt (coup, photo, objectif) fallar, errar;

(personne) no encontrar; (cours, rendez-vous) faltar a, perder; (occasion) perder // vb impersonnel: **il (nous) manque encore 100 F** todavía (nos) faltan 100 F; **il manque des pages** (au livre) faltan unas páginas (al libro); **le pied lui manqua** perdió el pie; **la voix lui manqua** se enmudeció; **~ à qn** (absent etc): **il/cela me manque** le/lo echo de menos; **~ à** faltar a; **~ de** carecer de; **ne pas ~ de faire** no dejar de hacer; **~ (de) faire: il a manqué (de) se tuer** por poco se mató; **il ne manquait plus que ça!** ¡no faltaba más!, ¡eso faltaba!; **je n'y manquerai pas** no faltaré.

mansarde [mɑ̃saʀd(ə)] nf tejado; (chambre) desván m, buharda; **mansardé, e** a: **chambre mansardée** habitación f en el desván.

mansuétude [mɑ̃syetyd] nf mansedumbre f.

mante [mɑ̃t] nf: **~ religieuse** santateresa.

manteau, x [mɑ̃to] nm abrigo; (de cheminée) campana.

mantille [mɑ̃tij] nf mantilla.

manucure [manykyʀ] nf manicura.

manuel, le [manɥɛl] a, nm manual (m).

manufacture [manyfaktyʀ] nf manufactura; **manufacturé, e** a manufacturado(a); **manufacturier, ière** nm/f fabricante m/f, manufacturero/a.

manuscrit, e [manyskʀi, it] a manuscrito(a) // nm manuscrito.

manutention [manytɑ̃sjɔ̃] nf (COMM) manipulado; (local) depósito.

mappemonde [mapmɔ̃d] nf (plane) mapamundi m, planisferio; (sphère) globo terráqueo.

maquereau, x [makʀo] nm (ZOOL) caballa; (fam) rufián m.

maquerelle [makʀɛl] nf (fam) patrona de casa de trato.

maquette [makɛt] nf maqueta;

(d'une page illustrée) boceto.

maquillage [makijaʒ] *nm* maquillaje *m*; falsificación *f*.

maquiller [makije] *vt (personne, visage)* maquillar, (*passeport)* adulterar, falsificar; *(vérité, statistique)* falsear, adulterar; *(voiture volée)* disfrazar, maquillar; **se ~** maquillarse.

maquis [maki] *nm (GÉO)* monte *m*; *(MIL)* maquis *m*, resistencia; **~ard** [makizaʀ] *nm* guerrillero.

marabout [maʀabu] *nm (ZOOL)* marabú *m*.

maraîcher, ère [maʀeʃe, maʀeʃɛʀ] *a* hortense // *nm/f* hortelano/a.

marais [maʀɛ] *nm* pantano; **~ salant** salina.

marasme [maʀasm(ə)] *nm (ÉCON)* marasmo, crisis *f*; *(apathie)* abatimiento, postración *f*.

marathon [maʀatɔ̃] *nm* maratón *f*.

marâtre [maʀɑtʀ(ə)] *nf* madrastra.

maraude [maʀod] *nf* ratería; vagabundeo; **en ~** de vagabundo; **de ronda**.

maraudeur [maʀodœʀ] *nm* merodeador *m*.

marbre [maʀbʀ(ə)] *nm* mármol *m*; *(statue de marbre)* estatua de mármol; *(TYPOGRAPHIE)* platina; **marbrer** *vt (surface)* jaspear; *(peau)* amoratar; **marbrier** *nm* marmolista *m*.

marc [maʀ] *nm (de raisin, pommes)* orujo; **~ de café** poso del café.

marcassin [maʀkasɛ̃] *nm* jabato.

marchand, e [maʀʃɑ̃, ɑ̃d] *nm/f* comerciante *m/f*, vendedor/ora; *(spécifique)* **~ de...** comerciante en... // *a (NAUT)* mercante; **prix ~** precio corriente; **valeur ~e** valor *m* comercial; **~ de biens** agente inmobiliario; **~ de couleurs** droguero; **~ de sable** *(fig)* genio fabuloso que les trae el sueño a los niños; **~/~e de fruits** frutero/a; **~/~e de journaux** vendedor/ora de periódicos; **~/~e de légumes** verdulero/a; **~/~e de poisson**

pescadero/a; **~e des quatre saisons** verdulera.

marchander [maʀʃɑ̃de] *vt (article)* regatear // *vi* escatimar.

marchandise [maʀʃɑ̃diz] *nf* mercancía.

marche [maʀʃ(ə)] *nf* marcha, *(d'escalier)* escalón *m*, peldaño; **à une heure de ~** a una hora de camino; **dans le sens de la ~** *(RAIL)* de frente a la máquina; **en ~** en marcha; **ouvrir/fermer la ~** abrir/cerrar la marcha; **~ arrière** marcha atrás; **faire ~ arrière** echar marcha atrás; **à suivre** pasos a seguir; *(sur notice)* método.

marché [maʀʃe] *nm* mercado; *(transaction)* negocio, trato; **par-dessus le ~** por añadidura; **~ des changes/valeurs** mercado de cambios/valores; **~ aux fleurs/poissons** mercado de flores/pescado; **M~ Commun** Mercado Común; **~ noir** mercado negro; **faire du ~ noir** vender clandestinamente, hacer mercado negro; **~ aux puces** mercado de pulgas; **~ du travail** bolsa del trabajo.

marchepied [maʀʃəpje] *nm* estribo.

marcher [maʀʃe] *vi* marchar, caminar; *(se promener)* caminar, marchar; *(voiture, train)* marchar, andar; *(fonctionner)* marchar, funcionar; *(affaire, études)* marchar, prosperar; *(fam)* aceptar, acceder; tragarse, creer; **~ sur** caminar por o en; *(mettre le pied sur)* pisar; *(MIL)* avanzar hacia; **~ dans** *(herbe etc)* caminar en; *(flaque)* meterse en; **faire ~ qn** tomar el pelo a alguien; **marcheur, euse** *nm/f* andarín/ina, andariego/a.

mardi [maʀdi] *nm* martes *m*; **M~ gras** martes de carnaval.

mare [maʀ] *nf* charca; **~ de sang** charco de sangre.

marécage [maʀekaʒ] *nm* terreno pantanoso; **marécageux, euse** *a* pantanoso(a).

maréchal, aux [maʀeʃal, o] *nm* mariscal *m*; ~ **des logis** (MIL) sargento.

maréchal-ferrant [maʀeʃalfeʀɑ̃] *nm* herrador *m*.

maréchaussée [maʀeʃose] *nf* policía.

marée [maʀe] *nf* marea; (*poissons*) pescado y mariscos frescos; ~ **haute/basse** marea alta/baja; ~ **d'équinoxe** marea de equinoccio; ~ **descendante** reflujo; ~ **montante** flujo.

marelle [maʀɛl] *nf*: **jouer à la** ~ jugar a la rayuela o al tejo.

marémotrice [maʀemotʀis] *a* maremotriz.

mareyeur, euse [maʀejœʀ, øz] *nm/f* mayorista *m/f* de pescado y mariscos.

margarine [maʀgaʀin] *nf* margarina.

marge [maʀʒ(ə)] *nf* margen *m*; **en** ~ **(de)** al margen (de); ~ **bénéficiaire** margen de ganancia.

margelle [maʀʒɛl] *nf* brocal *m*.

marginal, e, aux [maʀʒinal, o] *a* marginal.

marguerite [maʀgəʀit] *nf* margarita.

marguillier [maʀgije] *nm* capiller *m*.

mari [maʀi] *nm* marido, esposo.

mariage [maʀjaʒ] *nm* matrimonio; (*noce*) boda, casamiento; (*fig*) asociación *f*, combinación *f*; ~ **civil/religieux** casamiento civil/religioso; ~ **de raison/d'amour** casamiento por interés/amor.

marié, e [maʀje] *a* casado(a) // *nm/f* novio/a.

marier [maʀje] *vt* casar; (*fig*) combinar, unir; **se** ~ **(avec)** casarse con.

marin, e [maʀɛ̃, in] *a* marino(a); (*carte, lunette*) náutico(a) // *nm* (*navigateur*) marino; (*matelot*) marinero // *nf* marina; **avoir le pied** ~ tener pie marino; ~**e de guerre/marchande** marina de guerra/mercante.

marinade [maʀinad] *nf* escabeche *m*, adobo.

marine [maʀin] *af*, *nf voir* **marin** // *a inv* azul marino // *nm* (MIL) soldado de marina.

mariner [maʀine] *vt* (*gén*: **faire** ~) escabechar, adobar // *vi* estar en escabeche o adobo.

marinier [maʀinje] *nm* gabarrero.

marionnette [maʀjonɛt] *nf* marioneta, títere *m*.

maritime [maʀitim] *a* marítimo(a).

marjolaine [maʀʒolɛn] *nf* mejorana.

mark [maʀk] *nm* marco.

marmaille [maʀmaj] *nf* (*péj*) pandilla.

marmelade [maʀməlad] *nf* mermelada.

marmite [maʀmit] *nf* marmita, olla.

marmiton [maʀmitɔ̃] *nm* marmitón *m*, pinche *m* de cocina.

marmonner [maʀmone] *vt* mascullar, barbotar.

marmot [maʀmo] *nm* rapaz *m*, crío.

marmotte [maʀmot] *nf* marmota.

marmotter [maʀmote] *vt* (*prière*) musitar, mascullar.

Maroc [maʀɔk] *nm* Marruecos *m*; **m**~**ain, e** *a*, *nm/f* marroquí (*m/f*).

maroquinerie [maʀokinʀi] *nf* marroquinería; artículos de cuero.

marotte [maʀɔt] *nf* manía, chifladura.

marquant, e [maʀkɑ̃, ɑ̃t] *a* notable, relevante.

marque [maʀk(ə)] *nf* (*empreinte, signe distinctif*) marca, señal *f*; (*initiales: sur linge*) marca, inicial *f*; (*de doigts etc*) marca, huella; (*d'une fonction etc*) insignia, distintivo; (LING) signo; (*fig: d'affection etc*) muestra; (SPORT, JEU: *décompte des points*) marcador *m*; (COMM) marca; **à vos** ~**s!** (SPORT) ¡a sus marcas!; **de** ~ (COMM) de marca; (*fig*) insigne, de renombre; ~ **déposée** marca registrada; ~ **de fabrique** marca de fábrica.

marqué, e [maʀke] a marcado(a); (visage) envejecido(a), arrugado(a), (fig) pronunciado(a), acentuado(a).

marquer [maʀke] vt marcar; (inscrire) anotar; (suj: chose: laisser une trace sur) dejar una marca en; (fig: personne) afectar, impresionar; (limite etc) marcar, señalar; (suj: instrument) marcar, indicar; (JEU: enregistrer: points) anotar, marcar; (SPORT: but etc) marcar, lograr, (: joueur) marcar; (manifester: refus, intérêt) señalar, manifestar // vi (tampon, coup) dejar marca; (événement, personnalité) dejar marca o impronta; ~ **qch de/à/par** señalar algo con; ~ **les points** (tenir la marque) marcar los puntos.

marqueterie [maʀkɔtʀi] nf marquetería, taracea.

marquis, e [maʀki, iz] nm/f marqués/esa // nf (auvent) marquesina.

marraine [maʀɛn] nf madrina.

marrant, e [maʀã, ãt] a (fam) divertido(a), chistoso(a); (: bizarre) sorprendente, insólito(a).

marre [maʀ] ad (fam): **en avoir ~** de estar harto(a) de.

marrer [maʀe] vi (fam): **se ~** desternillarse de risa.

marron [maʀɔ̃] nm (fruit) castaña; (couleur) marrón m, castaño // a inv marrón inv, castaño(a); **esclave ~** esclavo cimarrón; **~s glacés** marrons glacés, castañas confitadas; **~nier** [maʀɔnje] nm castaño.

mars [maʀs] nm marzo.

Marseille [maʀsɛj] n Marsella.

marsouin [maʀswɛ̃] nm marsopa.

marteau, x [maʀto] nm martillo; (de piano) macillo; (de porte) aldaba; **~-piqueur** martillo neumático.

martel [maʀtɛl] nm: **se mettre ~ en tête** quemarse la sangre.

marteler [maʀtəle] vt martillar.

martial, e, aux [maʀsjal, o] a marcial.

martien, ne [maʀsjɛ̃, jɛn] a marciano(a).

martinet [maʀtine] nm disciplinas; (ZOOL) vencejo.

martingale [maʀtɛ̃gal] nf (COUTURE) martingala.

Martinique [maʀtinik] nf: **la ~** Martinica.

martin-pêcheur [maʀtɛ̃pɛʃœʀ] nm martín pescador m.

martre [maʀtʀ(ə)] nf marta.

martyr, e [maʀtiʀ] nm/f mártir m/f.

martyre [maʀtiʀ] nm martirio.

martyriser [maʀtiʀize] vt martirizar, atormentar.

marxisme [maʀksism(ə)] nm marxismo.

mascarade [maskaʀad] nf máscara, disfraz m; (hypocrisie) mascarada, bufonada.

mascotte [maskɔt] nf mascota.

masculin, e [maskylɛ̃, in] a masculino(a) // nm masculino.

masochisme [mazɔʃism(ə)] nm masoquismo.

masque [mask(ə)] nm máscara; (d'escrime, de soudeur) careta, pantalla; (MÉD) mascarilla; **~ à gaz** careta antigás.

masqué, e [maske] a enmascarado(a).

masquer [maske] vt ocultar, disimular; (vérité, projet) disimular, encubrir; (goût, odeur) cubrir.

massacre [masakʀ(ə)] nm masacre f, exterminio.

massacrer [masakʀe] vt exterminar; (fig: texte etc) arruinar, estropear.

massage [masaʒ] nm masaje m.

masse [mas] nf masa; (de cailloux, documents) montón m, cúmulo (d'un édifice, navire) mole f; (péj): **la ~** la masa, el pueblo; **~s** fp masas; **la grande ~ des...** la gran mayoría de los(las)...; **en ~** ad en masa, todos juntos // a en serie.

masser [mase] vt (assembler) aglomerar, amontonar; (personne, jambe) masajear; **se** ~ vi aglomerarse, concentrarse; **masseur, euse** nm/f masajista m/f // nm (appareil) vibrador m.

massif, ive [masif, iv] a (porte, visage) macizo(a), sólido(a); (bois, or) compacto(a), macizo(a); (dose, départs) masivo(a) // nm macizo.

massue [masy] nf maza, garrote m; **argument** ~ argumento contundente.

mastic [mastik] nm masilla.

mastiquer [mastike] vt masticar, mascar; (fente, vitre) enmasillar.

masturbation [mastyrbasjɔ̃] nf masturbación f.

masure [mazyr] nf covacha, tugurio.

mat, e [mat] a (couleur, métal, teint) mate, opaco(a); (bruit, son) sordo(a) // a inv (ÉCHECS) mate.

mât [ma] nm (NAUT) palo, mástil m; (poteau) poste m, palo.

match [matʃ] nm partido, match m; ~ **aller/retour** partido de ida/de vuelta; ~ **nul** empate m; **faire** ~ **nul** empatar.

matelas [matla] nm colchón m; ~ **pneumatique** colchón neumático o de aire.

matelasser [matlase] vt (fauteuil) rellenar; (manteau) enguatar.

matelot [matlo] nm marinero.

mater [mate] vt (personne) dominar; someter; reprimir.

matérialiser [materjalize] vi: **se** ~ concretarse, materializarse.

matérialiste [materjalist(ə)] a, nm/f materialista (m/f).

matériaux [materjo] nmpl materiales mpl.

matériel, le [materjɛl] a material; (fig: péj) materialista, prosaico(a) // nm (équipement, outillage) material m, equipo; (de camping, pêche) material, aparejo.

maternel, le [maternɛl] a materno(a); (amour, geste)

maternal // nf (aussi: **école** ~**le**) escuela de párvulos.

maternité [maternite] nf maternidad f; (grossesse) alumbramiento, embarazo.

mathématicien, ne [matematisjɛ̃, jɛn] nm/f matemático/a.

mathématique [matematik] a matemático(a); ~**s** fpl matemáticas.

matière [matjɛr] nf materia; (COMM) material m; (TECH) material, materia; **en** ~ **de** en cuanto a; **donner** ~ **à** dar motivo de; ~ **plastique** plástico; ~**s fécales** excrementos; ~**s grasses** grasas; ~**s premières** materias primas.

matin [matɛ̃] nm mañana; **le** ~ **la** mañana; **dimanche** ~ domingo por la mañana; **de** ~ por la mañana; **le lendemain** ~ al día siguiente por la mañana; **hier** ~ ayer por la mañana; **du** ~ **au soir** de la mañana a la noche; ~ **et soir** mañana y noche; **une heure du** ~ la una de la mañana o madrugada; **à demain** ~! ¡hasta mañana por la mañana!; **de grand/bon** ~ de mañana temprano, de madrugada; ~**al, e, aux** [matinal, o] a matinal, matutino(a); (personne) madrugador(ora), mañanero(a); ~**ée** [matine] nf mañana; (spectacle) función f de la tarde; **en** ~**ée** por la tarde; **faire la grasse** ~**ée** quedarse pegado(a) a las sábanas.

matou [matu] nm gato, micho.

matraque [matrak] nf porra, cachiporra.

matriarcal, e, aux [matrijarkal, o] a matriarcal.

matrice [matris] nf matriz f.

matricule [matrikyl] nf (registre, liste) matrícula, registro // a: **registre/numéro** ~ registro/número de matrícula; **livret** ~ cartilla militar.

matrimonial, e, aux [matrimɔnjal, o] a matrimonial.

maturité [matyrite] nf madurez f; (d'un fruit) madurez, sazón f.

maudire [modir] vt maldecir.

maudit, e [modi, it] a maldito(a).

maugréer [mogʀee] vi refunfuñar, rezongar.

mausolée [mozɔle] nm mausoleo.

maussade [mosad] a malhumorado(a), hosco(a); (ciel, temps) destemplado(a).

mauvais, e [mɔvɛ, ɛz] a malo(a), mal(a); (faux): **le ~ numéro** el número errado // ad: **il fait ~** hace mal tiempo; **la mer est ~e** el mar está agitado; **~ coup** (fig) delito; **~ joueur/payeur** mal jugador/pagador; **~ garçon** mal tipo, tipo peligroso; **~ langue** mala lengua m/f, chismoso/a; **~ plaisant** bromista m; **~ traitements** maltratos; **~ e herbe** mala hierba.

mauve [mov] a, nf malva (f).

mauviette [movjɛt] nf (péj) alondra; persona frágil.

maux [mo] nmpl voir mal.

maximal, e, aux [maksimal, o] a máximo(a).

maxime [maksim] nf máxima.

maximum [maksimɔm] a máximo(a) // nm máximo; **au ~** (pousser, utiliser) al máximo; (tout au plus) como máximo.

mayonnaise [majɔnɛz] nf mayonesa.

mazout [mazut] nm fuel-oil m.

me, m' [m(ə)] pron me.

Me abrév de **Maître**.

méandre [meɑ̃dʀ(ə)] nm meandro; (fig) subterfugio, rodeo.

mec [mɛk] nm (fam) tío.

mécanicien [mekanisjɛ̃] nm mecánico.

mécanique [mekanik] a mecánico(a) // a (science) mecánica; **ennui ~** dificultad f o problema m mecánico(a); **~ hydraulique** mecánica hidráulica.

mécaniser [mekanize] vt mecanizar.

mécanisme [mekanism(ə)] nm mecanismo.

méchanceté [meʃɑ̃ste] nf maldad f; perversidad f.

méchant, e [meʃɑ̃, ɑ̃t] a malo(a),

malvado(a); (enfant: turbulent) revoltoso(a), desobediente; (animal) malo(a); (avant le nom: valeur péjorative) mal(a), desagradable // nm/f malo/a.

mèche [mɛʃ] nf mecha; (d'une lampe, bougie) mecha, pabilo; (de dentiste) fresa; (de cheveux) mecha, mechón m.

méchoui [meʃwi] nm cordero asado.

mécompte [mekɔ̃t] nm error m, equivocación f; (déception) desengaño, decepción f.

méconnaissable [mekɔnɛsabl(ə)] a irreconocible.

méconnaître [mekɔnɛtʀ(ə)] vt (ignorer) desconocer, ignorar; (mésestimer) no apreciar, menospreciar.

mécontent, e [mekɔ̃tɑ̃, ɑ̃t] a descontento(a), insatisfecho(a); **~ement** nm insatisfacción f, descontento; **~er** vt contrariar, disgustar.

médaille [medaj] nf medalla.

médaillon [medajɔ̃] nm medallón m.

médecin [medsɛ̃] nm médico; **~ de famille** médico de familia; **~ généraliste** médico general; **~ légiste** médico forense; **votre ~ traitant** su médico de cabecera.

médecine [medsin] nf medicina; **~ préventive/générale** medicina preventiva/general; **~ légale** medicina forense; **~ du travail** medicina del trabajo.

médiateur, trice [medjatœʀ, tʀis] nm/f mediador/ora; juez m, árbitro.

médiation [medjasjɔ̃] nf mediación f; (dans conflit social etc) arbitraje m.

médical, e, aux [medikal, o] a médico(a).

médicament [medikamɑ̃] nm medicamento, remedio.

médicinal, e, aux [medisinal, o] a medicinal.

médiéval, e, aux [medjeval, o] *a* medieval.

médiocre [medjɔkʀ(ə)] *a* mediocre; **médiocrité** *nf* mediocridad *f*.

médire [mediʀ] *vt*: ~ **de** difamar a, hablar mal de.

médisance [medizɑ̃s] *nf* difamación *f*; maledicencia.

méditatif, ive [meditatif, iv] *a* meditabundo(a).

méditation [meditasjɔ̃] *nf* meditación *f*.

méditer [medite] *vt* (*approfondir*) meditar; (*combiner*) combinar, proyectar // *vi* meditar, reflexionar.

Méditerranée [mediteʀane] *nf*: **la** ~ el Mediterráneo; **méditerranéen, ne** *a, nm/f* mediterráneo(a).

médium [medjɔm] *nm* médium *m*.

méduse [medyz] *nf* medusa.

méduser [medyze] *vt* asombrar, dejar patitieso(a).

meeting [mitiŋ] *nm* (POL) mitin *m*; (SPORT) encuentro; (: *athlétique*) concurso; ~ **d'aviation** exhibición aeronáutica.

méfait [mefɛ] *nm* (*faute*) fechoría; (*résultat désastreux*) perjuicio.

méfiance [mefjɑ̃s] *nf* desconfianza, recelo.

méfiant, e [mefjɑ̃, ɑ̃t] *a* desconfiado(a), receloso(a).

méfier [mefje] *vi*: **se** ~ desconfiar, recelar; **se** ~ **de** *vt* desconfiar de.

mégalomanie [megalomani] *nf* megalomanía.

mégaphone [megafɔn] *nm* megáfono.

mégarde [megaʀd(ə)] *nf*: **par** ~ por descuido o inadvertencia.

mégère [meʒɛʀ] *nf* arpía, bruja.

mégot [mego] *nm* colilla.

meilleur, e [mɛjœʀ] *a, ad* mejor // *nm*: **le** ~ (*personne*) el mejor; (*chose*) lo mejor // ~ **marché** más barato(a); **de** ~ **e heure** más temprano; **mes vœux** *fpl*.

mélancolie [melɑ̃kɔli] *nf* melancolía, tristeza; **mélancolique** *a* melancólico(a), triste.

mélange [melɑ̃ʒ] *nm* mezcla, mezcolanza.

mélanger [melɑ̃ʒe] *vt* (*substances*) mezclar; (*mettre en désordre*) trastocar, desordenar.

mélasse [melas] *nf* melaza.

mêlée [mele] *nf* refriega, choque *m*; (*lutte, conflit*) conflicto, lucha; (RUGBY) mêlée *f*.

mêler [mele] *vt* (*substances, odeurs, races*) mezclar; (*sujets, thèmes*) amalgamar, reunir; (*embrouiller*) embrollar, enredar; ~ **à/avec/de** unir o mezclar a o con; **se** ~ mezclarse, amalgamarse; **se** ~ **à** (*suj: chose*) mezclarse a o con; (: *personne*) meterse o inmiscuirse en; **se** ~ **de** (*suj: personne*) meterse o entrometerse en; ~ **qn à** (*affaire*) implicar a alguien en.

mélodie [melɔdi] *nf* melodía; **mélodieux, euse** *a* melodioso(a).

mélodrame [melɔdʀam] *nm* melodrama *m*.

mélomane [melɔman] *a* melómano(a).

melon [mɔlɔ̃] *nm* melón *m*; **chapeau** ~ sombrero hongo; ~ **d'eau** sandía.

mélopée [melɔpe] *nf* melopea.

membrane [mɑ̃bʀan] *nf* membrana.

membre [mɑ̃bʀ(ə)] *nm, a* miembro.

même [mɛm] *a* mismo(a) // *pron*: **le** (**la**) ~ el (la) mismo(a) // *ad* incluso, hasta; **ce sont ses paroles ~s** son sus mismas palabras; **celles-ci ~** precisamente éstas; **il n'a ~ pas pleuré** ni siquiera lloró; **à ~ la bouteille** de la botella misma; **à ~ la peau** junto a la piel; **être à ~ de faire** estar en condiciones de hacer; **mettre qn à ~ de faire** hacer posible a alguien hacer; **faire de** ~ hacer lo mismo; **lui de** ~ él también; **de** ~ **que** lo mismo que; **il en va de** ~ **pour** lo mismo va para.

mémento [memɛ̃to] *nm* (*agenda*) agenda; (*ouvrage*) compendio.

mémoire [memwaʀ] *nf* memoria

// nm (*exposé, requête*) memoria, relación f; (SCOL) disertación f, tesina; ~s mpl memorias; **avoir le ~ des chiffres** tener memoria para las cifras; **avoir de la ~** tener memoria; **à la ~ de** en memoria o recuerdo de; **pour ~** ad a título de información; **de ~** ad de memoria.

mémorable [memɔʀabl(ə)] a memorable, inolvidable.

mémorandum [memɔʀãdɔm] nm (*d'un diplomate*) memorándum m; (*note*) nota, anotación f.

mémorial, e, aux [memɔʀjal, o] nm memorial m.

menaçant, e [mənasã, ãt] a amenazador(ora).

menace [mənas] nf amenaza, conminación f; (*danger, péril*) amenaza.

menacer [mənase] vt amenazar.

ménage [menaʒ] nm quehaceres domésticos, limpieza; (*couple*) matrimonio, pareja; (*famille, ADMIN*) hogar m; **faire le ~** hacer la limpieza; **faire des ~s** hacer tareas domésticas en casa ajena; **se mettre en ~ (avec)** poner casa (con); **heureux en ~** bien casado; **faire bon/mauvais ~ avec** llevarse bien/mal con; **~ de poupée** batería de cocina de muñeca; **à trois** amoroso triángulo.

ménagement [menaʒmã] nm consideración f, deferencia; ~s mpl (*égards*) contemplaciones fpl, miramientos.

ménager [menaʒe] vt (*traiter*) tratar con consideración; tratar con cuidado; (*vêtements, temps, santé*) cuidar, controlar; (*organiser*) organizar, preparar; (*installer*) instalar, disponer; **~ qch à qn** tener algo en reserva para alguien.

ménager, ère [menaʒe, ɛʀ] a doméstico(a) // nf ama de casa.

ménagerie [menaʒʀi] nf jaula de fieras; (*animaux*) fieras.

mendiant, e [mãdjã, ãt] nm/f mendigo/a.

mendicité [mãdisite] nf mendicidad f.

mendier [mãdje] vi mendigar, limosnear // vt mendigar, pedir.

menées [məne] nfpl manejos, intrigas.

mener [məne] vt (*cortège, file*) dirigir, encabezar; (*fig: diriger*) conducir, guiar; (*enquête, vie, affaire*) conducir, llevar; **~ à/dans/chez qn** llevar a/en/a casa de; (*suj: train, bus, métier*) conducir a, llevar a; **~ une personne/un chien promener** llevar a una persona/un perro de paseo; **~ à bonne fin/à terme/à bien** llevar a buen término/a término/a bien; **~ à rien/à tout** llevar a ningún lado/a todas partes.

meneur, euse [mənœʀ, øz] nm/f conductor/ora, jefe/a; (*péj*) cabecilla m/f; **~ de jeu** (RADIO, TV) animador m.

méningite [menẽʒit] nf meningitis f.

ménopause [menopoz] nf menopausia.

menottes [mənɔt] nfpl esposas; **passer les ~ à qn** poner las esposas a alguien.

mens etc vb voir **mentir**.

mensonge [mãsɔ̃ʒ] nm mentira, embuste m; **mensonger, ère** a mentiroso(a), falso(a).

mensualité [mãsɥalite] nf mensualidad f.

mensuel, le [mãsɥɛl] a mensual.

mensurations [mãsyʀasjɔ̃] nfpl medidas.

ment etc vb voir **mentir**.

mental, e, aux [mãtal, o] a mental.

mentalité [mãtalite] nf mentalidad f.

menteur, euse [mãtœʀ, øz] nm mentiroso/a, embustero/a.

menthe [mãt] nf menta.

mention [mãsjɔ̃] nf mención f; **~ passable** aprobado; **~ bien** notabl; **~ très bien** sobresaliente; **~** [mãsjɔne] vt mencionar.

mentir [mɑ̃tir] vi mentir.

menton [mɑ̃tɔ̃] nm menton m.

menu, e [məny] a menudo(a); débil // ad: **couper** ~ cortar en trocitos // nm menú m, carta; **hacher** ~ picar; **la** ~**e monnaie** el dinero suelto.

menuet [mənɥɛ] nm minué m.

menuiserie [mənɥizri] nf carpintería.

menuisier [mənɥizje] nm carpintero.

méprendre [meprɑ̃dr(ə)] vt: se ~ **sur** confundirse o equivocarse respecto a.

mépris [mepri] nm desprecio, desdén m; (indifférence): **le** ~ **de** el menosprecio de o por; **au** ~ **de** a despecho de, sin tener en cuenta.

méprisable [meprizabl(ə)] a despreciable, detestable.

méprise [mepriz] nf confusión f, equivocación f.

mépriser [meprize] vt despreciar.

mer [mɛr] nf mar m ou f, en haute ou **pleine** ~ en alta mar; **prendre la** ~ hacerse a la mar; **la** ~ **Baltique/Caspienne/Égée/Morte/la** ~ **Noire/du Nord/Rouge** el mar Báltico/Caspio/Egeo/Muerto; la ~ Noire/del Norte/Rojo.

mercantile [mɛrkɑ̃til] a: **esprit** ~ mentalidad f de comerciante.

mercenaire [mɛrsənɛr] nm mercenario m.

mercerie [mɛrsəri] nf mercería.

merci [mɛrsi] excl gracias // nm: **dire** ~ **à qn** dar las gracias a alguien // nf: **à la** ~ **de qn/qch** a (la) merced de alguien/algo; ~ **de/pour** gracias por; **sans** ~ sin cuartel, despiadado(a).

mercier, ière [mɛrsje, jɛr] nm/f mercero/a.

mercredi [mɛrkrədi] nm miércoles m; ~ **des Cendres** miércoles de Ceniza.

mercure [mɛrkyr] nm mercurio m.

merde [mɛrd(ə)] (fam!) nf mierda f // excl ¡mierda!, ¡coño!

mère [mɛr] nf madre f // a matriz,

central; madre, materno(a); ~ **célibataire/adoptive** madre soltera/adoptiva.

méridien [meridjɛ̃] nm meridiano m.

méridional, e, aux [meridjɔnal, o] a, nm/f meridional (m/f).

meringue [mərɛ̃g] nf merengue m.

merinos [merinos] nm merino m.

merisier [mərizje] nm cerezo silvestre; (bois) cerezo.

mérite [merit] nm mérito m.

mériter [merite] vt merecer; (réclamer) exigir, merecer.

méritoire [meritwar] a meritorio(a), valioso(a).

merlan [mɛrlɑ̃] nm pescadilla.

merle [mɛrl(ə)] nm mirlo m.

mérou [meru] nm mero m.

merveille [mɛrvɛj] nf maravilla, portento; **merveilleux, euse** a maravilloso(a), prodigioso(a).

mes [me] dét voir mon.

mésallier [mezalje] vt: se ~ malcasarse.

mésange [mezɑ̃ʒ] nf paro m.

mésaventure [mezavɑ̃tyr] nf desventura, infortunio.

Mesdames [medam] nfpl voir **Madame.**

Mesdemoiselles [medmwazɛl] nfpl voir **Mademoiselle.**

mésentente [mezɑ̃tɑ̃t] nf desacuerdo, discordia.

mesquin, e [mɛskɛ̃, in] a mezquino(a), ruin; (avare) mezquino(a), roñoso(a); ~**erie** [mɛskinri] nf mezquindad f, ruindad f.

mess [mɛs] nm comedor m de oficiales o suboficiales.

message [mesaʒ] nm mensaje m; **messager, ère** nm/f mensajero/a.

messe [mɛs] nf misa; ~ **basse** misa rezada; ~ **de minuit** misa del gallo; ~ **noire** misa negra.

messie [mesi] nm: **le M**~ **el** Mesías.

Messieurs [mesjø] nmpl voir **Monsieur.**

Messrs abrév de **Messieurs.**

mesure [məzyr] nf medida; (MUS)

compás m; (retenue) mesura, moderación f; sur ~ (costume) a la medida; à la ~ de al alcance o a la medida de; dans la ~ de/où en la medida de/en que; à ~ que a medida que; au fur et à ~ paulatinamente, poco a poco; en ~ al compás; être en ~ de estar en condiciones de.

mesuré, e [məzyre] a (fig) mesurado(a), circunspecto(a).

mesurer [məzyre] vt medir; il mesure 1m 80 tiene 1m 80 de alto; se ~ avec/à qn medirse o competir con alguien.

met vb voir **mettre**.

métairie [meteri] nf finca en aparcería; (bâtiments) granja.

métal, aux [metal, o] nm metal m; ~lique a metálico(a); ~liser vt metalizar; ~lurgie nf metalurgia; ~lurgiste nm metalúrgico.

métamorphose [metamorfoz] nf metamorfosis f.

métaphore [metafor] nf metáfora.

métaphysique [metafizik] a metafísico(a).

métayer, ère [meteje, ɛjɛr] nm/f aparcero-a, colono/a.

métempsychose [metɑ̃psikoz] nf metempsicosis f.

météo [meteo] nf parte o boletín meteorológico; (service) servicio meteorológico.

météore [meteor] nm meteoro.

météorologie [meteorɔlɔʒi] nf meteorología; **météorologique** a meteorológico(a).

méthode [metɔd] nf método; **méthodique** a metódico(a).

méticuleux, euse [metikylø, øz] a meticuloso(a).

métier [metje] nm (profession) oficio, profesión f; (manuel, artisanal) oficio; (technique, expérience) oficio, práctica; (fonction, rôle) función f, ejercicio; (machine) telar m; être du ~ ser del oficio.

métis, se [metis] a, nm/f mestizo(a).

métisser [metise] vt cruzar.

métrage [metraʒ] nm medición f en metros; (longueur de tissu) medida en metros; (CINÉMA) metraje m; long/moyen/court ~, largo/medio/corto metraje.

mètre [mɛtr(ə)] nm metro; (ruban) cinta métrica; un huit cents ~s (SPORT) un ochocientos metros; **métrique** a métrico(a).

métro [metro] nm metro, metropolitano.

métropole [metrɔpɔl] nf metrópoli f; **métropolitain, e** a metropolitano(a).

mets [mɛ] vb voir mettre // nm plato.

mettable [metabl(ə)] a que puede llevarse o usarse.

metteur [metœr] nm: ~ en scène (THÉÂTRE) director m de escena; (CINÉMA) director m; ~ en ondes director de emisión.

mettre [mɛtr(ə)] vt poner, colocar; (vêtement, objet) poner, ponerse; (porter) ponerse, llevar; (installer: gaz, électricité) colocar; (faire fonctionner: chauffage, électricité) encender; se ~ à ponerse a; ~ en bouteille embotellar; ~ en sac ensacar; ~ en terre enterrar; ~ à la poste echar al correo; ~ du temps à faire qch echar o emplear tiempo en hacer algo; ~ fin à qch poner fin a algo; ~ qn debout/assis levantar/sentar a alguien; mettons que pongamos que: ~: n'avoir rien à se ~ no tener qué ponerse; se ~ au piano sentarse al piano; (apprendre) estudiar piano; se ~ bien/mal avec qn amigarse/enemistarse con alguien; se ~ de l'encre sur les doigts echarse tinta en los dedos.

meuble [mœbl(ə)] nm mueble m /; a (terre) blando(a); (JUR): bien ~ bien mueble m; **meubler** v amueblar; (fig) ocupar, llenar // v (tissu etc) adornar, ornar.

meugler [møgle] vi mugir.

meule [møl] nf (à broyer) muela; (

aiguiser, polir) piedra de afilar; (*de foin, blé*) niara, almiar *m*.

meunerie [mønri] *nf* (*industrie*) molinería.

meunier, ière [mønje, ɛʀ] *nm/f, a* molinero(a) // *a/ inv:* **sole meunière** lenguado marinado.

meure *etc vb voir* **mourir**.

meurtre [mœʀtʀ(ə)] *nm* asesinato, homicidio; **meurtrier, ière** *nm/f* asesino/a, homicida *m/f* // *a* (*épidémie*) mortal, mortífero(a); (*combat*) sangriento(a); (*carrefour, route*) mortal; (*arme*) asesino(a), homicida // *nf* (*ouverture*) tronera.

meurtrir [mœʀtʀiʀ] *vt* magullar; (*fig*) mortificar, lastimar; **meurtrissure** *nf* (*d'un fruit etc*) machacadura.

meus *etc vb voir* **mouvoir**.

meute [møt] *nf* jauría; (*de personnes*) jauría, banda.

mexicain, e [mɛksikɛ̃, ɛn] *a, nm/f* mexicano(a), mejicano(a).

Mexique [mɛksik] *nm* México, Méjico.

MF *sigle f voir* **modulation**.

Mgr *abrév de* **monseigneur**.

mi [mi] *nm mi* m.

mi- [mi] *préf:* **à ~hauteur/pente** a media altura/pendiente; **à ~jambes/corps** a media pierna/medio cuerpo; **à la ~janvier** a mediados de enero; **~bureau, ~chambre** mitad oficina, mitad dormitorio.

miauler [mjole] *vi* maullar.

mica [mika] *nm* mica.

mi-carême [mikaʀɛm] *nf:* **la ~ el** jueves de la tercera semana de cuaresma.

miche [miʃ] *nf* hogaza.

mi-chemin [miʃmɛ̃]: **à ~ ad** a la mitad del camino.

mi-clos, e [miklo, kloz] *a* entornado(a).

micro [mikʀo] *nm* micrófono.

microbe [mikʀɔb] *nm* microbio.

microfiche [mikʀɔfiʃ] *nf* microficha.

microfilm [mikʀɔfilm] *nm* microfilm *m*.

microphone [mikʀɔfɔn] *nm* micrófono.

microscope [mikʀɔskɔp] *nm* microscopio.

midi [midi] *nm* (*milieu du jour*) mediodía *m*; (*heure*) mediodía, las doce; (*sud*) sur *m*; (: *de la France*): **le M~** el Mediodía; **tous les ~** todos los días a las doce; **le repas de ~** el almuerzo, la comida de mediodía; **en plein ~** en pleno día.

midinette [midinɛt] *nf* costurerilla, modistilla.

mie [mi] *nf* miga.

miel [mjɛl] *nm* miel *f*.

mielleux, euse [mjɛlø, øz] *a* (*péj*) meloso(a), melifluo(a).

mien, ne [mjɛ̃, mjɛn] *pron:* **le ~ el** mío; **la ~ne la mía**; **les ~s los míos**; **les ~nes las mías**.

miette [mjɛt] *nf* (*de pain etc*) miga, migaja; (*fig*): **mettre en ~s** hacer trizas o añicos.

mieux [mjø] *a, ad mejor* // **le ~** mejoría; **le ~ el mejor**; **la ~ la mejor**; **les ~ los(las) mejores**; **ce que je sais le ~ c'est...** lo que mejor conozco es...; **c'est dans ce restaurant qu'on mange le ~** es en este restaurante donde mejor se come; **c'est ici qu'il dort le ~** es aquí que se duerme mejor; **le ~ serait de...** lo mejor sería...; **c'est à Paris que les rues sont le ~ éclairées** es en París donde están mejor alumbradas las calles; **les situations les ~ payées sont...** los puestos mejor pagados son...; **des deux, elle est la ~ habillée de las** (los) dos, es ella la mejor vestida; **valoir ~** valer más, ser mejor; **de mon/ton ~** lo mejor que puedo/puedes; **aimer ~** preferir; **faire ~ de** hacer mejor en; **de ~ en ~ cada vez mejor**; **pour le ~** (*très bien*) maravillosamente; **je comprends, plus je m'intéresse** cuanto más entiendo tanto más me interesa; **plus il fait d'exercice, ~ il se porte** cuanto más hace gimnasia tanto mejor se encuentra;

~ il est payé, plus il est content cuanto mejor pagado (tanto) más contento; **du** ~ **qu'il peut** lo mejor que puede; **au** ~ en el mejor de los casos; **être au** ~ **avec qn** estar muy amigo(a) con uno.

mièvre [mjɛvʀ(ə)] a empalagoso(a).

mignon, ne [miɲɔ̃, ɔn] a encantador(ora).

migraine [migʀɛn] nf jaqueca, migraña.

migrateur, trice [migʀatœʀ, tʀis] a migratorio(a).

migration [migʀasjɔ̃] nf migración f.

mi-jambe [miʒɑ̃b]: **à** ~ ad a media pierna.

mijoter [miʒɔte] vt cocinar a fuego lento; (*préparer avec soin*) preparar cuidadosamente; (*fig*) maquinar, tramar // vi cocinar lentamente.

milice [milis] nf milicia.

milieu, x [miljø] nm (*centre*) medio, mitad f; (*fig*) término medio; (*BIO*) medio; (*entourage social*) medio ambiente, medio; (*pègre*) le **M**~ el hampa; **au** ~ **de** en medio de, en la mitad de; (*fig*) en medio de; **au beau** ~ **(de)** en lo mejor (de), en pleno(a).

militaire [militɛʀ] a, nm militar (m).

militant, e [militɑ̃, ɑ̃t] a, nm/f militante (m/f).

militer [milite] vi militar.

mille [mil] num mil // nm (*mesure*): ~ **marin** milla marina, nudo; **mettre dans le** ~ dar en el blanco; ~**feuille** nm milhojas m, hojaldre m; **millénaire** nm milenio // a milenario(a); ~**pattes** nm inv ciempiés m.

millésime [milezim] nm fecha, año.

millet [mijɛ] nm mijo.

milliard [miljaʀ] nm mil millones; ~**aire** a, nm/f multimillonario(a).

millier [milje] nm millar m; **par** ~**s** por millares.

milligramme [miligʀam] nm miligramo.

millimètre [milimɛtʀ(ə)] nm milímetro; **millimétré, e** a: **papier millimétré** papel milimetrado.

million [miljɔ̃] nm millón m; ~**naire** a, nm/f millonario(a).

mime [mim] nm/f mimo; (*imitateur*) imitador(ora).

mimer [mime] vt mimar, imitar; (*singer*) imitar, remedar.

mimique [mimik] nf mímica.

mimosa [mimoza] nm mimosa.

minable [minabl(ə)] a deplorable, lamentable.

minaret [minaʀɛ] nm minarete m, alminar m.

minauder [minode] vi hacer remilgos o melindres.

mince [mɛ̃s] a delgado(a); (*couche*) ligero(a); (*fig*) escaso(a), magro(a); **minceur** nf delgadez f.

mine [min] nf mina; (*physionomie*) cara, aspecto; (*extérieur*) semblante m; **les M**~**s** (*ADMIN*) Dirección f de Minas; **avoir bonne/mauvaise** ~ (*personne*) tener buena/mala cara; **il fit** ~ **de partir** hizo como si marchara; ~ **de rien** como quien no quiere la cosa; **à ciel ouvert** mina a o de cielo abierto.

miner [mine] vt minar; (*saper*) socavar, minar.

minerai [minʀɛ] nm mineral m.

minéral, e, aux [mineʀal, o] a, nm mineral (m).

minéralogique [mineʀalɔʒik] a: **plaque** ~ matrícula; **numéro** ~ número de matrícula.

minet, te [minɛ, ɛt] nm/f minino/a; (*péj*) monín/ina.

mineur, e [minœʀ] a, nm/f menor (m/f) // nm (*ouvrier*) minero.

miniature [minjatyʀ] nf, a miniatura.

minibus [minibys] nm microbús m.

mini-cassette [minikasɛt] f mini-cassette f.

minier, ière [minje, jɛʀ] a minero(a).

mini-jupe [miniʒyp] *nf* minifalda.

minimal, e, aux [minimal, o] *a* mínimo(a).

minime [minim] *a* mínimo(a) // *nm/f* (*SPORT*) junior *m/f*.

minimiser [minimize] *vt* minimizar, subestimar.

minimum [minimɔm] *a* mínimo(a) // *nm* mínimo, mínimum *m*; **au ~** (**au moins**) a lo mínimo, por lo menos; **~ vital** salario mínimo vital.

ministère [ministɛʀ] *nm* ministerio; (*gouvernement*) ministerio, gabinete *m*; (*portefeuille*) ministerio, cartera; **~ public** (*JUR*) ministerio público; **ministériel, le** *a* ministerial.

ministre [ministʀ(ə)] *nm* ministro; **~ d'État** ministro de Estado.

minium [minjɔm] *nm* minio.

minois [minwa] *nm* cara, palmito.

minoritaire [minɔʀitɛʀ] *a* minoritario(a), de la minoría.

minorité [minɔʀite] *nf* minoría; (*d'une personne*) minoría de edad; **dans la ~ des cas** en la minoría o en la menor parte de los casos; **être/mettre en ~** estar/poner en minoría.

Minorque [minɔʀk] *nf* Menorca.

minoterie [minɔtʀi] *nf* molino harinero.

minuit [minɥi] *nm* medianoche *f*.

minuscule [minyskyl] *a* minúsculo(a) // *nf*: (**lettre**) **~** letra minúscula.

minute [minyt] *nf* minuto; (*JUR: original*) minuta; **à la ~** al instante; **entrecôte/steak ~** entrecote *m*/bisté *m* al minuto; **minuter** *vt* cronometrar; **~rie** *nf* interruptor automático.

minutieux, euse [minysjø, øz] *a* minucioso/a.

mioche [mjɔʃ] *nm/f* (*fam*) mocoso/a.

mirabelle [miʀabɛl] *nf* (*fruit*) ciruela amarilla o mirabel.

miracle [miʀakl(ə)] *nm* milagro; (*chose admirable*) prodigio;

miraculé, e [miʀakyle] *nm/f* curado/a milagrosamente; **miraculeux, euse** [miʀakylø, øz] *a* milagroso(a); (*étonnant*) prodigioso(a), milagroso(a).

mirador [miʀadɔʀ] *nm* mirador *m*, torre *f* de observación.

mirage [miʀaʒ] *nm* espejismo.

mire [miʀ] *nf*: **point de ~** punto de mira.

mirer [miʀe] *vt* observar al trasluz.

mirifique [miʀifik] *a* maravilloso(a).

mirobolant, e [miʀɔbɔlɑ̃, ɑ̃t] *a* extraordinario(a), estupendo(a).

miroir [miʀwaʀ] *nm* espejo; (*fig*) reflejo, espejo.

miroiter [miʀwate] *vi* espejear, resplandecer; **faire ~ qch à qn** seducir a alguien con algo.

miroiterie [miʀwatʀi] *nf* (*usine*) taller *m* de espejos; (*magasin*) tienda de espejos.

mis, e [mi, miz] *pp* de **mettre** // *a*: **bien/mal ~** bien/mal vestido o puesto // *nf* (*argent*: au jeu) apuesta; (*tenue*) indumentaria; **être de ~** ser admisible; **~e en accusation** acusación f; **~e en bouteilles** embotellado; **~e à feu** encendido; **~e de fonds** inversión f; **~e à mort** matanza; **~e en ondes** realización f; **~e en plis** marcado; **~e sur pied** montaje, organización f; **~e au point** (*fig*) aclaración f; **~e en scène** montaje *m*, escenificación f.

mise [miz] *a*, *nf* voir **mis**.

miser [mize] *vt* (*enjeu*) apostar; **~ sur** *vt* apostar a; (*fig*) contar con.

misérable [mizeʀabl(ə)] *a* miserable; (*pauvre*) menesteroso(a), necesitado(a); (*insignifiant*) miserable, mísero(a) // *nm/f* (*miséreux*) miserable *m/f*, menesteroso/a.

misère [mizɛʀ] *nf* miseria, indigencia; **~s** *fpl* calamidades *fpl*, desventuras; **salaire de ~** salario miserable o de hambre; **miséreux, euse** [mizeʀø, øz] *a* menesteroso(a).

miséricorde [mizeʀikɔʀd(ə)] *nf*

misericordia; **miséricordieux, euse**
a misericordioso(a).

misogyne [mizɔʒin] a, nm/f
misógino/a.

missel [misɛl] nm misal m.

missile [misil] nm misil m.

mission [misjɔ̃] nf misión f; **partir
en ~** salir de misión.

missionnaire [misjɔnɛR] nm
misionero.

missive [misiv] nf misiva f.

mistral [mistral] nm mistral m.

mit vb voir **mettre**.

mite [mit] nf polilla; **mité, e** a
apolillado(a).

mi-temps [mitɑ̃] nf inv (SPORT:
période) tiempo; (:pause) medio
tiempo, descanso; **à ~** medio
tiempo.

miteux, euse [mitø, øz] a
misero(a), lamentable.

mitigation [mitigasjɔ̃] nf: **~ des
peines** mitigación f de la pena.

mitigé, e [mitiʒe] a moderado(a).

mitonner [mitɔne] vt cocer con
ternura.

mitoyen, ne [mitwajɛ̃, ɛn] a
medianero(a); **maisons ~nes** casas
semiseparadas; (plus de deux) casas
en hilera.

mitraille [mitraj] nf metralla.

mitrailler [mitraje] vt ametrallar;
(fam) fotografiar.

mitraillette [mitrajɛt] nf pistola
ametralladora.

mitrailleur [mitrajœR] nm
soldado ametrallador // am: **fusil
~** fusil m ametralladora.

mitrailleuse [mitrajøz] nf
ametralladora.

mitre [mitʀ(ə)] nf mitra.

mi-voix [mivwa]: **à ~** ad a media
voz, en voz baja.

mixage [miksaʒ] nm mezcla de
sonidos.

mixer [miksœR] nm batidora.

mixité [miksite] nf coeducación f.

mixte [mikst(ə)] a mixto(a); **à
usage ~** de doble finalidad;
cuisinière ~ cocina eléctrica y de
gas.

mixture [mikstyR] nf mixtura; (fig)
menjunje m, brebaje m.

MLF sigle m voir **mouvement**.

Mlle, pl **Mlles** abrév de **Mademoiselle**.

MM abrév de **Messieurs**.

Mme, pl **Mmes** abrév de
Madame.

mn abrév de minute.

mnémonique [mnemɔnik] a
mnemónico(a).

Mo abrév de métro.

mobile [mɔbil] a suelto(a), movible;
(nomade) móvil, inestable;
(changeant) cambiante, mudable //
nm (cause) móvil m, motivo; (œuvre
d'art) móvil.

mobilier, ière [mɔbilje, jɛʀ] a
(JUR) mobiliario(a) // nm
mobiliario; **vente mobilière** venta
mobiliaria.

mobilisation [mɔbilizasjɔ̃] nf
movilización f.

mobiliser [mɔbilize] vt movilizar;
(adhérents etc) convocar, congregar; (fig) reunir, juntar.

mobilité [mɔbilite] nf movilidad f,
inestabilidad f.

mocassin [mɔkasɛ̃] nm mocasín m.

moche [mɔʃ] a (fam) horrible,
feo(a).

modalité [mɔdalite] nf modalidad
f; (JUR) condición f, modalidad f;
adverbe de ~ adverbio de modo.

mode [mɔd] nf moda // nm modo; **à
la ~** de moda; **journal de ~** revista
de modas; **~ d'emploi** modo de
empleo; **~ de paiement** forma de
pago.

modèle [mɔdɛl] a, nm modelo;
(catégorie) tipo; **~ déposé** modelo
patentado; **~ réduit** modelo
reducido.

modelé [mɔdle] nm modelado.

modeler [mɔdle] vt modelar; **~
qch sur/d'après** amoldar o ajusta
algo a.

modérateur, trice [mɔderatœR,
tris] a moderador(ora).

modération [mɔderasjɔ̃] nf
moderación f; mesura.

modéré, e [mɔdere] a moderado(a); (POL) conservador(ora) // nm/f (POL) conservador/ora.

modérer [mɔdere] vt moderar; **se ~** vi moderarse, calmarse.

moderne [mɔdɛrn(ə)] a moderno(a) // nm: **le ~** lo moderno; **moderniser** vt modernizar.

modeste [mɔdɛst(ə)] a modesto(a); **modestie** nf modestia.

modificatif, ive [mɔdifikatif, iv] a modificativo(a).

modification [mɔdifikasjɔ̃] nf modificación f.

modifier [mɔdifje] vt modificar, transformar; **se ~** vi modificarse, transformarse.

modique [mɔdik] a módico(a).

modiste [mɔdist(ə)] nf sombrerera.

modulation [mɔdylasjɔ̃] nf modulación f; **~ de fréquence, MF** frecuencia modulada.

module [mɔdyl] nm: **~ lunaire** nódulo lunar.

moduler [mɔdyle] vt modular.

moelle [mwal] nf médula; **~ épinière** médula espinal.

moelleux, euse [mwalø, øz] a blando(a), mullido(a); (au goût, à l'ouïe) suave; aterciopelado(a).

moellon [mwalɔ̃] nm morrillo.

mœurs [mœrs] nfpl (conduite) costumbres fpl, hábitos; (pratiques sociales) costumbres; (mode de vie, d'une espèce animale) hábitos; **contraire aux bonnes ~** contrario a las buenas costumbres.

mohair [mɔɛr] nm tela de pelo de angora; **laine ~** lana mohair.

moi [mwa] pron yo; (complément indirect) me; (après prép) mí; (emphatique): **~, je crois...** creo yo ... // nm inv yo m; **avec ~** conmigo.

moignon [mwaɲɔ̃] nm garrón m; (d'un membre) muñón m.

moi-même [mwamɛm] pron yo mismo; (après prép) mí (mismo(a)).

moindre [mwɛ̃dr(ə)] a menor; **le ~** el menor; **la ~** la menor; **les ~s** los(las) menores.

moine [mwan] nm monje m.

moineau, x [mwano] nm gorrión m.

moins [mwɛ̃] ad, prép menos; **~ je travaille, mieux je me porte** tanto menos trabajo, (cuanto) mejor me encuentro; **~ grand que** menos grande que; **le(la) ~ doué(e)** el(la) menos dotado(a); **le ~ lo menos; de menos; ~ de 2 ans/100 F** menos de 2 años/100 F; **~ de midi** antes de mediodía; **100 F/3 jours de ~** 100 F/3 días menos; **3 livres en ~** 3 libros de menos; **de l'eau en ~** menos agua; **le soleil en ~** sin el sol; **à ~ que** a menos que; **à ~ de faire** a menos que haga; **à ~ de (imprévu etc)** salvo; **au ~** al menos; **de ~ en ~** cada vez menos; **pour le ~** a lo menos; **du ~** por lo menos; **midi ~ cinq** las doce menos cinco; **il fait ~ cinq** hace cinco bajo cero.

moins-value [mwɛ̃valy] nf depreciación f; (d'une taxe etc) minusvalía.

moiré, e [mware] a (tissu etc) tornasolado(a).

mois [mwa] nm mes m; (salaire, somme due) mensualidad f.

moïse [mɔiz] nm moisés m.

moisi, e [mwazi] a enmohecido(a), mohoso(a) // nm/f moho; **odeur de ~** olor m a moho.

moisir [mwazir] vi enmohecerse, cubrirse de moho; (fig) criar moho; **moisissure** nf moho.

moisson [mwasɔ̃] nf cosecha, siega; (céréales) cosecha; (fig) colección f; **~ner** vt segar, cosechar; (champ) segar; **~neur, euse** nm/f segador/ora // nf (machine) segadora; **~neuse-batteuse** nf segadora trilladora.

moite [mwat] a (peau) húmedo(a), sudoroso(a); (chaleur) húmedo(a).

moitié [mwatje] nf mitad f; (épouse): **sa ~** su media naranja; **la ~ (de)** la mitad (de); **à la ~ de** a mitad de; **~ moins grand/plus long** la mitad de grande/más largo; **à ~ ~**

a medias; **de** ~ **a medias**; ~ y mitad y mitad.

moka [mɔka] *nm* moka *m*; (*gâteau*) torta moka.

molaire [mɔlɛʀ] *nf* molar *f*, muela.

molécule [mɔlekyl] *nf* molécula.

moleskine [mɔlɛskin] *nf* molesquín *m*.

molester [mɔlɛste] *vt* maltratar.

molette [mɔlɛt] *nf* piedra de mechero.

molle [mɔl] *af voir* **mou**.

mollement [mɔlmɑ̃] *ad* débilmente, blandamente; (*péj*) desganadamente, indolentemente.

mollesse [mɔlɛs] *nf* blandura, flojedad *f*; flaqueza, indolencia.

mollet [mɔlɛ] *nm* pantorrilla // a: **œuf** ~ huevo pasado por agua; ~**ière** [mɔltjɛʀ] *af*: **bande** ~**ière** polaina.

molleton [mɔltɔ̃] *nm* muletón *m*; ~**né, e** *a*: **gants** ~**nés** guantes forrados de muletón.

mollir [mɔliʀ] *vi* aflojarse, ceder, amainar; cejar, flaquear.

mollusque [mɔlysk(ə)] *nm* molusco.

molosse [mɔlɔs] *nm* moloso.

môme [mom] *nm/f* (*fam: enfant*) chiquillo/a, niño/a; (*: fille*) muchacha, chica.

moment [mɔmɑ̃] *nm* momento; **ce n'est pas le** ~ no es el momento apropiado; **à ses** ~**s perdus** en sus ratos libres; **à un certain** ~ en algún momento; **à un** ~ **donné** en un momento dado; **pour un bon** ~ por un buen rato; **au** ~ **de** en el momento de; **au** ~ **où** en el momento en que; **à tout** ~ a cada momento o rato; **en ce** ~ en este momento, ahora; **pour le** ~ por el momento; **sur le** ~ en un primer momento, en un principio; **par** ~**s** por momentos, a veces; **d'un** ~ **à l'autre** de un momento a otro; **du** ~ **où** *ou* **que** dado que, ya que; ~**né, e** *a* momentáneo(a).

momie [mɔmi] *nf* momia.

mon, ma, *pl* **mes** [mɔ̃, ma, me] *dét* mi(mis).

monacal, e, aux [mɔnakal, o] *a* monacal.

Monaco [mɔnako] *n* Mónaco.

monarchie [mɔnaʀʃi] *nf* monarquía; (*état*) monarquía, reino; **monarchique** *a*, *nm/f* monárquico(a).

monarque [mɔnaʀk(ə)] *nm* monarca *m*.

monastère [mɔnastɛʀ] *nm* monasterio.

monastique [mɔnastik] *a* monástico(a).

monceau, x [mɔ̃so] *nm* montón *m*.

mondain, e [mɔ̃dɛ̃, ɛn] *a* mondano(a) // *nf*: **la M**~**e, la police** ~**e** cuerpo policial para el control de la prostitución; **mondanités** [mɔ̃danite] *nfpl* mundanería, entretenimientos mundanos; crónica social, ecos de sociedad.

monde [mɔ̃d] *nm* mundo; (*haute société*): **le** ~ la alta sociedad; (*gens*): **il y a du** ~ (*beaucoup de gens*) hay mucha gente; (*quelques personnes*) hay gente; **y a-t-il du** ~ **dans le salon?** ¿hay gente en el salón?; **beaucoup/peu de** ~ mucha/poca gente; **le meilleur** ~ el mejor *etc* del mundo; **mettre au** ~ dar a luz; **pas le moins du** ~ de ninguna manera; **homme/femme du** ~ hombre *m*/mujer *f* de mundo; **se faire un** ~ **de qch** hacer gran cosa de algo; **mondial, e, aux** *a* mundial; **mondialement** *ad* mundialmente, universalmente.

monégasque [mɔnegask(ə)] *a*, *nm/f* monegasco(a).

monétaire [mɔnetɛʀ] *a* monetario(a).

mongolien, ne [mɔ̃gɔljɛ̃, jɛn] *a*, *nm/f* mongólico(a).

moniteur, trice [mɔnitœʀ, tri...] *nm/f* (*SPORT*) profesor/a, monitor/ora; (*de colonie c*... *vacances*) monitor/ora // *nm*:

cardiaque monitor cardíaco; ~ **d'auto-école** instructor *m* de autoescuela.

monnaie [mɔnɛ] *nf* (*pièce*) moneda; (*ÉCON*, *gén*: *moyen d'échange*) moneda, dinero; (*petites pièces*): **avoir de la ~** tener cambio o dinero suelto; **faire de la ~** cambiar; **avoir/faire la ~ de 20 F** tener cambio de/cambiar 20 F; **faire/donner à qn la ~ de 20 F** cambiar/dar el cambio de 20 F a alguien; **rendre à qn la ~ (sur 20 F)** dar a alguien la vuelta (de 20 F); **monnayer** [mɔneje] *vt* convertir en dinero; (*talent*) sacar dinero de.

monocle [mɔnɔkl(ə)] *nm* monóculo.
monocoque [mɔnɔkɔk] *a*: **voiture** ~ coche monocasco.
monocorde [mɔnɔkɔrd(ə)] *a* monocorde.
monoculture [mɔnɔkyltyr] *nf* monocultivo.
monogramme [mɔnɔgram] *nm* monograma *m*.
monolingue [mɔnɔlɛ̃g] *a* monolingüe.
monologue [mɔnɔlɔg] *nm* monólogo; **monologuer** *vi* monologar.
monôme [mɔnom] *nm* (*MATH*) monomio.
monoplace [mɔnɔplas] *a*, *nm/f* monoplaza (*m*).
monopole [mɔnɔpɔl] *nm* monopolio; **monopoliser** *vt* monopolizar.
monorail [mɔnɔraj] *nm* monorail *m*, monocarril *m*.
monoski [mɔnɔski] *nm* deslizador *m*.
monosyllabe [mɔnɔsilab] *nm* monosílabo; **monosyllabique** *a* monosilábico(a).
monotone [mɔnɔtɔn] *a* monótono(a), uniforme; **monotonie** *nf* monotonía, uniformidad *f*.
monseigneur [mɔ̃sɛɲœr] *nm* archevêque, évêque) Ilustrísima; (*duc*) Excelencia; (*cardinal*) Vuestra Eminencia; (*prince*) Alteza.
Monsieur [məsjø] *pl* **Messieurs** [mesjø] *nm* (*titre*) señor *m*, don *m*

(*suivi du prénom*); (: *d'un maître de maison*, *client*) señor; (*homme quelconque*) señor, caballero; *voir aussi* Madame.

monstre [mɔ̃str(ə)] *nm* monstruo // *a* monstruo inv, monstruoso(a); **monstrueux, euse** *a* monstruoso(a); **monstruosité** *nf* monstruosidad *f*.
mont [mɔ̃] *nm* monte *m*; **par ~s et par vaux** por todas partes.
montage [mɔ̃taʒ] *nm* instalación *f*, montaje *m*; (*assemblage*, *PHOTO*, *CINÉMA*) montaje; ~ **sonore** montaje sonoro.
montagnard, e [mɔ̃taɲar, ard(ə)] *a*, *nm/f* montañés(esa).
montagne [mɔ̃taɲ] *nf* montaña; **la haute/moyenne** ~ la alta/media montaña; ~**s russes** montaña rusa; **montagneux, euse** *a* montañoso(a).
montant, e [mɔ̃tɑ̃, ɑ̃t] *a* (*mouvement*, *marée*) ascendente, creciente; (*chemin*) ascendente; (*robe*, *corsage*) alto(a), cerrado(a) // *nm* (*somme*, *total*) monto, importe *m*; (*d'une fenêtre*, *d'un lit*) jamba, larguero; (*d'une échelle*) larguero.
mont-de-piété [mɔ̃dpjete] *nm* monte de piedad *m*.
monte-charge [mɔ̃tʃarʒ(ə)] *nm* inv montacargas *m* inv.
montée [mɔ̃te] *nf* subida, ascensión *f*; (*pente*) subida, cuesta.
monte-plats [mɔ̃tpla] *nm* inv montaplatos *m* inv.
monter [mɔ̃te] *vt* (*escalier*, *côte*) subir, ascender; (*valise*, *courrier* etc) subir; (*bijou*, *cheval*, aussi *THÉÂTRE*, *CINÉMA*) montar; (*femelle*) cubrir, montar; (*étagère*) subir, alzar; (*tente*, *échafaudage*) instalar, armar; (*COUTURE*) colocar, montar; (*société* etc) organizar // *vi* subir; (*passager*): ~ **dans un train** subir a un tren; (*avion* etc, *chemin*) ascender, subir; (*niveau*, *température*, *voix*, *prix*, *brouillard*, *bruit*) subir, elevarse; (*CARTES*) echar una carta de más valor; (*cheval*): ~ **bien/mal** montar

bien/mal; ~ **sur/à** subir a o en/a; ~ **son ménage** montar su casa; ~ **son trousseau** preparar su ajuar; se ~ (*s'équiper*) proveerse; **se ~ à** (*frais etc*) ascender a, importar; ~ **à cheval/bicyclette** montar a caballo/en bicicleta; ~ **à pied/en voiture** subir a pie/en coche; ~ **à bord** subir a bordo; ~ **sur les planches** subir a la escena; ~ **la garde** montar guardia; ~ **à l'assaut** lanzarse al asalto; **monteur, euse** nm/f montador/ora.

monticule [mɔ̃tikyl] nm montículo; (*tas*) montículo, cúmulo.

montre [mɔ̃tR(ə)] nf reloj m; **contre la** ~ (*SPORT*) contra reloj; **faire** ~ **de** hacer alarde de, exhibir; (*faire preuve de*) dar muestras de; ~-**bracelet** nf reloj m de pulsera.

montrer [mɔ̃tRe] vt mostrar, enseñar; (*suj: panneau etc*) señalar, indicar; (*fig*) describir, presentar; (*: prouver*) mostrar, demostrar; (*: témoigner*) demostrar; (*: étonnement, courage*) mostrar, revelar; **se** ~ (*paraître*) mostrarse, dejarse ver; **se** ~ **habile** mostrarse hábil; **montreur, euse** nm/f: **montreur d'ours** amaestrador m de osos; **montreur de marionnettes** titiritero.

monture [mɔ̃tyR] nf montura, cabalgadura; (*d'une bague, de lunettes*) montura.

monument [mɔnymã] nm monumento; ~ **aux morts** monumento a los muertos; ~-**al, e, aux** a monumental, grandioso(a); colosal.

moquer [mɔke]: **se** ~ **de** vt burlarse o mofarse de; (*tan: mépriser*) importarle (a uno) poco; (*tromper*) engañar a, burlarse de.

moquette [mɔkɛt] nf moqueta.

moqueur, euse [mɔkœR, øz] a burlón(ona), zumbón(ona).

moral, e, aux [mɔRal] a o moral, espiritual // nm moral f, ánimo // nf (*éthique, doctrine*) moral, ética; (*règles*) moral; (*d'une fable etc*) moraleja; **au** ~ en lo moral; **faire la** ~**e à** dar un sermón a; ~**isateur,**

trice a moralizador(ora) // nm/f moralista m/f; ~**iste** nm/f moralista m/f; ~**ité** nf moral f, moralidad f; (*d'une action, attitude*) moralidad f, conducta; (*conclusion, enseignement*) moraleja.

morbide [mɔRbid] a morboso(a), mórbido(a).

morceau, x [mɔRso] nm trozo, fragmento; (*de ficelle, terre, pain*) trozo, pedazo; **couper/mettre en** ~**x** cortar en/hacer pedazos.

morceler [mɔRsəle] vt dividir, parcelar.

mordant, e [mɔRdã, ãt] a cáustico(a), incisivo(a); penetrante.

mordiller [mɔRdije] vt mordisquear, dentellear.

mordre [mɔRdR(ə)] vt morder; (*suj: insecte*) picar; (*: lime*) corroer; (*: ancre, vis*) penetrar en; (*: fig: froid*) penetrar // vi (*poisson*) morder, picar; ~ **dans** (*fruit, gâteau*) morder; ~ **sur** (*ligne de départ, marge*) pasar, sobrepasar; ~ **à** (*hameçon, appât*) morder, picar; (*fig*) tomarle gusto a, interesarse en.

mordu, e [mɔRdy] nm/f: **un** ~ **de** un apasionado de, un chiflado por.

morfondre [mɔRfɔ̃dR(ə)]: **se** ~ vi impacientarse, exasperarse.

morgue [mɔRg(ə)] nf soberbia, engreimiento; (*lieu*) morgue f.

moribond, e [mɔRibɔ̃, ɔ̃d] nm, moribundo(a).

morille [mɔRij] nf colmenilla, cagarria.

morne [mɔRn(ə)] a abatido(a), sombrío(a); destemplado(a), de apacible; insulso(a), hueco(a).

morose [mɔRoz] a taciturno(a), apesadumbrado(a).

morphine [mɔRfin] nf morfina; **morphinomane** nm/f morfinómano/a.

morphologie [mɔRfɔlɔʒi] nf morfología; (*d'un relief, tiss...*) forma.

mors [mɔR] nm bocado.

morse [mɔʀs(ǝ)] nm morsa; (TÉLÉC) morse m.

morsure [mɔʀsyʀ] nf mordedura; picadura.

mort [mɔʀ] nf muerte f; ~ apparente/clinique muerte aparente/clínica.

mort, e [mɔʀ, mɔʀt(ǝ)] pp de **mourir** // a, nm/f muerto(a) // nm (CARTES) muerto; ~ ou vif muerto o vivo; ~ de peur/fatigue muerto de miedo/cansancio.

mortadelle [mɔʀtadɛl] nf mortadela.

mortalité [mɔʀtalite] nf mortalidad f, mortandad f.

mortel, le [mɔʀtɛl] a, nm/f mortal (m/f).

morte-saison [mɔʀtǝsɛzɔ̃] nf temporada mala.

mortier [mɔʀtje] nm mortero; (TECH. mélange) mezcla, argamasa.

mortifier [mɔʀtifje] vt mortificar, humillar.

mort-né, e [mɔʀne] a (enfant) nacido(a) muerto(a).

mortuaire [mɔʀtɥeʀ] a: cérémonie ~ ceremonia fúnebre; chapelle ~ capilla ardiente; couronne ~ corona mortuaria; drap ~ mortaja, paño mortuorio.

norue [nɔʀy] nf bacalao; **mortuier** nm (bateau) barco para la pesca del bacalao.

nosaïque [mozaik] nf mosaico.

1oscou [mɔsku] n Moscú; **moscovite** [mɔskɔvit] a, nm/f moscovita (m/f).

nosquée [mɔske] nf mezquita.

1ot [mo] nm palabra; (message): **un** ~ unas líneas; peso **ocurrencia, gracia;** ~ **de la fin** conclusión f; ~ **à** ~ a palabra por **palabra, textual // ad** palabra por **palabra, literalmente //** nm **raducción** f literal; ~ **pour** ~ **palabra por palabra; sur/à ces** ~s **después de/con estas palabras; en** ~ n ~ en una palabra; **prendre qn u** ~ tomarle la palabra a uno; **voir son** ~ **à dire** tener derecho a

decir la suya; ~ **d'ordre/de passe** contraseña, santo y seña m; ~s **croisés** palabras cruzadas, crucigrama m.

motard [mɔtaʀ] nm motorista m.

motel [mɔtɛl] nm motel m.

moteur, trice [mɔtœʀ, tʀis] a motor(ora) // nm motor m; **troubles** ~s trastornos motores; à **4 roues motrices** a cuatro ruedas motrices; à ~ a motor; ~ à **deux/quatre temps** motor de dos/cuatro tiempos; ~ à **explosion** motor de explosión.

motif [mɔtif] nm motivo, causa; (décoratif) motivo, dibujo; (d'un tableau, aussi MUS) motivo, tema m; (JUR) motivación f; sans ~ sin motivo o razón.

motion [mosjɔ̃] nf moción f; ~ **de censure** moción de censura.

motivé, e [mɔtive] a justificado(a), motivado(a).

motiver [mɔtive] vt motivar, justificar; (suj: chose) explicar.

moto [mɔto] nf moto f, motocicleta; ~-**cross** nm motocross m; ~-**cyclette** nf motocicleta; ~-**cyclisme** nm carreras de motos; ~-**cycliste** nm/f motociclista m/f; ~-**neige** nf pequeño vehículo a oruga, con esquíes adelante.

motorisé, e [mɔtɔʀize] a motorizado(a).

motrice [mɔtʀis] af voir **moteur.**

motte [mɔt] nf (de terre, gazon) terrón m; (de beurre) pella.

motus [mɔtys] excl: ~, **bouche cousue** ¡chitón!, ¡punto en boca!

mou, molle [mu, mɔl] a blando(a); (bruit) suave, sordo(a); (visage, traits) fofo(a), fláccido(a); (fig) blando(a), débil // nm (homme) flojo, débil // nm (abats) bofe m; **avoir/donner du** ~ tener/dar cuerda, aflojar; **avoir les jambes molles** flaquearle las piernas.

mouchard, e [muʃaʀ, aʀd(ǝ)] nm/f chivato/a, delator/ora; (péj) soplón/ona // nm (appareil) aparato de control.

mouche [muʃ] nf mosca; **bateau ~**
lancha; **faire ~** hacer centro, dar
en el blanco.

moucher [muʃe] vt sonar;
(*chandelle*) despabilar; **se ~** vi
sonarse.

moucheron [muʃRɔ̃] nm mosquito.

moucheté, e [muʃte] a
moteado(a).

mouchoir [muʃwaR] nm pañuelo.

moudre [mudR(ə)] vt moler.

moue [mu] nf mueca, mohín m;
faire la ~ poner mala cara o cara
de asco.

mouette [mwɛt] nf gaviota.

moufle [mufl(ə)] nf (*gant*) mitón m,
manopla.

mouillage [mujaʒ] nm fondeo;
(*NAUT: lieu*) fondeadero.

mouillé, e [muje] a húmedo(a);
(*accidentellement, temporairement*)
mojado(a).

mouiller [muje] vt humedecer,
mojar; (*suj: pluie, orage etc*) mojar;
(*CULIN*) añadir agua a; (*couper,
diluer*) diluir, aguar; (*NAUT: mine*)
sembrar; (*ancre*) echar, arrojar //
vi (*NAUT*) anclar, fondear; **se ~**
mojarse; (*fam*) meterse.

moulage [mulaʒ] nm moldeado,
vaciado; (*objet*) moldeado.

moule [mul] nf mejillón m // nm
molde m; (*modèle plein*) modelo.

moulent etc vb voir aussi
moudre.

mouler [mule] vt moldear; (*visage,
bas-relief*) moldear, sacar el molde
de; (*suj: vêtement*) ceñir, delinear;
~ qch sur (*fig*) adaptar algo a.

moulin [mulɛ̃] nm molino; **~ à
eau/à vent** molino de agua/de
viento; **~ à café/à poivre** molinillo
de café/de pimienta; **~ à légumes**
pasapuré m; **~ à paroles** (*fig*)
parlanchín(ina).

moulinet [mulinɛ] nm (*de treuil*)
torniquete m; (*de canne à pêche*)
carrete m; (*mouvement*) molinete
m.

moulinette [mulinɛt] nf triturador
m de verduras.

moulu, e pp de **moudre.**

moulure [mulyR] nf moldura.

mourant, e [muRɑ̃, ɑ̃t] a
moribundo(a); (*fig*) mortecino(a),
desfalleciente; apagado(a), lángui-
do(a) // nm/f moribundo(a).

mourir [muRiR] vi morir; **~ de
faim/d'ennui** morir(se) de ham-
bre/aburrimiento; **~ de vieilles-
se/assassiné** morir de ve-
jez/asesinado; **~ d'envie de** mo-
rir(se) de ganas de.

mousquetaire [muskətɛR] nm: **les
Trois M~s** los Tres Mosqueteros.

mousse [mus] nf musgo; (*écume*)
espuma; (*crème battida*) // nm
(*NAUT*) grumete m; **bas ~** media de
espumilla; **~ carbonique** espuma
de gas carbónico; **~ à raser**
espuma de afeitar; **~ de nylon**
espuma de nylon.

mousseline [muslin] nf muselina.

mousser [muse] vi hacer espuma.

mousseux, euse [musø, øz] a
espumoso(a) // nm espumante m.

mousson [musɔ̃] nf monzón m.

moussu, e [musy] a musgoso(a),
cubierto(a) de musgo.

moustache [mustaʃ] nf bigote m
~s fpl bigotes.

moustiquaire [mustikɛR] n
mosquitero.

moustique [mustik] nm mosquito.

moutarde [mutaRd(ə)] nf mostaza

mouton [mutɔ̃] nm carnero; (*CULIN*)
cordero; **~s** mpl (*fig*) cabrillas
pelusa, motas de polvo.

mouture [mutyR] nf molienda.

mouvais etc vb voir **mouvoir.**

mouvant, e [muvɑ̃, ɑ̃t] a
movedizo(a).

mouvement [muvmɑ̃] nm
movimiento; (*geste*) movimient
ademán m; (*activité*): **aimer le ~**
ser activo(a); (*d'un terrai*
ondulación f, accidente
(*mécanisme*) mecanismo; (*fi*
explosión f, arrebato; (*variatio*
variación f; (*mettre*) **en ~** (*pone*
en movimiento; **M~ de libérati**
de la femme, MLF movimiento

liberación de la mujer; ~é, e a (terrain) accidentado(a); (récit) ágil, animado(a); (vie, poursuite, réunion) agitado(a), movido(a).

mouvoir [muvwaʀ] vt mover; (fig: personne) animar, impulsar; se ~ vi moverse.

moyen, ne [mwajɛ̃, ɛn] a medio(a); (lecteur, spectateur) medio(a), corriente; (passable) mediano(a), mediano(a) // nm medio, recurso // nf media; (de notes, températures) media, promedio; ~s mpl (capacités) capacidad f, facultades fpl; (financiers) medios, recursos; au ~ de por medio de; par tous les ~s por todos los medios; par ses propres ~s por sus propios medios; en ~ne por término medio, como promedio; faire/avoir la ~ne sacar/tener el promedio; ~ âge Edad Media; ~-courrier nm avión de pasajeros para distancia media; ~ne d'âge edad media o promedio; ~ne entreprise mediana empresa; ~ de transport medio de transporte.

moyennant [mwajɛnɑ̃] prép (somme) por; (service, conditions) a cambio de; (travail, effort) con.

Moyen-Orient [mwajɛ̃nɔʀjã] nm: le ~ el Oriente Medio.

moyeu, x [mwajø] nm cubo.

Mssrs abrév de **Messieurs**.

mu, e pp de **mouvoir**.

mucosité [mykozite] nf moco, mocosidad f.

mucus [mykys] nm moco, mocosidad f.

mue [my] nf muda; piel dejada por la serpiente.

muer [mɥe] vi (animal) mudar, pelechar; (voix, garçon) mudar, cambiar; se ~ en transformarse en.

muet, te [mɥɛ, ɛt] a, nm/f mudo(a) // nm: le ~ el cine mudo.

mufle [myfl(ə)] nm morro; (goujat) patán m, palurdo.

mugir [myʒiʀ] vi mugir; (fig) silbar.

muguet [mygɛ] nm muguete m.

mulâtre, tresse [mylɑtʀ(ə), ɑtʀɛs] nm/f mulato/a.

mule [myl] nf mula; (pantoufle) chancleta, chinela.

mulet [mylɛ] nm mulo; (poisson) mújol m; ~ier, ière [myltje, jɛʀ] nm/f muletero/a // a: chemin ~ier camino de herradura.

mulot [mylo] nm ratón m de campo.

multicolore [myltikɔlɔʀ] a multicolor inv.

multidisciplinaire [myltidisiplinɛʀ] a multidisciplinario(a).

multimilliardaire [myltimiljaʀdɛʀ] a, nm/f multimillonario(a).

multimillionnaire [myltimiljɔnɛʀ] a, nm/f multimillonario(a).

multinational, e, aux [myltinasjɔnal, o] a multinacional.

multiple [myltipl(ə)] a múltiple, numeroso(a); (nombre) múltiplo(a) // nm múltiplo.

multiplication [myltiplikɑsjɔ̃] nf multiplicación f.

multiplicité [myltiplisite] nf multiplicidad f.

multiplier [myltiplije] vt multiplicar; se ~ vi multiplicarse; acrecentarse.

multirisque [myltiʀisk] a: assurance ~ seguro contra varios riesgos.

multitude [myltityd] nf multitud f, muchedumbre f; une ~ de una multitud o infinidad de.

municipal, e, aux [mynisipal, o] a municipal.

municipalité [mynisipalite] nf municipalidad f; (commune) municipio.

munificent, e [mynifisã, ãt] a munífico(a), espléndido(a).

munir [myniʀ] vt: ~ qn/qch de proveer o dotar a alguien/algo de.

munitions [mynisjɔ̃] nfpl municiones fpl.

muqueuse [mykøz] nf mucosa.

mur [myʀ] nm muro, pared f; (de terre, rondins) muro, tapia; (fig)

piedra, roca; barrera; **faire le ~**
salir sin permiso; (SPORT) formar
una barrera; **~ du son** barrera del
sonido.

mûr, e [myʀ] a maduro(a) // nf
mora; (de la ronce) mora,
zarzamora.

muraille [myʀɑj] nf muralla.

mural, e, aux [myʀal, o] a mural.

mûrement [myʀmɑ̃] ad: ayant ~
réfléchi habiéndolo pensado a
fondo.

murène [myʀɛn] nf murena.

murer [myʀe] vt tapiar; (personne)
emparedar.

muret [myʀɛ] nm muro bajo.

mûrier [myʀje] nm morera.

mûrir [myʀiʀ] vi, vt madurar.

murmure [myʀmyʀ] nm
murmullo, rumor m; (commentaire)
murmullo; **~s** mpl (plaintes) quejas, protestas; **murmurer** vi murmurar, susurrar; (se plaindre) quejarse,
protestar.

mus vb voir **mouvoir.**

musaraigne [myzaʀɛɲ] nf musa-
raña.

musc [mysk] nm almizcle m.

muscade [myskad] nf moscada.

muscat [myska] nm moscatel m.

muscle [myskl(ə)] nm músculo;
musclé, e a musculoso(a);
musculation [myskylɑsjɔ̃] nf: exer-
cice de musculation ejercicio para
desarrollar los músculos; **muscu-**
lature [myskylatyʀ] nf musculatura.

muse [myz] nf musa.

museau, x [myzo] nm hocico.

musée [myze] nm museo.

museler [myzle] vt poner un bozal
a; (fig) amordazar.

muselière [myzəljɛʀ] nf bozal m.

musette [myzɛt] nf (sac) bolsa,
morral m // a inv popular.

muséum [myzeɔm] nm museo.

musical, e, aux [myzikal, o] a
musical.

music-hall [myzikol] nm teatro de
variedades.

musicien, ne [myzisjɛ̃, jɛn] nm/f,
a músico(a).

musique [myzik] nf música; (d'une
phrase etc) música, musicalidad f;
~ de chambre música de cámara;
~ de film/militaire música de pelí-
cula/militar.

musqué, e [myske] a almizcla-
do(a).

musulman, e [myzylmɑ̃, an] a,
nm/f musulmán(ana).

mut vb voir **mouvoir.**

mutation [mytɑsjɔ̃] nf (ADMIN)
traslado, cambio; (BIO) mutación f.

muter [myte] vt (ADMIN) trasladar,
cambiar.

mutilé, e [mytile] a, nm/f
mutilado(a).

mutiler [mytile] vt mutilar.

mutin, e [mytɛ̃, in] a travieso(a),
pícaro(a) // nm/f amotinado/a;
~er [mytine] vi: **se ~er** vi
amotinarse; **~erie** [mytinʀi] nf
motín m, revuelta.

mutisme [mytism(ə)] nm mutismo,
silencio.

mutualiste [mytɥalist(ə)] a mutua-
lista.

mutualité [mytɥalite] nf mutualidad f.

mutuel, le [mytɥɛl] a mutuo(a);
(société) mutual // nf mutualidad f.

myocarde [mjɔkaʀd(ə)] nm voir
infarctus.

myope [mjɔp] a, nm/f miope (m/f);
myopie nf miopía.

myosotis [mjɔzɔtis] nm miosota.

myriade [miʀjad] nf miríada.

myrtille [miʀtij] nf mirtilo.

mystère [mistɛʀ] nm misterio
enigma m; (REL) misterio;
mystérieux, euse a misterioso(a).

mysticisme [mistisism(ə)] nm
misticismo, mística; (foi) misticismo.

mystification [mistifikɑsjɔ̃] nf
mistificación f.

mystifier [mistifje] vt mistificar.

mystique [mistik] a, nm/f místi-
co(a).

mythe [mit] nm mito; **mythique** a
mítico(a).

mythologie [mitɔlɔʒi] nf mitología

mythologique a mitológico(a).
mythomane [mitɔman] a, nm/f mitómano(a).

N

n' [n] ad voir **ne**.
N abrév de **nord**.
nacelle [nasɛl] nf barquilla.
nacre [nakʀ(ə)] nf nácar m; **nacré, e** a nacarado(a).
nage [naʒ] nf natación f; (style) modo de nadar, estilo; **à la ~** a nado; **~ libre/papillon** estilo libre/mariposa; **en ~** bañado(a) en sudor.
nageoire [naʒwaʀ] nf aleta.
nager [naʒe] vi, vt nadar; **nageur, euse** nm/f nadador/ora.
naguère [nagɛʀ] ad no hace mucho.
naïf, ïve [naif, iv] a ingenuo(a), cándido(a).
nain, e [nɛ̃, ɛn] nm/f enano/a.
naissance [nɛsɑ̃s] nf nacimiento; **donner ~ à** dar a luz; (fig) dar nacimiento o origen a.
naître [nɛtʀ(ə)] vi nacer; **~ (de)** nacer (de), ser hijo(a) (de); **faire ~** engendrar, dar origen a.
naïveté [naivte] nf ingenuidad f, candidez f.
nana [nana] nf (fam) chica, niña.
nantir [nɑ̃tiʀ] vt proveer; **les nantis** (péj) los ricos, los ricachos.
napalm [napalm] nm napalm m.
nappe [nap] nf mantel m; (fig): **~ de gaz** capa de gas.
napperon [napʀɔ̃] nm salvamantel m, tapete m.
naquîmes, naquit etc vb voir **naître**.
narcissisme [naʀsisism(ə)] nm narcisismo.
narcotique [naʀkɔtik] a narcótico(a) // nm narcótico.

narguer [naʀge] vt provocar, escarnecer.
narine [naʀin] nf ventana de la nariz.
narquois, e [naʀkwa, waz] a socarrón(ona), burlón(ona).
narration [naʀasjɔ̃] nf narración f, relato.
narrer [naʀe] vt narrar, relatar.
naseau, x [nazo] nm ollar m, ventana de la nariz de algunos animales.
nasiller [nazije] vi (personne) ganguear, nasalizar.
nasse [nas] nf nasa.
natal, e [natal] a natal; **~iste** a partidario(a) del incremento de la natalidad; **~ité** nf natalidad f.
natation [natasjɔ̃] nf natación f.
natif, ive [natif, iv] a nativo(a), natural.
nation [nasjɔ̃] nf nación f; **les N~s Unies** las naciones Unidas; **~al, e, aux** a nacional // nf: (route) **~ale, RN** carretera nacional; **~aliser** vt nacionalizar; **~alisme** nm nacionalismo; **~alité** nf nacionalidad f.
naturalisation [natyʀalizasjɔ̃] nf naturalización f, nacionalización f.
naturaliser [natyʀalize] vt naturalizar, nacionalizar.
naturaliste [natyʀalist(ə)] nm/f naturalista m/f.
nature [natyʀ] nf naturaleza; (tempérament, genre) naturaleza, índole f // a, ad (CULIN) al natural, solo; **payer en ~** pagar en especie; **peindre d'après ~** pintar del natural; **~ morte** naturaleza muerta; **naturel, le** a natural // nm temperamento, natural m; (aisance) naturalidad f; (péj) natural; **naturellement** ad naturalmente.
naturisme [natyʀism(ə)] nm naturismo.
naufrage [nofʀaʒ] nm naufragio; **faire ~** naufragar; **naufragé, e** a, nm/f náufrago(a).

nausée [noze] nf náusea.

nautique [notik] a náutico(a);
nautisme nm náutica.

naval, e [naval] a naval.

navet [navɛ] nm nabo; (péj) tostón m.

navette [navɛt] nf lanzadera; (en car etc) recorrido; **faire la ~** ir y venir.

navigable [navigabl(ə)] a navegable.

navigateur [navigatœʀ] nm piloto; (NAUT) navegante.

navigation [navigasjɔ̃] nf navegación f.

naviguer [navige] vi navegar.

navire [naviʀ] nm navío, buque m; **~ de guerre** buque de guerra; **~ marchand** navío mercante.

navrer [navʀe] vt desconsolar, afligir.

NB abrév de nota bene.

ne, n' [n(ə)] ad voir pas, plus, jamais etc; (explétif) non traduit.

né, e [ne] pp de naître // a nacido(a); **~e Dupont** nacida Dupont, de soltera Dupont; **un comédien ~** un comediante nato.

néanmoins [neɑ̃mwɛ̃] ad no obstante, sin embargo.

néant [neɑ̃] nm nada.

nébuleux, euse [nebylø, øz] a confuso(a), nebuloso(a).

nébulosité [nebylozite] nf nubosidad f.

nécessaire [nesesɛʀ] a necesario(a), indispensable; (inéluctable) inevitable, necesario(a) // nm: **~ de toilette** estuche m de tocador; **~ de couture** costurero; **le ~** lo necesario.

nécessité [nesesite] nf necesidad f.

nécessiter [nesesite] vt necesitar, requerir.

nec plus ultra [nekplysyltʀa] nm súmmum m.

nécrologique [nekʀɔlɔʒik] a: **article ~** noticia necrológica.

néerlandais, e [neɛʀlɑ̃dɛ, ɛz] a, nm/f neerlandés(esa), holandés (esa).

nef [nɛf] nf nave f.

néfaste [nefast(ə)] a nefasto(a).

négatif, ive [negatif, iv] a negativo(a) // nm negativo // nf: **répondre par la négative** responder negativamente.

négation [negasjɔ̃] nf negación f.

négligé [negliʒe] nm descuido, desaliño.

négligeable [negliʒabl(ə)] a desdeñable, despreciable.

négligence [negliʒɑ̃s] nf negligencia, descuido.

négligent, e [negliʒɑ̃, ɑ̃t] a negligente, descuidado(a).

négliger [negliʒe] vt descuidar, desatender; (tenue, santé) descuidar; (avis, précautions) desatender, ignorar; **~ de faire qch** dejar de hacer algo.

négoce [negɔs] nm negocio; **négociant, e** nm/f negociante m/f.

négociateur, trice [negɔsjatœʀ, tʀis] nm/f negociador/ora.

négociation [negɔsjasjɔ̃] nf negociación f.

négocier [negɔsje] vt negociar; (virage etc) sortear // vi negociar.

nègre [nɛgʀ(ə)] nm (péj) negro; (péj) colaborador/ora (no reconocido/a) // a negro(a); **négresse** nf (péj) negra.

neige [nɛʒ] nf nieve f; **~ poudreuse** nieve fresca; **battre en ~** batir a punto de nieve; **neiger** vi nevar; **il neige** nieva.

nénuphar [nenyfaʀ] nm nenúfar m.

néologisme [neɔlɔʒism(ə)] nm neologismo.

néon [neɔ̃] nm neón m.

néo-zélandais, e [neozelɑ̃dɛ, ɛz] a, nm/f neocelandés(esa).

nerf [nɛʀ] nm nervio; **~s** mpl (fig) nervios; **~ de bœuf** vergajo; **nerveux, euse** a nervioso(a); **nervosité** nf nerviosismo.

nervure [nɛʀvyʀ] nf nervadura; nervio; (de feuille) nervadura.

n'est-ce pas [nɛspa] ad ¿no es cierto?; **~ que...?** ¿no es cierto que...?; lui, ~, il peut se le permettre él puede permitírselo ¿no es así?

net, te [nɛt] a claro(a), exacto(a); *(distinct)* nítido(a), claro(a); *(évident)* explícito(a), categórico(a); *(propre)* limpio(a), impecable; *(COMM)* neto(a) // ad rotundamente; *(s'arrêter)* en seco, de golpe; *(casser, tuer)* de un golpe // nm: **mettre au** ~ poner en limpio; ~**teté** nf limpieza, nitidez f.

nettoyage [netwaja3] nm limpieza; ~ **à sec** limpieza a seco.

nettoyer [netwaje] vt limpiar.

neuf [nœf] num nueve.

neuf, neuve [nœf, nœv] a nuevo(a) // nm: **repeindre à** ~ dejar como nuevo (repintando).

neurasthénique [nøʀastenik] a neurasténico(a).

neurologie [nøʀɔlɔʒi] nf neurología; **neurologue** [nøʀɔlɔg] nm/f neurólogo.

neutraliser [nøtʀalize] vt neutralizar.

neutralité [nøtʀalite] nf neutralidad f.

neutre [nøtʀ(ə)] a neutro(a) // nm neutro.

neutron [nøtʀɔ̃] nm neutrón m.

neuve [nœv] af voir neuf.

neuvième [nœvjɛm] a, nm/f noveno(a).

neveu, x [nəvø] nm sobrino.

névralgie [nevʀalʒi] nf neuralgia.

névrose [nevʀoz] nf neurosis f.

New-York [njujɔʀk] n Nueva York.

nez [ne] nm nariz f; *(d'avion etc)* proa; ~ **à** ~ avec cara a cara con.

NF abrév de *nouveaux francs*.

ni [ni] conj: ~ **l'un** ~ **l'autre ne sont** ~ ni uno ni otro son...; **il n'a rien dit** ~ **fait** no ha dicho ni hecho nada.

niais, e [njɛ, ɛz] a bobo(a), memo(a).

niche [niʃ] nf casilla; *(de mur)* nicho; *(farce)* diablura.

nichée [niʃe] nf nidada, prole f.

nicher [niʃe] vi anidar, vivir.

nickel [nikɛl] nm níquel m.

nicotine [nikɔtin] nf nicotina.

nid [ni] nm nido; ~ **de poule** bache m.

nièce [njɛs] nf sobrina.

nième [enjɛm] a: **la** ~ **fois** por la centésima vez.

nier [nje] vt negar.

Nil [nil] nm: **le** ~ el Nilo.

n'importe [nɛ̃pɔʀt] a: ~ **qui** quienquiera; ~ **quoi** cualquier cosa, lo que sea; ~ **où** dondequiera, en cualquier lugar; ~ **quand** cuando quiera, en cualquier momento; ~ **quel/quelle** cualquier; cualquiera; ~ **lequel/laquelle** cualquiera; ~ **comment** de cualquier modo.

nitouche [nituʃ] nf *(péj)*: **une sainte** ~ una mosquita muerta.

nitrate [nitʀat] nm nitrato.

nitroglycérine [nitʀogliserin] nf nitroglicerina.

niveau, x [nivo] nm nivel m; **au** ~ **de** al nivel de; **de** ~ *(avec)* a nivel (con); ~ *(à bulle)* nivel (de aire); ~ **de vie** nivel de vida; **niveler** [nivle] vt nivelar, igualar.

noble [nɔbl(ə)] a, nm/f noble *(m/f)*; **noblesse** nf nobleza.

noce [nɔs] nf boda, nupcias; **en secondes** ~**s** en segundas nupcias; ~**s d'or/d'argent** bodas de oro/de plata.

nocif, ive [nɔsif, iv] a nocivo(a).

nocturne [nɔktyʀn(ə)] a nocturno(a) // nf *(SPORT)* partido nocturno.

Noël [nɔɛl] nm Navidad f.

nœud [nø] nm nudo; ~ **coulant** nudo corredizo; ~ **papillon** corbata de pajarita.

noir, e [nwaʀ] a negro(a); *(obscur)* sombrío(a), oscuro(a); *(triste)* sombrío(a), negro(a) // nm/f negro/a // nf *(MUS)* negra; **dans le** ~ en la oscuridad; ~**ceur** [nwaʀsœʀ] nf negrura; ~**cir** [nwaʀsiʀ] vi ennegrecer.

noisetier [nwaztje] nm avellano.

noisette [nwazɛt] nf, a avellana.

noix [nwa] nf nuez f; *(CULIN)*

cucharadita; ~ **de coco** coco; ~ **muscade** nuez moscada; ~ **de veau** babilla o rabada de ternera.

nom [nɔ̃] *nm* nombre *m*; (LING) sustantivo; **au** ~ **de** en nombre de; ~ **commun** nombre común; ~ **d'emprunt** falso nombre; ~ **de famille** apellido; ~ **de jeune fille** apellido de soltera; ~ **propre** nombre propio.

nomade [nɔmad] *a, nm/f* nómada (*m/f*).

nombre [nɔ̃bʀ(ə)] *nm* número; **ils sont au** ~ **de 3** son 3; **au** ~ **de mes amis** entre mis amigos; **sans** ~ innumerable.

nombreux, euse [nɔ̃bʀø, øz] *a* numeroso(a).

nombril [nɔ̃bʀi] *nm* ombligo.

nomenclature [nɔmɑ̃klatyʀ] *nf* nomenclatura.

nominal, e, aux [nɔminal, o] *a* nominal.

nominatif [nɔminatif] *nm* nominativo.

nomination [nɔminasjɔ̃] *nf* nombramiento, designación *f*.

nommément [nɔmemɑ̃] *ad* por su nombre; especialmente.

nommer [nɔme] *vt* llamar, nombrar; (*mentionner*, *citer*) nombrar, citar; (*élire*) designar, nombrar; **se** ~ *vb avec attribut* llamarse.

non [nɔ̃] *ad, nm* no; ~ **que...** no porque...; **moi** ~ **plus** yo tampoco.

non-alcoolisé, e [nɔnalkɔlize] *a* no alcohólico(a).

nonchalance [nɔ̃ʃalɑ̃s] *nf* indolencia, dejadez *f*.

non-lieu [nɔ̃ljø] *nm* sobreseimiento.

nonne [nɔn] *nf* monja.

non-sens [nɔ̃sɑ̃s] *nm* disparate *m*, absurdo.

non-violence [nɔ̃vjɔlɑ̃s] *nf* no violencia.

nord [nɔʀ] *nm, a* norte (*m*); **au** ~ **de** al norte de; ~**-africain, e** *a, nm/f* norteafricano(a); ~**-est** *nm* noreste *m*, nordeste *m*; ~**-ique** *a* nórdico(a); ~**-ouest** *nm* noroeste *m*.

normal, e, aux [nɔʀmal, o] *a* normal // *nf*: **la** ~ **e** lo normal, la normalidad; ~**ement** *ad* normalmente; ~**iser** *vt* normalizar.

normand, e [nɔʀmɑ̃, ɑ̃d] *a, nm/f* normando(a).

Normandie [nɔʀmɑ̃di] *nf* Normandía.

norme [nɔʀm(ə)] *nf* norma.

Norvège [nɔʀvɛʒ] *nf* Noruega; **norvégien, ne** *a, nm/f* noruego(a).

nos [no] *dét* nuestros(as).

nostalgie [nɔstalʒi] *nf* nostalgia.

notable [nɔtabl(ə)] *a, nm* notable (*m*).

notaire [nɔtɛʀ] *nm* notario.

notamment [nɔtamɑ̃] *ad* particularmente, principalmente.

notarié [nɔtaʀje] *am*: **acte** ~ acta notarial.

notation [nɔtasjɔ̃] *nf* notación *f*; (*note, trait*) bosquejo.

note [nɔt] *nf* nota; (*facture*) cuenta; **prendre des** ~**s** tomar apuntes; ~ **de service** circular *f*.

noter [nɔte] *vt* anotar, apuntar; (*remarquer*) señalar, notar; (SCOL, ADMIN) calificar, conceptuar.

notice [nɔtis] *nf* nota, noticia; ~ **explicative** folleto explicativo.

notifier [nɔtifje] *vt* notificar.

notion [nɔsjɔ̃] *nf* noción *f*; ~**s** *fpl* (*rudiments*) nociones *fpl*.

notoire [nɔtwaʀ] *a* destacado(a) notorio(a); un(e) notorio(a).

notre [nɔtʀ(ə)] *dét* nuestro(a).

nôtre [notʀ(ə)] *pron*: **le** ~ **el** o **la** nuestro; **la** ~ **la** nuestra; **les** ~**s** (*amis etc*) los nuestros // *a* nuestro(a).

nouer [nwe] *vt* atar, anudar; (*fig*) trabar.

nougat [nuga] *nm* tipo de turrón.

nouilles [nuj] *nfpl* tallarines *mpl*.

nourrice [nuʀis] *nf* nodriza.

nourrir [nuʀiʀ] *vt* nutrir, alimentar; (*entretenir*) nutrir, mantener; **bien/mal** **nour** bien/mal alimentado; ~ **au se** amamantar, criar al pecho; **se** ~ **d** **qch** alimentarse con algo

nourrissant, e a nutritivo(a), alimenticio(a).

nourrisson [nuʀisɔ̃] nm niño de pecho.

nourriture [nuʀityʀ] nf alimento, sustento.

nous [nu] pron nosotros(as); (objet direct, indirect) nos; **~-mêmes** nosotros(as) mismos(as).

nouveau (**nouvel**), **elle, aux** [nuvo, vɛl] a nuevo(a); (original) nuevo(a), novedoso(a) // nm/f nuevo(a) // nm: **il y a du ~** hay novedad // nf noticia, nueva; (TV etc) **nouvelles** noticias; (LITTÉRA-TURE) cuento; **de ~, à ~** de nuevo, nuevamente; **~té, e** a, nm/f recién nacido(a); **~ riche** nm nuevo rico; **~ venu, nouvelle venue** nm/f recién llegado/a; **~té** nf novedad f.

nouvel [nuvɛl] am voir **nouveau**.

nouvelle [nuvɛl] a, nf voir **nouveau**; **N~-Zélande** nf Nueva Zelanda.

novateur, trice [nɔvatœʀ, tʀis] nm/f innovador/ora.

novembre [nɔvãbʀ(ə)] nm noviembre m.

novice [nɔvis] a, nm/f novicio(a).

noyade [nwajad] nf ahogamiento.

noyau, x [nwajo] nm núcleo m; (de fruit) hueso; (de résistants etc) núcleo, célula; **~ter** vt infiltrar núcleos de división en.

noyé, e [nwaje] nm/f ahogado/a.

noyer [nwaje] nm nogal m // vt ahogar, anegar (un lugar); (fig) ahogar, sumergir; (: délayer) diluir, desleír; **~ son moteur** ahogar su motor; **se ~** ahogarse.

nu, e [ny] a desnudo(a); (chambre, plaine, fil) desnudo(a), pelado(a) // nm desnudo; **~-pieds, (les) pieds ~s** descalzo(a), con los pies desnudos; **~-tête, (la) tête ~e** a descubierto(a), con la cabeza descubierta; **à l'œil ~** a simple vista; **se mettre ~** desnudarse; **mettre à ~** desnudar.

nuage [nɥaʒ] nm nube f; **nuageux, euse** a nublado(a).

nuance [nɥãs] nf matiz m; **il y a**

une **~** (**entre...**) hay una leve diferencia (entre...); **nuancer** vt matizar.

nucléaire [nykleɛʀ] a nuclear.

nudisme [nydism(ə)] nm nudismo.

nudiste [nydist(ə)] nm/f nudista m/f.

nudité [nydite] nf desnudez f.

nuée [nɥe] nf nube f, bandada.

nuire [nɥiʀ] vi perjudicar, hacer daño.

nuisible [nɥizibl(ə)] a perjudicial, dañino(a); (animal) dañino(a).

nuit [nɥi] nf noche f; **service de ~** servicio nocturno; **~ blanche** noche en vela o blanco; **~ de noces** noche de bodas.

nuitée [nɥite] nf noche pasada en un hotel.

nul, le [nyl] a ningún, ninguno(a); (minime, péj) nulo(a); (non valable) nulo(a), sin validez; (SPORT): **résultat ~** empate m // pron nadie; **~lement** de ningún modo, en modo alguno; **~lité** nf nulidad f.

numéraire [nymeʀɛʀ] nm numerario, metálico.

numéral, e, aux [nymeʀal, o] a numeral.

numérateur [nymeʀatœʀ] nm numerador m.

numération [nymeʀasjɔ̃] nf numeración f.

numérique [nymeʀik] a numérico(a).

numéro [nymeʀo] nm número; **~ter** vt numerar.

numismate [nymismat] nm/f numismático/a.

nuque [nyk] nf nuca.

nutritif, ive [nytʀitif, iv] a nutritivo(a).

nutrition [nytʀisjɔ̃] nf nutrición f.

nylon [nilɔ̃] nm nailon m, nylon f.

nymphe [nɛ̃f] nf ninfa.

nymphomane [nɛ̃fɔman] nf ninfómana.

O

O *abrév de* **ouest**.

oasis [ɔazls] *nf* oasis *m*.

obédience [ɔbedjɑ̃s] *nf*: **d'~ communiste** de sumisión al comunismo.

obéir [ɔbeir] *vi* obedecer; **~ à** *vt* obedecer a; (*ordre, loi, impulsion*) acatar, obedecer a; (*force, loi naturelle*) ceder *u* obedecer a; **obéissance** *nf* obediencia; **obéissant, e** *a* obediente, dócil.

obélisque [ɔbelisk(ə)] *nm* obelisco.

obèse [ɔbez] *a* obeso(a), gordo(a).

objecter [ɔbʒɛkte] *vt* objetar.

objecteur [ɔbʒɛktœr] *nm*: **~ de conscience** objetor *m* de conciencia.

objectif, ive [ɔbʒɛktif, iv] *a* objetivo(a) // *nm* objetivo; **~ grand angulaire/à focale variable** objetivo gran angular/de distancia focal variable.

objection [ɔbʒɛksjɔ̃] *nf* objeción *f*.

objectivité [ɔbʒɛktivite] *nf* objetividad *f*.

objet [ɔbʒɛ] *nm* objeto; **~ d'art** objeto de arte; **~ volant non identifié,** OVNI objeto volante no identificado, OVNI; **(bureau des) ~s trouvés** (oficina de) objetos perdidos.

objurgations [ɔbʒyrgasjɔ̃] *nfpl* admoniciones *fpl*, exhortaciones *fpl*.

obligation [ɔbligasjɔ̃] *nf* obligación *f*; **sans ~ d'achat/de votre part** sin compromiso de compra/de su parte; **obligatoire** *a* obligatorio(a).

obligé, e [ɔbliʒe] *a*: **~ de faire** obligado a hacer; **être très ~ à qn** estar muy agradecido a alguien; **obligeament** *ad* atentamente, amablemente; **obligeance** *nf*: **avoir l'obligeance de** tener la amabilidad *o* la bondad de; **obligeant, e** *a* atento(a), amable.

obliger [ɔbliʒe] *vt*: **~ qn à faire** obligar a alguien a hacer; (*JUR:*

engager) obligar, comprometer; (*rendre service à*) complacer, hacer un favor.

oblique [ɔblik] *a* oblicuo(a); **en ~** *ad* oblicuamente, en diagonal.

obliquer [ɔblike] *vi*: **~ à gauche** torcer a izquierda.

oblitérer [ɔblitere] *vt* (*timbre-poste*) poner el matasellos a.

oblong, oblongue [ɔblɔ̃, ɔblɔ̃g] *a* oblongo(a), alargado(a).

obscène [ɔpsɛn] *a* obsceno(a); **obscénité** *nf* obscenidad *f*.

obscur, e [ɔpskyr] *a* oscuro(a); (*écrivain, origine*) desconocido(a); **~cir** *vt* oscurecer; **s'~cir** *vi* oscurecerse; **~ité** *nf* oscuridad *f*.

obsédé, e [ɔpsede] *nm/f*: **~ sexuel** maníaco sexual.

obséder [ɔpsede] *vt* atormentar, obsesionar.

obsèques [ɔpsɛk] *nfpl* exequias.

observateur, trice [ɔpsɛrvatœr, tris] *a, nm/f* observador(ora).

observation [ɔpsɛrvasjɔ̃] *nf* observación *f*.

observatoire [ɔpsɛrvatwar] *nm* observatorio; (*lieu élevé*) puesto de observación.

observer [ɔpsɛrve] *vt* observar; (*surveiller, épier,* MIL) vigilar observar; **s'~** (*se surveiller*) controlarse, dominarse; **faire ~ qch à qn** (*le lui dire*) hacer notar algo a alguien.

obstacle [ɔpstakl(ə)] *nm* obstáculo.

obstétrique [ɔpstetrik] *nf* obstetricia.

obstiné, e [ɔpstine] *a* obstinado(a), terco(a); (*effort, travail, résistance*) obstinado(a), tenaz.

obstiner [ɔpstine]: **s'~** *vb* obstinarse, empecinarse; **s'~ obstinarse en; **s'~ sur** *qch* obstinarse por algo.

obstruer [ɔpstrye] *vt* obstruir obturar; **s'~** *vi* obstruirse atascarse.

obtempérer [ɔptɑ̃pere] *vi* som terse a, acatar; **~ à** *vt* acatar, obdecer.

obtenir [ɔptəniʀ] vt obtener, lograr; ~ (total, température, résultat) obtener, conseguir; ~ de pouvoir faire obtener el poder hacer algo; ~ de qn que conseguir que alguien; ~ satisfaction lograr satisfacción.

obturateur [ɔptyʀatœʀ] nm obturador m; ~ à rideau/focal obturador de cortinilla/central.

obturation [ɔptyʀasjɔ̃] nf obturación f; ~ (dentaire) empaste m (de un diente).

obturer [ɔptyʀe] vt obturar, tapar.

obtus, e [ɔpty, yz] a obtuso(a), lerdo(a).

obus [ɔby] nm obús m.

obvier [ɔbvje]: ~ à vt obviar, evitar.

occasion [ɔkazjɔ̃] nf ocasión f; à plusieurs ~s en varias ocasiones; être l'~ de ser la oportunidad de o para; à l'~ ad eventualmente, si llega el caso; à l'~ de con motivo de; d'~ a de ocasión, de lance // ad de segunda mano; ~nel, le a ocasional; ~ner vt ocasionar, causar.

occident [ɔksidɑ̃] nm: l'~ el occidente; ~al, e aux [-tal, o] a, nm/f occidental (m/f).

occire [ɔksiʀ] vt matar.

occlusion [ɔklyzjɔ̃] nf: ~ intestinale oclusión f u obstrucción f intestinal.

occulte [ɔkylt(ə)] a oculto(a).

occupant, e [ɔkypɑ̃, ɑ̃t] a, nm ocupante (m) // nm/f (d'un appartement) inquilino/a.

occupation [ɔkypasjɔ̃] nf ocupación f, (passe-temps) ocupación f, quehacer m.

occupé, e [ɔkype] a ocupado(a); (fig) abstraído(a), absorto(a).

occuper [ɔkype] vt ocupar; (poste, fonction) ocupar, desempeñar; (personnel) emplear, ocupar; (suj: travail etc) llevar, tomar; s'~ ocuparse; s'~ de vt ocuparse de.

occurrence [ɔkyʀɑ̃s] nf: en l'~ en este caso.

océan [ɔseɑ̃] nm océano m; l'~ Indien el Océano Índico; O~ie [-ani] nf: l'O~ie (la) Oceanía; ~ique [-anik] a oceánico(a); ~ographie [-anɔgʀafi] nf oceanografía.

ocre [ɔkʀ(ə)] a inv ocre.

octane [ɔktan] nm octano.

octobre [ɔktɔbʀ(ə)] nm octubre m.

octogénaire [ɔktɔʒenɛʀ] a, nm/f octogenario/a.

octogone [ɔktɔgɔn] nm octágono.

octroyer [ɔktʀwaje] vt otorgar.

oculaire [ɔkylɛʀ] a, nm ocular (m).

oculiste [ɔkylist(ə)] nm/f oculista m/f.

ode [ɔd] nf oda.

odeur [ɔdœʀ] nf olor m.

odieux, euse [ɔdjø, øz] a odioso(a).

odorant, e [ɔdɔʀɑ̃, ɑ̃t] a oloroso(a).

odorat [ɔdɔʀa] nm olfato.

odoriférant, e [ɔdɔʀifeʀɑ̃, ɑ̃t] a aromático(a), fragante.

odyssée [ɔdise] nf odisea.

œcuménique [ekymenik] a ecuménico(a).

œil [œj] nm ojo; avoir un ~ au beurre noir tener un ojo a la funerala; à l'~ (fam) de balde; à l'~ nu a simple vista; tenir qn à l'~ no quitarle los ojos de encima a alguien; faire de l'~ à qn guiñar el ojo a alguien; voir qch d'un bon/mauvais ~ ver algo con buenos/malos ojos; à mes/ses yeux para mí/él; ~ de verre ojo de vidrio; ~lade nf mirada; faire des ~lades hacer guiñadas o guiños; ~lères nfpl anteojeras.

œillet [œjɛ] nm (BOT) clavel m; (trou) ojete m.

œsophage [ezɔfaʒ] nm esófago.

œstrogène [ɛstʀɔʒɛn] a estrógeno(a).

œuf [œf, pl ø] nm huevo; ~ à la coque/dur/mollet/au plat/poché huevo en cáscara/duro/pasado por agua/al plato/escalfado; ~ à repriser huevo de zurcir; ~s brouillés huevos revueltos; ~s à la neige natilla con claras de huevo.

œuvre [œvʀ(ə)] nf, nm obra; (CONSTRUCTION): le gros ~ las paredes maestras; **~s** fpl (REL: actes) obras; **mettre en ~** (moyens) emplear; **bonnes ~s, ~s de bienfaisance** obras de caridad o beneficencia; **~ d'art** obra de arte.

offense [ɔfɑ̃s] nf ofensa, agravio; (REL) falta, pecado; **offenser** vt ofender a; (principes etc) agraviar, faltar a; **s'offenser de** ofenderse por.

offensif, ive [ɔfɑ̃sif, iv] a ofensivo(a) // nf ofensiva.

offert, e pp de **offrir**.

offertoire [ɔfɛrtwar] nm ofertorio.

office [ɔfis] nm oficio; (agence) oficina // nm ou nf (pièce) antecocina; **faire ~ de** hacer las veces de; **d'~** ad de oficio; **bons ~s** (POL) buenos servicios u oficios; **~ du tourisme** oficina de turismo.

officiel, le [ɔfisjɛl] a oficial // nm/f funcionario; (SPORT) juez m, árbitro.

officier [ɔfisje] nm oficial m // vi oficiar, celebrar.

officieux, euse [ɔfisjø, øz] a oficioso(a), extraoficial.

officinal, e, aux [ɔfisinal, o] a: **plantes ~es** plantas oficinales.

officine [ɔfisin] nf (de pharmacie) laboratorio; (pharmacie) farmacia; (gén péj) oficina.

offrais etc vb voir **offrir**.

offrande [ɔfrɑ̃d] nf ofrenda.

offrant [ɔfrɑ̃] nm: **au plus ~** al mejor postor.

offre [ɔfr(ə)] nf oferta; **~ publique d'achat**, OPA oferta pública de compra.

offrir [ɔfrir] vt: **~ (à qn)** ofrecer u obsequiar (a alguien); (proposer): **~ (à qn)** ofrecer (a alguien); (présenter, montrer) ofrecer; presentar; **s'~** vi (occasion, paysage) ofrecerse, presentarse // vt (vacances) costearse; (voiture) comprarse; **~ (à qn) de faire qch** proponer (a alguien) hacer algo; **~ à boire à qn** ofrecer de beber a alguien.

offset [ɔfsɛt] nm offset m.

offusquer [ɔfyske] vt ofender, disgustar.

ogive [ɔʒiv] nf ojiva; **arc en ~** arco ojival.

ogre [ɔgr(ə)] nm ogro.

oie [wa] nf (espèce) ganso; (femelle) gansa.

oignon [ɔɲɔ̃] nm cebolla; (bulbe) bulbo.

oindre [wɛ̃dr(ə)] vt ungir.

oiseau, x [wazo] nm ave f, pájaro; **~ de nuit** ave nocturna; **~ de proie** ave de rapiña; **oisellerie** nf pajarería.

oiseux, euse [wazø, øz] a ocioso(a).

oisif, ive [wazif, iv] a ocioso(a) // nm/f (péj) holgazán/ana.

O.K. [ɔke] excl ¡de acuerdo!, ¡muy bien!

oléagineux, euse [ɔleaʒinø, øz] a oleaginoso(a); (liquide) aceitoso(a), oleaginoso(a).

oléoduc [ɔleɔdyk] nm oleoducto.

olive [ɔliv] nf aceituna, oliva; (interrupteur) perilla // a inv verde oliva; **olivier** nm olivo.

olympien, ne [ɔlɛ̃pjɛ̃, jɛn] a olímpico(a).

olympique [ɔlɛ̃pik] a olímpico(a).

ombilical, e, aux [ɔbilikal, o] a umbilical.

ombrage [ɔbraʒ] nm (ombre) sombra; (fig): **prendre ~ de** quedar resentido(a) por; **ombragé, e** a sombreado(a); **ombrageux, euse** a espantadizo(a), inquieto(a); (personne) susceptible, receloso(a).

ombre [ɔbr(ə)] nf sombra; **à l'~ a la sombra**; **à l'~ de** a la sombra de; (fig) al amparo de; **donner/faire de l'~** dar/hacer sombra; **~ à paupières** sombra para párpados.

ombrelle [ɔbrɛl] nf sombrilla.

omelette [ɔmlɛt] nf tortilla; **~ aux herbes/au fromage** tortilla de verdura/de queso.

omettre [ɔmɛtr(ə)] vt omitir, pasar por alto; **~ de faire qch** omitir hacer algo; **omission** nf omisión f.

omni... [ɔmni] préf: **~bus** nm

(train) ~**bus** (tren) ómnibus m;
~**potent, e** a omnipotente; ~**vore** a
omnívoro(a).

omoplate [ɔmɔplat] nf omóplato.

OMS sigle f voir **organisation**.

on [ɔ̃] pron (indéterminé): ~ **peut le
faire ainsi** se o uno lo puede hacer
así; (quelqu'un): ~ **vous demande
au téléphone** la llaman por teléfono;
(nous): ~ **va y aller demain** iremos
mañana; (les gens): **autrefois, ~
croyait aux fantômes** antes creían
o se creía en los fantasmas; **alors,
~ se promène** nos paseamos ¡eh!;
~ **ne peut plus stupide** estúpido(a)
a más no poder.

oncle [ɔ̃kl(ə)] nm tío.

onctueux, euse [ɔ̃ktɥø, øz] a
suave, untuoso(a); (aliment, saveur)
suave, cremoso(a); (fig) meloso(a).

onde [ɔ̃d] nf onda; **sur les ~s** por
radio; **mettre en ~s** difundir por
radio; **longues ~s** ondas largas; **~
courtes** ondas cortas.

ondée [ɔ̃de] nf chaparrón m.

on-dit [ɔ̃di] nm inv rumor m,
habladuría.

ondoyer [ɔ̃dwaje] vi ondear,
ondular // vt (REL) bautizar.

ondulé, e [ɔ̃dyle] a (route, chaussée) sinuoso(a).

onduler [ɔ̃dyle] vi ondular; (route)
zigzaguear.

ongle [ɔ̃gl(ə)] nm uña; **manger/ron-
ger ses ~s** comerse/morderse las
uñas; **se faire les ~s** arreglarse las
uñas.

onglet [ɔ̃glε] nm (rainure) uña,
muesca; (bande de papier) uñero.

onguent [ɔ̃gɑ̃] nm ungüento.

ont vb voir **avoir**.

ONU [ɔny] sigle f voir **organisation**.

onyx [ɔniks] nm ónix m, ónice m.

onze [ɔ̃z] num once; **onzième** a, nm/f
undécimo(a) // nm (fraction)
onceavo, onzavo.

OPA sigle f voir **offre**.

opale [ɔpal] nf ópalo.

opalin, e [ɔpalɛ̃, in] a opalino(a) //
nf opalina.

opaque [ɔpak] a opaco(a).

opéra [ɔpera] nm ópera; ~-
comique nm ópera cómica.

opérateur, trice [ɔperatœr, tris]
nm/f operador/ora; ~ (de prise de
vues) operador (de la cámara).

opération [ɔperasjɔ̃] nf operación
f; ~ **de publicité** campaña
publicitaria.

opératoire [ɔperatwar] a
operatorio(a).

opérer [ɔpere] vt operar; (faire,
exécuter) realizar, hacer // vi (faire
effet) hacer efecto, obrar;
(procéder, agir) actuar, proceder;
(MÉD) operar; **s'~** (avoir lieu)
producirse, efectuarse; **se faire ~
(de)** hacerse operar (de).

opérette [ɔperεt] nf opereta.

ophtalmologie [ɔftalmɔlɔʒi] nf
oftalmología.

opiner [ɔpine] vi: ~ **de la tête**
asentir con la cabeza.

opiniâtre [ɔpinjɑtr(ə)] a empecina-
do(a).

opinion [ɔpinjɔ̃] nf opinión f,
parecer m; (jugement collectif)
opinión; **~s** fpl (religieuses etc)
convicciones fpl; **l'~ américaine**
la posición americana.

opium [ɔpjɔm] nm opio.

opportun, e [ɔpɔrtœ̃, yn] a oportu-
no(a), conveniente; **~iste** [-ty-
nist(ə)] nm/f, a oportunista (m/f).

opposant, e [ɔpozɑ̃, ɑ̃t] a oposi-
tor(ora); **~s** mpl opositores mpl.

opposé, e [ɔpoze] a opuesto(a);
(personne, faction) contrario(a) //
nm: **l'~** (côté, sens) lo contrario, lo
inverso; (contraire) lo opuesto, lo
contrario; **il est tout l'~ de son
frère** es todo lo contrario de su
hermano; **être ~ à** ser enemigo de;
à l'~ al contrario; **à l'~ de** enfrente
de; (fig) en oposición con.

opposer [ɔpoze] vt oponer; **s'~** vi
(sens réciproque) oponerse, contrastar; **s'~ à** vi oponerse a; **s'~ à ce
que** oponerse a que.

opposition [ɔpozisjɔ̃] nf oposición f;
par ~ por oposición, en

contradicción; **par ~ à** en contradicción con; **être/entrer en ~ avec** estar/entrar en conflicto con; **être en ~ avec** *(idées, conduite)* estar en contraste con; **faire ~ à un chèque** impedir que un cheque sea cobrado; **~ à paiement** oposición legal a un pago.

oppresser [ɔprese] *vt (suj: chaleur)* agobiar, ahogar; *(fig)* oprimir, ahogar; **oppresseur** *nm* opresor *m*.

opprimer [ɔprime] *vt* oprimir, avasallar; *(liberté, opinion, suj: chaleur etc)* oprimir.

opprobre [ɔprɔbr(ə)] *nm* oprobio, ignominia; vergüenza, deshonor *m*.

opter [ɔpte]: **~ pour** *vt* optar por.

opticien, ne [ɔptisjɛ̃, ɛn] *nm/f* óptico/a.

optimal, e, aux [ɔptimal, o] *a* óptimo(a).

optimisme [ɔptimism(ə)] *nm* optimismo; **optimiste** *nm/f* optimista *m/f*.

optimum [ɔptimɔm] *nm* óptimo *// a* óptimo(a).

option [ɔpsjɔ̃] *nf* opción *f; (SCOL)* asignatura elegida o escogida; **matière/texte à ~** asignatura/texto facultativo(a); **prendre une ~ sur** sacar opción sobre.

optique [ɔptik] *a* óptico(a) *// nf* óptica.

opulent, e [ɔpylɑ̃, ɑ̃t] *a* opulento(a).

or [ɔr] *nm* oro *// conj* luego, ahora bien; **en ~** *(fig)* ventajoso(a).

oracle [ɔrakl(ə)] *nm* profeta *m*, oráculo.

orage [ɔraʒ] *nm* tormenta, borrasca; **orageux, euse** *a* tormentoso(a), borrascoso(a).

oraison [ɔrezɔ̃] *nf* oración *f*.

oral, e, aux [ɔral, o] *a, nm* oral *(m)*.

orange [ɔrɑ̃ʒ] *nf* naranja *// a inv* anaranjado(a); **~ amère** naranja agria; **~ sanguine** naranja de sangre; **~ade** *nf* naranjada; **oranger** *nm* naranjo; **~raie** *nf* naranjal *m*.

orang-outan(g) [ɔrãutã] *nm* orangután *m*.

orateur [ɔratœr] *nm* orador *m*.

oratoire [ɔratwar] *nm* oratorio *// a* oratorio(a).

orbital, e, aux [ɔrbital, o] *a* orbital.

orbite [ɔrbit] *nf* órbita; **mettre sur ~** poner en órbita.

orchestration [ɔrkestrasjɔ̃] *nf* orquestación *f*.

orchestre [ɔrkestr(ə)] *nm* orquesta; *(THÉÂTRE)* foso de la orquesta; *(places)* patio de butacas; **platea;** *(spectateurs)* platea; **orchestrer** *vt* orquestar.

orchidée [ɔrkide] *nf* orquídea.

ordinaire [ɔrdinɛr] *a* ordinario(a) *// nm:* **l'~** lo normal *// nf (essence)* gasolina corriente; **d'~** habitualmente, por lo general; **à l'~** habitualmente, de costumbre.

ordinal, e, aux [ɔrdinal, o] *a* ordinal.

ordinateur [ɔrdinatœr] *nm* ordenador *m*.

ordonnance [ɔrdɔnɑ̃s] *nf* disposición *f; (MÉD)* receta, prescripción *f; (JUR):* **~ de non-lieu** auto de sobreseimiento; *(MIL)* ordenanza *m*, asistente *m*; **officier d'~** ayudante *m* de campo.

ordonnée [ɔrdɔne] *nf* ordenada.

ordonner [ɔrdɔne] *vt* ordenar; *(MÉD)* recetar, prescribir; *(JUR):* **~ le huis-clos** ordenar que la audiencia sea a puerta cerrada.

ordre [ɔrdr(ə)] *nm* orden *m; (directive, association, REL)* orden *f;* **~s** *mpl (REL)* órdenes *fpl;* **(mettre en ~** *(en orden);* **payer à l'~ de** pagar a la orden de; **de même ~** de la misma categoría o naturaleza; **de l'~ de** del orden de; **rentrer dans l'~** volver a la normalidad; **rappeler qn à l'~** llamar al orden a alguien; **par ~ d'entrée en scène** por orden de aparición; **jusqu'à nouvel ~** hasta nueva orden; **de premier/second ~** de primer/segundo orden; **~ de grandeur** ide del tamaño; ~ **du jour** orden del día.

ordure [ɔRdyR] nf basura; (excré-ment: d'animal) suciedad f, porquería; (propos, écrit) indecencia; ~s fpl (balayures, déchets) basuras; ~s ménagères basura.

oreille [ɔRej] nf oreja; oído; (d'un écrou) oreja; (de marmite, tasse) asa; **avoir de l'~** tener oído; **avoir l'~ fine** tener buen oído, ser fino(a) de oídos; **dire qch à l'~ de** qn decir algo al oído de alguien.

oreiller [ɔReje] nm almohada.

oreillons [ɔRejɔ̃] nmpl paperas.

ores [ɔR]: **d'~ et déjà** ad desde ahora.

orfèvre [ɔRfɛvR(ə)] nm orfebre m; ~**rie** nf orfebrería.

organe [ɔRgan] nm órgano.

organigramme [ɔRganigRam] nm organigrama m.

organique [ɔRganik] a orgánico(a).

organisateur, trice [ɔRganiza-tœR, tRis] nm/f organizador/ora.

organisation [ɔRganizasjɔ̃] nf organización f; O~ **mondiale de la santé, OMS** Organización Mundial de la Salud; O~ **des Nations Unies, ONU** Organización de las Naciones Unidas; O~ **du traité de l'Atlantique Nord, OTAN** Organización del Tratado del Atlantico Norte, OTAN.

organiser [ɔRganize] vt organizar; **s'~** (personne) organizarse; (choses) arreglarse.

organisme [ɔRganism(ə)] nm organismo.

organiste [ɔRganist(ə)] nm/f organista m/f.

orgasme [ɔRgasm(ə)] nm orgasmo.

orge [ɔRʒ(ə)] nf cebada.

orgeat [ɔRʒa] nm horchata.

orgelet [ɔRʒəlɛ] nm orzuelo.

orgie [ɔRʒi] nf orgía.

orgue [ɔRg(ə)] nm órgano.

orgueil [ɔRgœj] nm orgullo; ~**leux, euse** a orgulloso(a).

Orient [ɔRjɑ̃] nm: **l'~** el Oriente.

oriental, e, aux [ɔRjɑ̃tal, o] a, nm/f oriental (m/f).

orientation [ɔRjɑ̃tasjɔ̃] nf orientación f.

orienté, e [ɔRjɑ̃te] a (fig) tendencioso(a).

orienter [ɔRjɑ̃te] vt orientar; **s'~** orientarse.

orifice [ɔRifis] nm orificio.

oriflamme [ɔRiflam] nf oriflama.

origan [ɔRigɑ̃] nm orégano.

originaire [ɔRiʒinɛR] a oriundo(a).

original, e, aux [ɔRiʒinal, o] a, nm original (m) // nm/f extravagante m/f, excéntrico/a; ~**ité** nf originalidad f; extravagancia.

origine [ɔRiʒin] nf origen m; (d'un message, appel, vin) procedencia; origen; **dès/à l'~** desde el/al principio; **originel, le** a original.

oripeaux [ɔRipo] nmpl harapos.

orme [ɔRm(ə)] nm olmo.

ornement [ɔRnəmɑ̃] nm adorno; (d'un édifice, texte) ornamento, ornato; ~**s sacerdotaux** ornamentos sacerdotales; ~**er** vt ornamentar, adornar.

orner [ɔRne] vt ornar, adornar.

ornière [ɔRnjɛR] nf carril m, surco.

ornithologie [ɔRnitɔlɔʒi] nf ornitología.

orphelin, e [ɔRfəlɛ̃, in] a, nm/f huérfano/a; ~**at** [-lina] nm orfanato.

orteil [ɔRtɛj] nm dedo del pie; **gros** ~ dedo gordo del pie.

ORTF sigle m = Office de la radiodiffusion et télévision française.

orthodoxe [ɔRtɔdɔks(ə)] a ortodoxo(a).

orthographe [ɔRtɔgRaf] nf ortografía; orthographier vt ortografiar.

orthopédie [ɔRtɔpedi] nf ortopedia; orthopédique a ortopédico(a).

ortie [ɔRti] nf ortiga.

os [ɔs, pl o] nm hueso.

OS sigle m voir **ouvrier**.

oscar [ɔskaR] nm oscar m; ~ **de la chanson** premio de la canción.

osciller [ɔsile] vi oscilar, balancearse; (fig): ~ **entre** vacilar entre.

osé, e [oze] a (plaisanterie etc)

atrevido(a), desvergonzado(a).

oseille [ozɛj] nf acedera.

oser [oze] vt, vi osar, atreverse; ~ **faire** osar o atreverse a hacer.

osier [ozje] nm mimbre m.

ossature [ɔsatyʀ] nf (ANAT) osamenta; (d'un monument etc) armazón f; (fig) estructura, armazón.

osselet [ɔslɛ] nm huesecillo; ~**s** mpl (jeu) taba.

ossements [ɔsmã] nmpl huesos, osamenta.

osseux, euse [ɔsø, øz] a óseo(a); (main, visage) huesudo(a).

ossuaire [ɔsɥɛʀ] nm osario.

ostentation [ɔstɑ̃tasjɔ̃] nf ostentación f, exhibición f.

ostréiculture [ɔstʀeikyltyʀ] nf ostricultura.

otage [ɔtaʒ] nm rehén m.

OTAN sigle f voir **organisation**.

otarie [ɔtaʀi] nf león marino.

ôter [ote] vt quitar, sacar; ~ **qch de** quitar algo de; ~ **une somme/un nombre de** restar una cantidad/un número de; ~ **qch à qn** quitar algo a alguien; **6 ôté de 10 égale 4** 10 menos 6 es igual a 4.

otite [ɔtit] nf otitis f.

oto-rhino(-laryngologiste) [ɔtoʀino(laʀɛ̃gɔlɔʒist(ə))] nm/f otorrinolaringólogo/a.

ou [u] conj o; (devant 'o' ou 'ho') u; ~ ... ~ o ... o; ~ **bien** o, o bien.

où [u] ad, pron donde; (dans lequel) donde, en el cual; de donde, del cual; (sur lequel) donde, en el cual; (sens de 'que'): **au train** ~ **ça va/prix** ~ **c'est** al paso en que va esto/precio en que está; **le jour** ~ **il est parti** el día en que partió; **par** ~ **passer?** ¿por dónde pasar?; **le village d'**~ **je viens** el pueblo de donde o del que vengo; **d'**~ **vient qu'il est parti?** ¿por qué es que partió?

ouate [wat] nf algodón m; (bourre) guata; ~ **de verre** lana de vidrio; **ouaté, e** a (pansement) de algodón; (fig) confortable; **ouater** vt enguatar.

oubli [ubli] nm descuido, olvido;

(absence de souvenirs) olvido.

oublier [ublije] vt olvidar; (négliger) descuidar, olvidar; **s'**~ descuidarse; (enfant, malade) orinarse, mearse; ~ **de faire qch** olvidar hacer algo; ~ **l'heure** olvidarse de la hora.

oubliettes [ublijɛt] nfpl mazmorras.

ouest [wɛst] nm, a inv oeste (m); **l'O**~ (région de France) el Oeste; (POL) el Occidente.

ouf [uf] excl ¡uf!, ¡ufa!

oui [wi] ad sí; **répondre (par)** ~ responder (con un) sí.

ouï-dire [widiʀ] nm inv: **par** ~ de oídas.

ouïe [wi] nf oído; ~**s** fpl (de poisson) agallas.

ouïr [wiʀ] vt: **avoir ouï dire que** haber oído decir que.

ouistiti [wistiti] nm tití m.

ouragan [uʀagɑ̃] nm huracán m.

ourler [uʀle] vt dobladillar.

ourlet [uʀlɛ] nm dobladillo; (de l'oreille) repliegue m.

ours [uʀs] nm oso; ~ **brun/blanc** oso pardo/blanco.

ourse [uʀs(ə)] nf osa; **la Grande/Petite O**~ la Osa Mayor/Menor.

oursin [uʀsɛ̃] nm erizo de mar.

ourson [uʀsɔ̃] nm osezno.

ouste [ust(ə)] excl ¡fuera!

outil [uti] nm herramienta.

outiller [utije] vt equipar.

outrage [utʀaʒ] nm ultraje m, agravio.

outrager [utʀaʒe] vt ultrajar, injuriar; (contrevenir à) ofender.

outrance [utʀɑ̃s] nf: **à** ~ ad a ultranza; **outrancier, ière** a exagerado(a).

outre [utʀ(ə)] nf odre m // prép además de // ad: **passer** ~ hacer caso omiso; **passer** ~ **(à qch)** no tomar en cuenta (algo), hacer caso omiso (de algo); **en** ~ además; ~ **que** además de que, ~ **mesure** demasiado, más allá de la medida.

outre-Atlantique [utʀatlɑ̃tik] ad

al otro lado del Atlántico.

outrecuidance [utʀəkɥidɑ̃s] nf presunción f, suficiencia.

outre-Manche [utʀəmɑ̃ʃ] ad al otro lado de la Mancha.

outremer [utʀəmɛʀ] a: **bleu/ciel ~** azul m/cielo de ultramar.

outre-mer [utʀəmɛʀ] ad en ultramar; **d'~** de ultramar, ultramarino(a).

outrepasser [utʀəpɑse] vt sobrepasar.

outrer [utʀe] vt extremar, exagerar; indignar.

outre-Rhin [utʀəʀɛ̃] ad allende el Rin.

outsider [awtsajdœʀ] nm no favorito.

ouvert, e [uvɛʀ, ɛʀt(ə)] pp de **ouvrir** // a abierto(a); (chasse, paris) levantado(a); (air, personne) comunicativo(a), franco(a); (esprit) inteligente, despierto(a); **à cœur ~** (MÉD) en el interno del músculo cardíaco; **à livre ~** de corrido; **~ement** ad abiertamente.

ouverture [uvɛʀtyʀ] nf apertura; (orifice, PHOTO) abertura; **faire des ~s** (fig) hacer propuestas.

ouvrable [uvʀabl(ə)] a: **jour ~** día m laborable.

ouvrage [uvʀaʒ] nm (travail) tarea, trabajo; (COUTURE, TRICOT, ART) labor f; (texte, livre) obra.

ouvragé, e [uvʀaʒe] a labrado(a).

ouvrant, e [uvʀɑ̃, ɑ̃t] a: **toit ~** (AUTO) techo corredizo.

ouvre etc vb voir **ouvrir**.

ouvre-boîte [uvʀəbwat] nm inv abrelatas m inv.

ouvre-bouteilles [uvʀəbutɛj] nm inv abridor m, descapsulador m.

ouvres vb voir **ouvrir**.

ouvreuse [uvʀøz] nf acomodadora.

ouvrier, ière [uvʀije, jɛʀ] nm/f, a obrero(a); **~ spécialisé, OS** obrero semicualificado o semiexperto.

ouvrir [uvʀiʀ] vt abrir; (entreprise: créer, fonder) fundar, abrir // vi abrir; (CARTES): **~ à cœur** abrir con corazón; (cours, scène) comenzar;

s'~ vi abrirse; **~/s'~ sur** dar a; **~s'~ à** (art etc) interesarse por; **s'~ à qn** confiarse a alguien; **s'~ à qn de qch** confiar algo a alguien.

ouvroir [uvʀwaʀ] nm ropero.

ouvrons vb voir **ouvrir**.

ovaire [ɔvɛʀ] nm ovario.

ovale [ɔval] a ovalado(a).

ovation [ɔvasjɔ̃] nf ovación f, aclamación f; **~ner** vt aclamar.

ovin, e [ɔvɛ̃, in] a ovino(a); **~s** mpl ovinos.

OVNI sigle m voir **objet**.

ovule [ɔvyl] nm óvulo.

oxyde [ɔksid] nm óxido.

oxyder [ɔkside]: **s'~** vi oxidarse.

oxygène [ɔksiʒɛn] nm oxígeno.

oxygéné, e [ɔksiʒene] a oxigenado(a).

oxyure [ɔksjyʀ] nm oxiuro.

ozone [ozɔn] nm ozono.

P

pachyderme [paʃidɛʀm(ə)] nm paquidermo.

pacifier [pasifje] vt pacificar; (fig) aplacar, calmar.

pacifique [pasifik] a pacífico(a), apacible // nm: **le P~**, **l'océan P~** el (océano) Pacífico.

pacte [pakt(ə)] nm pacto, tratado; **pactiser** vi: **pactiser avec** pactar con; (fig) transigir con; acallar.

pagaie [pagɛ] nf canalete m.

pagaille [pagaj] nf desorden m, desbarajuste m; **en ~** a porrillo, en desorden.

pagayer [pageje] vi remar.

page [paʒ] nf página // nm paje m; **à la ~** (fig) al corriente o día; **~ blanche** página en blanco.

pagne [paɲ] nm taparrabo.

paie [pɛ] nf paga.

paiement [pɛmɑ̃] nm pago.

païen, ne [pajɛ̃, jɛn] a, nm/f pagano(a).

paillard, e [pajaʀ, aʀd(ə)] *a* lascivo(a), obsceno(a).

paillasse [pajas] *nf* jergón *m*; (*d'un évier*) tablero.

paillasson [pajasɔ̃] *nm* felpudo.

paille [paj] *nf* paja; (*pour boire*) pajita; ~ **de fer** estropajo *m* de acero.

pailleté, e [pajte] *a* adornado(a) con lentejuelas.

paillette [pajɛt] *nf* lentejuela; **lessive en ~s** lejía en escamas.

pain [pɛ̃] *nm* pan *m*; ~ **grillé/de mie** pan tostado/francés; ~ **de cire** librillo de cera; ~ **complet** pan integral; ~ **d'épice** pan de especias *o* jengibre; ~ **de seigle** pan cuscurroso *o* de centeno.

pair, e [pɛʀ] *a, nm, nf par* (*m*); **aller de ~** ir a la par, correr parejo(a); **au ~** (*FINANCE*) a la par; **jeune fille au ~** muchacha que presta servicios en una casa a cambio de comida *o* alojamiento.

paisible [pezibl(ə)] *a* tranquilo(a), apacible; (*ville, vie, lac*) tranquilo(a).

paître [pɛtʀ(ə)] *vi* pastar, pacer.

paix [pɛ] *nf* paz *f*; (*fig*) tranquilidad *f*, quietud *f*; **faire la ~ avec** hacer las paces con; **ficher la ~ à qn** (*fam*) dejar en paz a alguien.

palabrer [palabʀe] *vi* chacharear.

palace [palas] *nm* hotel *m* de lujo.

palais [palɛ] *nm* palacio; (*ANAT*) paladar *m*; **le ~ de l'Elysée** el palacio del Elíseo.

palan [palɑ̃] *nm* aparejo.

pale [pal] *nf* (*de rame*) pala; (*d'hélice*) paleta, aleta; (*de roue*) paleta.

pâle [pɑl] *a* pálido(a).

palefrenier [palfʀənje] *nm* palafrenero.

Palestine [palɛstin] *nf*: **la ~** Palestina; **palestinien, ne** *a, nm/f* palestino(a).

palet [palɛ] *nm* tejo; (*HOCKEY*) disco de caucho.

paletot [palto] *nm* gabán *m*.

palette [palɛt] *nf* (*de peintre*) paleta.

pâleur [pɑlœʀ] *nf* palidez *f*.

palier [palje] *nm* (*d'un escalier*) descansillo, rellano; (*plate-forme*) rellano, plataforma; (*TECH. d'une machine*) cojinete *m*; (*d'une graphique*) nivel *m*; (*fig*) nivel estable; **en ~** en terreno plano; **à altura constante; par ~s** gradualmente, escalonadamente.

palière [paljɛʀ] *af*: **porte ~** puerta a nivel del descansillo.

pâlir [palik] *vi* (*personne*) palidecer; (*couleur*) descolorirse, desteñirse.

palissade [palisad] *nf* empalizada.

palissandre [palisɑ̃dʀ(ə)] *nm* palisandro.

palliatif, ive [paljatif, iv] *a* paliativo(a), calmante *i/nf* *m* paliativo.

pallier [palje] *vt*, ~ **à** *vt* mitigar.

palmarès [palmaʀɛs] *nm* lista de resultados; lista de premiados.

palme [palm(ə)] *nf* palma; (*en caoutchouc*) aleta; **palmé, e** *a* palmeado(a).

palmeraie [palməʀɛ] *nf* palmar *m*.

palmier [palmje] *nm* palmera.

palmipède [palmipɛd] *nm* palmípedo.

palombe [palɔ̃b] *nf* paloma torcaz.

pâlot, te [palo, ɔt] *a* paliducho(a).

palourde [paluʀd(ə)] *nf* almeja.

palper [palpe] *vt* palpar, tocar.

palpitant, e [palpitɑ̃, ɑ̃t] *a* emocionante.

palpitation [palpitasjɔ̃] *nf* palpitación *f*.

palpiter [palpite] *vi* palpitar.

paludisme [palydism(ə)] *nm* paludismo.

pâmer [pame] : **se ~** *vi*: **se ~ d'amour** desfallecer de amor; **se ~ d'admiration** extasiarse de admiración; **pâmoison** *nf*: **tomber en pâmoison** desmayarse, darle un soponcio.

pampa [pɑ̃pa] *nf* pampa, pampas.

pamphlet [pɑ̃flɛ] *nm* libelo, panfleto; **pamphlétaire** *nm/f* libelista *m*, panfletista *m/f*.

pamplemousse [pɑ̃pləmus] nm pomelo.

pan [pɑ̃] nm faldón m // excl ¡pum!; ~ **de mur** lienzo de-pared.

panachage [panaʃaʒ] nm (de couleurs) mezcla; (POL) combinación f.

panache [panaʃ] nm penacho.

panaché, e [panaʃe] a: œillet ~ clavel matizado // nm (boisson) cerveza con gaseosa; **glace** ~**e** helado de varios gustos.

panade [panad] nf sopa de pan.

Panama [panama] nm Panamá m.

panaris [panari] nm panadizo.

pancarte [pɑ̃kart(ə)] nf cartel m.

pancréas [pɑ̃kreas] nm páncreas m.

pané, e [pane] a empanado(a).

panier [panje] nm cesto, canasta; (à diapositives) dispositivo que contiene las diapositivas y facilita la proyección sucesiva de las tomas; **mettre au** ~ tirar a la basura; ~ **de crabes** (fig) nido de víboras; ~ **percé** (fig) despilfarrador/ora, manirroto/a; ~ **à provisions** cesto de la compra.

panique [panik] nf pánico, terror m // a pánico(a); **paniquer** vt aterrorizar.

panne [pan] nf avería; (THÉÂTRE) papel m menor; **mettre en** ~ (NAUT) poner al pairo, pairar; **en** ~ averiado(a); **être en** ~ **d'essence** ou **sèche** quedar sin gasolina; ~ **d'électricité** ou **de courant** ou **de secteur** apagón m.

panneau, x [pano] nm (écriteau) cartel m; (de boiserie, de tapisserie etc) paño m; (COUTURE) paño; **tomber dans le** ~ (fig) caer en la trampa; ~ **électoral** proclama electoral; ~ **de signalisation** señal f de tránsito.

panonceau, x [panɔ̃so] nm placa.

panoplie [panɔpli] nf (d'armes) panoplia; (fig) arsenal m; (jouet) disfraz m.

panorama [panɔrama] nm pano-rama m; **panoramique** a panorámico(a).

panse [pɑ̃s] nf panza.

pansement [pɑ̃smɑ̃] nm cura; (compresse etc) vendaje m, apósito.

panser [pɑ̃se] vt (plaie, blessé) curar, vendar; (cheval) almohazar.

pantalon [pɑ̃talɔ̃] nm pantalón m.

pantelant, e [pɑ̃tlɑ̃, ɑ̃t] a jadeante.

panthère [pɑ̃tɛr] nf pantera.

pantin [pɑ̃tɛ̃] nm pelele m, marioneta.

pantois [pɑ̃twa] am: **rester** ~ quedarse patitieso(a) ou atónito(a).

pantomime [pɑ̃tɔmim] nf pantomima.

pantouflard, e [pɑ̃tuflar, ard(ə)] a casero(a).

pantoufle [pɑ̃tufl(ə)] nf pantufla.

paon [pɑ̃] nm pavo real.

papa [papa] nm papá m.

papauté [papote] nf papado.

papaye [papaj] nf papaya.

pape [pap] nm papa m.

paperasse [papras] nf papelería, papelotes mpl; ~**rie** nf papeleo.

papeterie [papetri] nf (usine) fábrica de papel; (magasin) papelería.

papetier, ière [paptje, jɛr] nm/f papelero/a.

papier [papje] nm papel m; (article) artículo; ~**s** mpl (documents, notes) documentos, papeles mpl; **sur le** ~ (théoriquement) en teoría; ~ **quadrillé/réglé** papel cuadriculado/rayado; ~ **de brouillon** papel de borrador; ~ **buvard** papel secante; ~ **d'emballage** papel de envolver; ~ **d'étain** papel de estaño; ~ **hygiénique** papel higiénico; ~ **journal** papel de periódico o diario; ~ **à lettres** papel de cartas; ~ **peint** papel pintado; ~ **de verre** papel de lija; ~**s (d'identité)** documentos de identidad.

papille [papij] nf papila.

papillon [papijɔ̃] nm mariposa; (fam: contravention) multa; ~ **de nuit** mariposa (nocturna).

papilloter [papijɔte] vi parpadear.

paprika [paprika] nm paprika.

papyrus [papirys] nm papiro.

pâque [pɑk] nf: **la ~** la Pascua.

paquebot [pakbo] nm paquebote m, transatlántico; **~-mixte** nm buque mixto.

pâquerette [pɑkʀɛt] nf margarita.

Pâques [pɑk] nfpl Pascua // nm (période) Semana Santa; **faire ses ~** comulgar por Semana Santa.

paquet [pakɛ] nm (ballot) atado, bulto; **~s** mpl (bagages) petates mpl; **~-cadeau** nm paquete regalo.

par [paʀ] prép por; **~ où?** ¿por dónde?; **~ ici/là** por aquí/ahí o allí; **~-ci, ~-là** aquí y allá.

parachever [paʀaʃve] vt acabar, perfeccionar.

parachute [paʀaʃyt] nm paracaídas m inv; **parachutiste** nm/f paracaidista m/f.

parade [paʀad] nf parada; (de cirque, bateleurs) exhibición f; (défense, riposte) defensa.

paradis [paʀadi] nm paraíso; **~ terrestre** paraíso terrenal.

paradoxal, e, aux [paʀadɔksal, o] a paradójico(a).

paradoxe [paʀadɔks(ə)] nm paradoja.

parafer [paʀafe] vt rubricar.

paraffine [paʀafin] nf parafina.

parages [paʀaʒ] nmpl (NAUT) aguas; **dans les ~ (de)** en los alrededores o las vecindades (de).

paragraphe [paʀagʀaf] nm párrafo, parágrafo.

Paraguay [paʀagwɛ] nm: **le ~** el Paraguay.

paraître [paʀɛtʀ(ə)] vb avec attribut parecer, aparentar // vi aparecer; (briller) hacerse notar // vb impersonnel; **il (me) paraît que** (me) parece que; **~ en justice** comparecer ante la justicia; **~ en scène/à l'écran** aparecer en escena/en la pantalla.

parallèle [paʀalɛl] a paralelo(a) // nm paralelo // nf paralela; **parallélisme** nm paralelismo;

(AUTO: des roues) alineación f;

parallélogramme nm paralelogramo.

paralyser [paʀalize] vt paralizar.

paralysie [paʀalizi] nf parálisis f.

paralytique [paʀalitik] a, nm/f paralítico(a).

paramédical, e, aux [paʀamedikal, o] a: **personnel ~** personal auxiliar médico.

paranoïaque [paʀanɔjak] nm/f paranoico/a.

parapet [paʀapɛ] nm parapeto.

parapher [paʀafe] vt = **parafer**.

paraphrase [paʀafʀɑz] nf paráfrasis f; **paraphraser** vt parafrasear.

parapluie [paʀaplyi] nm paraguas m inv.

parasite [paʀazit] nm parásito // a parásito(a); **~s** mpl (TÉLEC) parásitos.

parasol [paʀasɔl] nm sombrilla; **~ de plage** quitasol m.

paratonnerre [paʀatɔnɛʀ] nm pararrayos m inv.

paravent [paʀavɑ̃] nm biombo.

parc [paʀk] nm parque m; (pour le bétail) cercado; **~ à huîtres** criadero de ostras.

parcelle [paʀsɛl] nf fragmento, ápice m; (de terrain) parcela.

parce que [paʀsk(ə)] conj porque.

parchemin [paʀʃəmɛ̃] nm pergamino.

parcmètre [paʀkmɛtʀ(ə)] nm parcómetro.

parcourir [paʀkuʀiʀ] vt recorrer; (article, livre) hojear.

parcours [paʀkuʀ] nm recorrido.

par-delà [paʀdəla] prép más allá de, del otro lado de.

par-dessous [paʀdəsu] prép por debajo de // ad por debajo.

pardessus [paʀdəsy] nm sobretodo, abrigo.

par-dessus [paʀdəsy] prép por encima de // ad por arriba o encima.

par-devant [paʀdəvɑ̃] prép ante / ad adelante, por el frente.

pardon [paʀdɔ̃] nm, excl perdón

(m); **demander** ~ **à qn (de)** pedir perdón a alguien (por); **je vous demande** ~ (politesse) le pido perdón; (contradiction) discúlpeme.
pardonner [paʀdɔne] vt perdonar; (excuser, tolérer) disculpar, excusar; ~ **à qn** perdonar o disculpar a alguien.
pare-balles [paʀbal] nm inv chaleco a prueba de balas.
pare-boue [paʀbu] nm guardabarros m inv.
pare-brise [paʀbʀiz] nm inv parabrisas m inv.
pare-chocs [paʀʃɔk] nm inv parachoques m inv.
pareil, le [paʀɛj] a parecido(a), similar; (tel): en ~ **cas** en tal caso, en un caso semejante; **à**: habillés ~ vestidos del mismo modo // nm/f: **le/la** ~ **(le)** (chose) el/la mismo(a); **vos** ~**s** sus semejantes; **à** parecido o semejante a; **sans** ~ sin igual, sin par; **c'est du** ~ **au même** es igual o lo mismo; ~**lement** ad igualmente, de la misma manera.
parent, e [paʀɑ̃, ɑ̃t] nm/f: un/une ~**/e** un/una pariente // **à**: **être** ~ **de** ser pariente de; ~**s** mpl (père et mère) padres mpl; ~ **par alliance/en ligne directe** parientes políticos/por línea directa; ~**é** [paʀte] nf parentesco.
parenthèse [paʀɑ̃tɛz] nf paréntesis m; **entre** ~**s** ad entre paréntesis.
parer [paʀe] vt (orner) adornar, adornar; (suj: bijou etc) ornar; (CULIN: viande) aderezar, aliñar; (coup, manœuvre) parar, evitar; ~ **à** (danger, inconvénient) precaverse o protegerse de; (éventualité) prevenirse contra; ~ **qch/qn de** (fig) atribuir a alguien; **au plus pressé** prever con urgencia.
pare-soleil [paʀsɔlɛj] nm inv visera, parasol m.
paresse [paʀɛs] nf pereza; **paresser** vi holgazanear; **paresseux, euse**

a perezoso(a), holgazán(ana); (démarche, attitude) indolente // nm/f perezoso/a, vago/a // (ZOOL) perezoso.
parfaire [paʀfɛʀ] vt perfeccionar.
parfait, e [paʀfɛ, ɛt] a perfecto(a) // nm (LING) pretérito perfecto // excl ¡perfecto!, ¡muy bien!; ~**ement** [-fɛtmɑ̃] ad perfectamente // excl ¡seguro!, ¡ciertamente!; **cela lui est** ~**ement égal** (eso) le da exactamente lo mismo.
parfois [paʀfwa] ad a veces, algunas veces.
parfum [paʀfœ̃] nm (produit) perfume m; (de fleur, tabac, vin) perfume, aroma m; (de glace, milk-shake) gusto; ~**é, e** [-fyme] a: ~ **au café** aromatizado con café; ~**er** [-fyme] vt perfumar; (crème etc) perfumar, aromatizar; **se** ~ perfumarse; ~**erie** [-fymʀi] nf perfumería.
pari [paʀi] nm apuesta; ~ **mutuel urbain, PMU** apuestas mutuas para las carreras de caballos.
parier [paʀje] vt apostar; **parieur** nm apostador m.
Paris [paʀi] n París; **p~ien, ne** [-zjɛ̃, jɛn] a parisino(a), parisién // nm/f parisino/a, parisiense m/f.
paritaire [paʀitɛʀ] a: **commission** ~ comité paritario.
parité [paʀite] nf paridad f.
parjure [paʀʒyʀ] nm perjurio // nm/f perjuro/a; **parjurer: se parjurer** vi perjurar.
parking [paʀkiŋ] nm estacionamiento, aparcamiento; (lieu) aparcamiento, parque m de estacionamiento.
parlant, e [paʀlɑ̃, ɑ̃t] a (fig) de gran semejanza; expresivo(a); elocuente; (CINÉMA) sonoro(a) // ad: **généralement** ~ generalmente hablando; **horloge** ~**e** reloj m parlante.
parlement [paʀləmɑ̃] nm parlamento; ~**aire** a parlamentario/a // nm/f parlamentario/a, delegado/a.

parlementer [paʀləmɑ̃te] vi parlamentar, tratar.

parler [paʀle] vi hablar; (malfaiteur) hablar, cantar; ~ **pour qn** (intercéder) hablar en favor de alguien; ~ **affaires** etc hablar de negocios etc; ~ **en dormant/du nez** hablar en sueños/gangoso; ~ en **l'air** hablar sin fundamento.

parloir [paʀlwaʀ] nm locutorio, sala de visitas.

parmi [paʀmi] prép entre.

parodie [paʀɔdi] nf parodia; **parodier** vt parodiar.

paroi [paʀwa] nf pared f; ~ **(rocheuse)** pared (de roca).

paroisse [paʀwas] nf parroquia; **paroissial, e, aux** a parroquial; **paroissien, ne** nm/f parroquiano/a, feligrés/esa.

parole [paʀɔl] nf palabra; (faculté) habla, habla f; (fig vox) habla, voz f; ~**s** fpl (MUS) letra; **prendre la** ~ coger la palabra; **croire qn sur** ~ creer en la palabra de alguien; **prisonnier sur** ~ prisionero bajo palabra; **temps de** ~ espacio para hablar; ~ **d'honneur** palabra de honor.

parpaing [paʀpɛ̃] nm perpiaño.

parquer [paʀke] vt encerrar; (MIL) establecer, instalar.

parquet [paʀke] nm parquet m; le ~ (JUR: magistrats) el ministerio fiscal; (: bureau) el recinto donde funciona el ministerio fiscal; ~**er** [paʀkəte] vt colocar el parquet en, entarimar.

parrain [paʀɛ̃] nm padrino; ~**er** [paʀene] vt apadrinar.

parricide [paʀisid] nm parricidio // nm/f parricida m/f.

pars vb voir **partir**.

parsemer [paʀsəme] vt (suj: feuilles, papiers) sembrar, esparcir; ~ **qch de** salpicar de algo de.

part [paʀ] vb voir **partir** // nf (qui revient à qn) parte f, porción f; (d'efforts, de peines) parte, cuota; (fraction, partie) parte; (FINANCE) acción f; **prendre** ~ **à** tomar parte en, participar en; **faire** ~ **de qch à qn** informar o dar parte de algo a alguien; **pour ma** ~ por mi parte; **à** ~ **entière** de pleno derecho; **de la** ~ **de de parte de;** **de toute(s)** ~**(s)** de todas partes, por todas partes; **de** ~ **et d'autre** por ambas partes; **de** une y otra parte; **de** ~ **en** ~ de parte a parte, de un lado al otro; **nulle/autre/quelque** ~ en ninguna/otra/alguna parte; **d'une** ~ ... **d'autre** ~ por una parte... por otra parte; **à** ~ ad aparte, separadamente; (de côté) a parte // prép aparte de, excepto // **à** ~ aparte; **prendre qn à** ~ llevar a alguien aparte; **pour une large/bonne** ~ en una grave/buena parte.

partage [paʀtaʒ] nm partición f, participación f; (POL: de suffrages) empate m.

partager [paʀtaʒe] vt (morceler, répartir) dividir, repartir; (couper, diviser) dividir; (fig) repartir de, compartir; **se** ~ vt (héritage etc) repartirse, dividirse; ~ **qch avec qn** compartir algo con alguien; **être partagé** entre sentirse dividido entre; **être partagés sur** (suj: avis, personnes) estar divididos sobre, estar en desacuerdo con respecto a; **être partagé** (torts, amour) ser compartido.

partais etc vb voir **partir**.

partance [paʀtɑ̃s]: **en** ~ **(pour)** ad a punto de partir (para).

partant [paʀtɑ̃] nm competidor m, participante m.

parte etc vb voir **partir**.

partenaire [paʀtənɛʀ] nm/f pareja, compañero/a; (POL) asociado/a.

parterre [paʀtɛʀ] nm arriate m, parterre m; (THÉÂTRE) platea, patio de butacas.

parti [paʀti] nm partido; (groupe) grupo, bando; **tirer** ~ **de** sacar provecho o partido de; **prendre le** ~ **de faire** tomar la determinación de hacer; **prendre le** ~ **de qn** tomar partido por alguien; **prendre son** ~

de considerar como inevitable, resignarse a; ~ **pris** prejuicio.
parti, e pp de **partir**.
partial, e, aux [paʀsjal, o] a parcial.
participant, e [paʀtisipã, ãt] nm/f participante m/f.
participation [paʀtisipasjɔ̃] nf participación f; ~ **aux bénéfices** participación en las ganancias.
participe [paʀtisip] nm participio; ~ **présent/passé** participio presente/pretérito.
participer [paʀtisipe] : ~ **à** vt participar en; ~ **au chagrin de qn** compartir la tristeza de alguien.
particularité [paʀtikylaʀite] nf particularidad f.
particule [paʀtikyl] nf partícula.
particulier, ière [paʀtikylje, jɛʀ] a (personnel, privé) particular; (individuel: entretien etc) personal; (spécial) particular, propio(a) // nm particular m; ~ **à** propio de; ~ **ad** (à part) aparte; (en privé) en privado; (surtout) en particular, especialmente.
partie [paʀti] nf parte f; (profession, spécialité) especialidad f, ramo; (de cartes, tennis) partida; (lutte, combat) lucha; ~ **de campagne/de pêche** excursión f al campo/de pesca; **en ~ ad** en parte; **faire ~ de** qch formar parte de algo; **prendre qn à ~** agarrárselas con alguien; ~ **civile** (JUR) parte civil; ~ **publique** (JUR) fiscal m.
partiel, le [paʀsjɛl] a parcial, incompleto(a) // nm (SCOL) examen m parcial.
partir [paʀtiʀ] vi (personne, cheval, avion, lettre) partir, salir; (pétard, cris) estallar; (fusil) disparar(se); (bouchon) saltar; (tache) desaparecer, irse; (affaire) comenzar, iniciarse; (moteur) arrancar, ponerse en marcha; ~ **de** (lieu: quitter) salir o irse de; (commencer à: suj: personne) partir o comenzar de; (: suj: route) nacer en, salir de; (: suj: proposition) nacer de; (: suj:

abonnement) comenzar, ser válido(a) desde; **à ~ de** a partir de.
partisan [paʀtizã, an] nm/f, a partidario(a).
partition [paʀtisjɔ̃] nf (MUS) partitura.
partons vb voir **partir**.
partout [paʀtu] ad por todos lados, en cualquier parte; ~ **où il allait** dondequiera que iba; **de ~ de** todo, de todas partes; **trente ~** (TENNIS) treinta iguales.
paru, e pp de **paraître**.
parure [paʀyʀ] nf adorno; (bijoux assortis) aderezo; (de table) mantelería; (sous-vêtements) juego de ropa interior.
parus etc vb voir **paraître**.
parution [paʀysjɔ̃] nf aparición f, publicación f.
parvenir [paʀvəniʀ] : ~ **à** vt llegar a; ~ **à faire qch** lograr o conseguir hacer algo.
parvenu, e [paʀvəny] nm/f (péj) nuevo/a rico/a, advenedizo/a.
parvis [paʀvi] nm atrio.
pas [pɑ] nm voir **le mot suivant** // ad ne... ~; **je ne vais ~ à l'école** no voy a la escuela; **il m'a dit de ne ~ le faire** me dijo que no lo haga; **je n'en sais ~ plus** no sé más; ~ **un/une** ni un(o)/a; ...**lui** ~ él no; **et non ~... y no** ...; ~ **de sucre, merci!** ¡sin azúcar, gracias!; ~ **du tout de** ninguna manera, en absoluto; **absolument ~!** ¡en absoluto!; **sûrement ~!** ¡claro que no!; ~ **encore** todavía no, aún no; **je reviendrai ~ de** sitôt no regresaré tan pronto; ~ **plus tard qu'hier** no más tarde de ayer; ~ **mal ad** bastante bien // a bastante bueno(a) o bonito(a); ~ **mal de** bastante, mucho(a); **ils ont ~ mal d'argent** no les falta dinero.
pas [pɑ] ad voir **le mot précédent** // nm paso; (TECH: de vis, d'écrou) paso, vuelta; ~ **à ~** paso a paso; **au ~ al** paso; **au ~ de gymnastique** a paso ligero; **au ~ de course** a la carrera; **à ~ de loup** de puntillas;

faire les cent ~ vagabundear, rondar; **faire les premiers ~** dar los primeros pasos; **~ de la porte** umbral *m*; **~ de porte** (*COMM*) llave *f*, **faux ~** paso en falso; (*fig*) desliz *m*.

passable [pɑsabl(ə)] *a* pasable, regular.

passage [pɑsaʒ] *nm* paso; (*NAUT*) travesía; (*lieu*) paso, pasaje *m*; (*d'un livre etc*) pasaje; **~ clouté** paso peatonal; **"~ interdit** "prohibido el paso"; **~ à niveau** paso a nivel; **"~ protégé"** "paso protegido".

passager, ère [pɑsaʒe, ɛʀ] *a, nm/f* pasajero(a); **~ clandestin** polizón *m*.

passant, e [pɑsã, ãt] *a* transitado(a) // *nm/f* transeúnte *m/f*; **en ~** de paso.

passe [pɑs] *nf* pase *m* // *nm* (*passe-partout*) llave maestra, ganzúa.

passé, e [pɑse] *a* (*événement, temps*) pasado(a); (*couleur, tapisserie*) descolorido(a) // *prép* después de // *nm* pasado; (*LING*) pretérito; **il est midi ~** son las doce y pico; **~ simple/composé/antérieur** pretérito indefinido/perfecto/anterior.

passementerie [pɑsmɑ̃tʀi] *nf* pasamanería.

passe-montagne [pɑsmɔ̃taɲ] *nm* pasamontañas *m inv*.

passe-partout [pɑspaʀtu] *nm inv* llave maestra, ganzúa // *a inv* adecuado(a) a toda ocasión.

passe-passe [pɑspas] *nm inv*: **tour de ~** juego de manos.

passeport [pɑspɔʀ] *nm* pasaporte *m*.

passer [pɑse] *vi* pasar; (*temps, jour*) pasar, transcurrir; (*liquide, café*) pasar, colar; (*projet de loi*) ser aprobado(a); (*film*) proyectarse; (*émission*) trasmitirse; (*pièce de théâtre*) representarse; (*personne*): **~ à la radio/télévision** trasmitir por radio/televisión; (*couleur, papier*) desteñirse // *vt* pasar;

(*examen: réussir*) aprobar; (*tolérer*): **~ qch à qn** tolerar algo a alguien; (*donner, transmettre*): **qch à qn** dar o trasmitir algo a alguien; (*enfiler: vêtement*) ponerse; (*café, soupe etc*) colar, filtrar; (*pièce*) representar; (*marché, accord*) concertar; **se ~** *vi* (*scène, action*) suceder, pasar; (*arriver*): **que s'est-il passé?** ¿qué ocurrió o sucedió?; (*s'écouler: semaine etc*) pasar; **se ~ de qch** privarse de algo, arreglárselas sin algo; **~ par** *vt* pasar por; **~ sur** *vt* pasar por alto; **~ dans les mœurs/l'usage** adaptarse en las costumbres/el uso; **~ au travers de** (*corvée, punition*) salvarse de; **~ avant qch/qn** ser más importante que algo/alguien; **~ dans la classe supérieure** (*SCOL*) pasar de grado o curso; **~ en seconde/troisième** (*AUTO*) pasar a segunda/tercera; **~ à la radio** sacar una radiografía; **~ à la visite médicale** hacerse un examen médico; **~ aux aveux** confesar; **~ pour** pasar por; **laissez-~** *nm* salvoconducto; **~ une radio** hacer un examen radiográfico; **~ la seconde/troisième** (*AUTO*) poner la segunda/tercera; **~ qch en fraude** (*DOUANE*) pasar algo de contrabando; **~ la tête par la portière** sacar la cabeza por la portezuela; **je vous passe M. X** le paso al Sr. X.

passereau, x [pɑsʀo] *nm* pájaro.

passerelle [pɑsʀɛl] *nf* (*pont étroit*) pasarela; (*d'un navire, avion*) pasarela, escalerilla.

passe-temps [pɑstɑ̃] *nm inv* pasatiempo, entretenimiento.

passe-thé [pɑste] *nm inv* colador *m* de té.

passeur, euse [pɑsœʀ, øz] *nm/f* (*fig*) pasador/ora.

passif, ive [pasif, iv] *a* pasivo(a), impasible // *nm* voz pasiva; (*COMM*) pasivo.

passion [pɑsjɔ̃] *nf* pasión *f*.

passionnant, e [pasjɔnɑ̃, ɑ̃t] *a* apasionante.

passionné, e [pasjɔne] *a* apasionado(a); entusiasta; exaltado(a).

passionnel, le [pasjɔnɛl] *a* pasional.

passionner [pasjɔne] *vt* apasionar; (*débat, discussion*) exaltar, avivar; **se ~ pour** apasionarse por.

passoire [paswaR] *nf* colador *m*.

pastèque [pastɛk] *nf* sandía.

pasteur [pastœR] *nm* (*protestant*) pastor *m*.

pasteuriser [pastœRize] *vt* pasteurizar.

pastille [pastij] *nf* pastilla, tableta.

pastis [pastis] *nm* anisado.

patate [patat] *nf*: ~ **douce** batata.

patchwork [patʃwœRk] *nm* labor *f* de retazos.

pâte [pat] *nf* (CULIN) masa, pasta; (*d'un fromage, substance molle*) pasta; **~s** *fpl* (*macaroni etc*) pastas; ~ **brisée/feuilletée/à choux** masa crocante/de hojaldre/de petisú; **~ d'amandes** pasta de almendras; **~ de fruits** dulce *m* de frutas; ~ **à modeler** pasta de modelar; ~ **à papier** pasta de papel.

pâté [pate] *nm* (*friand*) pastel *m*; (*terrine*) pasta de carne o hígado; (*d'encre*) borrón *m*; ~ **en croûte** empanada; ~ **de foie/de lapin** pasta de hígado/de liebre; ~ (**de sable**) flan *m* de arena; ~ **de maisons** manzana.

pâtée [pate] *nf* comida, papilla.

patelin [patlɛ̃] *nm* (*fam*) pueblado.

patente [patɑ̃t] *nf* patente *f*.

patère [patɛR] *nf* percha.

paternel, le [patɛRnɛl] *a* (*amour, soins*) paternal; (*ligne, autorité*) paterno(a).

paternité [patɛRnite] *nf* paternidad *f*.

pâteux, euse [patø, øz] *a* espeso(a), pastoso(a); **avoir la bouche/langue pâteuse** tener la boca/lengua pastosa.

pathétique [patetik] *a* patético(a).

pathologie [patɔlɔʒi] *nf* patología.

patiemment [pasjamɑ̃] *ad* pacientemente.

patience [pasjɑ̃s] *nf* paciencia; (CARTES) solitario *m*.

patient, e [pasjɑ̃, ɑ̃t] *a, nm/f* paciente (*m/f*).

patienter [pasjɑ̃te] *vi* esperar.

patin [patɛ̃] *nm* patín *m*; **~s** (**à glace**) patines (de cuchilla); **~s à roulettes** patines de ruedas; **faire du ~/du ~ à roulettes** practicar patinaje/patinaje sobre ruedas.

patinage [patinaʒ] *nm* patinaje *m*.

patine [patin] *nf* pátina.

patiner [patine] *vi* patinar; **se ~** cubrirse de pátina; **patineur, euse** *nm/f* patinador/ora; **patinoire** *nf* pista de patinaje.

pâtir [patiR] : ~ **de** *vt* padecer, sufrir por.

pâtisserie [patisRi] *nf* pastelería, repostería; (*boutique*) pastelería, confitería; **~s** *fpl* (*gâteaux*) pasteles *mpl*.

pâtissier, ière [patisje, jɛR] *nm/f* pastelero/a, repostero/a.

patois [patwa] *nm* habla regional.

patriarche [patRijaRʃ(ə)] *nm* patriarca *m*.

patrie [patRi] *nf* patria.

patrimoine [patRimwan] *nm* patrimonio.

patriote [patRijɔt] *a, nm/f* patriota (*m/f*); **patriotique** *a* patriótico(a).

patron, ne [patRɔ̃, ɔn] *nm/f* dueño/a; (REL) patrono/a; (*employeur*) empresario/a; (MÉD) profesor/ora // *nm* (COUTURE) patrón *m*; ~ **de thèse** padrino/a de tesis; **~al, e, aux** *a* patronal, empresarial.

patronage [patRɔnaʒ] *nm* patrocinio.

patronat [patRɔna] *nm* empresariado.

patronner [patRɔne] *vt* patrocinar.

patrouille [patRuj] *nf* patrulla; ~ **de chasse** patrulla de caza.

patrouiller [patRuje] *vi* patrullar.

patte [pat] *nf* pata; (*de cuir etc*) lengüeta; **pantalon à ~s d'éléphant** pantalón ancho.

pattemouille [patmuj] *nf* paño húmedo, trapo mojado.

pâturage [patyʀaʒ] *nm* lugar *m* de pastoreo, pradera.

paume [pom] *nf* palma.

paumer [pome] *vt (fam)* perder.

paupière [popjɛʀ] *nf* párpado.

pause [poz] *nf* pausa, alto; *(MUS)* pausa *o* silencio de redonda.

pauvre [povʀ(ə)] *a* pobre; **les ~s** los pobres; **~té** *nf* pobreza.

pavaner [pavane] : **se ~ vi** pavonearse, vanagloriarse.

pavé, e [pave] *a* empedrado(a), pavimentado(a) // *nm (bloc)* adoquín *m*; *(pavage)* pavimento; *(fam)* ladrillo.

pavillon [pavijɔ̃] *nm (kiosque, ANAT)* pabellón *m*; *(villa)* chalet *m*; *(d'hôpital)* sala, crujía; *(drapeau)* pabellón, bandera; **~ de complaisance** bandera de conveniencia.

pavoiser [pavwaze] *vt* embanderar, empavesar.

pavot [pavo] *nm* abormidera.

payable [pejabl(ə)] *a* pagadero(a).

payant, e [pejã, ãt] *a* *(hôte, spectateur)* que paga; *(billet, spectacle)* de pago; *(fig)* rentable, remunerador(ora).

paye [pɛj] *nf* = **paie**.

payement [pɛjmã] *nm* = **paiement**.

payer [peje] *vt* pagar // *vi (métier, crime etc)* rendir, redituar; **~ qn de** *(efforts etc)* recompensar a alguien por; **~ par chèque** pagar con cheque; **payeur, euse** *a* pagador(ora).

pays [pei] *nm* país *m*; tierra, región *f*; pueblo; aldea.

paysage [peizaʒ] *nm* paisaje *m*.

paysagiste [peizaʒist(ə)] *nm/f (ART)* paisajista *m/f*.

paysan, ne [peizã, an] *nm/f, a* campesino(a).

Pays-Bas [peiba] *nmpl*: **les ~** los Países Bajos.

PCV *sigle voir* **communication**.

PDG *sigle m voir* **président**.

péage [peaʒ] *nm* peaje *m*;

autoroute à ~ autopista *m* de peaje.

peau, x [po] *nf* piel *f*; *(du lait)* nata; *(de la peinture)* película; *(morceau de peau)*: **une ~** una piel, un pellejo; **~ de chamois** *(chiffon)* gamuza; **~ d'orange** *(MÉD)* piel de naranja; **P~-rouge** *nm/f* piel roja *m/f*.

pêche [pɛʃ] *nf* pesca; *(fruit)* melocotón *m* // *a*: **couleur ~** color melocotón; **~ au large/côtière à la ligne** pesca en alta mar/costera/con caña.

péché [peʃe] *nm* pecado.

pêche-abricot [pɛʃabriko] *nf* melocotón albaricoque *m*.

pêcher [peʃe] *vi (REL)* pecar; *(fig)* fallar.

pêcher [peʃe] *nm* melocotonero // *vi, vt* pescar; **~ au filet** pescar con red; **~ au chalut** pescar al arrastre *o* a la rastra.

pêcheur, eresse [peʃœʀ, ʃʀɛs] *nm/f* pecador/ora.

pêcheur [peʃœʀ] *nm* pescador *m*.

pectoraux [pɛktɔʀo] *nmpl* pectorales *mpl*.

pécule [pekyl] *nm* peculio.

pécuniaire [pekynjɛʀ] *a* pecuniario(a).

pédagogie [pedagɔʒi] *nf* pedagogía; **pédagogique** *a* pedagógico(a); **pédagogue** [-g:g] *nm/f* pedagogo/a.

pédale [pedal] *nf* pedal *m*; **pédaler** *vi* pedalear.

pédalo [pedalo] *nm* bicicleta acuática, hidropedal *m*.

pédant, e [pedã, ãt] *a (péj)* pedante.

pédéraste [pederast(ə)] *nm* pederasta *m*.

pédestre [pedɛstʀ(ə)] *a*: **randonnée ~** caminata.

pédiatre [pedjatʀ(ə)] *nm/f* pediatra *m/f*.

pédiatrie [pedjatʀi] *nf* pediatría.

pédicure [pedikyʀ] *nm/f* pedicuro/a.

pedigree [pedigʀi] *nm* pedigree *m*.

pègre [pɛgʀ(ə)] *nf* hampa.

peignais *etc vb voir* **peindre**.

peigne [pɛɲ] nm peine m.

peigner [peɲe] vt peinar; se ~ peinarse.

peignis vb voir **peindre**.

peignoir [peɲwaʀ] nm albornoz m; (déshabillé) bata, salto de cama.

peinard, e [penaʀ, aʀd(ə)] a (fam) tranquilo(a).

peindre [pɛ̃dʀ(ə)] vt pintar.

peine [pɛn] nf pena; (effort) esfuerzo, dificultad f; **faire de la ~ à qn** apenar a alguien, causar pena a alguien; **se donner ou prendre la ~ de** tomarse el trabajo de; **donnez-vous ou veuillez vous donner la ~ d'entrer** tenga (usted) o ¿quiere tener (usted) la amabilidad de entrar?; **pour la ~** en castigo; **à ~** ad (presque, très peu) apenas; (tout juste) apenas, sólo; **à ~ endormi** no bien o apenas dormido; **sous ~ de** so pena de; **de mort** pena de muerte.

peiner [pene] vi fatigarse, esforzarse // vt apenar, afligir.

peins etc vb voir **peindre**.

peintre [pɛ̃tʀ(ə)] nm pintor m; ~ **en bâtiment** pintor de brocha gorda.

peinture [pɛ̃tyʀ] nf pintura; ~ **laquée** pintura laqueada.

péjoratif, ive [peʒɔʀatif, iv] a peyorativo(a), despectivo(a).

pelage [pəlaʒ] nm pelaje m.

pêle-mêle [pɛlmɛl] ad en desorden.

peler [pəle] vt pelar // vi pelarse, despellejarse.

pèlerin [pɛlʀɛ̃] nm peregrino(a); ~**age** [pɛlʀinaʒ] nm peregrinación f; lugar m de peregrinación.

pélican [pelikɑ̃] nm pelícano.

pelle [pɛl] nf pala; ~ **à tarte/gâteau** pala para tarta/pastel; ~ **mécanique** pala mecánica; ~**ter** vt palear, apalear.

pelletier [pɛltje] nm peletero.

pellicule [pelikyl] nf película; ~**s** pl (MÉD) caspa.

pelote [pəlɔt] nf ovillo (d'épingles)

acerico, almohadilla; ~ **(basque)** pelota (vasca).

peloton [plɔtɔ̃] nm pelotón m.

pelotonner [plɔtɔne]: **se ~** vi acurrucarse, hacerse un ovillo.

pelouse [pluz] nf césped m.

peluche [pəlyʃ] nf: **animal en ~** animal m de felpa; **pelucher** vi soltar pelusa.

pelure [pəlyʀ] nf piel f, cáscara.

pénal, e, aux [penal, o] a penal.

pénaliser [penalize] vt sancionar, penar.

pénalité [penalite] nf sanción f, pena; (SPORT) penalidad f.

penalty, ies [penalti, tiz] nm penalty m.

pénard, e [penaʀ, aʀd(ə)] a = **peinard**.

pénates [penat] nmpl: **regagner ses ~** volver al hogar.

penaud, e [pəno, od] a contrito(a), confuso(a).

penchant [pɑ̃ʃɑ̃] nm inclinación f.

penché, e [pɑ̃ʃe] a (écriture) inclinado(a).

pencher [pɑ̃ʃe] vi inclinarse, torcerse // vt inclinar; se ~ vi inclinarse; se ~ sur (fig: problème) interesarse por, examinar; ~ **à/pour** inclinarse a/por.

pendable [pɑ̃dabl(ə)] a: **cas ~** cuestión f grave o condenable.

pendaison [pɑ̃dɛzɔ̃] nf horca.

pendant, e [pɑ̃dɑ̃, ɑ̃t] a (ADMIN, JUR) pendiente // prép durante; **faire ~ à** hacer juego con, corresponder a; **les bras ~s** los brazos colgando; ~**s d'oreilles** pendientes mpl.

pendeloque [pɑ̃dlɔk] nf colgante m.

pendentif [pɑ̃dɑ̃tif] nm colgante m.

penderie [pɑ̃dʀi] nf guardarropa m.

pendre [pɑ̃dʀ(ə)] vt colgar; (personne) ahorcar, colgar // vi colgar, pender; (jupe etc) colgar; se ~ ahorcarse; se ~ **à qch** colgarse de algo; ~ **la crémaillère** inaugurar la casa.

pendule [pãdyl] nf reloj m de péndulo // nm péndulo.

pendulette [pãdylɛt] nf relojito.

pêne [pɛn] nm pestillo.

pénétrer [penetʀe] vi penetrar, entrar // vt sondar, entrar, penetrar; (mystère etc) descubrir, adivinar; **se ~ de** convencerse de.

pénible [penibl(ə)] a penoso(a); (personne, caractère) insoportable; il m'est ~ **de**... me resulta penoso...; ~**ment** ad difícilmente, penosamente; apenas.

péniche [peniʃ] nf balsa, chalana; (MIL.): ~ **de débarquement** barcaza de desembarco.

pénicilline [penisilin] nf penicilina.

péninsule [penɛ̃syl] nf península.

pénis [penis] nm pene m.

pénitence [penitãs] nf penitencia; **être en ~** estar castigado(a); **mettre en ~** poner en castigo.

pénitencier [penitãsje] nm penitenciaría, penal m.

pénitentiaire [penitãsjɛʀ] a penitenciario(a).

pensant, e [pãsã, ãt] a: **bien/mal ~** bien/mal pensante.

pense-bête [pãsbɛt] nm recordatorio.

pensée [pãse] nf pensamiento m.

penser [pãse] vi, vt pensar; ~ **à** vt pensar en; (se souvenir de) acordarse de; ~ **du bien/du mal de** pensar bien/mal de; **libre penseur** librepensador m; **pensif, ive** a pensativo(a), absorto(a).

pension [pãsjɔ̃] nf pensión f; (école) internado m; **prendre ~ chez qn** hospedarse en la casa de alguien; **prendre qn en ~** hospedar a alguien en su casa; **mettre un enfant en ~ dans un collège** poner un niño interno en un colegio; **~ d'invalidité** pensión por invalidez; **~ complète** pensión completa; **~ de famille** casa de huéspedes; **~naire** [pãsjɔnɛʀ] nm/f pensionista m/f, interno/a.

pensionnat [pãsjɔna] nm internado, pensionado.

pentagone [pɛ̃tagɔn] nm pentágono.

pentathlon [pɛ̃tatlɔ̃] nm pentatlón m.

pente [pãt] nf declive m, pendiente f.

Pentecôte [pãtkot] nf: **la ~** Pentecostés m.

pénurie [penyʀi] nf escasez f, penuria.

pépier [pepje] vi piar.

pépin [pepɛ̃] nm pepita; (ennui) engorro, joroba.

pépinière [pepinjɛʀ] nf plantel m, almáciga.

pépite [pepit] nf pepita.

perçant, e [pɛʀsã, ãt] a agudo(a).

percée [pɛʀse] nf brecha; (MIL.): **tenter/faire une ~** intentar abrir/abrir una brecha.

perce-neige [pɛʀsɔnɛʒ] nf inv narciso de las nieves.

percepteur [pɛʀsɛptœʀ] nm recaudador m.

perception [pɛʀsɛpsjɔ̃] nf percepción f; recaudación f; (PSYCH): **la ~** la percepción; (bureau) oficina de recaudación.

percer [pɛʀse] vt (métal, mur, pneu) agujerear, perforar; (oreilles etc, aussi suj: bruit: oreilles, tympan) perforar; (abcès) reventar; (trou, fenêtre, tunnel, avenue) abrir; (suj: lumière, soleil: obscurité, nuage) atravesar; (mystère, énigme) penetrar, descifrar // vi aparecer; traslucirse, manifestarse; triunfar hacer carrera; ~ **une dent** echar un diente.

perceuse [pɛʀsøz] nf perforadora.

percevoir [pɛʀsəvwaʀ] vt percibir, advertir; (somme d'argent, revenu) percibir, cobrar; (taxe, impôt) cobrar, recaudar.

perche [pɛʀʃ(ə)] nf pértiga; (zool.) perca.

percher [pɛʀʃe] vi, se ~ vi (oiseau) posarse; **perchoir** nm percha, palo.

perclus, e [pɛʀkly, yz] a: ~ **de**

rhumatismes tullido de reumatismo.

perçois *etc*, **perçoive** *etc vb voir* **percevoir.**

percolateur [pɛʀkɔlatœʀ] *nm* cafetera grande.

perçu, e *pp de* **percevoir.**

percussion [pɛʀkysjɔ̃] *nf voir* **instrument.**

percuter [pɛʀkyte] *vt* percutir, golpear // *vi*: ~ **contre** chocar contra.

perdant, e [pɛʀdɑ̃, ɑ̃t] *nm/f* perdedor/ora // a *(numéro)* no premiado(a).

perdition [pɛʀdisjɔ̃] *nf (NAUT)*: **en** ~ en peligro de naufragio.

perdre [pɛʀdʀ(ə)] *vt* perder; *(gaspiller: temps, argent)* perder, malgastar // *vi* perder; *(récipient)* perder, salirse; **se** ~ *(s'égarer)* perderse, desorientarse; *(fig)* perderse, desaparecer.

perdreau, x [pɛʀdʀo] *nm* perdigón *m.*

perdrix [pɛʀdʀi] *nf* perdiz *f.*

perdu, e [pɛʀdy] *pp de* **perdre** // a perdido(a), extraviado(a); *(isolé)* perdido(a), alejado(a); *(COMM: emballage, aussi occasion)* perdido(a); *(malade, blessé)* perdido(a), desahuciado(a).

père [pɛʀ] *nm* padre *m*; ~**s** *mpl (ancêtres)* padres; **de** ~ **en fils** de padres a hijos; ~ **de famille** padre de familia; **valeurs de** ~ **de famille** inversiones seguras; **mon** ~ *(REL)* padre; **le** ~ **Noël** el papá Noel.

perfection [pɛʀfɛksjɔ̃] *nf* perfección *f.*

perfectionnement [pɛʀfɛksjɔnmɑ̃] *nm* perfeccionamiento; adelanto.

perfectionner [pɛʀfɛksjɔne] *vt* perfeccionar, mejorar; **se** ~ **en** perfeccionarse en; **perfectionniste** *nm/f* perfeccionista *m/f.*

perforant, e [pɛʀfɔʀɑ̃, ɑ̃t] *a (balle, obus)* perforante.

perforation [pɛʀfɔʀasjɔ̃] *nf* perforación *f.*

perforatrice [pɛʀfɔʀatʀis] *nf (de bandes, cartes)* perforadora; *(de tickets)* perforador *m.*

perforer [pɛʀfɔʀe] *vt* perforar.

perforeuse [pɛʀfɔʀøz] *nf* perforadora.

performance [pɛʀfɔʀmɑ̃s] *nf (d'un cheval, athlète)* marca, resultado; *(d'une machine)* rendimiento óptimo; *(fig)* hazaña, proeza.

perfusion [pɛʀfyzjɔ̃] *nf* perfusión *f.*

péricliter [peʀiklite] *vi* declinar, decaer.

péril [peʀil] *nm* peligro, riesgo; **à ses risques et** ~**s** por su cuenta y riesgo; ~**leux, euse** [peʀijø, øz] a peligroso(a), arriesgado(a).

périmé, e [peʀime] a perimido(a), caduco(a); *(ADMIN)* caducado(a).

périmètre [peʀimɛtʀ(ə)] *nm* perímetro.

période [peʀjɔd] *nf* período, lapso; *(PHYSIOLOGIE)* período; **périodique** a periódico(a) // *nm* publicación periódica; **serviette/tampon périodique** paño/tampón higiénico.

périphérie [peʀifeʀi] *nf (d'une ville)* periferia, extrarradio; **périphérique** a *(quartiers)* periférico(a).

périphrase [peʀifʀɑz] *nf* perífrasis *f.*

périr [peʀiʀ] *vi (personne)* perecer, morir; *(navire)* naufragar.

périscope [peʀiskɔp] *nm* periscopio.

périssable [peʀisabl(ə)] a perecedero(a).

péristyle [peʀistil] *nm* peristilo.

péritonite [peʀitɔnit] *nf* peritonitis *f.*

perle [pɛʀl(ə)] *nf (de perla; (de plastique, verre, métal)* perla, cuenta; *(de rosée, sang, sueur)* gota.

perler [pɛʀle] *vi* gotear, formar gotas.

permanence [pɛʀmanɑ̃s] *nf* permanencia, estabilidad *f*; *(ADMIN, MÉD, local)* servicio permanente;

(*SCOL*) sala de estudio; **en ~ ad** sin interrupción.

permanent, e [pɛrmanã, ãt] *a* (*constant, stable*) permanente, estable; (*continu*) permanente, constante; (*spectacle*) continuado(a); (*armée, envoyé*) estable, fijo(a) // *nf* permanente *f*.

perméable [pɛrmeabl(ə)] *a* (*terrain*) permeable; **~ à** (*fig*) influenciable a.

permettre [pɛrmɛtr(ə)] *vt* permitir, autorizar; (*suj*: *santé, diplôme*) permitir, consentir; **~ que** permitir o consentir que; **~ de faire qch** permitir hacer algo; **se ~ de faire qch** tomarse la libertad de hacer algo.

permis [pɛrmi] *nm* permiso, autorización *f*; **~ de chasse/pêche** licencia de caza/pesca; **~ de conduire** permiso de conducir; **~ de construire** autorización para construir; **~ d'inhumer** autorización de inhumar; **~ poids lourds** permiso para camiones de carga; **~ de séjour** permiso de residencia.

permission [pɛrmisjɔ̃] *nf* permiso, consentimiento *m*, (*MIL*) permiso; **avoir la ~ de faire** tener la autorización *o* el permiso para hacer; **~naire** [pɛrmisjɔnɛr] *nm* (*MIL*) militar *m* con permiso.

permuter [pɛrmyte] *vt, vi* permutar.

péroné [pɛrɔne] *nm* peroné *m*.

pérorer [pɛrɔre] *vi* perorar.

Pérou [pɛru] *nm*: **le ~** el Perú.

perpendiculaire [pɛrpãdikylɛr] *a, nf* perpendicular (*f*).

perpétrer [pɛrpetre] *vt* perpetrar, consumar.

perpétuel, le [pɛrpetɥɛl] *a* perpetuo(a), constante; (*dignité, fonction*) vitalicio(a), perenne.

perpétuer [pɛrpetɥe] *vt* perpetuar, mantener.

perpétuité [pɛrpetɥite] *nf*: **à ~ ad** a perpetuidad; **être condamné à ~** ser condenado a cadena perpetua.

perplexe [pɛrplɛks(ə)] *a* perplejo(a).

perquisition [pɛrkizisjɔ̃] *nf* pesquisa; **~ner** *vi* indagar, hacer una pesquisa.

perron [pɛrɔ̃] *nm* escalinata.

perroquet [pɛrɔkɛ] *nm* loro, papagayo.

perruche [pɛryʃ] *nf* cotorra.

perruque [pɛryk] *nf* peluca.

persan, e [pɛrsã, an] *a, nm, nf* persa (*m, f*).

Perse [pɛrs(ə)] *nf* Persia.

persécuter [pɛrsekyte] *vt* perseguir; (*harceler*) acosar, importunar.

persévérer [pɛrsevere] *vi* perseverar.

persiennes [pɛrsjɛn] *nfpl* persianas.

persiflage [pɛrsiflaʒ] *nm* burla, befa.

persil [pɛrsi] *nm* perejil *m*.

persistant, e [pɛrsistã, ãt] *a* persistente, tenaz; (*feuilles*) perenne; **arbre à feuillage ~** árbol *m* de follaje perenne.

persister [pɛrsiste] *vi* persistir, perdurar; (*personne*) persistir, obstinarse; **~ à** persistir en.

personnage [pɛrsɔnaʒ] *nm* (*notable*) personaje *m*.

personnaliser [pɛrsɔnalize] *vt* dar un toque personal a; (*impôt, assurance*) personalizar.

personnalité [pɛrsɔnalite] *nf* personalidad *f*.

personne [pɛrsɔn] *nf* persona // *pron* nadie; **en ~** personalmente, en persona; **grande ~** persona mayor; **~ morale** *ou* **civile** (*JUR*) persona moral *o* civil; **~ âgée** persona de edad; **~ à charge** (*JUR*) persona a cargo; **personnel, le** *a, nm* personal (*m*); **personnellement** *ad* personalmente; **personnifier** *vt* personificar.

perspective [pɛrspɛktiv] *nf* perspectiva; **~s** *fpl* (*horizons*) perspectivas.

perspicace [pɛrspikas] *a* perspicaz.

persuader [pɛʀsɥade] vt: ~ qn de/que/de faire persuadir a alguien de/de que/que haga; **persuasif, ive** a persuasivo(a), convincente.

perte [pɛʀt(ə)] nf pérdida; (malheur) pérdida, daño; ~s fpl (personnes tuées) pérdidas, bajas; (COMM) pérdidas; (à ~) con pérdida; à ~ de vue hasta donde se pierde la vista; (fig) interminablemente; en pure ~ inútilmente, para nada; courir à sa ~ ir a su perdición; ~ sèche pérdida total; ~s blanches leucorrea.

pertinent, e [pɛʀtinɑ̃, ɑ̃t] a pertinente.

perturbation [pɛʀtyʀbɑsjɔ̃] nf perturbación f, alteración f; ~ atmosphérique perturbación atmosférica.

perturber [pɛʀtyʀbe] vt perturbar, alterar; (PSYCH) turbar, trastornar.

péruvien, ne [peʀyvjɛ̃, jɛn] a, nm/f peruano(a).

pervenche [pɛʀvɑ̃ʃ] nf vincaperviṇca.

pervers, e [pɛʀvɛʀ, ɛʀs(ə)] a, nm/f perverso(a).

pervertir [pɛʀvɛʀtiʀ] vt pervertir.

pesage [pəzaʒ] nm peso; (endroit) recinto donde se efectúa el peso.

pesant, e [pəzɑ̃, ɑ̃t] a pesado(a).

pesanteur [pəzɑ̃tœʀ] nf (PHYSIQUE): **la ~** la gravedad.

pèse-bébé [pɛzbebe] nm balanza de bebé.

pèse-lettre [pɛzlɛtʀ(ə)] nm pesacartas m inv.

peser [pəze] vt pesar; (considérer, comparer) medir, sopesar // vi: ~ sur (levier etc) apoyarse contra, hacer fuerza sobre; (fig) pesar en o sobre; pesar o influenciar en.

pessimisme [pesimism(ə)] nm pesimismo.

pessimiste [pesimist(ə)] a, nm/f pesimista (m/f).

peste [pɛst(ə)] nf peste f.

pester [pɛste] vi: ~ contre echar pestes contra.

pestiféré, e [pɛstifeʀe] nm/f apestado/a.

pestilentiel, le [pɛstilɑ̃sjɛl] a pestilente.

pet [pɛ] nm (fam!) pedo.

pétale [petal] nf pétalo.

pétanque [petɑ̃k] nf petanca.

pétarader [petaʀade] vi producir detonaciones o estampidos.

pétard [petaʀ] nm petardo.

péter [pete] vi (fam!) peer.

pétiller [petije] vi (flamme, bois) chisporrotear, crepitar; (mousse, champagne) burbujear; (joie, yeux) chispear.

petit, e [pəti, it] a pequeño(a); (main, objet, colline, en âge: enfant) pequeño(a), chico(a); (personne, taille, pluie) pequeño(a), menudo(a); (voyage etc) corto(a), breve; (bruit etc) ligero(a), moderado(a); (minime) mínimo(a), pequeño(a); (peu nombreux) pequeño(a), reducido(a) // ad: ~ à ~ poco a poco // nm/f (petit enfant) niño/a, chico/a; ~s mpl (d'un animal) cría; **la classe des** ~s la clase de los párvulos; **pour** ~**s et grands** para chicos y grandes; **les tous-**~**s** los más pequeños, los pequeñuelos; **le** ~ **doigt** el meñique, el dedo pequeño; ~ **four** pasta; ~ **pois** guisante m; ~**-e-fille** nf nieta; ~**ment** [pətimɑ̃] ad (fig) modestamente, mezquinamente; **être logé** ~**ment** vivir en una casa pequeña; ~**esse** [pətitɛs] nf pequeñez f; (d'une existence) mediocridad f; (mesquinerie) mezquindad f, bajeza; ~**-fils** nm nieto.

pétition [petisjɔ̃] nf petición f.

petit-lait [ptilɛ] nm suero.

petits-enfants [ptizɑ̃fɑ̃] nmpl nietos.

pétrifier [petʀifje] vt petrificar.

pétrin [petʀɛ̃] nm (BOULANGERIE) amasadera; (fig) atolladero.

pétrir [petʀiʀ] vt (pâte) amasar; (argile, cire) modelar, trabajar.

pétrole [petʀɔl] nm petróleo;

pétrolier, ière a petrolero(a) // nm petrolero.

peu [pø] ad, nm poco // pron (nombre) pocos(as); (quantité) poco(a); ~ de (nombre) pocos(as); (quantité) poco(a); ~ de temps après/avant poco después/antes; en ~ de temps en poco tiempo; de ~ de poco; il a gagné de ~ ganó por poco; il est de ~ mon aîné es un poco mayor que yo; éviter qch de ~ escaparse de algo por poco; ~ à ~ poco a poco; à ~ près ad poco más o menos; à ~ près 10 F/10 kg 10 F/10 kg poco más o menos; avant ~ dentro de poco.

peuplade [pœplad] nf pueblo primitivo.

peuple [pœpl(ə)] nm pueblo.

peupler [pœple] vt poblar.

peuplier [pœplije] nm álamo.

peur [pœR] nf (PSYCH) miedo, temor m; (émotion): une ~ un miedo o susto; avoir ~ (de/de faire) tener miedo (de/de hacer); avoir ~ que tener miedo de que, temer que; la/une ~ de el/un temor de; faire ~ à dar miedo a, asustar a; de ~/de que por miedo o temor a/de que; ~eux, euse a miedoso(a), temeroso(a).

peut vb voir **pouvoir**.

peut-être [pøtɛtR(ə)] ad quizá(s), tal vez; ~ bien posiblemente; ~ que puede ser que; ~ fera-t-il beau dimanche tal vez haga buen tiempo el domingo.

peuvent, peux vb voir **pouvoir**.

phacochère [fakɔʃɛR] nm facocero.

phalange [falɑ̃ʒ] nf falange f.

phallocrate [falɔkRat] nm chauvinista masculino.

phallus [falys] nm falo.

pharaon [faRaɔ̃] nm faraón m.

phare [faR] nm faro; se mettre en ~s poner la luz larga o de carretera.

pharmaceutique [faRmasøtik] a farmacéutico(a).

pharmacie [faRmasi] nf farmacia; (produits) botiquín m.

pharmacien, ne [faRmasjɛ̃, ɛn] nm/f farmacéutico/a.

pharynx [faRɛ̃ks] nm faringe f.

phase [faz] nf fase f.

phénomène [fenɔmɛn] nm fenómeno; (personne) tipo raro, caso.

philanthrope [filɑ̃tRɔp] nm/f filántropo/a.

philatélie [filateli] nf filatelia; **philatéliste** m/f filatelista m/f.

philharmonique [filaRmɔnik] a filarmónico(a).

philistin [filistɛ̃] nm grosero, bárbaro.

philo [filo] nf abrév de **philosophie**.

philodendron [filodɛ̃dRɔ̃] nm filodendro.

philosophe [filɔzɔf] nm/f filósofo/a // a juicioso(a), prudente.

philosophie [filɔzɔfi] nf filosofía; **philosophique** a filosófico(a).

phlébite [flebit] nf flebitis f.

phobie [fɔbi] nf fobia.

phonétique [fonetik] a fonético(a) // nf fonética.

phonographe [fonɔgRaf] nm fonógrafo.

phoque [fɔk] nm foca; (fourrure) piel f de foca.

phosphate [fɔsfat] nm fosfato.

phosphore [fɔsfɔR] nm fósforo.

phosphorescent, e [fɔsfɔResɑ̃, ɑ̃t] a fosforescente.

photo [foto] nf (abrév de **photographie**) foto f; **prendre (qn) en** ~ sacar una foto a (alguien); **aimer/faire de la** ~ gustar de/dedicarse a la fotografía; ~ **d'identité** foto de carnet.

photo... [foto] préf: ~**copie** nf fotocopia; ~**copier** vt fotocopiar; ~**génique** a fotogénico(a); ~**graphe** nm/f fotógrafo/a; ~**graphie** nf fotografía; ~**graphier** vt fotografiar; ~**graphique** a fotográfico(a); ~**maton** nm cámara de fotografía superautomática; ~**robot** nm foto-robot m.

phrase [fʀɑz] *nf* frase *f*, oración *f*.

phtisie [ftizi] *nf* tisis *f*.

physicien, ne [fizisjɛ̃, jɛn] *nm/f* físico/a.

physiologie [fizjɔlɔʒi] *nf* fisiología; **physiologique** a fisiológico(a).

physionomie [fizjɔnɔmi] *nf* fisonomía; **physionomiste** a fisonomista.

physique [fizik] a físico(a) // *nf* (*d'une personne*) físico // *nf* física; **au** ~ en lo físico, físicamente; **~ment** *ad* materialmente; físicamente.

pi [pi] *nm* (*GÉOMÉTRIE*) pi *f*.

piaffer [pjafe] *vi* piafar.

piailler [pjaje] *vi* piar.

pianiste [pjanist(ə)] *nm/f* pianista *m/f*.

piano [pjano] *nm* piano.

pianoter [pjanɔte] *vi* teclear; (*tapoter*): ~ **sur** tamborilear en.

pic [pik] *nm* pico; (*ZOOL*) pico, pájaro carpintero; **à** ~ a pico; (*fig*) de perilla.

pichet [piʃɛ] *nm* jarro.

pickpocket [pikpɔkɛt] *nm* carterista *m*, ratero.

picorer [pikɔʀe] *vt* picotear, picar.

picoter [pikɔte] *vt* picotear // *vi* (*irriter*) causar picazón.

picrique [pikʀik] *am*: **acide** ~ ácido pícrico.

pie [pi] *nf* urraca; (*fig*) cotorra // *af*: **œuvre** ~ obra pía.

pièce [pjɛs] *nf* pieza; (*d'un logement*) habitación *f*, cuarto; (*THÉÂTRE*) obra; (*de monnaie*) moneda, pieza; (*COUTURE*) pieza, remiendo; (*document*): ~ **d'identité** documento de identidad; (*morceau, fragment*) pedazo, trozo; (*de drap, tissu*) retazo; (*de bétail*) res *f*; **dix francs** ~ diez francos cada uno(a); **à la** ~ (*vendre*) por unidad; (*travailler, payer*) a destajo; **un deux** ~**s cuisine** una casa *o* un apartamento de dos habitaciones y cocina; ~ **à conviction** cuerpo del delito; ~ **d'eau** estanque *m*; ~ **justificative** comprobante *m*; ~ **montée** plato montado; ~**s**

détachées piezas de repuesto, repuestos.

pied [pje] *nm* pie *m*; (*ZOOL*) pata, mano; (*de meuble, table*) pata; ~**s nus** *ou* **nu**-~**s** descalzo(a); **à** ~ a pie; **à** ~ **sec** a pie enjuto; **de** ~ **en cap** de pies a cabeza; **en** ~ (*portrait*) de cuerpo entero; **avoir/perdre** ~ hacer/perder pie; **sur** ~ (*AGR*) en pie *o* sin recoger; (*debout*) en pie; **mettre sur** ~ (*affaire, entreprise*) poner en pie *o* marcha; **mettre à** ~ (*employé*) poner en la calle; **faire du** ~ **à** qn dar con el pie a alguien; ~ **de salade** planta de ensalada; ~ **de vigne** cepa; ~**-de-biche** *nm* (*COUTURE*) prensatelas *m* inv; ~**-à-terre** *nm inv* vivienda de paso.

piédestal, aux [pjedɛstal, o] *nm* pedestal *m*.

pied-noir [pjenwaʀ] *nm* argelino de origen europeo.

piège [pjɛʒ] *nm* trampa; **prendre au** ~ coger en la trampa.

piéger [pjeʒe] *vt* (*avec une bombe, mine*) colocar una trampa explosiva en.

pierraille [pjeʀɑj] *nf* grava, gravilla.

pierre [pjɛʀ] *nf* piedra; **première** ~ (*d'un édifice*) piedra fundamental; **à briquet** piedra de mechero; ~ **fine** piedra fina; ~ **de taille** sillar *m*, piedra de sillería; ~**ries** *fpl* pedrerías.

piété [pjete] *nf* piedad *f*.

piétiner [pjetine] *vi* patalear; (*marquer le pas*) marcar el paso; (*fig*) estancarse // *vi* pisotear.

piéton, ne [pjetɔ̃, ɔn] *nm/f* peatón/ona; ~**nier, ière** a peatonal.

piètre [pjɛtʀ(ə)] a triste, pobre.

pieu, x [pjø] *nm* estaca.

pieuvre [pjœvʀ(ə)] *nf* pulpo.

pieux, euse [pjø, øz] a piadoso(a).

pigeon [piʒɔ̃] *nm* palomo; ~ **voyageur** paloma mensajera; ~**neau, x** [piʒøno] *nm* pichón *m*; ~**nier** *nm* palomar *m*.

piger [piʒe] *vt* (*fam*) entender.

pigment [pigmã] *nm* pigmento.

pignon [piɲɔ̃] *nm* (*de mur*) aguilón *m*; (*d'engrenage*) piñón *m*; **avoir ~ sur rue** ser propietario(a) de una importante casa de comercio.

pile [pil] *nf* pila // *ad* en seco listo; **jouer à ~ ou face** jugar a cara o cruz.

piler [pile] *vt* moler, machacar.

pileux, euse [pilɛ, øz] *a*: **système ~** sistema piloso.

pilier [pilje] *nm* pilar *m*.

pillard, e [pijaʀ, aʀd(ə)] *nm/f* saqueador/ora.

piller [pije] *vt* saquear.

pilon [pilɔ̃] *nm* mano, pisón *m*.

pilonner [pilɔne] *vt* aplastar, machacar.

pilori [piloʀi] *nm*: **mettre ou clouer au ~** poner en la picota.

pilotage [pilotaʒ] *nm* pilotaje *m*.

pilote [pilot] *nm* piloto *// a*: **piloto inv**, modelo *inv*; **~ de ligne/d'essai/de chasse** piloto civil/de prueba/de caza.

piloter [pilote] *vt* pilotar.

pilotis [piloti] *nm* pilote *m*.

pilule [pilyl] *nf* píldora.

pimbêche [pɛ̃bɛʃ] *nf* (*péj*) remilgada.

piment [pimã] *nm* pimienta; (*fig*) sal *f*.

pin [pɛ̃] *nm* pino; **~ parasol** pino piñonero o parasol.

pince [pɛ̃s] *nf* pinza; (*d'un homard, crabe*) pinza, pata; (**~ à sucre/glace** tenacillas para el azúcar/hielo; **~ à épiler** pinza de depilar; **~ à linge** pinza para la ropa; **~s de cycliste** sujetadores *mpl*, clips *mpl* de ciclista.

pincé, e [pɛ̃se] *a* (*air, sourire*) afectado(a), forzado(a) // *nf*: **une ~e de** una pizca.

pinceau, x [pɛ̃so] *nm* pincel *m*.

pince-monseigneur [pɛ̃smɔ̃sɛɲœʀ] *nf* ganzúa.

pince-nez [pɛ̃sne] *nm* *inv* quevedos.

pincer [pɛ̃se] *vt* pellizcar; (*MUS: cordes*) puntear; (*suj: vêtement*)

ajustar; (*COUTURE*) entallar; (*fam*) pescar, atrapar.

pince-sans-rire [pɛ̃ssɑ̃ʀiʀ] *nm/f inv* persona que bromea conservando un aspecto serio.

pincettes [pɛ̃sɛt] *nfpl* (*pour le feu*) tenazas; (*instrument*) pinza.

pinède [pinɛd] *nf* pinar *m*.

pingouin [pɛ̃gwɛ̃] *nm* pingüino.

ping-pong [piŋpɔ̃g] *nm* ping-pong *m*, tenis de mesa.

pingre [pɛ̃gʀ(ə)] *a* roñoso(a).

pinson [pɛ̃sɔ̃] *nm* pinzón *m*.

pintade [pɛ̃tad] *nf* pintada, gallina de Guinea; **pintadeau, x** *nm* polluelo de pintada.

pioche [pjɔʃ] *nf* pico, piqueta; **piocher** *vt* cavar; **piocher dans** hurgar en.

piolet [pjɔlɛ] *nm* piolet *m*.

pion, ne [pjɔ̃, ɔn] *nm/f* (*SCOL: péj*) vigilante *m/f* // *nm* (*ÉCHECS*) peón *m*; (*DAMES*) ficha.

pionnier [pjɔnje] *nm* pionero; (*fig*) precursor *m*.

pipe [pip] *nf* pipa; **fumer la ~** fumar en pipa.

pipeau, x [pipo] *nm* caramillo.

pipe-line [pajplajn] *nm* oleoducto.

pipi [pipi] *nm* (*fam*): **faire ~** hacer pipí.

piquant, e [pikã, ãt] *a* (*barbe*) áspero(a), punzante; (*rosier etc*) espinoso(a), punzante; (*saveur, sauce*) picante // *nm* (*épine*) púa, espina; (*fig*) (lo) excitante, lo chistoso.

pique [pik] *nf* (*arme*) pica; (*fig*) indirecta // *nm* (*CARTES: couleur*) picos, ≈ espadas; (: *carte*) pico, ≈ espada.

piqué, e [pike] *a* (*COUTURE*) con pespuntes; (*livre, glace*) manchado(a); (*vin*) picado(a) // *nm*: (*TEXTILE*) piqué *m*.

pique-assiette [pikasjɛt] *nm/f inv* mogrollo, parásito.

pique-nique [piknik] *nm* picnic *m*

piquer [pike] *vt* (*percer*) pinchar; (*MÉD*) poner una inyección a; vacunar; (: *animal blessé*) matar mediante una inyección; (*suj*: *insecte, fumée, ortie, poivre, froid*) picar; (*COUTURE*) pespuntear, coser; (*fam*) soplar, birlar; atrapar, pillar // vi (*oiseau, avion*) picar; ~ **qch dans/à** clavar algo en; ~ **qch sur** prender algo sobre; **se ~** (*avec une aiguille*) pincharse; **se faire une piqûre**) inyectarse; **se ~ de** alardear de; ~ **du nez** caerse de narices.

piquet [pikɛ] nm (*pieu*) estaca, jalón m; (*de tente*) estaca; **mettre un élève au ~** poner a un alumno en penitencia; ~ **de grève** piquete m de huelga; ~ **d'incendie** piquete o pelotón m contra incendios.

piqûre [pikyʀ] nf pinchazo, picadura; (*MÉD*) inyección f, vacuna; (*COUTURE*) pespunte m, costura; (*de ver*) picadura; (*tache*) mancha.

pirate [piʀat] nm, a pirata (*m*); ~ **de l'air** pirata del aire.

pire [piʀ] a, nm peor (*m*); **pour le meilleur et pour le ~** en las buenas y en las malas.

pirogue [piʀɔg] nf piragua.

pirouette [piʀwɛt] nf pirueta, (*fig*) cambio.

pis [pi] nm (*pire*): **le ~** lo peor // a, ad peor; ~-**aller** nm inv expediente m, mal menor m; **au ~-aller** ad en el peor de los casos.

pisciculture [pisikyltyʀ] nf piscicultura.

piscine [pisin] nf piscina.

pissenlit [pisɑ̃li] nm diente de león m.

pisser [pise] vi (*fam*!) mear (!).

pissotière [pisɔtjɛʀ] nf (*fam*) meadero.

pistache [pistaʃ] nf pistacho.

piste [pist(ə)] nf pista; (*d'un animal*) pista, rastro; (*d'un magnétophone*) banda; ~ **de danse** pista de baile.

pistil [pistil] nm pistilo.

pistolet [pistɔlɛ] nm pistola; ~ **à bouchon/air comprimé** pistola con tapón de aire comprimido; ~-**mitrailleur** [pistola ametralladora.

piston [pistɔ̃] nm (*TECH*) pistón m; (*MUS*): **cornet/trombone à ~s** corneta/trombón m de pistones.

pistonner [pistɔne] vt (*candidat*) recomendar, enchufar.

pitance [pitɑ̃s] nf (*péj*) pitanza.

piteux, euse [pitø, øz] a deplorable, lastimoso(a).

pitié [pitje] nf piedad f; **faire ~** dar lástima, inspirar piedad; **avoir ~ de qn** tener lástima de alguien, sentir piedad por alguien.

piton [pitɔ̃] nm (*clou, vis*) clavija.

pitoyable [pitwajabl(ə)] a lamentable, lastimoso(a).

pitre [pitʀ(ə)] nm payaso; ~**rie** nf payasada, bufonada.

pittoresque [pitɔʀɛsk(ə)] a pintoresco(a).

pivert [pivɛʀ] nm picoverde m, picamaderos m inv.

pivot [pivo] nm pivote m; (*fig*) eje m, centro; ~**er** vi girar.

pizza [pidza] nf pizza.

placard [plakaʀ] nm armario empotrado; (*affiche*) cartel m, anuncio; ~ **publicitaire** cartel de propaganda; ~**er** vt (*affiche*) fijar, pegar.

place [plas] nf plaza; (*emplacement*) sitio, lugar m; (*espace libre*) lugar, espacio; (*siège: de train, cinéma, voiture, aussi classement*) puesto; (*fig: situation*) condición f, situación f; (*emploi*) puesto, cargo; **en ~** en el lugar o sitio; **sur ~** en el lugar o sitio; (*sur les lieux*) sobre el terreno; **faire ~** à dejar sitio a; **à la ~ (de)** en lugar de(; **une quatre ~s** (*AUTO*) un coche de cuatro plazas; ~**s avant/arrière** asientos delanteros/traseros; ~**s assise/debout** puesto de sentado/de pie; ~ **forte** plaza fuerte; ~ **d'honneur** puesto de honor.

placé, e [plase] a (*HIPPISME*) placé; **haut ~** (*fig*) importante; **bien/mal ~** bien/mal ubicado.

placement [plasmɑ̃] nm colocación f.

placenta [plasɛ̃ta] nm placenta.

placer [plase] vt colocar; (*convive,*

spectateur) acomodar; (*dans la conversation*) decir; (*récit, événement, pays: situer*) situar; **se ~ au premier rang/devant** colocarse en primera fila/delante de.

plafond [plafɔ̃] *nm* techo *m*; (AVIAT) altura máxima; (*fig*) tope *m*; **~ de nuages** capa de nubes bajas.

plafonner [plafɔne] *vi* (AVIAT) alcanzar la altura máxima; (*fig*) llegar al máximo.

plage [plaʒ] *nf* playa; **~ arrière** (AUTO) bandeja; **~ musicale** (RADIO) espacio musical.

plagiat [plaʒja] *nm* plagio.

plagier [plaʒje] *vt* plagiar.

plaid [plɛd] *nm* manta de viaje.

plaidant, e [plɛdɑ̃, ɑ̃t] *a* (JUR) pleiteante, litigante.

plaider [plede] *vi* pleitear // *vt* (*cause*) defender; **~ l'irresponsabilité** *etc* alegar irresponsabilidad *etc*; **~ coupable/non coupable** declararse culpable/inocente.

plaideur, euse *nm/f* (JUR) pleitista *m/f*, litigante *m/f*; **plaidoirie** *nf* (JUR) alegato, defensa; **plaidoyer** *nm* (JUR) defensa; (*éloge*) alegato.

plaie [plɛ] *nf* llaga, herida.

plaignant, e [plɛɲɑ̃, ɑ̃t] *a, nm/f* demandante (*m/f*).

plaindre [plɛ̃dʀ(ə)] *vt* compadecer a; **se ~** quejarse; **se ~ que** quejarse o lamentarse de que.

plaine [plɛn] *nf* llanura, planicie f.

plain-pied [plɛ̃pje] : **de ~** *ad* al mismo nivel.

plaint, e *pp de* **plaindre**.

plainte [plɛ̃t] *nf* gemido, lamento; (*doléance*) queja.

plaintif, ive [plɛ̃tif, iv] *a* quejumbroso(a).

plaire [plɛʀ] *vi* gustar, agradar; **~ à** *vt* (*suj: personne*) gustar a; (: *spectacle, situation*) gustar o agradar a; **se ~** *vi* (*dans un lieu etc*) estar a gusto; (*plante*) darse bien; **tant qu'il vous plaira** cuanto usted quiera; **s'il vous plaît** por favor.

plaisamment [plɛzamɑ̃] *ad* agradablemente, graciosamente.

plaisance [plɛzɑ̃s] *nf*: **la ~** la navegación de recreo.

plaisant, e [plɛzɑ̃, ɑ̃t] *a* agradable; (*histoire*) divertido(a), gracioso(a).

plaisanter [plɛzɑ̃te] *vi* bromear, jaranear; **~ie** [-tʀi] *nf* broma, chanza.

plaisent *vb voir* **plaire**.

plaisir [pleziʀ] *nm* placer *m*; **~s** *mpl* (*agréments*) encantos; **faire ~ à qn** dar gusto o placer a alguien; **prendre ~ à** complacerse en; **M. et Mme X ont le ~ de vous faire part de...** el Sr y la Sra X tienen el agrado de participarle...; **à ~** a gusto; **por gusto**.

plaisons, plaît *vb voir* **plaire**.

plan, e [plɑ̃, an] *a* plano(a) // *nm* plan *m*; (*d'un bâtiment, d'une machine, ville*) plano; **au premier/second ~** en primer/segundo plano; **de premier/second ~** a de primera/segunda plano; **sur le ~ (de)...** en el terreno (de)...; **sur le plan du point de vista (de)...**; **sur tous les ~s** en todos los planos o aspectos; **(en) gros ~** (en) primer plano; **toit en ~ incliné** techo en declive; **~ d'eau** espejo de agua; **~ de sustentation** plano de sustentación.

planche [plɑ̃ʃ] *nf* tabla; (*illustration*) lámina; (*de salades etc*) arriate *m*; (*d'un plongeoir*) tablón *m*, palanca; **les ~s** (THÉÂTRE) las tablas; **faire la ~** hacer la plancha; **~ à dessin** tablero de dibujo; **~ à repasser** tabla de planchar.

plancher [plɑ̃ʃe] *nm* (*entre deux étages*) solera; (*sol*) piso; (*fig*) nivel mínimo.

plancton [plɑ̃ktɔ̃] *nm* plancton *m*.

planer [plane] *vi* planear; (*fig*) cernerse.

planète [planɛt] *nf* planeta *m*.

planeur [planœʀ] *nm* planeador *m*.

planifier [planifje] *vt* planificar.

planning [planiŋ] *nm* planificació t, programación f; **~ familial** control *m* de la natalidad.

planque [plɑ̃k] *nf* (*fam*) momio breva; escondrijo.

ant [plɑ̃] *nm* planta.

antation [plɑ̃tasjɔ̃] *nf* plantación

ante [plɑ̃t] *nf* planta; ~ **d'appar-**
-ement planta de interior; ~ **des**
-eds planta de los pies.

anter [plɑ̃te] *vt* plantar;
(*enfoncer*) clavar; (*échelle, tente,*
décors) instalar, montar; (*drapeau*)
arboriar; ~ qch de poblar algo de;
anteur *nm* plantador m.

anton [plɑ̃tɔ̃] *nm* ordenanza m.

antureux, euse [plɑ̃tyʀø, øz] *a*
abundante, copioso(a); exuberante.

aque [plak] *nf* placa, plancha; (*de*
terre) hoja; (*d'eczéma*) placa; (*fig:*
tache) mancha; ~ **de chocolat**
tableta de chocolate; ~ **chauffante**
calientaplatos *m inv*; ~ **d'identité**
placa de matrícula; ~ **d'immatri-**
-ulation (*AUTO*) placa de matrícula;
~ **tournante** (*fig*) eje m.

aqué, e [plake] *a*: ~ **or/argent**
chapado en oro/plata.

aquer [plake] *vt* (*bijou*) chapar;
(*aplatir*) aplanar; (*RUGBY*) hacer un placaje.

aquette [plakɛt] *nf* (*de chocolat*)
tableta; (*de beurre*) paquete m.

asma [plasma] *nm* plasma m.

astic [plastik] *nm* explosivo
plástico.

astifié, e [plastifje] *a* plastifica-
-o(a).

astique [plastik] *a* plástico(a) //
nm plástico.

astiquer [plastike] *vt* volar con
explosivo plástico.

at, e [pla, at] *a* (*toit, terrain*)
**llano(a); plano(a); (*chapeau,*
gâteau, ventre, poitrine, style)
**plano(a); (*talons*) bajo(a) // *nm*
parte f; (*CULIN: d'un repas*) plato; **le
~ **de la main** la palma de la mano;
à ~ **d'un couteau** la hoja de un
cuchillo; à ~ **ventre** *ad* boca abajo;
à ~ *ad* de plano // *a* (*pneu*)
**desinflado(a); (*batterie*) descarga-
-do(a); ~ **de résistance plato fuerte.

atane [platan] *nm* plátano.

ateau, x [plato] *nm* (*support*)

bandeja; (*d'une balance*) platillo;
(*GÉO*) meseta; (*d'un graphique*)
nivel m; (*RADIO, TV*) escenario.

plate-bande [platbɑ̃d] *nf* arriate
m.

platée [plate] *nf* fuente f.

plate-forme [platfɔʀm(ə)] *nf*
plataforma; (*terre-plein*) terraza; ~
de forage plataforma de
perforación.

platine [platin] *nm* (*métal*) platino
// *nf* (*d'un tourne-disque*) plato.

platitude [platityd] *nf* simpleza.

plâtras [plɑtʀa] *nm* cascote m.

plâtre [plɑtʀ(ə)] *nm* yeso; (*statue*)
estatua de yeso; (*MÉD*) escayola,
yeso; **avoir un bras dans le** ~ tener
un brazo enyesado; **plâtrer** *vt*
enyesar, enlucir; (*MÉD*) enyesar,
escayolar.

plausible [plozibl(ə)] *a* plausible.

play-back [plɛbak] *nm* play-back
m.

play-boy [plɛbɔj] *nm* play-boy m.

plébiscite [plebisit] *nm* plebiscito.

plein, e [plɛ̃, ɛn] *a* lleno(a), reple-
to(a); (*journée*) pleno(a), comple-
to(a); (*porte, roue*) macizo(a);
(*joues, visage, formes*) relleno(a);
(*lune*) lleno(a); (*mer*) alto(a);
(*chienne, jument*) preñada // *nm*:
faire le ~ (*d'essence etc*) llenar el
depósito; ~ **de** a lleno de; **à** ~ **es**
mains a manos llenas; **en** ~ **air** al
aire libre; **en** ~ **soleil** a pleno sol;
en ~ **rue** en medio de la calle; **en**
~ **milieu** en el mismo centro; **en**
~ **nuit** en plena noche; **en** ~ **sur**
justo sobre, de lleno sobre; ~
emploi *nm* pleno empleo.

plénière [plenjɛʀ] *af*: **assemblée**
~ asamblea plenaria.

pléonasme [pleonasm(ə)] *nm* pleo-
nasmo.

pléthore [pletɔʀ] *nf*: ~ **de**
sobreabundancia de.

pleurer [plœʀe] *vi* llorar // *vt*
llorar, lamentar; ~ **sur** *vt* llorar
por.

pleurésie [plœʀezi] *nf* pleuresía.

pleurnicher [plœʀniʃe] vi llori-quear.

pleurs [plœʀ] nmpl: **en ~** en lágrimas o llanto.

pleutre [plø̃tʀ(ə)] a pusilánime.

pleuvoir [plœvwaʀ] vi llover; **il pleut des cordes** llueve a cántaros.

plexiglas [plɛksiglas] nm plexiglás m.

pli [pli] nm pliegue m; (de jupe) pliegue, tabla; (de pantalon) raya; (du cou, menton) pliegue, arruga; (enveloppe) sobre m; (lettre) carta; (CARTES) baza; **faux ~** arruga; **~ de terrain** repliegue m de terreno, hondonada.

pliable [plijabl(ə)] a (carton) flexible; (siège) plegable.

pliage [plijaʒ] nm plegado.

pliant, e [plijɑ̃, ɑ̃t] a plegable // nm silla de tijera.

plier [plije] vt plegar, doblar; (tente) desmontar; (table pliante) plegar; (genou, bras) flexionar; (fig): **~ qn** a someter a alguien a // vi plegarse, doblarse; **se ~ à** someterse a, doblegarse a.

plinthe [plɛ̃t] nf zócalo.

plissé, e [plise] a (GÉO) plegado(a).

plissement [plismɑ̃] nm (GÉO) plegamiento.

plisser [plise] vt plegar, plisar; (front, bouche) arrugar, fruncir.

plomb [plɔ̃] nm (métal) plomo; (d'une cartouche) perdigón m; (sceau) precinto; (ÉLEC) fusible m; **à ~ plomo** a plomo.

plomber [plɔ̃be] vt (canne, ligne) colocar el plomo en; (colis, wagon) precintar; (TECH: mur) aplomar; (dent) empastar, poner una amal-gama en.

plomberie [plɔ̃bʀi] nf fontanería; (installation) tubería.

plombier [plɔ̃bje] nm fontanero.

plonge [plɔ̃ʒ] nf: **faire la ~** lavar los platos.

plongeant, e [plɔ̃ʒɑ̃, ɑ̃t] a (vue) desde lo alto; (décolleté) descen-diente; (tir) oblicuo(a).

plongée [plɔ̃ʒe] nf inmersión f;

(prise de vue) picado, toma desde lo alto; **sous-marin en ~** submarino sumergido; **~ (sous-marine)** buceo (submarino).

plongeoir [plɔ̃ʒwaʀ] nm trampolín m.

plongeon [plɔ̃ʒɔ̃] nm zambullida.

plonger [plɔ̃ʒe] vi (personne) zambullirse; (sous-marin) sumergir-se; (oiseau, avion) lanzarse, precipitarse; (gardien de but) lanzarse, tirarse; (regard) dominar // vt (immerger) sumergir, hundir; (enfoncer, enfouir) hundir; (fig): **~ qn dans** sumir a alguien en; **plongeur, euse** nm/f (qui plonge) saltador/ora; buceador/ora // a (ZOOL) somorgujo.

ployer [plwaje] vt doblar // vi doblarse, curvarse; doblegarse.

plu pp de **plaire, pleuvoir.**

pluie [plɥi] nf lluvia; **en ~** (retomber etc) en gotas.

plume [plym] nf pluma; (de métal) pluma, plumilla; **dessin à la ~** dibujo a pluma.

plumeau, x [plymo] nm plumero.

plumer [plyme] vt desplumar.

plumet [plymɛ] nm penacho.

plumier [plymje] nm plumero, cajita de los lápices.

plupart [plypaʀ]: **la ~** la mayoría; **la ~ du temps** la mayoría de las veces; **pour la ~** ad en su mayoría.

pluriel [plyʀjɛl] nm plural m.

plus vb voir **plaire** // ad [ply, plyz voyelle] , conj [plys] más // nm [plys]: (signe) ~ (signo) más; ~ **que** más que; **ne... no... más;** ~ **grand que** más grande que; ~ **de personnes/3 heures** más de 3 personas/3 horas; ~ **de** más que; ~ **de possibilités (que)** más posibilidades (que); **il travaille, ~ il est heureux** cuanto más trabaja, (tanto) más conten-le ~ **grand** el más grande; **3 heures de ~ que** 3 horas más que; **de ~,** ~ **además; 3 kilos en ~** 3 kilos más; **en ~** además de; **de ~ en**

~ cada vez más; (tout) au ~
cuando más, a lo sumo; ~ ou moins
más o menos; ni ~ ni moins ni más
ni menos; il fait ~ 2 hace dos
grados arriba de cero.

plusieurs [plyzjœʀ] *dét, pron*
varios(as).

plus-que-parfait [plyskəpaʀfɛ]
nm pluscuamperfecto.

plus-value [plyvaly] *nf* plusvalía,
utilidad *f*, ganancia.

plut *vb voir* **plaire, pleuvoir.**

plutôt [plyto] *ad* más bien; ~ que
(de) faire en lugar de hacer.

pluvieux, euse [plyvjø, øz] *a* llu-
vioso(a).

PMU *sigle m voir* **pari.**

PNB *sigle m voir* **produit.**

pneu, x [pnø] *nm* (*abrév de*
pneumatique) neumático; (*missive*)
carta neumática *o* tubular; ~
increvable neumático contra-
pinchazos.

pneumatique [pnømatik] *a voir*
canot.

pneumonie [pnømɔni] *nf*
neumonía.

PO *abrév de* **petites ondes.**

poche [pɔʃ] *nf* bolsa; (*d'un vêtement,
sac*) bolsillo; (*d'eau, de pétrole*)
napa (*abrév de livre de* ~)
libro de bolsillo.

poché, e [pɔʃe] *a*: **œil** ~ ojo a la
funerala; **avoir les yeux** ~s tener
bolsas bajo los ojos.

pocher [pɔʃe] *vt* (*CULIN*) escalfar;
(*PEINTURE*) bosquejar, abocetar.

poche-revolver [pɔʃʀevɔlvɛʀ] *nf*
bolsillo posterior *o* de atrás.

pochette [pɔʃɛt] *nf* (*enveloppe, sachet*) sobre *m*; (*mouchoir*) pañuelo
de adorno; (*de disque*) funda; ~
d'allumettes carterilla de fósforos.

pochoir [pɔʃwaʀ] *nm* (*ART*) plantilla.

podium [pɔdjɔm] *nm* podio.

poêle [pwal] *nm* estufa // *nf*: ~ (à
frire) sartén *f*.

poêlon [pwalɔ̃] *nm* cazo.

poème [pɔɛm] *nm* poema *m*.

poésie [pɔezi] *nf* poesía.

poète [pɔɛt] *nm* poeta *m*.

poétique [pɔetik] *a* poético(a).

pognon [pɔɲɔ̃] *nm* (*fam*) guita.

poids [pwa] *nm* peso; (*pour peser*)
pesa; **prendre/perdre du** ~ aumen-
tar/bajar de peso; ~ **plu-
me/mouche/moyen** (*BOXE*) peso
pluma/mosca/medio; ~ **lourd** camión de carga *m*; ~ **mort** peso
muerto, lastre *m*.

poignant, e [pwaɲɑ̃, ɑ̃t] *a* conmo-
vedor(ora).

poignard [pwaɲaʀ] *nm* puñal *m*;
~ **er** *vt* apuñalar.

poigne [pwaɲ] *nf* fuerza en las
manos *o* los puños; (*fig*) energía,
firmeza.

poignée [pwaɲe] *nf* puñado; (*de
couvercle, valise*) asa; (*de tiroir*)
tirador *m*; (*de porte*) manilla,
picaporte *m*; (*MÉNAGE: pour le four
etc*) agarrador *m*, asa; ~ **de main**
apretón *m* de manos.

poignet [pwaɲɛ] *nm* (*ANAT*) muñeca; (*d'une chemise*) puño.

poil [pwal] *nm* pelo; (*de pinceau,
brosse*) cerda; (*pelage*) piel *f*; **poilu,
e** *a* peludo(a).

poinçon [pwɛ̃sɔ̃] *nm* (*outil*) punzón
m, buril *m*; (*marque*) contraste *m*;
~ **ner** *vt* contrastar; (*billet, ticket*)
picar, perforar.

poing [pwɛ̃] *nm* puño.

point [pwɛ̃] *nm* punto; (*jeu, SPORT*)
punto, tanto; (*COUTURE, TRICOT*)
puntada, punto // *ad* = **pas**; **faire le
~** (*NAUT*) determinar la posición,
tomar la estrella; (*fig*) recapitular,
analizar la situación; **en tout** ~ ad
en todo, totalmente; **sur le** ~ **de** a
punto de; **au** ~ **que** al punto que; **à
tel** ~ **que** hasta tal punto que;
(**mettre**) **au** ~ (*mécanisme, procédé*) (poner) a punto; (*appareil-
photo*) enfocar; **à** ~ **nommé** a tor-
to; ~ **d'interrogation/d'exclamation** signo de interrogación/de
exclamación; ~ **de croix/tige/
chaînette** punto de cruz/tallo/
cadenata; ~ **chaud** (*fig*) punto
álgido; ~ **de côté** punzada en el

pointe [pwɛ̃t] *nf* punta; (*fig*): une ~ de un poco de; ~s *fpl* (*DANSE: chaussons*) zapatillas de punta; être à la ~ de (*fig*) estar a la vanguardia de; **pousser une** ~ **jusqu'à...** hacer un desvío hasta...; **sur la** ~ **des pieds** en puntas de pies, de puntillas; **de** ~ à (*industrie etc*) de vanguardia; **heures de** ~ horas punta; **faire du 180 en** ~ (*AUTO*) hacer 180 de máxima; **faire des** ~**s** (*DANSE*) bailar de puntas.

pointer [pwɛ̃te] *vt* (*cocher*) puntear, marcar; (*employés*) fichar; (*diriger: canon, doigt*) apuntar, dirigir; (: *longue-vue*) enfocar // *vi* (*employé*) fichar; ~ **la carte** (*NAUT*) señalar en el mapa; ~ **les oreilles** (*suj: chien*) parar las orejas.

pointillé [pwɛ̃tije] *nm* (*trait*) línea de puntos, punteado; (*ART*) punteado.

pointilleux, euse [pwɛ̃tijø, øz] *a* puntilloso(a), quisquilloso(a).

pointu, e [pwɛ̃ty] *a* puntiagudo(a), agudo(a); (*son, voix*) agudo(a).

pointure [pwɛ̃tyʀ] *nf* medida, número.

point-virgule [pwɛ̃viʀgyl] *nm* punto y coma.

poire [pwaʀ] *nf* (*BOT*) pera; ~ à **injections** jeringa para inyecciones; ~ **électrique** perilla eléctrica; ~ à **lavement** lavativa.

poireau, x [pwaʀo] *nm* puerro.

poireauter [pwaʀote] *vi* (*fam*) estar de plantón.

poirier [pwaʀje] *nm* peral *m*; (*GYMNASTIQUE*) farol *m*, pino.

pois [pwa] *nm* (*BOT*) guisante *m*; (*sur une étoffe*) lunar *m*; ~ **chiche**

garbanzo; ~ **de senteur** guisante de olor.

poison [pwazɔ̃] *nm* veneno.

poisse [pwas] *nf* malapata.

poisser [pwase] *vt* embadurnar.

poisson [pwasɔ̃] *nm* pez *m*; (*comme nourriture*) pescado; (*ASTRO*): **les P~s** Piscis *m*; **être P~s** ser de Piscis; ~ **scie/volant** pez sierra/volador; ~ **d'avril** inocentada; ~ **chat** siluro; ~**nerie** *nf* pescadería; ~**neux, euse** *a* abundante en peces; ~**nier, ière** *nm/f* pescadero/a, vendedor/ora de pescado.

poitrail [pwatʀaj] *nm* pecho.

poitrine [pwatʀin] *nf* pecho.

poivre [pwavʀ(ə)] *nm* pimienta; ~ **et sel** a entrecano(a); **poivré, e** a picante; **poivrier** *nm* pimentero.

poivron [pwavʀɔ̃] *nm* pimiento morrón; ~ **vert/rouge** pimiento verde/rojo.

poker [pokɛʀ] *nm* póker *m*.

polaire [polɛʀ] a polar.

pôle [pol] *nm* polo; le ~ **Nord/Sud** el Polo Norte/Sur.

polémique [polemik] a polémico(a) // *nf* polémica, controversia; **polémiste** *nm/f* polemista *m/f*.

poli, e [poli] a refinado(a), cortés; (*lisse*) pulido(a), liso(a).

police [polis] *nf* policía; (*discipline*) disciplina; **numéro/plaque de** ~ (*AUTO*) número/placa de matrícula; ~ **d'assurance** póliza de seguros; ~ **mondaine** *ou* **des mœurs** cuerpo policial para el control de la prostitución; ~ **judiciaire**, P.J polícia judicial; **secours** servicio urgente de policía; ~**s parallèles** servicio secretos.

polichinelle [poliʃinɛl] *nm* polichinela *m*, títere *m*.

policier, ière [polisje, jɛʀ] a policíaco(a) // *nm* policía *m*; (*aussi*: **roman** ~) novela policíaca.

polio(myélite) [poljo(mjelit)] *nf*; **polio(mielitis)** *f*; **poliomyélitique** *nm/f* poliomielítico/a.

polir [pɔliʀ] *vt* pulir, lustrar.

polisson, ne [polisɔ̃, ɔn] *a* pillo(a), bribonzuelo(a); atrevido(a).

politesse [polites] *nf* cortesía, urbanidad *f*; cumplido; (*civilité*): la ~ de la urbanidad; **rendre une** ~ **à** devolver una atención a.

politicien, ne [politisjɛ̃, jɛn] *nm/f* político/a, politicastro/a.

politique [politik] *a* político(a) // *nf* política; política *vt* politizar.

pollen [pɔlɛn] *nm* polen *m*.

polluer [pɔlɥe] *vt* contaminar; **pollution** *nf* polución *f*, contaminación *f*.

polo [pɔlo] *nm* (*sport*) polo.

Pologne [pɔlɔɲ] *nf*: **la** ~ (la) Polonia // **polonais, e** [pɔlɔnɛ, ɛz] *a, nm/f* polaco(a).

poltron, ne [pɔltʀɔ̃, ɔn] *a* cobarde.

polycopier [pɔlikɔpje] *vt* multicopiar.

polygamie [poligami] *nf* poligamia.

polygone [poligɔn] *nm* polígono.

Polynésie [polinezi] *nf*: **la** ~ la Polinesia.

polype [pɔlip] *nm* pólipo.

polytechnicien, ne [pɔlitɛknisjɛ̃, jɛn] *nm/f* alumno/a o ex-alumno/a de la Escuela Politécnica.

polytechnique [pɔlitɛknik] *a*: **École** ~ Escuela Politécnica.

polyvalent, e [pɔlivalɑ̃, ɑ̃t] *a* polivalente; (*professeur*) *que enseña varias materias*.

pommade [pɔmad] *nf* pomada.

pomme [pɔm] *nf* (*BOT*) manzana; (*pomme de terre*): ~**s frites** patatas fritas; **tomber dans les** ~**s** (*fam*) darle (a uno) un patatús; ~ **d'Adam** nuez *f* de Adán; ~ **d'arrosoir** alcachofa (de regadera); ~ **de pin** piña; ~ **de terre** patata.

pommé, e [pɔme] *a* (*chou etc*) repolludo(a).

pommeau, x [pɔmo] *nm* (*boule*) puño, pomo; (*de selle*) perilla.

pommette [pɔmɛt] *nf* pómulo.

pommier [pɔmje] *nm* manzano.

pompe [pɔ̃p] *nf* pompa; ~ **de**

bicyclette bomba de aire de la bicicleta; ~ **(à essence)** surtidor *m* (de gasolina); ~ **à incendie** bomba de incendios; ~**s funèbres** pompas fúnebres; **pomper** *vt*, *vi* bombear.

pompeux, euse [pɔ̃pø, øz] *a* pomposo(a), ampuloso(a).

pompier [pɔ̃pje] *nm* bombero.

pompon [pɔ̃pɔ̃] *nm* borla.

pomponner [pɔ̃pɔne] *vt* emperifollar.

ponce [pɔ̃s] *nf*: **pierre** ~ piedra pómez.

ponceau, x [pɔ̃so] *nm* puentecillo.

poncer [pɔ̃se] *vt* alisar, pulimentar.

ponction [pɔ̃ksjɔ̃] *nf*: ~ **lombaire** punción *f* lumbar.

ponctuation [pɔ̃ktɥasjɔ̃] *nf* puntuación *f*.

ponctuel, le [pɔ̃ktɥɛl] *a* puntual; constituido(a) por un punto.

ponctuer [pɔ̃ktɥe] *vt* puntuar; (*MUS*) marcar las pausas.

pondéré, e [pɔ̃deʀe] *a* punderado(a).

pondeuse [pɔ̃døz] *nf* ponedora.

pondre [pɔ̃dʀ(ə)] *vt* poner.

poney [pɔnɛ] *nm* poney *m*.

pont [pɔ̃] *nm* puente *m*; (*NAUT*) cubierta; **faire le** ~ hacer puente; ~ **d'envol** cubierta de despegue; ~ **de graissage** elevador *m* de engrase; ~ **suspendu** puente colgante; **P**~**s et Chaussées** ≈ Caminos, Canales y Puertos.

ponte [pɔ̃t] *nf* puesta // *nm* (*fam*) mandamás *m*.

pontife [pɔ̃tif] *nm* pontífice *m*.

pont-levis [pɔ̃lvi] *nm* puente levadizo.

pop [pɔp] *a inv* pop.

pop-corn [pɔpkɔʀn] *nm* palomita de maíz.

populace [pɔpylas] *nf* (*péj*) populacho.

populaire [pɔpylɛʀ] *a* popular; **popularité** [-laʀite] *nf* popularidad *f*.

population [pɔpylasjɔ̃] *nf* población *f*.

porc [pɔʀ] *nm* cerdo, puerco;

(*viande*) carne f de cerdo; (*peau*) cuero de cerdo.

porcelaine [pɔʀsəlɛn] nf porcelana.

porcelet [pɔʀsəlɛ] nm lechón m.

porc-épic [pɔʀkepik] nm puerco espín m.

porche [pɔʀʃ(ə)] nm porche m.

porcherie [pɔʀʃəʀi] nf porqueriza.

pore [pɔʀ] nm poro; **poreux, euse** a poroso(a).

porno [pɔʀno] a (*abrév de pornographique*) porno.

pornographie [pɔʀnɔgʀafi] nf pornografía.

pornographique [pɔʀnɔgʀafik] a pornográfico(a).

port [pɔʀ] nm uso; (*NAUT, ville*) puerto; (*pour lettre, colis*) porte m, franqueo; ~ de commerce/de pêche puerto comercial/pesquero; ~ dû porte adeudado; ~ de tête porte de cabeza.

portail [pɔʀtaj] nm portal m.

portant, e [pɔʀtɑ̃, ɑ̃t] a sustentador(ora); **bien/mal** ~ con buena/mala salud.

portatif, ive [pɔʀtatif, iv] a portátil.

porte [pɔʀt(ə)] nf puerta; **mettre à la** ~ echar a la calle; **à ma** ~ muy cerca o en la puerta de mi casa; **faire du** ~ **à** ~ (*COMM*) pasar de puerta en puerta; ~ **à tambour/coulissante** puerta cancel/corredera; ~ **d'entrée** puerta de entrada.

porte... [pɔʀt(ə)] préf: ~**-à-faux** nm: en ~-à-faux en vilo; ~**-avions** nm inv portaaviones m inv; ~**bagages** nm inv portabultos m inv; (*AUTO*) portaequipajes m inv; ~**bonheur** nm inv amuleto; ~**cigarettes** nm inv pitillera; ~**clefs** nm inv llavero; ~**couteau, x** nm descanso de los cuchillos.

portée [pɔʀte] nf alcance m; (*de chatte etc*) cría, camada; (*MUS*) pentagrama m; (*fig*) capacidad f, comprensión f; **à la/hors de** ~ (**de**) al/fuera del alcance (de); **à** ~ **de la**

main a mano, al alcance de la mano.

porte-fenêtre [pɔʀtfənɛtʀ(ə)] nf puerta vidriera.

portefeuille [pɔʀtfœj] nm cartera; **faire un lit en** ~ hacer la cama a la petaca.

porte-jarretelles [pɔʀtʒaʀtɛl] nm inv portaligas m inv.

porte-jupe [pɔʀtʒyp] nm pinza para polleras.

portemanteau, x [pɔʀtmɑ̃to] nm perchero.

porte-mine [pɔʀtəmin] nm portaminas m inv, lapicero.

porte-monnaie [pɔʀtmɔnɛ] nm inv monedero.

porte-parole [pɔʀtpaʀɔl] nm inv portavoz m.

porter [pɔʀte] vt llevar; (*fig: responsabilité etc*) soportar, cargar con; (*suj: jambes*) sostener; (*produire: fruits*) producir, dar; (*inscrire*): ~ **une somme sur un registre** asentar una cantidad en un registro // vi (*voix, regard, canon, coup*) alcanzar; (*mots, argument, coup*) surtir efecto; ~ **sur qch** (*peser*) apoyarse sobre algo; (*heurter*) dar contra algo; (*conférence etc*) tratar de algo, referirse a algo; **se** ~ **vi** sentirse, estar; ~ **secours/assistance à qn** prestar socorro/ayuda a alguien; ~ **bonheur à qn** traer suerte a alguien; ~ **son âge** representar su edad; ~ **plainte (contre qn)** presentar una denuncia (contra alguien); **se faire** ~ **malade** declararse enfermo(a); ~ **un jugement sur** emitir un juicio sobre; ~ **la main à son chapeau** llevarse la mano al sombrero; ~ **son attention sur** fijar su atención en; ~ **à faux** estar en falso.

porte-savon [pɔʀtsavɔ̃] nm jabonera.

porte-serviettes [pɔʀtsɛʀvjɛt] nm inv toallero.

porteur, euse [pɔʀtœʀ, øz] a: **être** ~ **de** ser portador de // nm (*de bagages*) mozo de cuerda; (*de* *montagne*) portador m del equipaje; (*COMM: de chèque etc*) portador, tenedor m; (*avion*) gros ~ avión m de gran capacidad.

porte-voix [pɔʀtəvwa] nm inv megáfono.

portier [pɔʀtje] nm portero.

portière [pɔʀtjɛʀ] nf portezuela, puerta.

portillon [pɔʀtijɔ̃] nm portillo.

portion [pɔʀsjɔ̃] nf (*part*) porción f, parte f; (*partie*) parte f.

portique [pɔʀtik] nm barra sueca; (*ARCHIT*) pórtico.

porto [pɔʀto] nm oporto.

portrait [pɔʀtʀɛ] nm retrato; ~-**robot** nm identikit m.

portuaire [pɔʀtɥɛʀ] a portuario(a).

portugais, e [pɔʀtygɛ, ɛz] a, nm/f portugués(esa).

Portugal [pɔʀtygal] nm: le ~ (el) Portugal.

pose [poz] nf instalación f; (*attitude, d'un modèle*) pose f, postura; (*PHOTO*) exposición f.

posé, e [poze] a juicioso(a).

posemètre [pozmɛtʀ(ə)] nm fotómetro.

poser [poze] vt colocar; (*principe*) admitir, establecer; (*problème, difficulté*) plantear, enunciar // vi (*modèle*) posar; se ~ (*oiseau, avion*) posarse; (*question, problème*) plantearse; se ~ en (*suj: personne*) dárselas de; ~ **une question à qn** hacer una pregunta a alguien; ~ **sa candidature** presentar su candidatura; **poseur, euse** nm/f instalador/ora; (*péj*) presuntuoso/a, engreído/a.

positif, ive [pozitif, iv] a positivo(a).

position [pozisjɔ̃] nf posición f; (*emplacement, localisation*) ubicación f, disposición f; (*fig: circonstances, aussi d'un compte*) situación f.

posséder [pɔsede] vt poseer, tener; (*bien connaître*) dominar, conocer a fondo; (*suj: jalousie, colère*) dominar; (: *force occulte*) poseer,

dominar; **possesseur** nm poseedor m, posesor m; **possessif, ive** a posesivo(a) // nm (*LING*) posesivo; **possession** nf posesión f.

possibilité [pɔsibilite] nf posibilidad f; ~**s** fpl posibilidades fpl.

possible [pɔsibl(ə)] a posible; (*acceptable: situation, personne*) tolerable // nm: **faire (tout) son** ~ hacer (todo) lo posible; **autant que** ~ en la medida o dentro de lo posible; **le plus/moins** ~ lo más/menos posible; **le plus/moins de...** ~ la mayor/menor cantidad posible de...; **aussitôt/dès que** ~ tan pronto como/en cuanto sea posible; **au** ~ (*gentil, brave etc*) al máximo, en sumo grado.

postal, e, aux [pɔstal, o] a postal.

postdater [pɔstdate] vt colocar una fecha posterior en.

poste [pɔst(ə)] nf correo // nm (*MIL*) puesto; (*fonction*) puesto, cargo; (*de radio etc*) aparato; **où est la** ~? ¿dónde está correos? **P~s, Télégraphes, Téléphones, PTT** ≈ Correo, Telégrafo y Teléfono, CTT; ~ **émetteur** emisora; ~ **d'essence** surtidor m de gasolina; ~ **de pilotage** puesto de pilotaje; ~ **de police** puesto de policía; ~ **restante** lista de correos; ~ **de secours** puesto de socorro.

poster [pɔste] vt echar al correo; (*soldats, personne etc*) apostar // nm [pɔstɛʀ] póster m, cartel m.

postérieur, e [pɔsteʀjœʀ] a posterior // nm (*fam*) trasero, asentaderas.

posteriori [pɔsteʀjɔʀi]: **à** ~ ad a posteriori.

postérité [pɔsteʀite] nf posteridad f.

posthume [pɔstym] a póstumo(a).

postiche [pɔstiʃ] nm postizo.

postillonner [pɔstijɔne] vi espurrear saliva al hablar.

post-natal, e [pɔstnatal] a postnatal.

post-scriptum [pɔstskʀiptɔm] nm inv posdata.

postulant, e [pɔstylɑ̃, ɑ̃t] *nm/f* postulante *m/f.*

postulat [pɔstyla] *nm* postulado.

postuler [pɔstyle] *vt (emploi)* postularse para, solicitar.

posture [pɔstyʀ] *nf (phy)* posición *f.*

pot [po] *nm* bote *m*, tarro; **boire un ~** *(fam)* beber una copa; **avoir du ~** *(fam)* tener suerte; **~ (de chambre)** orinal *m*; **~ d'échappement** silenciador *m*; **~ de fleurs** maceta; **~ de peinture** tarro de pintura.

potable [pɔtabl(ə)] *a (eau)* potable.

potage [pɔtaʒ] *nm* sopa.

potager, ère [pɔtaʒe, ɛʀ] *a* hortense // jardin **~** huerto, huerta; **plantes potagères** hortalizas.

potasse [pɔtas] *nf* potasa.

pot-au-feu [potofø] *nm inv* puchero, cocido.

pot-de-vin [podvɛ̃] *nm* gratificación *f*, guante *m.*

poteau, x [pɔto] *nm* poste *m*; **~ de but** meta; **~ (d'exécution)** paredón *m (de ejecución)*; **~ indicateur** poste indicador.

potelé, e [pɔtle] *a* rollizo(a).

potence [pɔtɑ̃s] *nf* horca.

potentiel, le [pɔtɑ̃sjɛl] *a, nm* potencial *(m).*

poterie [pɔtʀi] *nf* alfarería; *(objet)* vasija, cerámica.

potiche [pɔtiʃ] *nf* jarrón *m.*

potier [pɔtje] *nm* alfarero, ceramista *m.*

potion [pɔsjɔ̃] *nf* poción *f.*

pou, x [pu] *nm* piojo.

poubelle [pubɛl] *nf* cubo de la basura.

pouce [pus] *nm* pulgar *m.*

poudre [pudʀ(ə)] *nf* polvo; *(fard)* polvos; *(explosif)* pólvora; **en ~** en polvo; **à récurer** polvo limpiador; **poudrer** *vt* empolvar; **poudreux, euse** *a* polvoriento(a); polvoroso(a), en polvo; **poudrier** *nm* polvera; **poudrière** *nf (fabrique)* polvorín *m.*

pouffer [pufe] *vi*: **~ (de rire)** reventar de risa.

pouilleux, euse [pujø, øz] *a* piojoso(a), miserable; *(fig)* sórdido(a).

poulailler [pulaje] *nm* gallinero.

poulain [pulɛ̃] *nm* potrillo, potro; *(fig)* pupilo, protegido.

poularde [pulaʀd(ə)] *nf* polla.

poule [pul] *nf (ZOOL)* gallina; *(RUGBY)* liga; **~ d'eau** polla de agua; **~ mouillée** gallina, cagón/ona; **~ au riz** pollo con arroz.

poulet [pulɛ] *nm* pollo; *(fam)* polizonte *m.*

pouliche [puliʃ] *nf* potranca.

poulie [puli] *nf* polea.

pouls [pu] *nm* pulso; **prendre le ~ de qn** tomar el pulso a alguien.

poumon [pumɔ̃] *nm* pulmón *m.*

poupe [pup] *nf* popa.

poupée [pupe] *nf* muñeca.

poupon [pupɔ̃] *nm* bebé *m*, nene *m*; **~nière** *nf* guardería.

pour [puʀ] *prép (direction, temps, intention, destination)* para; *(rapport, comparaison)*: **~ un Français, il parle bien espagnol** para un francés habla bien el español; *(durée, à cause de, en faveur de, à la place de, au prix de, en échange de)* por; *(point de vue)*: **~ moi, il a tort** para o por mí se equivoca; *(avec infinitif: but)* para; *(: cause)* por // *nm*: **le ~ et le contre** el pro y el contra; **~ que** para que; **~ ce qui est de** por lo que va de; **~ peu que** por poco que; **10 ~ cent** 10 por cien; **10 ~ cent des gens** el diez por ciento de la gente; **~ toujours** para siempre.

pourboire [puʀbwaʀ] *nm* propina.

pourcentage [puʀsɑ̃taʒ] *nm* porcentaje *m.*

pourchasser [puʀʃase] *vt* perseguir.

pourlécher [puʀleʃe] *vi*: **se ~** relamerse.

pourparlers [puʀpaʀle] *nmpl* negociaciones *fpl*, tratos.

pourpre [puʀpʀ(ə)] *a* púrpura.

pourquoi [puʀkwa] *ad* por qué para qué // *nm inv*: **le ~ (de)** el porqué (de); **~ dis-tu cela?** ¿por qué dices eso?; ~ se taire/faire cela? ¿por o para qué callar(se)/hacer eso?; o ~ pas? ¿por qué no?; expliquer ~ explicar por qué; c'est ~ por eso.

pourrai etc vb voir **pouvoir**.

pourri, e [puri] a podrido(a); (roche) carcomido(a) // nm: sentir le ~ oler a podrido.

pourrir [purir] vi podrirse, pudrirse // vt pudrir, podrir; (enfant) echar a perder, viciar; **pourriture** nf putrefacción f.

pourrons etc vb voir **pouvoir**.

poursuite [pursɥit] nf persecución f; prosecución f; ~s fpl (JUR) diligencias.

poursuivant, e [pursɥivɑ̃, ɑ̃t] nm/f perseguidor/ora.

poursuivre [pursɥivr(ə)] vt perseguir; (presser, relancer) perseguir, acosar; (JUR): ~ qn en justice demandar a alguien ante la justicia; (continuer) proseguir; se ~ vi proseguir, continuar.

pourtant [purtɑ̃] ad sin embargo, no obstante; et ~ y sin embargo, a pesar de ello.

pourtour [purtur] nm perímetro.

pourvoi [purvwa] nm: ~ en cassation recurso de casación; ~ en grâce petición f de indulto.

pourvoir [purvwar] vt: ~ qch/qn de proveer o dotar algo/a alguien de // vi: ~ à subvenir o atender a; (emploi) cubrir; se ~ de qch proveerse de algo.

pourvu [purvy]: ~ que conj (si) siempre que, a condición que; (espérons que) con tal que, ojalá que.

pousse [pus] nf (bourgeon) brote m, yema.

poussée [puse] nf presión f, empuje m; (coup) empujón m; (MÉD) acceso.

pousser [puse] vt empujar; (soupir etc) dar, exhalar; (élève etc) hacer adelantar o estimular a; (moteur) esforzar; (recherches, études) incentivar, profundizar // vi (croître)

crecer; (aller): ~ jusqu'à ir o seguir hasta; se ~ vi hacer lugar; (qn) à incitar a (alguien) a; faire ~ (plante) cultivar.

poussette [puset] nf cochecito.

poussière [pusjɛr] nf polvo; (grain) mota; et des ~s (fig) y pico; **poussiéreux, euse** a polvoriento(a).

poussif, ive [pusif, iv] a que se sofoca fácilmente.

poussin [pusɛ̃] nm pollito, polluelo.

poutre [putr(ə)] nf viga; ~s apparentes vigas falsas; **poutrelle** nf vigueta.

pouvoir [puvwar] vb + infinitif poder // nm poder m; il se peut que puede ser o es posible que; je n'en peux plus no puedo más; on ne peut mieux al lo mejor posible; on ne peut plus ad a más no poder; ~ d'achat poder adquisitivo.

prairie [preri] nf pradera.

praliné, e [praline] a garapiñado(a); con almendras garapiñadas.

praticien, ne [pratisjɛ̃, ɛn] nm/f médico/a, facultativo/a.

pratiquant, e [pratikɑ̃, ɑ̃t] a practicante.

pratique [pratik] f nf práctica; ejercicio; (coutume, conduite) práctica, uso // a práctico(a); dans la ~ en la práctica; ~ment ad prácticamente.

pratiquer [pratike] vt practicar; (métier, art, sport) ejercer, practicar // vi (REL) practicar.

pré [pre] nm prado.

préalable [prealabl(ə)] a previo(a) // nm condición previa, condiciones fpl; au ~ previamente.

préambule [preɑ̃byl] nm preámbulo.

préavis [preavi] nm: ~ (de licenciement) notificación f de despido; ~ de congé notificación de permiso; **communication téléphonique avec** ~ comunicación telefónica con aviso.

précaire [prekɛr] a precario(a).

précaution [prekosjɔ̃] nf precaución f, prudencia; **prendre des** ~s tomar precauciones; **par ~ contre qch** en precaución de algo.

précédemment [pʀesedamã] *ad* anteriormente, precedentemente.

précédent, e [pʀesedã, ãt] *a* precedente, anterior // *nm* antecedente *m*, precedente *m*; **sans ~ a** sin precedentes.

précéder [pʀesede] *vt* preceder; (*suj: générations, semaine*) preceder, anteceder; (*suivre l'ordre logique, la place occupée*) anteceder.

précepte [pʀesɛpt(ə)] *nm* precepto.

précepteur, trice [pʀesɛptœʀ, tʀis] *nm/f* preceptor/ora, institutor/triz.

prêcher [pʀeʃe] *vt* predicar.

précieux, euse [pʀesjø, øz] *a* precioso(a); valioso(a); apreciable; rebuscado(a).

précipice [pʀesipis] *nm* precipicio.

précipitamment [pʀesipitamã] *ad* precipitadamente, atropelladamente.

précipitation [pʀesipitasjɔ̃] *nf* precipitación *f*; **~s (atmosphériques)** precipitaciones (atmosféricas).

précipité, e [pʀesipite] *a* precipitado(a); presuroso(a); apresurado(a).

précipiter [pʀesipite] *vt*: **~ qn/qch du haut de** arrojar a alguien/algo desde lo alto de; (*hâter*) apresurar; **se ~** *vi* (*pouls etc*) acelerarse; (*événements*) precipitarse; **se ~ sur/vers** abalanzarse o precipitarse sobre/hacia; **se ~ au devant de qn** precipitarse al encuentro de alguien.

précis, e [pʀesi, iz] *a* preciso(a); **~ément** [-zemã] *ad* exactamente, precisamente; (*en réponse, justement*) precisamente, justamente; (*dans phrase négative*) precisamente; **~er** [-ze] *vt* precisar, especificar; **se ~er** *vi* definirse, precisarse; **~ion** [-zjɔ̃] *nf* precisión *f*; (*détail, explication précise*) aclaración *f*, explicación *f*.

précoce [pʀekɔs] *a* (*végétal, animal*) precoz, temprano(a); (*saison, mariage, calvitie*) precoz, prematuro(a).

préconçu, e [pʀekɔ̃sy] *a* preconcebido(a).

préconiser [pʀekɔnize] *vt* preconizar.

précurseur [pʀekyʀsœʀ] *nm, am* precursor (*m*).

prédécesseur [pʀedesesœʀ] *nm* predecesor *m*.

prédestiner [pʀedɛstine] *vt*: **~ qn à** predestinar alguien a.

prédiction [pʀediksjɔ̃] *nf* predicción *f*.

prédilection [pʀedilɛksjɔ̃] *nf* predilección *f*; **de ~ a** favorito(a), preferido(a).

prédire [pʀediʀ] *vt* predecir.

prédisposer [pʀedispoze] *vt*: **~ qn à** predisponer a alguien a; **prédisposition** *nf* predisposición *f*.

prédominer [pʀedɔmine] *vi* predominar.

préfabriqué, e [pʀefabʀike] *a* prefabricado(a) // *nm* material prefabricado.

préface [pʀefas] *nf* prefacio, prólogo; **préfacer** *vt* prologar.

préfectoral, e, aux [pʀefɛktɔʀal, o] *a* prefectoral, gubernativo(a); **par mesure ~e** por decisión gubernativa.

préfecture [pʀefɛktyʀ] *nf* prefectura; **~ de police** jefatura de policía.

préférable [pʀefeʀabl(ə)] *a* preferible, mejor; **être ~ à** ser mejor que.

préféré, e [pʀefeʀe] *a, nm/f* preferido(a).

préférence [pʀefeʀãs] *nf* preferencia, predilección *f*; **de préférence** de preferencia; **de ~/par ~ à** a preferencia de; **donner la ~ à qn** preferir a alguien, dar la prioridad a alguien; **préférentiel, le** *a* preferencial.

préférer [pʀefeʀe] *vt* preferir; (*suj: plante*) darse mejor en.

préfet [pʀefɛ] nm prefecto; ~ **de police** jefe m de policía.

préfixe [pʀefiks] nm prefijo.

préhistoire [pʀeistwaʀ] nf prehistoria; **préhistorique** a prehistórico(a).

préjudice [pʀeʒydis] nm perjuicio.

préjugé [pʀeʒyʒe] nm prejuicio.

préjuger [pʀeʒyʒe] : ~ **de** vt prejuzgar.

prélasser [pʀelase] : **se** ~ **vi** reposar, estar tendido(a).

prélat [pʀela] nm prelado.

prélever [pʀelve] vt (échantillon) sacar una muestra de; (argent): ~ **qch (sur)** descontar algo (de); (:sur son compte): ~ **qch (sur)** retirar algo (de).

préliminaire [pʀeliminɛʀ] a preliminar; ~**s** nmpl preliminares mpl.

prélude [pʀelyd] nm preludio.

prématuré, e [pʀematyʀe] a prematuro(a).

préméditation [pʀemeditasjɔ] nf: **avec** ~ con premeditación.

préméditer [pʀemedite] vt premeditar.

premier, ière [pʀəmje, ɛʀ] a primero(a), primer(a) // nm/f primero(a)-primera(a) // nf/m (étage) primer piso // nf primera; (THÉÂTRE, CINÉMA) estreno; **de** ~ **choix** (viande) de primera cualidad, de selección; **le** ~ **venu** un cualquiera; **P**~ **Ministre** Primer Ministro; ~**s soins** primeros auxilios; **premièrement** ad (d'abord) primero, primeramente; (dans une énumération) primero, en primer lugar; (introduisant une objection) primero; ~~**né, première-née** a, nm/f primogénito(a).

prémisse [pʀemis] nf premisa.

prémolaire [pʀemɔlɛʀ] nf premolar m.

prémonition [pʀemɔnisjɔ] nf premonición f.

prémonitoire [pʀemɔnitwaʀ] a premonitorio(a).

prémunir [pʀemyniʀ] : **se** ~ **contre** vt tomar precauciones

contra, prevenirse contra.

prendre [pʀɑdʀ(ə)] vt tomar; (objet, place, direction, route, aussi passager) tomar, coger; (ôter): ~ **qch à qn** quitar algo a alguien; (aller chercher) recoger; (emporter: vêtement etc) llevar, coger; (s'emparer de: malfaiteur, poisson) atrapar, coger; (: argent) cobrar; (: place, otage) lograr; (moyen de transport) coger; (se procurer: billet) sacar; (ton, attitude) adoptar; (du poids etc, de la valeur) adquirir; (coûter: temps, place) requerir; (prélever: pourcentage etc) sacar, descontar; (fig: personne, problème) coger, manejar; (accrocher, coincer) aferrar, coger // vi (liquide, pâte) tomar consistencia; (peinture, ciment) fraguar; (bouture, greffe, vaccin) agarrar; (plaisanterie, mensonge) ser creído(a); (feu) prender, encenderse; (allumette, bois) encenderse; ~ **à gauche** tirar o coger a la izquierda; ~ **qn par la main/dans ses bras** coger a alguien de la mano/en sus brazos; ~ **qn comme/pour** (associé etc) tomar a alguien como; ~ **sur soi** aguantar; ~ **sur soi de faire** cargar con la responsabilidad de hacer; **à tout** ~ después de todo; **s'en** ~ **à** tomarla con; acusar a; **se** ~ **d'amitié** pour **qn** cobrarle cariño a alguien; **s'y** ~ (procéder) proceder, hacer; **il faudra s'y** ~ **à l'avance** será necesario tomarlo con anticipación.

preneur [pʀənœʀ] nm: **être** ~ ser comprador/a.

preniez, prenne vb voir **prendre**.

prénom [pʀenɔ] nm nombre m de pila.

prénuptial, e, aux [pʀenypsjal, o] a prenupcial.

préoccupant, e [pʀeɔkypɑ, ɑt] a inquietante, serio(a).

préoccuper [pʀeɔkype] vt preocupar, inquietar; absorber; **se** ~ **de** preocuparse por.

préparatifs [pʀepaʀatif] *nmpl* preparativos.

préparation [pʀepaʀasjɔ̃] *nf* preparación *f*; (SCOL) ejercicio.

préparatoire [pʀepaʀatwaʀ] *a* preparatorio(a).

préparer [pʀepaʀe] *vt* preparar; **se ~ vi** (*orage, tragédie*) anunciarse, prepararse; **se ~ (à qch/faire)** prepararse (para algo/hacer); **~ qn (à qch/faire)** preparar a alguien (para algo/hacer).

préposé, e [pʀepoze] *a*: **~ à** encargado de // *nm* (ADMIN. *facteur*) cartero.

préposition [pʀepozisjɔ̃] *nf* preposición *f*.

prérogative [pʀeʀɔgativ] *nf* prerrogativa, privilegio.

près [pʀɛ] *ad* cerca, próximo; **~ de** *prép* cerca de, próximo a; (*environ*) cerca de, alrededor de; **de ~** *ad* de cerca; **~ de faire qch** a punto de o próximo a hacer algo; **à 5 mn/5 kg ~** 5 mn/5 kg más o menos; **à cela ~ que** salvo o excepto que.

présage [pʀezaʒ] *nm* presagio.

présager [pʀezaʒe] *vt* presagiar.

presbyte [pʀɛsbit] *a* présbita.

presbytère [pʀɛsbitɛʀ] *nm* rectoría, casa parroquial.

presbytérien, ne [pʀɛsbiteʀjɛ̃, jɛn] *a, nm/f* presbiteriano(a).

presbytie [pʀɛsbisi] *nf* presbicia, vista cansada.

prescription [pʀɛskʀipsjɔ̃] *nf* prescripción *f*.

prescrire [pʀɛskʀiʀ] *vt* prescribir; (*repos etc*) prescribir, recetar.

prescrit, e [pʀɛskʀi, it] *a* (*jour, dose*) fijado(a), prescrito(a).

préséance [pʀeseɑ̃s] *nf* prelación *f*.

présence [pʀezɑ̃s] *nf* presencia; **en ~** (*armées, fig*) frente a frente, enfrentado(a); **~ d'esprit** presencia de espíritu.

présent, e [pʀezɑ̃, ɑ̃t] *a, nm* presente (*m*); **à ~** ahora; **dès à ~** desde ahora.

présentateur, trice [pʀezɑ̃tatœʀ, tʀis] *nm/f* (*vendeur*) vendedor/ora; (*animateur, RADIO, TV*) presentador/ora, locutor/ora.

présentation [pʀezɑ̃tasjɔ̃] *nf* presentación *f*; ofrecimiento; exposición *f*.

présenter [pʀezɑ̃te] *vt* presentar; (*plat, billet etc*): **~ qch à qn** ofrecer algo a alguien; (*étalage, vitrine, aussi défense, théorie*) presentar, exponer; (*matière: à un examen*) exponer // *vi*: **~ mal/bien** tener mal/buen aspecto; **se ~** presentarse.

préservatif [pʀezɛʀvatif] *nm* preservativo.

préserver [pʀezɛʀve] *vt*: **~ qn/qch de** preservar a alguien/algo de.

présidence [pʀezidɑ̃s] *nf* presidencia.

président [pʀezidɑ̃] *nm* presidente *m*; **~ directeur général, PDG** director gerente *m*; **~ du jury** presidente del jurado; (*d'examen*) presidente del tribunal de exámenes; **~ de la République** presidente de la República; **présidente** *nf* presidenta; mujer *f* del presidente; **~iel, le** [-dɑ̃sjɛl] *a* presidencial.

présider [pʀezide] *vt* presidir.

présomptueux, euse [pʀezɔ̃ptɥø, øz] *a* presuntuoso(a), petulante.

presque [pʀɛsk(ə)] *ad* casi.

presqu'île [pʀɛskil] *nf* península.

pressant, e [pʀesɑ̃, ɑ̃t] *a* imperioso(a), perentorio(a); urgente, apremiante.

presse [pʀɛs] *nf* prensa; (*affluence*): **heures de ~** horas de mayor trabajo; **sous ~** en prensa.

pressé, e [pʀese] *a* presuroso(a), impaciente; (*urgent*) urgente // *nm*: **courir au plus ~** hacer lo más urgente; **orange/citron ~(e)** jugo de naranja/limón.

presse-citron [pʀɛssitʀɔ̃] *nm inv* exprimidor *m*, prensa-limones *m inv*.

pressentiment [pʀɛsãtimã] nm presentimiento.

presse-papiers [pʀɛspapje] nm inv pisapapeles m inv.

presser [pʀese] vt (fruit, éponge) exprimir, estrujar; (interrupteur, bouton) apretar, oprimir; (allure, pas) apretar; (harceler) acuciar; (brusquer) apurar, apresurar // vi: **rien ne presse** nada hay urge o apremia; **se ~ (se hâter)** apurarse, darse prisa; (se grouper) apresurarse; **se ~ contre qn** apretujarse contra alguien.

pressing [pʀesiŋ] nm planchado a vapor; (magasin) tintorería.

pression [pʀesjɔ̃] nf presión f; (bouton) automático; **faire ~ sur** presionar o ejercer presión sobre.

pressoir [pʀeswaʀ] nm prensa, lagar m.

pressurer [pʀesyʀe] vt (fig) estrujar, explotar.

pressurisé, e [pʀesyʀize] a: **cabine ~e** cabina comprimida a la presión normal.

prestataire [pʀɛstatɛʀ] nm/f contribuyente m/f, tributario/a.

prestation [pʀɛstasjɔ̃] nf (allocation) subsidio; (d'un artiste) actuación f.

prestidigitateur, trice [pʀɛstidiʒitatœʀ, tʀis] nm/f prestidigitador/ora.

prestidigitation [pʀɛstidiʒitasjɔ̃] nf prestidigitación f.

prestige [pʀɛstiʒ] nm prestigio; **prestigieux, euse** a prestigioso(a).

présumer [pʀezyme] vt presumir, suponer; **~ de** jactarse de; **~ qn coupable** suponer culpable a alguien.

prêt, e [pʀɛ, ɛt] a listo(a), dispuesto(a) // nm préstamo; **~ à (préparé à)** preparado para; (disposé à) dispuesto a; **~ pour** listo para; **~-à-porter** nm ropa de confección.

prétendant [pʀetãdã] nm pretendiente m.

prétendre [pʀetãdʀ(ə)] vt (affirmer) sostener, afirmar; (avoir l'intention de) tratar de; **~ à** vt aspirar a, pretender; **prétendu, e** a supuesto(a), presunto(a).

prête-nom [pʀɛtnɔ̃] nm testaferro.

prétentieux, euse [pʀetãsjø, øz] a presumido(a); (villa) pretencioso(a).

prétention [pʀetãsjɔ̃] nf pretensión f; exigencia; aspiración f; **sans ~** sin pretensiones.

prêter [pʀete] vt prestar; (supposer): **~ à qn (caractère, propos)** atribuir a alguien; (assistance, appui) dar, prestar // vi (aussi: **se ~: tissu, cuir**) estirarse, prestar; **~ à (commentaires etc)** dar motivo a; **se ~ à** prestarse a; **~ sur gage** prestar sobre prenda.

prétérit [pʀeteʀit] nm pretérito.

prétexte [pʀetɛkst(ə)] nm pretexto, excusa; **donner qch pour ~** alegar algo como pretexto; **sous ~ de** quelconque con un pretexto cualquiera; **sous aucun ~** en ningún caso, por ninguna razón; **sous ~/le ~ que/de** so/con el pretexto de que/de.

prétexter [pʀetɛkste] vt pretextar.

prêtre [pʀɛtʀ(ə)] nm sacerdote m, cura m; **~-ouvrier** nm cura obrero.

preuve [pʀœv] nf prueba; **jusqu'à ~ du contraire** hasta prueba en contrario; **faire ~ de** dar pruebas de; **faire ses ~s** demostrar su capacidad; **~ par neuf** prueba del nueve.

prévaloir [pʀevalwaʀ] vi prevalecer; **se ~ de** valerse de; vanagloriarse de.

prévenance [pʀevnãs] nf (attention) deferencia, consideración f.

prévenant, e [pʀevnã, ãt] a solícito(a), deferente.

prévenir [pʀevniʀ] vt prevenir; (police, médecin) informar, avisar; (anticiper) prever.

préventif, ive [pʀevãtif, iv] a preventivo(a).

prévention [pʀevãsjɔ̃] nf prevención f; (JUR): **faire six mois de ~** cumplir seis meses de prisión preventiva; ~ **routière** prevención de accidentes de tránsito.

prévenu, e [pʀevny] nm/f acusado/a.

prévision [pʀevizjɔ̃] nf: ~s fpl previsiones fpl; (ADMIN. d'un règlement, texte de loi) disposición f; **en** ~ **de** en previsión de.

prévoir [pʀevwaʀ] vt prever.

prévoyance [pʀevwajɑ̃s] nf previsión f.

prévoyant, e [pʀevwajɑ̃, ɑ̃t] a precavido(a), cauto(a).

prier [pʀije] vi rogar, rezar // vt rogar; (implorer) rogar, suplicar; (demander) rogar, pedir por favor; ~ **qn à dîner/d'assister à une réunion** invitar a alguien a cenar/a asistir a una reunión; **je vous en prie** por favor; **se faire** ~ hacerse de rogar.

prière [pʀijɛʀ] nf (REL: oraison, office) oración f, plegaria; (demande instante) ruego, súplica; **dire une** ~ decir una plegaria; **à la** ~ **de qn** a ruego de alguien; **"~ de faire/de ne pas faire..."** "se ruega hacer/no hacer...".

primaire [pʀimɛʀ] a primario(a); (péj) simple, tonto(a) // nm (SCOL) primaria.

primauté [pʀimote] nf (fig) primacía f.

prime [pʀim] nf (bonification) plus m; (subside, ASSURANCES, BOURSE) prima; (COMM: cadeau) obsequio // a: **de** ~ **abord** en principio, a primera vista.

primer [pʀime] vt (l'emporter sur) predominar sobre; (récompenser) premiar, recompensar // vi predominar, sobresalir.

primeur [pʀimœʀ] nf: **la** ~ **de** la primicia de; ~s fpl (fruits, légumes) primicias.

primitif, ive [pʀimitif, iv] a primitivo(a); (PEINTURE: couleurs primitives) colores primarios; (rudimentaire) rudimentario(a) // nm/f primitivo/a.

prince, esse [pʀɛ̃s, pʀɛ̃sɛs] nm/f príncipe/princesa; ~ **charmant**

príncipe azul; ~ **de Galles** príncipe de Gales.

principal, e, aux [pʀɛ̃sipal, o] a principal // nm (d'un collège) director m; (essentiel): **le** ~ lo principal o fundamental.

principauté [pʀɛ̃sipote] nf principado.

principe [pʀɛ̃sip] nm (postulat) principio; (d'une discipline, science) principio, norma; (d'une opération, machine) rudimento, noción f; ~s mpl (sociaux etc) principios; **pour le** ~ por formalidad; **de** ~ a de principio; **par** ~ por principio o norma; **en** ~ en principio.

printemps [pʀɛ̃tɑ̃] nm primavera f.

prioritaire [pʀijɔʀitɛʀ] a prioritario(a).

priorité [pʀijɔʀite] nf prioridad f; **avoir la** ~ **sur** tener prioridad sobre; **en** ~ con prioridad o precedencia.

pris, e [pʀi, pʀiz] pp de prendre // a ocupado(a); (MÉD: enflammé) tomado(a); (saisi): ~ **de peur** lleno de miedo; (crème, glace) helado(a).

prise [pʀiz] nf toma; (de judo, catch) toma, presa; (PÊCHE) pesca, presa; (ÉLEC): ~ **(de courant)** enchufe m; (moyen de tenir, d'attraper): **avoir** ~ **pour tenir** qch tener cómo sostener algo; **être aux** ~s **avec qn** (fig) estar en conflicto con alguien; ~ **en charge** (taxe) recargo sobre la tarifa normal; ~ **de contact** (AUTO) encendido; ~ **d'eau** toma de agua; ~ **multiple** enchufe múltiple; ~ **de sang** extracción f de sangre; ~ **de son** grabación f, toma de sonido; ~ **de terre** toma de tierra; ~ **de vue** filmación f, toma de vistas.

priser [pʀize] vt (tabac, héroïne) tomar; (estimer) apreciar.

prisme [pʀism(ə)] nm prisma m.

prison [pʀizɔ̃] nf prisión f; **faire de/risquer la** ~ cumplir/arriesgar una condena; **cinq ans de** ~ cinco años de cárcel; ~**nier, ière** nm/f (*détenu*) preso/a; (*soldat*) prisionero // a prisionero/a.

prit vb *voir* **prendre**.

privé, e [prive] a privado(a); **en ~** en privado; **de source ~e** de fuente particular *o* oficiosa; **dans le ~** en la intimidad; (*dans le secteur privé*) en el sector privado.

priver [prive] vt: **~ qn de** privar a alguien de; **se ~ (de)** privarse (de).

privilège [privilɛʒ] nm privilegio.

prix [pri] nm premio; (*coût, valeur*) precio, coste m; **mettre à ~** (*aux enchères*) evaluar; **hors de ~** muy caro(a); **à aucun ~** por nada del mundo; **à tout ~** a todo coste; **~ de gros/détail** precio al por mayor/por menor; **~ d'excellence** premio al mejor alumno.

probabilité [prɔbabilite] nf probabilidad f.

probable [prɔbabl(ə)] a probable; **~ment** ad probablemente.

probant, e [prɔbɑ̃, ɑ̃t] a decisivo(a).

probité [prɔbite] nf probidad f.

problématique [prɔblematik] a problemático(a), dudoso(a).

problème [prɔblɛm] nm problema m.

procédé [prɔsede] nm (*méthode*) procedimiento, método; (*comportement*) proceder m, actitud f.

procéder [prɔsede] vi proceder, actuar; **~ à** vt proceder a.

procédure [prɔsedyr] nf procedimiento.

procès [prɔsɛ] nm (*JUR*) proceso, causa; **être en ~ avec** estar en juicio con.

procession [prɔsesjɔ̃] nf procesión f.

processus [prɔsesys] nm proceso.

procès-verbal, aux [prɔsevɛrbal, o] nm (*JUR*: *constat*) acta, atestado; (*de réunion*) acta; **j'ai eu un ~** me han hecho una multa.

prochain, e [prɔʃɛ̃, ɛn] a próximo(a) // nm prójimo; **à la ~e fois** hasta la vista; **~ement** [-ʃɛnmɑ̃] ad próximamente.

proche [prɔʃ] a cercano(a); (*dans le temps*) próximo(a); (*fig*): **~ (de)** próximo(a) *o* cercano(a) (a); **~s** nmpl familiares mpl, parientes mpl; **de ~ en ~** poco a poco; **le P~-Orient** el Cercano Oriente.

proclamer [prɔklame] vt proclamar.

procréer [prɔkree] vt procrear.

procuration [prɔkyrasjɔ̃] nf poder m; **donner ~ à qn** dar poderes a alguien; **par ~** por poderes.

procurer [prɔkyre] vt: **~ qch à qn** procurar algo a alguien; (*causer*): **~ qch à qn** proporcionar algo a alguien; **se ~** conseguir, procurarse.

procureur [prɔkyrœr] nm: **~ (de la République)** fiscal m; **~ général** fiscal del Tribunal Supremo.

prodige [prɔdiʒ] nm prodigio; (*personne*) prodigio, portento; (*merveille*): **un ~ de** un portento de; **enfant ~** niño prodigio.

prodigue [prɔdig] a pródigo(a).

prodiguer [prɔdige] vt prodigar.

producteur, trice [prɔdyktœr, tris] a, nm/f productor(ora).

productif, ive [prɔdyktif, iv] a productivo(a).

production [prɔdyksjɔ̃] nf producción f; (*film, émission*) producción; emisión f.

productivité [prɔdyktivite] nf productividad f, rendimiento.

produire [prɔdɥir] vt producir; (*ADMIN, JUR*: *documents, témoins*) presentar // vi (*rapporter*) producir, rendir; **se ~** (*acteur*) presentarse; (*événement*) producirse.

produit [prɔdɥi] nm producto; **~ de beauté/d'entretien** producto de belleza/limpieza; **~ national brut, PNB** producto nacional bruto.

proéminent, e [prɔeminɑ̃, ɑ̃t] a prominente, saliente.

profane [prɔfan] a profano(a).

proférer [prɔfere] vt proferir.

professer [prɔfese] vt (*déclarer*) profesar // vi enseñar.

professeur [prɔfesœr] nm profesor/ora; (titulaire d'une chaire) catedrático/a.

profession [pʀɔfesjɔ̃] nf profesión f; ~nel, le [-sjɔnel] a profesional // nm profesional m.

professorat [pʀɔfesɔʀa] nm: le ~ el profesorado.

profil [pʀɔfil] nm perfil m; (d'une voiture) línea; (section, coupe) corte m; de ~ de perfil.

profiler [pʀɔfile] vt perfilar; se ~ perfilarse, recortarse.

profit [pʀɔfi] nm provecho; (COMM, FINANCE) ganancia, utilidad f; au ~ de en provecho de; tirer ~ de sacar provecho de; mettre à ~ aprovechar; ~s et pertes ganancias y pérdidas.

profitable [pʀɔfitabl(ə)] a provechoso(a).

profiter [pʀɔfite] : ~ de vt aprovechar; ~ de ce que... aprovechar que...; ~ à dar ganancia a, ser de provecho a.

profond, e [pʀɔfɔ̃, ɔ̃d] a profundo(a), hondo(a); (fig) profundo(a); ~eur nf profundidad f.

profusion [pʀɔfyzjɔ̃] nf profusión f.

progéniture [pʀɔʒenityʀ] nf progenie f.

progestérone [pʀɔʒesteʀɔn] nf progesterona.

programme [pʀɔgʀam] nm programa m; **programmer** vt (émission) programar; **programmeur, euse** nm/f (d'ordinateur) programador/ora.

progrès [pʀɔgʀe] nm progreso, adelanto; (d'un incendie etc) avance m, propagación f; (d'un élève, apprenti) progreso; être en ~ estar adelantado(a); **progresser** vi (mal, troupes, inondation) avanzar; (élève) progresar, adelantar.

progressif, ive [pʀɔgʀesif, iv] a progresivo(a).

progression [pʀɔgʀesjɔ̃] nf avance m; adelanto.

prohiber [pʀɔibe] vt prohibir.

prohibitif, ive [pʀɔibitif, iv] a prohibitivo(a).

proie [pʀwa] nf presa.

projecteur [pʀɔʒektœʀ] nm proyector m; (de théâtre, cirque) reflector m.

projectile [pʀɔʒektil] nm proyectil m.

projection [pʀɔʒeksjɔ̃] nf proyección f.

projet [pʀɔʒe] nm proyecto.

projeter [pʀɔʒte] vt proyectar.

prolétaire [pʀɔleteʀ] nm/f proletario/a; **prolétariat** [-tarja] nm proletariado.

proliférer [pʀɔlifeʀe] vi proliferar.

prolixe [pʀɔliks] a prolijo(a).

prologue [pʀɔlɔg] nm prólogo.

prolongation [pʀɔlɔ̃gasjɔ̃] nf prolongación f; (délai) prórroga; (FOOTBALL) prórroga, tiempo suplementario; **jouer les ~s** jugar los suplementarios.

prolongement [pʀɔlɔ̃ʒmã] nm prolongamiento; ~s mpl (fig) repercusiones fpl, consecuencias; **dans le ~ de** a continuación de.

prolonger [pʀɔlɔ̃ʒe] vt prolongar; se ~ vi prolongarse.

promenade [pʀɔmnad] nf paseo; **faire une ~** dar un paseo; **partir en ~** salir de paseo.

promener [pʀɔmne] vt pasear, llevar de paseo; (regard): ~ qch sur pasear algo sobre; (doigts, main): ~ qch sur pasar algo sobre; se ~ pasearse, pasear; **promeneur, euse** nm/f paseante m/f.

promesse [pʀɔmes] nf promesa; ~ d'achat/de vente compromiso de compra/de venta.

promettre [pʀɔmetʀ(ə)] vt prometer // vi prometer; asegurar; se ~ de faire (avoir l'intention de) proponerse hacer; ~ de faire prometer hacer.

promiscuité [pʀɔmiskɥite] nf promiscuidad f.

promontoire [pʀɔmɔ̃twaʀ] nm promontorio.

promoteur, trice [pʀɔmɔtœʀ, tʀis] nm/f promotor/ora; ~ **immobilier** promotor inmobiliario.

promotion [prɔmosjɔ̃] nf promoción f; ejecución f; (avancement) promoción; ~ **des ventes** promoción de ventas.

promouvoir [prɔmuvwar] vt promover, ascender; (politique, réforme) llevar a cabo, ejecutar.

prompt, e [prɔ̃, ɔ̃t] a pronto(a).

promulguer [prɔmylge] vt promulgar.

prôner [prone] vt encomiar; preconizar.

pronom [prɔnɔ̃] nm pronombre m; ~**inal, e, aux** [prɔnɔminal, o] a pronominal.

prononcer [prɔnɔ̃se] vt, vi pronunciar; **se** ~ pronunciarse.

prononciation [prɔnɔ̃sjasjɔ̃] nf pronunciación f.

pronostic [prɔnɔstik] nm pronóstico.

propagande [prɔpagɑ̃d] nf propaganda.

propager [prɔpaʒe] vt propagar, divulgar; **se** ~ vi propagarse.

prophète, prophétesse [prɔfɛt, prɔfɛtɛs] nm/f profeta/isa; (devin) adivino/a.

prophétie [prɔfesi] nf profesía, predicción f; **prophétiser** [prɔfetize] vt profetizar.

propice [prɔpis] a propicio(a).

proportion [prɔpɔrsjɔ̃] nf proporción f; **à** ~ **de** en proporción a; **en** ~ **de** en relación con; (en comparaison de) en comparación con; **en** ~ en proporción o correspondencia; **toute(s)** ~**(s) gardée(s)** guardando las proporciones; ~**né, e** [-ʃɔne] a: **bien** ~ bien proporcionado(a); ~**nel, le** [-ʃɔnɛl] a proporcional; ~**ner** [-ʃɔne] vt: ~**ner (à)** adecuar (a), proporcionar (a).

propos [prɔpo] nm palabras; (intention, but) propósito; (sujet): **à quel** ~? ¿con qué propósito?, por qué motivo? **à** ~ **de** a propósito de, en relación a; **à tout** ~ a cada momento; **à** ~ **ad** a propósito.

proposer [prɔpoze] vt proponer;

(loi, motion) proponer, plantear; **se** ~ (offrir ses services) ofrecerse; **se** ~ **de faire** proponerse o procurar hacer; **proposition** nf propuesta, proposición f; (POL) propuesta, moción f; (offre) ofrecimiento, oferta; (LING) oración f, proposición.

propre [prɔpr(ə)] a (pas sale) limpio(a), pulcro(a); (net) limpio(a), aseado(a); (cahier etc, métier etc) limpio(a); (fait convenablement: travail) esmerado(a), correcto(a); (possessif) propio(a); (particulier): ~ **à** propio de; (approprié): ~ **à** apropiado(a) o apto(a) para; (de nature à): ~ **à faire** apropiado(a) para hacer // nm: **mettre** ou **recopier au** ~ pasar o poner en limpio; **le** ~ **de la** particularidad de; ~**ment ad** limpiamente, pulcramente; esmeradamente, impecablemente; **à** ~**ment parler** hablando con propiedad; ~**ment dit** propiamente dicho; ~**té** nf limpieza; aseo.

propriétaire [prɔprijetɛr] nm/f propietario/a; (qui loue) propietario/a, dueño/a.

propriété [prɔprijete] nf propiedad f.

propulser [prɔpylse] vt (missile) propulsar, impulsar; (projeter) arrojar.

prorata [prɔrata] nm inv: **au** ~ **de** en proporción a.

proroger [prɔrɔʒe] vt (échéance) prorrogar, aplazar; (assemblée, délai) prorrogar.

prosaïque [prɔzaik] a prosaico(a), ramplón(ona).

proscrire [prɔskrir] vt proscribir.

prose [proz] nf prosa.

prospecter [prɔspekte] vt prospectar.

prospectus [prɔspektys] nm prospecto.

prospère [prɔspɛr] a próspero(a); **prospérer** vi prosperar.

prosterner [prɔstɛrne] vt: **se** ~ prosternarse.

prostituée [prɔstitɥe] nf
prostituta.

prostitution [prɔstitysjɔ̃] nf
prostitución f.

prostré, e [prɔstre] a postrado(a).

protagoniste [prɔtagonist(ə)] nm
protagonista m.

protecteur, trice [prɔtɛktœr,
tris] a, nm/f protector(ora).

protection [prɔtɛksjɔ̃] nf protección f, amparo; (patronage) protección, patrocinio; (ÉCON) protección,
salvaguardia; ~nisme nm proteccionismo.

protégé, e [prɔteʒe] nm/f protegi-
do/a.

protège-cahier [prɔtɛʒkaje] nm
forro.

protège-dents [prɔtɛʒdɑ̃] nm inv
(BOXE) protector m.

protéger [prɔteʒe] vt proteger;
(personne) proteger, amparar;
(membres, matériel) proteger,
resguardar; (carrière) favorecer,
apoyar; se ~ de/contre protegerse
de/contra.

protéine [prɔtein] nf proteína.

protestant, e [prɔtɛstɑ̃, ɑ̃t] a, nm/f
protestante (m/f).

protestation [prɔtɛstasjɔ̃] nf
(plainte) queja, protesta; (déclaration) protesta.

protester [prɔtɛste] vi protestar.

prothèse [prɔtɛz] nf prótesis f; ~
dentaire prótesis dental.

protocole [prɔtɔkɔl] nm (étiquette)
protocolo, ceremonial m; ~
d'accord protocolo.

prototype [prɔtɔtip] nm prototipo.

protubérance [prɔtyberɑ̃s] nf
protuberancia; **protubérant, e** a
protuberante.

proue [pru] nf proa.

prouesse [prues] nf proeza;
(exploit) proeza, hazaña.

prouver [pruve] vt probar,
demostrar; (reconnaissance etc)
demostrar.

provenance [prɔvnɑ̃s] nf procedencia, origen m; avion/train en ~
de avión m/tren m procedente de.

Provence [prɔvɑ̃s] nf Provenza.

provenir [prɔvnir]: ~ de vt
(venir de) provenir o proceder de;
(tirer son origine de) provenir de;
(résulter de) derivarse de.

proverbe [prɔvɛrb(ə)] nm proverbio; **proverbial, e** aux a proverbial.

providence [prɔvidɑ̃s] nf providencia; **providentiel, le** a
providencial.

province [prɔvɛ̃s] nf provincia;
provincial, e, aux a, nm/f provincia-
no(a).

proviseur [prɔvizœr] nm director
m.

provision [prɔvizjɔ̃] nf (réserve)
provisión f; (avance: à un avocat,
avoué) anticipo; (COMM) provisión de
fondos; ~s fpl (vivres) provisiones
fpl; faire ~ de abastecerse de algo;
armoire à ~s armario de las
provisiones.

provisoire [prɔvizwar] a provisional, transitorio(a); (JUR) provisional;
(personne) interino(a); ~ment ad
provisionalmente.

provocant, e [prɔvɔkɑ̃, ɑ̃t] a
provocativo(a), provocante; (excitant) provocativo(a).

provocation [prɔvɔkasjɔ̃] nf
(parole, écrit) provocación f.

provoquer [prɔvɔke] vt provocar;
(inciter): ~ qn à incitar a alguien
a.

proxénète [prɔksenet] nm proxe-
neta m.

proximité [prɔksimite] nf proximidad f, cercanía; (dans le temps)
proximidad; à ~ en las cercanías,
cerca; à ~ de cerca de.

prude [pryd] a mojigato(a).

prudence [prydɑ̃s] nf prudencia
sensatez f; (par mesure de) ~
como (medida de) precaución.

prudent, e [prydɑ̃, ɑ̃t] a prudente.

prune [pryn] nf ciruela.

pruneau, x [pryno] nm ciruela
pasa.

prunelle [prynɛl] nf (ANAT) pupila.

prunier [prynje] nm ciruelo.

psaume [psom] nm salmo.

pseudonyme [psødɔnim] *nm* seudónimo.

psychanalyse [psikanaliz] *nf* (p)sicoanálisis *m*; **psychanaliste** *nm/f* (p)sicoanalista *m/f*.

psychiatre [psikjatʀ(ə)] *nm/f* (p)siquiatra *m/f*.

psychiatrie [psikjatʀi] *nf* (p)siquiatría; **psychiatrique** a (p)siquiátrico(a).

psychique [psiʃik] a (p)síquico(a).

psychologie [psikɔlɔʒi] *nf* (p)sicología; **psychologique** a (p)sicológico(a); **psychologue** [psikɔlɔg] a, *nm/f* (p)sicólogo(a).

Pte abrév de **porte**.

PTT sigle fpl voir **poste**.

pu *pp* de **pouvoir**.

puanteur [pɥɑ̃tœʀ] *nf* fetidez *f*, hediondez *f*.

puberté [pybɛʀte] *nf* pubertad *f*.

pubis [pybis] *nm* pubis *m*.

public, ique [pyblik] a público(a) // *nm* público; *(assistance, audience)* público, concurrencia.

publication [pyblikasjɔ̃] *nf* publicación *f*.

publicitaire [pyblisitɛʀ] a publicitario(a).

publicité [pyblisite] *nf* publicidad *f*.

publier [pyblije] *vt* publicar; *(bans)* proclamar; *(décret, loi)* promulgar; *(nouvelle)* divulgar, difundir.

puce [pys] *nf* pulga; **~s** *fpl* *(marché)* mercado de pulgas.

pucelle [pysɛl] *nf* doncella, virgen *f*.

pudeur [pydœʀ] *nf* pudor *m*; recato.

pudique [pydik] a púdico(a), pudoroso(a); *(discret)* recatado(a).

puer [pɥe] *vi* heder, apestar.

puéricultrice [pɥeʀikyltʀis] *nf* puericultora.

puéril, e [pɥeʀil] a pueril, infantil.

pugilat [pyʒila] *nm* pugilato.

puis [pɥi] *vb* voir **pouvoir** // a después, enseguida; *(dans une énumération)* después, luego; et **~** y además, y por otra parte; et **~ ensuite** inmediatamente después, y a continuación; et **~ c'est tout** y

nada más, eso es todo; et **~ après** tout y después de todo.

puisard [pɥizaʀ] *nm* sumidero.

puiser [pɥize] *vt* sacar.

puisque [pɥisk(ə)] *conj* *(du moment que)* ya que, dado que; *(comme)* como, puesto que.

puissance [pɥisɑ̃s] *nf* potencia, poder *m*, vigor *m*; *(POL, ÉLEC, PHYSIQUE)* potencia; dos (à la) **~ cinq** dos a la quinta (potencia).

puissant, e [pɥisɑ̃, ɑ̃t] a poderoso(a), potente; *(homme, musculature, voix)* fuerte, vigoroso(a).

puisse etc *vb* voir **pouvoir**.

puits [pɥi] *nm* pozo.

pull(-over) [pul(ɔvœʀ)] *nm* pulóver *m*, jersey *m*.

pulluler [pylyle] *vi* pulular.

pulmonaire [pylmɔnɛʀ] a pulmonar.

pulpe [pylp(ə)] *nf* pulpa, carne *f*.

pulsation [pylsasjɔ̃] *nf* *(MÉD)* pulsación *f*.

pulvérisateur [pylveʀizatœʀ] *nm* pulverizador *m*.

pulvériser [pylveʀize] *vt* pulverizar; *(record)* batir ampliamente.

punaise [pynɛz] *nf* chinche *f*.

punch [pœnʃ] *nm* *(BOXE)* pegada; *(boisson)* [pɔ̃ʃ] ponche *m*; **~ing-ball** *nm* punching-ball *m*; saco de arena.

punir [pyniʀ] *vt* castigar; *(suj: chose)*: **~ qn de qch** castigar a alguien por algo; *(faute, crime)* condenar; **punitif, ive** a: **expédition punitive** expedición punitiva; **punition** *nf* castigo.

pupille [pypij] *nf* *(ANAT)* pupila *m*; *(enfant)* pupilo/a; **~ de l'Etat** hospiciano/a; **~ de la Nation** huérfano/a de guerra.

pupitre [pypitʀ(ə)] *nm* *(SCOL)* pupitre *m*; *(REL, MUS: de chef d'orchestre)* atril *m*; *(d'ordinateur)* mesa, tablero.

pur, e [pyʀ] a puro(a); **~ et simple** simple, mero(a).

purée [pyʀe] *nf* puré *m*.

pureté [pyʀte] *nf* pureza.

purgatif [pyʀgatif] *nm* purgante *m*.

purgatoire [pyʀgatwaʀ] *nm* purgatorio.

purge [pyʀʒ(ə)] *nf* limpieza, purga; (MÉD) purga, purgante *m*.

purger [pyʀʒe] *vt* limpiar, purgar; (MÉD, JUR: peine) purgar.

purifier [pyʀifje] *vt* purificar.

purin [pyʀɛ̃] *nm* purín *m*, agua de estiércol.

puriste [pyʀist(ə)] *nm/f* purista *m/f*.

puritain, e [pyʀitɛ̃, ɛn] *a* puritano(a); **puritanisme** [-tanism(ə)] *nm* puritanismo.

pur-sang [pyʀsɑ̃] *nm inv* pura sangre *m inv*.

pus [py] *vb voir* **pouvoir** // *nm* pus *m*.

pustule [pystyl] *nf* pústula.

put *vb voir* **pouvoir**.

putain [pytɛ̃] *nf* (fam) puta, ramera.

putréfier [pytʀefje] *vt* pudrir, descomponer; **se ~** *vi* pudrirse, descomponerse.

putsch [putʃ] *nm* golpe *m* de estado.

puzzle [pœzl(ə)] *nm* rompecabezas *m inv*.

PV *abrév de* **procès-verbal**.

pygmée [pigme] *nm* pigmeo.

pyjama [piʒama] *nm* pijama *m*, piyama *m*.

pylône [pilon] *nm* (d'un pont) pilote *m*, pilar *m*; (mât, poteau) poste *m*.

pyramide [piʀamid] *nf* pirámide *f*.

Pyrénées [piʀene] *nfpl*: **les ~** el Pirineo, los Pirineos.

pyromane [piʀɔman] *nm/f* piromano/a.

python [pitɔ̃] *nm* pitón *m*.

Q

QI *sigle m voir* **quotient**.

quadragénaire [kwadʀaʒeneʀ] *a*, *nm/f* cuarentón(ona).

quadrilatère [kadʀilatɛʀ] *nm* cuadrilátero.

quadriller [kadʀije] *vt* cuadricular; (POLICE: ville etc) dividir en zonas.

quadriphonie [kadʀifɔni] *nf* tetrafonía.

quadrupède [kadʀypɛd] *nm* cuadrúpedo.

quadruple [kadʀypl(ə)] *a* cuádruple // *nm* cuádruplo de; **quadrupler** *vt*, *vi* cuadruplicar; **quadruplés, ées** *nm/fpl* cuatrillizos/as.

quai [ke] *nm* muelle *m*; (d'une gare) andén *m*.

qualificatif, ive [kalifikatif, iv] *a* calificativo(a) // *nm* calificativo.

qualification [kalifikasjɔ̃] *nf* calificación *f*; (aptitude) capacitación *f*.

qualifier [kalifje] *vt* calificar; **se ~** *vi* (SPORT) calificarse; **être qualifié pour** estar capacitado para.

qualité [kalite] *nf* calidad *f*; (d'une personne) cualidad *f*.

quand [kɑ̃] *conj* cuando; (alors que) cuando, mientras // *ad* cuándo; **~ je serai riche** cuando sea rico; **~ même** aun sin embargo; de todos modos; vaya; **~ bien même** aún cuando.

quant [kɑ̃]: **~ à** *prép* en cuanto a; (au sujet de) de.

quantifier [kɑ̃tifje] *vt* cuantificar.

quantité [kɑ̃tite] *nf* cantidad *f*.

quarantaine [kaʀɑ̃tɛn] *nf* (MÉD) cuarentena; **il a la ~** tiene cuarenta años; **une ~ (de)** unos cuarenta.

quarante [kaʀɑ̃t] *num* cuarenta.

quart [kaʀ] *nm* cuarto; (surveillance) guardia; **les trois ~s** la mayoría; **les trois ~s du temps** la mayor parte del tiempo; **~ d'heure** cuarto de hora; **il est moins le ~/le ~** son las menos cuarto/las y cuarto; **prendre le ~** entrar de guardia.

quartier [kaʀtje] *nm* (d'une ville) barrio; (de bœuf) cuarto; (de fruit, de fromage) trozo; **~s** *mpl* (MIL) cuarteles *mpl*; **~ général** (MIL) cuartel general.

quartier-maître [kaʁtjemɛtʁ(ə)] *nm* cabo de la Marina.

quartz [kwaʁts] *nm* cuarzo.

quasi [kazi] *ad*, *préf* casi; ~**ment** *ad* casi.

quaternaire [kwatɛʁnɛʁ] *a*: **ère** ~ era cuaternaria.

quatorze [katɔʁz(ə)] *num* catorce.

quatrain [katʁɛ̃] *nm* cuarteto.

quatre [katʁ(ə)] *num* cuatro; **à** ~ **pattes** en cuatro patas; ~ **à** ~ de cuatro en cuatro; ~**-vingt-dix** *num* noventa; ~**-vingts** *num* ochenta; **quatrième** *num* cuarto(a).

quatuor [kwatɥɔʁ] *nm* cuarteto.

que [k(ə)] *conj* que; **si vous y allez ou** ~ **vous lui téléphonez** si usted va o le telefonea; **quand il rentrera et qu'il aura mangé** cuando él regrese y haya comido; **qu'il le veuille ou non** quiera o no; **elle venait à peine de sortir** que acababa de salir cuando; *voir aussi*, **autant**, **avant**, **plus**, **pour**, **si** *etc* // *ad* qué; cuán; ~ **de** ¡cuánto(a)! // *pron* que; **un jour** ~ un día en que; ~ **fais-tu?**, **qu'est-ce que tu fais?** ¿qué haces?; ¿qué es lo que haces?; ~ **fait-il dans la vie?** ¿de qué se ocupa?

Québec [kebɛk] *nm*: **le** ~ Quebec *m*.

quel, quelle [kɛl] *a* qué; ~ **est cet homme?** ¿quién es este hombre?; ~ **que soit...** cualquiera que sea... // *pron* cuál.

quelconque [kɛlkɔ̃k] *a* cualquier, cualquiera; (*médiocre*) insignificante, mediocre; **un prétexte** ~ un pretexto cualquiera; **une femme** ~ una mujer cualquiera.

quelque [kɛlk(ə)] *dét*: **cela fait** ~ **temps que** hace un tiempo que; ~ **s mots** algunas palabras; **les** ~**s enfants/livres qui** los pocos niños/libros que // *ad* (*environ*): ~ **100 mètres** unos 100 metros; **20 kg et** ~**(s)** 20 kg y pico; ~ **chose** algo; ~ **chose d'autre** otra cosa; ~ **peu** un poco.

quelquefois [kɛlkəfwa] *ad* a veces.

quelques-uns, unes [kɛlkəzœ̃, yn] *pron* algunos/as; ~ **des lecteurs** algunos lectores.

quelqu'un, une [kɛlkœ̃, yn] *pron* alguien; (*avec négation*) nadie; ~ **d'autre** alguien/una otro/a.

quémander [kemɑ̃de] *vt* mendigar.

qu'en dira-t-on [kɑ̃diʁatɔ̃] *nm inv* qué dirán *m inv*.

querelle [kəʁɛl] *nf* disputa, reyerta; **se quereller** *vi* disputar, pelearse.

qu'est-ce que (*ou* **qui**) [kɛsk(ə)ki] *voir* **que**, **qui**.

question [kɛstjɔ̃] *nf* pregunta; (*problème*) cuestión *f*, problema *m*; **il a été** ~ **de** se trató o habló de; **il n'en est pas** ~ no hay cuestión; **en** ~ en discusión, de que se trata; **hors de** ~ fuera de discusión; ~**s économiques** problemas económicos; ~ **piège** pregunta insidiosa; ~**naire** *nm* cuestionario; ~**ner** *vt* interrogar, preguntar.

quête [kɛt] *nf* colecta; **faire la** ~ (*à l'église*) hacer la colecta; (*artiste*) pasar el sombrero; **en** ~ **de** en busca de.

quêter [kete] *vt* mendigar, buscar.

quetsche [kwɛtʃ(ə)] *nf* ciruela, damascena.

queue [kø] *nf* cola; (*d'animal*) cola, rabo; (*de lettre*) rabo; (*de note*) vírgula, tallo; (*d'un casserole*) mango; (*d'un fruit, d'une feuille*) rabillo; **faire la** ~ hacer cola; **à la** ~ **leu leu** en fila india; ~ **de cheval** cola de caballo; ~**-de-pie** *nf* (*habit*) chaqué *m*.

qui [ki] *pron* (*interrogatif*) quién; quiénes *pl*; **qu'est-ce** ~ **est sur la table?** ¿qué está sobre la mesa?; **à** ~ **est-ce sac?** ¿de quién es este bolso?; (*relatif sujet*) quien, que; (: *chose*) que; **l'ami de** ~ **je vous ai parlé** el amigo de quien le hablé; **amenez** ~ **vous voulez** traiga a quien quiera; ~ **que ce soit** quienquiera que sea.

quiconque [kikɔ̃k] *pron* quienquiera que; (personne) quienquiera.

quignon [kiɲɔ̃] nm: ~ **de pain**
zoquete m de pan; mendrugo de
pan.

quille [kij] nf bolo; quilla; (jeu de)
~ **s** (juego de) bolos.

quincaillerie [kɛ̃kajʀi] nf quinca-
llería; **quincaillier, ère** nm/f quinca-
llero/a.

quinconce [kɛ̃kɔ̃s] nm: **en** ~ **al**
tresbolillo.

quinine [kinin] nf quinina.

quinquagénaire [kɛ̃kaʒenɛʀ] a
cincuentón(ona),
quincuagenario(a).

quintal, aux [kɛ̃tal; o] nm quintal
m.

quinte [kɛ̃t] nf: ~ **(de toux)** acceso
de tos.

quintuple [kɛ̃typl(ə)] a quíntu-
plo(a) // nm quíntuplo; **quintupler**
vt, vi quintuplicar; **quintuplés, ées**
nm/fpl quintillizos/as.

quinzaine [kɛ̃zɛn] nf quincena; une
~ **(de)** unos quince, una quincena
(de).

quinze [kɛ̃z] num quince; **de-
main/lundi en** ~ de aquí a dos
semanas o a partir de mañana/del lunes.

quiproquo [kipʀɔko] nm malentendido.

quittance [kitɑ̃s] nf (reçu) recibo;
(facture) factura.

quitte [kit] a: **être** ~ **envers qn**
quedar liberado/a de una obliga-
ción con alguien; (fig) estar en paz
con alguien; ~ **à** con riesgo de.

quitter [kite] vt dejar, abandonar;
(suj: crainte, énergie) abandonar;
(vêtement) quitarse, sacarse; ~ **la
route** (véhicule) salirse de la
carretera; **se** ~ dejarse, separarse;
ne quittez pas (au téléphone) no
cuelgue, no se retire.

qui-vive [kiviv] nm: **être sur le** ~
estar en alerta.

quoi [kwa] pron (interrogatif) qué;
~ **qu'il arrive** sea lo que
suceda; ~ **qu'il en soit** sea lo que
fuere; ~ **que ce soit** lo que sea; **il
n'y a pas de** ~ no hay de qué; ~

neuf? ¿qué hay de nuevo?

quoique [kwak(ə)] conj aunque.

quolibet [kɔlibɛ] nm pitorreo.

quorum [kɔʀɔm] nm quórum m.

quota [kɔta] nm cuota.

quote-part [kɔtpaʀ] nf cuota.

quotidien, ne [kɔtidjɛ̃, ɛn] a
cotidiano(a); (banal) rutinario(a) //
nm (journal) periódico, diario.

quotient [kɔsjɑ̃] nm cociente m;: ~
intellectuel, QI cociente intelectual.

quotité [kɔtite] nf cuota.

R

rabâcher [ʀabɑʃe] vt repetir.

rabais [ʀabɛ] nm rebaja, descuento;
au ~ con descuento o rebaja.

rabaisser [ʀabese] vt disminuir,
menoscabar; (dénigrer) menoscabar.

rabattre [ʀabatʀ(ə)] vt bajar,
plegar; (couture) doblar, dobladillar; (gibier) ojear; (d'un prix)
rebajar; **se** ~ vi plegarse;
(véhicule) bajar, torcer; **se** ~ **sur**
conformarse con.

rabbin [ʀabɛ̃] nm rabino.

rabot [ʀabo] nm cepillo; ~**er** vt
cepillar.

rabougri, e [ʀabugʀi] a
raquítico(a).

racaille [ʀakɑj] nf (péj) chusma.

raccommoder [ʀakɔmɔde] vt
zurcir, remendar.

raccompagner [ʀakɔ̃paɲe] vt
acompañar a.

raccord [ʀakɔʀ] nm (TECH: pièce)
acoplamiento, empalme m;
(CINÉMA) ajuste m; ~ **de peinture**
retoque m de pintura.

raccorder [ʀakɔʀde] vt conectar,
empalmar.

raccourci [ʀakuʀsi] nm atajo.

raccourcir [ʀakuʀsiʀ] vt acortar
// vi acortarse, encoger.

raccrocher [ʀakʀɔʃe] vt volver a

colgar; (*récepteur*) colgar // vi (*TÉLÉC*) colgar; **se ~ à** aferrarse a; (*se raccorder à*) concordar con, relacionarse con.

race [Ras] nf raza; (*ascendance*) linaje m; (*fig*) especie f, casta.

racheter [Raʃte] vt comprar nuevamente; (*acheter davantage de*) comprar más; (*après avoir vendu*) volver a comprar; (*d'occasion*) comprar de lance o de segunda mano; (*pension, rente*) liberar, liquidar; (*REL*) redimir; (*défaut*) compensar; **se ~** redimirse.

racial, e, aux [Rasjal, jo] a racial.

racine [Rasin] nf raíz f; **~ carrée** raíz cuadrada.

racisme [Rasism(ə)] nm racismo; **raciste a, nm/f** racista (*m/f*).

racket [Raket] nm extorsión f.

racler [Rɑkle] vt raspar, frotar; (*tache, boue*) frotar; (*fig*) rascar; **se ~ la gorge** carraspear.

racoler [Rakɔle] vt enganchar; levantar; pescar.

racontars [Rakɔ̃taR] nmpl habladurías, chismes mpl.

raconter [Rakɔ̃te] vt contar.

racorni, e [Rakɔrni] a endurecido(a).

radar [RadaR] nm radar m; **écran ~** pantalla de radar.

rade [Rad] nf rada.

radeau, x [Rado] nm balsa.

radial, e, aux [Radjal, o] a radial; **pneu à carcasse ~** neumático de cubierta radial.

radiateur [RadjatœR] nm radiador m.

radiation [Radjɑsjɔ̃] nf supresión f; (*PHYSIQUE*) radiación f.

radical, e, aux [Radikal, o] a radical; (*moyen, remède*) infalible // nm radical.

radier [Radje] vt suprimir, cancelar.

radieux, euse [Radjø, øz] a radiante.

radin, e [Radɛ̃, in] (*ou inv*) a (*fam*) tacaño(a), roñoso(a).

radio [Radjo] nf radio f; (*radioscopie*) radioscopía; (*radiographie*) radiografía; **avoir la ~** tener radio.

radioactif, ive [Radjɔaktif, iv] a radioactivo(a); **radioactivité** nf radioactividad f.

radiodiffuser [Radjɔdifyze] vt radiodifundir.

radiographie [Radjɔgrafi] nf radiografía.

radiologie [Radjɔlɔʒi] nf radiología; **radiologue** nm/f radiólogo/a.

radioscopie [Radjɔskɔpi] nf radioscopía.

radis [Radi] nm rábano.

radium [Radjɔm] nm radio.

radoub [Radu] nm: **bassin de ~** dique de carena.

radoucir [RadusiR] vt templar; **se ~** (*se calmer*) serenarse, aplacarse.

rafale [Rafal] nf ráfaga; **tir en ~** ráfaga de disparos.

raffermir [RafɛRmiR] vt fortalecer, fortificar.

raffiné, e [Rafine] a (*fig*) refinado(a), fino(a).

raffiner [Rafine] vt refinar; (*langage, manières*) pulir, afinar; **~le [-finɛ]** nf refinería.

raffoler [Rafɔle]: **~ de** vt volverse loco(a) por.

raffut [Rafy] nm (*fam*) batahola, bulla.

rafistoler [RafistɔIe] vt (*fam*) chapucear.

rafle [Rafl(ə)] nf (*de police*) razzia, redada.

rafler [Rafle] vt (*fam*) alzarse con, afanar.

rafraîchir [RafRɛʃiR] vt refrescar; (*boisson, dessert*) enfriar; (*fig*) renovar, retocar; (*peinture, tableau*) avivar; **se ~** vi refrescar; (*en buvant etc*) refrescarse; **rafraîchissement** nm (*boisson*) refresco; **rafraîchissements** mpl refrigerio, refrescos.

rage [Raʒ] nf rabia; **~ de dents** dolor m de muelas; **faire ~** hacer estragos.

ragot [Rago] *nm* (*fam*) chisme *m*, patraña.

ragoût [Ragu] *nm* guiso.

rai [Rɛ] *nm*: ~ **de lumière** rayo de luz.

raid [Rɛd] *nm* raid *m*; (*attaque aérienne*) incursión aérea.

raide [Rɛd] *a* lacio(a); (*ankylosé*) rígido(a); (*tendu*) tenso(a); (*escarpé*) abrupto(a), empinado(a); (*guindé*) tieso(a), envarado(a); (*fam*) inusitado(a), increíble; (*alcool*) fuerte; (*osé*) escabroso(a) // *ad* à pique; **raidir** [Redir] *vt* contraer; (*tirer*) estirar, poner tenso(a); **se raidir** contraerse, ponerse rígido(a); (*câble*) ponerse tirante.

raie [Rɛ] *nf* raya.

rail [Raj] *nm* riel *m*; (*chemins de fer*): **le** ~ el ferrocarril; **les** ~**s** (*voie ferrée*) las vías; ~ **conducteur** carril *m* de toma.

railler [Raje] *vt* burlarse *o* mofarse de.

rainure [Renyr] *nf* ranura, acanaladura.

rais [Rɛ] *nm* = **rai.**

raisin [Rɛzɛ̃] *nm* uva; ~**s uvas**; ~**s secs** uvas pasas.

raison [Rɛzɔ̃] *nf* razón *f*, juicio; (*motif, cause*) razón, causa; (*excuse, prétexte*) razón, pretexto; **plus que de** ~ más de lo razonable *o* conveniente; ~ **de plus** mayor razón, razón de más; **à plus forte** ~ con mayor razón; **avoir** ~ tener razón; **donner** ~ **à qn** dar razón a alguien; **se faire une** ~ resignarse, conformarse; ~ **sociale** razón social; ~**nable** a razonable; (*doué de raison*) racional.

raisonnement [Rɛzɔnmɑ̃] *nm* raciocinio; (*argumentation*) razonamiento; ~ *s mpl* (*objections etc*) objeciones *fpl*, observaciones *fpl*.

raisonner [Rɛzɔne] *vi* razonar, reflexionar; (*argumenter*) argüir, razonar; (*péj*) objetar, discutir // *vt* hacer entrar en razón; (*attitude etc*) justificar; **se** ~ reflexionar.

rajeunir [Raʒœnir] *vt* rejuvenecer; (*moderniser*) renovar // *vi* rejuvenecer, remozar; (*entreprise etc*) modernizarse, renovarse.

rajouter [Raʒute] *vt* agregar, añadir.

rajuster [Raʒyste] *vt* arreglar; (*salaires, prix*) reajustar.

râle [Ral] *nm* estertor *m*.

ralenti [Ralɑ̃ti] *nm* ralentí *m*, marcha lenta; (*CINÉMA*) cámara lenta; **au** ~ al ralentí, lentamente.

ralentir [Ralɑ̃tir] *vt* aminorar; (*production etc*) disminuir, reducir // *vi* disminuir la velocidad, ir más despacio; **se** ~ *vi* frenarse, disminuir.

râler [Rale] *vi* estar con *o* producir estertores; (*fam*) gruñir.

rallier [Ralje] *vt* reunir; (*rejoindre*) reintegrarse a; (*gagner*) ganar; **se** ~ **à** (*avis, opinion*) adherir a.

rallonge [Ralɔ̃ʒ] *nf* (*de table*) larguero; (*de vêtement etc*) añadido.

rallonger [Ralɔ̃ʒe] *vt* alargar.

rallumer [Ralyme] *vt* volver a encender.

rallye [Rali] *nm* rallye *m*.

ramages [Ramaʒ] *nmpl* estampado rameado.

ramassage [Ramasaʒ] *nm*: ~ **scolaire** transporte *m* escolar.

ramassé, e [Ramase] *a* rechoncho(a).

ramasser [Ramase] *vt* recoger; (*personne tombée*) levantar; (*fam*) detener, pescar; (: *attraper*) coger, pescar(se); **se** ~ *vi* replegarse, encogerse.

rambarde [Rɑ̃bard(ə)] *nf* barandilla.

rame [Ram] *nf* remo; (*de métro*) tren *m*; (*de papier*) resma.

rameau, x [Ramo] *nm* rama, ramo; **les R**~**x** domingo de Ramos.

ramener [Ramne] *vt* llevar nuevamente; (*reconduire*) llevar de vuelta; (*revenir avec*) traer; (*rapporter, rendre*) devolver; (*faire revenir*) hacer volver; (*rabattre*) poner, echar; (*rétablir*) restablecer, devolver; ~ **qch à** hacer volver algo a; (*réduire*) reducir algo a; **se ~ à** reducirse a.

ramer [Rame] *vi* remar.

ramifier [Ramifje] **se ~** ramificarse.

ramollir [RamɔliR] *vt* ablandar, debilitar; **se ~** *vi* debilitarse, ablandarse; (*beurre, asphalte*) ablandarse.

ramoner [Ramɔne] *vt* deshollinar; **ramoneur** [RamɔnœR] *nm* deshollinador *m*.

rampe [Rɑ̃p] *nf* barandilla; (*dans un garage*) rampa; (*montée*) rampa, declive *m*; (*THÉÂTRE*) candilejas; **~ de lancement** plataforma de lanzamiento.

ramper [Rɑ̃pe] *vi* reptar, arrastrarse; (*personne, aussi péj*) arrastrarse.

rancard [Rɑ̃kaR] *nm* (*fam*) cita; sopladura, soplo.

rancart [Rɑ̃kaR] *nm*: **mettre au ~** arrumbar.

rance [Rɑ̃s] a rancio(a).

rancœur [Rɑ̃kœR] *nf* rencor *m*.

rançon [Rɑ̃sɔ̃] *nf* rescate *m*.

rancune [Rɑ̃kyn] *nf* resentimiento, rencor *m*; **rancunier, ière** a rencoroso(a), resentido(a).

randonnée [Rɑ̃dɔne] *nf* excursión *f*, jira.

rang [Rɑ̃] *nm* rango; (*rangée*) fila; (*de perles, de tricot etc*) hilera, vuelta.

rangé, e [Rɑ̃ʒe] a (*sérieux*) formal, sensato(a).

rangée [Rɑ̃ʒe] *nf* hilera, fila.

ranger [Rɑ̃ʒe] *vt* ordenar; (*voiture*) aparcar; (*en cercle etc*) acomodar, disponer; (*fig*) clasificar, colocar; **se ~** disponerse, colocarse; (*s'écarter*) apartarse, echarse a un lado; **se ~ à** compartir, adoptar.

animer [Ranime] *vt* reanimar, reavivar.

apace [Rapas] *nm* rapaz *m*.

apatrier [RapatRije] *vt* repatriar.

âpe [Rɑp] *nf* rallador *m*; **râpé, e** a raido(a); (*CULIN*) rallado(a); **râper**

vt rallar; (*gratter, racler*) raspar.

rapetisser [Raptise] *vt* reducir, achicar; (*suj: distance*) empequeñecer, reducir // *vi, se ~* encogerse.

rapide [Rapid] a rápido(a) // rápido; **rapidité** *nf* rapidez *f*.

rapiécer [Rapjese] *vt* remendar.

rappel [Rapɛl] *nm* llamada, revocación *f*; (*THÉÂTRE*) llamada a escena; (*MIL*) llamamiento; (*MÉD*) revacunación *f*; (*de salaire*) retroactividad *f*, atrasos; (*d'une aventure, d'une date etc*) recuerdo, evocación *f*; **~ (de corde)** descenso con cuerda.

rappeler [Raple] *vt* llamar; (*retéléphoner*) volver a llamar; (*ambassadeur*) retirar; **~ qch (à qn)** recordar algo (a alguien); **se ~** recordar, acordarse de.

rapport [RapɔR] *nm* informe *m*; (*profit*) rendimiento, renta; (*lien*) relación *f*, correlación *f*; (*MATH, TECH*) razón *f*; **~s** *mpl* (*contacts*) relaciones *fpl*; **par ~ à** con relación a; **sous le ~ de** en lo que se refiere a, desde el punto de vista de.

rapporter [RapɔRte] *vt* restituir, devolver; (*apporter davantage*) traer más; (*revenir avec*) traer consigo; (*COUTURE*) añadir, agregar; (*suj: investissement etc*) rendir, redituar; (*relater*) referir, relatar; (*JUR*) derogar, revocar // *vi* rendir, rentar; (*péj*) acusar, chivatar; **se ~ à** referirse a, relacionarse con; **s'en ~ à** fiarse de; **rapporteur, euse** *nm/f* (*d'un procès etc*) ponente *m* // *nm* transportador *m*.

rapproché, e [RapRɔʃe] a cercano(a), próximo(a); (*détonations, événements*) seguido(a), consecutivo(a).

rapprochement [RapRɔʃmɑ̃] *nm* (*rapport*) comparación *f*, cotejo.

rapprocher [RapRɔʃe] *vt* acercar; (*deux tuyaux*) unir, juntar; (*comparer*) cotejar, relacionar; **se ~** *vi* acercarse; **se ~ de** acercarse a; (*être analogue à*) asemejarse a.

rapt [Rapt] *nm* rapto.

raquette [Raket] *nf* raqueta; *(de ping-pong)* pala.

rare [RaR] *a* raro(a); *(cheveux, herbe)* ralo(a), escaso(a); **il est ~ que** es extraño que, no es habitual que.

raréfier [RaRefje]: **se ~** *vi* escasear; *(air)* rarificarse.

rarement [RaRmã] *ad* raramente.

ras, e [Ra, az] *a* corto(a); *(tête)* rapado(a) // *ad* al ras, al rape; **à ~ bords** colmado(a); **au ~ de** a ras de; **~ le cou** a la base, al ras.

rasade [Razad] *nf* vaso lleno o colmado.

rase-mottes [Razmɔt] *nm inv*: **faire du ~** volar a ras del suelo.

raser [Raze] *vt* afeitar; *(cheveux)* rapar; *(fam)* aburrir; *(démolir)* arrasar, demoler; *(frôler)* rozar; **se ~** afeitarse; **être rasé de frais** estar recién afeitado; **être rasé de près** estar bien afeitado; **rasoir** *nm* navaja, afeitadora; **rasoir électrique** afeitadora; **rasoir mécanique** maquinilla de afeitar.

rassasier [Rasasje] *vt* saciar.

rassemblement [Rasãbləmã] *nm (groupe)* concentración f.

rassembler [Rasãble] *vt* reunir; *(regrouper)* juntar, reunir; **se ~** reunirse, congregarse.

rasseoir [Raswar]: **se ~** *vi* volver a sentarse.

rassis [Rasi] *am*: **pain ~** pan sentado.

rassurer [RasyRe] *vt* tranquilizar; **se ~** tranquilizarse.

rat [Ra] *nm* rata.

ratatiné, e [Ratatine] *a* apergaminado(a); arrugado(a).

ratatouille [Ratatuj] *nf* pisto.

rate [Rat] *nf* bazo.

raté, e [Rate] *nm/f* frustrado/a, malogrado/a // *nm* detonación f; *(d'arme à feu)* fallo.

râteau, x [Rato] *nm* rastrillo.

rater [Rate] *vi* fallar; *(échouer)* fracasar, fallar // *vt* fallar; *(train,*

occasion etc) perder; *(examen)* no aprobar.

ratière [RatjeR] *nf* ratonera.

ratifier [Ratifje] *vt* ratificar.

ration [Rasjɔ̃] *nf* ración f.

rationnel, le [Rasjɔnɛl] *a* racional.

rationner [Rasjɔne] *vt* racionar; *(personne)* someter a racionamiento; **se ~** ponerse a ración.

ratisser [Ratise] *vt* rastrillar; *(suj: armée, police)* batir.

RATP *nf voir* **régie**.

rattacher [Ratafe] *vt* atar o ligar de nuevo; *(incorporer)* anexar; *(fig)* relacionar, ligar; *(lier)* ligar, unir.

rattraper [RatRape] *vt* atrapar o coger de nuevo; *(empêcher de tomber)* agarrar, sostener; *(atteindre, rejoindre)* alcanzar; *(imprudence, erreur)* subsanar, corregir; **se ~** v) *(prisonnier etc)* ponerse al día; *(perte d'argent etc)* recuperarse; *(privation)* desquitarse; *(erreur, bévue)* enmendarse, corregirse; **se ~ à** agarrarse o aferrarse a o de; **~ son retard** recuperarse de su retraso; **~ le temps perdu** recuperar el tiempo perdido.

rature [RatyR] *nf* tachadura.

raturer [RatyRe] *vt* tachar.

rauque [Rɔk] *a* ronco(a).

ravage [Ravaʒ] *nm*: **~s** *mpl* estragos.

ravager [Ravaʒe] *vt* devastar; *(suj: maladie etc)* aniquilar.

ravaler [Ravale] *vt* enlucir; *(déprécier)* rebajar; *(avaler de nouveau)* volver a tragar.

ravauder [Ravode] *vt* zurcir.

rave [Rav] *nf* naba.

ravi, e [Ravi] *a* radiante *(enthousiasmé)* encantado(a).

ravier [Ravje] *nm* fuente f.

ravin [Ravɛ̃] *nm* arroyada, grieta.

raviner [Ravine] *vt* arroyar.

ravir [RaviR] *vt* encantar; *(de force)* raptar, arrebatar.

raviser [Ravize]: **se ~** *vi* echarse atrás, cambiar de idea.

ravissant, e [ʀavisā, āt] a encantador(ora), admirable.

ravisseur, euse [ʀavisœʀ, øz] nm/f raptor/ora.

ravitaillement [ʀavitajmā] nm (provisions) provisiones fpl; **~ en vol** abastecimiento en vuelo.

ravitailler [ʀavitaje] vt abastecer; **se ~** vi abastecerse.

ravoir [ʀavwaʀ] vt recuperar.

raviver [ʀavive] vt reavivar; (feu, flamme) atizar, avivar.

rayé, e [ʀeje] a (à rayures) a rayas.

rayer [ʀeje] vt rayar; (barrer) tachar; (d'une liste) suprimir, excluir.

rayon [ʀejɔ̃] nm rayo; (GÉOMÉTRIE, d'une roue) radio; (périmètre): **dans un ~ de...** en un radio de...; (étagère) estante m, anaquel m; (de grand magasin) sección f; **~s X** etc rayos x etc; **~ d'action** radio de acción; **~ de braquage** radio de giro; **~ de soleil** rayo de sol.

rayonnage [ʀejɔnaʒ] nm estantería.

rayonner [ʀejɔne] vi irradiar; (fig) influir; (être radieux) resplandecer de gozo; (avenues etc) divergir; (se déplacer) ir de jira por los alrededores.

rayure [ʀejyʀ] nf raya; (rainure, d'un fusil) estría, raya; **à ~s** a o de rayas.

raz-de-marée [ʀadmaʀe] nm inv maremoto; (fig) conmoción f.

R.d.C. abrév = **rez-de-chaussée**.

é [ʀe] nm re m.

éacteur [ʀeaktœʀ] nm reactor m.

éactif [ʀeaktif] nm reactivo.

éaction [ʀeaksjɔ̃] nf reacción f; **~naire** a reaccionario(a).

éadapter [ʀeadapte] vt readaptar; **se ~** (à) readaptarse (a).

éaffirmer [ʀeafiʀme] vt ratificar, reafirmar.

éagir [ʀeaʒiʀ] vi reaccionar; **~ sur** actuar o repercutir sobre.

:alisateur, trice [ʀealizatœʀ, ʀis] nm/f realizador/ora.

réalisation [ʀealizasjɔ̃] nf (production etc) realización f.

réaliser [ʀealize] vt realizar; (rêve, souhait) cumplir, realizar; (bien, capital) convertir en dinero, cobrar; (comprendre) percatarse de; **se ~** vi realizarse, cumplirse.

réalisme [ʀealism(ə)] nm realismo; **réaliste** a, nm/f realista (m/f).

réalité [ʀealite] nf realidad f.

réarmement [ʀeaʀməmā] nm rearme m.

réarmer [ʀeaʀme] vt recargar // vi (état) rearmar.

réassurance [ʀeasyʀās] nf reaseguro.

rébarbatif, ive [ʀebaʀbatif, iv] a desagradable, ingrato(a).

rebattu, e [ʀəbaty] a remanido(a).

rebelle [ʀəbɛl] a, nm/f rebelde (m/f); **~ à** (fermé à) negado(a) para.

rebeller [ʀəbele] : **se ~** vi rebelarse; **rébellion** [ʀebeljɔ̃] nf rebelión f; (rebelles) rebeldes mpl.

reboiser [ʀəbwaze] vt repoblar de árboles.

rebond [ʀəbɔ̃] nm rebote m.

rebondi, e [ʀəbɔ̃di] a panzudo(a); (visage, personne) relleno(a).

rebondir [ʀəbɔ̃diʀ] vi rebotar; (fig) poner nuevamente sobre el tapete; **rebondissement** nm vuelta a la actualidad.

rebord [ʀəbɔʀ] nm reborde m; (d'un fossé) borde m, orilla.

rebours [ʀəbuʀ]: **à ~** ad al revés.

rebouteux, euse [ʀəbutø, øz] nm/f ensalmador/ora.

rebrousse-poil [ʀəbʀuspwal]: **à ~** ad a contrapelo.

rebrousser [ʀəbʀuse] vt: **~ chemin** dar media vuelta.

rebuffade [ʀəbyfad] nf repulsa.

rébus [ʀebys] nm inv jeroglífico.

rebut [ʀəby] nm: **mettre qch au ~** desechar algo.

rebuter [ʀəbyte] vt desanimar; (suj: attitude etc) repeler.

récalcitrant, e [rekalsitrɑ̃, ɑ̃t] *a* terco(a), indómito(a).

recaler [rəkale] *vt* suspender.

récapituler [rekapityle] *vt* recapitular.

recel [rəsɛl] *nm* encubrimiento.

receler [rəsle] *vt* ocultar, encubrir; (*fig*) encerrar; **receleur, euse** *nm/f* encubridor/ora.

récemment [resamɑ̃] *ad* recientemente.

recensement [rəsɑ̃smɑ̃] *nm* censo; (*des ressources* etc) reconocimiento.

recenser [rəsɑ̃se] *vt* empadronar; (*inventorier*) enumerar, computar.

récent, e [resɑ̃, ɑ̃t] *a* reciente.

récépissé [resepise] *nm* recibo.

récepteur, trice [resɛptœʀ, tʀis] *a* receptor(ora) // *nm* (*de téléphone*) receptor m, auricular m; ~ (*de radio*) receptor (de radio).

réception [resɛpsjɔ̃] *nf* recibo, recepción f; (*accueil*) recibimiento; (*réunion*) recepción; (*sport*) caída; (*d'un hôtel* etc): **la** ~ la recepción, el vestíbulo; **~ner** *vt* verificar un envío.

recette [rəsɛt] *nf* receta; (*comm*) ingreso; (*des impôts*) oficina de recaudación; **~s** *fpl* (*comm*) ingresos, entradas.

receveur, euse [rəsvœʀ, øz] *nm/f* (*des finances, contributions*) recaudador/ora; (*des postes*) jefe m; (*d'autobus*) cobrador/ora.

recevoir [rəsvwaʀ] *vt* recibir; (*modifications, solution*) admitir, recibir; (*scol*) ingresar, aprobar // *vi* recibir; **se** ~ *vi* caer; **être reçu** (*scol*) ser aprobado.

rechange [rəʃɑ̃ʒ]: **de** ~ *a* de recambio.

rechaper [rəʃape] *vt* recauchutar.

réchapper [reʃape]: ~ **de** ou **à** *vt* librarse *o* salvarse de.

recharge [rəʃaʀʒ(ə)] *nf* (*de briquet* etc) recarga, recambio.

recharger [rəʃaʀʒe] *vt* (*camion*) volver a cargar; (*fusil, batterie*) recargar; (*briquet* etc) cargar.

réchaud [reʃo] *nm* hornillo, infiernillo.

réchauffer [reʃofe] *vt* recalentar; (*mains, doigts*) calentar; **se** ~ calentarse; (*température*) templarse.

rêche [rɛʃ] *a* áspero(a), rugoso(a).

Rech. *abrév de* **recherche**.

recherche [ʀəʃɛʀʃ(ə)] *nf* búsqueda, busca; (*voir recherché*) rebuscamiento; **la** ~ la investigación; **~s** *fpl* investigaciones *fpl*.

recherché, e [ʀəʃɛʀʃe] *a* raro(a), preciado(a); (*acteur, femme*) solicitado(a); (*style, allure*) rebuscado(a).

rechercher [ʀəʃɛʀʃe] *vt* buscar; (*causes, procédé*) investigar, indagar.

rechigner [ʀəʃiɲe] *vi* rezongar, refunfuñar.

rechute [ʀəʃyt] *nf* recaída; **faire** ou **avoir une** ~ (*méd*) recaer, tener una recaída.

récidive [residiv] *nf* reincidencia.

récidiver [residive] *vi* reincidir; reiterar; **récidiviste** *nm/f* reincidente *m/f*.

récif [resif] *nm* arrecife f.

récipient [resipjɑ̃] *nm* recipiente m.

réciproque [resipʀɔk] *a* recíproco(a); **~ment** *ad* recíprocamente.

récit [resi] *nm* relato, narración f.

récital [resital] *nm* recital m.

récitation [resitasjɔ̃] *nf* recitación f.

réciter [resite] *vt* (*aussi péj*) recitar.

réclamation [reklamasjɔ̃] *nf* reclamación f, protesta; **service des** **~s** oficina de reclamación.

réclame [reklam] *nf* propaganda, publicidad f; **article en** ~ artículo de reclamo.

réclamer [reklame] *vt* reclamar, pedir; (*exiger, nécessiter*) exigir // *vi* reclamar; **se** ~ **de** apelar a.

reclasser [rəklase] *vt* volver clasificar; (*fig*) rehabilitar.

réclusion [reklyzjɔ̃] *nf* reclusión; **à perpétuité** reclusión perpetua

recoin [rəkwɛ̃] *nm* rincón m.

reçois etc vb voir **recevoir**.

récolte [Rekɔlt(ə)] nf cosecha; (fig) stock m, acopio; **récolter** vt cosechar, recoger.

recommandation [Rəkɔmɑ̃dɑsjɔ̃] nf recomendación f.

recommandé, e [Rəkɔmɑ̃de] nm: **en ~** certificado(a).

recommander [Rəkɔmɑ̃de] vt recomendar; (POSTES) certificar; **~ à qn de faire...** recomendar a alguien hacer...; **se ~ de...** se recomienda...; **se ~ à qn** encomendarse a alguien; **se ~ de** qn apoyarse en alguien.

recommencer [Rəkɔmɑ̃se] vt recomenzar // vi recomenzar; (récidiver) volver a las andadas, comenzar nuevamente; **~ à faire** volver a hacer.

récompense [Rekɔ̃pɑ̃s] nf recompensa.

récompenser [Rekɔ̃pɑ̃se] vt recompensar; **~ qn de ou pour qch** recompensar a alguien por algo.

réconcilier [Rekɔ̃silje] vt reconciliar; (fig) conciliar, armonizar; **se ~** reconciliarse.

reconduire [Rəkɔ̃dɥiʀ] vt acompañar; (JUR, POL) prorrogar.

réconfort [Rekɔ̃fɔʀ] nm alivio, consuelo.

réconforter [Rekɔ̃fɔʀte] vt reconfortar.

reconnaissance [Rəkɔnesɑ̃s] nf reconocimiento; **en ~** (MIL) de reconocimiento.

reconnaissant, e [Rəkɔnesɑ̃, ɑ̃t] a agradecido(a).

reconnaître [Rəkɔnɛtʀ] vt reconocer; (jumeaux) distinguir; **~ qn/qch à** reconocer a alguien/algo por; **se ~ quelque part** orientarse en un sitio.

reconquérir [Rəkɔ̃keʀiʀ] vt reconquistar.

reconstituer [Rəkɔ̃stitɥe] vt reconstruir; (fortune, patrimoine) rehacer, reconstruir; **reconstitution** nf reconstitución f; reconstrucción f; (JUR) reconstrucción.

reconstruire [Rəkɔ̃stʀɥiʀ] vt reconstruir, reedificar.

reconversion [Rəkɔ̃vɛʀsjɔ̃] nf readaptación f.

record [Rəkɔʀ] a, nm récord (m); **~ du monde** récord mundial.

recoupement [Rəkupmɑ̃] nm verificación f; **par ~** atando cabos, confrontando.

recouper [Rəkupe] : **se ~** vi coincidir, corresponderse.

recourbé, e [Rəkuʀbe] a encorvado(a); (bec) corvo(a).

recourir [Rəkuʀiʀ] : **à ~** vt recurrir a.

recours [Rəkuʀ] nm recurso; **avoir ~ à** recurrir a; **c'est sans ~** no hay remedio.

recouvrer [Rəkuvʀe] vt recobrar; (impôts, créance) recaudar.

recouvrir [Rəkuvʀiʀ] vt (couvrir à nouveau: livre) forrar de nuevo; (récipient etc) tapar o cubrir de nuevo; (entièrement) recubrir; (suj: attitude etc) ocultar, tapar; (suj: étude, concept etc) abarcar, abarcar.

récréatif, ive [Rekʀeatif, iv] a recreativo(a), entretenido(a).

récréation [Rekʀeɑsjɔ̃] nf recreación f; (SCOL) recreo.

récrier [Rekʀije] : **se ~** vi exclamar.

récrimination [Rekʀiminɑsjɔ̃] nf recriminación f, reproche m.

récriminer [Rekʀimine] vi regañar.

recroqueviller [Rəkʀɔkvije]: **se ~** vi retorcerse.

recrudescence [Rəkʀydesɑ̃s] nf recrudecimiento.

recrue [Rəkʀy] nf recluta m; (gén) adherente m; **recruter** vt incorporar; (MIL) reclutar.

rectangle [Rɛktɑ̃gl(ə)] nm rectángulo; **rectangulaire** a rectangular.

recteur [Rɛktœʀ] nm rector m.

rectificatif, ive [Rɛktifikatif, iv] a rectificativo(a) // nm rectificativo.

rectifier [Rɛktifje] vt rectificar.

rectiligne [Rɛktiliɲ] a rectilíneo(a).

rectorat [ʀɛktɔʀa] nm rectorado.

reçu, e [ʀəsy] pp de **recevoir** // a admitido(a), consentido(a) // nm recibo.

recueil [ʀəkœj] nm compilación f.

recueillir [ʀəkœjiʀ] vt recoger; (renseignements, dépositions) reunir; (voix, suffrages) obtener, conseguir; (accueillir) acoger, recoger; se ~ vi recogerse.

recul [ʀəkyl] nm retirada, regresión f; (d'une arme) retroceso; **avoir un mouvement de ~** dar una reculada, hacer un movimiento de retroceso.

reculé, e [ʀəkyle] a alejado(a), apartado(a); (lointain) remoto(a), lejano(a).

reculer [ʀəkyle] vi retroceder; (fig) cejar, retraerse; (se dérober) ceder, recular // vt echar hacia atrás, retirar; (mur, frontières) alejar, correr; (fig) retrasar, diferir; (: date, livraison, décision) aplazar, diferir; ~ **devant** ceder ante.

reculons [ʀəkylɔ̃]: **à ~** ad hacia atrás.

récupérer [ʀekypeʀe] vt recuperar // vi recuperarse.

récurer [ʀekyʀe] vt fregar.

récuser [ʀekyze] vt recusar; (argument etc) impugnar, rechazar; **se ~** vi declararse incompetente.

reçut etc vb voir **recevoir**.

recyclage [ʀəsiklaʒ] nm reciclado, reconversión f; **cours de ~** curso de perfeccionamiento.

recycler [ʀəsikle] vt cambiar la orientación de, reconvertir.

rédacteur, trice [ʀedaktœʀ, tʀis] nm/f redactor/ora; ~ **en chef** redactor jefe.

rédaction [ʀedaksjɔ̃] nf redacción f; (SCOL) composición f, redacción.

reddition [ʀedisjɔ̃] nf rendición f.

rédempteur [ʀedɑ̃ptœʀ] nm: **le R~** el Redentor.

rédemption [ʀedɑ̃psjɔ̃] nf redención f; **la R~** la Redención.

redescendre [ʀədesɑ̃dʀ(ə)] vi volver a bajar // vt bajar.

redevable [ʀədvabl(ə)] a: **être ~ de** ser deudor(ora) de.

redevance [ʀədvɑ̃s] nf canon m de suscripción; (de rente, dette) canon.

rédiger [ʀediʒe] vt redactar.

redire [ʀədiʀ] vt repetir; **trouver à ~ à qch** encontrar algo que criticar a algo.

redite [ʀədit] nf repetición f.

redondance [ʀədɔ̃dɑ̃s] nf redundancia.

redoublé, e [ʀəduble] a: **frapper à coups ~s** golpear con violencia.

redoubler [ʀəduble] vt redoblar; (SCOL) repetir // vi arreciar, intensificarse; (SCOL) repetir; ~ **de** vt redoblar.

redoutable [ʀədutabl(ə)] a temible, pavoroso(a).

redouter [ʀədute] vt temer; ~ **de faire** tener miedo de hacer.

redressement [ʀədʀɛsmɑ̃] nm: **maison de ~** reformatorio.

redresser [ʀədʀese] vt enderezar; (fig) restablecer; **se ~** vi enderezarse; (fig) restablecerse.

redresseur nm: **redresseur de torts** desfacedor m de entuertos.

réduction [ʀedyksjɔ̃] nf reducción f; disminución f; (rabais) rebaja, descuento.

réduire [ʀeduiʀ] vt reducir; (texte) sintetizar, compendiar; (CULIN) condensar, concentrar; ~ **qch en** transformar algo en; **se ~ à** reducirse a; **se ~ en** convertirse en.

réduit [ʀedui] nm cuartucho.

rééducation [ʀeedykasjɔ̃] nf reeducación f; (de délinquants) rehabilitación f.

réel, le [ʀeɛl] a real // nm: **le ~** lo real.

réélire [ʀeeliʀ] vt reelegir.

réellement [ʀeɛlmɑ̃] ad realmente.

réescompte [ʀeɛskɔ̃t] nm redescuento.

réévaluer [ʀeevalɥe] vt revalorizar.

réexpédier [ʀeɛkspedje] vt reexpedir.

Ref. abrév de **référence**.

refaire [RəfɛR] vt rehacer; (santé, force) restablecer, reponer; **se** ~ vi restablecerse, reponerse; **se** ~ **à** qch acostumbrarse nuevamente a algo; **être refait** (fam) ser embaucado.

réfection [Refɛksjɔ̃] nf reparación f.

réfectoire [RefɛktwaR] nm refectorio.

référence [RefeRɑ̃s] nf referencia; ~**s** fpl (recommandations) referencias; **ouvrage de** ~ obra o libro de consulta.

référendum [RefeRɛ̃dɔm] nm referéndum m.

référer [RefeRe]: **se** ~ **à** vt remitirse a; (ami, avis) recurrir a, apoyarse en; **en** ~ **à** qn informar a alguien.

réfléchi, e [Refleʃi] a reflexivo(a); (action, décision) reflexionado(a), pensado(a).

réfléchir [RefleʃiR] vt reflejar // vi reflexionar, cavilar; ~ **à/sur** reflexionar en/sobre.

reflet [Rəflɛ] nm reflejo; ~**s** mpl reflejos; **refléter** vt reflejar; **se refléter** vi reflejarse.

réflexe [Reflɛks(ə)] a, nm reflejo; ~ **conditionné** reflejo condicionado.

réflexion [Reflɛksjɔ̃] nf reflexión f; (remarque personnelle) observación f; ~**s** fpl (méditations) reflexiones fpl; **avec** ~ con inteligencia o discernimiento; ~ **faite** pensándolo bien.

efluer [Rəflye] vi refluir; (fig) retroceder.

eflux [Rəfly] nm reflujo; (fig) retroceso.

efondre [Rəfɔ̃dR(ə)] vt refundir.

éformation [Refɔrmasjɔ̃] nf: **la R**~ la Reforma.

éforme [RefɔRm(ə)] nf reforma; (MIL) baja; (REL): **la R**~ la Reforma. **éformé, e** a, nm/f (REL) reformista m/f, protestante ˀ/f.

réformer [Refɔrme] vt reformar; (rétablir) restaurar; (MIL) dar de baja.

refoulé, e [Rəfule] a reprimido(a), inhibido(a).

refoulement [Rəfulmɑ̃] nm rechazo; (PSYCH) inhibición f, represión f.

refouler [Rəfule] vt rechazar; (fig) reprimir.

réfractaire [RefRaktɛR] a refractario(a).

réfracter [RefRakte] vt refractar.

refrain [RəfRɛ̃] nm estribillo; (fig) cantinela.

réfréner, refréner [RəfRene, RefRene] vt refrenar, contener.

réfrigérant, e [RefRiʒeRɑ̃, ɑ̃t] a refrigerante.

réfrigérer [RefRiʒeRe] vt refrigerar; (fam, aussi fig) helar, congelar.

refroidir [RəfRwadiR] vt enfriar; (air, atmosphère) refrescar // vi enfriar; **se** ~ vi enfriarse; (temps) refrescar; **refroidissement** nm (rhume) enfriamiento, resfriado.

refuge [Rəfyʒ] nm refugio.

réfugié, e [Refyʒje] a, nm/f refugiado(a).

réfugier [Refyʒje]: **se** ~ vi refugiarse.

refus [Rəfy] nm negación f; rechazo; suspensión f; (opposition) negativa.

refuser [Rəfyze] vt negar, rehusar; (ne pas accepter) rechazar, rehusar; (SCOL) suspender; ~ **de faire, se** ~ **de faire** negarse a hacer; ~ **qch à qn** negar algo a alguien.

réfuter [Refyte] vt refutar.

regagner [Rəgaɲe] vt volver a ganar, recuperar; (affection etc) volver a obtener; (lieu, place) regresar; ~ **le temps perdu** recuperar el tiempo perdido.

regain [Rəgɛ̃] nm: **un** ~ **de** un rebrote de.

régal [Regal] nm delicia, deleite m; ~**er: se** ~**er** vi obsequiarse, regalarse.

regard [RəgaR] nm mirada; **au** ~

de respecto a, frente a; **en ~** al lado, enfrente.

regarder [ʀəgaʀde] vt mirar; (situation, avenir) considerar; (suj: maison): **~ vers** mirar a o hacia; (concerner) concernir a; **à** vt cuidar de; **~ qn/qch comme** considerar a alguien/algo como; **~ dans le dictionnaire** consultar el diccionario.

régate [ʀegat] nf, **~s** nfpl regatas.

régent [ʀeʒɑ̃] nm regente m.

régie [ʀeʒi] nf administración f; (THÉÂTRE, CINÉMA, TV) dirección f; **~ autonome des transports parisiens, RATP** organización f de los transportes públicos de París.

régime [ʀeʒim] nm régimen m; (de bananes etc) racimo, ramo; **suivre un ~** (MÉD) seguir un régimen; **sans sel** dieta sin sel; **à plein ~** a toda marcha.

régiment [ʀeʒimɑ̃] nm (MIL) regimiento m; (l'armée): **le ~** el ejército.

région [ʀeʒjɔ̃] nf región f; **~al, e, aux a** regional; **~alisation** nf regionalización f.

régir [ʀeʒiʀ] vt regir; **régisseur** nm administrador m; (CINÉMA, THÉÂTRE, TV) director m.

registre [ʀəʒistʀ(ə)] nm registro.

réglage [ʀeglaʒ] nm reglaje m.

règle [ʀɛgl(ə)] nf regla; **~s** fpl (menstruation) reglas; **avoir pour ~ de** tener por norma; **en ~** en regla; **en ~ générale** por regla general.

réglé, e [ʀegle] a (vie, personne) ordenado(a), metódico(a); (femme): **bien ~e** regular.

règlement [ʀɛglɑ̃mɑ̃] nm (arrêté) ordenanza; (règles) reglamento; **réglementaire a** reglamentario(a); **réglementation** nf reglamentación f; (règles) reglamento; **réglementer** vt regular.

régler [ʀegle] vt regular; (problème etc) arreglar; (facture etc) liquidar, pagar; (fournisseur) pagar a; (papier) rayar, reglar.

réglisse [ʀeglis] nf regaliz m.

règne [ʀɛɲ] nm reinado; (BIO) reino.

régner [ʀeɲe] vi reinar.

regorger [ʀəgɔʀʒe]: **~ de** vi abundar en, rebosar de.

régression [ʀegʀesjɔ̃] nf regresión f, retroceso.

regret [ʀəgʀɛ] nm melancolía, pena; (remords) remordimiento, pesar m; **à ~ ad** de mala gana; **avec ~ ad** con pesar.

regretter [ʀəgʀete] vt añorar, echar de menos; (imprudence etc) arrepentirse de; lamentar; (déplorer) lamentar, deplorar; **~ de** lamentar, sentir; **"je regrette"** "lo siento o siento".

regrouper [ʀəgʀupe] vt reagrupar.

régulariser [ʀegylaʀize] vt regularizar.

régularité [ʀegylaʀite] nf regularidad f.

régulier, ière [ʀegylje, jɛʀ] a regular; (employé) puntual, cumplidor(ora); (élève, écrivain) constante; (réglementaire) legitimo(a), regular.

réhabiliter [ʀeabilite] vt rehabilitar.

rehausser [ʀəose] vt levantar, elevar; (fig) realzar, enaltecer.

rein [ʀɛ̃] nm riñón m; **~s** mp riñones mpl, cintura.

reine [ʀɛn] nf reina.

réintégrer [ʀeɛ̃tegʀe] vt volver a; regresar a; (fonctionnaire) reintegrar, rehabilitar.

réitérer [ʀeiteʀe] vt reiterar.

rejaillir [ʀəʒajiʀ] vi salpicar; (fig) **~ sur** recaer sobre.

rejet [ʀəʒɛ] nm (POÉSIE) encabalgamiento; **phénomène de ~** fenómeno de rechazo.

rejeter [ʀəʒte] vt devolver; (refouler) arrojar; (écarter) rechazar; (reporter) remitir; **~ la responsabilité de qch sur q** achacar la responsabilidad de alg a alguien.

rejeton [ʀəʒtɔ̃] nm (fam) retoño.

rejoindre [ʀəʒwɛ̃dʀ(ə)] vt reunir

con; (*rattraper*) alcanzar; (*lieu*)
llegar a; **se ~** *vi* encontrarse;
(*routes*) juntarse; (*fig*) acercarse a.

réjouir [ʀeʒwiʀ] *vt* alegrar,
regocijar; **se ~** *vi* alegrarse.

réjouissances [ʀeʒwisɑ̃s] *nfpl*
festejos.

relâche [ʀɔlɑʃ]: **faire ~** *vi* hacer
escala; (*CINÉMA*) no haber función;
sans ~ *ad* sin tregua.

relâcher [ʀɔlɑʃe] *vt* aflojar;
(*animal, prisonnier*) soltar; **se ~** *vi*
aflojarse; (*discipline*) relajarse;
(*élève etc*) aflojar.

relais [ʀɔlɛ] *nm*: (**course de**)
~ carrera de relevos; (*RADIO, TV*) relé
m, relevador *m*; **équipe de ~** turno;
travail par ~ trabajo por turnos; **~**
routier parada; **~ de télévision**
transmisora.

relancer [ʀɔlɑ̃se] *vt* lanzar de
nuevo; (*moteur*) poner nuevamente
en marcha; (*économie etc*)
reactivar; (*péj*) fastidiar.

relatif, ive [ʀɔlatif, iv] *a*
relativo(a).

relation [ʀɔlɑsjɔ̃] *nf* relato;
(*rapport*) relación *f*; **~s** *fpl*
relaciones *fpl*; **~s publiques**
relaciones públicas.

relativement [ʀɔlativmɑ̃] *ad*
relativamente; **~ à** en relación a,
comparado(a) con.

relativité [ʀɔlativite] *nf* relatividad
f.

relaxer [ʀɔlakse] *vt* poner en
libertad; (*détendre*) relajar; **se ~** *vi*
relajarse.

relayer [ʀɔleje] *vt* relevar; (*RADIO,*
TV) retransmitir; **se ~** vi relevarse,
turnarse.

relégation [ʀɔlegɑsjɔ̃] *nf* (*SPORT*)
expulsión *f*.

reléguer [ʀɔlege] *vt* relegar.

relent [ʀɔlɑ̃] *nm* hedor *m*, tufo.

relève [ʀɔlɛv] *nf* relevo.

‑**levé, e** [ʀɔlve] *a* (*virage*)
peraltado(a); (*fig*) elevado(a); (:
sauce, plat) picante, fuerte // *nm*
sta, detalle *m*; (*d'un compteur*)

lectura; (*topographique*) releva-
miento.

relever [ʀɔlve] *vt* levantar; (*niveau*
de vie, salaire) elevar; (*sentinelle,*
équipe) relevar; (*fautes, points*)
señalar; (*constater*) notar, constatar; (*répliquer à*) responder a;
(*défi*) aceptar; (*inscrire*) anotar;
(*cahiers etc*) recoger // *vi*, **se ~** *vi*
levantarse; **~ de** *vt* depender de; **~**
qn de liberar a alguien de; **~ de**
maladie reponerse de una
enfermedad.

relief [ʀɔljɛf] *nm* relieve *m*; **~s** *mpl*
restos; **en ~** en relieve; **donner du**
~ à dar realce a.

relier [ʀɔlje] *vt* comunicar, unir;
(*fig*) relacionar; (*livre*) encuadernar; **~ qch à** ligar algo a; **relieur,**
euse *nm/f* encuadernador/ora.

religieux, euse [ʀɔliʒjø, øz] *a*
religioso(a) // *nm* monje *m*, fraile *m*
// *nf* religiosa, monja; (*gâteau*)
pastel de crema.

religion [ʀɔliʒjɔ̃] *nf* religión *f*;
entrer en ~ hacerse religioso(a).

reliquat [ʀɔlika] *nm* (*COMM*) saldo.

relique [ʀɔlik] *nf* reliquia.

relire [ʀɔliʀ] *vt*, **se ~** vi releer.

reliure [ʀɔljyʀ] *nf* encuadernación
f.

reluire [ʀɔluiʀ] *vi* relucir.

remailler [ʀɔmaje] *vt* remallar.

remaniement [ʀɔmanimɑ̃] *nm*:
~ ministériel reorganización *f*
ministerial.

remanier [ʀɔmanje] *vt* (*roman,*
texte) modificar, retocar.

remarquable [ʀɔmaʀkabl(ə)] *a*
notable.

remarque [ʀɔmaʀk(ə)] *nf* observación *f*; (*commentaire, note*)
advertencia, nota.

remarquer [ʀɔmaʀke] *vt* notar; **~**
que notar que; (*dire*) señalar que;
se ~ notarse; **faire ~ que** advertir
o señalar que; **faire ~ qch** señalar
o hacer notar algo.

remballer [ʀɑ̃bale] *vt* volver a
embalar.

remblai [ʀɑ̃blɛ] *nm* terraplén *m*.

remblayer [Rɑ̃bleje] *vt* terraplenar.

rembourrer [Rɑ̃buʀe] *vt* rellenar.

remboursement [Rɑ̃buʀsəmɑ̃] *nm* reintegro, devolución f; **envoi contre ~** = envío contra reembolso.

rembourser [Rɑ̃buʀse] *vt* abonar, saldar; (*personne*) resarcir.

rembrunir [Rɑ̃bʀyniʀ] : **se ~** *vi* ensombrecerse, entristecerse.

remède [Rəmɛd] *nm* remedio.

remédier [Rəmedje] : **~ à** *vt* remediar, subsanar.

remembrement [Rɑ̃mɑ̃bʀəmɑ̃] *nm* concentración f de parcelas.

remémorer [Rəmemɔʀe] : **se ~** *vt* rememorar, recordar(se).

remerciement [Rəmɛʀsimɑ̃] *nmpl*: **~s** agradecimiento.

remercier [Rəmɛʀsje] *vt* agradecer; (*congédier*) despedir; **~ qn de qch** agradecer algo a alguien; **~ qn d'avoir fait qch** agradecer a alguien por haber hecho algo.

remettre [Rəmɛtʀ(ə)] *vt* (*vêtement*) ponerse de nuevo; (*replacer*) meter de nuevo; (*ajouter*) agregar; (*rendre*) devolver; (*donner*) confiar; (*prix*, *décoration*) otorgar; (*ajourner*) aplazar; **se ~** *vi* reponerse; (*temps*) mejorar; **se ~ à** volver a; **se ~ de** vt reponerse de; **s'en ~ à** contar con; **~ qch en place** volver a poner algo en su lugar; **~ à l'heure** colocar en hora; **~ en marche/en ordre** volver a poner en marcha/en orden; **~ en état** reparar; **~ en cause/question** poner nuevamente en causa/en tela de juicio; **~ sa démission** dar su demisión; **~ à plus tard** dejar algo para más tarde; **~ à neuf** dejar como nuevo.

remise [Rəmiz] *nf* (*réduction*) rebaja; (*lieu*) cochera; **~ en jeu** saque *m*; **~ de peine** remisión f de pena.

remontée [Rəmɔ̃te] *nf* ascenso, subida; **~s mécaniques** telesquíes *mpl.*

remonte-pente [Rəmɔ̃tpɑ̃t] *nm* telesquí *m.*

remonter [Rəmɔ̃te] *vi* volver a subir; (*sur un cheval*) volver a montar; (*jupe*) alzarse // *vt* volver a subir; (*fleuve*) remontar; (*pantalon, col*) levantar; (*rayon, limite*) levantar; (*réconforter*) reanimar; (*moteur, meuble*) volver a montar *o* armar; (*collection*) renovar; (*mécanisme*) dar cuerda a; **~ à** (*dater de*) remontar a.

remontoir [Rəmɔ̃twaʀ] *nm* corona.

remontrance [Rəmɔ̃tʀɑ̃s] *nf* advertencia, amonestación f.

remontrer [Rəmɔ̃tʀe] *vt* volver a mostrar.

remords [Rəmɔʀ] *nm* remordimiento.

remorque [Rəmɔʀk(ə)] *nf* remolque *m*; **remorquer** *vt* remolcar; **remorqueur** *nm* remolcador *m.*

rémouleur [Remulœʀ] *nm* afilador *m.*

remous [Rəmu] *nm* torbellino *m*; (*d'une rivière*) remolino.

rempailler [Rɑ̃paje] *vt* cambiar la paja a.

rempart [Rɑ̃paʀ] *nm* muralla; (*fig*) escudo; **~s** *mpl* murallas.

remplaçant, e [Rɑ̃plasɑ̃, ɑ̃t] *nm/f* sustituto/a; (*d'un acteur*) doble *m/f.*

remplacement [Rɑ̃plasmɑ̃] *nm* (*SCOL*) reemplazo, suplencia.

remplacer [Rɑ̃plase] *vt* reemplazar; (*ami, pneu etc*) cambiar.

rempli, e [Rɑ̃pli] *a* (*occupé*) completo(a); **~ de** lleno de.

remplir [Rɑ̃pliʀ] *vt* llenar; (*journée, vie*) emplear; (*promesses, conditions etc*) cumplir con; (*fonctions etc*) desempeñar; **se ~** *vi* llenarse; **~ qch de** llenar algo con *o* de; **~ qch de** colmar a alguien de.

remporter [Rɑ̃pɔʀte] *vt* llevar de vuelta; (*victoire etc*) obtener.

remue-ménage [Rəmymenaʒ] *nm inv* trasiego, desorden *m.*

remuer [Rəmye] *vt* mover; (*café, salade*) remover; (*émouvoir*)

emocionar // vi moverse; (fig)
agitarse; se ~ vi moverse.

rémunérer [Remyneʀe] vt
remunerar.

renaissance [Rənɛsɑ̃s] nf: la R~
el Renacimiento.

rénal, e, aux [Renal, o] a renal.

renard [Rɔnaʀ] nm zorro;
(fourrure) piel f de zorro.

rencart, rencard [Rɑ̃kaʀ] nm
voir **rancard**.

renchérir [Rɑ̃ʃeʀiʀ] vi encarecer-
se; ~ (sur) ir más allá (de).

rencontre [Rɑ̃kɔ̃tʀ(ə)] nf (entrevue, congrès, SPORT) encuentro; **aller
à la ~ de** qn ir al encuentro de
alguien.

rencontrer [Rɑ̃kɔ̃tʀe] vt encontrar, (avoir une entrevue avec)
entrevistarse con; (SPORT)
enfrentarse con; se ~ encontrarse;
(fleuves) confluir; (voitures)
chocar.

rendement [Rɑ̃dmɑ̃] nm
rendimiento; **à plein ~** con pleno
rendimiento.

rendez-vous [Rɑ̃devu] nm cita;
(lieu) lugar m de cita; **avoir ~
(avec** qn) tener una cita (con
alguien); **prendre ~ (avec** qn)
citarse (con alguien).

rendre [Rɑ̃dʀ(ə)] vt devolver;
(otages, prisonniers) entregar;
(sang) echar; (son) emitir; (pensée,
tournure) reflejar; ~ **qch
célèbre/qch possible** hacer célebre
a alguien/posible algo; se ~
quelque part ir a
algún lado; ~ **la liberté à** qn
restituir la libertad a alguien; ~
compte de qch à qn rendir cuenta
de algo a alguien; ~ **des comptes à**
qn rendir cuentas a alguien.

rênes [Rɛn] nfpl riendas.

renfermé, e [Rɑ̃fɛʀme] a
cerrado(a) // nm: **sentir le ~** oler
cerrado.

renfermer [Rɑ̃fɛʀme] vt encerrar,
contener; se ~ encerrarse.

renflé, e [Rɑ̃fle] a abultado(a).

renflouer [Rɑ̃flue] vt reflotar.

renforcement [Rɑ̃fɔʀsəmɑ̃] nm
hueco.

renforcer [Rɑ̃fɔʀse] vt reforzar;
(expression, argument) confirmar;
(soupçons) reafirmar.

renfort [Rɑ̃fɔʀ]: ~**s** nmpl refuer-
zos; **à grand ~ de** a fuerza de.

renfrogner [Rɑ̃fʀɔɲe]: **se** ~ vi
fruncir el ceño, enfurruñarse.

rengaine [Rɑ̃gɛn] nf (péj)
cantinela.

rengainer [Rɑ̃gene] vt envainar.

rengorger [Rɑ̃gɔʀʒe]: **se** ~ vi
(fig) pavonearse.

renier [Rənje] vt renegar de;
(engagements) eludir, negar.

renifler [Rənifle] vi resoplar // vt
(tabac) aspirar; (odeur) oler.

renne [Rɛn] nm reno.

renom [Rənɔ̃] nm renombre m;
~**mé, e** a renombrado(a) // nf
fama.

renoncer [Rənɔ̃se]: ~ **à** vt
renunciar a.

renouer [Rənwe] vt (cravate)
hacer de nuevo el nudo; (lacets)
atar o anudar nuevamente; (fig) reanudar; ~ **avec** reanudar la
amistad con; (tradition, mode)
resucitar, restablecer.

renouveau [Rənuvo] nm rebrote
m.

renouveler [Rənuvle] vt renovar;
(exploit, méfait) repetir; se ~
repetirse; (artiste etc) renovarse.

rénover [Renɔve] vt renovar.

renseignement [Rɑ̃sɛɲmɑ̃] nm
información f.

renseigner [Rɑ̃seɲe] vt: ~ **qn
(sur)** informar a alguien (sobre);
(suj: expérience etc) instruir,
informar; se ~ informarse.

rentable [Rɑ̃tabl(ə)] a rentable.

rente [Rɑ̃t] nf renta; **rentier, ière**
nm/f rentista m/f.

rentrée [Rɑ̃tʀe] nf (d'argent)
entrada, ingreso; **la ~ (des
classes)/(parlementaire)** la reapertura (del curso escolar)/(del
Parlamento); **faire sa ~** volver a
escena.

rentrer [Rãtre] vi volver a entrar;
(revenir chez soi) regresar; (air,
clou) entrar; (argent etc) entrar,
ingresar // vt entrar; (chemise dans
pantalon etc) meter; (fig) contener;
~ **dans** entrar en; (heurter)
estrellarse contra; ~ **dans son pays**
volver a su país; ~ **dans l'ordre**
volver al orden; ~ **dans son argent**
recuperar su dinero.

renverse [Rãvers(ə)] : **à la** ~ ad
de espaldas.

renversé, e [Rãverse] a (écriture,
image) invertido(a).

renversement [Rãversəmã] nm:
~ **de la situation** cambio o
inversión f de la situación.

renverser [Rãverse] vt (retourner) poner boca abajo; (piéton)
atropellar; (chaise) derribar;
(récipient) hacer caer; (liquide,
contenu) volcar; (intervertir)
invertir, trastocar; (gouvernement)
derrocar; (stupéfier) sorprender; **se**
~ vi derrumbarse; (véhicule) darse
vuelta; (liquide) volcarse; **se** ~ (**en
arrière**) echarse hacia atrás.

renvoi [Rãvwa] nm expulsión f;
despido; devolución f; reexpedición
f; reflexión f; aplazamiento;
(référence) llamada; (éructation)
eructo.

renvoyer [Rãvwaje] vt (faire
retourner) hacer volver; (élève)
expulsar; (employé) despedir;
(balle) devolver; (colis etc)
reexpedir; (lumière, son) reflejar,
repetir; (ajourner) aplazar; ~ **qch à
qn** devolver algo a alguien; ~ **qch à
qn** (ajourner) aplazar algo para; ~ **qn
à** (référer) remitir a alguien a.

réorganiser [Reɔrganize] vt
reorganizar, restructurar.

réouverture [Reuvertyr] nf
(COMM) reapertura.

repaire [Rəper] nm guarida.

répandre [Repãdr(ə)] vt
derramar; (sable etc) desparramar;
(lumière, odeur) difundir; (fig)
propagar; (: terreur) sembrar;
se ~ vi derramarse; (odeur, fumée)

propagarse; (foule) desparramarse;
(fig) propagarse; **se** ~ **en**
deshacerse en; **répandu, e** a
difundido(a).

réparation [Reparasjɔ̃] nf
reparación f; ~**s** fpl (travaux)
reparaciones fpl; **en** ~ en
reparación o arreglo.

réparer [Repare] vt reparar.

repartie [Reparti] nf réplica.

repartir [Rəpartir] vi volver a
partir.

répartir [Repartir] vt repartir;
(personnes, objets) distribuir,
dispersar; se (travail, rôles)
repartirse; **répartition** nf reparto.

repas [Rəpa] nm comida.

repasser [Rəpase] vi pasar de
nuevo, volver a pasar // vt
planchar; (examen) examinarse de
nuevo; (film) poner de nuevo; (plat,
pain) volver a pasar; (leçon, rôle)
repasar.

repêcher [Rəpeʃe] vt (noyé) sacar
del agua; (fam) aprobar raspando.

repenser [Rəpãse] vi: ~ **à qch**
pensar nuevamente en algo;
(considérer à nouveau) repensar
algo.

repentir [Rəpãtir] : **se** ~ vi
arrepentirse.

répercuter [Reperkyte]: **se** ~ vi
repercutir.

repère [Rəper] nm señal f, indicio;
(TECH) marca, señal; **repérer** vt
identificar, descubrir; (MIL)
localizar; **se repérer** orientarse; **se
faire repérer** dejarse catalogar.

répertoire [Repertwar] nm repertorio; (carnet) agenda; **répertorier**
vt inventariar, catalogar.

répéter [Repete] vt repetir; (leçon,
rôle) repasar // vi ensayar; **se** ~
repetirse.

répétition [Repetisjɔ̃] nf repetición
f; (THÉÂTRE) ensayo; ~**s** fpl
lecciones fpl particulares; **à** ~ a
repetición.

repeupler [Rəpœple] vt repoblar.

répit [Repi] nm reposo; (fig) tregu

replacer [Rəplase] vt volver a colocar.

replanter [Rəplɑ̃te] vt volver a plantar; trasplantar.

replet, ète [Rəplɛ, ɛt] a rollizo(a), rechoncho(a).

repli [Rəpli] nm pliegue m; (MIL, fig) repliegue m; ~s mpl (d'un drapé) pliegues mpl.

replier [Rəplje] vt plegar; **se** ~ vi (troupes) replegarse.

réplique [Replik] nf réplica; (THÉÂTRE) entrada; **sans** ~ a categórico(a).

répliquer [Replike] vi replicar; ~ à replicar; ~ que contestar que.

répondre [Repɔ̃dR(ə)] vi responder, contestar; (avec impertinence) contestar; (mécanisme) responder; ~ à vt responder a; (avec impertinence) contestar a; ~ que responder o contestar que; ~ de responder de, garantizar.

réponse [Repɔ̃s] nf respuesta.

report [RəpɔR] nm traslado; postergación f; vuelco.

reportage [RəpɔRtaʒ] nm reportaje m.

reporter [RəpɔRtɛR] nm reportero/a // [RəpɔRte] vt trasladar; (ajourner) postergar; (affection etc): ~ qch sur volcar algo sobre; **se** ~ à remontarse a; (document etc) remitirse a.

repos [Rəpo] nm reposo, descanso; (après maladie) reposo; (paix, tranquillité) calma, (MIL): ~! ¡descanso!; **en** ~ en paz, en reposo; **au** ~ en reposo, reposando; **de tout** ~ tranquilo(a).

reposer [Rəpoze] vt colocar de nuevo, volver a poner; (rideaux etc) volver a colocar; (question etc) plantear de nuevo; (délasser) reposar, descansar // vi reposar; **sur** reposar sobre; **se** ~ vi reposarse, descansar; **se** ~ **sur qn** apoyarse en alguien; **ici repose...** aquí yace o descansa.

repousser [Rəpuse] vi volver a crecer // vt rechazar, repeler;

(proposition etc) rechazar; (différer) prorrogar; (tiroir, table) empujar.

répréhensible [Repreɑ̃sibl(ə)] a reprochable, vituperable.

reprendre [RəpRɑ̃dR(ə)] vt volver a coger; (MIL) tomar nuevamente; (chercher) buscar, recoger; (pain, salade) tomar más; (objet prêté, donné) recuperar; (COMM) recomprar; (travail, études) reanudar; (histoire) recomenzar; (argument, prétexte) repetir; (dire): **reprit-il** agregó, prosiguió; (corriger) corregir, modificar; (jupe, pantalon) retocar; (émission, pièce) reponer; (personne) reprender // vi (cours, classes) recomenzar, volver a empezar (activités, travaux etc) recomenzar; (froid etc) volver; (affaires, industrie) recuperarse; **se** ~ corregirse; ~ **la route** proseguir camino; ~ **connaissance** volver en sí; ~ **haleine** recobrar aliento; ~ **la parole** retirar la palabra.

représentant, e [RəpRezɑ̃tɑ̃, ɑ̃t] nm/f representante m/f; (type) ejemplar m, arquetipo.

représentation [RəpRezɑ̃tasjɔ̃] nf representación f; **faire de la** ~ representar, ser representante.

représenter [RəpRezɑ̃te] vt representar; (pays, assemblée, société etc) representar a; (dire) advertir; **se** ~ vt imaginarse.

répression [RepRessjɔ̃] nf represión f.

réprimander [RepRimɑ̃de] vt dar una reprimenda, reprender.

réprimer [RepRime] vt reprimir.

repris [RəpRi] nm: ~ **de justice** persona que tiene antecedentes penales.

reprise [RəpRiz] nf nueva toma; nueva compra; corrección f; retoque m; recuperación f; (TV, THÉÂTRE) reposición f; (AUTO) poder m de aceleración; (COMM) recompra; (raccommodage) zurcido; **à plusieurs** ~s varias veces; **repriser** vt zurcir.

réprobation [ʀepʀɔbasjɔ̃] nf reprobación f, condena.

reproche [ʀɔpʀɔʃ] nm reproche m.

reprocher [ʀɔpʀɔʃe] vt: ~ qch à qn reprochar algo a alguien; ~ qch à (machine, théorie) censurar o criticar algo a; se ~ qch/d'avoir fait qch reprocharse algo/por haber hecho algo.

reproducteur, trice [ʀɔpʀɔdyktœʀ, tʀis] a reproductor(ora).

reproduction [ʀɔpʀɔdyksjɔ̃] nf reproducción f; ~ interdite prohibida la reproducción.

reproduire [ʀɔpʀɔdɥiʀ] vt reproducir; se ~ vi reproducirse; (faits etc) repetirse.

réprouver [ʀepʀuve] vt reprobar.

reptile [ʀɛptil] nm reptil m.

repu, e [ʀɔpy] a saciado(a).

républicain, e [ʀepyblikɛ̃, ɛn] a, nm/f republicano(a).

république [ʀepyblik] nf república f; la R~ Française la República Francesa.

répudier [ʀepydje] vt repudiar.

répugner [ʀepyɲe]: ~ à vt repugnar o repeler a.

répulsion [ʀepylsjɔ̃] nf repulsión f.

réputation [ʀepytasjɔ̃] nf reputación f; **connaître qn/qch de** ~ conocer a alguien/algo por su reputación.

réputé, e [ʀepyte] a célebre.

requérir [ʀɔkeʀiʀ] vt requerir; (JUR) exigir; (peine) pedir.

requête [ʀɔkɛt] nf petición f; (JUR) demanda.

requiem [ʀekɥijɛm] nm réquiem m.

requiers vb voir **requérir.**

requin [ʀɔkɛ̃] nm tiburón m.

requis, e pp de **requérir.**

réquisition [ʀekizisjɔ̃] nf requisición f; ~ner vt requisar.

réquisitoire [ʀekizitwaʀ] nm requisitoria; (fig) denuncia.

RER sigle m (= Réseau express régional) tren de alta velocidad que viaja entre París y sus afueras.

rescapé, e [ʀɛskape] nm/f sobreviviente m/f.

rescousse [ʀɛskus] nf: **venir à la** ~ **de qn** acudir en ayuda de alguien; **appeler qn à la** ~ pedir auxilio a alguien.

réseau, x [ʀezo] nm red f.

réservation [ʀezɛʀvasjɔ̃] nf reserva.

réserve [ʀezɛʀv(ə)] nf reserva; (entrepôt) depósito; ~s fpl reservas; (restrictions): **faire des** ~s poner peros; **officier de** ~ oficial m de complemento; **sous toutes** ~s con muchas reservas.

réservé, e [ʀezɛʀve] a reservado(a).

réserver [ʀezɛʀve] vt reservar; (réponse, diagnostic) reservarse, callar; ~ qch à (usage etc) destinar algo a o para; se ~ vi reservarse o quedarse con algo; se ~ de faire qch reservarse de hacer algo.

réserviste [ʀezɛʀvist(ə)] nm reservista m.

réservoir [ʀezɛʀvwaʀ] nm depósito, tanque m.

résidence [ʀezidɑ̃s] nf residencia; (immeubles) barrio residencial; ~ surveillée domicilio controlado résidentiel, e a residencial.

résider [ʀezide] vi residir.

résidu [ʀezidy] nm residuo.

résigner [ʀeziɲe] vt resignar renunciar a; se ~ vi resignarse.

résilier [ʀezilje] vt rescindir.

résille [ʀezij] nf redecilla.

résine [ʀezin] nf resina; **résineu** nm conífera.

résistance [ʀezistɑ̃s] resistencia; la R~ la Resistencia.

résistant, e [ʀezistɑ̃, ɑ̃t] resistente, fuerte // nm/f miembr de la Resistencia.

résister [ʀeziste] vi resistir; ~ à resistir; (personne) oponerse contrariar a.

résolu, e [ʀezɔly] pp de **résoud** // a (fig) resuelto(a), decidido(a).

résolution [ʀezɔlysjɔ̃] nf resoluci f; **bonnes** ~s buenos propósitos.

résolve etc vb voir **résoudre.**

résonance [Rezɔnɑ̃s] nf resonancia.

résonner [Rezɔne] vi sonar, resonar; (salle, rue) resonar.

résorber [RezɔRbe] : se ~ vi reabsorberse.

résoudre [Rezudʀ(ə)] vt resolver; se ~ à resolverse o decidirse a.

respect [Rεspε] nm respeto; ~s mpl: présenter ses ~s à qn presentar sus saludos a alguien; tenir qn en ~ tener a raya a alguien; ~able a respetable; ~er vt respetar.

respectif, ive [Rεspεktif, iv] a respectivo(a); **respectivement** ad respectivamente.

respectueux, euse [Rεspεktyɵ, ɵz] a respetuoso(a).

respiration [RespiRɑsjɔ̃] nf respiración f; retenir sa ~ contener la respiración; ~ artificielle respiración artificial.

respirer [RespiRe] vi, vt respirar.

resplendir [Resplɑ̃diʀ] vi resplandecer.

responsabilité [Rεspɔ̃sabilite] nf responsabilidad f; ~ civile etc responsabilidad civil etc.

responsable [Rεspɔ̃sabl(ə)] a responsable // nm/f (du ravitaillement etc) encargado/a; (d'un parti, syndicat) delegado/a.

resquilleur, euse [Rεskijɵʀ, ɵz] nm/f colón/ona.

ressac [Rəsak] nm resaca.

ressaisir [RəseziʀR] : se ~ vi reponerse.

ressasser [Rəsɑse] vt rumiar; reiterar, repetir.

ressemblance [Rəsɑ̃blɑ̃s] nf parecido m, semejanza; (ART) similitud f, parecido m; (analogie) semejanza; (trait commun) parecido m.

ressembler [Rəsɑ̃ble] : ~ à vt parecerse a; (moralement, par analogie) asemejarse a; se ~ parecerse, asemejarse.

ressemeler [Rəsɑ̃mle] vt cambiar la suela a.

ressentir [R(ə)sɑ̃tiʀ] vt sentir; se ~ de resentirse por, sufrir.

resserre [RəsεʀR] nf cobertizo.

resserrer [RəseʀRe] vt estrechar; (pores) cerrar; (nœud, boulon) apretar, ajustar; se ~ vi estrecharse; (liens, nœuds) ajustarse.

resservir [RəsεʀviʀR] vt volver a servir; (servir davantage): ~ de qch (à qn) servir nuevamente algo (a alguien) // (être réutilisé): ~ (outil etc) volver a servirse de; (outil etc) volver a usar.

ressort [RəsɔʀR] nm resorte m; en dernier ~ en última instancia; être du ~ de de ser de la competencia de.

ressortir [RəsɔʀtiʀR] vi salir de nuevo; (projectile etc) salir; (contraster) resaltar // vt volver a salir; **il ressort de ceci que ...** resulta de esto que...

ressortissant, e [Rəsɔʀtisɑ̃, ɑ̃t] nm/f natural m/f, nacional m/f.

ressource [RəsuʀRs(ə)] nf recurso; ~s fpl recursos.

ressusciter [Resysite] vt, vi resucitar.

restant, e [Rεstɑ̃, ɑ̃t] nm resto // a restante.

restaurant [RεstɔʀRɑ̃] nm restaurante m; ~ universitaire comedor m universitario.

restaurateur, trice [RεstɔRatɵʀ, tʀis] nm/f restaurador/ora; (aubergiste) dueño/a de un restaurante.

restauration [RεstɔRɑsjɔ̃] nf restauración f; la ~ la hotelería.

restaurer [RεstɔRe] vt restaurar; se ~ vi comer.

restauroute nm = **restoroute.**

reste [Rεst(ə)] nm resto; ~s mpl restos; pour le ~, quant au ~ ad por lo demás, en cuanto al resto; et tout le ~ y todo el resto o lo demás; demeurer en ~ quedar en deuda; du ~, au ~ ad además.

rester [Rεste] vi quedarse, permanecer; (être encore là, *subsister*) permanecer; (*durer*) quedar // *vb impersonnel*: **il me reste du pain/10 minutes** (me) queda pan/quedan 10 minutos; **ils en sont restés à des pourparlers** no fueron más allá de las negociaciones; **il y est resté** murió.

restituer [Rɛstitɥe] *vt* restituir; (*texte, inscription*) reconstruir.

restoroute [Rɛstɔʀut] *nm* restaurante *m* de carretera.

restreindre [Rɛstʀɛ̃dʀ(ə)] *vt* restringir; **se ~** restringirse.

restriction [Rɛstʀiksjɔ̃] *nf* restricción *f*; **~s** *fpl* (*rationnement*) restricciones *fpl*; **faire des ~s** (*mentales*) manifestar reservas.

résultat [Rezylta] *nm* resultado; **~s** *mpl* resultados.

résulter [Rezylte] : **~ de** *vt* derivarse de; **il résulte de ceci que** de esto se deduce que.

résumé [Rezyme] *nm* resumen *m*; **en ~** ad en resumen.

résumer [Rezyme] *vt*, **se ~** *vt* réfléchi resumir; **se ~ à** reducirse a.

résurgence [RezyRʒɑ̃s] *nf* surgente *m*.

résurrection [RezyRɛksjɔ̃] *nf* resurrección *f*.

rétablir [RetabliR] *vt* restablecer; **se ~** *vi* restablecerse (*GYMNASTIQUE etc*): **se ~** (*sur*) elevarse (sobre); **rétablissement** *nm* (*GYMNASTIQUE etc*) elevación *f*.

rétamer [Retame] *vt* volver a estañar, estañar de nuevo.

retaper [Rɔtape] *vt* arreglar; (*fam*) robustecer; (*redactylographier*) mecanografiar de nuevo.

retard [RɔtaR] *nm* atraso, retraso; (*d'une personne attendue*) atraso; (*d'un train etc*) demora, retraso; **arriver en ~** llegar con retraso; **être en ~** estar retrasado(a); **être en ~ de 2h** llevar un retraso de 2 hs; **avoir un ~ de 2h/2km** tener un atraso de 2 hs/2km; **avoir du/une heure de ~** tener/una hora de retraso; **prendre du ~** (*train, avion*) atrasarse; (*montre*) atrasar; **sans ~**

ad sin demora; ~ à l'allumage retardo en el encendido.

retardataire [RɔtaRdatɛR] *nm/f* atrasado/a, rezagado/a.

retardement [RɔtaRdəmɑ̃] : **à ~** a de retardo.

retarder [RɔtaRde] *vt* retrasar, demorar; (*sur un programme*) retrasar; (*montre*) atrasar; (*départ, date*) retardar // *vi* retrasar, atrasar; **ça m'a retardé d'une heure** esto me ha demorado *o* atrasado una hora; **~ son départ de 2 heures** retrasar su partida en 2 horas.

retenir [RɔtniR] *vt* retener; (*objet*) sujetar, sostener; (*odeur, lumière etc*) conservar; (*fig*) contener; (*suggestion etc*) tener en cuenta; (*chambre*) reservar; (*MATH*) llevarse; **se ~** (*euphémisme*) aguantarse; **se ~ (à)** sostenerse (de); **se ~ (de faire qch)** contenerse (de hacer algo); **~ son souffle** contener la respiración.

retentir [Rɔtɑ̃tiR] *vi* resonar; (*salle*) **~ de** resonar con; **~ sur** *vt* repercutir en *o* sobre.

retentissant, e [Rɔtɑ̃tisɑ̃, ɑ̃t] *a* resonante; (*fig*) clamoroso(a).

retentissement [Rɔtɑ̃tismɑ̃] *nm* estrépito, resonancia; (*éclat*) repercusión *f*, resonancia.

retenue [Rɔtny] *nf* descuento; (*MATH*) lo que se lleva; (*SCOL*) penitencia; (*modération*) discreción *f*.

réticence [Retisɑ̃s] *nf* vacilación *f* (*omission*) reticencia; **sans ~** *ad* sin reparos.

rétif, ive [Retif, iv] *a* repropio(a).

rétine [Retin] *nf* retina.

retiré, e [Rɔtiʀe] *a* retirado(a).

retirer [RɔtiRe] *vt* retirar (*vêtement etc*) sacar, quitar; **~ qch à qn** quitar *o* retirar algo a alguien **~ qch de** sacar algo de; **se ~** *vi* retirarse.

retombées [Rɔtɔ̃be] *nfpl* lluvi (*fig*) consecuencias.

retomber [Rɔtɔ̃be] *vi* caer; (*tombe de nouveau*) caer de nuevo; **~ su**

qn (fig) recaer sobre alguien.

rétorquer [Retɔrke] vt: ~ qch à qn retrucar algo a alguien.

rétorsion [Retɔrsjɔ̃] nf: mesures de ~ medidas de retorsión.

retoucher [Rətuʃe] vt retocar.

retour [Rətur] nm regreso (fig. du printemps etc) retorno; (COMM, POSTES) devolución f; au ~ al regreso; à mon ~ a mi regreso; au ~ de (endroit) de regreso o vuelta de; être de ~ (de) estar de vuelta (de); de ~ à/chez... de regreso a lo de...; en ~ ad en cambio; par ~ du courrier a vuelta de correo; ~ à l'envoyeur devuélvase al remitente.

retourner [Rəturne] vt dar vuelta; (terre, foin) remover; (émouvoir) trastornar; (lettre etc, aussi restituer) devolver; // vi volver; se ~ darse vuelta; (voiture) volcarse; se ~ contre volverse contra; savoir de quoi il retourne saber de qué se trata.

retracer [Rətrase] vt narrar.

rétracter [Retrakte] vt retractar, desdecir; (antenne etc) retraer; se ~ vi retractarse; retraerse.

retraduire [Rətraduir] vt traducir de nuevo; (à nouveau) volver a traducir.

retrait [Rətrɛ] nm retiro; retirada; (rétrécissement) encogimiento; en ~ a, ad hacia atrás; ~ du permis de conduire suspensión f del permiso de conducir.

retraite [Rətrɛt] nf jubilación f; (d'une armée) retirada; (refuge, REL) retiro; être à la ~ estar jubilado(a); mettre à la ~ jubilar; prendre sa ~ retirarse, jubilarse; retraité, e a, nm/f jubilado(a), retirado(a).

retrancher [Rətrãʃe] vt suprimir; (nombre, somme) descontar; (couper, aussi fig) cercenar, cortar; se ~ derrière/dans parapetarse detrás de/en.

retransmettre [Rətrãsmetr(ə)] vt retransmitir.

retransmission [Rətrãsmisjɔ̃] nf:

~ en direct/en différé retransmisión en directo/diferida.

retraverser [Rətraverse] vt atravesar de nuevo.

rétrécir [Retresir] vt estrechar, angostar // vi encoger; se ~ vi estrecharse, angostarse.

rétribuer [Retribɥe] vt retribuir.

rétro nm (fam) = rétroviseur.

rétroactif, ive [Retrɔaktif, iv] a retroactivo(a).

rétrofusée [Retrɔfyze] nf retrocohete m.

rétrograder [Retrɔgrade] vi atrasarse; (AUTO) retroceder.

rétrospective [Retrɔspektiv] nf retrospectiva.

rétrospectivement [Retrɔspektivmã] ad retrospectivamente.

retrousser [Rətruse] vt arremangar; (fig) fruncir.

retrouver [Rətruve] vt encontrar; (fig) recuperar; (reconnaître) reconocer; (revoir) volver a ver; (rejoindre) volver a encontrar; se ~ vi encontrarse (de nuevo); (s'orienter) orientarse; se ~ seul encontrarse solo; se ~ dans (calculs etc) hallarse a sus anchas en; s'y ~ resarcirse; **retrouvailles** [Rətruvaj] nfpl reencuentro m.

rétroviseur [Retrɔvizɛr] nm retrovisor m.

réunion [Reynjɔ̃] nf reunión f; unión f; (meeting etc) reunión.

Réunion [Reynjɔ̃] nf: (île de) la ~ (isla de) la Reunión.

réunir [Reynir] vt reunir; (rattacher) unir; ~ qch à unir algo a o con; se ~ vi reunirse; (états) unirse.

réussi, e [Reysi] a perfecto(a); bien/mal ~ bien/mal ejecutado(a).

réussir [Reysir] vi tener éxito; (plante, culture) darse bien; (à un examen) aprobar; (dans la vie) triunfar // vt lograr, conseguir; ~ à faire qch lograr o conseguir hacer algo.

réussite [Reysit] nf éxito, logro; triunfo; (CARTES) solitario.

revaloir [ʀəvalwaʀ] vt: **je vous revaudrai cela** se lo devolveré o pagaré; me lo pagará.

revaloriser [ʀəvalɔʀize] vt revalorizar; (*salaire*) elevar.

revanche [ʀəvɑ̃ʃ] nf revancha.

rêvasser [ʀɛvase] vi divagar.

rêve [ʀɛv] nm sueño; **faire qch en ~** hacer algo en sueños; **de ~** a irreal.

revêche [ʀəvɛʃ] a huraño(a), hosco(a).

réveil [ʀevɛj] nm despertar m; (*pendule*) despertador m; **sonner le ~** (*MIL*) tocar diana.

réveille-matin [ʀevɛjmatɛ̃] nm despertador m.

réveiller [ʀeveje] vt despertar; **se ~** vi despertarse.

réveillon [ʀevɛjɔ̃] nm cena de Nochebuena o de Nochevieja.

révélateur [ʀevelatœʀ] nm (*PHOTO*) revelador m.

révéler [ʀevele] vt revelar; **se ~** vi revelarse; **se ~ facile** resultar fácil.

revenant, e [ʀəvnɑ̃, ɑ̃t] nm/f aparecido/a.

revendeur, euse [ʀəvɑ̃dœʀ, øz] nm/f revendedor/ora.

revendication [ʀəvɑ̃dikasjɔ̃] nf reivindicación f.

revendiquer [ʀəvɑ̃dike] vt reivindicar; (*responsabilité*) asumir // vi reivindicar.

revendre [ʀəvɑ̃dʀ(ə)] vt revender; (*vendre davantage de*) volver a vender.

revenir [ʀəvniʀ] vi volver; (*santé, etc*) venir, volver; (*CULIN*): **faire ~** rehogar; **~ à** vt (*équivaloir à*) equivaler a; **~ à qn** llegar a los oídos de alguien; (*part etc*) tocar a alguien; (*souvenir, nom*) volverle a la memoria de alguien; **~ de** vt (*fig*) salir de; **~ sur** vt volver a; (*promesse*) retirar; **cela (nous) revient à 100F** esto (nos) sale caro/a 100F; **~ à soi** volver en sí; **n'en pas ~** no salir de su asombro; **cela revient au même** (esto) viene a ser lo mismo; **cela revient à dire**

que (esto o lo que) quiere decir que.

revente [ʀəvɑ̃t] nf reventa.

revenu [ʀəvny] nm entrada, ganancia; (*de l'Etat*) renta, producto; (*d'une terre*) rendimiento, producto; (*d'un capital*) renta, rendimiento; **~s** mpl ingresos; **~ national brut** producto nacional bruto.

rêver [ʀeve] vi soñar // vt, **~ de** soñar con; **~ à** soñar con.

réverbération [ʀevɛʀbeʀasjɔ̃] nf reverberación f, reflejo.

réverbère [ʀevɛʀbɛʀ] nm farol m.

réverbérer [ʀevɛʀbeʀe] vt reflejar.

révérence [ʀeveʀɑ̃s] nf reverencia.

révérend, e [ʀeveʀɑ̃, ɑ̃d] a: **le ~ père** el reverendo padre.

révérer [ʀeveʀe] vt reverenciar.

revers [ʀəvɛʀ] nm reverso, revés m; (*de la main*) dorso; (*d'une médaille*) reverso; (*d'une pièce*) cruz f; (*TENNIS, aussi fig*) revés; (*d'un veston*) solapa; (*de pantalon*) remango, vuelta; **prendre à ~** (*MIL*) tomar de flanco.

réversible [ʀevɛʀsibl(ə)] a reversible.

revêtement [ʀəvɛtmɑ̃] nm revestimiento.

revêtir [ʀəvetiʀ] vt vestir; **~ qn de** vestir a alguien con; (*autorité*) conferir a alguien; **~ qch de** cubrir o revestir algo con.

reviendrai, reviens etc vb voir **revenir**.

revient [ʀəvjɛ̃] nm: **prix de ~** precio de costo.

revirement [ʀəviʀmɑ̃] nm variación f; (*d'une personne*) mudanza.

réviser [ʀevize] vt revisar; **révision** [ʀevizjɔ̃] nf revisión f; **conseil de révision** junta de clasificación f.

revisser [ʀəvise] vt atornillar de nuevo.

revivre [ʀəvivʀ(ə)] vi, vt revivir; **faire ~** resucitar.

revoir [ʀəvwaʀ] vt volver a ver,

(*apercevoir de nouveau, aussi* SCOL) ver de nuevo; (*région, film*) ver nuevamente; (*texte, édition*) revisar // *nm*: **au ~!** ¡hasta la vista!; **au ~ Monsieur!** ¡adiós señor!; **dire au ~ à qn** decir adiós a alguien; **se ~** *vt* recíproco volverse a ver.

révolte [Revɔlt(ə)] *nf* revuelta, sedición *f*; (*indignation*) rebelión *f*.

révolter [Revɔlte] *vt* rebelar a; **se ~** (**contre**) rebelarse (contra); (*s'indigner*) sublevarse (contra).

révolu, e [Revɔly] *a* pasado(a); (ADMIN) cumplido(a).

révolution [Revɔlysjɔ̃] *nf* revolución *f*; **~naire** *a, nm/f* revolucionario(a); **~ner** *vt* revolucionar; (*fam*) perturbar.

revolver [RevɔlvER] *nm* revólver *m*.

révoquer [Revɔke] *vt* revocar.

revue [Rəvy] *nf* revista; (*inventaire, examen*) examen *m*; **~ de** (**la**) **presse** revista de prensa.

révulsé, e [Revylse] *a*: **yeux ~s** ojos en blanco.

rez-de-chaussée [Redʃose] *nm inv* planta baja.

RF *abrév de* République Française.

rhabiller [Rabije] *vt* vestir nuevamente; **se ~** vestirse de nuevo.

rhapsodie [Rapsɔdi] *nf* rapsodia.

rhésus [Rezys] *nm*: **positif/négatif RH** *o* **Rhesus** positivo/negativo.

rhétorique [Retɔrik] *nf* retórica.

Rhin [Rɛ̃] *nm*: **le ~** el Rin.

rhinocéros [RinɔseRɔs] *nm* rinoceronte *m*.

Rhône [Ron] *nm*: **le ~** el Ródano.

rhubarbe [RybaRb] *nf* ruibarbo.

rhum [Rɔm] *nm* ron *m*.

rhumatisme [Rymatism(ə)] *nm* reumatismo; **avoir des ~s** sufrir de reumatismo.

rhume [Rym] *nm* resfriado; **~ de cerveau** catarro nasal; **~ des foins** rinitis alérgica.

ri *pp de* rire.

riant, e [Rijɑ̃, ɑ̃t] *a* alegre.

ribambelle [Ribɑ̃bɛl] *nf* retahíla.

ricaner [Rikane] *vi* reír socarronamente; reír estúpidamente.

riche [Riʃ] *a* rico(a) // *nmpl*: **les ~s** los ricos; **~ de** lleno(a) de; **richesse** *nf* riqueza; **~s** *fpl* riquezas.

ricin [Risɛ̃] *nm*: **huile de ~** aceite *m* de ricino.

ricocher [Rikɔʃe] *vi* rebotar.

ricochet [Rikɔʃe] *nm* rebote *m*; **faire des ~s** hacer cabrillas.

ride [Rid] *nf* arruga; (*fig*) onda.

rideau, x [Rido] *nm* cortina; (THÉÂTRE) telón *m*; (POL): **le ~ de fer** la cortina de hierro; **~ de fer** cortina metálica.

rider [Ride] *vt* arrugar; **se ~** *vi* crisparse; (*avec l'âge*) arrugarse.

ridicule [Ridikyl] *a* ridículo(a); **ridiculiser** *vt* ridiculizar; **se ridiculiser** ponerse en ridículo.

rie *vb voir* rire.

rien [Rjɛ̃] *pron* nada; (*quelque chose*) nada, algo; **il n'a ~ dit** no dijo nada; **~ d'autre/d'intéressant** nada más/de interesante; **~ que** nada más que; **~ que pour eux/faire** cela sólo para ellos/hacer eso; **il n'y est pour ~** no tiene nada que ver con eso; **il n'en est ~** nada de eso es verdad; **ça ne fait ~** no es nada; **~ à faire!** ¡nada que hacer!; **de ~** de nada // *nm*: **un petit ~** una nimiedad; **des ~s** naderías; **avoir peur d'un ~** tener miedo de todo.

rigide [Riʒid] *a* rígido(a).

rigolade [Rigɔlad] *nf*: **c'est de la ~** es un juego de niños.

rigole [Rigɔl] *nf* zanja, acequia; (*filet d'eau*) arroyuelo.

rigoler [Rigɔle] *vi* chancearse, reírse; divertirse; bromear, chancear.

rigoureux, euse [RiguRø, øz] *a* riguroso(a).

rigueur [RigœR] *nf* rigor *m*; **de ~** de rigor; **à la ~** en última instancia; **tenir ~ à qn de qch** guardar rencor a alguien por algo.

riions *etc vb voir* rire.

rillettes [Rijɛt] *nfpl* chicharrones *mpl.*

rime [Rim] *nf* rima.

rimer [Rime] *vi* rimar; **ne ~ à rien** no venir a cuento.

rinçage [Rɛ̃saʒ] *nm* enjuague *m*; fregado.

rince-doigts [Rɛ̃sdwa] *nm inv* lavafrutas *m inv.*

rincer [Rɛ̃se] *vt* lavar, fregar; *(linge)* enjuagar; **se ~ la bouche** enjuagarse la boca.

ring [Riŋ] *nm* ring *m.*

riposte [Ripɔst(ə)] *nf* réplica; *(contre-attaque)* respuesta; **riposter** *vi* replicar, responder.

rire [RiR] *vi* reír, reírse; *(se divertir)* reírse; *(plaisanter)* reír // *nm* risa; **~ aux éclats/aux larmes** reír(se) a carcajadas/hasta las lágrimas; **~ sous cape** reír para sus adentros; **pour ~** *ad* en broma.

ris [Ri] *nm*: **~ de veau** molleja.

risée [Rize] *nf*: **être la ~** de ser el hazmerreír de.

risette [Rizɛt] *nf*: **faire ~ (à)** sonreír (a).

risible [Rizibl(ə)] *a* divertido (a).

risque [Risk(ə)] *nm* riesgo; **aimer le ~** amar el peligro; **au ~ de** a riesgo de; **~ d'incendie** riesgo de incendio.

risqué, e [Riske] *a* arriesgado (a); *(plaisanterie)* osado (a).

risquer [Riske] *vt* arriesgar; *(prison, ennuis)* arriesgarse a; **ça ne risque rien** no se arriesga nada con eso; **~ de correr** el peligro de; **il risque de gagner** puede ganar; **se ~** arriesgarse.

rissoler [Risɔle] *vi, vt*: **(faire) ~** (hacer) dorar.

ristourne [RistuRn(ə)] *nf* rebaja.

rit *vb voir* **rire.**

rite [Rit] *nm* rito; **~s d'initiation** ritos de iniciación.

rituel, le [Rituɛl] *a, nm* ritual (*m*).

rivage [Rivaʒ] *nm* costa, ribera.

rival, e, aux [Rival, o] *a, nm/f* rival (*m/f*).

rivaliser [Rivalize] *vi*: **~ avec**

rivalizar con; *(suj: choses)* competir con; **~ de** rivalizar en.

rivalité [Rivalite] *nf* rivalidad *f.*

rive [Riv] *nf* orilla, margen *f.*

riverain, e [RivRɛ̃, ɛn] *a, nm/f* ribereño (a).

rivet [Rivɛ] *nm* remache *m*; **~er** [Rivte] *vt* remachar, roblar.

rivière [RivjɛR] *nf* río.

rixe [Riks] *nf* riña, pendencia.

riz [Ri] *nm* arroz *m*; **~ière** [RizjɛR] *nf* arrozal *m.*

RN *abrév de* **route nationale.**

robe [Rɔb] *nf* vestido; *(de juge etc)* toga; *(d'ecclésiastique)* hábito; *(d'un animal)* pelaje *m*; **~ de soirée/de mariée/de baptême** traje *m* de noche/de novia/de bautizo; **~ de chambre** bata; **~ de grossesse** vestido de futura mamá.

robinet [Rɔbinɛ] *nm* grifo; **~ du gaz** llave *f* del gas; **~ mélangeur** grifo mezclador; **~terie** *nf* fontanería.

robot [Rɔbo] *nm* robot *m.*

robuste [Rɔbyst(ə)] *a* robusto (a); *(arbre, moteur)* resistente.

roc [Rɔk] *nm* roca.

rocaille [Rɔkaj] *nf* roquedal *m*, rocalla; *(jardin)* decoración con piedras o rocas.

rocambolesque [Rɔkãbɔlɛsk(ə)] *a* fantástico (a).

roche [Rɔʃ] *nf* roca.

rocher [Rɔʃe] *nm* peñasco; *(matière)* roca.

rochet [Rɔʃɛ] *nm*: **roue à ~** rueda de trinquete.

rocheux, euse [Rɔʃø, øz] *a* rocoso (a).

rock (and roll) [Rɔk(ɛnRɔl)] *nm* rock *m.*

rocking-chair [RɔkintʃɛR] *nm* mecedora.

rodage [Rɔdaʒ] *nm* rodaje *m*, perfeccionamiento; **en ~** en rodaje.

rodéo [Rɔdeo] *nm* rodeo.

roder [Rɔde] *vt* rodar; *(spectacle etc)* perfeccionar.

rôder [Rode] *vi* vagar; *(péj)* merodear.

rôdeur, euse [ʀodœʀ, øz] nm/f vagabundo/a.

rogne [ʀɔɲ] nf: **mettre en ~** poner furioso(a).

rogner [ʀɔɲe] vt recortar; (fig) rebajar; **~ sur** descontar de.

rognons [ʀɔɲɔ̃] nmpl riñones mpl.

roi [ʀwa] nm rey m; **les R~s** (fête) los Reyes.

roitelet [ʀwatlɛ] nm reyezuelo.

rôle [ʀol] nm rol m, papel m; (fonction) función f; **jouer un ~ important dans** (fig) desempeñar un papel importante en.

rollmops [ʀɔlmɔps] nm arenque escabechado.

romain, e [ʀɔmɛ̃, ɛn] a, nm/f romano(a) // nf lechuga romana.

roman, e [ʀɔmɑ̃, an] a románico(a); (LING) romance // nm novela; **~ policier** novela policíaca; **~ photo** fotonovela.

romance [ʀɔmɑ̃s] nf romanza.

romancer [ʀɔmɑ̃se] vt novelar.

romancier, ière [ʀɔmɑ̃sje, jɛʀ] nm/f novelista m/f.

romand, e [ʀɔmɑ̃, ɑ̃d] a romance.

romanesque [ʀɔmanɛsk(ə)] a novelesco(a); (sentimental) romanticón(ona), sentimental.

roman-feuilleton [ʀɔmɑ̃fœjtɔ̃] nm folletín m.

romanichel, le [ʀɔmaniʃɛl] nm/f gitano/a, bohemio/a.

romantique [ʀɔmɑ̃tik] a romántico(a).

romantisme [ʀɔmɑ̃tism(ə)] nm romanticismo.

romarin [ʀɔmaʀɛ̃] nm romero.

Rome [ʀɔm] n Roma.

rompre [ʀɔ̃pʀ(ə)] vt romper; **se ~** vi romperse.

rompu, e [ʀɔ̃py] a deshecho(a); **~ à** avezado o ducho en.

ronce [ʀɔ̃s] nf zarzamora; **~ de noyer** veta de nogal; **~s** fpl zarzas.

rond, e [ʀɔ̃, ɔ̃d] a redondo(a); (gras) relleno(a); (fam) borracho(a) // nm círculo, redondel m // nf ronda; (danse) corro, rueda; **avoir le dos ~** ser cargado(a) de espaldas; **en ~**

ad en círculo; **je n'ai pas un ~** estoy pelado(a); **à la ~** a la redonda; (à chacun) en corro; **~ de serviette** servilletero; **~elet, te** a regordete(a); (fig) grueso(a); **~elle** nf rodaja; (TECH) arandela.

rondement [ʀɔ̃dmɑ̃] ad pronto, velozmente; sin rodeos.

rondin [ʀɔ̃dɛ̃] nm leño.

rond-point [ʀɔ̃pwɛ̃] nm glorieta de tráfico.

ronéotyper [ʀɔneɔtipe] vt mimeografiar.

ronfler [ʀɔ̃fle] vi roncar; (moteur, poêle) zumbar.

ronger [ʀɔ̃ʒe] vt roer; (vers, insectes, fig) carcomer; (rouille) corroer; **se ~ les ongles** morderse o comerse las uñas; **rongeur, euse** nm/f roedor/ora.

ronronner [ʀɔ̃ʀɔne] vi ronronear.

roquet [ʀɔkɛ] nm gozque m.

roquette [ʀɔkɛt] nf cohete m.

rosace [ʀozas] nf rosetón m.

rosaire [ʀozɛʀ] nm rosario.

rosbif [ʀɔsbif] nm rosbif m.

rose [ʀoz] nf rosa; (vitrail) rosetón m // a, nm rosa (m); **~ des vents** rosa de los vientos; **rosé, e** a rosado(a) // nm rosado // nf rocío.

roseau, x [ʀozo] nm caña.

roseraie [ʀozʀɛ] nf rosaleda.

rosette [ʀozɛt] nf: **~ de la Légion d'honneur** escarapela de la Legión de honor.

rosier [ʀozje] nm rosal m.

rossignol [ʀɔsiɲɔl] nm ruiseñor m; (crochet) ganzúa.

rot [ʀo] nm eructo.

rotatif, ive [ʀɔtatif, iv] a rotativo(a) // nf rotativa.

rotation [ʀɔtasjɔ̃] nf rotación f; (cercle, tour) círculo, vuelta; **~ du stock** renovación f de existencias.

roter [ʀɔte] vi (fam) eructar.

rôti [ʀoti] nm asado.

rotin [ʀɔtɛ̃] nm caña de Indias.

rôtir [ʀotiʀ] vi, vt (aussi: **faire ~**) asar; **rôtissoire** nf asador m.

rotor [ʀɔtɔʀ] nm rotor m.

rotule [ʀɔtyl] nf rótula.

roturier, ière [ʀɔtyʀje, jɛʀ] nm/f plebeyo/a.

rouage [ʀwaʒ] nm rueda; (fig) engranaje m.

rouble [ʀubl(ə)] nm rublo.

roucouler [ʀukule] vi arrullar; (fig: péj) hacer gorgoritos.

roue [ʀu] nf rueda; **en ~ libre** a rueda libre; **~ avant/arrière** rueda delantera/trasera; **~ à aubes** rueda de paletas; **~ de secours** rueda de repuesto.

rouer [ʀwe] vt: **~ qn de coups** moler a palos a alguien.

rouet [ʀwɛ] nm torno, hiladora.

rouge [ʀuʒ] a, nm/f rojo(a) // nm rojo; (vin) tinto; (fard) carmín m; **~ (à lèvres)** lápiz m o barra de labios; **passer au ~** (AUTO) pasar con rojo; **porter au ~** calentar al rojo; **~être a** rojizo(a); **~gorge** nm petirrojo.

rougeole [ʀuʒɔl] nf sarampión m.

rougeoyer [ʀuʒwaje] vi enrojecer.

rouget [ʀuʒɛ] nm salmonete m.

rougeur [ʀuʒœʀ] nf: **~s** fpl manchas rojas.

rougir [ʀuʒiʀ] vi enrojecer; (fraise, tomate) ponerse rojo(a).

rouille [ʀuj] nf, a inv herrumbre (f); **rouiller** vt herrumbrar; (fig) entorpecer // vi, **se ~** herrumbrarse.

roulade [ʀulad] nf voltereta; (CULIN) filete relleno; (MUS) trino.

roulant, e [ʀulɑ̃, ɑ̃t] a rodante, de ruedas; **matériel/personnel** material m/personal m móvil.

rouleau, x [ʀulo] nm rollo; (de pièces) cartucho; (de machine à écrire, à peinture) rodillo; (à mise en plis) tubo; (SPORT) balanceo; **~ compresseur** apisonadora; **~ à pâtisserie** rodillo; **~ de pellicule** carrete m de película.

roulement [ʀulmɑ̃] nm circulación f; (bruit) ruido m; (: du tonnerre) fragor m; (d'ouvriers etc) relevo, rotación f; **~ (à billes)** cojinete m de bolas.

rouler [ʀule] vt hacer rodar; (tissu,

papier etc) enrollar; (cigarette) liar; (CULIN: pâte) pasar el rodillo por; (fam) timar, estafar // vi rodar; (voiture etc, automobiliste, train) marchar; (bateau) balancearse; (tonnerre, tambour) redoblar; (personne, dégringoler) rodar por; **~ sur** (porter sur) girar sobre; **se ~ dans** revolcarse en; (couverture) envolverse en; **~ les épaules** menear los hombros.

roulette [ʀulɛt] nf ruedecilla; (jeu) ruleta; **à ~s** de ruedas; **la ~ russe** la ruleta rusa.

roulis [ʀuli] nm balanceo.

roulotte [ʀulɔt] nf carromato.

roumain, e [ʀumɛ̃, ɛn] a, nm/f rumano(a) // nm rumano.

Roumanie [ʀumani] nf Rumania.

roupie [ʀupi] nf rupia.

roupiller [ʀupije] vi (fam) dormir, echarse un sueño.

rouquin, e [ʀukɛ̃, in] nm/f (péj) pelirrojo/a.

rouspéter [ʀuspete] vi (fam) rezongar, protestar.

rousse [ʀus] a, nf voir **roux**.

rousseur [ʀusœʀ] nf: **tache de ~** peca.

roussir [ʀusiʀ] vt chamuscar // vi (feuilles) amarillear; (CULIN): **faire ~** hacer dorar.

route [ʀut] nf ruta, vía; (moyen de transport) carretera; (fig) camino, senda; **il y a 3h de ~** hay 3hs de camino; **en ~** durante el trayecto; **se mettre en ~** ponerse en camino; **mettre en ~** poner en marcha; **faire fausse ~** equivocarse; **routier, ière** a de carretera // nm camionero // nf coche m para carretera.

routine [ʀutin] nf rutina.

rouvrir [ʀuvʀiʀ] vt, vi volver a abrir; **se ~** vi abrirse de nuevo.

roux, rousse [ʀu, ʀus] a rojizo(a); (personne) pelirrojo(a) // nm/f pelirrojo/a // nm salsa rubia.

royal, e, aux [ʀwajal, o] a real; (paix etc) total.

royaliste [ʀwajalist(ə)] a, nm/

realista (m/f), monárquico(a).

royaume [ʀwajom] nm reino; le R~ Uni el Reino Unido.

royauté [ʀwajote] nf realeza; (régime) monarquía.

RSVP abrév de répondez s'il vous plaît.

Rte abrév de route.

ruade [ʀɥad] nf coz f.

ruban [ʀybã] nm cinta; (décoration) condecoración f.

rubéole [ʀybeɔl] nf rubéola.

rubis [ʀybi] nm rubí m.

rubrique [ʀybʀik] nf rúbrica.

ruche [ʀyʃ] nf colmena.

rude [ʀyd] a áspero(a); (métier, manières) rudo(a); (épreuve) duro(a); (climat) riguroso(a); (voix) bronco(a); ~ment ad brutalmente; (traiter, reprocher) duramente.

rudimentaire [ʀydimãtɛʀ] a rudimentario(a).

rudiments [ʀydimã] nmpl rudimentos.

rudoyer [ʀydwaje] vt tratar con rudeza.

rue [ʀy] nf calle f.

ruée [ʀɥe] nf: ça a été la ~ vers se precipitaron todos hacia.

ruelle [ʀɥɛl] nf callejuela.

ruer [ʀɥe] vi dar coces; se ~ sur arrojarse sobre; se ~ dans precipitarse dentro de.

rugby [ʀygbi] nm rugby m; à treize/quinze rugby de trece/ quince.

rugir [ʀyʒiʀ] vi rugir.

rugueux, euse [ʀygø, øz] a rugoso(a), áspero(a).

ruine [ʀɥin] nf ruina; ~s fpl ruinas; tomber en ~ caer en ruinas; ruiner vt arruinar; (santé, réputation) echar a perder; se ~ ruiner arruinarse.

ruisseau, x [ʀɥiso] nm arroyo; (caniveau) cuneta f.

ruisseler [ʀɥisle] vi correr, fluir; (mur, visage) chorrear.

rumeur [ʀymœʀ] nm rumor m.

ruminer [ʀymine] vt, vi rumiar.

rupture [ʀyptyʀ] nf rotura; (fig) ruptura.

rural, e, aux [ʀyʀal, o] a rural // nmpl: les ruraux los campesinos.

ruse [ʀyz] nf: la ~ la astucia; une ~ un ardid, una triquiñuela; par ~ por medio de la astucia; rusé, e a astuto(a), pícaro(a).

russe [ʀys] a, nm/f ruso(a) // nm ruso.

Russie [ʀysi] nf: la ~ Rusia.

rustique [ʀystik] a rústico(a).

rustre [ʀystʀ(ə)] nm palurdo.

rut [ʀyt] nm celo.

R-V abrév de rendez-vous.

rythme [ʀitm(ə)] nm ritmo; (des saisons) sucesión f; au ~ de al ritmo o con la frecuencia de; **rythmé, e** a rítmico(a); **rythmique** a rítmico(a) // rítmica.

S

S abrév de Sud.

sa [sa] dét voir son.

SA sigle f voir société.

sable [sabl(ə)] nm arena; ~s mouvants arenas movedizas.

sablé, e [sable] a (CULIN) de bizcocho // nm tipo de galleta.

sabler [sable] vt enarenar; ~ le champagne beber champaña para celebrar algo.

sableux, euse [sablø, øz] a arenoso(a).

sablier [sablije] nm reloj m de arena.

sablière [sablijɛʀ] nf (carrière) arenal m.

sablonneux, euse [sablɔnø, øz] a arenoso(a).

saborder [sabɔʀde] vt hundir voluntariamente; (fig) suspender voluntariamente.

sabot [sabo] nm zueco; (de cheval) casco; (de bœuf) pezuña; ~ de frein zapata de freno.

sabotage [sabotaʒ] nm sabotaje m.

saboter [sabote] vt sabotear; (fam) chafallar, chapucear.

sabre [sɑbr(ə)] nm sable m.

sac [sak] nm saco, bolsa; **mettre à ~ saquear**; **~ de couchage** saco de dormir; **~ à dos** mochila; **~ à main** bolso, saco de mano; **~ de plage** bolso de playa o de baño; **~ à provisions** bolsa de la compra; **~ de voyage** bolso de viaje.

saccade [sakad] nf sacudida; **saccadé, e a** (gestes) brusco(a); (voix) entrecortado(a).

saccager [sakaʒe] vt saquear, devastar; desordenar, trastocar.

saccharine [sakarin] nf sacarina.

sacerdoce [sasɛrdɔs] nm sacerdocio; **sacerdotal, e, aux a** sacerdotal.

sache etc vb voir **savoir**.

sachet [saʃɛ] nm saquito, bolsita; **thé en ~s té en saquitos o sobres; ~ de lavande** saquito o almohadilla de lavanda.

sacoche [sakɔʃ] nf bolso; (de bicyclette etc) alforja, cartera; (du facteur) bolsa, cartera.

sacquer [sake] vt (fam) tirar al degüello; poner de patitas en la calle.

sacre [sakr(ə)] nm coronación f; consagración f.

sacré, e [sakre] a sacro(a); (droit, promesse etc) sagrado(a); (fam) maldito(a); colosal, sorprendente.

sacrement [sakrəmã] nm sacramento.

sacrer [sakre] vt coronar; (évêque) consagrar // vi blasfemar.

sacrifice [sakrifis] nm sacrificio; **~s mpl** (privations) sacrificios.

sacrifier [sakrifje] vt sacrificar; **~ à** vt seguir, acatar; **se ~** sacrificarse.

sacrilège [sakrilɛʒ] nm sacrilegio // a (fam f) sacrílego(a).

sacristain [sakristɛ̃] nm sacristán m.

sacristie [sakristi] nf sacristía.

sacro-saint, e [sakrɔsɛ̃, sɛ̃t] a sacrosanto(a).

sadique [sadik] a, nm/f sádico(a).

sadisme [sadism(ə)] nm sadismo.

sadomasochisme [sadomazoʃism(ə)] nm sadomasoquismo.

safari [safari] nm safari m; **~ photo** nm safari fotográfico.

safran [safrɑ̃] nm azafrán m.

sagace [sagas] a sagaz, perspicaz.

sagaie [sagɛ] nf azagaya.

sage [saʒ] a sensato(a), razonable; (enfant) juicioso(a); (chaste) casto(a), serio(a) // nm sabio.

sage-femme [saʒfam] nf comadrona.

sagesse [saʒɛs] nf sensatez f, cordura; (philosophie) sabiduría.

Sagittaire [saʒitɛr] nm (ASTRO): **le ~ el Sagitario; être du ~ ser de Sagitario.

Sahara [saara] nm: **le ~ el Sahara.

saharienne [saarjɛn] nf chaqueta de manga corta.

saignant, e [sɛɲɑ̃, ɑ̃t] a jugoso(a), poco cocido(a); (plaie) sangrante.

saignée [seɲe] nf sangría; **la ~ du bras** el pliegue del codo, la sangría.

saignement [sɛɲmɑ̃] nm hemorragia; **~ de nez** hemorragia nasal.

saigner [seɲe] vi sangrar // vt sangrar a; (fig) chupar la sangre a; (animal: égorger) desangrar; (fig) **nez** sangrar por la nariz.

saillait etc vb voir **saillir**.

saillant, e [sajɑ̃, ɑ̃t] a saliente; (pommettes, menton) prominente; (fig) sobresaliente, notable.

saillie [saji] nf saliente m; (trait d'esprit) salida, ocurrencia; (accouplement) cubrición f; **faire ~** sobresalir.

saillir [sajir] vi sobresalir // vt cubrir; **faire ~** (muscles etc) hacer resaltar.

sain, e [sɛ̃, sɛn] a sano(a); (affaire) regular, normal; **~ d'esprit** sano de espíritu, equilibrado; **~ et sauf** sano y salvo.

saindoux [sɛ̃du] nm manteca de cerdo.

saint, e [sɛ̃, sɛ̃t] a san, santo(a); (vie etc) santo(a), piadoso(a) // nm,

santo/a // nm (statue) santo; ~
Pierre/Paul san Pedro/Pablo; le
~ des ~s el sanctasanctorum;
~bernard nm inv san bernardo; le
~Esprit el Espíritu Santo; la ~e
famille la sagrada familia; la S~e
Vierge la Virgen Santísima; ~eté nf
santidad f; sa S~eté le papa Su Santidad el Papa; le ~Père el Santo
Padre; le ~Siège la Santa Sede; la
~Sylvestre el día de Nochevieja.

sais etc vb voir **savoir**.

saisie [sezi] nf (JUR) embargo,
secuestro.

saisir [sezir] vt agarrar, coger;
(fig) aprovechar; (comprendre)
captar; (suj: sensations etc) arrebatar, sobrecoger; (CULIN) soasar;
(JUR) embargar; (: publication
interdite) secuestrar; **se ~ de** vt
(personne) apoderarse de, agarrar;
~ un tribunal d'une affaire
someter un caso a un tribunal;
saissant, e a emocionante, sobre-
cogedor(ora).

saisissement [sezismã] nm sorpresa.

saison [sezõ] nf tiempo, época; (du
calendrier) estación f; (touristique):
la ~ la temporada; **en/hors ~**
de/fuera de temporada; **haute/
basse/morte ~** temporada de
alta/baja/calma; **la ~ des pluies** la
época de las lluvias; **~nier, ière** a
de la estación, estacional; (travail)
temporario(a) // nm temporero.

salace [salas] a libidinoso(a).

salade [salad] nf lechuga; escarola;
(CULIN) ensalada; (fam) mezcolanza, revoltijo; **~s** fpl (fam) cuentos;
**~ de laitue/d'endives/de concom-
bres** ensalada de lechuga/de
endibia/de pepinos; **~ de fruits**
ensalada de frutas; **~ niçoise**
ensalada que se prepara con aceitu-
nas, anchoas y tomates; **saladier** nm
ensaladera.

salaire [saler] nm salario, sueldo;
(fig) recompensa, pago; **~
brut/net** salario bruto/neto; **~ de
base** sueldo base; **~ minimum**

**interprofessionnel de croissance,
SMIC** ≈ salario mínimo; **~
minimum interprofessionnel garanti, SMIG** ≈ sueldo base.

salaison [salezõ] nf salazón f; **~s**
fpl conservas saladas.

salamandre [salamãdr] nf
salamandra.

salami [salami] nm salchichón m.

salant [salã] nm: **marais ~** salina.

salarial, e [salarjal, o] a
salarial.

salarié, e [salarje] a, nm/f asala-
riado(a).

salaud [salo] nm (fam!) cabrón (!).

sale [sal] a sucio(a), mugriento(a);
(fig) sucio(a), indecente; (fam)
mal(mala).

salé, e [sale] a salado(a); (fig) picante, verde; (: fam) desmesura-
do(a), excesivo(a).

saler [sale] vt echar sal a; (pour
conserver) salar.

saleté [salte] nf suciedad f; (crasse)
suciedad, mugre f; (chose sale)
suciedad, inmundicia; (fig)
cochinada, marranada; porquería,
indecencia, verdulería.

salière [saljer] nf (récipient)
salero.

saligaud [saligo] nm (fam!)
marrano.

salin, e [salɛ̃, in] a salino(a) // nf
salina; **salinité** nf salinidad f.

salir [salir] vt ensuciar; (fig)
manchar, mancillar; **salissant, e** a
que se ensucia; (métier) sucio(a).

salive [saliv] nf saliva; **saliver** vi
salivar.

salle [sal] nf sala; (pièce: gén)
habitación f, cuarto; sala; faire ~
comble tener un llenazo; **~
d'attente** sala de espera; **~ de
bain(s)** cuarto de baño; **~ de bal**
sala o salón m de baile; **~ de classe**
aula; **~ de cinéma** sala
cinematográfica o de cine; **~
commune** (d'hôpital) sala común; **~
de concert** sala de conciertos; **~
des douches** cuarto de duchas; **~
d'eau** lavadero, cuarto de aseo; **~**

d'embarquement sala de embarque; ~ **des machines** sala de máquinas; ~ **à manger** comedor m; ~ **d'opération** sala de operaciones; ~ **de séjour** estar m, sala de estar; ~ **de spectacle** sala de espectáculos.

salon [salɔ̃] nm salón m, sala; (*mobilier*) juego de sala; (*exposition*) exposición f, salón; (*littéraire etc*) salón, tertulia; ~ **de coiffure** salón de peinados, peluquería; ~ **de thé** salón de té.

salopard [salɔpar] nm (*fam!*) cabrón (!).

saloperie [salɔpʀi] nf (*fam!*) cochinada; indecencia; basura.

salopette [salɔpɛt] nf (*de travail*) mono.

salpêtre [salpɛtʀ(ə)] nm salitre m.

salsifis [salsifi] nm salsifí m.

saltimbanque [saltɛ̃bãk] nm/f saltimbanqui m.

salubre [salybʀ(ə)] a salubre, saludable; **salubrité** nf salubridad f.

saluer [salɥe] vt saludar; (*fig*) aclamar.

salut [saly] nm salvación f; (*pour accueillir*, MIL) saludo // excl (*fam*) ¡hola!; (*style relevé*) ¡salve!

salutaire [salytɛʀ] a saludable.

salutations [salytasjɔ̃] nfpl saludos, recuerdos; **recevez mes ~ distinguées/respectueuses** saludo a Usted muy atentamente/con mi más atenta consideración.

salutiste [salytist(ə)] nm/f miembro del Ejército de Salvación.

salve [salv(ə)] nf descarga, salva; (*fig*) salva.

samaritain [samaritɛ̃] nm: **le bon** ~ el buen samaritano.

samedi [samdi] nm sábado.

sanatorium [sanatɔʀjɔm] nm sanatorio antituberculoso.

sanctifier [sãktifje] vt santificar.

sanction [sãksjɔ̃] nf sanción f; **prendre des ~s (contre)** imponer sanciones (contra); ~**ner** vt sancionar.

sanctuaire [sãktɥɛʀ] nm santuario.

sandale [sãdal] nf sandalia; **sandalette** nf sandalia.

sandow [sãdo] nm ® extensor m, cable eléctrico.

sandwich [sãdwitʃ] nm bocadillo, emparedado; **être pris en** ~ (*entre*) estar comprimido o apretado (entre).

sang [sã] nm sangre f; ~**-froid** nm sangre fría; **garder/perdre son** ~**-froid** conservar/perder la sangre fría; **faire qch de** ~**-froid** hacer algo a sangre fría; ~**lant, e** [ãt] a ensangrentado(a); (*bataille, fig*) sangriento(a).

sangle [sãgl(ə)] nf cincha; **lit de** ~**s** cama o catre de tijera; **sangler** vt (*animal*) cinchar; (*colis, parachutiste*) ceñir, ajustar; **sanglé dans son uniforme** embutido en su uniforme.

sanglier [sãglije] nm jabalí m.

sanglot [sãglo] nm sollozo; ~**er** vi sollozar.

sangsue [sãsy] nf sanguijuela.

sanguin, e [sãgɛ̃, in] a sanguíneo(a) // nf sanguina.

sanguinaire [sãginɛʀ] a sanguinario(a).

sanguine [sãgin] af, nf voir **sanguin**.

sanguinolent, e [sãginɔlã, ãt] a sanguinolento(a).

sanitaire [sanitɛʀ] a sanitario(a); ~**s** mpl aparatos sanitarios.

sans [sã] prép sin; ~**-abri** nm/f inv desalojado/a; ~**-emploi** nm/f desocupado/a; ~**-façon** nm inv desenvoltura, soltura; ~**-gêne** a inv desenfadado(a), fresco(a) // nm inv (*attitude*) desenfado, frescura; ~**-logis** nm/f inv desalojado/a, sin hogar m/f; ~**-travail** nm/f inv desocupado/a.

santal [sãtal] nm sándalo.

santé [sãte] nf salud f; **être en bonne** ~ estar bueno(a), estar bien de salud; **boire à la** ~ **de** beber a la salud de alguien; **à votre/sa** ~! ¡a su salud!; **la** ~ **publique** la sanidad.

santon [sãtɔ̃] *nm* figurita de pesebre.

saoul [su] *a* = **soûl**.

sape [sap] *nf*: **travail de** ~ trabajo de zapa.

saper [sape] *vt* minar, socavar.

sapeur [sapœʀ] *nm* zapador *m*; ~**pompier** *nm* bombero.

saphir [safiʀ] *nm* zafiro.

sapin [sapɛ̃] *nm* abeto, pino; ~ **de Noël** pino de Navidad; ~**ière** [sapinjɛʀ] *nf* abetal *m*.

sarabande [saʀabɑ̃d] *nf* zarabanda.

sarbacane [saʀbakan] *nf* cerbatana.

sarcasme [saʀkasm(ə)] *nm* sarcasmo; **sarcastique** *a* sarcástico(a), mordaz.

sarcler [saʀkle] *vt* escardar; **sarcloir** *nm* escardillo.

sarcophage [saʀkɔfaʒ] *nm* sarcófago.

Sardaigne [saʀdɛɲ] *nf*: **la** ~ **la** Cerdeña.

sarde [saʀd(ə)] *a* sardo(a).

sardine [saʀdin] *nf* sardina; ~**s à l'huile** sardinas en aceite.

sardonique [saʀdɔnik] *a* irónico(a).

sari [saʀi] *nm* sari *m*.

SARL *sigle f voir* **société**.

sarment [saʀmɑ̃] *nm*: ~ (**de vigne**) sarmiento (de vid).

sarrasin [saʀazɛ̃] *nm* alforfón *m*.

sarrau [saʀo] *nm* blusón *m*.

Sarre [saʀ] *nf*: **la** ~ **el** Sarre.

sarriette [saʀjɛt] *nf* ajedrea.

sarrois, e [saʀwa, waz] *a* del Sarre // *nm/f* nativo/a del Sarre.

sas [sɑ] *nm* (*pièce étanche*) esclusa de aire; (*d'une écluse*) cámara.

satané, e [satane] *a* condenado(a), maldito(a).

satanique [satanik] *a* satánico(a).

satelliser [satelize] *vt* poner en órbita; (*fig*) convertir en estado satélite.

satellite [satelit] *nm* satélite *m*; **pays** ~ país *m* satélite; **retransmis par** ~ trasmitido vía satélite; ~ **ob-**servatoire/relais/espion satélite observatorio/repetidor/espía.

satiété [sasjete] *nf*: **à** ~ *ad* hasta la saciedad.

satin [satɛ̃] *nm* satén *m*, raso; ~**é, e** [satine] *a* satinado(a); (*peau*) aterciopelado(a); ~**ette** [satinɛt] *nf* rasete *m*.

satire [satiʀ] *nf* sátira; **satirique** *a* satírico(a); **satiriser** *vt* satirizar.

satisfaction [satisfaksjɔ̃] *nf* satisfacción *f*.

satisfaire [satisfɛʀ] *vt* satisfacer; ~ **à** *vt* cumplir con; (*suj: chose*) colmar, satisfacer.

satisfaisant, e [satisfəzɑ̃, ɑ̃t] *a* satisfactorio(a).

satisfait, e [satisfɛ, ɛt] *a* satisfecho(a), complacido(a); ~ **de** satisfecho de.

saturation [satyʀasjɔ̃] *nf* saturación *f*; **arriver à** ~ llegar a la saturación.

saturer [satyʀe] *vt* saturar, colmar; **être saturé de qch** estar harto de algo.

satyre [satiʀ] *nm* sátiro.

sauce [sos] *nf* salsa; ~ **blanche/tomate** salsa blanca/de tomate; ~ **aux câpres/su-prême/vinaigrette** salsa de alcaparras/suprema/vinagreta; **saucer** *vt* rebañar, limpiar los restos de salsa con el pan; **saucière** *nf* salsera.

saucisse [sosis] *nf* salchicha.

saucisson [sosisɔ̃] *nm* salchichón *m*; ~ **sec/à l'ail** salchichón seco/al ajo.

sauf [sof] *prép* salvo; ~ **si...** (*excepté*) salvo *o* excepto si; (*à moins que*) salvo *o* sólo si; ~ **avis contraire** salvo opinión en contrario.

sauf, sauve [sof, sov] *a* salvo(a), ileso(a); (*fig*) salvo(a), indemne; **laisser la vie sauve à qn** perdonarle la vida a alguien.

sauf-conduit [sofkɔ̃dɥi] *nm* salvo-conducto.

sauge [soʒ] *nf* salvia.

saugrenu, e [sogʀəny] a estrambótico(a).

saule [sol] nm sauce m; ~ **pleureur** sauce llorón.

saumâtre [somɑtʀ(ə)] a salubre.

saumon [somɔ̃] nm salmón m // a inv salmón inv, asalmonado(a); ~**é, e** a: **truite** ~**ée** trucha salmonada.

saumure [somyʀ] nf salmuera.

sauna [sona] nm sauna m.

saupoudrer [supudʀe] vt espolvorear.

saur [sɔʀ] am: **hareng** ~ arenque ahumado.

saurai etc vb voir **savoir.**

saut [so] nm salto; **faire un** ~ dar un salto; **faire un** ~ **chez qn** dar un salto por lo de o casa de alguien; du ~ **du lit** al levantarse; ~ **en hauteur/longueur/à la perche** salto de altura/longitud/pértiga; ~ **périlleux** salto mortal.

saute [sot] nf cambio.

sauté, e [sote] a salteado(a) // nm: ~ **de veau** salteado de ternera.

saute-mouton [sotmutɔ̃] nm: **jouer à** ~ jugar al salto.

sauter [sote] vi saltar; (se précipiter) ~ **dans/sur/vers** abalanzarse en/sobre/hacia; (bateau, pont) saltar, estallar; (corde etc) romperse // vt saltar; (fig) saltarse; **faire** ~ (pont etc) hacer saltar o volar; (CULIN) saltear; ~ **à pieds joints/à cloche-pied** saltar con los pies juntos/a la pata coja; ~ **en parachute** saltar en paracaídas; ~ **à la corde** saltar a la cuerda; ~ **au cou de qn** echarse en brazos de alguien; ~ **aux yeux** saltar a la vista.

sauterelle [sotʀɛl] nf saltamontes m, langosta.

sauterie [sotʀi] nf guateque m.

sauteur, euse [sotœʀ, øz] nm/f saltador/ora // (casserole) cacerola para saltear; ~ **à la perche/à skis** saltador de pértiga/con esquíes.

sautiller [sotije] vi dar saltitos.

sautoir [sotwaʀ] nm collar largo;

porter en ~ llevar sobre el pecho.

sauvage [sovaʒ] a salvaje, feroz; (plante) silvestre; (lieu) agreste; (peuplade) salvaje; (insociable) huraño(a), arisco(a); (barbare) salvaje, bárbaro(a); (non officiel) desautorizado(a) // nm/f salvaje m/f; (timide) hosco/a, retraído/a; ~**rie** nf salvajez f; insociabilidad f, barbaridad f.

sauve [sov] af voir **sauf.**

sauvegarde [sovgaʀd(ə)] nf salvaguardia, garantía; **sous la** ~ **de** bajo la protección o el amparo de; **sauvegarder** vt salvaguardar.

sauve-qui-peut [sovkipø] nm desbandada // excl ¡sálvese quien pueda!

sauver [sove] vt salvar; **se** ~ vi largarse, escaparse; (fam) irse; **sauvetage** nm salvamento; **sauveteur** nm salvador m.

sauvette [sovɛt]: **à la** ~ ad precipitadamente; **vente à la** ~ venta ambulante no autorizada.

sauveur [sovœʀ] nm salvador m; (REL): **le S~** el Salvador.

savais etc vb voir **savoir.**

savamment [savamɑ̃] ad sabiamente.

savane [savan] nf sabana.

savant, e [savɑ̃, ɑ̃t] a sabio(a), docto(a); (édition, revue, travaux) erudito(a); (compétent) erudito(a), sabio(a); (compliqué) arduo(a), complejo(a); (habile) inteligente, hábil // nm sabio, erudito.

saveur [savœʀ] nf sabor m.

Savoie [savwa] nf: **la** ~ (la) Saboya.

savoir [savwaʀ] vt conocer; (date, nom, fait etc) conocer, saber; (être capable de) saber // nm saber m, conocimiento; ~ **que** saber que; ~ **si/comment/combien...** saber si/cómo/cuánto...; **se** ~ saberse; **à** ~ ad a saber; **faire** ~ **qch à qn** hacer saber o dar a conocer algo a alguien; **ne rien vouloir** ~. no querer saber nada; **pas que je sache** que yo sepa, no; **sans le** ~ ad sin sa-

berlo; ~**-faire** nm inv tacto, tino;
~**-vivre** nm inv urbanidad f, mundo.

savon [savɔ̃] nm jabón m; (fam):
passer un ~ à qn dar una pelusa o
filípica a alguien; ~**ner** vt
enjabonar; se ~**ner** enjabonarse;
~**nette** nf jabón m de tocador;
~**neux, euse** a jabonoso(a).

savons vb voir **savoir**.

savourer [savure] vt saborear.

savoureux, euse [savurø, øz] a
sabroso(a).

savoyard, e [savwajar, ard(ə)] a
saboyano(a).

saxophone [saksɔfɔn] nm saxofón
m; **saxophoniste** nm/f saxofonista
m/f.

saynète [sɛnɛt] nf sainete m.

sbire [sbir] nm (péj) esbirro.

scabreux, euse [skabrø, øz] a
escabroso(a).

scalpel [skalpɛl] nm escalpelo.

scalper [skalpe] vt escalpar.

scandale [skɑ̃dal] nm escándalo;
(tapage): faire du ~ armar (un)
escándalo o alboroto; au grand ~
de... con gran indignación de...; faire
~ causar escándalo; **scandaleux,
euse** a escandaloso(a); **scandaliser**
vt escandalizar; se **scandaliser** (de)
escandalizarse (de o con).

scander [skɑ̃de] vt escandir (mots,
syllabes) silabear, marcar.

scandinave [skɑ̃dinav] a, nm, nf
escandinavo(a).

Scandinavie [skɑ̃dinavi] nf
Escandinavia.

scaphandre [skafɑ̃dr(ə)] nm
escafandra; (de cosmonaute)
escafandra, casco; ~ **autonome**
autorespirador m.

scarabée [skarabe] nm
escarabajo.

scarlatine [skarlatin] nf escarlatina.

scarole [skarɔl] nf escarola.

scatologique [skatɔlɔʒik] a
escatológico(a).

sceau, x [so] nm sello; sous le ~ du
secret bajo secreto.

scélérat, e [selera, at] nm/f

delincuente m/f, malhechor/ora.

sceller [sele] vt sellar; (barreau,
chaîne etc) empotrar.

scellés [sele] nmpl (JUR): mettre
les ~ sur precintar.

scénario [senarjo] nm guión m;
(fig) plan m; **scénariste** nm/f
guionista m/f.

scène [sɛn] nf escena; (THÉÂTRE:
lieu, estrade, décors) escenario,
escena; (art dramatique): la ~ la
escena, el teatro; entrer en ~
entrar en escena; par ordre
d'entrée en ~ por orden de
aparición; mettre en ~ dirigir;
porter à la ~ llevar a escena;
adapter pour la ~ adaptar para el
teatro; ~ de ménage altercado
conyugal; **scénique** a teatral,
escénico(a).

sceptique [sɛptik] a, nm/f
escéptico(a).

sceptre [sɛptr(ə)] nm cetro.

schéma [ʃema] nm esquema m;
~**tique** a esquemático(a).

schisme [ʃism(ə)] nm cisma m.

schiste [ʃist(ə)] nm esquisto.

schizophrène [skizɔfrɛn] nm/f
esquizofrénico.a.

sciatique [sjatik] a: nerf ~ nervio
ciático // nf ciática.

scie [si] nf serrucho, sierra; (fam:
péj) lata, cantinela; ~ à bois/mé-
taux sierra para madera/metales;
~ circulaire sierra circular; ~ à
découper segueta.

sciemment [sjamɑ̃] ad conciente-
mente.

science [sjɑ̃s] nf ciencia; (connaissance, savoir faire) conocimiento,
saber m; ~**-fiction** nf ciencia
ficción; ~**s naturelles** nf ciencias
naturales; ~**s occultes** ciencias
ocultas; **scientifique** a, nm/f
científico(a).

scier [sje] vt aserrar, serrar; **scierie**
nf aserradero; **scieur de long** nm
aserrador m, chiquichaque m.

scinder [sɛ̃de] vt escindir, dividir;
se ~ vi (parti) escindirse.

scintiller [sɛtije] vi centellar, destellar.

scission [sisjɔ̃] nf escisión f.

sciure [sjyʀ] nf: ~ **(de bois)** aserrín (de madera) m.

sclérose [skleʀoz] nf esclerosis f; (fig) esclerosis, estancamiento; ~ **artérielle** esclerosis arterial, arteriosclerosis f; ~ **en plaques** esclerosis en placas; **sclérosé, e** a esclerosado(a); (fig) estancado(a).

scolaire [skɔlɛʀ] a escolar.

scolariser [skɔlaʀize] vt escolarizar; **scolarité** nf escolaridad f.

scoliose [skɔljoz] nf escoliosis f.

scooter [skutɛʀ] nm scooter m, ciclomotor.

scorbut [skɔʀbyt] nm escorbuto.

score [skɔʀ] nm número de tantos, tanteo.

scories [skɔʀi] nfpl escorias.

scorpion [skɔʀpjɔ̃] nm escorpión m; (ASTRO): **le S—** Escorpio; **être du S—** ser de Escorpio.

scout [skut] a explorador(ora), scout // nm scout m, escultista f; ~**isme** nm escutismo.

scribe [skʀib] nm escribiente m.

script [skʀipt] a, nf: **(écriture)** ~ **(lettra)** cursiva // nm (CINÉMA) guión m.

script-girl [skʀiptgœʀl] nf secretaria de dirección, script girl f.

scrupule [skʀypyl] nm escrúpulo; **scrupuleux, euse** a escrupuloso(a).

scruter [skʀyte] vt escrutar; (motifs, comportement) examinar.

scrutin [skʀytɛ̃] nm escrutinio; (ensemble des opérations) votación f; ~ **uninominal/de liste** escrutinio nominal/por una lista; ~ **à deux tours** votación en dos vueltas.

sculpter [skylte] vt esculpir; (suj: érosion) esculpir, tallar; **sculpteur** nm escultor m.

sculptural, e, aux [skyltyʀal, o] a escultural.

sculpture [skyltyʀ] nf escultura.

SDECE sigle m voir **service**.

se, s' [s(ə)] pron se; ~ **casser la jambe** romperse la pierna; ~ **laver**

les mains lavarse las manos; autres emplois pronominaux: voir le verbe en question.

séance [seɑ̃s] nf sesión f; ~ **tenante** de inmediato.

séant, e [seɑ̃, ɑ̃t] a sentado(a) // nm asentaderas, trasero.

seau, x [so] nm cubo; ~ **à glace** cubo de hielo.

sec, sèche [sɛk, sɛʃ] a seco(a); (cœur, personne) duro(a), frío(a); (style, graphisme) árido(a); (départ, démarrage) brusco(a) // nm: **tenir au** ~ mantener en lugar seco // ad (démarrer) bruscamente; **boire** ~ beber mucho; **je le prends ou bois** ~ lo tomo o bebo puro; **à pied** ~ sin mojarse los pies, a pie enjuto; **à** ~ a seco(a).

sécateur [sekatœʀ] nm podadera.

sécession [sesesjɔ̃] nf: **faire** ~ separarse, dividirse.

séchage [seʃaʒ] nm secado.

sèche [sɛʃ] af voir **sec**.

sèche-cheveux [sɛʃ(ə)vø] nm inv secador m de cabellos.

sécher [seʃe] vt secar; (fam) fumarse // vi secarse; (fam) estar pegado(a); **se** ~ secarse.

sécheresse [sɛʃʀɛs] nf sequedad f, aridez f; (absence de pluie) sequía.

séchoir [seʃwaʀ] nm secador m.

second, e [s(ə)gɔ̃, ɔ̃d] a segundo(a); nm (assistant) auxiliar m, ayudante m; (étage) segundo piso; (NAUT) segundo // nf segundo(a); (SCOL) ~ quinto año; (TRANSPORTS) segunda; **doué de** ~ **e vue** dotado de sexto sentido; **trouver son** ~ **souffle** recobrar el impulso; **de** ~ **e main** de segunda mano; ~ **aire** a secundario(a); (SCOL) medio(a); ~ **er** vt secundar, ayudar.

secouer [s(ə)kwe] vt sacudir; (passagers) sacudir, zangolotear; (traumatiser) perturbar, traumatizar; (fam) hacer reaccionar; **se** ~ (chien) sacudirse; (fam) moverse, reaccionar.

secourable [s(ə)kuʀabl(ə)] a humanitario(a), caritativo(a).

secourir [səkuʀiʀ] vt socorrer, auxiliar; **secourisme** nm socorrismo; **secouriste** nm/f socorrista m/f.

secours [s(ə)kuʀ] nm socorro, auxilio // nmpl ayuda; (soins, équipes de secours) auxilio; **cela lui a été d'un grand** ~ esto le ha sido de gran ayuda; **au** ~! ¡socorro!, ¡auxilio!; **appeler au** ~ pedir socorro o auxilio; **appeler qn à son** ~ pedir socorro a alguien; **aller au** ~ **de qn** socorrer o auxiliar a alguien; **les premiers** ~ los primeros auxilios.

secousse [s(ə)kus] nf sacudida; (électrique) descarga; (fig) conmoción f, sacudida; ~ **sismique** o **tellurique** sacudimiento o temblor sísmico o telúrico.

secret, ète [səkʀɛ, ɛt] a secreto(a); (personne) reservado(a) // nm secreto; **en** ~ ad en secreto, a escondidas; **au** ~ (prisonnier) en celda de aislamiento, incomunicado(a); ~ **professionnel** secreto profesional.

secrétaire [səkʀetɛʀ] nm/f secretario/a // nm (meuble) secreter m; ~-**comptable** secretario/a contable; ~ **de direction** secretario/a de dirección; ~ **d'Etat** = ministro nm/f; ~ **général** secretario/a general; ~ **de mairie** secretario/a municipal; ~ **médicale** ayudante o auxiliar médico; ~ **de rédaction** secretario/a de redacción; **sténodactylo** secretario/a taquimecanógrafo(a); **secrétariat** nm secretariado; (bureau, POL etc) secretaría; ~ **d'Etat** ministerio, secretaría de Estado; **secrétariat général** secretaría general.

secréter [səkʀete] vt secretar, segregar.

sectaire [sɛktɛʀ] a sectario(a).

secte [sɛkt(ə)] nf secta.

secteur [sɛktœʀ] nm sector m; (ÉLEC): **branché sur le** ~ conectado con la red.

section [sɛksjɔ̃] nf sección f; (coupe) corte m, sección; (tronçon) sección, tramo; (d'un chapitre, d'une œuvre) parte f; (MUS): **la** ~ **rythmique/des cuivres** la batería/los cobres; **tube de** ~ **6,5 mm** tubo de 6,5 mm de sección; ~**ner** vt seccionar, cortar; **se** ~**ner** vi (câble) cortarse, romperse.

sectoriel, le [sɛktɔʀjɛl] a sectorial.

séculaire [sekylɛʀ] a secular.

séculier, ière [sekylje, jɛʀ] a seglar.

sécuriser [sekyʀize] vt asegurar.

sécurité [sekyʀite] nf seguridad f; **être en** ~ estar al seguro; **la** ~ **routière** medidas de seguridad para el tránsito de carreteras; **la** ~ **sociale** la seguridad social.

sédatif, ive [sedatif, iv] a sedativo(a) // nm sedante m.

sédentaire [sedɑ̃tɛʀ] a sedentario(a).

sédiment [sedimɑ̃] nm sedimento; ~**s** mpl (alluvions) sedimentos.

séditieux, euse [sedisjø, øz] a sedicioso(a), insurrecto(a).

sédition [sedisjɔ̃] nf sedición f, insurrección f.

séducteur, trice [sedyktœʀ, tʀis] a seductor(ora), cautivante // nm seductor m // nf seductora.

séduction [sedyksjɔ̃] nf seducción f.

séduire [seduiʀ] vt seducir, conquistar; (femme: abuser de) seducir; (suj: chose) cautivar, seducir; **séduisant, e** a encantador(ora), atractivo(a); (offre, promesse) seductor(ora), cautivante.

segment [sɛgmɑ̃] nm segmento; ~ (**de piston**) segmento de pistón; ~**er** vt segmentar.

ségrégation [segʀegɑsjɔ̃] nf segregación f.

seiche [sɛʃ] nf sepia.

séide [seid] nm (péj) fanático, secuaz m.

seigle [sɛgl(ə)] nm centeno.

seigneur [sɛɲœʀ] nm señor m;

(REL): le S~ el Señor; **~ial, e, aux a** señorial.

sein [sɛ̃] nm seno; (fig: poitrine) seno, pecho; **au ~ de** prép en el seno de; **donner le ~ à** dar el pecho a.

Seine [sɛn] nf: **la ~** el Sena.

séisme [seism(ə)] nm seísmo, terremoto; **séismique** etc voir **sismique** etc.

seize [sɛz] num dieciséis; **seizième** num decimosexto(a).

séjour [seʒuʀ] nm estadía, permanencia; (pièce) estar m, sala; **~ner** vi permanecer.

sel [sɛl] nm sal f.

sélection [selɛksjɔ̃] nf selección f; **~ner** vt seleccionar; **~neur, euse** nm/f seleccionador/ora.

self-service [selfsɛʀvis] nm auto-servicio.

selle [sɛl] nf silla; (de bicyclette, motocyclette) sillín m; (CULIN) faldilla; **~s** nfpl deposiciones fpl; **aller à la ~** (MED) hacer del cuerpo; **se mettre en ~** montar; **seller** vt ensillar.

sellette [selɛt] nf: **mettre qn sur la ~** agobiar a preguntas a alguien; **être sur la ~** estar en el banquillo de los acusados.

sellier [selje] nm sillero, talabartero.

selon [səlɔ̃] prép (en se conformant à) según, conforme a; (en fonction de, d'après) según.

semailles [səmaj] nfpl siembra.

semaine [səmɛn] nf semana.

sémantique [semɑ̃tik] a semántica(a) // nf semántica.

sémaphore [semafɔʀ] nm (RAIL) semáforo.

semblable [sɑ̃blabl(ə)] a pareci-do(a), semejante // nm semejante m; **~ à** semejante o parecido(a) a; **de ~s mésaventures** etc semejantes desgracias etc.

semblant [sɑ̃blɑ̃] nm: **un ~ de** una apariencia de; **faire ~ de faire qch** aparentar o fingir hacer algo; **faire ~ de hacer como si, simular.

sembler [sɑ̃ble] vb avec attribut parecer // vb impersonnel: **il (me) semble que/inutile de...** parece que/inútil...; **il me semble le connaître** me parece que le conozco; **comme/quand bon lui semble** como/cuando le parece o se le antoja; **me semble-t-il, à ce qu'il me semble** me parece, en mi opinión.

semelle [səmɛl] nf suela; (intérieure) plantilla; (de bas etc) soleta; **~s compensées** suelas de zapato tanque.

semence [səmɑ̃s] nf (graine) semilla, simiente f; (clou) tachuela.

semer [səme] vt sembrar; (fig) sembrar, desparramar; (poursuivants) desorientar, perder.

semestre [səmɛstʀ(ə)] nm semestre m; **semestriel, le a** semestral.

semi... [səmi] préf semi; **~-automatique a** semiautomático(a).

séminaire [seminɛʀ] nm semina-rio; **séminariste** nm seminarista m.

semi-remorque [səmiʀəmɔʀk(ə)] nf, nm semirremolque m.

semis [səmi] nm (terrain) semente-ra; (plante) macizo, semillero.

sémite [semit] a semita.

sémitique [semitik] a semítico(a).

semoir [səmwaʀ] nm sembradora.

semonce [səmɔ̃s] nf advertencia (fig) sermón m, reprimenda; **coup de ~** disparo de advertencia.

semoule [səmul] nf (farine) sémo-la; **~ de riz/maïs** harina de arroz/maíz.

sempiternel, le [sɑ̃pitɛʀnɛl] a sempiterno(a).

sénat [sena] nm: **le S~** el Senado **~eur** nm senador m.

sénile [senil] a senil; (péj) chocho(a) senil; **sénilité** nf senilidad f.

sens [sɑ̃s] vb voir sentir // nm [sɑ̃] sentido // mpl (sensualité) sentido **à mon ~** a mi juicio; **reprendre s**

~ volver en sí; ~ **interdit/unique** dirección prohibida/única; ~ **figuré/propre** sentido figurado/recto o propio; ~ **dessus, dessous** ad patas arriba; en ~ **interdit** contramano; dans le ~/dans le ~ **inverse des aiguilles d'une montre** en el sentido/en sentido inverso al de las agujas de un reloj.

sensation [sɑ̃sasjɔ̃] nf sensación f; **faire** ~ causar sensación; ~**nel, le** a sensacional; (fam) estupendo(a), sensacional.

sensé, e [sɑse] a sensato(a).

sensibiliser [sɑ̃sibilize] vt: **sensibilisé(e) à** sensible a, consciente de.

sensibilité [sɑ̃sibilite] nf sensibilidad f.

sensible [sɑ̃sibl(ə)] a sensible; ~ **à** sensible a; ~**ment** a (notablement) sensiblemente; (à peu près): **ils ont** ~**ment le même poids** tienen casi el mismo peso; ~**rie** nf sensiblería.

sensitif, ive [sɑ̃sitif, iv] a sensitivo(a).

sensoriel, le [sɑ̃sɔrjɛl] a sensorial.

sensualité [sɑ̃syalite] nf sensualidad f.

sensuel, le [sɑ̃sɥɛl] a sensual.

sent, sentais etc vb voir **sentir**.

sente [sɑt] nf senda.

sentence [sɑtɑs] nf sentencia; **sentencieux, euse** a sentencioso(a).

senteur [sɑtœr] nf fragancia, perfume m.

sentez vb voir **sentir**.

sentier [sɑtje] nm sendero.

sentiment [sɑtimɑ] nm sentimiento; (impression): **avoir le** ~ **de/que** tener la impresión de/de que; (avis) opinión f, punto de vista; **recevez mes** ~**s respectueux** reciba Ud. mi consideración más distinguida; **faire du** ~ (péj) apelar a la sensiblería; ~**al, e, aux** a sentimental; ~**alité** nf sentimentalismo.

sentinelle [sɑtinɛl] nf centinela m; **en** ~ de centinela o guardia.

sentir [sɑtir] vt (percevoir) sentir, percibir; (avoir conscience de) sentir, advertir; (apprécier, goûter)

sentir, apreciar; (par l'odorat) sentir, oler; (répandre une odeur de) oler a; (avoir le goût, la saveur de) saber a // vi oler mal; ~ **bon/mauvais** oler bien/mal; **se bien/mal à l'aise** sentirse bien/incómodo(a); **se** ~ **mal** (être indisposé) sentirse mal; **se** ~ **le courage de faire** sentirse con el coraje de hacer; **ne plus se** ~ **de joie** desbordar de alegría; **ne pas pouvoir** ~ **qn** (fam) no poder tragar a alguien.

seoir [swar] : ~ **à** vt sentar o quedar bien a.

séparation [separɑsjɔ̃] nf separación f; (entre amis etc) separación, alejamiento; (mur etc) separación, división f; ~ **de corps** separación.

séparatisme [separatism(ə)] nm separatismo.

séparé, e [separe] a separado(a); ~**ment** ad separadamente.

séparer [separe] vt separar; (suj: divergences etc, aussi délibérément) separar, alejar; (diviser): ~ **qch par ou au moyen de** dividir algo por medio de; ~ **une pièce en deux** dividir una habitación en dos; **se** ~ separarse; (prendre congé: amis etc) separarse, despedirse; (se diviser: route, tige etc) bifurcarse, dividirse; (se détacher): **se** ~ **(de)** alejarse o separarse de; **se** ~ **(de)** (époux) separarse de; (employé, objet personnel) deshacerse de.

sept [sɛt] num siete.

septembre [sɛptɑbr(ə)] nm setiembre m.

septennat [sɛptena] nm septenio.

septentrional, e, aux [sɛptɑtrijɔnal, o] a septentrional.

septicémie [sɛptisemi] nf septicemia.

septième [sɛtjɛm] num séptimo(a).

septique [sɛptik] a: **fosse** ~ fosa séptica.

septuagénaire [sɛptɥaʒenɛr] a, nm/f septuagenario(a).

sépulcre [sepylkr(ə)] nm sepulcro.

sépulture [sepyltyʀ] nf (*inhumation*) sepultura.

séquelles [sekɛl] nfpl secuelas.

séquence [sekɑ̃s] nf secuencia.

séquestre [sekɛstʀ(ə)] nm secuestro, embargo; **mettre sous ~** embargar.

séquestrer [sekɛstʀe] vt secuestrar; (*biens*) embargar.

serai etc vb voir **être**.

serein, e [sʀɛ̃, ɛn] a sereno(a).

sérénade [seʀenad] nf serenata; (*fam*) jarana, jolgorio.

sérénité [seʀenite] nf serenidad f.

serez vb voir **être**.

serf, serve [sɛʀ, sɛʀv(ə)] nm/f siervo/a.

serge [sɛʀʒ(ə)] nf sarga.

sergent [sɛʀʒɑ̃] nm sargento; **~-chef** nm sargento primero; **~-major** nm sargento mayor.

sériciculture [seʀisikyltyʀ] nf sericultura.

série [seʀi] nf (*de questions, d'accidents*) serie f; (*de clefs, casseroles, outils*) juego; (*catégorie: SPORT*) categoría; **fabrication en ~** fabricación f en serie; **voiture de ~** coche m de serie; **hors ~** fuera de serie; **soldes de fin de ~s** saldos de restos; **roman de ~ noire** novela policial; **sérier** vt clasificar, seriar.

sérieusement [seʀjøzmɑ̃] ad seriamente; **~?** ¿de verdad?, ¿en serio?

sérieux, euse [seʀjø, øz] a serio(a); (*sûr*) seguro(a), serio(a); (*moral, rangé*) serio(a), formal; (*maladie, situation*) grave; serio(a); (*important*) considerable // nm seriedad f; **prendre qch/qn au ~** tomar algo/a alguien en serio.

seriez vb voir **être**.

serin [sʀɛ̃] nm canario.

seriner [sʀine] vt: **~ qch à qn** machacar algo a alguien.

seringue [sʀɛ̃g] nf jeringa.

serions vb voir **être**.

serment [sɛʀmɑ̃] nm juramento; **prêter ~** prestar juramento; **sous**

~ bajo juramento; **~ d'ivrogne** promesa de borracho.

sermon [sɛʀmɔ̃] nm sermón m.

serons etc vb voir **être**.

serpe [sɛʀp(ə)] nf podón m.

serpent [sɛʀpɑ̃] nm serpiente f; **~ à lunettes/à sonnettes** serpiente de anteojo/de cascabel.

serpenter [sɛʀpɑ̃te] vi serpentear.

serpentin [sɛʀpɑ̃tɛ̃] nm (*tube*) serpentín m; (*ruban*) serpentina.

serpillière [sɛʀpijɛʀ] nf aljofifa.

serrage [sɛʀaʒ] nm presión f, ajuste m.

serre [sɛʀ] nf (*AGR*) invernadero; **~s** fpl (*griffes*) garras; **~ chaude/froide** invernadero templado/frío.

serré, e [seʀe] a apretado(a); (*habits*) estrecho(a), ceñido(a); (*fig*) encarnizado(a), reñido(a) // ad: **jouer ~** jugar con tino o prudencia; **avoir le cœur/la gorge ~(e)** tener el corazón en un puño/un nudo en la garganta.

serre-livres [sɛʀlivʀ(ə)] nm inv sujetalibros m inv.

serrement [sɛʀmɑ̃] nm: **~ de cœur** congoja, opresión f; **~ de main** apretón m de manos.

serrer [seʀe] vt (*comprimer*) apretar, ajustar; (*poings, mâchoires*) apretar; (*suj: vêtement*) ceñir; (*rapprocher*) estrechar, comprimir; (*corde, ceinture, nœud*) ajustar; (*frein, vis, robinet*) presionar, ajustar; (*automobiliste, cycliste*) encerrar // vi: **~ à droite/gauche** ceñirse a la derecha/izquierda; se **~** (*se rapprocher*) estrecharse, apretujarse; se **~ la main** estrecharse la mano; se **~ la main à qn** estrechar la mano a alguien; **~ dans ses bras** estrechar a alguien en sus brazos; **~ qn de près** seguir de cerca a alguien; **~ le trottoir** pegarse a la acera; **~ sa droite/gauche** pegarse a su derecha/izquierda; se **~ contre qn** apretarse contra alguien; se **~ les coudes** ayudarse mutuamente; se **~**

ceinture apretarse el cinturón; ~ **la vis** à **qn** ajustarle las clavijas a alguien.

serre-tête [sɛʀtɛt] nm banda elástica; (bonnet) casco.

serrure [sɛʀyʀ] nf cerradura; ~ **rie** nf (métier) cerrajería; (ferronnerie) forja de hierro; ~ **rie d'art** artesanía de hierro forjado; **serrurier** nm cerrajero.

sers vb voir **servir**.

sertir [sɛʀtiʀ] vt (pierre) engastar; (pièces métalliques) encastrar.

sérum [seʀɔm] nm suero; ~ **antitétanique/antivenimeux** suero antitetánico/antiofídico; ~ **de vérité** suero de la verdad.

servage [sɛʀvaʒ] nm servidumbre f.

servais vb voir **servir**.

servant [sɛʀvɑ̃] nm (REL) monaguillo; (MIL) sirviente m.

servante [sɛʀvɑ̃t] nf sirvienta, mujer f de servicio.

serve [sɛʀv(ə)] etc vb voir **servir** // nf voir **serf**.

serveur, euse [sɛʀvœʀ, øz] nm/f camarero/a.

servi, e pp de **servir**.

serviable [sɛʀvjabl(ə)] a servicial.

service [sɛʀvis] nm servicio; (série de repas): **premier/second** ~ primer/segundo turno; (aide, faveur) servicio, favor m; (REL: office) servicio, oficio; (TENNIS, VOLLEY-BALL) servicio, saque m; ~ **s** mpl (travail, ÉCON) servicios; faire le ~ servir; être en ~ chez qn (domestique) estar en servicio en lo de alguien; être au ~ de estar al servicio de; rendre ~ (à qn) hacer un favor o servicio a alguien; (suj: objet, outil) ser de utilidad a alguien; entrée/escalier de ~ entrada/escalera de servicio; ~ après ~ vente servicio de instalación y reparación; en ~ commandé en función de servicio; ~ de documentation extérieure et de contre-espionnage, SDECE servicio de contraespionaje; ~ militaire servicio mi-

litar; ~ **de presse** servicio de prensa; ~ **à thé** etc servicio de té etc; ~ **s secrets** servicios secretos.

serviette [sɛʀvjɛt] nf (de table) servilleta; (de toilette) toalla; (porte-documents) cartera; ~ **hygiénique** paño higiénico.

servile [sɛʀvil] a servil, rastrero/a.

servir [sɛʀviʀ] vt servir; (convive, client) servir, atender; (fig: aider) servir, ayudar; (COMM: rente, intérêts) pagar // vi (TENNIS) servir, sacar; (CARTES) servir; se ~ (prendre d'un plat) servirse; se ~ **de** servirse; (voiture, outil) servirse de, utilizar; (relations, amis) servirse o valerse de; ~ **à qn** (diplôme, livre) servir o ser útil a alguien; ~ **à qch/faire qch** servir para algo/hacer algo; **à quoi cela sert-il** (de faire)? ¿de qué sirve (hacer)?; ~ (**à qn**) **de** hacer o servir (a alguien) de; ~ **la messe** ayudar a o servir la misa; ~ **les intérêts de qn** servir a los intereses de alguien; ~ **à dîner/déjeuner** (**à qn**) servir de cenar/almorzar (a alguien).

serviteur [sɛʀvitœʀ] nm servidor m, criado.

servitude [sɛʀvityd] nf servidumbre f.

servons vb voir **servir**.

ses [se] dét voir **son**.

session [sesjɔ̃] nf sesión f, reunión f; (d'examen) turno.

set [sɛt] nm set m.

seuil [sœj] nm umbral m; **recevoir qn sur le** ~ (de sa maison) recibir a alguien en la puerta de su casa).

seul, e [sœl] a solo(a); (avec nuance affective: isolé) solitario(a), solo(a); (en isolation) solo(a), aislado(a); le ~ **livre/homme** el único libro/hombre; ~ **ce livre/cet homme** sólo este libro/hombre; à **lui (tout)** ~ él solo o a solas // à (vivre) solo; **parler tout** ~ hablar solo; **faire qch (tout)** ~ hacer algo completamente solo o a solas // nm: **un** ~ uno (solo), sólo uno.

seulement [sœlmɑ̃] ad sólo,

solamente; (*pas avant*): ~ **hier/à lOh** sólo ayer/a las 10hs; **non ~... mais aussi...** no sólo o solamente... sino que también... .

sève [sɛv] *nf* savia; (*fig*) vigor *m*.

sévère [sevɛʁ] *a* severo(a); (*fig*) severo(a), austero(a); (: *climat*) riguroso(a), duro(a); (*considérable*) serio(a), grave; **sévérité** *nf* severidad *f*; rigor *m*.

sévices [sevis] *nmpl* sevicia, malos tratos.

sévir [seviʁ] *vi* castigar con severidad; (*fléau*) hostigar;~ **contre** proceder con rigor a.

sevrer [səvʁe] *vt* destetar; (*fig*): ~ **qn de** privar a alguien de.

sexagénaire [sɛgzaʒenɛʁ] *a*, *nm/f* sexagenario(a).

sexe [sɛks(ə)] *nm* sexo; **sexologue** *nm/f* sexólogo.

sextant [sɛkstã] *nm* sextante *m*.

sexualité [sɛksɥalite] *nf* sexualidad *f*.

sexué, e [sɛksɥe] *a* sexuado(a).

sexuel, le [sɛksɥɛl] *a* sexual.

seyait *etc vb voir* **seoir**.

seyant, e [sejã, ãt] *a* que favorece.

shampooing [ʃãpwɛ̃] *nm* champú *m*.

short [ʃɔʁt] *nm* short *m*, pantalón corto.

si [si] *nm inv* (*MUS*) si // *ad* (*oui*) sí; (*tellement*) tan // *conj* si; ~ **gentil/ rapidement** tan amable/rápidamente; (*tant et*) ~ **bien que...** (tanto y) de tal modo que...; ~ **rapide qu'il soit...** por rápido que sea; ~ **seulement** si sólo.

siamois, e [sjamwa, waz] *a* siamés(esa).

Sicile [sisil] *nf*: **la ~** Sicilia; **sicilien, ne** *a* siciliano(a).

sidéré, e [sideʁe] *a* anonadado(a).

sidérurgie [sideʁyʁʒi] *nf* siderurgia; **sidérurgique** *a* siderúrgico(a).

siècle [sjɛkl(ə)] *nm* siglo.

sied *vb voir* **seoir**.

siège [sjɛʒ] *nm* asiento; (*dans une assemblée, d'un député*) puesto; (*d'un tribunal, d'une assemblée*)

sede *f*, asiento; (*d'organisation*) sede; (*d'une douleur etc*) foco; (*MIL*) sitio; **mettre le ~ devant une ville** poner sitio a una ciudad; **se présenter par le ~** (*MED*) estar colocado(a) de trasero; ~ **avant/arrière** asiento delantero/trasero; ~ **éjectable** asiento lanzable; ~ **social** sede o casa central.

siéger [sjeʒe] *vi* (*député*) ocupar un escaño; (*assemblée, tribunal*) celebrar sesión; (*résider, se trouver*) residir.

sien, ne [sjɛ̃, sjɛn] *pron*: **le ~, la ~ne** el suyo, la suya; **les ~s, les ~nes** los suyos, las suyas; **y mettre du ~** poner de su parte.

siérait *etc vb voir* **seoir**.

sieste [sjɛst(ə)] *nf* siesta; **faire la ~** dormir la siesta.

sieur [sjœʁ] *nm*: **le ~ Duval** el señor Duval.

sifflant, e [siflã, ãt] *a* (*bruit*) sibilante, silbante; (**consonne**) ~**e** (*consonne f*) sibilante.

sifflement [sifləmã] *nm* silbido.

siffler [sifle] *vi* silbar // *vt* silbar (*animal, personne*) silbar a; (*faute, fin d'un match, départ*) pitar; (*fam*) soplarse.

sifflet [siflɛ] *nm* silbato, pito (*sifflement*) silbido; ~**s** *nmpl* (*de mécontentement*) silbidos; **coup d ~** silbido, pitido.

siffloter [siflɔte] *vi* silbar distraídamente // *vt* silbar negligentemente

sigle [sigl(ə)] *nm* sigla.

signal, aux [siɲal, o] *nm* señal *f*; ~ **de détresse** señal de socorro **signaux (lumineux)** (*AUTO*) semáforo.

signalement [siɲalmã] *nm* filiación *f*, señas particulares.

signaler [siɲale] *vt* señalar, indicar; (*faire remarquer, montrer*): **qch à qn/à (qn) que** hacer notar señalar algo a alguien/a alguien que; **se ~ (par)** distinguirse **se ~ à l'attention de qn** llamar atención de alguien, hacerse notar por alguien.

signalétique [sipaletik] a: **fiche** ~ ficha de filiación o identificación.

signalisation [sipalizasjɔ̃] nf señalización f.

signaliser [sipalize] vt señalizar.

signataire [sipatɛʀ] nm/f signatario/a.

signature [sipatyʀ] nf firma.

signe [sip] nm signo; (mouvement, geste) seña; **c'est bon/mauvais** ~ es un(a) buen(a)/mal(a) signo o señal; **c'est** ~ **que** es signo o señal de que; **faire un** ~ **de la tête/main** hacer una seña con la cabeza/mano; **faire** ~ **à qn** hacer señas a alguien; **en** ~ **de** en señal de; ~ **de (la) croix** señal f de la cruz; ~**s particuliers**: ... señas particulares: ...

signer [sipe] vt firmar; **se** ~ vi santiguarse.

signet [sipe] nm registro, señal f.

significatif, ive [sipifikatif, iv] a significativo(a).

signification [sipifikasjɔ̃] nf significación f, significado; (d'un mot) significado, sentido.

signifier [sipifje] vt (vouloir dire) significar, expresar; (faire connaître): ~ **qch (à qn)** comunicar algo (a alguien); (JUR): ~ **qch à qn** notificar algo a alguien.

silence [silɑ̃s] nm silencio; **garder le** ~ guardar silencio, callar; **garder le** ~ **sur qch** guardar silencio sobre algo; **passer qch sous** ~ pasar algo en silencio; **réduire qn au** ~ hacer callar a alguien.

silencieux, euse [silɑ̃sjø, øz] a (personne) silencioso(a), callado(a) // nm silenciador m.

ilex [silɛks] nm silex m.

ilhouette [silwɛt] nf silueta.

illage [sijaʒ] nm estela; **dans le** ~ **de** (fig) en las huellas de.

illon [sijɔ̃] nm surco.

illonner [sijɔne] vt surcar.

ilo [silo] nm silo.

simagrées [simagʀe] nfpl dengues mpl, melindres mpl.

similaire [similɛʀ] a similar; **similarité** nf similitud f.

simili... [simili] préf simili; **similicuir** nm cuero artificial; **similitude** nf similitud f, semejanza.

simple [sɛ̃pl(ə)] a simple // nm: ~ **messieurs/dames** simples mpl caballeros/damas; ~**s mpl** (MÉD) simples mpl; **un** ~ particulier un particular; **varier du** ~ **au double** duplicarse; **dans le plus** ~ **appareil** como Dios lo puso al mundo, en cueros; ~ **d'esprit** nm/f simple m/f; ~ **soldat** soldado raso; **simplicité** nf simplicidad f, sencillez f; (candeur) candidez f, simpleza; **en toute simplicité** con toda sencillez; **simplifier** vt simplificar; **simpliste** a simplista.

simulacre [simylakʀ(ə)] nm simulacro.

simulateur, trice [simylatœʀ, tʀis] nm/f simulador/ora // nm: ~ **de vol** aparato de adiestramiento para el vuelo.

simulation [simylasjɔ̃] nf simulación f.

simuler [simyle] vt simular.

simultané, e [simyltane] a simultáneo(a); ~**ment** ad simultáneamente.

sincère [sɛ̃sɛʀ] a sincero(a); **mes** ~**s condoléances** mi sentido pésame; **sincérité** nf sinceridad f, franqueza; (d'une parole, promesse) sinceridad, veracidad f; **en toute sincérité** con toda franqueza.

singe [sɛ̃ʒ] nm mono; **singer** vt remedar; ~**ries** nfpl monerías; (simagrées) remilgos.

singulariser [sɛ̃gylaʀize] vt singularizar, caracterizar; **se** ~ caracterizarse, singularizarse.

singularité [sɛ̃gylaʀite] nf singularidad f.

singulier, ière [sɛ̃gylje, jɛʀ] a, nm singular (m).

sinistre [sinistʀ(ə)] a siniestro(a) // nm siniestro; **un** ~

imbécile/crétin un tremendo
imbécil/cretino; **sinistré, e** a, nm/f
siniestrado(a), damnificado(a).

sinon [sinɔ̃] conj (autrement, sans
quoi) si no, de lo contrario; (sauf)
salvo, excepto; (si ce n'est) si no.

sinueux, euse [sinɥø, øz] a
sinuoso(a), serpenteante; (fig)
tortuoso(a), laberíntico(a); **sinuosi-
tés** nfpl embrollos.

sinus [sinys] nm seno; ~**ite** [sinyzit]
nf sinusitis f.

siphon [sifɔ̃] nm sifón m; ~**ner** vt
trasvasar por medio de un sifón.

sire [siʀ] nm (titre): S~ señor m;
un triste ~ villano.

sirène [siʀɛn] nf sirena.

sirop [siʀo] nm jarabe m; (pharmaceutique) jarabe, sirope m.

siroter [siʀɔte] vt beber a sorbos.

sis, e [si, siz] a sito(a).

sismique [sismik] a sísmico(a).

sismographe [sismɔgʀaf] nm
sismógrafo.

sismologie [sismɔlɔʒi] nf sismolo-
gía.

site [sit] nm paraje m, paisaje m;
(emplacement) emplazamiento; ~
(pittoresque) paisaje; **la protection
des** ~**s** la protección del paisaje.

sitôt [sito] ad ni bien, tan pronto
como; ~ **parti** ni bien o en cuanto
partió; ~ **après** inmediatamente
después; **pas de** ~ no enseguida, no
tan pronto; ~ **(après) que** tan
pronto como, luego que.

situation [sitɥasjɔ̃] nf posición f;
(d'un édifice etc, circonstances)
situación f; (emploi) puesto, cargo.

situé, e [sitɥe] a: **bien/mal** ~
bien/mal situado o orientado;
à/près de situado en/cerca de.

situer [sitɥe] vt situar, colocar; (en
pensée) situar, localizar; **se** ~ vi
(être) situarse o colocarse.

six [sis] num seis; ~**ième** [sizjɛm]
num sexto(a).

ski [ski] nm esquí m; **aller faire du**
~ ir a esquiar; ~ **de fond/de
piste/de randonnée** esquí de
fondo/de pista/de pagos; ~**-bob**

deslizador m sobre nieve; ~
nautique esquí acuático; ~ **er** vi
esquiar; ~**eur, euse** nm/f esquia-
dor/ora.

slalom [slalɔm] nm slalom m; (fig):
faire du ~ entre hacer gambetas
entre; ~ **géant/spécial** slalom
gigante/especial.

slave [slav] a eslavo(a).

slip [slip] nm slip m, braslip m; (de
bain) calzón m.

slogan [slɔgan] nm slogan m.

SMIC, SMIG [smik, smig] sigle m
voir **salaire**.

smoking [smɔkiŋ] nm smoking m.

SNCF sigle f voir **société**.

snob [snɔb] a, nm/f snob (m/f);
~**isme** nm snobismo.

sobre [sɔbʀ(ə)] a sobrio(a),
mesurado(a); (élégance, style)
sobrio(a), sencillo(a); ~ **de** (gestes,
compliments) parco(a) de; **sobriété**
nf sobriedad f.

sobriquet [sɔbʀikɛ] nm mote m,
apodo.

soc [sɔk] nm reja.

sociable [sɔsjabl(ə)] a sociable,
afable.

social, e, aux [sɔsjal, o] a social.

socialisme [sɔsjalism(ə)] nm so-
cialismo; **socialiste** nm/f socialista
m/f.

sociétaire [sɔsjetɛʀ] nm/f socio/a.

société [sɔsjete] nf sociedad f
(d'abeilles, de fourmis) comunidad f;
(compagnie): **rechercher la** ~ **de**
buscar la compañía de; ~
**anonyme, SA/à responsabilité
limitée, SARL** sociedad anónima
de responsabilidad limitada; ~
**française d'enquêtes pour
sondages, SOFRES** sociedad
francesa para el sondeo de opinión;
~ **immobilière** sociedad inmobiliaria; ~ **nationale des chemins de
fer français, SNCF** ~ red f nacional
de ferrocarriles españoles, RENFE.

sociologie [sɔsjɔlɔʒi] nf sociología;
sociologue [-lɔg] nm/f sociólogo/a.

socle [sɔkl(ə)] nm zócalo, pedestal
m.

socquette [sɔkɛt] nf calcetín m corto.

sodium [sɔdjɔm] nm sodio.

sœur [sœʀ] nf hermana.

SOFRES [sɔfʀɛs] sigle f voir **société**.

soi [swa] pron sí, sí mismo(a); **cela va de ~** eso cae de maduro.

soi-disant [swadizɑ̃] a inv presunto(a), supuesto(a) // ad presuntamente, aparentemente.

soie [swa] nf seda; (poil) cerda.

soient vb voir **être**.

soierie [swaʀi] nf sedería.

soif [swaf] nf sed f; (fig) sed, afán m; **avoir ~** tener sed; **donner ~ (à qn)** provocar sed a (alguien).

soigné, e [swaɲe] a cuidado(a), pulcro(a); (travail) esmerado(a); (fam) endiablado(a).

soigner [swaɲe] vt cuidar o asistir a; (maladie) curar; (travail, détails) cuidar, esmerarse en; (chevelure) cuidar; (clientèle, invités) atender, ocuparse de; **soigneur** nm (SPORT) entrenador m.

soigneux, euse [swaɲø, øz] a cuidadoso(a), escrupuloso(a); (travail, recherches) minucioso(a), metódico(a).

soi-même [swamɛm] pron sí mismo(a), el(la) mismo(a), uno(a) (mismo(a)).

soin [swɛ̃] nm (application) cuidado, atención f; (propreté, ordre) cuidado, prolijidad f; (responsabilité): **le ~ de qch** el cuidado o cargo de algo; **~s** nmpl cuidados; (prévenance) cuidados, atenciones fpl; **les ~s du ménage** las ocupaciones domésticas; **avoir ou prendre ~ de** ocuparse de; **sans ~** a descuidado(a), negligente; **aux bons ~s de** por gentileza o atención de.

soir [swaʀ] nm tarde f; noche f; **le ~** por la tarde; por la noche; **à ce ~!** ¡hasta la tarde! ¡hasta esta noche!; **la veille au ~** la tarde de la víspera; la noche de la víspera; **sept heures du ~** siete de la tarde; **dix**

heures du ~ diez de la noche; **le repas du ~** la comida de la noche, la cena; **le journal du ~** el diario de la tarde o vespertino // ad: **dimanche/demain ~** el domingo/mañana por la tarde; el domingo/mañana por la noche; **hier ~** ayer por la tarde o la noche; anoche.

soirée [swaʀe] nf tarde f; noche f; (réception) velada o fiesta nocturna; (CINÉMA, THÉÂTRE): **en ~** de noche.

sois etc vb voir **être**.

soit [swa] (à savoir) es decir, o sea; (MATH): **~ un triangle ...** sea un triángulo; (en corrélation): **~ ... ~ ...** sea..., o... // ad sea, está bien; **~ que ... ~ que ...** ou ou que ... ya sea que..., o que...

soixantaine [swasɑ̃tɛn] nf: **la ~** los sesenta; **une ~ (de)...** unos(as) sesenta...

soixante [swasɑ̃t] num sesenta.

soja [sɔʒa] nm soja; (graines) semillas de soja.

sol [sɔl] nm suelo, tierra; (de logement) suelo; (revêtement) suelo, piso; (MUS) sol m.

solaire [sɔlɛʀ] a solar, del sol.

soldat [sɔlda] nm soldado; **~ inconnu** soldado desconocido; **~ de plomb** soldadito de plomo.

solde [sɔld(ə)] nf paga, sueldo // nm saldo; **~s** nmpl ou nfpl (COMM) saldos; **à la ~ de qn** (péj) a sueldo de alguien; **en ~** de saldo.

solder [sɔlde] vt saldar, liquidar; **se ~ par** (fig) resultar o terminar en; **article soldé (à) 10 F** artículo liquidado en 10 F.

sole [sɔl] nf lenguado.

solécisme [sɔlesism(ə)] nm solecismo.

soleil [sɔlɛj] nm sol m; (pièce d'artifice) rueda; (acrobatie) molinete m; (BOT) girasol m; **il fait du ~** hace sol; **au ~** al sol, bajo el sol.

solennel, le [sɔlanɛl] a solemne.

solfège [sɔlfɛʒ] nm solfeo.

soli [sɔli] pl de **solo**.

solidaire [sɔlidɛʀ] a solidario(a); ~ **de** solidario(a) con; **se solidariser: se solidariser avec** vt solidarizarse con; **solidarité** nf solidaridad f.

solide [sɔlid] a sólido(a), resistente; (fig) sólido(a), firme; (personne, estomac) fuerte, resistente; (nourriture) consistente, sólido(a); (PHYSIQUE) sólido(a) // nm (PHYSIQUE, GÉOMÉTRIE) sólido; **avoir les reins** ~**s** (fig) estar bien forrado(a); **solidifier** vt solidificar; **se solidifier** vi solidificarse; **solidité** nf solidez f, firmeza.

soliloque [sɔlilɔk] nm soliloquio.

soliste [sɔlist(ə)] nm/f solista m/f.

solitaire [sɔlitɛʀ] a solitario(a), solo(a); (isolé) solitario(a), aislado(a); (désert) solitario(a), desierto(a) // nm/f solitario(a), ermitaño/a // nm (diamant) solitario.

solitude [sɔlityd] nf soledad f; (paix) soledad, retiro.

solive [sɔliv] nf viga.

sollicitations [sɔlisitasjɔ̃] nfpl requerimientos, insistencias; tentaciones fpl, incitaciones fpl; impulso, aceleración f.

solliciter [sɔlisite] vt pedir, solicitar; (suj: occupations, attractions etc) incitar, tentar; ~ **qn de faire qch** pedir a alguien que haga algo.

sollicitude [sɔlisityd] nf solicitud f, diligencia.

solo, pl **soli** [sɔlo] nm solo.

solstice [sɔlstis] nm solsticio.

soluble [sɔlybl(ə)] a soluble.

solution [sɔlysjɔ̃] nf solución f; (conclusion) solución, desenlace m; ~ **de facilité** solución fácil.

solvable [sɔlvabl(ə)] a solvente.

solvant [sɔlvɑ̃] nm disolvente m.

sombre [sɔ̃bʀ(ə)] a oscuro(a), sombrío(a); (fig) sombrío(a), triste; (: avenir) sombrío(a), negro(a); **une** ~ **brute** una soberana bestia.

sombrer [sɔ̃bʀe] vi (bateau) hundirse, zozobrar; ~ **corps et biens** desaparecer bienes y perso-

nas; ~ **dans** (misère etc) hundirse o caer en.

sommaire [sɔmɛʀ] a suscinto(a), conciso(a); (repas, tenue) escueto(a), ligero(a) // nm sumario; **faire le** ~ **de** hacer el resumen de; **exécution** ~ ejecución sumaria.

sommation [sɔm(m)asjɔ̃] nf intimación f, advertencia; **faire feu sans** ~ disparar sin intimación; ~**s d'usage** intimaciones reglamentarias.

somme [sɔm] nf suma, adición f; (d'argent, fig) suma, cantidad f // nm: **faire un** ~ echar la siesta, dormitar; **en** ~ ad en resumidas cuentas; ~ **toute** ad en resumen.

sommeil [sɔmɛj] nm sueño; (fig) sueño, reposo; **avoir** ~ tener sueño; **avoir le** ~ **léger/lourd** tener el sueño ligero/pesado; **en** ~ (fig) en suspenso; ~**ler** vi dormitar; (fig) estar adormecido(a) o latente.

sommelier [sɔməlje] nm botillero.

sommer [sɔme] vt: ~ **qn de** intimar a alguien a.

sommes vb voir **être**.

sommet [sɔmɛ] nm (d'une montagne) cima, cumbre f; (d'une tour, d'un arbre) punta, cima; (fig) cumbre; (GÉOMÉTRIE: d'un angle) vértice m; (: d'un polygone) cúspide f; (montagne) cumbre.

sommier [sɔmje] nm somier m, colchón m de muelles.

sommité [sɔmite] nf eminencia.

somnambule [sɔmnɑ̃byl] nm, sonámbulo/a.

somnifère [sɔmnifɛʀ] nm somnífero.

somnolent, e [sɔmnɔlɑ̃, ɑ̃t] a somnolento(a), soñoliento(a).

somnoler [sɔmnɔle] vi dormitar.

somptuaire [sɔ̃ptɥɛʀ] a suntuario(a).

somptueux, euse [sɔ̃ptɥø, øz] suntuoso(a), fastuoso(a).

son, sa, pl **ses** [sɔ̃, sa, se] dét su(sus).

son [sɔ̃] nm sonido; (résidu) afrecht; ~ **et lumière** a inv luz y sonido.

sonar [sɔnaʀ] *nm* sonar *m*.

sonate [sɔnat] *nf* sonata.

sondage [sɔ̃daʒ] *nm* sondeo *m*; ~ **d'opinion** sondeo de opinión.

sonde [sɔ̃d] *nf* sonda; (TECH) barrena, sonda; **sonder** *vt* sondear; (*plaie, malade*) sondar, examinar.

songe [sɔ̃ʒ] *nm* sueño.

songer [sɔ̃ʒe] : ~ **à** *vt* (*rêver à*) soñar con; (*penser à*) pensar en; (*envisager*) pensar en, considerar; ~ **que** considerar que; **~ie** [sɔ̃ʒʀi] *nf* ensoñación *f*, ensueño; **songeur, euse** *a* pensativo(a), caviloso(a).

sonnaille [sɔnaj] *nf* cencerro *m*; **~s** *fpl* campanilleo.

sonnant, e [sɔnã, ãt] *a*: **espèces ~es et trébuchantes** moneda contante y sonante; **à huit heures ~es** a las ocho en punto.

sonné, e [sɔne] *a* (*fam*) chiflado(a); **il est midi ~** son las doce dadas; **il a quarante ans bien ~** se tiene cuarenta años bien cumplidos.

sonner [sɔne] *vi* sonar; (*cloche*) sonar, tañer; (*à la porte: personne*) llamar, tocar el timbre // *vt* (*cloche*) tañer; (*domestique etc*) llamar a; (*messe, réveil, tocsin*) tocar a; (*fam*) dar una palizón, aporrear; **~ du clairon** tocar la corneta; **~ les heures** dar las horas; **minuit vient de ~** acaba de dar la medianoche; **~ chez qn** llamar a la casa de alguien.

sonnerie [sɔnʀi] *nf* timbre *m*, campanilla; (*d'horloge, de réveil*) campana, timbre; ~ **d'alarme** toque *m* de alarma; ~ **de clairon** toque de corneta.

sonnet [sɔnɛ] *nm* soneto.

sonnette [sɔnɛt] *nf* (*clochette*) campanilla; (*de porte, électrique*) timbre *m*; ~ **d'alarme** timbre de alarma; ~ **de nuit** timbre nocturno.

sono [sɔno] *nf* abrév de **sonorisation**.

sonore [sɔnɔʀ] *a* sonoro(a).

sonorisation [sɔnɔʀizasjɔ̃] *nf* sonorización *f*.

sonorité [sɔnɔʀite] *nf* sonoridad *f*;

(*d'une salle*) sonoridad, resonancia; **~s** *fpl* sonoridades *fpl*.

sont *vb voir* **être**.

sophistiqué, e [sɔfistike] *a* sofisticado(a).

soporifique [sɔpɔʀifik] *a* soporífico(a).

sorbet [sɔʀbɛ] *nm* sorbete *m*; **~ière** [sɔʀbɛtjɛʀ] *nf* sorbetera.

sorbier [sɔʀbje] *nm* serbal *m*.

sorcellerie [sɔʀsɛlʀi] *nf* brujería, hechicería.

sorcier, ière [sɔʀsje, jɛʀ] *nm/f* hechicero/a, brujo/a // *a*: **ce n'est pas ~** (*fam*) no es nada del otro mundo.

sordide [sɔʀdid] *a* sórdido(a); mísero(a); miserable.

sornettes [sɔʀnɛt] *nfpl* (*péj*) sandeces *fpl*, necedades *fpl*.

sors *etc vb voir* **sortir**.

sort [sɔʀ] *nm* (*fortune*) suerte *f*, ventura; (*destinée*) suerte, destino; (*condition, situation*) suerte, fortuna; **jeter un ~ sur** qn hacer una brujería a alguien; **un coup de ~** un golpe de fortuna; **c'est une ironie du ~** es una ironía del destino; **tirer (qch) au ~** sortear (algo).

sortais *etc vb voir* **sortir**.

sortant, e [sɔʀtã, ãt] *a* ganador(a)(s); (*député etc*) saliente.

sorte [sɔʀt(ə)] *etc vb voir* **sortir** // *nf* suerte *f*, clase *f*; **une ~ de** una suerte o especie de; **de la ~** *ad* de este(a) modo o manera; **en quelque ~** de alguna manera, en cierto modo; **de ~ à** de manera o modo que; **de (telle) ~ que ~**, **en ~ que** de (tal) modo que, de modo que; **faire en ~ que** procurar que; **faire en ~ de** procurar.

sorti, e *pp de* **sortir**.

sortie [sɔʀti] *nf* salida; (MIL) incursión *f*, (*fig*) invectiva; disparate *m*, dislate *m*; (*d'un gaz, de l'eau*) escape *m*, pérdida; ~ **de bain** (*vêtement*) salida de baño; ~ **de secours** salida de emergencia.

sortilège [sɔʀtilɛʒ] *nm* sortilegio, hechicería.

sortir [sɔʀtiʀ] *vi* salir; (*bourgeon, plante*) salir, brotar; (*eau, fumée*) salir, desprenderse // *vt* (*promener*) sacar; (*emmener au spectacle, dans le monde*) sacar, llevar; (*produit, ouvrage, modèle*) sacar, poner en venta; (*fam*) despachar; echar // *nm*: **au ~ de l'hiver** al final del invierno; **~ de** vt salir de; (*route, rainure, cadre, compétence*) salirse de; (*famille, université*) venir de, proceder de; **se ~ de** (*affaire, situation*) desembarazarse o librarse de; **~ de table** retirarse o levantarse de la mesa; **~ de ses gonds** (*fig*) salirse de sus casillas; **~ qn d'affaire/d'embarras** sacar a alguien de un asunto/de un aprieto; **il ne s'en sort pas** no se las arregla, no sale del apuro.

SOS *sigle m* SOS m.

sosie [sɔzi] *nm* sosia m.

sot, sotte [so, sɔt] *a* tonto(a), necio(a) // *nm/f* tonto/a, bobo/a; **~tise** *nf* estupidez f; necedad f; tontería.

sou [su] *nm*: **être près de ses ~s** ser un(a) agarrado(a); **être sans le ~** estar pelado(a); **économiser ~ à ~** ahorrar céntimo a céntimo.

soubassement [subɑsmɑ̃] *nm* basamento.

soubresaut [subʀəso] *nm* (*de peur etc*) sobresalto; (*d'un cheval*) corcovo; (*d'un véhicule*) barquinazo.

soubrette [subʀɛt] *nf* doncella de comedia, graciosa.

souche [suʃ] *nf* (*d'un arbre*) tocón m; (*fig*) tronco; origen m, raíz f; (*de carnet*) matriz f; **de vieille ~** de rancio linaje; **carnet à ~(s)** talonario; **chéquier à ~(s)** talonario de cheques.

souci [susi] *nm* preocupación f; (*préoccupation, intérêt*) preocupación, desvelo; (*bot*) caléndula; **se faire du ~** preocuparse, inquietarse; **avoir (le) ~ de** preocuparse por, tener interés en; **~s financiers** problemas económicos.

soucier [susje]: **se ~ de** *vt* preocuparse por.

soucieux, euse [susjø, øz] *a* preocupado(a), taciturno(a); **~ de/que** preocupado por/que; **peu ~ de/que** poco cuidadoso de/de que... .

soucoupe [sukup] *nf* platillo; **~ volante** platillo volador o volante.

soudain, e [sudɛ̃, ɛn] *a* repentino(a), imprevisto(a) // *ad* súbitamente, repentinamente; **~eté** *nf* lo repentino.

soude [sud] *nf* sosa, soda.

soudé, e [sude] *a* (*fig*) aglutinado(a), adherido(a).

souder [sude] *vt* soldar; (*fig*) agrupar, unir.

soudoyer [sudwaje] *vt* (*péj*) sobornar.

soudure [sudyʀ] *nf* soldadura.

souffert, e *pp* de **souffrir.**

souffle [sufl(ə)] *nm* soplo; (*respiration*) respiración f; (*d'une explosion*) onda expansiva; **avoir du/manquer de ~** tener/faltar el resuello; **être à bout de ~** estar sin aliento; **avoir le ~ court** tener e aliento corto; **au ~ du corazón.**

soufflé, e [sufle] *a* (*CULIN*) inflado(a), soufflé; (*fam*: *ahurié* atolondrado(a), aturdido(a) // *nr* soufflé m.

souffler [sufle] *vi* (*vent*) sopla (*personne*: *haleter*) resopla resollar; (: *pour éteindre etc*): **sur** soplar, apagar // *vt* sopla (*fumée*) echar; (*détruire*) vola (*fam*): **~ qch à qn** birlar algo alguien; **laisser ~** (*fig*) dej respirar.

soufflet [sufle] *nm* (*instrume entre wagons*) fuelle m; (*gif* soplamocos m *inv*; sopapo.

souffleur, euse [suflœʀ, øz] *nr* apuntador/ra.

souffrais *etc vb voir* **souffrir.**

souffrance [sufʀɑ̃s] *nf* sufrim padecimiento, m; (*marchand* detenido(a); (*affaire*) en suspens.

souffrant, e [sufʀɑ̃, ɑ̃t] *a* indispuesto(a), enfermo(a); (*air*) doliente, sufriente.

souffre *etc vb voir* **souffrir.**

souffre-douleur [sufʀədulœʀ] *nm inv* sufrelotodo.

souffreteux, euse [sufʀətø, øz] *a* enfermizo(a), delicado(a).

souffrir [sufʀiʀ] *vi* sufrir // *vt* sufrir, padecer; (*personne, comportement etc*) sufrir, soportar; (*exception, retard*) admitir; **~ de** sufrir (de); **ne pas pouvoir ~ qch/que...** no poder aguantar algo/que...; **faire ~ qn** hacer sufrir a alguien.

soufre [sufʀ(ə)] *nm* azufre *m*.

souhait [swɛ] *nm* deseo, anhelo; **tous nos ~s pour** nuestros mejores augurios para; **à ~** *ad* a pedir de boca; **à vos ~s!** ¡salud!; **~er à** deseable; **~er** *vt* desear, anhelar; **~er le bonjour/la bonne année à qn** desear los buenos días/feliz año nuevo a alguien.

souiller [suje] *vt* ensuciar, manchar; (*fig*) mancillar, manchar.

souk [suk] *nm* zoco.

soûl, e [su, sul] *a* borracho(a), ebrio(a); (*fig*): **~ de** harto *o* embriagado de // *nm*: **tout son ~** hasta hartarse.

soulagement [sulaʒmɑ̃] *nm* alivio.

soulager [sulaʒe] *vt* aliviar; (*douleur, peine*) aliviar, calmar; **se ~** (*fam*) hacer sus necesidades; **~ qn de** (*fardeau*) aligerar a alguien de; **~ qn de son portefeuille** afanar a alguien.

soûler [sule] *vt* emborrachar, embriagar; (*fig*) embriagar; **se ~** embriagarse, emborracharse; **~le soûl]** *nf* (*péj*) borrachera, rancachela.

soulèvement [sulɛvmɑ̃] *nm* insurrección *f*, sublevación *f*.

soulever [sulve] *vt* levantar; (*peuple, province*) levantar, sublevar; (*indigner*) indignar, irritar; (*enthousiasme etc*) excitar, suscitar; (*question, débat*) provocar,

plantear; **se ~** *vi* (*peuple, province*) levantarse, sublevarse; (*personne couchée*) levantarse, erguirse; (*couvercle etc*) alzar, levantar; **cela (me) soulève le cœur** eso (me) asquea *o* revuelve el estómago.

soulier [sulje] *nm* zapato; **~s plats/à talons** zapatos sin tacón/con tacón.

souligner [suliɲe] *vt* subrayar; (*fig*) marcar; subrayar; destacar.

soumettre [sumɛtʀ(ə)] *vt* someter; **~ à qn** (*projet etc*) someter *o* plantear a alguien algo; **se ~ à** someterse *o* subordinarse a.

soumis, e [sumi, iz] *a* sumiso(a); (*peuples*) sometido(a); **revenus ~ à l'impôt** entradas *o* ganancias sujetas a impuesto.

soumission [sumisjɔ̃] *nf* sumisión *f*, sometimiento; obediencia; (*COMM*) licitación *f*.

soupape [supap] *nf* válvula; **~ de sûreté** válvula de seguridad; (*fig*) derivativo.

soupçon [supsɔ̃] *nm* sospecha, presunción *f*; **un ~ de** una pizca de; **au dessus de tout ~** por encima de toda sospecha; **~ner** *vt* sospechar, presumir; (*piège, manœuvre*) presumir; **~ner que** sospechar que; **~ner qn de qch/d'être** sospechar algo de alguien/que es; **~neux, euse** *a* desconfiado(a), receloso(a).

soupe [sup] *nf* sopa.

soupente [supɑ̃t] *nf* sobrado, desván *m*.

souper [supe] *vi* cenar // *nm* cena; **avoir soupé de** (*fam*) estar hasta la coronilla de.

soupeser [supəze] *vt* sopesar.

soupière [supjɛʀ] *nf* sopera.

soupir [supiʀ] *nm* suspiro; (*MUS*) silencio de negra.

soupirail, aux [supiʀaj, o] *nm* tragaluz *m*.

soupirant [supiʀɑ̃] *nm* (*péj*) pretendiente *m*, festejante *m*.

soupirer [supiʀe] *vi* suspirar.

souple [supl(ə)] *a* flexible; (*corps, personne*) ágil; (*caractère*) dócil;

(démarche, taille) ágil, ligero(a);
souplesse nf flexibilidad f; agilidad
f; docilidad f; **en souplesse, avec
souplesse** con suavidad, con soltura.
source [suʀs(ə)] nf vertiente f,
manantial m; (d'un cours d'eau)
naciente f, fuente f; (fig: point de
départ) origen m, causa; (: origine
d'une information) fuente f; **~s** nfpl
(textes, originaux) fuentes fpl;
prendre sa ~ à/dans (suj: cours
d'eau) tener su origen en, nacer en;
tenir qch de bonne ~/de ~ sûre
saber algo de buena fuente/de
ciencia cierta; **~ de chaleur/
lumineuse** fuente de calor/de luz;
~ d'eau minérale vertiente de agua
mineral; **~ thermale** fuente termal.
sourcier [suʀsje] nm zahorí m.
sourcil [suʀsi] nm ceja.
sourcilière [suʀsiljɛʀ] a voir
arcade.
sourciller [suʀsije] vi: **sans ~** sin
pestañear.
sourcilleux, euse [suʀsijø, øz] a
arrogante, altanero(a).
sourd vb voir **sourdre**.
sourd, e [suʀ, suʀd(ə)] a sordo(a);
(fig) sordo(a), encubierto(a) //
nm/f sordo/a.
sourdait vb voir **sourdre**.
sourdine [suʀdin] nf sordina; **en ~**
ad a la sordina; **mettre une ~ à**
(fig) acallar, moderar.
sourd-muet, sourde-muette
[suʀmyɛ, suʀdmyɛt] a, nm/f
sordomudo(a).
sourdre [suʀdʀ(ə)] vi manar,
surgir.
souriant, e [suʀjã, ãt] a sonriente,
risueño(a).
souricière [suʀisjɛʀ] nf ratonera.
sourire [suʀiʀ] nm sonrisa // vi
sonreír; **~ à qn** (fig) agradar a
alguien; sonreír o favorecer a
alguien.
souris [suʀi] nf ratón m.
sournois, e [suʀnwa, waz] a
taimado(a), solapado(a).
sous [su] prép bajo, debajo de; **~
terre** ad bajo tierra; **~ vide** a, ad en

vacío; **~ le choc** a causa del
choque; **~ telle rubrique/lettre** en
la sección/letra; **~ Louis XIV** bajo
el reinado de Luis XIV; **~ peu** ad
dentro de poco.
sous... [su] préf sub...; **~-
alimenté/peuplé/équipé** alimenta-
do/poblado/equipado insuficiente-
mente; **~-bois** nm inv maleza;
~-catégorie nf subcategoría;
~-chef nm subjefe m.
souscription [suskʀipsjɔ̃] nf
suscripción f; **offert en ~** en venta
por suscripción.
souscrire [suskʀiʀ] : **~ à** vt
suscribirse a; (fig) adherir a.
sous-cutané, e [sukytane] a
subcutáneo(a).
sous-développé, e [sudevlɔpe] a
subdesarrollado(a).
sous-directeur, trice [sudiʀɛk-
tœʀ, tʀis] nm/f subdirector/ora.
sous-emploi [suzɑ̃plwa] nm
subempleo.
sous-entendre [suzɑ̃tɑ̃dʀ(ə)] vt
sobrentender; **sous-entendu** nm
sobrentendido, insinuación f.
sous-estimer [suzɛstime] vt
subestimar.
sous-homme [suzɔm] nm (péj)
hombre inferior m.
sous-jacent, e [suʒasɑ̃, ɑ̃t] a
subyacente.
sous-lieutenant [suljøtnɑ̃] nm
subteniente m.
sous-location [sulɔkasjɔ̃] nf
subarriendo.
sous-louer [sulwe] vt subarrendar.
sous-main [sumɛ̃] nm inv
cartapacio; **en ~** ad bajo mano.
sous-marin, e [sumaʀɛ̃, in] a
submarino(a) // nm submarino.
sous-officier [suzɔfisje] nm
suboficial m.
sous-préfecture [supʀefɛktyʀ] nf
subprefectura.
sous-préfet [supʀefɛ] nm subpre-
fecto.
sous-produit [supʀɔdɥi] nm
subproducto; (fig: péj) imitación f.
sous-secrétaire [suskʀetɛʀ] nm

~ d'État subsecretario de Estado.

soussigné, e [susiɲe] a: **je ~** el que suscribe...; **le/les ~(s)** el/los abajo firmante(s).

sous-sol [susɔl] nm subsuelo; (*d'une construction*) sótano; **en ~** en el subsuelo.

sous-titre [sutitr(ə)] nm subtítulo; **sous-titré, e** a con subtítulos.

soustraction [sustraksjɔ̃] nf sustracción f.

soustraire [sustrɛr] vt (*nombre*) sustraer, restar; (*document, argent*) sustraer; ~ **qn** à (*curiosité, danger*) alejar a alguien de; **se ~** à sustraerse a.

sous-traitance [sutrɛtɑ̃s] nf subcontrato.

sous-verre [suvɛr] nm cuadro montado con vidrio y cartón.

sous-vêtement [suvetmɑ̃] nm prenda interior; ~**s** mpl ropa interior.

soutane [sutan] nf sotana.

soute [sut] nf pañol m, bodega; ~ **à** bagages cala de equipaje.

soutenable [sutnabl(ə)] a sustentable, defendible.

soutenance [sutnɑ̃s] nf: ~ **de thèse** defensa de tesis.

soutènement [sutɛnmɑ̃] nm: **mur de ~** muro de contención.

souteneur [sutnœr] nm rufián m.

soutenir [sutnir] vt sostener; (*personne*) fortificar; dar fuerza a, reponer; (: *réconforter, aider*) reconfortar; (*assaut, choc*) resistir a, sostener; (*intérêt, effort*) mantener; **se ~** (s'aider) sostenerse, apoyarse; (*dans l'eau, sur ses jambes*) mantenerse, sostenerse.

soutenu, e [sutny] a (*efforts*) constante, tenaz; (*style*) elevado(a); (*couleur*) intenso(a), vivo(a).

souterrain, e [sutɛrɛ̃, ɛn] a subterráneo(a) // nm subterráneo.

soutien [sutjɛ̃] nm (*aide*) sostén m, apoyo; (MIL) apoyo.

soutien-gorge [sutjɛ̃gɔrʒ(ə)] nm sostén m.

soutirer [sutire] vt: ~ **qch à qn** sonsacar algo a alguien.

souvenance [suvnɑ̃s] nf: **avoir ~ de** recordar, tener el recuerdo de.

souvenir [suvnir] nm recuerdo // vb: **se ~ de** vt recordar, acordarse de; **se ~ que** recordar que, acordarse de que; **en ~ de** como recuerdo de; **avec mes meilleurs ~s** con mis mejores recuerdos.

souvent [suvɑ̃] ad a menudo, frecuentemente; **peu ~** pocas veces, raramente.

souverain, e [suvrɛ̃, ɛn] a soberano(a); (*remède*) infalible, radical; (*mépris*) sumo(a), mayúsculo(a) // nm/f soberano(a); **le ~ pontife** el sumo pontífice; ~**eté** nf soberanía.

soviétique [sɔvjetik] a, nm/f soviético(a).

soyeux, euse [swajø, øz] a de seda; (fig) sedoso(a).

soyons etc vb voir **être**.

SPA sigle f = *Société protectrice des animaux*.

spacieux, euse [spasjø, øz] a espacioso(a), amplio(a).

spaghettis [spageti] nmpl espaguetis mpl.

sparadrap [sparadra] nm esparadrapo.

spartiate [sparsjat] a espartano(a); ~**s** nfpl (*sandales*) sandalias.

spasme [spasm(ə)] nm espasmo.

spasmodique [spasmɔdik] a espasmódico(a).

spatial, e, aux [spasjal, o] a espacial.

spatule [spatyl] nf espátula.

speaker, ine [spikœr, in] nm/f locutor/ora.

spécial, e, aux [spesjal, o] a especial; ~**ement** ad especialmente.

spécialisé, e [spesjalize] a especializado(a).

spécialiser [spesjalize] vt: **se ~** especializarse.

spécialiste [spesjalist(ə)] nm/f especialista m/f.

spécialité [spesjalite] nf especialidad f.

spécieux, euse [spesjø, øz] a especioso(a), falaz.

spécification [spesifikusjɔ̃] nf especificación f.

spécifier [spesifje] vt especificar, detallar; **~ que** especificar o precisar que.

spécifique [spesifik] a específico(a).

spécimen [spesimɛn] nm espécimen m, ejemplar m; (revue, manuel) ejemplar m, muestra // muestra.

spectacle [spɛktakl(ə)] nm espectáculo, cuadro; (THÉÂTRE, CINÉMA) espectáculo; **pièce/revue à grand ~** obra/revista espectáculo; **au ~ de...** frente al espectáculo de, a la vista de.

spectaculaire [spɛktakylɛr] a espectacular.

spectateur, trice [spɛktatœr, tris] nm/f espectador/ora.

spectral, e, aux [spɛktral, o] a espectral.

spectre [spɛktʀ(ə)] nm espectro.

spéculateur, trice [spekylatœr, tris] nm/f (péj) especulador/ora.

spéculation [spekylɑsjɔ̃] nf especulación f.

spéculer [spekyle] vi especular, comerciar; (PHILOSOPHIE) especular, meditar; **~ sur** especular con.

spéléologie [speleɔlɔʒi] nf espeleología; **spéléologue** [-lɔg] nm/f espeleólogo/a.

spermatozoïde [spɛrmatozoid] nm espermatozoide m.

sperme [spɛrm(ə)] nm esperma.

sphère [sfɛr] nf esfera; **sphérique** a esférico(a), redondo(a).

sphincter [sfɛ̃ktɛr] nm esfínter m.

spirale [spiral] nf espiral f.

spiritisme [spiritism(ə)] nm espiritismo.

spirituel, le [spirituɛl] a espiritual; (fin, piquant) ingenioso(a), agudo(a); **musique ~le** música sacra.

spiritueux [spirituø] nm bebida espiritosa.

splendeur [splɑ̃dœr] nf esplendor m, fulgor m; **~s** fpl esplendores mpl.

splendide [splɑ̃did] a espléndido(a), esplendoroso(a); (fête, paysage, femme) espléndido(a), maravilloso(a); (effort, réalisation) extraordinario(a).

spolier [spɔlje] vt despojar.

spongieux, euse [spɔ̃ʒjø, øz] a esponjoso(a).

spontané, e [spɔ̃tane] a espontáneo(a).

sporadique [spɔradik] a esporádico(a).

sport [spɔr] nm deporte m // a: **costume ~** traje m "sport"; **faire du ~** practicar deportes; **~if, ive** a deportivo(a).

spot [spɔt] nm (lampe) reflector m, foco; (annonce): **~ (publicitaire)** espacio (publicitario).

sprint [sprint] nm sprint m, arrancada final; **gagner au ~** ganar en el sprint; **piquer un ~** dar una arrancada.

square [skwar] nm plazoleta, jardín público.

squelette [skəlɛt] nm esqueleto; **squelettique** a esquelético(a); (fig) esquemático(a), esquelético(a).

stabilisateur, trice [stabilizatœr, tris] a estabilizador m e a estabilizador(ora) m // m estabilizador m.

stabiliser [stabilize] vt (monnaie, situation) estabilizar, fijar; (terrain) estabilizar, afirmar; (véhicule) estabilizar.

stabilité [stabilite] nf estabilidad f.

stable [stabl(ə)] a estable.

stade [stad] nm estadio.

stage [staʒ] nm (d'études) práctica; (de perfectionnement) cursillo; (d'avocat stagiaire) pasantía; **stagiaire** [staʒjɛr] nm/f practicante m/f, cursillista m/f.

stagnant, e [stagnɑ̃, ɑ̃t] a estancado(a); (fig) paralizado(a), estancado(a).

stagnation [stagnasjɔ̃] nf (fig) estancamiento, paralización f.

stalactite [stalaktit] nf estalactita.

stalagmite [stalagmit] nf estalagmita.

stalle [stal] nf box m, jaula.

stand [stɑ̃d] nm (d'exposition) stand m, puesto; ~ **de tir** (à la foire) barraca de tiro al blanco; (MIL, SPORT) galería de tiro; ~ **de ravitaillement** puesto de avituallamiento.

standard [stɑ̃dar] a inv standard, tipo // nm central telefónica; ~**iser** vt standardizar.

standardiste [stɑ̃dardist(ə)] nm/f telefonista m/f.

standing [stɑ̃diŋ] nm nivel m de vida; **immeuble de grand** ~ inmueble m de gran categoría.

star [star] nf: ~ **de cinéma** estrella (de cine).

starter [startɛr] nm (AUTO) starter m.

station [stasjɔ̃] nf estación f; (de bus) parada; (RADIO, TV) estación emisora; (posture): **la** ~ **debout** la posición de pie; ~ **de taxis** parada de taxis.

stationnaire [stasjɔnɛr] a estacionario(a).

stationnement [stasjɔnmɑ̃] nm estacionamiento; ~ **interdit** estacionamiento prohibido, prohibido estacionar.

stationner [stasjɔne] vi estacionar.

station-service [stasjɔsɛrvis] nf estación f de servicio.

statique [statik] a estático(a).

statisticien, ne [statistisjɛ̃, jɛn] nm/f estadista m.

statistique [statistik] nf estadística // a estadístico(a).

statue [staty] nf estatua.

statuer [statɥe] vi: ~ **sur** resolver.

statuette [statɥɛt] nf estatuilla.

stature [statyr] nf estatura, altura; (fig) estatura, dimensión f.

statut [staty] nm estatuto; ~**s** nmpl (JUR, ADMIN) estatutos; ~**aire** [statytɛr] a estatutario(a).

Sté abrév de **société**.

steak [stɛk] nm bifteak m.

stèle [stɛl] nf estela.

stellaire [stelɛr] a estelar.

stencil [stɛnsil] nm sténcil m.

sténo... [steno] préf: (dactylo) nf taquimecanógrafa; ~**graphe** nm/f estenógrafo/a, taquígrafo/a; ~**(graphie)** nf taquigrafía, estenografía; **prendre en** ~ taquigrafiar; ~**graphier** vt estenografiar.

stentor [stɑ̃tɔr] nm: **voix de** ~ voz f de trueno, voz estentórea.

steppe [stɛp] nf estepa.

stéréo(phonie) [stereɔfɔni] nf estereofonía/a, **stéréo(phonique)** a estereofónico(a).

stéréotype [stereɔtip] nm estereotipo; **stéréotypé, e** a estereotipado(a).

stérile [steril] a estéril.

stérilet [sterilɛ] nm espiral m.

stérilisé, e [sterilize] a pasterizado(a).

stériliser [sterilize] vt esterilizar.

stérilité [sterilite] nf esterilidad f.

sternum [stɛrnɔm] nm esternón m.

stéthoscope [stetɔskɔp] nm estetoscopio.

stick [stik] nm barra.

stigmate [stigmat] nm estigma m.

stigmatiser [stigmatize] vt estigmatizar.

stimulant, e [stimylɑ̃, ɑ̃t] a estimulante, alentador(ora); (excitant) estimulante, excitante // nm estimulante m; (fig) estimulante, aliciente m.

stimulation [stimylasjɔ̃] nf estímulo, acicate m.

stimuler [stimyle] vt estimular; (personne) estimular, aguijonear.

stimulus, pl i [stimylys, i] nm estímulo, incentivo.

stipuler [stipyle] vt (énoncer) estipular, acordar; (préciser) estipular, especificar; ~ **que** precisar que.

stock [stɔk] nm (COMM) stock m, existencias; (FINANCE) reservas; (fig) stock, reserva; ~**er** vt almacenar; ~**iste** nm depositario.

stoïque [stɔik] a estoico(a).

stomacal, e, aux [stɔmakal, o] a estomacal.

stomachique [stɔmaʃik] a estomacal.

stop [stɔp] nm (AUTO: écriteau) stop m; (: signal) luz f de freno; (dans un télégramme) stop, punto // excl ¡pare!, ¡alto!

stoppage [stɔpaʒ] nm zurcido.

stopper [stɔpe] vt (navire, machine) detener; (mouvement, attaque) detener, parar; (COUTURE) zurcir // vi detenerse, pararse.

store [stɔr] nm (de bois) persiana; (de tissu) toldo.

strabisme [strabism(ə)] nm estrabismo.

strangulation [strãgylasjɔ̃] nf estrangulación f.

strapontin [strapɔ̃tɛ̃] nm estrapontín m, traspontín m.

strass [stras] nm estrás m.

stratagème [strataʒɛm] nm estratagema, ardid m.

stratégie [strateʒi] nf estrategia, táctica; **stratégique** a estratégico(a).

stratifié, e [stratifje] a estratificado(a).

stratosphère [stratɔsfɛr] nf estratósfera.

strict, e [strikt(ə)] a estricto(a); (tenue, décor) severo(a), riguroso(a); (langage) riguroso(a); **son droit le plus** ~ su justo derecho; **dans la plus** ~**e intimité** en la más estrecha intimidad; **au sens** ~ **du mot** en el estricto sentido de la palabra; **le** ~ **nécessaire** lo estrictamente necesario; **le** ~ **minimum** lo mínimo.

strident, e [stridã, ãt] a estridente.

stridulations [stridylasjɔ̃] nfpl chirridos.

strie [stri] nf estría; **strier** vt estriar.

strip-tease [striptiz] nm strip-tease m; **strip-teaseuse** nf mujer que hace strip-tease.

strophe [strɔf] nf estrofa.

structure [stryktyr] nf estructura, conformación f; **structurer** vt estructurar, organizar.

strychnine [striknin] nf estricnina.

stuc [styk] nm estuco.

studieux, euse [stydjø, øz] a estudioso(a); (vacances, retraite) de estudio.

studio [stydjo] nm estudio.

stupéfaction [stypefaksjɔ̃] nf estupefacción f, estupor m.

stupéfait, e [stypefɛ, ɛt] a estupefacto(a), atónito(a).

stupéfiant, e [stypefjã, ãt] a asombroso(a), sorprendente // nm estupefaciente m.

stupéfier [stypefje] vt pasmar, embotar; (étonner) asombrar, dejar estupefacto(a).

stupeur [stypœr] nf (inertie) embotamiento, entorpecimiento; (étonnement) estupor, sorpresa.

stupide [stypid] a estúpido(a), tonto(a); **stupidité** nf estupidez f; torpeza.

style [stil] nm estilo.

stylé, e [stile] a con clase.

stylet [stilɛ] nm estilete m.

stylisé, e [stilize] a estilizado(a).

styliste [stilist(ə)] nm/f estilista m/f.

stylistique [stilistik] nf estilística.

stylo [stilo] nm: ~ (**à**) **bille** bolígrafo; ~ (**à encre**) estilográfica; ~ (**à**) **plume** pluma estilográfica.

styptique [stiptik] a: **crayon** ~ lápiz estíptico.

su, e [sy] pp de **savoir** // nm: **au** ~ **de** a sabiendas de.

suaire [sɥɛr] nm sudario.

subalterne [sybaltɛrn(ə)] a, nm, subalterno(a).

subconscient [sypkɔ̃sjã] a subconsciente m.

subdiviser [sybdivize] vt subdividir; **subdivision** nf subdivisión f.

subir [sybir] vt sufrir, soportar (influence) sufrir, experimenta (traitement, examen) sufrir, pasar; (suj: chose) sufrir.

subit, e [sybi, it] a súbito(a), repentino(a); **~ement** ad repentinamente, súbitamente.

subjectif, ive [sybʒɛktif, iv] a subjetivo(a).

subjonctif [sybʒɔ̃ktif] nm subjuntivo.

subjuguer [sybʒyge] vt subyugar.

sublimer [syblime] vt sublimar, enaltecer.

submergé, e [sybmɛrʒe] a sumergido(a); (fig): **~ de** sobrecargado o atiborrado de.

submerger [sybmɛrʒe] vt sumergir, inundar; (fig) abismar, desbordar.

submersible [sybmɛrsibl(ə)] nm sumergible m.

subordonné, e [sybɔrdɔne] a subordinado(a); **~ à** subordinado a, dependiente de // nm/f subordinado/a, subalterno/a.

subordonner [sybɔrdɔne] vt: **~** qn à subordinar alguien a; **~** qch à supeditar algo a, hacer depender algo de.

subornation [sybɔrnasjɔ̃] nf soborno.

subrepticement [sybrɛptismɑ̃] ad subrepticiamente, furtivamente.

subside [sypsid] nm subsidio.

subsidiaire [sypsidjɛr] a: **question ~** pregunta subsidiaria.

subsistance [sybzistɑs] nf subsistencia, sostenimiento.

subsister [sybziste] vi subsistir, perdurar; (personne, famille) subsistir, sobrevivir.

subsonique [sybsɔnik] a subsónico(a).

substance [sypstɑs] nf sustancia; (fig) tema m, esencia; **en ~** ad en sustancia o esencia.

substantiel, le [sypstɑsjɛl] a sustancioso(a), nutritivo(a); (fig) sustancial, considerable.

substantif [sypstɑ̃tif] nm sustantivo; **substantiver** vt sustantivar.

substituer [sypstitɥe] vt: **~** qn/qch à sustituir a alguien/algo por; **se ~ à qn** sustituir o reemplazar a alguien.

substitut [sypstity] nm sustituto.

substitution [sypstitysjɔ̃] nf sustitución f.

subterfuge [sybtɛrfyʒ] nm subterfugio.

subtil, e [syptil] a sutil.

subtiliser [syptilize] vt sustraer.

subtilité [syptilite] nf sutileza, agudeza; (aussi péj) sutileza, argucia.

subvenir [sybvənir]: **~ à** vt subvenir a, atender a.

subvention [sybvɑsjɔ̃] nf subvención f, subsidio; **~ner** vt subvencionar.

subversif, ive [sybvɛrsif, iv] a subversivo(a); **subversion** nf subversión f.

suc [syk] nm jugo, zumo; (d'une viande, d'un fruit) jugo; **~s gastriques** jugos gástricos.

succédané [syksedane] nm sucedáneo.

succéder [syksede]: **~ à** vt suceder a; **se ~** vi sucederse.

succès [syksɛ] nm éxito; (à un examen, une course) éxito, triunfo; (d'un produit etc) éxito, auge m; **avoir du ~** (chanteur, livre) tener éxito; **auteur/livre à ~** autor m/ libro de éxito.

successeur [syksesœr] nm sucesor m; (JUR) sucesor, heredero.

successif, ive [syksesif, iv] a sucesivo(a).

succession [syksesjɔ̃] nf sucesión f, serie f; (JUR) sucesión, herencia; (POL) sucesión; **prendre la ~ de** suceder a.

succinct, e [syksɛ̃, ɛ̃t] a sucinto(a), conciso(a).

succion [syksjɔ̃] nf: **bruit de ~** ruido de succión.

succomber [sykɔ̃be] vi sucumbir, fenecer; (fig) sucumbir, ceder; **~ à** vt sucumbir o rendirse a.

succulent, e [sykylɑ̃, ɑ̃t] *a* suculento(a).

succursale [sykyʁsal] *nf* sucursal *f*; **magasin à ~s multiples** negocio en cadena

sucer [syse] *vt* chupar; **~ son pouce** chuparse el pulgar.

sucette [sysɛt] *nf* (*bonbon*) pirulí *m*.

sucre [sykʁ(ə)] *nm* azúcar *m*; (*morceau de sucre*) terrón *m* de azúcar; **~ en morceaux/cristallisé/en poudre** azúcar de cortadillo/cristalizado/en polvo; **~ blanc/roux** azúcar blanco/moreno; **~ d'orge** pirulí *m*, chupón *m*; **sucré, e a** azucarado(a); (*péj*) almibarado(a), meloso(a); **sucrer** *vt* (*thé, café*) azucarar; (*personne*) echar azúcar a; **se sucrer** echarse azúcar; (*fam*) ponerse las botas; **~rie** *nf* ingenio azucarero; **~ries** *fpl* (*bonbons*) golosinas; **sucrier, ière a** azucarero(a) // *nm* (*fabricant*) fabricante *m* de azúcar; (*récipient*) azucarero.

sud [syd] *nm*, *a inv* sur (*m*); **au ~** (*situation*) al sur; (*direction*) hacia el sur; **~africain, e a, nm/f** sudafricano(a); **~-américain, e a, nm/f** sudamericano(a).

sudation [sydasjɔ̃] *nf* transpiración *f*, sudación *f*.

sud-est [sydɛst] *nm* sudeste *m*, sureste *m* // *a inv* sudeste.

sud-ouest [sydwɛst] *nm* sudoeste *m*, suroeste *m* // *a inv* sudoeste.

Suède [sɥɛd] *nf* Suecia; **suédois, e a, nm, nf** sueco(a).

suer [sɥe] *vi* sudar, transpirar; (*fam*) sudar; (*suinter*) rezumarse, trasudar // *vt* (*exhaler*) rezumar; **~ à grosses gouttes** sudar la gota gorda.

sueur [sɥœʁ] *nf* sudor *m*; **en ~** sudado(a), bañado(a) en sudor.

suffire [syfiʁ] *vi* (*être assez*): **~ (à/pour)** bastar *o* ser suficiente (para); (*satisfaire*): **~ à qn** bastar a alguien; **~ à faire qch/pour que** ser suficiente para hacer algo/para

que; **se ~ bastarse** a sí mismo; **il suffit de/que** basta con/que; **il suffit d'une négligence** basta una negligencia; **ça suffit!** ¡basta!

suffisamment [syfizamɑ̃] *ad* suficientemente; **~ de** suficiente, bastante.

suffisance [syfizɑ̃s] *nf* suficiencia, pedantería; (*quantité*): **en ~** bastante, suficientemente.

suffisant, e [syfizɑ̃, ɑ̃t] *a* suficiente.

suffisons etc *vb voir* **suffire**.

suffixe [syfiks(ə)] *nm* sufijo.

suffocation [syfɔkasjɔ̃] *nf* sofocación *f*, ahogo; **sensation de ~** sensación *f* de asfixia.

suffoquer [syfɔke] *vt* (*suj: chaleur, fumée*) sofocar, asfixiar; (: *émotion, larmes*) sofocar, reprimir; (*stupéfier*) pasmar, aturdir // *vi* sofocarse, ahogarse; **~ de** (*colère, indignation*) ahogarse de.

suffrage [syfʁaʒ] *nm* (*POL*) sufragio, voto; (*méthode*): **~ universel** sufragio universal; (*gén*): **~s** aprobación *f*; **~s exprimés** votos válidos.

suggérer [sygʒeʁe] *vt* sugerir; **~ de faire** sugerir hacer; **suggestif, ive a** sugestivo(a); **suggestion** *nf* sugerencia; (*PSYCH*) sugestión *f*.

suicidaire [sɥisidɛʁ] *a* suicida.

suicide [sɥisid] *nm* suicidio; **suicidé, e** *nm/f* suicida *m/f*; **se suicider** *vi* suicidarse.

suie [sɥi] *nf* hollín *m*.

suif [sɥif] *nm* sebo.

suinter [sɥɛ̃te] *vi* (*liquide*) exsudar, brotar; (*mur*) rezumarse.

suis *vb voir* **être, suivre**.

Suisse [sɥis] *nf* Suiza; **~ allemande** *ou* **alémanique** Suiza alemana; **~ romande** Suiza francesa; **s~ a, nm/f** suizo(a) // *nm* (*bedeau*) pertiguero, sacristán *m*; **s~ allemand, e a, nm/f** suizo(a) alemán(ana); **s~ romand, e a, nm/f** suizo(a) francés(esa); **Suissesse** *nf* suiza.

suit *vb voir* **suivre**.

suite [sɥit] *nf* continuación *f*

(série): **une ~ de...** una serie de...; (conséquence) consecuencia; (ordre, liaison logique) coherencia, ilación f; (appartement, mus) suite f; (escorte) comitiva; **~s** nfpl (d'une maladie etc) secuelas, consecuencia; **prendre la ~ de** (directeur etc) suceder a, tomar el puesto de; **donner ~ à** dar curso a; **faire ~ à** ser la continuación de; (faisant) **~ à** tomar en respuesta a su carta de...; **de ~** (d'affilée) seguidos(as); (immédiatement) de inmediato, enseguida; **par la ~** luego, más tarde; **à la ~ a**, **ad** a continuación; **à la ~ de** después de; **par ~ de** a causa de; **attendre la ~ des événements** esperar el desarrollo posterior de los acontecimientos.

suivais etc vb voir **suivre**.

suivant, e [sɥivā, āt] a siguiente // prép (selon) según; **au ~!** ¡el que sigue!, ¡el siguiente!

suive etc vb voir **suivre**.

suiveur [sɥivœʀ] nm (CYCLISME) seguidor m; (d'une femme) seguidor, cortejador m.

suivi, e [sɥivi] a (régulier) regular, continuo(a); (COMM) de producción regular; (cohérent) coherente; **très/peu ~** (cours) muy/poco frecuentado o concurrido; (mode, feuilleton) muy/poco seguido(a).

suivre [sɥivʀ(ə)] vt seguir; (accompagner: mari, etc) seguir, acompañar; (suj: bagages) seguir, venir después de; (: remords, pensées) perseguir; (imagination, penchant) seguir, dejarse llevar por; (SCOL: être inscrit à: cours) asistir a; (: être attentif à: leçon) seguir, atender; (: assimiler: programme) seguir, comprender; (: comprendre) comprender, seguir; (COMM: article) seguir produciendo // vi seguir; (élève) atender, prestar atención; asimilar, comprender; **se ~** seguirse, sucederse; (raisonnement) ser coherente; **~ des yeux** seguir con la mirada; **"faire ~"** (sur

lettre) "remítase al destinatario"; **"à ~"** "continuará".

sujet, te [syʒɛ, ɛt] a: **être ~ à** ser propenso a // nm/f (d'un souverain etc) súbdito/a // nm tema m; (raison) causa, motivo; (élève) alumno; (LING) sujeto; **un ~ de mécontentement** un motivo de descontento; **avoir ~ de se plaindre** tener razón o motivo para quejarse; **un mauvais ~** (péj) una mala persona; **au ~ de** prép a propósito de; **~ d'expérience** (BIO etc) sujeto de experimentación.

sujétion [syʒesjɔ̃] nf sujeción f.

sulfater [sylfate] vt sulfatar.

sulfureux, euse [sylfyʀø, øz] a sulfuroso(a).

sulfurique [sylfyʀik] a: **acide ~** ácido sulfúrico.

sûmes vb voir **savoir**.

summum [sɔmɔm] nm: **le ~ de** el súmmum de.

superbe [sypɛʀb(ə)] a soberbio(a), espléndido(a); (situation, performance) magnífico(a), admirable.

super(carburant [syperkaʀbyʀā] nm super(carburante) m.

supercherie [sypeʀʃɛʀi] nf superchería.

superfétatoire [sypeʀfetatwaʀ] a superfluo(a), redundante.

superficie [sypeʀfisi] nf superficie f.

superficiel, le [sypeʀfisjɛl] a superficial, ligero(a); (péj) superficial, somero(a).

superflu, e [sypeʀfly] a superfluo(a), innecesario(a); **nm: le ~** lo superfluo.

super-huit [sypeʀɥit] a: **caméra ~** cámara super-ocho.

supérieur, e [sypeʀjœʀ] a superior; (air, sourire) de superioridad // nm (hiérarchique) superior m // nm/f (REL) superior/ora; **supériorité** nf superioridad f; **supériorité numérique** supremacía numérica.

superlatif [sypeʀlatif] nm superlativo.

supermarché [sypεʀmaʀʃe] nm supermercado.

superposer [sypεʀpoze] vt superponer; se ~ vi (images, souvenirs) superponerse; lits superposés literas.

superproduction [sypεʀpʀɔdyksjɔ̃] nf superproducción f.

superpuissance [sypεʀpɥisɑ̃s] nf superpotencia.

supersonique [sypεʀsɔnik] a supersónico(a).

superstitieux, euse [sypεʀstisjø, øz] a supersticioso(a).

superstition [sypεʀstisjɔ̃] nf superstición f.

superstructure [sypεʀstʀyktyʀ] nf superestructura.

superviser [sypεʀvize] vt supervisar.

supplanter [syplɑ̃te] vt suplantar.

suppléance [sypleɑ̃s] nf suplencia.

suppléant, e [sypleɑ̃, ɑ̃t] a suplente // nm/f suplente/a.

suppléer [syplee] vt (ajouter) agregar; (lacune, défaut) suplir, compensar; (professeur, juge) suplir, suplantar; ~ à vt suplir, compensar.

supplément [syplemɑ̃] nm suplemento; (de livre etc) suplemento, apéndice m; en ~ (au menu etc) de más; ~aire a suplementario(a), adicional; (train etc) especial, suplementario.

suppliant, e [syplijɑ̃, ɑ̃t] a suplicante, implorante.

supplication [syplikɑsjɔ̃] nf súplica, ruego; ~s fpl (adjurations) súplicas, imploraciones fpl.

supplice [syplis] nm suplicio.

supplier [syplije] vt suplicar, rogar.

supplique [syplik] nf petición f, requerimiento.

support [sypɔʀ] nm soporte m, sostén m; ~ audio-visuel medio audiovisual; ~ publicitaire medio de publicidad.

supportable [sypɔʀtabl(ə)] a (douleur) soportable, tolerable; (conduite) admisible.

supporter [sypɔʀtεʀ] nm hincha m // vt [sypɔʀte] (poids, poussée) soportar, sostener; (conséquence, épreuve) soportar, sobrellevar; (défaut, personne) soportar, aguantar; (suj: chose: chaleur, choc etc) soportar, resistir; (suj: personne: chaleur, vin) soportar, tolerar.

supposer [sypoze] vt suponer; en supposant ou à ~ que suponiendo que; **supposition** nf suposición f, conjetura.

suppositoire [sypozitwaʀ] nm supositorio.

suppôt [sypo] nm (péj) secuaz m.

suppression [sypʀesjɔ̃] nf supresión f.

supprimer [sypʀime] vt suprimir; (obstacle, douleur, anxiété) suprimir, quitar; ~ qch à qn quitar algo a alguien.

suppurer [sypyʀe] vi supurar.

supputations [sypytasjɔ̃] nfpl cálculos, supputaciones fpl.

supputer [sypyte] vt calcular, suputar.

suprématie [sypʀemasi] nf supremacía.

suprême [sypʀεm] a supremo(a); (bonheur, habileté) supremo(a), sumo(a); un ~ espoir/effort un(a) último(a) esperanza/esfuerzo; les honneurs ~s los honores póstumos.

sur [syʀ] prép sobre, en; (direction) a, hacia; (à propos de) sobre; un ~ 10 uno de cada 10, uno sobre 10; **20, 2 sont venus** de 20, 2 vinieron; **4m × 2** 4m por 2; ~ **sa recommandation** bajo su recomendación; **avoir un effet** ~ tener un efecto sobre; **avoir accident** ~ **accident** tener accidente tras accidente; ~ **ce** ал dicho esto, después de esto; ~ **mesure** ал medida.

sur, e [syʀ] préf sobre..., super...

sur, e [syʀ] a ácido(a).

sûr, e [syʀ] a seguro(a); ~ **de/que** seguro de/de que; ~ **de soi** seguro de sí mismo.

surabondance [syʀabɔ̃dɑ̃s] *nf*
sobreabundancia; *(de couleurs,
détails)* exceso, profusión *f.*

surabonder [syʀabɔ̃de] *vi*
sobreabundar, superabundar.

suraigu, ë [syʀegy] *a* muy
agudo(a), estridente.

surajouter [syʀaʒute] *vt*: ~ qch à
agregar o sobreañadir algo a; **se** ~
à *vt* sobreañadirse a.

suralimenté, e [syʀalimɑ̃te] *a*
sobrealimentado(a).

suranné, e [syʀane] *a*
anticuado(a), desusado(a).

surarmement [syʀaʀməmɑ̃] *nm*
armamento excesivo.

surbaissé, e [syʀbese] *a* bajo(a).

surcharge [syʀʃaʀʒ(ə)] *nf* sobrecarga; *(correction)* enmienda;
prendre des passagers en ~ tomar
sobrecarga de pasajeros; **~ de
bagages** exceso de equipaje.

surchargé, e [syʀʃaʀʒe] *a*: ~ **de
travail** *etc* agobiado(a) de trabajo
etc.

surcharger [syʀʃaʀʒe] *vt* sobrecargar, abarrotar; *(texte, timbre-
poste)* sobrecargar; *(fig)* recargar,
abarrotar; *(décoration)* sobrecargar, recargar.

surchauffé, e [syʀʃofe] *a* sobreca-
lentado(a); *(fig)* sobreexcitado(a),
exaltado(a).

surchoix [syʀʃwa] *a inv* de primera
calidad, seleccionado(a).

surclasser [syʀklɑse] *vt* *(SPORT)*
descollar sobre, aventajar a; *(suj:
chose)* superar, aventajar.

surcouper [syʀkupe] *vt* contrafa-
llar.

surcroît [syʀkʀwa] *nm*: ~ **de**
aumento de; **par** *ou* **de** ~ además;
en ~ en exceso.

surdité [syʀdite] *nf* sordera.

sureau, x [syʀo] *nm* saúco.

surélever [syʀelve] *vt* alzar,
sobrealzar.

sûrement [syʀmɑ̃] *ad* con seguridad; *(certainement)* seguramente.

suremploi [syʀɑ̃plwa] *nm* sobre-
empleo.

surenchère [syʀɑ̃ʃɛʀ] *nf* sobrepu-
ja; *(fig)* pugna; **surenchérir** *vi*
sobrepujar en la oferta; *(fig)*
prometer más que otro.

surent *vb voir* **savoir.**

surentraîné, e [syʀɑ̃tʀene] *a*
sobreentrenado(a).

suréquipé, e [syʀekipe] *a*
sobreequipado(a).

surestimer [syʀɛstime] *vt*
sobrestimar, sobrevalorar.

sûreté [syʀte] *nf* seguridad *f*;
autenticidad *f*; *(JUR: garantie)*
seguridad, garantía; **être/mettre en**
~ estar/poner al seguro *o* a salvo;
pour plus de ~ para mayor
seguridad; **la S~** *(nationale)* la
Policía.

surexciter [syʀɛksite] *vt* sobreexcitar.

surexposer [syʀɛkspoze] *vt* sobre-
exponer.

surf [sœʀf] *nm* surf *m.*

surface [syʀfas] *nf* superficie *f*;
faire ~ salir a la superficie; **en** ~
en la superficie; **100m² de** ~ 100m²
de superficie *o* área; **~ de
réparation** área de castigo.

surfait, e [syʀfɛ, ɛt] *a* sobrevalora-
do(a).

surfin, e [syʀfɛ̃, in] *a* superfino(a).

surgelé, e [syʀʒəle] *a*
congelado(a).

surgir [syʀʒiʀ] *vi* surgir.

surhausser [syʀose] *vt* sobrealzar,
levantar.

surhumain, e [syʀymɛ̃, ɛn] *a*
sobrehumano(a).

surimposer [syʀɛ̃poze] *vt*
recargar.

surimpression [syʀɛ̃pʀesjɔ̃] *nf*
(PHOTO) sobreimpresión *f*; **en** ~ en
sobreimpresión; *(fig)* simultáneamente.

sur-le-champ [syʀləʃɑ̃] *ad* inmediatamente.

surlendemain [syʀlɑ̃dmɛ̃] *nm*: **le**
~ a los dos días; **le** ~ **de** dos días
después de; **le** ~ **soir** dos días
después por la noche.

surmenage [syʀmənaʒ] *nm*

surmenage *m*, agotamiento; ∼ **intellectuel** agotamiento intelectual.

surmener [syʀməne] *vt* agotar, fatigar; se ∼ agotarse.

surmonter [syʀmɔ̃te] *vt* (suj: coupole etc) rematar; (vaincre) superar.

surmultiplié, e [syʀmyltiplije] *a*: vitesse ∼ **e** directa multiplicada // *nf*: en ∼ e en superdirecta.

surnager [syʀnaʒe] *vi* flotar, sobrenadar.

surnaturel, le [syʀnatyʀɛl] *a, nm* sobrenatural (*m*).

surnom [syʀnɔ̃] *nm* sobrenombre *m*, apodo; (*péj*) apodo.

surnombre [syʀnɔ̃bʀ(ə)] *nm*: **en** ∼ de más o sobra.

surnommer [syʀnɔme] *vt* apodar.

surnuméraire [syʀnymeʀɛʀ] *nm/f* supernumerario/a.

suroît [syʀwa] *nm* sudeste *m*; sueste m.

surpasser [syʀpase] *vt* sobrepasar a; (*espérances etc*) sobrepasar, superar; **se** ∼ superarse a sí mismo.

surpeuplé, e [syʀpœple] *a* superpoblado/a.

surplis [syʀpli] *nm* sobrepelliz *f*, roquete *m*.

surplomb [syʀplɔ̃] *nm* desplomo, saliente *f*; **en** ∼ en saliente.

surplomber [syʀplɔ̃be] *vi* estar en saliente // *vt* estar suspendido(a) sobre.

surplus [syʀply] *nm* (*COMM*) excedente *m*, resto; (*non utilisé*) resto; ∼ **américains** excedentes americanos de guerra.

surprenant, e [syʀpʀənɑ̃, ɑ̃t] *a* sorprendente, prodigioso(a).

surprendre [syʀpʀɑ̃dʀ(ə)] *vt* sorprender; (suj: orage etc) sorprender; pescar; **la vigilance de qn** engañar la vigilancia de alguien; **se** ∼ **à faire qch** descubrirse haciendo algo.

surprime [syʀpʀim] *nf* sobreprima.

surpris, e [syʀpʀi, iz] *a* sorprendi-

do(a), desconcertado(a); ∼ **que** sorprendido de que; ∼ *nf* sorpresa; **voyage sans** ∼ **es** viaje *m* sin imprevistos; **par** ∼ *e ad* de sorpresa.

surprise-partie [syʀpʀizpaʀti] *nf* asalto.

surproduction [syʀpʀɔdyksjɔ̃] *nf* superproducción f.

surréaliste [syʀʀealist(ə)] *a* surrealista.

sursaut [syʀso] *nm* sobresalto; ∼ **d'énergie** impulso *o* arrebato de energía; **en** ∼ *ad* sobresaltado(a).

sursauter [syʀsote] *vi* sobresaltarse.

surseoir [syʀswaʀ]: ∼ **à** *vt* diferir, postergar; (*JUR*) sobreseer, aplazar.

sursis [syʀsi] *nm* (*JUR*) sobreseimiento; (: **à la condamnation à mort**) prórroga; (*MIL*): ∼ **d'appel ou d'incorporation**) prórroga (de incorporación); (*fig*) plazo, tregua; **5 mois de prison avec** ∼ 5 meses de prisión con la condicional; **sursitaire** *nm* (*MIL*) beneficiario de una prórroga.

sursois, sursoyais etc *vb voir* **surseoir**.

surtaxe [syʀtaks(ə)] *nf* sobretasa, recargo; (*POSTES*) sobretasa.

surtout [syʀtu] *ad* sobre todo, especialmente; **il songe** ∼ **à ses propres intérêts** piensa sobre todo en sus propios intereses; **il aime le sport,** ∼ **le football** le gusta el deporte, especialmente el fútbol; **cet été, il a** ∼ **fait de la pêche** este verano se dedicó principalmente a la pesca; ∼ **pas d'histoires/ne dites rien!** especialmente nada de cuentos/no diga nada!; ∼ **pas!** de ninguna manera!; ∼ **pas lui!** seguramente no él; ∼ **que...** sobre todo porque... .

surveillance [syʀvɛjɑ̃s] *nf* (active, continuelle) vigilancia; (*d'u gardien*) vigilancia, custodia; **êtr sous la** ∼ **de qn** estar bajo l custodia de alguien; **sous** ∼

médicale bajo control médico o observación médica.

surveillant, e [syʀvɛjɑ̃, ɑ̃t] nm/f (de prison) guardián/ana; (SCOL) vigilante m, celador/ora; (de travaux) capataz m.

surveiller [syʀveje] vt vigilar; (enfant, malade, élèves, bagages) vigilar, cuidar; (travaux, cuisson, SCOL: examen) controlar; **se ~** cuidarse; **son langage** cuidar su lenguaje.

survenir [syʀvəniʀ] vi sobrevenir, ocurrir; (personne) llegar de improviso.

survêtement [syʀvɛtmɑ̃] nm chandal m.

survie [syʀvi] nf supervivencia; (REL) vida eterna; **une ~ de quelques mois** algunos meses de vida.

survivant, e [syʀvivɑ̃, ɑ̃t] nm/f sobreviviente m/f, superviviente m/f; (JUR) sobreviviente.

survivre [syʀvivʀ(ə)] vi sobrevivir.

survol [syʀvɔl] nm vuelo sobre.

survoler [syʀvɔle] vt sobrevolar; (fig) hojear, dar una leída rápida.

survolté, e [syʀvɔlte] a (ÉLEC) sobrevoltado(a); (fig) exaltado(a).

sus [sy]: **en ~** de prép además de; **en ~ ad** además; **~! excl** ¡vamos!

susceptible [syseptibl(ə)] a susceptible, quisquilloso(a); **~ de** susceptible de; (capable de) capaz de.

susciter [sysite] vt suscitar, provocar; (admiration, enthousiasme) suscitar, despertar; **~ des difficultés à qn** crear dificultades a alguien.

susdit, e [sysdi, dit] a susodicho(a).

suspect, e [syspɛ, ɛkt(ə)] a (personne, attitude) sospechoso(a); (témoignage, opinions) sospechoso(a) // nm/f (JUR) sospechoso/a; **être ~ de** ser sospechable de.

suspecter [syspɛkte] vt sospechar de; (honnêteté de qn) dudar de; **~ qn de qch/faire** recelar a alguien de algo/que haga.

suspendre [syspɑ̃dʀ(ə)] vt suspender; (vêtement, lustre etc): **~ qch (à)** colgar algo de (de); (interrompre) suspender, interrumpir; **se ~ à** colgarse de.

suspendu, e [syspɑ̃dy] pp de **suspendre** // a (accroché): **~ à** colgado de; (perché): **~ au-dessus de** colgado sobre; (AUTO): **bien/mal ~** con buena/mala suspensión.

suspens [syspɑ̃]: **en ~ ad** en suspenso.

suspense [syspɑ̃s] nm suspenso.

suspension [syspɑ̃sjɔ̃] nf suspensión f; (lustre) lámpara colgante.

suspicion [syspisjɔ̃] nf presunción f, recelo.

sustentation [systɑ̃tasjɔ̃] nf voir **vitesse**.

sustenter [systɑ̃te]: **se ~** vi sustentarse, alimentarse.

susurrer [sysyʀe] vt susurrar, murmurar.

sut vb voir **savoir**.

suture [sytyʀ] nf: **point de ~** punto de sutura.

suturer [sytyʀe] vt suturar.

suzeraineté [syzʀɛnte] nf soberanía feudal.

svelte [svɛlt(ə)] a esbelto(a).

SVP abrév de **s'il vous plaît**.

syllabe [silab] nf sílaba.

sylvestre [silvɛstʀ(ə)] a: **pin ~** pino silvestre.

sylviculture [silvikyltyʀ] nf silvicultura.

symbole [sɛ̃bɔl] nm símbolo.

symbolique [sɛ̃bɔlik] a simbólico(a) // nf simbolismo.

symboliser [sɛ̃bɔlize] vt simbolizar.

symétrie [simetʀi] nf simetría;
symétrique a simétrico(a).

sympa [sɛ̃pa] a (fam) abrév de **sympathique**.

sympathie [sɛ̃pati] nf simpatía;
accueillir avec ~ (projet) acoger con agrado; **avoir de la ~ pour qn** sentir simpatía por alguien;
témoignages de ~ demostraciones

fpl de afecto; **croyez à toute ma ~** le acompaño en el sentimiento; **sympathique** *a* simpático(a); agradable; **sympathisant, e** *nm/f* simpatizante *m/f*; **sympathiser** *vi* simpatizar.

symphonie [sɛ̃fɔni] *nf* sinfonía; **symphonique** *a* sinfónico(a).

symptomatique [sɛ̃ptɔmatik] *a* sintomático(a).

symptôme [sɛ̃ptom] *nm* síntoma *m*.

synagogue [sinagɔg] *nf* sinagoga.

synchronique [sɛ̃kʀɔnik] *a:* **tableau ~** cuadro sincrónico.

synchroniser [sɛ̃kʀɔnize] *vt* sincronizar.

syncope [sɛ̃kɔp] *nf* (*MÉD*) síncope *m*; **tomber en ~** caer en síncope.

syncopé, e [sɛ̃kɔpe] *a* sincopado(a).

syndic [sɛ̃dik] *nm* administrador *m*.

syndical, e, aux [sɛ̃dikal, o] *a* sindical; **~isme** *nm* sindicalismo; **~iste** *nm/f* sindicalista *m/f*.

syndicat [sɛ̃dika] *nm* (*d'ouvriers, employés*) sindicato; (*autre association d'intérêts*) asociación *f*, unión *f*; **~ d'initiative** oficina de turismo; **~ patronal** patronal *f*; **~ de producteurs** sindicato de productores; **~ de propriétaires** unión de propietarios.

syndiquer [sɛ̃dike]: **se ~** *vi* sindicarse, afiliarse a un sindicato.

syndrome [sɛ̃dʀom] *nm* síndrome *m*.

synode [sinɔd] *nm* sínodo.

synonyme [sinɔnim] *a* sinónimo(a) // *nm* sinónimo.

synoptique [sinɔptik] *a:* **tableau ~** cuadro sinóptico.

synovie [sinɔvi] *nf:* **épanchement de ~** derrame de sinovial.

syntaxe [sɛ̃taks(ɔ)] *nf* sintáxis *f*.

synthèse [sɛ̃tɛz] *nf* síntesis *f*.

synthétique [sɛ̃tetik] *a* sintético(a).

synthétiser [sɛ̃tetize] *vt* sintetizar.

synthétiseur [sɛ̃tetizœʀ] *nm* sintetizador *m*.

syphilis [sifilis] *nf* sífilis *f*.

Syrie [siʀi] *nf* Siria; **syrien, ne** *a, nm/f* sirio(a).

systématique [sistematik] *a* sistemático(a); (*péj*) sistemático(a), dogmático(a).

systématiser [sistematize] *vt* sistematizar.

système [sistɛm] *nm* sistema *m*; (*combine, moyen*) sistema, procedimiento; **le ~ D** la habilidad para salir de un aprieto.

T

ta [ta] *dét voir* **ton**.

tabac [taba] *nm* tabaco; (*débit ou bureau de*) **~** estanco; **blond/brun/gris** tabaco rubio/negro/picado; **tabagie** [tabaʒi] *nf* fumadero; **tabatière** [tabatjɛʀ] *nf* tabaquera.

tabernacle [tabɛʀnakl(ə)] *nm* tabernáculo.

table [tabl(ə)] *nf* mesa; **se mettre à ~** sentarse a la mesa; (*fig: fam*) confesar; **mettre la ~** poner o tender la mesa; **~ d'écoute** tablero de interceptaciones telefónicas; **~ des matières** índice *m*; **~ de multiplication** tabla de multiplicación; **~ de nuit** *ou* **de chevet** mesita de noche.

tableau, x [tablo] *nm* cuadro (*panneau*) tablero; **~ d'affichage** tablero de anuncios; **~ de bor.** (*AUTO*) tablero de mandos; (*AVIAT.* tablero de instrumentos; **~ noi.** pizarra.

tabler [table] *vi:* **~ sur** contar con

tablette [tablɛt] *nf* (*planche* anaquel *m*; **~ de chocolat** tablet. de chocolate.

tablier [tablije] *nm* delantal *m*; (*c pont*) tablero.

tabou [tabu] *nm, a* tabú (*m*).

tabouret [tabuʀɛ] *nm* banqueta, taburete *m*.

tabulateur [tabylatœʀ] *nm* tabulador *m*.

tac [tak] *nm*: **du ~ au ~** en los mismos términos.

tache [taʃ] *nf* mancha; **~ de rousseur ou de son** peca.

tâche [taʃ] *nf* tarea; **travailler à la ~** trabajar a destajo.

tacher [taʃe] *vt* manchar, ensuciar; *(fig)* manchar, mancillar.

tâcher [taʃe] *vi*: **~ de** tratar de.

tâcheron [taʃʀɔ̃] *nm (fig)* destajista *m*.

tacite [tasit] *a* tácito(a), implícito(a).

taciturne [tasityʀn(ə)] *a* taciturno(a).

tacot [tako] *nm (péj)* cacharro.

tact [takt] *nm* tacto, tiento.

tactique [taktik] *a* táctico(a) // *nf* táctica.

taffetas [tafta] *nm* tafetán *m*.

taie [tɛ] *nf*: **~ (d'oreiller)** funda de almohada).

taille [taj] *nf* talla; poda; *(milieu du corps)* talle *m*, cintura; *(hauteur)* talla, estatura; *(grandeur)* tamaño; *(fig)* dimensión f, envergadura; **de ~ à** importante, enorme.

taille-crayon [tɑjkʀɛjɔ̃] *nm* sacapuntas *m inv*.

tailler [taje] *vt (pierre)* tallar; *(plante)* talar, podar; *(vêtement)* cortar; *(crayon)* afilar, sacar punta a; **se ~** *vt* cortarse; *(fig)* lograr // *vi (fam)* largarse; **tailleur** *nm* sastre *m*; *(vêtement)* traje *m*; **en tailleur** *(assis)* a la turca; **tailleur de diamants** tallador *m* de diamantes.

taillis [taji] *nm* bosque *m*, bajo.

tain [tɛ̃] *nm* azogue *m*.

taire [tɛʀ] *vt* callar, ocultar // *vi*: **faire ~ qn** hacer callar a alguien; **se ~** *vi (s'arrêter de parler)* callarse; *(ne pas parler)* callar; **tais-toi!** ¡cállate!

talc [talk] *nm* talco.

talé, e [tale] *a* golpeado(a), machucado(a).

talent [talɑ̃] *nm (aptitude)* aptitud f; **le ~** *(don)* el talento; **avoir du ~** tener talento; **~ueux, euse** [-tɥø, øz] *a* talentoso(a).

talon [talɔ̃] *nm* talón *m*; *(de jambon, pain)* extremo; *(de chèque, billet)* matriz f; **~s plats/aiguilles** tacones bajos/altos muy finos; **tourner les ~s** *(fig)* dar media vuelta; **~ner** *vt* seguir de cerca; *(fig)* acosar; *(RUGBY)* talonar.

talquer [talke] *vt* espolvorear de talco.

talus [taly] *nm* declive *m*; **~ de déblai** talud *m*; **~ de remblai** terraplén *m*.

tambour [tɑ̃buʀ] *nm* tambor *m*; *(porte)* cancel *m*.

tambourin [tɑ̃buʀɛ̃] *nm* tamboril *m*.

tambouriner [tɑ̃buʀine] *vi*: **~ contre** tamborilear contra.

tamis [tami] *nm* tamiz *m*.

Tamise [tamiz] *nf*: **la ~** el Támesis.

tamiser [tamize] *vt* tamizar.

tampon [tɑ̃pɔ̃] *nm* tapón *m*; *(amortisseur)* tope *m*; *(cachet, timbre)* matasellos *m inv*; **~ner** *vt (timbres)* sellar; *(heurter)* chocar, topar; **~neuse** *a*: **autos ~neuses** coches-tope *mpl*, autos-choque *mpl*.

tandem [tɑ̃dɛm] *nm* tándem *m*.

tandis [tɑ̃di]: **~ que** conj mientras, cuando; *(opposition: alors que)* en tanto que, mientras que.

tangage [tɑ̃gaʒ] *nm* cabeceo.

tangent, e [tɑ̃ʒɑ̃, ɑ̃t] *a*: **~ à** tangente a // *nf* tangente f.

tango [tɑ̃go] *nm* tango.

tanguer [tɑ̃ge] *vi* cabecear, balancearse.

tanière [tanjɛʀ] *nf* madriguera, guarida.

tanin [tanɛ̃] *nm* tanino.

tank [tɑ̃k] *nm* tanque *m*.

tanker [tɑ̃kɛʀ] *nm* buque petrolero *m*.

tanné, e [tane] *a* bronceado(a).

tanner [tane] vt curtir; ~**ie** [tanʀi] nf curtiduría.

tant [tɑ̃] ad tanto; ~ **de** (sable, eau) tanto(a); (personnes, livres) tantos(as); ~ **que** conj mientras; (comparatif) tanto como o cuanto; ~ **mieux** tanto mejor o mejor así; ~ **pis** tanto peor; ¡qué le vamos a hacer!; ~ **pis pour lui** peor para él; **un** ~ **soit peu** un poco; tan; algo.

tante [tɑ̃t] nf tía.

tantinet [tɑ̃tinɛ] : **un** ~ ad un poquito.

tantôt [tɑ̃to] ad: ~...~ unas veces...otras, ya...ya; (cet aprèsmidi) esta tarde, por la tarde.

tapage [tapaʒ] nm escándalo, alboroto; ~ **nocturne** escándalo nocturno.

tape [tap] nf palmada.

tape-à-l'œil [tapalœj] a inv bambolla.

taper [tape] vt (porte) cerrar de golpe; (fam) sablear, pechazar // vi (soleil) pegar; ~ **sur qn** golpear a alguien; ~ **sur qch** golpear sobre algo; (clou etc) martillar algo; ~ **à** (porte etc) llamar o golpear a; ~ **des mains** palmear, golpear con las manos; ~ **des pieds** patear; ~ (**à la machine**) escribir a máquina; **il tapa la porte en sortant** dio un portazo al salir.

tapi, e [tapi] a acurrucado(a); agazapado(a).

tapioca [tapjɔka] nm tapioca.

tapis [tapi] nm alfombra; (de table) tapete m; ~-**brosse** nm felpudo; ~-**roulant** cinta transportadora.

tapisser [tapise] vt empapelar; (recouvrir) ~ **qch** (de) revestir algo (con).

tapisserie [tapisʀi] nf tapicería; (tenture) tapiz m; (papier peint) empapelado m; **faire** ~ quedarse en el poyete.

tapissier, ière [tapisje, jɛʀ] nm/f: ~(**-décorateur**) tapicero.

tapoter [tapɔte] vt dar golpecitos en.

taquet [takɛ] nm cuña; uña, tope m.

taquin, e [takɛ̃, in] a guasón(ona); ~**er** [-kine] vt hacer rabiar.

tard [taʀ] ad tarde; **au plus** ~ a más tardar; **sur le** ~ al atardecer.

tarder [taʀde] vi (chose) tardar, demorar; (personne): ~ **à** tardar o demorar en; **il me tarde d'être** estoy impaciente por estar; **sans** (plus) ~ **sin** (más) demora.

tardif, ive [taʀdif, iv] a tardío(a).

tare [taʀ] nf tara.

targuer [taʀge]: **se** ~ **de** vt alardear o jactarse de.

tarif [taʀif] nm (liste) lista de precios; (barème, prix) tarifa; **voyager à plein** ~/**à** ~ **réduit** viajar con tarifa completa/reducida.

tarifer [taʀife] vt tarifar.

tarir [taʀiʀ] vi agotarse, secarse.

tarot(s) [taʀo] nm(pl) naipe(s) m(pl) de adivinación, tarot m.

tarte [taʀt(ə)] nf tarta; ~ **aux pommes** tarta de manzanas; ~-**lette** nf tartita.

tartine [taʀtin] nf rebanada de pan; **tartiner** vt: **fromage à tartiner** queso para untar.

tartre [taʀtʀ(ə)] nm sarro.

tas [tɑ] nm montón m, pila; **formé sur le** ~ formado en el taller.

tasse [tɑs] nf taza.

tassé, e [tɑse] a: **bien** ~ (café etc) fuerte, cargado(a).

tasser [tɑse] vt apisonar; (entasser) amontonar; **se** ~ vi (terrain) hundirse; (fig) arreglarse.

tâter [tɑte] vt tocar; (fig) tantear; ~ **de** (prison etc) probar; **se** ~ (hésiter) reflexionar.

tatillon, ne [tatijɔ̃, ɔn] a puntilloso(a).

tâtonnement [tɑtɔnmɑ̃] nm: **par** ~**s** (fig) a tientas, por tanteo.

tâtonner [tɑtɔne] vi andar a tientas.

tâtons [tɑtɔ̃]: **à** ~ ad a tientas.

tatouer [tatwe] vt tatuar.

taudis [todi] nm pocilga, cuchitril m.

taupe [top] *nf* topo; **taupinière** *nf* topinera.

taureau, x [tɔʀo] *nm* toro; (*ASTRO*): **le T~** Tauro; **être du T~** ser de Tauro.

tauromachie [tɔʀomaʃi] *nf* tauromaquia.

taux [to] *nm* (*prix*) tasa; (*proportion*) porcentaje *m*, índice *m*; ~ **d'intérêt** porcentaje de interés; ~ **de mortalité** índice de mortandad.

taverne [tavɛʀn(ə)] *nf* taberna, posada.

taxe [taks(ə)] *nf* impuesto; (*douanière*) arancel *m*; ~ **sur la valeur ajoutée, TVA** impuesto al valor agregado, IVA.

taxer [takse] *vt* (*personne*) gravar con impuesto a; (*produit*) tasar; (*fig*) calificar; tachar, acusar.

taxi [taksi] *nm* taxi *m*.

taxiphone [taksifɔn] *nm* teléfono público (con fichas o monedas).

tchécoslovaque [tʃekɔslovak] *a* checoslovaco(a).

Tchécoslovaquie [tʃekɔslovaki] *nf* Checoslovaquia; **tchèque** [tʃɛk] *a, nm, nf* checo(a).

te, t' [t(ə)] *pron* te.

té [te] *nm* regla te.

technicien, ne [tɛknisjɛ̃, jɛn] *nm/f* técnico/a.

technique [tɛknik] *a* técnico(a) // *nf* técnica; ~**ment** *ad* técnicamente.

technologie [tɛknɔlɔʒi] *nf* tecnología; **technologique** *a* tecnológico(a).

teck [tɛk] *nm* teca.

teckel [tekɛl] *nm* perro pachón.

teignais *etc vb voir* **teindre**.

teigne [tɛɲ(ə)] *vb voir* **teindre** // *a* (*ZOOL*) polilla; (*MÉD*) tiña.

teindre [tɛ̃dʀ(ə)] *vt* teñir; **se ~ (les cheveux)** teñirse (el pelo).

teint, e [tɛ̃, tɛ̃t] *nm* tez *f*; tinte *m*, color *m* // *nf* tinte *m*, matiz *m*; **grand ~** a *nm* color firme.

teinté, e [tɛ̃te] *a* (*verres*) ahumado(a); (*bois*) teñido(a); ~ **de** (*fig*) matizado de.

teinter [tɛ̃te] *vt* teñir; **teinture** *nf* tintura; **teinture d'iode** tintura de iodo.

teinturerie [tɛ̃tyʀʀi] *nf* tintorería.

teinturier [tɛ̃tyʀje] *nm* tintorero.

tek [tɛk] *nm* = **teck**.

tel, telle [tɛl] *a* (*pareil*) tal, semejante; (*comme*): ~ **un/des...** tal como..., como...; (*indéfini*) tal...; **un ~... tal...**; **de ~s...** (de) tales...; ~ **que** *conj* tal que...; ~ **quel** tal cual.

tél *abrév de* **téléphone**.

télé [tele] *nf* (*abrév de* **télévision**) (*poste*) tele *f*; **à la ~** en la tele.

télé... [tele] *préf*: ~**benne** *nf* telesférico monocable; ~**cabine** *nf* telesférico monocable; ~**commande** *nf* telemando; ~**commander** *vt* teledirigir; ~**communications** *nfpl* telecomunicaciones *fpl*; ~**férique** *nm* = ~**phérique**; ~**gramme** *nm* telegrama *m*.

télégraphe [telegʀaf] *nm* telégrafo; **télégraphie** *nf* telegrafía; **télégraphier** *vt* telegrafiar; **télégraphique** *a* telegráfico(a).

téléguider [telegide] *vt* teledirigir.

téléobjectif [teleɔbʒɛktif] *nm* teleobjetivo.

télépathie [telepati] *nf* telepatía.

téléphérique [teleferik] *nm* telesférico.

téléphone [telefɔn] *nm* teléfono; **avoir le ~** tener teléfono; **au ~** por teléfono; **les T~s** Teléfonos; **téléphoner** *vt, vi* telefonear; **téléphonique** *a* telefónico(a); **téléphoniste** *nm/f* telefonista *m/f*.

télescope [teleskɔp] *nm* telescopio.

télescoper [teleskɔpe] *vt, se ~ vi* chocar.

télescopique [teleskɔpik] *a* telescópico(a).

téléscripteur [teleskʀiptœʀ] *nm* teleimpresor *m*.

télésiège [telesjɛʒ] *nm* telesilla.

téléski [teleski] *nm* telesquí *m*; ~ **à perche/à archets** telesquí de trole/de arcos.

téléspectateur, trice [telespɛktatœʀ, tʀis] *nm/f* telespectador/ora.

téléviser [televize] *vt* televisar.

téléviseur [televizœʀ] *nm* televisor *m*.

télévision [televizjɔ̃] *nf* televisión *f*; (poste de) ~ (aparato de) televisión, televisor *m*; **avoir la** ~ tener televisión.

télex [telɛks] *nm* télex *m*.

telle [tɛl] *a voir* tel.

tellement [tɛlmɑ̃] *ad* tan; ~...que tan... que; ~ **plus grand (que)** tanto más grande (que); ~ **de** (sable, eau) tanto(a); (personnes, livres) tantos(as); **il ne mange pas** ~ no come tanto.

tellurique [telyʀik] *a voir* secousse.

téméraire [temeʀɛʀ] *a* temerario(a), arrojado(a); (imprudent) temerario(a).

témoignage [temwaɲaʒ] *nm* testimonio.

témoigner [temwaɲe] *vt* demostrar, manifestar // *vi* (JUR) testimoniar, atestiguar; ~ **que** declarar o manifestar que; (fig) demostrar que; ~ **de** *vt* dar pruebas de, atestiguar.

témoin [temwɛ̃] *nm* testigo; (fig) prueba; (CONSTRUCTION) muestra // *a* testigo; **prendre à** ~ tomar como testigo; **appartement** ~ piso de muestra; **à charge** testigo de cargo.

tempe [tɑ̃p] *nf* sien *f*.

tempérament [tɑ̃peʀamɑ̃] *nm* temperamento, carácter *m*; (santé) complexión *f*, constitución *f*; **à** ~ a plazos o crédito.

tempérance [tɑ̃peʀɑ̃s] *nf* templanza.

température [tɑ̃peʀatyʀ] *nf* temperatura; **feuille de** ~ gráfica de la temperatura.

tempéré, e [tɑ̃peʀe] *a* templado(a).

tempérer [tɑ̃peʀe] *vt* moderar, calmar.

tempête [tɑ̃pɛt] *nf* tempestad *f*, tormenta; ~ **de sable/neige** tormenta de arena/nieve.

tempêter [tɑ̃pete] *vi* (personne) vociferar.

temple [tɑ̃pl(ə)] *nm* templo.

temporaire [tɑ̃poʀɛʀ] *a* temporario(a); ~**ment** *ad* temporariamente.

temporiser [tɑ̃poʀize] *vi* contemporizar.

temps [tɑ̃] *nm* tiempo; **il fait beau/mauvais** ~ hace buen/mal tiempo; ~ **chaud/froid** tiempo caluroso/frío; **avoir du** ~ **de libre** tener tiempo libre; **prendre son** ~ no precipitarse; **en** ~ **utile** o **voulu** a su debido tiempo; **de** ~ **en** ~, **de** ~ **à autre** de vez en cuando; **en même** ~ al mismo tiempo; **à** ~ con tiempo; **entre** ~ entre tanto; **à plein/mi-**~ la jornada completa/media jornada; **dans le** ~ hace tiempo, antaño; **de tout** ~ siempre; **du** ~ **que** o **où** en los tiempos en que, cuando; ~ **d'arrêt** parada; ~ **mort** (COMM) tiempo de inactividad.

tenable [tnabl(ə)] *a* (fig) soportable.

tenace [tənas] *a* tenaz, firme; (infection) resistente.

tenailles [tnɑj] *nfpl* tenazas.

tenais *etc vb voir* tenir.

tenancier, ière [tənɑ̃sje, jɛʀ] *nm/f* encargado/a.

tenant, e [tənɑ̃, ɑ̃t] *a voir* séance // *nm/f* (SPORT): ~ **du titre** poseedor *m* del título // *nm*: **d'une seul** ~ de una sola pieza; **les** ~**s et les aboutissants** (fig) los pormenores.

tendance [tɑ̃dɑ̃s] *nf* tendencia; (inclination) tendencia, propensión *f*; **avoir** ~ a tener propensión a.

tendeur [tɑ̃dœʀ] *nm* tensor *m*; (de tente) viento.

tendon [tɑ̃dɔ̃] *nm* tendón *m*.

tendre [tɑ̃dʀ(ə)] *a* tierno(a); (bois, roche) blando(a); (couleur) suave // *vt* (élastique, peau) extender, estirar; (muscle, arc) tensar; (lettre, stylo): ~ **qch** **à qn** alcanzar algo a alguien; ofrecer algo a alguien; (fig: piège) tender; (tapisserie) tapizar **se** ~ **vi** (relations) ponerse

tenso(a); ~ à tender a; ~ **l'oreille**
aguzar el oído; ~ **le bras** alargar el
brazo; ~ **la main** tender la mano;
~**ment** ad tiernamente; **tendresse**
nf ternura.

tendu, e [tɑ̃dy] a estirado(a), ten-
so(a).

ténèbres [tenɛbr(ə)] nfpl tinieblas.

teneur [tənœr] nf contenido; ~ **en
cuivre** proporción f de cobre.

ténia [tenja] nm tenia.

tenir [təniʀ] vt tener, sostener;
(magasin, hôtel) dirigir, regentar;
(promesse) mantener, cumplir // vi
(tableau, nœud) sujetar; (neige, gel)
cuajar; (peinture, colle) agarrar;
(résister) resistir; **se** ~ vi (avoir
lieu) tener lugar; (être situé) estar;
se ~ **debout** tenerse en pie; **se** ~
droit tenerse derecho, aderezarse;
bien/mal se ~ comportarse
bien/mal; ~ **à** vt tener cariño a;
deberse a, depender de; **j'y tiens** me
importa(n); ~ **à faire** tener ganas
de hacer; ~ **de** vt remontarse a;
salir a; **s'en** ~ **à** limitarse a,
atenerse a; ~ **qn** pour considerar a
alguien como; ~ **qch de qn** saber
algo por alguien; **tener** algo de
alguien; **ça ne tient qu'à lui** es
asunto suyo; ~ **les comptes** llevar
la contabilidad; ~ **un rôle**
desempeñar un papel; ~ **au chaud**
mantener caliente; ~ **chaud**
(personne) abrigar, dar calor a; ~
prêt tener listo; ~ **parole** mantener
la palabra; ~ **sa langue** retener la
lengua; **tiens/tenez, voilà le stylo!**
toma/tome, aquí está la pluma;
tiens! Pierre ¡vaya! Pedro; **tiens?**
(surprise) ¿vaya!, ¡hombre!

tennis [tenis] nm tenis m; (aussi:
court de ~) campo de tenis; **des**
(**chaussures de**) ~ zapatillas de
tenis; ~ **de table** tenis de mesa;
~**man** nm tenista m.

tenons vb voir tenir.

ténor [tenɔr] nm tenor m.

tension [tɑ̃sjɔ̃] nf tensión f;
(concentration, effort) concentración f, esfuerzo.

tentacule [tɑ̃takyl] nm tentáculo.

tentation [tɑ̃tasjɔ̃] nf tentación f.

tentative [tɑ̃tativ] nf tentativa,
intento.

tente [tɑ̃t] nf tienda; ~ **à oxygène**
tienda de oxígeno.

tenter [tɑ̃te] vt tentar; ~ **qch/de
faire** intentar algo/hacer.

tenture [tɑ̃tyr] nf colgadura.

tenu, e [təny] pp de tenir // a
tenido(a) // nf mantenimiento; dirección f; (vêtements) vestimenta;
(comportement) comportamiento,
modales mpl; **bien** ~ (maison) bien
cuidado; (comptes) bien llevado;
mal ~ (maison) descuidado;
(comptes) mal llevado; **être** ~ **de
faire** estar obligado a hacer; **en
petite** ~ en paños menores; **une**
~**e de voyage/sport** un traje de
viaje/sport; ~**e de soirée/de ville**
traje de etiqueta/de calle; ~**e de
combat** uniforme m de combate;
une ~**e de jardinier** un uniforme de
jardinero; ~**e de route** (AUTO)
estabilidad f.

ter [tɛʀ] a: **le 16** ~ el 16 bis.

térébenthine [teʀebɑ̃tin] nf:
(**essence de** ~) (esencia de) trementina.

tergal [tɛʀgal] nm tergal m.

tergiverser [tɛʀʒivɛʀse] vi
vacilar, titubear.

terme [tɛʀm(ə)] nm término;
(FINANCE) trimestre m; **vente à** ~
venta a plazos; **au** ~ **de** al final de;
à court/moyen/long ~ a, ad a
corto/mediano/largo plazo; **à** ~
(MÉD) a los nueve meses; **avant** ~
(MÉD) a prematuro(a), antes de
tiempo.

terminaison [tɛʀminɛzɔ̃] nf terminación f.

terminal, e, aux [tɛʀminal, o] a,
nm terminal (m).

terminer [tɛʀmine] vt terminar,
acabar; **se** ~ vi (leçon, vacances)
terminarse, acabarse; (route,
terrain) terminar, acabar; **se**
par/en (repas, chansons) acabar

con/en; *(pointe, boule)* acabar o terminar en.

terminologie [tɛʀminɔlɔʒi] *nf* terminología.

terminus [tɛʀminys] *nm* final *m* de línea.

termite [tɛʀmit] *nm* termes *m*.

terne [tɛʀn(ə)] a mate, apagado(a).

ternir [tɛʀniʀ] *vt* desteñir, empañar; **se ~** *vi* empañarse, deslustrarse.

terrain [tɛʀɛ̃] *nm* terreno; *(sol)* terreno, tierra; *(:à bâtir)* terreno, solar *m*; **sur le ~** en el mismo sitio; **~ de football/rugby** campo de fútbol/rugby; **~ d'aviation** campo de aviación; **~ de camping** camping *m*; **~ de jeu** campo de juego; **~ de sport** campo de deportes; **~ vague** terreno baldío, solar.

terrasse [tɛʀas] *nf* terraza.

terrassement [tɛʀasmɑ̃] *nm* excavación *f*, remoción *f*; terraplén *m*.

terrasser [tɛʀase] *vt* derribar.

terre [tɛʀ] *nf* tierra; *(population)* mundo; **~s** *fpl (terrains)* tierras; **travail de la ~** trabajo del campo; **en ~** *(pipe, poterie)* de arcilla o barro; **à ~** o **par ~** en el suelo; *(jeter, tomber)* al suelo; **~ cuite** terracota, barro; **~ glaise** greda; **T~ Sainte** Tierra Santa; **~ à ~** ramplón(ona).

terreau [tɛʀo] *nm* mantillo.

terre-plein [tɛʀplɛ̃] *nm* terraplén *m*.

terrer [tɛʀe]: **se ~** *vi* encerrarse; ocultarse.

terrestre [tɛʀɛstʀ(ə)] a terrestre; *(REL)* terrenal.

terreur [tɛʀœʀ] *nf* terror *m*, pavor *m*.

terrible [tɛʀibl(ə)] a terrible; *(fam)* formidable; **~ment** ad *(très)* terriblemente.

terrien, ne [tɛʀjɛ̃, jɛn] *nm/f* campesino/a; *(non martien etc)* habitante *m/f* de la tierra.

terrier [tɛʀje] *nm (de lapin)* madriguera; *(chien)* terrier *m*.

terrifier [tɛʀifje] *vt* aterrorizar.

terril [tɛʀi] *nm* escorial *m*.

terrine [tɛʀin] *nf* lebrillo, barreño; *(CULIN)* conserva de carne.

territoire [tɛʀitwaʀ] *nm* territorio; **territorial, e, aux** a territorial; **armée territoriale** segunda reserva.

terroir [tɛʀwaʀ] *nm (AGR)* tierra; **accent du ~** acento regional o del terruño.

terroriser [tɛʀɔʀize] *vt* aterrorizar; **terrorisme** *nm* terrorismo; **terroriste** *nm/f* terrorista *m/f*.

tertiaire [tɛʀsjɛʀ] a terciario(a) // *nm (ÉCON)* terciario.

tertre [tɛʀtʀ(ə)] *nm* montículo, monte *m*.

tes [te] dét *voir* ton.

tesson [tesɔ̃] *nm*: **~ de bouteille** pedazo de botella.

test [tɛst] *nm* test *m*, prueba.

testament [tɛstamɑ̃] *nm* testamento; **~aire** a testamentario(a).

testicule [tɛstikyl] *nm* testículo.

tétanos [tetanɔs] *nm* tétanos *m*.

têtard [tɛtaʀ] *nm* renacuajo.

tête [tɛt] *nf* cabeza; *(visage)* cara; *(FOOTBALL)* cabeza, cabezazo; **de ~** a *(wagon etc)* delantero(a) // ad *(calculer)* mentalmente; **tenir ~ à qn** hacer frente a alguien; **la ~ la première** *(tomber)* de cabeza; **la ~ en bas** la cabeza hacia abajo; **faire une ~** *(FOOTBALL)* dar un cabezazo; **en ~** *(SPORT)* a la cabeza; **en ~ à ~** a solas; **de la ~ aux pieds** de pies a cabeza; **~ d'enregistrement/de lecture** cabeza sonora/auditiva; **~ d'affiche** *(THÉÂTRE etc)* cabeza del reparto; **~-bêche** ad pies contra cabeza; **~ de bétail** cabeza de ganado; **~ de mort** calavera; **~-à-queue** *nm inv* trompazo; **~ de série** *(TENNIS)* primero/a de la categoría; **~ de taxi** parada de taxi; **~-à-~** *nm inv* entrevista a solas.

tétée [tete] *nf* mamada.

téter [tete] *vt*: **~ (sa mère)** tomar el pecho, mamar.

tétine [tetin] *nf* teta; (*sucette*) tetina.
téton [tetɔ̃] *nm* (*fam*) teta.
têtu, e [tety] *a* terco(a), testarudo(a).
texte [tɛkst(ə)] *nm* texto; (THÉÂTRE) papel *m*.
textile [tɛkstil] *a* textil // *nm* tejido; industria textil.
texture [tɛkstyʀ] *nf* textura; contextura.
thé [te] *nm* té *m*.
théâtre [teɑtʀ(ə)] *nm* teatro; (*péj*) exageración *f*; simulación *f*; **faire du** ~ hacer teatro.
théière [tejɛʀ] *nf* tetera.
thème [tɛm] *nm* tema *m*; (SCOL: *traduction*) traducción *f*.
théologie [teɔlɔʒi] *nf* teología; **théologien** *nm* teólogo.
théorème [teɔʀɛm] *nm* teorema *m*.
théoricien, ne [teɔʀisjɛ̃, jɛn] *nm/f* teórico/a.
théorie [teɔʀi] *nf* teoría; **théorique** *a* teórico(a).
thérapeutique [teʀapøtik] *a* terapeútico(a) // *nf* terapeútica.
thermal, e, aux [tɛʀmal, o] *a* termal.
thermes [tɛʀm(ə)] *nmpl* termas.
thermomètre [tɛʀmɔmɛtʀ(ə)] *nm* termómetro.
thermos [tɛʀmos] *nm ou nf* ®: (**bouteille**) ~ termo.
thermostat [tɛʀmɔsta] *nm* termostato.
thésauriser [tezɔʀize] *vi* atesorar.
thèse [tɛz] *nf* tesis *f*.
thon [tɔ̃] *nm* atún *m*.
thorax [tɔʀaks] *nm* tórax *m*.
thym [tɛ̃] *nm* tomillo.
thyroïde [tiʀɔid] *nf* tiroides *m*.
tiare [tjaʀ] *nf* tiara.
tibia [tibja] *nm* tibia.
tic [tik] *nm* tic *m*; (*de langage etc*) muletilla.
ticket [tikɛ] *nm* billete *m*.
tiède [tjɛd] *a* tibio(a); **tiédir** *vt* entibiar.
tien, tienne [tjɛ̃, tjɛn] *pron*: **le** ~ (**la tienne**), **les** ~**s** (**tiennes**) el tuyo(la tuya), los tuyos(las tuyas); **à la tienne!** ¡a tu salud!
tiendrai *etc*, **tienne** *etc vb voir* **tenir**.
tiens *vb, excl voir* **tenir**.
tierce [tjɛʀs(ə)] *a, nf voir* **tiers**.
tiercé [tjɛʀse] *nm* apuesta triple.
tiers, tierce [tjɛʀ, tjɛʀs(ə)] *a* tercer, tercero(a) // *nm* (JUR) tercero; (*fraction*) tercio // *nf* (MUS) tercera; (CARTES) escalerilla; **assurance au** ~ seguro contra terceros.
tige [tiʒ] *nf* tallo; (*branche d'arbre*) rama; (*baguette*) varilla.
tignasse [tiɲas] *nf* (*péj*) pelambrera.
tigre [tigʀ(ə)] *nm* tigre *m*.
tigresse [tigʀɛs] *nf* tigre *f*.
tilde [tild(ə)] *nm* tilde *f*.
tilleul [tijœl] *nm* tilo; (*boisson*) tila.
timbale [tɛ̃bal] *nf* vaso; ~**s** *fpl* (MUS) timbales *mpl*.
timbre [tɛ̃bʀ(ə)] *nm* sello; (*sonnette, MUS*) timbre *m*; ~ **fiscal** timbre fiscal.
timbrer [tɛ̃bʀe] *vt* sellar; (*document, acte*) poner un sello a.
timide [timid] *a* tímido(a), apocado(a); (*timoré*) pusilánime, temeroso(a); (*fig*) débil; **timidité** *nf* timidez *f*, apocamiento.
timonerie [timɔnʀi] *nf* timonera, cámara del timónel.
timoré, e [timɔʀe] *a* timorato(a).
tintamarre [tɛ̃tamaʀ] *nm* estrépito, estruendo.
tinter [tɛ̃te] *vi* tocar, tañer; (*argent, clefs*) tintinear.
tir [tiʀ] *nm* tiro; (*stand*) barraca de tiro; ~ **au fusil** tiro con fusil; ~ **au pigeon** tiro de pichón (tiro al plato).
tirade [tiʀad] *nf* parlamento.
tirage [tiʀaʒ] *nm* (*action*) tiraje *m*; (*d'un journal*) tirada; (*de livre*) tirada; edición *f*; (*de loterie*) sorteo; (*désaccord*) dificultad *f*, desacuerdo; ~ **au sort** sorteo.
tirailler [tiʀɑje] *vt* dar tirones a // *vi* tirotear; **tirailleur** *nm* tirador *m*.

tirant [tirɑ̃] *nm:* ~ **d'eau** calado.

tire [tir] *nf:* **vol à la** ~ ratería.

tire-au-flanc [tiroflɑ̃] *nm inv* (*péj*) holgazán/ana, haragán/ana.

tire-bouchon [tirbuʃɔ̃] *nm* sacacorchos *m inv.*

tire-d'aile [tirdɛl]: **à** ~ *ad* a aletazos.

tirelire [tirlir] *nf* alcancía, hucha.

tirer [tire] *vt* tirar de; (*extraire*) ~ **qch de** sacar algo de; extraer algo de; obtener *o* producir algo de; (*trait, journal, livre,* FOOTBALL, PÉTANQUE) tirar; (*fermer: porte, trappe*) cerrar; (: *rideau, panneau*) correr; (*choisir: carte, lot, conclusion*) sacar; (*chèque*) extender; (*loterie*) sortear; (*balle, coup*) tirar, disparar; (*animal*) disparar *o* tirar a; (*photo*) revelar // *vi* (*faire feu*) tirar, disparar; (*faire du tir,* FOOTBALL, cheminée) tirar; **se** ~ *vi* (*fam*) largarse; **s'en** ~ salir bien; tirar; ~ **sur** tirar de; (*faire feu sur*) tirar *o* disparar a; (*pipe*) aspirar; (*fig*) acercarse a; ~ **avantage** sacar ventaja *o* provecho de; ~ **qn de** (*embarras*) sacar a alguien de; **à l'arc/à la carabine** tirar con arco/con carabina; ~ **les cartes** echar las cartas.

tiret [tirɛ] *nm* guión *m.*

tireur, euse [tirœr, øz] *nm/f* tirador/ora; (COMM) librador/ora.

tiroir [tirwar] *nm* cajón *m;* ~-**caisse** *nm* caja.

tisane [tizan] *nf* tisana.

tison [tizɔ̃] *nm* tizón *m;* ~**ner** *vt* atizar; ~**nier** *nm* atizador *m.*

tisser [tise] *vt* tejer; ~**and** [tisrɑ̃] *nm* tejedor *m.*

tissu [tisy] *nm* tejido, tela; (ANAT, BIO) tejido; ~ **de mensonges** sarta de mentiras.

tissu-éponge [tisyepɔ̃ʒ] *nm* felpa.

titane [titan] *nm* titanio.

titanesque [titanɛsk] *a* titánico(a).

titre [titr(ə)] *nm* título; (*de journal*) título, nombre *m;* (CHIMIE) ley *f;* **dosification** *f;* **en** ~ a titular,

reconocido(a); **à juste** ~ con justa razón, con toda razón; **à quel** ~? ¿por qué razón?; **à aucun** ~ por ninguna razón; **au même** ~ (**que**) por la misma razón (que); **à** ~ **d'exemple** como ejemplo; **à** ~ **gracieux** gratuitamente.

titrer [titre] *vt* valorar.

tituber [titybe] *vi* titubear.

titulaire [titylɛr] *a, nm* titular (*m*).

toast [tost] *nm* tostada; (*de bienvenue*) brindis *m;* **porter un** ~ **à qn** brindar por alguien.

toboggan [tɔbɔgɑ̃] *nm* tobogán *m.*

toc [tɔk] *nm:* **en** ~ de imitación.

tocsin [tɔksɛ̃] *nm* rebato.

toge [tɔʒ] *nf* toga.

tohu-bohu [tɔyboy] *nm* alboroto, confusión *f;* caos *m,* tumulto.

toi [twa] *pron* (*sujet*) tú; (*après prép*) ti; **avec** ~ contigo; **tais-toi!** ¡cállate!

toile [twal] *nf* tela; (*bâche*) lona; (*tableau*) tela, lienzo; **grosse** ~ tela burda; ~ **d'araignée** telaraña; ~ **cirée** hule *m;* ~ **de jute** tela de saco; ~ **de lin** lienzo; ~ **de tente** lona.

toilette [twalɛt] *nf* aseo; (*s'habiller et se préparer*) arreglo, aliño; (*habillement, parure*) vestimenta; (*costume*) vestido; ~**s** *fpl* (W.-C.) servicios; **faire sa** ~ lavarse; **produits de** ~ productos de tocador; **les** ~**s des dames/messieurs** los servicios para damas/caballeros; **toiletter** *vt* (*animal*) lavar, asear.

toi-même [twamɛm] *pron* tú mismo(a); (*après prép*) ti (mismo)(a)).

toise [twaz] *nf:* **passer à la** ~ tallarse.

toison [twazɔ̃] *nf* vellón *m.*

toit [twa] *nm* (*de chaume*) techo; (*d'ardoises, de tuiles*) tejado.

toiture [twatyr] *nf* techado, techo.

tôle [tol] *nf* chapa; ~**s** *fpl* (*carrosserie*) chapas; ~ **ondulée** chapa ondulada.

tolérant, e [tɔlerɑ̃, ɑ̃t] *a* tolerante.

tolérer [tɔlere] *vt* tolerar; (ADMIN: *hors taxe*) autorizar, tolerar.

tôlerie [tolʀi] nf fabricación f de chapas; chapistería.

tollé [tole] nm: **un ~ de protestations** un clamor o tole de protestas.

TOM sigle m = **Territoire d'outre-mer.**

tomate [tɔmat] nf tomate m.

tombal, e [tɔ̃bal] a: **pierre ~e** lápida sepulcral.

tombant, e [tɔ̃bã, ãt] a (fig) caído(a).

tombe [tɔ̃b] nf tumba; (avec monument) sepulcro, tumba.

tombeau, x [tɔ̃bo] nm tumba.

tombée [tɔ̃be] nf: **à la ~ du jour ou de la nuit** al atardecer, a la caída de la tarde.

tomber [tɔ̃be] vi caer(se); (fruit, feuille) caer // vt: **~ la veste** quitarse la chaqueta; **laisser ~** dejar, abandonar; **~ sur** vt (rencontrer) encontrar, dar con; (attaquer) precipitarse contra, caer sobre; **~ en panne** tener una avería.

tombeur [tɔ̃bœʀ] nm (péj) seductor m.

tombola [tɔ̃bɔla] nf tómbola.

tome [tɔm] nm tomo.

ton, ta, pl **tes** [tɔ̃, ta, te] dét tu m // tus pl.

ton [tɔ̃] nm tono; (d'un livre, texte) estilo, carácter m; **de bon ~** de buen gusto.

tonalité [tɔnalite] nf (au téléphone) señal f de llamada; (MUS, fig) tonalidad f.

tondeuse [tɔ̃døz] nf cortacésped m; (du coiffeur) maquinilla para cortar el pelo; (pour la tonte) esquiladora.

tondre [tɔ̃dʀ(ə)] vt cortar; (haie) recortar, podar; (mouton, toison) esquilar; (cheveux) cortar, rapar.

tonifier [tɔnifje] vi, vt tonificar.

tonique [tɔnik] nm tónico // nf tónica.

tonitruant, e [tɔnitʀyã, ãt] a: **voix ~e** voz atronadora.

tonnage [tɔnaʒ] nm tonelaje m.

tonne [tɔn] nf tonelada.

tonneau, x [tɔno] nm tonel m,

cuba; (NAUT) tonelada; **faire des ~x** dar vueltas de campana.

tonnelier [tɔnəlje] nm tonelero.

tonnelle [tɔnɛl] nf cenador m.

tonner [tɔne] vi tronar.

tonnerre [tɔnɛʀ] nm trueno; (fig) salva; **du ~** à (fam) bárbaro(a), fantástico(a).

tonsure [tɔ̃syʀ] nf tonsura; calva.

tonte [tɔ̃t] nf esquila.

tonus [tɔnys] nm energía, tono.

top [tɔp] nm: **au 3ème ~** a la 3ª señal // a: **~ secret** de lo más secreto, de reserva absoluta.

topaze [tɔpaz] nf topacio.

toper [tɔpe] vi: **tope-/topez-la!** ¡choca/venga esos cinco!

toque [tɔk] nf (de fourrure) toca; **~ de cuisinier** gorro de cocinero; **~ de jockey** gorra de jockey; **~ de juge** birrete m de juez.

torche [tɔʀʃ(ə)] nf lámpara de pilas; (de paille) tapón m (de paja).

torchère [tɔʀʃɛʀ] nf hachón m.

torchon [tɔʀʃɔ̃] nm (gén) trapo, paño; (à vaisselle) paño.

tordre [tɔʀdʀ(ə)] vt (vêtement, chiffon) retorcer; (barre, métal, fig: visage) torcer; (bras, pied) retorcer, torcer; **se ~** vi (barre, roue) torcerse; (serpent) retorcerse, serpentear; **se ~ le pied** torcerse el pie; **se ~ de douleur** retorcerse de dolor; **se ~ de rire** desternillarse de risa.

toréador [tɔʀeadɔʀ] nm torero.

torero [tɔʀeʀo] nm torero.

torpille [tɔʀpij] nf torpedo m.

torpiller [tɔʀpije] vt torpedear.

torréfier [tɔʀefje] vt tostar, torrar.

torrent [tɔʀã] nm torrente m; **~iel, le** [-sɛl] a torrencial.

torsade [tɔʀsad] nf canelón m; (ARCHIT) espiral f, **torsader** vt retorcer, entorchar.

torse [tɔʀs(ə)] nm torso.

torsion [tɔʀsjɔ̃] nf torsión f.

tort [tɔʀ] nm (défaut) error m; (préjudice) daño; **~s** nmpl (JUR) prejuicios; **avoir ~** estar equivocado(a), tener la culpa; **donner ~ à**

qn echar la culpa a alguien; (*suj: chose*) demostrar que alguien está equivocado(a); **causer du ~ à** perjudicar a; **à ~** sin razón; **à ~ et à travers** a tontas y a locas.

torticolis [tɔrtikɔli] *nm* torticolis *f*.

tortiller [tɔrtije] *vt* retorcer; **se ~** *vi* retorcerse.

tortionnaire [tɔrsjɔnɛr] *nm* verdugo, torturador *m*.

tortue [tɔrty] *nf* tortuga.

torture [tɔrtyr] *nf* tortura, suplicio; **torturer** *vt* torturar.

tôt [to] *ad* temprano; (*de peu de temps*) pronto; **~ ou tard** tarde o temprano; **si ~** tan pronto; (*déjà*) ya, pronto; **au plus ~** cuanto antes; **il eut ~ fait de faire** muy pronto hizo.

total, e, aux [tɔtal, o] *a, nm* total (*m*); **au ~** en total; **faire le ~ (de)** sumar, sacar la suma (de); **~ement** *ad* totalmente, completamente.

totalitaire [tɔtalitɛr] *a* totalitario(a).

totalité [tɔtalite] *a* totalitario(a)**:** **la ~ de** la totalidad de; **en ~** totalmente.

toubib [tubib] *nm* (*fam*) médico.

touchant, e [tuʃɑ̃, ɑ̃t] *a* conmovedor(ora).

touche [tuʃ] *nf* (*de piano, machine à écrire*) tecla; (*PEINTURE etc*) pincelada; (*fig*) toque *m*; (*RUGBY*) línea lateral; (*FOOTBALL: aussi: remise en ~*) banda, saque *m* de banda; (: **ligne de ~**) línea de banda; (*ESCRIME*) tocado; **en ~** fuera de banda.

toucher [tuʃe] *nm* tacto *m* (*MUS*) ejecución *f* // *vt* tocar; (*manger, boire*) tomar, tocar; (*mur, pays*) lindar con; (*atteindre*) alcanzar; (*affecter*) afectar; (*émouvoir*) conmover; (*contacter*) comunicar con; (*prix, récompense*) recibir; (*salaire, chèque*) cobrar; **se ~** *vi* tocarse; **au ~** al tocar, al tacto; **~ à qch** tocar algo; (*modifier*) cambiar o modificar algo; (*traiter de, concerner*) atañer a algo; **~ au but** (*fig*) llegar a la meta; **je vais lui en**

~ un mot le voy a decir dos palabras sobre ello.

touffe [tuf] *nf* (*d'herbe*) mata; (*de cheveux, de poils*) mechón *m*.

toujours [tuʒur] *ad* siempre; (*encore*) aún, todavía; **~ plus** cada vez más; **~ est-il que** lo cierto es que; **essaie ~** mientras tanto o por ahora prueba.

toupie [tupi] *nf* trompo.

tour [tur] *nf* torre *f*; (*immeuble*) rascacielos *m inv* // *nm* vuelta; (*excursion*) paseo, excursión *f*; (*d'être servi ou de jouer etc*) turno, vuelta; (*tournure*) carácter *m*, cariz *m*; (*circonférence*): **de 3 m de ~** de 3 m de circunferencia o perímetro; (*ruse*) ardid *m*, treta; (*de prestidigitation etc*) número de destreza; (*de cartes*) juego de destreza; (*de potier, à bois, métaux*) torno; **faire le ~ de** dar la vuelta a; (*fig*) examinar; **faire un ~** dar una vuelta; **fermer à double ~** → *vi* cerrar con dos vueltas; **à ~ de rôle, ~ à ~** por turno; **~ de poitrine/taille/tête** contorno de pecho/cintura/cabeza; **~ de chant** actuación *f*; **~ de force** proeza; **~ d'horizon** (*fig*) panorama *m*, vista de conjunto; **~ de reins** lumbago.

tourbe [turb(ə)] *nf* turba.

tourbière [turbjɛr] *nf* turbera.

tourbillon [turbijɔ̃] *nm* torbellino; (*d'eau*) remolino; **~ner** *vi* arremolinarse; (*objet, personne*) girar.

tourelle [turɛl] *nf* torrecilla; (*de véhicule*) torreta.

tourisme [turism(ə)] *nm* turismo; **faire du ~** hacer turismo; **touriste** *nm/f* turista *m/f*, **touristique** *a* turístico(a).

tourmenter [turmɑ̃te] *vt* atormentar; **se ~** *vi* atormentarse, acongojarse.

tournage [turnaʒ] *nm* (*d'un film*) rodaje *m*.

tournant, e [turnɑ̃, ɑ̃t] *a* voie plaque, grève // *nm* (*de route*) vuelta, recodo; (*fig*) viraje *m*.

tournebroche [turnəbrɔʃ] *nm* asador giratorio.

tourne-disque [turnədisk(ə)] *nm* tocadiscos *m inv.*

tournée [turne] *nf* (*du facteur, boucher*) ronda; (*d'artiste, de politicien*) gira; (*au café*) vuelta, ronda.

tourner [turne] *vt* girar, dar vueltas a; (*sauce, mélange*) revolver; (*contourner*) rodear; eludir, sortear; (*CINÉMA*) rodar; actuar o trabajar en // *vi* girar, dar vueltas; (*voiture, personne*) doblar, torcer; (*vent, chance*) cambiar; (*moteur, compteur*) girar, funcionar; (*lait etc*) cortarse, agriarse; se ~ *vi* darse vuelta, volverse; **se vers** volverse hacia; (*fig*) dirigirse o acudir a; **inclinarse hacia, interesarse por; bien/mal** ~ salir bien/mal; **~ au beau/au froid** (*suj: terre*) girar alrededor de; **~ à/en** volverse; **~ le dos à** dar la espalda a; **se ~ les pouces** estar de brazos cruzados; **~ la tête** volver la cabeza; **~ de l'œil** desmayarse; **~ à la bagarre** *etc* volverse pelea *etc.*

tournesol [turnəsɔl] *nm* girasol *m.*

tournevis [turnəvis] *nm* destornillador *m.*

tourniquet [turnike] *nm* (*pour arroser*) rociadera; (*portillon*) torniquete *m;* (*présentoir*) molinete *m.*

tournoi [turnwa] *nm* torneo.

tournoyer [turnwaje] *vi* (*oiseau*) revolotear; (*fumée*) arremolinarse.

tournure [turnyr] *nf* (*LING*) giro, expresión *f;* forma, estructura; (*direction*): **la ~ des événements** el sesgo o giro de los acontecimientos; (*évolution*): **la ~ de qch** el curso o la marcha de algo; (*aspect*): **la ~ de tal carácter de; ~ d'esprit** modo de ver.

tourte [turt] *nf* tortada.

tourteau [turto] *nm* torta; (*ZOOL*) macera.

tourterelle [turtərel] *nf* tórtola.

tous *dét* [tu], *pron* [tus] *voir* **tout.**

Toussaint [tusɛ̃] *nf*: **la ~** el día de Todos los Santos.

tousser [tuse] *vi* toser; **toussoter** *vi* tosiquear.

tout, e, *pl* **tous, toutes** [tu, tus, tut] *dét* todo(a); **~ un livre/pain** un libro/pan entero; **toutes les 2/3 semaines** cada 2/3 semanas; **tous les 2** ambos, los dos; **toutes les 3** las tres // *pron* todo; **tous, toutes** todos/as; **en ~** en total // *ad* muy; **~ ouvert/rouge** completamente abierto/rojo; **~ en haut** muy o bien arriba; **parler ~ bas** hablar en voz baja; **le ~ premier** el primero de todos; **le livre ~ entier** el libro completo; **~ seul** (*completamente*) solo; **~ droit** derecho //; **le ~ est de...** lo esencial es...; **~ d'abord** en primer lugar; **~ à coup** de repente; **~ à fait** completamente; perfectamente; **~ à l'heure** hace un rato; luego, más tarde; **~ de même** sin embargo; **~ le monde** todo el mundo; **~ de suite** en seguida; **~ terrain** a todo terreno; **~-à-l'égout** *nm inv* evacuación directa.

toutefois [tutfwa] *ad* sin embargo, no obstante.

toux [tu] *nf* tos *f.*

toxine [tɔksin] *nf* toxina.

toxique [tɔksik] *a* tóxico(a).

trac [trak] *nm* nerviosismo, temor *m;* **avoir le ~** estar nervioso(a).

tracas [traka] *nm* inquietud *f,* zozobra; **~ser** *vt* preocupar, inquietar; molestar.

tracasser [trakase] *nm* huella; (*empreintes*) huella, rastro; (*fig*) imprenta, huella; (*quantité minime*) indicio, resto.

tracé [trase] *nm* trazado; trazo, rasgo.

tracer [trase] *vt* trazar.

trachée(-artère) [traʃe(artɛr)] *nf* tráquea, traqueartería.

tract [trakt] *nm* pasquín *m,* cartel *m.*

tractations [traktɑsjɔ̃] *nfpl* negociaciones *fpl,* convenios.

tracteur [tRaktœR] nm tractor m.

traction [tRaksjɔ̃] nf tracción f.

tradition [tRadisjɔ̃] nf tradición f; ~ **nel, le** a tradicional.

traducteur, trice [tRadyktœR, tRis] nm/f traductor/ora.

traduction [tRadyksjɔ̃] nf traducción f.

traduire [tRadɥiR] vt traducir; ~ **en français** traducir al francés; ~ **en justice** convocar ante la justicia.

trafic [tRafik] nm tráfico; **trafiquant, e** nm/f traficante m/f; **trafiquer** vt (péj) falsificar, adulterar.

tragédie [tRaʒedi] nf tragedia; **tragédien, ne** nm/f actor/triz de tragedias.

tragique [tRaʒik] a trágico(a), funesto(a); ~ **ment** ad trágicamente.

trahir [tRaiR] vt traicionar; (secret) revelar; **trahison** nf traición f.

traie etc vb voir **traire**.

train [tRɛ̃] nm tren m, ferrocarril m; (transport): **le** ~ **el** tren; (allure) paso, marcha; (fig: ensemble) convoy m; **mettre qch en** ~ comenzar algo; **mettre qn en** ~ animar a alguien; **se mettre en** ~ ponerse manos a la obra o en marcha; ponerse en forma; ~ **avant/arrière** tren delantero/trasero; ~ **d'atterrissage** tren de aterrizaje; ~ **de pneus** juego de neumáticos.

traîne [tRɛn] nf (de robe) cola; **être à la** ~ ir rezagado/a.

traîneau, x [tReno] nm trineo.

traînée [tRene] nf reguero; (péj) prostituta, mujerzuela.

traîner [tRene] vt (remorque) remolcar, acarrear; (enfant, chien) traer, llevar // vi estar diseminado(a) o esparcido(a); (marcher lentement) demorar; (vagabonder) vagabundear; (agir lentement) rezagarse; (durer) hacerse largo; se ~ vi andar despacio; (durer) hacerse largo(a); ~ **par terre** (enfant) arrastrarse por el suelo; ~ **les pieds** arrastrar los pies.

train-train [tRɛ̃tRɛ̃] nm rutina.

traire [tRɛR] vt ordeñar.

trait [tRɛ] nm (ligne) raya; (de dessin) rasgo, trazo; (caractéristique) rasgo; ~**s** mpl (du visage) rasgos, facciones fpl; **d'un** ~ (boire) de un trago; **de** ~ a de tiro; **avoir** ~ **à** referirse o concernir a; ~ **d'esprit** agudeza; ~ **d'union** guión m.

traite [tRɛt] nf (COMM) letra de cambio; (AGR) ordeño; (trajet) trecho; **d'une** ~ (seule) ~ de un (solo) tirón; **la** ~ **des noirs** la trata de negros.

traité [tRete] nm tratado.

traitement [tRetmɑ̃] nm tratamiento; (salaire) sueldo.

traiter [tRete] vt, vi tratar; ~ **de** vt tratar sobre.

traiteur [tRetœR] nm casas de comida de encargo.

traître, esse [tRɛtR(ə), tRɛs] a traicionero(a), peligroso(a) // nm traidor m.

trajectoire [tRaʒɛktwaR] nf trayectoria.

trajet [tRaʒɛ] nm trayecto; (fig) recorrido; trayectoria.

tralala [tRalala] nm (péj) ceremonia.

tram [tRam] nm abrév de **tramway**.

trame [tRam] nf trama.

tramer [tRame] vt tramar, urdir.

tramway [tRamwɛ] nm tranvía.

tranchant, e [tRɑ̃ʃɑ̃, ɑ̃t] a afilado(a); (fig) tajante // nm (d'un couteau) filo; (de la main) borde m.

tranche [tRɑ̃ʃ] nf (de pain) rebanada; (de jambon) lonja; (de pâté) rodaja; (de fromage, gâteau) porción f; (arête) canto; (partie) parte f; (série) serie f; parte; categoría.

tranché, e [tRɑ̃ʃe] a neto(a), marcado(a); claro(a), categórico(a) // nf trinchera, zanja.

trancher [tRɑ̃ʃe] vt cortar; (fig) zanjar // vi: ~ **avec** contrastar con.

tranchoir [tRɑ̃ʃwaR] nm tajadero, cuchilla.

tranquille [trãkil] a tranquilo(a); (*caractère*) sereno(a), tranquilo(a); **se tenir ~** (*enfant*) quedarse quieto(a); **~ment** ad tranquilamente; **tranquillisant** nm tranquilizante m; **tranquilliser** vt tranquilizar; **tranquillité** nf tranquilidad f.

transaction [trãzaksjõ] nf transacción f.

transat [trãzat] nm tumbona.

transatlantique [trãzatlãtik] a transatlántico(a) // nm transatlántico.

transborder [trãsbɔrde] vt trasbordar.

transcrire [trãskrir] vt transcribir.

transe [trãs] nf: **être en ~s** estar enajenado(a); **entrer en ~s** enajenarse.

transférer [trãsfere] vt transferir, traspasar; (*PSYCH*) transferir; **transfert** nm transferencia; traspaso.

transfigurer [trãsfigyre] vt transfigurar, transformar.

transformateur [trãsfɔrmatœr] nm transformador m.

transformation [trãsfɔrmasjõ] nf transformación f; (*RUGBY*) transformación de ensayo.

transformer [trãsfɔrme] vt transformar; (*maison, vêtement*) modificar, reformar; **~ du plomb en or** convertir el plomo en oro; **se ~** vi transformarse; (*larve, embryon*) metamorfosearse.

transfusion [trãsfyzjõ] nf: **~ sanguine** transfusión f de sangre.

transgresser [trãsgrese] vt trasgredir, infringir.

transhumance [trãzymãs] nf trashumancia.

transistor [trãzistɔr] nm transistor m.

transit [trãzit] nm tránsito; **~er** vi estar en tránsito.

transitif, ive [trãzitif, iv] a transitivo(a).

transition [trãzisjõ] nf transición f.

transmetteur [trãsmetœr] nm transmisor m.

transmettre [trãsmetr(ə)] vt transmitir; (*passer*): **~ qch à qn** transmitir algo a alguien; (*secret, recette*) comunicar o pasar algo a alguien.

transmission [trãsmisjõ] nf transmisión f; **~s** fpl (*MIL*) cuerpo de comunicaciones o de enlace.

transparaître [trãsparɛtr(ə)] vi traslucirse, transparentarse.

transparence [trãsparãs] nf transparencia; **par ~** al trasluz.

transparent, e [trãsparã, ãt] a transparente.

transpercer [trãsperse] vt traspasar.

transpiration [trãspirasjõ] nf transpiración f.

transpirer [trãspire] vi transpirar.

transplanter [trãsplãte] vt trasplantar.

transport [trãspɔr] nm transporte m; **~s en commun** transportes públicos.

transporter [trãspɔrte] vt transportar; (*énergie, son*) transmitir, conducir; **~ qn à l'hôpital** llevar o transportar a alguien al hospital; **transporteur** nm camionero, transportista m.

transposer [trãspoze] vt transponer; (*MUS*) transportar.

transversal, e, aux [trãsversal, o] a transversal.

trapèze [trapɛz] nm trapecio; **trapéziste** nm/f trapecista m/f.

trappe [trap] nf trampa, escotillón m.

trappeur [trapœr] nm trampero.

trapu, e [trapy] a rechoncho(a).

traquenard [traknar] nm trampa.

traquer [trake] vt acorralar.

traumatiser [tromatize] vt provocar un traumatismo, traumatizar.

traumatisme [tromatism(ə)] nm trauma m; **~ crânien** traumatismo de cráneo.

travail, aux [tʀavaj, o] nm trabajo; (MÉD) parto // mpl trabajos; ~ (au) noir trabajo negro o clandestino; travaux dirigés tareas dirigidas; travaux forcés trabajos forzados; travaux manuels trabajos manuales, manualidades fpl; travaux ménagers trabajos domésticos; Travaux publics Obras públicas.

travailler [tʀavaje] vi trabajar; (bois) alabearse, arquearse // vt trabajar; (discipline) estudiar, perfeccionar; (fig) influenciar; cela le travaille eso le preocupa u obsesiona; ~ à trabajar en; ~ à faire tratar de o esforzarse en hacer; ~ son piano ejercitarse en el piano; travailleur, euse a, nm/f trabajador(ora).

travailliste [tʀavajist(ə)] a laborista.

travée [tʀave] nf fila.

travers [tʀavɛʀ] nm defecto, imperfección f; en ~ (de) transversalmente (a); au ~ por en medio; au ~ de a través de, por medio de; de ~ a o de través, atravesado(a) // ad oblicuamente; (fig) al revés; à ~ a través.

traverse [tʀavɛʀs(ə)] nf (RAIL) traviesa; chemin de ~ atajo.

traversée [tʀavɛʀse] nf cruce m, travesía; (en mer) travesía.

traverser [tʀavɛʀse] vt cruzar, atravesar; (percer, fig, suj: ligne) atravesar; (suj: pluie) traspasar.

traversin [tʀavɛʀsɛ̃] nm cabezal m.

travesti [tʀavɛsti] nm disfraz m; (artiste, pervers) travestido.

travestir [tʀavɛstiʀ] vt (vérité) alterar, falsificar; se ~ disfrazarse; travestirse.

trayais etc vb voir **traire**.

trébucher [tʀebyʃe] vi: ~ (sur) tropezar con.

trèfle [tʀɛfl(ə)] nm trébol m.

treille [tʀɛj] nf parra; (tonnelle) emparrado.

treillis [tʀɛji] nm (toile) arpillera; (MIL) traje m de faena.

treize [tʀɛz] num trece; **treizième** num decimotercero(a).

tréma [tʀema] nm diéresis f.

tremblement [tʀɑ̃bləmɑ̃] nm temblor m, estremecimiento; ~ de terre temblor de tierra.

trembler [tʀɑ̃ble] vi temblar; ~ (de froid/fièvre) temblar o tiritar (de frío/fiebre); **trembloter** vi temblequear.

trémolo [tʀemɔlo] nm (MUS) trémolo; (: voix) temblor m.

trémousser [tʀemuse]: se ~ vi menearse, zarandearse.

trempe [tʀɑ̃p] nf (fig) temple m.

trempé, e [tʀɑ̃pe] a (TECH): acier ~ acero templado.

tremper [tʀɑ̃pe] vt empapar, mojar; (aussi: faire ~, mettre à ~) mojar, remojar; (plonger): ~ qch dans mojar algo en // vi estar en remojo; (fig): ~ dans participar en, estar metido(a) en.

tremplin [tʀɑ̃plɛ̃] nm trampolín m.

trentaine [tʀɑ̃tɛn] nf treinta; une ~ (de) una treintena (de), unos treinta.

trente [tʀɑ̃t] num treinta; **trentième** num trigésimo(a).

trépider [tʀepide] vi trepidar.

trépied [tʀepje] nm trípode m.

trépigner [tʀepiɲe] vi patalear.

très [tʀɛ] ad muy; **j'ai ~ envie de** tengo muchas ganas de.

trésor [tʀezɔʀ] nm tesoro; (ADMIN) tesoro, hacienda; fondos, recursos; **T~ (public)** erario (público); (service) fisco.

trésorerie [tʀezɔʀʀi] nf tesorería.

trésorier, ière [tʀezɔʀje, jɛʀ] nm/f tesorero/a.

tressaillir [tʀesajiʀ] vi estremecerse; (s'agiter) agitarse, temblar.

tressauter [tʀesote] vi sobresaltarse, asustarse.

tresse [tʀɛs] nf trenza.

tresser [tʀese] vt trenzar.

tréteau, x [tʀeto] nm caballete m.

treuil [tʀœj] nm torno.

trêve [tʀɛv] *nf* tregua; ~ **de...** basta de...

tri [tʀi] *nm* clasificación *f*; (*POSTES*) clasificación; sala de batalla.

triage [tʀijaʒ] *nm* (*RAIL*) maniobras; (*gare*) playa de clasificación.

triangle [tʀijãgl(ə)] *nm* triángulo.

tribord [tʀibɔʀ] *nm*: à ~ a estribor *m*.

tribu [tʀiby] *nf* tribu *f*.

tribunal, aux [tʀibynal, o] *nm* tribunal *m*; ~ **pour enfants** tribunal de menores.

tribune [tʀibyn] *nf* tribuna; ~ **libre** tribuna política.

tribut [tʀiby] *nm* tributo.

tributaire [tʀibytɛʀ] a: **être** ~ **de** depender de; (*GÉO*) ser un afluente de.

tricher [tʀiʃe] *vi* hacer trampas; ~le [tʀiʃri] *nf* trampa; **tricheur, euse** *nm/f* tramposo/a.

tricolore [tʀikɔlɔʀ] a tricolor; (*français*) francés(esa).

tricot [tʀiko] *nm* tejido de punto; (*tissu*) género de punto; (*vêtement*) prenda de punto.

tricoter [tʀikɔte] *vt* hacer punto.

tricycle [tʀisikl(ə)] *nm* triciclo.

trier [tʀije] *vt* clasificar; (*sélectionner*) seleccionar.

trigonométrie [tʀigɔnɔmetʀi] *nf* trigonometría.

trimbaler [tʀɛbale] *vt* acarrear.

trimer [tʀime] *vi* apechugar, pringar.

trimestre [tʀimɛstʀ(ə)] *nm* trimestre *m*; **trimestriel, le** a trimestral.

tringle [tʀɛgl(ə)] *nf* barra.

Trinité [tʀinite] *nf* Trinidad *f*.

trinquer [tʀɛke] *vi* brindar; (*fam*) pagar el pato; ~ **à qch** brindar por algo.

trio [tʀijo] *nm* trío, terceto.

triomphe [tʀijɔf] *nm* triunfo, éxito; **être reçu en** ~ ser recibido con aclamaciones; **être porté en** ~ ser llevado en hombros.

triompher [tʀijɔfe] *vi* triunfar,

vencer; ~ **de qch** triunfar sobre algo.

tripes [tʀip] *nfpl* callos.

triple [tʀipl(ə)] a, *nm* triple (*m*); **en** ~ **exemplaire** por triplicado; **tripler** *vi* triplicarse // *vt* triplicar.

tripot [tʀipo] *nm* (*péj*) timba; chirlata.

tripotage [tʀipɔtaʒ] *nm* (*péj*) chanchullo, enjuague *m*.

tripoter [tʀipɔte] *vt* manosear.

trique [tʀik] *nf* garrote *m*, palo.

triste [tʀist(ə)] a triste; **tristesse** *nf* tristeza.

troc [tʀɔk] *nm* trueque *m*.

trognon [tʀɔɲɔ] *nm* (*de fruit*) corazón *m*; (*de légume*) troncho.

trois [tʀwa] *num* tres; ~**ième** [-zjɛm] *num* tercero(a); ~**ièmement** [-zjɛmmã] ad en tercer lugar; ~**quarts** *nmpl* tres cuartos *m inv*.

trolleybus [tʀɔlebys] *nm* trolebús *m*.

trombe [tʀɔb] *nf* tromba; **des** ~**s d'eau** mangas de agua.

trombone [tʀɔbɔn] *nm* (*MUS*) trombón *m*; (*de bureau*) clip *m*; ~ **à coulisse** trombón de varas; **tromboniste** *nm/f* trombón *m*.

trompe [tʀɔp] *nf* trompa; ~ **d'Eustache** trompa de Eustaquio; ~ **utérines** trompas de Falopio.

trompe-l'oeil [tʀɔplœj] *nm*: **en** ~ con efecto.

tromper [tʀɔpe] *vt* engañar; (*fig*) frustrar; burlar; **se** ~ *vi* equivocarse; **se** ~ **de 20 F** equivocarse en 20 F.

trompette [tʀɔpɛt] *nf* trompeta; **nez en** ~ nariz respingona; **trompettiste** *nm/f* trompeta *m*.

tronc [tʀɔ] *nm* tronco; (*d'église*) cepillo; ~ **commun** (*SCOL*) ciclo básico; ~ **de cône** cono truncado.

tronçon [tʀɔsɔ] *nm* tramo.

tronçonner [tʀɔsɔne] *vt* cortar en trozos.

trône [tʀon] *nm* trono.

trôner [tʀone] *vi* (*fig*) dominar, reinar.

trop [tʀo] *ad* (*avec verbe*) demasiado, mucho; (*devant adverbe, adjectif*) muy, demasiado; ~ **nombreux** muy poco numerosos(as); ~ **souvent** muy a menudo; ~ **longtemps** demasiado o mucho tiempo; ~ **de** demasiado(a); demasiados(as); **de** ~, **en** ~ de más, de sobra; **du lait en** ~ leche en exceso o demasía.

trophée [tʀɔfe] *nm* trofeo.

tropical, e, aux [tʀɔpikal, o] *a* tropical.

tropique [tʀɔpik] *nm* trópico; ~**s** *mpl* trópicos; ~ **du Cáncer/Capricorne** trópico de Cáncer/Capricornio.

trot [tʀo] *nm* trote *m*.

trotter [tʀɔte] *vi* trotar.

trotteuse [tʀɔtøz] *nf* (*de montre*) segundero.

trottinette [tʀɔtinɛt] *nf* patinete *m*.

trottoir [tʀɔtwaʀ] *nm* acera; **faire le** ~ (*péj*) dedicarse a la prostitución; ~ **roulant** plataforma móvil.

trou [tʀu] *nm* hueco, agujero; (*fig*) hueco, tiempo libre; ~ **d'air** bache *m*; ~ **de mémoire** laguna, fallo de la memoria; **le** ~ **de la serrure** el ojo de la cerradura.

trouble [tʀubl(ə)] *a* turbio(a) // *nm* desconcierto; turbación *f*, (*embarras*) confusión *f*; (*zizanie*) desavenencia; ~**s** *mpl* (*POL*) disturbios; (*MÉD*) trastornos.

troubler [tʀuble] *vt* turbar; (*émouvoir*) turbar; desorientar; perturbar; (*ordre*) alterar; (*réunion*) perturbar; (*liquide*) enturbiar; **se** ~ *vi* (*personne*) turbarse, cortarse.

trouée [tʀue] *nf* boquete *m*; (*GÉO*) paso; (*MIL*) brecha.

trouer [tʀue] *vt* agujerear, perforar.

trouille [tʀuj] *nf* (*fam*): **avoir la** ~ tener medrana *o* canguelo.

troupe [tʀup] *nf* (*MIL*) tropa; (*groupe*) banda; ~ **(de théâtre)** compañía (de teatro); ~**s de choc** grupos *o* fuerzas de choque.

troupeau, x [tʀupo] *nm* (*de moutons*) manada, rebaño; (*de vaches*) manada.

trousse [tʀus] *nf* estuche *m*; (*de docteur*) maletín *m*; **aux** ~**s de** (*fig*) pisándole los talones a; ~ **de toilette** estuche de tocador.

trousseau, x [tʀuso] *nm* ajuar *m*; ~ **de clefs** manojo de llaves.

trouvaille [tʀuvaj] *nf* hallazgo.

trouver [tʀuve] *vt* encontrar, hallar; (*temps, occasion*) encontrar; **venir** ~ **qn** venir a ver a alguien; **je trouve que** me parece que; ~ **à boire/critiquer** tener algo que beber/criticar; **se** ~ *vi* (*être*) encontrarse, estar; (*être soudain*) encontrarse, hallarse; **se** ~ **être/avoir** encontrarse siendo *o* estando/habiendo *o* teniendo; **il se trouve que** ocurre que; **se** ~ **mal** sentirse mal.

truand [tʀyɑ̃] *nm* pillo, truhán *m*.

truc [tʀyk] *nm* (*astuce*) maña, artificio; (*de cinéma, prestidigitateur*) truco; (*chose*) cosa, chisme *m*; (*machin*) aparato, mecanismo.

truelle [tʀyɛl] *nf* llana, trulla.

truffe [tʀyf] *nf* trufa; (*nez*) hocico.

truffer [tʀyfe] *vt* trufar.

truie [tʀɥi] *nf* cerda; marrana.

truite [tʀɥit] *nf* trucha.

truquer [tʀyke] *vt* (*élections*) hacer fraude en; (*serrure*) falsear, falsificar; (*cartes, dés*) hacer trampas en; (*CINÉMA*) hacer un trucaje en.

tsar [tsaʀ] *nm* zar *m*.

tsé-tsé [tsetse] *nf*: **mouche** ~ mosca tsé-tsé.

TSF [teɛsɛf] *sigle f* = Télégraphie sans fil // *nf*: (**poste de**) ~ (aparato de) radio *f*.

tsigane [tsigan] *a*, *nm/f* = **tzigane**.

TSVP *abrév* de tournez s'il vous plaît.

TTC *abrév* de toutes taxes comprises.

tu [ty] *pron* tú.

tu, e *pp* de **taire**.

tuba [tyba] *nm* (*MUS*) tuba; (*SPORT*) tubo de respiración.

tube [tyb] *nm* tubo; (*chanson, disque*) éxito; ~ **à essai** tubo de ensayo; ~ **digestif** tubo digestivo.

tuberculose [tybɛʀkyloz] *nf* tuberculosis *f*.

tubulure [tybylyʀ] *nf* tubo; ~**s** *fpl* tubería.

tué, e [tɥe] *nm/f* muerto/a.

tuer [tɥe] *vt* matar; (*vie, activité*) aniquilar, destruir; (*fig*) arruinar; destruir; apagar; **se** ~ suicidarse; (*dans un accident*) matarse.

tuerie [tyʀi] *nf* matanza.

tue-tête [tytɛt]: **à** ~ *ad* a grito pelado.

tueur [tɥœʀ] *nm* asesino; ~ **à gages** pistolero.

tuile [tɥil] *nf* teja; (*fam*) calamidad *f*, desgracia.

tulipe [tylip] *nf* tulipán *m*.

tulle [tyl] *nm* tul *m*.

tuméfié, e [tymefje] *a* tumefacto(a).

tumeur [tymœʀ] *nf* tumor *m*.

tumulte [tymylt(ə)] *nm* tumulto.

tunique [tynik] *nf* túnica.

Tunisie [tynizi] *nf*: **la** ~ Túnez *m*; **tunisien, ne** *a, nm/f* tunecino/a.

tunnel [tynɛl] *nm* túnel *m*.

turban [tyʀbɑ̃] *nm* turbante *m*.

turbine [tyʀbin] *nf* turbina.

turbulences [tyʀbylɑ̃s] *nfpl* turbulencias, alborotos.

turbulent, e [tyʀbylɑ̃, ɑ̃t] *a* revoltoso(a).

turc, turque [tyʀk(ə)] *a, nm/f* turco/a.

turf [tyʀf] *nm* turf *m*; ~**iste** *nm/f* turfista *m/f*.

turpitude [tyʀpityd] *nf* ignominia.

turque [tyʀk(ə)] *a, nf voir* **turc**.

Turquie [tyʀki] *nf*: **la** ~ (la) Turquía.

turquoise [tyʀkwaz] *a inv, nf* turquesa.

tutelle [tytɛl] *nf* tutela.

tuteur [tytœʀ] *nm* tutor *m*.

tutoyer [tytwaje] *vt* tutear.

tuyau, x [tɥijo] *nm* tubo, caño; (*flexible*) tubo, manguera; (*fam*) dato; ~ **d'arrosage** manguera de riego; ~ **d'échappement** tubo de escape; ~**terie** *nf* cañería.

tuyère [tyjɛʀ] *nf* tobera.

TVA *sigle f voir* **taxe.**

tweed [twid] *nm* tweed *m.*

tympan [tɛ̃pɑ̃] *nm* tímpano.

type [tip] *nm* tipo; (*catégorie*) modelo // *a inv* tipo *inv*, modelo *inv.*

typhoïde [tifoid] *nf* tifoidea.

typhus [tifys] *nm* tifus *m.*

typique [tipik] *a* típico(a).

typographie [tipɔgʀafi] *nf* tipografía; **typographique** *a* tipográfico(a).

tyran [tiʀɑ̃] *nm* tirano/a; ~**nie** [tiʀani] *nf* tiranía; ~**nique** [tiʀanik] *a* tiránico(a); ~**niser** [tiʀanize] *vt* tiranizar, esclavizar.

tzigane [dzigan] *a, nm/f* gitano(a).

U

ulcère [ylsɛʀ] *nm* úlcera; **ulcérer** *vt* ulcerar; (*fig*) herir, agraviar.

ultérieur, e [ylteʀjœʀ] *a* ulterior, posterior; **remis à une date** ~**e** aplazado para una fecha posterior; ~**ement** *ad* ulteriormente, posteriormente.

ultimatum [yltimatɔm] *nm* ultimátum *m.*

ultime [yltim] *a* último(a).

ultra... [yltʀa] *préf*: ~ **moderne** *a* ultramoderno(a); ~ **rapide** *a* ultrarrápido(a); ~**sensible** *a* (*PHOTO*) ultrasensible; ~**son** *nm* ultrasonido; ~**violet,te** *a* ultravioleta.

un, une [œ̃, yn] *dét, pron, num* un(una), uno(a).

unanime [ynanim] *a* unánime; **ils sont** ~**s** (**à penser que** ...) son unánimes (en pensar que ...); **unanimité** *nf* unanimidad *f*; **faire l'unanimité** lograr la unanimidad; **à l'unanimité** por unanimidad.

uni, e [yni] *a* liso(a), parejo(a); (*surface, terrain*) liso(a), llano(a); (*famille, groupe, pays*) unido(a).

unification [ynifikɔsjɔ̃] *nf* unificación f.

unifier [ynifje] *vt* unificar; *(réglements, systèmes)* unificar, uniformar.

uniforme [ynifɔrm(ə)] *a (mouvement)* uniforme, regular; *(surface, ton)* uniforme, parejo(a); *(objets, maisons)* semejante, uniforme // *nm* uniforme m; **être sous l'~** estar bajo las armas; **uniformiser** *vt* igualar, uniformizar; *(objets, styles, systèmes)* uniformar; **uniformité** *nf* uniformidad f, regularidad f.

unijambiste [yniʒãbist(ə)] *nm/f* hombre/mujer con una sola pierna.

unilatéral, e, aux [ynilateral, o] *a* unilateral; **stationnement ~** estacionamiento en una sola mano.

uninominal, e, aux [yninɔminal, o] *a voir* scrutin.

union [ynjɔ̃] *nf* unión f; **~ conjugale/libre** unión conyugal/libre.

unique [ynik] *a* único(a), solo(a); *(le même)* único(a), unitario(a); *(exceptionnel)* único(a), singular; **ménage à salaire ~** familia de salario único; **fils/fille ~** hijo/hija único(a); **~ment** *ad* únicamente, solamente.

unir [ynir] *vt* unir, aunar; *(en mariage)* unir; *(avoir)* reunir; **qch à** unir algo a o con; **s'~** unirse.

unisson [ynisɔ̃] : **à l'~** *ad* al unísono.

unitaire [yniter] *a (COMM)* unitario(a).

unité [ynite] *nf* unidad f.

univers [yniver] *nm* universo m; *(fig)* universo, mundo; **~el, le** *a* universal; **~ellement** *ad* universalmente.

universitaire [yniversiter] *a* universitario(a) // *nm/f* docente universitario/a.

université [yniversite] *nf* universidad f.

uranium [yranjɔm] *nm* uranio.

urbain, aine [yrbɛ̃, ɛn] *a* urbano(a).

urbaniser [yrbanize] *vt* urbanizar.

urbanisme [yrbanism(ə)] *nm* urbanismo; **urbaniste** *nm/f* urbanista m/f.

urbanité [yrbanite] *nf* urbanidad f, cortesía.

urée [yre] *nf* urea.

uretère [yrətɛr] *nm* uréter m.

urètre [yrɛtr(ə)] *nm* uretra m.

urgence [yrʒãs] *nf* urgencia; *(MÉD)* caso m de urgencia; **d'~** a, ad con urgencia; **service des ~s** *(MÉD)* servicio de urgencia.

urgent, e [yrʒã, ãt] *a* urgente, apremiante.

urinal, aux [yrinal, o] *nm* orinal m.

urine [yrin] *nf* orina; **uriner** *vi* orinar; **urinoir** *nm* urinario.

urne [yrn(ə)] *nf* urna; **aller aux ~s** ir a las urnas, votar; **~ funéraire** urna funeraria.

URSS *(parfois:* yrs] *nf:* **l'~** la URSS.

urticaire [yrtikɛr] *nf* urticaria.

Uruguay [yrygwɛ] *nm* el Uruguay.

us [ys] *nmpl:* **~ et coutumes** usos y costumbres.

USA [yesa] *sigle mpl:* **les ~** los EE.UU.

usage [yzaʒ] *nm* uso, empleo; *(coutume)* uso, costumbre f; *(bonnes manières, éducation)* usanza, costumbre; **l'~ est** l'~ es la costumbre; **avoir l'~ de** poder servirse de, poder hacer uso de; **à l'~** *ad* con el uso; **à l'~ de** para uso de; **à ~ interne/externe** *(MÉD)* para uso interno/externo.

usagé, ée [yzaʒe] *a* usado(a), gastado(a).

usager, ère [yzaʒe, ɛr] *nm/f* usuario/a.

usé, e [yze] *a* gastado(a); *(fig)* trillado(a).

user [yze] *vt* gastar; *(consommer)* usar, consumir; *(santé, personne)* debilitar, agotar; **s'~** *vi* gastarse, desgastarse; *(facultés, santé)* consumirse, desgastarse; **s'~ à**

travail agotarse en el trabajo; ~ **de** *vt* usar, servirse de.

usine [yzin] *nf* fábrica; ~ **à gaz** planta de gas; **usiner** *vt* fabricar.

usité, e [yzite] *a* usado(a), usual; **peu** ~ poco usual.

ustensile [ystɑ̃sil] *nm* utensilio, aparato; ~ **de cuisine** utensilio de cocina.

usuel, le [yzɥɛl] *a* usual.

usufruit [yzyfʀɥi] *nm* usufructo.

usuraire [yzyʀɛʀ] *a* usuario(a).

usure [yzyʀ] *nf* desgaste *m*; (*de l'usurier*) usura; **avoir qn à l'**~ desgastar a alguien; **usurier, ière** *nm/f* usurero/a.

usurpateur, trice [yzyʀpatœʀ, tʀis] *nm/f* usurpador/ora.

usurper [yzyʀpe] *vt* usurpar; **réputation usurpée** reputación ilegítima.

ut [yt] *nm* do.

utérus [yteʀys] *nm* útero; **utérin, e** *a* uterino(a).

utile [ytil] *a* útil; ~ **à qn/qch** útil a o para alguien/algo.

utilisation [ytilizasjɔ̃] *nf* utilización *f*.

utiliser [ytilize] *vt* utilizar, emplear; (*consommer*) utilizar, consumir; (*péj*) explotar, aprovecharse de.

utilitaire [ytilitɛʀ] *a* utilitario(a).

utilité [ytilite] *nf* utilidad *f*.

utopie [ytɔpi] *nf* utopia; **utopique** *a* utópico(a); **utopiste** *nm/f* utopista *m/f*.

uvule [yvyl] *nf* úvula, campanilla.

V

va *vb voir* **aller**.

vacance [vakɑ̃s] *nf* vacante *f*; ~**s** *fpl* vacaciones *fpl*; **les grandes** ~**s** las vacaciones de verano; **aller en** ~**s** ir de vacaciones; **vacancier, ère**

nm/f veraneante *m/f*, persona de vacaciones.

vacant, e [vakɑ̃, ɑ̃t] *a* vacante; (*appartement*) desocupado(a).

vacarme [vakaʀm(ə)] *nm* alboroto, batahola.

vaccin [vaksɛ̃] *nm* vacuna; ~ **billé de Calmette et Guérin, BCG** vacuna antituberculosa, BCG *f*.

vaccination [vaksinasjɔ̃] *nf* vacunación *f*.

vacciner [vaksine] *vt* vacunar; ~ **qn contre** vacunar a alguien contra.

vache [vaʃ] *nf* vaca // *a* maldito(a), severo(a); ~ **à eau** bolsa de agua; ~**ment** *ad* (*fam*) formidablemente, terriblemente; **vacher, ère** *nm/f* vaquero/a; ~**rie** *nf* (*fam*) maldad *f*, cretinada.

vaciller [vasije] *vi* vacilar, tambalearse; (*flamme, lumière*) vacilar, titilar; (*mémoire, intelligence*) vacilar.

vadrouille [vadʀuj] *nf*: **être/partir en** ~ estar/salir de paseo.

va-et-vient [vaevjɛ̃] *nm inv* vaivén *m*.

vagabond, e [vagabɔ̃, ɔ̃d] *a* vagabundo(a), errante; (*fig*) errabundo(a) // *nm* vagabundo; (*aventurier, voyageur*) vagabundo, trotamundo.

vagabondage [vagabɔ̃daʒ] *nm* (*JUR*) vagancia.

vagabonder [vagabɔ̃de] *vi* vagabundear, vagar; (*fig*) vagar.

vagin [vaʒɛ̃] *nm* vagina; ~**al, e, aux** [vaʒinal, o] *a* vaginal.

vagir [vaʒiʀ] *vi* chillar, dar vagidos.

vague [vag] *nf* ola; (*d'une chevelure etc*) onda // *a* (*confus*) vago(a), impreciso(a); (*flou*) confuso(a), borroso(a); (*angoisse etc*) vago(a), indefinido(a); (*manteau, robe*) suelto(a) // *nm*: **rester dans le** ~ no dar precisiones, decir vaguedades; **un** ~ **cousin** un primo cualquiera; **être dans le** ~ estar en el aire; **regarder dans le** ~ mirar al vacío; ~ **à l'âme** *nm* melancolía; ~ **d'assaut** *nf* comando, unidad *f* de ataque; ~**ment** *ad* vagamente, apenas.

vaguer [vage] *vi* vagar, errar.

vahiné [vaine] *nf* tahitiana.

vaillant, e [vajã, ãt] *a* valiente, valeroso(a); (*en bonne santé*) saludable, robusto(a).

vaille *vb voir* **valoir**.

vain, e [vẽ, vɛn] *a* vano(a), inútil; (*stérile*) vano(a), infructuoso(a); (*fat*) vanidoso(a), engreído(a); **en ~** ad en vano, inútilmente.

vaincre [vẽkʀ(ə)] *vt* vencer, derrotar; (*fig*) vencer, superar; **vaincu, e** [vẽky] *nm/f* derrotado(a), vencido(a); **vainqueur** [vẽkœʀ] *nm* vencedor, triunfador.

vais [vɛ] *vb voir* **aller**.

vaisseau, x [vɛso] *nm* vaso; (*NAUT*) nave *f*, navío; **enseigne/capitaine de ~** alférez *m*/capitán de navío; **~ spatial** nave espacial.

vaisselier [vɛselje] *nm* aparador *m*.

vaisselle [vɛsɛl] *nf* vajilla; (*plats etc à laver*) platos, vajilla; (*lavage*) fregado; **faire la ~** fregar los platos.

val, *pl* **vaux** *ou* **vals** [val, vo] *nm* valle *m*.

valable [valabl(ə)] *a* válido(a); (*sérieux*) admisible; (: *interlocuteur, écrivain*) de valor o mérito.

Valence [valãs] *n* Valencia.

valet [valɛ] *nm* mucamo, criado; (*CARTES*) sota; **~ de chambre** ayuda de cámara; **~ de pied** lacayo.

valeur [valœʀ] *nf* valor *m*; (*prix*) valor, precio; **~s** *fpl* (*morales*) valores *mpl*; **mettre en ~** hacer fructificar, dar valor a; (*fig*) destacar; **avoir/prendre de la ~** tener/adquirir valor; **~s mobilières** valores, títulos.

valide [valid] *a* válido(a), sano(a); (*valable*) válido(a); **valider** *vt* legalizar, validar; **validité** *nf* validez *f*; (*durée de*) **validité** (duración *f* de) validez, validez *f* o por.

valise [valiz] *nf* maleta; **~ diplomatique** valija diplomática.

vallée [vale] *nf* valle *m*.

vallon [valɔ̃] *nm* valle pequeño; **~né, e** a ondulado(a).

valoir [valwaʀ] *vb avec attribut* valer, costar // *vi* valer, concernir // *vt* (*équivaloir à*) valer, equivaler a; (*mériter*) valer, merecer; **~ qch à qn** costar algo a alguien; **se ~** ser equivalente, tener el mismo valor; **faire ~** hacer valer; (*domaine, capitaux*) hacer rendir; **verser un acompte à ~ sur une somme due** entregar una cantidad a cuenta de una deuda; **vaille que vaille** mal que bien; **cela ne me dit rien qui vaille** eso no me dice nada bueno; **ce climat etc ne me vaut rien** este clima etc no me sienta; **~ la peine** valer o merecer la pena; **il vaut mieux** más vale; **ça ne vaut rien** no vale nada; **~ cher** costar caro, valer mucho.

valoriser [valɔʀize] *vt* valorizar.

valse [vals(ə)] *nf* vals *m*; **valser** *vi* bailar el vals.

valve [valv(ə)] *nf* (*ZOOL*) valva; (*TECH*) válvula.

vamp [vãp] *nf* vampiresa.

vampire [vãpiʀ] *nm* vampiro.

vandale [vãdal] *nm/f* vándalo(a); **vandalisme** *nm* vandalismo.

vanille [vanij] *nf* vainilla.

vanité [vanite] *nf* futilidad *f*, ineficacia; (*orgueil, fatuité*) vanidad *f*, engreimiento; **vaniteux, euse** *a* vanidoso(a), fatuo(a).

vanne [van] *nf* compuerta.

vanneau, x [vano] *nm* avefría, frailecillo.

vanner [vane] *vt* (*blé*) cribar.

vannerie [vanʀi] *nf* cestería.

vantail, aux [vãtaj, o] *nm* batiente *m*.

vanter [vãte] *vt* alabar, elogiar; **se ~** vi vanagloriarse, jactarse; **se ~ de** jactarse de.

va-nu-pieds [vanypje] *nm/f inv* descamisado/a, pordiosero/a.

vapeur [vapœʀ] *nf* vapor *m*; **locomotive à ~** locomotora de vapor; **à toute ~** a toda máquina.

renverser la ~ cambiar de marcha; *(fig)* cambiar radicalmente; **cuit à la** ~ cocinado al vapor; ~**s** *fpl* vapores *mpl*; *(fig)* vértigo.

vaporisateur [vapɔrizatœr] *nm* vaporizador *m*.

vaporiser [vapɔrize] *vt* vaporizar, evaporar; *(parfum etc)* vaporizar.

vaquer [vake] *vi* estar vacante; ~ **à ses occupations** dedicarse a sus ocupaciones.

varappe [varap] *nf* escalada en rocas.

varech [varɛk] *nm* varec *m*.

vareuse [varøz] *nf* chaqueta, bata; *(blouson de marin)* marinera; *(d'uniforme)* guerrera.

variable [varjabl(ə)] *a* variable; *(TECH)* adaptable // *nf* variable *f*.

variante [varjɑ̃t] *nf* *(d'un texte)* variante *f*.

variation [varjasjɔ̃] *nf* variación *f*; cambio; ~**s** *fpl* *(changements)* transformaciones *fpl*, variaciones *fpl*; *(de température etc, aussi MUS)* variaciones; *(différences)* variaciones, diferencias.

varice [varis] *nf* várice *f*.

varicelle [varisɛl] *nf* varicela.

varié, e [varje] *a* variado(a); *(divers)* diverso(a), vario(a).

varier [varje] *vi* variar, cambiar; *(TECH, MATH)* modificarse, variar; *(différer, être divers)* variar, diferir; *(différer d'opinion)* discrepar, disentir // *vt* alterar, cambiar; *(faire alterner)* variar, cambiar.

variété [varjete] *nf* variedad *f*; diversidad *f*; *(BOT, ZOOL)* variedad, tipo; *(choix)* variedad, surtido; ~**s** *fpl* variedades *fpl*.

variole [varjɔl] *nf* viruelas *fpl*.

vas *vb voir* **aller**.

vase [vaz] *nm* vaso, jarrón *m* // *nf* cieno, fango; ~ **de nuit** orinal *m*; ~**s communicants** vasos comunicantes.

vaseline [vazlin] *nf* vaselina.

vaseux, euse [vazø, øz] *a* cenagoso(a), fangoso(a); *(fig)*

turbio(a), confuso(a); (: *fatigué)* molido(a), deshecho(a).

vasistas [vazistas] *nm* tragaluz *m*, montante *m*.

vassal, e, aux [vasal, o] *nm/f* vasallo/a.

vaste [vast(ə)] *a* vasto(a), extenso(a); *(fig)* vasto(a), amplio(a).

Vatican [vatikɑ̃] *nm*: **le** ~ el Vaticano.

vaudeville [vodvil] *nm* vodevil *m*.

vaudrai *etc vb voir* **valoir**.

vaurien, ne [vorjɛ̃, ɛn] *nm/f* pillo/a, bribón/ona; *(malfaiteur)* bribón/ona, tunante/a.

vaut *vb voir* **valoir**.

vautour [votur] *nm* buitre *m*.

vautrer [votre]: **se** ~ *vi* revolcarse.

vaux [vo] *nmpl voir* **val.**

veau, x [vo] *nm* ternero; *(CULIN)* ternera; *(peau)* becerro.

vecteur [vɛktœr] *nm* vector *m*.

vécu, e [veky] *pp de* **vivre** // *a* vivido(a).

vedette [vədɛt] *nf* estrella, divo/a; *(fig)* personaje *m*, figura; *(canot)* lancha.

végétal, e, aux [veʒetal, o] *a*, *nm* vegetal *(m).*

végétarien, ne [veʒetarjɛ̃, ɛn] *a*, *nm/f* vegetariano(a).

végétation [veʒetasjɔ̃] *nf* vegetación *f*; ~**s** *fpl* *(MÉD)* vegetaciones *fpl*.

véhément, e [veemɑ̃, ɑ̃t] *a* vehemente, impetuoso(a).

véhicule [veikyl] *nm* vehículo; *(fig)* vehículo, conducto.

veille [vɛj] *nf*: **l'état de** ~ el estado de vigilia; **la** ~ **la víspera**; **la** ~ **de** la víspera de; **à la** ~ **de** en vísperas de.

veillée [veje] *nf* velada; ~ **d'armes** vela de armas; ~ **mortuaire** velatorio.

veiller [veje] *vi*, *vt* velar; ~ **à** ocuparse de; *(faire attention à)* velar por; *(prendre soin de)* cuidar de; ~ **à faire/à ce que** ocuparse de hacer/de que; ~ **sur** velar por, vigilar; (*santé*) cuidar de; **veilleur** *nm*: **veilleur de nuit** sereno.

veilleuse [vɛjøz] *nf* lamparilla de noche; (*flamme*) piloto; **en ~ a**, (*fig*) *ad* a media luz; (*fig*) en suspenso, a la espera.

veine [vɛn] *nf* veta; (*ANAT, inspiration*) vena; (*fam*) suerte *f*, chiripa.

vêler [vele] *vi* parir (la vaca).

vélin [velɛ̃] *a*, *nm*: (*papier*) ~ (papel *m*) vitela.

vélo [velo] *nm* (*SPORT*) ciclismo.

vélodrome [velodrom] *nm* velódromo.

vélomoteur [velomotœr] *nm* velomotor *m*.

velours [vəlur] *nm* terciopelo; ~ côtelé pana.

velouté, e [vəlute] *a* aterciopelado(a); (*à la voix*) aterciopelado(a), suave; (*au goût*) untuoso(a), aterciopelado(a) // *nm* sopa.

velu, e [vəly] *a* velloso(a).

venaison [vənɛzɔ̃] *nf* carne de caza mayor.

vénal, e, aux [venal, o] *a* venal.

venant [vənɑ̃] *a*: **à tout ~** *ad* a todo el mundo, a cualquiera.

vendange [vɑ̃dɑ̃ʒ] *nf* vendimia, (*raisins récoltés*) cosecha de uvas; **vendanger** *vi*, *vt* vendimiar; **vendangeur, euse** *nm/f* vendimiador/ora.

vendeur, euse [vɑ̃dœr, øz] *nm/f* vendedor/ora // *nm* (*JUR*) vendedor *m*.

vendre [vɑ̃dr(ə)] *vt* vender; (*trahir*) vender, entregar; ~ **qch à qn** vender algo a alguien; **se ~** venderse.

vendredi [vɑ̃drədi] *nm* viernes *m*; **V~ saint** Viernes Santo.

vénéneux, euse [venenø, øz] *a* venenoso(a), tóxico(a).

vénérer [venere] *vt* venerar, reverenciar; (*fig*) venerar, respetar.

vénérien, ne [venerjɛ̃, ɛn] *a* venéreo(a).

Venezuela [venezɥela] *nm*

Venezuela; **vénézuélien, ne a**, *nm/f* venezolano(a).

vengeance [vɑ̃ʒɑ̃s] *nf* venganza, represalia; (*acte punitif*) venganza, desquite *m*.

venger [vɑ̃ʒe] *vt* vengar, castigar; (*honneur*) vengar, reparar; (*personne, famille*) vengar; **se ~** vengarse; **se ~ sur** vengarse en.

véniel, le [venjɛl] *a*: **faute ~le** falta leve; **péché ~** pecado venial.

venimeux, euse [vənimø, øz] *a* venenoso(a).

venin [vənɛ̃] *nm* veneno.

venir [vənir] *vi* venir; (*saison, maladie etc*) llegar, venir; (*arriver, parvenir*) llegar, alcanzar; ~ **de** venir de; (*cause*) provenir de; ~ **faire qch** acabar de hacer algo; **en ~ à faire qch** llegar a hacer algo; **les générations à ~** las generaciones venideras; **il me vient une idée** se me ocurre una idea; **il me vient des soupçons** comienzo a sospechar; **laisser ~** dejar que ocurra, dejar pasar; **faire ~** (*personne*) llamar; **d'où vient que ...?** ¿cómo puede ser que ...?, ¿por qué ...?

vent [vɑ̃] *nm* viento; **au ~ a** barlovento; **sous le ~ a** sotavento; **avoir le ~ debout/arrière ou en poupe** tener viento en contra/en popa; **être dans le ~** (*fam*) seguir la corriente, estar a la moda; **avoir ~ de** tener noticias de, llegar a los oídos (de uno) que.

vente [vɑ̃t] *nf* venta; ~ **de charité** venta de beneficencia; ~ **par correspondance** venta por correspondencia; ~ **aux enchères** subasta.

venter [vɑ̃te] *vb impersonnel*: **il vente** sopla el viento.

ventilateur [vɑ̃tilatœr] *nm* ventilador *m*.

ventilation [vɑ̃tilasjɔ̃] *nf* ventilación *f*, aireación *f*; (*installation*) ventilación *f*.

ventiler [vɑ̃tile] *vt* ventilar, airear; (*répartir*) repartir, distribuir.

ventouse [vãtuz] *nf* ventosa.

ventre [vãtr(ə)] *nm* vientre *m*; (*intestins, fig*) vientre, panza; **avoir/prendre du ~** tener/echar barriga.

ventricule [vãtrikyl] *nm* ventrículo.

ventriloque [vãtrilɔk] *a, nm/f* ventrílocuo(a).

venu, e [vəny] *pp* de **venir** // *a*: **mal/bien ~** (*plante etc*) poco/bien desarrollado // *nf* venida, llegada.

vêpres [vɛpr(ə)] *nfpl* vísperas.

ver [vɛr] *nm* gusano, oruga; (*intestinaux*) palabra, lombriz *f*; (*dans les fruits etc*) gusano, larva; ~ **blanc** de abejorro; ~ **luisant** luciérnaga; ~ **à soie** gusano de seda; ~ **solitaire** tenia, lombriz solitaria; ~ **de terre** lombriz *f*.

véranda [verãda] *nf* solana.

verbal, e, aux [vɛrbal, o] *a* verbal, oral; (*LING*) verbal.

verbaliser [vɛrbalize] *vi* proceder, formalizar un atestado.

verbe [vɛrb(ə)] *nm* verbo; (*expression*) palabra; **avoir le ~ haut** hablar en voz alta.

verbiage [vɛrbjaʒ] *nm* verborrea, chachara.

verdâtre [vɛrdɑtr(ə)] *a* verdoso(a).

verdeur [vɛrdœr] *nf* verdor *m*, lozanía; (*des propos*) rigor *m*, rudeza; (*de fruit, vin*) acidez *f*, agrura.

verdict [vɛrdikt] *nm* (*JUR*) veredicto; (*gén*) veredicto, opinión *f*.

verdir [vɛrdir] *vi* verdear, ponerse verde; (*végétaux*) verdecer, reverdecer // *vt* volver verde, verdear.

verdoyant, e [vɛrdwajã, ãt] *a* que verdece.

verdure [vɛrdyr] *nf* verdor *m*, verdura.

verge [vɛrʒ(ə)] *nf* verga; (*baguette*) vara.

verger [vɛrʒe] *nm* huerto.

vergeture [vɛrʒətyr] *nf* estría.

verglacé, e [vɛrglase] *a* helado(a).

verglas [vɛrgla] *nm* hielo.

véridique [veridik] *a* verídico(a).

vérification [verifikasjɔ̃] *nf* verificación *f*; comprobación *f*.

vérifier [verifje] *vt* verificar, revisar; (*hypothèse*) verificar; (*suj: chose*) confirmar, corroborar; **se ~** *vi* verificarse, comprobarse.

véritable [veritabl(ə)] *a* verdadero(a); (*or, argent*) de ley.

vérité [verite] *nf* verdad *f*; (*d'un fait etc*) verdad, autenticidad *f*; (*d'un portrait*) naturalidad *f*; (*sincérité*) verdad, sinceridad *f*; **en ~, à la ~** ad en realidad, a decir verdad.

vermeil, le [vɛrmɛj] *a* bermejo(a) // *nm* coriadura.

vermicelles [vɛrmisɛl] *nmpl* fideos para sopa.

vermifuge [vɛrmifyʒ] *nm* vermicida, antiparasitario.

vermillon [vɛrmijɔ̃] *nm, a inv* bermellón (*m*).

vermine [vɛrmin] *nf* parásitos *m*.

vermisseau, x [vɛrmiso] *nm* gusanillo.

vermoulu, e [vɛrmuly] *a* carcomido(a).

vermout(h) [vɛrmut] *nm* vermut *m*.

verni, e [vɛrni] *a* (*fam*) suertudo(a), afortunado(a); **cuir ~** cuero charolado.

vernir [vɛrnir] *vt* barnizar.

vernis [vɛrni] *nm* barniz *m*; ~ **à ongles** esmalte *m* de uñas.

vernissage [vɛrnisaʒ] *nm* apertura de exposición de arte.

vérole [verɔl] *nf* (*aussi*: **petite ~**) viruela; (*fam*) sífilis *f*.

verrai *etc voir* **voir**.

verre [vɛr] *nm* vaso; (*substance*) vidrio; (*de lunettes*) cristal *m*, lente *f*; **boire** *o* **prendre un ~** beber *o* tomar una copa; ~ **à liqueur** copa para vino/para licor; ~ **de lampe** tubo; ~ **de montre** cristal de reloj; ~ **à pied** copa; ~**s de contact** lentes de contacto; ~**rie** *nf* cristalería; (*fabrique*) vidriería, cristalería.

verrière [vɛʀjɛʀ] *nf* vidriera; (*toit vitré*) cristalera.

verroterie [vɛʀɔtʀi] *nf* abalorio.

verrou [vɛʀu] *nm* cerrojo; (*fig*) bloqueo; **mettre qn sous les —s** poner a alguien en chirona; **~ de sûreté** pasador *m* de seguridad; **verrouiller** *vt* cerrar con cerrojo; (*MIL*) bloquear.

verrue [vɛʀy] *nf* verruga.

vers [vɛʀ] *nm* verso // *mpl* versos, poesía // *prép* hacia; (*près de, dans les environs de*) cerca de.

versant [vɛʀsɑ̃] *nm* vertiente *f*, ladera.

verse [vɛʀs(ə)] : **à ~** *ad*: **pleuvoir à ~** llover a baldes.

Verseau [vɛʀso] *nm* (*ASTRO*): **le ~** Acuario; **être du ~** ser de Acuario.

versement [vɛʀsəmɑ̃] *nm* (*paiement*) pago, cuota.

verser [vɛʀse] *vt* verter; (*argent*) pagar, entregar; (*soldat*) afectar // *vi* (*véhicule*) volcar, tumbar; (*fig*): **~ dans** adherir(se) a.

verset [vɛʀse] *nm* versículo; (*d'un texte poétique*) verso, versículo.

verseur [vɛʀsœʀ] *a voir* **bec.**

versification [vɛʀsifikasjɔ̃] *nf* versificación *f*.

version [vɛʀsjɔ̃] *nf* versión *f*, traducción *f*; (*interprétation, récit*) versión, interpretación *f*; (*d'un texte*) versión; **film en ~ originale** película en su versión original.

verso [vɛʀso] *nm* dorso, reverso; **voir au ~** ver al dorso.

vert, e [vɛʀ, vɛʀt(ə)] *a* verde // *nm* verde *m*; **se mettre au ~** irse al campo; **~ de peur** blanco de miedo; **~-de-gris** *nm* verdín *m*, óxido de cobre // *a inv* verde grisáceo(a); **~ pomme** *a inv* verde manzana.

vertébral, e, aux [vɛʀtebʀal, o] *a* vertebral.

vertèbre [vɛʀtebʀ(ə)] *nf* vértebra; **vertébré, e** *a* vertebrado(a).

vertical, e, aux [vɛʀtikal, o] *a* verti-

vertical // *nf*: **la ~e** la vertical; **à la ~e** *ad* en línea vertical.

vertige [vɛʀtiʒ] *nm* vértigo; (*fig*) extravío; **ça me donne le ~** eso me produce vértigo; (*fig*) eso me da vértigo o me marea; (*m'égare*) eso me hace perder la cabeza o me desorienta.

vertu [vɛʀty] *nf* virtud *f*; (*d'un médicament etc*) virtud, propiedad *f*; (*chasteté*) virtud, castidad *f*; **en ~ de** *prép* en virtud de; **~eux, euse** *a* virtuoso(a), honesto(a); (*femme*) virtuoso(a), casto(a); (*action, conduite*) loable, meritorio(a).

verve [vɛʀv(ə)] *nf* ingenio, inspiración *f*.

verveine [vɛʀvɛn] *nf* verbena; (*infusion*) infusión *f* de verbena.

vésicule [vezikyl] *nf* vesícula; **~ biliaire** vesícula biliar.

vespasienne [vɛspazjɛn] *nf* urinario (público).

vesse [vɛsi] *nf* vejiga.

veste [vɛst(ə)] *nf* chaqueta.

vestiaire [vɛstjɛʀ] *nm* guardarropa; (*de stade etc*) vestuario.

vestibule [vɛstibyl] *nm* vestíbulo.

vestige [vɛstiʒ] *nm* vestigio, rastro.

vestimentaire [vɛstimɑ̃tɛʀ] *a* de la vestimenta.

veston [vɛstɔ̃] *nm* chaqueta.

Vésuve [vezyv] *nm* Vesubio.

vêtement [vɛtmɑ̃] *nm* vestido, traje *m*; (*industrie*): **le ~** el vestido; **~s** *mpl* ropa.

vétéran [veteʀɑ̃] *nm* veterano.

vétérinaire [veteʀinɛʀ] *a, nm/f* veterinario(a).

vétille [vetij] *nf* nonada, pamplina.

vêtir [vetiʀ] *vt* vestir; **se ~** vestirse.

véto [veto] *nm* veto; **mettre ou opposer un ~ à** poner el veto a.

veuf, veuve [vœf, vœv] *a, nm/f* viudo(a).

veuille *etc voir* **vouloir.**

veule [vøl] *a* abúlico(a).

veuvage [vœvaʒ] *nm* viudez *f*.

veuve [vœv] *a, nf voir* **veuf.**

veux *vb voir* **vouloir.**

vexatoire [vɛksatwaʀ] *a*: **mesure**

~ medida vejatoria o humillante.

vexer [vɛkse] vt ofender, humillar; **se** ~ vi ofenderse, resentirse.

viabiliser [vjabilize] vt proveer de mejoras.

viable [vjabl(ə)] a viable.

viaduc [vjadyk] nm viaducto.

viager, ère [vjaʒe, ɛʀ] a: **rente viagère** renta vitalicia // nm renta vitalicia; **mettre en** ~ hacer un vitalicio.

viande [vjɑ̃d] nf carne f; ~ **rouge** carne de vaca o cordero; ~ **blanche** carne blanca.

vibraphone [vibʀafɔn] nm vibráfono.

vibration [vibʀasjɔ̃] nf vibración f.

vibrato [vibʀato] nm vibrato.

vibrer [vibʀe] vi vibrar // vt (TECH) someter a vibraciones.

vibro-masseur [vibʀomasœʀ] nm masajeador vibratorio.

vicaire [vikɛʀ] nm vicario.

vice [vis] nm vicio, perversión f; (défaut) defecto; ~ **de forme** vicio de forma; ~ **de procédure** vicio de procedimiento.

vice... [vis] préf vice; ~**consul** nm vicecónsul m; ~**président, e** nm/f vicepresidente/a; ~**roi** nm virrey m.

vice-versa [visvɛʀsa] ad viceversa.

vicieux, euse [visjø, øz] a vicioso(a).

vicinal, e, aux [visinal, o] a: **chemin** ~ camino vecinal.

vicomte, esse [vikɔ̃t, ɛs] nm/f vizconde/esa.

victime [viktim] nf víctima.

victoire [viktwaʀ] nf victoria, triunfo; **victorieux, euse** [-ø, øz] a victorioso(a), vencedor(ora); (sourire etc) victorioso(a), triunfante.

victuailles [viktɥaj] nfpl vituallas, víveres mpl.

vidange [vidɑ̃ʒ] nf vaciado, (AUTO) cambio de aceite; (de lavabo) desagüe m; ~**s** fpl (matières) aguas

fecales; **vidanger** vt vaciar; **vidangeur** nm pocero.

vide [vid] a vacío(a), (fig) vacío(a), vano(a) // nm vacío; (espace, creux) hueco, espacio; ~ **de** desprovisto de; **emballage sous** ~ envase m en vacío; **parler dans le** ~ hablar en el aire; à ~ ad vacío(a), desocupado(a); **tourner à** ~ (moteur) girar en falso, girar loco; ~**ordures** nm inv vertedero de basuras; ~**poches** nm inv guantero, guantera.

vider [vide] vt vaciar; (boire) vaciar, beber; (CULIN) destripar, limpiar; **se** ~ vi vaciarse.

vie [vi] nf vida, existencia; (fig) vida, vitalidad f; (: gaieté, animation) vida, animación f; (biographie) vida, biografía; **membre à** ~ miembro vitalicio o permanente.

vieillard [vjɛjaʀ] nm anciano, viejo.

vieilleries [vjɛjʀi] nfpl antiguallas; (péj) antiguallas, obras caducas.

vieillesse [vjɛjɛs] nf vejez f, ancianidad f; (dernier âge) vejez; (vieillards) ancianos.

vieillir [vjɛjiʀ] vi envejecer; (se flétrir etc) envejecer, ajarse; (institutions, doctrine, auteur) envejecer, caducar; (vin, alcool) añejarse // vt avejentar.

vielle [vjɛl] nf zanfonía, chifonía.

viendrai etc voir **venir**.

vierge [vjɛʀʒ(ə)] a virgen // nf virgen f; (ASTRO): **la V**~ Virgo; **être de la V**~ ser de Virgo.

Viet-Nam [vjɛtnam] nm; ~ **du Nord/Sud** Vietnam del Norte/Sur; **vietnamien, ne** a, nm/f vietnamita (m/f).

vieux(vieil), vieille [vjø, vjɛj] a viejo(a), antiguo(a); (âgé) viejo(a) // nm/f viejo/a, anciano/a; **les** ~ los viejos; **un petit** ~ un viejecito; **mon** ~ (fam) ¡hombre!; **ma vieille** ¡mujer!; ~ **garçon** nm solterón m; ~ **jeu** a inv anticuado(a), chapado(a) a la antigua; **vieille fille** nf solterona.

vif, vive [vif, viv] a vivo(a), vivaz; (*alerte*) vivo(a), despierto(a); (*brusque, emporté*) impulsivo(a), violento(a); (*aigu*) agudo(a); (*lumière, froid etc*) vivo(a), intenso(a); (*fort*) gran(de), agudo(a); **eau vive** agua que corre; **source vive** manantial *m*; **à ~ en carne viva**; (*fig*) a flor de piel; **de vive voix** a viva voz; **sur le ~** (*ART*) del natural; **dans le ~ du sujet/débat** en el núcleo del tema/debate.

vif-argent [vifaʀʒɑ̃] *nm* azogue *m*.

vigie [viʒi] *nf* vigilancia; (*personne*) vigía *m*; (*poste*) torre *f* de vigía.

vigilance [viʒilɑ̃s] *nf* vigilancia.

vigne [viɲ] *nf* vid *f*; (*plantation*) viña, viñedo; **~ vierge** viña loca *o* virgen; **~ron, ne** *nm/f* viñador/ora, viñatero/a.

vignette [viɲɛt] *nf* etiqueta; (*motif, illustration*) viñeta; (*AUTO*) patente *f*.

vignoble [viɲɔbl(ə)] *nm* viñedo; (*d'une région*) viñedos.

vigoureux, euse [viguʀø, øz] a vigoroso(a).

vigueur [vigœʀ] *nf* vigor *m*, fuerza; (*JUR*): **être/entrer en ~** estar/ entrar en vigor; **en ~** vigente.

vil, e [vil] a vil, innoble; **à ~ prix** regalado(a), tirado(a).

vilain, e [vilɛ̃, ɛn] a feo(a), horrible; (*mauvais*) feo(a), malo(a).

vilebrequin [vilbʀəkɛ̃] *nm* herbiquí *m*; (*AUTO*) cigüeñal *m*.

villa [villa] *nf* villa.

village [vilaʒ] *nm* pueblo, aldea; **~ de toile** campamento; **~ois, e** [-wa, waz] a pueblerino(a), aldeano(a) // *nm/f* aldeano/a.

ville [vil] *nf* ciudad *f*, urbe *f*; (*administration*): **la ~** el municipio.

villégiature [vileʒjatyʀ] *nf* veraneo.

vin [vɛ̃] *nm* vino; (*liqueur*) licor *m*; **~ ordinaire** *ou* **de table** vino común *o* de mesa; **~ blanc/rouge/rosé** vino blanco/tinto/rosado *o* clarete; **~ d'honneur** vino de honor; **~ de messe** vino de consagrar; **~**

mousseux vino espumoso; **~ de pays** vino de la zona.

vinaigre [vinɛgʀ(ə)] *nm* vinagre *m*; **vinaigrette** *nf* vinagreta; **vinaigrier** *nm* vinagrero; (*flacon*) vinagrera.

vindicatif, ive [vɛ̃dikatif, iv] a vengativo(a).

vingt [vɛ̃] *num* veinte; **~ quatre heures sur ~ quatre** las veinticuatro horas del día; **~ aine** *nf* veintena; **~ième** *num* vigésimo(a); **le ~ième siècle** el siglo veinte.

vinicole [vinikɔl] a vitivinícolo(a).

viol [vjɔl] *nm* violación *f*, estupro.

violation [vjɔlasjɔ̃] *nf* violación *f*; **~ de sépulture** (*JUR*) profanación *f* de sepultura.

violemment [vjɔlamɑ̃] ad violentamente, brutalmente.

violence [vjɔlɑ̃s] *nf* violencia; agresión *f*; **la ~** la violencia; **~s** *fpl* agresiones *fpl*.

violent, e [vjɔlɑ̃, ɑ̃t] a violento(a), agresivo(a); (*choc, remède, vent etc*) violento(a), fuerte; (*fort*) violento(a), impetuoso(a).

violer [vjɔle] *vt* violar; (*lieu, sépulture*) violar, profanar.

violet, te [vjɔlɛ, ɛt] a morado(a) // *nm* morado, violeta *m* // *nf* violeta.

violon [vjɔlɔ̃] *nm* violín *m*; **~ d'Ingres** pasatiempo artístico.

violoncelle [vjɔlɔ̃sɛl] *nm* violoncelo; **violoncelliste** *nm/f* violoncelista *m/f*.

violoniste [vjɔlɔnist(ə)] *nm/f* violinista *m/f*.

vipère [vipɛʀ] *nf* víbora.

virage [viʀaʒ] *nm* viraje *m*; (*d'une route, piste*) curva; **~ sur l'aile** virada sobre el ala.

viral, e, aux [viʀal, o] a virósico(a).

virée [viʀe] *nf* vuelta.

virement [viʀmɑ̃] *nm* transferencia; **~ bancaire/postal** giro bancario/postal.

virer [viʀe] *vt* (*COMM*) transferir // *vi* (*PHOTO*) virar, cambiar // *vi* torcer, doblar; (*CHIMIE, PHOTO*) virar, cambiar; (*MÉD*) volverse positivo(a)

~ **au bleu/rouge** cambiar al azul/rojo; ~ **de bord** (NAUT) virar de bordo.

virevolte [virvɔlt(ə)] nf pirueta; **virevolter** vi girar.

virginité [virʒinite] nf virginidad f.

virgule [virgyl] nf coma.

viril, e [viril] a viril, varonil; (attitude, air etc) viril, resuelto/a.

virtuel, le [virtɥεl] a virtual.

virtuose [virtɥoz] nm/f virtuoso/a.

virulent, e [virylā, āt] a virulento/a.

virus [virys] nm virus m.

vis [vi] vb voir vivre // nf [vis] tornillo; ~ **sans fin/à tête plate** tornillo sin fin/de cabeza chata; ~ **de pressoir** clavija.

visa [viza] nm visado; ~ **de censure** visado de censura.

visage [vizaʒ] nm rostro, cara; **visagiste** nm/f técnico/a facial.

vis-à-vis [vizavi] ad frente a frente; ~ **de** prép frente a; (fig) ante, frente a; (: en comparaison de) con respecto a, en comparación con // nm persona o cosa situada frente a otra; **en** ~ frente a frente, cara a cara.

viscères [viser] nmpl vísceras.

visée [vize] nf puntería, mira.

viser [vize] vi apuntar // vt apuntar a; (poste etc) aspirar a; (concerner) atañer a, concernir a; (apposer un visa sur) visar; ~ **à** vt tratar de, tender a; **viseur** nm mira; (PHOTO) visor m.

visibilité [vizibilite] nf visibilidad f.

visible [vizibl(ə)] a visible.

visière [vizjɛr] nf visera.

vision [vizjɔ̃] nf visión f, percepción f; (image mentale) visión, representación f; (fig) visión, concepción f; (apparition) visión, aparición f; **en première** ~ en estreno; ~**ner** vt ver; (CINÉMA) examinar.

isite [vizit] nf visita; (d'inspection) inspección f; (médicale, à domicile) visita, examen médico; **la** ~ (MÉD) a consulta; (MIL) la revista; **rendre**

~ **à qn** visitar a alguien; **être en** ~ (chez qn) estar de visita (en lo de alguien).

visiter [vizite] vt visitar; **visiteur, euse** nm/f visita; (à l'hôpital etc, touriste) visitante m/f.

vison [vizɔ̃] nm visón m.

visqueux, euse [viskø, øz] a viscoso(a); (peau, surface) viscoso(a), pegajoso(a).

visser [vise] vt atornillar; (couvercle) enroscar.

visu [vizy]: **de** ~ ad de visu.

visuel, le [vizɥεl] a visual.

vit vb voir **vivre**.

vital, e, aux [vital, o] a vital.

vitalité [vitalite] nf vitalidad f.

vitamine [vitamin] nf vitamina.

vitaminique [vitaminik] a vitamínico/a.

vite [vit] ad de prisa, rápidamente; (sans délai) pronto, rápidamente; **il s'agit de faire** ~ hay que apurarse; **ce sera** ~ **fini** pronto estará terminado.

vitesse [vites] nf velocidad f, rapidez f; (hâte, promptitude) rapidez; (d'un véhicule, corps, du son etc) velocidad; **les** ~**s** las velocidades; **prendre de la** ~ adquirir velocidad; **à toute** ~ a toda velocidad, con rapidez; **changer de** ~ (AUTO) cambiar la velocidad; **en première/seconde** ~ en primera/segunda velocidad; ~ **de pointe** máximo de velocidad.

viticole [vitikɔl] a vitícolo(a), vitivinícola(a).

viticulteur [vitikyltœr] nm viticultor m, vinicultor m.

vitrage [vitraʒ] nm encristalado; (cloison) mampara; (toit) claraboya, lucernario; (rideau) visillo.

vitrail, aux [vitraj, o] nm vitral m, vidriera; (technique) vitral.

vitre [vitr(ə)] nf vidrio, cristal m; **vitré, e** a con vidrios o cristales; **porte** ~ vidriera; **vitrer** vt poner vidrios o cristales.

vitreux, euse [vitrø, øz] a

vítreo(a); (terne) vidrioso(a).
vitrier [vitʀje] nm vidriero.
vitrifier [vitʀifje] vt vitrificar.
vitrine [vitʀin] nf vitrina;
(devanture) escaparate m.
vitriol [vitʀijɔl] nm vitriolo.
vivace [vivas] a duradero(a),
resistente; (fig) tenaz, pertinaz //
ad (MUS) vivace.
vivacité [vivasite] nf (voir vif)
vivacidad f; violencia.
vivant, e [vivã, ãt] a vivo(a),
viviente; (animé) animado(a) //
nm: du ~ de qn en vida de alguien,
cuando alguien vivía; les ~s los
vivos.
vive [viv] af voir vif // excl: ~ le
roi! ¡viva el rey!; ~ les vacances!
¡vivan las vacaciones!
vivement [vivmã] ad (voir vif)
vivamente; violentamente // excl:
~ qu'il s'en aille! ¡que se vaya!
vivier [vivje] nm vivero de peces.
vivifier [vivifje] vt vivificar,
fortalecer; (fig) avivar, revivir.
vivipare [vivipaʀ] a vivíparo(a).
vivisection [viviseksjɔ̃] nf
vivisección f.
vivoter [vivɔte] vi subsistir, ir
tirando.
vivre [vivʀ(ə)] vi vivir, existir;
(habiter) vivir, residir; (subsister)
vivir; (souvenir, institution) durar,
subsistir // vt vivir // nm: le et le
logement comida y alojamiento; ~s
mpl víveres mpl; se laisser ~
dejarse estar; ne plus ~ (fig) no
vivir más, ya no vivir; être
facile/difficile à ~ ser de
buen/mal carácter; faire ~ qn
mantener a alguien.
vocabulaire [vɔkabylɛʀ] nm
vocabulario.
vocal, e, aux [vɔkal, o] a vocal,
oral.
vocalique [vɔkalik] a vocálico(a).
vocalise [vɔkaliz] nf vocalización f.
vocaliser [vɔkalize] vi vocalizar.
vocatif [vɔkatif] nm vocativo.
vocation [vɔkasjɔ̃] nf vocación f;

(pour une profession, un état)
vocación, inclinación f.
vodka [vɔdka] nf vodka m.
vœu, x [vø] nm promesa; (souhait)
augurio, deseo; faire ~ de hacer
voto de; ~s de bonne année
augurios de feliz año; avec tous nos
~x con nuestras mejores
felicitaciones.
vogue [vɔg] nf boga, reputación f;
en ~ a en boga, de moda.
voguer [vɔge] vi bogar, navegar.
voici [vwasi] prép he aquí, acá está;
~ que... he aquí que...; ~ deux ans
hace (ya) dos años; en ~ un he aquí
uno, aquí hay uno; "~" "acá está",
"aquí tiene".
voie [vwa] nf vía, ruta; (RAIL) vía;
(fig) camino, senda; route à 2/3 ~s
carretera de 2/3 carriles; à ~
étroite de trocha angosta; les ~s de
Dieu los designios de Dios; par ~
buccale por vía bucal; par la ~
aérienne/maritime por vía
aérea/marítima; être en bonne ~
andar por buen camino; mettre qn
sur la ~ encaminar o orientar a
alguien; être en ~ de estar en vías
de; ~ prioritaire/à sens unique
(AUTO) vía prioritaria/de dirección
única; ~ d'eau vía de agua; ~
ferrée vía férrea; ~ de garage vía
de estacionamiento; ~ lactée vía
láctea; ~ privée camino o calle
privado(a); ~ publique vía pública.
voilà [vwala] prép he ahí, ahí está;
les ~ helos ahí, ahí están; en ~ un
he ahí uno, ahí hay uno; ~ deux ans
hace dos años; et ~ tout eso es
todo; ~ tout eso es todo; "~"
"aquí tiene", "acá está".
voile [vwal] nm velo; (devant une
ouverture etc) cortina; (tissu) vua
m; (fig) velo, capa; (PHOTO)
veladura // nf vela; (sport): la ~
vela, la regata; mettre à la ~ alza
velas; ~ au poumon mancha en e
pulmón; voiler vt cubrir, tapar; (fig
velar, disimular; (PHOTO) velar;
(TECH) alabear, torcer; se ~r ~
(lune) ocultarse; (ciel) nublars

(*regard, voix*) velarse, empañarse; (TECH) alabearse, torcerse; **se ~r la face** taparse la cara; **voilette** nf velo; **voilier** nm velero; **voilure** nf velamen m; (*d'un avion*) superficie sustentadora; (*d'un parachute*) tela de paracaídas.

voir [vwaʀ] vi ver; (*comprendre*) ver, comprender // vt ver, percibir; (*être témoin de*) ver, vivir; (*concevoir*) ver, imaginar; (*recevoir, fréquenter*) ver, frecuentar; (*considérer, examiner*) ver, analizar; (*constater*) ver; **se ~ critiquer** verse criticado(a); **~ à faire qch** ver o encargarse de hacer algo; **~ loin** (*fig*) imaginar, prever; **avoir quelque chose à ~ avec** tener algo que ver con, tener relación con.

voire [vwaʀ] ad hasta, incluso.

voirie [vwaʀi] nf servicio de higiene urbana; (*administration*) vialidad f; (*enlèvement des ordures*) servicio de recolección de basura.

vois vb voir voir.

voisin, e [vwazɛ̃, in] a cercano(a), próximo(a); (*analogue*) parecido(a), semejante // nm/f vecino/a; **~ de palier** vecino de piso; **~age** [vwazinaʒ] nm vecindad f, proximidad f; (*environs, quartier*) vecindad, cercanía, (*voisins*) vecindario.

voisiner [vwazine] vi estar cerca o próximo.

voit vb voir voir.

voiture [vwatyʀ] nf coche m; **en ~!** (RAIL) ¡al tren!; **~ d'enfant** cochecito; **~ d'infirme** coche de inválido.

voix [vwa] nf voz f; (MUS) voz, sonido; (POL) voto.

vol [vɔl] nm vuelo; (*mode d'appropriation*) robo; (*larcin*) robo, hurto; **~ de perdrix** bandada de perdices; **à ~ d'oiseau** en línea recta; **au ~** al vuelo; **prendre son ~** levantar el vuelo; **~ libre** ou **sur aile delta** (SPORT) vuelo libre; **~ qualifié/simple** hurto calificado/simple; **~ avec effraction** robo con

fractura; **~ à main armée** robo a mano armada, asalto; **~ de nuit** vuelo nocturno; **~ à voile** vuelo a vela.

volaille [vɔlaj] nf aves fpl de corral; (*viande*) ave f; (*oiseau*) ave de corral; **volailler** nm vendedor m de aves.

volant, e [vɔlɑ̃, ɑ̃t] a voir **poisson** etc // nm volante m; (*feuillet détachable*) talón m; **le personnel ~, les ~s** el personal de a bordo, la tripulación.

volatile [vɔlatil] nm ave f, volátil m.

volatiliser [vɔlatilize] : **se ~** vi volatilizarse, evaporarse.

vol-au-vent [vɔlovɑ̃] nm volován m.

volcan [vɔlkɑ̃] nm volcán m; **~ique** [vɔlkanik] a volcánico(a); **~ologue** [vɔlkanɔlɔg] nm/f especialista m/f en vulcanología.

volée [vɔle] nf bandada; (TENNIS) voleo; **~ d'obus** descarga de obuses; **~ de flèches** lluvia de flechas; **à la ~** al vuelo; **lancer/semer à la ~** arrojar/sembrar al voleo; **à toute ~** a vuelo; (*lancer un projectile*) al voleo.

voler [vɔle] vi volar; (*commettre un vol*) robar, hurtar // vt robar, hurtar; (*idée*) robar, quitar; (*dévaliser*) despojar a, robar a; (*fig*) asaltar a, robar; **~ qch à qn** robar algo a alguien.

volet [vɔlɛ] nm postigo, contraventana; (AVIAT) flap m, alerón m; (*de feuillet etc*) hoja.

voleter [vɔlte] vi revolotear.

voleur, euse [vɔlœʀ, øz] a, nm/f ladrón(ona).

volière [vɔljɛʀ] nf pajarera.

volontaire [vɔlɔ̃tɛʀ] a voluntario(a), deliberado(a); (*décidé*) voluntarioso(a), resuelto(a); (MIL, gén) voluntario(a) // nm/f voluntario(a).

volonté [vɔlɔ̃te] nf voluntad f; (*fermeté*) voluntad, resolución f; (*souhait*) voluntad, deseo; **boire etc à ~** beber etc a discreción; **les**

dernières ~**s de** qn la última voluntad de alguien.

volontiers [vɔlɔ̃tje] ad con gusto; (*avec plaisir*) de buen grado, de buena gana; (*habituellement*) habitualmente; "~" "con mucho gusto".

volt [vɔlt] nm voltio; ~**age** nm voltaje m.

volte-face [vɔltəfas] nf media vuelta; (*fig*) cambiazo.

voltige [vɔltiʒ] nf acrobacia; (*ÉQUITATION*) volteo; (*AVIAT*) acrobacia aérea; **haute** ~ acrobacia.

voltiger [vɔltiʒe] vi revolotear; (*cheveux etc*) ondear, flamear.

voltigeur, euse [vɔltiʒœr, øz] nm/f acróbata m/t // nm (*MIL*) tirador m.

voltmètre [vɔltmɛtr(ə)] nm voltímetro.

volubile [vɔlybil] a locuaz.

volume [vɔlym] nm volumen m; (*solide*) volumen, cuerpo; **volumineux, euse** a voluminoso(a).

volupté [vɔlypte] nf voluptuosidad f; (*esthétique etc*) gozo, deleite m.

volute [vɔlyt] nf voluta.

vomi [vɔmi] nm vómito.

vomir [vɔmir] vi vomitar // vt vomitar; (*exécrer*) abominar, execrar; **vomissement** nm vómito; **vomissure** nf vómito; **vomitif** nm vomitivo.

vont vb voir **aller**.

vorace [vɔras] a voraz.

vos [vo] dét (*voir* **vous**) vuestros(as); sus, de ustedes; sus, de usted.

Vosges [voʒ] nfpl: **les** ~ los Vosgos.

votant, e [vɔtɑ̃, ɑ̃t] nm/f elector/ora; (*participant au vote*) votante m/f.

vote [vɔt] nm voto; (*suffrage, élection, consultation*) votación f; ~ **à main levée/secret** voto a mano alzada/secreto; ~ **par correspondance/procuration** voto por correspondencia/poder.

voter [vɔte] vi votar // vt aprobar.

votre [vɔtr(ə)] dét (*voir* **vous**) vuestro(a); su, de ustedes; su, de usted.

vôtre [votr(ə)] pron: **le** ~, **la** ~ el vuestro m, la vuestra f, lo vuestro n; (*forme polie*) el suyo m, la suya f, lo suyo n; **les** ~**s** los vuestros mpl, las vuestras fpl; los suyos mpl, las suyas fpl; (*vos parents, alliés*) los vuestros; los suyos; **à la** ~ a vuestra salud; y su salud.

voudrai etc voir **vouloir**.

voué, e [vwe] a: ~ **à** (*fig*) condenado(a) a.

vouer [vwe] vt: ~ **qch à** consagrar algo a; **se** ~ **à** consagrarse a.

vouloir [vulwar] vi querer // vt querer, desear // nm: **le bon** ~ **de** qn la buena voluntad f de alguien; ~ **que** faire querer que/hacer; **je voudrais** (yo) quisiera; **veuillez attendre** haga el favor de esperar; **je veux bien** estoy de acuerdo, (*concession*) admito, reconozco; **si on veut** si se quiere; **que me/lui veut-il?** ¿qué quiere de mí/de él?; **sans le** ~ sin querer; ~ **qch à** qn desear algo a alguien; **en** ~ **à** qn/qch agarrárselas con alguien/algo; **s'en** ~ **d'avoir fait** qch arrepentirse de o reprocharse por haber hecho algo; ~ **de** qch/qn aceptar algo/a alguien; **voulu, e** a exigido(a), requerido(a); (*délibéré*) deliberado(a), intencional.

vous [vu] pron (*sujet: pluriel*) vosotros/as, (*: forme polie*) ustedes; (*: singulier*) usted; (*objet direct pluriel*) os; (*: forme polie*) les m, las f; (*: singulier*) le m, la f; (*objet indirect*) os; (*les* m/f, se; le m/f, se; (*réfléchi direct, indirect*) os; se; **dir à** qn tratar de usted a alguien; ~-**même** usted mismo(a); (*aprè prép*) sí (mismo/a); ~-**même vosotros(as)** mismos(as); (*form polie*) ustedes mismos(as); (*aprè prép*) sí (mismos(as)).

voûte [vut] nf bóveda; ~ **ogive/en berceau** bóveda ojival/ medio punto; ~ **plantaire** are plantar; **voûter** vt abovedar; (dos, personne) encorvar; **se voûter** vi encorvarse.

vouvoyer [vuvwaje] vt tratar de usted.

voyage [vwajaʒ] nm viaje m; **être/partir** en estar/partir de viaje; **aimer le** ~ gustar de los viajes; **les gens du** ~ la gente de circo; ~ **d'agrément/d'affaires** viaje de placer/de negocios; ~ **de noces** viaje de novios; ~ **organisé** viaje organizado.

voyager [vwajaʒe] vi viajar; **voyageur, euse** nm/f viajero/a (a aventurero(a); **voyageur** (de commerce) viajante m (de comercio).

voyais etc voir **voir**.

voyant, e [vwajã, ãt] a estridente, chillón(ona) // nm señal luminosa // nf adivina, vidente f.

voyelle [vwajɛl] nf vocal f.

voyeur, euse [vwajœR, øz] nm/f mirón/ona.

voyez vb voir **voir**.

voyou [vwaju] nm pilluelo, granuja m; (petit truand) granuja, bribón m // a pícaro(a).

vrac [vRak] : **en** ~ a, ad en desorden; (comm) a granel.

vrai, e [vRɛ] a verdadero(a) // nm: **le** ~ lo verdadero; **son** ~ **nom** su verdadero nombre; **un** ~ **comédien** un auténtico comediante; **à** ~ **dire** a decir verdad; **il est** ~ **que** es cierto que; **être dans le** ~ estar en lo cierto; ~ **ment** ad ciertamente, verdaderamente; (dubitatif): **"~ment?"** ¡realmente?, ¿de veras?

vraisemblable [vRɛsɑ̃blabl(ə)] a verosímil; (probable) probable.

vraisemblance [vRɛsɑ̃blɑ̃s] nf verosimilitud f; **selon toute** ~ con toda seguridad, indudablemente.

vrille [vRij] nf zarzillo; (outil) barrena; (hélice, spirale) espiral f; **faire une** ~ hacer la barrena.

vrillé, e a ensortijado(a), retorcido(a); **vriller** vt barrenar.

vrombir [vRɔ̃biR] vi zumbar.

vu [vy] prép en vista de, a causa de; ~ **que** visto que, dado que.

vu, e [vy] pp de voir // a: **bien/mal** ~ bien/mal visto // nm: **au** ~ **et au su de** a la vista y conocimiento de // nf vista; **vues** fpl (idées) opiniones fpl; (dessein) proyectos; **ni** ~ **ni connu** ni visto ni oído; **à vue** (comm) a vista; **tirer à vue** disparar sin dar la voz de alto; **à vue d'œil** a ojos vistas; **en vue** a la vista; **en vue de** a la vista de; **en vue de faire qch** con el objeto de hacer algo; **vue de l'esprit** teoría pura.

vulgaire [vylgɛR] a vulgar; (péj): **de** ~**s touristes** vulgares o simples turistas; **nom** ~ (BOT, ZOOL) nombre vulgar; ~**ment** ad vulgarmente.

vulgarisation [vylgaRizasjɔ̃] nf: **ouvrage de** ~ obra de divulgación.

vulgariser [vylgaRize] vt difundir, divulgar; (rendre vulgaire) vulgarizar.

vulgarité [vylgaRite] nf vulgaridad f.

vulnérable [vylneRabl(ə)] a vulnerable.

vulve [vylv(ə)] nf vulva.

W

wagon [vagɔ̃] nm vagón m; ~**citerne** vagón cisterna; ~**lit** coche-cama m; ~**poste** coche-correo m; ~**restaurant** coche-restaurante m.

Washington [waʃintɔn] n Washington.

waters [watɛR] nmpl retretes mpl, waters mpl.

watt [wat] nm vatio.

WC [dubləvese] nmpl w.c. m.

week-end [wikɛnd] nm fin m de semana.

western [wɛstɛRn] nm western m, película del oeste.

whisky [wiski] nm whisky m.

X

xénophobe [ksenɔfɔb] nm/f xenófobo/a.

xérès [gzeʀɛs] nm jerez m.

xylographie [ksilɔgrafi] nf xilografía.

xylophone [ksilɔfɔn] nm xilófono.

Y

y [i] ad (à cet endroit) allí, ahí; (dessus) (ahí o allí) encima o arriba; (dedans) (ahí o allí) dentro // pron lo: vérifier la syntaxe du verbe employé; **j'y pense** pìènso en ello; voir aussi **aller**, **avoir**.

yacht [jɔt] nm yate m.

yaourt [jauʀt] nm = **yoghourt**.

yeux [jø] pl de œil.

yoga [jɔga] nm yoga m.

yoghourt [jɔguʀt] nm yogur m.

yole [jɔl] nf yola, bote m de chumaceras.

yougoslave [jugɔslav] a, nm/f yugoslavo/a).

Yougoslavie [jugɔslavi] nf Yugoeslavia.

youyou [juju] nm lanchón m, gabarra.

yo-yo [jojo] nm inv yo-yo.

Z

zèbre [zɛbʀ(ɔ)] nm cebra.

zébré, e [zebʀe] a marcado(a) con rayas, cebrado(a).

zébrure [zebʀyʀ] nf raya.

zélateur, trice [zelatœʀ, tʀis] nm/f adepto/a, defensor/ora.

zèle [zɛl] nm celo, afán m; **faire du ~** (péj) excederse en el celo; **zélé, e** a afanoso(a).

zénith [zenit] nm cenit m; (fig) cenit, cumbre f.

zéro [zeʀo] nm cero; **au dessus/au-dessous de ~** (température) sobre/bajo cero; **réduire à ~** reducir a la nada; **partir de ~** partir de cero, comenzar desde el principio; **trois (buts) à ~** tres (tantos) a cero.

zeste [zɛst(ɔ)] nm cáscara.

zézayer [zezaje] vi cecear.

zibeline [ziblin] nf marta cebellina; (fourrure) cibelina.

zigouiller [ziguje] vt (fam) escabechar.

zigzag [zigzag] nm zigzag m; **zigzaguer** vi zigzaguear.

zinc [zɛg] nm cinc m, zinc m; (comptoir) barra.

zingueur [zɛgœʀ] nm: (plombier) ~ fontanero que trabaja con cinc.

zinnia [zinja] nm zinnia, rascamoño.

zizanie [zizani] nf cizaña.

zodiaque [zɔdjak] nm zodíaco.

zona [zona] nm zona.

zone [zon] nf zona, región f; **~ bleue** zona azul; **~s monétaires** zonas monetarias.

zoo [zoo] nm zoo, parque zoológico.

zoologie [zɔɔlɔʒi] nf zoología **zoologique** a zoológico(a). **zoologiste** nm/f zoólogo/a.

zut [zyt] excl ¡caracoles! ¡recórcholis!

ESPAGNOL - FRANÇAIS
ESPAÑOL - FRANCÉS

A

a prep (a + el = al) à; (situación, lugar): ~ **la derecha/izquierda** à droite/ gauche; **al lado de** à côté de; (dirección): **subir** ~ **un avión/tren** monter dans un avion/train; **voy al dentista** je vais chez le dentiste; (con nombres propios): **voy** ~ **París/Colombia** je vais à Paris/en Colombie; (destino): **dirigirse** ~ **la estación** se diriger vers la gare; (tiempo): ~ **las cuatro** à quatre heures; **¿** ~ **qué hora?** à quelle heure?; **al día siguiente** le jour suivant; **al poco tiempo** peu après; (manera): **hacerlo** ~ **la fuerza** le faire par ou de force; (evaluación): **poco** ~ **poco** peu à peu; **ocho horas al día** huit heures par jour; (con verbo): **empezó** ~ **llover** il se mit à pleuvoir; **voy** ~ **llevarlo** je vais l'emporter; (complemento de objeto): **quiero** ~ **mis padres** j'aime mes parents; (complemento indirecto): **se lo dije** ~ **él** je le lui ai dit; (complemento circunstancial): **cercano** ~ près de; **por miedo** ~ par peur de; (frases elípticas): **¡a comer!** mangeons!; **¡al patio!** allons dans le patio!; **¿** ~ **qué viene eso?** qu'est-ce que cela signifie?; ~ **ver** voyons.

abacero, a nm/f épicier/ière.

abad nm abbé m.

abadejo nm (pez) morue f; (pájaro) roitelet m; (insecto) méloé m.

abadía nf abbaye f.

abajo ad dessous, en bas; ~ **de** prep sous; **¡** ~ **el gobierno!** à bas le gouvernement!; **el firmante** le soussigné; **más** ~ plus bas; **echar** ~ (gobierno) renverser; (edificio) abattre; (avión) descendre; **venirse** ~ s'effondrer; s'écrouler.

abalanzar vt équilibrer; ~**se** vr s'élancer.

abalorio nm verroterie f.

abanderado nm porte-drapeau m.

abandonado, a a abandonné(e).

abandonar vt (familia, casa) abandonner, quitter; (carrera, partido) abandonner; (la bebida) renoncer à; ~**se** vr se laisser aller; ~**se a** s'abandonner à.

abandono nm abandon m; forfait m.

abanicar vt éventer; (enfermo) faire de l'air à; ~**se** vr s'éventer.

abanico nm éventail m; (NAUT) bigue f.

abaratar vt baisser; vi, ~**se** vr baisser.

abarca nf sandale f.

abarcar vt embrasser, cerner; (fig) embrasser; (AM) accaparer, monopoliser.

abarrotar vt surcharger; (NAUT) arrimer; (habitación, calle) encombrer; (AM) accaparer.

abarrote, a nm ballot m; ~**s** nmpl (AM) articles mpl d'épicerie.

abarrotero, a nm/f (AM) épicier/ière.

abastecer vt approvisionner; (de víveres) ravitailler; (de libros:una biblioteca) alimenter.

abastecimiento nm ravitaillement m.

abasto nm (de provisiones) ravitaillement m; (abundancia) abondance f; (de bordado) partie f secondaire d'une broderie; (AM) abattoir m; **mercado de** ~ marché m, halles fpl; **dar** ~ **con** arriver à faire.

abate nm abbé m.

abatido, a a abattu(e).

abatimiento nm (acto) démolition; (moral) abattement m; (NAUT) abattée f.

abatir vt (gen) abattre; (pájaro) descendre; (fig) humilier, abaisser; (vela, bandera) amener; (rumbo) abattre; (desmontar) démonter; (naipes) abattre // vi dériver; ~se vr s'humilier.

abdicación nf abdication f.

abdicar vt abdiquer.

abdomen nm abdomen m.

abecedario nm abécédaire m.

abedul nm bouleau m.

abeja nf abeille f.

abejón nm (ZOOL) bourdon m.

aberración nf aberration f.

abertura nf ouverture f; (de borde de mar, río) crique f; (en montaña) crevasse f; (entre montañas) trouée f; (en falda, chaqueta) fente f.

abeto nm sapin m.

abierto, a pp de abrir // a ouvert(e); (flor) épanoui(e).

abigarrado, a bigarré(e).

abintestato, a intestat(e).

abiselar vt biseauter.

abismado, a abîmé(e).

abismar vt ruiner; humilier; engloutir; ~se vr s'abîmer; (en el trabajo) se plonger.

abismo nm abîme m.

abjuración nf abjuration f.

abjurar vt abjurer // vi: ~ de abjurer de.

ablandar vt amollir; (carne) attendrir; (lentejas) faire tremper; (a alguien enfadado) calmer, radoucir; (con ternezas) attendrir, fléchir.

ablución nf ablution f.

abnegación nf abnégation f.

abnegado, a a désintéressé(e), altruiste.

abnegarse vr se dévouer.

abobado, a a niais(e); ahuri(e).

abocar vt (con la boca) saisir (avec la bouche); (acercar) approcher; ~se vr (a alguien) s'adresser; vi: ~ a parvenir à; (tarea) s'atteler à.

abochornado, a a honteux(euse).

abochornar vt suffoquer; ~se vr avoir honte, rougir; (BOT) griller.

abofetear vt gifler.

abogacía nf barreau m.

abogaderas nfpl (AM) arguties fpl.

abogado nm avocat m.

abogar vi: ~ por o en plaider en faveur de.

abolengo nm ascendance f, lignée f.

abolición nf abolition f.

abolir vt abolir.

abolladura nf bosse f, bosselure f.

abollar vt bosseler.

abombarse vr (AM. fam) se saouler; (carne) pourrir; (leche) tourner.

abominación nf abomination f.

abonado, a a (a revista, teatro) abonné(e); (deuda) payé(e), réglé(e); (tierras) fumé(e).

abonanzar vi se calmer.

abonar vt (deuda) payer; (terreno) fumer; (idea) accréditer // vi se calmer; ~se vr s'abonner.

abono nm paiement m; (de deuda) règlement m; (de tierra) engrais m; (a teatro) abonnement m.

abordar vt aborder.

abordo nm abordage m.

aborigen nm aborigène m.

aborrecer vt détester; (suj: pájaro) abandonner.

aborrecible a haïssable.

abortar vt avorter; échouer.

aborto nm avortement m; échec m.

abotonar vt boutonner // vi bourgeonner.

abovedado, a a voûté(e).

abra nf (en playa) crique f; (en montaña) crevasse f, petite vallée; (en el suelo) crevasse; (en bosque) clairière f.

abrasar vt embraser; (AGR) brûler, griller.

abrazar vt embrasser.

abrazo nm étreinte f, accolade f; u ~ (en carta) affectueusement.

abrevadero nm abreuvoir m; (AM) mine inondée.

abrevar vt (animal) abreuve donner à boire à; (piel) faire boire (planta) arroser.

abreviar vt abréger; (plazo) raccourcir.

abreviatura nf abréviation f.

abrigar vt (proteger) protéger; (NAUT) abriter; (esperanza) nourrir.

abrigo nm abri m; (prenda) pardessus m, manteau m; (TEC) abrivent m.

abril nm avril m.

abrir vt ouvrir; (horadar) percer; (tratos) inaugurer; (las piernas) écarter; (calle) percer // vi (flor) s'épanouir; ~se vr s'ouvrir; (cielo) se dégager; (AM) prendre le large, partir; ~se paso s'ouvrir un chemin.

abrochador nm tire-bouton m; (AM) agrafe f

abrochar vt (vestido) boutonner, fermer; (AM) agrafer; (zapato) lacer.

abrogación nf abrogation f.

abrogar vt abroger.

abrojo nm (BOT) chardon m; (MIL) chausse-trappe f; ~s nmpl (zarzas) ronces fpl; (NAUT) écueils mpl.

abrumado, a a accablé(e).

abrumar vt accabler, écraser; ennuyer; ~se vr s'ennuyer; (nublarse) s'embrumer.

abrupto, a a abrupt(e).

absceso nm abcès m.

ábside nm abside f.

absolución nf (de pecado) absolution f; (de condenado) acquittement m.

absolutamente ad absolument.

absolutismo nm absolutisme m.

absoluto, a a absolu(e); **en** ~ ad absolument pas; pas du tout; (no negativo) absolument; **no tiene miedo en** ~ il n'a pas du tout peur, il n'a absolument pas peur.

absolver vt (pecador) absoudre; (acusado) innocenter; (de promesa) délier.

absorber vt absorber.

absorción nf absorption f.

absorto, a pp de **absorber** // a absorbé(e).

abstemio, a a abstème.

abstención nf abstention f.

abstenerse vr s'abstenir.

abstinencia nf abstinence f.

abstracción nf abstraction f.

abstraer vt abstraire // vi: ~ **de** faire abstraction de; ~se vr s'absorber.

abstraído, a a abstrait(e); (fig) distrait(e).

abstruso, a a abstrus(e), abscons(e).

absuelto pp de **absolver**.

absurdo, a a absurde // nm imbécillité f.

abuchear vt huer.

abuela nf grand-mère f.

abuelo nm grand-père m.

abultado, a a gros(se), volumineux(euse).

abultar vt grossir; (fig) exagérer; (costo) gonfler.

abundancia nf abondance f.

abundante a abondant(e).

abundar vi abonder.

aburrido, a a (hastiado) ennuyé(e); las(se); (que aburre) ennuyeux(euse) // nm/f ennuyeux/euse.

aburrimiento nm ennui m.

aburrir vt ennuyer; ~se vr s'ennuyer.

abusar vi abuser; ~ **de** abuser de.

abuso nm abus m.

abyecto, a a abject(e).

A.C. abr de Año de Cristo ap. J.-C. (après Jésus-Christ).

a/c abr de al cuidado de c/o (chez).

acá ad ici; là; **de ayer** ~ d'hier à aujourd'hui; **¿desde cuándo** ~? depuis quand?; **mas** ~ **de** au delà de; de; ~ **para allá** de ci, de là.

acabado, a a achevé(e); terminé(e); (producto) fini(e); (perfecto) parfait(e); (persona: agotado) fini // nm fini m.

acabar vt (llevar a su fin) achever; (llegar al final de) terminer; (perfeccionar) perfectionner; (consumir) consommer; (rematar) achever; // vi finir, se terminer; ~ **con** en finir avec; ~ **de venir de**; ~ **por**

finir par; ~**se** vr prendre fin; ¡**se acabó!** c'est tout!

academia nf académie f.

académico, a a académique // nm académicien/ne.

acaecer vi arriver, avoir lieu.

acallar vt faire taire; (aplacar) apaiser; (hambre) assouvir.

acaloramiento nm (calentamiento) échauffement m; (excitación) ardeur f.

acalorar vt (calentar) chauffer; (fomentar) encourager; ~**se** vr (fig) s'enflammer.

acamastronarse vr devenir rusé(e).

acampanado, a a en forme de cloche.

acampar vi camper.

acanalado, a a cannelé(e); (río) encaissé(e).

acanalar vt (metal) strier; (tela) canneler.

acantilado, a a escarpé(e) // nm falaise f.

acantonar vt cantonner.

acaparamiento nm accaparement m, monopolisation f.

acaparar vt accaparer.

acariciar vt caresser; (fig) caresser, nourrir.

acarrear vt (llevar) transporter; (arrastrar) charrier; (en carro) charroyer; (fig) occasionner.

acarreo nm (transporte) transport m; (arrastre) charriage m; (precio) prix m du transport.

acaso ad peut-être // nm hasard m; **por si** ~ au cas où; **si** ~ par hasard; **al** ~ par hasard.

acatamiento nm obéissance f, soumission f; respect m; déférence f.

acatar vt honorer, respecter; observer; obéir.

acatarrarse vr s'enrhumer; (AM) s'enivrer.

acaudalado, a a riche.

acaudalar vt thésauriser.

acaudillar vt commander.

acceder vi (consentir) accéder,

consentir; (asentir) acquiescer, consentir.

accesible a accesible.

acceso nm accès m; (camino) voie f d'accès; **de tos** quinte f de toux.

accesorio, a a accessoire // nm accessoire m.

accidentado, a a accidenté(e); (viaje) mouvementé(e).

accidental a accidentel(le).

accidente nm accident m; (LING) flexion f; (MED) syncope f; **vida sin** ~s vie sans histoire.

acción nf action f; (de actor) jeu m; (MIL) combat m; **acciones ordinarias/preferentes** actions ordinaires/privilégiées.

accionar vt actionner.

accionista nm/f actionnaire m/f.

acebo nm houx m.

acebuche nm olivier m sauvage.

acecinar vt boucaner.

acechanza nf = **acecho**.

acechar vt guetter.

acecho nm guet m; **estar al** ~ être à l'affût.

acedía nf (acidez) aigreur f; (de estómago) acidité f; (de plantas) jaunissement m; (pez) plie m, carrelet m, limande f; (aspereza) âpreté f.

acedo, a a aigre, acide.

aceitar vt huiler.

aceite nm huile f; (de oliva) huile d'olive.

aceitera nf huilier m; marchande d'huile.

aceitoso, a a huileux(euse).

aceituna nf olive f.

aceitunado, a a olivâtre.

acelerar vt accélérer.

acémila nf bête f de somme, bute m.

acendrado, a a pur(e).

acendrar vt (depurar) épure (oro, plata) affiner.

acento nm accent m.

acentuar vt accentuer; (intensicar) intensifier; (luz) augmenter.

acepción nf acception f; p férence f.

acepillar *vt* brosser; (*CARPINTERÍA*) raboter.

aceptación *nf* acceptation *f*; approbation *f*; satisfaction *f*; (*éxito*) succès *m*.

aceptar *vt* accepter.

acequia *nf* canal *m* d'irrigation; (*AM*) ruisseau *m*.

acera *nf* trottoir *m*.

acerado, a *a* aciéré(e); acéré(e); résistant(e); mordant(e).

acerbo, a *a* acerbe.

acerca de *ad* à propos de, au sujet de.

acercar *vt* approcher; ~**se** *vr* s'approcher; ~**se a** s'approcher de.

acero *nm* acier *m*; (*arma*) fer *m*; (*coraje, valor*) courage *m*, intrépidité *f*.

acérrimo, a *a* très fort(e), robuste; (*fig*) tenace; acharné(e).

acertado, a *a* juste; opportun(e); habile, heureux(euse); (*contestación*) adroit(e).

acertar *vt* (*dar en: el blanco*) atteindre; (*llegar a encontrar*) trouver; (*alcanzar*) réussir // *vi* taper dans le mille; (*tener éxito*) réussir; ~ **a** réussir à; ~ **con** trouver.

acervo *nm* tas *m*; amas *m*.

acético, a *a* acétique.

aciago, a *a* néfaste.

acíbar *nm* aloès *m*; (*fig*) amertume *f*, douleur *f*.

acibarar *vt* rendre amer(ère).

acicalar *vt* (*armas*) fourbir; (*fig*) parer; ~**se** *vr* se faire beau(belle).

acicate *nm* éperon *m* à broche; (*fig*) aiguillon *m*.

acicatear *vt* stimuler, aiguillonner.

acidez *nf* acidité *f*.

ácido, a *a* acide; (*personne*) amer(ère) // *nm* acide *m*.

acierto *nm* réussite *f*; (*de enigma*) résolution *f*; (*destreza*) habileté *f*.

aclamación *nf* acclamation *f*.

aclamar *vt* acclamer.

aclaración *nf* éclaircissement *m*; mise au point *f*.

aclarar *vt* éclaircir; (*ropa*) rincer

// *vi* (*tiempo*) s'éclaircir; (*día*) se lever; ~**se** *vr* s'éclaircir.

aclimatación *nf* acclimatation *f*.

aclimatar *vt* acclimater; ~**se** *vr* s'acclimater.

acobardar *vt* faire peur à, intimider.

acocote *nm* calebasse *f*.

acodar *vt* (*árbol*) étayer; (*AGR*) marcotter; ~**se** *vr* s'accouder.

acodo *nm* marcottage *m*.

acogedor, a *a* accueillant(e).

acoger *vt* accueillir, recevoir; ~**se** *vr* se réfugier; ~**se a** recourir à.

acogida *nf* accueil *m*.

acolchar *vt* (*muebles*) capitonner; (*colchón*) matelasser.

acolchonar *vt* matelasser.

acólito *nm* acolyte *m*.

acomedido, a *a* (*AM*) obligeant(e); serviable.

acomedirse *vr* (*AM*) rendre service, être serviable; ~ **a** se proposer pour.

acometer *vt* assaillir, attaquer; (*empresa*) entreprendre.

acometida *nf* attaque *f*, assaut *m*.

acomodado, a *a* convenable; commode; (*precio*) modéré(e), raisonnable; (*persona*) aisé(e).

acomodador, a *nm/f* placeur; ouvreuse.

acomodar *vt* (*ropa*) arranger; (*habitación*) aménager; (*persona*) placer; (*instrumento*) régler; ~**se** *vr* (*en espectáculo*) se placer; (*en sillón*) s'installer; ~**se con** se contenter de; ~**se a** s'arranger avec.

acomodo *nm* place *f*; situation *f*.

acompañamiento *nm* (*comitiva*) suite *f*; (*TEATRO*) figuration *f*; (*MUS*) accompagnement *m*; (*AM*) cortège *m* funèbre.

acompañar *vt* accompagner, tenir compagnie à; (*fig*) partager; (*documentos*) joindre; (*MUS*): ~ **con** accompagner à.

acondicionar *vt* (*casa*) préparer; aménager; (*mercancías, aire*) conditionner.

acongojar vt angoisser.

aconsejar vt conseiller; ~**se** vr: ~**se con** se faire conseiller par.

acontecer vi arriver.

acontecimiento nm événement m.

acopio nm provision f.

acoplamiento nm (TEC) accouplement m; (ensambladura) assemblage m.

acoplar vt (TEC) accoupler; (ELEC) coupler.

acorazado, a a (buque) cuirassé(e); (cámara) blindé(e); (fig) endurci(e) // nm cuirassé m.

acordar vt se mettre d'accord sur; (MUS) accorder; (PINTURA) harmoniser; (permiso) délivrer; (beca) accorder // vi s'accorder; ~**se** se souvenir, se rappeler; ~**se de** se souvenir de, se rappeler; (ponerse de acuerdo) se mettre d'accord sur.

acorde a (MUS) accordé(e); harmonieux(euse); (sentimiento) identique // nm accord m; estar ~**s** être d'accord; estar ~ **con** être en accord avec.

acordeón nm accordéon m.

acordonado, a a entouré(e) d'un cordon.

acorralar vt (ganado) parquer; (presa) mettre aux abois; (malhechor) acculer.

acortar vt (camino, falda, historia) raccourcir; (distancia, tiempo) réduire; ~**se** vr (días) raccourcir.

acosar vt poursuivre; (fig) harceler.

acostar vt (en cama) coucher; (en suelo) coucher, étendre; (barco) accoster; ~**se** vr se coucher.

acostumbrar vt habituer, accoutumer; ~**se** vr s'habituer.

acotación nf (nota) annotation f; (GEO) cote f.

acotar vt borner, délimiter; (AGR) ébrancher, élaguer; (GEO) coter; (manuscrito) annoter.

acre a âcre; (fig) mordant(e) // nm acre m.

acrecentar vt augmenter.

acreditar vt (cheque) créditer; (embajador): ~ **cerca de** accréditer auprès de; ~**se** (embajador) présenter ses lettres de créances.

acreedor, a a: ~ **a** digne de // nm/f créancier/ière.

acribar vt cribler.

acribillar vt cribler.

acrisolar vt (metal) affiner; (fig) faire preuve.

acritud nf âcreté f, (fig) aigreur f.

acta nf acte m; (de comisión) rapport m; ~**s** nfpl procès-verbal m, compte rendu m.

actitud nf attitude f.

activar vt activer; ~**se** vr s'activer.

actividad nf activité f.

activo, a a actif(ive) // nm actif m.

acto nm acte m.

actor, a nm (JUR) demandeur/euse // nm acteur m.

actriz nf actrice f.

actuación nf comportement m; conduite f; rôle m; (JUR) procédure f; (AM) jeu m; **actuaciones** nfpl dossiers mpl.

actual a actuel(le).

actualidad nf actualité f; ~**es** nfpl actualités fpl; **en la** ~ à l'heure actuelle.

actualizar vt actualiser.

actuar vi (obrar) agir; (actor) jouer un rôle; (JUR) instruire un procès; (función) remplir une fonction ou une charge.

actuario nm greffier m.

acuarela nf aquarelle f.

Acuario nm le Verseau; **ser (de)** ~ être (du) Verseau.

acuático, a a aquatique.

acuciar vt (urgir) presser (apremiar) contraindre.

acucioso, a a diligent(e); avide désireux(euse).

acuclillarse vr s'accroupir.

acudir vi arriver; (con prontitud accourir; (caballo) obéir; (presentarse) se présenter; (venir) ven ~ **a** recourir à.

acueducto nm aqueduc m.

acuerdo vb ver **acordar** // nm accord m; décision f; **¡de ∼!** d'accord!; **de ∼ con** (persona) d'accord avec; (acción, documento) en accord avec; **volver en su ∼** revenir à la raison.

acullá ad là-bas, par-là.

acumulación nf accumulation f.

acumulador nm accumulateur m.

acumular vt (gen) accumuler; (empleos) cumuler.

acunar vt bercer.

acuñar vt (moneda) frapper; (poner cuñas) coincer.

acuoso, a a aqueux(euse).

acurrucarse vr se blottir.

acusación nf accusation f.

acusar vt accuser.

acuse nm: **∼ de recibo** accusé m de réception.

acústico, a a acoustique // nf acoustique f // nm appareil m acoustique.

achacar vt imputer.

achacoso, a a (persona) malade; (objeto) défectueux(euse).

achaque nm (indisposición) malaise m; (defecto) infirmité f; (excusa) excuse f.

achicar vt (gen) diminuer; (NAUT) écoper; (fig) humilier; **∼se** vr se laisser abattre.

achicoria nf chicorée f.

achicharrar vt griller; (fastidiar) tourmenter; **∼se** vr se bomber; (pared, madera) se gauchir; (persona) prendre de l'embonpoint.

acholado, a a (AM) au teint cuivré; (: fig) penaud(e); honteux(euse).

acholar vt (AM) faire rougir, faire honte à; **∼se** vr (AM) rougir.

achucutarse vr (AM) faire rougir, faire honte à.

achuchar vt (fam) aplatir; (fig) bousculer, pousser.

◆dagio nm adage m; (MUS) adagio m.

◆dalid nm chef m.

◆daptación nf adaptation f.

◆daptar vt adapter.

adarga nf bouclier m.

a. de C. abr **= a. de J.C.**

A. de C. abr **= A.C.**

adecuado, a a adéquat(e); (apto) apte.

adefesio nm (fam) épouvantail m; absurdité f.

a. de J.C. abr de antes de Jesucristo av. J.-C. (avant Jésus-Christ).

adelantado, a a (alumno) avancé(e); (reloj): **estar ∼** avancer // nm gouverneur d'une province; **pagar por ∼** payer à l'avance.

adelantamiento nm (AUTO) dépassement m; (de país) progrès m.

adelantar vt avancer; (el paso) presser; (trabajo) (faire) avancer; (AUTO, DEPORTE) dépasser // vi avancer; (AUTO, DEPORTE) dépasser; **∼se** vr s'avancer.

adelante ad en avant // excl (pase) entrez!; (siga) continuez!; (MIL) en avant!; **de hoy en ∼** désormais, à partir de maintenant; **más ∼** plus loin; **∼ y** aller de l'avant; **llevar ∼** pousser, faire vivre; **sacar ∼** (niño) élever; (proyecto) faire avancer; **salir ∼** s'en tirer; **seguir ∼** continuer.

adelanto nm avance f; (progreso) progrès m.

adelfa nf laurier rose m.

adelgazar vt affiner; (persona) faire maigrir // vi maigrir; (al estar a dieta) se faire maigrir; **∼se** vr maigrir; (al estar a dieta) se faire maigrir; (imagen) s'effacer, s'estomper.

ademán nm expression f; **en ∼ de** en signe de; **hacer ∼ de** faire mine de faire; **ademanes** nmpl manières fpl.

además ad en plus; de plus; **∼ de** en plus de.

adentro ad à l'intérieur, dedans; **mar ∼** au large; **tierra ∼** à l'intérieur des terres.

adepto, a nm/f partisan/e.

aderezar vt (mesa) dresser; (comida, tela) apprêter; (ensalada) assaisonner; **∼se** vr se préparer.

aderezo nm (de persona) parure f; (de tela) apprêt m; (de comida) préparation f; (de caballo) harnais m.

adeudar vt devoir // vi s'apparenter; ~se vr s'endetter.

adherir vt, vi coller; ~se vr: ~se a adhérer à.

adhesión nf adhésion f.

adición nf addition f.

adicionar vt additionner.

adicto, a a attaché(e); (amigo) fidèle // nm/f fidèle m/f, dévoué(e); ~ a enclin à.

adiestrar vt (animal) dresser; (niño) instruire; (la mano) guider; ~se vr s'exercer, s'entraîner.

adinerado, a a riche.

adiós excl adieu!; au revoir! // nm adieu m; au revoir m.

aditamento nm addition f, supplément m.

aditivo nm additif m.

adivinanza nf divination f; (acertijo) devinette f.

adivinar vt deviner.

adivino, a nm/f devin/ devineresse f.

adj a (abr de adjunto) inc. (inclus).

adjudicación nf adjudication f.

adjudicar vt adjuger; ~se vr s'adjuger.

adjuntar vt adjoindre.

adjunto, a a adjoint(e); (documento) ci-inclus(e), ci-joint(e) // nm/f adjoint/e // nm accessoire m.

administración nf administration f.

administrador, a nm/f administrateur/trice.

administrar vt administrer.

administrativo, a a administratif(ive).

admirable a admirable.

admiración nf admiration f; (LING) point d'exclamation m.

admirar vt admirer; ~se vr s'étonner.

admisible a admissible.

admitir vt (aceptar) admettre; (conceder) consentir.

admonición nf admonition f.

adobar vt (carne) mettre en daube; (pescado) préparer à la marinade.

adobe nm brique crue.

adobo nm (de carne) daube f; (de pescado) marinade f; (de piel, tela) apprêt m; (del rostro) fard m.

adolecer vi tomber malade; ~ de souffrir de.

adolescente a adolescent(e) // nm adolescent/e.

adónde ad = dónde.

adopción nf adoption f.

adoptar vt adopter.

adoquín nm pavé m; (fig: fam) cruche f.

adoración nf adoration f

adorar vt adorer.

adormecer vt endormir; assoupir; (fig) calmer; ~se vr s'assoupir, somnoler, s'endormir; (pierna etc) s'engourdir; ~se en s'obstiner à.

adormidera nf stupéfiant m; (BOT) pavot m.

adornar vt orner; (casa) décorer; (vestido) parer; (fig: estilo) travailler; ~se vr se parer.

adorno nm (de cosa) garniture f; (de persona) parure f; (TAUR) fioriture f.

adquiero etc vb ver **adquirir**.

adquirir vt acquérir.

adquisición nf acquisition f.

adrede ad exprès, à dessein.

Adriático nm: el (Mar) ~ la mer Adriatique, l'Adriatique f.

adscribir vt assigner, attribuer; **estar adscripto** a être affecté à.

aduana nf douane f.

aduanero, a a douanier(ière).

aduar nm douar m, campement m.

aducir vt alléguer.

adueñarse vr s'approprier, s'emparer de.

adulación nf flatterie f.

adular vt flatter.

adulete a (AM) flatteur(euse), flagorneur(euse) // nm, flatteur/euse, flagorneur/euse.

adulteración nf adultération f.

(de producto alimenticio) falsification f.

adulterar vt (gusto) adultérer; (documento) falsifier // vi commettre un adultère.

adulterio nm adultère m.

adulto, a a adulte m/f.

adusto, a a sévère; austère.

advenedizo, a nm/f (forastero) étranger/ère; (arribista) arriviste m/f; (nuevo rico) parvenu/e.

advenimiento nm avènement m; (de hijo) venue f.

adventicio, a a adventice; (JUR : bienes) adventif(ive).

adverbio nm adverbe m.

adversario, a a adversaire // nm/f adversaire m/f.

adversidad nf adversité f.

adverso, a a adverse; contraire.

advertencia nf avertissement m; (en libro) avant-propos m; (NAUT) semonce f; observation f.

advertir vt remarquer.

adviento nm avent m.

adyacente a adjacent(e).

aéreo, a a aérien(ne).

aerodeslizador,   aerodeslizante nm aéroglisseur m.

aeronáutica nf aéronautique f.

aeroplano nm aéroplane m.

aeropuerto nm aéroport m.

afabilidad nf affabilité f.

afable a affable.

afamado, a a renommé(e).

afán nm (trabajo) labeur m; (anhelo) soif f, ardeur f.

afanar vt harceler; (AM: fam) rafler; ~se vi travailler beaucoup, se donner de la peine; ~se por s'efforcer de, s'évertuer à.

afanoso,   a a pénible, laborieux(euse).

afear vt enlaidir.

afección nf affection f.

afectación nf affectation f.

afectado, a a affecté(e).

afectar vt (fingir) feindre; affecter; (atañer) toucher, affecter.

afectísimo,   a a affectueux(euse); ~ suyo je vous prie d'agréer

Monsieur/Madame l'expression de mes sentiments respectueux.

afecto, a a cher(ère); affectionné(e) // nm affection f, attachement m; ~ a enclin à.

afectuoso, a a affectueux(euse).

afeitar vt (barba) raser; (cordero) tondre; ~se vr se raser.

afeite nm fard m.

afeminado, a a efféminé(e).

afeminar vt efféminer.

aferrado, a a obstiné(e).

aferrar vt (NAUT) mouiller; (con garfio) gaffer // vi (NAUT) mordre.

afianzamiento nm cautionnement m; garantie f; consolidation f.

afianzar vt (respaldar) cautionner; (garantizar) garantir; (consolidar) consolider; (fijar) fixer; (apoyar) soutenir; (reforzar) renforcer; (afirmar) affermir; ~se en su trabajo s'affirmer dans son travail.

afición nf (inclinación) penchant m; (afán) ardeur f, zèle m; (aficionados) amateurs mpl; **hago música por** ~ je fais de la musique par goût; tener ~ a aimer.

aficionado,   a a (entusiasta) enthousiaste; (no profesional) amateur; ~ a amateur de // nm/f amateur m; (de equipo) supporter m/f; (de cantante) fan m/f; ~ de amateur de.

aficionar vt faire prendre goût à; ~se vr: ~se a prendre goût à, se passionner pour; ~se a alguien s'attacher à qn.

afilado, a a (cuchillo) affilé(e), aiguisé(e); (diente) pointu(e).

afilar vt affûter; aiguiser; (lápiz) tailler.

afiliación nf affiliation f.

afiliar vt affilier; ~se a s'affilier.

afiligranado, a a filigrané(e); (fig) menu(e).

afín a (próximo) contigu(ë); (país) limitrophe; (análogo) analogue; (conexo) connexe; (ideas) voisin(e).

afines nmpl proches mpl.

afinación nf (TEC) affinage m; (MUS) accordage m.

afinar vt (TEC) affiner; (MUS) accorder // vi jouer (ou chanter) juste.

afinidad nf affinité f; **parientes por ~** parents par alliance.

afirmación nf affirmation f.

afirmar vt (aseverar) affirmer, soutenir, assurer; (sostener) affermir; **~se** vr prendre appui.

afirmativo, a a affirmatif(ive).

aflicción nf affliction f.

afligir vt (angustiar) affliger; (dar) infliger.

aflojar vt relâcher; (tornillo) desserrer; (nudo) détendre; (tensión) faire baisser // vi (temperatura, precios, interés) diminuer, baisser **~se** vr se relâcher, se détendre.

afloramiento nm affleurement m.

afluencia nf affluence f.

afluente a affluent(e) // nm (GEO) affluent m.

afluir vi (gente) affluer; (río) confluer.

afmo, a abr de **afectísimo, a suyo, a**.

afonía nf extinction f de voix.

aforismo nm aphorisme m.

afortunado, a a (feliz) heureux(euse); (que tiene suerte) chanceux(euse); (NAUT) oragéux(euse); (de dinero) fortuné(e).

afrancesado, a a francisé(e).

afrecho nm son m.

afrenta nf (insulto) affront m, outrage m; (deshonor) déshonneur m, opprobre m.

afrentar vt faire affront à, outrager; **~se** vr rougir, avoir honte.

afrentoso, a a ignominieux(euse); humiliant(e); deshonorant(e).

África nf Afrique f; **~ del Sur** Afrique du Sud.

africano, a a africain(e) // nm/f Africain/e.

afrontar vt affronter; **~ dos personas** mettre deux personnes l'une en face de l'autre.

afuera ad dehors // excl dehors!; **~s** nfpl alentours mpl.

afutrarse vr (AM) s'endimancher.

agachar vt (la cabeza) baisser; **~se** vr se baisser; (someterse) céder; (ocultarse) laisser passer l'orage.

agalla nf (BOT) galle f, noix f de galle; (ANAT) amygdale f; (ZOOL) ouïe f; (AM) gaffe f; **~s** nfpl (MED) angine f; (ZOOL) ouïes fpl; (fig) courage m.

agarrado, a a audacieux(euse); (AM: desvergonzado) effronté(e); (: vr: codo) radin.

ágape nm agape f.

agarradera nf (AM) poignée f; (: fam) **tiene una buena ~** il a du piston.

agarradero nm (de taza) poignée f; (de pala) manche m; (de cortina) embrasse f; (fam): **tener ~** avoir du piston.

agarrado, a a pris(e); empoigné(e); (fam) radin.

agarrar vt attraper, saisir, accrocher; (flor) cueillir; (empleo) décrocher; (fiebre) attraper; (AM: autobús) prendre // vi (pintura) prendre bien; (planta) pousser bien; (AM): **por una calle** prendre une rue; **~se** vr se cramponner (à); (AM: fam) **se la agarró conmigo** il s'en prit contre moi.

agarrotar vt (con cuerda) garrotter; (suj: frío) raidir; (reo) faire subir le supplice du garrot; **~se** vr (motor) gripper, bloquer; (persona) avoir des crampes.

agasajar vt fêter, accueillir chaleureusement.

agasajo nm bon accueil; réception f; (regalo) cadeau m; présent m.

agazapar vt (fam) attraper; **~se** vr se cacher; (detrás de un muro) se blottir.

agencia nf agence f; (fig) démarche f; **~ de viajes/inmobiliaria/de cambios** agence de voyages/immobilière/de change; **~**

de colocaciones agence de placement.

agenciar vt préparer; agencer; (fig) procurer; **~se** vr (fam) se débrouiller.

agenda nf agenda m.

agente nm agent m; **~ inmobiliario/de policía** agent immobilier/de police.

agigantado, a a gigantesque; (fig) prodigieux(euse).

ágil a agile; souple; (estilo) alerte, enlevé(e).

agio nm agio m.

agiotista nm agioteur m.

agitación nf agitation f.

agitar vt (fig) troubler; **~se** vr s'agiter.

aglomerar vt agglomérer; **~se** vr s'agglomérer, s'entasser, s'attrouper.

agnóstico, a a agnostique // nm/f agnostique m/f.

agobiar vt (las espaldas) courber, écraser; (con penas) accabler, épuiser; (con preguntas) ennuyer, fatiguer; (con trabajo) déprimer, abattre; **~se** vr: **~se con** s'ennuyer avec; **~se de** se fatiguer de.

agolparse vr se presser, se rassembler; s'entasser.

agonía nf agonie f.

agonizante a agonisant(e).

agonizar vt (fam) harceler // vi (aussi **estar agonizando**) agoniser, être agonisant(e).

agorero, a nm/f devin/eresse // a: **noticia agorera** mauvaise nouvelle; **ave** ~ oiseau m de malheur.

agostar vt dessécher, faner; (AGR) sarcler // vi paître.

agosto nm août m.

agotado, a a épuisé(e).

agotar vt vider; (recursos, edición, tierra) épuiser; (tema) traiter à fond; (paciencia) pousser à bout, épuiser; **~se** vr (persona) s'exténuer; (libro) s'épuiser.

agraciar vt (JUR) grâcier; (con premio) remettre un prix à.

agradable a agréable.

agradar vt plaire.

agradecer vt remercier.

agradecimiento nm reconnaissance f.

agrado nm plaisir m.

agrandar vt (vestido, casa) agrandir; (dificultades) grossir; (patrimonio) augmenter; **~se** vr (niño) grandir; (fig) s'agrandir.

agrario, a a agraire.

agravar vt aggraver; **~se** vr s'aggraver.

agraviar vt (de palabra) offenser; (por acto) nuire à, faire du tort à; **~se** vr s'offenser.

agravio nm offense f; (JUR) plainte f (en appel).

agravión, ona a (AM) susceptible, irritable.

agraz nm (AGR) verjus m, raisin vert; (BOT) épinevinette f; **en** ~ encore vert, en herbe.

agredir vt attaquer, agresser.

agregado nm agrégat m, ensemble m; **~ cultural** attaché culturel.

agregar vt agréger; (al servicio diplomático) affecter.

agresión nf agression f.

agresivo, a a agressif(ive).

agreste a agreste; (fig) sauvage, grossier(ière).

agriar vt aigrir; **~se** vr (vino) s'aigrir; (leche) tourner; (fig) s'aigrir.

agrícola a agricole.

agricultor, a nm/f agriculteur/trice.

agridulce a aigre-doux (douce).

agrietarse vr (tierra) crevasser; (piel, labios) gercer; (muro) lézarder.

agringarse vr se conduire comme un étranger.

agrio, a a aigre.

agronomía nf agronomie f.

agrónomo a agronome // nm agronome m.

agrupación nf groupement m; **~ musical** groupe musical; **~ de jóvenes** mouvement m de jeunesse.

agrupar vt grouper; **~se** vr se grouper.

agua nf eau f; (ARQ) pente f; **~s** nfpl (de piedra preciosa, tela) reflet m; (MED): **hacer ~s** uriner; (MED): **~s mayores** selles fpl, matières fécales; (NAUT): **~ de flujo y reflujo** marée f; **~s jurisdiccionales** eaux territoriales; **pera de ~** poire fondante; **~s abajo/arriba** en aval/amont; (nadar) en descendant/en remontant le courant; **estar entre dos ~s** être indécis(e); **~ de colonia** eau de Cologne; **~ bendita** eau bénite.

aguacate nm (BOT) avocatier m; (AM) nigaud/e.

aguacero nm averse f, ondée f, (fig) ennuis mpl.

aguachar vt noyer, inonder.

agudo, a a coupé(e), baptisé(e) // nf (AGR) inondation f; (NAUT) point m d'eau, aiguade f; (MINERÍA) inondation f; (PINTURA) gouache f; (AM) abreuvoir m.

aguador nm porteur m d'eau.

aguafiestas nm/f trouble-fête m inv.

aguaitar vt (AM) guetter, épier.

aguamala nf méduse f.

aguamanil nm pot m à eau.

aguamarina nf aigue-marine f.

aguantable a supportable.

aguantar vt (frío) endurer, supporter; (alguien) supporter, souffrir; (rabia) contenir; (espera) patienter; (suj: muro) tenir // vi résister; (TAUR) attendre de pied ferme; **~se** vr se contenir.

aguar vt mélanger d'eau, couper; (vino, leche) couper; (crema) délayer; **~se** vr: **se agua la fiesta** la fête se gâte.

aguardar vt attendre.

aguardiente nm eau-de-vie f.

aguarrás nm essence f de térébenthine.

agudeza nf (de instrumento) finesse f; (de sentido) acuité f; (fig): **~ de ingenio** esprit m.

agudo, a a (cuchillo) coupant(e);

(voz) aigu(ë); fin(e); (MUS, LING, ángulo) aigu; (espíritu) vif(vive); (escritor) mordant(e); (dolor, enfermedad) aigu; (vista) perçant(e).

agüero nm augure m, présage m.

aguijar vt aiguillonner; (fig) stimuler // vi se hâter.

aguijón nm aiguillon m.

aguijonear vt = aguijar.

águila nf aigle m; (fig) as m.

aguileño, a a aquilin(e); (nariz) crochu(e); (rostro) allongé(e).

aguilucho nm (ZOOL) aiglon m; (BLASÓN) aiglerion m.

aguinaldo nm étrennes fpl.

aguja nf (gen) aiguille f; (AGR) greffon m; (ARQ) flèche f, aiguille; (TEC) burin m; **~s** nfpl (ZOOL) côtes fpl; (FERROCARRIL) aiguillage m.

agujerear vt percer, faire des trous dans.

agujero nm trou m; (vendedor) vendeur m d'aiguilles; (para agujas) aiguillier m.

agujetas nfpl courbatures fpl.

agustino, a a augustin(e).

aguzar vt tailler; **~ el oído** tendre l'oreille; **~ la vista** regarder attentivement.

aherrojar vt enchaîner; (fig) opprimer.

ahí ad là; **~ está su casa** voilà sa maison; **~ llega le voilà; hasta ~** jusque-là; **por ~** par là; **~ no más** ici-même.

ahijado, a nm/f filleul/e; (fig) protégé/e.

ahínco nm véhémence f.

ahitar vt (MED) causer une indigestión à; (terreno) jalonner; **~se** vr se gaver.

ahíto, a a: **estoy ~** j'ai une indigestion; (fam) fatigué(e); **estar ~** en avoir marre de.

ahogar vt noyer; (animal) étouffer, noyer; (planta, habitación, fuego, rebelión) étouffer; **~se** vr (en el agua) se noyer; (por asfixia) s'étouffer; (por estrangulación) s'étrangler.

ahogo nm étouffement m; (fig) angoisse f.

ahondar vt creuser // vi creuser, pénétrer.

ahora ad maintenant, à présent; ~ voy j'arrive; ~ mismo tout de suite; desde ~ à partir de maintenant; hasta ~ jusqu'à présent; por ~ pour le moment; conj: ~ bien, si no te gusta cela dit, si cela ne te plaît pas.

ahorcajadas ad à califourchon.

ahorcar vt pendre; ~se vr se pendre.

ahorita ad (fam) tout de suite.

ahorrar vt (dinero) économiser, épargner; (esfuerzos) économiser; ~se s'épargner.

ahorro nm économie f.

ahuecar vt (árbol, piedra) évider; (tierra) creuser; (voz) enfler; ~se vr se gonfler d'orgueil.

ahumar vt (carne) fumer; (habitación) enfumer // vi (chimenea) fumer; ~se vr (habitación) s'enfumer; (muros) noircir.

ahuyentar vt (pájaro) mettre en fuite; (pensamiento) chasser; ~se vr (AM) s'enfuir.

aindiado, a a d'aspect indien.

airado, a a furieux(euse); (de mala vida) de mauvaise vie; **palabra airada** gros mot.

airar vt fâcher; ~se vr se fâcher.

aire nm air m; vent m; (MUS) mouvement m // excl (fam) de l'air!, du vent!; ~s nmpl: **darse** ~s se donner des airs.

airoso, a a aéré(e); (TIEMPO) venteux(euse); (fig) élégant(e); **salir** ~ bien s'en tirer.

aislador, a a isolant(e) // nm isolant m.

aislar vt isoler.

ajar vt (vestido) défraîchir, user; (color) défraîchir; (flor, piel) flétrir.

ajedrez nm échecs mpl.

ajenjo nm absinthe f.

ajeno, a a (extranjero) étranger(ère); (extraño) étrange; (diverso) divers(e); différent(e).

ajetreo nm déploiement m d'activité.

ají nm (pimiento) poivre m de Guinée; piment m rouge; (salsa) sauce f au piment.

ajicero, a a du piment.

ajo nm ail m; ~ porro poireau m.

ajolote nm axolote m.

ajonjolí nm sésame m.

ajorca nf bracelet m.

ajuar nm (de casa) mobilier m; (de novia) trousseau m.

ajustado, a a réglé(e); correct(e); (tornillo) serré(e); (cálculo) exact(e); (ropa) ajusté(e), étroit(e); (DEPORTE: resultado) serré // nm ajustage m.

ajustar vt (TEC) ajuster; (IMPRENTA) mettre en pages; (criado) engager; (cuenta) régler; (empleado) embaucher; (matrimonio) arranger; (AM: presupuesto) équilibrer // vi être bien ajusté(e); ~se vr s'adapter; (fig: enemigos) se réconcilier; ~ cuentas régler ses comptes; ~ el trabajo a un horario aménager un horaire; ~ un precio convenir d'un prix.

ajuste nm (TEC) assemblage m, emboîtement m, ajustage m; (CINE) raccord m; (entre enemigos) accord m; (de cuenta) règlement m; (de precios) fixation f; (IMPRENTA) imposition f; (musical) arrangement m.

ajusticiar vt exécuter.

al = a + el, ver a.

ala nf (gen) aile f; (de sombrero) bord m; (del corazón) oreillette f; (de techo) avant-toit(s) m(pl); (de hélice) pale f // nm/f aillier/ière.

alabanza f (elogio) éloge m, louange f; (jactancia) vantardise f.

alabar vt louer, vanter; ~se vr se vanter.

alabarda nf hallebarde f.

alabastro nm albâtre m.

alabear vt se gauchir; ~se vr se gondoler.

alacena nf placard m.

alacrán nm scorpion m.

alado, a *a* ailé(e); (*BOT*) en forme d'aile; (*fig*) éthéré(e).

alambicado, a *a* distillé(e); (*idea*) alambiqué(e); (*persona*) compliqué(e).

alambicar *vt* distiller; (*precio*) étudier.

alambique *nm* alambic *m*.

alambre *nm* fil *m* de fer *ou* d'acier; ~ **de púas** fil de fer barbelé.

alameda *nf* (*de álamos*) allée *f* de peupliers; (*plantío*) peupleraie *f*; (*lugar de paseo*) allée, promenade *f*.

álamo *nm* peuplier *m*; ~ **blanco/negro** peuplier blanc/noir; ~ **temblón** tremble *m*.

alano *nm* dogue *nm*.

alar *nm* avant-toit *m*, auvent *m*.

alarde *nm* (*MIL*) parade *f*, revue *f*; (*en cárcel*) visite *f*; (*ostentación*) étalage *m*.

alargar *vt* allonger; (*vestido*) allonger; (*paso*) allonger, presser; (*brazo*) allonger; (*cuerda*) dérouler; (*conversación, vacación*) prolonger; (*plazo de pago*) augmenter; ~**se** *vr* (*días*) s'allonger; (*viento*) tourner; (*persona*) s'allonger, s'étendre.

alarido *nm* hurlement *m*.

alarma *nf* alarme *f*; inquiétude *f*.

alba *nf* aube *f*.

albacea *nm/f* exécuteur/trice, testamentaire *f*.

Albania *nf* Albanie *f*.

albañal *nm* égout *m*.

albañil *nm* maçon *m*.

albarca *nf* = **abarca**.

albarda *nf* bât *m*.

albaricoque *nm* abricot *m*.

albedrío *nm*: **libre** ~ libre arbitre *m*.

albéitar *nm* vétérinaire *m*.

alberca *nf* (*para bañarse*) bassin *m*; (*depósito*) citerne *f*.

albérchigo *nm* alberge *f*.

albergar *vt* (*persona*) héberger, loger; (*planta*) abriter; (*esperanzas*) nourrir; ~**se** loger; se protéger.

albergue *nm* logement *m*; ~ **de juventud** auberge *f* de jeunesse; ~ **de carretera** relais *m*, auberge.

albis : en albis *ad*: **quedarse en** ~ ne rien piger.

albóndiga *nf* boulette *f*.

albor *nm* (*color*) blancheur *f*; (*del día*) aube *f*.

alborada *nf* (*del día*) aube *f*; (*MUS*) aubade *f*; (*MIL*) attaque *f* à l'aube.

alborear *vi* poindre (*le jour*).

albornoz *nm* (*de los árabes*) burnous *m*; (*para el baño*) peignoir *m* de bain.

alborotar *vi* faire du tapage; ~**se** *vr* (*persona, el mar*) s'agiter.

alboroto *nm* (*desorden*) désordre *m*, tumulte *m*; (*gritería*) tintamarre *m*.

alborozar *vt* réjouir, causer de la joie à; ~**se** *vr* se réjouir.

alborozo *nm* grande joie, allégresse *f*.

albricias *nfpl* cadeau *m* // *excl* chic!, réjouissons-nous!

álbum *nm* album *m*.

albur *nm* (*pez*) cabot *m*; ~**es** *nmpl* jeu de cartes; **correr un** ~ tenter sa chance.

alcachofa *nf* (*BOT*) artichaut *m*; (*de regadera*) pomme *f* d'arrosoir; (*de bañera*) crapaudine *f*.

alcahueta *nf* entremetteuse *f*; (*fig: fam*) maquerelle *f*.

alcahuete *nm* entremetteur *m*; (*fig: fam*) maquereau *m*; (*TEATRO*) rideau *m* d'entracte.

alcaide *nm* (*de fortaleza*) gouverneur *m* d'une forteresse; (*de prisión*) geôlier *m*.

alcalde *nm* maire *m*; ~ **mayor** juge *m* de paix.

alcaldía *nf* mairie *f*.

alcance *nm* portée *f*; (*COM*) déficit *m*; (*de periódico*) dernière minute; (*enfermedad*) atteinte *f*; ~ **de última hora** levée supplémentaire.

alcanforar *a* camphré(e).

alcanforar *vt* camphrer.

alcantarilla *nf* (*de aguas cloacales*) égout *m*; (*en la calle*) caniveau *m*.

alcanzar *vt* (*algo: con la mano, a pie*) atteindre, saisir; (*alguien en* *camino, autobús*) rattraper; *vi*: ~ a hacer arriver à faire.

alcatraz *nm* pélican *m*.

alcázar *nm* palais royal; forteresse *f*; (NAUT) gaillard *m* d'arrière.

alcoba *nf* alcôve *f*; chambre *f* à coucher.

alcohol *nm* alcool *m*; ~ismo *nm* alcoolisme *m*.

alcornoque *nm* (BOT) chêne-liège *m*; (fig) andouille *f*, buse *f*.

alcubilla *nf* château *m* d'eau, réservoir *m*.

alcurnia *nf* lignage *m*; extraction *f*.

alcuza *nf* burette *f* à huile.

aldaba *nf* heurtoir *m*, marteau *m* de porte; (fig) appui *m*; protection *f*.

aldea *nf* village *m*, hameau *m*.

aldeano, a *a* campagnard(e); villageois(e); (fig) rustre, paysan(ne) // *nm/f* villageois/e.

aleación *nf* alliage *m*.

aleccionar *vt* instruire, enseigner; faire la leçon.

aledaño, a *a* voisin(e), limitrophe; accessoire, annexe; ~s *nmpl* confins *mpl*.

alegación *nf* allégation *f*, exposé *m*, plaidoirie *f*.

alegar *vt* alléguer, plaider, citer comme preuve; (AM) discuter, disputer.

alegato *nm* (JUR) plaidoirie *f*, allégation *f*; (AM) discussion *f*, querelle *f*, dispute *f*; (fig) plaidoyer *m*.

alegoría *nf* allégorie *f*.

alegrar *vt* (causar alegría) réjouir, égayer; (fuego) attiser; (TAUR) exciter; (NAUT) donner du mou à; (fiesta) animer; ~se *vr*: ~se con se réjouir de; (achisparse) être un peu gris(e).

alegre *a* gai(e), joyeux(euse); (fam) éméché(e); (licencioso) leste, libre.

alegría *nf* joie *f*, gaîté *f*; (BOT) sésame *m*.

alejamiento *nm* éloignement *m*; distance *f*.

alejar *vt* éloigner; écarter; ~se *vr* s'éloigner.

aleluya *nm* (canto) alleluia *m*; (Pascuas) temps pascal // *nf* petite image pieuse; gâteau *m* à la crème; (fam) sot(te); (cuadro) croûte *f*, navet *m*; (AM) excuse *f* frivole // excl alleluia!, bravo!

alemán, ana *a* allemand(e) // *nm/f* Allemand/e // *nm* allemand *m*.

Alemania *nf*: ~ Federal/Oriental Allemagne fédérale/de l'Est.

alentado, a *pp de alentar* // *a* vaillant(e); résistant(e) à la fatigue; hautain(e).

alentar *vt* (animar) encourager, exciter; ~se *vr* s'enhardir; estar alentado être remis(e).

alerce *nm* mélèze *m*.

alergia *nf* allergie *f*.

alero *nm* (de tejado) avant-toit *m*; (de carruaje) garde-boue *m*.

alerta *ad* avec vigilance // *a* vigilant(e) // *excl* alerte! // *nf* alerte *f*.

aleta *nf* (ZOOL) aile *f*, nageoire *f*; (TEC de muro, techo, columna) aile; (: de radiador, proyectil) ailette *f*; (de nariz) aile; (de coche) garde-boue *m*; (de barco) armature *f* de la poupe.

aletargar *vt* engourdir; faire tomber en léthargie; endormir avec un médicament; ~se *vr* (cocodrilo) s'endormir.

aletear *vi* battre des ailes; battre des nageoires; agiter les bras.

aleve *a* perfide, traître.

alevosía *nf* perfidie *f*.

alfabeto *nm* alphabet *m*.

alfanje *nm* (sable) alfange *f*, cimeterre *m*; (pez) espadon *m*.

alfarero *nm* potier *m*.

alfeñique *nm* sucre d'orge *m*; (fam: persona) gringalet *m*; (: remilgo) simagrée *f*.

alférez *nm* (official) souslieutenant *m*; (abanderado) porte-drapeau *m*; (NAUT) enseigne de vaisseau *m*.

alfil *nm* fou *m* (du jeu d'échec).

alfiler *nm* épingle *f*; ~ de

seguridad épingle de nourrice *ou* de sûreté.

alfombra *nf* tapis *m*.

alfombrar *vt* recouvrir de tapis, tapisser.

alfombrilla *nf* (MED) rubéole *f*; (*alfombra*) carpette *f*.

alforja *nf* sacoche *f*.

alforza *nf* pli *m*, rempli *m* en couture; (*fig*) balafre *f*.

alga *nf* algue *f*.

algarabía *nf* arabe *m*; (BOT) plante *f* à balais; ¡qué ~! quel brouhaha!

algarroba *nf* vesce *f*, caroube *m*.

algazara *nf* (*gritería*) vacarme *m*, brouhaha *m*, clameurs *fpl*.

álgido, a *a* algide; (*fig*) brûlant(e).

algo *pron* quelque chose; ~ **asombroso** quelque chose d'étonnant // *ad* un peu; quelque peu.//**por** ~ **será** il y a sûrement une raison.

algodón *nm* coton *m*; (*planta*) cotonnier *m*; ~ **hidrófilo** coton *m* hydrophile; ~ **pólvora** coton-poudre *m*; fulmicoton *m*.

algodonero, a *a* cotonnier(ière) // *nm/f* cotonnier/ière // *nm* cotonnier *m*.

alguacil *nm* gendarme *m*; (TAUR) alguazil *m*; (ZOOL) araignée d'eau *f*.

alguien *pron* quelqu'un.

alguno, a, algún *a* quelque; ~ **que otro libro** quelques livres; **algún día iré** j'irai un des ces jours // *pron* l'un, quelques-uns; **sin interés** ~ sans aucun intérêt; ~ **que otro** quelques-uns; ~s **piensan** certains pensent; d'aucuns pensent.

alhaja *nf* (*joya*) bijou *m*; (*objeto precioso*) joyau *m*; ¡qué ~! (*fig: pey*) quel numéro!

alharaquiento, a *a* futile et creux(euse); vain(e).

alhóndiga *nf* halle *f* au grain.

aliado, a *a* allié(e).

aliaga *nf* ajonc *m*.

alianza *nf* alliance *f*.

aliar *vt* allier; mettre d'accord; ~**se** *vr* s'allier.

alias *ad* autrement dit, alias, dit.

alicaído, a *a* affaibli(e), sans forces.

alicantino, a *a* d'Alicante // *nm/f* habitant/e d'Alicante.

alicates *nmpl*: ~ **de uñas** pince *f* à ongles.

aliciente *nm* attrait *m*, intérêt *m*.

alienación *nf* aliénation *f*.

aliento *nm* haleine *f*; respiration *f*; **sin** ~ hors d'haleine.

aligerar *vt* alléger, rendre plus léger(ère); (*carga*) alléger; (*abreviar*) abréger; (*dolor*) soulager, calmer.

alijador *nm* allège *m*.

alimaña *nf* bête *f* nuisible, vermine *f*.

alimentación *nf* alimentation *f*.

alimentar *vt* nourrir, alimenter; (*fuego*) entretenir; (*máquina*) alimenter; (*esperanzas*) nourrir, caresser; ~**se** *vr* s'alimenter.

alimenticio, a *a* alimentaire.

alimento *nm* nourriture *f*; ~**s** *nmpl* (JUR) pension *f* alimentaire.

alinear *vt* aligner; *vr*: ~**se en faire** partie de.

aliñar *vt* arranger, préparer, parer; (*guiso*) assaisonner; (TAUR) préparer (*le taureau pour la mise à mort*).

aliño *nm* (*de casa*) tenue *f*, propreté *f*; (*de persona*) correction *f* (*de plato*) assaisonnement *m*.

alisar *vt* (*superficie*) lisser, polir; (*tela, pelo*) lisser; (TEC) polir; ~**se** *vr*: ~**el pelo** mettre de l'ordre dans sa coiffure.

aliso *nm* alisier *m*, aulne *m*.

alistamiento *nm* enrôlement *m*, recrutement *m*.

alistar *vt* (*reclutar*) enrôler recruter; (*registrar*) inscrire sur une liste; ~**se** *vr* s'engager; (AM) se préparer.

aliviar *vt* (*carga*) alléger; (*dolor*) soulager, calmer; (*trabajo*) soulager; (*pena a un reo*) adoucir; ~**se** *vr* (*paciente*) aller mieux; ~**se de** se dégager de.

alivio *nm* (*de carga*) allègement *m*

(físico) soulagement m; *(moral)* réconfort m.

aljibe nm citerne f.

aljofaina nf = jofaina.

alma nf âme f; *(viga)* baliveau m.

almacén nm magasin m; *(depósito)* entrepôt m; comptoir m.

almacenar vt emmagasiner.

almacenero nm magasinier m.

almáciga nf mastic m; *(AGR)* pépinière f.

almadraba nf *(red)* madrague f; *(pesca)* pêche f au thon; *(lugar)* pêcherie f de thon.

almanaque nm almanach m.

almeja nf clovisse f.

almena nf créneau m.

almendra nf amande f; *(amarga)* amande amère, praline f; *(fig)* caillou m; ~s nfpl pendeloques fpl.

almendro nm amandier m.

almiar nm meule f.

almíbar nm sirop m.

almibarado, a a doucereux(euse); *(fig)* sirupeux(euse).

almidón nm amidon m.

almidonar vt empeser, amidonner.

almirantazgo nm amirauté f; *(alto consejo)* tribunal m de l'amirauté.

almirante nm amiral m.

almohada nf oreiller m, coussin m.

almohadilla nf coussinet m; *(para sellos)* tampon m; *(para planchar)* pattemouille f; *(AM)* pelote f; *(ARQ: piedra)* bosse f.

almoneda nf *(subasta)* vente f aux enchères; *(saldo)* soldes fpl; *(tienda)* antiquité f.

almorzar vt déjeuner de, manger au déjeuner // vi déjeuner.

almuerzo nm déjeuner m.

alnado, a nm/f beau-fils/belle-fille.

alocado, a a étourdi(e), écervelé(e).

alocución nf allocution f.

alojamiento nm logement m; *(MIL)* camp m.

alojar vt loger; ~se vr se loger.

alondra nf alouette f.

alpargata nf espadrille f.

Alpes nmpl: los ~ les Alpes fpl.

alpiste nm *(BOT)* millet long, alpiste m.

alquería nf ferme f, hameau m.

alquilar vt louer; se alquilan casas maisons à louer.

alquiler nm location f; *(de apartamento)* loyer m; **coche de ~** voiture de location; **aparatos en ~** appareil à louer.

alquimia nf alchimie f.

alquimista nm alchimiste m.

alquitrán nm goudron m.

alrededor ad autour, tout autour; ~ **de** *(aproximadamente)* environ; *(rodeando)* autour de; ~es nmpl environs mpl; **mirar a su ~** regarder autour de soi.

alta nf ver **alto**.

altanería nf morgue f, arrogance f; *(de aves)* haut-vol m.

altanero, a a hautaine(e), altier(ière), orgueilleux(euse); **de vuelo ~** de haut vol.

altar nm autel m; *(grada)* gradin m de mine.

altavoz nm haut-parleur m.

alterable a altérable f.

alteración nf *(del pulso)* dérèglement m; *(del orden público)* désordre m, trouble m; *(del tiempo)* altération f; *(disputa)* dispute f, querelle f.

alterar vt altérer, changer; ~se vr s'altérer, se troubler; *(persona)* se fâcher, s'énerver.

altercado nm altercation f, démêlé m.

alternar vt alterner; faire alterner // vi, ~se vr se relayer.

alternativo, a a alternatif(ive); *(horario)* tournant(e) // nf alternative f, alternance f; **alternativas** nfpl alternatives fpl.

alteza nf *(tratamiento)* altesse f; *(altura)* hauteur f; *(fig)* grandeur f.

altibajo nm *(ESGRIMA)* coup m de haut en bas; ~s nmpl aspérités fpl; *(fig)* vicissitudes fpl.

altillo nm coteau m.

altiplanicie nf = **altiplano** nm.

altiplano nm haut plateau.

altisonante a pompeux(euse), ronflant(e).

altivez nf arrogance f.

altivo, a a arrogant(e).

alto, a a grand(e), haut(e); (*precio*) élevé(e); (*relieve*) haut; (*río*) en crue // nm haut m; halte f; (MUS) alto m; (AM) tas m // ad fort // nf bulletin m de santé // excl halte!, stop!; **tiene 2 metros de** ~ il mesure 2 mètres; **en alta mar** en haute mer; **en voz alta** à voix haute; **a altas horas de la noche** à une heure avancée de la nuit; **en lo** ~ **de** au sommet de; **mantener en** ~ maintenir bien haut; **pasar por** ~ oublier; **dar de alta** (*enfermo*) donner l'exeat à; **dar el alta** (MIL) entrer en service actif.

altoparlante nm (AM) haut-parleur m.

altura nf altitude f, hauteur f; (NAUT) **barco de** ~ bateau de haute mer, long courrier; **navegación de** ~ navigation au long cours; (fig): **a esta** ~ **del año** à l'heure actuelle; ~**s** nfpl hauteurs fpl; **cincuenta metros de** ~ cinquante mètres de haut.

alubia nf haricot m.

alucinación nf hallucination f.

alud nm avalanche f.

aludir vi: ~ **a** faire allusion à, se référer à; renvoyer à; **darse por** ~ se sentir visé; **no darse por aludido** faire la sourde oreille.

alumbrado, a a éclairé(e), (*hereje*) illuminé(e), (*chimenea*) allumé(e) // nm éclairage m.

alumbramiento nm (ELEC) éclairage m, éclairement m; (MED) accouchement m.

alumbrar vt éclairer; (*ciego*) rendre la vue à; (TEC) plonger dans l'alun; (*aguas subterráneas*) découvrir; (*fam*) frapper.

aluminio nm aluminium m.

alumno, a nm/f élève m/f; (*discípulo*) élève, disciple m.

alusión nf allusion f, référence f.

alusivo, a a allusif(ive).

aluvión nf crue f, alluvion f; (fig) foule f; multitude f; **tierras de** ~ alluvions.

alza nf hausse f; **estar en** ~ (*fam*) avoir la cote.

alzada nf (*de caballos*) hauteur f du garrot; (*pastos*) pâturage m d'été; (JUR) pourvoi m, appel m, recours m.

alzamiento nm action f de lever ou de soulever; (*en subasta*) surenchère f; (*sublevación, rebelión*) soulèvement m (populaire); (COM) banqueroute frauduleuse.

alzar vt (*la mano*) lever; (*voz, muro*) élever; (*precios*) hausser; (*cuello de abrigo, algo del suelo*) relever; (AGR) rentrer; (IMPRENTA) assembler; ~**se** vr se lever, se relever, s'élever; (*rebelarse*) se soulever; (COM) faire banqueroute, (JUR) faire appel, se pourvoir; (AM: *animal*) retourner à l'état sauvage; (: *persona*) s'enfuir; ~ **el vuelo** prendre son vol; ~ **velas** mettre à la voile.

allá ad (*lugar*) là-bas; (*tiempo*) autrefois; **más** ~ plus loin; **por** ~ par là; **el más** ~ (*el otro mundo*) l'au-delà m.

allanar vt aplanir, niveler; (*JUR*) vaincre; (*JUR*) violer // ~**se** vr (*edificio*) s'effondrer, s'écrouler; (fig): ~**se a** se soumettre à.

allegado, a a proche, voisin(e) // nm/f (*discípulo*) partisan/e; **sus** ~**s** (*parientes*) ses proches mpl.

allegar vt réunir, ajouter, ramasser, recueillir; ~**se** vr (*a persona*) s'approcher; (*a opinión*) adhérer à.

allende ad au-delà de, de l'autre côté de; (*además*) outre, en outre.

allí ad (*lugar*) là; ~ **mismo** ici même; **hasta** ~ jusque-là; **por** ~ par là.

ama nf maîtresse f de maison, propriétaire f; gouvernante f; (*que* *cría niños ajenos)* nourrice *f*; ~ **de llaves** gouvernante.

amabilidad *nf* amabilité *f*, gentillesse *f*.

amable *a* aimable.

amachinarse *vr* vivre en ménage avec quelqu'un.

amaestrar *vt* dresser.

amagar *vt* être sur le point de; menacer, s'annoncer.

amago *nm* (*amenaza*) menace *f*, signe *m*; (*gesto*) semblant *m*, geste *m*; (*de comienzo*) commencement *m*, signe; (*de enfermedad*) symptôme *m*.

amainar *vt* (*las velas*) amener; (*fig*) modérer // *vi* (*calmarse, el viento*) se calmer, tomber.

amalgama *nf* (*aleación*) alliage *m*; (*mezcla*) amalgame *m*.

amalgamar *vt* (*QUÍMICA*) amalgamer; (*fig*) mélanger.

amamantar *vt* allaiter, nourrir au sein.

amanecer *vi* faire jour, se lever, poindre // *nm* aube *f*, lever *m* du jour; **al día amaneció nublado** à l'aube le ciel était couvert; **el niño amaneció afiebrado** l'enfant s'est réveillé avec une forte fièvre.

amansador, a *a* dresseur(euse) // *nm/f* (*domador*) dompteur/euse.

amansar *vt* dompter, apprivoiser; (*fig*) calmer, apaiser.

amante *a*: ~ **de** amoureux de // *nm/f* amoureux/euse, amant/e // *nf* maîtresse *f*.

amanzanar *vt* lotir.

amapola *nf* coquelicot *m*.

amar *vt* aimer; chérir.

amargado, a *a* amer(ère); aigri(e); pessimiste.

amargar *vt* rendre amer; (*fig*) affliger, rendre la peine à; ~**se** *vr* s'empoisonner.

amargo, a *a* amer(ère); (*fig*) triste, amer, aigri(e).

amargura *nf* amertume *f*.

amarillento, a *a* jaunâtre; (*tez*) blême, jaune.

amarillo, a *a* jaune // *nm* jaune *m*; blondeur *f*.

amarrar *vt* (*barco, zapatos, paquete*) amarrer, attacher; (*animal, persona*) ficeler, ligoter; (*fig*) attirer, obliger; ~**se** *vr* (*a un trabajo*) s'atteler.

amartelar *vt* rendre jaloux/amoureux; ~**se** *vr*: ~**se de** s'éprendre passionnément de.

amartillar *vt* = **martillar** *vt*.

amasar *vt* (*pan*) pétrir; (*TEC*) gâcher; (*MED*) masser; (*fam*) combiner, manigancer; (*fortuna*) amasser.

amasijo *nm* (*mezcla*) pâte pétrie; (*de cal, yeso*) gâchis *m*, mortier *m*; (*fig*) fatras *m*, ramassis *m*.

amatista *nf* améthyste *f*.

amazona *nf* amazone *f*, écuyère *f*; **A~s** *nm*: **el A~s** l'Amazone *f*; **en** ~ en amazone.

ambages *nmpl* ambages *mpl*; **sin** ~ sans ambages.

ámbar *nm* ambre *m*; ~ **gris** ambre gris.

ambición *nf* ambition *f*.

ambicionar *vt* ambitionner.

ambicioso, a *a* ambitieux(euse).

ambidextro, a *a* ambidextre.

ambiente *a* ambiant(e) // *nm* air ambiant, atmosphère *f*; climat *m*; (*fig*) milieu ambiant, ambiance *f*; climat.

ambigüedad *nf* ambiguïté *f*.

ambiguo, a *a* ambigu(ë).

ámbito *nm* enceinte *f*; (*fig*) milieu *m*, atmosphère *f*; **en el** ~ **nacional** sur le plan national; **dentro del** ~ **de** dans le cadre de.

ambos, ambas *apl* les deux // *pron pl* tous/toutes les deux; **por ambas partes** de tous côtés.

ambulancia *nf* ambulance *f*.

ambulante *a* ambulant(e); (*actor*) itinérant(e) // *nm/f* itinérant/e.

amedrentar *vt* effrayer, intimider.

amenaza *nf* menace *f*.

amenazar *vt* menacer // *vi*:

amenaza llover il menace de pleuvoir.

amenguar vt amoindrir, diminuer; (fig) déshonorer.

amenidad nf aménité f, charme m.

amenizar vt égayer, agrémenter.

ameno, a a amène, agréable.

América nf: ~ **del Norte/del Sur/Latina** Amérique f du Nord/du Sud/Latine.

americano, a a américain(e) // nf (chaqueta) veston m, veste f // nm/f Américain/e; ~ **del sur** Sud-Américain m.

ametralladora nf mitrailleuse f.

amigable a amiable.

amigo, a a ami(e) // nm/f ami/e.

amilanar vt effrayer, faire peur à, décourager; ~**se** vr s'effrayer, se décourager.

aminorar vt diminuer, amoindrir; (marcha, temperatura) ralentir.

amistad nf amitié f; ~**es** nfpl (fig) affinité f.

amistoso, a a amical(e).

amnistía nf amnistie f.

amo nm maître m, propriétaire m; ~ **de casa** maître de maison.

amodorrarse vr s'assoupir.

amolar vt aiguiser; (fig) raser, casser les pieds à; **piedra de** ~ pierre meulière.

amoldar vt mouler, ajuster; ~**se** vr se mouler, s'ajuster.

amonestación nf admonestation f, avertissement m; **amonestaciones** nfpl: **correr las** ~**es** publier les bans.

amonestar vt admonester; publier les bans de.

amontonar vt entasser, amonceler; ~**se** vr se masser.

amor nm amour m; **hacer el** ~ faire l'amour.

amoratado, a a violacé(e).

amordazar vt bâillonner, museler.

amorío nm (fam) amourette f.

amoroso, a a tendre, affectueux(euse).

amortajar vt ensevelir, mettre dans un linceul.

amortiguador nm amortisseur m.

amortiguar vt amortir; (fig) atténuer, étouffer.

amortización nf amortissement m.

amotinar vt soulever, ameuter; ~**se** vr se soulever, se mutiner.

amparar vt protéger; ~**se** vr se protéger.

amparo nm protection f, abri m, appui m, soutien m; **al** ~ **de** à l'abri de.

ampliación nf (de crédito) extension f, accroissement m, élargissement m; (de edificio, fotografía) agrandissement m; (de tratado) extension f.

ampliar vt agrandir, élargir, accroître; augmenter; étendre.

amplificación nf (agrandimiento) amplification f; (desarrollo) développement m; (AM: de fotografía) agrandissement m.

amplificar vt amplifier, agrandir.

amplio, a a ample; large.

amplitud nf amplitude f, étendue f; envergure f; ~ **de ideas** largeur f d'esprit.

ampolla nf (MED: lesión) ampoule f, cloque f; (: inyección) ampoule.

ampulosidad nf style ampoulé.

amueblar vt meubler.

amurallar vt fortifier.

anacoreta nm/f anachorète m.

anacronismo nm (error) anachronisme m; (antigualla) vieillerie f, antiquaille f.

ánade nm/f canard m.

anales nmpl annales mpl.

analfabeto, a a analphabète.

análisis nm analyse f.

analítico, a a analytique.

analizar vt analyser.

analogía nf analogie f.

análogo, a a analogue.

ananá(s) nm ananas m.

anaquel nm rayon m, étagère f, tablette f.

anaranjado, a a orangé(e) // nm orange m.

anarquía nf anarchie f.

anárquico, a *a* anarchique.

anarquismo *nm* anarchisme *m*.

anatema *nm* anathème *m*.

anatomía *nf* (*del cuerpo*) anatomie *f*, dissection *f*, autopsie *f*; (*ciencia*) anatomie *f*.

anca *nf* croupe *f*; (*fam*) fesse *f*.

anciano, a *a* vieux (vieille) // *nm* ancien *m* // *nm/f* vieillard/e; personne âgée.

ancla *nf* ancre *f*; **echar/levar ~s** jeter/lever l'ancre.

ancladero *nm* mouillage *m*, ancrage *m*.

anclar *vi* mouiller, ancrer.

ancho, a *a* large; (*falda*) ample; (*pared*) épais(se) // *nm* largeur *f*; (*FERROCARRIL*) écartement *m*; **estar muy ~** (*fam*) se gonfler; **estar a sus anchas** (*fam*) être à ses aises; **quedarse ~** (*fam*) ne pas s'affoler, ne pas s'en faire.

anchoa *nf* anchois *m*.

anchura *nf* largeur *f*, (*fig*) sans gêne *m*, ouverture *f* (d'esprit).

anchuroso, a *a* vaste, très large.

andada *nf* longue marche; **volver a las ~s** retomber dans les mêmes erreurs.

andadura *nf* marche *f*, allure *f*.

Andalucía *nf* Andalousie *f*.

andaluz, a *a* andalou(ouse) // *nm/f* Andalou/ouse.

andamio *nm* échafaudage *m*.

andanada *nf* (*MIL*) bordée *f*, volée *f*; (*TAUR*) promenoir *m*; (*fig*) bordée.

andar *vt* parcourir, faire // *vi* marcher // *nm* démarche *f*; **~ a pie/a caballo/en bicicleta** aller à pied/à cheval/en bicyclette; **~ bien/mal** aller bien/mal; **~ triste/alegre** être triste/gai(e); **~ a gatas** marcher à quatre pattes; **¡anda!, ¡andando!** en avant, en route; **anda en los 40** il va sur ses 40 ans; **~ con cuidado** faire attention; **~ diciendo** dire.

andariego, a *a* bon marcheur(euse); (*callejero*)

flâneur(euse); (*vagabundo*) vagabond(e).

andarín, ina *nm/f* marcheur/euse // *nf* hirondelle *f*.

andas *nfpl*: **llevar en ~** porter sur ses épaules.

andén *nm* (*FERROCARRIL*) quai *m*; (*NAUT*) accotement *m*; (*de carretera*) bas-côté *m*, parapet *m*.

Andes *nmpl*: **los ~** les Andes *fpl*.

Andorra *nf* Andorre *f*.

andrajo *nm* guenille *f*.

andrajoso, a *a* déguenillé(e) // *nm/f* loqueteux/euse.

andurriales *nmpl* (*rincón perdido*) coin perdu; (*barrio alejado*) bout *m* du monde.

anduve *etc vb ver* **andar**.

anécdota *nf* anecdote *f*.

anegar *vt* (*inundar*) inonder; (*ahogar*) noyer; **~se** *vr* (*ahogarse*) se noyer; (*NAUT: hundirse*) sombrer, couler.

anejo, a *a* (*anexo*) annexe // *nm* annexe *m*; (*dos poblaciones*) syndicat *m* de communes.

anemia *nf* anémie *f*.

anexar *vt* annexer.

anexión *nf* annexion *f*.

anexo, a *a* annexe // **~s** *nmpl* (*ANAT*) annexes *fpl* // *nm* annexe *f*.

anfibio, a *a* amphibie // *nm* amphibien *m*.

anfiteatro *nm* amphithéâtre *m*.

anfitrión *nm* amphitryon *m*.

ángel *nm* ange *m*.

angélico, a, angelical *a* angélique.

angina *nf* (*MED*) angine *f*; **~ de pecho/diftérica** angine de poitrine/couenneuse.

anglicano, a *a* anglican(e) // *nm/f* anglican/e.

angosto, a *a* étroit(e), resserré(e).

angostura *nf* étroitesse *f*; (*paso*) gorge *f*, défilé *m*; (*BOT*) angusture *f*.

anguila *nf* anguille *f*.

angular *a* angulaire.

ángulo *nm* angle *m*.

angustia *nf* angoisse *f*.

angustiar *vt* angoisser, affliger

anhelante *a* essouflé(e), haletant(e); désireux(euse).

anhelar *vt* briguer, désirer // *vi* haleter.

anhelo *nm* désir ardent; ~s *nmpl* désirs, aspirations *fpl*.

anidar *vt* loger, accueillir // *vi* nicher, faire son nid.

anilina *nf* aniline *f*.

anillo *nm* anneau *m*; ~ **de boda** alliance *f*.

ánima *nf* âme *f*; **sonar las** ~**s** sonner l'Angélus.

animación *nf* animation *f*; (*actividad*) entrain *m*, allant *m*; foule *f*; (*de mecanismo*) mise en marche *f*.

animado, *a a* animé(e).

animadversión *nf* animadversion *f*.

animal *a* animal(e); (*fig*: *bruto*) brute; (: *estúpido*) bête // *nm* animal *m*.

animar *vt* (*BIO*: *dar vida*) animer; (*alegrar*) mettre de l'ambiance dans; (*estimular*) encourager; (*incitar*) inciter; ~**se** *vr* (*cobrar ánimo*) s'enhardir; (*decidirse*) se décider.

ánimo *nm* âme *f*; esprit *m* // *excl* courage!; **dar** ~**s** donner des encouragements.

animosidad *nf* animosité *f*.

animoso, *a a* courageux(euse).

aniquilación *nf*, **aniquilamiento** *nm* anéantissement *m*.

aniquilar *vt* (*acabar*) annihiler; (*destruir*) anéantir; (*echar por tierra*) abattre; (*fig*) réduire à néant; ~**se** *vr* (*deteriorarse*) se détériorer; (*desaparecer*) s'anéantir.

anís *nm* anis *m*.

anisado *nm* anisette *f*.

aniversario *nm* anniversaire *m*.

ano *nm* anus *m*.

anoche *ad* hier soir, la nuit dernière; **antes de** ~ avant hier soir.

anochecer *vi* commencer à faire nuit // *nm* crépuscule *m*; tombée *f*

de la nuit; ~ **en el mar** être surpris par la nuit en mer.

anodino, a *a* anodin(e); inoffensif(ive).

anomalía *nf* anomalie *f*.

anómalo, a *a* anormal(e).

anonadamiento *nm* accablement *m*, anéantissement *m*; abattement *m*.

anonadar *vt* (*aniquilar, destruir*) anéantir; (*perder el ánimo*) être altéré(e); ~**se** *vr* être accablé(e).

anónimo, a *a* anonyme *m* // **anonymat** *m*.

anormal *a* (*irregular*) anormal(e); irrégulier(ière); (*niño*) anormal, handicapé(e) // *nm* anormal/e.

anotación *nf* annotation *f*; note *f*.

anotar *vt* noter, prendre en note; (*faltas*) souligner; (*libro*) annoter.

ansia *nf* anxiété *f*, angoisse *f*; convoitise *f*, avidité *f*; désir ardent.

ansiar *vt* convoiter.

ansiedad *nf* (*angustia*) anxiété *f*; avidité *f*.

ansioso, a *a* (*inquieto*) anxieux(euse); avide; (*deseoso*) désireux (euse).

antagónico, a *a* antagonique.

antagonista *nm/f* antagoniste *m*.

antaño *ad* l'année dernière; jadis, autrefois; **la moda de** ~ la mode d'antan.

Antártico *nm*: **el** ~ l'Antarctique *m*.

ante *prep* (*delante*) devant; (*adelante*) en avant; ~ **todo** avant tout.

anteanoche *ad* avant-hier soir, il y a deux nuits.

anteayer *ad* avant-hier.

antebrazo *nm* avant-bras *m*.

antecámara *nm* antichambre *f*.

antecedente *a* antécédent(e) // *nm* (*MAT*) nombre antécédent; (*FILO LING*) antécédent; ~**s penales** casier *m* judiciaire.

anteceder *vt* précéder.

antecesor, a *nm/f* (*predecesor*) prédécesseur *m*; (*antepasado*) ancê

tre m, aïeul m // à précédent(e).

antedicho, a a susdit(e); précédent(e).

antelación nf anticipation f; con ~ à l'avance.

antemano: de ~ ad d'avance.

antena nf antenne f.

antenoche ad avant-hier soir.

anteojo nm lunette f; ~ **de larga vista** lunette d'approche, longue-vue f; ~ **prismático** jumelles fpl; ~s nmpl lunettes fpl.

antepasados nmpl aïeux mpl, ancêtres mpl.

antepecho nm (balaustrada) garde- fou m, parapet m; (de ventana) appui m, accoudoir m; (del caballo) poitrail m du harnais; (MIL) gradin m de tir.

anteponer vt mettre devant; (fig) faire passer avant.

anteportada nf faux-titre m.

anterior a antérieur(e).

anterioridad nf antériorité f; con ~ à sa carta avant sa lettre.

antes ad avant; (anteriormente): **lo había hecho** ~ il l'avait déjà fait; ~ **bien** plutôt; ~ **que** avant que; **dos días** ~ deux jours auparavant; **muerto que esclavo** plutôt la mort que l'esclavage; **tomé el avión** ~ **que el barco** je préfère prendre l'avion plutôt que le bâteau; **cuanto** ~ dès que possible; **lo** ~ **posible** le plus tôt possible // prep: ~ **de venir** avant de venir // conj: ~ **(de) que** avant que.

antesala nf antichambre f.

anticipación nf anticipation f.

anticipado, a a anticipé(e).

anticipar vt anticiper; (fecha, viaje, pago) avancer; ~ **a los deseos de alguien** aller au-devant des désirs de qn; ~ **a su época** devancer son époque.

anticuado, a a vieilli(e), vieux (vieille); (palabra, persona) vieillot(te); (vestido) démodé(e).

anticuario nm (persona) anti-

quaire m; (negocio) magasin m d'antiquités.

antídoto nm antidote m, contrepoison m.

antifaz nm masque f, loup m.

antífona nf antienne f.

antigualla nf vieillerie f, antiquaille f.

antiguamente ad anciennement.

antigüedad nf (época) antiquité f; (tiempo) ancienneté f.

antiguo, a a antique, ancien(ne); (que fue) ancien; ~s nmpl anciens mpl; **el** ~ **ministro** l'ancien ministre.

antílope nm antilope f.

antillano, a a antillais(e) // nm/f Antillais/e.

Antillas nfpl: **las** ~ les Antilles fpl.

antipara nf paravent m.

antipatía nf antipathie f.

antipático, a a antipathique.

antipoda nm antipode m; ~s nmpl antipodes mpl.

antiquísimo, a a très ancien(ne).

antítesis nf antithèse f.

antojadizo, a a a (caprichoso) capricieux(euse); (voluble) lunatique, changeant(e).

antojarse vr (desear) avoir envie de; (pensar) avoir l'idée de.

antojo nm caprice m; envie f; désir m; (mancha) envie.

antología nf anthologie f; **de** ~ (fam) magnifique, fantastique.

antorcha nf torche f, flambeau m; (fig) flambeau.

antro nm antre m.

antropófago, a a anthropophage // nm anthropophage m.

antropología nf anthropologie f.

anual a annuel(elle).

anualidad nf annuité f.

anuario nm annuaire m.

anublar vt obscurcir; (fig) ternir; ~se vr se couvrir; (planta) se faner; (fig) s'évanouir.

anudar vt (cinta, corbata) nouer; (zapatos) attacher; (amistad) renouer; (BOT) se rabougrir; ~se vr attacher.

anulación nf annulation f; décommandement m.

anular vt (cancelar) résilier, annuler; (revocar) révoquer, destituer; (ley) abroger; (efectos de un medicamento) supprimer; (MAT) annuler // nm annulaire m; ~ se vr (persona) s'annuler.

anunciación nf annonciation f.

anunciar vt déclarer; aviser; (manifestar) annoncer, proclamer; (visita) prévenir; (film) faire de la publicité pour, signaler; (plan de gobierno) exposer; ~ se vr se présenter.

anuncio nm annonce f; ~s por palabras petites annonces; ~ luminoso enseigne lumineuse.

anverso nm (de moneda) avers m, face f; (de página) recto m.

anzuelo nm hameçon m.

añadido, a (agregado) ajouté(e) // nm (agregado) ajouté m; (cabellos) postiche m.

añadidura nf (suplemento) ajout m; (de texto) ajouté m; (de vestido) allonge f; por ~ en outre.

añadir vt ajouter.

añejo, a a vieux(vieille).

añicos nmpl (mil pedazos) miettes fpl, morceaux fpl; hacer ~ mettre en morceaux.

año nm an m, année f; ¡Feliz A~ Nuevo! Bonne Année!; tener 15 ~s avoir 15 ans; ~ bisiesto/entrante/escolar année bissextile/qui commence/scolaire.

añoranza nf regret m.

añoso, a a âgé(e).

aojar vt jeter un sort sur.

apacentamiento nm pâturage m.

apacentar vt paître, faire paître.

apacible a paisible, calme, tranquille; (niño, vida) tranquille, doux (douce); (el tiempo) calme; (fig: carácter) affable.

apaciguamiento nm apaisement m.

apaciguar vt apaiser, calmer.

apadrinar vt parrainer.

apagado, a a éteint(e); (color)

sans éclat, terne; (ruido) sourd(e); étouffé(e).

apagar vt éteindre; (sonido) assourdir, étouffer; (sed) étancher; (fig) étouffer, tarir.

apalabrar vt convenir verbalement, décider; (contratar) engager.

apalear vt (animal, persona) battre, rosser; (ropa) battre; (frutos) gauler; (grano) éventer.

apaleo nm (de trigo) bastonnage m, éventage m; (de fruto) gaulage m.

apandillarse vr se grouper en bande.

apañado, a a adroit(e), habile; (fam) pratique.

apañar vt (recoger) disposer, arranger; (asir) saisir, prendre; (ataviar) orner, parer; (remendar) rapiécer, raccommoder; ~ se vr se débrouiller, s'arranger.

aparador nm (mueble) buffet m; (escaparate) vitrine f.

aparato nm machine f; pompe f, apparat m; (TEC) appareil m, poste m; (doméstico) appareil ménager; ~ digestivo/circulatorio appareil ou système digestif/circulatoire.

aparatoso, a a pompeux(euse), ostentatoire.

aparecer vi apparaître; (libro) paraître; (en lista) figurer; (en escena) paraître; (llegar) venir, arriver; ~ se vr se montrer, surgir.

aparecido nm revenant m, fantôme m.

aparejado, a a préparé(e), convenable, adéquat(e).

aparejar vt préparer; disposer; (caballo) harnacher; (NAUT) gréer; ~ se vr se préparer, s'apprêter.

aparejo nm préparation f, arrangement m; (de caballo) harnais m, bât m; (NAUT) gréement m; (TEC) mouffle m.

aparentar vt feindre, simuler; faire semblant, affecter.

aparente a (simulado) apparent(e); (falso) faux(ausse); (adecuado) approprié(e); propre.

aparición nf (visión) apparition f

(publicación) parution f.

aparencia nf apparence f; **en ~** apparemment, en apparence.

apartado, a a *(retirado)* écarté(e), distant(e); *(remoto)* lointain(e) // m boîte postale; paragraphe m, alinéa m.

apartamento nm appartement m.

apartamiento nm *(acción)* écartement m; *(selección)* tri m, triage m; *(apartamento)* appartement m.

apartar vt *(separar)* écarter, éloigner, séparer; *(alejar)* éloigner; *(elegir)* mettre de côté, choisir; *(minerales)* trier; *(persona)* tenir à l'écart, écarter; **~se** vr *(alejarse)* s'éloigner, s'écarter; *(retirarse)* se retirer.

aparte ad *(separadamente)* de côté; *(en otro lugar)* ailleurs, en dehors; *(además)* en plus, en outre // nm aparté m; **punto y ~** point à ligne.

apasionado, a a passionné(e), ardent(e), acharné(e); partisan(e).

apasionar vt *(tener pasión a, por)* passionner; **~se** vr se passionner.

apatía nf *(abulia)* apathie nf; *(desgano)* dégoût m.

apático, a a apathique; dégoûté(e).

apdo nm abr de **apartado** *(de correos)*.

apeadero nm *(FERROCARRIL)* halte f, petite gare; *(apartamento)* pied-à-terre m.

apearse vr *(de un caballo)* mettre pied à terre; *(de un coche)* descendre.

apechugar vi se coltiner, s'appuyer; affronter.

apedrear vt jeter des pierres à, lapider // vi grêler; **~se** vr être grêlé(e); se battre à coups de pierres.

apegarse vr: **~se a** s'attacher à, avoir de la prédilection pour.

apego nm *(inclinación)* affection f, inclination f; *(afecto)* attachement m.

apelación nf *(JUR)* appel m; *(MED)* consultation f de médecins.

apelante nm/f appelant/e.

apelar vi faire appel; **~ a** en appeler ou s'en remettre ou avoir recours à.

apelldar vt nommer, surnommer; **~se** vr se nommer, s'appeler.

apellido nm nom m *(de famille)*.

apenar vt affliger, peiner; **~se** vr s'affliger.

apenas ad *(escasamente)* à peine, presque pas; *(en cuanto)* dès que, aussitôt que.

apéndice nm appendice m.

apercibimiento nm préparation f; avertissement m, avis m; *(JUR)* sommation f.

apercibir vt préparer, disposer; avertir, admonester; *(JUR)* faire une sommation; **~se** vr se préparer; *(AM)* percevoir.

aperitivo nm apéritif m.

apero nm matériel m agricole; **~s** nmpl *(AM)* harnachement m.

apertura nf ouverture f.

apesadumbrar vt *(entristecer)* attrister, accabler; *(afligir)* faire de la peine à, affliger; **~se** vr s'affliger.

apestar vt *(MED)* donner la peste à, contagionner; *(fastidiar)* ennuyer, assommer // vi empester, puer; **~se** vr *(persona)* tomber malade; *(planta)* attraper la peste.

apetecer vt: **¿te apetece una tortilla?** est-ce qu'une omelette te dirait?, as-tu envie d'une omelette?

apetecible a *(deseable)* désirable, appétissant(e); *(atractivo)* attirant(e); *(agradable)* agréable.

apetencia nf appétit m, appétence f.

apetito nm appétit m.

apetitoso, a a *(sabroso)* appétissant(e), savoureux(euse); *(agradable)* délicieux(euse), agréable.

apiadarse vr s'apitoyer, s'attendrir.

ápice nm pointe f, extrémité f; *(parte mínima)* brin m, vétille f.

apiñar vt *(amontonar)* entasser, empiler; *(apretar)* serrer.

apio nm céleri m.

apisonar vt damer, tasser.

aplacar vt calmer, apaiser; ~se vr se calmer.

aplanamiento nm aplanissement m.

aplanar vt (nivelar) niveler; (allanar) aplanir; ~se vr (fig: fam) se laisser abattre.

aplastar vt aplatir, écraser; ~se vr (AM) s'effondrer, s'écrouler, dépérir.

aplaudir vt applaudir; (fig) applaudir à, approuver.

aplauso nm applaudissement m; (fig) éloges mpl.

aplazamiento nm ajournement m, remise f.

aplazar vt ajourner, remettre, retarder.

aplicación nf application f; (puesta en marcha) mise en œuvre f; (adorno) placage m.

aplicado, a a appliqué(e), studieux(euse).

aplicar vt (ejecutar) appliquer; (emplear) employer, appliquer; (sobreponer) superposer, rajouter; ~se vr (esmerarse) s'appliquer; (ponerse) se mettre; (inyección, reprimenda) se faire, s'infliger.

aplomo nm sérieux m, jugement m; verticalité f, aplomb m.

apocado, a a a timide.

apocalipsis nm apocalypse f.

apocamiento nm timidité f, pusillanimité f; état dépressif.

apocar vt diminuer, amoindrir; ~se vr s'humilier, s'avilir.

apócrifo, a a a apocryphe.

apodar vt surnommer.

apoderado nm agent m, mandataire m.

apoderar vt déléguer comme fondé de pouvoir; autoriser; ~se vr s'approprier, s'emparer; prendre possession.

apodo nm surnom m, sobriquet m.

apogeo nm apogée m.

apolítico, a a a apolitique.

apología nf apologie f; défense f, plaidoyer m.

apoplejía nf apoplexie f.

apoplético, a a a apoplectique.

apoquinar vt (fam) cracher, lâcher (de l'argent).

aporrear vt battre, frapper, cogner; ~se vr se battre.

aporreo nm bastonnade f, volée f.

aportar vt apporter // vi aborder, débarquer; ~se vr (AM) arriver, apparaître.

aposentar vt loger, héberger; ~se vr s'installer.

aposento nm (habitación) chambre f; (hospedaje) logement m.

aposta, apostadamente ad exprès, à dessein.

apostar vt parier; rivaliser; ~se vr se poster.

apostasía nf apostasie f.

apostilla nf apostille f, annotation f, note f.

apóstol nm apôtre m.

apóstrofe nm apostrophe f.

apóstrofo nm apostrophe f.

apostura nf élégance f, allure f.

apotegma nm apophtegme m.

apoteosis nf apothéose f.

apoyacodos nm inv accoudoir m.

apoyar vt appuyer; (fig) confirmer; appuyer.

apoyo nm (soporte) appui m; protection f; (auxilio) secours m.

apreciable a appréciable; (fig) estimable.

apreciación nf évaluation f, appréciation f.

apreciar vt apprécier; (fig) estimer.

aprecio nm appréciation f; (fig) estime f, sympathie f, considération f.

aprehender vt appréhender saisir; concevoir; comprendre.

aprehensión nf appréhension f, prise f, capture f; compréhension f.

apremiante a urgent(e), pressant(e); (JUR) contraignant(e).

apremiar vt contraindre, forcer; (JUR) contraindre // vi presser.

apremio nm (obligación) cor

traínte f; urgence f; (JUR) contrainte f.

aprender vt apprendre.

aprendiz, a nm/f apprenti/e.

aprendizaje nm apprentissage m.

aprensión nm (recelo) appréhension f; (miedo) peur f; (escrúpulo) scrupules mpl; **aprensiones** nfpl idées fausses.

aprensivo, a a (receloso) peureux(euse), méfiant(e); (temeroso) craintif(ive), pusillanime.

apresamiento nm prise f, saisie f; capture f.

apresar vt (asir) saisir; (NAUT) capturer; (JUR) incarcérer.

aprestar vt (preparar) apprêter; (disponer) disposer, ordonner; (TEC) apprêter; **~se** vr s'apprêter.

apresto nm préparatifs mpl; (TEC) apprêt m.

apresurado, a a (falto de tiempo) pressé(e); (precipitado) hâtif(ive).

apresuramiento nm (prisa) empressement m; (precipitación) hâte f, précipitation f.

apresurar vt presser, hâter; **~se** vr se presser, se hâter.

apretado, a a serré(e), pincé(e); (difícil) difficile; (peligroso) périlleux(euse); (falto de dinero o de espacio) chiche; (mezquino) mesquin(e).

apretar vt (estrechar) serrer; (comprimir) presser, comprimer; (oprimir) presser, appuyer; (activar) presser, hâter; (fig) affliger, contrarier.

apretón nm (de manos) serrement m; (dolor) pincement m; (fam: situación) embarras m, situation f critique; (: carrera) sprint m, course rapide et courte.

apretura nf (opresión de gentío) cohue f, foule f; (presión: de mano etc) serrement m; (apuro) situation f difficile, mauvais pas m; (escasez) gêne f; (pasaje, estrecho) espace exigu.

prieto nm (opresión) gêne f,

oppression f; (dificultad) difficulté f, situation f critique.

aprisa ad rapidement, vite.

aprisionar vt emprisonner; (fig) enchaîner.

aprobación nf (consentimiento) consentement m, approbation f; (de un examen) succès m.

aprobar vt (consentir) approuver; (ley) adopter; (examen) réussir, être reçu à // vi être reçu.

aprontar vt préparer rapidement.

apropiación nf appropriation f.

apropiado, a a réussi(e), pertinent(e).

apropiar vt adapter, approprier; **~se** vr s'attribuer, s'approprier.

aprovechado, a a appliqué(e), travailleur(euse); (économe, studieux(euse); (pey) sans scrupules, profiteur(euse) // nm/f profiteur/euse.

aprovechamiento nm profit m, parti m; utilisation f; exploitation f.

aprovechar vt (utilizar) servir, (explotar) exploiter; (tiempo, conocimientos, tierras) profiter de // vi avancer, prospérer; etre utile ou utilisé; **~se** vr: **~se de** profiter de; ¡que aproveche! bon appétit!

aprovisionar vt approvisionner, ravitailler.

aproximación nf approximation f, proximité f; (MAT) calcul m par approximation; (LOTERÍA) lot de consolation m.

aproximado, a a approximatif(ive).

aproximar vt approcher; **~se** vr s'approcher.

aptitud nf aptitude f, disposition f.

apto, a a apte, capable.

apuesta nf pari m.

apuesto, a a élégant(e), de belle prestance.

apuntación nf annotation f, remarque f; (MUS) notation f.

apuntador nm souffleur m.

apuntalar vt étayer; (fig) soutenir.

apuntar vt (con arma) pointer, braquer; (con dedo) montrer du doigt; (*anotar*) noter, prendre note de; (*TEATRO*) souffler; (*dinero*) ponter, miser // vi (*planta*) pousser; ~se vr poindre.

apunte nm note f, annotation f; (*de dibujo*) croquis m, esquisse f; (*TEATRO*) texte m du souffleur; (*apuesta*) mise f.

apuñalar vt poignarder.

apurado, a a (*necesitado*) gêné(e), dans la gène; (*dificultoso, peligroso*) difficile, périlleux(euse); (*exhausto*) épuisé(e), tari(e); (*preciso*) précis(e), exact(e); (*AM*) pressé(e), à court de temps.

apurar vt (*purificar*) épurer, purifier; (*extremar*) épuiser, pousser à l'extrême; (*agotar*) vider, épuiser; (*molestar*) mettre ou pousser à bout; (*apremiar*) harceler, presser; ~se vr s'affliger, s'attrister; (*AM*) se dépêcher.

apuro nm (*aprieto*) gêne f, embarras m; (*escasez*) manque m, pénurie f; (*aflicción*) affliction, tristesse f; (*AM*) urgence f, hâte f.

aquejar vt (*penar*, affliger; (*MED*) souffrir de.

aquel, aquella, aquellos, as det (m) ce; (f) cette; (mpl) ces; (fpl) cettes.

aquél, aquélla, aquéllos, as pron (m) celui-là; (f) celle-là; (mpl) ceux-là; (fpl) celles-là.

aquello pron cela.

aquí ad (*lugar*) ici, là; (*tiempo*) alors, maintenant; de ~ para allá marcher çà et là; ~ arriba là-haut; ~ mismo ici même; ~ yace ci-gît; de ~ a siete días dans sept jours; de ~ en adelante désormais.

aquiescencia nf acquiescement m, assentiment m.

aquietar vt (*sosegar*) rassurer, apaiser; (*calmar*) calmer.

aquilatar vt (*el oro*) déterminer, estimer; (*fig*) juger, apprécier.

ara nf autel m // nm (AM) ara m; en ~s de au nom de.

árabe a arabe // nm/f arabe m/f.

Arabia Saudita nf l'Arabie f Saoudite.

arado nm (AGR) charrue f; (AM) labours mpl.

aragonés, esa a aragonais(e) // nm/f Aragonais(e).

araña nf (*mentira*) mensonge m; (*fraude, estafa*) escroquerie f, fraude f.

arancel nm tarifs mpl; droits mpl de douane.

araña nf (ZOOL) araignée f; (*tela de araña*) toile f d'araignée; (*de mar*) araignée de mer; (*de luces*) lustre m; (*fam*) fourmi f.

arañar vt griffer, égratigner.

arañazo nm égratignure f.

arar vt labourer.

arbitraje nm arbitrage m.

arbitrar vt (*dirimir*) régler un différend; (*determinar*) déterminer, décider; (*entre adversarios*) arbitrer; ~se vr s'ingénier, s'arranger.

arbitrariedad nf arbitraire nm.

arbitrario, a a arbitraire.

arbitrio nm (*voluntad*) volonté f; (JUR) arbitrage m; (*impuesto*) taxes fpl, charges fpl.

árbitro nm arbitre m.

árbol nm (BOT) arbre m; (NAUT) mât m; (TEC) arbre (moteur) m.

arbolado, a a boisé(e), couvert(e) // nm plantation f (d'arbres).

arboladura nf mâture f.

arbolar vt (*enarbolar*) arborer; (NAUT) mâter; ~se vr se cabrer.

arboleda nf bois m, bosquet m.

arbotante nm arc-boutant m.

arbusto nm arbrisseau m, arbuste m.

arca nf (*cofre*) coffre m; (*de caudales*) coffre-fort m; ~s fpl coffres mpl.

arcada nf (*serie de arcos*) arcade f; (*de puente*) arche f; ~s fpl nausées fpl.

arcade, arcádico, a a, arcadie a a arcadien(ne).

arcaduz nm (*caño*) conduite f, tuyau m; (*cangilón*) godet m, auge

arcaico, a a (antiguo) archaïque; (GEO) archéen(ne).

arcángel nm archange m.

arcano, a a secret(ète), caché(e) // nm mystère m; secret m, arcane m.

arce nm érable m.

arcediano nm archidiacre m.

arcilla nf argile f.

arco nm arc m; (de violín) archet m; (ANAT) arcade f (dentaire); (de puente) arche f; ~ **iris** arc-en-ciel m.

arcón nm grand coffre.

archipiélago nm archipel m.

archivar vt classer; (fig) mettre au rancart, oublier.

archivo nm (lugar) archives mpl; (registro) archives, documents mpl.

arder vi brûler; être furieux(euse), bouillir de colère // vt brûler; ~**se** vr brûler, griller.

ardid nm ruse f, artifice m.

ardido a hardi(e), brave.

ardiente a ardent(e); (fig) passionné(e), fervent(e).

ardilla nf écureuil m.

ardor nm (calor) canicule f, chaleur f; (pasión, vehemencia) ardeur f; ~**es** nmpl brûlures fpl (d'estomac).

ardoroso, a a = **ardiente**.

arduo, a a ardu(e).

área nf (superficie) aire f; (GEOM) surface f; (medida agraria) are m; (DEPORTE) surface de réparation.

arena nf sable m; (de una lucha) arène f; (redondel) arènes fpl; (MED) calculs mpl, sable.

arenal nm (terreno) étendue de sable f; (arenas movedizas) sables mouvants; (NAUT) banc m de sable.

arenga nf harangue f; (fam) sermon m, harangues.

arengar vt haranguer.

arenisco, a a sablonneux(euse), aréneux(euse) // nf grès m.

arenoso, a a sablonneux(euse).

arenque nm hareng m.

argamasa nf mortier m.

argamasar vt (mezclar la argama-

sa) gâcher; (unir con) mélanger, cimenter.

Argel n Alger f.

Argelia nf Algérie f.

argelino, a a algérien(ne) // nm/f Algérien/ne.

argentino, a a argentin(e) // nm/f Argentin/e // nf: **Argentina** Argentine f.

argolla nf (arco) anneau m; (juego) croquet m; (castigo) carcan m, pilori m; (adorno) collerette f, parure f de femme; (fig) carcan; (AM) alliance f.

argucia nf argutie f.

argüir vt arguer, déduire; faire voir, prouver, démontrer; reprocher, accuser // vi argumenter, discuter.

argumentación nf argument m, argumentation f, raisonnement m.

argumentar vt argumenter, discuter, prouver; déduire, conclure.

argumento nm argument m; (AM) discussion f.

aridez nf aridité f; (fig) aridité f.

árido, a a a (seco, estéril) aride; (falto de amenidad) sec (sèche) // ~s nmpl (granos, legumbres) grains mpl, céréales fpl.

Aries nm le Bélier; **ser (de)** ~ être (du) Bélier.

ariete nm bélier m.

ario, a a aryen(ne) // nf aria f.

arisco, a a (áspero, intratable) bourru(e), intraitable, sauvage; (huidizo) peureux(euse), farouche.

arista nf (gen) arête f; (del trigo) barbe f; (ARQ) voûte f d'arêtes.

aristócrata nm/f aristocrate m/f.

aritmética nf arithmétique f.

arlequín nm arlequin m; (fig) pantin m, polichinelle m.

arma nf arme f.

armada nf armée f de mer, flotte f; escadre f.

armado, a a armé(e).

armadura nf (MIL) armure f; (TEC) armature f, charpente f; (de techo) lattis m; (ZOOL) squelette m; (FÍSICA) armature f; (MUS) armure, armure.

armamento nm armement m.

armar vt (soldado) armer; (máquina) monter; (navío) armer, équiper; (fig) préparer, organiser; ~**se** vr s'armer de; (AM) s'obstiner.

armario nm armoire f.

armatoste nm monument m, objet m inutile; (fam) gros tas.

armazón nf armature f, carcasse f; (AUTO) châssis m; (TEC) charpente f, monture f; (ZOOL) squelette m, carcasse // nm (AM) charpente en bois.

armella nf piton m.

armería nf (depósito) arsenal m; (museo) musée m de l'armée; (tienda, arte) armurerie f.

armiño nm hermine f.

armisticio nm armistice m.

armonía nf harmonie f.

armonioso, a a harmonieux (euse).

armonizar vt harmoniser // vi être en harmonie.

arnés nm harnais m; **arneses** nmpl harnais m.

aro nm (argolla) anneau m, cercle m; (juego) cerceau m; (AM: anillo) bague f; (: pendiente) boucle d'oreille f.

aroma nm arôme, parfum m.

aromático, a a aromatique.

arpa nf harpe f.

arpía nf harpie f.

arpista nm/f harpiste m/f.

arpón nm harpon m.

arquear vt (doblar) plier, arquer; (lana) arçonner; (navío) jauger; ~**se** vr se courber.

arqueo nm (gen) courbure f, cambrure f; (de navío) jauge f; (de lana) arçonnage m; (COM) caisse f, compte m de la caisse.

arqueología nf archéologie f.

arquero nm (soldado) archer m; (cajero) caissier m; (fabricante) fabricant m de cerceaux.

arquitecto nm architecte m.

arquitectónico, a a architectonique.

arrabal nm faubourg m.

arracada nf boucle d'oreille f.

arracimarse vr se réunir, se disposer en grappes.

arraigado, a a enraciné(e).

arraigar vt enraciner // vi s'enraciner, prendre racine; ~**se** vr se fixer, s'établir.

arrancar vt (sacar) déraciner; (separar) arracher, (fig) arracher, extorquer // vi démarrer, partir.

arranque nm (de alguien) départ m; (de coche) démarrage m; (fig) élan m; (ANAT) attache f; articulation f; (ARQ) point m de départ, base f; (TEC) démarreur m; (de ira, generosidad) sursaut m; accès m; **botón de** ~ démarreur.

arranquera nf (AM) = **arranque**.

arras nfpl arrhes fpl.

arrasar vt (aplanar) aplanir; (destruir) raser; (llenar) remplir à ras bords // vi s'éclaircir.

arrastrado, a a misérable; (vil) servile // nm/f coquin/e // f traînée f, llevar algo ~ trimballer qch.

arrastrar vt (algo por el suelo) traîner; (los pies) traîner; (a alguien al cine) traîner, entraîner; (suj: agua, viento) entraîner // vi traîner, ~**se** vr (persona, animal) ramper, se traîner; (humillarse) ramper s'humilier.

arrayán nm myrte m.

arrear vt (animal) exciter, stimuler; (: poner arreos a) harnacher // vi se dépêcher; ¡arre(a)! hue!

arrebatado, a a emporté(e), impétueux(euse); violent(e); (enrojecido) rouge, congestionné(e).

arrebatar vt (quitar) enlever, arracher; (fig) ravir, transporter (AM) bousculer, renverser; ~**se** vr (enfurecerse) s'emporter, sortir de ses gonds; (entusiasmarse) s'enthousiasmer; (torta) se gâcher.

arrebato nm emportement m, fureur f; enthousiasme f; extase m, transport m.

arrebol nm (colorete) rouge m; (las nubes) rougeoiement (des ...

ages) m; embrasement m; (enrojecimiento) rougissement m.

arrebujarse vr s'envelopper.

arreciar vi redoubler.

arrecife nm chaussée f; (NAUT) récif m.

arreglado, a a (ordenado, limpio) réglé(e), soumis(e); (moderado) modéré(e).

arreglar vt (poner orden) régler; (algo roto) réparer, arranger; (concertar) conclure; (problema) régler; (MUS) accorder; **~se** vr (vestirse) s'habiller; (el pelo) s'arranger; (contentarse) se contenter.

arreglo nm (orden) accord m; (conciliación) arrangement m; (MUS) arrangement.

arremangar vt retrousser, relever; **~se** vr retrousser; (fam) se disposer à travailler.

arremeter vt s'attaquer, tomber sur // vi: ~ a foncer sur.

arremetida nf attaque f; assaut m; (empujón) bousculade, poussée f; (de caballo) ruade f.

arremolinarse vr (hojas) tournoyer, tourbillonner; (aguas) tourbillonner; (gente) s'entasser.

arrendador, a nm/f loueur m.

arrendamiento nm (alquiler) location f, affermage m; (contrato) bail m.

arrendar vt louer.

arrendatario, a nm/f locataire m, affermataire m.

arreo nm parure f, ornement m; **~s** nmpl harnais mpl; (AM) acte m de conduire les animaux au pâturage.

arrepentimiento nm repentir m.

arrepentirse vr: ~ **de** se repentir de; regretter.

arrestado, a a détenu(e), arrêté(e).

arrestar vt arrêter; (MIL) mettre aux arrêts.

arresto nm détention f; (MIL) arrêts mpl; (audacia, arrojo) audace f, hardiesse f; ~ **domiciliario** résidence forcée.

arriar vt (velas, bandera) amener;

(un cable) affaler, mollir; **~se** vr être inondé.

arriate nm plate-bande f; chaussée f.

arriba ad (posición) en haut; (dirección) là-haut, en haut; ~ **de** au-dessus de; ~ **del todo** tout en haut; **en el piso de ~** à l'étage au-dessus; au dernier étage; **calle ~** en remontant la rue; **lo ~ mencionado** le mentionné ci-dessus; ~ **de 20 francos** plus de 20 francs; **de ~ gratis**, à l'œil; **¡~ las manos!** haut les mains!

arribar vi (NAUT) accoster; (persona) arriver.

arribo nm arrivée f.

arriendo nm (alquiler) location f, affermage m; (contrato) bail m.

arriero nm muletier m.

arriesgado, a a (peligroso) dangereux(euse); risqué(e); (audaz) hardi(e), audacieux(euse).

arriesgar vt risquer, hasarder; **~se** vr: **~se a** s'exposer à, se risquer à.

arrimar vt (acercar) approcher; (adosar) adosser; (apoyar) appuyer; (dar golpes) donner, flanquer; **~se** vr (apoyarse) s'appuyer; (aproximarse) s'approcher; (juntarse) se réunir, se rapprocher.

arrimo nm approche f; (fig) appui m, soutien m.

arrinconado, a a (apartado) laissé(e) de côté, jeté(e) dans un coin; (fig: desatendido: persona) délaissé(e); (olvidado) oublié(e), négligé(e).

arrinconar vt (poner en un rincón) mettre dans un coin; (dejar de lado) abandonner, laisser de côté; (olvidar) oublier; (acosar) acculer, traquer; **~se** vr se renfermer, vivre à l'écart.

arrizar vt (lastrar) lester; (atar) attacher, lier; ~ **(la vela)** prendre des ris.

arroba nf arrobe f.

arrobamiento nm extase f, ravissement m.

arrodillarse vr s'agenouiller.

arrogancia nf arrogance f, superbe f; élégance f.

arrogante a arrogant(e); élégant(e); vaillant(e), courageux (euse).

arrogarse vr s'arroger, s'approprier.

arrojado, a a courageux(euse), téméraire.

arrojar vt lancer; jeter; (demostrar, señalar) démontrer; faire apparaître, signaler; (fam) vomir, cracher; ~se vr se jeter, se précipiter, se ruer.

arrojo nm courage m, intrépidité f.

arrollar vt enrouler, rouler; entraîner; mettre en déroute; confondre; (AM) = **arrullar**.

arropar vt (cubrir) couvrir; (abrigar con mantas) envelopper, emmitoufler; (fig) protéger; (vino) mêler du moût cuit à; ~se vr se couvrir.

arrope nm moût cuit m; (almíbar de miel) sirop m de miel; (jarabe) sirop; (AM) confiture f.

arroró nm dodo m.

arrostrar vt affronter, braver; faire face à, résister à; ~se vr se mesurer, tenir tête.

arroyo nm (de agua) ruisseau m; (de la calle) caniveau m; (fig) rue f.

arroz nm riz m.

arrozal nm rizière f.

arruga nf (de cara) ride f; (de vestido) pli m.

arrugar vt chiffonner, froisser; ~se vr (encogerse) se rétrécir; (vestido) se froisser.

arruinar vt ruiner, démolir; ~se vr se démolir; (AM) être ruiné(e).

arrullar vi (palomo) roucouler // vt (fig: niño) bercer en chantant; (: fam) roucouler auprès de qn.

arrullo nm roucoulement m; (canción) berceuse f.

arrumaco nm (fam: mimo) câlinerie f, chatterie f; (: adorno) fanfreluche f.

arrurruz nm arrow-root m.

arsenal nm arsenal m.

arsénico nm arsenic m.

arte nm (gen m en sing y siempre f en pl) art m; ~s nfpl arts mpl.

artefacto nm machine f; ~s explosivos engins explosifs.

artejo nm (nudillo) jointure f; articulation f; (de insectos) article m.

arteria nf artère f.

artesa nf (de panadero) pétrin m; (de albañil) auge f.

artesano nm artisan m.

artesonado nm plafond m à caissons; mur lambrissé.

ártico, a a arctique // nm: el Á~ l'Arctique m.

articulación nf (ANAT) articulation f; (LING) articulation, prononciation f; (TEC) joint m.

articulado, a a articulé(e) // nm ensemble m des articles d'une loi; (ZOOL) articulé m.

articular a articulaire // vt articuler.

artículo nm (de periódico) article m; (de alimentación) denrée f; (LING) article m.

artífice nm artiste m; auteur m.

artificio nm artifice m, habileté art m; (fig) astuce f.

artificioso, a a ingénieux(euse) (disimulado, engañoso) artificieux(euse).

artillería nf artillerie f.

artillero nm artilleur m.

artimaña nf (trampa) piège m traquenard m; (artificio, astucia ruse f, artifice m.

artista nm/f artiste m/f.

artístico, a a artistique.

artritis nf arthrite f.

arzobispado nm archevêché m.

arzobispo nm archevêque m.

arzón nm arçon m.

as nm as m.

asa nf (de vasija, cesta) anse f; (BOT assa f.

asado nm grillade f // a rôti(e).

asador nm (varilla) broche f; rôtisseur m.

asalariar vt salarier.

asaltador, a nm/f, **asaltante** nm/f assaillant f.

asaltar vt assaillir, attaquer.

asalto nm assaut m; (DEPORTE) round m; (fam) surprise-partie f.

asamblea nf assemblée f; (MIL) rassemblement m.

asar vt griller; **~se** vr (fig) étouffer, cuire de chaleur.

asaz ad assez.

asbesto nm asbeste f.

ascendencia nf (antepasados) ascendance f, lignée f; (origen) ascendance, origine f; (AM: fig) ascendant m.

ascender vi (subir) monter, s'élever; (ser promovido) être promu(e); **~ a** s'élever à.

ascendiente nm ascendant m // nm/f ascendant m.

ascensión nf (subida) ascension f; (promoción) avancement m.

ascensor nm ascenseur m.

asceta nm/f ascète m/f.

ascético, a a ascétique.

asco nm dégoût m.

ascua nf braise f.

aseado, a a (limpio) propre, net(te); (elegante) bien mis(e), élégant(e).

asear vt (limpiar) laver; (arreglar) arranger; (adornar) parer, orner.

asechanza nf traquenard m, embûche f, piège m.

asechar vt tendre un piège pour; (AM) tendre un traquenard pour // vi (fig) attendre son heure.

asediar vt (sitiar) assiéger; (perseguir) poursuivre, harceler; (molestar) harceler.

asedio nm siège m.

asegurado, a a assuré(e).

asegurador, a nm/f assureur m.

asegurar vt (consolidar) assurer; (dar garantía de) garantir; (preservar) préserver, assurer; (afirmar, dar por cierto) certifier; (tranquilizar) rassurer; (tomar un seguro) assurer, prendre une assurance sur; **~se** vr s'assurer.

asemejarse vr se ressembler.

asendereado, a a fréquenté(e), battu(e); (fig) surmené(e), accablé(e); expérimenté(e).

asentado, a a placé(e), situé(e); (fig) stable, équilibré(e).

asentar vt (sentar) asseoir; (poner) placer; (fundar) fonder; (alisar) aplatir; (anotar) porter, inscrire; (afirmar) poser, établir; (afinar) aiguiser.

asentimiento nm assentiment m, consentement m.

asentir vi assentir, consentir.

aseo nm (limpieza) propreté f; (pulcritud) soin m.

asequible a accessible; abordable, à la portée de.

aserción nf assertion f.

aserrado, a a denteté(e).

aserrar vt scier.

aserrín nm sciure f.

aserto nm assertion f.

asesinar vt assassiner; (fig) affliger, causer une vive affliction à.

asesinato nm assassinat m.

asesino, a a assassin(e) // nm/f assassin m/f.

asesor, a nm/f conseiller/ère.

asesorar vt conseiller; **~se** vr: **~se con** o **de** prendre conseil de.

asestar vt braquer, pointer; (golpear) assener.

aseveración nf affirmation f.

aseverar vt affirmer.

asfalto nm asphalte m.

asfixiar vt asphyxier; (fig) étouffer; **~se** vr s'asphixier.

asgo etc vb ver **asir**.

así ad (de esta manera) ainsi, comme cela; (aunque) même si, quand bien même; (tan luego como) tant que, dès que; **~ que** o **como** dès que; **~ que** ce qui fait que; **~ y todo** tout de même; **~ como** comme ci, comme ça; de toute manière; ¿**no es ~**? n'est-ce pas?

Asia nf Asie f.

asiático, a a asiatique.

asidero nm manche m, poignée f;

(fig) occasion *f*, prétexte *m*; *(fig)* appui *m*.

asiduidad *nf* assiduité *f*.

asiduo, a a assidu(e) // *nm/f* familier *m*; ~ **a** habitué *m*.

asiento *nm* (*silla, sillón, sofá*) siège *m*; *(de coche)* banquette *f*; *(base)* assise *f*; *(sitio)* emplacement *m*; *(fondo de botella, caja)* fond *m*; *(localidad)* place *f*; *(colocación)* pose *f*, mise en place *f*; *(depósito)* dépôt *m*, lie *f*; (ARQ: *sedimento*) tassement *m* de matériaux; (COM: *en libro*) enregistrement *m*, inscription *f*; *(TEC)* siège *m*, embouchure *f*; *(cordura)* sagesse *f*, bon sens.

asignación *nf* (*atribución*) assignation *f*; *(subsidio*) attribution *f*; *(sueldo*) traitement *m*, émoluments *mpl*.

asignar *vt* assigner, attribuer; accorder.

asignatura *nf* matière *f*.

asilo *nm* (*refugio, establecimiento*) asile *m*; (*amparo*) protection *f*.

asimilación *nf* assimilation *f*.

asimilar *vt* (*asemejar*) assimiler, ressembler à; *(sustancias nutritivas*) assimiler; ~se *vr* s'assimiler, se ressembler.

asimismo *ad* de la même manière; aussi, de même.

asir *vt* prendre, saisir; ~se *vr* se saisir; s'accrocher.

asistencia *nf* assistance *f*, présence *f*; secours *m*.

asistir *vt* assister; secourir // *vi* être présent(e).

asno *nm* âne *m*.

asociación *nf* association *f*.

asociado, a a associé(e) // *nm/f* associé/e *m*; (*socio*) membre *m/f*.

asociar *vt* associer.

asolar *vt* ravager; ~se *vr* se déposer, former un dépôt.

asolear *vt* mettre au soleil; ~se *vr* (*acalorarse*) se chauffer au soleil.

asomar *vt* montrer, laisser voir // *vi* apparaître; ~se *vr* se montrer, apparaître; *(fam)* être un peu gris(e); ~ **la cabeza por la ventana**

se pencher par la fenêtre.

asombrar *vt* (*dar sombra*) ombrager; *(pintura)* obscurcir; (*a alguien*: *causar admiración, sorpresa*) épater, stupéfier; *(asustar*) effrayer; ~se *vr* s'effrayer; s'étonner.

asombro *nm* frayeur *f*, étonnement *m*.

asombroso, a a étonnant(e), prodigieux(euse).

asomo *nm* indice *m*, signe *m*; apparence *f*; ombre *f*; soupçon *m*.

asonada *nf* tumulte *m*, émeute *f*.

asonancia *nf* assonance *f*, (*fig*) rapport *m*, relation *f*.

aspa *nf* (*cruz*) croix *f* de Saint André; *(de molino)* aile *f*; (BLASÓN) sautoir *m*; *(cuerno*) corne *f*.

aspar *vt* dévider; mortifier; ~se *vr* s'égosiller.

aspaviento *nm* outrance *f*; ~s *nmpl* simagrées *fpl*.

aspecto *nm* (*apariencia*) aspect *m*; *(semblante*) allure *f*; *(terreno*) domaine *m*; **bajo este** ~ à ce point de vue.

aspereza *nf* aspérité *f*, *(fig)* rudesse *f*.

áspero, a a âpre; *(al gusto, de carácter*) dur(e), acerbe.

aspersión *nf* aspersion *f*.

áspid(e) *nm* aspic *m*.

aspillera *nf* meurtrière *f*.

aspiración *nf* aspiration *f*.

aspirar *vt* aspirer; prétendre.

asquerosidad *nf* saleté *f*.

asqueroso, a a dégoûtant(e).

asta *nf* haste *f*, lance *f*, pique *f*; manche *f*; corne *f*; **a media** ~ en berne.

astilla *nf* (*de madera, piedra*) écla m, *(madera en pedazos*) m, fragment *m* de bois/pierre; *(d leña*) écharde *f*; *(de hueso)* esquill f.

astillero *nm* (NAUT) chantier nava *(percha)* râtelier *m*.

astreñir *vt* = **astringir**.

astringente a astringent(e) // *nm* astringent *m*.

astringir *vt* astreindre, resserre

astro nm astre m; (fig) vedette f, étoile f, star f.

astrólogo nm astrologue m.

astronomía nf astronomie f.

astrónomo nm astronome m.

astucia nf astuce f, ruse f.

asturiano, a a asturien(enne).

astuto, a a astucieux(euse), madré(e).

asueto nm congé m.

asumir vt assumer.

asunción nf prise f en charge; (REL) assomption f.

asunto nm (tema) sujet m; (negocio) affaire f; (caso) fait m; (molestia) ennui m.

asustadizo, a a (temeroso, miedoso) craintif(ive); (nervioso) ombrageux(euse).

asustar vt effrayer; ~se vr avoir peur.

atabal nm timbale f.

atacar vt (acometer, embestir) attaquer; (impugnar) combattre; (MUS) attaquer; (QUÍMICA) attaquer, ronger.

atado, a a lié(e); (fig) embarrassé(e), gauche // nm paquet m.

atadura nf (ligazón) attache f; (fig: unión) lien m; (traba) entrave f.

atajar vt arrêter, couper; interrompre // vi prendre un raccourci; ~se vr (AM) se protéger; (fig) se troubler; (:fam) s'enivrer.

atajo nm (camino) raccourci m; (medio) expédient m; (RUGBY) plaquage m; (FÚTBOL) tackle m.

atalaya nf (torre) tour f de guet; (elevado) éminence f, hauteur f // nm guetteur m, vigie f.

atañer vi concerner.

ataque nm (MED) attaque f, crise f; (MIL) attaque f; (MUS) attaque f; ~ **de risa** fou-rire m.

atar vt (unir, sujetar: animal, paquete, persona) attacher; (zapatos) lacer; ~se vr (concluir, deducir) tirer des conclusions; (fig: embarazarse, intimidarse) se troubler, s'embrouiller; (ceñirse a una cosa o

persona) s'en tenir; ~**se la lengua** rester muet(te).

atarantar vt étourdir; ~**se** vr se précipiter.

atareado, a a affairé(e).

atarear vt donner une tâche à; ~**se** vr s'affairer.

atarjea nf (cañería) conduite f d'eau; (alcantarilla) égout m.

atarugar vt (fijar) cheviller; (tapar) boucher; (fam) clouer le bec à; ~**se** vr (fam: callarse) rester court, ne savoir que répondre; (: atragantarse) s'empiffrer; (: confundirse) se troubler.

atasajar vt découper.

atascamiento nm = atasco.

atascar vt (cañería) boucher, engorger; ~**se** vr s'embourber, s'enliser.

atasco nm (de cañería) engorgement m, obstruction f; (AUTO) embouteillage m; (impedimento) empêchement m.

ataúd nm cercueil m; bière f.

ataviado, a a paré(e).

ataviar vt parer, orner; ~**se** vr se parer, s'habiller avec soin.

atavío nm parure f.

atavismo nm atavisme m.

atemorizar vt effrayer; ~**se** vr s'effrayer.

Atenas n Athènes.

atención nf attention f; politesse f, courtoisie f; intérêt m // excl attention!

atender vt s'occuper de; servir, accueillir; assurer // vi faire attention.

ateneo nm athénée m.

atenerse: ~ **a** (ajustarse) s'en tenir à; (acogerse) recourir à.

atentado nm attentat m.

atentar vi: ~ **a** attenter à.

atento, a a attentif(ive); (cortés) prévenant(e), attentionné(e).

atenuación nf atténuation f.

atenuante a atténuante(e) // nm (AM) circonstance atténuante.

atenuar vt (disminuir) atténuer; (minimizar) diminuer.

ateo, a a athée // nm/f athée m/f.

aterido, a a transi(e) de froid.

aterrador, a a effroyable.

aterrar vt (echar por tierra) renverser à terre; (MIN) décombrer; (atemorizar) effrayer; (AM) remplir de terre; ~se vr (estar aterrado) être atterré(e); (tener pánico) être terrorisé(e).

aterrizar vi atterrir.

aterrorizar vt terroriser; ~se vr être terrorisé(e).

atesorar vt thésauriser; (fig) réunir.

atestación nf (deposición) témoignage m, déclaration f.

atestar vt bourrer, remplir, bonder; (JUR) témoigner; ~se vr (fig: fam) s'empiffrer.

atestiguar vt (JUR) témoigner; (fig) démontrer.

atezar vt (ennegrecer) brunir, noircir; (pulir) polir; ~se vr brunir.

atiborrar vt bourrer; (fig: fam) remplir; ~se vr se gaver; (AM) bonder, remplir.

ático, a a attique // nm attique m, dernier étage.

atildamiento nm critique f; censure f; (fig) parure f, ornement m.

atildar vt mettre un tilde sur; critiquer; censurer; ~se vr se pomponner, se parer.

atinado, a a judicieux(euse); pertinent(e); approprié(e), adéquat(e).

atinar vt trouver, découvrir.

atisbar vt (acechar) guetter; (mirar con disimulo) regarder discrètement; observer.

atizar vt (fuego, luz) tisonner; (fig) attiser; ~ un golpe flanquer un coup; ~se vr (AM: fam: con marijuana) se défoncer.

atlántico, a a atlantique // nm: el (océano) A~ l'(océan) Atlantique m.

atlas nm atlas m.

atleta nm athlète m.

atlético, a a athlétique.

atmósfera nf atmosphère f; (fig) climat m.

atolón nm atoll m.

atolondrado, a a écervelé(e), étourdi(e).

atolondramiento nm étourderie f.

atolladero nm bourbier m; (fig) impasse f.

atollar vi engorger, embourber; ~se vr s'embourber, s'enliser; (fig) s'embrouiller, s'empêtrer.

átomo nm atome m.

atónito, a a abasourdi(e), stupéfait(e).

atontado, a a (aturdido) étourdi(e); (boquiabierto) ébahi(e); (confundido) confondu(e).

atontar vt (aturdir) étourdir; (volver tonto) abrutir; ~se vr (aturdirse) entêter, étourdir; (embrutecerse) abrutir.

atorar vt (cañería) engorger, obstiner; (tapar) boucher; ~se vr s'engorger, s'obstiner; (AM: fam) avaler de travers.

atormentado, a a (persona) tourmenteur(euse); (cosa) pénible, douloureux(euse).

atormentar vt torturer; inquiéter; vexer; préoccuper; ~se vr s'inquiéter, se tourmenter.

atornillar vt visser.

atosigar vt empoisonner; (fig) harceler, presser; ~se vr être obsédé(e) ou harcelé(e).

atrabiliario, a a atrabilaire.

atrabilis nf atrabile f; (fig) mauvaise humeur.

atracar vt (NAUT) amarrer; (robar) attaquer, dévaliser; (AM) bourrer gaver // vi amarrer; ~se vr (fam) se gaver, s'empiffrer.

atracción nf attraction f (simpatía) attirance f.

atraco nm agression f.

atractivo, a a attractif(ive) // nm/f charmeur(euse).

atraer vt attirer.

atrancar vt (con tranca, barra) barrer, barricader; (obstruir) boucher; ~se vr s'embourber; s'obstiner.

atrapar vt attraper; (fig) décrocher, obtenir; (: engañar) tromper.

atrás ad (movimiento) en arrière; (tiempo) plus tôt, auparavant; **ir hacia** ~ aller en arrière; **estar** ~ être à l'arrière.

atrasado, a a en retard; (mentalmente) arriéré(e); **estar** ~ **de** être à court de.

atrasar vt (reloj) retarder; ~se vr (quedarse atrás) rester en arrière; (llegar tarde) se mettre en retard; (endeudarse) s'endetter; (en crecimiento físico o mental) être retardé(e).

atraso nm retard m; (de pago) arriéré m.

atravesar vt (poner al través) mettre en travers; (traspasar) percer, transpercer; (la calle) traverser; (fig: pasar) traverser; (NAUT) mettre à la cape; monopoliser; ~se vr se mettre en travers; **me atraviesa** (fam) je ne peux pas le sentir.

atrayente a attrayant(e).

atrenzo nm (AM) difficulté f, épreuve f.

atreverse vr oser; manquer de respect.

atrevido, a a osé(e); hardi(e), audacieux(euse) // nm/f insolent(e).

atrevimiento nm insolence f, effronterie f; audace f.

atribución nf (asignación) attribution f, assignation f; (concesión, otorgamiento) attribution.

atribuir vt (adjudicar) attribuer; (conceder, otorgar) accorder.

atribular vt affliger, consterner; ~se vr être affligé(e), être consterné(e).

atributo nm (propiedad o cualidad) attribut m, apanage m; (símbolo) attributs mpl; (LING) attribut m.

atril nm lutrin m, appui-livres m.

atrincherar vt retrancher; ~se vr se retrancher.

atrio nm (de iglesia) parvis m; (zaguán) vestibule m.

atrocidad nf atrocité f, horreur f; (fam) cruauté f.

atrofiarse vr s'atrophier.

atronar vt (aturdir) assourdir; (matar: un animal) assommer.

atropellado, a a précipité(e).

atropellar vt (derribar) renverser; (empujar) bousculer violemment; (pasar por encima de) passer outre à; (agraviar) malmener, maltraiter; (ultrajar) outrager; ~se vr se bousculer.

atropello nm (accidente) accident m; (agravio) mauvais traitement m; (empujón) bousculade f; (insulto) outrage m; (fig) violation f.

atroz a atroce, démesuré(e).

atto, a abr de **atento**.

atún nm thon m.

aturdido, a a étourdi(e).

aturdir vt (perturbar con ruidos) étourdir, ahurir; (confundir) confondre.

aturrullar vt décontenancer, troubler; ~se vr se troubler, s'affoler.

atusar vt (recortar) tondre; (acariciar) caresser; ~se vr se pomponner.

audacia nf audace f, hardiesse f.

audaz a audacieux(euse) // nm/f audacieux/euse.

audiencia nf audience f; (tribunal) tribunal m, cour f, Palais m de Justice; (AM) audience.

auditor nm (JUR) assesseur m, conseiller m juridique; (AM) écoute f.

auditorio nm (oyentes) auditoire m; (edificio) auditorium m.

auge nm apogée m.

augurar vt augurer, prédire; conjecturer, présumer.

aula nf salle f, amphithéâtre m.

aulaga nf ajonc m.

aullar vi hurler.

aullido nm hurlement m.

aumentar vt augmenter; (con microscopio, anteojos) grossir;

(*fuego, luz*) intensifier // *vi*, ~**se** *vr* s'agrandir, s'accroître; se mettre en quatre; se reproduire.

aumento *nm* augmentation f; grossissement *m*; amplification f; élargissement *m*; intensification f.

aun *ad* même, cependant, malgré tout.

aún *ad* encore, toujours.

aunar *vt* unir, réunir; unifier.

aunque *conj* quoique, bien que.

aura *nf* zéphir *m*; (*fig*) faveur f populaire, approbation f.

áureo, a *a* d'or, doré(e).

aureola *nf* auréole f.

auricular *a* auriculaire // (*dedo*) auriculaire *m*; (*del teléfono*) combiné *m*.

aurífero, a *a* aurifère.

aurora *nf* aurore f.

ausencia *nf* absence f.

ausentarse *vr* s'absenter.

ausente *a* absent(e) // *nm/f* absent/e *m/f*.

auspicio *nm* protection f.

austeridad *nf* austérité f.

austero, a *a* austère.

austral *a* austral(e).

Australia *nf* Australie f.

australiano, a *a* australien(ne).

Austria *nf* Autriche f.

austríaco, a *a* autrichien(ne).

autenticar *vt* légaliser.

auténtico, a *a* authentique.

auto *nm* (*JUR*) sentence f, arrêt *m*; (*drama*) drame religieux; (*fam*) voiture f; ~**s** *nmpl* (*JUR*) acte *m*.

autócrata *nm/f* autocrate *m/f*.

autógrafo, a *a* autographe // *nm* autographe *m*.

autómata *nm* automate *m*.

automático, a *a* automatique; machinal(e).

automotor, triz *a* automoteur-(trice) // *nm* (*tren*) autorail *m*; (*AM*) véhicule *m*.

automóvil *a* automobile // *nm* automobile f.

autonomía *nf* autonomie f; indépendance f.

autónomo, a *a* autonome.

autopista *nf* autoroute f.

autopsia *nf* autopsie f.

autor, a *nm/f* auteur *m*.

autoridad *nf* (*persona*) autorité f; (*poder*) pouvoir *m*.

autorización *nf* autorisation f.

autorizado, a *a* autorisé(e); (*respetado*) accrédité(e).

autorizar *vt* autoriser; légaliser; confirmer; accréditer.

autoservicio *nm* self-service *m*.

auxiliar *vt* aider, porter secours à.

auxilio *nm* secours *m*, aide f.

Av *abr de* Avenida.

avalancha *nf* avalanche f.

avalentonado, a *a* fanfaron(ne).

avalorar *vt* valoriser; (*valorar*) évaluer, estimer; (*fig*) encourager.

avaluar *vt* évaluer, estimer.

avance *nm* progression f; avance f.

avanzada *nf* avance f.

avanzar *vt* avancer // *vi*, ~**se** *vr* progresser; (*transcurrir*) passer; (*en edad*) vieillir.

avaricia *nf* avarice f.

avariento, a *a* avaricieux(euse).

avaro, a *a* avare // *nm/f* avare *m/f*.

avasallar *vt* asservir, soumettre; ~**se** *vr* s'asservir.

Avda *abr de* Avenida.

ave *nf* oiseau *m*.

avecinarse *vr* s'approcher; se domicilier.

avecindar *vt* domicilier; ~**se** *vr* s'établir, élire domicile.

avellana *nf* noisette f.

avellanar *nm* coudraie f // *vt* fraiser; ~**se** *vr* se ratatiner.

avellaneda *nf*, **avellanedo** *nm* coudraie f.

avellano *nm* noisetier *m*; coudrie *m*.

avena *nf* avoine f.

avenencia *nf* accord *m*.

avenida *nf* (*calle*) avenue f; (*río*) crue f.

avenimiento *nm* accord *m*.

avenir *vt* accorder; ~**se** *vr* s'accorder; se conformer.

aventajado, a *a* (*notable*) rema

quable; (*adelantado*) avancé(e).

aventajar vt (*sobrepasar*) dépasser; (*superar*) surpasser; (*preferir*) préférer; **~se** se dépasser, se avantage(e).

aventamiento nm (*acción*) éventement m; (*AGR*) vannage m.

aventar vt éventer; disperser; (*AGR*) vanner; (*fig: fam*) renvoyer, mettre dehors; **~se** se gonfler d'air; (*fig*) prendre la clé des champs.

aventura nf aventure f; (*casualidad*) hasard m; (*peligro*) risque m.

aventurado, a a risqué(e).

aventurero, a a aventureux (euse); (*fig*) indécent(e), malhonnête // nm/f aventurier(ère) m/f.

avergonzar vt faire honte à; intimider; **~se** en avoir honte.

avería nf avarie f; **~ gruesa** (*NAUT*) avarie commune.

averiado, a a en panne; (*echado a perder*) avarié(e), gâté(e).

averiarse vr tomber en panne; (*dañarse*) s'abîmer; (*echarse a perder*) se gâter.

averiguación nf enquête f; vérification f; (*búsqueda*) recherche f.

averiguar vt (*buscar, investigar*) rechercher, enquêter; **~se** vr: **~se con uno** (*fam*) s'entendre avec qn.

aversión nf opposition f, (*disgusto*) contrariété f, (*repugnancia*) aversion f: **tener ~** a avoir du dégoût pour.

avestruz nm autruche f.

aviación nf aviation f.

aviador, a nm/f aviateur/trice.

avidez nf avidité f.

ávido, a a avide.

avieso, a a retors(e).

avinagrado, a a aigre.

avinagrar vt aigrir; **~se** vr tourner au vinaigre; (*fig: fam*) être amer(ère) ou acariâtre.

avío nm apprêts mpl; **~s** nmpl nécessaire m; **¡al ~!** au travail; **ir a su ~** ne penser qu'à soi.

avión nm avion m; **~ de reacción/sin piloto** avion à réaction/ téléguidé.

aviso nm (*noticia*) avis m, nouvelle f; (*advertencia*) avertissement m; (*prudencia*) précaution f, soin m.

avispa nf guêpe f.

avispado, a a éveillé(e), vif(vive).

avispar vt fouetter; (*fig: fam*) éveiller; **~se** vr se réveiller.

avispero nm (*nido*) guêpier m; (*MED*) anthrax m.

avistar vt apercevoir; **~se** vr se réunir.

avituallar vt ravitailler.

avivar vt stimuler; (*fig*) exciter; **~se** vr reprendre des forces.

avizorar vt guetter.

axioma nm axiome m.

ay excl (*dolor*) aïe!; (*aflicción*) hélas!; **¡~ de mí!** pauvre de moi!; **¡~ del que!** malheur à celui qui.

aya nf gouvernante f.

ayer ad hier; **antes de ~** avant hier // nm hier m.

ayo nm précepteur m.

ayuda nf (*cooperación*) aide f; (*socorro*) secours m; (*MED*) lavement m; (*AM*) laxatif m // nm: **~ de cámara** valet m de chambre.

ayudanta nf (*AM*) domestique f.

ayudante nm/f aide m/f, assistant/e; auxiliaire m; assistant/e; (*MIL*) adjudant m.

ayudar vt (*asistir*) aider; (*socorrer*) secourir; **~se** vr s'aider.

ayunar vi jeûner.

ayunas nfpl: **estar en ~** (*no haber comido*) être à jeun; (*ignorante*) ne pas être au courant.

ayuno nm jeûne m; ignorance f.

ayuntamiento nm conseil municipal; hôtel m de ville, mairie f; assemblée f, réunion f; copulation f.

azabache nm jais m.

azada nf houe f.

azadón nm houe f.

azafata nf (*criada*) dame f d'atour; (*en avión*) hôtesse f de l'air.

azafrán nm safran m.

azafate nm corbeille f (d'osier).

azafrán nm safran m.

azahar nm fleur f d'oranger (ou de citronnier).

azar nm (casualidad) hasard m; (desgracia) malheur m, revers m.

azararse vr = azorarse.

azaroso, a a (arriesgado) hasardeux(euse); (desgraciado) malheureux(euse).

ázimo a azyme.

azogue nm mercure m, vif-argent m.

azor nm autour m.

azoramiento nm effarement m, trouble m, gêne f.

azorar vt alarmer; effrayer; surprendre; ~se vr se troubler.

Azores nmpl: los ~ les Açores fpl.

azotar vt (dar azotes) fouetter; (viento, lluvia) frapper, cingler; (pasear) promener; ~se vr flâner.

azote nm (látigo) fouet m; (latigazo) coup m de fouet; (golpe en las nalgas) fessée f; (tira de cuero) lanière f; ~ del viento coup de vent; (persona) fléau m.

azotea nf terrasse f.

azteca a aztèque // nm/f aztèque m/f.

azúcar nm sucre m.

azucarado, a a sucré(e).

azucarero, a a sucrier(ière) // nm sucrier m // nf (AM) sucrier.

azucarillo nm sucre spongieux.

azucena nf lis m, lys m.

azud nm, **azuda** nf roue f hydraulique; barrage m.

azufre nm soufre m.

azul a bleu(e) // nm indigo m, bleu m.

azulejo nm carreau m de faïence émaillée.

azuzar vt exciter; (fam) asticoter (fam), pousser, embêter.

B

B.A. abr de **Buenos Aires**.

baba nf (saliva) bave f; (mucus) mucus m.

babear vi baver.

babel nm o f (fig) capharnaüm m.

babor nm bâbord m.

babosa nf limace f.

baboso, a a baveux(euse).

babucha nf (zapato) babouche f; (AM) corsage m; **llevar a** ~ porter à califourchon.

bacalao nm morue f.

bacanal nf (fig) bacchanale f.

bacilo nm bacille m.

bacín nm pot m de chambre.

bacteria nf bactérie f.

bacteriología nf bactériologie f.

báculo nm bâton m; (fig) appui m; ~ **pastoral** houlette f.

bache nm nid m de poule.

bachiller nm/f ≈ bachelier/ière.

bachillerato nm (ESCOL) ≈ baccalauréat m.

badajo nm (de campana) battant m; (fig: fam) bavard m.

badajocense a de Badajoz.

badana nf basane f.

badulaque nm ballot m; (fig: fam) nigaud m, crétin m.

bagaje nm bagages mpl; (fig) bagage (intellectuel).

bagatela nf bagatelle f.

bagazo nm bagasse f.

bagual (AM) a sauvage // nm cheval m sauvage.

bahía nf baie f.

bailar vi, vt danser.

baile nm (danza) danse f; (reunión) bal m; (lugar) salle f de bal.

baja nf ver bajo.

bajada nf (de escaleras etc) descente f; (camino) pente f, descente; **la ~ de bandera** la prise en charge.

bajamar nf marée basse.

bajar vi descendre; (temperatura, precios) baisser // vt (cabeza) baisser; (temperatura) faire baisser;

(escalera) descendre; (llevar abajo) descendre; (humillar) rabaisser; ~**se** vr (de tren) descendre; (doblarse) se baisser.

bajeza nf bassesse f.

bajío nm (NAUT) banc m de sable.

bajo, a a (terreno, mueble, número, precio) bas(se); (de estatura) petit(e); (color) pâle, terne; (sonido, voz) bas; (metal) vil(e); (fig: humilde, vil, vulgar) vil, humble, vulgaire // ad (hablar, volar) bas // prep sous // nm (piso) rez-de-chaussée m // nf baisse f, (MIL) perte f; (MUS): ~ **cantante/ cifrado/continuo/profundo** basse chantante/chiffrée/continue/profonde; ~ **palabra** sur parole; ~ **ce-ro** au-dessous de zéro; **baja temporada** saison creuse; ~**s fondos** mpl; **dar de baja a** (soldado) porter disparu; réformer; (empleado) congédier.

bajón nm (MUS) basson m; (baja) grande baisse.

bajorrelieve nm bas-relief m.

bala nf (MIL) balle f, boulet m; ~ **perdida** balle perdue; (fig) écervelé/e, tête brûlée; ~ **trazadora** balle traçante; ~ **de algodón** (COM) balle de coton.

baladí a futil(e), insignifiant(e).

baladrón, ona a fanfaron(ne).

baladronada nf fanfaronnade f.

bálago nm paille f.

balance nm (balanceo) balancement m; (NAUT) roulis m; (COM) balance f; **hacer el** ~ faire le bilan.

balancear vt (equilibrar) mettre en équilibre // vi (fig) hésiter, osciller; ~**se** vr se balancer.

balanceo nm balancement m; (de barco) roulis m.

balancín nm palonnier m; balancier m; bascule f; culbuteur m.

balandra nf sloop m.

balandro nm yacht m, voilier m.

balanza nf balance f; ~ **comercial/de cuentas/de pagos** balance commerciale/des comp-

tes/des paiements; (ASTRO): **B**~ = Libra.

balar vi bêler.

balaustrada nf balustrade f.

balay nm (AM) corbeille f en jonc.

balazo nm coup m de feu.

balbucear, balbucir vi, vt balbutier.

balbuceo nm balbutiement m.

balcón nm balcon m.

baldadura nf infirmité f.

baldaquín, baldaquino nm baldaquin m.

baldar vt estropier; (fig) contrarier; (NAIPES) couper.

balde nm seau m; **de** ~ ad gratis; **en** ~ ad en vain.

baldear vt (lavar) laver à grande eau; (achicar) écoper.

baldío, a a (terreno) en friche, inculte; (esfuerzo) vain(e) // nm terrain m inculte.

baldón nm affront m.

baldosa nf carreau m.

balear vt (AM) blesser ou tuer d'un coup de feu.

Baleares nfpl: **las Islas** ~ les (îles) Baléares fpl.

balido nm bêlement m.

balística nf balistique f.

baliza nf (AVIAT, NAUT) balise f.

balneario, a a: estación balnearia station f balnéaire // nm station f balnéaire; établissement m de bains; station thermale.

balón nm ballon m.

balotaje nm (AM) ballottage m.

balsa nf (de radeau m; (BOT) balsa m.

balsámico, a a a balsamique.

bálsamo nm baume m.

baluarte nm rempart m; (fig) bastion m.

ballena nf baleine f; (ASTRO): **B**~ Baleine.

ballenero, a a baleinier(ière) // nm (barco) baleinière f; (pescador) baleinier m.

ballesta nf arbalète f; (AUTO) ressort m à lames.

ballestero nm arbalétrier m.

ballet nm ballet m.

bambolear(se) vi, (vr) osciller; (cabeza) dodeliner.

bamboleo nm balancement m.

bambolla nf (fam) esbroufe f; (AM) épate f.

bambú nm bambou m.

bambuco nm (AM) air et danse populaire.

banca nf (asiento) banquette f; (piragua) pirogue f; (juego) jeu de hasard; (COM) banque f; (AM) siège m.

bancada nf (banco) banc m; (NAUT) banc m de poisson; (TEC) socle m.

bancal nm (AGR) carré m; (terraza) terrasse f.

bancario, a a bancaire.

bancarrota nf banqueroute f.

banco nm banc m, (TEC): ~ de carpintero établi m; ~ de prueba banc d'essai; ~ de crédito établissement m de crédit; ~ de arena banc de sable; ~ de hielo banquise f.

banda nf (faja, cinta) bande f; écharpe f; (MUS) fanfare f; (NAUT) bord m; (de gente) bande f; (de animales) bande f, volée f; **la B~ Oriental** l'Uruguay f; ~ de carretera voie f d'autoroute; ~ **magnética/de sonidos** bande magnétique/sonore.

bandada nf bande f.

bandear vt (AM: cruzar) traverser; (: perseguir) harceler; (: atravesar, herir) transpercer; ~**se** vr se débrouiller.

bandeja nf plateau m.

bandera nf drapeau m; **bajo** ~ sous les drapeaux.

banderilla nf (TAUR) banderille f; (TEC) béquet m.

banderillero nm banderillero m.

banderín nm (MIL) fanion m, enseigne f.

banderola nf banderole f.

bandido nm bandit m.

bando nm édit m; faction f; **los ~s** les bans.

bandolera nf bandoulière f.

bandolero nm bandit m.

bandurria nf sorte de mandoline f.

banquero, a a bancaire // nm banquier m.

banqueta nf (asiento) banquette f; (escabel) tabouret m; (AM) trottoir m.

banquete nm banquet m; ~ **de boda** banquet de noces.

banquillo nm (al tribunal) banc m des accusés; (pequeño banco) petit banc; (de zapatero) billot m.

bañadera nf (AM) baignoire f.

bañado nm (AM) prairie f inondable.

bañar vt (niño) baigner; (objeto) enduire; ~**se** vr (en el mar) se baigner; (en la bañera) prendre un bain; **bañado en** baigné de.

bañera nf baignoire f.

bañero nm maître-nageur m.

bañista nm/f baigneur/euse.

baño nm (en bañera) bain m; (en río) bain, baignade f; (cuarto) salle f de bain; (bañera) baignoire f; (capa) couche f; (fig) vernis m; **tomar un** ~ (en bañera) prendre un bain; (en río) se baigner; ~ **de pintura** bain de peinture; ~ **de chocolate** enrobement m de chocolat.

baptisterio nm baptistère m.

baqueta nf (MIL, MUS) baguette f; **mandar o tratar a la** ~ faire marcher à la baguette.

baquetear vt harceler.

baqueteo nm (traqueteo) cahotement m; (molestia) tracas m.

baquiano, a a connaisseur // nm/. (AM: guía) guide m/f.

báquico, a a bachique.

bar nm bar m.

barahúnda nf vacarme m.

baraja nf jeu m de cartes; **jugar a con dos** ~**s** jouer un double jeu.

barajar vt (naipes) battre; (fig embrouiller; ~**se** vr se brouiller.

baranda nf (de escalera) rampe (de balcón) barre f d'appui; (o billar) bande f.

barandilla nf rambarde f.

baratija nf (frusleria) bagatelle f; (joya) babiole f.

baratillo nm (tienda) boutique f de brocante; (subasta) braderie f; (conjunto de cosas) bric-à-brac m.

barato, a a bon marché; (fig) facile // nm liquidation f // nf (AM) liquidation // ad bon marché.

baratura nf bas prix m.

baraúnda nf = **barahúnda**.

barba nf (ANAT) menton m; (pelo) barbe f; ~s fpl barbe; ~s de chivo bouc m.

barbacoa nf (parrilla) barbecue m; (carne) viande grillée; (lecho) lit m rustique; (choza) chaumière f; (emparrado) vigne f en tonnelle.

barbado, a a (barbudo) barbu(e) // nm (simiente) sarment m; (esqueje) bouture f; (hijuelo) rejeton m.

barbaridad nf barbarie f; (fig: palabra) énormité f; (: hecho) sottise f; **comer una ~** (fam) manger énormément; **una ~ de gente** (fam) une foule de gens; **¡qué ~!** (fam) quelle horreur!; **cuesta una ~** (fam) cela coûte une fortune.

barbarie nf barbarie f.

barbarismo nm barbarie f; (LING) barbarisme m.

bárbaro, a a barbare; cruel(le); inculte; **¡qué ~!** (fam) fantastique!; **un éxito ~** (fam) un succès fantastique; **es un tipo ~** (fam) c'est un type formidable // ad: **lo pasamos ~** (fam) cela a été magnifique // nm/f barbare m/f.

barbear vt raser; (AM: fam: adular) flatter; (AM: res vacuna) (faire) coucher (par une torsion exercée sur les cornes).

barbecho nm jachère f.

barbero nm barbier m.

barbijo nm (AM) = **barboquejo**.

barbilampiño a glabre // nm (fig) blanc bec.

barbilla nf menton m.

barbitúrico nm barbiturique m.

barbiquejo, barboquejo mentonnière f; jugulaire f.

barbotar vt, vi bredouiller.

barbudo, a a barbu(e).

barca nf barque f; ~ **de pesca** barque de pêche; ~ **de pasaje** bac m.

barcaza nf barcasse f; ~ **de desembarco** (MIL) péniche f de débarquement.

Barcelona n Barcelone.

barcelonés, esa a barcelonais(e).

barco nm (gen) bateau m; ~ **de pasajeros** paquebot m; ~ **de carga** cargo m.

barda nf (caballo) barde f; (tapia) couronnement m en ronce.

bardar vt barder.

bardo nm barde m.

bargueño nm cabinet m (meuble).

bario nm baryum m.

barítono nm baryton m.

barlovento nm dessus m du vent.

barman nm barman m.

Barna abr de **Barcelona**.

barniz nm vernis m.

barnizar vt vernir.

barómetro nm baromètre m.

barón nm baron m.

baronesa nf baronne f.

barquero nm batelier m.

barquillo nm cornet m.

barquinazo nm canot m.

barra nf barre f; (de pan) baguette f; (AM) bande f de jeunes; (palanca) levier m; ~ **de carmín** bâton m de rouge (à lèvres); ~ **de cortina** tringle f de rideau.

barrabasada nf rosserie f.

barraca nf baraque f, chaumière f; (AM: cobertizo, depósito) hangar m.

barranca nf ravin m; précipice m.

barranco nm ravin m; précipice m; (fig) obstacle m.

barredero, a a balayeur(euse) // nf balayeuse f.

barredor, a a balayeur(euse).

barreminas nm démineur m.

barrena nf (sin mango) mèche f; (con mango) vrille f; (de minero) barre *f* à mine; *(para madera)* tarière *f*.

barrenar *vt* forer; *(fig)* déjouer.

barrendero, a *nm/f* balayeur/ euse.

barreno *nm* grande vrille.

barrer *vt* balayer; *(fig)* éliminer // *vi* balayer; ~ hacia o para dentro veiller à son propre intérêt.

barrera *nf* (paso a nivel) barrière *f*; *(cierre de camino)* barrage *m*; *(obstáculo)* obstacle *m*; *(TAUR: del torero)* barrière; *(de fútbol)* mur *m*; *(de jardín)* portail *m*.

barriada *nf* faubourg *m*.

barricada *nf* barricade *f*.

barrido *nm*, **barrida** *nf* balayage *m*.

barriga *nf* ventre *m*; panse *f*; *(de vasija)* panse *f*; echar ~ prendre du ventre.

barrigón, ona, barrigudo, a *a* ventru(e), ventripotent(e).

barriguera *nf* sous-ventrière *f*.

barril *nm* baril *m*.

barrilero *nm* tonnelier *m*.

barrilete *nm* (de carpintero) valet *m*; *(de revólver)* barillet *m*; *(AM)* cerf-volant *m*.

barrio *nm* (en el pueblo) quartier *m*; *(fuera del pueblo)* faubourg *m*; el otro ~ *(fam)* l' autre monde *m*; ~s bajos les quartiers.

barro *nm* (lodo) boue *f*; *(MED)* point noir, *(AM)* cochi *f*; ~ cocido terre cuite; ~ de alfarero glaise *f*.

barroco, a *a* baroque; *(pey)* extravagant(e) // *nm* baroque(euse).

barroso, a *a* boueux(euse).

barrote *nm* barreau *m*.

barruntar *vt* pressentir.

barrunto *nm* pressentiment *m*.

bartola : a la ~ *ad* sans s'en faire; tirarse a la ~ se la couler douce.

bártulos *nmpl* affaires *fpl*.

barullero, a *a* tapageur(euse).

barullo *nm* (alboroto) pagaille *f*; *(multitud)* cohue *f*.

basa *nf* base *f*.

basalto *nm* basalte *m*.

basamento *nm* soubassement *m*.

basar *vt* baser; *(fig)* fonder; ~se *vr*: ~se en se fonder sur.

basca *nf* nausée *f*.

báscula *nf* bascule *f*.

bascular *vi* basculer.

base *nf* base *f*; ~ imponible assiette *f* de l'impôt.

básico, a *a* basique.

basílica *nf* basilique *f*.

basilisco *nm* (MITOLOGÍA) basilic *m*; *(ZOOL)* iguane *m*.

bastante *ad* assez // *a* assez de; lo ~ para assez pour.

bastar *vi* suffire; ~ con suffire de ou que; ~ de avoir assez de; ~ para suffire pour; ¡basta! assez!; ¡basta y sobra! c'en est trop!

bastardilla *nf* italique *m* o *f*.

bastardo, a *a* bâtard(e).

bastidor *nm* (gen) châssis *m*; *(bordado)* métier *m* à broder; *(decorado)* praticable *m*; ~es *nmpl* coulisses *fpl*.

bastimento *nm* (embarcación) bâtiment *m*; ~s *nmpl* provisions *fpl*.

bastión *nm* bastion *m*.

basto, a *a* grossier(ière) // *nm* *(arnés)* bât *m*; *(cojinete)* coussinet *m* de selle // *nf* *(hilvanado)* bâti *m*; *(costura de colchón)* piqûre *f*; ~s *nmpl (NAIPES)* trèfle *m*.

bastón *nm* (gen) bâton *m*; *(para el paseo)* canne *f*.

bastonero *nm* fabricant *m* de cannes; *(comerciante)* marchand *m* de cannes; *(BALLET)* maître *m* de ballet.

basura *nf* ordure *f*; cubo de ~ poubelle *f*.

basural *nm* (AM) décharge *f*.

basurero *nm* (hombre) boueux *m*, éboueur *m*; *(lugar)* décharge *f*.

bata *nf* (salto de cama) robe *f* de chambre; *(de alumno etc)* blouse *f*.

batacazo *nm* (ruido) vacarme *m*; *(caída)* chute *f*; *(AM)* triomphe éclatant.

batahola *nf* raffut *m*.

batalla *nf* (MIL) bataille *f*; *(esgrima)* assaut *m*; dar o librar ~

(fig) se battre; **de ~ de** tous les jours; **marca de ~** marque courante; **~ campal** bataille f rangée.

batallar vi batailler; disputer.

batallón nm bataillon m.

batata nf patate douce; *(AM: fam)* timidité f.

batea nf *(bandeja)* plateau m; *(barco)* bac m; *(vagón)* wagon-plat m; *(AM)* petit tonneau.

batel nm canot m.

batelero nm batelier m.

batería nf batterie f; **~ de cocina** batterie de cuisine.

batey nm *(AM)* sucrerie raffinerie f.

batiborrillo, batiburrillo nm *(revoltijo)* méli-mélo m; *(confusión de palabras)* galimatias m.

batido, a a *(camino)* battu(e); *(tela)* chatoyant(e) // nm *(huevos)* œufs battus; *(de mantequilla)* barattage m // nf *(de caza)* battue f de chasse; *(de policía)* rafle f; **~ de leche** lait parfumé; **batida del oro** batte f.

batidor, a a batteur(euse) // nm *(MIL)* éclaireur m // nm o f *(de metales, de cocina)* batteur m.

batiente nm *(puerta)* battant m; *(hoja de puerta)* battant d'une porte; *(marco de puerta)* chambranle m; *(marina)* brisant m.

batifondo nm *(AM)* pagaille f.

batir vt battre; *(vencer)* vaincre; *(acuñar)* frapper; *(pelo)* crêper; **~se** vr se battre.

batiscafo nm bathyscaphe m.

batista nf batiste f.

batuque nm *(AM)* pagaille f.

batuquear vt, vi *(AM: batir)* battre, agiter; *(: armar gresca)* semer la pagaille.

baturro, a nm/f paysan/ne aragonais/e.

batuta nf baguette f.

baúl nm malle f; *(AUTO)* coffre m.

bautismo nm baptême m.

bautista nm baptiste m.

bautizar vt baptiser.

bautizo nm baptême m.

baya nf ver **bayo**.

bayeta nf *(tejido)* flanelle f; *(trapo de fregar)* serpillière f; *(AM: persona)* paillasson m.

bayo, a a bai(e) // nf baie f.

bayoneta nf baïonnette f.

bayonetazo nm coup m de baïonnette.

baza nf ver **bazo**.

bazar nm bazar m.

bazo, a a bis(e) // nm rate f // nf levée f; **hacer baza** *(fig)* faire son chemin; **meter baza** *(fig)* fourrer son nez.

bazofia nf *(de comida)* restes mpl; *(cosa sucia)* saleté f; *(comida mala)* mangeaille f.

beata nf ver **beato**.

beatificar vt béatifier.

beatitud nf béatitude f.

beato, a a béatifié(e); *(piadoso)* pieux(pieuse) // nf *(devoto/a)* bigot/e; *(fig: que finge virtud)* cagot/e // nf *(fam: peseta)* pésete f.

bebé nm bébé m.

bebedero, a a buvable // nm *(para pájaros)* auge f; *(para animales)* abreuvoir m; *(de vasija)* bec m.

bebedizo, a a buvable // nm *(remedio)* potion f; *(filtro)* philtre m.

bebedor, a a buveur(euse).

beber vt boire // vi boire; *(emborracharse)* s'enivrer; *(brindar)* porter un toast.

bebida nf boisson f.

beca nf bourse f d'études.

becerro nm veau m; **~ marino** veau marin.

bedel nm appariteur m.

beduino, a a o bédouin(e); *(fig)* barbare, sauvage.

befa nf raillerie f.

befar vi remuer les lèvres // vt se moquer de.

befo, a a **~ belfo, a**.

begonia nf bégonia m.

beldad nf beauté f.

belén nm crèche f; *(fam)* pagaille f, foutoir m.

belfo, a a lippu(e) // nm (de caballo) lèvre f; (de perro) babine f.

belga a belge // nm/f Belge m/f.

Bélgica nf Belgique f.

bélico, a a de guerre.

belicoso, a a belliqueux(euse).

beligerante a belligérant(e).

bellaco, a a (pícaro) coquin(e); (astuto) fripon(ne) // nm rétif(ive).

bellaquería nf friponnerie f.

belleza nf beauté f.

bello, a a beau(belle); **bellas artes** beaux arts.

bellota nf gland m.

bembo a (AM: de labios gruesos) lippu(e); (: bobo) nigaud(e) // nm (AM) lippe f.

bemol nm (MUS) bémol m; **tener ~es** (fam) être difficile.

bencina nf benzine f; (AM) essence f.

bendecir vt bénir.

bendición nf bénédiction f.

bendito, a pp de bendecir // a (bienaventurado) béni(e); (feliz) bienheureux(euse).

benedictino, a a bénédictin(e) // nm (licor) bénédictine f.

beneficencia nf bienfaisance f.

beneficiar vt (hacer bien a) faire du bien à; (cosa, terreno) mettre en valeur; (tierra) cultiver; (mina) exploiter; (mineral) traiter // vi: ~ **de** bénéficier de; ~**se** vr: ~**se con** bénéficier de, tirer profit de.

beneficio nm (bien) bienfait m; (ganancia) bénéfice m, profit m; (AGR) culture f; (REL) bénéfice (TEC) exploitation f; **a ~ de** au bénéfice de; **en ~ propio** pour soi-même.

beneficioso, a a avantageux(euse).

benéfico, a a bienfaisant(e); (fiesta, obra) de bienfaisance.

benemérito, a a méritant(e).

beneplácito nm approbation f.

benevolencia nf bienveillance f.

benévolo, a a bénévole f.

bengala nf fusée f.

benignidad nf bénignité f; (de clima) douceur f.

benigno, a a (enfermedad) bénin(igne); (clima) doux(douce).

benito, a a benoît(e).

benjamín nm benjamin m.

benjuí nm benjoin m.

beodo, a a ivre.

berberecho nm coque f.

berenjena nf aubergine f.

berenjenal nm champ m d'aubergines; (fam) pagaille f.

bergamota nf bergamote f.

bergantín nm brigantin m.

Berlín n Berlin.

berlina nf (vehículo) berline f; (de diligencia) coupé m.

bermejo, a a vermeil(le).

bermellón nm vermillon m.

Berna n Berne.

berrear vi mugir; (fig) brailler.

berrido nm mugissement m; (grito) hurlement m; (fig) fausse note.

berrinche nm (fam) rogne f.

berro nm cresson m.

berza nf chou m // nm/f (fam) andouille f.

besamanos nm baisemain m.

besar vt embrasser; (mano, pies) baiser; ~**se** vr s'embrasser.

beso nm baiser m.

bestia nf bête f; (fig) brute f; ~ **de carga** bête de somme.

bestial a bestial(e); (fam) extraordinaire; (fam) énorme.

bestialidad nf bestialité f; stupidité f; (fam) énormité f.

besugo nm daurade f; (fam) niais(e).

besuquear vt (fam) bécoter; ~**se** vr se bécoter.

betún nm bitume m; (para calzado) cirage m.

biberón nm biberon m.

Biblia nf bible f; **papel ~** papier m bible.

bíblico, a a biblique.

bibliófilo, a nm/f bibliophile m/f.

bibliógrafo, a nm/f bibliographe m/f.

biblioteca nf bibliothèque f; ~ **itinerante** o **ambulante** bibliobus m.

bibliotecario, a *nm/f* bibliothécaire *m/f*.

B.I.C. *nf* (*abr de Brigada de Investigación Criminal*) P.J. *f* (Police Judiciaire).

bicicleta *nf* bicyclette *f*.

bicho *nm* animal *m*; (*pequeño*) bestiole *f*; (TAUR) taureau *m* de combat.

biela *nf* bielle *f*.

bieida *nf* fenaison *f*.

bieldar *vt* vanner.

bieldo *nm* (AGR) fourche *f* à faner.

bien *nm* bien *m* // *ad* bien; (*oler*) bon; (*mucho*: *malo, caliente, caro*) très; más ~ plutôt // *excl* ¡(muy)~! (très) bien! // *conj*: **no** ~ **llovió, bajó la temperatura** à peine s'est-il mis à pleuvoir que la température a baissé; **~es inmuebles/muebles** biens immeubles/meubles; **~es de consumo** biens de consommation; **~es raíces** bien-fonds *m*.

bienal *a* biennal(e).

bienandanza *nf* bonheur *m*.

bienaventurado, a *a* (*feliz*) bienheureux(euse).

bienestar *nm* bien-être *m*.

bienhadado, a *a* heureux(euse), fortuné(e).

bienhechor, a *a* bienfaiteur (trice).

bienio *nm* espace *m* de deux ans.

bienquisto, a *pp de* bienquerer // *a* bien vu(e).

bienvenida *nf* bienvenue *f*.

bife *nm* (AM) bifteck *m*; (AM: *fam*) claque *f*.

biftec *nm* (AM) bifteck *m*.

bifurcación *nf* bifurcation *f*.

bígamo, a *a* bigame // *nm/f* bigame *m/f*.

bigote *nm* moustache *f*; (*de horno*) trou *m* de coulée; ¡es de ~! c'est du tonnerre!

bilbaíno, a *a* de Bilbao.

bilingüe *a* bilingue.

bilioso, a *a* bilieux(euse).

bilis *nf* bile *f*.

billar *nm* billard *m*.

billete *nm* (*de metro, tranvía,* andén) ticket *m*; (*de banco, espectáculo, lotería, tren*) billet *m*; (*carta*) petite lettre, mot *m*; ~ **simple/de ida y vuelta/kilométrico** billet simple/aller et retour/kilométrique; ~ **amoroso** billet doux.

billetera *nf*, **billetero** *nm* portefeuille *m*.

billón *nm* billion *m*.

bimensual *a* bimensuel(le).

bimestral *a* bimestriel(le).

bimotor *a* bimoteur // *nm* bimoteur *m*.

binóculo *nm* binocle *m*.

biografía *nf* biographie *f*.

biógrafo, a *nm/f* biographe *m/f* // *nm* (AM) cinéma *m*, ciné *m*.

biología *nf* biologie *f*.

biólogo, a *nm/f* biologiste *m/f*.

biombo *nm* paravent *m*.

biplano *nm* biplan *m*.

birlar *vt* chiper; (*fig*: *fam*) faucher; (: *matar*) descendre.

birlibirloque : **por arte de ~** *ad* comme par enchantement.

birlocha *nf* cerf-volant *m*.

birreta *nf* barrette *f*.

birrete *nm* toque *f*.

birria *nf* horreur *f*; (AM: *fam*) haine *f*; (*capricho*) caprice *m*, manie *f*; **de ~** (AM) sans intérêt.

bis *excl* bis // *ad*: **viven en el 27 ~** ils habitent au numéro 27 bis.

bisabuelo, a *nm/f* arrière-grand-père/-mère.

bisagra *nf* charnière *f*.

bisbisar, bisbisear *vt* chuchoter.

bisbiseo *nm* chuchotement *m*.

bisel *nm* biseau *m*.

biselar *vt* biseauter.

bisexual *a* (*sexuellement*) ambivalent(e).

bisiesto *a*: **año ~** année bissextile *f*.

bisnieto, a *nm/f* arrière-petit-fils/-petite-fille.

bisonte *nm* bison *m*.

bisoño, a *a* (*principiante*) débutant(e); (*fig*: *fam*) novice // *a* (MIL) nouvelle recrue.

bisturí nm (MED) bistouri m.

bizarría nf (valor) courage m; générosité f; (gallardía) prestance f.

bizarro, a a (valeroso) courageux(euse); généreux(euse); (gallardo) de belle prestance.

bizcar vi loucher.

bizco, a a bigle // nm/f loucheur/euse, bigle m/f; **dejar a uno ~** (fam) laisser qn pantois.

bizcocho nm (masa) biscuit m; (pastel) gâteau m; (de porcelana) biscuit; **~ borracho** baba m au rhum.

bizcochuelo nm génoise (CULIN) f.

bizquear vi (fam) loucher.

blanco, a a (gen) blanc(he) // nm/f blanc/he // nm (color, intervalo) blanc m; (para tirar) cible f; (fig) objectif m, but m // nf (moneda) ancienne monnaie; (MUS) blanche f; **dejar en ~** (sin escribir) laisser en blanc; **noche en ~** nuit blanche; **dar en el ~**, **hacer ~** frapper au but, faire mouche; **estar o quedarse sin blanca** être fauché; **~ de la uña** lunule f.

blancura nf blancheur f.

blandengue a (fam) faible.

blandir vt brandir.

blando, a a mou(molle); (muelle) moelleux(euse); (tierno) tendre; (suave) doux(douce); (carácter) faible; (fam) froussard(e).

blandura nf (calidad de blando) mollesse f; (de temperatura) douceur f; délicatesse f; affabilité f; (halago) flatterie f.

blanquear vt blanchir; (encalar) chauler // vi (ponerse blanco) blanchir, devenir blanc; (tirar) tirer sur le blanc.

blanquecino, a a blanchâtre; (luz) blafard(e).

blanqueo nm (acción) blanchiment m; (encalado) chaulage m.

blanquillo, a a blanc(he) // nm (AM: huevo) œuf m; (: melocotón) pêche blanche; (: pez) poisson m.

blasfemar vi blasphémer.

blasfemia nf blasphème m.

blasón nm blason m; (fama) honneur m.

blasonar vt blasonner // vi se vanter.

bledo nm (planta) blette f; **(no) me importa un ~** je m'en moque.

blindado, a a blindé(e).

blindaje nm blindage m.

blindar vt blinder.

bloque nm bloc m; (de motor) (AUTO) bloc-moteur m; **en ~** en bloc.

bloquear vt bloquer.

bloqueo nm (MIL) blocus m; (COM) blocage m.

blusa nf (de alumno) blouse f; (de mujer) corsage m.

boa nf boa m.

boardilla nf = **buhardilla**.

boato nm faste m.

bobada nf bêtise f.

bobalicón, ona a (fam) bête // nm/f imbécile m/f.

bobería nf sottise f.

bobina nf (carrete) bobine f.

bobinar vt embobiner.

bobo, a a (tonto) sot(te); (cándido) niais(e) // nm (TEATRO) bouffon m.

boca nf bouche f; (de crustáceo) pince f; (de vasija) bec m; (de pinza) mâchoire f; (de martillo) panne f; (de calle) débouché m (de vino) bouquet m; (entrada) entrée f; **~s** nfpl (de río) bouches fpl, embouchure f; **~ abajo/arriba** sur le ventre/dos.

bocacalle nf débouché m.

bocadillo nm (emparedado) sandwich m; (comida ligera) casse-croûte m.

bocado nm bouchée f; (lo que coge el ave) becquée f; (mordisco) morsure f, coup m de dent; (de caballo) mors m.

bocanada nf bouffée f; **~ de gente** flot m de gens; **~ de viento** coup m de vent.

boceto nm esquisse f, épreuve f, ébauche f.

bocina nf (MUS) corne f, trompe f;

bocoy (AUTO) klaxon m; (para hablar) porte-voix m; (para gramófono) pavillon m; (para sordos) cornet m acoustique; (ASTRO) Petite Ourse; (ZOOL) buccin m.

bocoy nm tonneau m.

bocha nf boule f; ~s nfpl jeu m de boules.

bochinche (fam) tapage m; (AM) bastringue m; **armar** ~ faire du bruit.

bochorno nm (calor) chaleur lourde; (vergüenza) honte f; (rubor) rougeur f; (mareo) bouffée f.

bochornoso, a a (opresivo) lourd(e); (vergonzoso) honteux (euse); (día) orageux(euse); (runión) orageux.

boda nf (casamiento) noce f, mariage m; (fiesta) fête f de noces; ~s **de plata/de oro** noces d'argent/d'or.

bodega nf (de vino) cave f; (depósito) dock m; (almacén) magasin m de vin-liqueurs, cave f; (de barco) cale f.

bodegaje nm (AM) emmagasinage m.

bodegón nm (pequeño restaurante) bistrot m; (pey) gargote f; (ARTE) nature morte f.

bodegonero, a nm/f gargotier/ière f.

bodeguero, a nm/f (cuidador) sommelier/ière; (propietario) propriétaire m/f d'une cave.

bofe nm, **bofes** nmpl mou m.

bofetada nf gifle f; (fig) affront m.

bofetón m = **bofetada**.

boga nf (ZOOL) bogue f; (NAUT) nage f; **en** ~ (fig) en vogue.

bogar vi ramer, nager; (fig) naviguer.

bogavante nm (NAUT) chef m de nage; (ZOOL) homard m.

Bogotá n Bogotá.

bogotano, a a de Bogotá // nm/f habitant/e de Bogotá.

bohardilla nf = **buhardilla**.

bohemio, a a bohémien(ne) // nm/f bohémien/ne.

bohío nm (AM) hutte f.

boicot nm boycottage m.

boicotear vt boycotter.

boicoteo nm boycottage m.

boina nf béret m.

boj nm (AGR) buis m.

bola nf boule f; (NAIPES) chelem m; vole f; (betún) cirage m; (de carbón) boulet m; (AM cometa) cerf-volant m; (: feria) foire f, émeute f; (: tamal) tourte f; (fam embuste) bobard m; ~ **de nieve** boule de neige.

boleadoras nfpl (AM) lasso terminé par des boules.

bolero, a a qui fait l'école buissonnière; (fam) menteur(euse) // nm boléro m; (AM: lustrabotas) cireur m // f danseur/euse.

boleta nf (billete) billet m; (vale) bon m; (AM) bulletin m.

boletería nf (AM) guichet m.

boletín nm (periódico) bulletin m; (billete) billet m; ~ **escolar/meteorológico/de prensa** bulletin scolaire/météorologique/de presse; **el** ~ **(de noticias)** les informations fpl, ~ **de precios** tarif m.

boleto nm (hongo) bolet m; (billete) billet m; f ~ promesse f de vente; (: fam) bobard m; ~ **de compra-venta** engagement m de vente.

boliche nm (bola) cochonnet m; (juego) jeu m de quilles; (adorno) boule f; (horno) four m à réverbère; (AM: restaurante) bistrot m; (: tienducha) échoppe f; (: tabaco) mauvais tabac.

bolígrafo nm stylo m à bille.

bolívar nm bolívar m.

Bolivia nf Bolivie f.

boliviano, a a bolivien(ne) // nm/f Bolivien/ne.

bolo nm (JUEGO) quille f; (eje) axe m; (de escalera) noyau m; (píldora) bol m; (cuchillo) couteias m; ~s quilles.

bolsa nf (cartera) bourse f; (saco) sac m; (ZOOL) poche f; (MINERÍA) poche f; ~ **de los ojos** poche sous les yeux; **B~ de Comercio/de Trabajo** bourse de commerce/du travail; **~ de agua caliente** bouillotte f; **~ de papel** sac en papier.

bolsillo nm (de vestido) poche f; (de chaleco) gousset m; (cartera) porte-monnaie m.

bolsista nm boursier m.

bolso nm (bolsa) sac m; (de mujer) sac à main.

bollo nm (pan) pain au lait m; (bulto) bosse f; (AM: fam) coup m de poing; **~s** nmpl pépins mpl.

bomba nf pompe f; (lámpara) ampoule f, (MIL) bombe f; (poema) poème improvisé; (AM) bombe f à (fam): **éxito ~** succès fou; **noticia ~** nouvelle sensationnelle // ad (fam): **pasarlo ~** s'amuser comme un fou; **~ atómica/de humo/de retardo** bombe atomique/fumigène/à retardement; **~ centrifuga/de incendios** pompe centrifuge/à incendies; **~ lacrimógena** grenade f lacrymogène.

bombacha nf (AM) pantalon bouffant.

bombardear vt bombarder.

bombardeo nm bombardement m.

bombardero nm bombardier m.

bombear vt (agua) pomper; (arquear) arquer, bomber; (fig: fam) chanter les louanges de.

bombero nm pompier m.

bombilla nf (ELEC) ampoule f; (AM): **~ para el mate** pipette f.

bombo nm (MUS) grosse caisse; (TEC) tambour m.

bombón nm (caramelo) bonbon m.

bonachón, ona a bon enfant.

bonaerense a de Buenos Aires // nm/f habitant/e de Buenos Aires.

bonancible a calme.

bonanza nf (NAUT) bonace f; (calma) calme m; (fig: prosperidad) prospérité f; (MINERÍA) filon m très riche.

bondad nf bonté f.

bondadoso, a a bon(ne).

bonete nm bonnet m; (de clérigo)

barrete f; **a tente ~** ad (fam) à n'en plus compter.

bonetería nf (AM) bonneterie f.

bongo nm (AM) bac m.

bonito a à joli(e) // nm (pez) bonite f, thon m.

bono nm bon m.

boquear vi ouvrir la bouche; (expirar: morir) agoniser; (fig: fam) mourir.

boquerón nm (anchoa) anchois m; (agujero) brèche f, grand trou.

boquete nm (agujero) trou m; (entrada) passage étroit; (brecha) brèche f.

boquiabierto, a a (fig) bouche bée.

boquilla nf (para cigarro) fume-cigare m; (para riego) saignée f, prise f d'eau; (MUS) bec m; (de fusil) embouchure f; (orificio) ouverture f.

boquirroto, a a (fam) bavard(e).

borbollear, borbotar vi bouillonner.

borbotón nm bouillonnement m.

borceguí nm brodequin m.

borda nf (NAUT: vela) grand-voile f; (costado) bord m; **motor de ~** moteur m hors-bord.

bordado nm broderie f.

bordar vt broder; (fig) fignoler, soigner.

borde nm bord m.

bordelés, esa a bordelais(e) // nm/f habitant/e de Bordeaux.

bordo nm (NAUT) bord m; **dar ~s** tirer des bords; **a ~** à bord.

bordón nm (de peregrino) bourdon m; (estribillo) refrain m; (muletilla) ritournelle f; (MUS, IMPRENTA) bourdon; (fig) soutien m, appui m.

Borinquén nm Porto Rico m.

borinqueño, a a portoricain(e).

borla nf (adorno) gland m; (MIL) pompon m; (de doctor) bonnet m; (para polvos) houppette f; (BOT) amarante f.

borona nf (mijo) millet m; (maíz) maïs m; (AM) miette f.

borra nf bourre f; (sedimento) dépôt m; (fig) fadaise f.

borrachera nf (ebriedad) ivresse f; (orgía) beuverie f; **coger una ~** prendre une cuite.

borracho, a a ivre; (color) rouge // nm/f (que bebe mucho) ivrogne/sse; (temporalmente) homme/femme ivre.

borrado, a a effacé(e).

borrador nm (escritura) brouillon m; (cuaderno) cahier m de brouillon; (goma) gomme f.

borrajear vt, vi gribouiller.

borrar vt effacer; **~se** vr: **~se del mundo** disparaître ou se retirer du monde.

borrasca nf bourrasque f.

borrascoso, a a orageux(euse).

borrego, a nm/f agneau/agnelle; (fam: joven) môme m/f; (: tonto) nigaud/e; (: servil) mouton m, personne moutonnière.

borrica nf ânesse f; (fig: fam) bourrique f.

borricada nf (asnos) troupeau m d'ânes m; (paseo) promenade f à ânes; (necedad) ânerie f.

borrico nm (asno) âne m; (de carpintero) chevalet m; (fig: fam) âne.

borrón nm (mancha) tache f; (de tinta) pâté m; (proyecto) brouillon m; (de cuadro) ébauche f.

borroso, a a (confuso, impreciso) confus(e); (vago, nebuloso) vague, nébuleux(euse); (fotografía) flou(e).

boruquiento, a a turbulent(e).

bosque nm bois m.

bosquejar vt (pintura, escultura) ébaucher; (idea, proyecto) esquisser.

bosquejo nm ébauche f; esquisse f.

bosta nf bouse f.

bostezar vi bâiller.

bostezo nm bâillement m.

bota nf (saco) gourde f; (calzado) botte f.

botador nm (pértiga) gaffe f; (de carpintero) repoussoir m; (de dentista) davier m; (IMPRENTA) mentonnière f.

botadura nf lancement m.

botánica nf botanique f.

botánico, a a botanique.

botar vt lancer; (fam) ficher dehors; (AM) gaspiller; **~se** vr se jeter.

botarate nm (fam) idiot m; (AM) gaspilleur m; panier percé m.

bote nm bond m; (de caballo) haut-le-corps m; (vasija) pot m; (de tabaco) pot m à tabac; (embarcación) canot m; **de ~ en ~** (fam) plein à craquer; **~ salvavidas** canot de sauvetage.

botella nf bouteille f.

botica nf pharmacie f; (fam) boutique f.

boticario, a nm/f pharmacien/ne.

botija nf cruche f // nm/f (AM: fam) môme m/f.

botijo nm cruche f.

botín nm (calzado) bottine f; (MIL) butin m.

botiquín nm (armario) armoire f à pharmacie; (portátil) trousse f à pharmacie.

botón nm (de vestido) bouton m; (de flor) bouton m; (de planta) bourgeon m; **~ de oro** bouton d'or m; **~ de florete** bouton; **~ de sintonización** bouton de recherche de station.

botones nm groom m.

bototo nm (AM) calebasse f; **~s** nmpl (fam) godasses fpl.

botulismo nm botulisme m.

bóveda nf (techo) voûte f; (cripta) crypte f.

bovino, a a bovin(e).

boxeador nm boxeur m.

boxeo nm boxe f.

boya nf (NAUT) bouée f; (flotador) flotteur m.

boyante a (TAUR: toro) facile; (NAUT) qui flotte bien.

boyero nm bouvier m.

bozal a (fig: fam) sot(te); (caballo) sauvage // nm (de caballo) licou m; (de perro) muselière f.

bozo nm (vello) duvet m; (boca) bouche f; (cabestro) licou m.

bracear vt (NAUT) sonder // vi (agitar los brazos) agiter les bras; (nadar) nager le crawl.

bracero nm manœuvre m.

bracete nm: de ~ ad (fam) bras dessus, bras dessous.

braga nf (cuerda) verboquet m; ~s nfpl (de mujer) culotte f, slip m; (de bebé) couche f; (pantalón) braies fpl.

bragazas nm (fig: fam) chiffe f.

bragueta nf braguette f.

bramar vi (ZOOL) mugir, bramer, barrir; (fig: persona) rugir; (: el viento, el mar) mugir.

bramido nm (ZOOL) mugissement m, brame m, barrissement m; (fig: de viento, mar) hurlement m, mugissement m.

brasa nf braise f.

brasero nm (vasija) brasero m; (hoguera) brasier m; (AM) foyer m.

Brasil nm: el ~ le Brésil.

brasileño, a a à brésilien(ne) // nm/f Brésilien/ne.

Brasilia n Brasilia.

bravata nf bravade f; fanfaronnade f.

braveza nf courage m; (de los elementos) violence f.

bravío, a a sauvage; (fig) rustre.

bravo, a a (valiente, bueno) brave; (feroz) féroce; (salvaje) sauvage // nm (aplauso) bravo m, applaudissement m // excl bravo!

bravura nf (de animal) férocité f; (de persona) bravoure f; (pey) bravade f.

braza nf brasse f; (cuerda) bras m; **nadar a la** ~ nager la brasse.

brazada nf brasse f.

brazado nm brassée f.

brazalete nm (pulsera) bracelet m; (banda) brassard m.

brazo nm (gen) bras m; (ZOOL) patte antérieure; (BOT) branche f; (de lámpara) branche f; **ir del** ~ se donner le bras.

brea nf (vegetal) brai m; (mineral) brai de goudron.

brebaje nm breuvage m.

brecha nf (gen) brèche f; (en selva) trouée f; (MIL) percée f.

brega nf (lucha) lutte f; (trabajo) travail dur.

bregar vi (luchar) lutter; (reñir) quereller; (trabajar) travailler dur // vt (toro) travailler.

breña nf broussaille f.

breñal nm terrain broussailleux.

breva nf (higo) figue fleur f; (bellota) jeune noisette f; (cigarro) cigare m; (AM) tabac m à chiquer; (fam) aubaine f.

breve a bref(brève) // nm bref m; **nota** ~ (MUS) brève f.

brevedad nf brièveté f.

breviario nm bréviaire m.

brezal nm bruyère f (terrain).

brezo nm bruyère f.

bribón, ona a (haragán) coquin(e) // nm/f (vagabundo) vaurien/ne; (pícaro) fripon/ne.

bribonear vi mener une vie de fripon; (cometer bribonadas) faire des friponneries.

bricolaje nm bricolage m.

brida nf bride f; (TEC) collerette f (d'un tuyau); **a toda** ~ à bride abattue.

bridge nm bridge m.

brigada nf (unidad) brigade f; (animales) troupe f; (trabajadores) équipe f // nm (grado) adjutant m.

brillante a brillant(e); (fig) brillant, intelligent(e) // nm brillant m.

brillar vi briller.

brillo nm éclat m; (fig) splendeur f, lustre m; **sacar** ~ faire reluire.

brincar vi bondir; **está que brinca** il est fou furieux.

brinco nm bond m, saut m.

brindar vi porter un toast // vt offrir; ~ **el toro** (TAUR) offrir le taureau.

brindis nm toast m; (TAUR) fait de dédier le taureau à quelqu'un avant l'estocade.

brío nm courage m.

brioso, a a courageux(euse); (caballo) fougueux(euse).

brisa nf brise f; (orujo) marc m.

británico, a a britannique // nm/f Britannique m/f.

brizna nf brin m.

brocado nm broché m.

brocal nm margelle f; ~ **de la vaina** chape f.

brocha nf (para pintar) brosse f; (para polvos) houppette f; (DADOS) dé pipé; (de afeitar) blaireau m.

broche nm broche f; ~ **para papeles** trombone m.

broma nf (ZOOL) taret m; (bulla) bruit m; (chanza) plaisanterie f, blague f; **tomar a** ~ tourner en dérision.

bromear vi plaisanter.

bromista a farceur(euse) // nm/f casse-pieds m/f.

bronca nf ver **bronco**.

bronce nm bronze m.

bronceado, a a bronzé(e) // nm bronzage m.

broncear vt: ~**se** se bronzer.

bronco, a a âpre // nf (riña) bagarre f; (represión) réprimande f; (desagrado colectivo) chahut m; **¡tengo una bronca!** je suis furieux!

bronquial a des bronches.

bronquitis nf bronchite f.

brotar vi (trigo) pousser; (renuevo de planta) bourgeonner; (aguas) jaillir; (erupción cutánea) apparaître; (las ideas) jaillir.

brote nm (BOT) bourgeon m; (de aguas) jaillissement m; (de fiebre) apparition f.

broza nf broche f; **meter** ~ (fig) faire du remplissage.

brozar vt (retrato, pintura) brosser.

bruces : **de** ~ ad: **caer** o **dar de** ~ s'étaler de tout son long; **estar de** ~ être à plat ventre.

bruja nf sorcière f; (lechuza) chouette f.

brujería nf sorcellerie f.

brujo nm sorcier m.

brújula nf boussole f.

brujulear vt (NAIPES) filer // vi (fig) flâner; (fig: fam) deviner.

bruma nf brume f.

brumoso, a a brumeux(euse).

bruñido nm bruni m.

bruñir vt (metal, piedra) polir; (espejo) lustrer; (fam: rostro) brunir; (AM) embêter.

brusco, a a brusque // nm fragon épineux.

Bruselas n Bruxelles f.

brutal a brutal(e); (fam: temperatura) terrible; (: precio) énorme.

brutalidad nf brutalité f.

bruto, a a (idiota) stupide; **producto nacional** ~ produit national brut; **material en** ~ matériel brut // nm/f idiot/e.

Bs.As. abr de Buenos Aires.

buba nf pustule f.

bucanero nm boucanier m.

bucear vi plonger // vt (fig) explorer.

buceo nm (del buzo) plongée f; (del nadador) plongeon m.

bucle nm boucle f.

bucólico, a a bucolique.

buche nm (de ave) jabot m; (de animal) panse f; (de líquido) gargarisme m; (estómago) estomac m; (borrico) ânon m.

budare nm (AM) plat pour cuire le pain de maïs.

budín nm flan m de pain perdu.

buenamente ad tout bonnement.

buenaventura nf bonne aventure.

bueno, a, buen a bon(ne); **buen día,** ~**s días** bonjour; **buenas tardes** bonjour; bonsoir; **buenas noches** bonne nuit; **¡buen sinvergüenza resultó!** voilà un drôle d'effronté!; **¡buena jugada me has hecho!** (fam) tu m'as roulé! // ad excl (¡ya basta!) bon!, assez!; ~, **¿y qué?** bon et alors?

Buenos Aires n Buenos Aires.

buey nm bœuf m; ~ **marino** lamantin m.

búfalo nm buffle m.

bufanda nf (de lana) cache-nez m; (de seda) écharpe f.

bufar vi (toro) souffler; (caballo) s'ébrouer.

bufete nm (mesa) bureau m; (habitación) cabinet m; (de abogado) étude f.

bufido nm (de toro) mugissement m; (de caballo) ébrouement m; (de felino) feulement m.

bufo, a a bouffe.

bufón, ona a bouffon(ne) // nm bouffon m.

buhardilla nf mansarde f.

búho nm hibou m.

buhonero nm camelot m.

buitre nm vautour m.

bujía nf bougie f.

bula nf bulle f; **tener ~ para todo** (fam) avoir carte blanche.

bulbo nm bulbe m.

búlgaro, a a bulgare // nm/f Bulgare m/f.

bulto nm (paquete) paquet m; (tamaño) volume m; (MED) bosse f, grosseur f; (silueta) silhouette f; (estatua) sculpture f; **hacer ~** faire le nombre; **de mucho/poco ~** qui a beaucoup/peu de poids.

bulla nf tapage m.

bullanga nf agitation f.

bullanguero, a a tapageur(euse).

bullicio nm brouhaha m.

bullicioso, a a (fiesta) bruyant(e); (calle) animé(e); (niño) turbulent(e).

bullir vi bouillir.

buñolero, a nm/f marchand/e de beignet.

buñuelo nm beignet m; (fam) pagaille f.

buque nm bateau m; **~ insignia** vaisseau amiral.

burbuja nf bulle f.

burdel nm bordel m.

burdo, a a grossier(ière).

burgalés, esa a de Burgos // nm/f habitant/e de Burgos.

burgués, esa a bourgeois(e) // nm/f bourgeois(e).

burguesía nf bourgeoisie f.

buril nm burin m.

burla nf moquerie f; **~ burlando** (fam) en badinant.

burlador, a a moqueur(euse) // nm séducteur m.

burlar vt tromper; **~se** vr: **~se de** se moquer de.

burlesco, a a burlesque.

burlón, ona a moqueur(euse) // nm/f moqueur/euse.

burocracia nf bureaucratie f.

burócrata nm/f (empleado oficial) fonctionnaire m/f; (pey) bureaucrate m/f.

burra nf ânesse f; (fig: fam) ânesse ignorante; **~ de carga** (fig: fam) bête f de somme f.

burrada nf troupe f d'ânes; (fig: fam) bêtise f.

burro nm (ZOOL, fig) âne m; (de aserradero) chevalet m; (juego) bourre f.

bursátil a boursier(ière).

busaca nf (AM) sacoche f.

busca nf recherche f; **a la ~ de** à la recherche de; **en ~ de** en quête de.

buscapiés nm crapaud m.

buscapleitos nm chicaneur m.

buscar vt, vi chercher; **se busca empleada** on cherche une employée.

buscón, ona a chercheur(euse) // nm filou m // nf pute f.

busilis nm hic m.

busque etc vb ver **buscar**.

búsqueda nf = **busca**.

busto nm buste m.

butaca nf fauteuil m.

butifarra nf saucisse catalane.

buzo nm scaphandrier m.

buzón nm boîte f aux lettres; (de estanque) bonde f; **echar una carta al ~** mettre une lettre à la poste.

C

c. *abr de* **capítulo.**

C. *abr de* **centígrado;** *abr de* **compañía.**

C/ *abr de* **calle.**

c.a. *abr de* **corriente alterna.**

cabal *a* exact(e); juste; *(acabado, completo)* accompli(e); total(e); parfait(e); ~es *nmpl:* estar en sus ~es avoir toute sa tête.

cábala *nf* cabale *f.*

cabalgadura *nf* monture *f.*

cabalgar *vt* couvrir *(e)* // *vi* monter *ou* aller à cheval.

cabalgata *nf* défilé m; chevauchée *f.*

cabalmente *ad* parfaitement.

caballa *nf* maquereau m.

caballar *a (raza)* chevalin(e); *(cría)* de chevaux.

caballeresco, a *a* chevaleresque.

caballería *nf (bestia)* monture *f*; *(MIL)* cavalerie *f*; *(orden)* chevalerie *f*; *(fig)* manières *fpl*, compliments *mpl.*

caballeriza *nf* écurie *f.*

caballerizo *nm* écuyer m.

caballero *nm (hidalgo, noble)* noble m, gentilhomme m; *(de la orden de caballería)* chevalier m; *(señor, término de cortesía)* monsieur m; *(hombre galante)* galant homme, homme de cœur // *a (a caballo)* à cheval.

caballerosidad *nf* noblesse *f*, esprit m chevaleresque; générosité *f.*

caballete *nm (del tejado)* faîte m; *(de tortura)* chevalet m; *(soporte)* tréteau m; *(de chimenea)* mitre *f*; *(ANAT)* dos m, arête *f*; *(ARTE: de pintor)* chevalet m.

caballo *nm* cheval m; *(AJEDREZ, NAIPES)* cavalier m; estar a ~ de algo *(fig)* être à cheval sur qch; ~ de vapor *o* de fuerza cheval-vapeur m; ~ marino hippocampe m; ~ padre étalon m.

cabaña *nf (casita)* cabane *f*; *(rebaño)* troupeau m; *(riqueza ganadera)* cheptel m.

cabaré, cabaret *(pl* **cabarets)** *nm* boîte *f* de nuit.

cabás *nm* cartable m.

cabecear *vt (DEPORTE):* ~ la pelota faire une tête // *vi (balancear)* hocher la tête; *(negar)* dire non de la tête; *(al dormirse)* dodeliner de la tête; *(el caballo)* battre à la main; *(barco)* tanguer.

cabecera *nf (de cama)* tête *f*; *(de mesa)* haut bout; *(de río)* source *f*; *(de distrito)* chef-lieu m; *(IMPRENTA)* frontispice m, tranchefile *f*, manchette *f.*

cabecilla *nm/f* meneur/euse; *(fig: fam)* écervelé/e, étourdi/e.

cabellera *nf* chevelure *f*; *(de cometa)* queue *f.*

cabello *nm* cheveu m; se le pusieron los ~s de punta cela lui fit se dresser les cheveux sur la tête.

cabelludo, a *a* chevelu(e).

caber *vi (entrar)* entrer, rentrer, tenir; *(corresponder)* revenir; *(contener)* contenir; *(MAT)*: ¿en 12, caben cuántas veces 4? en 12, combien de fois 4?; dentro de lo que cabe dans la mesure du possible; ¡esto no me cabe en la cabeza! cela m'dépasse!; no cabe duda cela ne fait aucun doute; no cabía en sí de alegría/dolor il ne se tenait pas de joie/de douleur.

cabestrillo *nm* écharpe *f.*

cabestro *nm (rienda)* licou m; *(buey)* sonnailler m.

cabeza *nf* tête *f*; *(BOT)* pointe *f*; *(POL)* chef m; a la ~ de en tête de; lavarse la ~ se laver les cheveux; no se te pase por la ~ n'y songe pas; quebradero de ~ casse-tête m.

cabezada *nf (golpe)* coup de tête m; *(al dormirse)* dodeliement m de la tête; *(saludo)* salut m de la tête; *(del caballo)* caveçon m; *(NAUT)* tangage m.

cabezudo, a *a* qui a une grosse tête // *nm/f (fam)* cabochard/e; ~s *nmpl* nains *mpl*, grosses têtes.

cabida *nf* capacité *f*.

cabildo *nm* (*de iglesia*) chapitre *m*; (*ayuntamiento*) conseil municipal; réunion *f*; salle *f* de réunion (du chapitre ou du conseil).

cabizbajo, a a abattu(e), mélancolique.

cable *nm* câble *m*; ~ **eléctrico/de remolque/submarino** câble électrique/remorque/sous-marin.

cabo *nm* (*extremidad, pedazo*) bout *m*; (*de herramienta, escoba*) manche *f*; (MIL) caporal *m*, brigadier *m*; (NAUT) cordage *m*; (GEO) cap *m*; **al ~ de 3 días** au bout de trois jours; **al fin y al ~** finalement, en fin de compte; **atar o juntar ~** procéder par recoupements; **de ~ a rabo** d'un bout à l'autre; **llevar a ~** mener à bien, venir à bout de.

cabotaje *nm* cabotage *m*.

cabra *nf* chèvre *f*.

cabré *etc vb ver* **caber**.

cabrero, a *nm/f* chevrier/ère.

cabrestante *nm* cabestan *m*.

cabria *nf* chèvre *f*.

cabrilla *nf* (*de carpintero*) baudet *m*; ~**s** *nfpl* moutons *mpl*.

cabrío, a a caprin(e); **macho** ~ bouc *m*.

cabriola *nf* (*brinco, voltereta*) cabriole *f*; **hacer** ~**s** caracoler.

cabriolé, cabriolet *nm* cabriolet *m*.

cabritilla *nf* chevreau *m*.

cabrito *nm* chevreau *m*, cabri *m*.

cabrón *nm* bouc *m*; (*fig: fam*) salaud/salope.

cabruno, a a = **cabrío**.

cacahuete *nm* (AGR) cacahuète *f*; (AM) = **maní**.

cacahuetero *nm* marchand *m* de cacahuètes.

cacao *nm* (*árbol*) cacaoyer *m*; (*grano*) cacao *m*.

cacarear *vi* caqueter // *vt* (*fig: fam*) crier sur les toits.

cacareo *nm* caquet *m*; (*fig: fam*) jactance *f*.

cacería *nf* chasse *f*.

cacerola *nf* casserole *f*, marmite *f*.

cacique *nm* (*jefe*) cacique *m*; (*fig*) personnage influent; (*fam*) coq *m* du village.

caciquismo *nm* caciquisme *m*.

caco *nm* filou *m*; (*fam*) timide *m*, poltron *m*.

cacofonía *nf* cacophonie *f*.

cacto, cactus *nm* cactus *m*.

cacumen *nm* (*fig: fam*) flair *m*, perspicacité *f*.

cachalote *nm* cachalot *m*.

cachar *vt* (*romper*) briser; (*la madera*) fendre; (AM: el tranvía, el ómnibus*) prendre; (: *sorprender*) surprendre; (: *ridiculizar*) railler.

cacharrería *nf* (*cacharros*) poterie *f*; (*almacén*) magasin *m* de faïences et de poteries.

cacharro *nm* (*recipiente, vasija*) pot *m*, récipient *m*, poterie *f*; (*bártulos*) affaires *fpl*; (*de cocina*) ustensiles *mpl* de cuisine.

cachaza *nf* (*fam*) (*lentitud*) lenteur *f*; (*flema*) flegme *m*; (*aguardiente*) tafia *m*.

cachear *vt* fouiller.

cachemira *nf* cachemire *m*.

cacheo *nm* fouille *f*.

cachetada *nf* (AM) gifle *f*.

cachete *nm* (*mejilla*) joue *f*; (*fam: bofetada*) claque *f*; (: *puñal*) poignard *m*.

cachimba *nf*, **cachimbo** *nm* pipe *f*, bouffarde *f*.

cachiporra *nf* massue *f*.

cachivache *nm* ustensile *m*, récipient *m*; (*fig: fam*) pauvre type *m*; ~**s** *nmpl* babioles *fpl*.

cacho, a a courbé(e) // *nm* morceau *m*; (AM) corne *f*.

cachorro, a *nm/f* (*perro*) chiot *m*; (*león*) lionceau *m*.

cada a (*uno*); ~ **día** tous les jours; ~ **uno/a** chacun/e; ~ **dos por tres** à tout bout de champ; ~ **vez más** o plus en plus; **uno de** ~ **diez** un su dix.

cadalso *nm* échafaud *m*, gibet *m*.

cadáver *nm* cadavre *m*.

cadena nf chaîne f; (JUR) travaux forcés, emprisonnement m; **trabajo en ~** travail à la chaîne; **~ perpétua** détention perpétuelle.

cadencia nf cadence f.

cadera nf hanche f.

cadete nm cadet m.

caducar vi (permiso, ley) être périmé(e), expirer; (persona) radoter, être gâteux(euse).

caduco, a a caduc(caduque); périmé(e); (idea) dépassé(e).

C.A.E. abr de cóbrese al entregar envoi contre remboursement.

caer vi (gen) tomber; **~se** vr tomber; **~ enfermo** tomber malade; **~ dentro de su jurisdicción** faire partie de sa jurisdiction; **~ a tiempo** tomber à pic; **~ de su peso** aller de soi, tomber sous le sens; **~ en la cuenta** comprendre, se rendre compte; **¡ya caigo! y si!**

café nm (pl ~s) café m.

cafetal nm caféière f.

cafetero, a a (industria) relatif(ive) au café // nf (utensilio) cafetière f; (fam) tacot m // nm/f (proprietario de bar) patron/ne de café, cafetier/ère; **es ~** il marche au café, il boit énormément de café.

cáfila nf bande f.

caída nf (gen) chute f; (declive) pente f; (disminución) diminution f; **~ de ojos** (fig) les yeux doux.

caigo etc vb ver **caer**.

caimán nm caïman m; (fig) vieux renard.

caimiento nm chute f.

caja nf boîte f, caisse f; (de escalera, ascensor) cage f; (COM) caisse, coffre-fort m; (MUS) caisse; **~ craneana** boîte crânienne; **~ de ahorros** caisse d'épargne; **~ de cambios** boîte de vitesses; **~ de jubilaciones** caisse de retraite; **~ torácica** cage thoracique.

cajero, a nm/f (encargado de la caja) caissier/ière.

cajetilla nf paquet m.

cajista nm/f compositeur/trice.

cajón nm caisse f; (de mueble)

tiroir m; (de herramientas) boîte f à outils.

cal nf chaux f.

cala nf (GEO) crique f; (de barco) cale f; (MED) suppositoire m.

calabaza nf (BOT) courge f; (recipiente) gourde f.

calabozo nm cachot m.

calabrote nm câble m.

calado nm (bordado) broderie ajourée; (perforado) découpage m; (TEC) calage m.

calafatear vt (barcos) calfater.

calaíta nf turquoise f.

calamar nm calmar m, encornet m.

calambre nm crampe f.

calamidad nf (desastre) calamité f; (plaga) fléau m.

calamina nf calamine f.

calamitoso, a a calamiteux(euse).

calandria nf calandre f; (TEC: torno) treuil m.

calaña nf (muestra) forme f; (de personas) nature f; (de cosas) qualité f.

calañés nm chapeau m à bords relevés.

calar a calcaire // nm carrière f de pierre à chaux // vt pénétrer, transpercer, traverser; (comprender) pénétrer, saisir; (hacer calados) deviner, percer à jour; (sumergir: las redes) caler; **~se** vr (empaparse) se pénétrer, s'imbiber.

calavera nf tête de mort f // nm (fig) noceur m.

calaverada nf frasque f.

calcañar, calcañal, calcaño nm talon m.

calcar vt (reproducir) calquer, décalquer; (imitar) calquer; (pisar) fouler.

calce nm (de rueda) jante f; (de instrumentos cortantes) acérure f; (cuña) coin m.

calceta nf bas m; **hacer ~** tricoter.

calcetín nm chaussette f.

calcina nf béton m.

calcinar vt calciner; (fig: fam) bassiner.

calcio *nm* calcium *m.*

calco *nm* calque *m.*

calculadora *nf* calculatrice *f;* ~ **de bolsillo** calculatrice de poche.

calcular *vt* (*MAT*) calculer; (*suponer, creer*) supposer, croire.

cálculo *nm* calcul *m;* (*de gastos*) évaluation *f;* **obrar con mucho** ~ agir avec beaucoup de prudence.

calda *nf* (*acción de calentar*) chauffage *m;* (*introducción del combustible*) chauffe *f;* ~**s** *nfpl* eaux thermales.

caldear *vt* chauffer; (*los metales*) porter au rouge; (*habitación*) chauffer, réchauffer; ~**se** *vr* (*fig*) s'échauffer.

caldera *nf* (*de vapor*) chaudière *f;* (*caldero*) chaudron *m;* (*MINERÍA*) puisard *m.*

calderada *nf* chaudière *f.*

calderería *nf* chaudronnerie *f;* forge *f.*

calderilla *nf* (*REL*) bénitier *m;* (*moneda*) menue monnaie *f.*

caldero *nm* (*recipiente*) chaudron *m;* (*contenido*) chaudronnée *f,* (*TEC*) poche *f.*

calderón *nm* gros chaudron *m.*

caldo *nm* bouillon *m;* (*para la ensalada*) sauce *f,* assaisonnement *m;* ~**s** *nmpl* liquides *mpl* alimentaires.

calefacción *nf* chauffage *m.*

calendario *nm* calendrier *m.*

calentador *nm* calorifère *m.*

calentar *vt* chauffer, faire chauffer; (*habitación, horno*) chauffer; ~**se** *vr* se réchauffer; (*AM: fig*) s'échauffer; ~ **al blanco/rojo** porter au blanc/rouge; ~**se la cabeza** se fatiguer les méninges.

calentura *nf* (*MED*) fièvre *f,* température *f.*

calenturiento, a *a* fiévreux (euse); (*fig*) fiévreux; fébrile.

calera *nf* carrière *f* de pierre à chaux; (*horno*) four *m* à chaux.

calero, a *a* de la chaux // *nm* chaufournier *m.*

calesa *nf* calèche *f.*

calesero *nm* postillon *m.*

calesín *nm* calèche *f.*

caleta *nf* crique *f,* anse *f.*

caletre *nm* (*fam*) jugeote *f.*

calibrar *vt* (*medir*) calibrer; (*mandrilar*) aléser; (*fig: juzgar*) jauger.

calibre *nm* (*MIL*) calibre *m;* (*TEC*) calibre, jauge *m;* (*fig*) importance *f.*

calicanto *nm* maçonnerie *f.*

calidad *nf* (*gen*) qualité *f;* (*fig*) importance *f,* poids *m;* **en** ~ **de** en qualité de.

cálido, a *a* chaud(e).

caliente *a* chaud(e); (*fig*) chaud, ardent(e); (*furioso*) furieux(euse), bouillant(e); **hacer algo en caliente** faire qch sur le champ.

califa *nm* calife *m.*

calificación *nf* qualification *f;* (*de alumno*) note *f.*

calificado, a *a* qualifié(e), compétent(e); manifeste.

calificar *vt* qualifier; (*enaltecer*) annoblir; (*alumno*) noter; (*determinar*) déterminer; ~**se** *vr* (*AM*) qualifier.

caligrafía *nf* calligraphie *f.*

calizo, a *a* à calcaire.

calma *nf* calme *m;* (*pachorra*) nonchalance *f,* décontraction *f.*

calmante *a* calmant(e) // *nm* calmant *m,* tranquillisant *m.*

calmar *vt* (*un dolor*) calmer; (*los ánimos*) apaiser // *vi* tomber.

calmoso, a, calmudo, a *a* calme; (*fam*) indolent(e).

calofrío *nm* = **escalofrío** *nm.*

calor *nm* chaleur *f;* **dar** ~ **a** tenir chaud à; (*fig*) encourager.

calórico, a *a* calorique.

calorífero, a *a* calorifère // *nm* chauffage *m.*

calumnia *nf* calomnie *f.*

calumniador, a *a* calomniateur (trice).

calumnioso, a *a* calomnieux (euse).

caluroso, a *a* chaud(e); (*fig*) chaleureux(euse).

calva nf calvitie f; (en bosque) clairière f

calvario nm calvaire m.

calvicie nf calvitie f.

calvo, a a chauve; (terreno) dénudé(e), pelé(e); (tejido) râpé(e), élimé(e).

calza nf cale f; (fam) bas m.

calzado, a a chaussé(e) // nm chaussure f // nf chaussée f.

calzador nm chausse-pied m.

calzar vt (los pies) chausser; (un mueble) caler; ~**se** vt mettre; ¿**qué** (**número**) **calza?** quelle est votre pointure?; ~(**se**) **un empleo** (AM) se caser.

calzón nm culotte f.

calzoncillos nmpl caleçon m.

callado, a a silencieux(euse); réservé(e), discret(ète).

callar vt (un secreto) taire; (la boca) fermer // vi, ~**se** vr se taire.

calle nf rue f; ~ **arriba/abajo** en remontant/en descendant la rue; ~ **de un solo sentido** rue à sens unique.

calleja nf ruelle f.

callejear vi flâner, battre le pavé.

callejero, a a (persona) flâneur(euse); (animación, venta) de la rue, ambulant(e).

callejón nm ruelle f; (TAUR) couloir m courant le long de l'arène et servant de refuge aux toreros; ~ **sin salida** impasse f, cul-de-sac m.

callejuela nf ruelle f.

callista nm/f pédicure m/f.

callo nm (MED: en pies y manos) cor m, durillon m; (: de una fractura) cal m; ~**s** nmpl gras-double m, tripes fpl.

calloso, a a calleux(euse).

cama nf lit m; (AGR) litière f (GEO) strate f, couche f; **estar en** ~ être alité(e); **hacer la** ~ retaper le lit; **irse a la** ~ se coucher; ~ **de campaña/de matrimonio/de tijera** lit de campagne/à deux places/pliant; ~ **turca** cosy m.

camada nf portée f; (de personas) bande f.

camafeo nm camée m.

camaleón nm caméléon m.

camandulear vi (fingir) feindre, simuler; (contar chismes) médire; (AM) intriguer.

camandulero, a a hypocrite, fourbe; (AM) intrigant(e).

cámara nf chambre f; (CINE) caméra f; (fotográfica) appareil m photo(graphique); ~ **de aire** chambre à air.

camarada nm camarade m/f.

camarera nf serveuse f; servante f; hôtesse f; habilleuse f.

camarero nm garçon m; valet m; (TEATRO) habilleur m.

camarilla nf (clan) coterie f, clan m; (POL) lobby m.

camarín nm (detrás de altar) niche f; (despacho) cabinet m, bureau m; (tocador) cabinet de toilette; (TEATRO) loge f.

camarista nm camériste f.

camarón nm crevette f.

camarote nm cabine f.

camastro nm grabat m.

camastrón, ona nm/f roublard/e.

cambiable a (variable) changeant(e); (intercambiable) interchangeable.

cambiante a (el tiempo) changeant(e), instable; (persona) instable, inconstant(e) // nm (de colores) chatoiement m; (COM) cambiste m, changeur m.

cambiar vt (gen) changer; (de moneda) changer; (dinero) faire la monnaie de; (saludos) échanger // vi (gen) changer; ~**se** vr (mudarse) déménager; (de ropa) se changer; ~(**se**) **de** changer de.

cambio nm échange m; (trueque) échange, troc m; (COM) change f, monnaie f; (de tiempo) changement m; (de ideas) volte-face f, revirement m; (de gobierno) changement; **tener** ~ avoir de la monnaie; **dar el** ~ donner le change; **en** ~ par contre; ~ **de velocidades** changement de vitesses; ~ **de vía** aiguillage m.

cambista nm (*COM*) cambiste m; (*FERROCARRILES*) aiguilleur m.

cambray nm cambrai m.

camelar vt (*galantear*) baratiner; (*engañar*) tromper.

camelia nf camélia m.

camello nm chameau m.

camilla nf (*cama*) lit m de repos; (*angarillas*) brancard m, civière f; (*de hospital*) chariot m; (*mesa*) table f sous laquelle on place le brasero.

caminante nm/f voyageur/euse à pied.

caminar vi (*marchar*) cheminer à pied; (*viajar*) voyager // vt (*recorrer*) marcher; ~ **200 m.** marcher pendant 200 m.

caminata nf randonnée f.

camino nm chemin m; (*fig*) chemin m, voie f; **a medio** ~ à moitié chemin; **en el** ~ en route, en cours de route; **hacer algo de** ~ faire qch en chemin *ou* en passant; **ponerse en** ~ se mettre en route.

camión nm camion m.

camisa nf chemise f, (*BOT*) enveloppe f, (*de serpiente*) dépouille f; (*TEC*) chemise, crépi m; ~ **de dormir** chemise de nuit; ~ **de fuerza** camisole f de force.

camisería nf chemiserie f.

camiseta nf (*prenda*) chemisette f; (*de deportista*) maillot m.

camisón nm chemise f de nuit.

camorra nf (*fam*) bagarre f, querelle f.

camorrista, camorrero, a a querelleur(euse), bagarreur(euse) // nm/f querelleur/euse, bagarreur/euse.

camote nm (*AM: batata*) patate douce; (: *fig*) béguin m.

campal a: **batalla** ~ **bataille** rangée.

campamento nm campement m.

campana nf cloche f; (*TEC*) manteau m, hotte f; **dar una vuelta de** ~ capoter; ~ **de buzo** cloche à plonger.

campanada nf coup m de cloche;

(*fig*) éclat m, scandale m.

campanario nm clocher m.

campaneo nm volée f; (*fig: fam*) dandinement m.

campanilla nf (*campana*) clochette f, (*burbuja*) bulle f d'air; (*ANAT*) luette f.

campante a (*fam: satisfecho*) satisfait(e); (: *ufano*) fier(ère), orgueilleux(euse).

campanudo, a a en forme de cloche; (*ampuloso*) ampoulé(e), ronflant(e).

campánula nf campanule f.

campaña nf campagne f.

campañol nm campagnol m.

campar vi camper; (*sobresalir*) exceller, briller.

campechano, a a bon enfant, sans façon.

campeche nm campêche m.

campeón, ona nm/f champion/ne.

campeonato nm championnat m.

campesino, a a champêtre // nm/f paysan/ne.

campestre a champêtre; rustique; rural(e).

campiña nf champ m, campagne f.

campo nm (*AGR*) champ m; (*fuera de la ciudad*) campagne f; (*AVIAT*) terrain m; (*de fútbol, golf*) terrain; (*de tenis*) court m; (*ELEC, FÍSICA*) champ; (*MIL*) champ, camp m; **a** ~ **traviesa** à travers champs; **a** ~ **raso** à ciel ouvert, à la belle étoile; **el** ~ **de la ciencia** le domaine de la science; ~ **operativo** (*MED*) champ opératoire.

camposanto nm cimetière m.

can nm (*perro*) chien m; (*gatillo*) gâchette f, chien.

cana nf ver **cano**.

Canadá nm Canada m.

canadiense a canadien(ne) // nm/f Canadien/ne // nf canadienne f.

canal nm canal m; (*comercial*) circuit m; (*de televisión*) chaîne f; (*de tejado*) noue f; **abrir en** ~ ouvrir de haut en bas.

canalizar vt canaliser.

canalón nm (conducto vertical) descente f; (del tejado) gouttière f; (REL) chapeau m d'ecclésiastique.

canalla nf canaille f // nm fripouille f, canaille f.

canapé nm (pl ~s) canapé m.

canario, a a canarien(ne) // nm/f Canarien/ne // nm serin m, canari m.

canasta nf (cesto) corbeille f, (NAIPES) canasta f.

canastilla nf (de recién nacido) layette f; (cesto pequeño) corbillon m.

canastillo nm corbillon m.

canasto nm corbeille f; ¡~s! excl sapristi!

cancel nm tambour m; (AM) paravent m.

cancelación nf annulation f.

cancelar vt annuler; (una deuda) régler, solder.

cancelario nm recteur m d'université.

cáncer nm (MED) cancer m; C~ (ASTRO) le Cancer; ser (de) ~ être (du) Cancer; (fig) plaie f.

canciller nm chancelier m.

cancillería nf chancellerie f.

canción nf chanson f; ~ de cuna berceuse f.

cancionero nm recueil m de poésies.

cancha nf (de fútbol) terrain m; (de tenis) court m.

candado nm cadenas m.

candeal a: pan ~ pain blanc; trigo ~ froment m.

candela nf (vela) chandelle f; (BOT) chaton m; (FÍSICA) candela f; en ~ debout, verticalement.

candelabro nm candelabre m.

candelaria nf (fiesta) chandeleur f; (BOT) bouillon m, blanc m.

candelero nm (para vela) chandelier m; (de aceite) lampe f à huile; (para la pesca) pharillon m; estar en el ~ être très en vue, tenir le haut du pavé.

candente a incandescent(e);

(problema) brûlant(e), à l'ordre du jour.

candidato nm/f candidat/e; (AM) prétendant/e.

candidez nf candeur f.

cándido, a a candide.

candil nm (lámpara) lampe f à huile; (cuerno) andouiller m; (de sombrero) corne f.

candileja nf (lámpara) petite lampe; (BOT) nielle f; ~s nfpl rampe f.

candor nm candeur f.

canelo, a a (color) cannelle // nm cannelier m // nf cannelle f.

canelón nm (canal descendente) descente f; (carámbano) glaçon m; (pasamanería) torsade f; (pasta rellena) cannelloni m.

cangrejo nm (ZOOL) crabe m, écrevisse f; (NAUT) corne f; (de ferrocarril) wagonnet plat; C~ (ASTRO) le Cancer.

canguro nm kangourou m.

caníbal a cannibale; (fig) sauvage // nm/f cannibale m/f.

cánica nf bille f.

canícula nf canicule f.

canicular a caniculaire.

canijo, a a chétif(ive).

canilla nf (ANAT) os m; (: de la pierna) tibia m; (TEC: caño) cannelle f, canette f; (para el hilo) canette; (AM: grifo) robinet m.

canillera nf jambière f.

canino, a a canin(e) // nm canine f, croc m.

canje nm échange m.

canjear vt échanger.

cano, a a blanc (blanche); (fig) vénérable; (pey: viejo) vieux (vieille) // nf cheveu blanc; (AM) policier m; echar una cana al aire faire une incartade.

canoa nf canoë m, canot m.

canon nm canon m; (pensión) redevance f.

canonesa nf chanoinesse f.

canónico, a a canonique.

canónigo nm chanoine m.

canonización nf canonisation f.

canonizar vt canoniser; (fig) approuver.

canonjía nf canonicat m; (fig: fam) sinécure f.

canoro, a a (los pájaros) chanteur(euse); (melodioso) mélodieux(euse).

canoso, a a chenu(e); grisonnant(e).

cansado, a a fatigué(e); (tedioso) ennuyeux(euse).

cansancio nm fatigue f, lassitude f.

cansar vt (fatigar) fatiguer; (fastidiar) ennuyer; (aburrir) lasser, ennuyer; ~se vr (agotarse) se fatiguer; (fastidiarse) s'ennuyer.

cantaletear vi (AM: repetir) rabâcher; (: exagerar) exagérer.

cantante a chantant(e) // nm/f chanteur/euse.

cantar vt (gen) chanter; (persona) célébrer; (copla) fredonner // vi (gen) chanter; (rechinar) grincer; (NAIPES) annoncer // nm avouer, se mettre à table // nm chanson de geste //

cántara nf broc m, cruche f; mesure f = 16,13 l.

cántaro nm broc m, cruche f; llover a ~s pleuvoir à seaux.

cantatriz nf cantatrice f.

cantera nf carrière f; (fig) pépinière (fig) f.

cantería nf (tallado de piedra) taille f de pierres; (ARQ: obra) ouvrage m.

cantero nm tailleur m de pierres.

cántico nm cantique m.

cantidad nf quantité f.

cantiga nf (MUS) chanson f (HISTORIA) cantique f.

cantil nm falaise f; (AM) bord m d'un précipice.

cantilena nf = cantinela.

cantimplora nf (frasco) gourde f; (sifón) siphon m.

cantina nf (de escuela) cantine f; (de estación) buvette f; (sótano) cave f; (AM) taverne f, café m, bistrot m.

cantinela nf cantilène f.

cantinero, a nm/f cantinier/ière.

canto nm (gen) chant m; (borde) bord m; (de un cuchillo) dos m; (de un libro) tranche f; **caerse de** ~ tomber de côté, verser; ~ **rodado** galet m.

cantor, a a chanteur(euse) // nm/f chanteur/euse.

cantorral nm terrain pierreux.

canturriar vi fredonner.

caña nf (BOT: tallo) chaume f, tige f; (de la bota) tige f; (de cerveza) demi m; (del fusil) fût m; (ANAT: del brazo) os m du bras; (: de la pierna) tibia m; (: del caballo) canon m; (: tuétano) moelle f; (ARQ: fuste) fût m, tige f; (MINERÍA) galerie f; (MUS) chanson populaire andalouse; (NAUT) barre f; (AM: aguardiente) rhum m; ~ tafia m; ~s nfpl (torneo) fontes fpl; ~ **de azúcar** canne f à sucre; ~ **de Indias** rotin m; ~ **de pescar** canne à pêche.

cañada nf (entre dos montañas) vallon m, gorge f; (camino) chemin creux; (AM) ruisseau m.

cañamazo nm (estopa) étoupe f; (tela) toile f d'étoupe; (para bordar) canevas m; (bosquejo) canevas m.

cañamiel nf canne f à sucre.

cáñamo nm (AGR) chanvre m.

cañaveral nm cannaie f, plantation f de canne à sucre.

cañería nf canalisation f.

caño nm (tubo) tuyau m, tube m; (de aguas servidas) égout m; (MUS: de órgano) tuyau m; (NAUT: canal) chenal m; (de fuente) jet m.

cañón nm (de chimenea) tuyau m; (de pluma de ave) tuyau m; (GEO) cañón m.

cañonazo nm (MIL) coup m de canon; (FÚTBOL) shoot m.

cañonear vt canonner.

cañonera nf (MIL) embrasure f; (NAUT) canonnière f; (AM) fonte f.

cañonero nm canonnière f.

caoba nf acajou m.

caos nm chaos m.

cap. abr de **capítulo.**

capa nf cape f; (de barniz) couche f; (fig: apariencia) apparence f; (GEO) couche f, banc m; (pretexto) prétexte m.

capacidad nf (medida) capacité f; (aptitud) habilité f, capacité f; (talento) talent m.

capacitación nf formation f.

capacho nm couffin m; cabas m.

capar vt châtrer.

caparazón nm (arnés) caparaçon m; (de ave) carcasse f; (de tortuga, crustáceo) carapace f.

capataz nm contremaître m.

capaz a capable, habile; (amplio) spacieux(euse); qui contient beaucoup.

capcioso, a a captieux(euse).

capea nf action f d'exciter le taureau avec la cape.

capeador nm torero m.

capear vt (TAUR) faire des passes avec la cape; (fam: engañar) tromper; (: sortear) surmonter; (NAUT) braver // vi braver la tempête.

capellán nm chapelain m.

caperuza nf chaperon m.

capilar a capillaire.

capilla nf chapelle f; (capucha) capuchon m; (clan, camarilla) clan m, chapelle f; ~ ardiente chapelle ardente; estar en ~ être sur des charbons ardents.

capirotazo nm chiquenaude f.

capirote nm (tintura) hennin m; (de doctores) chausse f, chaperon m; (de halcón) chaperon; (de coche) capote f; (capirotazo) chiquenaude f.

capitación nf capitation f.

capital a essentiel(le), fondamental(e) // nm capital m, richesse f // nf capitale f; pena ~ peine capitale; pecados ~es ~s péchés capitaux; ~ circulante fonds mpl de roulement; ~ de provincia chef-lieu m de département // social capital social.

capitalista a capitaliste // nm capitaliste m/f.

capitalizar vt capitaliser.

capitán nm capitaine m; (NAUT) commandant m, capitaine m.

capitana nf (NAUT: nave principal) vaisseau amiral; (galera) capitane f.

capitanear vt commander, diriger.

capitanía nf charge f du capitaine; région f militaire.

capitel nm chapiteau m.

capitolio nm capitole m.

capitoné nm camion m de déménagement; (AM) édredon m.

capitulación nf (rendición) capitulation f; (acuerdo, pacto matrimonial) accords mpl, contrat m.

capitular vi capituler // a capitulaire.

capítulo nm chapitre m; ~s nmpl: ~s matrimoniales accords mpl ou contrat m de mariage.

capó nm capot m.

capón nm (golpe) bosse f; (ZOOL) chapon m, castré m.

caporal nm contremaître m.

capota nf capote f.

capote nm (abrigo, de militar) capote f; (de torero) cape f; (nubarrón) gros nuage; (NAIPES) capot m; (AM: de monte: poncho) poncho m, capote.

Capricornio nm le Capricorne; ser (de) ~ être (du) Capricorne.

capricho nm caprice m.

caprichoso, a a capricieux(euse); (extraño) bizarre, fantaisiste.

cápsula nf capsule f.

captar vt capter.

captura nf capture f.

capturar vt capturer.

capucha nf (de monje) capuce m; (de bebé) capuchon m, capuche f; (LING) accent m circonflexe.

capuchino, a nm/f (religioso) capucin/e // nm (mono) capucin m.

capullo nm (ZOOL) cocon m; (BOT: de flor) bouton m; (: de bellota) cupule f; (ANAT) prépuce m.

capuz nm capuchon m, pèlerine f.

cara nf (ANAT) visage m, figure f,

face f; (GEOMETRÍA) face; (de moneda, disco) face; (de edificio: lado) côté m; ~ a ad face à; de ~ en face; **dar la** ~ prendre la responsabilité d'une chose; **echar en** ~ jeter à la figure; **mirar con mala** ~ regarder de travers; **mirarse** ~ **a** ~ se regarder dans les yeux; **¡que** ~ **dura!** quel culot!, quel toupet!; **a la pared face au mur; tener el sol de** ~ avoir le soleil en face.

carabela nf caravelle f.

carabina nf carabine f; (fam) courtisane f.

carabinero nm (MIL) carabinier m; (crustáceo) grosse crevette.

caracol nm (ZOOL) escargot m, colimaçon m; (ANAT) limaçon m; **hacer** ~**es** caracoler; **¡~es!** excl mince!, sapristi!; **escalera de** ~ escalier m en colimaçon.

caracolear vi caracoler.

carácter (pl **caracteres**) nm (gen) caractère m; (AM: LITERATURA, TEATRO) personnage m; **tener mal** ~ avoir mauvais caractère; **tener mucho** ~ être emporté(e).

característica nf caractéristique f; (TEATRO) duègne f; (AM) orchestre m.

característico, a a caractéristique // nm barbon m.

caracterizar vt (distinguir) caractériser; (honrar) conférer une distinction à; (TEATRO) jouer, interpréter.

caracú nm (AM) moelle f.

caramba excl sapristi!, tiens!, allons donc!

carámbano nm glaçon m.

carambola nf carambolage m; (fig: fam) coup m double; **acertar de** ~ trouver par hasard.

caramelo nm (dulce) bonbon m; (azúcar fundida) caramel m.

caramillo nm (flauta) chalumeau m; (montón) tas m, fatras m; (chisme, enredo) histoire f, tour m.

carapacho nm carapace f.

caraqueño, a a de Caracas // nm/f habitant/e de Caracas.

carátula nf (careta, máscara) masque m; (TEATRO) planches fpl; (AM) frontispice m.

caravana nf caravane f; (sucesión de autos) file f; (fam) groupe m; troupeau m; (AM) politesses fpl.

caray excl mince!, diable!

carbón nm charbon m; **dibujo al** ~ dessin m au fusain.

carbonada nf pelletée f.

carbonato nm carbonate m.

carbonero, a nm/f charbonnier/ière.

carbonilla nf suie f.

carbonizar vt carboniser.

carbono nm carbone m.

carbunclo, carbunco nm (MED) anthrax m, charbon m; (joya) pierre précieuse.

carburador nm carburateur m.

carcaj nm (para flechas) carquois m; (porta-estandarte) porte-étendard m.

carcajada nf éclat m de rire.

carcamal nm vieille barbe f.

carcamán nm (NAUT) vieux rafiot.

cárcel nf prison f; (TEC) sergent m; (: serre-joint m.

carcelero, a a de la prison // nm/ geôlier/ère; gardien/ne.

carcoma nf artison m, vrillette f (ansiedad) hantise f; (persona fastidiosa) sangsue f, pot de colle m (: gastadora) dépensier/ière.

carcomer vt tarauder; (fig consumer; ~**se** vr se ronger.

carcomido, a a vermoulu(e); (fig épuisé(e); usé(e).

cardar vt (lana) carder; (pelc crêper.

cardenal nm (REL) cardinal r (pájaro) cardinal m; (equimosi bleu m.

cardenalato nm cardinalat m.

cardenillo nm vert-de-gris m.

cárdeno, a a (color) violacé(e (lívido) livide; (agua) opalin(e).

cardíaco, a a cardiaque.

cardillo nm pissenlit m.

cardinal a cardinal(e).

cardo nm (comestible) cardon m; (espinosa) chardon m.

cardumen nm banc m de poissons.

carear vt confronter; ~se vr (entrevistarse) se rencontrer; (encararse) s'expliquer; s'affronter.

carecer vi: ~ de (recursos) manquer, être à court de; (inteligencia) être dépourvu(e) de.

carena nf (NAUT) carénage m; (fig) brimade f.

carenar vt radouber, caréner.

carencia nf (de datos, de dinero) manque m; (de vitaminas) carence f.

careo nm confrontation f.

carestía nf (escasez) pénurie f, disette f; (de los precios) cherté f.

careta nf masque m; ~ **antigás** masque à gaz.

carey nm (tortuga) caret m; (peine) peigne m en écaille.

carga nf (peso, ELEC, MIL) charge f; (de barco) chargement m; (barco) cargo m; (TEC) poids m, charge f; (obligación, responsabilidad) charge f, obligation f.

cargadero nm (lugar) lieu m de chargement; (ARQ) linteau m.

cargado, a a (de bultos) chargé(e); lourd(e); (de años, de espaldas, de alcohol) lourd; (mujer: encinta) enceinte; (café, té) fort(e); tassé(e); (el cielo) lourd, chargé; (la atmósfera) tendu(e); lourd.

cargador, a a chargeur(euse) // nm (MIL, TEC) chargeur m; (AM) docker m.

cargamento nm cargaison f, chargement m.

cargar vt (barco, maleta, arma, ELEC) charger; (estilográfica) remplir; (COM: algo en cuenta) porter au débit, débiter; (MIL: enemigo) charger; (NAUT: velas) carguer; (fam: molestar) faire tuer, tanner, ennuyer // vi (motor) tomber // ~se vr se charger; ~ con charger sur son dos ~es épaule(s); ~ en o sobre appuyer sur; ~ las tintas en

rajouter, forcer la note; ~ **la mano** forcer la main; **¡esto me carga!** (AM) ça me pèse!

cargazón nf (NAUT) chargement m, cargaison f; (del cielo) amoncellement m.

cargo nm (puesto) charge f, poste m; (responsabilidad) charge; **hacerse ~ del gobierno** assumer les fonctions du gouvernement; **girar** o **poner a ~ de la empresa** mettre à compte de l'entreprise; **testigo de ~** (JUR) témoin m à charge; **un ~ de conciencia** (fig) un poids sur la conscience.

carguero nm cargo m.

cariacontecido, a a (AM) soucieux(euse).

cariar vt carier; ~se vr se carier.

caribe a originaire de la Caraïbe // nm Caraïbe m.

Caribe nm: **el ~** les Caraïbes fpl.

caricatura nf caricature f.

caricia nf caresse f.

caridad nf charité f.

caries nfpl carie f.

carilampiño, a a imberbe.

carimbo nm marque f.

cariño nm affection f, tendresse f; (caricia) caresse f; (en carta) sentiments affectueux.

cariñoso, a a affectueux(euse).

caritativo, a a charitable.

cariz nm aspect m.

carmelita nm/f (REL) carmélite m/f // nf (BOT) fleur f de la capucine // a (AM) havane, marron clair.

carmen nm (quinta) villa f; (composición, poema) composition f poétique; (REL): **orden del ~** carmel m.

carmesí a cramoisi(e) // nm cramoisi m.

carmín nm carmin m; (BOT) églantier m.

carnada nf appât m.

carnal a charnel(le); **primo ~** cousin germain; **tío ~** oncle m au premier degré.

carnaval nm carnaval m.

carnaza nf derme m.

carne nf chair f; (del ternero, oveja,

cerdo) viande f; **echar** ~**s** grossir; **metido en** ~**s** bien en chair; **herida en** ~ **viva** (*fig*) piqûre f au vif, offense f; **tener** ~ **de gallina** avoir la chair de poule.

carnerada nf troupeau m de moutons.

carnero nm mouton m; (*marino*) phoque m.

carnestolendas nfpl carême-prenant m.

carnicería nf boucherie f; (*fig*) carnage m, massacre m; (*AM*) abattoir m.

carnicero, a a (*animal*) carnassier(ière); (*fig: fam*) sanguinaire; (*que come mucha carne*): **ser** ~ être un gros mangeur de viande // nm/f (*vendedor de carne*) boucher/ère // nm carnassier m.

carnívoro, a a carnassier(ière), carnivore.

carnosidad nf (*MED*) excroissance f; (*gordura*) embonpoint m.

carnoso, a a (*persona*) charnu(e); **planta carnosa** plante grasse.

caro, a a cher(ère) // ad cher.

carozo nm (*de maíz*) rafle f; (*de aceituna, durazno*) noyau m.

carpa nf (*ZOOL*) carpe f; (*AGR*) grapillon m.

carpeta nf (*para escribir*) sous-main m; (*para documentos*) chemise f; ~ **de mesa** tapis m de table.

carpidor nm sarcloir m.

carpintería nf menuiserie f; **obra de** ~ menuiserie.

carpintero nm charpentier m; **pájaro** ~ pic-vert m.

carraca nf (*navío*) caraque f; (*astillero*) chantier naval; (*MUS*) crécelle f; (*TEC*) cliquet m.

carrada nf charretée f; (*fam*) flopée f, **tapée** f.

carral nm tonneau m (pour le vin).

carraspera nf enrouement m.

carrera nf (*DEPORTE*) course f; (*viga*) lambourde f; (*del sol*) cours m; (*calle*) cours m; (*trayecto*) trajet m, parcours m; (*profesión*) carrière

f; (*ESCOL*) études fpl; **hacer** ~ faire carrière.

carreta nf (*de bueyes*) charrette f; (*AM*) brouette f; chariot m; ~ **de mano** brouette f.

carretada nf (*carga de una carreta*) charretée f; (*gran cantidad*) flopée f, tas m.

carrete nm bobine f; (*TEC*) rouleau m; (*de caña de pescar*) moulinet m.

carretear vt charrier.

carretel nm (*de caña de pescar*) moulinet m; (*NAUT*) touret m; (*AM*) bobine f.

carretela nf calèche f.

carretera nf route f.

carretería nf (*oficio*) charronnage m; (*taller*) atelier m de charron.

carretero a (*camino*) carrossable // nm (*constructor*) charron m; (*conductor*) charretier m; **mapa** ~ carte routière.

carretilla nf (*de mano*) brouette f; (*juguete*) chariot m; (*cohete*) serpenteau m; (*AM*) chariot m; **saber de** ~ savoir sur le bout des doigts.

carril nm (*huella*) ornière f; (*surco*) sillon m; (*camino*) chemin muletier; (*de vía férrea*) rail m; (*AUTO*) voie f.

carrilera nf (*quijada*) mâchoire f; (*correa*) jugulaire f, mentonnière f.

carrillo nm (*ANAT*) joue f; (*mesa table roulante*; (*TEC*) poulie f.

carrindango nm tacot m.

carrizo nm roseau m à balai; laîche f.

carro nm chariot m; (*juego*) morpion m; (*IMPRENTA*) train m; (*MIL*) char m; (*AM*: *coche*) automobile f; (: *tranvía*) tramway m; (: *vagón*) wagon m.

carrocería nf carrosserie f.

carroña nf charogne f.

carroza nf carrosse m; (*de carnaval*) char m; ~ **fúnebre** char funèbre.

carruaje nm voiture f, véhicule m.

carta nf lettre f; (*CULIN*: *naipe*) mapa) carte f; ~ **de aviso**

crédito lettre d'avis/de crédit; ~ **simple/ certificada/expreso** lettre ordinaire/recommandée/exprès; ~ **de amparo** sauf-conduit m; ~ **de ciudadanía** certificat m de résidence.

cartabón nm (de agrimensor, de dibujante) équerre f; (de zapatero) pied m à coulisse.

cartapacio nm (para libros) cartable m; (para dibujos) carton m; (cuaderno) carnet de notes m; (de documentos) dossier m.

cartearse vr correspondre.

cartel nm (anuncio) affiche f; (alfabeto) alphabet mural; **la obra continúa en** ~ **la pièce tient l'affiche; prohibido fijar** ~**es** défense d'afficher; **tener gran** ~ avoir bonne presse.

cartelera nf (en un muro) porte-affiche m; (de espectáculos) rubrique f des spectacles.

cartera nf (de bolsillo) portefeuille m; (de colegial) cartable m; (de señora) pochette f; (para documentos) porte-documents m; (de cobrador, cartero) sacoche f; (COM, POL) portefeuille m.

cartero nm facteur m.

cartilla nf (ESCOL) abécédaire m; (de racionamiento, ahorros) livret m; (REL) ordo m.

cartógrafo, a nm/f cartographe m/f.

cartón nm carton m.

cartuchera nf cartouchière f.

cartucho nm (MIL) cartouche f; (cucurucho) sac m.

cartujo nm chartreux m, ermite m.

cartulario nm cartulaire m.

cartulina nf bristol m.

casa nf (habitación) maison f; (edificio) immeuble m; (de tablero de ajedrez) case f; (de billar) quartier m; **ir a** ~ **de** X aller chez X; **estar en** ~ être à la maison; **una mujer de su** ~ une femme d'intérieur; **¡está en su** ~**! faites comme chez vous!**; ~ **de campo/ editorial/matriz** maison de cam-

pagne/d'édition/mère; ~ **consistorial** hôtel de ville m; ~ **cuna** crèche f; ~ **de citas** maison de passe; ~ **de socorro** clinique f d'urgence; ~ **real** famille royale, maison f du Roi; ~ **remolque** roulotte f, caravane f.

casaca nf casaque f, (fam) mariage m.

casadero, a a en âge d'être marié(e), à marier.

casal nm (casa de campo) maison f de campagne; (ZOOL) couple m de mâle et de femelle.

casamata nf casemate f.

casamentero, a a marieur(euse).

casamiento nm mariage m.

casar vt marier; (JUR) casser // nm hameau m; ~**se** vr se marier.

casca nf (de uva) marc m; (para curtir) tan m.

cascabel nm grelot m; (MIL) bouton m de culasse; **serpiente de** ~ serpent m à sonnettes.

cascada nf cascade f.

cascajo nm (guijarro, escombros) gravier m, gravats mpl; (fruto) fruit m à coquille; (fam: persona) croulant m/f; (: coche) tacot m.

cascanueces nm inv casse-noix m inv.

cascar vt (un huevo) fêler; (fam: dar una paliza a) cogner; (: pagar) casquer // (: charlar) bavarder; ~**se** vr (quebrarse) se briser; (la voz) casser; (fam: morirse) casser sa pipe.

cáscara nf (del huevo) coquille f; (de frutas secas) coque f; (de las frutas) peau f; (del queso) croûte f.

cascarón nm coquille f, écorce f; ~ **de nuez** (fig) coquille de noix.

cascarrabias nm/f (gruñón) grincheux/euse // a: **es** ~ il/elle est soupe au lait.

cascarriento, a a crasseux(euse).

cascarudo, a a (AM) dont l'écorce est dure et épaisse.

casco nm (de bombero, soldado) casque m; (de sombrero) coiffe f; (de auricular) serre-tête m; (cráneo) crâne m; (de botella, obús) éclat m; (BOT: de cebolla) tunique f; (de naranja) quartier m; (de población) périmètre urbain; (tonel) fût m; (NAUT: de barco) coque f; (ZOOL: de caballo) sabot m; (botella) bouteille f vide (consignée); **hay 5 pesetas de** ~ il y a 5 pesetas de consigne.

cascote nm gravats mpl, décombres mpl.

caserío nm hameau m.

casero, a a domestique; (fam) popote, casanier(ière); (ropa) d'intérieur // nm/f (propietario) propriétaire m/f; (administrador) intendant/e; (AM: parroquiano) habitué/e; **pan** ~ pain m maison; **remedio** ~ remède de bonne femme.

casi ad presque; ~ **te caes** un peu plus tu allais tomber.

casilla nf (casita) maisonnette f; (caminera, de guarda) maison f; (TEATRO) guichet m; (de ajedrez) case f; (de estante) casier m; (de crucigrama) grille f, case.

casillero nm casier m.

casino nm casino m.

caso nm cas m; (JUR) affaire f; **en** ~ **de...** en cas de...; **el** ~ **es que** le fait est que; **en el peor/mejor de los** ~**s** dans le pire/meilleur des cas; **en último** ~ en dernier recours.

caspa nf pellicules fpl.

casquete nm (gorro) toque f, calotte f; (polar) calotte glaciaire f.

casquijo nm gravillon m.

casquillo nm (TEC: anillo) bague f; (de lámpara) culot m, douille f; (de bayoneta, de rosca) culot m; (cartucho) culot m; (de flecha) pointe f; (AM) fer m à cheval.

casquivano, a a tête en l'air; (de poco juicio) écervelé(e).

cassette nf cassette f.

casta nf race f, (fig) espèce f, qualité f.

castaña nf ver **castaño**.

castañar, castañal nm, **castañeda** nf châtaigneraie f.

éclat m; (BOT: de cebolla) tunique f; (de naranja) quartier m; (de población) périmètre urbain; (tonel)

castañero, a nm/f marchand/e de marrons.

castañeta nf (chasquido) claquement m de doigts; (instrumento) castagnette f.

castañetear vt jouer aux castagnettes // vi (MUS) jouer des castagnettes; (los dientes) claquer; (los huesos) craquer, (las perdices) cacaber.

castaño, a a châtain, marron // nm châtaignier m, marronnier m // nf (fruto) châtaigne f; (damajuana) dame-jeanne f; (fam) marron m, châtaigne.

castañuela nf (instrumento) castagnette f; (planta) souchet m.

castellano, a a (castillan(e)) // nm (lengua) castillan m, espagnol m; (señor) châtelain m.

castidad nf chasteté f.

castigar vt (reo) châtier; (niño) punir; (afligir) affliger.

castigo nm châtiment m, punition f, sanction f.

castillo nm château fort; (NAUT) château m, gaillard m; ~ **de fuego** pièce f d'artillerie.

castizo, a a (LING) pur(e); (de buena casta) de bonne souche; (fam) typique.

casto, a a (puro) chaste; (virtuoso) vertueux(euse).

castor nm castor m.

castración nf castration f; (de árbol) taille f.

castrado, a a châtré(e), castré(e).

castrar vt (capar) châtrer, castrer; (colmena) châtrer; (AGR: árbol) tailler; (herida) cicatriser; (fig) affaiblir.

castrense a militaire.

casual a casuel(le); accidentel(le); fortuit(e); imprévu(e).

casualidad nf hasard m; accident m; coïncidence f.

casualmente ad par hasard; d'aventure; par accident.

casucha nf bicoque f.

casulla nf chasuble f.

cata nf (degustación, prueba)

dégustation f; (porción) échantillon m, morceau m; (AM: excavación metalífera) gisement m métallifère.

cataclismo nm cataclysme m.

catacumbas nfpl catacombes fpl.

catador nm (que prueba alimentos) dégustateur m; (que prospecta) prospecteur m; (fig) connaisseur m.

catadura nf dégustation f; (fig: fam) mine f, tête f.

catalán, ana a catalan(e) // nm/f Catalan/e.

catalejo nm longue-vue f.

cataléptico, a a cataleptique // nm/f cataleptique m/f.

catálogo nm catalogue m.

Cataluña nf Catalogne f.

cataplasma nf cataplasme m; (fam) pot de colle m.

catapulta nf catapulte f.

catar vt (alimento) goûter; (vino, té) déguster; (colmenas) châtrer.

catarata nf (GEO) chute f; (MED) cataracte f.

catarro nm catarrhe m, rhume m.

catastro nm cadastre m.

catástrofe nf catastrophe f, désastre m.

cataviento nm penon m.

cateador nm (AM) prospecteur m.

catear vt (buscar) chercher, guetter; (investigar) investiguer; (AM) prospecter.

catecismo nm catéchisme m.

cátedra nf chaire f.

catedral nf cathédrale f.

catedrático, a nm/f professeur m de faculté ou d'université.

categoría nf catégorie f; (calidad, prestigio) rang m.

categórico, a a catégorique.

catequista nm/f catéchiste m.

catequizar vt catéchiser; (fig) endoctriner.

caterva nf (banda) bande f; (cosas viejas) ramassis m.

catilinaria nf catilinaire f.

catire, a a (AM) roux(rousse) // nm/f (AM) roux/rousse.

catolicismo nm catholicisme m.

católico, a a catholique // nm/f catholique m/f.

catorce num quatorze.

catre nm lit m de camp; (fam) pieu m.

cauce nm (de río) lit m; (canal) canal m; (acequia) rigole f; (fig: vía) voie f; (: curso, camino) cours m.

caución nf (garantía) caution f, garantie f; (fianza) cautionnement m.

caucionar vt cautionner; (JUR) garantir.

caucho nm caoutchouc m; **árbol del ~** caoutchoutier m.

caudal nm (de río) débit m; (volumen) volume m; (fortuna) fortune f, capital m, richesse f; **~ de conocimientos** puits m de science.

caudaloso, a a (río) abondant(e), de grand débit; (persona) riche, fortuné(e).

caudillo nm capitaine m, chef m; personnage influent.

causa nf cause f, raison f, motif m; (JUR) cause f, procès m, affaire f; **hacer ~ común con** faire cause commune avec.

causar vt (provocar) causer; (originar) provoquer, occasionner; (acarrear) entraîner.

cáustico, a a a caustique.

cautela nf précaution f, prudence f.

cauteloso, a a a prudent(e); cauteleux(euse); timoré(e); (pey) rusé(e).

cauterio nm cautère m; (fig) remède m énergique.

cauterizar vt cautériser; (fig) extirper.

cautivar vt faire prisonnier, capturer; (fig) captiver, séduire.

cautiverio nm, **cautividad** nf captivité f.

cautivo, a a captif(ive) // nm prisonnier/ière; esclave m/f; **un canario ~** un canari en cage.

cauto, a a (prudente, reservado) prudent(e); circonspect(e); (astuto) rusé(e).

cavar vt (un pozo) creuser; (AGR) bêcher // vi (fig) pénétrer, approfondir.

caverna nf caverne f.

cavernícola a cavernicole; (fig) réactionnaire // nm troglodyte m; (fig) casanier/ière.

cavernoso, a a caverneux(euse).

cavidad nf cavité f.

cavilación nf méditation f, réflexion f.

cavilar vi méditer, réfléchir.

caviloso, a a préoccupé(e); pensif(ive).

cayado nm (de pastor) houlette f; (de obispo) crosse f; ~ de la aorta crosse f de l'aorte.

cayo nm récif m, écueil m.

cayó etc vb ver **caer**.

caz nm canal m de dérivation.

caza nf (gen) chasse f; (animales) gibier m // nm chasse f.

cazador, a a chasseur(euse) // nm chasseur m // nf blouson m.

cazar vt (animales) chasser; (fam) dénicher, dégoter; (sorprender) attraper, débusquer; (NAUT) border.

cazatorpedero nm contre-torpilleur m.

cazo nm (vasija) louche f; (cucharón, cacerola) casserole f.

cazuela nf (cacerola) casserole f; (guisado) ragoût m; (TEATRO) poulailler m, paradis m.

cazurro, a a (huraño) renfermé(e); (reservado) réservé(e); (taimado) roublard(e); (tonto) niais(e); (testarudo) têtu(e).

c/c abr de **cuenta corriente**.

CC.OO. abr de **Comisiones Obreras**.

c.d. abr de **corriente directa**.

C de J abr de **Compañía de Jesús**.

ceba nf (para animales) gavage m; (de horno) chargement m; (AM) amorce f.

cebada nf ver **cebado**.

cebadal nm champ m d'orge.

cebadera nf mangeoire f; (NAUT) civadière f; (TEC) appareil m de chargement du gueulard.

cebado, a a gavé(e); (AM) féroce // nf orge f.

cebar vt (animal) gaver, engraisser; (pez) appâter; (MIL) amorcer; (TEC) charger; (AM: el mate) préparer // vi pénétrer, mordre; ~se vr s'acharner.

cebellina nf zibeline f.

cebo nm (para animales) pouture f; (para peces, fig) appât m; (de arma) amorce f; (para horno) combustible pour amorcer un four.

cebolla nf (AGR) oignon m; (ristra de cebollas) chapelet m d'oignons; (fig: de madera) roulure f; (de regadera) pomme f d'arrosoir.

cebolludo, a a bulbeux(euse).

cebra nf zèbre m.

ceca nf: ir de la ~ a la Meca aller à droite et à gauche.

cecear vi zézayer.

ceceo nm zézaiement m.

cecina nf viande séchée ou boucanée.

cedazo nm tamis m.

ceder vt céder // vi (renunciar) renoncer; (someterse) céder; (disminuir) s'apaiser, se calmer; (romperse) céder, rompre.

cedro nm cèdre m.

cédula nf billet m; ~ de aduana papiers mpl de douane; ~ de identificación carte f d'identité; ~ real brevet m du roi.

C.E.E. nf (abr de Comunidad Económica Europea) CEE f (Communauté économique européenne).

céfiro nm zéphyr m.

cegar vt rendre aveugle; (fig: pozo) combler; (paso, camino) boucher, obstruer // vi perdre la vue; ~se vr s'aveugler.

ceguedad, ceguera nf cécité f, (fig) aveuglement m.

ceiba nf fromager m.

ceibo nm flamboyant m.

ceja nf (ANAT) sourcil m; (de vestido) rebord m, passepoil m; (de libro) mors m; (de sierra) cr[...]

f; (de guitarra) sillet m; (TEC:
pestaña) boudin m.

cejar vi céder, renoncer.

cejijunto, a a aux sourcils épais;
(fig) renfrogné(e).

celada nf (de armadura) salade f;
(emboscada, trampa) embuscade f,
guet-apens m.

celador, a nm/f surveillant/e.

celaje nm claire-voie f; (fig)
présage m; (nubes) nuages colorés.

celar vt (vigilar) surveiller, observer; (encubrir) celer, occulter.

celda nf cellule f.

celebración nf (de acto) célébration f; (aplauso) célébration,
acclamation f.

celebrante nm célébrant m.

celebrar vt (alabar) célébrer;
(misa) célébrer, dire; (asamblea,
congreso) tenir; (éxito) célébrer;
(cumpleaños, etc) fêter; ~se vr
avoir lieu.

célebre a célèbre; (chistoso)
amusant(e); rigolot(e).

celebridad nf (gen) célébrité f;
(persona) célébrité; (festividad)
festivité f.

celeridad nf célérité f, rapidité f.

celeste a céleste // nm bleu ciel m.

celestial a céleste; (fig) parfait(e);
délicieux(euse); divin(e).

celestina nf entremetteuse f.

celibato nm célibat m, célibataire
m.

célibe a célibataire // nm/f célibataire m/f.

célico, a, celical a céleste.

celo nm (cuidado) zèle m; (de
animales) rut m; ~s nmpl jalousie f.

celofán nm cellophane f.

celosía nf (persiana) jalousie f;
(pasión) jalousie, envie f.

celoso, a a (envidioso) jaloux
(ouse); (trabajo) sensible; (descon-
fiado) méfiant(e).

celta nm/f Celte m/f // nm celte m.

céltico, a a celtique.

célula nf cellule f; ~ **nerviosa**
cellule nerveuse.

celular a cellulaire.

celuloide nm celluloïd m.

celulosa nf cellulose f.

cementar vt (calle, edificio) cimenter; (TEC: metal) cémenter.

cementerio nm cimetière m.

cemento nm ciment m; béton m;
(para dientes) cément, plomb m; ~
armado o **reforzado** béton armé.

cena nf dîner m, souper m.

cenáculo nm cénacle m.

cenador nm tonnelle f, charmille f.

cenagal nm bourbier m; (fig)
bourbier, pétrin m.

cenagoso, a a fangeux(euse);
bourbeux(euse).

cenar vt manger // vi dîner.

cenceño, a a sec(sèche); maigre.

cencerro nm sonnaille f, clarine f.

cendal nm voile f.

cenefa nf (de pañuelo, cortina)
bordure f, lisière f; (en muro,
pavimento) plinthe f.

cenicero nm cendrier m.

ceniciento, a a cendré(e).

cenit nm zénith m.

ceniza nf cendre f; ~s nfpl cendres
fpl.

cenizoso, a a cendreux(euse); cen-
dré(e).

censo nm (empadronamiento)
recensement m; (JUR: tributo) cens
m, redevance f; (: renta) (contrat m
de) rente f; (: carga sobre una casa)
charge f.

censor nm censeur m.

censura nf (POL) censure f; (moral)
blâme m.

censurable a blâmable, censurable, criticable.

censurar vt (idea) censurer, critiquer; (cortar: película) censurer.

centauro nm centaure m.

centavo nm (AM) centime m, cent
m.

centella nf éclair m, foudre f.

centell(e)ar vi scintiller, briller.

centelleo nm scintillement m.

centena nf centaine f.

centenar nm centaine f; ~**es de**
des centaines de.

centenario, a a a centenaire //

nm/f centenaire *m/f* // centenaire *m*.

centeno *nm* seigle *m*.

centésimo, a *a* centième // centième *m*.

centígrado, a *a* centigrade.

centímetro *nm* centimètre *m*.

céntimo, a *a* centième // centime *m*.

centinela *nm* sentinelle *f*.

centón *nm* (*poesía*) centon *m*; (*manta*) bâche *f*.

central *a* central(e); (*calle*) principal(e) // *nf* central *m*; ~ **de correos** bureau de poste principal; ~ **hidroeléctrica** centrale *f* hydro-électrique; ~ **obrera** centrale ouvrière.

centralismo *nm* centralisme *m*.

centralización *nf* centralisation *f*.

centralizar *vt* centraliser.

centrar *vt* centrer.

céntrico, a *a* central(e).

centrífugo, a *a* centrifuge.

centrípeto, a *a* centripète.

centro *nm* centre *m*.

centroamericano, a *a* de l'Amérique centrale // *nm/f* habitant/e d'Amérique centrale.

centuplicar *vt* centupler.

centuria *nf* siècle *m*.

ceñido, a *a* (*vestimenta*) ajusté(e); (*economía*) économe.

ceñidor *nm* (*cinturón*) ceinture *f*; (*cordón*) cordelière *f*.

ceñir *vt* (*apretar, ajustar*) serrer, ajuster; (*abrazar*) entourer, ceinturer; ~**se** *vr* (*presupuesto*) restreindre; (*al programa establecido*) se limiter; (*a las exigencias*) se faire; (*TAUR*) s'approcher tout près du taureau; ~**se el cinturón** se serrer la ceinture; ~**se la espada** ceindre son épée; ~**se a un amigo** s'en tenir à un ami.

ceño *nm* aspect menaçant; (*de casco de caballo*) bourrelet *m*; **fruncir el** ~ froncer le sourcil.

ceñudo, a *a* renfrogné(e); sombre; taciturne.

cepa *nf* (*de vid*) cep *m*; (*tronco de*

un árbol) souche *f*; (*fig*) souche.

cepillar *vt* brosser; (*una madera*) raboter; (*AM*) flatter.

cepillo *nm* (*gen*) brosse *f*; (*de barrer*) balai *m*; (*de carpintero*) rabot *m*.

cepo *nm* (*rama*) rameau *m*, branche *f*; (*de tortura*) cep *m*; (*trampa para animales*) piège *m*; (*en iglesia*) tronc *m*.

cera *nf* (*de abejas*) cire *f*; (*de lustrar*) cirage *m*, cire *f*; (*del oído*) cérumen *m*.

cerámico, a *a* céramique // *nf* céramique *f*; **gres** ~ grès *m* cérame.

cerbatana *nf* (*MIL*) sarbacane *f*; (*MED*) cornet *m* acoustique.

cerca *nf* clôture *f*, enceinte *f* // *ad* près // ~**s** *nmpl* premiers plans; ~ **de** près de; **mirar de** ~ regarder de près.

cercado *nm* (*huerto*) enclos *m*; (*valla*) clôture *f*.

cercanía *nf* proximité *f*; (*de montaña, ciudad*) alentours *mpl*, environs *mpl*; (*de invierno*) approches *fpl*.

cercano, a *a* (*pariente*) proche; (*país*) voisin(e).

cercar *vt* (*gen*) clôturer, clore; (*MIL: al enemigo*) encercler, cerner.

cercén : a ~ *ad* à ras.

cercenar *vt* rogner, retrancher; (*fig*) réduire les libertés de.

cerciorar *vt* assurer; ~**se** *vr* s'assurer.

cerco *nm* cercle *m*; (*AM: valla*) clôture *f*, haie *f*; (*ASTRO*) halo *m*; (*MIL*) siège *m*; (*de hechicería*) cerne *m*.

cerda *nf* (*de cerdo*) soie *f*; (*de caballo*) crin *m*; (*hembra del cerdo*) truie *f*.

cerdo *nm* porc *m*; (*fig: fam*) cochon *m*.

cerdoso, a *a* couvert(e) de soies.

cereal *nm* céréale *f*.

cerebral *a* cérébral(e).

cerebro *nm* cerveau *m*.

ceremonia *nf* cérémonie *f*.

ceremonial a cérémonial(e) // nm cérémonial m.

ceremonioso, a a cérémonieux(euse).

cerería nf magasin m du cirier; métier m du cirier.

cerero, a nm/f cirier/ière.

cereza nf cerise f.

cerezo nm cerisier m; (silvestre) merisier m.

cerilla nf (fósforo) allumette f; (vela) bougie f; (de los oídos) cérumen m.

cerner vt bluter; (fig) observer, scruter // vi être en fleur; (lloviznar) pleuviner, bruiner; ~se vr (planear) planer; (fig) planer, menacer; (balancearse) se dandiner.

cernícalo nm buse f; (fig) buse, cruche f.

cernido nm criblage m; (harina) farine blutée.

cero nm zéro m.

cerote nm poix (de cordonnier) f; (fig: fam) trouille f, frousse f.

cerquillo nm (de monje) couronne f, tonsure f; (de zapato) trépointe f.

cerrado, a a fermé(e); (cielo, lluvia, noche) couvert(e), nuageux(euse); (curva) à la corde; (acento) très prononcé; (herida) fermé, refermé(e); (fig: fam) renfermé(e); (poco inteligente) borné(e); **orden** ~ (MIL) formation f en masse.

cerradura nf serrure f.

cerraja nf serrure f; (BOT) laiteron m.

cerrajería nf serrurerie f.

cerrajero nm serrurier m.

cerrar vt fermer; (paso, carretera) fermer, barrer; (trato, cuenta, negocio) conclure; (debate) clore // vi fermer; ~se vr (la noche) s'obscurcir, descendre; (persona) s'enfoncer, s'absorber.

cerrazón nf obscurité f; (fig) étroitesse f d'esprit.

cerrero, a a vagabond(e);

(caballo) sauvage; (fig) rustre, inculte.

cerril a (terreno) accidenté(e); (animal) sauvage; (fig) grossier(ière); rustre.

cerro nm colline f, coteau m; (AM) mamelon m, montagne peu élevée; (ZOOL) cou m, croupe f; (de lino) quenouille f.

cerrojo nm verrou m.

certamen nm (torneo) joute f, duel m; (concurso) concours m.

certero, a a juste; adroit(e); sûr(e); fondé(e).

certeza, certidumbre nf certitude f, assurance f; **tener la** ~ **de que** avoir la certitude que.

certificación nf (aprobación, atestación) certification f; (de una carta) recommandation f.

certificado, a a recommandé(e) // nm certificat m.

certificar vt (asegurar, atestar) certifier, assurer; (carta) recommander.

cerusa nf céruse f.

cerval a cervin(e); du cerf.

cervato nm faon m.

cervatillo nm porte-musc m.

cervecería nf brasserie f.

cervecero nm brasseur m.

cerveza nf bière f.

cerviz nf nuque f.

cesación nf cessation f.

cesante a en chômage; mis(e) à pied; révoqué(e) // nm/f chômeur/euse.

cesantía nf mise à pied f; chômage m.

cesar vi cesser, prendre fin; ~ **de hacer** arrêter de faire.

cese nm (de trabajo) révocation f; (de pago) cessation f.

cesión nf cession f.

cesionario, a a cessionnaire.

césped nm gazon m, pelouse f.

cesta nf panier m; (para pelota vasca) chistera f.

cestero, a nm/f vannier/ière.

cesto nm (para papeles) panier m, corbeille f; (cesta grande) manne f.

cesura nf césure f.

cetrería nf fauconnerie f.

cetrero nm fauconnier m.

cetrino, a a citrin(e); olivâtre; (fig) mélancolique.

cetro nm (gen) sceptre m; (para halcones) perchoir m; **bajo el ~ de** sous le règne de.

ch... voir sous la lettre CH, après C.

cía nf ischion m.

Cía abr de **compañía**.

cianuro nm cyanure m.

ciar vi (retroceder) reculer; (remar) ramer en arrière; (fig) renoncer, abandonner.

ciática nf sciatique f.

cicatería nf ladrerie f, lésinerie f.

cicatero, a a lésineur(euse), ladre.

cicatriz nf cicatrice f.

ciclismo nm cyclisme m.

ciclo nm cycle m.

ciclón nm cyclone m, ouragan m.

cicuta nf ciguë f.

ciego, a a aveugle // nm/f aveugle m/f.

cielo nm ciel m; (ARQ) voûte f; **¡~s!** Ciel!

ciempiés nm mille-pattes m.

cien a ver **ciento**.

ciénaga nf marécage m.

ciencia nf science f; **saber algo a ~ cierta** ad être sûr et certain de qch.

cieno nm vase f, bourbe f.

científico, a a scientifique // nm/f scientifique m/f, savant/e.

ciento, cien a cien m; **~s de** des centaines de; **20 por ~ de descuento** 20de remise; **pagar al 10 por ~** payer 10

cierne nm floraison f; **estar en ~** être en germe.

cierre nm fermeture f; **~ a cremallera o relámpago** fermeture éclair ou à glissière.

cierro etc vb ver **cerrar**.

cierto, a a certain(e); (un tal) un certain (une certaine); (correcto) certain, sûr(e); **~ hombre** un certain homme; **sí, es ~** oui, c'est sûr; **estar en lo ~** être dans le vrai;

lo ~ es que ocurrió ce qui est certain c'est que c'est arrivé.

ciervo nm cerf m.

cierzo nm bise f.

cifra nf chiffre m; (cantidad) quantité f; **en ~** en code, dans un langage codé.

cifrar vt chiffrer; (resumir) résumer, abréger.

cigarra nf cigale f.

cigarral nm villa f.

cigarrera nf (persona) cigarière f; (para cigarros) porte-cigares m.

cigarrería nf (AM) bureau m de tabac.

cigarrillo nm cigarette f.

cigarro nm cigare m.

cigüeña nf (ZOOL) cigogne f; (TEC) manivelle f.

cilindrar vt cylindrer.

cilíndrico, a a cylindrique.

cilindro nm cylindre m.

cima nf (de montaña) sommet m; (de árbol) cime f; (fig) cime.

cimarrón, ona a (AM) sauvage; (: fugitivo) marron(ne).

címbalo nm (campanita) clochette f; (platillo) cymbale f.

cimborrio, cimborio nm ciborium m.

cimbrar, cimbrear vt faire vibrer; (fam) frapper; (bóveda) cintrer; **~se** vr (con el viento) vibrer; (doblarse) se plier, se ployer.

cimbreo nm cintrage m.

cimentar vt (muro) cimenter; (hacer los cimientos de) creuser les fondations de; (fig) consolider.

cimera nf cimier m.

cimiento nm (ARQ) fondation f; **~s** fondations fpl; (fig) origine f, source f.

cimitarra nf cimeterre m.

cinc nm zinc m.

cincel nm ciseau m.

cincelar vt ciseler.

cinco num cinq.

cincuenta num cinquante.

cincha nf sangle f.

cinchar vt (caballo) sangler; (tonel) cercler.

cincho nm (para la cintura) ceinture f; (para toneles) cercle m, cerceau m; (AM) sangle f.

cine nm cinéma m.

cinematográfico, a a cinématographique.

cinerario, a a cinéraire // || cinéraire f.

cíngulo nm cordon m.

cínico, a a cynique // nm/f cynique m/f.

cinismo nm cynisme m.

cinta nf (para un paquete) ruban m; (de seda, lana, algodón) galon m; (película) film m, bande f; (de máquina de escribir) ruban, rouleau m; (métrica) décamètre m à ruban; (magnetofónica) bande f; (adhesiva) ruban.

cintillo nm (de sombrero) bourdalou m; (anillo) alliance f avec des pierres précieuses.

cinto nm ceinturon m.

cintura nf taille f; ceinture f.

cinturón nm (MIL: de sable) ceinturon m; (de cuero) ceinture f; ~ **de seguridad** ceinture de sécurité; ~ **salvavidas** bouée f de sauvetage.

ciprés nm cyprès m.

circo nm cirque m.

circuir vt entourer; clore.

circuito nm circuit m.

circulación nf circulation f.

circulante a (dinero) circulant(e); (noticia) qui circule.

circular a circulaire // nf lettre f circulaire // vi circuler // vt faire circuler.

círculo nm (MAT) cercle m; (club, cenáculo) club m, cercle; ~s nmpl: ~s **diplomáticos** milieux mpl diplomatiques; ~ **polar ártico** cercle polaire arctique; ~ **vicioso** cercle vicieux.

circuncidar vt circoncire; (fig) diminuer, retrancher, modérer.

circuncisión nm circoncision f.

circunciso, a pp de **circuncidar** // a circoncis(e).

circundar vt environner, entourer.

circunferencia nf circonférence f.

circunflejo nm circonflexe m.

circunlocución nf, **circunloquio** nm circonlocution f.

circunnavegación nf circumnavigation f.

circunnavegar vt (en círculo) circumnaviguer; ~ **el mundo** faire le tour du monde en bateau.

circunscribir vt circonscrire; (fig) limiter; ~**se** vr se limiter, s'en tenir.

circunscripción nf circonscription f.

circunspección nf circonspection f.

circunspecto, a a circonspect(e); réservé(e).

circunstancia nf circonstance f.

circunstanciado, a a circonstancié(e); détaillé(e).

circunstante nm/f assistant/e.

circunvalar vt entourer, ceindre.

circunvecino, a a circonvoisin(e).

cirio nm cierge m (pascal).

cirro nm (nube) cirrus m; (BOT) cirre m, vrille f; (MED) squirre m; (ZOOL) cirre m.

ciruela nf prune f.

ciruelo nm prunier m.

cirugía nf chirurgie f; ~ **estética o plástica** chirurgie esthétique.

cirujano nm chirurgien m.

cisco nm charbonnaille f; (fig: fam) foin m, grabuge m.

cisma nm schisme m; (fig) discorde f.

cismático, a a schismatique.

cisne nm cygne m.

cisterna nf (vagón, buque) citerne f; (depósito) réservoir m.

cisura nf incision f.

cita nf rendez-vous m; (referencia) citation f; **darse** ~ **en un café** se donner rendez-vous dans un café.

citación nf (JUR) assignation f; (referencia) citation f.

citar vt (gen) donner rendez-vous à; (JUR) citer, appeler; (un autor, *texto*) citer; (*TAUR*) provoquer; ~se vr prendre rendez-vous.

cítara nf cithare f.

citerior a citérieur(e).

cítrico, a a citrique; ~s nmpl agrumes mpl.

ciudad nf ville f.

ciudadanía nf citoyenneté f.

ciudadano, a nm/f (*de ciudad*) citadin/e; (*de estado*) citoyen/ne.

ciudadela nf citadelle f.

cívico, a a civique // nm (*AM*) agent m de police.

civil a civil(e) // nm (*guardia*) garde-civile m; (*ciudadano*) civil m.

civilidad nf civilité f.

civilista nm civiliste m.

civilización nf civilisation f.

civilizar vt civiliser; ~se vr s'intégrer.

civismo nm civisme m.

cizalla nf cisailles fpl.

cizaña nf ivraie f; (*fig*) discorde f, zizanie f.

cizañar, cizañear vt semer la discorde entre.

clac nm claque m // excl clac!

clamar vt clamer, crier // vi implorer; réclamer.

clamor nm (*grito*) clameur f; (*gemido*) gémissement m; (*vítores*) acclamation f; (*de campana*) glas m.

clamorear vt réclamer // vi (*de júbilo*) clamer; (*campana*) sonner.

clamoreo nm (*clamor*) clameur f, (*ruego*) prière agaçante.

clamoroso, a a (*plañidero*) retentissant(e); (*rotundo, ruidoso*) éclatant(e).

clandestino, a a clandestin(e).

claque nf (*fam*) claque f.

clara nf (*de huevo*) blanc m de l'œuf; (*del día*) œuf m du jour.

claraboya nf (*tragaluz*) lucarne f, (*en un tejado*) fenêtre f à tabatière.

clarear vi (*el día*) éclairer; (*el cielo*) éclaircir; ~se vr s'éclaircir, devenir transparent(e); (*fig: fam*) laisser percer ses intentions.

clarete nm rosé m, clairet m.

claridad nf clarté f.

claridoso, a a sincère.

clarificación nf (*de líquido*) clarification f; (*explicación*) éclaircissement m.

clarificar vt (*líquido*) clarifier; (*explicar*) éclaircir, expliquer.

clarín nm clairon m.

clarinete nm (*instrumento*) clarinette f; (*instrumentista*) clarinettiste m.

clarión nm craie f.

clarividencia nf clairvoyance f.

claro, a a (*gen*) clair(e); (*evidente*) évident(e), clair; (*ralo*) clair-semé(e) // nm (*en escritura*) espace m, blanc m; (*tiempo disponible*) temps m libre; (*en discurso*) pause f; (*en bosque*) clairière f; (*de luna*) clair m de lune // ad net, clairement // excl bien sûr!, évidemment; **hablar** ~ parler clairement; **poner las cosas en** ~ tirer les choses au clair.

claroscuro nm clair-obscur m.

clase nf classe f; (*ZOOL*) classe, genre m; (*MIL*) hommes mpl de troupe; **tener** ~ avoir de la classe; ~s **particulares** leçons particulières; ~ **nocturna** cours m du soir; ~ **media** classe moyenne.

clásico, a a classique; (*fig*) typique.

clasificación nf classification f, classement m; (*de correo*) triage m; (*de equipo*) classement.

clasificar vt classer, trier.

claudicar vi céder, se soumettre.

claustro nm (*de convento*) cloître m; (*de profesores*) conseil m, assemblée f des professeurs; ~ **materno** matrice f.

cláusula nf clause f.

clausura nf clôture f.

clava nf massue f.

clavar vt (*clavo*) clouer; (*cuchillo, tenedor*) enfoncer, planter; (*mirada*) fixer, braquer; (*fam*) rouler; ~se vr être roulé(e), se laisser rouler.

clave nf clef f; (*de mapa*) légende

// *nm* clavecin *m* // *a* clef *inv*.

clavel *nm* œillet *m*.

clavero *nm* girofler *m*.

clavicordio *nm* clavecin *m*.

clavícula *nf* clavicule *f*.

clavija *nf* cheville *f*; (ELEC) fiche *f*.

cavillo *nm* vis *f*; ~ **de olor** clou *m* de girofle.

clavo *nm* (*de metal*) clou *m*, pointe *f*; (BOT) clou de girofle; (*forúnculo*) clou; (*callo*) cor *m*.

claxon *nm* klaxon *m*.

clemencia *nf* clémence *f*.

clemente *a* clément(e).

clerecía *nf* (*clero*) clergé *m*; (*oficio*) cléricature *f*; (*privilegio*) clergie *f*.

clerical *a* clérical(e) // *nm* clérical *m*.

clérigo *nm* ecclésiastique *m*.

clero *nm* clergé *m*.

cliente *nm/f* client/e.

clientela *nf* clientèle *f*.

clima *nm* climat *m*.

clínica *nf* clinique *f*.

clip *nm* trombone *m*.

clisé *nm* cliché *m*.

cloaca *nf* cloaque *m*.

clocar *vi* glousser.

cloque *nm* croc *m*.

cloquear *vi* = **clocar**.

clorhídrico, a *a* chlorhydrique.

cloroformizar *vt* chloroformer.

cloroformo *nm* chloroforme *m*.

club *nm* (*pl* ~**s** o ~**es**) club *m*.

cluniacense *a* clunisien(ne).

cm *abr de* centímetro.

C.N.T. *abr de* Confederación Nacional de Trabajo.

coacción *nf* contrainte *f*.

coactivo, a *a* coercitif(ive).

coadjutor, a *nm/f* coadjuteur/trice.

coadyuvante *a* qui aide.

coadyuvar *vt* contribuer, aider; secourir.

coagular *vt* coaguler.

coágulo *nm* (*de leche*) coagulum *m*; (*de sangre*) caillot *m*.

coalición *nf* coalition *f*.

coartada *nf* alibi *m*.

coartar *vt* limiter.

coba *nf* (fam: *embuste*) blague *f*; (*adulación*) flatterie *f*.

cobalto *nm* cobalt *m*.

cobarde *a* lâche; poltron(ne), peureux(euse) // *nm* lâche *m*, poltron *m*.

cobardía *nf* (*miedo*) poltronnerie *f*; (*falta de ánimo*) lâcheté *f*.

cobayo *nm*, **cobaya** *nf* cobaye *m*.

cobertera *nf* couvercle *m*.

cobertizo *nm* (*tejado*) auvent *m*; (*para trastos viejos, maquinarias*) hangar *m*, remise *f*.

cobertor *nm* couverture *f*, dessus-de-lit *m*.

cobertura, cubierta *nf* couverture *f*.

cobija *nf* (*teja*) tuile faîtière, enfaîteau *m*; (AM) couverture *f* de lit.

cobijar *vt* couvrir, abriter; (*fig*) héberger, loger; protéger.

cobra *nf* (*correo*) courroie *f* d'attelage; (*serpiente*) cobra *m*, naja *m*.

cobrador *nm* (*de autobús, tren*) receveur *m*; (*de impuestos, gas*) encaisseur *m*.

cobranza *nf* encaissement *m*.

cobrar *vt* (*cheque, sueldo*) toucher; (*deuda*) encaisser; ~**se** *vr* (*hacerse pagar*) se payer; (*desquitarse*) se dédommager, se payer; ~ **ánimo** o **coraje** reprendre courage; ~ **cariño a uno** prendre qn en affection; ~ **fama de** acquérir réputation de; ¡**vas a** ~**l** (AM) qu'est-ce que tu vas prendre!

cobre *nm* cuivre *m*; ~**s** *nmpl* cuivres *mpl*.

cobrizo, a *a* cuivré(e).

cobro *nm* (*paga*) paye *f*; (*cobranza*) encaissement *m*.

coca *nf* (BOT) coca *f* ou *m*; (fam) boule *f*, calotte *f*.

cacacho *nm* haricot *m*.

cocaína *nf* cocaïne *f*.

cocción *nf* cuisson *f*.

cocear *vi* ruer.

cocer *vt* cuire // *vi* cuire, bouillir; ~**se** *vr* cuire.

cocido nm pot-au-feu m // a cuit(e).

cocimiento nm (de comida) cuisson f; (tisana) décoction f.

cocina nf cuisine f; (aparato) cuisinière f.

cocinar vt, vi cuisiner.

cocinero, a nm/f cuisinier/ière.

coco nm (árbol) cocotier m; (fruto) noix m de coco; (microbio) coccus m; (gusano de las frutas) ver m; (fam) boule f.

cocodrilo nm crocodile m.

cocotal nm lieu planté de cocotiers.

cocotero nm cocotier m.

coche nm (de caballos) voiture f; (automóvil) voiture f, automobile f; (de tren) voiture, wagon m; (fúnebre) corbillard m; (para niños) poussette f; ~ **celular** panier m à salade.

cochera a cochère // nf garage m.

cochero nm cocher m.

cochinada nf (fam) cochonnerie f, grossièreté f.

cochinería nf cochonnerie f.

cochinilla nf (crustáceo) cloporte m; (insecto, colorante) cochenille f.

cochino, a a cochon(ne) // nm porc m, cochon m, (fig) cochon.

codal a (medida) qui mesure une coudée; (forma) coudé(e); en forme de coude // nm (de armadura) cubitière f; (de vid) marcotte f de la vigne; (ARQ) étrésillon m.

codazo nm coup m de coude.

codear vi jouer des coudes.

codelincuente a complice // nm/f complice m/f.

codera nf coudière f.

códice nm codex m.

codicia nf cupidité f, (fig) convoitise f.

codiciar vt convoiter.

codicioso, a a cupide, convoiteur(euse).

código nm code m; **mensaje en** ~ message codé.

codillo nm (codo) coude m; (espalda) épaule f; (de árbol) fourche f.

codo nm (ANAT, de tubo) coude m; (medida) coudée f.

codorniz nf caille f.

coeducación nf coéducation f, enseignement m mixte.

coeficiente nm coefficient m; ~ **de incremento** taux m d'accroissement.

coerción nf coercition f.

coercitivo, a a coercitif(ive).

coetáneo, a a contemporain(e).

coexistencia nf coexistence f.

coexistir vi coexister.

cofia nf (para el cabello) résille f; (de proyectil) coiffe f.

cofrade nm confrère m.

cofradía nf confrérie f, association f.

cofre nm coffre m.

cogedero nm cueilloir m.

cogedor, a a ramasseur(euse) // nm pelle f.

coger vt (gen) prendre; (frutas) cueillir; (resfriado) attraper; (la lluvia, la noche) se laisser surprendre par; (un ladrón) attraper // vi: ~ **por el buen camino** prendre le bon chemin; ~**se vr** (robar) voler.

cogida nf (AGR) cueillette f; (TAUR) coup m de corne.

cogido, a a (tomado) pris(e); (apresado: ladrón) capturé(e); (torero) encorné(e); blessé(e); **caminar** ~**s del brazo** aller bras dessus, bras dessous.

cognado, a a, nm/f cognat m.

cogollo nm (de lechuga, col) cœur m; (de árbol) rejeton m, bourgeon m, pousse f.

cogote nm nuque f.

coguila nf habit m.

cohabitar vi cohabiter.

cohechar vt suborner, corrompre.

cohecho nm subornation f, corruption f.

coheredero, a a, nm/f cohéritier/ière.

coherente a cohérent(e).

cohesión nf cohésion f.

cohete nm fusée f.

cohetero nm artificier m.

cohibición nf contrainte f.

cohibir vt réprimer, intimider.

cohombrillo nm petit concombre.

cohombro nm (BOT) concombre m.; (churro) sorte de beignet; (molusco) holothurie f; concombre de mer.

cohonestar vt présenter sous un jour favorable.

coincidencia nf coïncidence f.

coincidir vi (en idea) coïncider; (en lugar) se rencontrer par hasard.

coito nm coït m.

cojear vi (persona) boiter, clocher; (mueble) être bancal(e); boiter; (fig: fam) agir mal.

cojera nf boiterie f; claudication f.

cojín nm coussin m.

cojinete nm coussinet m; (TEC) roulement m.

cojo, a a boiteux(euse); bancal(e) // nm/f boiteux/euse.

cojuelo, a a légèrement boiteux(euse).

cok nm coke m.

col nf chou m.

cola nf queue f; (de vestido) traîne f; (para pegar) colle f; **hacer la ~** faire la queue.

colaborador, a nm/f collaborateur/trice // a serviable.

colaborar vi collaborer.

colación nf collation f.

colada nf (lavado) lessivage m; (de lava) coulée f; (TEC) coulée f; (filtrado) filtrage m; (camino) chemin m pour les troupeaux.

coladera nf passoire f.

colador nm colateur m.

coladura nf (filtración) filtration f; (residuo) résidus m; (fig: fam) gaffe f, maladresse f.

colapso nm (MED) collapsus m; (COM) effondrement m.

colar vt (líquido, ropa) passer, filtrer; (beneficio) collationner; (metal) couler // vi se glisser; s'infiltrer; ~se vr se faufiler; resquiller; **esto no parece ~** ça ne semble pas correspondre.

colateral a collatéral(e) // nm parents collatéraux mpl.

colcha nf couvre-lit m.

colchón nm matelas m.

colchoneta nf (colchón) matelas m; (cojín) coussin m; ~ **de aire** coussin d'air.

coleada nf (de animal) coup m de queue; (del viento) coup de vent.

colear vi (perro) remuer la queue; (tren) se balancer.

colección nf collection f.

colecta nf collecte f.

colectar vt (recaudar) collecter, recouvrer; (recoger) recueillir, ramasser.

colectividad nf collectivité f.

colectivo, a a collectif(ive) // nm collectif m.

colector nm collecteur m; (sumidero) collecteur, égout m; ~ **de basuras** vide-ordures m.

colega nm/f collègue m/f, confrère/consœur.

colegial a collégial(e) // nm écolier m; lycéen m; collégien m.

colegiala nf écolière f; lycéenne f; collégienne f.

colegio nm (escuela) collège m; (corporación) corporation f; (de abogados, médicos) ordre m.

colegir vt (juntar, reunir) réunir, rassembler; (deducir) déduire.

cólera nf (ira) colère f; (MED) bile f // nm choléra m.

colérico, a a (irritado, rabioso) colérique; coléreux(euse); (MED) cholérique // nm/f cholérique m/f.

coleta nf (trenza) queue f; (de pelo sin trenzar) couette f.

coletazo nm coup m de queue.

coleto nm collet m de fourrure; (fig) for intérieur.

colgadero nm croc m, crochet m.

colgadizo, a a qui doit être accroché(e) // nm auvent m.

colgadura nf tenture f.

colgante a suspendu(e) // nm (ARQ) feston m; breloque f; pendeloque f; (de araña) pendeloque f.

colgar vt (cuadro, ropa, tapiz) accrocher, étendre, pendre; (hábitos) suspendre; (teléfono) accrocher; (fam: en examen) coller, refuser // vi pendre; ~ **de** pendre à; ~**se** vr se pendre.

colibrí nm colibri m.

cólico nm colique f.

coliflor nf chou-fleur m.

coligarse vr s'unir, se liguer.

colilla nf mégot m.

colina nf colline f.

colindante a limitrophe, contigu(ë).

colindar vi être contigu(ë).

coliseo nm colisée m.

colisión nf collision f; (fig) choc m, heurt m.

colmado, a a plein(e); rempli(e) // nm bistrot m, guinguette f.

colmar vt remplir à ras bord; ~ **la paciencia** dépasser les bornes de la patience; ~ **de regalos** combler de faveurs.

colmena nf ruche f; (fig) fourmilière f.

colmenar nm rucher m.

colmenero, a nm/f apiculteur/trice.

colmillo nm (diente) canine f; (de elefante) défense f; (de perro) croc.

colmo nm comble m.

colocación nf placement m; (empleo) situation f; (de mueble) emplacement m.

colocar vt placer; ~**se** vr se placer.

colofón nm cul-de-lampe m.

Colombia nf Colombie f.

colombiano, a a colombien(ne) // nm/f Colombien/ne.

colombino, a a relatif(ive) à Christophe Colomb.

colon nm côlon m.

colonia nf colonie f; ~ **de vacaciones/obrera** colonie de vacances/ouvrière.

coloniaje nm (AM) période f de colonialisme.

colonización nf colonisation f.

colonizador, a a coloni-sateur(trice) // nm/f colonisateur/trice.

colonizar vt coloniser.

colono nm (de colonia) colon m; (granjero) fermier m.

coloquio nm conversation f; (congreso) colloque m.

color nm couleur f; los ~**es** les couleurs.

colorado, a a (que tiene color) coloré(e); (rojo) rouge // nm rouge m; **ponerse** ~ rougir.

colorar vt colorer.

colorear vt colorer, colorier // vi rougir.

colorete nm fard m, rouge m.

colorido nm (de un cuadro) coloris m; (color) couleur f.

colosal a colossal(e); (fig) extraordinaire.

coloso nm colosse m.

columbrar vt apercevoir; (fig) conjecturer, deviner, prévoir.

columna nf colonne f; (apoyo) appui m, pilier m; ~ **de dirección** colonne de direction; ~ **vertebral** colonne vertébrale.

columpiar vt balancer; ~**se** vr se balancer; (al caminar) se dandiner.

columpio nm balançoire f.

collado nm (cerro) coteau m; (camino) col m.

collar nm collier m; (de condecoración) chaîne f; (TEC) bague f.

collera nf collier m.

coma nf virgule f // nm coma m.

comadre nf (partera) sage-femme f; (madrina) marraine f; (vecina) commère f.

comadrear vi cancaner.

comadreja nf belette f.

comadreo nm commérage m.

comadrona nf sage-femme f; (fam: vecina) commère f.

comandancia nf commandement m.

comandante nm commandant m.

comandar vt commander.

comandita nf: **sociedad en** ~ société f en commandite.

comanditario, a a commandi-taire // nm commanditaire m.

comarca nf contrée f, région f.

comarcano, a a voisin(e), limitrophe.

comarcar vi: ~ **con** être limitrophe de.

comba nf courbure f; **saltar a la** ~ sauter à la corde.

combar vt courber, tordre.

combate nm combat m.

combatiente a combattant(e) // nm combattant m.

combatir vt combattre.

combinación nf combinaison f; cocktail m.

combinar vt combiner; ~**se** vr se combiner.

combo, a a courbé(e), cambré(e) // nm (AM) masse f.

combustión nf combustion f.

comedero nm (para animales) mangeoire f; (comedor) salle à manger f.

comedia nf comédie f.

comediante nm/f comédien/ne.

comedido, a a (moderado) modéré(e), mesuré(e); (cortés) courtois(e), poli(e); (AM: servicial) obligeant(e).

comedirse vr se modérer; (AM) s'offrir, se proposer.

comedor, a nm/f (persona) mangeur/euse // nm (habitación, muebles) salle à manger f; (restaurante) restaurant m; (cantina) cantine f.

comendador nm commandeur m.

comendadora nf mère-supérieure f.

comensal nm/f convive m/f.

comentador, a nm/f = **comentarista**.

comentado, a a commenté(e); (mencionado) mentionné(e), nommé(e); (suceso de actualidad) commenté, discuté(e).

comentar vt commenter.

comentario nm commentaire m; (AM) cancan m, sous-entendu m.

comentarista nm/f commen-tateur/trice.

comento nm = **comentario**.

comenzar vt, vi commencer.

comer vt (gen) manger; (QUÍMICA) ronger; (DAMAS, AJEDREZ) prendre // vi, ~**se** vr manger.

comercial a commercial(e); (calle) commerçant(e).

comerciante a commerçant(e) // nm/f commerçant/e.

comerciar vi (comerciante) faire le commerce; (países) commercer; (fig: dos personas) avoir des relations.

comercio nm commerce m.

comestible a comestible // nm épicerie f.

cometa nm comète f // nf cerf-volant m.

cometer vt commettre; ~ **algo a uno** charger qn de qch, confier qch à qn.

cometido nm (misión) tâche f, mission f; (deber) devoir m.

comezón nf démangeaison f; (fig) envie folle.

cómico, a a comique // nm/f comédien/ne.

comida nf (alimento) nourriture f; (almuerzo, cena) repas m; (de mediodía) déjeuner m.

comidilla nf (afición) occupation favorite; (pey: chisme) fable f; **es la** ~ **del barrio** on ne parle que de cela.

comienzo nm commencement m; **dar** ~ **a** commencer.

comilón, ona a glouton(ne) // nm/f goinfre m/f // nf ripaille f, gueuleton m.

comillas nfpl guillemets mpl.

comino nm cumin m.

comisar vt confisquer, saisir.

comisario nm commissaire m.

comisión nf commission f.

comisionado, a a mandaté(e) // nm/f mandataire m.

comisionista nm commission-naire m.

comité nm comité m.

comitiva nf suite f, cortège m.

como ad comme; (aproximadamente) à peu près // conj (ya que, puesto que) comme; (en seguida que) au moment où, aussitôt que; ~ él hay pocos il y en a peu comme lui; eran ~ las ocho il était à peu près huit heures; ~ no lo haga hoy si vous ne le faites pas aujourd'hui; ~ no sea para terminarlo à moins que ce ne soit pour le terminer; ~ si comme si; tan alto ~ ancho aussi haut que large.

cómo ad comment // excl comment! // nm: el ~ y el porqué le pourquoi et le comment; ¿~ son? comment sont-ils?; no sé ~ hacerlo je ne sais comment le faire; ¿~ no vino? pourquoi n'est-il pas venu?; ¿~ es de alto? combien mesure-t-il?; ¡~ no! (AM) mais bien sûr!

cómoda nf commode f.

comodidad nf commodité f, confort m; intérêt m.

comodín nm (NAIPES) joker m; (fig) bouche-trou m.

cómodo, a a confortable; facile, commode.

comodón, ona a qui aime ses aises.

compacto, a a compact(e).

compadecer vt (alguien) plaindre, avoir pitié de; (dolor, pena) compatir à; ~se vr: ~se de plaindre, avoir pitié de.

compadre nm (padrino) parrain m; (vecino, amigo) compère m, ami m.

compaginar vt (reunir) assembler, réunir; (libro) mettre en pages; (fig) concilier, combiner; ~se vr s'accorder, s'harmoniser.

companerismo nm camaraderie f.

compañero, a nm/f (gen) camarade m/f, compagnon m, compagne f; (de colegio) camarade m/f; (NAIPES etc) partenaire m/f.

compañía nf compagnie f; hacer ~ a uno tenir compagnie à qn.

comparación nf comparaison f;

en ~ con par rapport à.

comparar vt comparer.

comparativo, a a comparatif(ive) // nm comparatif m.

comparecer vi comparaître.

comparsa nf (TEATRO) figuration f; (de carnaval) mascarade f // nm/f figurant/e.

compartimiento nm compartiment m; (acto) partition f; distribution f.

compartir vt (repartir, dividir) répartir, diviser; (fig) partager.

compás nm (MUS) mesure f; (MAT, NAUT) compas m; ~ de 2 x 4 rythme 2 x 4; bailar a ~ danser en mesure.

compasado, a a modéré(e).

compasión nf compassion f, pitié f.

compasivo, a a compatissant(e).

compatibilidad nf compatibilité f.

compatible a compatible.

compatriota nm/f compatriote m.

compeler vt contraindre, forcer.

compendiar vt abréger, résumer.

compendio nm résumé m; abrégé m.

compensación nf dédommagement m; contrepoids m; récompense f.

compensar vt équilibrer, compenser; dédommager, indemniser.

competencia nf (incumbencia) compétence f; (aptitud, idoneidad) ressort m, domaine m; (rivalidad) concurrence f.

competente a (persona, jurado, tribunal) compétent(e); (conveniente) convenable.

competer vi: ~ a relever de, être du ressort ou de la compétence de.

competición nf compétition f.

competir vi concourir, rivaliser.

compilar vt compiler.

compinche nm/f copain/ copine.

complacencia nf (placer) plaisir m; satisfaction f; (buena voluntad, tolerancia) complaisance f.

complacer vt plaire, être agréable à; ~se vr se complaire.

complaciente a complaisant(e).

complejo, a a complexe, difficile // nm complexe m.

complementario, a a complémentaire.

completar vt compléter.

completo, a a (lleno) complet(ète); (perfecto) parfait(e) // nm petit déjeuner copieux.

complexión nf complexion f.

complicación nf complication f.

complicar vt (situación) compliquer; (persona) impliquer dans, mêler à.

cómplice nm/f complice m/f.

complicidad nf complicité f.

complot nm complot m.

componenda nf accommodement m; arrangement m; compromis m.

componer vt (completar, formar) composer, former; (MUS, LITERATURA, IMPRENTA) composer; (algo roto) réparer, arranger; (fam: salud) retaper, remettre; (adornar, arreglar) arranger; (reconciliar) réconcilier.

comportamiento nm conduite f, comportement m.

comportar vt (tolerar) supporter, tolérer; (contener) comporter, comprendre; ~se vr se conduire.

composición nf composition f.

compositor, a nm/f compositeur/trice.

compostelano, a a de Saint-Jacques-de-Compostelle.

compostura nf (reparación) réparation f, composition f; (actitud) contenance f.

compra nf achat m; hacer las ~s faire les achats; ir de ~s faire les courses; ~ a plazos/en cuotas/al contado achat à terme/à tempérament/comptant.

comprador, a nm/f acheteur/euse.

comprar vt acheter.

compraventa nf contrat m d'achat et de vente.

comprender vt comprendre; ~se vr se comprendre; viaje todo comprendido voyage tout compris.

comprensibilidad nf compréhensibilité f.

comprensión nf compréhension f.

comprensivo, a a compréhensif(ive).

compresa nf compresse f.

compresibilidad nf compressibilité f.

compresión nf compression f.

comprimir vt comprimer; (fig) réprimer; ~se vr (apretujarse) se comprimer; (controlarse, reprimirse) se retenir.

comprobación nf vérification f, preuve f.

comprobante a probant(e) // nm (justificación) preuve f; (recibo) reçu m, récépissé m.

comprobar vt vérifier, contrôler; prouver, démontrer.

comprometer vt compromettre; ~se vr (obligarse) se compromettre; (involucrarse) s'engager; literatura comprometida littérature engagée.

compromiso nm (obligación) compromis m; (político, literario) accommodement m; (COM) engagement m; (matrimonial) promesse f; (dificultad) embarras m, difficulté f.

compuerta nf vanne f, porte f.

compuesto, a a (LING) composé(e); (ARQ) composite; (arreglado: objeto) arrangé(e); (mujer) pomponné(e); (discreto, reservado) réservé(e), discret(ète) // nm composé m; **compuestas** nfpl composacées fpl.

compulsar vt (JUR: confrontar) confronter, comparer.

compulsión nf contrainte f.

compunción nf (arrepentimiento) componction f; (compasión) compassion f.

computador nm, **computadora** nf calculateur m, calculatrice f.

computar vt calculer, compter.

cómputo nm calcul m, computation f.

comulgar vt donner la communion à // vi communier.

común a (*frecuente*) commun(e);
courant(e); (*LING*) commun // *nm*:
el ~ le commun *m*; **bienes
comunes** biens communs.
comuna *nf* (*AM*) commune f.
comunal a commun(e); communal(e).
comunero, a a populaire // *nm/f*
copropriétaire f.
comunicación *nf* (*gen*)
communication f, contact *m*;
(*telefónica, férrea, naval*) communication; **~ a larga distancia**
communication à longue distance.
comunicado, a a communiqué(e) //
nm communiqué *m*.
comunicar *vt, vi* communiquer;
~se *vr* (*personas*) correspondre;
(*casas, habitaciones*) communiquer.
comunicativo, a a communicatif(ive).
comunidad *nf* communauté f; **en
bien de la ~** pour le bien de tous.
comunión *nf* communion f.
comunismo *nm* communisme *m*.
comunista a communiste // *nm/f*
communiste *m/f*.
comúnmente ad généralement.
con prep avec, à; **~ que el alors;
¿~ que Vd. es el famoso campeón?**
c'est donc vous le fameux
champion?; **torta ~ crema** tarte à
la crème; **chocar ~ se** cogner
contre; **luchar ~ las dificultades** se
battre contre les difficultés; **estar
contento ~** être content de;
amistoso ~ sus empleados amical
envers ses employés; **confiar ~ un
amigo** avoir confiance en un ami;
obrar ~ independencia travailler
en toute indépendance; **~ apretar
el botón** en appuyant sur le bouton;
tener cuidado ~ faire attention à.
conato *nm* tentative f; **~ de robo**
tentative de vol.
concavidad *nf* concavité f.
cóncavo, a a concave.
concebir *vt, vi* concevoir.
conceder *vt* accorder, concéder;
(*reconocer*) reconnaître.
concejal *nm* conseiller municipal.

concejo *nm* conseil municipal.
concentración *nf* concentration f.
concentrar *vt* concentrer; **~se** *vr*
se concentrer.
concepción *nf* conception f.
conceptista a conceptiste // *nm/f*
conceptiste *m/f*.
concepto *nm* concept *m*.
conceptuar *vt* considérer,
estimer, juger.
conceptuoso, a a ingénieux
(euse), sentencieux(euse); (*pey:
estilo*) précieux(euse).
concernir *vt* a concernant(e).
concernir *vi* concerner, avoir
rapport à.
concertar *vt* (*MUS*) accorder;
(*acordar: precio*) se mettre
d'accord sur; (: *tratado*) conclure;
(*combinar: esfuerzos*) concerter;
(*reconciliar: personas*) mettre
d'accord // *vi* (*MUS*) chanter en
harmonie; **~se** *vr* (*MUS*) chanter en
harmonie; (*ponerse de acuerdo*)
s'entendre, se mettre d'accord;
**con s'accorder avec.
concertista *nm/f* concertiste *m/f*.
concesión *nf* concession f.
concesionario *nm* concessionnaire *m*.
conciencia *nf* conscience f.
concienzudo, a a consciencieux(euse).
concierne etc vb ver **concernir**.
concierto *nm* (*MUS: sesión*) concert
m; (*obra*) concerto *m*; (*fig*)
concert, accord *m*, entente f,
harmonie f.
conciliábulo *nm* conciliabule *m*;
(*pey*) intrigue f.
conciliación *nf* conciliation f.
conciliador, a a indulgent(e),
arrangeant(e) // *nm/f* conciliateur/trice; **medidas ~es** mesures
fpl d'apaisement.
conciliar *vt* (*personas*) réconcilier,
mettre d'accord; (*actitudes
distintas*) concilier // a conciliaire
// *nm* membre *m* d'un concile; **~se**
vr se concilier.

conciliatorio, a *a* conciliant(e); arrangeant(e).

concilio *nm* concile *m.*

concisión *nf* concision *f.*

conciso, a *a* concis(e).

concitar *vt* attirer.

conciudadano, a *a* concitoyen(ne) // *nm/f* concitoyen/ne.

cónclave, conclave *nm* conclave *m.*

concluir *vt* finir, achever, terminer; (*deducir*) déduire, conclure; (*determinar*) décider // *vi* conclure, en finir; ~se *vr* se terminer, prendre fin.

conclusión *nf* conclusion *f;* **en ~** en somme, en conclusion.

concluyente *a* concluant(e).

concomitante *a* concomitant(e).

concordancia *nf* (*LING*) concordance *f,* accord *m;* (*MUS*) accord.

concordar *vt* mettre d'accord, réconcilier // *vi* être d'accord; (*LING*) s'accorder.

concordato *nm* concordat *m.*

concordia *nf* concorde *f.*

concretar *vt* concrétiser; matérialiser; (*resumir*) résumer; ~se *vr* se matérialiser; ~se a se limiter *ou* se borner à.

concreto, a *a* concret(ète) // *nm* concrétion *f;* (*AM*) béton *m;* **en ~** en somme, en bref; **en el caso ~ de** dans le cas précis de; **no tengo nada en ~** je n'ai rien de concret.

concubina *nf* concubine *f.*

concupiscencia *nf* concupiscence *f.*

concurrencia *nf* (*público*) assistance *f,* (*COM*) concurrence *f.*

concurrido, a *a* fréquenté(e).

concurrir *vi* (*juntarse: ríos*) confluer; (: *personas*) se réunir; (*ponerse de acuerdo*) se mettre d'accord; (*coincidir*) coïncider; (*competir*) concourir; (: *COM*) se faire concurrence; (*contribuir*): ~ a concourir à.

concurso *nm* (*de público*) affluence *f,* (*ESCOL, DEPORTE*) concours *m;* (*competencia*)

concurrence *f;* (*coincidencia*) coïncidence *f;* **prestar su ~** prêter son concours.

concusión *nf* concussion *f;* exaction *f.*

concha *nf* (*de molusco*) coquille *f;* (*de tortuga*) carapace *f;* (*TEATRO*) trou *m* du souffleur; (*de oreja*) conque *f.*

condado *nm* (*territorio*) comté *m;* (*de conde*) dignité *f* de comte.

conde *nm* comte *m.*

condecoración *nf* décoration *f.*

condecorar *vt* décorer.

condena *nf* condamnation *f.*

condenación *nf* (*JUR*) condamnation *f;* (*REL*) damnation *f.*

condenado, a *a* condamné(e).

condenar *vt* condamner; (*AM*) irriter; ~se *vr* (*JUR*) se déclarer coupable; (*REL*) se damner.

condensar *vt* condenser; (*fig*) abréger, résumer; ~se *vr* se condenser.

condescendencia *nf* condescendance *f.*

condescender *vi* condescendre.

condescendiente *a* condescendant(e).

condestable *nm* connétable *m.*

condición *nf* condition *f;* (*carácter*) caractère *m;* **en mi ~ de padre** en ma qualité de père; **las condiciones de pago** les modalités *fpl* de règlement; **tener condiciones para** avoir des aptitudes pour.

condicionado, a *a* conditionné(e).

condicional *a* conditionnel(le).

condimentar *vt* assaisonner, épicer.

condimento *nm* condiment *m.*

condiscípulo, a *nm/f* condisciple *m/f.*

condolerse *vr* s'apitoyer sur, compatir à.

condominio *nm* condominium *m.*

condonar vt remettre.

cóndor nm condor m.

conducción nf conduite f; (FÍSICA) conduction f.

conducente a (conveniente) approprié(e); convenable; ~ a qui conduit ou mène à.

conducir vt, vi conduire; ~se vr se conduire, se comporter.

conducta nf conduite f.

conducto nm conduit m; (fig) intermédiaire m.

conductor, a a conducteur(trice) // nm (FÍSICA) conducteur m; (de vehículo) conducteur m; (fig) meneur m.

condueño, a nm/f copropriétaire m/f.

conduje etc vb ver **conducir**.

conduzco etc vb ver **conducir**.

conectar vt connecter.

conejera nf (abierta) terrier m; (: de varios) terriers mpl; (cerrada) cabane f, clapier m; (fig) bouge m.

conejo nm lapin m.

conexión nf connection f; (fig) liaison f.

confabular vi conférer, deviser; ~se vr se concerter, comploter.

confección nf confection f, (FARMACIA) préparation f.

confeccionar vt confectionner.

confederación nf confédération f.

confederarse vr se confédérer, s'unir.

conferencia nf conférence f, (TELEC) communication f.

conferenciante nm/f conférencier/ière.

conferenciar vi s'entretenir.

conferencista nm/f = **conferenciante**.

conferir vt (medalla) conférer; (ministerio) attribuer; (dignidades) accorder; (varios documentos) comparer.

confesar vt confesser; ~se vr (REL) se confesser; (cansado, inquieto etc) se déclarer, s'avouer.

confesión nf (JUR) aveux mpl, confession f, (REL) confession f.

confesionario nm confessionnal m.

confesor nm confesseur m.

confiado, a a (crédulo) confiant(e), crédule; (presumido) présomptueux(euse).

confianza nf confiance f; (pey) vanité f; ~ en sí mismo confiance en soi; ~s nfpl (secretos) confidences fpl; **tomarse demasiadas** ~s prendre trop de libertés.

confiar vt confier // vi avoir confiance; ~se vr se confier; (hacer confidencias) faire des confidences.

confidencia nf confidence f.

confidencial a confidentiel(le).

confidente a de confiance, fidèle // nm/f (el que confiesa) confident/e; (policial) informateur/trice.

configuración nf configuration f.

configurar vt (proyecto) configurer; (el pasado) se souvenir de.

confín nm limite f.

confinar vi confiner; (desterrar) exiler, reléguer; ~se vr se confiner.

confirmación nf confirmation f.

confirmar vt confirmer.

confiscación nf confiscation f.

confiscar vt confisquer.

confite nm sucrerie f.

confitería nf confiserie f.

confitero, a nm/f confiseur/euse.

confitura nf confiture f.

conflagración nf incendie m; (fig) conflagration f.

conflictivo, a a (situación) tendu(e).

conflicto nm conflit m.

confluencia nf (de ríos) confluence f, confluent m; (de caminos) croisement m; (de opiniones) point m de rencontre.

confluente a confluent(e).

confluir vi (ríos) confluer; (caminos) se rejoindre; (personas) confluer.

conformación nf conformation f.

conformar vt conformer // vi être

d'accord; **~se** *vr* se conformer, se soumettre.

conforme *a* (*gen*) conforme; (*de acuerdo*) d'accord; (*resignado*) résigné // *ad* conformément, suivant // *excl* d'accord! // *nm*: **dar el ~** donner son accord; **quedar ~ con el resultado** être d'accord.

conformidad *nf* (*semejanza*) conformité *f*; (*acuerdo*) accord *m*; (*resignación*) résignation *f*, soumission *f*; **de ~** (*por común acuerdo*) à l'unanimité; **de o en ~ con** conformément à; **dar su ~** donner son consentement.

confortable *a* confortable.

confortante *a* réconfortant(e).

confortar *vt* réconforter.

confraternidad *nf* confraternité *f*.

confrontación *nf* confrontation *f*.

confrontar *vt* (*carear dos personas*) confronter; (*cotejar*) confronter, comparer // *vi* (*lindar*) être contigu(ë); être attenant.

confundir *vt* (*mezclar*) confondre, mêler; (*equivocar, turbar, humillar*) confondre; **~se** *vr* (*equivocarse*) se confondre, se tromper; (*humillarse, turbarse*) se troubler.

confusión *nf* (*desorden*) désordre *m*; (*desconcierto*) confusion *f*; embarras *m*.

confuso, a *a* confus(e).

confutación *nf* attaque *f*, contestation *f*.

confutar *vt* réfuter.

congelación *nf* congélation *f*; **~ de precios/salarios** blocage *m* de prix/salaires.

congelar *vt* (*comida, líquido*) congeler; (*precios*) bloquer; (*créditos*) geler; **~se** *vr* (*sangre, grasa*) se figer; (*persona*) se geler.

congénere *nm/f* congénère *m/f*.

congeniar *vi* (*llevarse bien*) s'entendre.

congénito, a *a* congénital(e).

congestión *nf* congestion *f*.

congestionarse *vr* se congestionner.

conglomeración *nf* conglomération *f*.

conglomerar *vt* conglomérer.

congoja *nf* (*angustia, aflicción*) angoisse *f*, douleur *f*; (*desmayo*) évanouissement *m*.

congraciarse *vr*: **~ con** gagner *ou* s'attirer les bonnes grâces de.

congratulación *nf* congratulation *f*.

congratular *vt* congratuler; **~se** *vr* se congratuler.

congregación *nf* congrégation *f*.

congregar *vt* réunir, rassembler.

congresal *nm/f* (*AM*) congressiste *m/f*.

congresista *nm/f* congressiste *m/f*.

congreso *nm* congrès *m*.

congruencia *nf* (*igualdad*) congruence *f*; (*conveniencia*) convenance *f*; (*MAT*) congruence.

congruente *a* (*conveniente, oportuno*) congruent(e); congru(e); (*MAT*) congruent.

congruo, a *a* congruent(e).

cónico, a *a* conique.

conífero, a *a* conifère // *nf* conifère *m*.

conjetura *nf* conjecture *f*.

conjeturar *vt* conjecturer.

conjugar *vt* conjuguer.

conjunción *nf* conjonction *f*.

conjuntamente *ad* (*juntamente*) conjointement; (*en unión con*) ensemble.

conjunto, a *a* conjoint(e); // *nm* ensemble *m*; **hacer algo en ~** faire qch ensemble.

conjura, conjuración *nf* complot *m*, conspiration *f*.

conjurar *vt* conjurer // *vi* (*conspirar*) comploter, conspirer; (*juramentar*) jurer; **~se** *vr* se conjurer.

conjuro *nm* (*imprecación*) exhortation *f*; (*invocación*) invocation *f*; (*ruego*) prière *f*.

conllevar *vt* (*soportar*) supporter; (*compartir*) partager; (*fig*): **~ a uno** enjôler qn.

conmemoración nf commémoration f.

conmemorar vt commémorer.

conmensurable a commensurable.

conmigo pron avec moi.

conminar vt (amenazar) menacer; (intimidar) intimer, enjoindre.

conmiseración nf commisération f.

conmoción nf (cerebral) commotion f; (política, social) secousse f.

conmovedor, a a émouvant(e); touchant(e); poignant(e).

conmover vt (emocionar) émouvoir; (perturbar) ébranler, toucher.

conmutador nm commutateur m.

conmutar nf (trocar, permutar) échanger; (JUR: pena) commuer.

connaturalizarse vr: ~ con s'habituer ou se faire à.

connivencia nf connivence f; estar en ~ con être de connivence avec.

connotación nf (LING) connotation f; (relación) relation f; (parentesco) parenté lointaine.

connotar vt connoter.

cono nm cône m.

conocedor, a a connaisseur(euse), expert(e) // nf/m/f connaisseur/euse.

conocer vt (gen) connaître; (reconocer) reconnaître; ~se vr se connaître; ~ de un pleito connaître d'une cause; **se conoce que** on voit que.

conocido, a a connu(e) // nm/f connaissance f, relation f.

conocimiento nm connaissance f; (NAUT) connaissement m; ~s nmpl connaissances fpl; **perder el** ~ perdre connaissance; **con** ~ **de causa** en connaissance de cause.

conozco etc vb ver **conocer**.

conque conj ainsi donc, alors.

conquista nf conquête f.

conquistador, a a conquérant(e) // nm conquistador m.

conquistar vt (gen) conquérir;

(mujer) faire la conquête de.

consabido, a a bien connu(e); classique.

consagración nf consécration f; (de obispo) sacre m.

consagrar vt (REL) consacrer; (rey, obispo) sacrer; (dedicar) consacrer, vouer; ~se vr se consacrer.

consanguíneo, a a consanguin(e).

consanguinidad nf consanguinité f.

consciente a conscient(e).

consecución nf obtention f; réalisation f; (encadenamiento) consécution f.

consecuencia nf conséquence f; a ~ de par suite de; **como** ~ de à la suite de.

consecuente a conséquent(e).

consecutivo, a a consécutif(ive).

conseguir vt obtenir; (sus fines) arriver à.

conseja nf (cuento, fábula) conte m; (mentira) fable f.

consejero, a a nm/f conseiller/ère; **ser un buen** ~ être de bon conseil.

consejo nm conseil m.

consenso nm consentement m.

consentido, a a gâté(e).

consentimiento nm consentement m.

consentir vt (permitir, tolerar) consentir; (mimar) gâter; (admitir) permettre, admettre // vi: ~ **en** consentir à; ~se vr (quebrarse) se fendre, se fêler.

conserje nm concierge m.

conserva nf conserve f.

conservación nf conservation f.

conservador, a a conservateur(trice) // nm/f conservateur/trice.

conservar vt conserver; ~se vr se conserver, se garder.

conservatorio nm conservatoire m.

considerable a considérable.

consideración nf considération f; en ~ a eu égard à.

considerado, a *a (prudente, reflexivo)* réfléchi(e); pondéré(e); *(respetado)* considéré(e).

considerar *vt* considérer.

consigna *nf (orden)* mot d'ordre *m*; *(para equipajes)* consigne *f*.

consignación *nf* consignation *f*; *(de créditos)* allocation *f*; **en ~ en** consigne.

consignar *vt* consigner.

consigo *pron* avec soi; avec lui; avec elle; avec vous; avec eux; avec elles; **tenerlas todas ~** *(fam)* être chanceux(euse).

consiguiente *a (consecutivo)* consécutif(ive); *(resultado)* résultant(e); **en ~ en** conséquence; **por ~** par conséquent, donc.

consistencia *nf* consistance *f*.

consistente *a (sólido, durable)* consistant(e); *(válido)* valable.

consistir *vi*: **~ en** *(componerse de)* consister en; *(ser resultado de)* consister dans; **¿en qué consiste tu trabajo?** en quoi consiste votre travail?; **¿en qué consiste la dificultad?** en quoi consiste la difficulté?; **la casa consiste en 4 piezas** la maison consiste en 4 pièces.

consistorio *nm (de cardenales)* consistoire *m*; *(ayuntamiento)* conseil municipal, hôtel *m* de ville.

consocio *nm/f* coassocié(e).

consolación *nf* consolation *f*.

consolar *vt* consoler; **~se** *vr* se consoler.

consolidación *nf* consolidation *f*.

consolidar *vt* consolider.

consonancia *nf (rima)* rime *f*; *(MUS)* consonance *f*; *(fig)* conformité *f*, accord *m*.

consonante *a* consonant(e) // *nf* consonne *f*.

consorcio *nm (asociación)* association *f*; *(COM)* consortium *m*.

consorte *nm/f* conjoint(e).

conspicuo, a *a* illustre, notable.

conspiración *nf* conspiration *f*.

conspirador, a *nm/f* conspirateur/trice.

conspirar *vi* conspirer.

constancia *nf (perseverancia)* persévérance *f*; *(: en el estudio)* acharnement *m*; *(certeza)* certitude *f*; *(testimonio)* preuve *f*, témoignage *m*.

constante *a* constant(e).

constar *vi (evidenciarse)* être certain(e); *(componerse de)* se composer de; **la obra consta de tres volúmenes** l'œuvre comprend trois volumes; **me consta (que)** je suis certain(e) que; **en su pasaporte no consta su dirección** son addresse ne figure pas dans son passeport.

constatar *vt* constater.

constelación *nf* constellation *f*.

constelado, a *a* constellé(e).

consternación *nf* consternation *f*.

consternar *vt* consterner; **~se** *vr* être consterné(e).

constipación *nf* = **constipado** *nm.*

constipado, a *a* enrhumé(e) // *nm* rhume *m*.

constitución *nf* constitution *f*.

constitucional *a* constitutionnel(le).

constituir *vt (formar, componer)* constituer; *(fundar, erigir, ordenar)* fonder, ordonner; **~se** *vr*: **~se parte/en fiador** se porter partie/garant; **~se prisionero** se constituer prisonnier.

constitutivo, a *a* constitutif(ive).

constituyente *a* constituant(e) // *nm/f* électeur/trice; **la Constituyente** l'Assemblée Constituante (d'Espagne).

constreñir *vt (obligar, compeler)* contraindre; *(restringir)* restreindre, forcer; *(arteria, intestinos)* resserrer.

construcción *nf* construction *f*; *(industria)* bâtiment *m*.

constructor, a *a* constructeur(trice) // *nm/f* constructeur *m*.

construir *vt* construire.

consuelo *nm* consolation *f*.

consuetudinario, a *a* consuétudinaire.

cónsul nm consul m.

consulado nm consulat m.

consulta nf consultation f; **libro de ~** livre m de consultation.

consultar vt consulter.

consultivo, a a consultatif(ive).

consultor, a a consultant(e) // nm/f consulteur m.

consultorio nm cabinet m; (oficina de información) bureau m de renseignements.

consumación nf consommation f.

consumado, a a consommé(e); (fig) parfait(e); **hecho ~** fait accompli.

consumar vt consommer.

consumición nf consommation f.

consumido, a a (fuego) éteint(e); (flaco, descarnado) décharné(e), efflanqué(e); (de cansancio, por la fiebre) épuisé(e); exténué(e).

consumidor, a nm/f consommateur/trice.

consumir vt consommer; **~se** vr (en incendio) se consumer; (de impaciencia, rabia) se consumer, brûler; (volverse flaco) dépérir.

consumo nm consommation f.

consunción nf consomption f.

consustancial a consubstantiel(le).

contabilidad nf comptabilité f.

contacto nm contact m; (MED) contagion m.

contado, a a (dicho) conté(e); raconté(e); **~s** (escasos) compté(e)s; **contadas veces** rarement // nm: **pagar al ~** payer comptant.

contador nm (aparato) compteur m; (COM) comptable m/f.

contaduría nf (contabilidad) comptabilité f; (oficina) bureau m du comptable; (de teatro) bureau m de location.

contagiar vt contaminer; (fig) transmettre, contaminer; **~se** vr se transmettre.

contagio nm (contaminación) contagion f; (agente de contagio) contage m.

contagioso, a a contagieux(euse).

contaminación nf contamination f.

contaminar vt polluer; (fig) contaminer.

contante a: **dinero ~** comptant m.

contar vt (páginas, dinero) compter; (anécdota) raconter, dire // vi compter, calculer; **~ con** (ayuda, amigo) compter sur; (pensión) disposer de; **~se** vr (incluirse) se compter.

contemplación nf contemplation f; **contemplaciones** nfpl ménagements mpl.

contemplar vt contempler; (situación) considérer.

contemporáneo, a a contemporain(e) // nm/f contemporain/e.

contemporizar vi temporiser, composer.

contención nf (de aguas) contention f; (MIL) maintien m.

contencioso, a a contentieux(euse); (capcioso: persona) captieux(euse).

contender vi (batallar) lutter, se batttre; (fig: disputar) disputer; (: competir) rivaliser.

contendiente a opposé(e) // nm/f adversaire m/f.

contener vt contenir; (retener: respiración, lágrimas, emoción) contenir, retenir.

contenido, a a (moderado) mesuré(e); pondéré(e); (reprimido) réprimé(e) // nm (de vasija) contenu m; (de documento) teneur f.

contentadizo, a a facile à contenter.

contentar vt (satisfacer) satisfaire; (dar placer a) contenter.

contento, a a a content(e) // nm contentement m; joie f; satisfaction f.

contertuliano, a contertulio, a nm/f membre/habitué(e) d'un cercle, d'un café ou d'une réunion.

contestable a contestable.

contestación nf réponse f; (discusión) contestation f, débat m.

contestar vt (responder) répondre; (atestiguar) confirmer prouver, attester; (*impugnar*) contester, discuter.

contexto *nm* contexte *m*.

contextura *nf* contexture *f*.

contienda *nf* conflit *m*; (*fig*) dispute *f*, altercation *f*.

contigo *pron* avec toi.

contigüidad *nf* contiguïté *f*.

contiguo, a a contigu(ë).

continencia *nf* continence *f*.

continental a continental(e).

continente a continent(e) // *nm* (*GEO*) continent *m*; (*receptáculo*) contenant *m*; (*fig*) contenant, maintien *m*.

contingencia *nf* contingence *f*.

contingente a (*eventual*, *aleatorio*) contingent(e), aléatoire // *nm* contingent *m*.

continuación *nf* continuation *f*, prolongement *m*; a ~ ensuite, à la suite.

continuar *vt* continuer; (*camino*) continuer, poursuivre // *vi* continuer.

continuidad *nf* continuité *f*.

continuo, a a de continu(e); (*alegría*) continuel(le); de ~ ad continuellement, constamment.

contonearse *vr* se dandiner.

contoneo *nm* dandinement *m*.

contorno *nm* (*de cuerpo o espacio*) contour *m*; (*de moneda o medalla*) tranche *f*; (*de población*) alentours *mpl*, environs *mpl*.

contorsión *nf* contorsion *f*.

contorsionarse *vr* se contorsionner.

contra *prep* contre // *ad* contre // *nm* contre *m*; // *nf* (*dificultad*) difficulté *f*; **llevar la ~ a alguien** (*fam*) faire obstacle à qn; **votar en ~** voter contre.

contraalmirante *nm* contre-amiral *m*.

contraataque *nm* contre-attaque *f*.

contrabajo *nm* contrebasse *f*.

contrabandista *nm/f* contre-bandier/ière.

contrabando *nm* contrebande *f*;

pasar algo de ~ passer qch en contrebande; **hacer** ~ de faire la contrebande de.

contracambio *nm* échange *m*.

contracarril *nm* contre-rail *m*.

contracción *nf* contraction *f*.

contracifra *nf* clef *f*.

contracorriente *nf* contre-courant *m*.

contrachapado *nm* contre-plaqué *m*.

contradanza *nf* contredanse *f*.

contradecir *vt* (*desdecir*) contredire; (*refutar*, *discutir*) réfuter, discuter; ~se *vr* se contredire.

contradicción *nf* contradiction *f*; (*fig*) incompatibilité *f*.

contradictorio, a a contradictoire // *nf* contradictoire *f*.

contraer *vt* contracter; (*limitar*) limiter; ~se *vr* se contracter; (*limitarse*) se limiter.

contraespionaje *nm* contre-espionnage *m*.

contrafuerte *nm* contrefort *m*.

contragolpe *nm* contre-coup *m*.

contrahacer *vt* imiter, falsifier, contrefaire; (*fingir*) feindre, simuler, déguiser.

contrahecho, a a contrefait(e), difforme.

contrahechura *nf* contrefaçon *f*.

contraintelegencia *nf* contre-espionnage *m*.

contrainterrogatorio *nm* contre- interrogatoire *m*.

contralto *nf* contralto *m* // *nm* haute-contre *m*.

contraluz: a ~ ad à jour-jour.

contramaestre *nm* contre-maître *m*.

contramandar *vt* contremander.

contramarcha *nf* (*retroceso*) contremarche *f*; (*MIL*) contremarche, volte-face *f inv*; (*NAUT*) changement de cap.

contraorden *nf* contrordre *m*.

contraparte, contrapartida *nf* balance *f*, bilan *m*; (*fig*) compensation *f*, contre-partie *f*.

contrapelo : a ~ ad (al revés) à rebrousse-poil; **hacer algo a** ~ faire qch à l'envers.

contrapesar vt contre-balancer; (fig) compenser.

contrapeso nm contrepoids m; compensation f.

contraponer vt (oponer) opposer; (cotejar) confronter, comparer; ~se vr s'opposer.

contraposición nf (comparación) comparaison f; (contraste) contraste m.

contraproducente a qui a des effets contraires ou fait plus de mal que de bien.

contrapunto nm contrepoint m.

contrariar vt (contradecir) contrarier; (oponerse) contrecarrer.

contrariedad nf (oposición) opposition f; (contratiempo) contretemps m, obstacle m; (carácter de contrario) esprit m de contradiction.

contrario, a a contraire, opposé(e); (fig) nocif(ive), adverse // nm/f adversaire m/f; **al o por el** ~ au contraire; **de lo** ~ dans le cas contraire, sinon.

contrarreferencia nf renvoi m.

contrarrestar vt (resistir) contrecarrer; (oponer) opposer; (devolver) renvoyer.

contrarrevolución nf contre-révolution f.

contrasentido nm (contradicción) contresens m; (disparate) non-sens m.

contraseña nf mot de passe m, contremarque f.

contrastar vt (resistir) résister à, faire front à; (sellar) poinçonner; (pesos, medidas) contrôler // vi contraster; ~se vr trancher.

contraste nm contraste m; résistance f, opposition f; (en las joyas) poinçon m; (de pesos y medidas) étalonnage m, contrôle m; **en** ~ **con** en opposition avec.

contratante nm/f contractant/e.

contratar vt (firmar un acuerdo para) s'engager pour; (empleados, obreros) engager, embaucher; ~se vr s'employer.

contraterrorismo nm contre-terrorisme m.

contratiempo nm (accidente) contretemps m; (MUS) contre-mesure f.

contratista nm/f entrepreneur/euse.

contrato nm contrat m.

contravención nf contravention f, infraction f.

contraveneno nm contrepoison m.

contravenir vi: ~ a contrevenir à.

contraventana nf volet m, contrevent m.

contraventor, a a contrevenant(e).

contribución nf (municipal etc) contribution f; (ayuda) contribution, aide f.

contribuir vt contribuer // vi (COM) payer ses contributions.

contribuyente nm/f (que paga sus impuestos) contribuable m/f; (que ayuda) collaborateur/trice.

contrición nf contrition f.

contrincante nm/f concurrent/e, compétiteur/trice, rival/e.

contristar vt affliger.

contrito, a a contrit(e); affligé(e).

control nm (comprobación) contrôle m; (inspección) inspection f.

controlar vt contrôler.

controversia nf controverse f.

controvertir vt controverser // v discuter, contester.

contumacia nf contumace f.

contumaz a opiniâtre, obstiné(e), tenace, rebelle; incorrigible.

contumelia nf injure f, affront m.

contundente a contondant(e); (fig) accablant(e), frappant(e).

conturbar vt alarmer, inquiéter, troubler.

contusión nf contusion f.

contusionar *vt* contusionner; *(herir)* blesser.

contuso, a *a* contusionné(e).

convalecencia *nf* convalescence f.

convalecer *vi* entrer *ou* être en convalescence; *(fig)* récupérer.

convaleciente *a* convalescent(e) // *nm/f* convalescent/e.

convecino, a *a* voisin(e) // *nm* voisin/e.

convencer *vt* convaincre, persuader; ~**se** *vr* se convaincre, se persuader.

convencimiento *nm* conviction f.

convención *nf* convention f.

convencional *a* conventionnel(le); usuel(le), courant(e).

convenible *a (apto)* approprié(e); *(precio)* raisonnable; *(persona)* obligeant(e).

convenido, a *a* établi(e) d'avance, entendu(e).

conveniencia *nf (conformidad)* opportunité f; *(utilidad, provecho)* convenance f; *(comodidad)* convenance, commodité f; *(COM)* biens *mpl*, revenus *mpl*.

conveniente *a* satisfaisant(e); *(concorde)* convenable.

convenio *nm* convention f, accord m.

convenir *vi* convenir; ~**se** *vr* se mettre d'accord, s'accorder; ~ **en hacer** convenir de faire.

convento *nm* couvent m.

convenzo *etc vb ver* **convencer**.

convergencia *nf* convergence f.

convergente *a* convergent(e).

converger, convergir *vi* converger.

conversación *nf (plática)* conversation f; *(entretien* m; *(cambio de ideas)* échange m.

conversador, a *nm/f* causeur/euse.

conversar *vi* parler, converser.

conversión *nf* conversion f; *(COM)* convertissement m; *(TEC)* convertissage m.

converso, a *a* converti(e) // *nm/f* converti/e.

convertible *a* convertible.

convertidor *nm (ELEC)* convertisseur m.

convertir *vt* changer, transformer; *(COM, ELEC, TEC, REL)* convertir; ~**se** *vr* se transformer; *(REL)* se convertir.

convexo, a *a* convexe.

convicción *nf* conviction f.

convicto, a *a (culpable)* reconnu(e) coupable; *(condenado)* condamné(e).

convidado, a *nm/f (invitado)* invité/e; *(comensal)* convive m/f.

convidar *vt (invitar)* inviter, convier; *(ofrecer)* offrir; *(fig)* pousser, inciter.

convincente *a* convaincant(e).

convite *nm* invitation f; *(banquete)* banquet m, fête f.

convivencia *nf (coexistencia)* vie f en commun; *(vida compartida)* cohabitation f.

convivir *vi (vivir juntos)* cohabiter; *(fig)* coexister.

convocación *nf* convocation f.

convocar *vt* convoquer.

convocatoria *nf* = **convocación.**

convoy *nm* convoi m.

convoyar *vt* convoyer.

convulsión *nf* convulsion f; *(fig)* trouble m.

convulsionar *vt* convulsionner.

convulso, a *a* convulsé(e); *(fig)* troublé(e).

conyugal *a* conjugal(e).

cónyuge *nm/f* conjoint/e.

coñac *nm* cognac m.

cooperación *nf* coopération f.

cooperador, a *a* coopérateur (trice) // *nm/f* coopérant/e.

cooperar *vi* coopérer.

cooperativo, a *a* coopératif(ive) // *nf* coopérative f.

coordenada *nf* coordonnée f.

coordinación *nf* coordination f.

coordinar *vt* coordonner.

copa *nf (vaso)* coupe f; *(vaso)* verre m (à

pied); (de árbol) tête f, cime f; (de sombrero) calotte f; **~s** nfpl (NAIPES) ≈ cœur m.

copado, a a touffu(e).

copar vt (acaparar) accaparer, rafler; (ganar) envelopper, encercler; **~ la banca** faire banco.

copartícipe nm/f copartiquant/e; (el que comparte) copartageant/e.

copero nm (persona) échanson m; (mueble) étagère f à verres.

copete nm (de cabellos) toupet m; (de pájaro) huppe f, aigrette f; (de helado) comble m; **de alto ~** (fam) de la haute.

copia nf copie f; imitation f; (de fotografía) épreuve f.

copiador, a nm/f copiste m/f // nm (cuaderno) cahier m; (máquina) machine f à photocopier.

copiar vt (transcribir) transcrire; (reproducir) reproduire, copier; (calcar) décalquer.

copiloto, a nm/f copilote m/f.

copioso, a a (abundante) copieux (euse); (lluvia) abondant(e).

copista nm/f copiste m/f.

copita nf petit verre à pied.

copla nf couplet m; (canción) chanson f.

copo nm flocon m; (AM: de árbol) cime f; (: nube) nuage m.

coposo, a a touffu(e).

coproducción nf coproduction f.

copropietario, a nm/f copropriétaire m/f.

copudo, a a ≈ **coposo**.

cópula nf (LING) copule f; (sexual) copulation f.

coque nm coke m.

coqueta a (mujer) coquette f; (mueble) coiffeuse f.

coquetear vi (mujer) faire la coquette; (fig: flirtear) flirter.

coqueteo nm (acto) flirt m; (tendencia) coquetterie f.

coquetería nf coquetterie f; (afectación) affectation f.

coracha nf sac en cuir.

coraje nm courage m; brio m,

énergie f; irritation f, colère f, emportement m.

corajudo, a a irrité(e).

coral a choral(e) // nf (coro) chorale f; (serpiente) serpent corail // nm corail m.

corambre nf cuirs mpl, peaux fpl.

coraza nf (armadura) cuirasse f; (fig) carapace f, protection f; (NAUT) blindage m; (ZOOL) carapace f.

corazón nm cœur m.

corazonada nf pressentiment m; impulsion f, élan m.

corbata nf cravate f.

corbeta nf corvette f.

corcel nm coursier m.

corcova nf bosse f.

corcovado, a a bossu(e).

corchea nf croche f.

corchete nm grafe f; (CARPINTERÍA, TIPOGRAFÍA) crochet m.

corcho nm liège m; (tapón) bouchon m de liège; (para pescar) bouchon flotteur.

cordaje nm cordages mpl.

cordel nm corde f.

cordelero, a nm/f cordier m.

cordero nm agneau m.

cordial a cordial(e); aimable, affectueux(euse) // nm tonique m.

cordialidad nf cordialité f.

cordillera nf cordillère f, chaîne f (de montagnes).

cordobán nm cuir m de Cordoue.

cordobés, esa a cordovan(e).

cordón nm (cuerda) cordon m; (de zapatos) lacet m; (zona prohibida) cordon; **cordones** nmpl fourragère f aiguillettes fpl.

cordura nf sagesse f, bon sens.

coreografía nf choréographie f.

coreógrafo nm choréographe f.

coriáceo, a a de cuir; (fig: fam) coriace.

corista nm/f choriste m/f // nf gi...

cornada nf coup m de corne.

cornamenta nf cornes fpl; (: ciervo) ramure f, bois mpl.

cornamusa nf cornemuse f.

corneja nf corneille f.

córneo, a a corné(e).

corneta nf (militar) cornet m; (de llaves) cornet à pistons; (bandera) clairon m // nm clairon m.

cornisa nf corniche f.

cornucopia nf corne f d'abondance.

cornudo, a a (cornu(e) // nm cocu m.

coro nm chœur m; **hablar en ~** parler tous à la fois.

corolario nm corollaire m.

corona nf couronne f; (de astro) couronne f, auréole f; (tonsura) tonsure f.

coronación nf couronnement m.

coronamiento nm couronnement m.

coronar vt couronner; (DAMAS) damer.

coronel nm colonel/le.

coronilla nf sommet m de la tête; (de religioso) tonsure f.

corpiño nm corsage m.

corporación nf corporation f.

corporal, corpóreo, a a corporel(le).

corpulencia nf corpulence f.

Corpus nm Fête-Dieu f.

corpúsculo nm corpuscule m.

corral nm (de aves) basse-cour f; (de vacas) écurie f; (de cerdos) porcherie f; (de maderas) chantier m (de bois).

corralón nm grande cour.

correa nf courroie f; **tener ~** (fam) être patient(e).

corrección nf correction f.

correcto, a a correct(e).

corredera nf (TEC) coulisse f; (de molino) meule courante; (ZOOL) cloporte m; (DEPORTE) cirque m; hippodrome m.

corredizo, a a coulant(e); (techo) ouvrant(e).

corredor, a a coureur(euse) // nm (COM) commissionnaire m; (pasillo) couloir m, corridor m; (DEPORTE) coureur m; **~ de fondo** coureur de fond.

corregible a corrigible.

corregidor nm corrégidor m.

corregidora nf femme f du corrégidor.

corregir vt (error) corriger; (rectificar) rectifier; (amonestar, reprender) corriger; **~se** vr se corriger.

correlación nf corrélation f.

correo nm (mensajero) courrier m; (servicio postal) poste f; (cartas recibidas) courrier m, correspondance f; (JUR) complice m/f; **~ certificado/urgente** lettre recommandée/ exprès; **~ aéreo** poste aérienne; **~ diplomático** courrier diplomatique.

correr vt courir; (silla, cortinas, cerrojo) tirer // vi courir; (sangre) couler; (moneda) avoir cours; **~se** vr couler; **~ a cargo de** être à la charge de; **~ con los gastos** prendre à ses frais.

correría nf (MIL) raid m, incursion f; (fig) excursion f; **~s** nfpl voyage m rapide.

correspondencia nf correspondance f; (correo) correspondance, courrier m.

corresponder vi correspondre; (pagar) rendre, payer; (pertenecer) être à; **~se** vr (por escrito) correspondre; (amarse) s'aimer; **me corresponde pagar a mí** c'est à moi de payer.

correspondiente a correspondant(e) // nm correspondant m.

corresponsal nm/f correspondant/e.

corretaje nm commission f, courtage m.

correvedile, correveidile nm/f commère f.

corrido, a a (avergonzado) confus(e), déconfit(e); (media) filé(e); (fam) rusé(e), roué(e) // nm danse andalouse // nf course f; (de toros) course de taureaux; (MINERÍA) affleurement m; **un kilo ~** un bon kilo; **cine ~** cinéma permanent; **3 noches corridas** 3 nuits de suite;

leer de ~ lire couramment; **hacer de corrida** faire à la hâte; **andar a las corridas** être pressé(e).

corriente a courant(e); (común) ordinaire // a courant m; a **mediados del ~ mes** vers le 15 courant; **estar al ~ de** être au courant de; ~ **alterna/directa** courant alternatif/ continu.

corrillo nm cercle m, petit groupe; (fig) clan m, coterie f, clique f.

corro nm cercle m; (de personas) cercle m; (infantil) ronde f.

corroboración nf corroboration f, fortification f; confirmation f.

corroborar vt fortifier, corroborer; confirmer.

corroer vt corroder, détruire.

corromper vt corrompre; pourrir; suborner, sudoyer; vicier.

corrosivo, a a corrosif(ive).

corrupción nf corruption f, altération f; erreur f; abus m.

corruptor, a a corrupteur(trice) // nm/f pervers/e.

corsé nm corset m.

corsetero, a nm/f corsetier/ière.

corso, a a corse // nm/f Corse m/f.

cortabolsas nm/f (fam) pickpocket m/f.

cortado, a a (con cuchillo) coupé(e); (leche) tourné(e); (confuso) court(e), confus(e); (estilo) haché(e), saccadé(e) // nm café m avec un nuage de lait.

cortador, a a coupeur(euse) // nm/f coupeur/euse // a (de césped) tondeuse f; (de fiambre) coupe-jambon m inv.

cortadura nf (en la piel) coupure f, incision f; (entre montañas) gorge f, défilé m.

cortante a coupant(e).

cortapapel(es) nm (inv) coupe-papier m; guillotine f.

cortapisa nf restriction f, condition f; (traba) obstacle m, entrave f; (fig) charme m, piquant m.

cortaplumas nm inv canif m.

cortar vt couper // vi couper; ~**se** vr (turbarse) se troubler; (leche)

tourner; ~**se el pelo** se faire couper les cheveux.

cortaviento nm coupe-vent m.

corte nm coupure f; (filo) tranchant m, fil m; (de tela) métrage m; (NAIPES) couper; **las C~s** les Cortès; **la ~ Suprema** (AM) la cour Suprême.

cortedad nf petitesse f; (timidez) timidité f; ~ **de alcances** manque m d'intelligence; ~ **de vista** myopie f.

cortejar vt (halagar) flatter; (mujer) courtiser, faire la cour à.

cortejo nm (séquito) cortège m, suite f; (acompañamiento) cortège, cour f, suite.

cortés a courtois(e), poli(e).

cortesanía nf courtoisie f, politesse f

cortesano, a a de la cour; (cortés) courtois(e), poli(e) // nm courtisan m // nf courtisane f.

cortesía nf amabilité f, bonne éducation; (regalo) cadeau m; (favor) grâce f; (COM) délai m de grâce (pour le paiement d'une traite).

corteza nf (de árbol) écorce f; (de pan) croûte f; (terrestre) croûte f; (apariencia, exterior) extérieur m; (rusticidad) rudesse f, rusticité f.

cortijo nm ferme f, métairie f.

cortina nf rideau m; (dosel) dais m

corto, a a (breve) court(e) (tímido) timide, timoré(e); (poc inteligente) bouché(e); ~ **de vist** myope; **estar ~ de fondos** être court (d'argent); **a corta distanci** faible distance; **a la corta o l larga** tôt ou tard.

corveta nf courbette f.

corvo, a a courbe.

corzo, a nm/f chevreuil f, chevrette f.

cosa nf chose f; **eso es ~ mía** c' mon affaire; **es ~ de 10 minut** c'est une question de 10 minutes; **quedó como si tal ~** il resta comn si rien n'était; ~ **que** (AM) pour q

cosecha nf (AGR) récolte f; (de frutas) cueillette f; (de cereales) moisson f; (de vino) cru m; (fig) moisson, abondance f.

cosechar vt faire la récolte; (fig) cueillir.

coser vt coudre; ~se vr: ~se a uno se coller à qn.

cosmético, a a cosmétique // nm maquillage m.

cosmografía nf cosmographie f.

cosmopolita a cosmopolite // nm/f cosmopolite m/f.

coso nm (plaza de toros) arènes fpl; (calle) cours m; (carcoma) artison m, cossus m.

cosquillas nfpl: hacer ~ faire des chatouilles; tener ~ être chatouilleux(euse).

cosquilloso, a a chatouilleux(euse); (fig) susceptible.

costa nf (gasto) dépense f, frais mpl; (AM) côte f; condenar a ~s condamner aux dépens; a ~ de au prix de.

costado nm côté m.

costal a costal(e) // nm (bolsa) sac m (d'environ 50 kg); (puntal) étai m.

costanero, a a (inclinado) en pente; (costero) côtier(ière) // nf côte f; ~s nfpl poutres fpl.

costar vt (valer) coûter, valoir; (necesitar) coûter.

Costa Rica nf Costa Rica m.

costarricense, costarriqueño, a a costaricien(ne), de Costa Rica // nm/f Costaricien/ne f.

coste nm = costo.

costear vt (pagar) payer; (NAUT) longer la côte de.

costeño, a a côtier(ière).

costilla nf côte f; (fam: esposa) moitié f, bourgeoise f.

costo nm (gasto, precio) prix m; (de construcción) coût m; ~ de la vida coût de la vie.

costoso, a a coûteux(euse).

costra nf croûte f; ~ láctea croûte de lait.

costumbre nf coutume f.

costura nf couture f.

costurera nf couturière f.

costurero nm (pequeña mesa) table f à ouvrage; (mueble con cajones) chiffonnier m; (caja, cesto) nécessaire m de couture.

cota nf (altura) cote f; (cuota) cote(-part) f; ~ de malla cotte f de mailles.

cotejar vt confronter, collationner, comparer.

cotejo nm comparaison f, collationnement m.

coterráneo, a a compatriote // nm/f compatriote m/f.

cotidiano, a a quotidien(ne).

cotillón nm cotillon m.

cotización nf (COM) cours m (de la Bourse); (cuota) cote f.

cotizar vt (COM) coter; (contribuir) cotiser; ~se vr (COM) être coté(e); (AM: fig) être bien coté(e).

coto nm (terreno cercado) clos m; (mojón) borne f; (precio) cours m; (fig) terme m, limite f.

cotonada nf cotonnade f.

cotorra nf (ZOOL) perruche f, pie f; (fig) pie.

cotorrear vi (fam) jacasser.

covachuela nf (fam) ministère m, bureau m.

coyote nm coyote m.

coyunda nf courroie f du joug; courroie de sandale; lien conjugal; domination f, assujettissement m.

coyuntura nf (ANAT) jointure f, articulation f; (fig) conjoncture f, occasion f.

coz nf (de caballo) ruade f; (patada) coup m de pied; (de fusil: culata) crosse f; (: retroceso) recul m; (fig) juron m.

C.P. abr de contestación pagada réponse payée.

cráneo nm crâne m.

crapuloso, a a crapuleux(euse); dissolu(e).

craso, a a gras(se); (fig) crasse, grossier(ière).

cráter nm cratère m.

creación nf création f.

creador, a a créateur(trice) // nm/f créateur/trice.

crear vt créer, faire.

crecer vi (niño) grandir; (planta) pousser; (días) allonger; (la luna) croître; (río) grossir; (ciudad) s'agrandir; ~se vr se redresser.

creces nfpl augmentation f de volume; **pagar con** ~ payer avec intérêts.

crecido, a a (aumentado, importante) important(e), considérable; **niño muy** ~ enfant qui a beaucoup grandi.

creciente a (que aumenta) croissant(e) // nf crue f.

crecimiento nm croissance f; (de río) grossissement m.

credencial a de créance; **carta** ~ lettre de créance; ~es nfpl lettres fpl de créance.

crédito nm crédit m; ~ a **corto/largo plazo** crédit à court/long terme; ~ **hipotecario** créance f hypothécaire; ~ **inmobiliario** crédit foncier.

credo nm credo m.

credulidad nf crédulité f.

crédulo, a a crédule.

creencia nf croyance f.

creer vt, vi croire; ~**se** vr se croire; ~ **en** (Dios, alguien) croire en; (fantasmas, promesas etc) croire à; **¡ya lo creo!** je crois bien!; **creérselas** se croire, avoir bonne opinion de soi; **¡que te has creído!** qu'est-ce que tu t'es imaginé!

creíble a croyable.

creído, a a confiant(e), crédule; présomptueux(euse).

crema nf crème f; (betún) cirage m; (LING) tréma m // a crème.

cremación nf crémation f.

cremallera nf fermeture éclair f.

cremar vt incinérer.

crepitación nf crépitement m.

crepitar vi crépiter.

crepuscular a crépusculaire; (de siglo) de fin de siècle.

crepúsculo nm crépuscule m.

crespo, a a (cabello) crépu(e);

(vegetal) frisé(e); (fig) irrité(e), en colère.

crespón nm crêpe m.

cresta nf crête f; ~ **de gallo** crête-de-coq f.

creta nf craie f.

cretense a crétois(e) // nm/f (fig) Crétois/e.

cretino, a a crétin(e) // nm/f (fig) crétin/e.

cretona nf cretonne f.

creyente a croyant(e) // nm/f crédule m; (REL) croyant/e, pieux/euse.

creyó etc vb ver **creer**.

cría nf (de animales) élevage m; (animal) petit(s) m(pl) (d'un animal); (niño) nourrisson m.

criadero nm (de gallinas) élevage m; (MINERÍA) gisement m; ~ **de ostras** parc m à huîtres.

criado, a a élevé(e); éduqué(e) // nm domestique m // a bonne f, domestique f; **mal/bien** ~ mal/bien élevé(e).

criador nm éleveur m.

crianza nf (de animales) élevage m; (de niños) éducation f; **buena/mala** ~ bonne/mauvaise éducation.

criar vt (niño, animal) allaiter, nourrir; (instruir, formar) élever, éduquer; (fig) occasionner, faire naître, provoquer; ~**se** vr (alimentarse) se nourrir; (crecer) pousser, croître.

criatura nf créature f; (niño) nourrisson m.

criba nf crible m.

cribar vt tamiser, cribler; (fig) trier.

crimen nm crime m.

criminal a criminel(le) // nm/f criminel/le.

criminalidad nf criminalité f.

crin nf crin m.

crío nm (fam) bébé m, gosse m/f; marmot m.

criollo, a a créole, national(e) indigène // nm/f Créole m/f; **fiesta criolla** fête f typique.

cripta nf crypte f.

crisálida nf chrysalide f.

crisis nf inv crise f.

crisma nf (aceite) chrême m; (fig: fam) figure f.

crisol nm (TEC) creuset m; (fig) fonte f.

crispar vt crisper; **~se** vr se crisper.

cristal nm cristal m; (de ventana) vitre f; (lente) verre m.

cristalino, a a cristallin(e) // nm cristallin m.

cristalizar vt cristalliser // si cristalliser; (fig) se cristalliser; **~se** vr se cristalliser.

cristianar vt (fam) baptiser.

cristiandad nf (conjunto de cristianos) chrétienté f; (virtud) christianisme m.

cristianismo nm christianisme m.

cristianizar vt christianiser.

cristiano, a a chrétien(ne) // nm/f chrétien/ne; **hablar en ~** (fam) parler correctement en espagnol.

Cristo nm (dios) Le Christ; (crucifijo) crucifix m.

criterio nm jugement m; discernement m; (norma) critère m; **a mi ~** à mon avis.

criticar vt critiquer.

crítico, a a critique // nm critique m // nf (juicio, censura) critique f; (reproche) reproche m.

cromo nm (metal) chrome m; (cromolitografía) chromo m.

crónico, a a chronique // nf chronique f.

cronista nm/f chroniqueur m.

cronología nf chronologie f.

croqueta nf croquette f.

croquis nm croquis m.

cruce nm (encrucijada) carrefour m, croisement m; (acto) traversée f; (BIO) croisement; (TELEC): **hay un ~ en las líneas** les lignes sont embrouillées; **~ a nivel/de peatones** passage à niveau/clouté; **~ giratorio** rondpoint m.

crucero nm (MIL: de batalla) croiseur m; (ARQ) transept m; (NAUT: viaje) croisière f; **C~** (ASTRO) Croix f du Sud.

crucificar vt crucifier; (fig) martyriser, tourmenter.

crucifijo nm crucifix m.

crucigrama nf mots croisés, problème m de mots croisés.

crudeza nf (gen) crudité f; (rigor) rigueur f; **la ~ del invierno** la dureté de l'hiver.

crudo, a a (no cocido) cru(e); (no maduro) vert(e); (indigesto) indigeste; (petróleo) brut(e); (seda) grège; (rudo, cruel) rigoureux (euse), rude.

cruel a cruel(le); brutal(e).

crueldad nf cruauté f.

cruento, a a sanglant(e).

crujía nf couloir m, corridor m; (en hospital) salle commune.

crujido nm (de mueble) craquement m; (del viento) mugissement m; (del látigo) claquement m.

crujir vi (madera, dedos) craquer; (dientes) grincer; (nieve, arena) crisser.

crustáceo nm crustacé m.

cruz nf croix f; (de moneda) pile f.

cruzado, a a croisé(e); (cheque) barré(e) // nm croisé m // f croisade f; (fig) campagne f.

cruzamiento nm croisement m.

cruzar vt (brazos) croiser; (calle) traverser; (cheque) barrer; (animales) croiser; **~se** vr se croiser; (personas: en la calle) croiser; (unas palabras) échanger.

c.s.f. (abr de costo, seguro y flete) c.a.f. (coût, assurance, fret).

c/u abr de cada uno.

cuadernillo nm (librito) carnet m; (cinco pliegos de papel) cahier m.

cuaderno nm cahier m; (NAUT) livre de bord m.

cuadra nf (caballeriza) écurie f; (gran sala) grande salle; (de hospital) dortoir m; (de cuartel) chambrée f; (AM) pâté m de maisons.

cuadrado, a a (MAT) carré(e); (fig) parfait(e) // nm (MAT) carré m; (regla) carrelet m; (IMPRENTA) cadrat m.

cuadrangular a quadrangulaire.

cuadrante nm (ASTRO, GEOMETRÍA) quadrant m; (reloj) cadran m solaire.

cuadrar vt donner la forme d'un carré à; (número) élever au carré; (en compaginación) cadrer; (cuadricular) graticuler // vi: ~ con s'accorder avec; ~se vr (soldado) se mettre au garde-à-vous; (caballo) s'arrêter ferme; (AM): no me cuadra este horario cet horaire ne me convient pas.

cuadrilátero, a a quadrilatéral(e) // nm quadrilatère m; (BOXEO) ring m.

cuadrilla nf (TAUR) équipe qui accompagne le matador; (fig) bande f; (de obreros) équipe f; (baile) quadrille m.

cuadrillero nm chef m d'équipe.

cuadro nm (de vidrio, tela) carreau m; (PINTURA, TEATRO) tableau m; (DEPORTE) équipe f; (ARQ, TEC, MIL) cadre m; dentro del ~ de sus atribuciones dans le cadre de ses attributions; ~ vivo/de costumbres tableau vivant/de mœurs; ~ de ventana cadre de fenêtre.

cuádruplo, a, cuádruple a quadruple.

cuajada nf (de la leche) caillé m; (requesón) fromage blanc.

cuajar vt (leche) cailler; (sangre) coaguler; (adornar) surcharger; ~se vr (sangre) se coaguler; (leche) se cailler; (dulce) se figer; (laguna) prendre; (llenarse) se remplir; (adormilarse) s'endormir; (proyecto) aboutir.

cuajo nm (de leche) présure f; (de sangre) caillement m; (fig: fam) calme m; arrancar de ~ (árbol) déraciner; (vicio) extirper.

cual ad comme; tel que; tel un(e) //

pron: el ~ lequel; la ~ laquelle; los ~es lesquels; las ~es lesquelles; lo ~ ce qui; ce que; abrieron la caja, de la ~ extrajeron el dinero ils ouvrirent le coffre, duquel ils sortirent l'argent; seis pinturas, de las ~es tres... 6 peintures, dont 3...; el poeta del ~ te hablé le poète dont je t'ai parlé; cada ~ chacun/e; ~ más, ~ menos plus ou moins; tal ~ tel quel.

cuál pron interrogativo ¿~ será la decisión? quelle sera la décision? // ad: ¡~ no quedá su sorpresa! quelle serait sa surprise!

cualesquier(a) pl de cualquier(a).

cualidad nf qualité f.

cualquiera, cualquier a n'importe quel/le; quelconque // pron n'importe qui; n'importe lequel/laquelle; quiconque; en cualquier parte n'importe où; cualquier día de éstos un de ces jours; no es un hombre ~ ce n'est pas n'importe qui; ~ que sea qui que ce soit; quoi que ce soit; de los presentes n'importe qui parmi les présents; es un ~ c'est un pas-grand-chose ou le premier venu.

cuán ad: ¡~ agradable es el día! quelle journée splendide!

cuando ad quand, lorsque; (aún si) si, même si, quand bien même // conj (puesto que) puisque // prep yo, ~ niño... quand j'étais enfant, je...; ~ no sea así même si ce n'est pas le cas; ~ más tout au plus; ~ menos au moins; ~ no dans le cas contraire, sinon; de ~ en ~ de temps en temps.

cuándo ad quand; ¿desde ~?, ¿de ~ acá? depuis quand?

cuantía nf (cantidad) quantité f; (importe) montant m; (importancia) importance f, qualité f; de mayor/menor ~ important/peu important, sans importance.

cuantioso, a a (considerable) considérable; (importante) important(e).

cuanto, a *a* tout le, toute la, tous les, toutes les // *pron* tout ce que; tout ce qui, toutes les // *pron* tout ce que; leyó ~ libro caía en sus manos il a lu tous les livres qui lui tombait entre les mains; llévate todo ~ quieras emporte tout ce que tu voudras; ~ quedaba, se bebió a bu tout ce qui restait; ~s más, mejor plus il y en a, mieux c'est; en ~ (en seguida que) dès que; (ya que) puisque; en ~ profesor en tant que professeur; en ~ a quant à; ~ más difícil sea si ou pour aussi difficile que ce soit; ~ más hace (tanto) menos avanza plus il fait moins il progresse; ~ antes dès que possible; unos ~s libros quelques livres.

cuánto, a *a* combien de // *pron, ad* combien; ¡cuánta gente! que de gens!; ¿~ cuesta? combien ça coûte?; no sabes ~ lo siento tu ne sais pas combien je le regrette; ¿~ dura la obra? combien de temps dure la pièce?; ¿~ hay de aquí a la esquina? combien cela fait-il d'ici au coin?; ¿a ~s estamos? le combien sommes-nous?; Señor no sé ~s Monsieur Untel.

cuáquero, a *a/f* quaker/esse.

cuarenta *num* quarante.

cuarentena *nf* quarantaine *f*.

cuaresma *nf* carême *m*.

cuartear *vt* diviser en quatre; (fragmentar) mettre en pièces; (descuartizar) dépecer; ~se *vr* se lézarder, se fendre, se crevasser.

cuartel *nm* (de ciudad) quartier *m*; (en jardín) carré *m*; (MIL) quartier; ~ general quartier général; ~ de las tropas caserne *f*.

cuartelada *nf*, **cuartelazo** *nm* putsch *m*, coup d'État *m*.

cuarteta *nf* quatrain *m*.

cuarteto *nm* (poema) quatrain *m*; (formación musical) quatuor *m*, quartette *m*.

cuartilla *nf* (de papel) feuillet *m*.

cuarto, a *a* quatrième // *nm* (MAT) quart *m*; (habitación) chambre *f*, pièce *f*, logement *m*; (de animal)

quartier *m*; (de la luna) quartier // *nf* (MAT) quart *m*; (palmo) empan *m*; (en una fila) quatrième *f*; (MUS) quarte *f*; (NAUT) quadrant *m*; (de hora) quart *m*; ~ de baño/estar salle *f* de bains/séjour; ~ de hora quart d'heure; ~ oscuro chambre noire.

cuarzo *nm* quartz *m*.

cuasi *ad* = **casi**.

cuatro *num* quatre.

cuba *nf* cuve *f*, tonneau *m*; (fig) ivrogne/sse.

Cuba *nf* Cuba *f*.

cubano, a *a* cubain(e) // *nm/f* Cubain/e.

cubero *nm* tonnelier *m*.

cubicar *vt* cuber.

cúbico, a *a* cubique; un metro ~ un mètre cube.

cubierta *nf* couverture *f*; (neumático) pneu *m*; (funda) housse *f*; (NAUT) pont *m*; (AM) enveloppe *f*.

cubierto, a *pp de* cubrir // *a* couvert(e) // *nm* couvert *m*; a ~ de à l'abri de.

cubo *nm* seau *m*; (de madera) cuveau *m*; (MAT) cube *m*.

cubrecama *nm* dessus-de-lit *m*, couvre-lit *m*.

cubrir *vt* (gen) couvrir; (un muro con pintura, papel, tela: recubrir) couvrir, recouvrir; (la vista, la verdad: ocultar) cacher; (proteger) couvrir, protéger; (una distancia: recorrer) couvrir, parcourir; ~se *vr* (cielo) se couvrir.

cucaña *nf* (palo) mât *m* de cocagne; (fig: fam) aubaine *f*, profit *m*.

cucaracha *nf* (insecto) blatte *f*, cafard *m*; (tabaco) tabac *m* à priser.

cuclillas: en ~ *ad* accroupi(e); ponerse en ~ s'accroupir, se mettre sur les talons.

cuclillo *nm* coucou *m*.

cuco, a *a* (lindo) joli(e), gentil(le); (taimado, astuto) malin(igne), rusé(e); (tramposo) tricheur(euse) // *nm* coucou *m*; (fam) croque-mitaine *m*.

cuchara nf cuiller f; (NAUT) écope f; (TEC) godet m; benne preneuse; (AM) truelle f.

cucharada nf cuillerée f.

cucharilla, cucharita nf petite cuiller.

cucharón nm louche f.

cuchichear vi chuchoter.

cuchicheo nm chuchotement m.

cuchilla nf (de carnicero) couperet m; (de curtidor) plane f; (de arma blanca) lame f; (de arado) coutre m; ~ de afeitar lame f de rasoir.

cuchillería nf coutellerie f.

cuchillero nm coutelier m; (AM) bagarreur m.

cuchillo nm couteau m; (de guillotina) couperet m; (ARQ) aiguille f.

cuchipanda nf (fam: comilona) ripaille f, bombance f; (: juerga) bombe f.

cuchitril nm taudis m, bouge m.

cuchufleta nf blague f, plaisanterie f.

cuello nm (ANAT) cou m; (de botella) goulot m; (de vestido, camisa) col m.

cuenca nf (escudilla) écuelle f de bois; (ANAT) orbite f; (GEO) vallée f, bassin m.

cuenta nf (cálculo) compte m; (factura) note f; (en café, restaurante) addition f; (COM. en banco) compte m; (: factura) facture f; (de collar) grain m; a fin de ~s au bout du compte; caer en la ~ y être, piger (fam); dar ~ de rendre compte de; darse ~ de constater, se rendre compte de; más de la ~ trop, plus que de raison; tener en ~ tenir compte de, considérer; echar ~s le tenir le point; vivir a ~ de vivre aux crochets de; ~ corriente/de ahorros compte courant/épargne.

cuento vb ver **contar** // nm (LITERATURA) conte m; (relato) conte, histoire f, récit oral; (fam: chisme) ragot m; (mentira)

boniment m; ~ de hadas conte de fées.

cuerdo, a a (sano de juicio) raisonnable; (prudente, sensato) sage, prudent(e) // nf corde f; (de reloj) chaîne f; tela a bajo cuerda en cachette; dar cuerda a un reloj remonter une horloge; **cuerdas** nfpl: las cuerdas les instruments mpl à cordes; **cuerdas vocales** cordes vocales.

cuerno nm corne f; (de insecto) antenne f; (MUS) cor m.

cuero nm (ZOOL) cuir m; (odre) outre f; (AM) fouet m; **andar en ~s** se promener tout(e) nu(e); **el ~ cabelludo** le cuir chevelu.

cuerpo nm corps m; tomar ~ prendre corps; ~ del delito corps du délit; **lucha ~ a ~** lutte f corps à corps; **de ~ entero** en pied; **de medio ~** de buste.

cuervo nm corbeau m; ~ **marino** cormoran m.

cuesta nf côte f, pente f; **ir ~ arriba** monter; **ir ~ abajo** descendre; **llevar a ~s** porter sur le dos.

cuestión nf question f; (riña) dispute f, querelle f.

cuestionar vt controverser.

cuestionario nm questionnaire m.

cuesto etc vb ver **costar**.

cueva nf grotte f, caverne f.

cuidado nm soin m; (dependencia) charge f; (preocupación) souci m; prudence f, précaution f // excl (fais) attention!

cuidadoso, a a (aplicado) soigneux(euse); (prudente) soucieux(euse), prudent(e).

cuidar vt (MED) soigner; (ocuparse de) s'occuper de // vi: ~ de prendre soin de; **~se** vr faire attention; **~se del frío** faire attention au froid; **~se de** quedirán se soucier du qu'en-dira-t on.

cuita nf peine f, souci m.

cuitado, a a (afligido) affligé(e)

malheureux(euse); (*apocado*) timoré(e).

culada nf chute f sur le derrière.

culata nf (*de cañón*) culasse f; (*de escopeta*) crosse f; (*de animal*) croupe f.

culatazo nm recul m.

culebra nf couleuvre f.

culebrear vi serpenter, zigzaguer.

culinario, a a culinaire.

culminación nf point culminant; (*ASTRO*) culmination f.

culo nm (*nalgas*) fesses fpl, cul m; (*ano*) anus m; (*piedra falsa*) pierre fausse.

culpa nf faute f, tort m.

culpabilidad nf culpabilité f.

culpable a coupable // nm/f coupable m/f.

culpado, a a coupable // nm/f (*acusado*) accusé/e; (*responsable*) coupable m/f.

culpar vt (*inculpar*) inculper; (*acusar*) accuser; (*reprochar*) reprocher; ~se vr s'accuser, se reprocher.

cuitismo nm mot recherché.

cultivable a cultivable.

cultivador, a nm/f cultivateur/trice // nf cultivateur m.

cultivar vt cultiver; (*fig*) cultiver, entretenir.

cultivo nm culture f.

culto, a a cultivé(e) // nm (*adoración religiosa*) culte m; (*homenaje*) culte, hommage m; **lenguaje** ~ langue choisie.

cultura nf culture f; ~ **física** culture physique.

cumbre nf (*de montaña*) sommet m; (*fig*) apogée m.

cumpleaños nm anniversaire m.

cumplido, a a accompli(e); (*deber*) complet(ète), accompli(e) // nm compliments mpl; **hacer por** ~ faire par pure politesse.

cumplimentar vt (*felicitar*) complimenter, adresser ses compliments à; (*JUR*) exécuter.

cumplimiento nm (*ejecución*) accomplissement m, exécution f;

(*acatamiento, respeto*) respect m; (*cortesía*) compliment m, politesse f.

cumplir vt (*orden*) accomplir; (*promesa*) accomplir, tenir; (*condena*) exécuter, appliquer; (*años*) avoir // vi: ~ **con** (*deberes*) faire, remplir; (*su palabra*) respecter; ~se vr (*plazo establecido*) expirer; (*aniversario*) avoir lieu; (*deseo*) se réaliser, s'accomplir.

cumular vt = **acumular**.

cúmulo nm accumulation f, tas m, amoncellement m; (*nube*) cumulus m.

cuna nf berceau m.

cundir vi se répandre, se propager.

cuneta nf (*de carretera*) fossé m; (*de calle*) caniveau m.

cuña nf cale f; (*fig: fam*) appui m, piston m.

cuñado, a nm/f beau-frère/belle-sœur.

cuñete nm petit tonneau.

cuño nm (*troquel*) coin m; (*marca que deja el cuño*) empreinte f; (*fig: marca*) marque f, empreinte; **de nuevo** ~ moderne, nouveau(elle).

cuota nf (*parte proporcional*) quotepart f; (*cotización*) cotisation f; (*AM*) versement m.

cupe etc vb ver **caber**.

cupé nm coupé m.

cupo nm quota m.

cupón nm (*de valores bancarios*) coupon m; (*de racionamiento*) ticket m; (*de pedido*) billet m, bon m.

cúpula nf (*ARQ*) coupole f; (*BOT*) cupule f; (*NAUT*) tourelle f.

cura nf soin m, traitement m // nm curé m, prêtre m, abbé m.

curable a guérissable, curable.

curación nf guérison f.

curado, a a endurci(e), aguerri(e).

curador, a nm/f (*JUR: tutor*) curateur/trice, tuteur/trice; (*curandero*) guérisseur/euse; (*administrador*) administrateur/trice, régisseur m.

curandero, a nm/f guérisseur/euse.

curar vt (herida) guérir, panser; (enfermo) guérir; (carne, pescado) sécher; (cuero) tanner // vi soigner; **~se** vr se rétablir.

curativo, a a curatif(ive).

curato nm cure f.

cureña nf (de cañón) affût m; (de mortero) crapaud m; **a ~ rasa** sans défense.

curia nf (romana) curie f; (JUR) tribunal m du contentieux.

curiosear vt fouiner dans // vi mettre son nez partout.

curiosidad nf curiosité f; indiscrétion f; (objeto) curiosité.

curioso, a a curieux(euse); indiscret(ète); (raro) bizarre, étrange // nm/f curieux/euse.

curro, a a spirituel(le).

cursante nm/f (AM) élève m/f qui suit un cours, étudiant/e.

cursar vt (carta, circular) envoyer; (orden) transmettre; (ESCOL: curso) suivre.

cursi a (fam) de mauvais goût, maniéré(e) // nm/f crâneur/euse.

cursilería nf mauvais goût.

cursillo nm (curso) cours m; (ciclo de conferencias) cycle m de conférences.

cursivo, a a cursif(ive) // nf italique m o f.

curso nm cours m; (de astro) course f; **en ~** en cours; **moneda de ~ legal** pièce f à cours légal; **en el ~ de** au cours de; **estar en segundo ~** être en cinquième; **dar ~ a** donner suite à.

curtido, a a (la piel por el sol) basané(e), tanné(e); (cuero) tanné(e); (fig) rompu(e) // nm tannage m.

curtidor nm tanneur m.

curtir vt (cuero) tanner, corroyer; (cara) hâler; (fig) endurcir, aguerrir; **~se** vr s'endurcir.

curvatura nf courbure f.

curvo, a a (gen) courbe; (camino) sinueux(euse), courbe // nf (gen)

courbe f; (de camino) tournant m, virage m; (de río) boucle f.

cuscurro nm croûton m.

cúspide nf sommet m.

custodia nf (vigilancia) surveillance f; (guardián) garde m; (REL) ostensoir m.

custodiar vt (guardar) garder; (vigilar) surveiller; (proteger) protéger.

custodio nm gardien m.

cutáneo, a a cutané(e).

cutis nm peau f.

cuyo, a pron dont le, dont la, dont les; duquel, de laquelle, desquels, desquelles; **en ~ caso no iremos** auquel cas, nous n'irons pas.

c.v. abr de **caballo de vapor**.

CH

chabacano, a a ordinaire, quelconque.

chacal nm chacal m.

chacona nf chaconne f.

chacota nf plaisanterie f.

chacotear vi blaguer, plaisanter.

chacra nf (AM) ferme f, métairie f.

chal nm châle m.

chalán nm maquignon m; (AM) dresseur m de chevaux.

chalanear vi maquignonner // vt (AM) dresser.

chalanería nf maquignonnage m.

chaleco nm gilet m; **~ de fuerza** (AM) camisole f de force; **~ salvavidas** (AM) gilet de sauvetage.

chalupa nf (barco pequeño) chaloupe f; (lancha) barque f, canot m.

chamarasca nf (leños) bourrée f (fuego) flambée f.

chambelán nm chambellan m.

chambón, ona a (fam) veinard(e), chanceux(euse).

champú nm shampooing m.

chamuchina nf (AM: pey) populace f.

chamuscar vt flamber; roussir.

chancear vi plaisanter, blaguer.

chancero, a nm/f blagueur/euse.

chancillería nf chancellerie f.

chancleta nf (pantufla) pantoufle f, savate f; (AM) petite-fille f, gosse f // AM/f bon/ne à rien.

chanclo nm (zueco de madera) socque m; (calzado de goma) caoutchouc m; (galocha) galoche f.

chancho, a a (AM) sale // nm (AM) porc m, cochon m.

chanchullo nm (AM) affaire f louche, tripotage m.

chantaje nm chantage m.

chantre nm chantre m.

chanza nf plaisanterie f.

chapa nf (de metal, madera) plaque f; (de botella) capsule f, bouchon m; ~ **ondulada** tôle ondulée; **jugar a las** ~s jouer à pile ou face.

chapado, a a plaqué(e); ~ **a la antigua** vieux jeu.

chaparro nm (mata de arbustos) buisson m d'yeuses; (gordo) personne boulotte.

chaparrón nm averse f.

chapear vt couvrir de plaques.

chapetón, ona a novice, débutant(e).

chapín nm claque f.

chapitel nm (de torre) flèche f; (de columna) chapiteau m.

chapón nm pâté m.

chapotear vt mouiller // vi (fam) patauger.

chapoteo nm barbotage m.

chapucero, a a bâclé(e) // nm/f bâcleur/euse.

chapurr(e)ar vt (idioma) baragouiner; (bebidas) mélanger.

chapuz(a)r nm (nf) bricole f, chose bâclée.

chapuzar vt plonger // vi, ~se vr se baigner.

chaqueta nf veston m.

charada nf charade f.

charanguero nm (chapucero)

---

bousilleur m, massacreur m, bricoleur m.

charca nf mare f.

charco nm flaque f.

charla nf bavardage m; (conferencia) causerie f, conférence f.

charlar vi bavarder, causer; (pey) faire des commérages.

charlatán, ana a bavard(e) // nm (curandero) charlatan m; (mentiroso) camelot m.

charlatanería nf (locuacidad) charlatanerie f; (pey) commérage m.

charol nm vernis m.

charola nf (AM) plateau m.

charretera nf épaulette f.

charro, a a a rustre, balourd(e); (adornado con mal gusto) rococo, de mauvais goût.

chas excl crac!

chascarrillo nm (fam) histoire f drôle, plaisanterie f.

chasco nm (broma, engaño) niche f, tour m; (fracaso, desengaño) fiasco m, échec m, désillusion f.

chasquear vt (engañar, bromear) jouer des tours à, duper, tromper; (látigo) faire claquer; (lengua) claquer; ~se vr (sufrir un desengaño) avoir une déception; (fracasar) essuyer un échec.

chasquido nm (de lengua, látigo) claquement m; (ruido seco y súbito) craquement m.

chato, a a (aplastado) camus(e), aplati(e); (AM: expresión de afecto) mon chou // nf (barco) chaland m; (vagón plano) wagon plat.

chaval, a nm/f gamin/e, gosse m/f.

checo(e)slovaco, a a tchécoslovaque // nm/f Tchécoslovaque m/f.

Checo(e)slovaquia nf Tchécoslovaquie f.

chelín nm shilling m.

cheque nm chèque m; ~ **sin fondos** o **sin provisión** chèque sans provision; ~ **de viajero** chèque de voyage.

chequeo nm (MED) examen

médical; (AUTO) vérification f.

chicle nm chewing-gum m.

chico, a a petit(e) // nm/f (niño, niña) garçon/fille; (muchacho) enfant m/f.

chicoria nf = **achicoria**.

chicote, a nm/f grand garçon/ grande fille.

chicharra nf (ZOOL) cigale f; (AM) sonnette f électrique.

chicharrón nm (carne) viande carbonisée; (fig) pruneau m.

chichear vi siffler.

chichón nm bosse f.

chichonera nf (de niño) bourrelet m; (de paracaidista) casque m.

chiflado, a a toqué(e), piqué(e) // nm: **es un ~ por** il est fou de.

chifladura nf (silbido) sifflement m; (fam: capricho) manie f, dada m.

chiflar vt siffler; **~se** vr: **~se por** se toquer de, aimer à la folie.

chile nm piment m.

Chile nm Chili m.

chileno, a a chilien(ne) // nm/f Chilien/ne.

chillar vi (niño) crier; (animal) glapir; (puerta) grincer; (AM) protester, crier; **~se** vr (AM) se fâcher, s'irriter.

chillido nm (de persona) cri perçant; (de animal) glapissement m; (de rueda) grincement m.

chillón, ona a (niño) criard(e), braillard(e); (color) criard.

chimenea nf cheminée f.

chimpancé nm chimpanzé m.

China nf: **la ~** la Chine.

chinche nf punaise f // nm/f enquiquineur/euse, empoisonneur/ euse.

chinchilla nf chinchilla m.

chinchona nf (AM) quinquina m.

chinela nf mule f; claque f.

chinesco, a a chinois(e) // nm chapeau chinois.

chino, a a chinois(e) // nm/f Chinois/e // nm chinois m; **cuento ~** (fam) histoire f à dormir debout.

Chipre nf Chypre f.

chipriota, chipriote a chypriote // nm/f Chypriote m/f.

chiquero nm (pocilga) porcherie f; (toril) toril m.

chiquillada nf gaminerie f, enfantillage m.

chiquillo, a nm/f gamin/e.

chiquito, a a tout(e) petit(e) // nm/f petit/e, gosse m/f // nm petit verre de vin.

chiribitil nm galetas m; cagibi m.

chirimbolo nm (fam: utensilio, vasija) machin m, truc m, chose f; **~s** mpl (fam) bric-à-brac m.

chirimía nf (MUS) chalumeau m, flageolet m.

chiripa nf (AM: broma) quolibet m; (BILLAR) raccroc m; (casualidad) coup m de veine.

chirle a insipide, fade; (aguado) coupé(e); sans consistance; sans intérêt.

chirlo nm balafre f.

chirriar vi (goznes) grincer; (pájaros) piailler; (fam: cantar mal) chanter faux, brailler.

chirrido nm (de pájaro) cri m; (de rueda) grincement m; (de aceite hirviendo, de agua) grésillement m; (de zapatos) craquement m.

chirrión nm charrette f.

chis excl chut!

chisgarabís nm (fam) gringalet m, freluquet m; fouinard m.

chisme nm (habladurías) cancan m, potin m, ragot m; (fam: objeto) babiole f.

chismoso, a a cancanier(ière) // nm/f cancanier/ière.

chispa nf (AUTO) étincelle f; (viveza, ingenio) lueur f, esprit m; (fam: borrachera) cuite f.

chispazo nm étincelle f.

chispeante a étincelant(e).

chispear vi (echar chispas) étinceler; (lloviznar) pleuviner; tomber quelques gouttes.

chisporrotear vi (fuego) pétiller, crépiter; (aceite) grésiller, crépiter.

chisporroteo nm (de les

crépitement m; (de aceite) pétillement m.

chistar vi: no ~ se taire; **lo aceptó sin** ~ il l'a accepté sans répliquer ou sans mot dire.

chiste nm bon mot, plaisanterie f; **caer en el** ~ comprendre, piger.

chistera nf (sombrero) tube m, chapeau haut-de-forme m; (de pescador) panier m de pêcheur.

chistoso, a a (gracioso) spirituel(le); (bromista) blagueur(euse).

chita nf astragale m.

chito nm (juego) bouchon m, palet m.

chitón excl chut!

chivar vt (fastidiar) casser les pieds à; ~**se** vr (fam: delatar) moucharder; (AM) hurler, se mettre en colère.

chivatear vi moucharder.

chivato nm chevreau m.

chivo, a nm/f chevreau/ chevrette.

chocante a désagréable; (antipático) choquant(e).

chocar vi (coches, trenes) se heurter // à choquer; ~ **con** (tropezar con) heurter; (fig: enfrentarse con) s'accrocher avec; **¡chócala!** tope là!

chocarrería nf grosse blague.

chocarrero, a a grossier(ière) // nm/f blagueur/euse.

chocolate a chocolat // nm chocolat m.

chochear vi (anciano) radoter // (fig) perdre la tête.

chochera nf (de anciano) radotage m, gâtisme m; (fig) toquade f.

chocho, a a (senil) radoteur(euse); (fig) gâteux(euse) // nm sucrerie f nf bécasse f.

cholo, a nm/f (AM) métis/se; (AM) homme/femme du peuple.

chopo nm peuplier noir.

choque nm (golpe) choc m; (oposición) collision f; (combate) heurt m.

choricero, a nm/f charcutier/ ère.

chorizo nm chorizo m (fam) filou m.

chorlito nm chevalier m.

chorrear vi (agua, sudor) couler; (gotear) dégoutter, dégouliner; (lluvia) ruisseler, dégouliner; ~**se** vr s'approprier.

chorrillo nm filet m; **sembrar a** ~ semer en ligne.

chorro nm (de líquido) jet m; (de luz) rayon m.

choto, a nm/f (cabrito) cabri m, chevrette f; (ternero) veau m // à accommodant(e), arrangeant(e).

choza nf (cabaña) cabane f; (rancho de paja) chaumière f.

chubasco nm (aguacero) averse f; (fig) contretemps m, nuage m.

chuchería nf (fruslería) babiole f, colifichet m; (golosina) friandise f, sucrerie f.

chufa nf (planta) souchet m comestible; (fig) raillerie f.

chufleta nf (fam) plaisanterie f, blague f, raillerie f.

chuleta nf côtelette f, côte f.

chulo, a à effronté(e), insolent(e), dévergondé(e) // nm (pícaro) mauvais garçon; (fam: joven lindo) gommeux m, petit maître; (pey) type du bas peuple de Madrid.

chunga nf (fam) farce f, plaisanterie f.

chupa nf (AM) cuite f.

chupado, a a (delgado) maigre, émacié(e); (ajustado) serré(e), étroit(e); (AM) ivrogne.

chupar vt sucer; (absorber) pomper, absorber; (AM) fumer; sucer; (AM: beber) boire (trop); ~**se** vr (adelgazar) maigrir, se creuser.

chupón, ona nf suceur(euse) // nm (BOT) branche gourmande; (paleta, AM: chupete) sucette f // nm/f pique-assiette f inv.

churrigueresco, a a (ARQ) churrigueresque; (fig) surchargé(e).

churro, a a (lana) jarreux(euse) // nm (CULIN) beignet m; (fam) bricolage m.

chuscada nf plaisanterie f, drôlerie f, facétie f.

chusco, a a plaisant(e), cocasse // nm (fam) petit pain.

chusma nf (conjunto de galeotes) chiourme f; (gente pícara, vil) populace f.

chuzo nm pique f.

D

D. abr de Don.

Da. abr de Doña.

D.A. abr de duración ampliada double durée.

dable a possible.

dactilógrafo, a nm/f dactylo(graphe) f.

dádiva nf (donación) don m; (regalo) présent m.

dadivoso, a a généreux(euse).

dado, a pp de dar // nm dé m // a: dadas las circunstancias étant donné les circonstances; ~ a la bebida enclin à la boisson.

dador, a nm/f (gen) donneur/ euse; (de letra de cambio) tireur m.

daga nf (puñal) dague f; (AM) coutelas m.

daguerrotipo nm daguerréotype m.

dama nf (gen) dame f; (AJEDREZ) reine f; ~s nfpl (juego m de) dames fpl.

damajuana nf dame-jeanne f.

damasco nm (tela) damas m; (BOT) variété d'abricotier et d'abricot.

damnificado, a nm/f sinistré/e.

damnificar vt endommager.

danés, esa a danois(e) // nm/f Danois/e.

Danubio nm: el ~ le Danube.

danza nf danse f.

danzar vt, vi danser.

dañar vt nuire à.

dañino, a a à nuisible.

daño nm (detrimento) dommage m; (perjuicio) tort m; (menoscabo) dégât m; (MED) mal m; (AM) (mauvais) sort m.

dañoso, a a nuisible.

dar vt (gen) donner; (lección) réciter; (CINE) jouer; donner; (TEATRO) monter; jouer; (la hora): ~ las 3 sonner 3 heures // vi: ~ a donner sur; ~ con tomber sur; ~ contra heurter; ~ en (solución) trouver; ~se vr (ocurrir) arriver; ~se por (considerarse) se donner pour, se considérer; ~ alegría faire plaisir; da lástima o pena verle cela fait de la peine de le voir; ~ por o como donner pour; ~ de comer/beber donner à manger/ boire; lo mismo o qué más da peu importe, ça ne fait rien; ~ en el blanco mettre dans le mille; se dió a conocer que on apprit que, la nouvelle se répandit que.

dardo nm dard m.

dársena nf bassin m, dock m.

data nf date f.

datar vt dater // vi: ~ de dater de, remonter à.

dátil nm datte f.

dato nm donnée f; renseignement m; ~s personales renseignements personnels.

dcha abr de derecha.

d. de J.C. abr de después de Jesucristo ap. J-C (après Jésus Christ).

de prep de, à; libro ~ cocina livre de cuisine; día ~ lluvia jour de pluie; el hombre ~ largos cabellos l'homme aux longs cheveux; broche ~ oro broche en or; guantes ~ cuero gants de ou en cuir; fue ~ Londres ~ profesor il est allé à Londres comme professeur; largo ~ contar long à raconter; aburrido ~ s'endormir d'ennui; uno ~ dos de deux choses l'une; ~ mañana le matin; ~ tarde l'après midi; ~ noche de nuit; ~ cabeza tête la première; ~ cara à face à.

debajo ad dessous; ~ **de** sous; **por** ~ **de** en-dessous de.

debate nm débat m.

debatir vt débattre.

debe nm débit m; **el** ~ **y el haber** le doit et l'avoir.

deber nm devoir m // vt devoir; // vi devoir; **debe; debe de hacer calor** il doit faire chaud.

debidamente ad (justamente) dûment; (convenientemente) convenablement, comme il faut.

debido, a à qu'on doit, qui convient.

débil a (persona) faible, débile; (luz, carácter) faible // nm/f: **un/una** ~ **mental** un/e débile mental(e), un/e faible d'esprit.

debilidad nf (de cuerpo, carácter) faiblesse f; (mental) débilité f (mentale); (atracción) penchant m.

debilitar vt affaiblir, débiliter // vi (salud) ébranler; (voluntad) épuiser.

débito nm dette f.

década nf décade f.

decadencia nf décadence f.

decadente a décadent(e); ~**s** nm/fpl décadents mpl.

decaer vi (declinar) déchoir; (debilitarse) dépérir; (cultura) décliner, tomber; (salud) décliner; (fiesta) baisser; (el ánimo) baisser.

decaimiento nm (declinación) décadence f; (desaliento) abattement m; (MED: debilitamiento de la salud) affaiblissement m; (: abatimiento) abattement.

decálogo nm décalogue m.

decano, a nm/f doyen m.

decantar vt décanter.

decapitación nf décapitation f; (fig) mise f à bas.

decapitar vt décapiter; (fig) mettre à bas.

decasílabo, a a décasyllabe f // nm décasyllabe m.

decena nf dizaine f.

decencia nf (modestia) modestie f, décence f; (pudor) pudeur f;

(recato) retenue f; (honestidad) honnêteté f.

decenio nm décennie f.

decente a (conveniente) décent(e); (correcto) convenable, correct(e), confortable; (honesto) honnête; (respetable) respectable.

decepción nf (contrariedad) déception f, contrariété f; (desilusión) désillusion f; (desengaño) désillusion, leçon f.

decidir vt (persuadir) décider; (resolver) résoudre; (orden) décréter // vi décider; ~**se** vr: ~**se a** se décider à; ~**se por** se décider pour.

décimo, a a dixième.

decir vt (expresar) dire; (afirmar) affirmer; (ordenar) ordonner; **se dice que** on dit que; **dicho sea de paso** soit dit en passant; **por decirlo así** pour ainsi dire; **dicho y hecho** aussitôt dit, aussitôt fait.

decisión nf (resolución) décision f; (firmeza) détermination f.

decisivo, a a décisif(ive).

declamación nf déclamation f.

declamar vt, vi déclamer.

declaración nf (explicación) déclaration f; (manifestación) déclaration de principe; ~ **de quiebra** déposition f de bilan.

declarar vt déclarer, annoncer; expliquer; faire savoir, manifester // vi: ~ **ante el juez** déposer devant le juge; ~**se** vr se déclarer; ~ **quiebra** déposer son bilan, faire faillite; ~**se enfermo** se faire porter malade; ~**se en huelga** se mettre en grève.

declaratorio, a a déclaratoire.

declinación nf déclinaison f; (de período) déclin m; (de terreno) pente f.

declinar vt (gen) décliner, (JUR) récuser // vi (ASTRO) décliner; (el día) décliner, baisser; (salud) baisser.

declive nm (cuesta) pente f; (inclinación) déclivité f.

decocción nf décoction f.

decolorar vt décolorer; ~**se** vr se décolorer, passer.

decomisar vt confisquer.

decoración nf décoration f.

decorado nm décor m.

decorar vt décorer.

decorativo, a a décoratif(ive).

decoro nm (respeto) respect m; (dignidad) dignité f; (recato) réserve f, retenue f.

decoroso, a a correct(e); digne, respectable; convenable.

decrecer vi décroître, diminuer.

decreciente a décroissant(e).

decrépito, a a décrépit(e).

decrepitud nf décrépitude f.

decretar vt décréter.

decreto nm décret m.

decuplicar vt décupler.

décuplo, a a décuple // nm décuple m.

dechado nm (modelo) modèle m; (ejemplo) exemple m.

dedal nm dé à coudre m.

dédalo nm labyrinthe m, dédale m.

dedicación nf dévouement m; (al estudio) acharnement m.

dedicar vt (libro) dédier; (tiempo, dinero) consacrer; (palabras: decir, ofrecer) adresser; ~**se** vr: ~**se** a (tener afición de) se dévouer à; (pasar el tiempo) passer son temps à.

dedicatoria nf dédicace f.

dedil nm doigtier m, doigt m.

dedillo nm: **saber algo al** ~ savoir qch sur le bout des doigts.

dedo nm doigt m; ~ **del pie** orteil m, doigt de pied; ~ **pulgar** pouce m; ~ **índice** index m; ~ **mayor** o **cordial** majeur m, médius m; ~ **anular** annulaire m; ~ **meñique** auriculaire m; ~ **gordo/chico** gros/petit orteil.

deducción nf déduction f.

deducir vt (concluir) déduire; (COM) déduire; (de un salario) retenir; (AM) produire.

defección nf défection f.

defecto nm (físico) tare f, défaut m; (imperfección) défectuosité f.

defectuoso, a a défectueux(euse).

defender vt défendre; ~**se** vr se défendre.

defensa nf défense f.

defensiva nf: **estar/ponerse a la** ~ être/se mettre sur la défensive; (DEPORTE): **jugar a la** ~ jouer la défense.

defensivo, a a défensif(ive).

defensor, a a défensif(ive) // nm/f (abogado) avocat/e; (protector) protecteur/trice, défenseur m.

deferencia nf déférence f.

deferente a déférent(e).

deferir vt déférer // vi: ~ **a** s'en remettre à, s'appuyer sur.

deficiencia nf déficience f.

deficiente a (mediocre) médiocre; (defectuoso) déficient(e); (imperfecto) imparfait(e).

déficit nm déficit m; (fig) manque m.

definición nf définition f.

definir vt (determinar) définir; (decidir) décider; (clarificar) clarifier.

definitivo, a a définitif(ive); **en definitiva** en définitive.

deformación nf (alteración) déformation f; (distorsión) distorsion f.

deformar vt (gen) déformer; (desfigurar) défigurer; ~**se** vr se déformer.

deforme a (informe) difforme; (contrahecho) contrefait(e); (mal hecho) mal bâti(e), mal fait(e).

deformidad nf difformité f; (moral) difformité, défaut m.

defraudación nf fraude f; ~ **fiscal** fraude (fiscale).

defraudador, a a (engañador) fraudeur(euse); (frustrador) qui déçoit ou frustre (des espoirs) // nm/f fraudeur/euse.

defraudar vt frauder; (frustrar) frustrer, décevoir.

defuera ad dehors, au-dehors, dehors.

defunción nf décès m.

degeneración nf (de las célula...

dégénérescence f; (moral) dégéné-
ration f.

degenerar vi dégénérer.

deglutir vt, vi déglutir.

degollación nf décollation f; (fig)
massacre m.

degolladero nm (ANAT) gorge f;
(lugar) abattoir m.

degollar vt (animal) égorger;
(decapitar) décoller, décapiter;
(arruinar) ruiner, détruire.

degollina nf (fam) tuerie f,
massacre m.

degradación nf (de empleado,
soldado) dégradation f; (envileci-
miento) avilissement m.

degradar vt dégrader; ~se vr
s'avilir, se dégrader.

degüello nm égorgement m; (fig)
massacre m.

degustación nf dégustation f.

dehesa nf pâturage m.

deidad nf divinité f, déité f.

deificar vt (persona) déifier;
(cosa) diviniser.

dejación nf (abandono) abandon
m; (JUR) cession f.

dejadez nf (negligencia)
négligence f; (descuido) laisser-aller
m, abandon m.

dejado, a a (negligente) négli-
gent(e); (indolente) indolent(e);
(apático) apathique, abattu(e) //
nm/f personne négligente.

dejar vt laisser; (abandonar)
abandonner; (beneficios) rapporter;
~ a un lado laisser de côté // vi: ~
de arrêter de; ~se vr: ~se llevar
por la música se laisser porter par
la musique; ~ estar laisser faire;
~se ver apparaître, se montrer.

dejo nm (abandono) abandon m;
(LING) accent m; (sabor) arrière-
goût m.

del = de + el, voir de.

delación nf (acusación) délation f;
(denuncia) dénonciation f.

delantal nm tablier m.

delante ad devant; por ~ devant;
~ de devant.

delantero, a a de devant, qui va

devant // nm avant m // nf (de
vestido, casa) devant m; (de
vehículo) avant m; (de equipo)
avants mpl; ~ izquierdo/centro/
derecho avant-gauche/-centre/
-droit; llevarle la delantera a uno
prendre les devants, devancer qn.

delatar vt dénoncer.

delator, a a dénonciateur(trice) //
nm/f (acusador) accusateur/trice;
(informante) informateur/trice.

delectación nf délectation f.

delegación nf délégation f;
(edificio) délégation, bureau m; ~
de policía commissariat m de
police; ~ municipal mairie f.

delegado, a a délégué(e) // nm/f
délégué/e.

delegar vt déléguer, confier.

deleitar vt enchanter, charmer;
~se vr: ~se con o en se délecter
de; prendre plaisir à.

deleite nm délectation f, délice m,
plaisir m.

deleitoso, a a délicieux(euse),
délectable.

deletéreo, a a délétère.

deletrear vi épeler; (fig)
déchiffrer.

deletreo nm épellation f; (fig)
déchiffrage m.

deleznable a (que se rompe)
friable; (resbaladizo) glissant(e);
(fugaz) peu durable; (inestable)
instable; (desagradable, horrible)
détestable, horrible.

delfín nm (ZOOL) dauphin m;
(príncipe) Dauphin m.

delgadez nf minceur f, finesse f.

delgado, a a (poco grueso) mince,
fin(e); (flaco) maigre; (delicado)
délicat(e); (sutil, ingenioso) spiri-
tuel(le), ingénieux(euse).

deliberación nf délibération f.

deliberar vt délibérer.

delicadeza nf (gen) délicatesse f;
(refinamiento, sutileza) attention f,
marque f de délicatesse.

delicado, a a délicat(e); (material)
fragile.

delicia nf délice m.

delicioso, a *a* (*gracioso*) spirituel(le); (*placentero*) plaisant(e), agréable; (*exquisito*) exquis(e), délicieux(euse).

delincuencia *nf* délinquance *f.*

delincuente *a* délinquant(e) // *nm/f* délinquant/e.

delineación *nf*, **delineamiento** *nm* délinéation *f*; (*de terreno, figura*) tracé *m*; limite *f*; (*de programa, libro*) plan *m.*

delinear *vt* délinéer.

delinquir *vi* commettre un délit.

deliquio *nm* évanouissement *m*; extase *f.*

delirante *a* délirant(e).

delirar *vi* délirer.

delirio *nm* (*desvarío*) délire *m*, égarement *m*; (*manía*) manie *f*, folie *f.*

delito *nm* (*infracción a las leyes*) délit *m*; (*crimen*) crime *m*; (*ofensa*) outrage *f*; ~ **politico/común** crime politique/de droit commun.

delta *nf* delta *m* // *nm* delta *m.*

demacración *nf* amaigrissement *m.*

demacrar *vt* amincir, rendre mince; ~**se** *vr* s'émacier, maigrir.

demagogo *nm* démagogue *f.*

demanda *nf* (*pedido*) demande *f*, requête *f*; (COM) demande; (JUR) action *f.*

demandante *nm/f* demandeur/eresse.

demandar *vt* (*gen*) demander; (JUR) poursuivre en justice.

demarcación *nf* (*de terreno*) démarcation *f*; (*de límites entre países*) délimitation *f.*

demarcar *vt* délimiter.

demás *a*: **los** ~ **niños** les autres enfants // *pron*: **los/las** ~ les autres; **lo** ~ le reste // *ad* inutile.

demasía *nf* (*exceso*) excès *m*; (*atrevimiento*) audace *f*; (*insolencia*) insolence *f*; **comer en** ~ manger à l'excès.

demasiado, a *a* trop de // *ad* trop; **es** ~! c'est trop!

demencia *nf* (*locura*) démence *f*;

(*insensatez*) manque *m* de bon sens.

demente *nm/f* dément/e // *a* dément(e), démentiel(le).

demisión *nf* démission *f.*

demitir *vi* renoncer.

democracia *nf* démocratie *f.*

demócrata *nm/f*, a démocrate *m/f.*

democrático, a *a* démocratique.

demoler *vt* démolir; (*fig*) mettre à bas.

demolición *nf* démolition *f.*

demonio *nm* démon *m*; ¡**demonios**! diable!, mince!; ¿**cómo** ~**s**? comment diable?

demora *nf* (*dilación*) retard *m*; délai *m*; (*tardanza*) attente *f.*

demorar *vt* (*retardar*) retarder; (*dilatar*) remettre à plus tard // *vi* tarder; ~**se** *vr* (AM) s'attarder.

demostración *nf* (*de teorema*) démonstration *f*; (*de afecto*) témoignage *m.*

demostrar *vt* (*probar*) démontrer; (*mostrar*) montrer; (*manifestar*) manifester.

demostrativo, a *a* démonstratif(ive).

demudación *nf*, **demudamiento** *nm* changement *m*, altération *f.*

demudar *vt* changer; ~**se** *vr* s'altérer.

denegación *nf* dénégation *f.*

denegar *vt* (*rechazar*) refuser, dénier; (JUR) débouter, rejeter.

dengue *nm* (*melindres*) chichi *m*, manière *f*; (MED) dengue *f.*

denigración *nf* dénigrement *m.*

denigrar *vt* (*desacreditar, infamar*) dénigrer, discréditer; (*injuriar*) injurier.

denodado, a *a* (*valiente*) courageux(euse); (*esforzado*) vaillant(e); (*atrevido*) audacieux(euse), hardi(e).

denominación *nf* dénomination *f*, appellation *f.*

denominar *vt* dénommer.

denostar *vt* insulter, injurier.

denotar *vt* (*indicar*) dénoter; (*significar*) signifier.

densidad nf (FÍSICA) densité f, épaisseur f; (fig) densité.

denso, a a (compacto) dense; (apretado) serré(e); (espeso, pastoso) épais(se); (fig) serré, tassé(e).

dentado, a a dentelé(e) // nm dents fpl.

dentadura nf denture f; ~ **postiza** dentier m, râtelier m.

dental a dental(e) // nf dentale f.

dentellada nf coup m de dent.

dentera nf (sensación desagradable) agacement m; (envidia) envie f; (deseo) désir m.

dentición nf dentition f.

dentífrico nm dentifrice m.

dentista nm/f dentiste m/f.

dentro ad dans // prep: ~ **de** dans; **vayamos a** ~ rentrons (à l'intérieur); **mirar por** ~ regarder dedans; ~ **de todo no está mal** après tout, ce n'est pas mal.

denudar vt dénuder.

denuedo nm courage m, intrépidité f.

denuesto nm insulte f, injure f.

denuncia nf (delación) dénonciation f, plainte f, (acusación) accusation f; ~ **de accidente** procès-verbal m ou constat m d'accident.

denunciar vt déposer une plainte contre; (delatar) dénoncer.

deparar vt (conceder) accorder, procurer; (ofrecer, proponer) offrir, proposer.

departamento nm (sección administrativa) département m; (de caja, tren) compartiment m; (AM: piso) appartement m; (: provincia) préfecture f, département.

departir vi deviser, causer.

dependencia nf dépendance f; (COM) succursale f.

depender vi dépendre; ~ **de** dépendre de.

dependienta nf vendeuse f, employée f.

dependiente a dépendant(e) //

nm employé m, commis m, vendeur m.

deplorable a déplorable.

deplorar vt déplorer.

deponer vt déposer // vi (JUR) témoigner en justice; (defecar) aller à la selle.

deportación nf déportation f.

deportar vt déporter.

deporte nm sport m.

deportista a sportif(ive) // nm/f sportif/ive.

deposición nf déposition f; (evacuación del vientre) élimination f, selles fpl.

depositante nm/f, **depositador, a** nm/f déposant/e.

depositar vt (dinero) mettre en dépôt, déposer; (mercaderías) entreposer, laisser en dépôt; (sedimentar) déposer; (AM: persona) déposer; ~**se** vr se déposer.

depositario, a nm/f dépositaire m/f // nm caissier m; (tutor) tuteur m.

depósito nm dépôt m; (de mercaderías) entrepôt m; (de agua, gasolina etc) réservoir m; (de equipajes) consigne f; ~ **judicial** consignation f.

depravación nf dépravation f.

depravar vt dépraver, corrompre; ~**se** vr se dépraver.

deprecación nf déprécation f, prière fervente.

deprecar vt supplier, prier.

depreciación nf dépréciation f.

depreciar vt déprécier, diminuer; ~**se** vr se déprécier, se diminuer.

depredación nf (saqueo, pillaje) déprédation f; (malversación) malversation f.

depredar vt piller.

depresión nf dépression f.

deprimido, a a déprimé(e).

deprimir vt déprimer; ~**se** vr (persona) être déprimé(e); (mercado) être affaibli(e), se tasser; (terreno) former une dépression.

depuración nf épuration f, dépuration f; (de texto) clarification f; (POL) purge f.

depurado, a a purifié(e), raffiné(e).

depurar vt épurer, dépurer.

der abr de **derecho**.

derechamente ad (dirección) tout droit; (con prudencia) prudemment; (de manera clara) avec droiture, manifestement; **decir las cosas** ~ dire les choses clairement.

derecho, a a droit(e) // nm droit m; (de tela, papel) endroit m // nf droite f // ad droit; ~s mpl: ~s de **aduana/de autor** droits de douane/d'auteur; **tomar a la derecha** prendre à droite; **a derechas** correctement, comme il faut.

derechura nf droiture f; **en** ~ tout droit.

deriva nf dérive f; **ir o estar a la** ~ aller ou être à la dérive.

derivación nf dérivation f.

derivar vt (dirigir) acheminer; (desviar) dévier; (LING) dériver, faire dériver; (ELEC) dériver; (MAT) dériver // vi découler, dériver; ~se vr (dirigirse) s'acheminer; (desviarse) se détourner.

derogación nf dérogation f.

derogar vt abroger, abolir.

derogatorio, a a dérogatoire f.

derramado, a a (esparcido) répandu(e); (vertido) versé(e).

derramamiento nm (de sangre) effusion f; (dispersión) dispersion f.

derramar vt répandre; (lágrimas) verser; (impuestos) répartir; ~se vr se répandre.

derrame nm (de líquido) dispersion f; action f de répandre; écoulement m; (de puerta, ventana) ébrasement m, ébrasure f; (declive) pente f; ~ **sinovial** épanchement m de synovie.

derredor ad: **al** o **en** ~ **de** autour de.

derretido, a a fondu(e); **estar** ~ **por una** être mort d'amour pour qn.

derretir vt fondre; (fig) gaspiller,

dissiper; ~se vr se dissoudre, se fondre; (enamorarse) s'enflammer; (impacientarse) brûler; (inquietarse) se morfondre.

derribar vt abattre; (construcción) raser; (persona, gobierno, político) renverser; ~se vr tomber, s'abattre.

derribo nm démolition f; ~s mpl décombres mpl.

derrocamiento nm éboulement m, écroulement m; (fig) renversement m.

derrocar vt (despeñar) précipiter du haut d'un rocher; (arruinar) ruiner; (derribar) démolir, abattre.

derrochar vt gaspiller, dilapider.

derroche nm (despilfarro) gaspillage m, dissipation f; (abundancia) abondance f.

derrota nf (camino, vereda) chemin m, sentier m; (NAUT) route f, cap m; (MIL) déroute f, défaite f; (fig) défaite, débâcle f.

derrotar vt battre, vaincre; détruire; ruiner.

derrotero nm (rumbo) route f (camino) chemin m; (fig) ligne f voie f.

derruir vt démolir, abattre.

derrumbadero nm (despeñadero) précipice m; (fig) péril m danger m.

derrumbamiento nm (c edificio) écroulement m; (de reliev físico) effondrement m; (c gobierno) renversement m; (c mercado) écroulement.

derrumbar vt abattre, renverse ~se vr (despeñarse) s'écroule s'effondrer; (precipitarse) précipiter.

derviche nm derviche m, dervis

desabor nm fadeur f, insipidité f.

desabotonar vt déboutonner // s'épanouir, éclore; ~se vr s déboutonner.

desabrido, a a (insípido, so fade, insipide; (tiempo) maussa (persona) acariâtre, hargne (euse); (voz, tono) dur(e), acer *(estilo)* plat(e), insipide.

desabrigo *nm (desamparo)* détresse *f*, abandon *m*; *(abandono)* abandon, délaissement *m*; **quedar al ~** être à découvert.

desabrimiento *nm (insipidez)* insipidité *f*, fadeur *f*; *(del tiempo)* caractère *m* maussade; *(aspereza)* dureté *f*, rudesse *f*, aigreur *f*; *(disgusto, pena)* chagrin *m*, peine *f*.

desabrochar *vt (botones, broches)* déboutonner, dégrafer; *(fig)* ouvrir; **~se** *vr* s'ouvrir.

desacatado, a a, **desacatador, a** a *(insolente)* insolent(e), effronté(e); *(irrespetuoso)* irrévérencieux(euse).

desacato *nm (falta de respeto)* insolence *f*; *(irreverencia)* désobéissance *f*; *(JUR)* outrage *m* (à un fonctionnaire public).

desacertar *vi (errar)* se tromper; *(destinar)* manquer de tact.

desacierto *nm* erreur *f*.

desacomodado, a a *(por falta de medios)* gêné(e), qui n'est pas à l'aise; *(sin empleo)* en chômage, sans emploi; *(molesto)* incommode, gênant(e).

desacomodar *vt (molestar)* incommoder, gêner; *(dejar sin empleo)* congédier, mettre à pied; **~se** *vr* perdre son emploi.

desacomodo *nm (incomodidad, molestia)* incommodité *f*, gêne *f*; *(falto de empleo)* chômage *m*.

desaconsejado, a a déconseillé(e); *(imprudente)* imprudent(e) // *nm/f* imprudent/e.

desaconsejar *vt* déconseiller.

desacoplar *vt (separar)* désaccoupler; *(desencajar)* découpler.

desacordar, a a *(MUS)* désaccordé(e); *(fig)* sans harmonie; *(olvidado)* oublié(e).

desacostumbrar *vt* déshabituer, désaccoutumer; **~se** *vr* se

déshabituer, se désaccoutumer.

desacreditar *vt (desprestigiar)* discréditer; *(denigrar)* dénigrer; *(desautorizar)* discréditer, déprécier; *(deshonrar)* déshonorer.

desacuerdo *nm* désaccord *m*; erreur *f*; oubli *m*.

desafecto, a a opposé(e), contraire; hostile // *nm* froideur *f*; malveillance *f*; animosité *f*.

desafiar *vt* défier, provoquer; **~se** *vr* se défier.

desafilar *vt* émousser; **~se** *vr* s'émousser.

desafinar *vt (MUS)* désaccorder // *vi (MUS)* chanter *(ou jouer)* faux; *(fig: fam)* dérailler, déraisonner.

desafío *nm (reto)* défi *m*; *(combate)* duel *m*; *(competencia)* concurrence *f*.

desaforado, a a démesuré(e), énorme; violent(e), épouvantable; illégal(e), illégitime.

desafortunado, a a *(desgraciado)* malheureux(euse); *(sin fortuna, pobre)* infortuné(e), pauvre.

desafuero *nm (acto ilegal)* atteinte *f*, infraction *f* aux lois; *(privación de privilegio)* privation *f* d'un droit *ou* d'un privilège; *(desacato)* écart *m*, inconvenance *f*.

desagradable a *(fastidioso, enojoso)* désagréable, fâcheux(euse); *(irritante)* irritant(e); *(desapacible)* désagréable.

desagradar *vi (disgustar)* déplaire; *(molestar)* ennuyer.

desagradecido, a a ingrat(e).

desagrado *nm (disgusto)* mécontentement *m*; *(contrariedad)* contrariété *f*.

desagraviar *vt* dédommager.

desagravio *nm* réparation *f*; dédommagement *m*, compensation *f*; satisfaction *f*.

desaguadero *nm (conducto)* dégorgeoir *m*, déversoir *m*; *(fig)* gouffre *m*.

desaguar *vt (agua)* épuiser, tarir; *(mina)* assécher // *vi* déboucher; **~se** *vr (vomitar)* vomir; *(evacuar* *el vientre* aller à la selle.

desagüe nm (*de un líquido*) écoulement m, dégorgement m; (*cañería*) déversoir m.

desaguisado, a a illégal(e) // nm offense f, erreur f.

desahijar vt (*crías*) sevrer; (*abejas*) essaimer.

desahogado, a a (*descarado*) effronté(e); (*holgado*) aisé(e); (*desembarazado*) dégagé(e).

desahogar vt (*consolar*) réconforter; (*aliviar*) soulager; (*ira*) déverser; vr (*distenderse, reposarse*) se détendre, se reposer; (*de deudas*) se libérer; (*fig*) s'épancher.

desahogo nm (*alivio*) soulagement m; (*descaro*) désinvolture f, tromperie f; (*libertad de palabra*) liberté f (de langage); (*bienestar*) bien-être m.

desahuciado, a a condamné(e); expulsé(e).

desahuciar vt ôter tout espoir à; (*enfermo*) condamner; (*inquilino*) expulser, donner congé à.

desahucio nm (*a un inquilino*) congé m; (*a un campesino*) expulsion f.

desairado, a a (*menospreciado*) dédaigné(e), méprisé(e); (*desgarbado*) lourd(e), gauche.

desairar vt (*menospreciar, desdeñar*) dédaigner, mépriser; (*ultrajar*) vexer, outrager.

desaire nm (*afrenta*) affront m, vexation f; (*menosprecio*) mépris m, dédain m; (*falta de garbo*) lourdeur f, inélégance f.

desajustar vt (*desacoplar*) désaccoupler; (*desarreglar*) dérégler; (*desconcertar*) désajuster; ~se vr être en désaccord; (*cintura*) desserrer, lâcher.

desajuste nm (*de máquina*) désajustement m; (*situación*) désaccord m, divergence f; discordance f; (*en una persona*) déséquilibre m.

desalar vt (*quitar la sal de*) dessaler; (*quitar las alas a*) couper

les ailes; ~se vr (*apresurarse*) s'empresser, se hâter; ~se por convoiter, désirer vivement.

desalentador, a a décourageant(e).

desalentar vt (*la respiración*) essouffler; (*desanimar, acobardar*) décourager, abattre.

desaliento nm découragement m, abattement m.

desalinear vt désaligner; ~se vr rompre l'alignement.

desaliño nm (*en el vestir*) débraillé m; (*negligencia*) négligé m, laisser-aller m; ~s mpl longues boucles d'oreilles.

desalmado, a a (*cruel*) scélérat(e), méchant(e), cruel(le); (*perverso*) pervers(e).

desalmarse vr: ~ por convoiter, désirer avidement.

desalmenado, a a sans créneaux.

desalojado, a a sans logis.

desalojamiento nm expulsion f; (*cambio de residencia*) déménagement m.

desalojar vt (*expulsar, echar*) déloger, expulser; (*abandonar*) évacuer, quitter; (*NAUT*) déplacer jauger // vi déménager.

desalquilado, a a libre.

desalquilar vt libérer; ~se vr être libre.

desamarrar vt détacher; (*NAUT*) larguer les amarres de; (*fig*) éloigner.

desamor nm froideur f; indifférence f; (*odio*) haine f; (*enemistad*) inimitié f.

desamortización nf désamortissement m.

desamortizar vt (*liberar*) désamortir; (*poner en venta*) mettre en vente.

desamparado, a a (*persona*) abandonné(e); (*sitio*) délaissé(e) quitté(e), abandonné.

desamparar vt (*abandonar*) abandonner; délaisser; (*juez*) renoncer à, abandonner ses droits sur; (*barco*) désemparer.

desamparo nm abandon m.

desamueblar vt démeubler, dégarnir.

desandar vt: ~ **el camino** rebrousser chemin.

desanimado, a a (persona) découragé(e), abattu(e); (espectáculo, fiesta) ennuyeux(euse), dépourvu(e) d'intérêt.

desanimar vt décourager, abattre.

desánimo nm découragement m.

desanudar vt (nudo) dénouer; (fig) démêler.

desapacible a désagréable, rude; (carácter) mauvais(e), acerbe, rude; (voz) acerbe, rude; (tiempo) maussade.

desaparecer vt faire disparaître // vi (gen) disparaître; (el sol, la luz) s'éclipser; (persona) s'évanouir, disparaître.

desaparejar vt (animal) déharnacher; (barco) dégréer.

desaparición nf disparition f; occultation f; extinction f.

desapego nm indifférence f; manque m d'intérêt, détachement m.

desapercibido, a a (desprevenido) non préparé(e), au dépourvu; pasar ~ passer inaperçu.

desaplicación nf (descuido, negligencia) inapplication f, inattention f; (ocio) distraction f.

desaplicado, a a (que no se aplica) inappliqué(e); (inutilizable) inutilisable // nm/f paresseux/euse.

desapoderar vt déposséder.

desapolillarse vr prendre l'air, sortir.

desaprensivo, a a sans-gêne, sans scrupule.

desapretar vt desserrer.

desapreciar vt (desestimar) mésestimer; (menospreciar) déprécier.

desaprisionar vt libérer.

desaprobar vt (reprobar) désapprouver, réprouver; (no consentir) désavouer.

desaprovechado, a a indolent(e), négligent(e), inappli-

qué(e); infructueux(euse); mal employé(e), gaspillé(e).

desaprovechamiento nm gaspillage m, mauvais emploi.

desaprovechar vt gaspiller, mal employer.

desarbolar vt démâter.

desarmado, a a désarmé(e); (fig) vulnérable.

desarmar vt (MIL) désarmer; (TEC) démonter; (fig) désarmer, désarçonner.

desarme nm désarmement m.

desarraigar vt déraciner.

desarraigo nm déracinement m.

desarreglado, a a (TEC) déréglé(e); (desordenado, desaseado) désordonné(e).

desarreglar vt (desordenar) déranger, mettre en désordre; (trastocar) bouleverser; ~se vr se dérégler.

desarreglo nm (de casa, persona) désordre m; (TEC) dérèglement m.

desarrollar vt développer; (extender) développer; ~se vr se développer; (extenderse) se dérouler; (film) se dérouler, se passer.

desarrollo nm développement m.

desarrugar vt (ropa) défroisser, défriper; (rostro) dérider; ~se vr se défroisser, se défriper; se dérider.

desarticular vt (hueso) désarticuler; (objeto) démanteler; (fig) désordonner.

desarzonar vt désarçonner.

desaseado, a a (sucio) malpropre, sale; (descuidado) négligé(e).

desaseo nm (suciedad) saleté f, malpropreté f; (desaliño) débraillé m, négligé m.

desasimiento nm (acción de soltar) dessaisissement m; (desinterés) désintéressement m; (indiferencia) détachement m.

desasir vt lâcher, détacher; ~se vr se dessaisir, se défaire.

desasosegar vt (inquietar) inquiéter, troubler, agiter; (afligir) affliger; ~se vr s'inquiéter.

desasosiego nm (intranquilidad)

trouble *m*; (*aflicción*) affliction *f*, agitation *f*; (*ansiedad*) anxiété *f*, inquiétude *f*.

desastrado, a *a* (*desaliñado*) malpropre; (*desgraciado, adverso*) malheureux(euse).

desastre *nm* désastre *m*.

desastroso, a *a* désastreux(euse).

desatado, a *a* (*desligado, desencadenado*) déchaîné(e); (*violento*) violent(e); (*sin control*) incontrôlé(e).

desatar *vt* (*nudo*) dénouer; (*paquete*) déficeler; (*discusión*) dénouer, délier; (*separar*) détacher, séparer; ~se *vr* (*zapatos*) se défaire, se délacer; (*tormenta*) se déchaîner; (*persona*) s'emporter, perdre toute retenue.

desatención *nf* (*distracción*) inattention *f*; (*descortesía*) impolitesse *f*, incorrection *f*.

desatender *vt* (*no prestar atención a*) ne pas prêter attention à; (*invitado*) négliger, ne pas prendre soin de.

desatentado, a *a* (*excesivo*) excessif(ive); (*desordenado*) désordonné(e).

desatento, a *a* (*distraído*) distrait(e); (*descortés*) impoli(e).

desatinado, a *a* (*disparatado*) insensé(e); (*absurdo*) absurde; (*sin juicio*) fou(folie), insensé.

desatinar *vt* (*disparatar, desvariar*) troubler, faire perdre la tête à; ~se *vr* déraisonner, dire des absurdités.

desatino *nm* bêtise *f*, maladresse *f*; (*error*) erreur *f*.

desautorizado, a *a* sans autorité, discrédité(e).

desautorizar *vt* désavouer, interdire; désapprouver; discréditer.

desavenencia *nf* (*desacuerdo*) désaccord *m*; (*discrepancia*) divergence *f*.

desavenir *vt* désaccorder, brouiller, fâcher; ~se *vr* se brouiller, se fâcher.

desaventajado, a *a* (*inferior*)

désavantagé(e); (*poco ventajoso*) désavantageux(euse).

desayunar *vt, vi* déjeuner.

desayuno *nm* petit déjeuner.

desazón *nf* (*insipidez*) fadeur *f*, insipidité *f*; (*AGR*) trop grande sécheresse; (*MED*) malaise *m*; (*fig*) contrariété *f*, chagrin *m*.

desazonado, a *a* fade, insipide; (*AGR*) trop sec(sèche); (*MED*) indisposé(e), mal à l'aise; (*fig*) inquiet(ète), ennuyé(e).

desazonar *vt* affadir; (*fig*) indisposer, fâcher; ~se *vr* (*enojarse*) s'irriter, se fâcher; (*preocuparse*) s'inquiéter.

desbandada *nf* (*dispersión*) débandade *f*; (*desorden*) désordre *m*.

desbandarse *vr* (*MIL*) se débander, s'enfuir en désordre; (*fig*) déserter.

desbarajustar *vt* déranger, mettre sens dessus dessous.

desbarajuste *nm* désordre *m*; confusion *f*.

desbaratar *vt* (*deshacer, destruir*) démantibuler; (*malgastar*) gaspiller, dissiper; (*fig*) empêcher, faire obstacle à // *vi* parler à tort et à travers, déraisonner; ~se *vr* tomber en morceaux; (*fig*) se désorganiser.

desbarrancar *vt* (*AM*) jeter dans un précipice; ~se *vr* (: *caerse*) tomber dans un précipice; (: *arruinarse*) se ruiner.

desbarrar *vi* dire des sottises divaguer, déraisonner.

desbastar *vt* (*campo*) désherber (*metal*) dégrossir; (*persona* dégrossir, civiliser; ~se *vr* se cultiver, se raffiner.

desbaste *nm* (de *objeto* dégrossissement *m*, dégrossissag *m*; (de *persona*) éducation *f*.

desbocado, a *a* (*caballo*) emba lé(e); (*libre, sin trabas*) débridé(e (*insolente, descarado*) effronté(e insolent(e).

desbocarse *vr* (*caballo*) s'emb ler; (*fig*) s'emporter.

desbordamiento nm débordement m; (fig) emportement m.

desbordar vt (sobrepasar) déborder; (exceder) dépasser // vi, ~se vr (río) se déchaîner; (persona) s'emporter.

desbravador nm dresseur m ou dompteur m de chevaux.

desbrozar vt débroussailler, désherber.

descabalgar vi descendre de cheval.

descabellado, a a (disparatado) saugrenu(e), sans queue ni tête; (insensato) insensé(e).

descabellar vt dépeigner, écheveler; (TAUR: toro) tuer par une estocade.

descabezar vt (persona) décapiter; (árbol) étêter; ~se vr (AGR) s'égrener; (fig) se casser la tête.

descaecimiento nm (flaqueza, debilidad) affaiblissement m, déclin m; (desaliento, falta de ánimo) déchéance f, abattement m, lassitude f.

descafeinado nm café décaféiné.

descalabrado, a a (herido) blessé(e); (maltrecho) malmené(e).

descalabro nm contretemps m; désastre m, échec m.

descalzar vt déchausser; ~se vr se déchausser; (caballo) se déferrer.

descalzo, a a déchaussé(e), pieds nus; (REL) déchaux, déchaussé; (fig) pauvre, dénué(e) de tout.

descaminado, a a (equivocado) égaré(e), fourvoyé(e); (fig) désorienté(e).

descaminar vt (alguien) écarter du droit chemin, égarer; (: fig) fourvoyer, égarer; ~se vr (en la ruta) se fourvoyer, faire fausse route; (fig) se fourvoyer, se pervertir.

descamisado, a a sans chemise; (fig) déguenillé(e) // nm/f (AM) partisan de Perón.

descansado, a a reposé(e); étendu(e), tranquille.

descansar vt (dormir) dormir; (reposar) reposer; (ARQ): ~ en reposer ou s'appuyer sur.

descanso nm (reposo) repos m; (pausa) halte f, pause f; (DEPORTE) mi-temps f; (en una escalera) palier m; (fig) soulagement m, réconfort m.

descarado, a a effronté(e), éhonté(e) // nm/f effronté/e, impudent/e, insolent/e.

descararse vr être insolent(e).

descarga nf (ARQ, ELEC, MIL) décharge f; (NAUT) déchargement m; ~ cerrada salve f.

descargadero nm débarcadère m, quai m.

descargar vt décharger; (golpe) assener; ~se vr se décharger.

descargo nm (acción de descargar) déchargement m; (COM, JUR) décharge f.

descargue nm = descarga nf.

descarnado, a a décharné(e); (fig) dénudé(e), dépouillé(e).

descarnar vt décharner; ~se vr se déchausser.

descaro nm (atrevimiento) impudence f; (insolencia) insolence f, effronterie f.

descarriar vt (descaminar) égarer, fourvoyer; (animal) séparer du troupeau; ~se vr (perderse) s'égarer; (separarse) s'écarter; (pervertirse) s'égarer, se pervertir.

descarrilamiento nm (de tren) déraillement m; (fig) égarement m.

descarrilar vi dérailler; ~se vr (AM) dérailler; (fig) s'égarer.

descarrío nm égarement m, écart m.

descartar vt (rechazar) écarter; (eliminar) éliminer; ~se vr (NAIPES) écarter; (fig) se mettre à l'écart.

descarte, a a (rechazado) écarté(e); (eliminado) éliminé(e).

descascarar vt écorcer, décortiquer, peler.

descastado, a a (desapegado) peu

affectueux(euse); (ingrato) in-grat(e).

descendencia nf descendance f.

descender vt, vi descendre.

descendiente nm/f descendant/e.

descendimiento nm descente f.

descenso nm descente f; (de temperatura) descente, baisse f; (de precios) baisse.

descentralizar vt décentraliser.

descerrajar vt (puerta) forcer la serrure de; (disparar) tirer.

descifrar vt déchiffrer, décrypter.

descoco nm (fam) effronterie f.

descolgar vt décrocher, dépendre; ~se vr se décrocher.

descolorir, descolorar vt = decolorar.

descollar vt (sobresalir) ressortir; (distinguirse) se distinguer.

descomedido, a a (descortés) grossier(ière), insolent(e); (excesivo) excessif(ive).

descomedirse vr (excederse) dépasser les bornes; (faltar el respeto) manquer de respect.

descompaginar vt (desordenar) mettre en désordre; brouiller; (desorganizar) bouleverser, déranger.

descompasado, a a (sin proporción) disproportionné(e); (excesivo) excessif(ive).

descomponer vt (desordenar) déranger, mettre en désordre; (TEC) détraquer, dérégler; (fig) exaspérer, irriter; ~se vr (corromperse) se décomposer, se corrompre; (el tiempo) devenir maussade, se dégrader, se détériorer; (TEC) se détraquer, se dérégler; (irritarse) s'emporter, se mettre en colère; (hueso) se disloquer.

descomposición nf décomposition f; (fig) désagrégation f.

descompostura nf (TEC) dérèglement m; (dislocación) effronterie f; impudence f; (dislocación, luxación) dislocation f, luxation f; (indisposición) indisposition f; ~ de vientre mal m de ventre.

descompuesto, a a (corrompido) décomposé(e); (roto) brisé(e), détraqué(e); (descarado) effronté(e), impudent(e); (indispuesto) indisposé(e), détraqué(e).

descomulgar vt = excomulgar.

descomunal a énorme, démesuré(e); extraordinaire.

desconcertado, a a confus(e); désorienté(e); (turbado) troublé(e), démonté(e).

desconcertar vt (confundir) confondre, déconcerter; (turbar) troubler, démonter; ~se vr (dislocarse) se démettre; (descomedirse) s'oublier, s'emporter; (turbarse) se troubler.

desconcierto nm (confusión) désordre m, confusion f; (desorientación) désarroi m.

desconfianza nf méfiance f, défiance f.

desconfiar vi se méfier, se défier.

desconformidad nf discordance f, désaccord m.

desconocer vt (alguien) ne pas connaître; (ignorar) ignorer; (no recordar) ne pas se souvenir de; (no aceptar) ne pas accepter; (repudiar) renier.

desconocimiento nm ignorance f; répudiation f; ingratitude f.

desconsiderado, a a déconsidéré(e), inconsidéré(e); irrespectueux(euse); ingrat(e).

desconsolar vt affliger, navrer, désoler; ~se vr s'affliger.

desconsuelo nm affliction f; peine f, chagrin m.

descontar vt (deducir) déduire; (rebajar, quitar méritos a) rabattre; (predecir, dar por cierto) escompter.

descontento, a a mécontent(e); nm mécontentement m.

descorazonar vt décourager.

descorchar vt (alcornoque) démascler, écorcer, décortiquer; (botella) déboucher.

descorrer vt tirer, ouvrir.

descortés a (mal educado) discourtois(e); (grosero) impoli(e), grossier(ière).

descortezar vt (árbol) écorcer; (pan) enlever la croûte de; (fruta) décortiquer, peler; (persona) dégrossir.

descoser vt découdre; ~se vr se découdre.

descosido, a a (costura) décousu(e); (indiscreto, hablador) indiscret(ète), trop bavard(e); (desordenado) décousu; sans suite // nm: **correr como un** ~ courir comme un dératé; **dormir como un** ~ dormir comme un bienheureux.

descote nm = escote.

descoyuntar vt disloquer; ~se vr se démettre, se luxer.

descrédito nm discrédit m.

descreído, a a (incrédulo) mécréant(e); (falto de fe) incroyant(e).

describir vt (representar) décrire; (relatar) dépeindre.

descripción nf description f.

descrito pp de describir.

descuajar vt décoaguler, liquéfier, défiger; (desarraigar) déraciner, décourager, désespérer.

descubierto, a pp de descubrir // a découvert(e) // nm déficit m, découvert m.

descubrimiento nm découverte f; inauguration f.

descubrir vt découvrir; (inaugurar) dévoiler, inaugurer; (revelar) révéler, découvrir; ~se vr se découvrir, enlever son chapeau.

descuento nm escompte m; ~ **jubilatorio** cotisations-retraite fpl, déduction salariale de retraite.

descuidado, a a négligent(e); distrait(e), inattentif(ive); (desordonné(e); (desprevenido) insouciant(e).

descuidar vt négliger // vi, ~se vr (distraerse) se distraire, avoir un moment d'inattention; (estar desaliñado) se négliger; (desprevenirse) négliger, oublier; **¡descuida!** ne t'en fais pas!

descuido nm négligence f;

distraction f; (desorden, desaliño) faute f d'inattention, négligence; (desliz) faux pas, faute.

desde ad depuis; ~ **que** depuis que; ~ **lejos** de loin; ~ **ahora en adelante** à partir de maintenant; ~ **hace mucho tiempo** depuis longtemps; ~ **luego** bien sûr, évidemment.

desdecir vi: ~ **de** être indigne de; (no convenir) ne pas être en accord avec; aller mal avec; (negar) contredire; (desentonar) détonner; ~se vr se dédire.

desdén nm dédain m, mépris m.

desdentado, a a édenté(e) // ~s nmpl édentés mpl.

desdeñar vt (despreciar) dédaigner, mépriser; (rechazar) récuser, refuser, répudier.

desdicha nf (desgracia) malheur m; (infelicidad) infortune f.

desdichado, a a malheureux(euse).

desdoblar vt (extender) déplier; (separar en dos) dédoubler.

desdorar vt (fig) déshonorer, ternir.

desdoro nm (deshonra) déshonneur m; (descrédito) discrédit m.

desear vt désirer, souhaiter.

desecar vt dessécher; ~se vr se dessécher.

desechar vt (rechazar) rejeter, chasser; (subestimar) mépriser, dédaigner; (censurar, reprobar) refuser, écarter, bannir.

desembalar vt déballer.

desembarazado, a a (libre) dégagé(e), débarrassé(e); (desenvuelto) désinvolte, plein(e) d'aisance.

desembarazar vt (desocupar, liberar) débarrasser, dégager; (desenredar) démêler, évacuer; ~se vr: ~ **de** se débarrasser de.

desembarazo nm débarras m; désinvolture f, aisance f.

desembarcar vt, vi, ~se vr débarquer.

desembargar vt débarrasser, lever l'embargo sur.

desembocadura nf (de río) embouchure f; (de calle) débouché m, issue f, sortie f.

desembocar vi déboucher, se jeter; (fig) aboutir.

desembolsar vt (bolsa) verser, vider; (fig) débourser.

desembolso nm déboursement m, versement m; ~s nmpl dépenses fpl, frais mpl, débours mpl; ~ inicial premier versement.

desemejante a différent(e), dissemblable.

desemejanza nf dissemblance f, différence f.

desempeñar vt (cargo, función) remplir, exercer; (lo empeñado) dégager; ~se vr se libérer; ~ un papel (fig) jouer un rôle.

desempeño nm dégagement m; (de cargo) exercice m; (TEATRO, fig) prestation f.

desencadenar vt déchaîner; (tormenta) déchaîner; (ira) déchaîner, donner libre cours à; ~se vr se déchaîner, déferler.

desencajado, a a altéré(e).

desencajar vt (hueso) déboîter, démettre; (mandíbula) décrocher; (mecanismo, pieza) déclencher; (AM: coche) désembourber; ~se vr s'altérer.

desencantar vt désenchanter, désillusionner.

desencanto nm déception f, désenchantement m.

desencarcelar vt désemprisonner, relâcher.

desenfadado, a a (desenvuelto) plein(e) d'aisance, désinvolte; (descarado) gai(e), joyeux(euse).

desenfado nm franchise f, désinvolture f, aplomb m; (descaro) insolence f, effronterie f.

desenfrenado, a a (descontrolado) effréné(e), échevelé(e); (inmoderado) débridé(e).

desenfrenar vt (cabalgadura) débrider, ôter la bride à; ~se vr

(persona) s'emporter, se déchaîner; (el viento, el mar) se déchaîner.

desenfreno nm (vicio) dérèglement m, dévergondage m; (de las pasiones) déchaînement m.

desengañar vt détromper; ~se vr se désabuser, se détromper.

desengaño nm désillusion f, déception f.

desenlace nm dénouement m.

desenmarañar vt (desenredar) démêler, débrouiller; (fig) éclaircir.

desenredar vt (intriga) démêler; (intriga) dénouer, démêler; ~se vr se débrouiller, s'en sortir.

desenredo nm débrouillement m; (desenlace) dénouement m, issue f.

desenrollar vt dérouler.

desentenderse vr: ~ de se désintéresser de; (apartarse) se détourner de, s'éloigner de.

desenterrar vt déterrer, exhumer; (tesoro, fig) exhumer.

desentonar vi (cantar falso) détonner, chanter faux; (instrumento, fig) détonner; ~se vr s'élever la voix; (fig) s'emporter.

desentrañar vt percer, pénétrer.

desenvainar vt dégainer, sortir.

desenvoltura nf (libertad, gracia) désinvolture f, aisance f; (descaro) hardiesse f, effronterie f; (desvergüenza) dissipation f.

desenvolver vt (paquete) défaire, développer; (madeja) dérouler; (fig) développer, éclaircir, débrouiller; ~se vr (desarrollarse) se développer; (arreglárselas) se tirer d'affaire.

deseo nm envie f; (aspiración) souhait m, désir m.

deseoso, a a: estar ~ de être désireux de.

desequilibrado, a a déséquilibré(e).

deserción nf (MIL) désertion f; (abandono) abandon m.

desertar vi déserter.

desesperación nf (impaciencia)

desesperar m; (*irritación*) énervement m, rage f.

desesperar vt désespérer; (*exasperar*) exaspérer // vi: ~ **de** désespérer de; ~**se** vr (se) désespérer.

desestimar vt (*menospreciar*) mésestimer; (*rechazar*) repousser, rejeter.

desfachatez nf (*fam*) sans-gêne m; culot m.

desfalcar vt (*dinero*) détourner, escroquer.

desfallecer vi (*perder las fuerzas*) défaillir; (*desvanecerse*) s'évanouir; ~**se** vr s'affaiblir.

desfavorable a contraire, défavorable; adverse; hostile.

desfigurar vt (*rostro, cuerpo*) défigurer, déformer; (*voz*) altérer, déformer; ~**se** vr s'altérer, avoir les traits altérés.

desfiladero nm défilé m.

desfilar vi défiler.

desfile nm défilé m.

desgaire nm (*desaliño, desgano*) nonchalance f; (*menosprecio*) geste m de dédain ou de mépris.

desgajar vt (*arrancar*) arracher; (*romper, despedazar*) disloquer, casser; ~**se** vr s'arracher, s'éloigner.

desgana nf dégoût m, répugnance f; indifférence f; **hacer a** ~ faire à contrecœur.

desganarse vr perdre l'appétit; (*cansarse*) se dégoûter.

desgano nm = **desgana.**

desgarrar vt déchirer; ~**se** vr se déchirer, s'entre-déchirer.

desgarro nm (*muscular*) arracher f; (*aflicción*) déchirement m; (*descaro*) impudence f, effronterie f; (*AM*) flegme m.

desgastar vt (*deteriorar*) user, gâter; ~**se** vr s'user, s'affaiblir.

desgaste nm usure f; (*MED*) affaiblissement m.

desgracia nf malheur m; tribulation f; calamité f; misère f; danger m; **por** ~ malheureusement.

desgraciado, a a (*infortunado*)

malheureux(euse); (*sin gracia*) disgracieux(euse); (*desagradable, mala persona*) désagréable // nm/f pauvre malheureux/euse.

desgraciar vt esquinter, abîmer; ~**se** vr (*malograrse*) rater, tourner mal; (*arruinarse*) se ruiner; (*desavenirse*) se brouiller.

desgranar vt (*AGR: el grano*) égrener; (: *la uva*) égrapper; (: *el trigo*) dépiquer; (*las cuentas de un rosario*) égrener; ~**se** vr (*AGR*) s'égrener.

desgreñar vt ébouriffer, écheveler.

deshacer vt (*casa*) défaire; (*enemigo*) défaire, vaincre; (*diluir, desleír*) dissoudre, faire fondre; (*contrato*) annuler; (*intriga*) déjouer; ~**se** vr (*disolverse*) se dissoudre; se défaire; ~**se de** se défaire ou se débarrasser de; ~**se en lágrimas** fondre en larmes.

deshecho, a a défait(e), brisé(e).

deshelar vt (*cañería*) dégeler; (*heladera*) dégivrer; ~**se** vr (*nieve*) fondre; **se deshiela** il dégèle.

desheredar vt déshériter.

deshielo nm (*de cañería*) dégivrage m; (*de heladera*) dégel m, dégivrage; (*fig*) dégel.

deshilar vt (*tela*) effiler, effilocher; (*abejas*) provoquer l'essaimage artificiel de.

deshilvanado, a a (*costura*) défaufilé(e), débâti(e); (*conversación*) décousu(e).

deshinchar vt désenfler; ~**se** vr se dégonfler.

deshojar vt effeuiller; ~**se** vr s'effeuiller.

deshonesto, a a impudique, indécent(e).

deshonor nm déshonneur m; affront m.

deshonra nf (*deshonor*) déshonneur m; (*vergüenza*) honte f.

deshonrar vt déshonorer; insulter; ~**se** vr se déshonorer.

deshonroso, a a déshonorant(e).

deshora : a ~ *ad* à une heure indue.

desierto, a *a* (*casa, calle, negocio*) désert(e); (*llanura*) désertique; (*cargo, premio*) vacant(e) // *nm* désert *m*.

designar *vt* (*nombrar*) désigner; (*indicar*) indiquer.

designio *nm* (*proyecto*) dessein *m*, projet *m*; (*destino*) destinée *f*, destin *m*.

desigual *a* (*terreno*) accidenté(e), inégal(e), raboteux(euse); (*carácter*) changeant(e); (*tiempo*) variable, inégal.

desilusión *nf* désillusion *f*.

desilusionar *vt* désillusionner, décevoir; ~**se** *vr* être déçu(e) ou désappointé(e).

desinfección *nf* désinfection *f*.

desinflar *vt* dégonfler; ~**se** *vr* se dégonfler.

desinterés *nm* désintéressement *m*; indifférence *f*.

desistir *vi* (*renunciar*) renoncer à; ~**se** *vr* se désister.

desjarretar *vt* (*animal*) couper les jarrets de; (*MED*) épuiser, affaiblir.

desleal *a* (*infiel*) déloyal(e); (*traidor*) traître(sse).

deslealtad *nf* (*infidelidad*) déloyauté *f*; (*traición*) traîtrise *f*, trahison *f*.

desleír *vt* (*delimitar*) détremper; ~**se** *vr* se délayer, se décolorer.

deslenguado, a *a* (*chismoso*) insolent(e), cancanier(ière); (*grosero*) fort(e) en gueule.

desligar *vt* (*desatar*) délier, dénouer; (*separar*) séparer; ~**se** *vr* (*dos personas*) se séparer, s'éloigner, (*de un compromiso*) se libérer, se dégager.

deslindar *vt* (*delimitar*) borner, délimiter; (*fig*) préciser.

deslinde *nm* (*límite*) bornage *m*, délimitation *f*; (*separación*) séparation *f*.

desliz *nm* (*de objeto*) glissement *m*; (*de persona*) glissade *f*; (*fig*) faux pas, moment *m* de faiblesse.

deslizar *vt* glisser; ~**se** *vr* (*escurrirse*: *persona*) se faufiler, se glisser; (*objeto*) glisser entre les mains; (*aguas mansas*) filer; (*error*) se glisser, se faufiler; (*en tobogán*) glisser.

deslucido, a *a* (*torpe, falto de gracia*) terne, quelconque; (*colores*) terne, sans éclat; (*fiesta, discurso*) terne; peu brillant(e).

deslucir *vt* (*estropear*) abîmer, gâcher; (*afear*) déparer; (*desacreditar*) discréditer, faire du tort à.

deslumbramiento *nm* éblouissement *m*, aveuglement *m*; (*fig*) éblouissement, admiration *f*.

deslumbrar *vt* (*cegar*) éblouir, aveugler; (*fascinar*) fasciner, éblouir; (*confundir*) jeter de la poudre aux yeux de.

desmán *nm* abus *m*; excès *m*; outrage *m*.

desmandarse *vr* (*abusarse*) s'abuser; (*excederse*) dépasser les bornes; (*perder el control*) s'oublier.

desmantelar *vt* (*arrasar*) démanteler; (*barco*) démâter.

desmayado, a *a* (*sin sentido*) évanoui(e); (*desanimado, desalentado*) découragé(e); (*agotado, sin fuerzas*) épuisé(e); (*color, carácter*) pâle, éteint(e).

desmayar *vt* causer un évanouissement à, faire défaillir; (*color*) adoucir, estomper // *vi* se laisser décourager; ~**se** *vr* s'évanouir, défaillir.

desmayo *nm* (*desvanecimiento*) évanouissement *m*; (*depresión, desfallecimiento*) défaillance *f*.

desmedido, a *a* démesuré(e).

desmedrirse *vr* dépasser les bornes ou la mesure.

desmejorar *vt* (*delimitar*) abîmer // *vi*, ~**se** *vr* (*persona*) perdre la santé; (*tiempo*) se dégrader, se détériorer; (*situación económica, política*) se détériorer.

desmembrar *vt* (*MED*) démembrer; (*fig*) disloquer.

desmentir *vt* (*contradecir*) démentir, donner un démenti à, contredire; (*refutar*) réfuter // vi: ~ **de** donner un démenti à; ~**se** vr se contredire.

desmenuzamiento nm émiettement m; (*fig*) analyse exhaustive.

desmenuzar vt (*deshacer*) émietter, réduire en miettes; (*examinar*) passer au crible.

desmerecer vt démériter de // vi (*deteriorarse*) se détériorer; (*perder su valor*) perdre de sa valeur, baisser.

desmesurado, a a démesuré(e).

desmontable a (*mueble*) démontable; (*capota de coche*) amovible.

desmontar vt (*deshacer*) démonter; (*arma de fuego*) désarmer; (*tierra*) déboiser // vi mettre pied à terre, descendre de cheval.

desmoralizar vt démoraliser.

desmoronar vt ébouler, saper; ~**se** vr (*edificio, dique*) s'ébouler, s'écrouler; (*sociedad*) s'effriter, tomber en ruine; (*economía*) tomber.

desnaturalizar vt dénaturaliser; (*alterar*) dénaturer; ~**se** vr demander un changement de naturalité; (*fig*) se dénaturer, s'altérer.

desnivel nm (*de terreno*) dénivellement m, dénivellation f; (*fig*) déséquilibre m.

desnivelar vt (*calle, terreno*) déniveler; (*fig*) déséquilibrer.

desnudar vt (*desvestir*) déshabiller, dévêtir; (*despojar*) dépouiller, dénuder; ~**se** vr (*desvestirse*) se déshabiller; (*confesarse*) se mettre à nu.

desnudo, a a nu(e); ~ **de** dépouillé de // nm nu m.

desobedecer vt (*contravenir*) désobéir à; (*infringir*) enfreindre.

desobediencia nf contravention f, désobéissance f; indiscipline f.

desocupación nf (*ocio*) oisiveté f; désœuvrement m; (*desempleo*) chômage m.

desocupado, a a (*ocioso*)

oisif(ive), désœuvré(e); (*desempleado*) inoccupé(e); (*deshabitado*) inhabité(e).

desocupar vt (*departamento, armario*) débarrasser; (*mesa*) vider; ~**se** vr se libérer, se débarrasser.

desodorante nm déodorant m.

desoír vt (*no escuchar*) faire la sourde oreille à, ne pas écouter; (*no darse por enterado*) ne pas tenir compte de.

desolación nf (*lugar*) lieu m désertique; (*fig*) désolation f.

desolar vt désoler, ravager; ~**se** vr se désoler.

desollar vt (*animal*) écorcher, dépouiller; (*criticar*) éreinter.

desorden nm désordre m; (MED) trouble m, dérèglement m; (*político*) trouble m.

desordenar vt déranger, mettre en désordre.

desorganizar vt (*desordenar*) désorganiser; (*deshacer*) défaire; décomposer.

desorientar vt (*extraviar*) désorienter; (*confundir, desconcertar*) troubler, déconcerter; ~**se** vr (*perderse*) se perdre, s'égarer; (*desconcertarse*) se troubler.

despabilado, a a (*despierto*) éveillé(e), réveillé(e); (*fig*) vif(vive), éveillé.

despabilar vt (*el ingenio*) dégourdir; (*fortuna, negocio*) expédier // vi, ~**se** vr se réveiller, se secouer.

despacio ad lentement; doucement, graduellement.

despachar vt (*negocio*) conclure, régler; (*enviar*) envoyer, expédier; (*vender*) vendre; (*despedir: empleado*) renvoyer, congédier; (fam: *matar*) expédier // vi se dépêcher; ~**se** vr se débarrasser.

despacho nm (de *paquete*) expédition f; (del *correo*) acheminement m; (*oficina*) bureau m; (*comunicación*) communiqué m.

desparejo, a a inégal(e), dissemblable.

desparpajo nm (fam) désinvolture f; sans-gêne m.

desparramar vt (esparcir) répandre, éparpiller; (noticia) répandre; (dinero, fortuna) gaspiller, dissiper; ~**se** vr (dispersarse) se disperser, s'éparpiller; (fig) se distraire, s'amuser.

despavorido, a a épouvanté(e), affolé(e), effrayé(e).

despectivo, a a (despreciativo) méprisant(e); (LING) péjoratif(ive).

despecho nm dépit m, désespoir m, rancune f; **a** ~ **de** en dépit de, malgré.

despedazar vt (animal) dépecer, mettre en pièces; (libro, revista, fig: corazón) déchirer.

despedida nf (de dos personas) adieux mpl; (de empleado, obrero) congé m, licenciement m; (de canto) renvoi m, strophe finale; (de carta) formule f de politesse; ~ **de soltero** fait d'enterrer sa vie de garçon.

despedir vt (amigo) raccompagner; (licenciar: empleado) licencier, congédier; (inquilino) expulser; (desairar) éconduire, mettre à la porte; (expulsar) expulser, renvoyer, mettre dehors; (olor) dégager, exhaler; ~**se** vr: ~**se de** (alguien) prendre congé de; (algo) renoncer à.

despegar vt décoller, détacher // vi décoller; ~**se** vr se décoller, se détacher.

despego nm détachement m, indifférence f.

despejado, a a (lugar) dégagé(e), déblayé(e); (cielo) dégagé; (persona) lucide.

despejar vt débarrasser; (calle) déblayer; (FÚTBOL, MAT) dégager; (misterio) éclaircir; ~**se** vr (tiempo, cielo) s'éclaircir, se dégager, se découvrir; (misterio) s'éclaircir; (persona) s'éveiller, prendre de l'assurance.

despejo nm (de casa, calle etc)

débarras m; (desenvoltura) aisance f, désinvolture f; (talento, ingenio) intelligence f, vivacité f d'esprit.

despensa nf garde-manger m.

despeñadero nm (GEO) précipice m; (fig) risque m.

despeñar vt précipiter ou jeter ou pousser dans un précipice; ~**se** vr se précipiter ou se jeter dans un précipice.

desperdiciar vt gaspiller; (el tiempo) perdre.

desperdicio nm (despilfarro) gaspillage m; (residuo) déchet m, reste m.

desperezarse s'étirer.

desperfecto nm (deterioro) détérioration f; (defecto) imperfection f, défaut m.

despertador nm réveil-matin m; (fig) aiguillon m, stimulant m.

despertar vt (persona) réveiller, éveiller; (vocación) éveiller, susciter; (recuerdos) réveiller; (apetito) ouvrir // vi, ~**se** vr se réveiller, s'éveiller // nm réveil m.

despido nm licenciement m.

despierto vb ver **despertar** // a éveillé(e), réveillé(e); (fig) vif(vive), éveillé(e), dégourdi(e).

despilfarrar vt gaspiller.

despilfarro nm (derroche) gaspillage m; (gastos excesivos) dépense inconsidérée; (abundancia) profusion f.

despistar vt dépister, dérouter; (fig) désorienter; ~**se** vr s'égarer; (fig) s'affoler, perdre la tête.

desplazamiento nm déplacement m; ~ **de tierras** glissement m de terrain.

desplegar vt (tela, papel) déplier; (bandera) déployer; (velas) larguer; (tropas, energías, fuerzas, inteligencia) déployer.

desplomarse (derrumbarse) s'écrouler, s'effondrer; (persona, precios, gobierno) tomber.

despoblar vt (de gente) dépeupler; (de árboles) déboiser; ~**se** vr se dépeupler; être déserté(e).

despojar vt (*alguien: de sus bienes*) dépouiller; (*casa*) vider; (*alguien: de su cargo*) enlever, ôter; ~**se** vr: ~**se de** (*sus ropas*) enlever; (*hojas*) se dépouiller de; (*prejuicios*) s'affranchir ou se défaire de.

despojo nm dépouillement m; butin m.

desposado, a a nouvellement marié(e) // nm/f jeune marié-e.

desposar vt marier; ~**se** vr se marier; se fiancer.

desposeer vt (*despojar*) déposséder; (*expoliar*) spolier; (*privar*) priver.

déspota nm despote m.

despreciar vt dédaigner, mépriser.

desprecio nm (*desdén*) mépris m; (*afrenta*) affront m; (*indiferencia*) dédain m.

desprender vt (*separar, desatar*) détacher; (*olor*) dégager; ~**se** vr (*botón*) se détacher; (*olor, perfume*) se dégager; ~**se de** se dessaisir ou se défaire ou se séparer de; **se desprende que** il découle que.

desprendido, a a généreux(euse).

desprendimiento nm générosité f; désintéressement m; (*desapego, indiferencia*) détachement m; (*de tierra, rocas*) éboulement m; (*de calor, gas*) dégagement m; (*de la retina*) décollement m.

despreocupado, a (*sin preocupación*) insouciant(e); (*desprejuiciado*) sans préjugés; (*negligente*) négligent(e).

despreocuparse vr ne pas s'inquiéter; ~ de négliger.

desprevenido, a a (*no preparado*) dépourvu(e); (*tomado por sorpresa*) au dépourvu, à l'improviste.

desproporción nf disproportion f; déséquilibre m.

despropósito nm sottise f, ânerie f.

después ad après; ~ de comer après manger; **un año** ~ une année après; ~ **se debatió el tema** puis on

débattit sur le thème; ~ **de corregido el texto** une fois le texte corrigé; ~ **de todo** après tout; ~ (**de**) **que habló, comprendí** après qu'il eut parlé, je compris.

despuntar vt épointer, casser la pointe de // vi (*BOT*) bourgeonner; (*el día*) poindre; (*persona*) se distinguer.

desquiciar vt (*puerta*) dégonder; (*institución, economía*) ébranler, faire chanceler; (*persona*) désaxer, déséquilibrer.

desquitarse vr prendre sa revanche; (*desfogarse*) se défouler; ~ **de** se venger de.

desquite nm revanche f.

destacamento nm détachement m.

destacar vt faire ressortir; (*MIL*) détacher // vi, ~**se** vr (*resaltarse*) se détacher; (*fig*) ressortir; (*persona*) se distinguer.

destajo nm forfait m; **trabajar a** ~ travailler au forfait; **hablar a** ~ (*fam*) trop parler.

destapar vt (*cañería*) déboucher; (*cacerola*) découvrir; ~**se** vr (*en la cama*) se découvrir; (*revelarse*) se révéler; ~**se con uno** s'ouvrir à ou s'épancher auprès de qn.

destartalado, a a (*desordenado*) mal rangé(e), malpropre; (*ruinoso*) délabré(e); (*dislocado*) disloqué(e), démantibulé(e).

destello nm (*de estrella*) scintillement m; (*de faro*) éclair m, lueur f.

destemplanza nf (*MUS*) discordance f; (*falta de armonía*) inharmonie f, discordance; (*impaciencia*) emportement m, excès m, manque m de retenue; (*del tiempo*) intempérie f.

destemplar vt (*MUS*) désaccorder; (*molestar*) déranger; ~**se** vr (*MED*) avoir un peu de fièvre; (*TEC*) se détremper; (*irritarse*) s'emporter.

desteñir vt déteindre // vi, ~**se** vr se décolorer, se décolorer.

desternillarse vr: ~ **de risa** se tordre de rire.

desterrar vt (exilar) exiler, bannir; (AGR) enlever la terre de.

destierro nm exil m.

destilación nf distillation f.

destilar vt distiller; (fig) exsuder, laisser suinter // vi (gotear) goutter goutte à goutte, dégoutter; (rezumar) suinter; ~ **su rabia** manifester sa rage.

destinar vt destiner; (funcionario) affecter; (fondos) affecter, destiner; ~**se** vr se destiner.

destinatario, a nm/f destinataire m/f.

destino nm (suerte) destinée f, destin m; (función) destination f, affectation f.

destitución nf destitution f.

destituir vt destituer.

destornillador nm tournevis m.

destornillar vt dévisser; ~**se** vr (tornillo) se dévisser; (fam) perdre la tête, divaguer; (AM) = **desternillarse.**

destreza nf (habilidad) habileté f; (maña) adresse f, dextérité f; (facilidad) facilité f.

destripar vt (animal) étriper; (persona, colchón) éventrer.

destronar vt détrôner.

destrozar vt (romper) mettre en pièces, déchirer, casser, démolir; (estropear) abîmer; (deshacer) défaire; (MIL) défaire, mettre en déroute, tailler en pièces; (el corazón, su vida) briser; ~**se** vr se briser; (estar destrozado(a) être épuisé(e) ou éreinté(e).

destrozo nm (acción) destruction f; (desastre) désastre m; ~**s** nmpl (pedazos) débris mpl; (daños) dégâts mpl.

destrucción nf destruction f.

destruir vt détruire, anéantir; (esperanzas) démolir, réduire à néant; (argumento) démolir; ~**se** vr s'annuler.

desuello nm (acción) écorchement

m, écorchure f; (fig) impudence f, effronterie f.

desunión nf (separación) désunion f; (TEC) action f de déconnecter.

desunir vt séparer; déconnecter; diviser.

desusado, a a (anticuado) désuet(ète); (pasado de moda) vieilli(e), désuet; (inusual) inhabituel(le).

desvaínar vt écosser.

desvalido, a a (desprotegido) déshérité(e); (sin fuerzas) sans force, affaibli(e).

desván nm grenier m.

desvanecer vt (disipar) dissiper; (palidar, borrar) pâlir, effacer; (error) dissiper; ~**se** vr (humo) s'évanouir, se dissiper; (color) pâlir, s'effacer; (alcohol) s'éventer; (MED) s'évanouir, avoir un malaise; (recuerdo) s'effacer; (envanecerse) s'enorgueillir.

desvanecimiento nm (desaparición) évanouissement m, disparition f; (pérdida de colores) effacement m; (evaporación) dissipation f; (MED) syncope f; (fig) vanité f; prétention f; arrogance f.

desvariar vi (enfermo) délirer; (loco) déraisonner; (fig: desatinar) divaguer.

desvarío nm délire m; absurdité f, extravagance f.

desvelar vt empêcher de dormir; ~**se** vr se réveiller; (fig) se donner du mal.

desvelo nm insomnie f; souci m, inquiétude f.

desvencijado, a a (coche) déglingué(e), branlant(e); (sillón) détraqué(e), délabré(e).

desventaja nf désavantage m.

desventajoso, a a désavantageux(euse).

desventura nf malheur m, mésaventure f.

desventurado, a a malheureux(euse).

desvergonzado, a a effronté(e),

dévergondé(e) // nm/f effronté/e, dévergondé/e.

desvergüenza nf (descaro) effronterie f; (insolencia) insolence f, grossièreté f; (mala conducta) dévergondage m.

desviación nf déviation f.

desviar vt dévier, détourner; (río) dévier; (navío) dérouter; (conversación) détourner; ~se vr (apartarse del camino) se perdre; (: barco) faire fausse route; (alejarse del tema) s'éloigner du sujet.

desvío nm (desviación) déviation f; (fig) détachement m, désaffection f.

desvirtuar vt (hacer perder la calidad) abîmer; (alterar) fausser; (desnaturalizar) dénaturer; ~se vr se dénaturer.

desvivirse vr: ~ por désirer vivement; ~ por un amigo se mettre en quatre pour un ami.

detallar vt détailler; (COM) vendre au détail.

detalle nm détail m; al ~ au détail; con todos los ~s en détail, avec des détails.

detallista nm/f détaillant/e.

detener vt (tren, persona) arrêter; (JUR) arrêter, mettre en prison; (objeto) garder, conserver; ~se vr s'arrêter; (demorarse) ~se se s'attarder à.

detenido, a a (preso) détenu(e); (minucioso) minutieux(euse); (tímido) indécis(e), irrésolu(e) // nm/f détenu/e.

deteriorar vt abîmer, détériorer; (fig) détériorer; ~se vr se détériorer; (relaciones) se dégrader.

deterioro nm détérioration f.

determinación nf décision f, détermination f.

determinar vt (plazo) déterminer; (precio) fixer, déterminer; ~se vr se déterminer, se décider.

detestable a détestable, abominable, exécrable.

detestar vt détester, avoir horreur de.

detracción nf (descrédito) médisance f, dénigrement m; (desviación) déviation f.

detractar vt détracter, dénigrer.

detrás ad derrière; ~ de derrière.

detrimento nm détriment m; en ~ de au détriment de.

deudo, a a: saldo ~ solde dû // nm/f débiteur/trice.

deudor, a a: saldo ~ solde dû // nm/f débiteur/trice.

devanar vt (lana) dévider; (hilo) bobiner, enrouler.

devaneo nm (MED) divagation f; (fig) élucubrations fpl; (capricho) caprice m, frivolité f.

devastar vt (destruir) dévaster; (asolar) ravager.

devengar vt gagner; toucher.

devoción nf dévotion f.

devolución nf dévolution f, restitution f; (reenvío) retour m; (reembolso) remboursement m.

devolver vt rendre, restituer; (carta al correo) retourner; (visita, la palabra) retourner; rendre; (fam) vomir; ~se vr (AM) revenir.

devorar vt dévorer.

devoto, a a dévot(e) // nm/f dévot/e.

di vb ver **dar**; **decir**.

día nm jour m; ¿qué ~ es? quel jour sommes-nous?; **estar/poner al** ~ être/mettre à jour; el ~ **de hoy/de mañana** aujourd'hui/demain; al ~ **siguiente** le lendemain; **vivir al** ~ vivre au jour le jour; **de día** en jour; **en pleno** ~ en plein jour; ~ **de asueto/ laborable/festivo** jour de congé/ férié/de fête; ~ **de año nuevo** jour de l'an; ~ **del Corpus** fête-Dieu f; ~ **de vigilia** jour d'abstinence.

diablo nm diable m.

diablura nf diablerie f.

diabólico, a a diabolique; (fig) embrouillé(e), compliqué(e).

diadema nf diadème m.

diagnóstico nm diagnostic m.

dialecto nm dialecte m.

diálogo nm dialogue m.

diamante nm diamant m.

diámetro nm diamètre m; (AUTO: de cilindro) alésage m.

diana nf réveil m.

diario, a a journalier(ière), quotidien(ne) // nm journal m; ~ **hablado** journal parlé.

dibujar vt dessiner; (fig) décrire, tracer; ~**se** vr se préciser; se dessiner; ~ **a lapiz/a la aguada** dessiner au crayon/au lavis.

dibujo nm dessin m; ~**s animados** dessins animés.

dicción nf diction f, style m; (palabra) mot m, expression f.

diccionario nm dictionnaire m.

dice etc vb ver **decir.**

diciembre nm décembre m.

dictado nm dictée f; (dignidad, título, honorario) titre m; ~**s** mpl préceptes mpl; **escribir al** ~ écrire sous dictée.

dictador nm dictateur m.

dictamen nm opinion f; rapport m; avis m.

dictaminar vt conseiller, prescrire; (JUR) rapporter // vi se prononcer; opiner, estimer.

dictar vt dicter; (AM): ~ **clases** faire (des) cours.

dicho, a pp de **decir** // a: **en** ~**s paises** en ces pays // nm pensée f; sentence f // nf bonheur m, chance f.

dichoso, a a heureux(euse); (fam) ennuyeux(euse), assommant(e).

diente nm (ANAT, TEC) dent f; (ZOOL) dent, croc m; **dar** ~ **con** ~ claquer des dents; **hablar entre** ~**s** marmotter, parler entre ses dents; ~ **de ajo** gousse f d'ail; ~ **de león** pissenlit m.

dieron vb ver **dar.**

diestro, a a adroit(e), habile // nm matador m, torero m; (cabestro) licou m, longe f // nf droite f.

dieta nf (MED) diète f; (POL) assemblée f, diète f; ~**s** fpl honoraires mpl, indemnité f.

diez num dix.

diezmar vt (matar) décimer; (asolar) décimer, dévaster.

diezmo nm dîme f.

difamar vt diffamer.

diferencia nf différence f; (controversia) différend m.

diferenciar vt différencier // vi différer, diverger; ~**se** vr différer, n'être pas du même avis; se distinguer.

diferente a différent(e).

diferir vt différer // vi différer.

difícil a difficile.

dificultad nf difficulté f; (problema) ennui m, difficulté.

dificultar vt (complicar) rendre difficile, compliquer; (estorbar) gêner; (impedir, interferir) empêcher, interférer.

difundir vt (esparcir, derramar) répandre; (divulgar, propagar) propager, divulguer; ~**se** vr se propager.

difunto, a a défunt(e) // nm/f défunt/e, disparu/e.

difuso, a pp de **difundir** // a diffus(e).

digerir vt digérer; (fig) assimiler.

digestión nf digestion f.

dignarse vr daigner.

dignidad nf dignité f; respect m; (rango) rang m.

digno, a a a digne.

digo etc vb ver **decir.**

digresión nf digression f.

dije vb ver **decir** // nm pendeloque f, breloque f; (persona) perle f.

dilación nf (retraso) retard m; (demora) délai m.

dilatación nf (expansión) dilatation f, (fig) soulagement m.

dilatado, a a dilaté(e); (ancho) vaste; (largo) long(ue); (extenso) élargi(e), large.

dilatar vt (cuerpo) dilater; (prolongar) différer, retarder, prolonger; ~**se** vr se dilater; s'étendre; (AM) s'attarder, retarder.

dilema nm dilemme m.

diligencia nf diligence f;

(*ocupación*) diligence, démarche *f*; (*JUR*) enquête *f*.

diligente *a* diligent(e).

dilucidar *vt* élucider.

dilución *nf* dilution *f*.

diluir *vt* diluer, délayer.

diluvio *nm* déluge *m*, inondation *f*; (*de improperios*) torrent *m*.

dimanar *vi* (*agua*) couler; (*fig*): ~ **de** émaner de.

dimensión *nf* dimension *f*.

diminución *nf* = **disminución**.

diminuto, a *a* très petit(e).

dimisión *nf* démission *f*.

dimitir *vi* se démettre, démissionner, donner sa démission.

dimos *vb ver* **dar**.

Dinamarca *nf* Danemark *m*.

dinamarqués, esa *a* danois(e) // *nm/f* Danois/e.

dinamita *nf* dynamite *f*.

dínamo *nm* dynamo *f*.

dinastía *nf* dynastie *f*.

dinástico, a *a* dynastique.

dineral *nm* grosse somme, fortune *f*.

dinero *nm* argent *m*; ~ **contante y sonante** argent comptant; ~ **efectivo** espèces *fpl*.

dintel *nm* linteau *m*, dessus-de-porte *m*.

dio *vb ver* **dar**.

dios *nm* dieu *m*; ¡**D~ mío!** mon Dieu!

diosa *nf* déesse *f*.

diploma *nm* diplôme *m*.

diplomacia *nf* diplomatie *f*; (*fig*) habileté *f*, astuce *f*.

diplomático, a *a* diplomatique; (*hábil*) diplomate, habile // *nm/f* diplomate *m*.

diputado, a *nm/f* député *m*.

dique *nm* (*muro*) digue *f*; (*escollera*) brise-lames *m*; (*freno*) frein *m*; ~ **de contención** digue de retenue; ~ **seco** cale sèche.

diré *etc vb ver* **decir**.

dirección *nf* direction *f*; (*señas*) adresse *f*; ~ **única/obligatoria/prohibida** sens unique/obligatoire/interdit; ~ **de produc-**

ción régie *f*; ~ **escénica** mise en scène *f*.

directo, a *a* direct(e) // *nm* direct *m*; **transmitir en** ~ retransmettre en direct.

director, a *a* directeur(trice) // *nm/f* directeur/trice; ~ **de cine/de escena** metteur en scène *m*; ~ **de empresa** directeur d'entreprise; ~ **de orquesta** chef *m* d'orchestre.

dirigir *vt* diriger; (*carta*) adresser; (*palabra, mirada*) adresser, diriger; (*obra de teatro, film*) diriger, réaliser; (*por radio*) radioguider; (*misil*) téléguider; (*coche, avión, barco*) conduire; ~ **se** *vr*: ~ **se a** se rendre à, se diriger vers; (*fig*) s'adresser à.

dirijo *etc vb ver* **dirigir**.

dirimir *vt* faire cesser, régler; annuler.

discernimiento *nm* discernement *m*.

discernir *vt* (*distinguir, discriminar*) discerner; (*JUR*) nommer à une tutelle *ou* charge; (*cargo*) conférer une charge à.

disciplina *nf* discipline *f*.

disciplinar *vt* discipliner; (*azotar*) flageller; (*ejército*) appliquer la discipline à; ~ **se** *vr* se discipliner.

discípulo, a *nm/f* disciple *m*.

disco *nm* disque *m*; (*TELEC*) cadran *m*; (*AUTO*) feu *m* rouge; (*fam*) histoire ennuyeuse; ~ **de larga duración** disque longue durée *ou* trente-trois tours; ~ **de freno** disque de frein; ~ (**de**) **duración extendida** disque double (durée).

díscolo, a *a* indocile, turbulent(e).

discordancia *nf* (*desacuerdo*) discordance *f*, désaccord *m*; (*divergencia*) divergence *f*.

discordia *nf* discorde *f*.

discreción *nf* discrétion *f*; (*reserva, secreto*) réserve *f*, retenue *f*; **comer a** ~ manger à volonté.

discrecional *a* (*facultativo*) facultatif(ive); (*arbitrario*) discrétionnaire, arbitraire.

discrepancia nf divergence f; discordance f.

discreto, a a discret(ète); prudent(e); sage, sensé(e); (color) sombre; harmonieux(euse); en demi-teintes; discret(ète); (razonable) raisonnable.

disculpa nf excuse f.

disculpable a excusable, pardonnable.

disculpar vt disculper, excuser; ~se vr se disculper, s'excuser.

discurrir vt imaginer, inventer // vi (pensar, reflexionar) penser, réfléchir; (recorrer) parcourir, aller; (el tiempo) passer.

discurso nm discours m; (razonamiento) raisonnement m.

discusión nf discussion f, débat m, controverse f, polémique f.

discutir vt discuter, débattre // vi discuter.

disecar vt (cadáver, planta, fig) disséquer; (animal) empailler.

diseminar vt disséminer.

diseño nm (dibujo) dessin m; (descripción) description f.

disertar vi disserter.

disfavor nm défaveur f.

disforme a difforme.

disfraz nm déguisement m, travestissements m, dissimulation f; prétexte m.

disfrazar vt déguiser, dissimuler; (la verdad) déguiser, cacher; ~se vr: ~se de se déguiser.

disfrutar vt profiter ou jouir de // vi s'amuser; ~ de jouir de.

disfrute nm (gozo) jouissance f; (posesión, uso) usufruit m, usage m.

disgregación nf désagrégation f.

disgustar vt (no gustar) déplaire à; (contrariar, enojar) contrarier, désoler, fâcher; ~se vr se fâcher.

disgusto nm (repugnancia) dégoût m; (contrariedad) contrariété f; (pesadumbre) ennui m; (desavenencia) brouille f.

disimulación nf dissimulation f.

disimular vt dissimuler; excuser, pardonner; (ocultar) cacher.

disipación nf dissipation f; immoralité f, dissipation; indiscipline f, dissipation.

disipar vt dissiper; (fortuna) dilapider; ~se vr (nubes) se dissiper, s'évaporer; (indisciplinarse) se dissiper; (arruinarse) se ruiner.

dislocar vt (descoyuntar, desarticular) désarticuler; (desencajar) déboîter, désemboîter.

disminución nf diminution f.

disminuir vt (acortar) diminuer, raccourcir; (achicar) diminuer; (estrechar) rétrécir; (empequeñecer) amoindrir, rapetisser.

disociar vt dissocier, séparer; ~se vr se séparer.

disolución nf dissolution f; solution f; liquidation f; dissipation f.

disoluto, a a dissolu(e).

disolver vt dissoudre; (matrimonio) dissoudre, briser; ~se vr se dissoudre.

disparar vt tirer // vi tirer, faire feu; (disparatar) dire (ou faire) des absurdités; ~se vr (tiro) se décharger; partir; (persona) s'enfuir; (caballo) s'emballer, partir au galop; (motor) s'emballer.

disparatado, a a absurde, extravagant(e).

disparatar vi dire (ou faire) des absurdités.

disparate nm absurdité f, sottise f, idiotie f.

dispensar vt dispenser, excuser, pardonner.

dispersar vt disperser; ~se vr se disperser.

dispersión nf dispersion f.

displicencia nf froideur f; découragement m; manque m d'enthousiasme; sécheresse f.

disponer vt (arreglar) disposer; (ordenar) ordonner; (preparar) préparer // vi: ~ de disposer de; ~se vr: ~se para se disposer à.

disponible a disponible.

disposición nf disposition f; (aptitud) dispositions fpl; **disposiciones** nfpl dispositions.

disputa nf dispute f, altercation f, querelle f.

dispuesto, a pp de disponer // a (arreglado) disposé(e); prêt(e); bien/mal ~ bien/mal disposé.

disputar vt (discutir) discuter; (contender) disputer; ~**se** vr se disputer.

distanciar vt éloigner, distancer, écarter; ~**se** vr se séparer.

distante a distant(e).

distar vi: ~ de être éloigné(e) de; ~ **2 horas** de camino être à 2 heures de route.

diste, disteis vb ver **dar**.

distinción nf distinction f, différence f; distinction, clarté f; élégance f, distinction; (honor) distinction.

distinguir vt (discutir) rendre hommage à; ~**se** vr se distinguer.

distintivo, a a distinctif(ive) // nm (insignia) signe distinctif, insigne m; (calidad) qualité f.

distinto, a a différent(e); (claro) distinct(e).

distracción nf (pasatiempo) distraction f, (inadvertencia, descuido, olvido) dissipation f, dérèglement m.

distraer vt (entretener) distraire, amuser; (desviar) distraire, détourner; (fondos) détourner; ~**se** vr (entretenerse) se distraire, s'amuser; (perder la concentración) se déconcentrer.

distraído, a a (que alegra, entretiene) distrayant(e); (desatendido) distrait(e) // nm/f distrait(e).

distribuidor nm delco m ®, distributeur m.

distribuir vt distribuer.

distrito nm (sector, territorio) district m, secteur m, territoire m; (barrio) arrondissement m; **D~ Federal** (AM) Mexico.

distrofia nf: ~ **muscular** dystrophie f musculaire.

disturbio nm trouble m.

disuadir vt dissuader.

disuelto pp de **disolver**.

diurético, a a diurétique // nm diurétique m.

divagar vi divaguer.

divergencia nf divergence f.

divergente a divergent(e); contraire; opposé(e).

diversidad nf diversité f.

diversión nf distraction f.

diverso, a a divers(e); ~**s** plusieurs; ~**s** mpl articles divers.

divertir vt (entretener, recrear) divertir, amuser; (apartar, distraer) éloigner, détourner; ~**se** vr se distraire, s'amuser.

dividir vt (separar) diviser; (distribuir) partager, distribuer.

divino, a a a divin(e).

divisa nf (emblema, moneda) devise f; (TAUR) cocarde f.

divisar vt distinguer, apercevoir.

división nf (MAT, MIL) division f; (LING) trait d'union m; (divergencia) divergence f; (discordia) discorde f.

divorciar vt séparer, prononcer le divorce de; ~**se** vr se divorcer.

divorcio nm divorce m.

divulgar vt divulguer; ~**se** vr se divulguer.

dls abr de **dólares**.

D.N.A. abrev A.D.N.

do. abr de **descuento**.

dobladura nf pli m.

doblar vt (dinero) doubler; (papel) plier; (caño) tordre; (rodilla) fléchir, courber; (la esquina) tourner; (actor) doubler // vi tourner; (campana) sonner; ~**se** vr (plegarse) se plier; (encorvarse) se courber; ~**se de risa/dolor** se tordre de rire/douleur.

doble a double; faux(fausse), fourbe; hypocrite // nm double m; (NAIPES) contre m // nm/f (CINE) doublure f; **con** ~ **sentido** à double sens.

doblez nm (pliegue) pli m; (fig) fausseté f.

doc abr de **docena**.

doce num douze.

docena nf douzaine f.

dócil a docile; obéissant(e).

docilidad nf (obediencia) obéissance f; *(mansedumbre)* docilité f.

docto, a a érudit(e), cultivé(e); *(sabio)* savant(e), docte.

doctor, a nm/f docteur/ doctoresse.

doctrinar vt *(instruir)* instruire; *(fig)* endoctriner.

documento nm *(certificado)* document m; ~ **de identidad** carte f d'identité, papiers mpl; ~**s del coche** papiers de la voiture.

dogal nm licou m.

doler vt faire mal à // vi faire mal; ~**se** vr *(de su situación)* se plaindre; regretter; *(de las desgracias ajenas)* s'affliger; **me duele el brazo** mon bras me fait mal, j'ai mal au bras.

doliente a *(dolorido)* douloureux (euse) // nm/f malade m/f.

dolo nm dol m.

dolor nm mal m, douleur f; *(fig)* peine f.

dolorido, a a endolori(e); *(fig)* affligé(e), désolé(e), brisé(e) de douleur.

domar vt *(fieras)* dompter; *(adiestrar)* dresser; *(fig)* dompter, maîtriser.

domicilio nm domicile m; ~ **particular** domicile particulier; ~ **social** siège social.

dominación nf domination f; *(MIL)* position dominante.

dominante a dominant(e), dominateur(trice) // nf *(rasgo)* caractère dominant, trait m caractéristique; *(MUS)* dominante f.

dominar vt *(someter)*; *(nervios)* contrôler; *(varios idiomas)* posséder // vi dominer; ~**se** vr se maîtriser, se dominer.

domingo nm dimanche m.

dominio nm *(tierras)* domaine m; *(autoridad)* autorité f; *(de las pasiones)* maîtrise f; *(de varios idiomas)* connaissance parfaite.

don nm don m; *(título: antepone a nombre propio)* Monsieur m *(se antepone al apellido)*.

donaire nm grâce f, élégance f.

doncella nf *(jovencita)* jeune fille f; *(criada de la Reina)* femme f de chambre *(de la reine)*; suivante f; *(virgen)* pucelle f.

donde ad où // prep: **el coche está allí** ~ **el farol** la voiture est là où est le réverbère; *(AM)*: **te veré** ~ **mi tía** je te verrai chez ma tante; **por** ~ par où; **en** ~ où.

dónde ad interrogativo où; ¿**a vas**? où vas-tu? ¿**de** ~ **vienes**? d'où viens-tu? **por** ~? par où?

dondequiera ad n'importe où; **por** ~ partout // conj: ~ **que** où que; partout où.

doña nf *(título: antepone a nombre propio)* Madame f *(se antepone al apellido)*.

dorado, a a *(color)* doré(e); *(CULIN)* rissolé(e) // nm coryphène m.

dorar vt *(TEC)* dorer; *(CULIN)* rissoler, dorer.

dormir vt: ~ **la siesta** faire la sieste; *(niño)* endormir // vi dormir; ~**se** vr s'endormir.

dormitar vi sommeiller, somnoler.

dormitorio nm chambre à coucher; ~ **común** dortoir m.

dos num deux.

dosis nf inv dose f.

dotado, a a doué(e); ~ **de** pourvu de.

dotar vt doter; *(proveer)* pourvoir; *(equipar)* équiper.

dote nf dot f; ~**s** nfpl dons mpl, aptitudes fpl.

doy vb ver **dar**.

dragón nm *(MITOLOGÍA, MIL)* dragon m; *(BOT)* muflier m, gueule-de-loup f.

drama nm drame m.

dramaturgo nm dramaturge m.

drenaje nm drainage m.

droga nf drogue f; *(fam: molestia)* barbe f; *(AM: deuda)* dette f.

droguería nf droguerie f, marchand m de couleurs.

dromedario nm dromadaire m.

ducado nm *(territorio)* duché m; *(moneda)* ducat m.

ducha nf douche f.

ducho, a a expert(e), fort(e), ferré(e).

duda nf doute m.

dudoso, a a *(incierto)* hésitant(e),

incertain(e); (*sospechoso*) douteux (euse).

duelo nm (*combate*) duel m; (*luto*) deuil m.

duende nm lutin m, esprit follet m; **tener ~** avoir du charme.

dueño, a nm/f maître/sse, propriétaire m/f.

duermo etc vb ver **dormir**.

Duero nm: **el ~** le Douro.

dulce a doux(douce) // nm bonbon m; sucrerie f.

dulzaina nf flageolet m.

dulzura nf douceur f.

duna nf dune f.

duplicar vt (*hacer el doble de*) doubler, multiplier par deux; (*reproducir*) reproduire; **~se** vr doubler.

duplicidad nf duplicité f.

duque, duquesa nm f duc/duchesse.

duración nf durée f.

duradero, a a a durable, constant(e), permanent(e).

durante ad pendant, durant.

durar vi (*continuar, permanecer, quedar*) durer, continuer, rester, demeurer; (*tiempo, objeto, sonido, recuerdo*) demeurer, subsister, durer.

dureza nf (*calidad*) dureté f; (*callosidad*) durillon m.

durmí etc vb ver **dormir**.

durmiente nm traverse f.

duro, a a dur(e) // ad (*pegar*) fort; (*trabajar*) dur // nm pièce de cinq pesetas.

E

e conj et.

E abr de **este**.

ea excl allons!

ebanista nm ébéniste m.

ébano nm (*madera*) ébène f; (*árbol*) ébénier m.

ebrio, a a ivre.

Ebro nm: **el ~** l'Èbre m.

ebullición nf ébullition f; (*fig*) effervescence f.

eclesiástico, a a ecclésiastique // nm (*clérigo*) ecclésiastique m.

eclipse nm éclipse f.

eclisa nf (TEC) éclisse f.

eco nm écho m.

economía nf économie f.

económico, a a (*barato*) économique; (*persona*) économe; (*com: plan*) financier (ière); (: *situación*) économique.

economista nm/f économiste m/f.

ecuador nm équateur m; **el E~** Equateur m.

ecuatorjano, a a a équatorien(ne) // nm f Equatorien(ne).

ecuestre a équestre.

echar vt jeter; (*agua, vino: escanciar*) verser; (*empleado: despedir*) renvoyer, expulser; (*bigotes*) laisser pousser; (*raíces, hojas*) pousser, produire; (*gallina*) accoupler; vi: **~ a correr/llorar** se mettre à courir/pleurer; **~ llave a fermer à clé**; **~ dos horas para llegar** mettre deux heures pour arriver; **~ de comer** donner à manger; **~ abajo** (*gobierno*) renverser; (*edificio*) abattre; **~ mano a** se servir de, faire appel à.

edad nf âge m; **¿qué ~ tienes?** quel âge as-tu?; **tiene ocho años de ~** il a huit ans; **de ~ mediana/avanzada** d'âge moyen/avancé; **la ~ Media** le Moyen Âge.

edecán nm aide de camp m.

edición nf édition f.

edicto nm édit m.

edificación nf construction f; (*fig*) édification f.

edificar vt bâtir, construire; (*fig*) édifier, élever.

edificio nm édifice m; (*fig*) édifice, structure f.

editar vt éditer.

editor, a a d'édition // nm/f éditeur/trice // nm maison f d'édition;

casa ~a maison d'édition.

editorial a de l'édition // nm article m de fond // nf maison f d'édition.

educación nf éducation f.

educar vt (niño) élever; (voz) éduquer; ~se vr s'éduquer.

EE. UU. nmpl abr ver estado.

efectivamente ad effectivement; exactement, justement.

efectivo, a a effectif(ive); (real) véritable // nm: **pagar en** ~ payer en espèces; ~s nmpl effectif m; **hacer un cheque** toucher un chèque.

efecto nm effet m; ~s a cobrar (COM) effets bancaires ou de commerce; **en** ~ en effet.

efectuar vt effectuer; (viaje) faire.

efervescente a effervescent(e); (fig) agité(e).

eficacia nf (de persona) efficacité f, efficience f; (de medicamento) efficacité.

eficaz a efficace; efficient(e); effectif(ive).

efímero, a a éphémère.

efusión nf effusion f.

égida nf: **bajo la** ~ **de** sous l'égide de.

egipcio, a a égyptien(ne) // nm/f Egyptien/ne.

Egipto nm Egypte f.

egoísmo nm égoïsme m.

egoísta a égoïste // nm/f égoïste m/f.

egregio, a a illustre.

Eire nm République f d'Irlande, Irlande f du Sud.

ej. abr de ejemplo.

eje nm axe m, essieu m; **la idea** ~ l'idée force.

ejecución nf exécution f; (JUR: embargo de deudor) exécution; saisie f, saisie-exécution f.

ejecutar vt (obra de arte) exécuter, jouer; (orden) exécuter; (JUR: sentencia) exécuter; (: embargar) saisir.

ejecutivo, a a expéditif(ive); **el poder** ~ le pouvoir exécutif.

ejecutoria nf (título de nobleza) lettres fpl de noblesse; (JUR) exécutoire m.

ejemplar a exemplaire // nm (ZOOL) spécimen m; (de libro) exemplaire m.

ejemplo nm exemple m; **por** ~ par exemple.

ejercer vt, vi exercer.

ejercicio nm exercice m; (deber) devoir m; ~ **comercial** exercice financier.

ejercitar vt (ejercer) exercer; (enseñar con la práctica) entraîner; ~se vr s'exercer.

ejército nm armée f; **entrar en el** ~ s'engager; **E~ de Salvación** Armée du Salut.

el det le.

él pron il; (después de prep) lui.

elaborar vt élaborer; (trabajar) mettre en forme.

elasticidad nf élasticité f.

elástico, a a élastique // nm élastique m.

elección nf élection f; (selección) choix m.

electorado nm électorat m.

electricidad nf électricité f.

electricista nm/f électricien/ne.

eléctrico, a a électrique.

electrificación nf électrification f.

electrificar vt électrifier.

electrizante a électrisant(e).

electrizar vt électriser; ~se vr s'électrocuter; (fig) s'enthousiasmer.

electro... pref électro...; **~cardiógrafo** nm électrocardiographe m; **~cución** nf électrocution f; **~cutar** vt électrocuter; **~chapado, a** a plaqué par galvanoplastie; **~choque** nm électrochoc m; **~dinámica** nf électrodynamique f; **~dinámico, a** a électrodynamique; **electrodo** nm électrode f; **~doméstico, a** a électroménager(ère) // nm électroménager m; **~encefalograma** nm électro-encéphalogramme m; ~**imán** nm électro-aimant m; ~**magnético, a a** électromagnétique; ~**mecánico, a a** électromécanique // nf électromécanique f; ~**motor** nm électromoteur m.

electrón nm électron m; ~**ico, a a** électronique // nf électronique f.

electrotecnia nf électrotechnique f; **electrotécnico, a a** électrotechnique // nm/f ingénieur m électricien.

electrotermo nm chauffe-eau m inv électrique.

elefante nm éléphant m; ~ **marino** éléphant de mer, morse m.

elegancia nf (gracia) élégance f, grâce f; (estilo) distinction f.

elegante a élégant(e); distingué(e) // nm f élégant/e.

elegía nf élégie f.

elegible a éligible.

elegir vt (escoger) choisir; (optar) voter pour, élire; (presidente) élire.

elemental a fondamental(e); primordial(e).

elemento nm élément m; (fig) individu m; ~**s** nmpl éléments, matériel m.

elevación nf hauteur f; montée f; élévation f; (fig) noblesse f.

elevado, a a élevé(e); (estilo) soutenu(e).

elevar vt élever; ~**se** vr (edificio) s'élever; (precios) monter, s'élever; (transportarse, enajenarse) être transporté(e); (engreírse) s'enorgueillir.

eliminar vt éliminer.

elocución nf élocution f; (estilo) style m, expression f.

elocuencia nf éloquence f.

elogiar vt louer, faire l'éloge de.

elogio nm éloge m.

eludir vt (evitar) éluder; (escapar) échapper.

ella pron elle.

ellas pron elles.

ello pron cela, ça, c'.

ellos pron ils; (después de prep) eux.

emanar vi: ~ **de** émaner de; (des-

prenderse de) se détacher de; (derivar de) découler de.

emancipar vt émanciper; ~**se** s'émanciper; s'affranchir.

embadurnar vt barbouiller; badigeonner; enduire.

embajada nf ambassade f; (mensaje) commission f.

embajador, a nm/f ambassadeur/drice.

embalaje nm emballage m.

embalar vt (envolver) emballer; (envasar) conditionner.

embalsar vt endiguer; retenir.

embarazada a enceinte // nf femme enceinte.

embarazar vt embarrasser; ~**se** vr (aturdirse) être embarrassé(e); (confundirse) s'embrouiller.

embarazo nm (de mujer) grossesse f; (impedimento) embarras m; (timidez) gaucherie f.

embarcación nf (barco) embarcation f; (acto) embarquement m.

embarcadero nm embarcadère m.

embarcador nm chargeur m.

embarcar vt embarquer; (persona) entraîner; ~**se** vr s'embarquer.

embargar vt (impedir) gêner; (restringir) restreindre; (confundir) embarrasser; (emocionar) saisir; (JUR) sequestrer, saisir.

embarque nm embarquement m.

embate nm coup m de mer; assaut m.

embaular vt mettre dans une malle; (fig) s'empiffrer de.

embebecerse vr (extasiarse) être ébahi(e), s'extasier; (fascinarse) s'extasier, être fasciné(e).

embeber vt (absorber) absorber; (empapar) imbiber // vi rétrécir; ~**se** vr: ~**se de alcohol** s'imbiber d'alcool; ~**se en la lectura** s'absorber dans la lecture.

embelesar vt (cautivar) charmer, ravir; (maravillar) éblouir; ~**se** vr être transporté(e) par.

embellecer *vi, vt* embellir; ~**se** *vr* s'embellir.

embestida *nf* attaque *f*; assaut *m*.

embestir *vt* assaillir, attaquer; (*DE-PORTE*) attaquer; (*atacar, cargar*) attaquer, charger // *vi* attaquer; ~ **con** foncer sur.

emblema *nm* emblème *m*.

embobado, a *a* (*atontado*) ébahi(e); (*extasiado*) hébété(e).

embocadura *nf* embouchure *f*; (*de vino*) bouquet *m*.

embolsar *vt* empocher.

emborrachar *vt* enivrer; ~**se** *vr* s'enivrer.

emboscada *nf* (*celada*) embuscade *f*, guet-apens *m*; (*trampa*) piège *m*, trappe *f*.

emboscar *vt* embusquer; ~**se** *vr* s'embusquer.

embotar *vt* engourdir; ~**se** *vr* (*adormecerse*) s'émousser; (*estar aturdido de cansancio*) être engourdi(e) de fatigue.

embotellar *vt* embouteiller; (*fig*) encombrer; ~**se** *vr* s'embouteiller.

embozo *nm* (*de capa*) pan *m*; (*de sábana*) revers *m*; (*fig*) dissimulation *f*.

embragar *vt* embrayer.

embrague *nm* (*pedal m de*) ~ (*pédal m de*) embrayage *m*.

embravecer *vt* irriter; rendre furieux; ~**se** *vr* s'irriter; (*el mar*) être démonté(e); (*tormenta*) se déchaîner.

embriagado, a *a* (*emborrachado*) ivre; (*enajenado*) enivré(e), transporté(e).

embriagar *vt* (*emborrachar*) enivrer; (*enajenar*) enivrer, griser; ~**se** *vr* (*emborracharse*) s'enivrer; (*extasiarse*) s'extasier.

embriaguez *nf* ivresse *f*; griserie *f*.

embrión *nm* embryon *m*.

embrollar *vt* embrouiller; confondre; compliquer; ~**se** *vr* (*confundirse*) s'embrouiller; ~**se con uno** se brouiller avec qn.

embrollo *nm* embrouillement *m*;

confusion *f*; (*pey*) imbroglio *m*, histoire *f*.

embromar *vt* (*engañar*) mystifier; berner; (*burlarse de*) se moquer de; (*fastidiar*) ennuyer; ~**se** *vr* (*AM*) s'ennuyer; **estar embromado** (*fam*) ne pas être dans son assiette.

embrujar *vt* ensorceler, envoûter.

embrutecer *vt* (*atontar*) abrutir; (*atolondrar*) étourdir; (*volver necio*) rendre idiot; ~**se** *vr* s'abrutir.

embrutecimiento *nm* abrutissement *m*.

embudo *nm* entonnoir *m*; (*fig*) tromperie *f*.

embuste *nm* mensonge *m*; imposture *f*.

embustero, a *a* menteur(euse); imposteur // *nm/f* imposteur *m*.

embutido *nm* (*CULIN*) charcuterie *f*; (*TEC*) marqueterie *f*.

embutir *vt* (*TEC*) marqueter; (*llenar*) bourrer.

emergencia *nf* circonstance *f*, cas *m*; (*surgimiento*) émergence *f*.

emético, a *a* émétique // *nm* émétique *m*.

emigración *nf* (*éxodo*) exode *m*; (*destierro*) émigration *f*.

emigrar *vi* (*pájaros*) migrer; (*personas*) émigrer; ~ **a** *o* **hacia** émigrer en.

eminencia *nf* éminence *f*; ~ **gris** éminence grise.

eminente *a* éminent(e).

emisario *nm* émissaire *m*.

emisión *nf* émission *f*.

emisora *nf* station émettrice.

emitir *vt* émettre.

emoción *nf* agitation *f*, émotion *f*; excitation *f*; (*turbación*) trouble *m*.

emocionante *a* émouvant(e); excitant(e); impressionnant(e).

empacar *vt* emballer; ~**se** *vr* s'entêter, se buter.

empacho *nm* (*MED*) embarras *m* gastrique; (*fig*) obstacle *m*.

empalagar *vi* (*alimentos*) écœurer; (*fastidiar*) ennuyer, assommer; ~**se** *vr* s'écœurer.

empalizada *nf* palissade *f*.

empalmar vt assembler // vi (*dos caminos*) s'embrancher; (*tren: con ómnibus*) corresondre.

empalme nm (*conexión*) embranchement m, liaison f; (*unión*) assemblage m; (*de trenes etc*) correspondance f.

empanada nf pâté m en croûte, friand m; ~ **de carne** pâté de viande en croûte; ~ **de queso** fromage m en croûte.

empanar vt (*trigo*) étouffer; (*envolver con pasta*) paner; enrober de pâte.

empañar vt (*niño*) langer; (*nublar*) embuer; ~**se** vr (*nublarse*) s'embuer; (*fig*) s'attrister.

empapar vt (*mojar*) tremper; (*absorber*) boire, absorber; ~**se** vr: ~**se de** s'imbiber de; être trempé(e) de; (*fig*) se pénétrer de.

empapelar vt (*paredes*) tapisser; (*envolver con papel*) empaqueter.

empaque nm empaquetage m; (*fam*) allure f; (*AM*) effronterie f.

empaquetar vt empaqueter.

emparedado, a a emmuré(e) // nm sandwich m.

emparejar vt (*alinear*) assortir; (*igualar*) uniformiser; (*nivelar*) niveler.

empastar vt (*embadurnar*) empâter; (*libro*) cartonner; (*diente*) plomber.

empatar vi égaliser.

empate nm (*en elección*) ballottage m; (*DEPORTE*) match nul.

empedernidamente ad de façon insensible ou endurcie.

empedernido, a a endurci(e); (*fijado*) invétéré(e); insensible, dur(e).

empedernir vt endurcir.

empedrado, a a pavé(e); (*fig*) constellé(e) // nm pavage m.

empedrar vt (*adoquinar*) paver; (*fig*) semer, truffer.

empellón nm poussée f.

empeñar vt mettre en gage; engager; ~**se** vr s'efforcer; insister; s'obstiner; (*endeudarse*) s'endetter.

empeño nm (*cosa prendada*) en-

gagement m; (*determinación, insistencia*) acharnement m, opiniâtreté f; **banco de** ~**s** mont-de-piété m.

empeorar vt aggraver; détériorer // vi, ~**se** vr s'aggraver; se détériorer.

empequeñecer vt rapetisser; (*fig*) amoindrir.

emperador nm empereur m.

empero conj cependant, néanmoins.

empezar vt, vi commencer; ~ **por** commencer par.

empiezo etc vb ver **empezar**.

empinado, a a raide, en pente; (*persona*) sur la pointe des pieds; (*fig*) suffisant(e), hautain(e).

empinar vt dresser, mettre debout; (*botella*) incliner // vi (*fam*) boire; ~**se** vr se dresser sur la pointe des pieds; (*animal*) se cabrer; (*camino*) s'élever, monter; ~ **el codo** (*fam*) lever le coude.

empingorotado, a a huppé(e).

empírico, a a empirique.

emplasto, emplaste nm (*MED*) emplâtre m; (*componenda*) emplâtre; (*fam: parche*) pièce f, rustine f.

emplazamiento nm emplacement m; (*JUR*) assignation f, mise en demeure f.

emplazar vt (*gen*) placer; (*JUR*) assigner, convoquer.

empleado, a a employé(e) // nm/f employé/e.

emplear vt (*usar*) employer, se servir de; (*dar trabajo a*) employer; ~**se** vr (*conseguir trabajo*) être employé(e), s'employer; (*ocuparse*) s'employer.

empleo nm (*puesto*) emploi m; (*uso*) usage m.

empobrecer vt appauvrir; ~**se** vr s'appauvrir.

empobrecimiento nm appauvrissement m.

empollar vt couver; (*fig*) ruminer // vi pondre le couvain.

emponzoñar vt empoisonner; corrompre.

emporio nm centre commercial; (*gran almacén*) grand magasin; ~ **de las artes** haut lieu des arts.

empotrar vt sceller; encastrer.

emprender vt attaquer; commencer, entreprendre; ~ **viaje** se mettre en route.

empreñar vt féconder; ~**se** vr être fécondé(e).

empresa nf entreprise f; ~ **comercial** société commerciale.

empréstito nm emprunt m.

empujar vt pousser.

empuje nm coup m, poussée f; (*fig*) énergie f, allant m.

empujadura nf bourrade f, poussée brutale.

empuñadura nf poignée f.

empuñar vt (*asir*) empoigner; (*fig*) décrocher, obtenir.

emulación nf émulation f.

emular vt rivaliser avec.

émulo, a nm/f émule m/f, rival/e.

en prep dans; en; à; (*lugar*): **vivir ~ Toledo** vivre à Tolède; **leer ~ un libro** lire dans une livre; **sentarse ~ el suelo** s'asseoir sur le sol; (*tiempo*): **lo terminó ~ 6 días** il l'a fini en 6 jours; ~ **el mes de enero** au mois de janvier; ~ **la Edad Media** au Moyen Âge; ~ **nuestro tiempo** à notre époque; **¿~ qué momento?** à quel moment?; (*modo*): ~ **voz baja** à voix basse; **llorar ~ silencio** pleurer en silence; **tener ~ el coche ~ reparación** avoir sa voiture en réparation; **andar ~ bicicleta** à bicyclette; **doctor ~ letras** docteur ès lettres; **reconocer a uno ~ el andar** reconnaître qn à la démarche; **decir ~ broma** dire pour rire; **hablar ~ serio** parler sérieusement.

enaguas nfpl jupon m.

enajenación nf, **enajenamiento** nm aliénation f; transfert m; (*extrañamiento*) ravissement m, étonnement m.

enajenar vt aliéner; (*fig*) mettre hors de soi, rendre fou/folle); ~**se** vr (*de un bien*) perdre, s'aliéner;

(*turbarse*) perdre tout contrôle.

enamorado, a a amoureux(euse).

enamorar vt rendre amoureux(euse); ~**se** vr s'éprendre, tomber amoureux(euse).

enano, a a nain(e) // nm/f nain/e.

enarbolar vt arborer; ~**se** vr (*animal*) se cabrer; (*persona*) se fâcher.

enardecer vt échauffer, exciter; (*fuego*) exciter, attiser; ~**se** vr s'échauffer, s'enflammer.

enardecimiento nm échauffement m.

encabestrar vt (*caballo*) enchevêtrer; (*tropa*) habituer à suivre le sonnailler; (*fig*) enjôler.

encabezamiento nm (*de carta*) en-tête f; (*preámbulo*) introduction f; (*registro*) recensement m.

encabezar vt (*manifestación*) être à la tête de; (*lista*) être le premier/la première sur; (*carta, libro*) placer une en-tête sur; (*empadronar*) recenser; (*vino*) alcooliser.

encabritarse vr (*caballo*) se cabrer; (*fig*) se fâcher.

encadenamiento nm enchaînement m.

encadenar vt enchaîner.

encajar vt (*ajustar, encastrar*) emboîter, encastrer; (*hueso*) remettre; (*golpe*) donner; ~**se** vr s'enchâsser, s'enclaver, s'emboîter; ~ **se en un sillón** se fourrer dans un fauteuil.

encaje nm (*labor*) dentelle f; (*castre*) encaisse f.

encajonar vt encaisser, mettre dans des caisses; (*arrinconar*) acculer, coincer; (*ARQ*) coffrer; ~**se** vr s'encaisser.

encalar vt blanchir à la chaux.

encallar vi échouer.

encallecer vi, ~**se** vr devenir calleux(euse); durcir; (*fig*) s'endurcir.

encaminar vt (*guiar*) diriger, montrer le chemin à; (*mercaderías, vehículo*) acheminer; (*encauzar, orientar*) diriger, orienter; ~**se** vr: ~**se a** se diriger vers; (*fig*) tendre à.

encandilar vt éblouir; (*fuego*) aviver.

encantador, a enchanteur(eresse), ravissant(e) // nm/f enchanteur/eresse.

encantar vt (*seducir*) enchanter; (*cautivar*) ravir; **encantada de conocerle** enchantée de faire votre connaissance.

encanto nm enchantement m; (*seducción*) charme m.

encapotar vt couvrir d'un manteau; ~**se** vr se couvrir; (*fig*) froncer les sourcils.

encapricharse vr s'entêter.

encaramar vt (*alzar, elevar*) jucher, hisser; (*elogiar, alabar*) louer, faire l'éloge de; ~**se** vr (*subirse*) grimper; (*ascender*) grimper, s'élever.

encarar vt affronter; (*AM*) envisager; ~**se** vr ~**se con** affronter.

encarcelar vt emprisonner.

encarecer vt élever ou faire monter le prix de; (*pedir*) recommander // vi, ~**se** vr augmenter.

encarecimiento nm enchérissement m, hausse f; (*pedido insistente*) recommandation f.

encargado, a a chargé(e) // nm/f agent/e; (*responsable*) responsable m/f; **el ~ de negocios** le chargé d'affaires.

encargar vt (*pedir*) commander; (*recomendar*) recommander; ~**se** vr: ~**se de** se charger de; ~**algo a uno** charger qn de qch; ~**se un vestido** se faire faire une robe.

encargo nm (*pedido*) commission f; (*recomendación*) recommandation f; (*com*) commande f.

encarnación nf incarnation f.

encarnado, a a incarné(e) // nm incarnat m.

encarnar vt incarner, personnifier // vi (*REL*) s'incarner; (*MED*) se cicatriser.

encarnizado, a a rouge de colère; acharné(e).

encarnizarse vr s'acharner.

encarrilar vt diriger; (*tren*) ai-

guiller; (*fig*) mettre sur la voie, orienter; ~**se** vr prendre le bon chemin, s'orienter.

encasillado, a a classifié(e); limité(e); (*fig*) enfermé(e) // nm (*encerrado en casillas*) quadrillage m; (*crucigrama*) mots-croisés mpl, grille f.

encastillar vt fortifier; ~**se** vr (*fig*) s'enfermer, se retrancher.

encausar vt mettre en accusation.

encauzar vt diriger, endiguer; acheminer, diriger, orienter.

encenagarse vr s'embourber; (*fig*) se vautrer, croupir.

encender vt (*luz, fuego, gas, radio*) allumer; (*fig*) enflammer; ~**se** vr (*fuego, luz etc*) s'allumer; (*excitarse*) s'enflammer; (*el rostro*) rougir.

encendido nm allumage m.

encerado, a a (*piso, mueble*) ciré(e); (*rostro*) cireux(euse) // nm (*de piso*) encaustiquage m; (*pizarrón*) tableau noir; (*tela*) toile cirée.

encerar vt (*piso, mueble*) cirer; (*dar brillo a*) faire briller, dorer.

encerrar vt (*confinar*) enfermer; (*comprender, incluir*) renfermer, contenir; ~**se** vr s'enfermer.

encía nf gencive f.

enciclopedia nf encyclopédie f.

encierro nm réclusion f, retraite f; (*calabozo*) cachot m; (*TAUR*) toril m; emprisonnement m des taureaux dans le toril; (*AGR*) parcage m.

encima ad (*sobre*) dessus; (*además*) en plus; ~ **de** (*en*) sur; (*sobre*) au-dessus de; (*además de*) en plus de; ~ **de la mesa** sur la table; **por ~** de par-dessus; **¿llevas dinero ~?** tu as de l'argent sur toi?; **por ~ de todo** par dessus tout, en plus de tout cela; **se me vino ~** m'est tombé dessus.

encina nf chêne m.

encinta a enceinte (*f*) // nf enceinte f.

enclavar vt (*clavar*) clouer; (*atravesar*) transpercer; (*sitio*) enclaver; (*fig: fam*) escroquer.

enclenque a (*débil*) chétif (ive); malingre; (*enfermizo*) souffreteux (euse).

encoger vt (*gen*) rétrécir; (*músculo*) contracter; (*fig*) troubler, intimider; ~se vr (*tela*) rétrécir; (*contraerse*) se contracter; (*estrecharse*) se rétrécir; (*fig*) se démonter, être intimidé(e); ~se de hombros hausser les épaules.

encogido, a a (*estrechado*) serré(e), rétréci(e); (*contraído*) contracté(e), noué(e).

encogimiento nm (*contracción*) rétrécissement m, pincement m; (*timidez*) timidité f.

encolar vt (*engomar*) encoller; (*pegar*) coller.

encolerizar vt irriter; ~se vr se mettre en colère, s'irriter.

encomendar vt (*encargar*) charger; (*confiar*) confier; (*recomendar*) recommander; ~se vr: ~se a s'en remettre à, se confier à.

encomiar vt louer, vanter.

encomienda nf (*encargo*) affaire confiée à qn, commission f; (*precio, tributo*) prix m, tribut m; (*dignidad*) commanderie f; (AM. *donación real de tierras e indios*) encomienda f; ~ postal (AM) colis postal.

encomio nm louange f, éloge m.

enconado, a a (MED) enflammé(e); (*fig*) irrité(e), furieux(euse).

enconar vt (MED) enflammer; (*fig*) envenimer; ~se vr (MED) s'enflammer; (*fig*) se fâcher, être exaspéré(e).

encono nm (*rencor*) rancune f; (*odio*) hostilité f, animosité f.

encontrado, a a (*contrario*) opposé(e), contraire; (*hostil*) hostile.

encontrar vt (*hallar*) trouver, rencontrer; ~se vr se rencontrer; (*situarse*) se trouver; (*entrar en conflicto*) se heurter; ~se con problemas devoir affronter des problèmes; ~se bien de salud être en bonne santé.

encontronazo nm choc m, collision f.

encopetado, a a élevé(e); huppé(e).

encorralar vt parquer.

encrespar vt (*cabellos*) friser; (*agua*) onduler; (*fig*) irriter; ~se vr (*el mar*) moutonner, être agité(e); (*fig*) s'échauffer, s'envenimer.

encrucijada nf carrefour m.

encuadernación nf reliure f.

encuadernador, a nm/f relieur/euse.

encuadernar vt relier.

encubiertamente ad en secret, secrètement.

encubrir vt (*disimular*) cacher, dissimuler; (*ocultar*) occulter; (*criminal*) cacher, donner refuge à.

encuentro vb ver **encontrar** // nm (*de personas*) rencontre f; (*de trenes*) collision f; (DEPORTE) rencontre f; (MIL) accrochage m.

encuesta nf enquête f; ~ judicial autopsie f.

encumbrado, a a élevé(e); éminent(e).

encumbrar vt élever; faire l'éloge de; ~se vr s'élever; (*fig*) progresser, monter en flèche.

enchapar vt plaquer.

encharcado, a a stagnant(e), dormant(e).

enchufar vt (ELEC, TEC) brancher; (*fig: fam*) trouver un emploi pour.

enchufe nm (ELEC) prise f; (*de dos tubos*) embranchement m, raccord m; (*fam: influencia*) piston m; (: *puesto*) emploi m.

ende ad: por ~ par là, par suite, par conséquent.

endeble a (*débil*) faible; (*enclenque*) chétif(ive).

endecha nf complainte f; (*composición métrica*) quatrain m.

endémico, a a (MED) endémique f; (*fig*) persistant(e).

endemoniado, a a diabolique, démoniaque; possédé(e); (*fig*) pervers(e).

endentar vt engrener // vi s'engager.

enderezar vt (*poner derecho*) redresser; (carta) adresser, dédier; (fig) rectifier // vi: ~ a se diriger vers; ~se vr (persona sentado) se relever; (fig) se remettre dans le droit chemin.

endeudarse vr s'endetter.

endiablado, a a diabolique; endiablé(e); possédé(e); (fig) pervers(e), incompréhensible.

endilgar vt (fam) acheminer, expédier; **me endilgó otro trabajo** il m'a refilé un autre travail.

endiosar se diviniser; (fig) aduler; ~se vr (engreírse) s'enorgueillir; (extasiarse) s'absorber, se plonger.

endomingarse vr s'endimancher.

endosar vt endosser; (fam): ~ **algo a uno** refiler qch à qn.

endulzar vt sucrer; (fig) s'endurcir.

endurecer vt durcir; ~se vr durcir, se durcir; (fig) s'endurcir.

endurecido, a a (duro) dur(e); (fig) dur, endurci(e); **estar ~ a algo** être accoutumé ou fait à qch.

endurecimiento nm obstination f; (tenacidad) entêtement m; (crueldad) durcissement m.

enemigo, a a antagoniste, contraire; enemi(e) // nm/f ennemi/e // nf inimitié f; antipathie f.

enemistad nf inimitié f; hostilité f.

enemistar vt brouiller, fâcher; ~se vr se brouiller.

energía nf énergie f; fermeté f, résolution f; **tener ~** s'avoir du nerf.

enérgico, a a énergique.

enero nm janvier m.

enfadar vt agacer, mettre en colère; ~se vr être agacé(e); se fâcher.

enfado nm (enojo) colère f; (disgusto) brouille f; (irritación) irritation f.

enfadoso, a a (molesto) ennuyeux(euse), fâcheux(euse); (desagradable) déplaisant(e).

enfardelar, enfardar vt (pasto) faire des bottes avec; (empaquetar) empaqueter.

énfasis nm emphase f.

enfático, a a emphatique; (afectado) affecté(e).

enfermar vt rendre malade // vi tomber malade; ~se vr tomber malade; (fig): ~se **por** se rendre malade pour.

enfermedad nf maladie f.

enfermería nf infirmerie f.

enfermero, a nm/f infirmier/ière; ~ **ambulante** infirmier à domicile; ~ **nocturno** garde m de nuit.

enfermizo, a a (persona) maladif (ive); (lugar) insalubre, malsain(e).

enfermo, a a malade // nm/f malade m/f.

enflaquecer vt (adelgazar) amaigrir; (debilitar) affaiblir; ~se vr maigrir; faiblir.

enfrascar vt mettre en flacon; ~se vr: ~se **en** s'absorber dans, se plonger dans.

enfrenar vt (caballo) brider; (fig) refréner, contenir.

enfrentar vt (peligro) affronter; (a uno) confronter; (oponer, carear) opposer, dresser; ~se vr se confronter; s'affronter; (dos personas) s'affronter; (dos equipos) rencontrer; ~se **a** o **con** faire face à, affronter.

enfrente ad en face; **la vereda de** ~ le trottoir d'en face.

enfriamiento nm réfrigération f; (MED) refroidissement m.

enfriar vt (alimentos) refroidir; (algo caliente) rafraîchir; (habitación) aérer; (AM) tuer; ~se vr (restriarse) prendre froid; (amistad) s'éteindre.

enfurecer vt mettre en colère; ~se vr entrer en fureur; (mar) se déchaîner.

engalanar vt (adornar) parer; (ciudad) pavoiser; ~se vr se parer, se pomponner.

enganchar vt (caballo) atteler; (dos vagones) accrocher; (TEC) enclencher; (MIL) recruter; (fig: fam: persona) accrocher, embobiner; ~se vr (la ropa) s'accrocher; (MIL) s'engager.

enganche nm crochet m; accroc m; recrutement m; attelage m; accrochage m.

engañar vt tromper; (trampear) duper; (traicionar) trahir; ~se vr se tromper.

engaño nm erreur f; mystification f; fraude f; trahison f.

engañoso, a a (tramposo) tricheur(euse), trompeur(euse); (mentiroso) menteur(euse); (irreal) trompeur(euse).

engarce nm (de anillo) sertissage m, enchâssement m; (fig) enchaînement m.

engarzar vt (joya) enchâsser; (fig) enchaîner.

engastar vt enchâsser, sertir, monter.

engaste nm sertissage m, enchâssement m.

engatusar vt (fam) embobiner, entortiller.

engendrar vt engendrer; (fig) causer, occasionner.

englobar vt allécher; ~se vr: ~se con prendre goût à, s'habituer à.

engomar vt encoller; engommer; (tejido) apprêter, gommer.

engordar vt engraisser // vi grossir.

engorroso, a a ennuyeux (euse); délicat(e); compliqué(e).

engranaje nm engrenage m; ~ de transmisión engrenage d'entraînement.

engranar vt engrener // vi s'engager.

engrandecer vt augmenter; agrandir; (alabar) louer, vanter; (exagerar) grandir, exagérer.

engrasar vt graisser; lubrifier; (animal) engraisser.

engreído, a a bouffi(e) d'orgueil, orgueilleux(euse); suffisant(e); infatué(e).

engreírse vr s'enorgueillir; ~ (AM) s'attacher à.

engrosar vt (ensanchar) agrandir, élargir; (aumentar) augmenter // vi

grossir; ~se vr (cuerpo) s'élargir; (dinero) augmenter; (problema) se grossir, se compliquer.

engullir vt engloutir.

enhebrar vt enfiler.

enhiesto, a a (derecho) droit(e); (alzado) dressé(e); (tieso) raide.

enhorabuena nf félicitations fpl; congratulations fpl // ad heureusement.

enigma nm mystère m, énigme f; secret m; charade f.

enjabonar vt savonner; (fam) passer un savon à; passer de la pommade à.

enjaezar vt harnacher.

enjalbegar vt (muro) badigeonner, chauler; (rostro) se plâtrer.

enjambre nm essaim m.

enjaular vt mettre en cage; (fam) coffrer.

enjertar vt greffer.

enjuagadientes nm rince-bouche m.

enjuagar vt (ropa) rincer; (dientes) se rincer.

enjuague nm rinçage m; (fig) intrigue f.

enjugar vt sécher; (lágrimas) essuyer; (déficit) éponger, résorber; ~se vr se sécher.

enjuiciar vt (JUR: juzgar) (: procesar) mettre en accusation; instruire; (fig) juger.

enjuto, a a sec(sèche); desséché(e); (fig) maigre.

enlace nm enchaînement m; (relación) rapport m; (casamiento) union f; (de carretera, trenes) correspondance f; agente de ~ agent m de liaison; ~ sindical délégué(e) syndical(e).

enladrillar vt carreler.

enlazar vt (atar) lier, attacher; (conectar) rattacher, relier; (AM) prendre au lasso; ~se vr (novios) s'unir, se marier; (dos familias) s'unir; (conectarse) être lié(e).

enlodar, enlodazar vt souiller, maculer; (fig) déshonorer.

enloquecer vt rendre fou (folle)

(*fig*) affoler // *vi*, ~**se** *vr* devenir fou(folle).

enlosar *vt* carreler.

enlutar *vt* endeuiller; ~**se** *vr* prendre le deuil.

enmarañar *vt* (*enredar*) emmêler; (*fig*) embrouiller; ~**se** *vr* (*enredarse*) s'emmêler; (*confundirse*) s'embrouiller; (*cielo*) se couvrir.

enmascarar *vt* (*rostro*) masquer; (*fig*) dissimuler; ~**se** *vr* se masquer; (*disfrazarse*) se déguiser; (*fig*) se camoufler.

enmendar *vt* corriger; réparer; (*compensar, recompensar*) dédommager; (*conducta, comportamiento*) corriger; ~**se** *vr* s'amender.

enmienda *nf* correction *f*, amendement *m*; dédommagement *m*.

enmohecer *vr* (*metal*) rouiller; (*muro, plantas*) moisir.

enmudecer *vt* faire taire // *vi* (*perder el habla*) devenir muet(te); (*guardar silencio*) se taire, rester muet.

ennegrecer *vt* noircir; ~**se** *vr* se noircir.

ennoblecer *vt* anoblir; (*fig*) ennoblir.

enojadizo, a *a* irritable.

enojar *vt* irriter; (*molestar*) ennuyer; (*ofender*) offenser; ~**se** *vr* s'irriter, se fâcher; s'offenser; (*viento, mar*) se déchaîner.

enojo *nm* (*ira*) colère *f*; (*ofensa*) offense *f*; (*molestia*) ennui *m*; (*trabajo*) peine *f*.

enojoso, a *a* (*desagradable*) déplaisant(e), irritant(e); (*tedioso*) ennuyeux(euse).

enorgullecerse *vr* s'enorgueillir; ~ **de** se vanter de, tirer vanité de.

enorme *a* énorme; monstrueux(euse); important(e); **enormidad** *nf* énormité *f*; (*despropósito*) sottise *f*, absurdité *f*; (*perversidad*) monstruosité *f*.

enramada *nf* (*de árbol*) ramure *f*; (*techo*) ramée *f*, berceau *m* de verdure.

enrarecer *vt* raréfier; ~**se** *vr*

(*aire*) se raréfier; (*producto*) devenir rare.

enredadera *nf* grimpante *f*.

enredar *vt* (*ovillo*) emmêler; (*peces*) prendre dans un filet; (*situación*) compliquer, embrouiller; (*meter cizaña*) brouiller, semer la discorde parmi; (*implicar*) engager, embarquer; ~**se** *vr* s'emmêler; se compliquer; s'embourber; (*AM: fam*) tomber amoureux(euse).

enredo *nm* (*maraña*) enchevêtrement *m*; (*confusión*) confusion *f*; (*intriga*) manigances *fpl*, intrigue *f*.

enrejado *nm* (*de jaula*) grilles *fpl*; (*de habitación, pérgola*) grillage *m*.

enrejar *vt* grillager.

enrevesado, a *a* compliqué(e); (*enredado*) embrouillé(e).

enriquecer *vt* (*tierra*) enrichir, amender; (*mejorar*) améliorer; ~**se** *vr* s'enrichir.

enrojecer *vt* rougir; (*persona*) faire rougir // *vi*, ~**se** *vr* (*metal, persona*) rougir; (*cielo*) s'empourprer.

enrollar *vt* enrouler.

enroscar *vt* (*torcer, doblar*) enrouler; (*tornillo, rosca*) visser; ~**se** *vr* s'enrouler.

ensaimada *nf* gâteau.

ensalada *nf* salade *f*.

ensaladilla *nf* macédoine *f*.

ensalmar *vt* (*hueso*) remettre; (*curar*) guérir.

ensalmo *nm* (*remedio*) remède *m* empirique.

ensalzar *vt* (*alabar*) louer; (*celebrar*) célébrer les louanges de; (*exaltar*) exalter.

ensambladura *nf*, **ensamblaje** *nm* assemblage *m*.

ensamblar *vt* assembler.

ensanchamiento *nm* (*de calle*) élargissement *m*; (*de vaso*) évasement *m*.

ensanchar *vt* (*hacer más ancho*) élargir; (*agrandar*) agrandir; ~**se** *vr* agrandir; (*pey*) se gonfler; **ensanche** *nm* (*de vestido, calle*) élargissement m; (de negocio) expansion f.

ensangrentar vt ensanglanter; ~se vr baigner dans le sang; (fig) s'échauffer, s'irriter.

ensañar vt rendre furieux (euse); ~se vr: ~se con s'acharner sur.

ensartar vt (gen) enfiler; (carne: en la brocha) embrocher; ~se (AM) tomber dans un piège.

ensayar vt essayer; (TEATRO) répéter; ~se vr (probar) essayer; (practicar) s'exercer.

ensayista nm/f essayiste m.

ensayo nm essai m; (QUÍMICA) essai, expérience f; (TEATRO) répétition f.

ensenada nf anse f, crique f.

enseña nf enseigne f.

enseñanza nf enseignement m; (doctrina) doctrine f.

enseñar vt (educar) enseigner; (instruir) instruire; (mostrar, señalar) montrer.

enseres nmpl ustensiles mpl; (herramientas) outils mpl; (artículos de limpieza) articles mpl d'entretien; ~ domésticos effets mpl domestiques.

ensillar vt seller.

ensimismarse vr s'absorber, rentrer en soi-même; se concentrer; (AM) faire l'important.

ensoberbecerse vr s'enorgueillir; (mar) s'agiter.

ensordecer vt assourdir // vi devenir sourd(e).

ensortijar vt (cabellos) friser; (animal) mettre un anneau à; ~se vr se friser.

ensuciar vt (manchar) salir; (fig) flétrir // vi (fam) faire ses besoins; ~se vr (mancharse) se salir; (fig) se vendre, se laisser acheter.

ensueño nm (fantasía) rêve m, rêverie f; (ilusión) songe m.

entablado nm (piso) plancher m; (armazón) armature f en planches.

entablar vt (recubrir) parqueter, planchéier; (AJEDREZ, DAMAS) disposer; (conversación) amorcer, engager; (JUR) entamer // vi faire partie nulle.

entallar vt entailler; sculpter; ciseler; graver; (traje) ajuster // vi: el traje entalla bien ce costume est bien ajusté.

ente nm (ser vivo) être m, créature f; (sociedad) firme f, société f; (fam) phénomène m.

enteco, a, entecado, a chétif(ive), maladif(ive); délicat(e).

entender vt (comprender) comprendre; (creer, pensar) croire, penser; (querer decir) entendre // vi: ~ de s'y entendre; ~ en s'occuper de; ~se vr (comprenderse) se comprendre; (ponerse de acuerdo) s'entendre, se mettre d'accord; (aliarse) se mettre en rapport; (fam) avoir une liaison; me entiendo con la mecánica je m'entends en mécanique; **entendido, a** a (comprendido) entendu(e); (inteligente, hábil) entendu; compétent(e) // nm/f connaisseur/euse // excl entendu!, d'accord!, compris!; **entendimiento** nm (comprensión) entente f; (facultad intelectual) entendement m; (juicio) jugement m.

enterado, a a (al corriente) au courant; (fam: entendido) calé(e) // nm/f connaisseur/euse.

enteramente ad entièrement.

enterar vt (informar) informer; (AM: dinero: dar) verser; ~se vr s'informer; ¿se enteró de lo ocurrido? il a su ce qui s'était passé?

entereza nf intégrité f; énergie f; fermeté f; honnêteté f.

enternecer vt (ablandar) ramollir; (apiadar) apitoyer; (conmover) attendrir; ~se vr (apiadarse) s'apitoyer; (conmoverse) s'attendrir.

entero, a a entier(ière); robuste, vigoureux(euse); intègre, droit(e) // nm (COM: punto) point m; (AM: pago) versement m, solde m.

enterrador nm (de cementerio) fossoyeur m; (ZOOL) nécrophore m, enfouisseur m.

enterrar vt (muerto) ensevelir; (objeto) enterrer, enfouir; (olvidar) enterrer; (planta) planter, mettre en terre; ~se vr s'enterrer.

entibiar vt attiédir, tiédir; (fig) modérer, tempérer.

entidad nf (empresa) entreprise f, société f; (organismo) organisme m; (sociedad) société f; (FILOSOFÍA) entité f.

entiendo etc vb ver **entender**.

entierro nm enterrement m.

entonación nf (LING) intonation f; (fig) arrogance f.

entonado, a a (MUS) juste; (fig) arrogant(e).

entonar vt (canción) entonner; (colores) harmoniser; (MED) ragaillardir, fortifier // vi chanter juste; ~se vr (engreírse) parader, poser; (fortalecerse) se remonter.

entonces ad alors; **desde ~ hasta ahora** depuis lors; **en aquel ~** à cette époque.

entornar vt (puerta, ventana) entrebâiller; (los ojos) entrouvrir.

entorpecer vt (adormecer los sentidos) engourdir; (molestar, impedir) gêner, paralyser.

entorpecimiento nm (de los sentidos) engourdissement m; (del tránsito) embarras m, obstacle m.

entrado, a a: ~ **en años** d'un âge avancé; **una vez ~ el verano** une fois l'été commencé // nf (acceso) entrée f; (COM) recette f; (CULIN) entrée; (DEPORTE) début m; (TEATRO) réplique f; (para el cine etc) billet m; **tener entradas en la frente** avoir le front dégarni; (COM): **entradas y salidas** recettes et dépenses; (TEC): **entrada de aire** bouche f d'aération.

entrante a qui commence // nm/f entrant m/f // nm golf m, fjord m.

entraña nf (fig: centro) cœur m; (de órgano) nœud m; ~s nfpl (ANAT) viscères mpl.

entrañable a intime; cher (chère); profond(e).

entrar vt faire entrer // vi entrer;

(comenzar): ~ **diciendo** commencer par dire; ~ **en calor** se réchauffer; ~ **en razón** entendre raison; **a atacar** s'apprêter à attaquer; **no me entra** je n'arrive pas à comprendre; **el año que entra** l'année qui commence.

entre prep entre; ~ **pasaba ~ mí** je pensais en moi-même.

entreabrir vt (ojos) entrouvrir; (puerta) entrebâiller; ~se vr s'entrouvrir.

entrecejo nm: **fruncir el ~** froncer les sourcils.

entredicho nm défense f.

entrega nf remise f; (de mercancías) livraison f; (rendición) reddition f; **novela por ~s** roman-feuilleton m.

entregar vt (dar) remettre; (librar) livrer; ~se vr (abandonarse) se livrer, se confier; (rendirse) se rendre; (dedicarse) s'adonner, se livrer.

entrelazar vt (mezclar) mêler; (entretejer) entrelacer; ~se vr s'emmêler.

entremés nm intermède m; (CULIN) hors-d'œuvre m.

entremeter vt insérer; ~se vr se mêler; **entremetido, a** a indiscret(ète) // nm/f fureteur/euse; fouineur/euse.

entremezclar vt entremêler; ~se vr se mêler.

entrenador nm entraîneur m.

entrenarse vr s'entraîner.

entreoír vt entendre vaguement.

entresacar vt (elegir) trier, choisir; (seleccionar) sélectionner; (conclusión) tirer.

entresuelo nm (sótano) entresol m; (TEATRO) premier balcon.

entretanto ad pendant ce temps.

entretejer vt entrelacer, mêler.

entretener vt (divertir) distraire, amuser; (cuidar) entretenir; ~se vr s'amuser, se distraire; perdre son temps; (retrasarse) s'attarder; **entretenido, a** a amusant(e), distrayant(e); **entretenimiento** nm amusement m, occupation f; passe-temps m; (cuidado) entretien m.

entrever vt entrevoir.

entreverar vt entremêler; ~se vr: ~se a se mêler à.

entrevista nf entrevue f, entretien m.

entristecer vt attrister; ~se vr: ~se con o de o por s'attrister de.

entrometer etc = **entremeter** etc.

entronizar vt introniser; (fig) exalter.

entuerto nm dommage m.

entumecer vt engourdir; ~se vr (por el frío) s'engourdir; (el mar) s'agiter.

entumecido, a a (entorpecido) gêné(e), alourdi(e); (adormecido) gourd(e).

enturbiar vt (el agua) troubler; (fig) embrouiller; ~se vr (oscurecerse) s'obscurcir; (fig) se confondre, se tromper.

entusiasmar vt enthousiasmer; (gustar mucho) ravir; ~se vr: ~se con o por s'enthousiasmer pour.

entusiasmo nm admiration f; (deleite) plaisir m, ravissement m; (excitación) enthousiasme m; (fervor) ferveur f.

entusiasta a passionné(e), enthousiaste; fervent(e); partisan(e) // nm/f enthousiaste m/f.

enumeración f énumération f.

enunciación f, **enunciado** nm énumération f, énoncé m; explication f; exposition f.

enunciar vt dire, énoncer; déclarer; exposer; formuler.

envainar vt (cuchillo) engainer; (espada) rengainer.

envalentonar vt enhardir, encourager, stimuler; ~se vr s'enhardir; (pey: envanecerse) s'enorgueillir (de; jactarse) se vanter.

envanecer vt enorgueillir; ~se vr s'enorgueillir; (jactarse) se vanter.

envasar vt (empaquetar) empaqueter, emballer; (enfrascar) mettre en bouteille; (enlatar) mettre en boîte; (embolsar) mettre en sac // vi (fig: vino) boire avec excès; ~ un puñal a alguien (AM) blesser ou tuer qn.

envase nm récipient m; emballage m.

envejecer vt vieillir // vi, ~se vr (volverse viejo) devenir vieux (vieille); (fig) se vieillir.

envenenar vt empoisonner; (fig) envenimer.

envergadura nf envergure f.

envés nm (de página) verso m; (BOT: de hoja) envers m; (fam: espalda) dos m.

enviado, a a envoyé(e) // nm/f délégué/e, envoyé/e; représentant/e; émissaire m.

enviar vt (dirigir) adresser; (expedir) expédier; (despachar) dépêcher; (carta, embajador) envoyer; (mercancías solicitadas) expédier; ~ a paseo envoyer promener.

envidia nf (deseo ferviente) envie f; (celos) jalousie f; **envidiar** vt (desear) désirer; (tener celos) envier, jalouser.

envilecer vt (degradar) avilir; (rebajar) rabaisser; ~se vr s'avilir; (reshonorer) se déshonorer.

envío nm envoi m.

enviudar vi devenir veuf/ veuve.

envoltura nf (cobertura) enveloppe f, couverture f; (embalaje) emballage m; (funda) housse f.

envolver vt empaqueter; (lana) enrouler; (enemigo) envelopper, tourner; (implicar) mêler, impliquer; ~se vr (cubrirse) s'envelopper; (enrollarse) s'enrouler.

envuelto pp de envolver.

enyugar, enyuntar vt atteler.

enzarzar vt couvrir de ronces; (gusanos de seda) encabaner; (enemistar) brouiller; ~se vr se prendre dans les ronces; se brouiller; (implicarse) se fourrer, s'embarquer.

épico, a a épique // nf poésie f épique.

epidemia nf épidémie f.

epidémico, a a épidémique.
epidérmico, a a a épidermique; (fig) superficiel(le).
epifanía nf épiphanie f.
epígrafe nm épigraphe f.
epigrama nm épigramme f.
epilepsia nf épilepsie f.
epílogo nm épilogue m.
episcopado nm épiscopat m.
episodio nm (incidente) incident m; (parte) épisode m.
epístola nf épître f; (fam) épître, lettre f; **epistolar** a épistolaire.
epitafio nm épitaphe f.
epíteto nm épithète f.
epítome nm abrégé m, épitomé m.
época nf temps m, époque f; **hacer ~** faire date.
epopeya nf épopée f.
equidad nf équité f.
equilibrar vt équilibrer, contrebalancer; niveler; compenser; **equilibrio** nm aplomb m, équilibre m; égalité f; harmonie f; proportion f; stabilité f; **equilibrista** nm/f équilibriste m/f.
equinoccio nm équinoxe m.
equipaje nm bagages mpl; (NAUT: tripulación) équipage m; **~ de mano** bagages m main.
equipar vt (proveer) équiper; (NAUT) armer.
equipo nm (materiales) equipement m; (grupo) équipe f; **~ quirúrgico** instruments mpl de chirurgie.
equis nf X m.
equitación nf équitation f.
equitativo, a a équitable; raisonnable; impartial(e).
equivalente a équivalent(e) // nm équivalent m; **equivaler** vi équivaloir.
equivocación nf erreur f, méprise f; **equivocarse** vr se tromper; **equivocarse de fecha** se tromper de date; **equívoco, a** a (dudoso) douteux(euse); (ambiguo) ambigu(ë) // nm équivoque f; malentendu m; ambiguïté f.

era vb ver **ser** // nf (de tiempo) ère f; (AGR) aire f.
erais vb ver **ser**.
éramos vb ver **ser**.
eran vb ver **ser**.
erario nm trésor m (public).
eras vb ver **ser**.
eremita nm ermite m.
eres vb ver **ser**.
erguir vt lever; (poner derecho) dresser, redresser; **~se** vr se dresser; (fig) se rengorger.
erial a en friche, inculte // nm friche f.
erigir vt ériger; **~se** vr s'ériger, se poser; **~se en árbitro** s'ériger en arbitre.
erizar vt hérisser; **~se** vr (en traver; **~se** vr se hérisser; (fig) s'effrayer.
erizo nm hérisson m; (erizo de mar) oursin m; (de castaña) bogue f; (mata espinosa) touffe épineuse f.
ermita nf ermitage m.
ermitaño, a nm ermite m; (ZOOL) bernard-l'ermite m.
errado, a a faux(fausse).
errante vi ambulant(e), errant(e); itinérant(e); nomade.
errar vi (vagar) errer; (equivocarse) se tromper // vt: **~ el camino** se tromper de chemin; **~ el tiro** manquer le but.
erróneo, a a erroné(e); faux (fausse).
error nm erreur f; **~ de imprenta** coquille f; **~ de máquina** faute f de frappe.
erudición nf érudition f.
erudito, a a érudit(e) // nm/f érudit/e.
erupción nf éruption f.
es vb ver **ser**.
esa det ver **ese**.
ésa pron ver **ése**.
esas det ver **ese**.
ésas pron ver **ése**.
esbeltez nf (elegancia) sveltesse f; (gracia) grâce f.
esbelto, a a svelte.
esbirro nm sbire m.

esbozo nm ébauche f.

escabeche nm marinade f; **pescado en ~** poisson m en marinade.

escabel nm (asiento) escabeau m, tabouret m; (para los pies) tabouret.

escabroso, a a (accidentado) accidenté(e); (fig) scabreux(euse).

escabullirse vr (escurrirse) échapper, glisser des mains; (escaparse) s'esquiver, s'escquiver; (irse) s'en aller.

escala nf (proporción) échelle f; (AVIAT) escale f; (MUS) gamme f; **~ de colores** dégradé m de couleurs; **en pequeña ~** sur une petite échelle.

escalafón nm (escala de salarios) échelle f de salaires; (lista, registro, cuadro) tableau m f.

escaldado, a a (fig: fam) échaudé(e).

escalera nf escalier m; (NAIPES) suite f, quinte f; **~ mecánica** escalier mécanique.

escalinata nf perron m.

escalofrío nm frisson m.

escalón nm échelon m; (de escalera) marche f, degré m.

escalonar vt (seriar, ordenar) étaler; (distribuir en el tiempo) échelonner.

escalpelo nm scalpel m.

escama nf (de pez, serpiente) écaille f; (de la piel) squame f; (de jabón) paillette f; (fig) méfiance f, soupçon m.

escamado, a a méfiant(e); (AM) dégoûté(e), écœuré(e).

escamotar, escamotear vt (quitar) enlever; (hacer desaparecer) escamoter; (suprimir) supprimer.

escamoteo nm escamotage m; jeux mpl de mains, illusionnisme m; (fam) fauche f, barbotage m.

escampar vb impersonal cesser de pleuvoir.

escanciar vt verser à boire // vi boire.

escandalizar vt scandaliser; **~se** vr se scandaliser; s'indigner.

escándalo nm scandale m; outrage m; (alboroto, tumulto) esclandre m, tapage m.

escandaloso, a a scandaleux(euse).

escandinavo, a a scandinave // nm/f Scandinave m/f.

escaño nm banc m (à dossier); siège m (au parlement).

escapar vi (gen) échapper; (DEPORTE) s'échapper; (de la cárcel) s'évader; (de un incendio) échapper; **~se** vr s'échapper; s'éclipser, s'esquiver; **~se de las manos** glisser des mains.

escaparate nm vitrine f; (AM) armoire f.

escape nm (de gas) fuite f; (de motor) échappement m.

escarabajo nm scarabée m.

escaramuza nf (MIL) accrochage m; (fig) escarmouche f.

escarapela nf cocarde f; (fam) chamaillerie f.

escarbar vt gratter; fouiller; (dientes, orejas) curer; (fig) fouiller dans // vi faire des recherches sur.

escarcela nf (bolsa) escarcelle f; (de cazador) carnassière f; (cofia) résille f.

escarcha nf (rocío) gelée blanche; (niebla) givre m.

escarlata nf écarlate f; (MED) scarlatine f.

escarlatina nf scarlatine f.

escarmentar vt corriger, donner une leçon à // vi se corriger; escarmiento nm leçon f; punition f.

escarnecer vt railler; bafouer; **escarnio, escarnecimiento** nm moquerie f; outrage m.

escarola nf scarole f.

escarpado, a a (abrupto) escarpé(e); (inclinado) penché(e); (accidentado) accidenté(e).

escasear vi (escatimar) lésiner; (economizar) épargner, économiser // vi se faire rare, manquer.

escasez nf manque m; pénurie f; pauvreté f.

escaso, a a (poco) peu abon-

dant(e); (raro) rare; (ralo) clairse-
mé(e); (limitado) limité(e).

escatimar vt (limitar) lésiner sur;
(reducir) réduire; (fig: ahorrar) ménager.

escena nf scène f.

escenario nm (TEATRO) scène f;
(CINE) plateau m; (fig) cadre m,
décor m.

escepticismo nm scepticisme m;
escéptico, a a sceptique // nm/f
sceptique m/f.

escisión nf scission f, fission f.

esclarecer vt (iluminar) éclairer,
illuminer; (misterio, problema)
éclaircir; (ennoblecer) rendre
illustre.

esclavitud nf esclavage m.

esclavizar vt réduire en esclavage.

esclavo, a nm/f esclave m/f.

esclusa nf écluse f.

escoba nf balai m; (BOT) genêt m à
balais.

escocer vt brûler // vi enflammer;
(fig) chagriner; ~**se** vr s'enflammer; (fig) se froisser.

escocés, esa a écossais(e) //
nm/f Ecossais/e // nm écossais m.

Escocia nf Ecosse f.

escoger vt (elegir) choisir; (seleccionar) trier; (optar) opter; **esco-
gido, a** a choisi(e); préféré(e); sé-
lectionné(e); **escogimiento** nm
choix m.

escolar a scolaire // nm/f élève
m/f.

escolástico, a a scolastique // nm
scolastique m // nf scolastique f.

escolta nf (acompañante) escorte
f; (custodia) garde f.

escoltar vt (acompañar) escorter;
(custodiar) encadrer, garder; (proteger) protéger.

escollo nm (peñasco) écueil m; (en-
calladero, banco) banc m, récif m;
(fig) écueil.

escombro nm décombres mpl,
déblais mpl.

esconder vt cacher; (disfrazar, disimular) dissimuler; ~**se** vr se ca-

cher; (retraerse) se retirer.

escondite nm (escondrijo)
cachette f; (juego) cache-cache m.

escondrijo nm (escondite) cachette f; (fig) recoin m.

escopeta nf fusil m de chasse.

escoplo nm ciseau m à bois;
pierre.

escoria nf scorie f; (minerales) lai-
tier m.

Escorpio nm le Scorpion; **ser (de)**
~ être (du) Scorpion.

escorpión nm scorpion m; (pez)
scorpène f.

escote nm (de vestido) décolleté m;
(parte) écot m; **pagar a** ~ payer
son écot.

escotilla nf écoutille f.

escotillón nm trappe f.

escozor nm (dolor) cuisson f, brûlure f; (fig) remords cuisant, pincement m.

escribano, a nm/f notaire m.

escribiente nm/f (empleado) em-
ployé/e de bureau; (copista) copiste
m/f; (amanuense) employé/e aux
écritures.

escribir vt, vi écrire; ~ **a máquina**
taper à la machine.

escrito, a pp de **escribir** // a
écrit(e) // nm écrit m; **poner por** ~
mettre par écrit.

escritor, a nm/f écrivain m.

escritorio nm bureau m.

escritura nf écriture f, graphie f;
(caligrafía) calligraphie f; (JUR: documento) acte m, titre m.

escrúpulo nm (duda) scrupule m;
(recelo) méfiance f; (minuciosidad)
minutie f; **tener** ~ avoir des
scrupules; **escrupuloso, a** a
scrupuleux (euse).

escrutar vt scruter; ~ **los votos**
dépouiller un scrutin.

escrutinio nm (examen atento)
examen m; (recuento de votos)
scrutin m; (resultado de elección)
scrutin.

escuadra nf (TEC) équerre f; (MIL)
escouade f; (NAUT) escadre f; **équipe**
f; (de obreros) équipe.

escuadrilla nf (de aviones) escadrille f; (AM. de obreros) équipe f.

escuadrón nm escadron f.

escuálido, a a (flaco, macilento) maigre, émacié(e); (sucio) sale, malpropre.

escuchar vt, vi écouter.

escudero nm (HISTORIA: paje) écuyer m; (: lacayo) laquais m.

escudilla nf écuelle f.

escudo nm (arma, fig) bouclier m; (moneda) écu m; (insignia) armes fpl, blason m.

escudriñar vt (examinar) fouiller du regard, examiner en détail; (mirar de lejos) scruter.

escuela nf école f.

escueto, a a (conciso, sucinto) concis(e); (sobrio) sobre, dépouillé(e).

esculpir vt sculpter; **escultor, a** nm/f sculpteur m; **escultura** f sculpture f.

escupidora, escupidera nf crachoir m; (orinal) vase m de nuit.

escupir vt, vi cracher.

escurridizo, a a (resbaladizo) glissant(e); (huidizo) leste ou rapide à fuir; fuyant(e).

escurrir vt (ropa) tordre; (verduras) égoutter; (platos) laisser égoutter // vi (los líquidos) tomber goutte à goutte; (resbalarse) glisser; ~**se** vr (gotear) tomber goutte à goutte; (secarse) se sécher; (resbalarse) glisser; (escaparse) s'esquiver.

ese, esa, esos, esas det (m) ce ...là; (f) cette ...là; (pl) ces ...là; ~ **hombre** cet homme-là; **esa mujer** cette femme-là.

ése, ésa, ésos, ésas pron (m) celui-là; (f) celle-là; (mpl) ceux-là; (fpl) celles-là; ~ **te lo dirá** lui te le dira; **ésos no vinieron** eux ne sont pas venus; ¡**no me vengas con ésas!** ne me raconte pas d'histoires!

esencia nf essence f; nature f; parfum m; **esencial** a essentiel(le); important(e).

esfera nf sphère f; (de reloj) cadran m; (círculo de relaciones) mi-

lieu m, sphère; **esférico, a** a sphérique.

esfinge nf sphinx m.

esforzado, a a énergique; vaillant(e); courageux(euse); (animoso, concienzudo) ardent(e).

esforzar vt encourager; ~**se** vr s'efforcer.

esfuerzo nm effort m; vigueur f; (valor) courage m.

esfumar vt estomper; ~**se** vr disparaître.

esgrima nf escrime f.

esgrimir vt (espada, arma) manier, se servir de; (argumento) faire valoir.

esguince nm (MED) foulure f; (ademán) écart m.

eslabón nm (de cadena) maillon m; (BIO, TEC, fig) chaînon m, maillon; **eslabonar** vt (enlazar) enchaîner; (unir) unir; (relacionar) mettre en contact.

eslingar vt élinguer.

esmaltar vt émailler; (fig) embellir, parer.

esmalte nm émail m; (fig) lustre m, parure f; ~ **de uñas** vernis m à ongles.

esmerado, a a soigné(e); (persona) soigné, élégant(e).

esmeralda nf émeraude f.

esmerarse vr (aplicarse) s'appliquer; (esforzarse) faire de son mieux.

esmero nm soin m.

esnob a inv snob (inv) // nm/f snob m/f; **esnobismo** nm snobisme m.

eso pron cela, ça; ~ **de las cinco** vers cinq heures; **en** ~ **llegó** là, il est arrivé; ¡~ **es!** c'est ça!, tout juste!; ¡~ **sí que es vida!** ça oui c'est la vie!; **por** ~ **te lo dije** c'est pour cela que je te l'ai dit; ¿**qué es** ~? qu'est-ce que c'est que ça?

esos det ver **ese**.

ésos pron ver **ése**.

esotérico, a a ésotérique.

espabilar vt (vela) moucher; (despertar) éveiller; ~**se** vr (despertarse) s'éveiller; (animarse) se secouer, se remuer.

espaciar vt (escritura) espacer; (visitas, pagos) échelonner; ~se vr se distraire; **~se en un tema** s'étendre sur un sujet.

espacio nm espace m; laps m de temps; espacement m, interstice m; distance f; extension f; (IMPRENTA) espace m; (MUS) interligne m, espace m; (emisión) émission f; **el ~** l'espace; **~ radial** programme radio; **espacioso, a** spacieux(euse); (lento) lent(e), posé(e).

espada nf (arma) épée f; (pey: matón) dur m; **~s** nfpl (NAIPES) piques fpl.

espadachín nm fine lame.

espadín nm épée f de cérémonie.

espalda nf (de cuerpo, traje) dos m; (parte de atrás) derrière m; **a ~s de** par derrière, à l'insu de; **cargado de ~** le dos voûté; **tenderse de ~** se coucher sur le dos; **volver la ~ a alguien** tourner le dos à qn.

espaldar nm (de asiento) dossier m; (AGR) espalier m.

espantable a épouvantable.

espantadizo, a a ombrageux(euse).

espantajo nm épouvantail m.

espantapájaros nmpl épouvantail m.

espantar vt (asustar) effrayer; (ahuyentar) mettre en fuite; (asombrar) étonner; **~se** vr (asustarse) s'effrayer; (asombrarse) s'étonner.

espanto nm frayeur f, épouvante f; **espantoso, a** a effrayant(e).

España nf Espagne f.

español, a a espagnol(e) // nm/f Espagnol/e.

esparadrapo nm sparadrap m.

esparcido, a a (diseminado) parsemé(e), semé(e); (esparcido) semé(e), éparpillé(e); (fig) détendu(e), gai(e).

esparcimiento nm (de líquido) épanchement m; (dispersión) éparpillement m; (AGR) épandage m; (fig) distraction f.

esparcir vt (extender) étendre, répandre; (desparramar) éparpiller; (divulgar) répandre, divulguer; **~se** vr (desparramarse) se répandre, s'éparpiller; (descansar) se détendre; (distraerse) se distraire.

espárrago nm asperge f.

esparto nm alfa m, sparte m.

espasmo nm spasme m.

especia nf épice f.

especial a (singular) spécial(e); (particular) particulier(ière).

especie nf espèce f; (asunto) affaire f; (comentario) bruit m, nouvelle f; **en ~** en nature.

especiería nf (negocio) boutique f d'épices; (conjunto de especias) épicerie f.

especiero, a a nm/f marchand/e d'épices // nm armoire à épices.

especificar vt spécifier, préciser.

espécimen nm (pl especímenes) spécimen m.

especioso, a a (perfecto) parfait(e); (fig) spécieux(euse).

espectáculo nm (gen) spectacle f; (TEATRO etc) représentation f, spectacle.

espectador, a nm/f spectateur/trice.

espectro nm spectre m; (fig) spectre, fantôme m.

especular vt spéculer, méditer //vi spéculer; **especulativo, a** a spéculatif(ive).

espejismo nm mirage m.

espejo nm miroir m, glace f; (fig) modèle m, exemple m; **~ de retrovisión** rétroviseur m.

espeluznante a effrayant(e); à faire dresser les cheveux sur la tête.

espera nf (pausa, intervalo) attente f; (JUR: plazo) délai m; **en ~ de** dans l'attente de.

esperanza nf (confianza) espoir m, espérance f; (perspectiva) perspective f; **esperanzar** vt donner de l'espoir à; promettre; donner des illusions à.

esperar vt (aguardar) attendre;

(*desear*) espérer // vi attendre; espérer.

espesar vt (*líquido*) épaissir, lier; (*TEC*) presser; ~**se** vr s'épaissir.

espeso, a a (*denso*) épais(se); (*bosque*) touffu(e); (*fig*) touffu, compliqué(e); **espesor** nm (*grosor*) épaisseur m; (*densidad*) densité f; **espesura** nf épaisseur m; (*matorral*) fourré m.

espetar vt (*atravesar, traspasar*) embrocher; (*pregunta*) décocher; (*dar: reto, sermón*) sortir, débiter.

espetón nm (*asador*) broche f; (*aguja*) longue épingle; (*empujón*) bourrade f.

espía nm/f espion/ne; (*fam*) mouchard/e.

espiar vt (*observar*) épier; (*acechar*) espionner; (*informar*) informer en secret.

espiga nf (*BOT*) épi m; (*de espada*) soie f, fusée f; (*de herramienta*) tenon m; (*clavija*) cheville f.

espigado, a a monté(e) en graine; grand(e); élancé(e).

espigar vt (*AGR*) glaner; (*TEC*) faire un tenon sur; ~**se** vr (*planta*) pousser, grandir beaucoup; (*persona*) grandir, pousser.

espigón nm (*malecón*) jetée f, brise-lames m inv; (*dique*) épi m; (*punta*) pointe f; (*mazorca*) épi de maïs.

espina nf épine f; (*de madera, astilla*) écharde f; (*de pez*) arête f; ~ **blanca** chardon m; ~ **dorsal** épine dorsale.

espinaca nf épinard m.

espinar nm buisson m de ronces // vt (*herir: fig*) piquer; (*AGR*) armer, épiner.

espinazo nm échine f.

espino nm aubépine f; ~ **blanco** aubépine; ~ **negro** prunellier m.

espinoso, a a épineux (euse).

espionaje nm espionnage m.

espiral a: **escalera en** ~ escalier m en colimaçon // nm spiral m // nf spirale f.

espirar vt expirer // vi (*expeler*)

souffler; (*exhalar*) exhaler.

espiritista a spiritiste // nm/f spirite m/f.

espíritu nm esprit m.

espiritual a spirituel(le).

espirituoso, a a (*licor*) spiritueux(euse); (*ingenioso*) spirituel(le).

espita nf cannette f; (*fig: fam*) pochard m.

esplendente a resplendissant(e).

esplendidez nf (*abundancia*) largesse f, libéralité f; (*magnificencia*) splendeur f, magnificence f.

esplendor nm splendeur f; éclat m.

espliego nm lavande f.

espolear vt éperonner; (*fig*) aiguillonner, stimuler.

espolón nm (*de ave*) ergot m; (*de barco, montaña*) éperon m; (*malecón*) môle m, jetée f; (*AM*) contrefort m; (*fam: sabañón*) engelure f au talon.

espolvorear vt saupoudrer.

esponja nf éponge f.

esponjarse vr (*fam*) se rengorger; (*fam*) prendre des couleurs.

esponjoso, a a spongieux (euse); (*liviano*) léger(ère).

esponsales nmpl fiançailles fpl; accordailles fpl.

espontaneidad nf acte spontané; spontanéité f.

espontáneo, a a spontané(e); naturel(le), franc(franche); volontaire.

esportillo nm cabas m.

esposa nf épouse f; ~**s** nfpl menottes fpl.

esposo nm époux m.

espuela nf éperon m; (*AM: de gallo*) ergot m; (*fig*) stimulant m; ~ **de caballero** pied-d'alouette m.

espuma nf écume f; (*de champán, jabón*) mousse f; ~ **de goma** caoutchouc mousse; **espumar** vt (*cerveza*) écumer; (*caldo*) dégraisser écumer // vi (*el vino*) écumer, clarifier; **espumoso, a** a écumeux (euse); mousseux(euse).

espurio, a a bâtard(e); adultéré(e); frelaté(e).

esquela nf (carta) billet m; (invitación) carte f; faire-part m.

esqueleto nm squelette m; (fig) plan m, canevas m.

esquema nm schéma m; (FILOSOFÍA) schème m.

esquí nm (pl esquís) ski m.

esquife nm skiff m.

esquila nf tonte f.

esquilar vt tondre.

esquilmar vt (cosechar) récolter; (empobrecer: suelo) épuiser; (fig) appauvrir, dépouiller.

esquimal a esquimau(de) // nm/f Esquimau/de // nm esquimau m.

esquina nf coin m; (DEPORTE) corner m.

esquirol nm (fam) briseur m de grève.

esquivar vt (evitar) esquiver; (rehuir) éviter, fuir; ~se vr s'esquiver.

esquivez nf (altanería) froideur f; (desdeño) dédain m; **esquivo, a** a dédaigneux(euse); revêche.

esta det ver **este**.

ésta pron ver **éste**.

está vb ver **estar**.

estabilidad nf stabilité f; **estable** a stable; durable; ferme.

establecer vt établir, fonder; (poner, instalar) implanter; ~**se** vr s'établir; ~**se por su cuenta** se mettre à son compte.

establecimiento nm (casa) maison f; (almacén, comercio, firma) magasin m, commerce m; (institución) établissement m; ~ **comercial** entreprise commerciale.

establo nm étable f.

estaca nf (palo) pieu m; (AGR) bouture f.

estacada nf (cerca) palissade f; (palenque) enceinte f; (AM) coup m de couteau.

estación nf (FERROCARRIL) gare f; (establecimiento científico) station f; (del año) saison f; (REL) station, reposoir m; ~ **balnearia** station

balnéaire; ~ **de autobuses** gare routière.

estacionamiento nm parking m.

estacionar vt garer, parquer.

estacionario, a a stationnaire; (COM: mercado) calme.

estada nf séjour m.

estadio nm stade m.

estadista nm (POL) homme d'état m; (ESTADÍSTICA) statisticien m.

estadística nf statistique f.

estado nm état m; ~ **civil** état civil; ~ **de guerra/de emergencia/de sitio** état de guerre/d'urgence/de siège; ~ **de las cuentas** état des comptes; ~ **mayor** état-major m; E~**s Unidos**, EE.UU. Etats-Unis mpl.

estafa nf escroquerie f.

estafar vt escroquer.

estafeta nf (correo) estafette f; (oficina de correos) bureau m de poste; ~ **diplomática** valise f diplomatique.

estallar vi (explotar) exploser; (reventar) crever; (bomba) déflagrer, exploser; (neumático) éclater; (conspiración) éclater; ~ **en llanto** éclater en pleurs; **estallido** nm explosion f, éclatement m.

estameña nf étamine f.

estampa nf (imagen) image f; (impresión, imprenta) estampe f; (imagen, figura: de persona) apparence f, allure f; (fig: huella) marque f; **tener buena/mala** ~ avoir bonne/mauvaise apparence.

estampado, a a (impreso) estampé(e); (tela) imprimé(e) // nm imprimé m.

estampar vt (imprimir) estamper, imprimer; (metal) étamper; (poner sello en) mettre le cachet sur, cacheter; (fig) imprimer.

estampida nf fuite précipitée; (estampido) détonation f.

estampido nm détonation f.

estampilla nf (sello) estampille f, timbre m; (sello con firma) griffe f; (AM): ~ **de correos/fiscal** timbre postal/fiscal; ~ **de impuesto** vignette f.

están vb ver **estar**.

estancar vt (aguas) étancher, retenir; (COM) monopoliser; (fig) laisser en suspens; ~se vr (líquidos) stagner; (fig) s'enliser, piétiner, être suspendu(e).

estancia nf (permanencia) séjour m; (sala) chambre f; (estrofa) stance f; (AM) ferme très grande.

estanciero nm (AM) fermier m.

estanco, a a étanche; (fig) compartimenté(e) // nm (monopolio) monopole m, régie f; (negocio) bureau m de tabac; (taberna) bistrot m.

estandarte nm étendard m.

estanque nm (lago) étang m; (AGR) bassin m; ~ **de jardín** bassin dans un jardin.

estanquero, a, estanquillero, a nm/f buraliste m/f.

estante nm (armario) rayonnage m; (biblioteca) bibliothèque f; (anaquel) rayon m, étagère f; (AM) étai m; **estantería** nf rayonnage m.

estantigua nf (fantasma) fantôme m; (fam: persona alta y flaca) grand escogriffe m; (: persona fea) épouvantail m.

estaño nm étain m.

estar vi (posición en espacio y tiempo) être; ~ **en la ciudad** être dans la ville; ~ **en clase** être en classe; ~ **solo** être seul; **estamos a 2 de mayo** nous sommes le 2 mai; ¿**como está Ud?** comment allez-vous?; ~ **mal de salud** être malade; ~ **enfermo/cansado** être malade/fatigué; **está más viejo** il a vieilli; **está que arde** il est au bout de colère; (seguido de una preposición): ¿**a cuánto estamos de Madrid?** à combien sommes-nous de Madrid?; ~ **de fiesta/ vacaciones** être en fête/vacances; **las uvas están a 5 pesetas** les raisins ont à 5 pesetas; ~ **de frente** a être face à; ~ **para** être sur le point de; ~ **por** être pour; **no** ~ **para bromas** ne pas avoir envie

de plaisanter; **está por hacer** cela reste à faire; (acción durativa): ~ **pensando/esperando** être en train de penser/d'attendre; ¿**estamos?** entendu?, d'accord?; ~**se** vr: ~**se tranquilo** être tranquille.

estas det ver **este**.

éstas pron ver **éste**.

estás vb ver **estar**.

estático, a a statique // nf statique f.

estatua nf statue f.

estatuir vt (establecer) statuer; (determinar) déterminer.

estatura nf stature f.

estatuto nm statut m.

este nm est m; (oriente) orient m.

este, esta, estos, estas det (m) ce; ce...ci; (f) cette; cette...ci; (pl) ces; ces...ci.

éste, ésta, éstos, éstas pron (m) celui-ci; (f) celle-ci; (mpl) ceux-ci; (fpl) celles-ci.

esté etc vb ver **estar**.

estela nf (sillage m; (monumento) stèle f; (fig) trace f, vestige m.

estenografía nf sténographie f.

estepa nf (GEO) steppe f; (BOT) ciste m.

estera nf natte f.

estercolar vt fumer.

estereotipia nf (arte) stéréotypie f; (máquina) stéréotype m; (MED) stéréotypie.

estéril a stérile.

esterlina a: **libra** ~ **livre** sterling.

estético, a a esthétique // n. esthétique f.

estibador nm arrimeur m.

estiércol nm fumier m.

estigma nm stigmate m.

estigmatizar vt (marcar) stigmatiser; marquer au fer rouge; (fig) stigmatiser.

estilar vi, ~**se** vr s'employer, être en usage.

estilo nm style m; (TEC) stylet m; **algo por el** ~ quelque chose dans ce genre.

estima nf estime f.

estimación nf (evaluación) estimation f; (aprecio, afecto) appréciation f.

estimar vt (evaluar) évaluer, estimer; (valorar) évaluer; (apreciar) apprécier; (pensar, considerar) penser, considérer; ~se vr s'estimer; ¡se estima! je vous en suis reconnaissant(e).

estimulante a (excitante) stimulant(e) // nm stimulant m; **estimular** vt stimuler; (excitar) exciter; (animar) encourager; **estímulo** nm stimulation f, encouragement m.

estío nm été m.

estipendio nm rémunération f.

estipulación nf (convenio) accord m; (cláusula) stipulation f.

estipular vt stipuler.

estirado, a a tiré(e); (tenso) tendu(e); (fig) poseur(euse), guindé(e).

estirar vt (alargar) allonger; (extender) étendre; (conversación, presupuesto) faire durer; (fam: las piernas) étirer; ~se vr (desperezarse) s'étirer; (prenda) s'élargir, se détendre.

estirón nm secousse f; (crecimiento) poussée f; **dar un** ~ pousser comme une asperge.

estirpe nf souche f, lignée f.

estival a estival(e).

esto pron ceci, cela, ça, c'.

estofa nf (tela) étoffe brochée; (calidad, clase) qualité f, classe f; **persona de baja** ~ personne de bas aloi.

estofar vt (bordar) broder en application; (CULIN) étuver, cuire à l'étouffade.

stoico, a a (FILOSOFÍA) stoïcien(ne); (fig) stoïque // nm/f stoïcien/ne.

stólido, a a stupide.

stómago nm estomac m; **tiene** ~ 'est un dur, rien ne le touche.

stopa nf étoupe f.

stoque nm (espada) estoc m; (BOT) glaïeul m.

storbar vt (dificultar) gêner, rendre difficile; (impedir) empêcher;

(obstaculizar) entraver; **estorbo** nm (molestia) gêne f; (obstáculo) obstacle m, entrave f.

estornudar vi éternuer.

estos det ver **este**.

éstos pron ver **éste**.

estoy vb ver **estar**.

estrafalario, a a bizarre, extravagant(e) // nm/f extravagant/e.

estragar vt corrompre; (deteriorar) abîmer, gâter.

estrago nm mine f, destruction f, ravage m.

estrangul nm anche f.

estrangulación nf étranglement m, strangulation f.

estrangulador, a nm/f étrangleur/euse // nm (TEC) papillon m des gaz; (AUTO) starter m.

estrangulamiento nm étranglement m; (AUTO) goulet m ou goulot m d'étranglement.

estrangular vt étrangler.

estraperlista nm/f (fam) trafiquant/e.

estraperlo nm marché noir.

estratagema nf (MIL) stratagème m; (astucia) ruse f.

estrategia nf (arte) stratégie f; (plan) plan m, tactique f.

estrechar vt (reducir) rétrécir; (persona) serrer; ~**se** vr (reducirse) se rétrécir; (apretarse) se serrer; (reducir los gastos) se restreindre; ~ **la mano** serrer la main; ~ **amistad con alguien** lier amitié avec qn.

estrechez nf étroitesse f; intimité f; ~ **vivir con** ~ vivre petitement; ~ **de conciencia** mesquinerie f; ~ **de miras** étroitesse d'esprit.

estrecho, a a étroit(e); (apretado) serré(e); (miserable) radin(e), ladre // nm détroit m.

estregar vt frotter; ~**se** vr se frotter.

estrella nf (ASTRO) étoile f; (IMPRENTA) étoile f, astérisque m; (CINE, TEATRO) star f, vedette f; ~ **fugaz/polar** étoile filante/polaire; ~ **de mar** étoile de mer.

estrellar vt (destruir, hacer añicos) briser, mettre en pièces; (huevos) cuire sur le plat; **~se** vr se briser; (fracasar) échouer.

estremecer vt (sacudir) ébranler; (conmover) émouvoir; (fig) faire sursauter; **~se** vr tressaillir, frissonner; **estremecimiento** nm (conmoción) frémissement m; (sobresalto) sursaut m; (temblor) tremblement m.

estrenar vt (vestido) étrenner; (casa) emménager; (película) passer en exclusivité; (obra de teatro) donner la première de; **~se** vr (obra de teatro) être représenté(e) pour la première fois; (película) sortir; (persona) débuter; **estreno** nm (primer uso) étrenne f; (en un empleo) débuts mpl; première f.

estreñir vt constiper; **~se** vr être constipé(e).

estrépito nm fracas m; (fig) pompe f, éclat m.

estrepitoso, a a (ruidoso) bruyant(e); (fiesta) animé(e).

estría nf (ARQ) cannelure f; (fig) strie f.

estribar vi: **~ en** s'appuyer sur; (fig) se fonder ou s'appuyer sur.

estribo nm (de jinete) étrier m; (de coche, tren) marchepied m; (del oído) étrier; (de puente) culée f, butée f; (fig) base f, appui m; (GEO) contrefort m.

estribor nm tribord m.

estricto, a a (estrecho) étroit(e); (riguroso) strict(e); (severo) sévère.

estridente a strident(e).

estro nm souffle m, inspiration f.

estropajo nm lavette f.

estropear vt (maltratar) gâter; (deteriorar) abîmer; (lisiar) estropier; **~se** vr (objeto) s'abîmer; (persona) s'estropier.

estructura nf structure f.

estruendo nm fracas m; tumulte m; éclat m, pompe f.

estrujar vt presser; tordre; serrer; épuiser; **~se** vr se presser, se serrer.

estuario nm estuaire m.

estuco nm stuc m, staff m.

estuche nm étui m.

estudiante nm/f étudiant/e; **~ de medicina** étudiant en médecine; **~ secundario** élève m de secondaire.

estudiantina nf troupe f d'étudiants pour la mascarade; orchestre m d'étudiants.

estudiar vt étudier.

estudio nm étude m; (CINE, ARTE, RADIO) studio m; (de abogado) cabinet m; (en casa) bureau m.

estudioso, a a studieux (euse) // nm (especialista) spécialiste m/f; (investigador) chercheur/euse.

estufa nf poêle m.

estupefacto, a a (atónito) stupéfait(e); (sorprendido) surpris(e).

estupendo, a a admirable; excellent(e); formidable; extraordinaire.

estupidez nf stupidité f.

estúpido, a a (torpe) stupide; (idiota) idiot(e); (incapaz) incapable; (tonto) inepte // nm/f imbécile m/f.

estupro nm stupre m.

estuve etc vb ver **estar**.

etapa nf étape f; (alto) halte f; (escala) escale f; (parada) arrêt m.

éter nm éther m.

eternidad nf éternité f.

eterno, a a immortel(le); éternel(le); perpétuel(le); interminable.

etimología nf étymologie f.

etíope a éthiopien(ne) // nm, f Ethiopien/ne.

Etiopía nf Éthiopie f.

etiqueta nf étiquette f.

eucalipto nm eucalyptus m.

Eucaristía nf Eucharistie f.

eufemismo nm euphémisme m.

eufonía nf euphonie f.

euforia nf euphorie f.

eugenesia nf, **eugenismo** m eugénisme m.

eunuco nm eunuque m.

eurasiano, a a eurasien(ne) // nm/f Eurasien/ne.

Europa nf Europe f.

europeo, a a européen(ne) // nm/f Européen/ne.

éuscaro, a a basque // nm basque m.

Euskadi nm le Pays basque.

eutanasia nf euthanasie f.

evacuación nf évacuation f.

evacuar vt vider; évacuer; effectuer.

evadir vt (evitar) éviter; (eludir) éluder; ~se vr s'évader; (escaparse) s'échapper.

evaluar vt évaluer.

evangélico, a a évangélique.

evangelio nm évangile m.

evaporación nf (de agua) évaporation f; (de bruma) dissipation f, évaporation.

evaporar vt (líquido) évaporer; (disipar) dissiper; (desvanecer) volatiliser; ~se vr s'évaporer; (fig) se volatiliser.

evasión nf évasion f.

evasivo, a a (ambiguo) évasif(ive); (nada concreto) vague.

evento nm événement m; éventualité f.

eventual a eventuel(le); conditionnel(le); fortuit(e).

evidencia nf (certidumbre) évidence f, certitude f; (convicción) conviction f; (seguridad) assurance f.

evidenciar vt rendre évident(e); faire ressortir; ~se vr être manifeste.

evidente a évident(e).

evitar vt (huir) fuir, éviter; (esquivar) esquiver; (eludir) éluder; (soslayar) éviter.

evocar vt évoquer.

evolución nf (desarrollo) développement m, déroulement m; (cambio) évolution f, changement m; (MIL) manœuvre f.

exa- ex; **el ~ ministro** l'ex-ministre.

exacerbar vt irriter, exacerber; ~se vr s'aggraver; s'irriter.

exactitud nf précision f, exactitude f; ponctualité f; rigueur f.

exacto, a a exact(e); précis(e); ponctuel(le); juste.

exageración nf exagération f.

exagerar vt, vi exagérer; augmenter; gonfler.

exaltado, a a (apasionado) passionné(e); (exagerado) exagéré(e); (excitado) exalté(e).

exaltar vt (elevar) élever; (enaltecer, realzar) exalter; ~se vr (excitarse) s'exciter; (arrebatarse) s'emporter.

examen nm (indagación) enquête f, examen m; (prueba) épreuve f; (concurso) concours m.

examinar vt examiner; (ESCOL) faire passer un examen; (escrutar, escudriñar) examiner, scruter; ~se vr s'examiner; (ESCOL) passer un examen; ~se en historia passer un examen d'histoire.

exangüe a (desangrado) exsangue; (sin fuerzas) épuisé(e).

exasperar vt (irritar) irriter, exaspérer; (exacerbar) exacerber; ~se vr s'énerver, s'irriter.

Exca. abr de **Excelencia**.

exceder vt dépasser, excéder // vi: ~ **en los gastos** avoir un excédent dans les dépenses; ~se vr (extralimitarse) dépasser les bornes; (sobrepasarse) se surpasser.

excelencia nf supériorité f; **E~** Excellence f.

excelente a excellent(e).

excelso, a a éminent(e); supérieur(e).

excentricidad nf excentricité f; extravagance f.

excéntrico, a a excentrique // nm/f excentrique m/f; extravagant/e.

excepción nf exception f; **excepcional** a unique; exceptionnel(le); singulier(ière); extraordinaire; insolite.

excepto ad excepté(e); (aparte de) à part; (fuera de) en dehors de; (menos) moins.

exceptuar vt excepter; ~se vr être excepté(e).

excesivo, a a excessif(ive); trop; démesuré(e); exagéré(e).

exceso nm (abuso) abus m, excès m; (delito) abus, délit m; (desmesura) démesure f; (exageración) exagération f.

excitación nf excitation f, enthousiasme m.

excitado, a a stimulé(e), enthousiasmé(e).

excitar vt stimuler; provoquer; ~se vr s'enthousiasmer; (enojarse) se mettre en colère.

exclamación nf exclamation f.

exclamar vi (clamar) clamer, s'exclamer; (prorrumpir) éclater; (gritar) crier.

exclaustrado, a nm/f sécularisé/e.

excluir vt exclure; (descartar) écarter; **exclusión** nf exclusion f; (descarte) rejet m; **con exclusión de** à l'exclusion de.

exclusiva, exclusividad nf exclusivité f, exclusive f.

exclusivo, a a exclusif(ive).

Excmo. abr de excelentísimo.

excomulgar vt (REL) excommunier; (banir) bannir, chasser.

excomunión nf excommunication f.

excoriar vt excorier, écorcher; ~se vr s'écorcher.

excursión nf excursion f; **ir de** ~ aller en excursion.

excusa nf prétexte m; (razón) excuse f.

excusado, a a superflu(e); (disculpado) excusé(e) // nm cabinets mpl.

excusar vt excuser; ~se vr (rehusarse) décliner une invitation; (disculparse) s'excuser.

execrable a exécrable f.

execrar vt abominer; excécrer; maudire.

exención nf exemption f; exonération f.

exento, a pp de eximir // a exempt(e), libre.

exequias nfpl funérailles fpl.

exhalación nf (del aire) exhalation f; (emanación) exhalaison f; (rayo) foudre f.

exhalar vt exhaler.

exhausto, a a épuisé(e).

exhibir vt (presentar) présenter; (mostrar en público) exhiber; (película) projeter; (cuadros) exposer; ~se vr s'exhiber.

exhortación nf exhortation f.

exhortar vt: ~ **a** pousser à, conduire à; inciter à; exhorter à.

exigencia nf exigence f.

exigente a pointilleux(euse), exigent(e); scrupuleux(euse); rigide; sévère.

exigir vt exiger.

exiguo, a a exigu(ë).

eximio, a a (excelente) illustre, (eminente) insigne.

eximir vt dispenser; libérer, exempter; décharger; exempter exonérer.

existencia nf existence f; ~s nfpl stock m.

existir vi (vivir) vivre; (ser) exister.

éxito nm (victoria) réussite f; (triunfo) succès m; **tener** ~ avoir du succès.

exonerar vt exonérer; ~ **de un obligación** délivrer d'une obligation

exorbitante a démesuré(e), exorbitant(e); énorme.

exorcizar vt exorciser.

exótico, a a exotique; extravagant(e).

expatriar vt expatrier.

expectativa nf expectative perspective f.

expedición nf (excursión) expédition f; (envío) envoi m; (ejecución) exécution f rapide; (MIL) incursion f, raid m.

expediente nm affaire f, marche f; (JUR) dossier m.

expedir vt (despachar) envoy

(*libreta cívica, pasaporte*) délivrer; (*fig*) expédier.

expedito, a, a (*libre*) libre, dégagé(e); (*pronto*) prompt(e).

expendedor, a nm/f (*vendedor*) débitant/e; (*aparato*) distributeur m; ~ **de cigarrillos** distributeur de cigarettes.

expensas nfpl dépens mpl.

experiencia nf (*práctica*) expérience f, pratique f; (*conocimiento*) connaissance f; (*pericia*) expérience.

experimentado, a a expérimenté(e); connaisseur(euse), spécialiste.

experimentar vt (*en laboratorio*) expérimenter; (*probar*) faire l'expérience de; (*sentir, sufrir*) souffrir.

experimento nm expérience f, expérimentation f.

experto, a a (*práctico*) expert(e); (*diestro*) adroit(e) // nm/f expert/e, spécialiste m/f.

expiación nf expiation f.

expiar vt (*purgar*) purger; (*pagar: culpa*) expier.

expirar vi expirer.

explanar vt (*terreno*) aplanir; (*fig*) expliquer, éclaircir.

explayar vt étendre; ~**se** s'étendre; ~**se con uno** s'épancher auprès de qn.

explicación nf explication f; (*exposición*) exposé m; (*exégesis*) exégèse f; (*interpretación*) interprétation f.

explicar vt (*comentar*) expliquer; (*aclarar*) éclairer; (*exponer*) exposer; ~**se** s'expliquer.

explícito, a a explicite.

explorador, a nm/f (*pionero*) explorateur/trice; (*MIL*) éclaireur/euse // nm (*MED*) sonde f; (*TEC*) radar m; **los E**~**es** the Scouts mpl.

explorar vt (*buscar*) explorer; (*reconocer*) reconnaître.

explosión nf explosion f.

explosivo, a a (*detonante*) explosif(ive); (*ruidoso*) bruyant(e).

explotación nf exploitation f.

explotar vt exploiter // vi exploser.

expoliación nf spoliation f.

exponer vt exposer; (*explicar*) expliquer; ~**se** s'exposer.

exportación nf exportation f.

exportar vt exporter.

exposición nf (*artística*) exposition f; (*de material técnico, moda etc*) salon m; (*explicación*) explication f; (*narración*) exposé m; (*de testigo*) déposition f; **tiempo de** ~ temps m de pose.

expósito, a a trouvé(e); **niño** ~ enfant trouvé.

exprés nm (AM) express m.

expresar vt (*manifestar*) exprimer; (*exteriorizar*) extérioriser; ~**se** vr s'exprimer.

expresión nf expression f.

expreso, a pp de **expresar** // a exprès(esse) // nm express m; **mandar por** ~ envoyer en express.

exprimir vt (*fruta*) presser; (*ropa*) tordre; (*fig*) pressurer.

expuesto, a a exposé(e).

expugnar vt prendre d'assaut.

expulsar vt (*echar*) chasser; (*expeler*) expulser, rejeter; (*desalojar*) déloger; (*despedir*) renvoyer; **expulsión** nf expulsion f; (*de alumno, deportista, empleado*) renvoi m; (*de inquilino*) expulsion.

expurgar vt expurger.

exquisito, a a exquis(e) // nm/f précieux/euse.

éxtasis nm extase f.

extender vt (*los brazos*) étendre, tendre, étirer; (*camino*) développer; (*mapa*) dérouler; (*certificado, recibo*) rédiger; (*cheque*) libeller, rédiger; (*influencia, poder*) étendre; ~**se** vr (*en el suelo*) s'allonger; (*epidemia*) se développer, gagner; (*en un tema*) s'étendre; **extendido, a** a (*abierto*) étendu(e); étalé(e); ouvert(e); (*brazos*) étendu, écarté(e); (*prevaleciente*) répandu(e); **extensión** nf (*de país*) étendue f; (*de libro*) longueur f; (AM) extension f; **en toda la extensión de**

la palabra dans toute l'acceptation du mot; **extenso, a** a étendu(e); long(ue).

extenuar vi (agotar) exténuer; (debilitar) affaiblir.

exterior a extérieur(e) // nm extérieur m; (DEPORTE) ailier m; (CINE): **los ~es** les extérieurs.

exterminar vt exterminer, dévaster, ravager; **exterminio** nm destruction f; extermination f.

externo, a a (exterior) externe; (superficial) superficiel(le) // nm/f externe m/f.

extinguir vt éteindre; (raza, población) exterminer; **~se** vr s'éteindre.

extirpación nf extirpation f; (MED) ablation f.

extirpar a extirper; détruire, supprimer; (MED) abaisser; extirper.

extra ad extra // nm (gasto, comida) extra m; (gratificación) à-côté m // nm/f figurant/e; **horas ~s** heures fpl supplémentaires.

extracción nf extraction f; (MED) extraction; ablation f.

extracto nm extrait m.

extraer vt extraire.

extralimitarse vr dépasser les bornes; se surpasser.

extranjero, a a étranger(ère); (exótico) exotique // nm/f étranger/ère // nm étranger m.

extrañar vt (desterrar) bannir, exiler; (sorprender) surprendre; (AM) avoir la nostalgie de; **~se** vr (sorprenderse) s'étonner; (distanciarse) se détacher l'un de l'autre.

extrañeza nf (rareza) étrangeté f; (asombro) étonnement m.

extraño, a a (extranjero) étranger(ère); (raro) étrange; (sorprendente) étonnant(e) // nm/f étranger/ère.

extraordinario, a a extraordinaire // nm (correo) courrier m extraordinaire; (plato) extra m; (de periódico) numéro spécial; **horas extraordinarias** heures fpl supplémentaires.

extravagancia nf extravagance

f; **extravagante** a extravagant(e); insolite; excentrique.

extraviado, a a perdu(e), égaré(e).

extraviar vt (desviar) égarer; (perder) perdre; **~se** vr se fourvoyer.

extravío nm perte f; égarement m; fourvoiement m.

extremar vt pousser à l'extrême; **~se** vr s'appliquer.

extremaunción nf extrême-onction f.

extremeño, a a d'Estramadure // nm/f natif/ive d'Estramadure.

extremidad nf extrémité f.

extremo, a a extrême // nm extrémité f; **en último ~** en dernier recours; **~ derecho/izquierdo** ailier droit/gauche.

extrínseco, a a extrinsèque.

exuberancia nf exubérance f; **exuberante** a exubérant(e); (fig) luxuriant(e).

exvoto nm ex-voto m.

eyacular vt, vi éjaculer.

F

f.a.b. (abr de franco a bordo) f. à b (franco à bord).

fábrica nf usine f; (de muebles zapatos, camiones) fabrique f **marca de ~** marque f de fabrique **precio de ~** prix m d'usine; **~ de azúcar** sucrerie f; **~ de cerveza** brasserie f; **~ de papel** papeterie f **~ de tabacos** manufacture f de tabacs.

fabricación nf (manufactura fabrication f; (producción production f; **de ~ casera** ménagè (ère); **~ en serie** fabrication production en série.

fabricante nm fabricant m.

fabricar vt (hacer) fabrique (construir) construire; (elabora élaborer; (*inventar*) forger, inventer.

fábula nf apologue m; fable f; mensonge m; légende f.

faca nf couteau recourbé; coutelas m.

facción nf (POL) faction f; (del rostro) trait m.

faccioso, a a factieux(euse) // nm/f rebelle m/f.

fácil a (*simple*) facile; (*probable*) probable; ~ **de digerir** facile à digérer; ~**mente** ad facilement.

facilidad nf (*disposición*) facilité f, disposition f; (*simplicidad*) simplicité f; ~**es de pago** facilités de paiement.

facilitar vt (*proporcionar*) procurer; (*entregar*) remettre; (*hacer posible*) faciliter.

factible a faisable.

factoría nf (*establecimiento comercial*) comptoir m; (*agencia*) factorerie f; (AM) fonderie f, aciérie f.

factura nf facture f.

facturar vt (COM) facturer; (FERROCARRIL) enregistrer.

facultad nf (*aptitud*) moyen m, faculté f; (*derecho, poder*) faculté; (ESCOL) faculté.

facultativo, a a facultatif(ive); à option // nm médecin m.

facha nf (*fam*) allure f; (NAUT) estar en ~ être en panne.

fachada nf (ARQ) façade f; (de libro) frontispice m.

faena nf (*trabajo*) travail m; (*quehacer*) occupation f, besogne f; ~**s domésticas** tâches fpl domestiques.

faisán nm faisan m.

faja nf (*para la cintura*) ceinture (de flanelle) f, bande f; (*corsé*) gaine f; (MED) bandage m; (*de terreno*) bande; ~ **panty** gaine-culotte f; ~ **postal** bande postale; **fajar** vt (*ceñir*) mettre une ceinture sur; (*vendar*) bander; **fajarse** vr (*periódico*) mettre sous bande; (*ceñirse*) mettre une ceinture; vendarse) bander.

falange nf phalange f.

falaz a (*engañoso*) fallacieux(euse); (*mentiroso*) menteur(euse).

falda nf (*prenda de vestir*) jupe f; (*de una montaña*) flanc m; (*regazo*) giron m.

faldero, a a: **perro** ~ chien m de manchon.

faldillas nfpl basques fpl.

falibilidad nf faillibilité f.

falsario, a nm/f (*falsificador*) faussaire m/f; (*embustero*) menteur(euse).

falseador, a nm/f falsificateur/trice.

falsear vt (*la verdad*) fausser; (*desnaturalizar*) dénaturer; (ARQ) faire perdre l'aplomb; ~**se** vr (MUS) sonner faux.

falsedad nf (*hipocresía*) fausseté f; (*mentira*) mensonge m.

falsificación nf (*alteración*) falsification f, contrefaçon f; (*adulteración*) adultération f.

falsificar vt (COM) falsifier, contrefaire; adultérer; (*documento, firma*) falsifier; (*moneda*) contrefaire; (*cuadro*) imiter.

falso, a a (*apócrifo*) apocryphe; (*inexacto*) faux(fausse); (*supuesto*) supposé(e); **jurar en** ~ faire un faux serment; **dar un paso en** ~ faire un faux pas.

falta nf (*defecto*) défaut m; (*privación*) manque m; (*ausencia*) absence f; (*equivocación*) faute f, erreur f; **a** ~ **de** faute de; **por** ~ **de medios** par manque de moyens; **me hace falta...** j'ai besoin de ..., il me faut...; **j**~ **nos hacía!** il ne nous manquait plus que cela!

faltar vi (*escasear*) manquer; (*ausentarse*) manquer, être absent(e); (*fallar: mecanismo*) tomber en panne; ~ **a** manquer à; **faltan 2 horas para llegar** il reste deux heures avant d'arriver; **falta dinero** il manque de l'argent; **le falta osadía** il manque d'audace; ~ **al respeto a alguien** manquer de respect à qn.

falto, a a (*desposeído*) privé(e); (*necesitado*) dépourvu(e); **estar ~ de** être à court de; **~ de dinero** dépourvu d'argent.

faltriquera nf poche f.

falla nf (*defecto*) faute f, défaut m; (*fracaso*) échec m; (GEO) faille f; (TEC) défaut.

fallar vt (JUR) prononcer // vi (*memoria*) manquer, faillir; (*proyecto*) échouer, rater; (*frenos*) céder; (*cerradura*) lâcher, céder; **me falló mi amigo** mon ami n'a pas tenu parole.

fallecer vi décéder, mourir; **fallecimiento** nm décès m, mort f.

fallo nm arrêt m, sentence f.

fama nf réputation f; renommée f; renom m.

famélico, a a famélique.

familia nf famille f.

familiar a (*relativo a la familia*) familial(e); (*llano, sencillo, coloquial, parecido*) familier(ière) // nm (*pariente*) familier m; (*amigo íntimo*) intime m; **familiaridad** nf (*sencillez*) simplicité f; (*confianza*) confiance f; (*informalidad*) familiarité f; **familiarizar** vt familiariser; **familiarizarse** vr se familiariser.

famoso, a a renommé(e); célèbre, fameux(euse).

fanal nm (*farol*) fanal m; (*campana de vidrio*) globe m, cloche f.

fanático, a a passionné(e); enthousiaste; intolérant(e); intransigeant(e); sectaire, fanatique.

fanatismo nm fanatisme m; intransigeance f.

fanega nf fanègue f.

fanfarrón, ona a fanfaron(ne), crâneur(euse) // nm/f fanfaron(ne), crâneur/euse.

fango nm boue f, fange f; **fangoso, a** a boueux(euse).

fantasía nf fantaisie f; (*fam*) prétention f; **joyas de ~** faux bijoux.

fantasma nm (*aparición, espectro*) fantôme m; (*quimera*) chimère f; (*alucinación*) fantasme m // nf épouvantail m.

fantástico, a a fantastique; (AM. *sensacional*) sensationnel(le).

fantoche nm (*títere*) fantoche m; (*fam*) pantin m.

farándula nf (TEATRO) profession f de bateleurs; (*fam: baile*) farandole f; (: *embustes, disparates*) boniment m.

fardo nm ballot m.

farfullar vt (*balbucear*) bredouiller; (*decir atropelladamente*) bafouiller.

fariseo nm pharisien m.

farmacéutico, a a pharmaceutique // nm/f pharmacien/ne.

farmacia nf pharmacie f; **~ de turno** pharmacie de garde.

faro nm (NAUT: *torre*) phare m; (AUTO) **~s laterales** phares latéraux; **~s traseros** feux arrière.

farol nm (*luz*) lanterne f; (*de coche*) feu m, phare m; **~ de alumbrado público** réverbère m, lampadaire m.

farolillo, farolito nm (*luz*) lampion m, lanterne f; (BOT) campanule f; **~ chino** lampion chinois.

tárrago nm (*desorden*) fatras m; (*mescolanza*) bric-à-brac m, mélange m.

farsa nf (TEATRO) farce f; (*fig*) tromperie f.

farsante nm/f comédien/ne.

fas: por ~ o por nefas ad à tort ou à raison.

fascinación nf fascination f.

fascinador, a a fascinateur/(trice).

fascinar vt (*deslumbrar*) fasciner; (*hechizar*) charmer.

fascismo nm fascisme m.

fascista a fasciste // nm/f fasciste m/f.

fase nf phase f; (*estado*) stade m; (*período*) période f; **estar fuera de ~** être déphasé(e).

fastidiar vt (*disgustar, molestar*) fatiguer, dégoûter; (*aburrir*) ennuyer; **~se** vr (*molestarse*) se lasser; (*disgustarse*) se dégoûter.

fastidio nm dégoût m; fatigue f

ennui m; **fastidioso,** a a (fastidieux (euse); fatigant(e); ennuyeux(euse), fâcheux(euse).

fasto, a a (memorable) faste; (feliz) heureux(euse) // nm faste m, pompe f; ~s nmpl fastes.

fastuoso, a a fastueux(euse); pompeux(euse); somptueux(euse); splendide.

fatal a (inevitable) fatal(e); (desgraciado) malheureux(euse); (siniestro) sinistre; (fam: malo, pésimo) mauvais(e), lamentable; **fatalidad** nf malheur m; fatalité f.

fatiga nf (cansancio) fatigue f; (sofocación de la respiración) essoufflement m; ~s nfpl ennuis mpl, fracas m; **fatigar** vt fatiguer; (caballo) fouler, forcer; **fatigarse** vr se fatiguer; **fatigoso,** a (cansador) fatigant(e); (aburrido) pénible; (laborioso, dificultoso) laborieux (euse).

fatuidad nf (vanidad) fatuité f; (acto) inanité f.

fatuo, a a (vano) fat; (presuntuoso) présomptueux(euse).

fauno nm faune m.

fausto, a a heureux(euse) // nm (suntuosidad) faste m; (pompa) pompe f.

favor nm (ayuda) faveur f; (servicio) service m; (beneficio) bienfait m; **entrada de** ~ billet m de faveur; **haga el** ~ **de** faites-moi l'amitié de; **por** ~ s'il vous plaît, s'il te plaît; **1.000 dólares a su** ~ 1.000 dollars à son actif.

favorable a propice, favorable; avantageux(euse)

favorecer vt (servir) servir; (ayudar) favoriser, aider; (proteger) protéger, abriter; **este peinado le favorece** cette coiffure lui avantage.

favorito, a a favori(te) // nm/f favori/te.

faz nf face f.

f.C., f.c. abr de **ferrocarril**

fe nf (REL) foi f; (confianza) confiance f; (documento) acte m, certificat m; (lealtad) fidélité f; **prestar**

~ **a** prêter foi à; **actuar con buena/mala** ~ agir de bonne/mauvaise foi; **dar** ~ **de** attester; témoigner de; ~ **de bautismo** acte de baptême; ~ **de erratas** errata m.

fealdad nf laideur f.

febrero nm février m.

febril a (afiebrado) fébrile, fiévreux(euse); (ardiente) ardent(e); (desasosegado) agité(e).

fecundar vt (generar) féconder; (multiplicar) multiplier.

fecundidad nf fécondité f, fertilité f; (fig) productivité f.

fecundizar vt fertiliser.

fecundo, a a fécond(e); prolifique; copieux(euse); abondant(e); productif(ive).

fecha nf date f; **en** ~ **próxima** un jour prochain; **hasta la** ~ jusqu'à présent; **poner** ~ mettre la date.

fechar vt dater.

federación nf fédération f.

federal a fédéral(e).

fehaciente a digne de foi; qui fait foi, authentique.

felicidad nf (satisfacción, contento) bonheur m; (suerte feliz) chance f, sort heureux; **¡~es!** félicitations!

felicitación nf félicitation f.

felicitar vt féliciter; congratuler.

feligrés, esa nm/f paroissien/ne.

feliz a (contento, dichoso) heureux (euse); (afortunado) fortuné(e); (oportuno, acertado) opportun(e), pertinent(e).

felón, ona a félon(ne).

felonía nf félonie f.

felpa nf (tejido) peluche f; (para toallas) tissu-éponge m; (fam: reprimenda) savon m.

felpilla nf chenille f.

felpo nm paillasson m.

felpudo, a a pelucheux(euse) // nm paillasson m.

femenino, a a féminin(e) // nm féminin m.

fementido, a a (engañoso, falso) félon(ne), faux(ausse); (desleal) déloyal(e).

fenecer vi (morir) mourir; (terminarse) finir; **fenecimiento** nm (muerte) mort f; (acabamiento) fin f.

fenicio, a a phénicien(ne) // nm/f Phénicien/ne.

fénix nm (ave) phénix m; (BOT) phénix m; (fig) phénix.

fenómeno nm prodige m, phénomène m; monstre m // a inv sensationnel(le) // excl formidable!

feo, a a (sin belleza) laid(e); (desagradable) désagréable // nm affront m; grossièreté f // ad (AM): **oler** ~ sentir mauvais; **saber** ~ avoir mauvais goût.

feracidad nf fertilité f.

feraz a fécond(e), fertile.

féretro nm (ataúd) cercueil m; (sarcófago) sarcophage m.

feria nf foire f; (AM) marché m de rue; (día de asueto) jour m de congé; ~ **ganadera** foire aux bestiaux; **feriado, a** a férié(e).

fermentación nf fermentation f.

fermentar vi fermenter.

fermento nm ferment m.

ferocidad nf férocité f.

feroz a (cruel) féroce; (salvaje) farouche.

férreo, a a de fer; (tenaz) tenace.

ferretería, ferrería nf quincaillerie f.

ferrocarril nm chemin de fer m; ~ **de cremallera** chemin de fer à crémaillère.

ferroviario, a a ferroviaire // nm cheminot m; **plano** ~ plan de chemin de fer.

fértil a (productivo) fertile; (rico) riche; **fertilidad** nf fertilité f; richesse f; **fertilizar** vt fertiliser.

férula nf férule f.

férvido, a a bouillant(e); fervent(e).

fervor nm ferveur f; enthousiasme m; **fervoroso, a** a fervent(e); bouillant(e).

festejar vt (agasajar, obsequiar) fêter, faire fête à; (galantear) courtiser; (su cumpleaños) fêter; (AM: fam) fouetter, battre.

festejo nm (fiesta) festoiement m; (galanteo) galanterie f; ~**s** nmpl festivités fpl, réjouissances fpl.

festín nm festin m, banquet m.

festividad nf festivité f.

festivo, a a (de fiesta) de fête; (fig) joyeux(euse); (CINE, LITERATURA) humoristique.

fétido, a a (hediondo) fétide; (rancio, podrido) rance, pourri(e).

feudo nm (dominio) fief m; (vasallaje) vasselage m.

fiado nm: **comprar al** ~ acheter à crédit.

fiador, a nm/f caution f, garantie f, répondant/e // nm (de arma) cliquet m d'arrêt; (cerrojo) verrou m de sûreté; **salir** ~ **por alguien** se porter garant de qn.

fiambre a froid(e) // nm (CULIN) plat froid; (fam) macchabée m.

fianza nf garantie f, caution f; (JUR): **libertad bajo** ~ liberté sous caution.

fiar vt (salir garante de) se porter garant de, cautionner; (vender a crédito) vendre à crédit // vi avoir confiance; ~**se vr** se fier, avoir confiance; ~**se de uno** se fier à qn; ~**se en** se fier à.

fiasco nm fiasco m.

fibra nf fibre f; (fig) vigueur f, nerf m.

ficción nf fiction f.

ficticio, a a (artificial) fictif (ive); (postizo) postiche; (inventado) inventé(e).

ficha nf (en juegos) jeton m; (tarjeta) fiche f; (ELEC) prise f; ~ **policíaca** fiche de police; ~ **sanitaria** dossier m sanitaire; **fichero** nm fichier m.

fidedigno, a a digne de foi.

fideicomiso nm (JUR) fidéicommis m.

fidelidad nf (lealtad) fidélité f; loyauté f; (devoción, apego) attachement m; **alta** ~ haute fidélité f.

fideos nmpl vermicelle m.

fiebre nf (MED) fièvre f; (fig) ardeur f, excitation f; ~ **amarilla** fièvre jaune; ~ **del heno** rhume des foins; ~ **entérica** (fièvre) typhoïde f; ~ **glandular** mononucléose infectieuse; ~ **palúdica** malaria f.

fiel a (leal) fidèle, loyal(e); (devoto, constante) attaché(e); (exacto) exact(e), juste // nm fléau m, aiguille f; contrôleur m des poids et mesures; **los ~es** les fidèles mpl.

fieltro nm feutre m.

fiereza nf cruauté f; férocité f.

fiero, a a (cruel) cruel(le); (feroz) féroce; (espantoso) épouvantable; (duro) dur(e) // nf (animal feroz) fauve m; (fig: arpía) harpie f; (: valiente, conocedor) lion m; **echar ~s** faire le bravache.

fierro nm (AM) fer m.

fiesta nf fête f; ~**s** fpl (caricias) caresses fpl; (broma) cajoleries fpl, plaisanterie f; (REL): ~ **de guardar** fête carillonnée, férié f.

figura nf (forma, imagen) forme f, figure f; (persona) personnage m; (cara) visage m; (GEOMETRÍA) figure; (NAIPES) figure; **la ~ principal del ballet** la vedette (principale) du ballet; **tener mala ~** avoir mauvaise figure; (LING): ~ **retórica** figure de rhétorique.

figurar vt (representar) représenter; (fingir) feindre, simuler // vi figurer; ~**se** vr (imaginarse) s'imaginer; (suponer) se figurer, supposer.

figurín nm figurine f de mode; revista de figurines journal m de modes.

fijar vt fixer; (estampilla) mettre; ~ **con hilos** coudre, ficeler; ~**se** vr: ~**se en** remarquer, observer; **se prohibe** ~ **carteles** défense d'afficher; ~ **domicilio** élire domicile.

fijo, a a (firme, seguro) sûr(e); (permanente) fixe // ad: **mirar** ~ regarder fixement.

fila nf rang m, ligne f; (cola, columna) file f, queue f; (cadena) chaîne f; **ponerse en** ~ se mettre à la file.

filatelia nf philatélie f.

filete nm filet m; (de vaca) bifteck

m; (de ternera) escalope f.

filial a filial(e) // nf filiale f.

filigrana nf filigrane m; **hacer** ~**s** filigraner.

Filipinas nfpl: **las** ~ les Philippines fpl.

filo nm fil m; (BIO) phylum m; **sacar** ~ **a** affûter; **al** ~ **del mediodía** sur le coup de midi.

filología nf philologie f.

filón nm (veta) filon m, veine f; (mina) mine f; (fig) filon.

filosofía nf philosophie f.

filósofo nm philosophe m.

filoxera nf phylloxéra m.

filtrar vt, vi filtrer; ~**se** vr s'infiltrer.

filtro nm (TEC, utensilio) filtre m; (poción) philtre m.

fin nm (final) fin, but m; '~ **de la cita'** 'fin de citation'; **un sin** ~ **de preguntas** une foule de questions; **al** ~ **y al cabo** en définitive, après tout; **a** ~ **de** afin de; ~ **de semana** fin de semaine, weekend m; **final a** final(e) // nm final m, fin f // nf finale f; **finalizar** vt finir, mettre fin à // vi, **finalizarse** vr prendre fin, cesser.

finca nf propriété f à la campagne, ferme f.

fineza nf finesse f; délicatesse f, raffinement m; subtilité f; (regalo) cadeau m, présent m.

fingir vt (simular) simuler, feindre; (pretextar) prétexter // vi (aparentar) faire semblant de; ~**se** vr feindre d'être, se faire passer pour.

Finlandia nf Finlande f.

fino, a a fin(e); (delgado) mince; (de buenas maneras) bien élevé(e); (inteligente) fin.

firma nf signature f; (COM) firme f.

firme a (estable) ferme; (sólido) solide; (constante) constant(e); (decidido) décidé(e) // nm: **edificar en** ~ bâtir sur un terrain ferme // ad ferme; **¡~s!** excl garde-à-vous!, fixe!; **firmeza** nf fermeté f; solidité f; résolution f.

fiscal a fiscal(e) // nm ≈

procureur m (de la République).

fisco nm fisc m.

fisgar vt épier, guetter; (*pescar*) pêcher à la foëne // vi (*burlarse*) railler, se moquer.

físico, a a physique // nm physique m // nm/f physicien/ne // nf physique f.

fisonomía nf physionomie f.

flaco, a a (*muy delgado*) maigre; (*débil*) faible; (*memoria*) mauvais(e) // nm point m faible.

flagelar vt flageller; (*fig*) fustiger.

flagrante a flagrant(e); en ~ **delito** en flagrant délit.

flamante a flambant(e), brillant(e); (*nuevo*) flambant (*inv*) neuf.

flamenco, a a (*de Flandes*) flamand(e); (*agitanado*) flamenco (*inv*) // nm (*canto y baile*) flamenco m; (ZOOL) flamant m.

flanco nm flanc m.

flaquear vi faiblir.

flaqueza nf (*delgadez*) maigreur f; (*fig*) faiblesse f.

flauta nf flûte f.

fleco nm frange f.

flecha nf flèche f; **flechar** vt (*cuerda*) bander; (*herir*) percer de flèches; (*fig: fam*): **flechar a alguien** faire une touche; **flechero** nm archer m.

flema nf flegme m.

fletamento, fletamiento nm affrètement m.

fletar vt fréter; ~**se** vr (AM: fam) s'en aller, se barrer.

flete nm (*alquiler de navío*) fret m; (AM: *transporte de cargas*) charge f.

flexible a flexible; (*fig*) souple, maniable.

flojo, a a (*nudo, vestido*) lâche; (*sin firmeza, sin fuerza*) mou(molle), flasque; (*débil*) faible; (*negligente*) négligent(e); (*perezoso*) nonchalant(e); (AM: *cobarde*) lâche.

flor nf fleur f; (*cumplido*) compliment m; (*superficie*): **a ~ de** à fleur de; **florecer** vi (BOT) fleurir; (*fig*) être florissant(e); **floreciente** a

(BOT) fleurissant(e); (*fig*) florissant(e); **florería** nf magasin m de fleurs; **florero** a nm/f fleuriste m/f // nm vase m (à fleurs).

floresta nf (*bosque*) bocage m, bosquet m; (*lugar campestre, ameno*) site m champêtre; (*antología*) florilège m, anthologie f.

florido, a a fleuri(e).

flota nf flotte f; (AM): **una ~ de** une quantité importante de.

flotación nf flottement m.

flotar vi flotter; (*ondear, flamear*) ondoyer.

flote nm (*flotación*) flottage m; **sacar a ~** (*fig*) remettre à flot, renflouer; **salir a ~** se tirer d'affaire.

fluctuación nf fluctuation f, (*fig*) flottement m, hésitation f.

fluctuar vi (*oscilar*) osciller; (*vacilar*) hésiter; (*balancear*) balancer.

fluidez nf fluidité f.

flúido, a a fluide; (*fig*) coulant(e).

fluir vi couler, s'écouler.

flujo nm flux m.

fluvial a fluvial(e).

F.M.I. (abr de *Fondo Monetario Internacional*) FMI m (*Fonds monétaire international*).

foca nf phoque m.

foco nm foyer m; (ELEC) lumière f; (AM) lampe f électrique, ampoule f; (FOTO): **fuera de ~** hors du champ.

fogón nm (*de cocina*) fourneau m; (*de caldera de vapor*) foyer m.

fogonero nm chauffeur m.

fogosidad nf fougue f.

fogoso, a a fougueux(euse) ardent(e), impulsif(ive).

follaje nm feuillage m; (ARQ) rinceau m; (*fig*) falbala m.

folleto nm brochure f, notice f.

fomentar vt (MED) fomenter; (*fig*) fomenter, favoriser.

fomento nm (MED) enveloppement m, fomentation f; (*fig*) aide f, encouragement m.

fonda nf pension f, hôtel m modeste; (*restaurante*) buffet m.

fondeadero nm mouillage m.

fondear vt (el agua) sonder; (registrar) visiter, fouiller // vi mouiller l'ancre; **~se** vr (AM) s'enrichir.

fondo nm fond m; (reserva) fonds m; **~s** nmpl (COM) fonds mpl; **investigación a ~** enquête poussée; **en el ~** au fond; **~s disponibles** disponibilités fpl.

fontanería nf plomberie f.

fontanero nm plombier m.

forajido, a nm/f hors-la-loi m inv.

forastero, a a (extraño) étranger(ère); (exótico) exotique // nm/f étranger/ère.

forcejear vi faire de grands efforts; résister; lutter; **forcejo, forcejeo** nm effort m; lutte f.

forja nf forge f; (acción) forgeage m.

forjar vt (metal) forger; (fig) inventer, imaginer; **~se** vr s'imaginer.

forma nf forme f; forme, moule m; format m; modèle m; (método) mode m, moyen m; **las ~s** les formes; **en debida ~** en bonne et due forme.

formación nf formation f.

formal a (relativo a la forma) formel(le); (fig: serio, preciso) sérieux(euse), comme il faut.

formalidad nf (requisito) formalité f; (fig: seriedad) sérieux m.

formalizar vt concrétiser; achever, terminer; régulariser.

formar vt (componer) composer; (constituir) constituer; (ESCOL) former, préparer; (MIL) rassembler; (idea) façonner; **~se** vr se faire, se former; se constituer; s'éduquer; se modeler.

ormidable a (temible) terrible, formidable; (asombroso) étonnant(e); (enorme) énorme, monstrueux(euse); (fam) splendide, magnifique.

órmula nf formule f; **por pura ~** pour la pure forme.

ornido, a a robuste.

foro nm tribunal m; barreau m; (toile f de) fond m.

forraje nm fourrage m.

forrajear vt fourrager.

forrar vt (abrigo) doubler; (libro) couvrir; (cable) gainer.

forro nm (de cuaderno) couverture f, protège-cahier m; (de sillón) garniture f, housse f; (NAUT) bordé m de pont; vairgage m.

fortalecer vt fortifier; **~se** vr se fortifier.

fortaleza nf force f; énergie f; (MIL) forteresse f.

fortín nm fortin m.

fortuito, a a fortuit(e).

fortuna nf (suerte) fortune f, chance f; (riqueza, caudal) fortune; (NAUT): **correr ~** essuyer une bourrasque.

forzar vt (puerta) forcer; (violentar) violer; (compeler) contraindre.

forzoso, a a inévitable, forcé(e).

forzudo, a a fort(e), vigoureux(euse) // nm/f costaud m.

fosa nf (sepultura) sépulture f, fosse f; (MED) fosse; **~ marina** fosse marine; **~ séptica** fosse septique.

fosforescencia nf phosphorescence f.

fósforo nm (metaloide) phosphore m; (AM) allumette f.

fósil a fossile // nm fossile m.

foso nm fosse f; (TEATRO) dessous m.

foto nf photo f; **~copia** nf photocopie f; **~copiador** nm photocopieur m; **~copiar** vt photocopier; **~eléctrico, a** a photo-électrique; **~génico, a** a photogénique.

fotograbado nm photogravure f.

fotografía nf photographie f.

fotografiar vt photographier.

fotógrafo, a nm/f photographe m/f.

Fr. abr de **fray.**

frac nm frac m.

fracaso nm (desgracia, revés) malheur m, revers m; (malogro) échec m; (decepción) déception f.

fracción nf fraction f; (POL) scis-

sion f; **fraccionar** vt fractionner.
fractura nf fracture f.
fragancia nf parfum m; fragrance f.
fragata nf frégate f.
frágil a (débil) faible; (quebradizo) cassant(e), fragile; **fragilidad** nf faiblesse f; fragilité f.
fragmento nm (pedazo, trozo) fragment m; (porción, parte) morceau m, bribes fpl.
fragor nm (ruido intenso) grand bruit; (estruendo) fracas m.
fragoso, a a (áspero) accidenté(e); (intrincado) embrouillé(e), confus(e); (ruidoso) bruyant(e).
fragua nf forge f.
fraguar vt forger; (fig) fabriquer, tramer, manigancer // vi prendre.
fraile nm (REL) moine m, religieux m, frère m; (IMPRENTA) moine, feinte f.
frambuesa nf framboise f.
francés, esa a français(e) // nm/f français/e // nm français m.
Francia nf France f.
franco, a a (leal, abierto) ouvert(e), franc(he); (generoso, liberal) libéral(e), ouvert(e); (COM: exento) exempt(e) // nm franc m; (AM): **tener un día** ~ avoir un jour de libre; ~**italiano** franco-italien.
franela nf flanelle f.
franja nf frange f.
franquear vt (camino) dégager; (carta, paquete postal) affranchir; (obstáculo) franchir; ~**se** vr (ceder) céder; (confiarse a alguien) parler à cœur ouvert.
franqueo nm affranchissement m.
franqueza nf franchise f, sincérité f.
frasco nm flacon m.
frase nf phrase f.
fraseología nf phraséologie f.
fraternal a fraternel(le).
fraude nm fraude f; **fraudulento, a** a frauduleux(euse).
fray nm frère m.
frazada nf couverture f de lit.

frecuencia nf fréquence f; **con** ~ fréquemment.
fregar vt (frotar, restregar) frotter, récurer, laver; (fregona sol) laveuse f de vaisselle, plongeuse f; (pey) domestique f.
freír vt frire, faire frire; (fig) gêner.
frejol nm = **frijol**.
frenesí nm frénésie f; exaltation f; **frenético, a** a frénétique, furieux(euse).
freno nm (de cabalgadura) mors m; (TEC, fig) frein m; ~ **a discos/de mano** frein à disque/à main; ~ **delantero/trasero** frein avant/arrière.
frente nm (ARQ) façade f, front m; (de objeto) face f; (POL) front // nf front m; **en** ~ de en face de; **mirarse** ~ **a** ~ se regarder en face; **al** ~ **de un comercio** à la tête d'un commerce; **chocar de** ~ se heurter de plein fouet; (MIL): **¡de** ~! en avant!; **el** ~ **de ataque** le front.
fresa nf fraise f.
fresco, a a frais(fraîche); (sereno, impávido) impassible // nm (aire) frais m; (ARTE) fresque f; (fam) dévergondé m // nf frais m; **pintar al** ~ peindre à fresque ou à tempera; **tomar el** ~ prendre le frais; **frescura** nf fraîcheur f; (descaro) toupet m, culot m; (calma) calme m, impassibilité f.
fresno nm frêne m.
friable a friable.
frialdad nf froideur f; indifférence f.
fricción nf (frote) frottement m (MED, TEC, fig) friction f.
frigidez nf frigidité f.
frigorífico, a a frigorifique // (AM) établissement m frigorifique.
frijol nm haricot m.
frío, a a froid(e); (fig) indifférent(e), froid // nf froid m; ~ **nmpl** (AM) malaria f.
friolera nf bagatelle f.
frisar vt (cabellos) friser; (tejido) ratiner // vi: ~ **(en) la cincuentena** friser la cinquantaine.

friso nm (AM) frise f.

frito, a pp de freír // a frit(e); (AM: fig) estar ~ être perdu ou grillé.

frívolo, a a velléitaire; superficiel(le); frivole.

frondoso, a a touffu(e).

frontera nf frontière f, limite f, confin m.

frontispicio nm frontispice m.

frontón nm fronton m.

frotar vt (friccionar) frictionner; (mueble, mancha) frotter; ~se vr: ~se las manos se frotter les mains.

frote nm frottement m.

fructífero, a a fructifère; **fructificar** vi fructifier; **fructuoso, a** fructueux(euse).

frugal a frugal(e).

fruición nf délectation f, plaisir m.

fruncir vt froncer.

frustrar vt (defraudar) décevoir, frustrer; (malograr: intento) manquer; ~se vr échouer.

fruta nf fruit m.

frutería nf fruiterie f.

fruto nm fruit m.

fue vb ver ser, ir.

fuego nm (hogar) feu m, foyer m; (lumbre, incendio, MIL) feu; (fig) feu, ardeur f // excl au feu!; (MIL) feu!; a ~ lento à feu doux; ¿tienes ~? astu du feu?; ~ fatuo feu follet; ~s artificiales feu d'artifice.

fuente nf (de una plaza) fontaine f; (manantial, fig) source f; (bautismal) fonts mpl (baptismaux); (plato) plat m.

fuer nm: a ~ de en qualité de, à titre de.

fuera vb ver ser, ir // ad dehors; (en otra parte) au-dehors, ailleurs; (excepto, salvo) sauf, à part; ~ de hors de; ~ de sí hors de soi; **mirar algo por** ~ regarder qch en apparence; ~ **de serie** hors série.

fuero nm juridiction f, for m; privilège m.

fuerte a fort(e), robuste; (duro) dur(e), résistant(e); (considerable) fort, considérable; (versado, conocedor) fort // ad fort // nm (MIL)

fort m; (MUS) **forte** m; **ser** ~ **en** être fort en.

fuerza nf force f, vigueur f; a ~ de à force de; **cobrar** ~s reprendre des forces; **tener** ~s **para** avoir la force de, être capable de; **hacer a la** ~ faire de force; ~ **centrífuga/centrípeta/ hidráulica** force centrifuge/centripète/hydraulique; (MIL): **las** ~ **armadas/de disuasión** les forces armées/de dissuasion.

fuga nf (huida, escape) fuite f; (MUS) fugue f; (ardor, ímpetu) fougue f; ~ **de capitales** évasion f des capitaux; **fugarse** vr s'enfuir; **fugaz** a fugace; **fugitivo, a** a fugitif(ive) // nm/f fugitif/ive.

fui vb ver ser, ir.

fulano, a nm/f un tel/une telle; **F**~ **de tal** Monsieur Un tel; ~, **mengano y zutano** Un tel, Un tel et Un tel.

fulgor nm éclat m, lueur f.

fulminante a foudroyant(e); (fam) terrible // nm (AM) détonateur m.

fulminar vt foudroyer // vi fulminer; ~ **con la mirada** fusiller du regard.

fullero, a nm/f tricheur/euse.

fumador, a nm/f fumeur/euse.

fumar vt, vi fumer; ~se vr (disipar) manger; ~ **en pipa** fumer la pipe.

fumigar vt désinfecter (par fumigation).

función nf fonction f; (de puesto) fonctions fpl; (espectáculo) représentation f; **entrar en funciones** entrer en fonctions; **no hay** ~ relâche; ~ **de gala** soirée f de gala; ~ **infantil** fête enfantine, spectacle m pour enfants; **funcionar** vi fonctionner, marcher.

funcionario, a nm/f fonctionnaire m/f.

funda nf housse f; (de almohada) taie f; (de pistola) étui m, gaine f; (de paraguas) fourreau m.

fundación nf fondation f.

fundamental a fondamental(e).

fundamentar vt jeter les fondements de; fonder; (fig) baser, fonder; **fundamento** nm (base, cimiento) fondement m, base f; (fig) fondement.

fundar vt fonder; (dotar de fondos) doter; ~**se** vr: ~**se en** s'appuyer sur.

fundición nf fonte f; (fábrica) fonderie f.

fundir vt (metal) fondre; (estatua) couler; ~**se** vr (sólido) fondre; (unirse, agruparse) se fondre; (AM) faire faillite.

fúnebre a funèbre.

funesto, a a malheureux (euse), malencontreux(euse); funeste, désastreux(euse).

furgón nm fourgon m.

furia nf (ira, violencia) furie f; (impetuosidad) impétuosité f, fougue f; **furibundo, a** a furibond(e); **furioso, a** a furieux(euse); violent(e); **furor** nm (cólera) fureur f, colère f; (rabia) rage f; **hacer furor** (fig) faire fureur.

furtivo, a a furtif(ive).

fusil nm fusil m; (rifle) rifle m; **fusilar** vt fusiller.

fusión nf (fundición, licuefacción) fusion f; (mezcla) mélange m; (de partidos, intereses etc) fusionnement m.

fuste nm (de lanza) hampe f; (de silla de montar) arçon m; (ARQ) fût m; (fig) poids m; importance f; envergure f; **gente de** ~ gens mpl bien.

fustigar vt fustiger.

fútbol nm football m; **futbolista** nm footballeur m.

fútil a futile; **futilidad, futileza** nf futilité f.

futuro, a a futur(e) // nm avenir m; (LING) futur m.

G

g/ abr de **giro**.

gabacho, a a gavache; (fam) français(e) // nm/f Pyrénéenne; (AM) étranger/ère // nm (fam) espagnol francisé.

gabán nm pardessus m.

gabinete nm cabinet m.

gaceta nf (periódico) gazette f; (diario oficial) journal officiel.

gacetilla nf (en periódico) nouvelles brèves; échos mpl; (fam) cancanière f.

gacha nf bouillie f.

gafas nfpl lunettes fpl.

gaita nf cornemuse f // nm (AM) galicien m.

gajes nmpl (salario) salaire m, paye f; los ~ **del oficio** les aléas mpl du métier.

gajo nm (de árbol) branche f; (de naranja) quartier m; (gen) partie f, morceau m.

gala nf habit m de fête; (fig) grâce f, élégance f; **uniforme de** ~ costume m de cérémonie m; **ponerse las** ~**s** se mettre sur son trente et un; **hacer** ~ **de** se vanter de.

galán nm (galante) galant(e); (hombre atractivo) beau garçon m; (TEATRO) primer ~ jeune premier.

galano, a a élégant(e); (fig) brillant(e) a, élégant.

galante a galant(e); **galantear** vt (obsequiar) courtiser; (enamorar) faire la cour à; rendre amoureux(euse); (hacer la corte) faire sa cour à; **galanteo** nm cour f; **galantería** nf (caballerosidad) galanterie f; (cumplido) compliment m, politesse f.

galardón nm récompense f; prix m; **galardonar** vt couronner; primer; récompenser.

galeote nm galérien m.

galeoto nm entremetteur m.

galera nf (nave) galère f; (carro) chariot m à quatre roues; (MED) rangée f de lits (dans une salle d'hôpital); (IMPRENTA) placard m; (AM. sombrero) haut-de-forme m.

galería nf galerie f; (TEATRO) paradis m.

Gales nm le pays de Galles.

galés, esa a gallois(e) // nm/f Gallois/e.

galgo, a nm/f lévrier/levrette.

galimatías nmpl (lenguaje) galimatias m; (confusión) charabia m, confusion f.

galón nm (cinta) galon m; (medida) gallon m.

galopar vi galoper.

galope nm galop m.

galvanizar vt galvaniser.

gallardete nm flamme f.

gallardía nf élégance f, prestance f; (valor) hardiesse f, cran m.

gallardo, a a qui a de l'allure; hardi(e), vaillant(e); excellent(e).

gallego, a a galicien(ne) // nm/f Galicien/ne; (AM: pey) Espagnol/e.

galleta nf (bizcocho) biscuit sec; gâteau sec; (fam) tarte f; (pan) pain bis m.

gallina nf poule f // nm (AM) poule mouillée, mauviette f; ~ ciega colin-maillard m.

gallinaza nf fumier m de poule.

gallo nm (ave) coq m; (fig) couac m, canard m; despote m.

gamba nf crevette f rose, bouquet m.

gamo, a nm/f daim/daine // a gamme f, échelle f; (fig) gamme.

gamuza nf (animal) chamois m; (piel) peau f de chamois; (tejido) chamoisine f.

gana nf (deseo) envie f; (apetito) appétit m; (voluntad) volonté f; de buena ~ de bon gré, de mala ~ à contrecœur; hacer lo que le da la ~ n'en faire qu'à sa tête; tener ~s de avoir envie de; hacer sin ~s faire à contrecœur; comer sin ~s manger sans appétit; tenerle ~s a alguien avoir une dent contre qn.

ganadería nf (ganado) bétail m,

troupeau m; (cría, comercio) élevage m.

ganado nm bétail m; ~ lanar ovins mpl; ~ vacuno bovins mpl; ~ porcino porcins mpl.

ganancia nf (acción) gain m; (beneficio, ingreso) bénéfice m; profit m; revenu m.

ganapán nm portefaix f; (individuo tosco) malotru m.

ganar vt gagner.

gancho nm crochet m; tener ~ (AM) avoir des appuis; ~ de carnicero (AM) crochet de boucher, allonge f.

gandul, a a, nm/f fainéant/e, feignant/e.

ganga nf (ZOOL) gélinotte f, poule f des bois; (cosa buena y barata) aubaine f, occasion f, bonne affaire; (buena ocasión) filon m.

gangrena nf gangrène f.

gansada nf (fam) bêtise f, sottise f.

ganso, a nm/f (ZOOL) jars m/oie f; (fam) oie.

ganzúa nf crochet m // nm/f voleur/euse.

gañán nm (obrero campesino) valet m de ferme; (labrador) paysan m, laboureur m.

garabato nm (gancho, palabra) croc m, crochet m; (escritura) griffonnage m, pattes fpl de mouche; (dibujo) gribouillage m; (gracia femenina) charme m, chien m.

garante a responsable // nm/f garant/e.

garantizar vt garantir vt (hacerse responsable) garantir; (asegurar) assurer.

garapiñado, a a praliné(e); almendra garapiñada praline f, amande pralinée.

garbanzo nm pois chiche m.

garbo nm prestance f; élégance f, grâce f; **garboso, a** a élégant(e), gracieux(euse).

garfa nf (uña) ongle crochu; (garra) griffe f.

garfio nm croc m, crochet m.

garganta nf (ANAT) gorge f; (: faringe) pharynx m; (GEO, ARQ) gorge.

gargantilla nf collier m.

gárgara nf gargarisme m.

gárgola nf gargouille f.

garita nf cabine f; guérite f.

garlopa nf varlope f.

garra nf (de gato) griffe f; (de ave) serre f; (fam) main f; (vigor) ressort m, nerf m.

garrafa nf carafe f; dame-jeanne f; **garrafón** nm grande carafe; dame-jeanne f.

garrido, a a qui a belle allure; élégant(e).

garrote nm (palo) gourdin m, bâton m; (suplicio) garrotte f; (MED) garrot m.

garrulería nf bavardage m, papotage m.

gárrulo, a a (charlatán) bavard(e); (ave) gazouillant(e); (arroyo) murmurant(e); (viento) gémissant(e).

garzo, a a pers(e) // nf héron m.

gas nm gaz m.

gasa nf gaze f.

gaseoso, a a (gaseiforme) gazéiforme; (que contiene gases) gazeux(euse).

gasolina nf essence f; ~ corriente essence ordinaire.

gasómetro nm gazomètre m.

gastado, a a usé(e); (raído) râpé(e) usé, ruiné(e).

gastador, a a à dépenser(ère).

gastar vt (dinero) dépenser; (tiempo, fuerzas) user; ~se vr s'user; ~ bromas faire une farce.

gasto nm (desembolso) dépense f; (consumo, uso) usure f; ~s nmpl frais mpl; budget m.

gata nf ver gato.

gatear vi (andar a gatas) marcher à quatre pattes; (trepar) grimper // vt griffer; (fam) chaparder, chiper.

gatillo nm (de arma de fuego) détente f; (de dentista) davier m; (ZOOL) collier m; (fam) chapardeur m.

gato, a nm/f chat/te // nm (TEC) (manual) cric m; (hidráulico) vérin m; ~ montés/de angora/callejero chat sauvage/angora/de gouttière; **andar a gatas** marcher à quatre pattes.

gatuno, a a félin(e).

gaucho nm gaucho m.

gaveta nf tiroir m.

gavilán nm (ZOOL) épervier m; (AM) ongle incarné.

gavilla nf (de cereales) gerbe f; (de sarmientos) fagot m; (fig) bande f.

gaviota nf mouette f.

gayo, a a gai(e).

gazapera nf (conejera) terrier m; (gente) bande f de gens peu recommandables; (fam: riña) dispute f, chamaillerie f.

gazapo nm lapereau m; (fam) renard m, fin matois; (IMPRENTA) coquille f.

gazmoño, a, gazmoñero, a nm/f tartufe m; faux dévot/fausse dévote.

gaznate nm gosier m, gorge f.

gelatinoso, a a gélatineux(euse).

gélido, a a glacé(e), gelé(e).

gema nf gemme f.

gemelo, a a jumeau(elle) // nm/f jumeau/elle; ~s nmpl (de teatro) jumelles f; (de camisa) boutons m de manchettes mpl; (ASTRO): G~s = Géminis.

gemido nm gémissement m.

Géminis nm les Gémeaux mpl.

gemir vi gémir, geindre.

genealogía nf généalogie f; (de animal) pedigree m.

generación nf génération f; (coetáneos) contemporains mpl.

generador nm génératrice f.

general a général(e) // nm général m; **por lo o en** ~ en général; **generalidad** nf généralité f; **generalización** nf généralisation f; **generalizar** vt généraliser; **generalizarse** vr se généraliser; **generalmente** ad généralement.

generar vt engendrer; (fig) entraîner.

genérico, a a générique; (LING): **nombre** ~ nom commun.

género nm (clase, especie, tipo) genre m, espèce f, sorte f; (LING) genre; (ARTE, LITERATURA) genre; (COM) tissu m; ~s nmpl: ~s de **punto** tricots mpl, articles mpl en tricot.

generosidad nf libéralité f, générosité f; magnanimité f.

generoso, a a (noble) noble; (dadivoso) généreux(euse); (excelente) excellent(e), distingué(e).

génesis nf genèse f.

genial a génial(e); brillant(e), remarquable, notable.

genio nm (carácter) caractère m; (humor) humeur f; (facultad creadora) génie m; (ser sobrenatural) génie.

gente nf monde m, gens mpl.

gentil a gentil(le), gracieux(euse) // nm/f (REL) gentil m; **gentileza** nf (amabilidad) grâce f, élégance f, gentillesse f; (cortesía) politesse f; **gentilhombre** nm (pl gentileshombres) (buen mozo) beau garçon; (cortés, HISTORIA) gentilhomme m.

gentío nm foule f; **¡qué** ~! que de monde!

genuflexión nf génuflexion f.

genuino, a a authentique, vrai(e).

geógrafo, a nm/f géographe m/f.

geología nf géologie f.

geometría nf géométrie f.

gerencia nf direction f.

gerente nm gérant m.

germanía nf jar(s) m.

germen nm germe m.

germinar vi germer.

gesticulación nf (del rostro) grimace f; (con las manos) gesticulation f.

gestión nf gestion f; (diligencia, acción) démarche f; **gestionar** vt faire des démarches pour; traiter, négocier; administrer.

gesto nm (mueca) grimace f; (ademán) geste m.

giboso, a a bossu(e).

Gibraltar nm Gibraltar m.

gigante a géant(e), gigantesque, énorme // nm/f géant/e.

gimnasio nm gymnase m; **gimnástico, a** a (de) gymnastique.

ginebra nf gin m; genièvre m; (fam) confusion f.

gira nf (MUS, TEATRO) tournée f; (viaje, excursión) excursion f, voyage m.

girador, a nm/f tireur/euse.

giralda nf girouette f.

girar vt tourner; (COM: cheque) tirer; (comerciar: letra de cambio) virer // vi tourner.

girasol nm tournesol m, soleil m.

giratorio, a a tournant(e), pivotant(e).

giro nm (movimiento) tour m; (fig) tournure f, tour; (linguístico) tour, (COM) virement m; ~ **bancario/postal** virement bancaire/postal; ~ **telegráfico** mandat m télégraphique.

gitano, a a gitan(e) // nm/f gitan/e.

glacial a glacial(e).

glándula nf glande f.

glauco, a a glauque.

glicerina nf glycérine f, glycérol m.

globo nm (esfera) globe m; (aerostato, juguete) ballon m; (fam) canard m, fausse nouvelle f.

gloria nf (honor) gloire f; (fama) renommée f; **gloriarse** vr se glorifier.

glorieta nf (de jardín) tonnelle f, cabinet m de verdure; (plazoleta) rond-point m.

glorificación nf glorification f.

glorificar vt glorifier; louer; diviniser; exalter; ~**se** vr se glorifier, se vanter.

glorioso, a a (loable) glorieux(euse); (divino) divin(e); (pey) vantard(e).

glosa nf glose f, note f, remarque f.

glosar vt (comentar) gloser, annoter, commenter; (*fig*) trouver à redire, critiquer.

glosario *nm* glossaire *m*.

glotón, ona *a* glouton(ne); **glotonería** *nf* gloutonnerie *f*.

glutinoso, a *a* glutineux(euse).

gobernación *nf* gouvernement *m*.

gobernador, a *a* gouvernant(e) // *nm* gouverneur *m*.

gobernalle *nm* gouvernail *m*.

gobernante *a* gouvernant(e) // *nm/f* gouvernant/e, dirigeant/e.

gobernar *vt* (*dirigir*) gouverner; (*regir*) conduire, mener // *vi* gouverner.

gobierno *nm* (POL) gouvernement *m*; (NAUT) gouvernail *m*; (*información*): **para su ~** pour votre gouverne.

goce *nm* (*disfrute*) jouissance *f*; (*placer*) plaisir *m*.

gol *nm* but *m*.

gola *nf* gosier *m*, gorge *f*.

golf *nm* golf *m*.

golfa *nf* (*fam*) putain *f*.

golfo *nm* (GEO) golfe *m*; (*fam*) voyou *m*.

golondrina *nf* hirondelle *f*.

golosina *nf* friandise *f*, gourmandise *f*; sucrerie *f*.

goloso, a *a* gourmand(e).

golpe *nm* coup *m*; **dar el ~** épater, étonner; **darse un ~** tomber, se donner un coup; **no dar ~** ne rien faire du tout; **de un ~** d'un (seul) coup; **de ~** soudain; **~ de estado** coup d'état; **~ de vista** coup d'œil; **~ franco** coup franc; **golpear** *vt*, *vi* frapper; (*asestar*) asséner; (*golpetear*) tapoter, tambouriner.

gollete *nm* (*cuello*) cou *m*; (*de botella*) goulot *m*.

goma *nf* (*caucho*) gomme *f*, caoutchouc *m*; (*elástico*) élastique *m*; (AUTO) **~s** *fpl* pneus *mpl*; **~ espuma** caoutchouc mousse; (AM): **~ de borrar** gomme (à effacer); **~ de pegar** colle *f*.

gonce *nm* = gozne.

góndola *nf* gondole *f*.

gordo, a *a* (*grueso*) gros(se); (*entrada en carnes*) gras(se); (*fam*) énorme, considérable // *nm*: **sacarse el ~** gagner le gros lot // *nf* (*fam*): **armarse la gorda** faire de quatre cents coups.

gorgojo *nm* (*insecto*) charançon *m*; (*fam*) nabot *m*, bout *m* d'homme.

gorila *nm* gorille *m*.

gorjear *vi* gazouiller.

gorjeo *nm* (*de pájaros*) gazouillement *m*; (*canto*) roulade *f*.

gorra *nf* (*casquete*) casquette *f*; (*de niño*) bonnet *m*; (*militar*) bonnet *m* à poil, calot *m* // *nm* pique-assiette *m/f inv*.

gorrión *nm* moineau *m*.

gorro *nm* bonnet *m*.

gorrón *nm* (*guijarro*) galet *m*; (TEC) pivot *m*, fusée *f* d'essieu.

gota *nf* goutte *f*; **gotear** *vi* (*ropa*) s'égoutter; (*grifo*) couler; (*lloviznar*) pleuviner; **gotera** *nf* (*agujero*) gouttière *f*; (*agua*) fuite *f* d'eau; **~s** *fpl* (MED) infirmités *fpl*; (AM) faubourgs *mpl*, environs *mpl*.

gótico, a *a* gothique.

gotoso, a *a* goutteux(euse).

gozar *vi* jouir; **~ de** jouir de.

gozne *nm* (*puerta, ventana*) gond *m*; (*bisagra*) charnière *f*.

gozo *nm* (*alegría*) joie *f*; (*placer*) plaisir *m*; **gozoso, a** *a* joyeux(euse); agréable; délicieux(euse).

g.p. *abr de* giro postal.

gr. *abr de* gramo.

grabado *nm* gravure *f*.

grabador *nm* graveur *m*.

grabadora *nf* magnétophone *m*.

grabar *vt* graver; (*discos, cintas*) enregistrer.

gracejo *nm* badinage *m*; esprit *m*.

gracia *nf* (*encanto, atractivo*) grâce *f*, charme *m*; (*chiste*) plaisanterie *f*; (REL) grâce; **¡~s!** merci; **¡muchas ~s!** merci beaucoup!; **~s a** grâce à; **tiene ~ lo que dice** ce qu'il dit est amusant; **hacer ~ a uno** de algo faire don à qn de qch; **hacer ~ a uno** amuser qn; **caer en ~ a** ...

uno plaire à qn; **gracioso,** a a (*cómico*) drôle, comique; (*divertido*) amusant(e), spirituel(le); (*encantador*) charmant(e), gracieux(euse); (*simpático*) gentil(le) // (*TEATRO*) gracioso m, pitre m.

grada nf (*de escalera*) degré m, marche f; (*de anfiteatro*) gradin m; (*AGR*) herse f; (*NAUT*): **~ de construcción** cale f ou chantier m de construction.

gradación nf gradation f.

gradería nf degrés mpl, gradins mpl.

grado nm degré m; (*de aceite, vino*) grade m, teneur f; (*ESCOL*) année f; (*MIL*) grade; **de buen ~** de bon gré.

graduación nf (*del alcohol*) degré m, titre m; (*jerarquía*) grade m; (*ESCOL*) remise f des diplômes.

gradual a graduel(le).

graduar vt (*termómetro*) graduer; (*escalonar*) échelonner; (*MIL*) élever au grade de; **~se** vr recevoir le titre de.

gráfico, a a graphique, imagé(e); (*fig*) clair(e) // nm graphique m, diagramme m.

grajo nm crave m.

Gral abr de **General**.

gramática nf grammaire f.

gramo nm gramme m.

gramola nf phonographe m.

gran a ver **grande**.

grana nf (*BOT*) grenaison f, graine f; (*ZOOL*) cochenille f, (*quermés*) kermès m; (*color, tela*) écarlate f.

Granada n Grenade f.

granada nf grenade f; **granadino,** a a grenadin(e) // nm/f orange(e) // nf grenadine f.

granado, a a (*AGR*) grenu(e); remarquable, illustre; mûr(e); expert(e) // nm grenadier m.

granar vi grener, monter en graine.

granate a grenat // nm (*piedra*) almandine f.

Gran Bretaña nf la Grande-Bretagne.

grande, gran a grand(e) // nm

grand m; **grandeza** nf grandeur f.

grandioso, a a grandiose.

grandor nm grandeur m.

granel: a ~ ad à foison, en quantité.

granero nm grange f, grenier m.

granito nm (*AGR*) petit grain; (*roca*) granite m; (*MED*) petit bouton.

granizada nf grêle f, chute f de grêle; (*fig*) torrent m; (*bebida*) boisson glacée.

granizado nm boisson glacée.

granizar vi grêler.

granizo nm grêle f, grêlon m.

granja nf ferme f.

granjear vt (*AM*) voler // vi commercer, trafiquer; **~se** vr gagner, acquérir.

granjería nf (*COM*) profit m; (*AGR*) ferme f.

grano nm (*semilla, partícula*) grain m; (*baya*) baie f; (*MED*) bouton m; **~s** nmpl grain(s) m(pl), céréale(s) f(pl); **de ~ fino** au grain fin; **de ~ gordo** à gros grain.

granoso, a a grenu(e).

granuja nf raisin m // nm galopin m, canaille f, dévoyé m.

grao nm plage f.

grapa nf agrafe f; (*AM*) boisson f alcoolique.

grasa nf (*sebo*) graisse f; (*mugre, suciedad*) crasse f; (*escoria*) scories fpl, crasses fpl; **echar ~** (*fam*) prendre du ventre; **grasiento,** a a graisseux(euse).

gratificación nf gratification f.

gratificar vt gratifier.

gratis ad gratis.

gratitud nf gratitude f.

grato, a a agréable, plaisant(e).

gratuito, a a (*gratuit*)(e).

gravamen nm (*carga*) charge f; (*impuesto*) taxe f.

gravar vt grever, taxer.

grave a grave; **gravedad** nf gravité f.

grávido, a a (*preñada*) enceinte; (*lleno, cargado*) gravide, chargé(e).

gravitación nf gravitation f, attraction f.

gravitar vi graviter; ~ **sobre** peser sur.

gravoso, a a (*pesado*) lourd(e), pesant(e); (*costoso*) onéreux(euse), coûteux(euse).

graznar vi (*cuervo*) croasser; (*ave*) criailler; (*búho*) huer; (*ganso*) cacarder, jargonner; **graznido** nm croassement m; cacardement m.

Grecia nf Grèce f.

greda nf glaise f, terre f glaise; **gredoso, a** a glaiseux(euse).

gregario, a a grégaire.

greguería nf brouhaha m.

gremio nm corporation f.

greña nf (*cabellos*) tignasse f; (*maraña*) enchevêtrement m; **greñudo, a** a ébouriffé(e).

gresca nf (*ruido*) vacarme m; (*riña*) bagarre f, querelle f.

grey nf ouailles fpl, congrégation f.

grial nm graal m.

griego, a a grec(que) // nm/f Grec/que.

grieta nf (*del terreno*) crevasse f; (*de muro*) lézarde f; (MED) crevasse, gerçure f.

grietarse vr = **agrietarse**.

grifo, a a (*crespo*) crépu(e); (*enmarañado*) ébouriffé(e) // nm robinet m; (AM) poste m à essence; (MITOLOGÍA) griffon m.

grillo nm (ZOOL) grillon m; (BOT) tige f; ~s nmpl (fig) entraves fpl; obstacles mpl.

gripe nf grippe f.

gris a (*color*) gris(e); (*triste*) triste, gris; (*apagado*) terne // nm gris m.

grita nf criaillerie f.

gritar vt, vi crier.

gritería nf, **griterío** nm cris mpl, criaillerie f.

grito nm cri m, exclamation f; **a** ~ **pelado** à tue-tête, à grands cris; **estar en un** ~ n'en plus pouvoir (de douleur).

grosella nf groseille f.

grosería nf grossièreté f.

grosero, a a rustre; grossier(ière), vulgaire.

grosor nm grosseur f.

grotesco, a a grotesque.

grúa nf grue f.

grueso, a a gros(se); (*voluminoso*) volumineux(euse) // nm grosseur f // nf grosse f; **el** ~ **de** le gros de; (COM): **en** ~ en gros.

grulla nf grue f.

grumete nm mousse f.

grumo nm grumeau m, caillot m.

gruñido nm grognement m.

gruñir vi (*animal*) grogner; (fam) ronchonner.

grupa nf croupe f; **llevar a** ~s porter en croupe.

grupo nm groupe m.

gruta nf grotte f.

gte abr **de gerente**.

Guadalquivir nm: **el** ~ le Guadalquivir.

guadamecí, guadamecil nm maroquin m.

guadaña nf faux f.

guadañar vt faucher.

gualdrapa nf housse f; (fam) loque f, haillon m.

guano nm guano m.

guante nm gant m.

guapo, a a beau (belle); (*valiente*) brave, vaillant(e) // nm (pey: *pendenciero*) bagarreur m; (: *fanfarrón*) crâneur m.

guarda nm garde m, gardien m // nf garde f; ~**bosque** nm garde m (forestier); ~**costas** nm inv gardecôte m inv; ~**dor, a** a (*protector*) gardeur(euse); (*observante*) observateur(trice) // nf (*protector*) protecteur/trice; (*tacaño*) avare m/f; ~**espaldas** nm/f inv garde m du corps; ~**polvo** nm cache-poussière m inv; (de niño) tablier m, blouse f; (para el trabajo) blouse f; (*funda de muebles*) housse f; (de *reloj*) calotte f; **guardar** vt (*secreto*) garder; (*animales*) garder; (*ordenar*) ranger, mettre à sa place; (*dinero: ahorrar*) mettre de côté; **guardarse** vr (*preservarse*) se garder; (*evitar*) éviter; **guardar cama** garder le lit; **guardar distancia** garder ses distances; ~**rro-**

nm (*armario*) armoire *f*; (*vestimentas*) garde-robe *f*; (*en establecimiento público*) vestiaire *m*; (*TEATRO*) costumes *mpl* et accessoires *mpl*; ~**vía** *nm* garde-voie *m*.

guardia *nf* garde *f* // *nm* garde *m*; **estar de** ~ être de garde; **montar** ~ monter la garde; **ponerse en** ~ se mettre en garde; **civil** gendarme *m*; **G**~ **Civil** Gendarmerie *f*; ~ **de asalto** forces *fpl* d'intervention (de police); ~ **de tráfico** agent *m* (de la circulation).

guardián, ana *nm/f* gardien/ne.

guardilla *nf* (*buhardilla*) mansarde *f*; (*costura*) point *m*.

guarecer *vt* (*proteger*) protéger; (*abrigar*) abriter, mettre à l'abri; ~**se** *vr* se protéger, s'abriter.

guarida *nf* (*de animal*) repaire *m*; (*refugio*) retraite *f*.

guarismo *nm* (*cifra*) chiffre *m*; (*número*) nombre *m*.

guarnecer *vt* (*equipar*) garnir, équiper; (*adornar*) garnir; (*MIL*) protéger, renforcer; **guarnición** *nf* (*de vestimenta*) garniture *f*; (*de piedra*) chaton *m*, sertissure *f*; (*de espada*) garde *f*; (*CULIN*) garniture *f*; (*arneses*) harnais *mpl*; (*MIL*) garnison *f*, campement *m*.

guarro, a *nm/f* (*ZOOL*) cochon *m*/truie *f*; (*fam*) cochon/ne.

guasa *nf* balourdise *f*, sottise *f*; **guasón, ona** *a* blagueur(euse) farceur(euse) // *nm/f* blagueur/euse; farceur/euse.

Guatemala *nf* Guatemala *m*.

gubernativo, a *a* gouvernemental(e).

guedeja *nf* longue chevelure; (*de león*) crinière *f*.

guerra *nf* guerre *f*; ~ **fría** guerre froide; ~ **de nervios** guerre des nerfs; **guerrear** *vi* guerroyer; **guerrero, a** *a* guerrier(ère); belliqueux(euse), combattant(e) // *nm/f* guerrier/ère; belliqueux/euse, combattant/e.

guerrilla *nf* (*MIL*) guérilla *f*; (*NAIPES*) bataille *f*.

guía *nm/f* guide *m* // *nf* (*libro*) guide *m*; (*TEC*) guidon *m*; ~**s** *nfpl* guides *fpl*; ~ **de ferrocarriles** indicateur *m* de chemin de fer; ~ **de teléfonos** annuaire *m*; ~ **turística** guide touristique.

guiar *vt* guider; ~**se** *vr* s'orienter.

guija *nf*, **guijarro** *nm* caillou *m*.

guijo *nm* gravier *m*; (*AM*) axe *m*.

guillotina *nf* guillotine *f*.

guinda *nf* (*cereza*) guigne *f*, griotte *f*; (*NAUT*) guindant *m*.

guindar *vt* guinder, hisser; (*fam*) pendre; ~ **un empleo a otro** (*fam*) souffler un emploi à quelqu'un d'autre.

guindilla *nf* piment *m* rouge // *nm* (*fam*) flic *m*.

guindo *nm* guignier *m*, griottier *m*.

guinea *nf* guinée *f*.

guiñapo *nm* (*harapo*) haillon *m*, guenille *f*; (*persona*) personne dégingandée.

guiñar *vt* (*persona*) cligner de l'œil; (*luz*) clignoter.

guión *nm* (*conductor*) guide *m*; (*LING*) trait d'union *m*; (*en diálogos, como paréntesis etc*) tiret *m*; (*CINE*) scénario *m*; (*REL*) croix *f* de procession.

guirnalda *nf* guirlande *f*.

guisa *nf* guise *f*; **a** ~ **de advertencia** en guise d'avertissement.

guisado *nm* ragoût *m*; (*fam*) histoire *f*, affaire *f*.

guisante *nm* (*planta*) pois *m*; (*legumbre*) petit pois; ~ **de olor** pois de senteur.

guisar *vt* cuisiner.

guiso *nm* ragoût *m*.

guita *nf* (*cuerda*) ficelle *f*; (*fam*) galette *f*.

guitarra *nf* (*MUS*) guitare *f*; (*TEC*) batte *f*.

gula *nf* gourmandise *f*.

gusano *nm* ver *m*; (*lombriz*) ver de terre; (*larva*) asticot *m*; (*oruga*) chenille *f*; ~ **de luz** ver luisant; ~ **de seda** ver à soie.

gustar vt goûter // vi plaire; ~ de algo aimer qch; **me gusta marchar bajo la lluvia** j'aime marcher sous la pluie; **me gustan las uvas** j'aime les raisins; **venga cuando guste** venez quand vous voudrez.

gusto nm (sentido, sabor) goût m; (placer) plaisir m; **tiene ~ a menta** cela a le goût de la menthe; **tener buen ~** avoir bon goût; **sentirse a ~ se** sentir à l'aise ou bien; **lo haré con ~** je le ferai avec plaisir; **mucho ~ en conocerle** enchanté de faire votre connaissance; **el ~ es mío** enchanté; **tomar ~ a** prendre goût à; **gustoso, a** a (sabroso) savoureux(euse); (agradable) plaisant(e); (con placer) avec plaisir.

gutural a guttural(e).

H

h abr de **hora(s)** y de **habitantes.**

ha vb ver **haber.**

haba nf fève f; (de cacao) graine f; (de café) grain m.

Habana nf: **la ~** la Havane.

habano, a nm havane m // a havanais(e).

haber vb auxiliar avoir; de ~**lo sabido** si je l'avais su; ~ **de** devoir; **han de ser las siete** il doit être sept heures // vb impersonal: **hay** il y a; **hay que** il faut; **habérselas con uno** avoir affaire à qn; ¿**qué hay?** comment ça va?; **no hay de qué** il n'y a pas de quoi; **tres años ha** cela fait trois ans; ¿**cuánto hay de aquí a Madrid?** combien y a-t-il d'ici à Madrid? // nm (ingreso) avoir m, recette f; (COM: crédito) crédit m; ~**es** nmpl avoir m.

habichuela nf haricot m; **ganarse las ~s** gagner sa vie.

hábil a (listo) habile; (capaz, eficiente) capable, efficace; (pey) astu-

cieux(euse); ~ **para trabajar** apte à travailler; **día** ~ jour m ouvrable;

habilidad nf habileté f, adresse f; talent m; (pey) astuce f; (preparación para algo) disposition f;

habilidoso, a a habile, adroit(e).

habilitación nf (calificación) qualification f; (colocación de muebles) aménagement m; (financiamiento) financement m; (AM) prêt m, crédit m; (oficina) comptabilité f.

habilitado nm officier comptable ou payeur m.

habilitar vt qualifier; habiliter; autoriser; aménager, meubler; commanditer; (AM) faire un prêt à.

hábilmente ad habilement; astucieusement.

habitación nf (residencia) habitation f; (casa) maison f; (departamento) appartement m; (cuarto) pièce f, chambre f; (BIO: morada) habitat m; ~ **sencilla/particular** chambre simple/particulière; ~ **doble** o **matrimonial** chambre double.

habitante nm/f habitant/e // nm (fam) puce f.

habitar vt (residir en) habiter; (ocupar) occuper // vi vivre.

hábito nm habitude f; (REL) habit m; **habitual** a habituel(le) // nm/f habitué(e).

habituar vt habituer; ~**se** vr s'habituer.

habla nf (capacidad de hablar) parole f; (lengua, idioma, dialecto) langue f; (forma de hablar) parler m, langage m; (acto de hablar) parole; (NAUT): **al** ~ à portée de la voix; **perder el** ~ perdre la voix; **de ~ francesa** de langue française; **estar al** ~ être en relation, être en pourparlers; ¡**González al** ~! González à l'appareil!

hablador, a a bavard(e); canca-nier(ière) // nm/f bavard/e; canca-nier/ière.

habladuría nf cancan m, raconta m; commérage m; ~**s** nfpl cancan mpl.

hablar vt (gen) parler; (decir) dire // vi (gen) parler; ~**se** vr se parler; (fig) se fréquenter; ~ **con** parler à; ~ **de** parler de; ~ **a solas** parler tout seul; **¡ni ~!** pas question!; **¿quién habla?** qui est là?, qui parle?

hablilla nf (cuento) conte m, histoire f; (chisme) potin m, ragot m.

habré etc vb ver **haber**.

hacedero, a a a faisable.

hacedor, a nm/f auteur m, créateur/trice.

hacendado nm propriétaire foncier.

hacendoso, a a actif(ive), travailleur(euse).

hacer vt faire; (fabricar, crear) faire, créer; (TEC) construire; (obra de arte) composer, créer; (vestido) coudre; (preparar) préparer; (cocinar) cuisiner; (ejecutar) exécuter; (pensar, tomar por) croire, penser; (acostumbrar) accoutumer; (obligar) obliger; (sumar) faire, contenir; (volver, convertir en) faire devenir, rendre // vi (comportarse) se comporter comme; (disimular) faire comme si; (tener importancia) faire l'important; (convenir, ser apto) convenir, servir pour; ~**se** vr (fabricarse) se faire; (volverse) devenir; (disfrazarse de) faire; (acostumbrarse a) se faire à; ~ **dinero** s'enrichir, faire de l'argent; ~ **la guerra** faire la guerre; ~ **la maleta** faire sa valise; ~ **una pregunta** poser une question; ~ **una visita** rendre visite; ~ **una apuesta** parier; ~ **sombra** faire de l'ombre; ~ **bien/mal** faire bien/mal; **hace frío/calor** il fait froid/chaud; **hace dos años** cela fait deux ans; **está durmiendo desde hace 3 días** il dort depuis 3 jours; **hace poco** il y a peu de temps, cela fait peu de temps; **2 y 2 hacen** 4 2 et 2 font 4; ~ **cine/teatro** faire du cinéma/du théâtre; ~ **el malo** (TEATRO) jouer le rôle du méchant;

¡qué ~? quoi faire?; **¡qué le vamos a ~!** on n'y peut rien; **hice construir una casa** j'ai fait construire une maison; ~ **como que** o **como si** faire semblant de ou comme si; ~ **de** faire fonction de; ~ **para** o **por llegar** faire tout son possible pour arriver; **me hice un traje** je me suis fait un costume; **se hicieron amigos** ils devinrent amis; ~**se el sordo** faire la sourde oreille, faire le sourd; ~**se viejo** se faire vieux; ~**se a** s'habituer à; ~**se con algo** s'approprier ou se procurer qch; ~**se a un lado** s'écarter; (AM): **se me hace que** il me semble que.

hacia prep (en dirección de) vers; (cerca de) près de; ~ **arriba/abajo** vers le haut/le bas; ~ **mediodía** vers midi.

hacienda nf (propiedad) ferme f, propriété rurale; (estancia) ferme f; (AM) plantation f; ~ nfpl tâches fpl domestiques; ~ **pública** trésor public; (**Ministerio de**) **H**~ ministère m des Finances.

hacina nf (montón) tas m; (AGR) meule f, gerbier m.

hacha nf hache f; (fig) as m, génie m; (antorcha) torche f; flambeau m.

hada nf fée f; **cuentos de ~s** contes mpl de fées.

hago etc vb ver **hacer**.

Haití nm Haïti f.

halagar vt (mostrar afecto) flatter, aduler; (agradar) plaire, agréer; (adular) aduler.

halago nm (placer, gusto) plaisir m; (atractivo) attrait m, charme m; (adulación) flatterie f, adulation f.

halagüeño, a a plaisant(e); attirant(e); charmant(e); optimiste.

halcón nm (pájaro) faucon m; (POL) aigle m.

hálito nm haleine f.

halitosis nf mauvaise haleine.

hallar vt trouver, rencontrer; (descubrir) découvrir; (toparse con) rencontrer; ~**se** vr se trouver, être; **no se halla con los oficiales** il n'est pas à son aise avec les militaires;

hallazgo *nm* (*descubrimiento*) découverte *f*; (*cosa*) trouvaille *f*.

hamaca *nf* hamac *m*; ~ **plegable** chaise longue pliante.

hambre *nf* faim *f*; (*carencia*) famine *f*; (*fig*) désir *m*, soif *f*, faim; **tener** ~ avoir faim; **hambrear** *vi* avoir faim // *vt* affamer; **hambriento, a** *a* (*con hambre*) affamé(e), a // *nm/f* affamé *f*.

hamburguesa *nf* hamburger *m*.

hampa *nf* pègre *f*, milieu *m*.

hampón *nm* bravache *m*.

han *vb ver* **haber**.

haragán, ana *a* fainéant(e) // *nm/f* fainéant *f*; **haraganear** *vi* fainéanter.

harapiento, a *a* en haillons, déguenillé(e).

harapo *nm* haillon *m*, guenille *f*; **estar hecho un** ~ être déguenillé(e); **poner a uno como un** ~ injurier qn; **haraposo, a** *a* = **harapiento.**

haré *etc vb ver* **hacer**.

harina *nf* farine *f*; (*polvo*) poudre fine; ~ **de avena/de trigo/de maíz/leudante** farine d'avoine/de blé/de maïs/à levure; ~ **de huesos** poudre d'os; ~ **lacteada** farine lactée; **harinero, a** *nm/f* farinier/ière, minotier/ière // *nm* farinière *f*; **harinoso, a** *a* farineux(euse).

hartar *vt* (*saciar*) rassasier; (*sobrellenar*) trop remplir; (*fig*) fatiguer, lasser; ~**se** *vr* (*llenarse de comida*) se gaver; se rassasier; se lasser, s'ennuyer; ~**se de reír** rire tout son soûl; **hartazgo** *nm* indigestion *f*; rassasiement *m*; **harto, a** *a* (*lleno*) rassasié(e); (*sobrellenado*) dégoûté(e), gavé(e) // *ad* assez, trop; **estar harto de** en avoir assez de; **hartura** *nf* indigestion *f*; abondance *f*; satisfaction *f*.

has *vb ver* **haber**.

hasta *ad* même // *prep* (*alcanzando a*) jusqu'à; (*de tiempo: a tal hora*) avant; (: *tan tarde como*) jusqu'à // *conj*: ~ **que** jusqu'à ce que; ~

luego/la vista à bientôt/au revoir.

hastiar *vt* (*aburrir*, *cansar*) ennuyer, excéder; (*repugnar*, *asquear*) dégoûter, écœurer; ~**se** *vr*: ~**se de** se dégoûter de.

hastío *nm* lassitude *f*, fatigue *f*; ennui *m*; (*asco*) dégoût *m*.

hato, hatillo *nm* baluchon *m*; (*rebaño*) troupeau *m*; (*víveres*) provisions *fpl*; (*banda*) bande *f*, ramassis *m*; (*montón*) tas *m*, paquet *m*, botte *f*.

hay *vb ver* **haber**.

Haya *nf*: la ~ la Haye.

haya *vb ver* **haber** // *nf* hêtre *m*; **hayal, hayedo** *nm* hêtraie *f*.

haz *vb ver* **hacer** // *nm* (*manojo*) botte *f*; (*rayo: de luz*) faisceau *m*; (*fig*) surface *f*, face *f*.

hazaña *nf* exploit *m*.

hazmerreír *nm* risée *f*.

he *vb ver* **haber** // *ad*: ~ **aquí** voici; **heme o héteme aquí** me voici.

hebdomadario, a *a* hebdomadaire // *nm* hebdomadaire *f*.

hebilla *nf* boucle *f*.

hebra *nf* (*hilo, pedazo de hilo*) brin *m*; (*BOT: fibra*) fibre *f*; (*de madera*) fil *m*; (*veta*) veine *f*, filon *m*; (*filamento*) filament *m*; (*fig*) fil; **tabaco de** ~ tabac en vrac.

hebreo, a *a* hébreu (juive) // *nm/f* Juif/Juive; (*pey*) juif/juive // *nm* hébreu *m*.

hect *abr de* **hectárea**.

hectárea *nf* hectare *m*.

hechicero, a *nm/f* sorcier/ière; **hechicería** *nf* sorcellerie *f*; (*fig*) envoûtement *m*, charme *m*.

hechizar *vt* jeter un sort à, ensorceler; (*fig*) envoûter, charmer; (: *pey*) nuire, faire du tort à.

hechizo, a *a* (*falso, artificial*) artificiel(le), faux(ausse); (*removible*) séparable, détachable; (*TEC*) manufacturé(e); (*AM*) de ménage, fait(e) à la maison // *nm* (*magia, brujería*) sortilège *m*, sort *m*; (*acto de magia*) charme *m*, envoûtement *m*; (*fig*) ensorcellement *m*, fascination *f*.

hecho, a *pp de* **hacer** //

(completo, maduro) fait(e); mûr(e); *(costura)* de confection // *(acto)* fait m; *(dato, cuestión, suceso)* événement m, fait // excl d'accord!; **bien ~** *(persona)* bien fait, bien de sa personne; **estar ~** être devenu; **~ y derecho** accompli, parfait; **de ~** en fait.

hechura nf *(manufactura)* fabrication f; *(producto)* produit m, création f; *(forma)* forme f, consistance f; *(TEC)* œuvre f, ouvrage m; *(fig)* pantin m, homme de paille m; **~s** nfpl *(COSTURA)* coutures fpl; **a ~ de** à l'image de; **tener ~s de algo** avoir des aptitudes pour.

heder vi puer; *(fig)* empoisonner, irriter; **hediondez** nf *(olor)* puanteur f; *(cosa)* infection f, pestilence f; **hediondo, a** a puant(e), infect(e); répugnant(e); empoisonnant(e); **hedor** nm puanteur f, fétidité f.

helado, a a *(congelado)* gelé(e), glacé(e); *(fig)* froid(e), glacial(e) // nm glace f // nf gelée f; **helada blanca** gelée blanche.

helar vt *(METEOROLÓGICA)* geler; *(congelar: líquido)* geler, congeler, figer; *(enfriar: bebida)* frapper; *(dejar atónito)* glacer, abasourdir; *(desalentar)* décourager // vi geler, congeler; **~se** vr se glacer.

helecho nm fougère f.

hélice nf hélice f; *(ANAT)* hélix m; *(ZOOL)* escargot m.

helicóptero nm hélicoptère m.

hembra nf *(BOT, ZOOL)* femelle f; *(mujer)* femme f; fille f; *(COSTURA)* chas m; *(TEC):* **~ de terraja** femelle, matrice f.

hemisferio nm hémisphère m.

hemofilia nf hémophilie f.

hemorragia nf hémorragie f.

hemorroides nfpl hémorroïdes fpl.

hemos vb ver **haber**.

henchir vt emplir, remplir; **~se** vr *(llenarse de comida)* se bourrer; *(inflarse)* se gonfler.

hendedura nf = **hendidura**.

hender vt fendre.

hendidura nf fente f, fêlure f; *(GEO)* crevasse f.

heno nm foin m.

heráldico, a a héraldique.

heraldo nm héraut m.

herbáceo, a a herbacé(e).

herbicida nm herbicide m.

herbívoro, a a herbivore // nm herbivore m.

heredad nf *(propiedad)* propriété f; *(granja)* exploitation f, domaine m.

heredar vt hériter // vi: **~ de** hériter de; **heredero, a** nm/f héritier/ière; **hereditario, a** a héréditaire.

hereje a incrédule, sceptique // nm/f hérétique m/f; **herejía** nf hérésie f.

herencia nf héritage m; *(BIO)* hérédité f.

herido, a a *(que padece)* blessé(e); *(MIL)* touché(e) // nm/f blessé/e // nf *(llaga)* blessure f, plaie f; *(fig)* blessure, insulte f.

herir vt blesser; *(MIL)* toucher; *(MUS)* jouer, pincer; *(el sol)* frapper; *(fig)* toucher, froisser, offenser; **~se** vr se blesser.

hermanar vt *(unir)* réunir; *(armonizar)* assortir.

hermandad nf fraternité f; *(grupo)* confrérie f, amicale f, association f.

hermano, a nm/f frère/sœur; *(REL)* frère/sœur; *(parecido, correspondiente)* semblable m/f, pareil/le; **medio(a) ~/hermana** demi-frère/-sœur; **primo(a) ~** a cousin/e germain(e); **~/a gemelo(a)** frère/sœur jumeau(melle); **~/a lego(a)** frère/sœur laï e); **~/a político(a)** beau-frère/belle-sœur.

hermético, a a hermétique, étanche; *(fig)* impénétrable.

hermosear vt embellir.

hermoso, a a *(bonito)* beau (belle); *(estupendo)* formidable, extraordinaire; *(guapo)* joli(e); **hermosura** nf beauté f; splendeur f.

hernia nf hernie f.

héroe nm héros m; **heroico,** a a héroïque.

heroína nf (mujer, droga) héroïne f.

heroísmo nm héroïsme m.

herpes nmpl o nfpl herpès m.

herrador nm maréchal-ferrant m, ferreur m.

herradura nf fer à cheval; **curva en ~** virage m en épingle à cheveux.

herramienta nf outil m; (conjunto) outillage m; (fam) cornes fpl; denture f, dents fpl; **~ de mano** outil m; **~ mecánica** machine f.

herrar vt (caballo) ferrer; (ganado) marquer au fer; (TEC) ferrer.

herrería nf (taller) forge f, atelier m de forgeron; (arte) maréchalerie f, ferronnerie f; (fig) tapage m.

herrero nm forgeron m, maréchal-ferrant m.

herrumbre nf rouille f.

hervidero nm (burbujeo) bouillonnement m; (fuente) source f d'eau chaude; (fig) grouillement m, fourmillière f.

hervir vi (cocer) bouillir, cuire; (burbujear) bouillonner; (fig): **~ de** être rempli(e) de; **~ en** abonder en; **~ a fuego lento** cuire à feu doux; **hervor** nm ébullition f; (fig) ardeur f; **alzar el ~** commencer à bouillir.

hetero... pref hétéro...

hez nf: **las heces** la lie, les selles fpl.

hice etc vb ver **hacer.**

hidalgo, a a noble // nm/f gentilhomme/aristocrate.

hidalguía nf noblesse f; générosité f.

hidráulico, a a hydraulique // nf hydraulique f.

hidro... pref hydro...; **~avión** nm hydravion m; **~carburo** nm hydrocarbure m; **~eléctrico,** a a hydro-électrique; **~fobia** nf hydrophobie f; **hidrófugo,** a a hydrofuge; **hidrógeno** nm hydrogène m; **~pesía** nf hydropisie f; **~plano** nm hydroglisseur m; **~velero** nm planche à voile f.

hiedra nf lierre m.

hiel nf (ANAT) fiel m; (fig) amertume f; **~es** nfpl peines fpl, chagrins mpl.

hiela etc vb ver **helar.**

hielo nm glace f; (fig) froideur f; **~ flotante** o **movedizo** o **a la deriva** iceberg m.

hiena nf hyène f.

hierba nf (BOT) herbe f; (: MED) plante médicinale; **~s** nfpl (pasto) fourrage m, pâture f; **mala ~** mauvaise herbe; **~ mate** maté m.

hierbabuena nf menthe f.

hierra nf (AM) ferrade f.

hierro nm (metal) fer m; (objeto, herramienta) objet m de métal ou de fer; (de flecha) fer; (AGR) marque f; (GOLF) fer m; **~ batido/crudo/forjado** fer usiné/brut/forgé; **~ acanalado** tôle ondulée; **~ colado** o **fundido** fonte f; **~ viejo** ferraille f.

hígado nm (ANAT) foie m; (fig) courage m.

higiene nf hygiène f; **higiénico,** a a hygiénique.

higo nm figue f; **~ paso** o **seco** figue sèche; **higuera** nf figuier m.

hijastro, a nm/f beau-fils/belle-fille.

hijo, a nm/f fils/fille; **~s** nmpl enfants mpl; **~ de leche** nourrisson m; **~ de papá** fils à papa; **~/a político(a)** gendre/bru.

hijuelo nm rejeton m.

hilacha nf effilure f.

hilado, a a filé(e) // nm filage m, filé m.

hilandero, a nm/f fileur/euse.

hilar vt filer; (fig) réfléchir, raisonner.

hilera nf (fila) file f, rangée f; (MIL) file; (ARQ) faîtage m; (AGR) rang m.

hilo nm fil m; (BOT) fil, fibre f; (filamento) filament m; (de agua) filet m; **coser al ~** coudre e droit fil.

hilvanar vt bâtir; (fig) bâcler, fair à la hâte.

Himalayas *nfpl*: las ~ l'Himalaya *m*.

himno *nm* hymne *m*; ~ **nacional** hymne national.

hincapié *nm*: **hacer** ~ **en** souligner, mettre l'accent sur.

hincar *vt* fixer, ficher, planter; ~**se** *vr*: ~**se de rodillas** s'agenouiller.

hinchado, a a gonflé(e); (*persona*) arrogant(e); (*estilo*) boursouflé(e).

hinchar *vt* (*inflar*) gonfler; (*agrandar*) enfler; (*fig*) exagérer, enfler; ~**se** *vr* (*inflarse*) s'enfler, se gonfler; (*fam: llenarse*) se bourrer, s'empiffrer; (*fig: exagerarse*) se gonfler, faire la roue; **hinchazón** *nf* gonflement *m*, boursouflure *f*, boulfissure *f*; arrogance *f*, orgueil *m*; enflure *f*, affectation *f*.

hinojo *nm* fenouil *m*.

hipar *vi* avoir le hoquet; (*perro*) haleter; (*gimotear*) pleurnicher, geindre; ~ **por** brûler de.

hiper... *pref* hyper....

hípico, a *a* hippique.

hipnotismo *nm* hypnotisme *m*; **hipnotizar** *vt* hypnotiser.

hipo *nm* hoquet *m*; (*fig*) envie très forte; antipathie *f*, réprobation *f*.

hipocondría *nf* hypocondrie *f*.

hipocresía *nf* hypocrisie *f*; **hipócrita** a hypocrite // *nm/f* hypocrite *m/f*.

hipódromo *nm* hippodrome *m*.

hipoteca *nf* hypothèque *f*.

hipotecar *vt* hypothéquer.

hipótesis *nf* hypothèse *f*; **hipotético, a** a hypothétique.

hiriente a blessant(e); (*fig*) choquant(e); marqué(e).

hirsuto, a a (*peludo*) hirsute; (*fig*) brusque.

hirviente a bouillant(e).

hispánico, a a hispanique; **hispanismo** *nm* hispanisme *m*; **hispanista** *nm/f* hispaniste *m/f*.

hispano, a a espagnol(e); H~**américa** *nf* Amérique espagnole; ~**americano, a** a hispanoaméricain(e) // *nm/f* Hispano-

Américain/e; **hispanófilo, a** *nm/f* hispanophile *m/f*.

histeria *nf* hystérie *f*.

histérico, a a hystérique.

historia *nf* histoire *f*; ~**s** *fpl* (*chismes*) cancans *mpl*, ragots *mpl*; (AM) excuses *fpl*; **dejarse de** ~**s** aller au fait; **picar en** ~ être plus grave *ou* plus profond qu'il n'y paraissait; **pasar a la** ~ entrer dans l'histoire; **historiador, a** *nm/f* historien/ne; **historiar** *vt* (*contar la historia de*) raconter l'histoire de; (ARTE) peindre, représenter; **histórico, a** a historique.

historieta *nf* historiette *f*; anecdote *f*; ~ **cómica** bande dessinée.

histrión, ona *nm/f* histrion *m*; **histriónico, a** a histrionique.

hita *nf* cheville *f*, broche *f*.

hito *nm* (*que marca límites*) borne *f*, jalon *m*; (*que indica distancias*) borne; (*objetivo*) mille *m*, but *m*; (*momento importante*) moment *m* qui fait date; ~ **a** *nmpl* (*juego*) sorte de jeu de palet.

hizo *vb ver* **hacer**.

Hnos *abr de* **hermanos**.

hocico *nm* (ZOOL) museau *m*, groin *m*; (*fam: cara*) margoulette *f*, binette *f*, bouille *f*; (*cara de furia*) lippe *f*, moue *f*; **caer** *o* **dar de** ~ casser la figure.

hockey *nm* hockey *m*; ~ **sobre patines** *o* **hielo** hockey sur patines *o* glace.

hogar *nm* (*chimenea*) foyer *m*, âtre *m*; (*casa, vida familiar*) foyer; (*horno*) four *m*; (*de locomotora*) chaudière *f*; **hogareño, a** a familial(e); casanier(ière).

hoguera *nf* bûcher *m*.

hoja *nf* (BOT) feuille *f*; (*de papel, vidrio*) feuille; (*página*) page *f*; (*documento oficial*) dossier *m*, feuille, papiers *mpl*; (*de metal*) feuille, lame *f*; (*de puerta*) battant *m*, vantail *m*; (*de espada*) lame; ~ **de afeitar** lame de rasoir.

hojalata *nf* fer-blanc *m*.

hojarasca *nf* feuilles mortes; (*fig*)

détritus *mpl*; verbiage *m*.

hojear *vt* feuilleter; parcourir.

hola *excl* (*saludo*) bonjour!, salut!; (*sorpresa*) oh!

Holanda *nf* Hollande *f*.

holandés, esa *a* hollandais(e) // *nm/f* Hollandais/e // *nm* hollandais *m*.

holgado, a *a* (*suelto: vestido*) ample, large; (*que hace bolsa*) qui godaille *ou* fait de poches; (*libre, desempleado*) libre, désœuvré(e); (*ocioso*) oisif(ive); (*rico*) aisé(e), à l'aise.

holganza *nf* liberté *f*, désœuvrement *m*; oisiveté *f*, repos *m*; amusement *m*, plaisir *m*.

holgar *vi* se reposer; être au chômage, chômer, ne pas travailler; être inutile ou de trop; ~**se** v'r s'amuser, se divertir; **huelga decir que** il est inutile de dire que; ~**se con algo** se réjouir de qch.

holgazán, ana *a* paresseux(euse) // *nm/f* fainéant/e.

holgura *nf* largeur *f*, ampleur *f*; (*TEC*) jeu *m*; oisiveté *f*, liberté *f*; amusement *m*, plaisir *m*; aisance *f*, bien-être *m*.

hollar *vt* fouler, marcher sur; (*fig*) fouler aux pieds.

hollín *nm* suie *f*.

hombradía *nf* virilité *f*, courage *m*.

hombre *nm* homme *m* // *excl* (*para énfasis*) diable!; (*sorpresa*) bon sang!, quoi!, tiens!; (*compasión*) mon vieux!; (*protesta*) voyons!, allons donc! (*fam*): **su** ~ (*marido*) son homme; **de** ~ **a** ~ d'homme à homme; **ser muy** ~ être un homme cent pour cent; ~ **de negocios** homme d'affaires; ~ **de pro** *ou* **de provecho** homme de bien; ~**anuncio** *nm* homme-sandwich *m*.

hombrera *nf* (*de vestido*) épaulette *f*; (*MIL*) épaulière *f*.

hombro *nm* épaule *f*.

hombruno, a *a* hommasse; d'homme.

homenaje *nm* (*lealtad*) hommage *m*; (*fig*) respect *m*; (*AM: acto*) acte

m en l'honneur de qn; (: *regalo*) cadeau *m*.

homeopatía *nf* homéopathie *f*.

homicida *a* homicide // *nm/f* homicide *m/f*; **homicidio** *nm* homicide *m*.

homogéneo, a *a* homogène.

homosexual *a* homosexuel(le) // *nm/f* homosexuel/le.

hondo, a *a* profond(e), bas(se); (*fig*) profond // *nm* fond *m* // *f* fronde *f*; (*AM*) catapulte *f*; **hondonada** *nf* (*depresión*) creux *m*, dépression *f*; (*cañon*) ravin *m*; (*GEO*) cuvette *f*; **hondura** *nf* profondeur *f*.

Honduras *nf* Honduras *m*.

hondureño, a *a* hondurien(ne) // *nm/f* Hondurien/ne.

honestidad *nf* (*decencia*) décence *f*; (*pureza, castidad*) modestie *f*, pudeur *f*, vertu *f*; (*justicia*) justice *f*; (*honor*) honneur *m*, vertu.

honesto, a *a* a décent(e); modeste, pur(e), chaste; juste; vertueux(euse).

hongo *nm* (*BOT*) champignon *m*; (: *comestible*) champignon comestible; (: *venenoso*) champignon vénéneux; (*sombrero*) melon *m*.

honor *nm* honneur *m*; (*gloria*) gloire *f*; **honorable** *a* honorable.

honorario, a *a* honoraire; ~*s nmpl* honoraires *mpl*.

honra *nf* honneur *m*; ~*s fúnebres* honneurs funèbres.

honradamente *ad* honnêtement; honorablement.

honradez *nf* honnêteté *f*; probité *f*, intégrité *f*.

honrado, a *a* (*honesto*) honnête; (*recto*) probe, droit(e).

honrar *vt* (*respetar*) respecter; (*colmar de honores*) honorer; (*deuda*) honorer; ~**se** *vr*: ~**se con algo/de hacer algo** être fier(ière) de qch/de faire qch.

honroso, a *a* (*honrado*) honorable; (*respetado*) respecté(e).

hopo *nm* queue touffue.

hora *nf* heure *f*; ~*s fpl* (*REL*) heure

fpl; ¿qué ~ es? quelle heure est-il?; ¿a qué ~? à quelle heure?; **media** ~ demi-heure *f;* **a la** ~ à l'heure; **a primera** ~ à la première heure; **a última** ~ en dernière heure, au dernier moment; ¡**a buena** ~! à la bonne heure!/au mauvais moment; **en buena/mala** ~ à la bonne heure/au mauvais moment; **dar la** ~ sonner *ou* donner l'heure; ~**s de oficina/de visita/de trabajo** heures de bureau/de visite/de travail; ~**s extras** *o* **extraordinarias** heures supplémentaires; ~**s punta** heures de pointe.

horadar *vt* forer; percer.

horario, a *a* horaire // *nm* horaire *m;* ~ **escolar** emploi du temps *m.*

horca *nf* potence *f,* gibet *m;* (AGR) fourche *f.*

horcajadas : a ~ *ad* à califourchon.

horchata *nf* orgeat *m.*

horda *nf* horde *f.*

horizonte *nm* horizon *m.*

horma *nf* (TEC) forme *f,* embauchoir *m;* (*muro*) mur *m* en pierres sèches.

hormiga *nf* fourmi *f;* ~**s** (MED) démangeaison *f,* fourmis *fpl.*

hormigón *nm* béton *m;* ~ **armado/pretensado** béton armé/précontraint.

hormigueo *nm* (*comezón*) fourmillement *m;* (*fig*) anxiété *f;* (*amontonamiento*) grouillement *m.*

hormiguero *nm* fourmilière *f;* **oso** ~ tamanoir *m.*

hornillo *nm* fourneau *m;* (*cocina*) réchaud *m.*

horno *nm* four *m;* **alto** ~ haut fourneau.

horóscopo *nm* horoscope *m.*

horquilla *nf* épingle *f* à cheveux; (AGR, *de bicicleta*) fourche *f;* (TEC) fourchette *f.*

horrendo, a *a* horrible, affreux (euse); (*temible*) redoutable.

horrible *a* horrible; (*fig*) redoutable, effrayant(e).

horripilante *a* horripilant(e); effrayant(e).

horripilar *vt:* ~ **a uno** donner la chair de poule à qn; ~**se** *vr* s'effrayer.

horror *nm* (*espanto*) frayeur *f;* (*repugnancia*) horreur *f;* (*atrocidad*) atrocité *f;* ¡**qué** ~! quelle horreur! // *ad* (*fam*): **me gusta un** ~ j'aime terriblement; **se divirtieron** ~**es** ils se sont follement amusés; **horrorizar** *vt* terroriser, effrayer; épouvanter; **horrorizarse** *vr* s'effrayer; **horroroso, a** *a* effrayant(e); épouvantable; (*fam: mucho*) énorme; (: *feo*) affreux (euse).

hortaliza *nf* légume *m;* ~**s** *nfpl* légumes *mpl,* plantes potagères.

hortelano, a *nm/f* jardinier/ière; maraîcher/ère.

hortensia *nf* hortensia *m.*

horticultura *nf* horticulture *f.*

hosco, a *a* (*oscuro, sombrío*) très brun(e); (*triste, ceñudo*) renfrogné(e); rébarbatif(ive).

hospedar *vt* loger, héberger; recevoir; ~**se** *vr* se loger, prendre pension.

hospedería *nf* (*albergue*) hôtellerie *f;* (*cuarto de huéspedes*) pension *f;* (REL) hospice *m.*

hospedero, a *nm/f* hôte/sse; hôtelier/ière.

hospicio *nm* hospice *m;* logement *m* pour les pèlerins; orphelinat *m.*

hospital *nm* hôpital *m.*

hospitalidad *nf* hospitalité *f.*

hosquedad *nf* rudesse *f,* hargne *f.*

hostelero, a *nm/f* hôtelier/ière, aubergiste *m/f.*

hostería *nf* auberge *f.*

hostia *nf* hostie *f.*

hostigar *vt* fustiger, fouetter; (*fig*) harceler, persécuter; ennuyer.

hostil *a* hostile; **hostilidad** *nf* hostilité *f;* hostilités *fpl.*

hotel *nm* (*para huéspedes*) hôtel *m;* (*casa de campo*) pavillon *m,* villa *f;* **hotelero, a** *a* hôtelier(ière) // *nm/f* hôtelier/ière.

hoy *ad* (*este día*) aujourd'hui; (*el ahora*) de nos jours // *nm* actualité f, présent m; ~ **(en) día** de nos jours, à l'heure actuelle; ~ **por** ~ actuellement.

hoya nf creux m, cuvette f; (*sepulcro*) tombe f, fosse f; (GEO) vallée f; (AM: *de río*) lit m; (AGR) auget m; **hoyada** nf dépression f.

hoyo nm (*agujero*, GOLF) trou m; (*fosa*) fosse f; **hoyuelo** nm fossette f.

hoz nf (AGR) faucille f; (GEO) gorge f.

hube etc vb ver **haber**.

hucha nf (*alcancía*) tirelire f; (*arca*) huche f; (fig) économies fpl, magot m.

hueco, a a (*vacío*) vide, creux (euse); (*blanco*: *papel*) vierge, blanc(he); (*blando*) mou (molle), spongieux(euse); (*resonante*) creux; (*presumido*) vaniteux(euse) // nm vide m, creux m; trou m; embrasure f, baie f; cage f.

huelga vb ver **holgar** // nf (*paro*) grève f; (*descanso*) repos m; (*ocio*) oisiveté f; (*pereza*) paresse f; (TEC) jeu m; **declarar la** ~ se mettre en grève; ~ **de brazos caídos/de hambre** grève se tac/de la faim.

huelgo vb ver **holgar** // nm (*aliento*) haleine f; (*espacio*) ampleur f, espace m; (TEC: *movimiento*) jeu m.

huelguista nm/f gréviste m/f.

huelo etc vb ver **oler**.

huella nf (*acto de pisar*, *pisada*) empreinte f; (*marca del paso*) trace f, marque f; (*impresión de animal*, *máquina*) empreinte; (: *de neumático*) marque; ~ **digital** empreinte digitale.

huérfano, a a orphelin(e) (fig) sans protection; abandonné(e) // nm/f orphelin/e.

huerta nf (*jardín*) grand jardin; (*de hortalizas*) potager m; (: *de frutas*) verger m; (*área de regadío*) plaine irriguée.

huerto nm (*jardín*: *de hortalizas*) verger m, potager m; (: *de frutas*) jardin potager m; (: *de frutas*) verger.

hueso nm (ANAT) os m; (*de fruta*)

noyau m; (fig) travail m difficile; (AM) poste m clé.

huésped, a nm/f (*invitado*) invité/e, hôte/sse; (*en una casa*) hôte/sse payant(e); (*de hotel*, *pensión*) client/e; (*anfitrión*) hôte/sse.

huesudo, a a osseux(euse).

hueva nf frai m.

huevo nm œuf m; ~ **en cáscara/escalfado/estrellado** o **frito/pasado por agua** œuf à la coque/poché/sur le plat/à la coque; ~**s revueltos** œufs brouillés.

huida nf (*acto de huir*) fuite f; (*de caballo*) dérobade f.

huidizo, a a (*tímido*) fuyant(e); (*pasajero*) fugace.

huir vt (*escapar*, *eludir*) échapper, fuir, éluder; (*evadir*) fuir; ~**se** a (*escaparse*) s'échapper; (*el tiempo*) s'envoler.

hule nm (*goma*) gomme f; (*encerado*) toile cirée f.

hulla nf houille f; **hullero, a** a houiller(ère) // nf houillère f.

humanidad nf (*los hombres*) humanité f; (*cualidad*) sensibilité f, compassion f; (fig: *fam*) embonpoint m; **las** ~**es** les sciences humaines.

humanismo nm humanisme m; **humanista** nm/f humaniste m/f.

humanizar vt humaniser; ~**se** vr s'humaniser.

humano, a a (*del hombre*) humain(e); (*humanitario*) compatissant(e), humain // nm humain m; **ser** ~ être humain.

humareda nf grande fumée.

humeante a fumant(e).

humear vi fumer.

humedad nf humidité f; **a prueba de** ~ contre l'humidité.

humedecer vt (*mojar*) humecter; (*echar humedad*) humidifier; ~**se** vr s'humecter.

húmedo, a a (*con humedad*) humide; (*mojado*) légèrement mouillé(e); (*sin secar*) moite humide.

humildad nf (timidez) timidité f; (carácter de pobre) humilité f; (falta de arrogancia) réserve f, humilité, modestie f.

humilde a humble, timide, effacé(e); (pequeño: voz) petit(e); (de clase baja) humble; (modesto) modeste, réservé(e).

humillación nf humiliation f.

humillante a (que humilla) humiliant(e); (que degrada) mortifiant(e), dégradant(e).

humillar vt humilier.

humo nm (de fuego) fumée f; (gas nocivo) émanation f; (vapor) vapeur f; ~s nmpl (hogares) feux mpl, foyers mpl; (fig) prétention f, suffisance f.

humor nm (actitud, disposición) humeur f; (carácter) caractère m, naturel m; (lo que divierte) humour m; **de buen/mal** ~ de bonne/ mauvaise humeur; **humorada** nf bon mot, blague f; caprice m; **humorado: bien/mal humorado** ad de bonne/mauvaise humeur; **humorismo** nm humour m; **humorista** nm/f humoriste m/f; **humorístico, a** a humoristique, spirituel(le); sarcastique.

hundido, a a (de ojos, mejillas) cave, enfoncé(e).

hundimiento nm enfoncement m; écroulement m; fondis m, fontis m; effondrement m.

hundir vt enfoncer; ruiner, détruire; confondre; aplatir; accabler; ~se vr s'effondrer; s'enfoncer; s'aplatir; s'absorber; s'abîmer.

húngaro, a a hongrois(e) // nm/f Hongrois/e.

Hungría nf Hongrie f.

huracán nm ouragan m.

huraño, a a (tímido) sauvage, farouche; (antisocial) insociable; (animal) sauvage.

hurgar vt (picar) toucher; (remover) remuer; (mover: cenizas) tisonner; (fig) taquiner, exciter; ~se vr se mettre les doigts dans le nez.

hurgonear vt (el fuego) tisonner; (picar) toucher.

hurón, ona a sauvage, farouche // nm (ZOOL) furet m; (persona) sauvage m/f; (pey) fureteur/euse; **huronera** nf (ZOOL) terrier m; (fig) tanière f, gîte m.

hurtadillas : a ~ ad en tapinois, en cachette.

hurtar vt voler, dérober; emporter; ~se vr se dérober; s'esquiver.

hurto nm larcin m, vol m; a ~ de façon dissimulée.

husillo nm vis f de pression; (conducto) égout m, conduit m; (TEC) fuseau m.

husmear vt (oler) flairer; (fam) fouiner ou fureter dans // vi (oler mal) sentir, être faisandé(e); (curiosear) fouiner.

husmo nm faisandage m.

huso nm fuseau m.

huyo etc vb ver **huir**.

I

iba etc vb ver **ir**.

ibérico, a a ibérique.

ibero, a a ibère, ibérien(ne) // nm/f Ibère m/f.

iberoamericano, a a latino-américain(e) // nm/f Latino-américain/e.

íbice nm ibex m, bouquetin m.

ibicenco, a a d'Ibiza.

ibis nf ibis m.

Ibiza nf Ibiza f.

ibón nm lac m de montagne.

iceberg nm iceberg m.

ícono nm icône f.

iconoclasta a iconoclaste // nm/f iconoclaste m.

ictericia nf ictère m, jaunisse f.

ida nf aller m; ~ y vuelta aller et retour.

idea nf idée f; ~ de conjunto idée générale.

ideal a idéal(e) // nm idéal m.

idealizar vt idéaliser.

idear vt imaginer; (aparato) concevoir; (viaje) envisager.

ídem pron idem.

identidad nf identité f.

identificación nf identification f.

identificar vt identifier; ~**se** vr: ~**se con** s'identifier à.

ideología nf idéologie f.

ideológico, a a idéologique.

idioma nm langue f.

idiota a idiot(e) // nm/f idiot/e.

idiotez nf idiotie f, imbécillité f.

idiotismo nm (ignorancia) stupidité f, ignorance f; (expresión) idiotisme m.

ido, a a distrait(e).

idólatra a idolâtre.

idolatría nf (culto) idolâtrie f; (fig) adoration f.

idoneidad nf aptitude f, idonéité f.

idóneo, a a (apto) apte; (conveniente) idoine, propre.

iglesia nf église f.

ignición nf ignition f.

ignominia nf ignominie f.

ignominioso,   a   a ignomineux(euse).

ignorado, a a inconnu(e), ignoré(e).

ignorancia nf ignorance f.

ignorante a ignorant(e), inculte // nm/f ignorant/e, inculte m/f.

ignorar vt ignorer.

ignoto, a a ignoré(e).

igual a (similar) égal(e); (constante) constant(e), uniforme // nm/f égal/e; **al** ~ **que** à l'égal de; **2 y 2** ~ **a 4** 2 et 2 font 4.

igualada nf égalisation f.

igualar vt (convertir en igual) égaler; (allanar, nivelar) aplanir, niveler // vi (DEPORTE) égaliser; ~**se** vr (platos de balanza) s'équilibrer, se valoir; (equivaler) équivaloir.

igualdad nf égalité f; (identidad) identité f; (uniformidad) uniformité f.

igualmente ad (de la misma

manera) de la même manière // excl et moi de même!

ijar nm, **ijada** nf flanc m.

ilegal a illégal(e).

ilegalmente ad illégalement.

ilegítimo, a a illégitime.

ileso, a a sauf(ve).

ilimitado, a a illimité(e).

ilógico, a a illogique; (disparatado) absurde.

iluminación nf illumination f, éclairage m; (ARTE) enluminure f.

iluminar vt (alumbrar) illuminer, éclairer; (pintura) enluminer; (fig) éclairer.

ilusión nf (imaginación) imagination f; (quimera, sueño) illusion f, chimère f; (esperanza) rêve m; espoir m.

ilusionado, a a plein(e) d'espoir.

ilusionista nm/f illusionniste m/f.

iluso, a a (soñador) utopiste, rêveur(euse); (ingenuo) naïf(ïve).

ilusorio, a a illusoire.

ilustración nf illustration f; (saber) instruction f, connaissance f.

ilustrado, a a illustré(e); (cultivado) cultivé(e), instruit(e).

ilustrar vt (instruir) instruire; (dar fama) rendre célèbre; (libro) illustrer; (explicar) éclairer; ~**se** vr s'instruire.

ilustre a illustre, célèbre.

imagen nf image f.

imaginación nf imagination f; (suposición) idée f, supposition f.

imaginar vt (idear) imaginer, concevoir; (suponer) supposer; ~**se** vr s'imaginer.

imaginario, a a imaginaire fictif(ive); chimérique, utopique.

imaginativo, a a (inventivo) imaginatif(ive); (soñador) rêveur(euse).

imán nm aimant m; (fig) attrait m.

imbécil nm/f (idiota) imbécil m/f; (MED) idiot/e, imbécile.

imbecilidad nf imbécillité f.

imberbe a imberbe.

imbuir vi s'inculquer.

imitación nf imitation

(*semejanza*) ressemblance *f*; joyas de ~ bijoux *mpl* en imitation *ou* fantaisie; ~ *cuero* imitation cuir *m*, similicuir *m*.

imitar *vt* imiter; (*parodiar, remedar*) pasticher.

impaciencia *nf* impatience *f*; irritation *f*.

impaciente *a* impatient(e); anxieux(euse); exaspéré(e).

impalpable *a* impalpable.

impar *a* impair(e).

imparcial *a* impartial(e).

imparcialidad *nf* impartialité *f*; équité *f*.

impartir *vt* impartir.

impasible *a* impassible.

impavidez *nf* intrépidité *f*; (AM) insolence *f*, effronterie *f*.

impávido, a *a* intrépide; (AM) insolent(e), effronté(e); (*indiferente*) indifférent(e).

impecable *a* impeccable.

impedimento *nm* obstacle *m*; empêchement *m*.

impedir *vt* empêcher.

impeler *vt* pousser; (*fig*) exciter.

impenetrabilidad *nf* impénétrabilité *f*.

impenetrable *a* impénétrable.

impenitente *a* impénitent(e).

impensado, a *a* inopiné(e), inattendu(e).

imperar *vi* (*reinar, gobernar*) régner; (*fig*) dominer; prévaloir.

imperativo, a *a* impérieux(euse), nécessaire; (*urgente*, LING) impératif(ive).

imperceptible *a* imperceptible.

imperdible *a* imperdable // *nm* épingle *f* de nourrice.

imperdonable *a* impardonnable.

imperecedero, a *a* impérissable.

imperfección *nf* imperfection *f*.

imperfecto, a *a* imparfait(e).

imperial *a* impérial(e) // *nf* impériale *f*.

impericia *nf* (*torpeza*) impéritie *f*; (*inexperiencia*) inexpérience *f*.

imperio *nm* empire *m*; (*reino, dominación*) domination *f*, pouvoir

m; (*fig*) orgueil *m*, fierté *f*.

imperioso, a *a* impérieux(euse); catégorique; impératif (ive).

imperito, a *a* incompétent(e), malhabile.

impermeable *a* imperméable // *nm* imperméable *m*.

impermutable *a* impermutable.

impersonalidad *nf* impersonnalité *f*.

impertérrito, a *a* imperturbable, impassible.

impertinencia *nf* (*inoportunidad*) inopportunité *f*; (*insolencia*) impertinence *f*.

impertinente *a* inopportun(e); impertinent(e); ~s *nmpl* face-à-main *m*.

imperturbable *a* imperturbable.

ímpetu *nm* (*impulso*) élan *m*; (*impetuosidad*) impétuosité *f*; (*violencia*) violence *f*.

impetuosidad *nf* impétuosité *f*; violence *f*.

impetuoso, a *a* impétueux(euse); précipité(e); violent(e).

impiedad *nf* (*crueldad*) méchanceté *f*; (*irreligiosidad*) impiété *f*.

impío *a* méchant(e); impie.

implacable *a* implacable.

implicar *vt* impliquer // *vi* empêcher.

implícito, a *a* (*tácito*) tacite; (*sobreentendido*) implicite.

implorar *vt* implorer.

impolítico, a *a* impoli(e), manquant de tact; discourtois(e).

imponente *a* (*impresionante*) imposant(e); (*enorme*) énorme; (*solemne*) solennel(le) // *nm/f* investisseur *m*; déposant *m*.

imponer *vt* imposer; (*establecer*) établir; (*informar, instruir*) mettre au courant de, renseigner sur; (COM) placer, déposer; ~se *vr* s'imposer; (*dominar, prevalecer*) dominer, prévaloir.

importación *nf* importation *f*.

importancia *nf* importance *f*.

importante *a* important(e).

importar *vt* (*del extranjero*)

importer; (*sumar, valer*) valoir,
coûter // *vi* importer; **me importa
el resultado** le résultat m'intéresse;
no importa peu importe.
importe *nm* (*total*) montant *m*;
(*valor*) prix *m*, valeur *f*.
importunar *vt* importuner.
importuno, a *a* (*inoportuno,
molesto*) importun(e); (*indiscreto*)
indiscret(ète).
imposibilidad *nf* impossibilité *f*.
imposibilitar *vt* empêcher,
rendre impossible; ~**se** *vr* devenir
impotent(e).
imposible *a* impossible; (*AM*)
répugnant(e), dégoûtant(e).
imposición *nf* imposition *f*; (*COM*)
dépôt *m*; (*de condecoraciones,
grados*) remise *f*.
impostor, a *nm / f* imposteur *m*.
impostura *nf* imposture *f*.
impotencia *nf* (*imposibilidad*)
impossibilité *f*; (*incapacidad*)
impuissance *f*, incapacité *f*,
(*inutilidad*) inutilité *f*.
impotente *a* (*sin fuerza*) impo-
tent(e), impuissant(e); (*impedido*)
empêché(e); (*incapaz*) incapable.
impracticable *a* (*irrealizable*)
irréalisable; (*intransitable*) impraticable.
imprecar *vi* proférer des
imprécations.
impregnar *vt* imprégner; ~**se** *vr*
s'imprégner.
imprenta *nf* imprimerie *f*.
imprescindible *a* indispensable.
impresión *nf* impression *f*;
(*marca*) empreinte *f*; ~ **digital**
empreinte digitale.
impresionable *a* (*sensible*) im-
pressionnable; (*excitable*) excitable.
impresionar *vt* (*conmover*)
toucher; (*afectar*) impressionner;
(*los sonidos*) enregistrer; (*película
fotográfica*) impressionner; ~**se** *vr*
être impressionné(e).
impreso, a *pp de* **imprimir** // *a*
imprimé(e) // *nm* imprimé *m*.
impresor *nm* imprimeur *m*.
imprevisión *nf* (*del tiempo*)

imprevisión *f*; (*de una persona*)
imprévoyance *f*.
imprevisor, a *a* (*imprudente*)
imprévoyant(e); (*distraído, irreflexi-
vo*) irréfléchi(e).
imprevisto, a *a* (*accidental*)
imprévu(e); (*casual*) inespéré(e),
inopiné(e); (*inesperado*) subit(e),
inattendu(e).
imprimir *vt* imprimer.
improbabilidad *nf* (*sin
seguridad*) improbabilité *f*;
(*inverosimilitud*) invraisemblance *f*.
improbable *a* improbable;
invraisemblable, improbable.
ímprobo, a *a* (*deshonesto*)
malhonnête; (*ingrato, penoso*)
ingrat(e), pénible.
improcedente *a* (*inconveniente*)
inconvenant(e); (*inadecuado*)
inadéquat(e).
improductivo, a *a* improductif
(ive).
improperio *nm* injure *f*, insulte *f*.
impropiedad *nf* impropriété *f*.
impropio, a *a* impropre.
improvidencia *nf* imprévoyance
f, oubli *m*, négligence *f*.
imprévido, a *a* imprévoyant(e).
improvisación, a *a* improvisation *f*.
improvisar *vt* improviser.
improviso, a *a* imprévu(e); **de** ~
à l'improviste.
improvisto, a *a* imprévu(e); **de** ~
à l'impromptu, tout d'un coup.
imprudencia *nf* imprudence *f*;
légèreté *f*, irréflexion *f*; précipitation *f*.
imprudente *a* irréfléchi(e)
imprudent(e); léger(ère).
impúdico, a *a* dévergondé(e)
impudique; indécent(e).
impudor *nm* dévergondage *m*,
indécence *f*; impudeur *f*.
impuesto, a *a* imposé(e) // *nm*
impôt *m*.
impugnar *vt* (*atacar, combatir*)
attaquer, combattre; (*refutar*)
contester, réfuter.
impulsar *vt* = **impeler**.

impulsión *nf* (*TEC*) propulsion *f*; (*fig*) impulsion *f*.

impulso *nm* impulsion *f*; (*fuerza, empuje*) élan *m*; (*rapto*) transport *m*, élan, accès *m*.

impune *a* impuni(e).

impunidad *nf* impunité *f*.

impureza *nf* impureté *f*; (*fig*) souillure *f*.

impuro, a *a* impur(e); (*fig*) souillé(e), taché(e).

imputable *a* imputable.

imputación *nf* imputation *f*.

imputar *vt* (*atribuir*) attribuer; (*cargar*) imputer; (*reprochar*) reprocher.

inacabable *a* (*infinito*) infini(e); (*interminable*) interminable.

inaccesible *a* inabordable; inaccessible.

inacción *nf* (*inercia*) inactivité *f*, inertie *f*; (*desocupación*) inaction *f*, désœuvrement *m*; (*ocio*) oisiveté *f*, loisir *m*.

inaceptable *a* inacceptable.

inactividad *nf* inactivité *f*, inertie *f*; désœuvrement *m*; oisiveté *f*, loisir *m*.

inactivo, a *a* inerte; désœuvré(e); oisif(ive).

inadecuado, a *a* inadéquat(e).

inadmisible *a* inadmissible.

inadvertencia *nf* inadvertance *f*.

inadvertido, a *a* (*desatento*) inattentif(ive); (*distraído*) distrait(e); (*persona*) inaperçu(e).

inagotable *a* (*interminable*) interminable; (*inacabable*) inépuisable, intarissable.

naguantable *a* insupportable, intolérable.

najenable *a* inaliénable.

nalterable *a* (*inmutable*) inaltérable; (*firme*) constant(e); (*permanente*) permanent(e).

nanición *nf* inanition *f*.

nanimado, a *a* inanimé(e).

napreciable *a* inappréciable, inestimable.

nasequible *a* (*inalcanzable*) inaccessible; (*inabordable*) inabordable.

inaudito, a *a* inouï(e).

inauguración *nf* inauguration *f*.

inaugurar *vt* (*abrir*) inaugurer; (*dar principio*) entreprendre; (*comenzar*) commencer.

incalculable *a* incalculable.

incandescente *a* incandescent(e).

incansable *a* (*inagotable*) inépuisable; (*infatigable*) infatigable.

incapacidad *nf* (*ineptitud*) incapacité *f*, inaptitude *f*; (*incompetencia*) incompétence *f*; (*fig*) stupidité *f*, bêtise *f*; ~ física/mental incapacité physique/mentale.

incapacitar *vt* (*inhabilitar*) inhabiliter, déclarer incapable; (*descalificar*) rendre inapte, disqualifier; (*JUR*) interdire.

incapaz *a* incapable.

incautación *nf* saisie *f*.

incautarse *vr* saisir, confisquer; ~ de s'emparer de.

incauto, a *a* (*imprudente*) imprudent(e); (*inocente*) naïf(ïve), crédule.

incendiar *vt* incendier; (*fig*) enflammer; ~se *vr* prendre feu, brûler.

incendiario, a *a* incendiaire // *nm/f* incendiaire *m/f*, pyromane *m/f*.

incendio *nm* incendie *m*.

incensario *nm* encensoir *m*.

incentivo *nm* aiguillon *m*, stimulant *m*.

incertidumbre *nf* (*inseguridad*) incertitude *f*; (*duda*) doute *m*.

incesante, incesable *a* sans cesse, incessant(e).

incidencia *nf* (*accidente*) incident *m*; (*contingencia*) contingence *f*.

incidental *a* incident(e).

incidente *a* incident(e) // *nm* incident *m*.

incidir *vi* (*influir*) influer; (*afectar*) affecter; ~ en un error tomber dans l'erreur.

incienso *nm* encens *m*.

incierto, a *a* incertain(e).

incineración *nf* incinération *f*.

incinerar vt (cremar) incinérer; (quemar) brûler.

incipiente a (naciente) naissant(e); (reciente) débutant(e).

incisión nf incision f.

incisivo, a a incisif(ive); (fig) mordant(e), cuisant(e) // nm incisive f.

incitación nf incitation f, encouragement m.

incitante a (estimulante) incitant(e); (provocativo) provocant(e).

incitar vt inciter, pousser.

incivil a incivil(e).

incivilidad nf (falta de educación) incivilité f; (grosería, tosquedad) grossièreté f, rusticité f.

inclemencia nf (severidad) inclémence f; (del tiempo) intempérie f.

inclemente a inclément(e); rigoureux(euse).

inclinación nf (posición) inclinaison f; (movimiento) inclination f; (fig) tendance f, inclination.

inclinar vt incliner, pencher; (persuadir) incliner, persuader; ~se vr: ~se hacia adelante se pencher en avant; ~se ante s'incliner devant; **me inclino a pensar que** je tends à penser que.

ínclito, a a illustre.

incluir vt (poner, contener) renfermer; (incorporar) inclure.

inclusa nf hospice m des enfants trouvés.

inclusión nf inclusion f.

inclusive ad inclusivement; cerrado hasta el domingo ~ fermé jusqu'au dimanche inclus.

incluso, a a inclus(e) // ad même, ci-inclus // prep même, y compris.

incógnito, a a inconnu(e) // nm: de ~ incognito.

incoherente a incohérent(e).

incoloro, a a (descolorido) incolore; (color) anodin(e), anodin(e), effacé(e); (apagado) terne.

incólume a (sano, sin lesión)

sain(e) et sauf(ve); (indemne) indemne.

incomodar vt (abrumar) incommoder; (molestar) gêner; (fastidiar) ennuyer, agacer; ~se vr se fâcher, se vexer.

incomodidad nf (molestia) gêne f, dérangement m; (fastidio, enojo) ennui m; (de vivienda) manque m de confort.

incómodo, a a (inconfortable) incommode; (molesto) incommodant(e) // nm (AM) incommodité f, gêne f.

incomparable a (sin comparación) incomparable; (igualable) inégalable.

incompatible a incompatible.

incompetencia nf incompétence f.

incompetente a incompétent(e).

incompleto, a a (parcial, mutilado) incomplet(ète), inachevé(e); (deficiente) déficient(e); (insuficiente) insuffisant(e).

incomprensible a incompréhensible; indéchiffrable; énigmatique.

incomunicado, a a (aislado) isolé(e), privé(e) de communications; (confinado) exilé(e).

inconcebible a inconcevable.

inconcluso, a a (inacabado) inachevé(e); (incompleto) incomplet(ète).

inconcuso, a a (indiscutible) incontestable, indubitable; (seguro) sûr(e).

incondicional a inconditionnel(le); (AM) servil(e) // nm (AM) homme m de confiance.

inconexo, a a (incongruente) sans rapport; (deshilvanado) décousu(e).

incongruente a incongru(e).

inconmensurable a incommensurable, immense, infini(e).

inconsciente a inconscient(e); (atolondrado) inconséquent(e) écervelé(e) // nm inconscient m.

inconsecuencia nf inconséquence f, irréflexion f, inconstance f.

inconsecuente a inconséquent(e); peu sérieux(euse).

inconsiderado, a a (inconsciente) irréfléchi(e); (desconsiderado) inconsidéré(e).

inconsistente a (débil) inconsistant(e); (impreciso) imprécis(e).

inconstancia nf (inconsecuencia, veleidad) inconséquence f; (inestabilidad) inconstance f.

inconstante a inconséquent(e), incertain(e), inconstant(e).

incontestable a incontestable.

incontinencia nf incontinence f.

incontinente a (liviano) incontinent(e); (desenfrenado) effréné(e).

incontrastable a invincible, incontestable, irréfutable.

inconveniencia nf (desconformidad) désaccord m, discordance f; (incorrección) impertinence f, inconvenance f; (grosería) grossièreté f.

inconveniente a inconvenant(e), malséant(e), inapproprié(e), inadéquat(e) // nm inconvénient m.

incorporación nf incorporation f; (del cuerpo) redressement m; (agregado) ajout m.

incorporar vt incorporer; ~se vr se redresser, se mettre sur son séant.

incorrección nf (incongruencia) incongruité f, (inconveniencia) inconvenance f; (descortesía) impolitesse f, incorrection f.

incorrecto, a a (falso) incorrect(e), faux(ausse); (defectuoso) défectueux(euse); (descortés) grossier(ière), impoli(e).

incorregible a (fam) incorrigible, obstiné(e).

incorruptible a (puro) incorruptible, pur(e); (intacto) intact(e); ~ a la intemperie inoxydable.

incredulidad nf (descreimiento) incrédulité f; (escepticismo) scepticisme m.

incrédulo, a a incrédule; sceptique; méfiant(e).

increíble a incroyable, inconcevable, absurde.

incremento nm (aumento) accroissement m; (desarrollo) développement m.

increpar vt (reprender) réprimander; (insultar) apostropher.

incruento, a a non sanglant(e).

incrustar vt incruster; (piedras: en joya) sertir.

incubar vt couver.

inculcar vt inculquer.

inculpar vt (acusar) inculper; (achacar, atribuir) imputer, attribuer.

inculto, a a (persona) inculte; (terreno) incultive(e) // nm/f ignorant(e).

incuria nf incurie f.

incurrir vi: ~ en encourir, commettre; (contravenir) contrevenir; ~ en un error tomber dans l'erreur.

indagación nf investigation f; (búsqueda) recherche f; (JUR) enquête f.

indagar vt (investigar, averiguar) rechercher, s'enquérir de; (buscar) enquêter.

indecente a grossier(ière), insolent(e); (lascivo) malhonnête, indécent(e).

indecible a indescriptible, indicible; inexprimable; prodigieux(euse), merveilleux(euse).

indeciso, a a hésitant(e), indécis(e); irrésolu(e); incertain(e), indéterminé(e).

indefectible a indéfectible.

indefenso, a a (inerme) sans défense; (desvalido) déshérité(e); (abandonado) abandonné(e).

indefinido, a a indéfini(e), indéterminé(e); confus(e); incertain(e); ambigu(üe).

indeleble a indélébile.

indemne a (sano, salvo) sain(e) et sauf(ve); (ileso) indemne.

indemnizar *vt* indemniser; dédommager.

independencia *nf* indépendence *f*.

independiente *a* (*libre*) indépendant(e); (*autónomo*) autonome.

indeterminado, a *a* (*indefinido*) indéfini(e); (*desconocido*) inconnu(e); (*impreciso*) imprécis(e).

India *nf*: la ~ (l')Inde *f*.

indiano, a *a* indien(ne) // *nm* se dit de celui qui revient d'Amérique après avoir fait fortune.

indicación *nf* (*denotación*) indication *f*; (*señal*) repère *m*.

indicar *vt* montrer, indiquer; signaler; dénoter.

índice *nm* indice *m*; (*catálogo*) catalogue *m*, index *m*; (ANAT) index; (*de cuadrante*) aiguille *f*; (REL): el I ~ l'Index.

indicio *nm* (*señal*) trace *f*; (*sospecha*) indice *m*; (*síntoma*) symptôme *m*.

indiferencia *nf* indifférence *f*.

indiferente *a* indifférent(e), désintéressé(e).

indígena *a* indigène, naturel(le); (*aborigen*) aborigène; (*autóctono*) autochtone // *nm/f* indigène *m/f*, naturel/le; aborigène *m/f*, autochtone *m/f*.

indigencia *nf* indigence *f*, dénuement *m*.

indigestión *nf* indigestion *f*.

indigesto, a *a* indigeste; (*fig*) insupportable.

indignación *nf* indignation *f*.

indignado, a *a* indigné(e).

indignar *vt* indigner; ~se *vr*: ~se de *o* por s'indigner de.

indignidad *nf* (*insulto*) indignité *f*; (*ruindad*) bassesse *f*.

indigno, a *a* (*ruin, despreciable*) bas(se), méprisable; (*inmerecido*) indigne.

indio, a *a* (*de América*) indien(ne); (*de la India*) hindou(e) // *nm/f* Indien/ne; Hindou/e.

indirecta *nf* allusion *f*, insinuation *f*.

indirecto, a *a* indirect(e).

indiscreción *nf* (*imprudencia*) indiscrétion *f*; (*irreflexión*) irréflexion *f*.

indiscreto, a *a* indiscret(ète) // *nm/f* curieux(euse), indiscret/ète.

indiscutible *a* incontestable; indiscutable.

indispensable *a* indispensable, essentiel(le).

indisponer *vt* indisposer; ~se *vr* être indisposé(e); ~se con uno se fâcher avec qn.

indisposición *nf* indisposition *f*.

indistinto, a *a* indistinct(e); indéterminé(e).

individual *a* individuel(le) // *nm* (TENIS): un ~ de damas un simple dames.

individuo, a *a* individuel(le) // *nm* individu *m*; (*miembro, socio*) membre *m*.

indiviso, a *a* indivis(e).

indócil *a* indiscipliné(e); indocile; indomptable; rebelle, réfractaire.

indocto, a *a* ignorant(e).

índole *nf* (*naturaleza*) nature *f*, caractère *m*; (*idiosincrasia*) naturel *m*; (*calidad*) genre *m*, sorte *f*.

indolencia *nf* indolence *f*; paresse *f*.

indomable *a* indomptable; sauvage; désobéissant(e).

indómito, a *a* indompté(e); indomptable.

indubitable *a* indubitable; indéniable; évident(e), manifeste.

inducir *vt* induire.

indudable *a* indubitable; clair(e), logique.

indulgencia *nf* indulgence *f*.

indultar *vt* gracier.

indulto *nm* grâce *f*, remise *f* de peine.

industria *nf* industrie *f*; (*habilidad*) habileté *f*.

industrial *a* industriel(le) // *nm* industriel *m*.

industrioso, a *a* industrieux(euse).

inédito, a *a* (*libro*) inédit(e); (*nuevo*) nouveau/elle.

inefable *a* ineffable; (*fig*) sublime.

ineficaz *a* (*inservible*) inefficace; (*inútil*) inutile; (*deficiente*) déficient(e).

ineludible *a* inévitable, inéluctable; (*necesario*) indispensable.

ineptitud *nf* incapacité *f*, incompétence *f*, inaptitude *f*.

inepto, a *a* incapable; inepte; incompétent(e).

inequívoco, a *a* indubitable; évident(e).

inercia *nf* inertie *f*; (*negligencia*) négligence *f*.

inerme *a* sans défense; désarmé(e).

inerte *a* inerte.

inesperado, a *a* inespéré(e); inattendu(e).

inevitable *a* inéluctable, inévitable.

inexactitud *nf* inexactitude *f*, erreur *f*.

inexpugnable *a* inexpugnable.

infamar *vt* rendre infâme; discréditer, décrier.

infame *a* infâme // *nm/f* infâme *m/f*.

infamia *nf* infâmie *f*; discrédit *m*.

infancia *nf* enfance *f*.

infante *nm* (*niño*) enfant *m*; (*hijo del rey*) infant *m*; (*MIL*) fantassin *m*.

infantería *nf* infanterie *f*.

infantil *a* (*pueril, aniñado*) puéril(e), infantile; (*ingenuo, cándido*) enfantin(e), candide; (*literatura*) enfantin.

infatigable *a* (*incansable*) infatigable; (*obstinado*) obstiné(e).

infausto, a *a* malheureux(euse).

infección *nf* infection *f*.

infeccioso, a *a* infectueux(euse).

infectar *vt* infecter; ~se *vr* s'infecter.

infelicidad *nf* malheur *m*, infortune *f*.

infeliz *a* malheureux(euse) // *nm/f* malheureux/euse.

inferior *a* inférieur(e) // *nm/f*

subalterne *m/f*, dépendant/e.

inferir *vt* (*deducir*) déduire, inférer; (*causar, ocasionar*) causer, occasionner.

infestar *vt* (*infectar, inocular*) infester; (*apestar, viciar*) empester; (*fig*) poursuivre, harceler; ~se *vr* être infesté(e).

inficionar *vt* infecter; (*fig*) corrompre, pervertir.

infidelidad *nf* (*deslealtad*) manque *m* de loyauté; (*traición*) trahison *f*, infidélité *f*.

infiel *a* (*desleal, traidor*) traître (esse), infidèle; (*falso, ilegítimo*) faux(ausse), illégitime // *nm/f* (*traidor*) traître/esse; (*REL*) infidèle *m/f*.

infierno *nm* enfer *m*.

ínfimo, a *a* infime.

infinidad *nf* infinité *f*; (*montón, abundancia*) foule *f*.

infinito, a *a* infini(e) // *nm* infini *m*.

inflación *nf* (*hinchazón*) gonflement *m*; (*monetaria*) inflation *f*; (*fig*) vanité *f*, orgueil *m*.

inflamar *vt* enflammer; ~se *vr* s'enflammer; (*fig*) s'échauffer.

inflar *vt* (*hinchar*) enfler, gonfler; (*fig*) enfler, grossir, exagérer; ~se *vr* se gonfler, s'enfler; (*fig*) se rengorger, se gonfler.

inflexible *a* (*inquebrantable*) incassable; (*irrompible*) inflexible.

infligir *vt* infliger.

influencia *nf* (*poder*) influence *f*; (*prestigio*) prestige *m*; (*dominio, autoridad*) autorité *f*.

influir *vt* influer sur; influencer.

influjo *nm* (*poder, influencia*) influence *f*; (*magnetismo*) magnétisme *m*.

influyente *a* (*prestigioso*) prestigieux(euse); (*poderoso*) influent(e); (*importante*) important(e).

información *nf* information *f*; nouvelle *f*, renseignement *m*; (*JUR*) enquête *f*.

informal *a* (*persona: impuntual*) qui manque d'exactitude; (*poco* *serio)* peu sérieux(euse); *(trabajo)* informel(le), incorrect(e).

informalidad nf *(impuntualidad)* manque m de ponctualité; *(incorrección)* incorrection f; *(ligereza)* manque de sérieux.

informante a informant(e) // nm/f *(participante)* participant/e, informateur/trice; *(denunciador)* rapporteur/euse, dénonciateur/trice.

informar vt *(instruir, orientar)* instruire, informer; *(revelar)* faire savoir; *(denunciar)* rapporter, dénoncer // vi *(JUR)* informer de ou sur; instruire; plaider; ~se vr s'informer; se renseigner.

informe a *(deforme)* informe; *(confuso)* confus(e), vague // nm information f, rapport m.

infortunio nm infortune f.

infracción nf infraction f.

infranqueable a *(insuperable)* infranchissable; *(impracticable)* impraticable.

infringir vt transgresser; enfreindre; commettre, attenter à.

infructuoso, a a *(improductivo)* infructueux(euse); *(inútil)* inutile.

ínfulas nfpl prétention f, vanité f.

infundado, a a sans fondement.

infundir vt inspirer, communiquer, inculquer.

ingeniar vt inventer; ~se vr: ~se para s'ingénier à.

ingeniería nf génie m civil.

ingeniero, a nm/f *(profesional)* ingénieur m; ~ **agrónomo/de sonido** ingénieur agronome/du son.

ingenio nm *(talento, agudeza)* génie m; *(habilidad, viveza)* esprit m, habileté f; *(ocurrencia)* à-propos m; *(TEC)*: ~ **azucarero** raffinerie f de sucre.

ingenioso, a a *(hábil)* ingénieux (euse); *(divertido)* spirituel(le).

ingénito, a a inné(e).

ingente a très grand(e); énorme.

ingenuidad nf *(sinceridad)* ingénuité f; *(candor)* naïveté f.

ingenuo, a a ingénu(e); naïf(ïve).

ingerencia nf ingérence f.

ingerir vt *(introducir)* ingérer; *(tragar)* avaler; *(consumir)* consommer; ~se vr s'ingérer.

ingle nf aine f.

inglés, esa a anglais(e) // nm/f Anglais/e // nm anglais m.

ingratitud nf ingratitude f.

ingrato, a a ingrat(e).

ingrediente nm ingrédient m.

ingresar vi *(dinero)* rentrer; ~ **en** entrer dans // vt *(COM)* déposer, porter, verser.

ingreso nm *(entrada)* entrée f; *(a una escuela, hospital, etc)* admission f; *(de dinero)* rentrée f, versement m.

inhábil a inhabile; **día** ~ jour chômé ou férié.

inhabilitación nf incapacité f, impossibilité f; *(JUR)* incapacité.

inhabitable a inhabitable.

inherente a inhérent(e).

inhospitalario, a a inhospitalier (ière).

inhumano, a a inhumain(e), insensible.

I. N. I. nm *(abr de Instituto Nacional de Industria)* ministère m de l'Industrie.

inicial a initial(e) // nf initiale f.

iniciar vt *(persona)* initier; *(estudios)* entamer; *(conversación)* amorcer.

inicuo, a a inique.

injertar vt greffer.

injerto nm greffe f.

injuria nf *(agravio, ofensa)* offense f, affront m; *(insulto, afrenta)* injure f.

injuriar vt injurier; *(dañar)* endommager.

injurioso, a a injurieux(euse).

injusticia nf injustice f; *(ofensa, maldad)* offense f.

injusto, a a injuste.

inmarcesible, inmarchitable a immarcescible.

inmediación nf contiguïté f.

inmediaciones nfpl environs mpl, alentours mpl, abords mpl.

inmediato, a a contigu(ë); immédiat(e), voisin(e); (*rápido*) immédiat; (*próximo*) proche; **de ~** immédiatement.

inmejorable a (*incomparable*) incomparable; (*perfecto, excelente*) parfait(e), excellent(e).

inmenso, a a immense, infini(e); grand(e), démesuré(e).

inmerecido, a a immérité(e).

inmigración nf immigration f.

inmiscuirse vr (*interferir*) s'immiscer, s'ingérer; (*meterse, entremeterse*) se mêler.

inmobiliario, a a immobilier(ière).

inmoderado, a a (*destemplado, descompuesto*) irrité(e), peu harmonieux(euse); (*desconsiderado, excesivo*) immodéré(e).

inmolar vt immoler; **~se** vr s'immoler.

inmoral a immoral(e).

inmortalizar vt immortaliser.

inmotivado, a a immotivé(e); non fondé(e).

inmóvil a immobile; (*inamovible*) inamovible; (*invariable*) invariable.

inmundicia nf immondice f.

inmundo, a a immonde.

inmunidad nf immunité f.

inmutar vt altérer; **~se** vr s'altérer, se troubler.

innato, a a inné(e).

innecesario, a a superflu(e).

innoble a ignoble.

innocuo, a a inoffensif(ive).

innovación nf innovation f.

innovar vt innover.

inobediente a désobéissant(e).

inocencia nf (*candor, ingenuidad*) innocence f, candeur f; (*inculpabilidad*) innocence.

inocente a (*cándido, ingenuo*) innocent(e), candide; (*inculpable*) innocent; (*anodino*) anodin(e).

inocular vt inoculer; **~se** vr s'inoculer.

inofensivo, a a inoffensif(ive).

inolvidable a inoubliable.

inopia nf indigence f.

inopinado, a a inopiné(e).

inoportuno, a a inopportun(e); choquant(e).

inquebrantable a inébranlable, incassable.

inquietar vt inquiéter; **~se** vr s'inquiéter.

inquieto, a a (*intranquilo*) inquiet(ète); (*bullicioso*) turbulent(e); (*nervioso*) agité(e).

inquietud nf (*tenor*) inquiétude f; (*desasosiego*) agitation f.

inquilino, a nm/f locataire m/f.

inquina nf aversion f, haine f.

inquirir vt s'enquérir de; s'informer de.

insaciable a insatiable.

insalubre a insalubre.

inscribir vt inscrire; **~se** vr s'inscrire, s'engager.

inscripción nf inscription f.

insecto nm insecte m.

inseguridad nf insécurité f.

inseguro, a a (*inestable*) incertain(e), chancelant(e); (*inconstante*) inconstant(e).

insensatez nf manque m de bon sens; (*fig*) bêtise f.

insensato, a a (*necio, torpe*) insensé(e); (*fig*) bête, nigaud(e).

insensibilidad nf (*impasibilidad*) impassibilité f; (*dureza de corazón*) insensibilité f.

insensible a impassible, imperturbable, insensible.

insepulto, a a non enseveli(e); sans sépulture.

insertar vt insérer.

insidioso, a a insidieux (euse).

insigne a insigne.

insignia nf (*señal distintivo*) insigne m; (*estandarte*) enseigne f; (*pendón*) bannière f; (*condecoración*) décoration f.

insignificante a insignifiant(e).

insinuar vt insinuer, suggérer, laisser entendre; **~se** vr s'insinuer, faire des avances.

insípido, a a insipide; (*fig*) fade.

insistencia nf (*obstinación*) insistance f, obstination f; (*porfía, impertinencia*) entêtement m.

insistir vi insister; ~ **en** o **por** insister sur ou pour.
insolación nf insolation f.
insolencia nf insolence f.
insolente a insolent(e).
insólito, a a insolite.
insoluble a insoluble.
insolvencia nf insolvabilité f.
insomnio nm insomnie f.
insondable a insondable.
insoportable a insupportable.
inspección nf inspection f.
inspeccionar vt (examinar) inspecter; (controlar) contrôler.
inspector, a nm/f inspecteur/trice; ~ **de tren** contrôleur m (des chemins de fer).
inspiración nf inspiration f.
inspirar vt inspirer; ~**se** vr: ~ **en** s'inspirer de.
instalar vt installer; ~**se** vr s'installer.
instancia nf (JUR) instance f; (insistencia, urgencia) instance f; **de primera** ~ tout d'abord; **en última** ~ en dernier ressort.
instantáneo, a a instantané(e) // nf instantané m.
instante nm instant m.
instar vt insister; ~ **a hacer** insister pour faire // vi presser, être urgent(e).
instigar vt inciter.
instinto nm instinct m.
institución nf institution f.
instituir vt instituer.
instituto nm institut m; ~ **(de segunda enseñanza)** lycée m (d'enseignement secondaire).
instrucción nf instruction f.
instructivo, a a instructif(ive).
instruir vt instruire, informer; ~**se** vr s'instruire, s'informer.
instrumento nm instrument m; (utensilio, herramienta) outil m, instrument.
insubordinarse vr se soulever, se révolter.
insuficiencia nf insuffisance f.
insuficiente a (escaso, incompleto) insuffisant(e); (incom-

petente) incompétent(e).
insufrible a insupportable.
insular a insulaire.
insulsez nf (insipidez) fadeur f, insipidité f; (fig) fadaise f.
insultar vt insulter.
insulto nm insulte f, offense f, humiliation f.
insuperable a (excelente) insurpassable, imbattable; (arduo) insurmontable.
insurgente a insurgé(e), soulevé(e) // nm/f insurgé/e.
insurrección nf insurrection f.
intacto, a a intact(e).
intachable a irréprochable.
integrar vt composer, constituer, former; (COM) payer, remettre; (MAT) intégrer.
integridad nf intégrité f.
íntegro, a a (entero) intégral(e), complet(ète); (honrado) intègre.
intelecto nm intellect m.
intelectual a intellectuel(le) // nm/f intellectuel/le.
inteligencia nf intelligence f; (ingenio) habileté f.
inteligente a intelligent(e).
intemperancia nf intempérance f.
intemperie nf intempérie f; **a la** ~ en plein air.
intempestivo, a a intempestif(ive).
intención nf intention f, volonté f, dessein m; **con segundas intenciones** avec arrière-pensée; **de primera** ~ avec franchise, tout d'abord; **con** ~ à dessein, exprès.
intencionado, a a (deliberado) intentionné(e); **bien/mal** ~ bien/mal intentionné.
intendencia nf intendance f.
intenso, a a intense; aigu(uë); véhément(e); violent(e).
intentar vt tenter, essayer; ~ **cruzar** essayer de traverser.
intento nm (intención) projet m, dessein m; (tentativa) tentative f.
intercalar vt intercaler.
intercambio nm échange m.

interceder *vi* intercéder.
intercesión *nf* intercession *f*.
interdicto *nm* interdit *m*.
interés *nm* intérêt *m*.
interesado, a *a* intéressé(e).
interesar *vt, vi* intéresser; ~**se** *vr*: ~**se en** *o* **por** s'intéresser à.
interferir *vt* interférer avec; (*TELEC*) brouiller // *vi* interférer.
interino, a *a* provisoire; intérimaire.
interior *a* intérieur(e) // *nm* intérieur *m*.
interjección *nf* interjection *f*.
intermediario, a *a* intermédiaire // *nm/f* intermédiaire *m/f* // *nm* intermédiaire *m*.
intermedio, a *a* intermédiaire; (*estatura*) moyen(ne) // *nm* (*intervalo*) intermède *m*, entracte *m*, intercession *f*; (*AM*) intermédiaire *m*.
intermitente *a* intermittent(e) // *nm* feu clignotant.
internar *vt* interner; ~**se** *vr* (en un hospital) se faire interner ou hospitaliser; (*en la selva*) s'enfoncer; (*en un edificio*) pénétrer; (*en sus pensamientos*) s'enfoncer.
interno, a *a* interne; (*interior*) // *nm/f* (*alumno*) interne *m/f*, pensionnaire *m/f*; (*de hospital*) interne *m/f*.
interpelar *vt* interpeller, interroger.
interponer *vt* interposer; ~**se** *vr* s'interposer; intervenir.
interposición *nf* (*intercalación*) interposition *f*; (*JUR*) interjection *f*.
interpretación *nf* interprétation *f*.
interpretar *vt* interpréter.
intérprete *nm/f* (*traductor*) interprète *m/f*, traducteur/trice; (*músico, TEATRO*) interprète *m/f*.
interrogación *nf* interrogation *f*; (*LING*) point *m* d'interrogation.
interrogar *vt* interroger, questionner, interpeller.
interrumpir *vt* interrompre, suspendre, différer.

interrupción *nf* interruption *f*, arrêt *m*.
interruptor *nm* interrupteur *m*.
intersección *nf* intersection *f*; (*de caminos*) croisée *f*, intersection.
intersticio *nm* (*grieta*) interstice *m*; (*intervalo*) intervalle *m*.
intervalo *nm* intervalle *m*; (*musical*) intermède *m*; **a** ~**s** par intervalles.
intervenir *vt* (*controlar, verificar*) contrôler, vérifier; (*MED*) opérer, faire une intervention // *vi* (*participar*) intervenir, participer; (*mediar*) s'interposer, intercéder.
interventor, a *a* intervenant(e) // *nm/f* contrôleur/euse vérificateur/trice.
intestino, a *a* intestin(e) // *nm* intestin *m*.
intimar *vt* intimer, sommer // *vi* nouer une amitié, se lier d'amitié.
intimidad *nf* (*amistad*) intimité *f*; (*confianza, familiaridad*) confiance *f*, familiarité *f*; (*lugar privado, vida privada*) intimité.
íntimo, a *a* intime // *nm/f* intime *m/f*.
intitular *vt* intituler.
intolerable *a* intolérable, insupportable.
intransitable *a* impraticable.
intratable *a* intraitable, sauvage, insociable.
intrepidez *nf* intrépidité *f*, hardiesse *f*.
intrépido, a *a* intrépide.
intriga *nf* intrigue *f*.
intrigar *vt, vi* intriguer.
intrincado, a *a* (*confuso, oscuro*) confus(e), embrouillé(e); (*enmarañado, laberíntico*) touffu(e), inextricable.
intrínseco, a *a* intrinsèque.
introducción *nf* introduction *f*.
introducir *vt* introduire; (*importar*) importer; (*hacer penetrar*) enfoncer.
intruso, a *a* intrus(e) // *nm/f* indiscret/ète.
intuición *nf* intuition *f*.

inundación *nf* inondation *f*.

inundar *vt* noyer; (*fig*) inonder, déborder.

inusitado, a *a* inusité(e), insolite.

inútil *a* inutile, vain(e); superflu(e).

inutilidad *nf* inutilité *f*.

inutilizar *vt* inutiliser; mettre hors d'état; ~**se** *vr* se gaspiller.

invadir *vt* envahir.

inválido, a *a* a invalide // *nm/f* invalide *m/f*.

invariable *a* invariable.

invasión *nf* invasion *f*.

invasor, a *a* envahisseur(euse), envahissant(e) // *nm/f* envahisseur/euse.

invención *nf* invention *f*.

inventar *vt* inventer.

inventariar *vt* inventorier, faire l'inventaire de.

inventiva *nf* esprit inventif, faculté inventive, imagination *f*.

inventor, a *nm/f* inventeur/trice.

invernadero *nm* serre *f*.

inverosímil *a* (*increíble*) invraisemblable, incroyable; (*sorprendente*) surprenant(e), étonnant(e).

inversión *nf* inversion *f*; (COM) placement *m*, investissement *m*.

inverso, a *a* la inversé(e), renversé(e); **en el orden** ~ dans l'ordre inverse; **a la inversa** à l'envers.

invertir *vt* (*cambiar*) intervertir; (*volcar, tumbar*) renverser; (COM) investir; ~ **2 horas para llegar** mettre deux heures pour arriver.

investigación *nf* enquête *f*, investigation *f*; (*estudio*) recherche *f*, étude *f*.

investigar *vt* enquêter sur; (*estudiar*) étudier.

inveterado, a *a* invétéré(e).

invicto, a *a* invaincu(e).

invierno *nm* hiver *m*.

invitar *vt* inviter; (*incitar*) engager.

invocar *vt* invoquer, implorer, demander.

inyección *nf* injection *f*; (MED) piqûre *f*, injection.

inyectar *vt* injecter.

iodo *nm* iode *m*.

ir *vi* aller; aller, marcher, rouler; ~ **caminando** marcher; **voy con cuidado** j'agis prudemment; ~ **de viaje** aller en voyage; ~ **del brazo** se donner le bras; **voy para viejo** je vieillis; **voy por leña** je vais chercher du bois; **¿cómo le va?** comment ça va?; **no me va ni me viene** ça ne me regarde pas; **¡qué va!** allons donc!; **vaya susto que me has dado** tu m'as fait une de ces peurs; ~**se** *vr* s'en aller; partir; (*fig*) mourir.

ira *nf* colère *f*, fureur *f*.

iracundo, a *a* irascible; coléreux (euse).

Irán *nm* Iran *m*.

iris *nm* (*arco iris*) arc-en-ciel *m*; (ANAT) iris *m*.

Irlanda *nf* Irlande *f*.

irlandés, esa *a* irlandais(e) // *nm/f* Irlandais/e.

ironía *nf* ironie *f*.

irónico, a *a* ironique, sarcastique.

irreflexión *nf* irréflexion *f*.

irrefragable *a* irréfragable.

irremediable *a* irrémédiable.

irresoluto, a *a* irrésolu(e).

irrespetuoso, a a irrespectueux(euse), irrévérencieux(euse).

irresponsable *a* irresponsable.

irrigar *vt* irriguer.

irrisorio, a *a* dérisoire.

irrupción *nf* irruption *f*.

isla *nf* île *f*.

islandés, esa *a* islandais(e) // *nm/f* Islandais/e.

Islandia *nf* Islande *f*.

isleño, a *a* a insulaire // *nm/f* insulaire *m/f*.

islote *nm* îlot *m*.

Israel *nm* Israël *f*.

israelita *a* israélite // *nm/f* Israélite *m/f*.

istmo *nm* isthme *m*.

Italia *nf* Italie *f*.

itinerario *nm* itinéraire *m*.

izar *vt* hisser.

izq *abr de* **izquierdo, a**.

izquierdista *nm/f* gauchiste *m/f*.

izquierdo, a a gauche // nf gauche f; **a la izquierda** à gauche.

J

jabalí nm sanglier m.

jabón nm savon m; (AM) frousse f.

jabonar vt savonner; (fam) passer un savon à.

jaca nf bidet m, petit cheval.

jacarandoso, a a guilleret(te), joyeux(euse).

jacinto nm hyacinthe f.

jactancia nf vantardise f.

jactarse vr se vanter, se targuer.

jadeante a haletant(e), essoufflé(e), pantelant(e).

jadear vi haleter.

jadeo nm halètement m, essoufflement m.

jaez nm (de caballerías) harnais m; (clase) caractère m, nature f.

jaguar nm jaguar m.

jalbegue nm (pintura) crépi m, badigeonnage m, lait m de chaux; (fig) fard m.

jalear vt exciter de la voix; acclamer, encourager; (para excitar los perros) cris mpl pour exciter les chiens; (baile) danse populaire andalouse; (jarana) tapage m, chambard m.

Jamaica nf Jamaïque f.

jamás ad jamais; ~ **te lo diré** je ne te le dirai jamais.

jamelgo nm rosse f, haridelle f.

jamón nm jambon m; ~ **serrano** jambon de montagne ou de Bayonne.

Japón nm: **el ~** (le) Japon.

jaque nm échec m; (fam) matamore m, fanfaron m.

jaqueca nf migraine f.

jarabe nm sirop m.

jarcia nf (NAUT) cordage m, agrès mpl; (para pescar) attirail m de pêche; (confusión, revoltijo) fouillis m, méli-mélo m.

jardín nm jardin m; **jardinería** nf jardinage m; **jardinero, a** nm/f jardinier/ière.

jarra nf jarre f.

jarro nm pot m, pichet m, broc m.

jaspe nm jaspe m.

jaspear vt jasper, veiner, marbrer.

jaula nf cage f.

jauría nf meute f.

jazmín nm jasmin m.

J. C. abr de **Jesucristo.**

jefe nm supérieur m, chef m, commandant m, directeur m, patron m; ~ **de correos** receveur m des postes; ~ **de estación/ redacción** chef de gare/ rédaction.

jengibre nm gingembre m.

jeque nm cheik m.

jerarquía nf (orden) hiérarchie f; (rango) rang m, échelle f; **jerárquico, a** a hiérarchique.

jerga nf (tela) grosse toile; (lenguaje) jargon m, argot m.

jerigonza nf (jerga) jargon m, argot m; (galimatías) charabia m, baragouin m.

jeringa nf seringue f; (AM) ennui m, embêtement m; **jeringar** vt injecter avec une seringue; (AM) raser.

jeroglífico nm hiéroglyphe m.

Jerusalén n Jérusalem.

Jesucristo n Jésus Christ.

jesuita a jésuite // nm Jésuite m.

jícara nf tasse f.

jifero a de l'abattoir; (fam) sale, dégoûtant(e) // nm couperet m, couteau m de boucher; (matarife) tueur m, boucher m.

jilguero nm chardonneret m.

jinete nm cavalier m.

jipijapa nm (AM) panama m.

jira nf (de tela) morceau m ou pièce f d'étoffe; (excursión) partie f de campagne, pique-nique m.

jirafa nf girafe f.

jirón nm lambeau m.

jocoserio, a a tragi-comique.

jocosidad nf drôlerie f, plaisanterie f.

jocoso, a a amusant(e), comique, drôle.

jofaina nf cuvette f.

jornada nf journée f.

jornal nm journée f, salaire m; **jornalero, a** a journalier(ière).

joroba nf bosse f; (fam) corvée f, embêtement m; **jorobado, a** a bossu(e) // nm/f bossu(e).

jota nf (danza) danse aragonaise; (NAIPES) valet m; (fam) iota m, brin m, rien m.

joven a jeune // nm/f jeune m/f.

jovial a jovial(e); **jovialidad** nf jovialité f, enjouement m.

joya nf bijou m; (fig) nm petit bijou; **joyería** nf bijouterie f, joaillerie f; **joyero** nm (persona) bijoutier m, joaillier m; (caja) écrin m, coffret m.

juanete nm oignon m.

jubilación nf (retiro) retraite f, jubilation f, (alegría) joie f.

jubilar vt mettre à la retraite; (fam) mettre au rancart // vi se réjouir; ~**se** vr prendre sa retraite.

jubileo nm (indulgencia) jubilé m; (fam) va-et-vient m, remue-ménage m.

júbilo nm allégresse f, jubilation f.

jubón nm pourpoint m, justaucorps m.

judaísmo nm judaïsme m.

judía nf ver **judío**.

judicatura nf (cargo de juez) judicature f; (magistratura) magistrature f.

judicial a judiciaire.

judío, a a juif(ive) // nm/f Juif/ve // nf haricot m; **judía blanca/escarlata** haricot blanc/rouge.

juego vb ver **jugar** // nm jeu m; **fuera de** ~ hors jeu; ~ **de sábanas** paire f de draps; ~ **de té** service m à thé.

jueves nm inv jeudi m.

juez nm juge m; ~ **de línea** juge de touche; ~ **de salida** starter m.

jugada nf coup m; **buena** ~ beau coup, heureux coup; (fam): **hacer una buena/mal** ~ jouer un bon/mauvais tour.

jugador, a nm/f joueur/euse.

jugar vt, vi, ~**se** vr jouer.

juglar nm jongleur m.

jugo nm (BOT) jus m; (fig) essentiel m; ~ **gástrico** suc m gastrique; **jugoso, a** a (a juteux(euse); (fig) substantiel(le); savoureux(euse); lucratif(ive).

juguete nm jouet m; (TEATRO) divertissement m; **juguetear** vi jouer, s'amuser, folâtrer.

juguetón, ona a joueur(euse); folâtre.

juicio nm jugement m; **sacar de** ~ mettre hors de soi; **juicioso, a** a judicieux(euse), sensé(e), sage.

julio nm juillet m.

jumento, a nm/f âne/sse.

junco nm jonc m; ~ **de Indias** jonc d'Inde, rotin m.

junio nm juin m.

junquillo nm jonquille f.

junta nf ver **junto**.

juntamente ad (conjuntamente) ensemble, conjointement; (al mismo tiempo) à la fois, ensemble.

juntar vt joindre; (reunir); (dinero) amasser; (puerta) ₁ermer à demi; ~**se** vr se joindre; se réunir; se rassembler; (arrimarse) s'approcher, se rapprocher; (vivir juntos) avoir une liaison, vivre ensemble.

junto, a a (unido) joint(e); (anexo) à côté, proche; (continuo, próximo) contigu(ë), proche // ad: **todo** ~ tout à la fois // nf (asamblea) conseil m; (militar) junte f; (articulación) jointure f, articulation f; ~ **a** près de; ~**s** ensemble; **junta universal** joint m de cardan.

juntura nf (punto de unión) jointure f, joint m; (articulación) articulation f.

jurado nm (tribunal) jury m; (de concurso) membre m du jury.

juramentar vt assermenter; ~**se** vr recevoir le serment; prêter serment; se faire le serment.

juramento nm serment m, jurement m; (maldición) juron m, blasphème m; **prestar** ~ prêter serment; **tomar** ~ **a** recevoir le serment de.

jurar vt, vi jurer; ~ **en falso** faire ou prêter un faux serment; **jurárselas a uno** promettre de se venger de qn.

jurídico, a a juridique.

jurisconsulto nm jurisconsulte m.

jurisdicción nf juridiction f, compétence f, autorité f; district m, aire administrative.

jurisprudencia nf jurisprudence f.

jurista nm/f juriste m/f.

justa nf ver **justo**.

justamente ad justement.

justicia nf (equidad) justice f, droit m; rectitude f, impartialité f; **justiciero, a** a juste; droit(e); impartial(e); justicier(ière).

justificación nf justification f.

justificar vt justifier, excuser, disculper; ~**se** vr se justifier, se disculper.

justo, a a juste // ad (precisamente) exactement, précisément; (ajustadamente) correctement // nf joute f.

juvenil a juvénile.

juventud nf (adolescencia) adolescence f, jeunesse f, nubilité f; (jóvenes) jeunesse; (inexperiencia) inexpérience f.

juzgado nm tribunal m.

juzgar vt juger; **a** ~ **por...** à en juger d'après....

K

kepis nm képi m.

kg abr ver **kilo**.

kilo nm kilo m // pref: ~**gramo** nm (kg) kilogramme m (kg); ~**litro** nm **kilolitro** m; ~**metraje** nm kilométrage m; **kilómetro** nm (km) kilomètre m (km); ~**vatio** nm (kv) kilowatt m (kw).

kiosco nm = **quiosco**.

km abr ver **kilo**.

kv abr ver **kilo**.

L

l abr de **litro**.

la det la // pron la // nm (MUS) la m; ~ **del sombrero rojo** celle au chapeau rouge.

laberinto nm labyrinthe m.

labial a labial(e).

labio nm lèvre f.

labor nf travail m; (AGR) labour m; (costura) ouvrage m (de dame); **laborable** a ouvrable; **laborar** vi travailler; **laboreo** nm (AGR) labourage m; (de minas) exploitation f; **laborioso, a** a laborieux(euse), travailleur(euse); difficile.

labrado, a a travaillé(e), (cincelado) ciselé(e); (metal) repoussé(e) // nm (AGR) labours mpl; (de piedras, metales) taille f.

labrador, a nm paysan(ne) // nm/f paysan/ne.

labrantío nm terrain m cultivable.

labranza nf labourage m; (trabajo) ouvrage m, travail m.

labrar vt labourer; travailler; (fig) travailler à.

labriego, a nm/f paysan/ne.

laca nf laque f.

lacayo nm laquais m.

lacerar vt blesser, lacérer, meurtrir.

lacio, a a fané(e); faible; abattu(e); raide.

lacónico, a a laconique.

lacrar vt cacheter (à la cire); rendre malade; contaminer; nuire, faire du tort à; ~**se** vr ruiner sa santé.

lacre nm cire f (à cacheter).

lacrimoso, a a larmoyant(e); pleurnichard(e).

lácteo, a *a* (*de leche*) lacté(e); (*fig*) laiteux(euse).

ladear *vt* pencher; incliner; (*ciudad, colina*) contourner // *vi* incliner; ~**se** *vr* changer d'avis.

ladera *nf* versant *m*.

ladino, a *a* malin(igne), rusé(e).

lado *nm* côté *m*; (*fig*) appuis *mpl*; **del** ~ **de** du côté de; **por todos los** ~**s** de tous côtés.

ladrar *vi* aboyer; (*fam*) brailler; **ladrido** *nm* aboiement *m*.

ladrillo *nm* brique *f*; (*color*) rouge brique *m*.

ladrón, ona *nm/f* voleur/euse.

lagar *nm* pressoir *m*.

lagarto *nm* (*ZOOL*) lézard *m*; (*fig: fam*) fine mouche, fin matois; ~ **de Indias** caïman *m*.

lago *nm* lac *m*.

lágrima *nf* larme *f*; **lagrimar** *vi* pleurer.

laguna *nf* (*lago*) lagune *f*, lagon *m*; (*hueco*) lacune *f*.

laico, a *a* laïque.

lama *nf* vase *f*, boue *f*; (*BOT*) ulve *f* // *nm* lama *m*.

lamentable *a* lamentable, triste.

lamentación *nf* lamentation *f*.

lamentar *vt*, *vi* (*sentir pieded*) regretter; (*deplorar*) déplorer; ~**se** *vr* se lamenter, se désoler; **lamento** *nm* lamentation *f*.

lamer *vt* lécher.

lámina *nf* (*plancha delgada*) lame *f*; (*para estampar, estampa*) planche *f*; **laminar** *vt* laminer.

lámpara *nf* lampe *f*; ~ **de alcohol/gas** lampe à alcool/gas; ~ **de pie** lampadaire *m*.

lampiño *a* imberbe, glabre.

lana *nf* laine *f*.

lance *nm* événement *m*, incident *m*; conjoncture *f*; (*riña*) dispute *f*; coup *m*; ~ **de libros** livres d'occasion.

lancero *nm* lancier *m*.

lancha *nf* barque *f*, canot *m*; ~ **automóvil** vedette *f*; ~ **de pesca** barque de pêche; ~ **salvavidas/torpedera** vedette de sauve-

tage/lance-torpilles; **lanchero** *nm* patron *m* d'une barque.

landó *nm* landau *m*.

lanero, a *a* lainier(ière) // *nm* lainier *m*.

langosta *nf* (*insecto*) sauterelle *f*; (*crustáceo*) langouste *f*; (*fig*) plaie *f*, fléau *m*; **langostín, langostino** *nm* gros bouquet, grosse crevette.

languidecer *vi* languir; **languidez** *nf* langueur *f*, apathie *f*; **lánguido, a** *a* languissant(e), languide, fatigué(e); apathique.

lanilla *nf* duvet *m*, poil *m* (d'un lainage).

lanudo, a *a* laineux(euse).

lanza *nf* (*arma*) lance *f*; (*de vagón*) timon *m*.

lanzadera *nf* navette *f*.

lanzamiento *nm* lancement *m*, jet *m*.

lanzar *vt* (*gen*) lancer; jeter; projeter; (*barco*) larguer; (*JUR*) dépouiller, déposséder; (*MED*) vomir; ~**se** *vr* se lancer.

laña *nf* agrafe *f*, bride *f*.

lapa *nf* patelle *f*, bernique *f*.

lapicero *nm* porte-crayon *m*; crayon *m*.

lápida *nf* pierre *f* qui porte une inscription; ~ **mortuoria** pierre tombale; ~ **conmemorativa** plaque commémorative; **lapidar** *vt* lapider; (*AM*) tailler; **lapidario, a** *a* lapidaire // *nm* lapidaire *m*.

lápiz *nm* crayon *m*; ~ **de color** crayon de couleur; ~ **de labios** rouge *m* à lèvres.

lapón, ona *a* lapon(ne).

lapso *nm* (*de tiempo*) laps *m*; (*error*) lapsus *m*.

largar *vt* (*soltar*) lâcher; (*aflojar*) relâcher; (*lanzar*) lancer; (*fam*) administrer; (*pelota*) jeter; (*velas*) déployer, larguer; (*AM*) vendre; se débarrasser de; abandonner; ~**se** *vr* (*fam, NAUT*) prendre le large; ~**se a** (*AM*) se mettre à.

largo, a *a* (*longitud*) long(ue); grand(e); (*tiempo*) long; (*persona: alta*) grand(e); (*fig*) astucieux(euse)

// *nm* longueur f; (*MUS*) largo m //
ad largement; **dos años ~s** deux
bonnes années; (*NAUT*): **tomar el ~**
courir largue.
larqueza *nf* largesse f.
lárice *nm* mélèze m.
laringe *nf* larynx m.
larva *nf* larve f.
las del les / *pron* les; **~ que cantan**
celles qui chantent.
lascivo, a a lascif(ive).
láser *nm* laser m.
lasitud *nf* lassitude f.
lástima *nf* (*pena*) pitié f, peine f;
(*queja*) lamentation f, plainte f; **dar
~** faire pitié *ou* de la peine; **es ~
que** c'est dommage que.
lastimar *vt* (*herir*) blesser, faire
mal à; (*ofender*) offenser;
(*compadecer*) plaindre, avoir pitié
de; **~se vr** se faire mal; **~se de**
compatir à, plaindre; **lastimero, a,
lastimoso, a** a plaintif(ive);
pitoyable; navrant(e); déplorable.
lastrar *vt* lester.
lastre *nm* lest m, ballast m; poids
mort; jugement m, bon sens.
lata *nf ver* **lato**.
latente a latent(e).
lateral a latéral(e) // *nm* côté m.
latido *nm* (*del corazón*) battement
m; (*del perro*) jappement m.
latifundio *nm* latifundium m (*pl*
latifundia); **latifundista** *nm/f*
propriétaire m/f d'un latifundium.
latigazo *nm* coup m de fouet;
claquement m de fouet; sermon m,
semence f; coup.
látigo *nm* fouet m.
latin *nm* latin m; **latinidad** *nf*
latinité f.
latino, a a latin(e); **~americano**
latino-américain(e).
latir *vi* (*corazón, pulso*) battre;
(*perro*) japper, glappir.
latitud *nf* (*GEO*) latitude f; (*fig*)
largeur f, étendue f, distance f.
lato, a a large, étendu(e) // *nf*
(*metal*) fer-blanc m; (*envase*) boîte
f (de conserve); (*fam*) ennui m;
tomates en lata tomates en

conserve; **¡qué lata!** quelle barbe!;
dar la lata a assommer.
latón *nm* laiton m.
latrocinio *nm* larcin m, vol m.
laúd *nm* luth m.
laudable a louable.
laudo *nm* arbitrage m, jugement
arbitral.
laureado, a a couronné(e) // *nm*
lauréat m.
laurel *nm* (*BOT*) laurier m; (*fig*)
lauriers *mpl*.
lava *nf* lave f.
lavabo *nm* lavabo m.
lavadero *nm* lavoir m; (*de casa*)
buanderie f.
lavado *nm* lavage m; (*ARTE*) lavis
m.
lavadora *nf* machine f à laver.
lavamanos *nm* lavabo m.
lavandero, a a *nm/f*
blanchisseur/euse.
lavaplatos *nm/f* *inv*
plongeur/euse.
lavar *vt* laver; (*borrar*) effacer;
~se vr se laver.
lavavajillas *nm inv* lave-vaisselle
m inv.
laxante *nm* laxatif m.
laxitud *nf* laxité f, relâchement m.
laya *nf* bêche f, fourche f.
lazada *nf* nœud m.
lazarillo *nm* guide m d'aveugle.
lazo *nm* nœud m; (*lazada*) laçage m;
(*para animales*) lasso m; (*trampa*)
piège m; (*de camino*) lacet m;
(*vínculo*) lien m.
lb(s) *abr de* **libra(s)**.
le *pron* (*indirecto*) lui; (: *usted*) vous;
(*directo*) le, l'; (: *usted*) vous.
leal a loyal, fidèle.
lealtad *nf* loyauté f, fidélité f.
lebrel *nm* lévrier m.
lección *nf* leçon f.
lector, a a *nm/f* lecteur/trice.
lectura *nf* lecture f.
leche *nf* lait m; (: *cría*) latex m; **tener
mala ~** être de mauvais poil; **~
condensada/en polvo** lait
condensé/en poudre; **lechera** *nf*
(*vendedora*) crémière f, laitière f;

(para hervir) laitière; (para servir) pot m à lait; (AM) vache laitière; **lechería** nf laiterie f; débit m de lait.

lechigada nf portée f; (fig) bande f de voyous.

lecho nm (cama) lit m, couche f; (de río) lit; (GEO) strate f.

lechón nm cochon m de lait.

lechoso, a a laiteux(euse).

lechuga nf laitue f; (fig) toupet m, culot m.

lechuguino nm jeune gommeux m, petit-maître m.

lechuza nf chouette f.

leer vt lire.

legación nf légation f.

legado nm (don) legs m; (herencia) héritage m; (enviado) légat m.

legajo nm liasse f de papiers, dossier m.

legal a légal(e); autorisé(e); **legalidad** nf légalité f; **legalizar** vt légaliser, certifier; autoriser, promulguer.

légamo nm (cieno) vase f; (limo) limon m.

legar vt léguer; **legatario, a** nm/f légataire m/f.

legión nf légion f; **legionario, a** a de la Légion // nm légionnaire m.

legislación nf législation f.

legislar vt légiférer.

legitimar vt légitimer.

legítimo, a a (genuino) authentique, véritable; (legal) légitime.

lego, a a laïque; ignorant(e); profane.

legua nf lieue f.

leguleyo nm avocaillon m.

legumbre nf légume m.

leído, a a cultivé(e).

lejanía nf éloignement m, lointain m.

lejano, a a éloigné(e), lointain(e); (en el tiempo) lointain; (fig) inaccessible.

lejía nf lessive f; eau de javel f.

lejos ad loin; **a lo ~** au loin; **de o desde ~** de loin; **~ de** loin de.

lelo, a a sot(te); (fig) bouche bée // nm/f niais/e.

lema nm devise f.

lencería nf lingerie f.

lengua nf langue f; **~ moderna** langue vivante.

lenguado nm sole f.

lenguaje nm langage m.

lenguaraz a polyglotte; (pey) médisant(e).

lengüeta nf (ANAT) épiglotte f; (de balanza, zapatos, MUS) languette f; (herramienta) fraise f à bois.

lenidad nf indulgence f.

lenitivo, a a lénitif(ive).

lente nm o f lentille f; (lupa) loupe f; **~s** pl lunettes fpl; **~s de contacto** verres de contact.

lenteja nf lentille f.

lentitud nf lenteur f; (calma) calme m.

lento, a a lent(e).

leña nf bois m; **leñador, a** o **leñatero, a** nm/f bûcheron/ne.

leño nm (trozo de árbol) bûche f; (madera) bois m; (fig) souche f, bûche.

Leo nm le Lion; **ser (de) ~** être (du) Lion.

león nm lion m; (AM) puma m; **~ marino** lion de mer; **leonino, a** a léonin(e).

leopardo nm léopard m.

lepra nf lèpre f; **leproso, a** nm/f lépreux/euse.

lerdo, a a gauche; lourd(e).

les pron (directo) les; (: ustedes) vous; (indirecto) leur; (: ustedes) vous.

lesión nf (daño) dommage m, lésion f; (fig) lésion.

letal a létal(e).

letanía nf litanie f.

letargo nm (MED) léthargie f; (fig) torpeur f.

letra nf lettre f; (escritura) écriture f; (MUS) paroles fpl; **~ de cambio** lettre de change; **~ de imprenta** caractère m d'imprimerie; **letrado, a** a lettré(e); (fam) poseur(euse), pédant(e) // nm avocat m; **letrero**

nm (*cartel*) écriteau *m*, panonceau *m*; (*etiqueta*) étiquette *f*.

leva *nf* (*NAUT*) partance *f*; (*MIL*) levée *f* de soldats; (*TEC*) came *f*.

levadizo a: **puente** ~ pont-levis *m*.

levadura *nf* (*para el pan*) levain *m*; (*de la cerveza*) levure *f*.

levantamiento *nm* levée *f*; haussement *m*; soulèvement *m*.

levantar *vt* lever; ériger; construire; fonder; instituer; fortifier; (*causar*) soulever, susciter, provoquer; (*voz*) élever; ~**se** *vr* se lever; (*enderezarse*) se redresser; (*rebelarse*) se dresser; ~ **la mesa** débarrasser la table; ~ **el ánimo** remonter le moral; ~ **un pueblo** soulever un peuple.

levante *nm* levant *m*, orient *m*; (*viento*) vent *m* de l'est.

levar *vt* lever; ~**se** *vr* se mettre à la voile.

leve a léger(ère); (*fig*) anodin(e).

levedad *nf* légèreté *f*.

levita *nf* redingote *f*.

léxico *nm* lexique *m*.

ley *nf* loi *f*; (*peso*) titre *m*, aloi *m*.

leyenda *nf* légende *f*.

leyó etc *vb* ver **leer**.

liar *vt* lier, attacher; (*unir*) raccorder, relier; (*enredar*) embobiner, rouler; (*cigarrillo*) rouler; ~**se** *vr* (*fam*) plier bagage; ~**se a palos** en venir aux coups.

Líbano *nm*: **el** ~ (**le**) Liban.

libar *vt* sucer; butiner; déguster.

libelo *nm* libelle *m*, pamphlet *m*.

libélula *nf* libellule *f*.

liberal a libéral(e) // *nm/f* libéral,e; **liberalidad** *nf* libéralité *f*; (*de costumbres*) liberté *f*.

libertad *nf* liberté *f*; (*soltura*) aisance *f*; ~ **de culto/de prensa/de comercio** liberté du culte/de presse/du commerce; ~ **condicional** liberté conditionnelle.

libertar *vt* (*preso*) délivrer; (*de una obligación*) libérer; (*eximir*) exempter.

libertino, a a libertin(e) // *nm/f* libertin/e.

libra, (lb) *nf* livre *f*; (*ASTRO*) **L**~ la balance; **ser (de) L**~ être (de) Balance; ~ **esterlina** livre sterling.

librador, a *nm/f* tireur/euse.

libramiento *nm* délivrance *f*; (*COM*) ordre *m* de paiement.

libranza *nf* (*COM*) ordre *m* de paiement; (*de letra de cambio*) tirage *m*.

librar *vt* (*de peligro*) sauver; (*batalla*) livrer; (*de impuestos*) exonérer, décharger, exempter; (*secreto*) livrer, divulguer; (*mercancías*) livrer; (*cheque*) tirer; (*JUR*) prononcer // *vi* accoucher; ~**se** *vr*: ~**se de** échapper à, éviter.

libre a (*persona*) libre; (*lugar*) peu encombré(e); (*asiento*) libre; (*de impuestos*) exonéré(e), exempt(e); (*de deudas*) quitte; (*pey*) dévêt(e); **tiro** ~ coup franc; **los 100 metros** ~ les 100 mètres nage libre; **al aire** ~ à l'air libre.

librea *nf* livrée *f*.

librería *nf* (*biblioteca*) bibliothèque *f*; (*comercio*) librairie *f*.

librero *nm/f* libraire *m/f*.

libreta *nf* livret *m*, carnet *m*; ~ **de ahorros** livret de caisse d'épargne; ~ **de banco** carnet de chèques.

libro *nm* livre *m*; ~ **en rústica/en pasta** o **encuadernado** broché/relié; ~ **de caja** livre de caisse; ~ **de inventario** registre *m* d'inventaire; ~ **de pedidos** carnet *m* de commandes; ~ **de texto** manuel *m* (scolaire); livre au programme.

Lic. abr de **licenciado, a.**

licencia *nf* licence *f*; (*permiso*) permission *f*, autorisation *f*; ~ **por enfermedad/con goce de sueldo** congé *m* de maladie/payé; ~ **de caza/de conductor** permis *m* de chasse/de conduire; ~ **de derecho/de letras** licence en droit/ès lettres; **licenciado, a** a congédié(e), licencié(e) // *nm/f* licencié/e; **licenciar** *vt* (*empleado*) congédier, licencier; (*permitir*) autoriser; (*soldado*) libérer;

(estudiante) conférer le grade de licencié à; **~se** *vr*: **se en letras** passer sa licence de lettres.

licencioso, a a licencieux(euse).

liceo nm société f littéraire.

licitador nm enchérisseur m, offrant m; *(AM)* commissaire priseur m.

licitar vt enchérir; acheter aux enchères.

lícito, a a licite, permis(e).

licor nm liqueur f.

licuefacer vt liquéfier.

lid nf lutte f, combat m; *(fig)* discussion f.

líder nm/f leader m, chef m.

lidia nf combat m; **toros de ~** taureaux de combat; **lidiar** vt combattre // vi: **lidiar con** o **contra** batailler avec, avoir affaire à.

liebre nf lièvre m.

lienzo nm tissu m, étoffe f, toile f; *(ARTE)* toile f; *(ARQ)* pan m (de mur); *(AM)* morceau m de clôture.

liga nf *(de medias)* jarretelle f; *(venda)* bandage m; *(confederación)* ligue f; *(aleación)* alliage m; *(BOT)* gui m.

ligadura nf ligature f; *(MUS)* liaison f.

ligamento nm *(ANAT)* ligament m; *(atadura)* attache f, lien m; *(unión)* lien m.

ligar vt *(atar)* lier, attacher; *(relacionar, encadenar)* relier, rattacher; *(metales)* allier // vi *(MED)* ligaturer; *(MUS)* lier; *(tocar)* correspondre; *(fam)* draguer; *(entenderse)* s'entendre; **~se** vr s'allier.

ligereza nf légèreté f; *(superficialidad)* superficialité f.

ligero, a a léger(ère); leste; momentané(e); *(leve)* peu grave; *(informal)* à la légère; *(liviano)* léger, digeste // ad *(AM)* vite, rapidement.

lija nf papier m de verre.

lila nf lilas m // nm lilas; *(fam)* gourde f, sot/te, niais/e.

Lima n Lima.

lima nf lime f; *(BOT)* lime, limette f; **~ de carpintero** rape f à bois; **~ de uñas** lime à ongles; **limar** vt limer.

limitación nf limitation f.

limitar vt limiter // vi: **~ con** jouxter; **~se** vr: **~se a** se borner à.

límite nm limite f.

limítrofe a: **~ con** limitrophe de.

limón nm citron m // a: **amarillo ~** jaune citron.

limosna nf aumône f.

limpiabotas nm inv cireur m (de chaussures).

limpiaparabrisas nm inv essuie-glace m inv.

limpiar vt nettoyer; *(árbol)* élaguer; *(el intestino)* dégager.

limpieza nf *(estado)* propreté f; *(acto)* nettoyage m; *(: de las calles)* nettoiement m; *(habilidad)* habileté f; *(MIL)*: **operación de ~** ratissage m; **~ en seco** nettoyage à sec.

limpio, a a propre; *(moralmente)* pur(e); *(COM)* net(te); *(fam)* sans un sou // ad: **jugar ~** jouer franc jeu // nm: **pasar una lección en ~** mettre un cours au propre.

linaje nm lignée f, lignage m; **linajudo, a** a de haute lignée.

linaza nf linette f; **aceite de ~** huile f de lin.

lince nm lynx m.

lindante a contigu(ë); **~ con** contigu à.

lindar vi toucher, être attenant(e); **lindar con** toucher à; **linde** nm o f limite f, borne f; **lindero, a** a contigu(ë), limitrophe // nm limite f.

lindo, a a joli(e), beau (belle), mignon(ne) // ad *(AM)*: **nos divertimos de lo ~** nous nous sommes terriblement amusés; **canta muy ~** il chante joliment.

línea nf ligne f; *(parentesco)* lignée f; **~ de ataque** front m (de bataille); **~ delantera** *(DEPORTE)* ligne avant.

lingüista nm/f linguiste m/f.

linimento nm liniment m.

lino nm lin m.

lintel nm linteau m.

linterna nf lanterne f; **~**

eléctrica/a **pilas** lampe électrique/de poche.

lío *nm* paquet *m*; (*fam*) confusion *f*, imbroglio *m*; histoires *fpl*; (*desorden*) pagaille *f*.

liquidación *nf* liquéfaction *f*; (*COM, JUR*) liquidation *f*; **artículos en ~** articles en solde.

liquidar *vt* (*licuar*) liquéfier; (*mercaderías*) liquider, solder; (*pagar*) régler; (*terminar*) résoudre; (*AM*) liquider; **~se** *vr* se liquider; (*AM*) se suicider.

líquido, a a liquide; (*ganancia*) net(te); (*AM*) exact(e) // *nm* liquide *m*; **~ imponible** somme imposable.

lira *nf* (*MUS*) lyre *f*; (*moneda*) lire *f*.

lirio *nm* (*BOT*) iris *m*.

Lisboa *n* Lisbonne.

lisiado, a a estropié(e) // *nm/f* estropié/e.

lisiar *vt* blesser, estropier; **~se** *vr* se blesser.

liso, a a (*terreno*) plat(e); (*cabello*) raide, lisse; (*superficie*) plat, lisse; (*tela*) uni(e).

lisonja *nf* flatterie *f*; **lisonjear** *vt* flatter, aduler; (*fig*) charmer; **lisonjearse** *vr* prendre plaisir, se délecter; **lisonjero, a** a agréable; charmant(e); flatteur(euse) // *nm/f* flatteur/euse.

lista *nf ver* **listo**.

listado, a a rayé(e).

listo, a a (*perspicaz*) vif(vive); (*preparado*) prêt(e) // *nf* (*de alumnos*) liste *f*, feuille d'appel *f*; (*de libros*) catalogue *m*; (*de correos*) poste restante *f*; (*de platos*) menu *m*; (*de precios*) tarif *m*; **comida lista** plat cuisiné; **pasar lista** faire l'appel; **tela a listas** tissu à rayures.

listón *nm* baguette *f*; ruban de soie étroit; listel *m*, liston *m*.

litera *nf* (*en barco, tren*) couchette *f*; (*en dormitorio*) lit superposé.

literato, a a cultivé(e) // *nm/f* homme/femme de lettres, écrivain *m*.

literatura *nf* littérature *f*.

litigar *vt* plaider // *vi* (*JUR*) être en litige; (*fig*) se disputer, discuter.

litigio *nm* (*JUR*) litige *m*, procès *m*; (*fig*): **en ~ con** en litige avec.

litografía *nf* lithographie *f*.

litoral a littoral(e) // *nm* littoral *m*.

litro, (l) *nm* litre *m*, (l).

liviano, a a (*persona*) superficiel(le), léger(ère); (*cosa, objeto*) léger.

lívido, a a violacé(e); (*AM*) livide.

ll... *voir sous la lettre* **LL**, *après* **L**.

lo *det* le, ce qui est; **~ bueno** ce qui est bon // *pron* le, l'.

loa *nf* louange *f*; **loable** a louable; **loar** *vt* louer, faire l'éloge de.

lobato *nm* louveteau *m*.

lobo *nm* loup *m*; (*AM: zorro*) renard *m*; (*: coyote*) coyote *m* // *nm/f* (*AM*) métis/se; **~ de mar** loutre *f*.

lóbrego, a a obscur(e), ténébreux (euse); (*fig*) triste.

lóbulo *nm* lobe *m*.

locación *nf* location *f*.

local a local(e); (*transporte*) citadin(e) // *nm* local *m*; **localidad** *nf* localité *f*; village *m*; (*para espectáculo*) place *f*; **localizar** *vt* joindre; localiser; circonscrire.

loco, a a fou(folle) // *nm/f* fou/folle.

locomoción *nf* locomotion *f*.

locomotora *nf* locomotive *f*.

locuaz a loquace.

locución *nf* locution *f*.

locura *nf* folie *f*.

lodo *nm* boue *f*.

lógico, a a logique // *nm/f* logicien/ne // *nf* logique *f*.

logogrifo *nm* logogriphe *m*.

lograr *vt* obtenir; (*victoria*) remporter; **~ hacer** réussir à faire; **~ que venga** obtenir qu'il vienne.

logro *nm* obtention *f*, succès *m*; **prestar a ~** prêter avec usure.

loma *nf* colline *f*.

lombriz *nf* ver *m* de terre; **~ solitaria** ver solitaire.

lomo *nm* (*de animal*) échine *f*, dos *m*; (*de cerdo*) filet *m*; (*: vaca*) entrecôte *m*; (*de libro*) dos.

lona *nf* toile *f* à voile.

Londres n Londres.

longaniza nf saucisse f.

longitud nf longueur f; **tener 3 metros de** ~ faire 3 mètres de long; ~ **de onda** longueur f d'onde.

lonja nf tranche f; ~ **de pescado** halle f au poisson.

lontananza nf lointain m.

loor nm louange f.

loro nm perroquet m.

los det les // pron les; (*ustedes*) vous; ~ **de la cosecha anterior** ceux de la récolte précédente.

losa nf dalle f; ~ **sepulcral** pierre tombale.

lote nm lot m.

lotería nf loterie f; (*juego*) loto m.

loza nf faïence f; **lavar la** ~ faire la vaisselle.

lozanía nf vigueur f; fraîcheur f.

lozano, a a luxuriant(e); exubérant(e); frais/fraîche(ef).

lubricar vt lubrifier.

lucero nm étoile f brillante.

lucidez nf lucidité f.

lúcido, a a lucide.

luciente a brillant(e).

luciérnaga nf ver m luisant, luciole f.

lucimiento nm éclat m, lustre m.

lucir vt éclairer, illuminer; (*fig*) arborer; exhiber // vi briller, luire; ~**se** vr se faire valoir.

lucrarse vr profiter, s'enrichir.

lucro nm gain m, lucre m; profit m, intérêt m.

luctuoso, a a triste, affligeant(e).

lucha nf lutte f; ~ **de clases** lutte des classes; ~ **libre** lutte libre; **luchar** vi lutter.

ludibrio nm raillerie f, risée f.

luego ad puis; plus tard; donc; **desde** ~ évidemment; **tan** ~ **como** dès que.

lugar nm lieu m; (*sitio*) place f; **en** ~ **de** au lieu de; **hacer** ~ faire de la place; **fuera de** ~ hors de propos; **tener** ~ avoir lieu.

lugareño, a a villageois(e), paysan(ne) // nm/f campagnard/e, paysan/ne.

lúgubre a lugubre.

lujo nm luxe m; **casamiento de** ~ mariage en grande pompe; **lujoso, a** a luxueux(euse).

lujuria nf luxure f; (*fig*) excès m, profusion f.

lumbre nf feu m.

lumbrera nf lumière f; (*en techo*) lucarne f; (*de barco*) claire-voie f.

luminoso, a a lumineux(euse).

luna nf lune f; (*de un espejo*) miroir m; (*de gafas*) verre m; (*fig*) caprice m, extravagance f; ~ **llena/nueva** pleine/nouvelle lune; **estar con** ~ être de mauvaise humeur.

lunar a lunaire // nm grain m de beauté; **tela** a ~**es** tissu à pois.

lunes nm inv lundi m.

luneta nf verre m de lunettes.

lusitano, a a lusitanien(ne).

lustrar vt (*mueble*) astiquer; (*zapatos*) cirer; **lustre** nm lustre m, brillant m; (*fig*) éclat m, gloire f; **dar lustre a** faire briller; **lustroso, a** a brillant(e).

luterano, a a luthérien(ne).

luto nm deuil m; ~**s** nmpl tentures fpl de deuil; **llevar el/vestirse de** ~ porter le/être en deuil.

Luxemburgo nm Luxembourg m.

luz nf (pl **luces**) lumière f; **dar a** ~ **un niño** donner le jour à un enfant; **sacar a** ~ publier, faire paraître; (*ELEC*): **dar** ~ éclairer; **prender/apagar la** ~ allumer/éteindre la lumière; **a todas luces** de toute évidence; **hacer la** ~ **sobre** faire la lumière sur; **tener pocas luces** ne pas être très intelligent(e); ~ **roja/verde** feu rouge/vert; (*AUTO*): ~ **de costado** clignotant m; ~ **de freno** indicateur m de freinage; ~ **del relámpago** flash m; **luces del tránsito** feux de signalisation.

LL

llaga nf plaie f.

llama nf flamme f; (ZOOL) lama m.

llamada nf appel m; ~ al orden rappel m à l'ordre; **toque de** ~ (MIL) appel m; ~ a **pie de página** renvoi m en bas de page.

llamamiento nm appel m.

llamar vt appeler; (atención) attirer // vi (por teléfono) téléphoner; (en una casa) sonner, frapper (à la porte); (por señas) faire des signes; (MIL) appeler (sous les drapeaux); ~se vr s'appeler.

llamarada nf flambée f; rougeur vive, bouffée f de sang; emportement m.

llamativo, a a qui attire l'attention, voyant(e).

llamear vi flamber.

llaneza nf simplicité f, laisser-aller m.

llano, a a (superficie) plat(e); (persona) simple, affable; (estilo) simple, clair(e) // nm plaine f.

llanta nf jante f; (AM): ~ **de goma** pneu m.

llanto nm pleurs mpl, larmes fpl.

llanura nf plaine f.

llave nf clef f, clé f; (inglesa) clef à molette; (del agua) robinet m; (de la luz) interrupteur m; (MUS) clef; (corchete) accolade f; **llavín** nm petite clef.

llegada nf arrivée f.

llegar vi arriver; ~se vr: ~se a s'approcher de; ~ a **las manos de** venir aux mains.

llenar vt remplir; (tiempo) occuper; (fig) combler ou couvrir de.

lleno, a a plein(e); rempli(e) // nm (abundancia) abondance f; (ASTRO) pleine lune f; (TEATRO) salle comble f; **dar de** ~ **contra un muro** frapper ou cogner en plein contre un mur.

llevadero, a a supportable, tolérable; portable.

llevar vt (cargar) porter; (quitar) emporter; (conducir a alguien) emmener; (cargar hacia) apporter; (traer: dinero) avoir sur soi; (conducir) conduire; (MAT) retenir; ~se vr emporter; **llevamos dos días aquí** cela fait deux jours que nous sommes ici; (COM): ~ **los libros** tenir les comptes ou les livres; ~se **bien** s'entendre bien.

llorar vt, vi pleurer; ~ **de risa** rire aux larmes; **lloro** nm pleurs mpl, larmes fpl; **llorón, ona** a pleurnicheur(euse) // nm/f pleureur, euse; **lloroso, a** a éploré(e); en pleurs; triste; affligeant(e).

llover vi pleuvoir; ~se vr laisser passer l'eau.

llovizna nf bruine f, crachin m; **lloviznar** vi bruiner.

llueve etc vb ver **llover**.

lluvia nf pluie f; ~ **radioactiva** retombées radioactives; **lluvioso, a** a pluvieux(euse).

M

m abr de **metro**; abr de **minuto**.

macarrones nmpl macaronis mpl.

macerar vt macérer; (fig) mortifier; ~se vr se mortifier.

maceta nf (de flores) pot m de fleurs; (para plantas) jardinière f; (mazo pequeño) petit maillet.

macilento, a a émacié(e).

macizo, a a massif(ive); solide // nm bloc m; massif m.

mácula nf tache f.

machacar vt piler; (carne) broyer // vi être assommant(e).

machamartillo: a ~ ad solidement.

machete nm (AM) coutelas m.

macho a mâle; (fig) viril(e) // nm mâle m.

machucar vt écraser.

madeja nf écheveau m.

madera nf bois m; (ZOOL) corne f.

madero nm madrier m; (fig) navire m.

madrastra nf belle-mère f.

madre a mère // nf mère f; (ANAT) matrice f; (AGR) canal m d'irrigation; (de vino etc) lie f; (de río) lit m; ~ política/soltera belle-/fille-mère.

madreselva nf chèvrefeuille m.

Madrid n Madrid.

madriguera nf terrier m.

madrina nf (protectora) marraine f; (ARQ) poteau m; (TEC) bride f; (AM) animal qui conduit le troupeau; ~ de boda témoin m.

madrugada nf aube f.

madrugar vi se lever de bonne heure; (fig) supplanter.

madurar vt, vi mûrir.

madurez nf maturité f.

maduro, a a mûr(e) // nm (AM) banane f.

maestra nf ver maestro.

maestría nf maîtrise f.

maestro, a a // nf maître(sse); (animal) dressé(e) // nm/f maître/sse; instituteur/trice // nm (autoridad) maître m; (MUS) maestro m; ~ albañil maître maçon // nf institutrice f.

magia nf magie f; **mágico, a** a magique // nm/f magicien/ne.

magistrado nm magistrat m.

magistral a magistral(e).

magistratura nf magistrature f.

magnánimo, a a magnanime.

magnate nm magnat m.

magnético, a a magnétique; **magnetizar** vt magnétiser.

magnetófono, magnetófono nm magnétophone m; **magnetofónico, a**: cinta **magnetofónica** bande magnétique.

magnífico, a a magnifique.

magnitud nf grandeur f; (fig) importance f; (ASTRO) magnitude f.

mago, a nm/f magicien/ne.

magro, a a maigre.

magullar vt meurtrir.

mahometano, a a mahométan(e).

maitines nmpl matines fpl.

maíz nm maïs m.

majada nf (abrigo) bergerie f, parc m; (abono) fumier m.

majadero, a a sot(te) // nm pilon m.

majar vt piler; (fig) embêter.

majestad nf majesté f; **majestuoso, a** a majestueux(euse).

majo, a a (guapo) joli(e), beau(belle); (lujoso) chic inv.

mal ad mal; (con dificultad) difficilement // a = **malo** // nm mal m; (desgracia) mal, malheur m; (MED) maladie f; **salir** ~ échouer; **¡menos** ~! heureusement!

malabarista nm/f jongleur/euse.

malaconsejado, a a mal élevé(e).

malagueño, a a de Malaga.

malbaratar vt (malgastar) gaspiller; (malvender) mévendre.

malcontento, a a mécontent(e).

malcriado, a a (grosero) mal élevé(e); (consentido) gâté(e).

maldad nf (injusticia) méchanceté f; (daño) tort m.

maldecir vt maudire // vi: ~ de médire.

maldición nf malédiction f.

maldito, a pp de **maldecir** // a (execrable) malheureux(euse); (perverso) satané(e); (condenado) damné(e) // nf langue f.

maleante a scélérat(e); pervers(e) // nm/f malfaiteur/trice; suspect/e.

malear vt corrompre.

malecón nm jetée f.

maledicencia nf médisance f.

maleficiar vt faire du mal; (hechizar) ensorceler; **maleficio** nm maléfice m.

malestar nm malaise m.

maleta nf valise f; (AUTO) coffre f.

malevolencia nf malveillance f; **malévolo, a** a malveillant(e).

maleza nf (hierbas malas) mauvaises herbes; (arbustos) fourré m.

malgastar vt (tiempo, dinero) gaspiller; (salud) user.

malhechor, a nf malfaisant(e).

malicia nf (maldad) méchanceté f; (astucia) malice f; (mala intención) malignité f; (carácter travieso) espièglerie f; ~s nfpl soupçons mpl; **malicioso(euse)**; a a méchant(e); malicieux(euse); espiègle; malin (igne).

malignidad nf malignité f.

maligno, a a (perverso) pervers(e); (pernicioso) pernicieux(euse); (malo) méchant(e); (malsano) malsain(e); (MED) malin (igne).

malo, a a mauvais(e); (pobre) misérable; (desagradable) désagréable; (desobediente) méchant(e); (falso) faux(ausse); (MED) malade // nm/f vilain(e) // nf pouasse f.

malograr vt (desaprovechar) laisser passer; (frustrar) rater; (malgastar) gaspiller; (perder) perdre; ~se vr (plan) tourner court; (naufragarse) faire naufrage; (morir) avoir une mort prématurée; **malogro** nm échec m; perte f; mort prématurée.

malparado, a a: salir ~ s'en tirer mal.

malparir vt faire une fausse couche.

malsano, a a malsain(e).

Malta nf Malte f.

maltratar vt maltraiter; **maltrato** nm (descortesía) affront m; (ofensa) offense f; (daño) mauvais traitement.

malva nf mauve f.

malvado, a a méchant(e).

malversar vt détourner des fonds.

malla nf maille f; (de baño) maillot m de bain; (de baile) maillot; ~ de **alambre** grille f; **hacer** ~ tricoter.

Mallorca nf Majorque f.

mallorquín, ina a majorquin(e).

mama nf (de animal) mamelle f; (de persona) sein m.

mamá nf (pl ~s) maman f.

mamar vt téter, donner à téter // vi téter, sucer.

mamarracho nm (objeto) croûte f, navet m; (persona) épouvantail m.

mamotreto nm (libraco) gros bouquin; (bulto) paquet encombrant.

mampara nf paravent m; cloison f mobile; cloison.

mamparo nm cloison f.

mampostería nf maçonnerie f.

mampuesto nm (piedra) bloc m; (muro) parapet m; (AM) appui m; **de** ~ de réserve; d'urgence.

mamut nm mammouth m.

manada nf (rebaño) troupeau f; (bandada) meute f.

manantial nm source f.

manar vt couler // vi jaillir; (abundar) abonder.

mancebo nm (joven) jeune homme; (soltero) célibataire m; (dependiente) préparateur m (en pharmacie).

mancilla nf souillure f.

manco, a a manchot(e); (fig) boiteux(euse).

mancomún: de ~ ad de concert.

mancomunar vt réunir, associer; (JUR) rendre solidaires; **mancomunarse** vr s'unir, s'associer.

mancomunidad nf union f, association f; (POL) fédération f; (JUR) copropriété f.

mancha nf tache f, (fig) souillure f; (boceto) ébauche f, esquisse f; **manchar** vt tacher; (fig) salir, souiller.

manchego, a a de la Manche.

mandadero nm commissionnaire m/f.

mandado nm commission f, course f.

mandamiento nm (orden) ordre m; (REL) commandement m; ~ **judicial** mandat m.

mandar vt (ordenar) ordonner; (dirigir) commander; (enviar) envoyer; (pedir) demander // vi commander; (pey) dominer; ~se vr (MED) ne plus avoir besoin d'aide;

(ARQ) communiquer; ~ **hacer un trabajo** faire faire un travail.

mandatario, a, nm/f (representante) mandataire m/f; (AM) dirigeant/e.

mandato nm mandat m; (orden) ordre m; ~ **judicial** acte judiciaire.

mandíbula nf (ANAT) mâchoire f; (ZOOL) mandibule f.

mandil nm (delantal) tablier m; (vestido) blouse f.

mando nm (MIL) commandement m; (de país) cadre m; (el primer lugar) commandes fpl; (POL) gouvernement m; (TEC) commande f; ~ **remoto** commande à distance; télécommande f.

mandón, **ona** a autoritaire.

manea nf entrave f.

manejable a maniable.

manejar vt, vi manier; (negocios) mener; (dinero) gérer; (casa) diriger; (AM) conduire; ~**se** vr (comportarse) se conduire; (arreglárselas) se débrouiller; (MED) se déplacer tout seul; **manejo** nm maniement m; conduite f; (facilidad de trato) maniabilité f; **manejos** nmpl manigances fpl.

manera nf (modo) façon f; (procedimiento) manière f; ~**s** fpl manières fpl; **de otra** ~ autrement; **de todas** ~**s** de toute façon; **no hay** ~ **de que** il n'y a pas moyen de.

manga nf (de camisa) manche f; (de riego) tuyau m; (tromba) trombe f; (filtro) filtre m; (NAUT) manche à air; ~ **s** nfpl bénéfices mpl, profits mpl.

mangana nf corde f.

mango nm manche m; (de sartén) queue f; (árbol) manguier m; (fruto) mangue f.

mangonear vt commander; ~**se** vr (meterse) se mêler; (ser mandón) s'occuper de tout.

manguera nf (de riego) tuyau m d'arrosage; (de bomba) manche f de pompe; (ventilador) manche à air; (tromba) trombe f; (AM) enclos m

pour le bétail; ~ **de incendios** bouche f d'incendie.

manguito nm (de piel) manchon m; (para las mangas) manchette f; ~ **de acoplamiento** douille f d'accouplement.

maní nm arachide f, cacahuète f.

manía nf (capricho) manie f; (locura) folie f; (pey) malice f; **maníaco**, a a maniaque.

maniatar vt lier les mains.

manicomio nm asile m d'aliénés.

manifestación nf (declaración) déclaration f; (demostración) manifestation f.

manifestar vt manifester; (declarar) déclarer; (aclarar) éclaircir; **manifiesto**, a a manifeste // nm manifeste m, déclaration f.

manija nf poignée f.

manilla nf: ~**s de hierro** manilles fpl.

maniobra nf manœuvre f; (estratagema) stratagème m; ~**s** nfpl manœuvres fpl; **maniobrar** vt manœuvrer.

manipulación nf manipulation f.

manipulador, a nm/f manipulateur/trice.

manipular vt manipuler.

maniquí nm/f mannequin m.

manirroto, a a prodigue.

manivela nf manivelle f.

manjar nm mets m, plat m; ~ **blanco** blanc-manger m.

mano nf main f; (ZOOL) patte f; (de reloj) aiguille f; (de pintura) couche f; (serie) série f; (NAIPES) manche f; (AUTO) priorité f; **a** ~ **derecha/izquierda** à droite/gauche; **de primera** ~ de première main; **de segunda** ~ d'occasion; **robo a** ~ **armada** vol à main armée; ~ **de obra** main-d'œuvre f.

manojo nm botte f; ~ **de llaves** trousseau m de clefs.

manoseado, a a manipulé(e), rebattu(e).

manosear vt (tocar) tripoter; (desordenar) déranger; (fig) rebattre, répéter; (AM) caresser, toucher; (*humillar*) humilier.

manotazo *nm* tape *f*.

mansalva: a ~ *ad* sans risque; sans danger.

mansedumbre *nf* mansuétude *f*.

mansión *nf* demeure *f*; (AM) manoir *m*.

manso, a *a* doux(ouce), paisible; (*animal*) domestique.

manta *nf* couverture *f*; (*abrigo*) cape *f*, manteau *m*; (ZOOL) raie cornue.

mantear *vt* berner.

manteca *nf* graisse *f*; **~ de cacahuete/cacao** beurre *m* de cacahouète/de cacao; **~ de cerdo** saindoux *m*.

mantecado *nm* glace *f* à la vanille.

mantel *nm* nappe *f*.

mantener *vt* (*alimentar*) nourrir; (*preservar*) préserver; (TEC) entretenir; (*dar apoyo a*) maintenir; (*sostener*) soutenir; (*conservar*) conserver; **~se** *vr* (*seguir de pie*) se tenir; (*subsistir*) vivre; **mantenimiento** *nm* subsistance *f*; maintien *m*; entretien *m*.

mantequera *nf* (*para hacer*) beurrière *f*; (*para servir*) beurrier *m*.

mantequilla *nf* beurre *m*.

mantilla *nf* mantille *f*; **~s** *nfpl* langes *mpl*.

manto *nm* (*capa*) cape *f*, mante *f*; (*chal*) châle *m*; (*de ceremonia*, ZOOL, ARQ) manteau *m*; (*filón*) filon *m*.

mantón *nm* châle *m*.

manual *a* manuel(le); (*manejable*) maniable // *nm* manuel *m*.

manubrio *nm* (*manivela*) manivelle *f*; (*abrazadera*) poignée *f*; (AM) volant *m*.

manufactura *nf* (*fábrica*) manufacture *f*; (*fabricación*) fabrication *f*; (*producto*) produit manufacturé.

manuscrito, a *a* manuscrit(e) // *nm* manuscrit *m*.

manutención *nf* entretien *m*; (*sustento*) subsistance *f*.

toucher; (*humillar*) humilier.

manzana *nf* pomme *f*; (AM) pâté *m* de maisons.

manzanilla *nf* (*planta*, *infusión*) camomille *f*; (*vino*) manzanilla *m*.

manzano *nm* pommier *m*.

maña *nf* adresse *f*, habileté *f*; astuce *f*, ruse *f*; savoir-faire *m*, tact *m*; habitude *f*; stratagème *m*.

mañana *ad* demain // *nm* futur *m*, avenir *m* // *nf* matin *m*, matinée *f*; **¡hasta ~!** à demain!

mañoso, a *a* (*hábil*) adroit(e); (*astuto*) malin(igne).

mapa *nm* carte *f*.

maqueta *nf* maquette *f*.

maquillaje *nm* maquillage *m*.

maquillar *vt* maquiller; **~se** *vr* se maquiller.

máquina *nf* (*aparato*) machine *f*; (*de tren*) locomotive *f*; (*cámara*) appareil *m*; (*fig*) machinerie *f*, machine; (: *proyecto*) idée *f*, projet *m*; **escrito a ~** tapé à la machine; **~ de afeitar** rasoir *m*; **~ de escribir** machine à écrire; **~ de coser/lavar** machine à coudre/à laver; **~ fotográfica** appareil photographique.

maquinación *nf* machination *f*.

maquinal *a* machinal(e).

maquinaria *nf* (*máquinas*) machines *fpl*, machinerie *f*; (*material de trabajo*) appareil *m*; (*mecanismo*) mécanique *f*.

maquinista *nm* (*de tren*) mécanicien *m*; (*de teatro*) machiniste *m*.

mar *nm o f* mer *f*; **~ adentro** au large; **en alta ~** en haute mer; **la ~ de** (*fam*) beaucoup de; **~ de fondo** lame de fond *f*; **el M~ Negro/Báltico** la mer Noire/Baltique.

maraña *nf* (*maleza*) broussaille *f*; (*confusión*) enchevêtrement *m*.

maravilla *nf* merveille *f*; (BOT) souci *m*; volubilis *m*; **maravillar** *vt* (*sorprender*) surprendre; (*admirar*) émerveiller; **maravillarse** *vr* s'étonner; s'émerveiller; **mara-**

villoso, a *a* merveilleux(euse), étonnant(e).

marca *nf* (*señal*) marque *f*, repère *m*; (*sello*) étiquette *f*, marque; (*huella*) trace *f*; **producto de ~** produit de marque.

marcado, a *a* notoire.

marcar *vt* marquer; (*número de teléfono*) composer; (*el pelo*) faire une mise en plis // *vi* marquer; (*el teléfono*) composer un numéro du téléphone); **~se** *vr* prendre des amers; (*fig*) se démarquer.

marcial, a *a* martial(e).

marco *nm* cadre *m*; (*de puerta, ventana*) encadrement *m*; (*DEPORTE*) but *m*; (*moneda*) mark *m*; (*fig*) cadre.

marcha *nf* marche *f*, (*TEC*) fonctionnement *m*; (*velocidad*) allure *f*, **poner en ~** mettre en marche; **dar ~ atrás** faire marche arrière; **sobre la ~** en même temps.

marchante, a *nm/f* marchand/e; (*AM*) client *m*; marchand ambulant.

marchar *vi* (*ir*) marcher; (*funcionar*) fonctionner; (*fig*) progresser; **~se** *vr* s'en aller.

marchitar *vt* faner; flétrir; **~se** *vr* s'étioler, se faner; **marchito, a** *a* fané(e), flétri(e); (*fig*) décadent(e).

marea *nf* marée *f*; (*lloviznar*) bruine *f*; **~ alta/baja** marée haute/basse.

marear *vt* écœurer; (*fig*) assommer; (*NAUT*) diriger, gouverner; **~se** *vr* (*tener náuseas*) avoir mal au cœur; (*desvanecerse*) s'évanouir; (*aturdirse*) être étourdi(e); (*AM*) perdre ses couleurs, pâlir.

marejada *nf* houle *f*.

maremoto *nm* raz-de-marée *m* inv.

mareo *nm* (*náusea*) mal *m* au cœur, nausée *f*; (*aturdimiento*) étourdissement *m*, vertige *m*.

marfil *nm* ivoire *m*.

margarina *nf* margarine *f*.

margarita *nf* (*BOT*) marguerite *f*;

(*perla*) perle *f*; (*molusco*) petit coquillage.

margen *nm* marge *f*; (*borde*) bord *m* // *nf* rive *f*, bord; (*fig*) occasion *f*; **~ de ganancias** marge bénéficiaire.

marica *nm* pie *f*; (*fam*) pédale *f*, tapette *f*.

maricón *nm* (*fam*) pédale *f*, pédé *m*.

marido *nm* mari *m*.

marijuana *nf* marijuana *f*, marihuana *f*.

marina *nf* marine *f*; **~ mercante** marine marchande.

marinero, a *a* marin(e); (*barco*) marinier(ière) // *nm* matelot *m*, marin *m* // *nf* marinière *f*.

marino, a *a* marin(e) // *nm* marine *m*.

marioneta *nf* marionnette *f*.

mariposa *nf* papillon *m*; (*TEC*) écrou *m* à oreilles.

marisco *nm* coquillage *m*; **~s** *nmpl* fruits de mer *mpl*.

marisma *nf* marais *m* en bordure de mer.

marítimo, a *a* maritime.

marmita *nf* marmite *f*.

mármol *nm* marbre *m*; **marmóreo, a** *a* marmoréen(ne).

maroma *nf* (*cuerda*) grosse corde, câble *m*; (*AM*) voltige *f*; **maromear** *vi* faire de l'équilibre.

marqués, esa *nm/f* marquis/e.

marquetería *nf* marqueterie *f*.

marrano, a *a* cochon(ne) // *nm* cochon *m*.

marrar *vi* manquer, rater.

marrón, ona *a* marron inv // *nm* marron *m*.

marroquí *a* marocain(e) // *nm* maroquin *m*.

Marruecos *nm* Maroc *m*.

Marsellas *n* Marseille.

martes *nm* inv mardi *m*.

martillar *vt* marteler.

martillo *nm* marteau *m*; (*subasta*) salle *f* des ventes; **~ neumático** **pilón/de orejas** marteau-piqueur -pilon/fendu.

martinete nm (penacho) aigrette f; (mus) marteau m.

mártir nm/f martyr/e.

martirio nm martyre m.

marxismo nm marxisme m.

marzo nm mars m.

más a plus de // ad plus // conj plus // nm plus m; es ~ **de medianoche** il est plus de minuit; **el libro ~ leído del año** le livre le plus lu de l'année; **¡estaba ~ triste!** (fam) il était tellement triste!; ~ **bien** plutôt; ~ **o menos** plus ou moins; **el ~ allá** l'au-delà.

mas conj mais.

masa nf (mezcla) pâte f; (volumen, ELEC) masse f; (aglomeración) totalité f; (AM) dessert m.

masaje nm massage m.

mascar vt mâcher; (fig) mâchonner.

máscara nf masque m; (fig) loup m // nm/f travesti m; ~ **de oxígeno** masque à oxygène; **mascarada** nf mascarade f.

masculino, a a masculin(e).

mascullar vt marmotter.

masivo, a a (enorme) massif(ive); (en masa) en masse.

masón nm franc-maçon m; **masonería** nf franc-maçonnerie f.

masoquista nm/f masochiste m/f.

masticar vt mâcher, mastiquer; (fig) ruminer.

mástil nm (de navío) mât m; (de guitarra) manche m; (sostén) pied m.

mastín nm mâtin m.

mastique nm mastic m.

masturbación nf masturbation f.

mata nf (de planta) pied m; (de hierbas) touffe f; (campo) plantation f; (AM) massif m.

matadero nm abattoir m.

matador, a a tueur(euse), assommant(e) // nm/f assassin m // nm matador m, torero m.

matamoscas nm inv papier m tue-mouches; tapette f.

matanza nf (de personas) meurtre m; (de animales) abattage m; (de cerdos) époque où se fait l'abattage des porcs.

matar vt (persona) tuer; (animales) abattre; (fig) éteindre // vi faire mat; ~**se** vr se tuer.

matarife nm tueur m.

matasellos nm inv oblitérateur m, tampon m.

mate a (sin brillo: color) mat(e) // nm (en ajedrez) mat m; (en tenis) smash m; (AM) calebasse f; (: bebida) maté m.

matemáticas nfpl mathématiques fpl; **matemático, a** a mathématique // nm/f mathématicien/ne.

materia nf (elemento) matière f; (asunto, causa) affaire f; (ocasión) occasion f, sujet m; en ~ **de** en matière de; ~ **prima** matière première; **material** a matériel(le) // nm matériel m; (TEC) matériaux mpl; **materialismo** nm matérialisme m; **materialista** a matérialiste; **materialmente** ad matériellement; (fig) absolument.

maternal a maternel(le).

maternidad nf maternité f.

materno, a a maternel(le).

matinal a matinal(e).

matiz nm nuance f; **matizar** vt (dar tonos de) nuancer, teinter; (variar) moduler; (ARTE) harmoniser.

matón nm dur m.

matorral nm buisson m.

matraca nf crécelle f; (fam) scie f // nm/f scie f.

matrero, a a rusé(e).

matriarcado nm matriarcat m.

matrícula nf (registro) matricule f; (AUTO) immatriculation f; (ESCOL) inscription f; **matricular** vt inscrire, immatriculer; enregistrer, recenser.

matrimonial a matrimonial(e).

matrimonio nm (boda) mariage m, noce f; (unión) union f.

matriz nf matrice f; (JUR) souche f,

talon m; (de cheque) talon m.

matrona nf (persona de edad) matrone f; (partera) sage-femme f.

matute nm contrebande f.

matutino, a a matinal(e).

maullar vi miauler.

mausoleo nm mausolée f.

maxilar nm maxillaire m.

máxima ver **máximo**.

máxime ad surtout, principalement.

máximo, a a le plus grand, la plus grand; maximum // nm maximum m // nf maxime f.

maya nf pâquerette f.

mayo nm mai m.

mayonesa nf mayonnaise f.

mayor a plus grand(e); (adulto) grand, majeur(e); (de edad avanzada) âgé(e); (MUS) majeur; (de niños) aîné(e) // nm major m; **al por ~** en gros; **~ de edad** majeure; adulte m/f; **~es** nmpl grandsparents mpl; ancêtres mpl.

mayoral nm contremaître m; (AGR) maître-valet m.

mayorazgo nm majorat m; (el primogénito) fils aîné.

mayordomo nm (criado) majordome m; (de hotel) maître d'hôtel m; (AM) maître-valet m.

mayoría nf majorité f.

mayorista nm/f marchand/e en gros, grossiste m/f.

mayoritario, a a majoritaire.

mayormente ad surtout; principalement.

mayúsculo, a a monumental(e), énorme // nf majuscule f.

maza nf fléau m, maillet m; (TEC) mouton m; (DEPORTE) mil m; (MUS) mailloche f; (fam) raseur/euse; (AM) moyeu m.

mazapán nm massepain m.

mazmorra nf cachot m.

mazo nm (martillo) maillet m; (de flores) paquet m; (fig) raseur m; (DEPORTE) mil m; (MUS) mailloche f.

me pron me, m'; ¡démelo! donnez-lemoi!

meandro nm méandre m.

mecánico, a a mécanique // nm/f mécanicien/ne // nf (estudio) mécanique f; (mecanismo) mécanisme m.

mecanografía nf dactylographie f.

mecanógrafo, a nm/f dactylographe f.

mecedor, a a berceur(euse) // nm (columpio) escarpolette f, balançoire f; (paleta) palette f // nf rocking-chair m.

mecer vt (niño) bercer; (líquido) remuer; **~se** vr se balancer.

mecha nf mèche f.

mechero nm (encendedor) briquet m; (de lámpara) bec m; (de gas) brûleur m.

mechón nm (pelo) houppe f; grosse mèche; (de cabello) mèche f; (de fibras) touffe f.

medalla nf médaille f.

media nf ver **medio**.

mediación nf médiation f.

mediado a à moitié; a **~s de** vers le milieu de.

medialuna nf croissant m.

mediano, a a (regular) moyen(ne); (mediocre) médiocre.

medianoche nf minuit m.

mediante ad grâce à; moyennant.

mediar vi (llegar a la mitad) arriver à la moitié; (interceder) intervenir; (venir entre medio) s'interposer.

medicación nf médication f.

medicamento nm médicament m.

medicina nf (medicamento) médicament m; médecine f (práctica) médecine f.

medicinar vt administrer de médicaments; **~se** vr prendre des médicaments.

medición nf mesure f, mesurage m.

médico, a a médical(e) // nm médecin m; **~ consultor/forense** médecin consultant/légiste.

medida nf mesure f; (prudencia) retenue f, prudence f; e cierta/gran ~ dans une certaine mesure/grande mesure; **un traje a la** ~ un costume sur mesure; ~ **de cuello** encolure f; ~ **de talle** hauteur f de buste.

medio, a a demi(e); (*promedio*) moyen(ne) // ad à demi, demi- // nm (*centro*) milieu m; (*DEPORTE*) demi m; (*método*) moyen m; (*ambiente*) milieu m // nf (*prenda de vestir*) bas m; (*DEPORTE*) mi-temps f inv; (*proporción*) moyenne f; ~**s** nmpl moyens; ~ **litro** demi-litre; **tres horas y media** trois heures et demie; **media hora** demi-heure f; **a** ~ **terminar** à moitié terminé; **pagar a medias** payer à moitié; ~ **tonto** à moitié fou; **hacer media** tricoter; **medias cortas** mi-bas mpl.

mediocridad nf médiocrité f.

mediodía nm midi m.

medir vt, vi mesurer; ~**se** vr (*fig*) se contenir; (*AM*) se mesurer, se rencontrer.

meditar vt méditer.

mediterráneo, a a méditerranéen(ne); **el M~** la Méditerranée.

medrar vi (*crecer*) pousser, se développer; (*fig*) prospérer.

medro nm progrès m; développement m.

medroso, a a (*miedoso*) peureux (euse); (*horrible*) effrayant(e).

médula, medula nf moelle f.

medusa nf méduse f.

megáfono nm porte-voix m inv.

negalómano, a nm/f mégalomane m/f.

nejilla nf joue f.

nejor a (*comparativo*) meilleur(e); (*superlativo*) le meilleur, la meilleure // ad mieux; le mieux, la mieux; **a lo** ~ peut-être; ~ **dicho** ou plutôt.

nejora nf (*mejoramiento*) amélioration f; (*adelanto*) progrès m; (*ventaja*) avantage m; (*reforma*) réforme f; **mejorar** vt améliorer; (*privilegiar*) avantager; (*abonar*)

bonifier; vi, **mejorarse** vr aller mieux.

melancolía nf mélancolie f.

melancólico, a a (*triste*) mélancolique, triste; (*soñador*) songeur(euse).

melena nf (*de persona*) chevelure f, cheveux mpl; (*del león*) crinière f; **melenudo, a** a chevelu(e).

melindroso, a a minaudier(ière); capricieux(euse).

melocotón nm (*árbol*) pêcher m; (*fruto*) pêche f.

melocotonero nm pêcher m.

melodía nf mélodie f.

melodrama nm mélodrame m.

melón nm melon m; ~ **de agua** melon d'eau.

meloso, a a mielleux(euse); (*almibarado*) doucereux(euse).

mella nf brèche f, (*fig*) dommage m; **mellar** vt ébrécher; (*fig*) entamer.

mellizo, a a jumeau(elle) // nm/f jumeau/elle.

membrillo nm (*árbol*) cognassier m; (*fruto*) coing m.

memorable a mémorable.

memorándum nm (*libro*) agenda m; (*comunicación*) mémorandum m.

memoria nf (*facultad, documento*) mémoire f; (*recuerdo*) souvenir m; (*informe*) rapport m.

memorial nm (*libro*) mémorial m; (*petición*) requête f; (*boletín*) bulletin m.

menaje nm ménage m; (*muebles*) éléments mpl de cuisine).

mencionar vt mentionner.

mendigar vt mendier.

mendigo, a nm/f mendiant/e.

mendrugo nm croûton m.

menear vt remuer; (*fig*) diriger; ~**se** vr s'agiter; bouger, remuer.

menester nm (*necesidad*) besoin m, nécessité f; (*ocupación*) occupation f; ~**es** nmpl outils mpl; **es** ~ il faut.

menestra nf ragoût m; ~**s** nfpl légumes secs.

menestral nm ouvrier m, artisan m.

mengano, a nm/f un tel/une telle.

mengua nf (disminución) diminution f; (falta) manque m; (pobreza) pauvreté f; (fig) discrédit m.

menguado, a a limité/e.

menguante a décroissant(e) // nf (NAUT) marée descendante; (de la luna) dernier quartier.

menguar vt diminuer, tomber, décroître; (fig) baisser, décliner // vi (calor) diminuer; (luna) décroître; (fig) diminuer, décliner.

menopausia nf ménopause f, retour d'âge m.

menor a (más pequeño) plus petit(e); (más joven) plus jeune; (el más pequeño) le plus petit, la plus petite; (el más joven) le plus jeune, la plus jeune; (MUS) mineur(e) // nm/f (joven) mineur/e; cadet/te; el ~ daño le moindre mal; no tengo la ~ idea je n'en ai pas la moindre idée; al por ~ au détail; con el ~ detalle dans le moindre détail; ~ de edad mineur.

menos ad (comparativo) moins; (superlativo) le moins // conj sauf, excepté; es lo ~ que puedo hacer c'est le moins que je puisse faire; a ~ que à moins que; cada vez ~ de moins en moins; te echo de ~ tu me manques; nada ~ que rien de moins que; al o por lo ~ au moins.

menoscabar vt (estropear) entamer; (acortar) amoindrir; (fig) porter atteinte à, discréditer.

menoscabo nm (mengua) amoindrissement m, diminution f; (daño) dommage m, dégât m; (fig) discrédit m; con ~ de au détriment de; en ~ de au mépris de; sin ~ sans préjudice.

menospreciar vt (despreciar) mépriser; (desdeñar) dédaigner.

menosprecio nm (desdén) mépris m; (desconsideración) déconsidération f.

mensaje nm message m;

mensajero, a a messager(ère) // nm/f messager/ère.

menstruar vi avoir ses règles.

mensual a mensuel(le).

menta nf menthe f.

mental a mental(e).

mentar vt mentionner, nommer.

mente nf esprit m; (intención) intention f.

mentecato, a a sot(te); stupide, imbécile m/ (mañoso) fourbe // nm/f sot/te; niais/e.

mentir vi mentir; falsifier; simuler;

mentira nf mensonge m; imposture f; (invención) histoire f, farce f; (mentiroso, a a menteur(euse) // nm/f menteur/euse.

menudear vt répéter, recommencer; (contar) raconter par le menu; (AM) vendre au détail // vi abonder, arriver souvent; se multiplier, pleuvoir.

menudencia nf petitesse f, bagatelle f, bricole f; minutie f.

menudo, a a petit(e); menu(e); minutieux(euse); scrupuleux(euse); sans importance; ~s nmpl abats mpl, abattis mpl; a ~ souvent; al por ~ au détail.

meñique nm petit doigt.

meollo nm moelle f; (de pan) mie f; (fig) cervelle f.

mercadería nf article m marchandise f, ~s nfpl marchandises fpl.

mercado nm marché m; M~ Común Marché Commun; ~ negro/callejero/de valores marché noir/à ciel ouvert/des valeurs.

mercadotecnia nf marketing m.

mercancía nf article m; produit m; marchandise f.

mercantil a mercantile; commercial(e).

mercar vt faire le commerce; acheter.

merced nf grâce f, faveur f; ~ a grâce à; a la ~ de à la merci de.

mercenario, a a mercenaire; nm mercenaire m.

mercería nf mercerie f.

mercurio nm mercure m.

merecer vt, vi mériter, valoir; ~se vr mériter; **merece la pena** ça vaut la peine; **merecimiento** nm mérite m.

merendar vt, vi goûter, prendre son goûter; (en el campo) pique-niquer; **merendero** nm guinguette f, buvette f.

merengue nm meringue f.

meridiano, a a de midi, méridien(ne) // nm méridien m; **meridional** a méridional(e).

merienda nf goûter m; (de campo) pique-nique m.

mérito nm mérite m.

merluza nf colin m; merluche f, merlu m.

merma nf diminution f; perte f; **mermar** vt diminuer, amenuiser // vi, **mermarse** vr se diminuer; s'abîmer, se perdre.

mermelada nf confiture f.

mero, a a simple, pur(e).

merodear vi marauder.

mes nm mois m; (salario) mois; mensualité f; **el ~ de mayo** au mois de mai.

mesa nf table f; (de trabajo) bureau m; (GEO) plateau m; (ARQ) palier m; **~ directiva** conseil m, bureau.

meseta nf (GEO) plateau m; (ARQ) palier m.

mesilla nf petite table; (ARQ) palier m; appui m; tablette f.

mesón nm auberge f; hôtellerie f; **mesonero, a** a, nm/f hôtelier/ière, aubergiste m/f.

mestizo, a a métis(se); (ZOOL) hybride // nm/f métis/se.

mesura nf (moderación) modération f; (dignidad) dignité f; (cortesía) respect m.

meta nf but m, objectif m; (DEPORTE) buts mpl.

metafísico, a a a métaphysique // nm/f métaphysicien/ne // nf métaphysique f.

metáfora nf métaphore f.

metal nm (materia) métal m; (MUS) cuivres mpl; (de voz) timbre m;

(fig) genre m; **metálico, a** a métallique // nm espèces fpl.

metalurgia nf métallurgie f.

meteoro nm météore m.

meter vt mettre; (añadir) ajouter; (involucrar) fourrer; ~**se** vr se mettre; (fig) se fourrer; (GEO) s'enfoncer; ~**se a comerciante** se faire commerçant; ~**se con alguien** taquiner qn.

meticuloso, a a méticuleux(euse).

metódico, a a méthodique.

método nm méthode f.

metralleta nf mitraillette f.

métrico, a a métrique.

metro, (m) nm mètre m, (m); (tren) métro m.

metrópoli nf métropole f, capitale f.

México nm Mexique m.

mezcla nf mélange m; (combinación) combinaison f; (masa) masse f; (emulsión) émulsion f; (CINE) mixage m; **mezclar** vt mêler; mélanger; (naipes) battre; **mezclarse** vr se mélanger, se mêler; (fig) se mêler; **mezclarse en un negocio** se mettre dans une affaire.

mezquino, a a mesquin(e).

mezquita nf mosquée f.

M. F. (abr de modulación de frecuencia) M F (modulation de fréquence).

mi det (m) mon; (f) ma; (pl) mes // nm mi m.

mí pron moi.

mía pron ver **mío**.

miaja nf miette f.

mías pron ver **mío**.

mico nm, nm/f singe/guenon; (fam) crâneur/euse; **dar o hacer ~** poser un lapin; **dar el ~** faire perdre les illusions.

microbio nm microbe m.

microbús nm minibus m.

micrófono nm microphone m, micro m.

microscopio nm microscope m.

miedo nm peur f; (nerviosismo) nervosité f; **tener ~** avoir peur; **de**

~ formidable; **un frío de** ~ (*fam*) un froid de canard; **miedoso, a** *a* craintif(ive); peureux(euse).

miel *nf* miel *m*; (*de caña*) mélasse *f*.

miembro *nm* membre *m*; ~ **viril** membre viril.

mientes *nfpl*: **no parar** ~ **en** ne pas faire attention à; **traer a las** ~ rappeler.

mientras *conj* pendant que // *ad* tandis que; ~ **tanto** pendant ce temps, entre temps; ~ **más tiene, más quiere** plus il en a, plus il en veut.

miércoles *nm inv* mercredi *m*.

mies *nf* moisson *f*.

miga *nf* miette *f*; (*fig*) substance *f*, moelle *f*; **hacer buenas** ~**s** (*fam*) faire bon ménage.

migajas *nfpl* miettes *fpl*.

migración *nf* migration *f*.

mil *num* mille.

milagro *nm* miracle *m*; **milagroso, a** *a* miraculeux(euse).

milano *nm* milan *m*.

milésimo, a *a* millième.

mili *nf*: **hacer la** ~ (*fam*) faire son service.

milicia *nf* (MIL) milice *f*; (: *arte*) art *m* de la guerre; (*servicio militar*) service *m* militaire.

milímetro *nm* millimètre *m*.

militante *a* militant(e).

militar *a* (*del ejército*) militaire; (*guerrero*) guerrier(ière) // *nm/f* soldat *m* // *vi* servir dans l'armée; (*fig*) militer.

milla *nf* mille *m*.

millar *nm* millier *m*.

millón *num* million *m*; **millonario, a** *nm/f* millionnaire *m/f*.

mimar *vt* (*niño*) gâter; (*persona*) dorloter, cajoler.

mimbre *nm o f* osier *m*; **sillón de** ~ fauteuil en osier.

mímica *nf* mimique *f*.

mimo *nm* câlinerie *f*, cajolerie *f*, caresse *f*; (TEATRO) mime *m*.

mina *nf* mine *f*; (*pasaje*) galerie *f*; **minar** *vt* miner.

mineral *a* minéral(e) // *nm* minérai *m*.

minería *nf* travail *m* des mines.

minero, a *a* minier(ière) // *nm/f* mineur *m*.

miniatura *a* inv miniature // *nf* miniature *f*.

minifalda *nf* mini-jupe *f*.

mínimo, a *a* minime, très petit(e); minutieux(euse); (*temperatura*) minimal(e) // *nm* minime *m*.

ministerio *nm* ministère *m*; **M~ de Hacienda/del Exterior** ministère des Finances/des Affaires étrangères.

ministro *nm* ministre *m*.

minorar *vt* diminuer, amoindrir.

Minorca *nf* Minorque *f*.

minoría *nf* minorité *f*.

minucioso, a *a* minutieux(euse); (*prolijo*) prolixe.

minúsculo, a *a* minuscule.

minuta *nf* (*de comida*) menu *m* (*borrador*) minute *f*, note *f* (*factura*) bordereau *m*; (*de abogado*) note des honoraires.

minutero *nm* aiguille *f* de minutes, minuterie *f*.

minuto *nm* minute *f*.

mío, a *pron*: **el** ~ le mien, **la mía** la mienne, **los** ~**s** les miens, **las mía** les miennes.

miope *a* myope // *nm/f* myope *m/f*.

míos *pron ver* **mío**.

mira *nf* (*de arma*) mire *f*; (*vigilancia*) poste *m* de guet; (*fig* intention *f*, visée *f*.

mirado, a *a* circonspect(e réservé(e) // *nf* regard *m*; **bien/m** ~ **bien/mal vu.**

mirador *nm* mirador *m*.

miramiento *nm* (*atención regard *m*; (*reflexión*) prudence (*aprensión*) égards *mpl*.

mirar *vt* regarder; (*considera penser à, réfléchir à; (*vigila surveiller, regarder; veill (*respetar*) respecter; (AM) voir / regarder; (ARQ) donner sur; ~**s se regarder.

mirlo nm merle m; (fig) gravité affectée; pose f.

mirra nf myrrhe f.

mirto nm myrte m.

mis det ver **mi**.

misa nf messe f.

misántropo nm misanthrope m.

miscelánea nf miscellanées fpl.

miserable a (avaro) avare; misérable; (nimio) insignifiant(e), dérisoire; (fam) méprisable // nm/f (desgraciado) misérable m/f, malheureux/euse; (indigente) pauvre m/f; (perverso) misérable.

miseria nf misère f; (tacañería) avarice f, mesquinerie f.

misericordia nf miséricorde f.

misión nf mission f; **misionero, a** nm/f missionnaire m/f.

mismo, a a même; **el ~ traje** le même costume; **en el ~ momento** au même moment; **vino el ~ Ministro** le Ministre est venu en personne; **yo ~ lo vi** je l'ai vu moi-même; **lo ~** la même chose; **quedamos en las mismas** nous en sommes au même point // ad: **aquí/hoy ~** ici/aujourd'hui même; **ahora ~** à l'instant même, tout de suite // conj: **lo ~ que** de même que; **por lo ~** pour la même raison; **por sí ~** de soi-même, de lui-même.

misterio nm mystère m.

mística nf, **misticismo** nm mystique f.

mitad nf moitié f; **a ~ de precio** à moitié prix; **en** o **a ~ del camino** au milieu du chemin.

mitigar vt mitiger; calmer; freiner, enrayer.

mitin nm meeting m.

mito nm mythe m.

mitra nf mitre m.

mixto, a a mixte.

m/n (abr de moneda nacional) devise nationale.

mobiliario nm mobilier m.

mocedad nf jeunesse f.

moción nf (proposición) motion f; (movimiento) mouvement m.

moco nm (de las mucosas) morve f;

mucosité f; (de pavo) caroncule f; (de candil) écoulement m; **mocoso, a** a morveux(euse); (fig) insolent(e) // nm/f (fam) morveux/euse.

mochila nf (de soldado) havresac m; (de excursionista) sac à dos m.

mocho, a a émoussé(e), écorné(e) // nm manche m.

mochuelo nm hibou m; (fam) corvée f.

moda nf mode f; (novedad) nouveauté f; **de** o **a la ~** à la mode; **pasado** o **fuera de ~** démodé(e), passé(e) de mode.

modales nmpl manières fpl, formes fpl.

modelo a inv modèle inv // nm/f modèle m; mannequin m // nm modèle m.

moderado, a a modéré(e).

moderar vt modérer; mitiger; contrôler; **~se** vr se modérer.

moderno, a a moderne.

modestia nf modestie f; **modesto, a** a modeste.

módico, a a modique; raisonnable.

modificar vt modifier.

modista nm/f couturier/ière.

modo nm (manera, forma) manière f, façon f; (MUS) mode m; **~s** nmpl manières fpl; **de cualquier ~** o **de ningún ~** de toute/en aucune façon; **de todos ~s** de toute façon, de toute manière; **de empleo** mode d'emploi.

modorra nf (sueño) sommeil profond ou pesant; (sopor) engourdissement m, assoupissement m.

modular vt moduler.

mofa nf raillerie f, moquerie f; **hacer ~ de** railler, se moquer de; **mofar** vi railler; **mofarse** vr: **mofarse de** se moquer de.

mofletudo, a a jouflu(e).

mohíno, a a (triste) triste, mélancolique; (enojado) boudeur (euse).

moho nm (BOT) moisi m; (oxidación) moisissure f, rouille f; (fig) flemme f; **mohoso, a** a moisi(e); (oxidado) rouillé(e).

mojar vt mouiller; tremper; imbiber; (*humedecer*) humecter; humidifier; (*rociar*) humecter // vi: ~ en tremper dans.

mojigato, a a (*hipócrita*) hypocrite; (*beato*) bigot(e) // nm/f hypocrite m/f, tartufe m.

mojón nm (*en un camino*) borne f; (*montón*) tas m.

molde nm moule m; (*de costura*) patron m; (*fig*) modèle m; **venir de** ~ tomber à pic; **moldear** vt (*amoldar*) mouler; (*moldurar*) moulurer; (*fig*) modeler.

mole nf masse f, objet volumineux.

moledora nf broyeur m.

moler vt (*triturar*) triturer; (*machacar*) broyer; (*rendir*) éreinter, fatiguer; (*irritar*) irriter.

molestar vt (*incomodar*) gêner, déranger; (*fastidiar*) ennuyer; (*ofender*) offenser, blesser // vi mortifier; ~**se** vr se déranger, se gêner.

molestia nf (*fatiga*) ennui m, tracas m; (*aflicción*) peine f, chagrin m; (*daño*) dérangement m; (*incomodidad*) gêne f; (*contrariedad*) contrariété f; **molesto, a** a désagréable; ennuyeux(euse); embarrassant(e), impertinent(e).

molinero, a nm/f meunier/ière.

molinillo nm moulin m; ~ **de café/carne** moulin à café/viande.

molino nm moulin m; ~ **de viento/agua** moulin à vent/à eau.

mollejas nfpl ris m.

mollera nf sommet de la tête m, fontanelle f; (*fig*) cervelle f.

mollete nm (*CULIN*) crêpe f; (*ANAT*) gras m, chair f.

momentáneo, a a momentané(e); transitoire.

momento nm moment m; (*fig*) importance f; **del** ~ actuel(le).

momia nf momie f.

monacato nm monachisme m, état m monastique.

monacillo, monaguillo nm enfant m de chœur; acolyte m.

Mónaco nm Monaco m.

monarca nm/f monarque m; **monarquía** nf monarchie f; **monarquista** nm/f monarchiste m/f.

mondar vt (*limpiar*) nettoyer; (*podar*) tailler, émonder, élaguer; (*pelar*) peler; (*fam*) plumer; ~**se** vr: ~**se los dientes** se curer les dents; ~ **a palos** rouer de coups.

mondongo nm tripes fpl.

moneda nf (*tipo de dinero*) monnaie f; (*pieza*) pièce f de monnaie; ~ **corriente** monnaie courante; **monedero** nm porte-monnaie m inv; **monedero falso** faux-monnayeur m; **monetario, a** a monétaire.

monigote nm (*muñeco*) polichinelle m, pantin m; (*fig*) pantin; (*ARTE*) caricature f.

monja nf religieuse f, bonne sœur.

monje nm moine m.

mono, a a (*bonito*) joli(e); (*gracioso*) mignon(ne) // nm/f singe/guenon; (*fig*) singe; (*fam*) petit gommeux // nm (*overoles*) salopette f; (*de niño*) esquimau m, combinaison f.

monocultivo nm monoculture f.

monolingüe a monolingue f.

monopolio nm monopole m; **monopolizar** vt monopoliser.

monótono, a a monotone; (*fig*) ennuyeux(euse).

monstruo nm monstre m // a; monstre; **monstruoso, a** a monstrueux(euse).

monta nf somme f, montant m; **poca** ~ sans importance.

montacargas nm inv monte-charge m inv.

montaje nm montage m; (*ARTE*) érection f; (*TEATRO*) mise en scène f.

montante nm (*TEC*) montant m; (*ARQ*) meneau m; (*pleamar*) marée montante, flux m; (*AM*) montant.

montaña nf montagne f; (*AM*) coteau m; (*AM*) mont m; ~ **rusa** montagne russe; **montañés, esa**

montagnard(e) // nm/f **montagnard/e**; habitant/e de la région de Santander.

montar vt monter; (arma) armer // vi monter; (sobresalir) saillir. monter; ~se vr: ~se a un árbol monter à un arbre; ~ a s'élever à; ~ en cólera se mettre en colère.

montaraz a montagnard(e); (salvaje) sauvage; (pey) grossier (ière).

monte nm (montaña) montagne f; (bosque) bois m; ~ de Piedad mont-de-piété m; ~ alto forêt f, futaie f; ~ bajo taillis m, maquis m.

montepío nm caisse f de secours mutuel; (AM) mont-de-piété m.

montera nf bonnet m; (de torero) toque f; (de cristales) verrière f, toiture vitrée.

monto nm montant m, total m.

montón nm tas m.

montura nf monture f.

monumento nm monument m.

moña nf ruban m.

moño nm (de pelo) chignon m; (cintas) nœud m de rubans; (de ave) huppe f; (AM) orgueil m.

mora nf (BOT) mûre f; (JUR) retard m.

morado, a a violet(te) // nm (color) violette f; (moretón) bleu m // nf (casa) maison f, demeure f; (período) séjour m.

morador, a nm/f habitant/e, locataire m/f.

moral a moral(e) // nf (ética) morale f; (moralidad) moralité f; (ánimo) moral m // nm mûrier m.

moraleja nf moralité f, morale f.

moralizar vt moraliser.

morar vi habiter, demeurer.

morboso, a a malade; morbide.

morcilla nf boudin m; (TEATRO) improvisation f.

mordaz a (corrosivo) mordant(e); (hiriente) blessant(e), piquant(e).

mordaza nf (para la boca) bâillon m; (TEC) mâchoire f, mordache f; (de carriles) éclisse f.

morder vt mordre; (serpiente)

piquer, mordre; **mordisco** nm (dentellada) morsure f; (parte comida) bouchée f.

moreno, a a (de tez) brun(e); (negro) nègre(négresse); (AM) mulâtre(sse) // nm/f brun(e) // nf (mujer) brune f; (ZOOL) murène f.

morera nf mûrier blanc.

morería nf médina f, quartier m maure.

morfina nf morphine f.

moribundo, a a moribond(e).

morigerar vt modérer, régler.

morir vi mourir; ~se vr décéder; (fig) expirer; (pierna etc) mourir; **fue muerto en un accidente** il est mort dans un accident; ~se por algo aimer follement qch.

moro, a a maure; (AM) balzan(e) // nm/f maure m/f.

moroso, a a lent(e); paresseux(euse); en retard.

morral nm musette f; gibecière f.

morriña nf mal m du pays; tristesse f.

morsa nf morse m.

mortaja nf linceul m; mortaise f; (AM) papier m à cigarettes.

mortal a mortel(le); ~idad, **mortandad** nf mortalité f.

mortecino, a a blafard(e); moribond(e); mourant(e).

mortero nm mortier m.

mortífero, a a meurtrier(ière).

mortificar vt blesser; ennuyer; mortifier; ~se vr se mortifier.

mosaico nm mosaïque f.

mosca nf mouche f.

moscardón nm œstre m du bœuf; mouche bleue; frelon m; (fam) raseur m.

Moscú n Moscou.

mosquete nm mousquet m.

mosquitero nm moustiquaire f.

mosquito nm moustique m.

mostaza nf moutarde f.

mosto nm moût m.

mostrador, a a montreur(euse) // nm comptoir m.

mostrar vt (gen) montrer; exposer; exhiber; étaler; présenter;

~**se** vr: ~**se amable** se montrer aimable.

mostrenco, a a (JUR) vacant(e); (perro) abandonné(e); (fam) ignorant(e) // nm/f lourdaud/e.

mota nf motte f, petit morceau; pois m.

mote nm (apodo) sobriquet m, surnom m; (sentencia) devise f.

motín nm (del pueblo) émeute f; (del ejército) mutinerie f.

motivar vt donner lieu à; motiver.

motivo, a a a moteur(trice) // nm motif m.

moto nf, **motocicleta** nf moto m; **motociclista** nm/f motocycliste m/f.

motoniveladora nf niveleuse f, bulldozer m.

motor a moteur(trice) // nm moteur m; ~ **a chorro de reacción de explosión** moteur à réaction/à explosion.

motora nf, **motorbote** nm canot m ou vedette f à moteur.

motorizar vt motoriser.

motosierra nf scie f électrique.

motosilla nf scooter m, vélomoteur m.

movedizo, a a mouvant(e), inconstant(e).

mover vt (los pies) remuer; (la tierra) retourner; (accionar) actionner, faire marcher; (fig) provoquer, susciter; (en ajedrez, damas) déplacer; (ocuparse de) faire agir; ~**se** vr bouger.

móvil a mobile // nm mobile m; **movilidad** nf mobilité f; **movilizar** vt remuer, bouger; mobiliser.

movimiento nm (gen) mouvement m; (actividad) activité f; (COM) rotation f; (social) soulèvement m; ~ **escénico** jeu de scène m.

mozo, a a a jeune // nm/f (joven) jeune homme/femme/fille; (soltero) célibataire m/f // nm (camarero) garçon m.

muchacho, a nm/f (niño) enfant

m/f, jeune garçon/fille; (criado) domestique m/f.

muchedumbre nf foule f.

mucho, a a beaucoup de // ad (en cantidad) beaucoup; (del tiempo) longtemps; (muy) très // pron beaucoup; **ni** ~ **menos** loin de là.

mudanza nf (cambio) changement m; (de casa) déménagement m, emménagement m; ~**s** nfpl (fig) versatilité f.

mudar vt changer; transformer; (ZOOL) muer // vi changer; ~**se** (la ropa) se changer; (de casa) déménager.

mudéjar nm/f mudéjar m/f.

mudo, a a a muet(te) // nm/f muet/te.

mueble nm meuble m // a: **bienes** ~**s** biens meubles; ~**s** nmpl mobilier m; **mueblería** nf fabrique f de meubles; magasin m de meubles.

mueca nf grimace f.

muela nf (ANAT) molaire f; (piedra) meule f.

muelle a doux(douce); mou(molle), voluptueux(euse) // nm quai m; môle m; ressort m.

muero etc vb ver **morir**.

muerte nf mort f; (homicidio) homicide m; (suicidio) suicide m; (destrucción) destruction f.

muerto, a a pp de **morir** // a mort(e); (apagado) éteint(e); (inactivo) inactif(ive) // nm/f mort/e.

muestra nf (señal) enseigne f, signe m; (estadística) échantillonnage m; (modelo) modèle m; (testimonio) témoignage m; **muestrario** nm échantillonnage m.

muestro etc vb ver **mostrar**.

muevo etc vb ver **mover**.

mugido nm mugissement m, beuglement m.

mugir vi mugir, beugler; (persona) gémir.

mugre nf crasse f, saleté f.

muguete nm muguet m.

mujer nf (de sexo femenino) femm

f; (*esposa*) épouse f; **mujeriego** a coureur (de jupons).

mula nf mule f.

muladar nm dépotoir m.

muleta nf (*para andar*) béquille f; (*TAUR*) muleta f; (*fig*) appui m.

muletilla nf canne f servant de béquille; refrain m; cheville f; tic m; muleta f.

multa nf amende f; **multar** vt condamner à une amende.

multicopista nm machine f à polycopier.

multiforme a multiforme.

múltiple a multiple; ~s pl nombreux(euses).

multiplicar vt (*MAT*) multiplier; (*fig*) reproduire; ~se vr (*BIO*) se reproduire; (*fig*) se mettre en quatre.

multitud nf (*gentío, muchedumbre*) multitude f, foule f; (*cantidad*) masse f.

mullido, a a moelleux(euse), douillet(te) // nm bourre f.

mundial a mondial(e); universel(le).

mundo nm monde m; **tener** ~ avoir de l'aisance.

munición nf (*MIL*) munition f; (*perdigones*) plomb m de chasse; (*de arma*) charge f.

municipal a municipal(e) // nm agent m.

municipio nm (*municipalidad*) municipalité f; (*comuna*) commune f.

muñeca nf (*ANAT*) poignet m; (*juguete*) poupée f; (*maniquí*) mannequin m; (*para barnizar*) tampon m.

muñeco nm (*figura*) bonhomme m; (*marioneta*) marionnette f; (*maniquí*) mannequin m; (*fig*) pantin m.

muñequera nf poignet m de force; bracelet m.

muralla nf muraille f.

murciélago nm chauve-souris f.

murmullo nm murmure m;

(*zumbido*) bourdonnement m; (*fig*) bruit m.

murmuración nf médisance f.

murmurar vi murmurer; (*criticar*) médire.

muro nm mur m.

muscular a musculaire.

músculo nm muscle m.

museo nm musée m; (*colección*) collection f.

musgo nm mousse f.

músico, a a musical(e) // nm/f musicien(ne) // nf musique f.

muslo nm cuisse f.

mustio, a a (*persona*) triste, abattu(e); (*planta*) flétri(e).

musulmán, ana nm/f musulman/e.

mutación nf (*BIO*) mutation f; (*cambio*) changement m.

mutilar vt mutiler.

mutuamente ad mutuellement.

mutuo, a a mutuel(le); réciproque.

muy ad très; M~ **Señor mío** (cher) Monsieur; **por** ~ **rápido que vayas** tu as beau aller vite; **eso es** ~ **de él** c'est bien de lui.

n abr de **nacido**.

N abr de **norte**.

n/ abr de **nuestro, a**.

nabo nm (*BOT*) navet m; (*raíz*) racine f; (*ARQ*) arbre m, axe m, noyau m.

nácar nm nacre f.

nacer vi naître; (*vegetal*) pousser, naître; (*astro, el día*) se lever; (*río*) prendre sa source; **nacido, a** a né(e); **naciente** a naissant(e); **nacimiento** nm naissance f; source f.

nación nf nation f; **nacional** a national(e); **nacionalizar** vt nationaliser; **nacionalizarse** vr se faire naturaliser.

nada nf neánt m // pron rien // ad
pas du tout.

nadaderas nfpl ceinture f
natatoire.

nadador, a nm/f nageur/euse.

nadar vi nager.

nadie pron personne; ~ **puede**
decirlo personne ne peut le dire; **no**
había ~ il n'y avait personne.

nadir nm nadir m.

nado: a ~ ad à la nage.

naguas nfpl = **enaguas.**

naipe nm carte f.

nalga nf fesse f.

nana nf (fam: abuela) mémé f; (:
canción) berceuse f; (AM) bobo m;
nourrice f.

naranja nf orange f // a orange //
nm orange; **naranjado, a** a
orange, orangé(e) // nf orangeade
f; **naranjo** nm oranger m.

narciso nm narcisse m.

narcótico, a a narcotique //
narcotique m; **narcotizar** vt
narcotiser.

nardo nm nard m.

narigón, ona, narigudo, a a qui
a un grand ou long nez.

nariz nf nez m.

narración nf narration f, récit m.

narrador, a nm/f narrateur/trice.

narrar vt raconter, narrer;
narrativa f narration f, récit m.

N^a S^ra abr de Nuestra Señora.

nata nf ver **nato.**

natación nf (DEPORTE) natation f;
(acción) nage f.

natal a natal(e); ~**icio** nm naissance f; anniversaire m.

natillas nfpl crème renversée.

nativo, a a natif(ive); naturel(le);
innée) // nm/f originaire m, f.

nato, a a né(e) // f crème fraîche;
(fig) crème.

natural a naturel(le) // nm/f
originaire m/f, natif/ive // nm
naturel m; ~**eza** nf nature f;
(temperamento) nature f; (origen)
nationalité f; ~**eza muerta** nature
morte; ~**idad** nf naturel m;
simplicité f; ~**ización** nf

naturalisation f; ~**izar** vt
naturaliser; ~**izarse** vr se faire
naturaliser, se naturaliser; ~**mente**
ad naturellement.

naufragar vi naufrager, faire
naufrage; (fig) échouer; **naufragio**
nm naufrage m; **náufrago, a**
naufragé(e) // nm/f naufragé/e.

náusea nf nausée f; **nauseabundo,**
a a nauséabond(e).

náutico, a a nautique; maritime.

nava nf cuvette f, dépression f.

navaja nf (cortaplumas) canif m;
(de barbero, peluquero) rasoir m;
(ZOOL) couteau m; aiguillon m;
défense f.

navarro, a a navarrais(e).

nave nf (barco) vaisseau m; (ARQ)
nef f; corps m de bâtiment; ~
espacial vaisseau spatial;
navegación nf navigation f;
navegante a navigant(e) // nm/f
navigateur/trice; **navegar** vi
(barco) naviguer; (avión) voler;
(AM) être dans la lune.

navidad nf nativité f; Noël m;
navideño, a de Noël.

navío nm navire m, vaisseau m.

nazi a nazi(e); **nazismo** nm nazisme
m.

neblina nf brouillard m.

nebuloso, a a nébuleux(euse).

necedad nf sottise f, niaiserie f.

neceser nm nécessaire m.

necesidad nf (falta) besoin m;
dénuement m; (lo inevitable)
nécessité f; **hacer sus** ~**es** faire ses
besoins.

necesitado, a a nécessiteux(euse).

necesitar vt nécessiter, requérir
// vi: ~ **de** avoir besoin de.

necio, a a sot(te), niais(e).

necrología nf oraison f funèbre,
éloge m funèbre; nécrologie f;
necrópolis nf nécropole f.

néctar nm nectar m.

nectarina nf nectarine f, brugnon
m.

nefando, a a abominable.

nefasto, a a néfaste.

negable a niable.

negación nf négation f, refus m.

negar vt nier; (desmentir) démentir; (prohibir) défendre, interdire; ~se vr: ~se a se refuser à, refuser de.

negativo, a a négatif(ive) // nm négatif m // nf refus m, négation f; rejet m.

negligencia nf (descuido) laisser-aller m; (omisión) négligence f, oubli m; **negligente** a négligent(e).

negociable a négociable; **un giro** ~ un effet commerciale.

negociado nm bureau m, service m; (AM) transaction illégale.

negociante nm/f négociant/e, homme/femme d'affaires.

negociar vt commercer, négocier, faire du commerce; (cheque) endosser // vi négocier; traiter.

negocio nm affaire f; (AM) fonds de commerce m, magasin m.

negro, a a noir(e); (fig) triste, sombre; (fam) furieux(euse) // nm noir m // nm/f noir/e // nf noire f; **negrura** nf noirceur f, obscurité f.

nene, a nm/f bébé m, f; (fam) mon petit/ma petite.

nenúfar nm nénuphar m.

neófito, a nm/f néophyte m/f.

neologismo nm néologisme m.

neoyorquino, a a new-yorkais(e).

nepotismo nm népotisme m.

nervadura nf (ARQ) nervure f, nerf m; (BOT, ZOOL) nervation f.

nervio nm nerf m; (BOT) nervure f; (MUS) corde f; **nerviosidad** nf énervement m; force f; vigueur f; nervosité f; **nervioso, a, nervudo, a** a nerveux(euse); (excitable) énervé(e).

neto, a a net(te).

neumático, a a pneumatique // nm pneu m, pneumatique m.

neumonía nf pneumonie f.

neurálgico, a a névralgique.

neurastenia nf neurasthénie f; **neurasténico, a** a neurasthénique.

neuritis nf névrite f.

neurólogo, a nm/f neurologue m/f, neurologiste m/f.

neurosis nf inv névrose f.

neutralizar vt neutraliser.

neutro, a a neutre.

nevada nf chute f de neige.

nevar vt couvrir de neige // vi neiger; **nevasca** nf chute f de neige, tempête f de neige.

nevera nf glacière f, réfrigérateur m.

neviscar vi neiger légèrement.

nevoso, a a neigeux(euse).

nexo nm lien m, trait d'union m.

ni conj ni; (siquiera) même pas; ~ que même si, quand bien même; ~ blanco ~ negro ni blanc ni noir; ~ siquiera même pas.

Nicaragua nf Nicaragua m.

nicaragüense a nicaraguayen(ne).

nicotina nf nicotine f.

nicho nm niche f.

nido nm nid m; (morada) domicile m.

niebla nf brouillard m.

niego etc vb ver **negar**.

nieto, a nm/f petit-fils/petite-fille.

nieva etc vb ver **nevar**.

nieve nf neige f.

nigromancia nf nécromancie f; **nigromante** nm/f nécromant/e; nécromancien/ne.

nihilismo nm nihilisme m.

Nilo nm: el ~ le Nil.

nimbo nm (aureola) nimbe m; (nube) nimbus m.

nimiedad nf petitesse f, mesquinerie f; prolixité f; bagatelle f.

nimio, a a insignifiant(e), dérisoire; (persona) méticuleux(euse).

ninfa nf nymphe f.

ninfómana nf nymphomane f.

ninguno, ningún, ninguna a aucun(e) // pron aucun/e; personne; **de ninguna manera** pas du tout.

niña nf ver **niño**.

niñera nf nourrice f; **niñería** nf (chiquillada) enfantillage m; (nadería) bagatelle f, vétille f.

niñez nf enfance f.

niño, a a jeune, petit(e) // nm/f petit garçon/petite fille, enfant m/f; gosse m/f // ~ **pupille** f; ~ **de pecho** nourrisson m.

nipón, ona a nippon(ne).

niquelar vt nickeler.

nitidez nf éclat m; pureté f; netteté f.

nítido, a a net(te), clair(e).

nitrato nm nitrate f; ~ **de soda** nitrate de soude.

nitroglicerina nf nitroglycérine f.

nivel nm niveau m; (fig) échelon m; **nivelar** vt (terreno) niveler, terrasser, égaliser; (mueble, FINANZAS) équilibrer.

níveo, a a nivéen(ne).

NN. UU. nfpl (abr de Naciones Unidas) ONU f (Nations Unies).

no ad non; (delante de verbo) ne ... pas; **ahora** ~ **pas** maintenant; ¿~ **lo sabes?** tu ne le sais pas?; **¡a que** ~ **lo sabes!** je parie que tu ne le sais pas; ~ **mucho** pas beaucoup; ~ **más de 3 kilos** pas plus de 3 kilos; ~ **bien termine, lo entregaré** à peine terminé je le remettrai; **el** ~ **conformismo** le non-conformisme; **la** ~ **intervención** la non-intervention.

NO abr de **noroeste**.

no. abr de **número**.

noble a noble // nm/f noble m/f; **nobleza** nf noblesse f.

noción nf notion f.

nocivo, a a nocif(ive), nuisible.

noctámbulo, a nm/f noctambule m/f.

nocturno, a a nocturne // a nocturne m.

noche nf nuit f; (la tarde) nuit; soirée f.

nochebuena nf nuit f de Noël.

nodriza nf nourrice f.

nogal nm noyer m; **noguera** nf noiseraie f, endroit planté de noyers.

nómada a nomade // nm/f nomade m/f.

nombradía nf renom m, réputation f.

nombramiento nm (designación) nomination f, (comisión) commission f, nomination.

nombrar vt nommer.

nombre nm nom m; ~ **común/propio** nom commun/propre; ~ **de pila** prénom m; ~ **de soltera** nom de jeune fille.

nomenclatura nf nomenclature f.

nomeolvides nm inv myosotis m.

nómina nf (lista) liste f; (COM) paie f.

nominal a nominal(e).

nominativo, a a nominatif(ive).

non a impair(e) // nm impair m; **estar de** ~ **être de trop.**

nonada nf bagatelle f, vétille f.

nono, a a neuf; neuvième.

nordeste a nord-est // nm nord-est m.

nórdico, a a nordique.

noria nf (AGR) noria f; (de carnaval) grande roue.

norma nf règle f, norme f, principe m.

normal a normal(e); (habitual) habituel(le), naturel(le), normal; (gasolina) ~ **essence** f ordinaire; ~ **idad** nf (lo común) normalité f; (calma) calme m; ~ **izar** vt régulariser; (TEC) normaliser, standardiser; ~ **izarse** vr se rétablir.

normando, a a normand(e).

noroeste a nord-ouest // nm nord-ouest m.

norte nm nord m; (fig) objectif m, guide m.

norteamericano, a a des États Unis, américain(e) // nm/f Américain/e.

Noruega nf Norvège f.

noruego, a a a norvégien(ne).

nos pron nous.

nosotros pron nous.

nostalgia nf nostalgie f.

nota nf note f, annotation f; (apunte informe) annotation, commentaire m; (fama) réputation f, renommée f; (ESCOL, MUS) note.

notabilidad *nf* notabilité *f*.

notable *a* remarquable; important(e) // *nm/f* notable *m/f*.

notación *nf* (*nota*) annotation *f*, (*MAT, MUS*) notation *f*.

notar *vt* noter; (*anotar*) remarquer, relever; (*asentar*) noter, enregistrer; (*censurar*) censurer; (*advertir*) observer, trouver.

notarial *a* notarial(e).

notario *nm* notaire *m*.

noticia *nf* (*información*) nouvelle *f*, nouveauté *f*, information *f*; (*noción*) idée *f*, notion *f*; **noticiar** *vt* informer de, faire savoir; **noticiario** *nm* journal parlé ou d'informations; **noticioso, a** *a* informé(e), renseigné(e).

notificación *nf* notification *f*.

notificar *vt* notifier; faire savoir; informer; prononcer.

notoriedad *nf* notoriété *f*.

notorio, a *a* notoire; connu(e).

novato, a *a* nouveau(elle) // *nm/f* novice *m/f*.

novedad *nf* nouveau *m*, neuf *m*, nouveauté *f*; nouvelle *f*, changement *m*.

novel *a* nouveau(elle), débutant(e), novice // *nm/f* débutant/e.

novela *nf* roman *m*.

novelero, a *a* curieux(euse) de tout // *nm/f* inconstant/e.

novelesco, a *a* romanesque.

noveno, a *a* neuvième.

noventa *num* quatre-vingt-dix.

novia *nf* (*querida*) petite amie; (*prometida*) fiancée *f*; **noviazgo** *nm* fiançailles *fpl*.

novicio, a *a* novice // *nm/f* novice *m/f*.

noviembre *nm* novembre *m*.

novilla *nf* génisse *f*; **novillada** *nf* (*TAUR*) course *f* de jeunes taureaux; **novillero** *nm* torero combattant de jeunes taureaux; **novillo** *nm* jeune taureau *m*; **hacer novillos** (*fam*) faire l'école buissonnière.

novio, a *nm* (*querido*) petit ami; (*prometido*) fiancé *m*; (*recién casado*) jeune marié.

N. S. *abr de* **Nuestro Señor.**

nubarrón *nm* gros nuage.

nube *nf* nuage *m*; (*MED*) taie *f*; (*fig*) nuée *f*; **nublado, a** *a* nuageux(euse); **nublar** *vt* assombrir; (*fig*) brouiller.

nuca *nf* nuque *f*.

núcleo *nm* noyau *m*.

nudillo *nm* nœud *m*, jointure *f*.

nudo *nm* nœud *m*; (*de costura*) point noué; **nudoso, a** *a* noueux(euse).

nuera *nf* bru *f*, belle-fille *f*.

nuestro, a *det* notre; (*pl*) nos // *pron*: **el** ~ **le nôtre; la nuestra** la nôtre; **los** ~**s/las nuestras** les nôtres.

nueva *nf ver* **nuevo.**

nuevamente *ad* (*de nuevo*) à nouveau, de nouveau; (*recientemente*) nouvellement.

nueve *num* neuf.

nuevo, a *a* (*original*) neuf(euve); (*reciente, moderno*) nouveau(elle); (*flamante*) flambant neuf; (*inesperado*) inespéré(e), inattendu(e) // *nf* nouvelle *f*; **Nueva York** *n* New York; **Neuva Zelandia** *nf* Nouvelle-Zélande *f*.

nuez *nf* (*pl* **nueces**) noix *f*; ~ **moscada** noix muscade; ~ **de Adán** pomme d'Adam *f*.

nulidad *nf* nullité *f*, incapacité *f*; ignorance *f*, dérogation *f*.

nulo, a *a* (*inepto*) nul(le); (*inválido*) invalide.

núm. *abr de* **número.**

numen *nm* inspiration *f*.

numeración *nf* numération *f*; ~ **arábiga/romana** chiffres arabes/romains.

numeral *a* numéral(e).

numerar *vt* (*contar*) dénombrer, nombrer; (*poner un número*) numéroter.

numerario, a *a* numéraire // *nm* numéraire *m*.

numérico, a *a* numérique.

número *nm* (*cifra*) chiffre *m*; (*de zapato*) pointure *f*; (*TEATRO, ejemplar*) numéro *m*; (*cantidad*) nombre *m*; ~ **de matrícula** numéro d'immatriculation; ~ **telefónico** numéro de téléphone.

numeroso, a *a* nombreux(euse), abondant(e).

nunca *ad* jamais.

nuncio *nm* nonce *m.*

nupcias *nfpl* noces *fpl,* mariage *m.*

nutria *nf* loutre *f.*

nutrido, a *a* dense, épais(se); nourri(e).

nutrir *vt* nourrir; **~se con** se nourrir de; **nutritivo, a** *a* nourrissant(e); nutritif(ive).

Ñ

ñame *nm* igname *f.*

ñandú *nm* (AM) nandou *m.*

ñaña *nf* (AM) grande sœur, sœur aînée; bonne d'enfants *f.*

ñato, a *a* (AM) camus(e).

ñeque *a* (AM) vigoureux(euse) // *nm* (AM) vigueur *f.*

ñoñería, ñoñez *nf* (*insipidez*) insipidité *f;* (*estupidez*) niaiserie *f,* stupidité *f.*

ñoño, a *a* (*apocado*) niais(e), imbécile; (*soso*) insubstantiel(le), insipide // *nf sot/te.*

O

o *conj* ou.

O *abr de* oeste.

o/ *abr de* orden.

oasis *nm* oasis *f.*

obcecar *vt* éblouir, aveugler.

obedecer *vt* obéir à; **obediencia** *nf* obéissance *f,* soumission *f;* **obediente** *a* obéissant(e).

obertura *nf* ouverture *f.*

obesidad *nf* obésité *f.*

obeso, a *a* obèse.

obispo *nm* évêque *m.*

objeción *nf* objection *f,* contestation *f.*

objetar *vt, vi* objecter.

objetivo, a *a* objectif(ive) // *nm* objectif *m.*

objeto *nm* (*cosa*) objet *m;* (*fin*) but *m,* fin *f.*

oblicuo, a *a* oblique; (*fig*) du coin de l'œil; de travers.

obligación *nf* obligation *f,* devoir *m;* (COM) obligation.

obligar *vt* obliger; **~se** *vr* s'engager; **obligatorio, a** *a* obligatoire.

oboe *nm* hautbois *m.*

obra *nf* œuvre *f;* (*hechura*) ouvrage *m,* travail *m;* (ARQ) construction *f;* **estar en ~** être à l'œuvre; **por ~ de** par l'action de; **obrar** *vt* travailler; (*tener efecto*) agir // *vi* œuvrer; (*tener efecto*) opérer, agir; **la carta obra en su poder** la lettre est en sa possession; **obrero, a** *a* ouvrier(ière) // *nm/f* ouvrier/ière.

obscenidad *nf* obscénité *f.*

obsceno, a *a* obscène.

obscu... = oscu...

obsequiar *vt* (*ofrecer*) offrir; (*agasajar*) traiter avec empressement; **obsequio** *nm* (*regalo*) cadeau *m;* (*cortesía*) prévenance *f,* attention *f;* **obsequioso, a** *a* obligeant(e).

observación *nf* observation *f;* (*reflexión*) remarque *f.*

observancia *nf* observance *f.*

observar *vt* observer; (*anotar*) remarquer; **~se** *vr* se surveiller.

observatorio *nm* observatoire *m.*

obsesión *nf* obsession *f;* **obsesionar** *vt* obséder.

obstaculizar *vt* entraver.

obstáculo *nm* (*impedimento*) obstacle *m;* (*dificultad*) difficulté *f.*

obstante: no ~ *ad* cependant néanmoins // *prep* malgré.

obstar *vi:* ~ **a** empêcher.

obstetricia *nf* obstétrique *f;* **obstétrico, a** *a* obstétrique obstétrical(e) // *nm/f* obstétricienne.

obstinado, a a têtu(e); obstiné(e).
obstinarse vr s'entêter; ~ **en** s'obstiner dans ou à.
obstrucción nf obstruction f.
obstruir vt obstruer, boucher.
obtener vt (conseguir) obtenir; (ganar) gagner.
obturar vt obturer.
obtuso, a a obtus(e).
obviar vt pallier // vi s'opposer.
obvio, a a évident(e).
ocasión nf (oportunidad) occasion f; (circunstancia) occasion, circonstance f; (causa) cause f; **de** ~ d'occasion; **ocasionar** vt occasionner.
ocaso nm (oeste) couchant m; (fig) déclin m.
occidente nm occident m.
océano nm océan m; **el** ~ **Índico** l'océan Indien; **oceanografía** nf océanographie f.
O.C.E.D. nf (abr de Organización de Cooperación Económica y Desarrollo) OCDE f (Organisation de coopération et de développement économique).
ocio nm (pey) oisiveté f; (tiempo) loisir m; ~**s** nmpl distractions fpl; **ociosidad** nf oisiveté f; **ocioso, a** a (inactivo) oisif(ive); (inútil) oiseux(euse).
octágono nm octogone m.
octano nm octane m.
octavo, a a huitième.
octogenario, a a octogénaire.
octubre nm octobre m.
ocular a oculaire // nm lentille f, verre m.
oculista nm/f oculiste m/f.
ocultar vt (esconder) cacher; (callar) taire; **oculto, a** a caché(e).
ocupación nf occupation f.
ocupado, a a occupé(e).
ocupar vt occuper; ~**se** vr: ~**se con** o **de** o **en** s'occuper de.
ocurrencia nf (ocasión) circonstance f; (agudeza) boutade f, mot d'esprit m.
ocurrir vi arriver; ~**se** vr venir à l'esprit.

ochenta num quatre-vingts.
ocho num huit.
odiar vt détester, haïr.
odio nm haine f; aversion f; **odioso, a** a odieux(euse); détestable.
O.E.A. nf (abr de Organización de Estados Americanos) OEA f (Organisation des Etats Américains).
oeste nm ouest m; **una película de** ~ un western.
ofender vt (agraviar) offenser; (ser ofensivo a) outrager; ~**se** vr se fâcher; **ofensa** nf offense f; **ofensivo, a** a (insultante) offensant(e); (MIL) offensif(ive) // nf offensive f.
oferta nf offre f; (propuesta) proposition f, offre; **la** ~ **y la demanda** l'offre et la demande; **artículos en** ~ articles mpl en promotion.
oficial a officiel(le) // nm ouvrier m; (MIL) officier m.
oficina nf bureau m; **oficinista** nm/f employé/e de bureau.
oficio nm (profesión) métier m; (puesto) fonction f, charge f; (REL) office m; **ser del** ~ être du métier; **tener mucho** ~ avoir du métier; ~ **de difuntos** office des morts; **de** ~ d'office.
oficiosidad nf diligence f, zèle m; **oficioso, a** a (diligente) diligent(e); (pey) indiscret(ète); (no oficial) officieux(euse).
ofrecer vt (dar) offrir; (proponer) présenter; ~**se** vr (persona) se proposer, s'offrir; (situación) se présenter, s'offrir; **¿qué se le ofrece?, ¿se le ofrece algo?** que désirez-vous?
ofrecimiento nm offre f, proposition f.
ofrendar vt offrir.
oftálmico, a a ophtalmique.
ofuscación nf aveuglement m.
ofuscamiento nm aveuglement m.
ofuscar vt troubler, égarer; ~**se** vr être troublé(e).
oída nf audition f; **de** ~**s** par ouï-dire.

oído nm oreille f; (sentido) ouïe f, oreille.

oigo etc vb ver **oír**.

oír vt (percibir) entendre; (atender a) écouter; ¡oiga! écoutez!

O.I.T. nf (abr de Organización Internacional del Trabajo) BIT m (Bureau International du travail).

ojal nm boutonnière f.

ojalá excl plaise à Dieu!, Dieu veuille que // conj pourvu que, si seulement.

ojeada nf coup d'œil m.

ojear vt regarder, examiner; (mal de ojos) jeter le mauvais œil.

ojera nf cerne m.

ojeriza nf rancune f, haine f.

ojeroso, a a battu(e), cerné(e).

ojo nm œil m; (de aguja) chas m; (de puente) arche f; (de cerradura) trou m // excl attention!, gare!; ~ de buey hublot m.

ola nf vague f.

olé excl bravo!, olé!

oleada nf grande vague ou lame, (fig) marée f.

oleaje nm houle f.

óleo nm huile f.

oleoducto nm pipe-line m, oléoduc m.

oler vt sentir; (fig) flairer; renifler // vi: ~ a sentir.

olfatear vt flairer.

olfato nm odorat m.

oliente a qui sent, odorant(e); **bien** ~ qui sent bon; **mal** ~ malodorant(e).

oligarquía nf oligarchie f.

olimpíada nf: las **O**~s les Jeux mpl Olympiques.

oliscar vt flairer, renifler // vi sentir mauvais.

oliva nf (aceituna) olive f; (árbol) olivier m.

olivo nm olivier m.

olmo nm orme m.

olor nm odeur f.

oloroso, a a parfumé(e), odorant(e).

olvidadizo, a a (desmemoriado)

olvidar vt oublier; (omitir) omettre; ~se vt s'oublier.

olvido nm oubli m.

ombligo nm nombril m, ombilic m.

ominoso, a a de mauvais augure.

omisión nf (abstención) omission f; (descuido) négligence f.

omiso, a a (omitido) omis(e); (descuidado) négligent(e).

omitir vt omettre.

omnipotente a omnipotent(e).

omóplato nm omoplate f.

O.M.S. nf (abr de Organización Mundial de la Salud) OMS f (Organisation mondiale de la santé).

once num onze.

onda nf (en el agua) onde f; (en el pelo) cran m, ondulation f; ~s cortas/largas/medias ondes courtes/longues/moyennes; ~s acústicas/hertzianas ondes sonores/hertziennes; **ondear** vt ondoyer // vi flotter; **ondearse** vr se balancer.

ondulación nf ondulation f, cran m.

ondulado, a a ondulé(e) // nm frisure f, cran m.

ondulante a ondulant(e); (cartón, chapa) ondulé(e).

ondular vt, vi, ~se vr onduler.

oneroso, a a onéreux(euse).

ONU nf (abr de Organización de las Naciones Unidas) ONU f (Organisation des nations unies).

O.P. nfpl (abr de Obras Públicas) ≈ Ponts et Chaussées.

opaco, a a opaque; (fig) mélancolique.

opalescente a opalescent(e).

ópalo nm opale f.

opción nf option f.

ópera nf opéra m; ~ **bufa/cómica** opéra bouffe/comique.

operación nf opération f.

operador, a nm/f opérateur/trice.

operante a agissant(e), opérant(e).

operar vt opérer // vi (COM) faire des affaires; ~se vr arriver; (MED) se faire opérer.

opereta nf opérette f.

opinar vt (estimar) penser, estimer; (enjuiciar) juger.

opinión nf (creencia) opinion f; (criterio) jugement m, avis m.

oponer vt (contraponer) opposer; (enfrentar) mettre à face; ~se vr (objetar) s'opposer; (estar frente a frente) être vis à vis; **me opongo a pensar que ...** je me refuse à penser que ... .

oportunidad nf (ocasión) occasion f; (posibilidad) chance f.

oportunismo nm opportunisme m.

oportuno, a a (adecuado) opportun(e); (conveniente) convenable, bon(ne).

oposición nf opposition f; (impugnación) contestation f; (discordia) discorde f; (antagonismo) antagonisme m.

opositor, a nm/f (adversario) adversaire m/f; (concurrente) concurrent/e.

opresión nf oppression f.

opresivo, a a oppressif(ive).

opresor, a nm/f oppresseur m.

oprimir vt presser; (fig) opprimer.

oprobio nm (infamia) infamie f, opprobre m; (descrédito) discrédit m.

optar vi (elegir) choisir; (decidir) opter; ~ a o por opter pour.

óptico, a a optique // nm/f opticien/ne.

optimismo nm optimisme m; **optimista** nm/f optimiste m/f.

óptimo, a a excellent(e).

opuesto, a a (contrario) contraire, opposé(e); (antagónico) antagonique.

opugnar vt assaillir.

opulencia nf opulence f.

oquedad nf (fig) vide m.

oración nf (discurso) discours m; (REL) prière f; (LING) phrase f.

oráculo nm oracle m.

orador, a nm/f (predicador) prédicateur m; (conferenciante) orateur/trice.

oral a oral(e).

orar vi prier; parler en public.

oratoria nf éloquence f.

órbita nf orbite f; (fig) cercle m, enceinte f, cadre m.

orden nf (disposición) rangement m, ordre m; (JUR, BOT, ZOOL) ordre; (dominio) domaine m // nf (JUR) mandat m; (REL, COM, ARQ) ordre m; **en ~ de prioridad** par ordre de priorité.

ordenado, a a a (metódico) ordonné(e); (arreglado) arrangé(e), réglé(e).

ordenador nm ordinateur m.

ordenanza nf disposition f.

ordenar vt (mandar) ordonner; (poner orden) mettre en ordre, ordonner; ~se vr se faire ordonner.

ordeñadora nf trayeuse f.

ordeñar vt traire.

ordinario, a a (común) ordinaire; (bajo) vulgaire.

orear vt aérer; ~se vr prendre l'air.

orégano nm orégan m, marjolaine f.

oreja nf oreille f; (de zapatos) languette f.

orfandad nf orphelinage f.

orfebrería nf orfèvrerie f.

orgánillo nm orgue de barbarie m.

organismo nm (BIO) organisme m; (POL) institution f.

organista nm/f organiste m/f.

organización nf organisation f; (estructura) structure f.

organizar vt organiser.

órgano nm organe m; (MUS) orgue m.

orgasmo nm orgasme m.

orgía nf orgie f.

orgullo nm (altanería) orgueil m, fierté f; (autorespeto) orgueil;

orgulloso, a a fier(ère); orgueilleux(euse).

orientación nf (posición) position f; (dirección) orientation f; (entrenamiento) orientation, guide m.

orientar vt (situar) exposer; (dirigir) orienter; (informar) guider, orienter; ~se vr s'orienter; (decidirse) se diriger, s'orienter.

oriente nm orient m; Cercano/Medio/Lejano O~ Proche/Moyen/Extrême-Orient.

origen nm (germen) origine f; (nacimiento) lignée f, naissance f.

original a (nuevo) neuf(euve), original(e); (único) unique; (extraño) original; **originalidad** nf originalité f.

originar vt causer, provoquer; ~se vr prendre naissance; **originario, a** a (nativo) originaire; (primordial) primordial(e).

orilla nf (borde) bord m; (de bosque, tela) lisière f; (de calle) trottoir m; **orillar** vt (bordear) border; (resolver) régler; (tocar: asunto) arranger.

orín nm rouille f.

orina nf urine f; **orín** nm urinal m, vase de nuit m; **orinar** vt uriner; **orinarse** vr se compisser; **orines** nmpl urines fpl.

oriundo, a a: ~ de originaire de.

orlar vt (adornar) border; (encuadrar) encadrer.

ornamentar vt (adornar, ataviar) ornementer; (revestir) revêtir, recouvrir.

ornamento nm ornement m.

ornar vt orner.

oro nm or m; ~s nmpl (NAIPES) carreau m.

oropel nm oripeau m.

orquesta nf orchestre m; ~ de cámara/sinfónica orchestre de chambre/symphonique.

orquídea nf orchidée f.

ortiga nf ortie f.

ortodoxo, a a orthodoxe.

ortopedia nf orthopédie f.

oruga nf cheville f; (BOT) roquette f.

orzuelo nm (trampa) piège m; (MED) orgelet m.

os pron vous.

osa nf ourse f; O~ Mayor/Menor Grande/Petite Ourse.

osadía nf hardiesse f.

osar vi oser.

oscilación nf (movimiento) oscillation f; (fluctuación) fluctuation f; (vacilación) hésitation f.

oscilar vi osciller; (fig) fluctuer, varier; hésiter.

ósculo nm baiser m.

oscurecer vt obscurcir // vi commencer à faire sombre; ~se vr s'assombrir, s'obscurcir.

oscuridad nf obscurité f; (tinieblas) ombre f.

oscuro, a a obscur(e); (de color) foncé(e); a oscuras dans l'obscurité.

óseo, a a osseux(euse).

osificar vt ossifier.

oso nm ours m; ~ de peluche ours en peluche; ~ hormiguero tamanoir m.

ostensible a ostensible.

ostentación nf ostentation f, étalage m.

ostentar vt montrer; faire étalage de, exhiber.

ostentoso, a a magnifique; démesuré(e).

osteópata nm/f ostéopathe m/f.

ostión nm grande huître.

ostra nf huître f.

ostracismo nm ostracisme m.

OTAN nf (abr de Organización del Tratado del Atlántico Norte) OTAN f (Organisation du traité de l'Atlantique Nord).

otear vt observer; scruter.

otitis nf otite f.

otoñal a automnal(e).

otoño nm automne m.

otorgamiento nm concession f, octroi m.

otorgar vt (conceder) octroyer, concéder; (dar) attribuer, décerner.

otro, a a (un/une) autre // pron un/e autre; ~s autres; de otra manera autrement; en ~ **tiempo** en d'autres temps; **ni uno ni** ~ ni l'un ni l'autre; ~ **tanto** tout autant.

ovación nf ovation f.

oval, ovalado, a a ovale.

óvalo nm ovale m.

oveja nf brebis f; **ovejuno,** a a de brebis, ovin(e).

overol nm bleu de travail m, salopette f.

ovillar vt mettre en pelote.

OVNI nm (abr de objeto volante no identificado) OVNI m (objet volant non identifié).

ovulación nf ovulation f.

oxidación nf oxydation f.

oxidar vt oxyder; ~se vr s'oxyder, se rouiller.

óxido nm oxyde m.

oxigenado, a a oxygéné(e) // nm eau oxygénée.

oxígeno nm oxygène m.

oyente nm/f auditeur/trice.

oyes, oyó etc vb ver **oír**.

P

P abr de **padre**.

pabellón nm tente f de campagne, (ARQ) immeuble m; (de jardín) pavillon m; (bandera) drapeau m; ~ **de la oreja** pavillon de l'oreille.

pabilo nm mèche f.

pábulo nm aliment m.

pacato, a a paisible, calme.

pacense a de Badajoz.

pacer vi paître // vt faire paître, nourrir.

paciencia nf patience f.

paciente a patient(e) // nm/f patient/e.

pacienzudo, a a très patient(e).

pacificación nf pacification f.

pacificar vt (tranquilizar) pacifier, apaiser; (reconciliar) réconcilier.

pacífico, a a pacifique; el (**océano**)

P~ l'océan m Pacifique, le Pacifique.

pacifismo nm pacifisme m; **pacifista** nm/f pacifiste m/f.

pacotilla nf pacotille f.

pactar vt établir, convenir de // vi: ~ **con** faire un pacte avec.

pacto nm pacte m, accord m.

pachorra nf (fam) mollesse f; **pachorrudo,** a a (fam) lymphatique, lent(e); flegmatique.

pachucho, a a blet(te); (fig) patraque.

padecer vt (sufrir) souffrir de, souffrir; (soportar) supporter; (ser víctima de) subir; **padecimiento** nm souffrance f.

padrastro nm beau-père m; (en la uña) envie f.

padre nm père m; (ZOOL) reproducteur m; (REL) père, prêtre m, curé m // a (fam): **un susto** ~ une peur bleue.

padrinazgo nm parrainage m.

padrino nm (REL) parrain m; (fig) protecteur m, appui m; ~ **de boda** témoin m de mariage.

padrón nm (censo) cens m, recensement m, rôle m; (TEC) modèle m, patron m.

paella nf paëlla f, riz m à la valencienne.

pág(s) abr de **página(s)**.

paga nf (dinero pagado) paiement m; (sueldo) paie f, paie f.

pagadero, a a payable; ~ **a la entrega/a plazos** payable à la livraison/à crédit.

pagador, a nm/f (quien paga) payeur/euse; (cajero) caissier/ière.

pagaduría nf trésorerie f, paierie f.

pagano, a a païen(ne) // nm/f païen/ne; mécréant/e.

pagar vt payer; (devolver) rendre // vi payer; ~ **al contado/a plazos** payer au comptant/par mensualités; ~**se con algo** se payer de qch; ~**se de sí mismo** être imbu(e) de soi-même.

pagaré nm billet m à ordre.

página nf page f.

pago nm (dinero) paiement m; (fig) rendement m; (barrio) quartier m; (AM) pays m; **estar ~** être à égalité; **~ anticipado/a cuenta/a la entrega/en especie** paiement anticipé/en acompte/à la livraison/en espèces.

paila nf poêle f.

país nm pays m; **los Países Bajos** les Pays Bas mpl; **el P~ Vasco** le Pays basque.

paisaje nm paysage m.

paisano, a pays(e) // nm/f compatriote m/f; **vestir de ~** être en civil.

paja nf paille f; (fig) résidu m, vétille f; **~ brava** herbe des pampas f.

pajar nm grenier m à foin.

pájara nf oiseau m; (cometa) cerf-volant m; (mujer) voleuse f.

pajarera nf des oiseaux; (fig) gai(e), joyeux(euse) // nm oiselier m, oiseleur m // nf volière f.

pajarilla nf cerf-volant m.

pajarito nm petit oiseau; (fig) oisillon m.

pájaro nm oiseau m.

paje nm page m.

pajita nf paille f.

pajizo, a de paille; (color) jaune paille.

pala nf (instrumento) pelle f; (contenido) pelletée f; (raqueta etc) raquette f; batte f; (CULIN) palette f; (de remo) pale f; **~ matamoscas** tapette f.

palabra nf parole f; **palabreja** nf gros mot; **palabrero, a** a bavard(e) // nm/f bavard/e; **palabrota** nf grossièreté f.

palaciego, a a du palais, de cour.

palacio nm palais m; (mansión) palais, château m; **~ de justicia** palais de justice; **~ municipal** hôtel m de ville.

palada nf pelletée f.

paladar nm (ANAT) palais m; (fig) goût m, saveur f.

paladear vt savourer, déguster; (fig) faire prendre goût à.

palafrén nm palefroi m.

palanca nf levier m; (fig) piston m.

palangana nf cuvette f.

palco nm tribune f, loge f.

palenque nm enceinte f; palissade f.

paleolítico, a a paléolithique.

Palestina nf Palestine f.

palestra nf arène f.

paleto, a nm/f (ZOOL) daim/daine; (fam) rustre m, pedzouille m, paysan/ne // nf (pala chica) petite pelle; (ARTE) palette f; (TEC) pale f, palette.

paliar vt (apaciguar) pallier; (acallar: dolor) apaiser, faire taire.

palidecer vi pâlir.

palidez nf pâleur f.

pálido, a a pâle.

palillo nm bâtonnet m, petit bâton; (para dientes) cure-dent m; **~s** nmpl castagnettes fpl.

palinodia nf palinodie f.

palio nm pallium m.

paliza nf volée f (de coups); bastonnade f.

palizada nf palissade f; (lugar cercado) enceinte f.

palma nf (ANAT) paume f; (árbol) palmier m; (hoja) palme f; (datilera) dattier m; **batir o dar ~s** battre des mains.

palmada nf claque f, tape f.

palmar nm (BOT) palmeraie f // vi (fam) passer l'arme à gauche.

palmario, a, palmar a évident(e), manifeste.

palmear vi applaudir; **~ la espalda** (AM) donner une tape sur l'épaule.

palmito nm (AM) cœur m de palmier.

palmo nm (medida) empan m, pan m, paume f; (fig) petit peu.

palmotear vi applaudir; **palmoteo** nm (aplauso) applaudissement m; (palmada) tape f, claque f.

palo nm bâton m, bout m de bois; (poste) poteau m, piquet m; (vara) perche f; (mango) manche m; (de golf) club m; (de béisbol) batte f;

paloma nf pigeon m, colombe f; (fig) agneau m; ~s (NAUT) nfpl moutons mpl; **palomar** nm pigeonnier m, colombier m.

palomilla nf teigne f, mite f; écrou m; console f.

palomitas nfpl pop-corn m, maïs grillé.

palpable a palpable; (fig) tangible.

palpar vt palper, tâter; (acariciar) caresser; (caminar a tientas) tâtonner; (fig) apprécier; ~ a uno fouiller qn.

palpitación nf palpitation f.

palpitante a palpitant(e).

palpitar vi (temblar) palpiter; (latir) battre.

palúdico, a a paludéen(ne).

paludismo nm paludisme f.

palurdo, a a rustre, grossier(ière) // nm f croquant/e, pedzouille m.

palustre nf truelle f.

pamema nf histoire f; simagrées fpl.

pampa nf (AM) pampa f, plaine f.

pan nm (en general) pain m; (una barra) pain; (trigo) blé m; ~ de centeno/integral pain de seigle/complet.

pana nf velours côtelé.

panacea nf panacée f.

panadería nf boulangerie f.

panadero, a nm f boulanger/ère.

panal nm rayon m; pâte sucrée et parfumée.

Panamá nm Panama m.

panameño, a a panaméen(ne).

pandereta nf, **pandero** nm tambourin m, tambour m de basque.

pandilla nf équipe f, groupe m; bande f.

pando, a a bombé(e); plat(e); lent(e).

panegírico nm panégyrique m.

panel nm panneau m.

pánico nm panique f.

panoplia nf panoplie f.

panorama nm panorama m; (fig) perspective f; tour d'horizon m.

pantalones nmpl pantalon m.

pantalla nf (de cine) écran m; (cubre-luz) abat-jour m; (fig) paravent m.

pantano nm (ciénaga) marécage m, marais m; (depósito de agua) barrage m; (fig) difficulté f, problème m.

panteón nm panthéon m, sépulture f.

pantera nf panthère f.

pantimedias nfpl collant m.

pantomima nf pantomime f.

pantorrilla nf mollet m.

pantufla nf pantoufle f.

panza nf panse f, bedaine f.

panzudo, a, panzón, ona a ventru(e), ventripotent(e).

pañal nm lange m, couche f.

pañería nf draperie f.

pañero, a nm f drapier/ière.

paño nm (tela) drap m, tissu m, étoffe f; (pedazo de tela) drap; (trapo) torchon m; ~ higiénico serviette f hygiénique; ~s menores sous-vêtements mpl.

pañuelo nm mouchoir m; (para la cabeza) foulard m.

papa nf (AM) pomme de terre f // nm: el P~ le Pape.

papá nm (pl ~s) (fam) papa m.

papada nf double menton m.

papagayo nm perroquet m.

papalina nf bonnet m à oreilles.

papamoscas nm inv gobe-mouches m inv.

papanatas nm inv (fam) nigaud/e.

papar vt avaler.

paparrucha nf bagatelle f; blague f, bateau m.

papaya nf papaye f.

papel nm (en general) papier m; (hoja de papel) feuille f, morceau m; (TEATRO) rôle m; ~ de calcar/carbón/de cartas papier calque/carbone/à lettres; ~ de envolver/de empapelar papier d'emballage/mural; ~ engomado/de estaño/higiénico papier gommé/d'étain/hygiénique; ~ de filtro/ de fumar/de lija papier filtre/à cigarettes/de verre.

papeleo nm paperasserie f.

papelera nf (cesto) corbeille f à papier; (fábrica) papeterie f; (escritorio) cartonnier m, classeur m.

papelería nf (papeles) paperasse f; (tienda) papeterie f.

papeleta nf (pedazo de papel) billet m; (tarjeta de archivo) fiche f, (POL, ESCOL) bulletin m.

papera nf goitre m; ~s nfpl oreillons mpl.

papo nm jabot m; fanon m; double menton m; goitre m.

paquebote nm paquebot m.

paquete nm (caja) paquet m; (bulto) paquet, colis m, ballot m; (NAUT) paquebot m; (fam) snob m.

par a (igual) pareil(le); (MAT) pair(e) // nm (pareja) paire f; (dignidad) pair m; **abrir de** ~ en ouvrir tout grand; **a la** ~ **que** en même temps que; ~ **de fuerzas/de torsión** couple m de forces/de torsion.

para prep pour; **no es** ~ **comer** ce n'est pas à manger; **decir** ~ **sí** dire en soi-même; **¿** ~ **qué lo quieres?** tu le veux pour quoi faire?; **se casaron** ~ **separarse otra vez** ils se sont mariés pour de nouveau se séparer; **lo tendré** ~ **mañana** je l'aurai pour demain; **voy** ~ **la escuela** je vais à l'école; ~ **profesor es muy ignorante** pour un professeur, il est bien ignorant; **¿quién es usted** ~ **gritar así?** qui êtes-vous pour crier ainsi?; **no está** ~ **correr** il n'est pas en état de courir.

parabién nm félicitation f.

parábola nf parabole f.

parabrisas nm inv pare-brise m inv.

paracaídas nm inv parachute m.

paracaidista nm/f parachutiste m/f.

parachoques nm inv pare-chocs m inv.

parada nf ver parado.

paradero nm endroit m;

destination f; (fin) fin f, terme m.

parado, a a arrêté(e); (AM) debout; (sin empleo) en chômage; (confuso) confus(e) // nf (acto) arrêt m; (lugar) arrêt, station f; (apuesta) mise f; **parada de autobús** arrêt d'autobus; **parada de taxis** station de taxis; **parada discrecional** arrêt facultatif.

paradoja nf paradoxe m.

parador nm auberge f, hostellerie f, hôtel m (luxueux).

parafina nf paraffine f.

paragolpes nm inv pare-chocs m inv.

paraguas nm inv parapluie m.

Paraguay nm: **el** ~ (le) Paraguay.

paraíso nm paradis m.

paraje nm endroit m.

paralelo, a a parallèle.

parálisis nf paralysie f; **paralítico, a** a paralytique // nm/f paralytique m/f; **paralizar** vt paralyser; **paralizarse** vr se paralyser.

paramento nm ornement m; caparaçon m.

páramo nm (meseta) plateau m; (tierra baldía) étendue f désertique.

parangón nm modèle m, parangon m.

paranoico, a nm/f paranoïaque m/f.

parapetarse vr s'abriter, se protéger.

parapeto nm (barandilla) parapet m; (terraplén) remblai m.

parapléjico, a a paraplégique // nm/f paraplégique m/f.

parar vt (poner fin a) arrêter, cesser; (detener) arrêter; (desviar: golpe) parer // vi arrêter, s'arrêter; (hospedarse) loger, descendre; ~**se** vr s'arrêter; (AM) se lever; **de** arrêter de; ~**se a pensar** réfléchir.

pararrayos nm inv paratonnerre m.

parasitario, a, parasítico, a a parasitaire.

parásito, a a parasite // nm/f parasite m/f.

parasol nm parasol m.

parcela nf parcelle f; **parcelar** vt (*dividir en parcelas*) parceller; (*hacienda*) morceler.

parcial a (*de una parte*) partiel(le); (*injusto*) partial(e) // nm/f partisan/e; **parcialidad** nf (*prejuicio*) partialité f; (*partido, facción*) parti m, clan m, faction f.

parco, a a (*frugal*) sobre; (*mezquino*) chiche, mesquin(e); (*moderado*) modéré(e).

parche nm (*MED*) emplâtre m; (*AUTO*) pièce f, rustine f; **pegar un** ~ (*fam*) refaire qn.

pardal nm (*ave*) moineau m; bouvreuil m; (*BOT*) aconit m.

pardillo nm toile grise.

pardo, a a (*color café*) brun(e); (*gris, oscuro*) gris(e), sombre.

parear vt (*juntar, hacer par*) apparier, assortir; (*BIO*) appareiller.

parecer nm (*opinión*) opinion f, avis m; (*aspecto*) physique m, air m // vi (*tener apariencia*) avoir l'air, paraître; (*asemejarse*) sembler; (*aparecer, llegar*) apparaître; ~**se** vr se ressembler; ~**se a** ressembler à; **según** o **a lo que parece** à ce qu'il semble; **me parece que** il me semble que; **parecido, a** a pareil(le) // nm ressemblance f; **bien parecido** pas mal; **mal parecido** moche.

pared nf mur m; ~ **por medio** séparé par un mur; **subirse por las** ~**es** (*fam*) se donner des airs.

paredón nm gros mur.

parejo, a a (*igual*) pareil(le); (*liso*) régulier(ière) // nf (*dos*) paire f; (*el otro: de un par*) partenaire m/f; **ir** ~ **con** aller de pair avec; **correr parejas** aller de pair.

parentela nf parenté f.

parentesco nm parenté f.

paréntesis nm inv parenthèse f; (*digresión*) digression f.

parezco etc vb ver **parecer**.

paria nm/f paria m.

paridad nf parité f.

pariente, ta nm/f parent/e.

parihuela nf civière f, brancard m.

parir vt enfanter // vi (*mujer*) mettre au monde; mettre bas.

París n Paris.

parla nf bavardage m.

parlamentar vi (*hablar*) bavarder; (*negociar*) parlementer.

parlamentario, a a parlementaire // nm/f parlementaire m/f.

parlamento nm (*POL*) parlement m; (*conversación*) pourparlers mpl.

parlanchín, ina a bavard(e) // nm/f bavard/e.

parlar vi bavarder; **parlero, a** a bavard(e), cancanier(ière); (*pájaro*) chanteur(euse).

parloteo nm (*fam*) papotage m, bavardage m.

paro nm (*huelga*) débrayage m, grève f; (*desempleo*) chômage m; **subsidio de** ~ allocation f de chômage; **en** ~ au chômage.

parodia nf parodie f; **parodiar** vt parodier.

paroxismo nm paroxysme m.

parpadear vi (*los ojos*) ciller, papilloter; (*luz*) vaciller, trembloter.

parpadeo nm cillement m; (*de luz*) tremblotement m.

párpado nm paupière f.

parque nm (*lugar verde*) parc m; (*depósito*) dépôt m; ~ **de atracciones/de estacionamiento/ zoológico/de juegos** parc d'attractions/de stationnement/ zoologique/de jeux.

parquedad nf (*frugalidad*) modération f, parcimonie f; (*avaricia*) avarice f.

parquímetro nm parcmètre m.

parra nf treille f.

párrafo nm paragraphe m; **echar un** ~ (*fam*) tailler une bavette.

parral nm treille f.

parranda nf (*fam*) noce f, fête f, foire f.

parricida nm/f parricide m/f.

parricidio nm parricide m.

parrilla nf (*CULIN*) grill m; (*de coche*) calandre f.

parrillada nf barbecue m.

párroco nm curé m.

parroquia nf paroisse f;

parroquiano, a nm/f (REL) paroissien/ne; (cliente) habitué/e.

parsimonia nf (cautela) parcimonie f; (tranquilidad) modération f.

parte nm rapport m, communiqué m // nf (porción) partie f, (lado, cara) côté m; (MUS, TEATRO) rôle m, partie; (de reparto) part f; (lugar) endroit m; **dar ~** avertir; **de algún tiempo a esta ~** depuis quelque temps; **de ~ de alguien** de la part de qn; **por ~ de** du côté de; **por otra ~** par ailleurs.

partera nf sage-femme f.

partición nf division f, partage m.

participación nf (acto) participation f; (parte) part f; (COM) action f; (de lotería) petit prix; (aviso) faire-part m.

participante nm/f participant/e.

participar vt annoncer // vi prendre part, participer; **~ de o en** partager.

partícipe nm/f participant/e; **hacer ~ a uno de algo** faire part de qch à qn.

particular a (especial) particulier(ière); (propio) propre, particulier; (individual, personal) personnel(le) // nm (punto, asunto) sujet m, question f, point m; (individuo) particulier m; **particularizar** vt distinguer, caractériser; (especificar) spécifier, préciser; (detallar) particulariser.

partida nf (salida) départ m; (COM) poste m, chapitre m, article m; (juego) partie f; (grupo, bando) bande f; **mala ~** mauvais tour; **~ de bautismo/matrimonio/defunción** acte m de baptême/mariage/décès; **~ de nacimiento** extrait m de naissance.

partidario, a a partisan(e) // nm/f adepte m/f, supporter m, partisan/e.

partido nm (POL) parti m; (encuentro) partie f, match m, rencontre f; (apoyo) appui m f; **sacar ~ de** tirer parti de; **tomar ~ en** o **por** prendre parti pour.

partir vt (dividir) diviser; (compartir, distribuir) partager, distribuer; (romper) casser; (cortar) fendre, casser // vi (tomar camino) partir; (comenzar) commencer; **~se** vr se casser; **a ~ de** à partir de.

partitura nf partition f.

parto nm (de animal) parturition f; (de niño) accouchement m; (fig) enfantement m, création f; **estar de ~** être en couches.

parturienta nf femme qui accouche, femme en couches.

parva nf airée f.

parvedad nf petitesse f.

parvulario nm jardin m d'enfants, école maternelle.

pasa nf raisin sec; **~ de Corinto/de Esmirna** raisin de Corinthe/de Smyrne.

pasable ad passable.

pasada nf ver **pasado**.

pasadero, a a passable, tolérable // nf pierre permettant de passer la rivière à gué.

pasadizo nm (pasillo) corridor m; (callejuela) passage m (d'une ruelle).

pasado, a a passé(e), vieilli(e); (malo: comida, fruta) passé(e), faisandé(e); (muy cocido) trop cuit(e); (anticuado) vieilli; démodé(e) // nm passé m // pt passage m; (acción de pulir) polissage m; **~s** nmpl ancêtres mpl, anciens mpl; **~ mañana** après-demain; **dicho sea de pasada** soit dit en passant; **hacer una mala pasada** jouer un tour pendable.

pasaje nm (acción) passage m; (estrecho) chenal m, passe f; (pago de viaje) passage, billet m; (los pasajeros) passagers mpl; (pasillo) corridor m.

pasajero, a a passager(ère) // nm/f passager/ère.

pasamanos nm rampe f, main courante.

pasante nm/f auxiliaire m/f répétiteur/trice, assistant/e.

pasaporte nm passeport m.

pasar vt passer; (*transmitir, heredar, transferir*) transmettre; (*atravesar*) franchir, traverser; (*penetrar*) pénétrer, pénétrer; (*examen*) passer avec succès, être reçu à; (*tolerar*) laisser passer; (*superar*) dépasser, surpasser; (*coche*) doubler; (*enfermedad*) se guérir; (*durezas*) endurer, souffrir // vi passer; (*en examen*) être reçu; (*terminarse*) se terminer; (*ocurrir*) se passer, arriver; ~**se** vr (*frutas, flores*) se gâter, se faner; (*CULIN*) être trop cuit; (*fig*) dépasser (les bornes); ~ **la mano/el cepillo por el pelo** se passer la main/la brosse dans les cheveux; ¡**pase**! entrez!; ~ **adelante** devant; **el pasa por buen escritor** il passe pour un bon écrivain; (*en ajedrez*) passer à l'ennemi; **se me pasó** j'ai oublié; **no se le pasa nada** rien ne lui échappe.

pasarela *nf* passerelle *f*.

pasatiempo *nm* passe-temps *m inv.*

Pascua *nf*: ~ **de** (**de Resurrección**) Pâques *fpl* ou *m*; ~ **de Navidad** Noël *m*; ~ **de Pentecostés** Pentecôte *f*; ~**s** *nfpl* vacances *fpl* de Noël; ¡**felices** ~**s**! joyeux Noël! **hacer las** ~**s a uno** (*fam*) tromper qn.

pase *nm* permis *m*, laissez-passer *m*.

paseante *nm/f* promeneur/euse; (*pey*) oisif/ive, fainéant/e.

pasear vt promener // vi, ~**se** vr se promener; (*holgazanear*) fainéanter.

paseo *nm* (*avenida*) promenade *f*; (*de torero*) défilé *m*; **dar un** ~ faire une promenade.

pasillo *nm* (*pasaje*) couloir *m*, corridor *m*; (*TEATRO*) promenoir *m*.

pasión *nf* passion *f*; **tener** ~ **por** avoir la passion de.

pasito *ad* doucement; ~ **a paso** tout doucement, pas à pas.

pasividad *nf* passivité *f*.

pasivo, a *a* (*inactivo*) passif/ive; (*sumiso*) soumis/e; // *nm* passif *m*.

pasmado, a *a* (*atónito*) stupé-

pasmar vt (*asombrar*) ébahir, stupéfier; (*enfriar*) geler, glacer; **pasmo** *nm* (*asombro*) étonnement *m*, stupéfaction *f*; (*fig*) sujet *m* d'étonnement, prodige *m*; (*tétano*) tétanos *m*; (*enfriamiento*) refroidissement *m*; **pasmoso, a** a étonnant(e), stupéfiant(e).

paso, a a sec(sèche) // *nm* (*de pie*) pas *m*; (*modo de andar*) allure *f*, pas; (*huella*) pas; (*distancia*) pas, distance *f*; (*rapidez*) allure; (*de baile*) pas, figure *f*; (*cruce*) passage à niveau *m*; (*pasaje*) passage; (*GEO*) pas // *ad* doucement, lentement; **a ese** ~ (*fig*) à ce train-là; **salir al** ~ **de** *o* **a** aller au-devant de; **estar de** ~ être de passage; ~ **elevado/inferior** passage aérien/ sous pont; ~ **a desnivel** dénivellation *f*.

pasta *nf* (*CULIN*: *masa*) pâte *f*; (: *masa cocida*) petits gâteaux; (*de dientes*) pâte dentifrice; (*de pan*) galette *f*, fric *m*; ~**s** *nfpl* pâtes alimentaires; ~ **de carne** pâte *m* de viande; ~ **de dientes** *o* **dentífrica** pâte dentifrice; ~ **de madera** pâte de bois.

pastar, pastear vt, vi paître.

pastel *nm* (*dulce*) gâteau *m*; (*de carne*) pâté *m*; (*ARTE*) pastel *m*; **pastelería** *nf* pâtisserie *f*; **pastelero, a** *nm/f* pâtissier/ière.

pasteurizado, a *a* pasteurisé(e).

pastilla *nf* (*de jabón*) savonnette *f*; (*de chocolate*) carré *m*, morceau *m*; (*píldora*) pastille *f*, cachet *m*.

pasto *nm* (*hierba*) fourrage *m*, pâture *f*; (*lugar*) pâturage *m*, pacage *m*.

pastor, a *nm/f* berger/ère // *nm* pasteur *m*.

pastorear vt mener paître // vi paître, pâturer.

pastoso, a a pâteux(euse); (*voz*) riche, épais(se).

pat *abr de* patente.

pata *nf* (*ZOOL*: *pie*) patte *f*; (*de*

muebles) pied m; (ZOOL: pato hembra) cane f; **enseñar** o **sacar la ~** montrer le bout de l'oreille; (TEC): **~ de cabra** guinche f; **~ de gallo** pied de coq ou de poule, patte d'oie; **patada** nf coup m de pied.

patalear vi trépigner; **pataleo** nm trépignement m.

patán nm paysan m, rustre m; (pey) rustaud m, balourd m.

patata nf pomme de terre f, patate f; **~s al vapor** pommes vapeur; **~s fritas** o **a la española** pommes de terre frites; **~s inglesas** chips mpl.

patatús nm malaise m, évanouissement m.

patear vt (pisar) piétiner; (pegar con el pie) donner des coups de pied à; (fig) piétiner, mépriser // vi trépigner.

patente a évident(e); (COM) exclusif(ive) // nf patente f; **patentizar** vt mettre en évidence.

paternal a paternel(le).

paternidad nf paternité f.

paterno, a a paternel(le).

patético, a a pathétique.

patíbulo nm échafaud m.

patidifuso, a a (fam) épaté(e), bouche bée.

patillas nfpl pattes fpl, favoris mpl.

patín nm patin m.

patinaje nm patinage m.

patinar vi patiner; (resbalarse) déraper, riper; (fam) se gourer // vt patiner.

patineta nf patinette f.

patio nm (de casa) cour f; (TEATRO) orchestre m.

pato nm canard m; **pagar el ~** (fam) payer les pots cassés.

patológico, a a pathologique.

patoso, a a assommant(e) // nm/f raseur/euse; (fam) malin/igne.

patraña nf bobard m.

patria nf patrie f; **~ chica** ville natale.

patriarca nm patriarche m.

patrimonio nm patrimoine m.

patriota nm/f patriote m/f; **patriotero, a** a chauvin(e); patrio-

tismo nm patriotisme m.

patrocinar vt patronner, protéger; **patrocinio** nm (respaldo) appui m, patronage m; (mecenazgo) protection f.

patrón, ona nm/f patron/ne; (dueño) maître/sse; (propietario) propriétaire m/f // nm patron m; **patronal** a patronal(e); **patronato** nm patronage m; (COM) patronat m.

patrulla nf patrouille f; **patrullero** nm patrouilleur m.

paulatinamente ad lentement, en douceur.

paupérrimo, a a très pauvre.

pausa f (intervalo) intervalle m; (interrupción) pause f.

pausado, a a lent(e).

pauta nf (línea, guía) ligne f, guide m; (regla) règle f; (modelo, norma) modèle m, norme f.

pava nf dinde f; **pelar la ~** (fam) faire la cour.

pavimentar vt paver, daller, carreler.

pavimento nm pavé m, carrelage m, dallage m.

pavo nm dindon m; (fam) âne m, cloche f; **comer ~** faire tapisserie.

pavón nm paon m; (TEC) brunissage m, bleussage m.

pavonearse vr se pavaner.

pavor nm frayeur f; **pavoroso, a** a effrayant(e).

payasada nf (truco) clownerie f; (estupidez, tontería) pitrerie f; **~s** nfpl clowneries fpl.

payaso, a nm/f clown m.

paz nf (pl **paces**) paix f; (tranquilidad) tranquillité f.

p.c. (abr de por ciento) pour cent.

P.C.E. abr de Partido Comunista Español.

P.D. (abr de posdata) P.S.

peaje nm péage m.

peatón nm piéton m.

pebete nm (incienso) encens m parfum à brûler; (MIL) mèche f amorce f; (AM) gosse m.

peca nf tache f de rousseur.

pecado nm péché m.

pecador, a a pécheur (cheresse) // nm // pécheur/cheresse.

pecaminoso, a a coupable.

pecar vi (REL) pécher; ~ **de** (fig) pécher par.

pecera nf aquarium m.

pecoso, a a criblé(e) de taches de rousseur.

pecuario, a a de l'élevage.

peculiar a particulier(ière), spécial(e); **peculiaridad** nf particularité f; (característica) caractéristique f.

pecunia nf (fam) galette f, fric m.

pecuniario, a a pécuniaire.

pechar vt payer; ~ **a uno** taper qn.

pechera nf (de camisa) plastron m; (MIL) devant m de protection, plastron.

pecho nm (ANAT) poitrine f; (fig) cœur m; **a ~ descubierto** (fig) à découvert; **dar el ~ a** donner le sein à; **tomar algo a ~** prendre qch à cœur.

pechuga nf blanc m (de volaille).

pedagogía nf pédagogie f.

pedal nm pédale f; ~ **de acelerador/de embrague/de freno** pédale d'accélérateur/d'embrayage/de frein; **pedalear** vi pédaler.

pedante a pédant(e), prétentieux(euse) // nm // pédant/e; **pedantería** nf pédantisme m.

pedazo nm morceau m.

pederasta nm pédéraste m.

pedernal nm silex m.

pedestrismo nm course f à pied.

pediatría nf pédiatrie f.

pedicuro, a nm // f pédicure m/f.

pedido nm (COM. mandado) commande f; (petición) demande f.

pedigüeño, a a quémandeur (euse).

pedimento nm demande f.

pedir vt demander; (comida) commander; (COM. mandar) commander; (exigir: precio) demander; (necesitar) requérir // vi demander; ~ **que ...** demander de ...; **¿cuánto piden por el coche?** combien

demandent-ils pour la voiture?; ~ **en casamiento** demander en mariage; **a ~ de boca** au bon moment.

pedrada nf coup m de pierre.

pedrea nf (pelea) combat m à coups de pierres; (METEOROLOGÍA) grêle f.

pedregal nm terrain pierreux.

pedregoso, a a rocailleux(euse).

pedrera nf ver **pedrero**.

pedrería nf pierreries fpl, pierres précieuses.

pedrero, a nm // f carrier m, tailleur m de pierres // nf carrière f.

pedrisco nm (lluvia) grêle f de pierres; (montón) rocaille f.

pedrusco nm grosse pierre.

pega nf (acción de pegar) collage m; (golpeo) volée f, raclée f; (trampa) blague f, attrape f; (problema) difficulté f.

pegadizo, a a collant(e); contagieux(euse) // nm // f parasite m/f.

pegajoso, a a collant(e); contagieux(euse); (dulzón) mielleux-(euse), sucré(e).

pegamento nm colle f.

pegar vt (con goma) coller; (poner en la pared: afiche) afficher; (coser) coudre; (unir: partes) unir; (MED) passer, donner; (dar: golpe) coller, flanquer // vi (adherirse) adhérer; (BOT) prendre; (funcionar) coller, fonctionner; (ir juntos: colores) aller (ensemble); (golpear) heurter; (quemar: el sol) taper; ~**se** vr se coller; (CULIN) attacher; (fam): ~ **un grito** pousser des cris; ~ **un salto** faire un bond; ~ **en se joindre** à; ~ **con uno** rencontrer qn; ~**se a uno** se coller à qn; ~**se un tiro** se tirer un coup de pistolet.

peina nf grand peigne.

peinado, a a peigné(e) // nm coiffure f // nf coup m de peigne.

peinador, a nm // f coiffeur/euse // nm peignoir m.

peinar vt peigner; ~**se** vr se coiffer.

peine nm peigne m.

peineta nf = peina.

p. ej. (abr de por ejemplo) p. ex.

Pekín n Pékin.

pelado, a a pelé(e) // nm pelade ou calvitie partielle; (fig) sans- le-sou m.

peladura nf (acto) épluchage m; (parte sin piel) écorchure f, pelade f; ~s nfpl écorchures fpl (dues aux coups de soleil).

pelagatos nm inv pauvre diable m.

pelaje nm (ZOOL) pelage m, robe f; (fig) allure f.

pelambre nm (pelo largo) poil m, pelage m, tignasse f; (piel de animal cortado) peaux fpl; (parte sin piel) pelade f.

pelar vt (cortar el pelo a) couper les cheveux de ou à; (quitar la piel: animal, verduras, fruta) éplucher; peler; (persona) éreinter; ~se vr (la piel) peler; (persona, animal) se déplumer.

peldaño nm marche f.

pelea nf (lucha) lutte f; (discusión) discussion f; **peleador, a** a combattant(e); batailleur(euse); combatif(ive).

pelear vi (luchar) combattre, lutter; (fig) se battre; (: competir) concourir, rivaliser; ~se vr se battre; (reñirse) se disputer.

pelele nm pantin m.

peleón, ona a combatif(ive); agressif(ive).

peletería nf magasin m de fourrures.

peliagudo, a a ardu(e); épineux(euse).

pelícano, pelicano nm pélican m.

pelicorto, a a à poil ras; à cheveux courts.

película nf (CINE) film m; (cobertura ligera) pellicule f; (FOTO: rollo) pellicule f.

peligrar vi être en danger.

peligro nm (riesgo) péril m, danger m; (amenaza) risque m; **peligroso, a** a (arriesgado) dangereux(euse),

risqué(e); (amenazante) mena- çant(e).

pelillo nm vétilles fpl.

pelirrojo, a a roux(rousse).

pelo nm (cabellos) cheveux mpl; (de barba, bigote) poil m; (de animal: pellejo) pelage m, robe f; (de la piel de la fruta, de los pájaros) duvet m; (TEC: fibra, filamento) filament m, brin m; (: de reloj: resorte) ressort m; (: grieta) paille f; **al ~** au quart de poil; **venir al ~** tomber à pic; **de medio ~** quelconque, ordinaire; **un hombre de ~ en pecho** un brave homme; **por los ~s** de justesse; **no tener ~s en la lengua** ne pas avoir sa langue dans sa poche, ne pas mâcher ses mots; **tomar el ~ a uno** faire marcher qn.

pelón, ona a tondu(e), chauve; (fig) fauché(e).

pelota nf (balón) balle f, ballon m; (de fútbol) ballon de football; (fam: cabeza) bille f; ~ **vasca** pelote f basque.

pelotear vt vérifier // vi (jugar) faire des balles; (discutir) se disputer; **pelotera** nf (fam) dispute f, chamaillerie f.

pelotón nm (pelota) gros ballon; (muchedumbre) foule f; (MIL) peloton, piquet m.

peltre nm étain m.

peluca nf perruque f.

peluche nm peluche f.

peludo, a a velu(e), poilu(e).

peluquería nf salon m de coiffure.

peluquero, a nm/f coiffeur/euse.

peluza nf peau f, (fam) malgrichon m.

pellejo nm (de animal) peau f; (de fruta) peau, pelure f.

pellizcar vt pincer.

pena nf (congoja) peine f; (ansia) angoisse f; (remordimiento) remords m; (dolor) douleur f, souffrance f; **merecer o valer la ~** valoir la peine; **a duras ~s** à grand-peine; ~ **de muerte/pecuniaria** peine de mort/pécuniaire.

penacho nm aigrette f.

penal a pénal(e) // nm (cárcel) prison f; (fútbol) penalty m.

penalidad nf (problema, dificultad) peine f, souffrance f, difficulté f; (JUR) pénalité f.

penar vt condamner à une peine, punir // vi souffrir, peiner; ~se vr se plaindre, se lamenter.

pendencia nf dispute f; **pendenciero, a** a querelleur(euse), batailleur (euse) // nm voyou m.

pender vi (colgar) pendre; (JUR) être en suspens.

pendiente a (colgante) suspendu(e); (por resolver) en suspens, en cours // nm boucle d'oreille f // nf côte f.

péndola nf plume f.

pendón nm bannière f; (fam) personne f en guenilles.

péndulo nm pendule m, balancier m.

pene nm pénis m.

penetración nf (acto) pénétration f; (agudeza) finesse f.

penetrante a pénétrant(e); (persona) fin(e); (sonido, viento, mirada, ironía) perçant(e).

penetrar vt (abrir camino) pénétrer; (permear) passer au travers de, traverser // vi pénétrer; (emoción) affecter; ~se vr: ~se de (imbuirse) s'inspirer de; (entender a fondo) se pénétrer.

penicilina nf pénicilline f.

península nf péninsule f; **peninsular** a péninsulaire.

penitencia nf (remordimiento) remords m; (castigo) pénitence f; **penitencial** a pénitentiel(le); **penitenciaría** nf pénitencier m.

penitente nm/f (REL) pénitent/e.

penoso, a a pénible; douloureux(euse).

pensador, a nm/f penseur/euse.

pensamiento nm (capacidad de pensar) pensée f; (mente) esprit m; (idea) idée f, pensée; (intento) intentive f; (BOT) pensée.

pensante a pensant(e).

pensar vt (reflexionar) penser;

(proponerse) se dire; (imaginarse) s'imaginer; (creer, opinar) croire // vi penser; ~ en penser à; **pensativo, a** a pensif(ive).

pensión nf (casa) pension f; (dinero) pension, retraite f; (cama y comida) pension; (beca) bourse f; **pensionista** nm/f (jubilado) pensionné/e, retraité/e; (quien vive en pensión) pensionnaire m/f.

Pentecostés nm o f Pentecôte f.

penúltimo, a a avant-dernier (ière).

penumbra nf pénombre f.

penuria nf pénurie f.

peña nf (roca, cuesta) rocher m; (círculo, grupo) cercle m, groupe m.

peñascal nm terrain couvert de rochers.

peñasco nm rocher m.

peñón nm rocher m; **el P~** le rocher de Gibraltar.

peón nm manœuvre m; (AM) ouvrier m agricole, péon m; (MIL) fantassin m; (TEC) arbre m; **peonaje** nm équipe f de manœuvres; infanterie f.

peonía nf pivoine f.

peonza nf (trompa) toupie f; (fam) personne affairée.

peor a pire // ad pis.

pepinillo nm cornichon m.

pepino nm concombre m.

pepita nf (BOT) pépin m; (MINERÍA) pépite f.

pepitoria nf méli-mélo m, embrouillamini m.

pequeñez nf petitesse f; (infancia) enfance f; (trivialidad) bagatelle f, rien m.

pequeño, a a a petit(e).

pera nf (BOT) poire f; (ELEC) poire, interrupteur m; (barbilla) barbiche f; **peral** nm poirier m.

perca nf perche f.

percance nm contretemps m.

percatarse vr: ~ de se rendre compte de, s'informer de.

percebe nm pouce-pied m, anatife m.

percepción nf (vista) perception

f; (idea) idée f; (colecta de fondos) perception.

perceptible a perceptible, percevable.

perceptor, **a** nm/f percepteur/trice; ~ **de impuestos** (AM) percepteur des contributions.

percibir vt percevoir; (COM) toucher, percevoir.

percusión nf percussion f.

percha nf (poste) perche f, poteau m; (ganchos) crochet m, cintre m; (colgador) patère f, porte-manteau m; (de ave) perchoir m.

perchero nm porte-manteau m.

perdedor, a a (que pierde) perdant(e); (olvidadizo) oublieux(euse) // nm/f perdant/e.

perder vt perdre; (tiempo, palabras) perdre; (oportunidad) rater, manquer; (tren) rater, manquer // vi s'abîmer, s'endommager; ~**se** vr (extraviarse) s'égarer, se fourvoyer; (desaparecer) se perdre; (desgastarse) s'user; (arruinarse) se ruiner; (hundirse) se perdre, couler, sombrer.

perdición nf perte f.

pérdida nf perte f.

perdido, a a perdu(e); (vicioso) invétéré(e) // nm vaurien m.

perdidoso, a a (que pierde) perdant(e); (fácilmente perdido) perdable, qui peut être perdu(e)?

perdigón nm perdreau m; **perdigones** nmpl chevrotine f, petit plomb.

perdiz nf perdrix f.

perdón nm (disculpa) pardon m, excuse f; (clemencia) pardon m, clémence f; **¡ hablando con ~ soit** dit sans vous offenser.

perdonar vt, vi pardonner.

perdurable a éternel(le).

perdurar vi (resistir) durer longtemps, résister; (seguir existiendo) subsister.

perecedero, a a périssable, transitoire; mortel(le).

perecer vi (morir) mourir; (objeto) se briser.

peregrinación nf pérégrination f.

peregrinar vi (ir y venir) aller et venir, se déplacer; (viajar) voyager; (REL) aller en pèlerinage.

peregrino, a a (que viaja) voyageur(euse); (nuevo) nouveau(elle); (: exótico, extraordinario) exotique // nm/f pèlerin/e.

perejil nm persil m; ~**es** nmpl (fam) babioles fpl.

perenne a permanent(e), perpétuel(le).

perentorio, a a (urgente) urgent(e), pressant(e), péremptoire; (fijo) fixe.

pereza nf (flojera) paresse f, flemme f; (lentitud) lenteur f, indolence f; **perezoso, a** a (flojo) paresseux(euse); (lento) indolent(e)

perfección nf perfection f.

perfeccionar vt perfectionner (acabar) parfaire.

perfecto, a a a parfait(e); (terminado) parfait, terminé(e).

perfidia nf perfidie f.

perfil nm (parte lateral) profil m; (silueta) silhouette f, (ARQ) coupe (fig) portrait m, esquisse f; **perfilado, a** a (bien formado) bien fait(e), régulier(ière); (largo: cara) profilé(e), effilé(e); **perfilar** vt (trazar) profiler, esquisser; (de caráter) caractériser; **perfilarse** vr se profiler; (fig) se définir.

perforación nf perforation f; (con taladro) poinçonnement m, poinçonnage m.

perforadora nf (taladro) perforatrice f, perceuse f; poinçonneuse f

perforar vt (agujerear) perforer (fuente, túnel) percer // vi forer.

perfumado, a a parfumé(e).

perfumar vt parfumer.

perfume nm parfum m **perfumería** nf parfumerie f.

pergamino nm parchemin m.

pergenar vt ébaucher.

pergeño nm allure f.

pericia nf (arte, capacidad) habileté f, adresse f; (hecho de experto) compétence f.

perico nm perruche f.

periferia nf périphérie f.

perilla nf (barbilla) barbiche f; (ELEC) poire f; (de la oreja) lobe m; **venir de ~s** tomber à pic.

periódico, a a périodique // nm journal m, périodique m; **periodismo** nm journalisme m; **periodista** nm/f journaliste m/f; **periodístico, a** a journalistique.

periodo, período nm (lapso de tiempo) période f; (MED) règles fpl.

peripecia nf péripétie f.

perito, a a, nm/f compétent(e); (con arte) expert(e) // nm/f (experto) expert m; (técnico) ingénieur m.

perjudicar vt (dañar) nuire à; (poner en riesgo) risquer; **~se** vr se faire du tort; **perjudicial** a (dañino) nuisible; (en detrimento de) préjudiciable; **perjuicio** nm (daño) préjudice m; (pérdidas) pertes fpl.

perjurar vi (mentir) se parjurer; (jurar) jurer souvent; **perjuro, a** a a nm/f parjure m/f.

perla nf perle f.

perlesía nf paralysie f.

permanecer vi (quedarse) rester; (seguir) continuer de.

permanencia nf (duración) permanence f; (estancia) séjour m.

permanente a (que queda) permanent(e); (constante) constant(e) // nf permanente f.

permisible a autorisable.

permiso nm permission f; (licencia) licence f; **con ~ (de)** avec la permission de; **estar de ~** (MIL) être en permission; **~ de conducir** o **conductor** permis m de conduire.

permitir vt (dejar) permettre, laisser; (aceptar) accepter.

permuta nf (intercambio) échange m; (regateo) marchandage m; **permutar** vt permuter, échanger.

pernear vi gigoter.

pernicioso, a a (maligno) pernicieux(euse); (MED) malin(igne); (persona) mauvais(e), méchant(e).

pernil nm (ZOOL) hanche f et cuisse

f; (CULIN) jambon m, cuisot m; (de pantalón) jambe f.

perno nm boulon m.

pernoctar vi découcher, passer la nuit.

pero conj mais; (aún) cependant // nm (defecto) défaut m; (reparo) objection f.

perogrullada nf lapalissade f.

perol nm bassine f.

peroración nf péroraison f.

perorar vi prononcer un discours; (fam) pérorer.

perpendicular a perpendiculaire // nf perpendiculaire f.

perpetración nf perpétration f.

perpetrar vt perpétrer.

perpetuamente ad perpétuellement.

perpetuar vt perpétuer.

perpetuidad nf perpétuité f.

perpetuo, a a perpétuel(le); (duradero) durable; (sin cesar) constant(e).

perplejidad nf perplexité f.

perplejo, a a perplexe.

perra nf chienne f; **~ chica/gorda** monnaie de 5/10 centimes.

perrada nf meute f.

perrera nf chenil m.

perrería nf (perrada) meute f; (fig) bande f (de coquins).

perrillo nm (perro) petit chien m; (MIL) chien m.

perro nm chien m; **~ caliente** hot dog m.

persa a persan(e) // nm/f Persan/e // nm perse m.

persecución nf persécution f, poursuite f.

perseguidor, a nm/f (cazador) poursuivant/e; (que persigue) persécuteur/trice.

perseguir vt poursuivre; (cortejar) briguer, prétendre à; (molestar) persécuter.

perseverante a persévérant/e.

perseverar vi persévérer; **~ en** persister à, continuer à.

persiana nf persienne f.

persistente a persistant(e).

persistir vi persister; ~ **en** persister à ou dans.

persona nf personne f.

personaje nm personnage m; (TEATRO) rôle m.

personal a (particular) particulier(ière); (para una persona) personnel(le) // nm personnel m; **personalidad** nf personnalité f; **personalismo** nm (referencias personales) personnalisme m; (egoísmo) égoïsme m; **personalizar** vt personnaliser, symboliser // vi personnaliser.

personarse vr se présenter.

personificar vt (ejemplificar) personnifier; (hacer mención especial) personnaliser.

perspectiva nf (vista, panorama) perspective f, point de vue m; (posibilidad futura) perspective f.

perspicacia nf perspicacité f.

perspicaz a (agudo: de la vista) pénétrant(e); (fig) perspicace.

perspicuidad nf perspicacité f.

persuadir vt persuader; ~**se** vr se persuader, croire; **persuasión** nf (acto) persuasion f; (estado de mente) conviction f; **persuasivo, a** a persuasif(ive).

pertenecer vi appartenir; (fig) concerner, incomber; **pertenencia** nf possession f; **pertenencias** nfpl propriétés fpl.

pertinacia nf persistance f; (terquedad) obstination f.

pertinaz a (persistente) persistant(e); (terco) tenace, obstiné(e).

pertinente a pertinent(e); ~ **a** concernant, à propos de, au sujet de.

pertrechar vt (abastecer) munir, équiper, (MIL) approvisionner; ~**se** de se munir de.

pertrechos nmpl (instrumental) équipement m, outils mpl; (MIL) munitions fpl.

perturbación nf (POL) perturbation f, trouble m; (MED) trouble m.

perturbado, a a dérangé(e) (mentalement) // nm/f malade mental/e.

perturbador, a a (que perturba) perturbateur(trice); (subversivo) subversivo; embarrassant(e) // nm/f perturbateur/ trice.

perturbar vt (el orden) perturber, troubler; (mentalmente) troubler, déranger.

Perú nm: el ~ (le) Pérou.

peruano, a a à péruvien(ne) // nm/f Péruvien/ne.

perversidad nf (maldad) perversité f; (depravación) perversité, dépravation f.

perversión nf perversion f.

perverso, a a pervers(e); (depravado) dépravé(e).

pervertido, a a corrompu(e), perverti(e) // nm/f pervertisseur/euse.

pervertir vt (corromper) pervertir; (distorsionar) dénaturer.

pesa nf poids m.

pesadez nf (peso) lourdeur f; (lentitud) lenteur f; (aburrimiento) ennui m.

pesadilla nf cauchemar m.

pesado, a a (que pesa) lourd(e) pesant(e); (lento) lent(e); (difícil duro) pénible, dur(e); (aburrido) ennuyeux(euse), assommant(e) (bochornoso) lourd.

pesadumbre nf chagrin m, traca m.

pésame nm condoléances fpl.

pesantez nf pesanteur f.

pesar vt peser // vi peser; (ser pesado) être lourd(e) // nm chagri m, peine f; a ~ **de** o **pese a (que** en dépit de, malgré.

pesaroso, a a peiné(e), désolé(e).

pesca nf (acto) pêche f; (cantida de pescado) poisson m, pêche.

pescadería nf poissonnerie f.

pescado nm poisson m.

pescador, a nm/f pêcheur/euse.

pescante nm support m, siège du cocher.

pescar vt pêcher; (conseguì trabajo) attraper, (décroche (desenterrar: datos) pêche exhumer.

pescuezo nm cou m.

pesebre nm râtelier m, mangeoire f.

peseta nf peseta f.

pesetero, a a mercenaire.

pesimista a pessimiste // nf pessimiste m/f.

pésimo, a a très mauvais(e).

peso nm poids m; (carga) charge f; (de boxeo) pesage m; (balanza) balance f; (moneda) peso m; **vender al ~** vendre au poids.

pesquería nf pêcherie f.

pesquisa nf recherche f, enquête f.

pestaña nf (ANAT) cil m; (borde) bord m, rentré m; **pestañear, pestañar** vi cligner des yeux, ciller.

peste nf (MED) peste f; (plaga, molestia) fléau m; (mal olor) puanteur f, infection f.

pesticida nm pesticide m.

pestífero, a a (maloliente) pestilentiel(le); (dañino) pestiféré(e).

pestilencia nf (plaga) fléau m; (mal olor) pestilence f.

pestillo nm targette f, verrou m.

petaca nf grand sac; portecigarettes m inv; (AM) malle f // a paresseux(euse).

pétalo nm pétale m.

petardista nm (tramposo) escroc m; (rompehuelgas) jaune m.

petardo nm (cohete) pétard m; (MIL) explosif m; (fam) escroquerie f.

petate nm (tapete) natte f; (equipaje) sac m de marin, bagage m.

petición nf (pedido) demande f; (JUR) requête f; **peticionario, a** nm/f pétitionnaire m/f.

peto nm plastron m.

pétreo, a a (rocoso) rocheux(euse); (pedregoso) rocailleux (euse).

petrificar vt pétrifier.

petróleo nm pétrole m; **petrolero, a** a pétrolifère // nm/f (COM) pétrolier m; (extremista) extrémiste m/f.

petulancia nf arrogance f, fierté f.

petulante a fier(ière), arrogant(e).

peyorativo, a a péjoratif(ive).

pez nm poisson m.

pezón nm (ANAT) mamelon m; (BOT) queue f.

piadoso, a a (devoto) pieux(euse); (misericordioso) miséricordieux(euse).

pianista nm/f pianiste m/f.

piano nm piano m.

piar vi piailler, piauler.

piara nf troupeau m (de porcs).

pica nf pique f.

picacho nm pic m.

picadillo nm hachis m.

picado, a a piqué(e); (mar) houleux(euse); (diente) gâté(e); (enfadado) froissé(e), vexé(e); (carne) hachis m; (tabaco) tabac m à fumer // nf piqué(e); (diente) sentier m; **bajar en ~** descendre en piqué.

picador nm (TAUR) picador m; (entrenador de caballos) dresseur m de chevaux; (minero) mineur m.

picadura nf (diente) dent gâtée; (de viruela) trou m, marque f; (pinchazo) piqûre f; (mordedura) morsure f; (tabaco picado) tabac m à fumer.

picante a piquant(e) // nm saveur piquante.

picapedrero nm tailleur m de pierre.

picaporte nm poignée f.

picar vt (agujerear, perforar) poinçonner, perforer; (morder) mordre, piquer; (incitar) provoquer, exciter; (dañar, irritar) gratter, démanger; (cortar: piedra) casser; (quemar: lengua) démanger // vi (quemar, morder) piquer; (de pez) mordre; (MED) démanger; (el sol) brûler; **~se** vr (decaer) se vêtir; (agriarse) se piquer, se gâter; **~ en** (fig) avoir une teinture de; **~se con** s'amuser.

picardear vt corrompre // vi s'amuser.

picardía nf malice f; astuce f; ruse f, fourberie f.

picaresco, a a picaresque.

pícaro, a a (malicioso) malicieux(euse); (travieso) espiègle; (fam) voyou // nm (ladrón) filou m, voleur m; (astuto) malin m; (sinvergüenza) canaille f.

picatoste nm rôtie f, croûton m.

picazón nf démangeaison f; mécontentement m.

pick-up nm inv pick-up m inv, lecteur m.

pico nm (de ave) bec m; (punto agudo) pointe f, saillie f; (TEC, GEO) pic m; **sesenta y ~** soixante et quelques.

picota nf pilori m.

picotear vt picoter, picorer // vi mordiller; (fam) baratiner; **~se** vr se chamailler.

pictórico, a a a pictural(e).

picudo, a a a au museau pointu.

pichón nm pigeon m.

pido, pidió etc vb ver **pedir**.

pie nm (pl ~s) pied m; (tronco, base) base f; (tallo) tige f; (parte de abajo) bas m; (fig: fundamento) base; **ir a ~** aller à pied; **estar/ponerse de ~** être/se mettre debout; **al ~ de la letra** au pied de la lettre; **en ~ de guerra** sur le pied de guerre; **dar ~ a** donner l'occasion de.

piedad nf (misericordia) pitié f; (devoción) piété f.

piedra nf pierre f; (roca) roche f; (MED) calcul m; (METEOROLOGÍA) grêle f; **~ de toque** pierre de touche.

piel nf (ANAT) peau f; (ZOOL) cuir m, fourrure f; (BOT) peau, pelure f; **~ de ante** o de Suecia suède m.

piélago nm haute mer, océan m.

pienso vb ver **pensar** // nm aliment m (pour animaux).

pierdo etc vb ver **perder**.

pierna nf jambe f; **~ de carnero** gigot m de mouton.

pieza nf pièce f; **~ de recambio** o **repuesto** pièce de rechange ou détachée.

pigmentación nf pigmentation f.

pigmeo, a a pygmée // nm/f pygmée m/f.

pijama nm pyjama m.

pila nf (ELEC) pile f; (montón) tas m, pile; (fuente) évier m, vasque f.

pilar nm pilier m; (pileta) petit bénitier.

píldora nf pilule f.

pileta nf petit bénitier; (AM) piscine f.

pilón nm (ELEC) pylône m; (de fuente) bassin m, vasque f.

pilongo, a a a maigre.

piloto nm pilote m; (de aparato) lampe-témoin f, veilleuse f; (AUTO) feu m arrière, stop m.

pillaje nm pillage m.

pillar vt (saquear) piller; (fam: atrapar) attraper, coincer; (entender) comprendre.

pillería nf (trampa) friponnerie f; (rufianes) bande f de canailles.

pillo, a a malicieux(euse); astucieux(euse), malin(igne) // nm/f scélérat/e.

pilluelo, a nm/f garnement m, galopin m.

pimentón nm gros poivro... paprika doux.

pimienta nf poivre m.

pimiento nm (verdura) poivron n... piment m; (planta) poivrier m.

pimpollo nm (BOT) rejeton m, rej... m; (fam) chérubin m, petit ange.

pinacoteca nf pinacothèque f.

pináculo nm pinacle m.

pinar nm pinède f.

pincel nm pinceau m; **pincelada** coup m de pinceau.

pinciano, a a a de Valladolid.

pinchar vt (perforar) piqu... (neumático) crever; (incit... pousser, inciter; (herir) bless... **~se** vr se piquer.

pinchazo nm (perforación) piq... f; (de llanta) crevaison f; (... incitation f.

pinchitos nmpl amuse-gueules ...

pingo nm (harapo) loque f; (... cheval m.

pingüe a gras(se); (fig) abondant(e).

pingüino nm pingouin m.

pininos, pinitos nmpl premiers pas.

pino nm pin m; **en** ~ vertical(e), raide.

pinocha nf aiguille f de pin.

pinta nf (punto) tache f, point m; (: de piel de animal) moucheture f; (medida) pinte f; (aspecto) allure f, aspect m.

pintado, a a (de puntos) tacheté(e), moucheté(e); (de muchos colores) peint(e); **viene que ni** ~ ça tombe juste.

pintar vt, vi peindre; ~**se** vr se farder, se maquiller.

pintiparado, a a tout(e) pareil(le).

pintor, a nm/f peintre m/f; ~ **de brocha gorda** peintre en bâtiment.

pintoresco a pittoresque.

pintura nf peinture f; ~ **a la acuarela** aquarelle f; ~ **al óleo** peinture à l'huile.

pinza nf (ZOOL) pince f; (para colgar ropa) pince à linge; ~**s** nfpl (para depilar) pince à épiler; (TEC) pince.

pinzón nm pinson m.

piña nf (fruto del pino) pomme de pin f; (fruta) ananas m; (fig) groupe uni.

piñata nf panier m de friandises.

piñón nm pignon m d'Inde.

pío, a a (devoto) pieux(euse); (misericordioso) charitable // nm (épiement)

piojo nm pou m.

pionero, a nm/f pionnier/ière.

pipa nf pipe f; (BOT) graine f de tournesol.

pipí nm (fam): **hacer** ~ faire pipi.

pique nm (resentimiento) brouille f; (rivalidad) point m d'honneur; **irse a** ~ couler à pic.

piquera nf trou m.

piqueta nf pic m, pioche f.

piquete nm (herida) piqûre f; (agujerito) petit trou; (MIL) peloton; (de obreros) piquet m (de grève).

piragua nf pirogue f.

pirámide nf pyramide f.

pirata nm pirate m // a pirate; **piratear** vi pirater; (robar) voler; **piratería** nf piraterie f; (robo) vol m.

pirenaico, a a pyrénéen(ne).

Pirineo(s) nm(pl) Pyrénées fpl.

piropo nm galanterie f, compliment m.

pirotecnia nf pyrotechnie f.

pirueta nf pirouette f.

pisada nf (paso) pas m; (huella) trace f.

pisar vt (caminar sobre) marcher sur; (apretar con el pie) fouler // vi marcher.

piscina nf (alberca) bassin m, piscine f; (para peces) bassin m.

Piscis nm (ASTRO) les Poissons mpl; **ser (de)** ~ être (des) Poissons.

piso nm (suelo) sol m; (de edificio) étage m; (apartamento) appartement m.

pisotear vt piétiner; aplatir (avec les pieds); (fig) fouler.

pista nf piste f; ~ **de aterrizaje/de baile/de hielo/de patinaje** piste d'atterrissage/de danse/de glace/de patinage.

pistacho nm (CULIN) jus m de viande; ratatouille f; (fig) ratatouille, méli-mélo m.

pistola nf (de pistolet m; pistolero, a nm/f bandit m, gangster m // étui m à pistolet.

pistón nm (TEC) piston m; (MUS) clef f, piston.

pitada nf (silbido) coup m de sifflet; (AM) bouffée f.

pitanza nf pitance f, ration f.

pitar vt siffler // vi siffler; (AUTO) klaxonner; (AM) fumer.

pitillo nm cigarette f.

pito nm (para silbar) sifflet m; (de coche, tren) klaxon m; ~ **real** pic m.

pitón nm (ZOOL) python m; (protuberancia) grosseur f, enflure f; (BOT) bourgeon m; (de jarro) bec m.

pitonisa nf pythonisse f.

pizarra nf (piedra) ardoise f; (encerado) tableau noir.

pizca nf petit morceau; miette f.

placa nf plaque f; (dental) plaque (dentaire); ~ **de matrícula** plaque d'immatriculation.

pláceme nm félicitation f.

placentero, a a joyeu(euse), agréable.

placer nm (gusto, deleite) plaisir m; (entretenimiento) amusement m // plaire.

placidez nf placidité f.

plácido, a a placide.

plaga nf fléau m; (MED) plaie f; (abundancia) foison f, abondance f.

plagar vt couvrir.

plagiar vt plagier.

plagio nm plagiat m.

plan nm (esquema, proyecto) projet m, plan m; (idea, intento) plan, idée f; (MED) régime m; **tener un** ~ avoir un rendez-vous.

plana nf ver **plano**.

plancha nf (para planchar) fer m à repasser; (rótulo) planche f, forme f; (NAUT) radeau m; **planchado** nm repassage m; **planchar** vt repasser.

planeador nm planeur m.

planeadora nf bulldozer m.

planear vt planifier // vi planer.

planeta nm planète f.

planicie nf (llano) plaine f; (meseta) plateau m.

planificación nf planification f.

plano, a a a plat(e) // nm plan m // nf page f; (TEC) plane f; **primer** ~ premier plan; **caer de** ~ tomber raide; **estar en primera plana** avoir le premier rang / la vedette; **plana mayor** état major m.

planta nf (ANAT) plante f, (BOT) plante; (TEC) usine f; ~ **baja** rez-de-chaussée m.

plantación nf (AGR) plantation f; (acto) plantage m.

plantado, a a: **dejar a uno** ~ laisser qn en plan.

plantar vt (BOT) planter; (levantar)

ériger; (sentar) envoyer; ~**se** vr se planter.

planteamiento nm proposition f; façon f de poser un problème.

plantear vt exposer; signaler; (planificar) projeter, organiser; ~**se** vr se poser.

plantel nm plant m; pépinière f.

plantilla nf semelle f (intérieure); personnel m, effectif m; plan m, esquisse f.

plantío nm plantation f.

plantón nm (BOT) plan m; (MIL) planton m, sentinelle f.

plañidero, a a plaintif(ive) // nf pleureuse f.

plañir vi gémir, se plaindre.

plasma nm plasma m.

plasmar vt (dar forma) former, façonner; (representar) façonner // vi: ~ **en** prendre la forme de.

plasta nf pâte molle.

plasticina nf plasticine f.

plástico, a a a plastique // n plastique f, sculpture f // nm plastique m.

plata nf (metal) argent m; (cosa hechas de plata) argenterie f; **hablar en** ~ parler clair.

plataforma nf plate-forme f.

plátano nm (fruta) banane f (árbol) bananier m.

platea nf orchestre m.

plateado, a a argenté(e).

platería nf (arte) orfèvrerie f (tienda) bijouterie f.

platero, a nm/f orfèvre m.

plática nf conversation f; platic vi parler, converser.

platillo nm soucoupe f; ~**s** nm cymbales fpl; ~ **volador o volan** soucoupe volante.

platino nm platine m.

plato nm assiette f, (parte comida) plat m.

plausible a plausible.

playa nf plage f; (arena) sable (lugar veraniego) plage, mer f **de estacionamiento** (AM) park m.

playera nf chemisette f.

plaza nf place f; (mercado) marché m; ~ de toros arène f

plazo etc vb ver **placer**

plazo nm (lapso de tiempo) délai m; (fecha de vencimiento) échéance f; (pago parcial) terme m; a corto/largo ~ à courte/longue échéance; comprar a ~s acheter à tempérament

plazoleta, plazuela nf petite place.

pleamar nf marée haute, pleine mer.

plebe nf plèbe f; **plebeyo, a** a plébéien(ne); **plebiscito** nm plébiscite m.

plectro nm plectre m.

plegable, plegadizo, a a pliant(e).

plegado nm, **plegadura** nf (acto) plissage m, pliage m; (pliegue) pli m, plissé m.

plegar vt (doblar) plier; (COSTURA) plisser; ~se vr se plier.

plegaria nf prière f.

pleitear vi plaider; **pleitista** a plaidant(e); chicaneur(euse) // nm/f procédurier/ière; **pleito** m (JUR) procès m; (fig) querelle f, dispute f.

plenilunio nm pleine lune.

plenipotenciario nm plénipotentiaire m.

plenitud nf (abundancia) plénitude f; (fig) épanouissement m.

pleno, a a plein(e) // nm séance plénière; en ~ día/verano en plein jour/été; en plena cara en pleine figure.

plétora nf pléthore f.

pleuresía nf pleurésie f.

plexiglás nm plexiglas m.

pliego nm feuille f de papier; pli m; ~ de condiciones cahier m des charges.

pliegue nm pli m.

plinto nm plinthe f.

plomada nf (de pesca) plombs mpl; (de albañil) fil m à plomb.

plomería nf plomberie f.

plomizo, a a plombé(e).

plomo nm (metal) plomb m; (ELEC) fusible m, plomb; a ~ à plomb.

pluma nf plume f; **plumaje** nm plumage m; (adorno) plumet m; **plumazo** nm trait m de plume; (colchón) matelas m ou coussin m de plume.

plúmbeo, a a de plomb.

plumero nm (quitapolvos) plumeau m; (adorno) plumet m; se le ve el ~ on lui voit la ficelle.

plumilla nf, **plumín** nm petite plume.

plumón nm (de ave) duvet m; (edredón) édredon m.

plural a pluriel(le).

pluralidad nf pluralité f; ~ de votos majorité f des voix.

plurivalente a polyvalent(e).

plus nm prime f, gratification f.

plutocracia nf ploutocratie f.

plutonio nm plutonium m.

pmo abr de **próximo**.

P.N.B. nm (abr de Producto Nacional Bruto) P.N.B. m (Produit national brut).

Po abr de **Paseo**.

población nf population f; (pueblo, ciudad) ville f, village m.

poblacho nm trou m, bled m.

poblado, a a peuplé(e), habité(e) // nm localité f, agglomération f.

poblador, a nm/f fondateur/trice, colonisateur/trice.

poblar vt (colonizar) peupler; (fundar) fonder; (habitar) habiter // vi se remplir, se peupler.

pobre a pauvre // nm/f pauvre m/f; (fig) malheureux/euse; **pobreza** nf pauvreté f; (penuria) manque m, pénurie f.

pocilga nf porcherie f.

poción, pócima nf potion f.

poco, a a peu de // ad (no mucho) peu; (apenas) bien peu, à peine // nm: un ~ un peu; tener a uno en ~ estimer peu qn; por ~ un peu s'en faut ...; dentro de/hace ~ dans/il y a peu de temps.

pocho, a a terne; pâle; blet(te); patraque, déprimé(e).

podadera nf serpe f, sécateur m.

podar vt tailler.

podenco nm épagneul m.

poder vt pouvoir // nm (potencia) pouvoir m, puissance f; (autoridad) autorité f; (TEC: capacidad) puissance f; (POL: JUR) pouvoir; **puede que sea así** il se peut qu'il en soit ainsi; **¿se puede?** puis-je?; **¿puedes con eso?** tu peux en venir à bout?; **a más no** ~ extrêmement, au possible; **no** ~ **menos de ne** pas pouvoir s'empêcher de; ~ **de compra** o **adquisitivo** pouvoir d'achat; **poderío** nm puissance f; autorité f; **poderoso, a** a puissant(e).

podio nm podium m.

podré etc vb ver **poder**.

podredumbre nf (pus) pus m; (parte podrida) pourriture f, putréfaction f; (fig) corruption f.

podrido, a a pourri(e); (fig) corrompu(e).

podrir = pudrir.

poema nm poème m.

poesía nf poésie f.

poeta nm poète m.

poético, a a poétique.

póker nm poker m.

polaco, a a polonais(e).

polaina nf guêtre f.

polar a polaire; **polaridad** nf polarité f; **polarizar** vt polariser.

polea nf poulie f.

polémica nf polémique f; **polemizar** vi polémiquer, polémiser.

polen nm pollen m.

policía nm/f policier/femme-agent // nf police f; **policíaco, a** a policier(ière).

policromo, a a polychrome.

polichinela nm polichinelle m.

poligamia nf polygamie f.

poligloto, a nm/f polyglotte m/f.

polilla nf mite f.

polio nf poliomyélite f.

politécnico nf école polytechnique f.

politeno, politeno nm polythène m, polyéthylène m.

político, a a (POL) politique;

(cortés, discreto) courtois(e); réservé(e) // nm/f politicien/ne // nf politique f; **politiquear** vi faire de la politique; **politiqueo** nm, **politiquería** nf politicaillerie f.

póliza nf police f.

polizón, ona nm/f badaud/e; passager/ère clandestin(e).

polizonte nm (fam) flic m.

polo nm (GEO) pôle m; (helado) esquimau m; (ELEC) pôle; (suéter) polo m; ~ **Norte/Sur** pôle Nord/Sud.

Polonia nf Pologne f.

poltrón, ona a paresseux(euse) // nf bergère f.

polución nf pollution f.

polvareda nf nuage m de poussière.

polvera nf poudrier m.

polvo nm poussière f; ~**s** nmpl poudre f; ~ **dentífrico** o para **dientes** poudre dentifrice; ~ **de talco** talc m.

pólvora nf poudre f; (fuegos artificiales) feux mpl d'artifice.

polvoriento, a a poussiéreux(euse); poudreux(euse).

polvorín nm poudre très fine; (MIL) poudrière f.

polla nf poulette f; (fam) jouvencelle f, jeune fille f.

pollada nf couvée f.

pollera nf poulailler m; (AM) jupe f.

pollería nf marchand m de volailles.

pollino, a nm/f ânon m; petit ânesse f.

pollo nm poulet m; poussin m; ~ **asado** poulet rôti.

poma nf pomme f.

pomada nf pommade f.

pomar nm verger m, pommeraie f.

pomelo nm pamplemousse m.

pomo nm (BOT) fruit m à pépin (botella) flacon m de parfum.

pompa nf (burbuja) bulle (bomba) pompe f à eau; (esplendo pompe f; **pomposo, a** pompeux(euse).

pómulo nm pommette f.

pon vb ver **poner**.

ponche nm punch m.

poncho, a a mou (molle), flasque; calme f; (AM) poncho m.

ponderación nf mesure f, considération f; (acción de pesar) pondération f, équilibre m.

ponderado, a a équilibré(e), pondéré(e).

ponderar vt (considerar) peser, examiner; (elogiar) vanter.

pondré etc vb ver **poner**.

ponencia nf rapport m, exposé m.

poner vt (colocar) mettre, poser; (ropa) mettre; (la mesa) mettre, dresser; (telegrama) envoyer; (radio, TV) allumer; (problema) exposer; (casa, tienda) établir; (tiempo) mettre; (nombre) donner; (añadir) ajouter; (TEATRO) présenter, donner, jouer; (suponer) supposer // vi (ave) pondre; ~se vr se poser; (el sol) se coucher; **póngame con el Señor X** je voudrais parler à Monsieur X; ~**se de zapatero** se mettre cordonnier; ~**se a bien con uno** se réconcilier avec qn; ~**se con uno** discuter avec quelqu'un; ~**se a** se mettre à.

pongo etc vb ver **poner**.

poniente nm couchant m, ouest m; vent m d'ouest.

p°n° (abr de peso neto) poids net.

porcelana nf porcelaine f.

porcentaje nm pourcentage m.

porción nf (parte) part f; (cantidad) portion f, quantité f.

pordiosear vi mendier; **pordiosero, a** nm/f mendiant/e.

porfía nf obstination f, entêtement m; **porfiado, a** obstiné(e); **porfiar** vi s'entêter; **porfiar en** s'acharner à, s'obstiner à.

pormenor nm détail m.

pornografía nf pornographie f.

poro nm pore m; **poroso, a** a poreux(euse).

porque conj (a causa de) parce que; (ya que) puisque, du moment que; (con el fin de) pour que.

porqué nm pourquoi m inv, cause f, motif m.

poquísimo, a a très peu; ~**s** pl quelques.

poquito nm: un ~ un petit peu.

por prep (con el fin de) pour; (a favor de, hacia) pour; (a causa de) par; (según) selon, d'après; (por agencia de) par; (a razón de) par; (a cambio de) en échange de, pour; (en lugar de) à la place de, pour; ~ **correo/avión** par courrier/avion; ~ **centenares** par centaines; **(el) 10** ~ **ciento** 10 pour cent; ~ **orden/tamaño** par ordre/taille; **camina a la izquierda** marche à ou sur la gauche; ~ **entra** ~ **delante/detrás** entrez par devant/derrière; ~ **la calle** dans la rue; ~ **la mañana/la noche** le matin/le soir; **3 francos** ~ **hora** 3 francs de l'heure; ~ **allí por lí; está** ~ **el norte** c'est vers le nord; ~ **mucho que quisiera, no puedo** j'ai beau le vouloir, je ne peux pas; ~**que parce que; ¿**~ **qué?** pourquoi?; ~ **cuanto** parce que; **del fait que; lo tanto** par conséquent; **donc;** ~ **cierto** (seguro) certainement; (a propósito) à propos; ~ **ejemplo** par exemple; ~ **favor** s'il vous plaît, s'il te plaît; ~ **fuera/dentro** dehors/dedans; ~ **si** (acaso) pour le cas où; ~ **sí mismo** o **sólo** par lui-même ou tout seul.

populachero, a a populacier (ière).

populacho nm bas peuple m, populace f.

popular a populaire; (del pueblo) du peuple; ~**idad** nf popularité f; ~**izarse** vr se populariser.

poquedad nf rareté f, insuffisance f; petitesse f, petite quantité f.

porcelana nf porcelaine f.

porción nf (parte) part f; (cantidad) portion f, quantité f.

pordiosear vi mendier; **pordiosero, a** nm/f mendiant/e.

porfía nf obstination f, entêtement m; **porfiado, a** obstiné(e); **porfiar** vi s'entêter; **porfiar en** s'acharner à, s'obstiner à.

pormenor nm détail m.

pornografía nf pornographie f.

poro nm pore m; **poroso, a** a poreux(euse).

porque conj (a causa de) parce que; (ya que) puisque, du moment que; (con el fin de) pour que.

porqué nm pourquoi m inv, cause f, motif m.

pontificado nm pontificat m.

pontífice nm pontife m.

pontón nm ponton m.

ponzoña nf venin m; **ponzoñoso, a** a empoisonné(e).

popa nf poupe f.

popelín nm, **popelina** nf popeline f.

porquería nf cochonnerie f; saleté f.

porra nf ver porro.

porrazo nm coup m.

porro, a a (fam) gourde // nf (arma) massue f; (TEC) marteau m; (fam) vanité f.

porrón, ona a gourde // nm gargoulette f.

portada nf (fachada) façade f; (entrada) portail m; (de libro) page de titre f.

portador, a nm/f porteur/euse.

portaequipajes nm inv porte-bagages m inv.

portal nm (entrada) vestibule m; (puerta de entrada) porche m; (de ciudad) porte f; (DEPORTE) but m.

portaligas nm inv porte-jarretelles m inv.

portalón nm coupée f.

portamaletas nm inv coffre m.

portamonedas nm inv porte-monnaie m inv.

portarretratos nm inv porte-photo m.

portarse vr se conduire, se comporter; (fam): ~ **garante** se porter garant.

portátil a portatif(ive).

portavoz nm (megáfono) porte-voix m inv, haut-parleur m; (vocero) porte-parole m inv.

portazo nm: dar un ~ claquer la porte.

porte nm (COM) port m, transport m; (comportamiento) conduite f.

portear vt porter.

portento nm prodige m; **portentoso, a** a prodigieux(euse).

porteño, a a de Buenos Aires.

portería nf (oficina) loge f de concierge; (gol) but m.

portero, a nm/f concierge m/f // nm gardien de but m.

portezuela nf petite porte, portière f.

pórtico nm (patio) portique m; (fig) porche m, portail m; (arcada) arcade f.

portilla nf hublot m.

portillo nm brèche f; portillon privé; col m.

portón nm grande porte f, portail m.

portorriqueño, a a portoricain(e).

portuario, a a portuaire.

Portugal nm Portugal m.

portugués, esa a portugais(e).

porvenir nm avenir m.

pos prep: en ~ de après; en quête de; à la recherche de.

posada nf (refugio) demeure f, domicile m; (mesón) auberge f, pension f.

posaderas nfpl derrière m, postérieur m, fesses fpl.

posadero, a nm/f hôtelier/ière, aubergiste m/f.

posar vt (en el suelo) poser, déposer; (la mano) poser // vi poser; ~**se** vr se poser, s'arrêter; (avión) se poser; (líquido, polvo) déposer, retomber.

posdata nf post-scriptum m inv.

pose nf pose f.

poseedor, a nm/f possesseur m.

poseer vt posséder; (gozar) jouir de; **poseído, a** a possédé(e) // nm/f possédé-e; **posesión** nf possession f; (propiedad) propriété f; **posesionarse** vr: posesionarse de prendre possession de, s'emparer de; **posesivo, a** a possessif(ive).

posguerra nf: en (los años de) la ~ dans l'après-guerre.

posibilidad nf possibilité f; (oportunidad) occasion f.

posibilitar vt faciliter; rendre possible, permettre.

posible a possible; (factible) faisable; **de ser** ~ si cela était possible; **en lo** ~ autant que possible.

posición nf position f; (rango social) situation f.

positivo, a a affirmatif(ive), positif(ive) // nf positif m, épreuve positive.

poso nm lie f, fond m.

posponer vt subordonner; (AM) retarder.

posta nf (de caballos) poste f, relais m; (pedazo) morceau m // nm messager m, courrier m.

postal a postal(e) // nf carte postale.

poste nm (de telégrafos) poteau m; (columna) pilier m; **dar ~ a uno** (fam) faire poireauter qn.

postergación nf ajournement m.

postergar vt ajourner; négliger, laisser de côté; léser.

posteridad nf postérité f.

posterior a postérieur(e); (siguiente) suivant(e).

posterioridad nf postériorité f; **con ~** plus tard, ultérieurement.

postguerra nf = posguerra.

postigo nm volet m; porte f de jardin, portillon m.

postín nm (fam) élégance f, chic m.

postizo, a a postiche, faux(ausse) // nm postiche m.

postor, a nm/f enchérisseur/euse, offrant m.

postrado, a a prostré(e).

postrar vt abattre; abaisser; affaiblir.

postre nm dessert m // nf: **a la ~** à la fin, finalement.

postremo, a, postrer, ero, a a ultime; dernier(ière).

postrimerías nfpl fin f (de la vie).

postulado nm postulat m; **postular** vt postuler; préconiser, proposer.

póstumo, a a posthume.

postura nf (del cuerpo) posture f, position f; (fig) attitude f; (de huevos) ponte f; pondaison f.

post-venta a après-vente.

potable a potable.

potaje nm plat de légumes secs; **~s** mpl légumes mpl.

pote nm pot m.

potencia nf (poder) puissance f, pouvoir m; (TEC) puissance f; (POL): **las (grandes) ~** les (grandes) puissances.

potencial a potentiel(le) // nm potentiel m.

potentado nm potentat m.

potente a puissant(e).

potestad nf pouvoir m, puissance f.

potestativo, a a potestatif(ive).

potro, a nm/f poulain/pouliche // nf hernie f.

poyo nm banc m de pierre.

pozo nm puits m; (de río) trou m.

p.p. (abr de por poder) pour pouvoir.

P.P. (abr de porte pagado) port payé.

p.pdo (abr de próximo pasado) récent(e).

P.R. abr de Puerto Rico.

práctica nf ver práctico.

practicable a praticable.

practicante nm/f (MED: ayudante de doctor) aide-soignant/e; (: enfermero) infirmier/ière; (quien practica algo) pratiquant/e.

practicar vt (ejercer) pratiquer; (realizar) réaliser.

práctico, a a pratique; (conveniente) satisfaisant(e); (instruido: persona) expérimenté(e) // nm (MED) praticien m; (NAUT) pilote m // nf pratique f; (método) méthode f; (arte, capacidad) expérience f.

pradera nf prairie f.

prado nm (campo) pré m; (pastizal) pâturage m; (paseo) promenade f.

Praga f Prague.

pragmático, a a pragmatique.

pral abr de principal.

preámbulo nm preambule m.

prebenda nf prébende f, sinécure f.

precario, a a précaire.

precaución nf (medida preventiva) précaution f; (prudencia) prudence f.

precaver vt prévoir; **~se** vr: **~se de o contra algo** se prémunir contre qch; **precavido, a** a prévoyant(e).

precedencia nf antériorité f, préséance f.

precedente a précédent(e) // nm précédent m.

preceder vt, vi précéder.

preceptivo, a a obligatoire.

precepto nm précepte m.

preceptor, a nm/f précepteur/trice.

preciado, a a estimé(e); prétentieux(euse).

preciar vt apprécier; ~**se** vr être content de soi; ~**se de** se flatter de.

precio nm (de mercado) prix m; (costo) coût m; (valor) prix, valeur f; ~ **al contado/de coste/de oportunidad** prix au comptant/de revient/promotionnel; ~ **tope** prix plafond.

preciosidad nf (valor) grande valeur; (encanto) charme m; (cosa bonita) chose ravissante; (pey) préciosité f.

precioso, a a précieux(euse); (fam) ravissant(e).

precipicio nm précipice m; (fig) abîme m.

precipitación nf précipitation f.

precipitado, a a précipité(e).

precipitar vt précipiter; ~**se** vr se précipiter.

precipitoso, a a (escarpado) abrupt(e), escarpé(e); (a la carrera, imprudente) précipité(e).

precisamente ad précisément; (justo) justement.

precisar vt (necesitar) avoir besoin de; (fijar) préciser; indiquer; (especificar) spécifier // vi falloir.

precisión nf (exactitud) précision f; (necesidad) besoin m.

preciso, a a (exacto) précis(e); (necesario) nécessaire.

precocidad nf précocité f.

precolombino, a a précolombien(ne).

preconcebido, a a préconçu(e).

preconizar vt préconiser; prévoir.

precoz a (persona) précoce; (calvicie) prématuré(e).

precursor, a a précurseur // nm/f précurseur m.

predecesor, a nm/f prédécesseur m.

predecir vt prédire.

predestinado, a a prédestiné(e).

predeterminar vt prédéterminer.

prédica nf prêche m.

predicador, a nm/f prédicateur m.

predicamento nm prédicament m; (fig) influence f, poids m.

predicar vt prêcher // vi sermonner.

predicción nf prédiction f.

predilección nf prédilection f.

predilecto, a a préféré(e).

predio nm propriété f.

predisponer vt prédisposer; (pey) nuire à, porter atteinte à; **predisposición** nf prédisposition f; (pey) préjudice m; **predispuesto, a** a prédisposé(e).

predominante a prédominant(e).

predominar vt dominer // vi prédominer; **predominio** nm (dominación) domination f; (prevalencia) prédominance f.

preeminencia nf prééminence f, primauté f; **preeminente** a prééminent(e).

prefabricado, a a préfabriqué(e).

prefecto nm préfet m; **prefectura** nf préfecture f.

preferencia nf préférence f.

preferible a préférable.

preferir vt préférer.

prefiero etc vb ver **preferir**.

prefigurar vt préfigurer.

prefijar vt préfixer, fixer d'avance.

pregón nm annonce f publique.

pregonar vt (anunciar) annoncer publiquement; (revelar: secreto) révéler, publier; (proclamar, alabar) claironner; prôner, vanter; **pregonero** nm crieur public.

pregunta nf question f; **hacer una** ~ poser une question.

preguntar vt demander // vi questionner; ~**se** vr se demander; ~ **por alguien** demander (à voir o à parler à) qn; **preguntón, ona** a questionneur(euse).

prehistórico, a a préhistorique.

prejuicio nm préjugé m; (preconcepción) parti-pris m.

prejuzgar vt préjuger.

prelación nf préséance f.

prelado nm prélat m.

preliminar a préliminaire.

preludio nm prélude m.

preludir vt préluder à.

prematuro, a a prématuré(e).

premeditación nf préméditation f.

premeditar vt préméditer.

premiar vt décerner un prix à; récompenser; **premio** nm (recompensa) récompense f; (en un concurso) prix m; **premioso, a** a (estrecho) étroit(e), serré(e); (urgente) urgent(e), pressant(e); (molesto) ennuyeux(euse), désagréable.

premonición nf prémonition f.

premura nf instance f; urgence f.

prenatal a prénatal(e).

prenda nf (garantía) gage m; (ropa) vêtement m; ~s nfpl qualités fpl.

prendar vt charmer; ~**se de uno** s'éprendre de qn.

prendedor, prendedero nm broche f, agrafe f.

prender vt (captar) saisir, prendre, arrêter; (coser, sujetar) attacher, fixer // vi (arraigar) s'enraciner; (fuego, injerto, vacuna) prendre; ~**se** vr (encenderse) s'allumer; (engalanarse) se parer, s'orner.

prendería nf friperie f.

prendero, a nm/f fripier/ière.

prendimiento nm capture f.

prendido, a a captif(ive); (fig) charmé(e).

prensa nf presse f; **la P~** la Presse.

prensado nm (de los tejidos) calandrage m; (acción de prensar) pressurage m.

prensar vt presser.

preñado, a a bombé(e); (mujer) enceinte // nm/f grossesse f; ~ **de** chargé ou plein de; **preñar** vt féconder, couvrir; **preñez** nf gestation f.

preocupación nf préoccupation f, souci m.

preocupado, a a préoccupé(e).

preocupar vt préoccuper; ~**se** vr

se préoccuper, se soucier; ~**se de algo** (hacerse cargo) se charger de qch.

preparación nf préparation f; (entrenamiento) entraînement m.

preparado, a a (dispuesto) préparé(e); (CULIN) prêt(e) // nm préparation f.

preparador, a nm/f entraîneur/euse.

preparar vt (disponer) préparer; (TEC tratar) traiter; (entrenar) entraîner; ~**se** vr: ~**se a o para** se préparer à; **preparativo, a** a préparatoire; **preparatorio, a** a préparatoire.

preponderancia nf prépondérance f.

prerrogativa nf prérogative f.

presa nf (captura) prise f, arrestation f; (cosa apresada) prise; (víctima) proie f; (de agua) prise d'eau, barrage m; (canal) canal m.

presagiar vt présager; **presagio** nm présage m.

presbítero nm prêtre m.

presciencia nf prescience f.

prescindible a dont on peut se passer.

prescindir vi: ~ **de** faire abstraction de; se passer de.

prescribir vt prescrire.

prescripción nf prescription f; (MED): ~ **facultativa** ordonnance f.

presea nf bijou m, joyau m.

presencia nf présence f.

presencial a: **testigo** ~ témoin m oculaire.

presenciar vt assister à, être présent(e) à.

presentación nf présentation f, introduction f.

presentador, a nm/f présentateur/trice.

presentar vt présenter; (ofrecer) offrir; (mostrar) montrer; ~**se** vr (llegar inesperadamente) se présenter; (estar) être; (ofrecerse: como candidato) se proposer; (aparecer) apparaître; (solicitar empleo) se présenter.

presente a présent(e) // nm présent m; **hacer ~** porter à la connaissance; **tener ~** se souvenir de, se rappeler; **la ~** (COM) la présente.

presentimiento nm pressentiment m.

presentir vt pressentir.

preservación nf préservation f.

preservar vt préserver; **preservativo, a** a préservatif(ive) // nm préservatif m.

presidencia nf présidence f.

presidente nm/f président/e.

presidiario nm forçat m, bagnard m.

presidio nm bagne m; travaux forcés.

presidir vt (dirigir) présider, diriger; (dominar) présider à // vi présider.

presilla nf patte f, tirette f.

presión nf pression f; **presionar** vt appuyer sur, presser; (fig) faire pression sur // vi: **presionar para o por** faire pression pour.

preso, a a pris(e), emprisonné(e) // nm/f prisonnier/ière.

prestación nf prestation f.

prestado, a a prêté(e); **pedir ~** emprunter.

prestamista nm/f prêteur/euse (sur gages).

préstamo nm (lo prestado) prêt m; (lo pedido prestado) emprunt m.

prestancia nf prestance f.

prestar vt prêter // vi s'étirer; **~se vr: ~se para o** se proposer pour; **~se para** se prêter à.

prestatario, a nm/f emprunteur/euse.

presteza nf agilité f, promptitude f.

prestidigitador, a nm/f prestidigitateur m.

prestigiar vt rehausser le prestige de.

prestigio nm prestige m; **prestigioso, a** a (honorable) estimable; (famoso, renombrado) prestigieux(euse).

presto, a a (rápido) preste;

(dispuesto) prêt(e), préparé(e) // ad rapidement, prestement.

presumible a présumable.

presumir vt présumer // vi (suponerse) se croire, être prétentieux(euse); (tener aires) se donner de grands airs; **presunción** nf (suposición) présomption f; (vanidad) prétention f; **presunto, a** a (supuesto) présumé(e); (así llamado) prétendu(e); **presuntuoso, a** a vaniteux(euse); prétentieux(euse), présomptueux (euse).

presuponer vt présupposer.

presupuestar vt établir le coût de, établir le budget de.

presupuesto nm (FINANZAS) budget m; (estimación: de costo) devis m.

presuroso, a a (rápido) preste; (que tiene prisa) pressé(e).

prentencioso,   a   a prétentieux(euse).

pretender vt (intentar) essayer de, chercher à; (reivindicar) prétendre à; (buscar) chercher à; (cortejar) courtiser; **pretendiente** nm/f (quien corteja) prétendant/e; (candidato) aspirant/e, candidat/e; **pretensión** nf (aspiración) prétention f; (reivindicación) revendication f.

pretérito, a a passé(e).

pretextar vt prétexter.

pretexto nm prétexte m.

pretil nm garde-fou m, parapet m.

pretina nf ceinture f.

prevalecer vi prévaloir; triompher; l'emporter; **prevaleciente** a qui prévaut.

prevalerse vr: **~ de** tirer avantage de.

prevaricar vi prévariquer forfaire.

prevención nf prévention f; (cautela) disposition f; (precaución) précaution f; **en ~ de** en préventic de.

prevenido, a a préparé(e) disposé(e); (cauteloso) prudent(e).

prevenir vt (preparar) prépare

(impedir) prévenir, empêcher; *(prever)* prévoir; *(predisponer)* prédisposer, influencer; *(avisar)* prévenir; ~**se** vr se prémunir, se préparer; **preventivo, a** a préventif(ive).

prever vt prévoir; *(visualizar)* envisager.

previamente ad au préalable, préalablement.

previo, a a *(anterior)* préalable; *(preliminar)* préliminaire // prep: ~ **acuerdo de los otros** après accord des autres.

previsión nf prévision f; prévoyance f; ~ **social** sécurité sociale.

prez nf gloire f.

prieto, a a *(oscuro)* très foncé(e); *(fig)* mesquin(e); *(comprimido)* serré(e).

prima nf ver primo.

primacía nf primauté f.

primar vi primer; ~ **sobre** primer sur.

primario, a a primaire.

primavera nf printemps m; **primaveral** a printanier(ière).

primer, primero, a a premier(ière) // ad d'abord // nf première f; **de primera** *(fam)* de première.

primerizo, a a débutant(e) // nm/f novice m/f.

primicias nfpl prémices fpl.

primitivo, a a primitif(ive); *(original)* originel(le).

primo, a a premier(ière) // nm/f cousin/e; *(fam)* idiot/e, dupe f // nf prime f; **materia prima** matière première.

primogénito, a a aîné(e), premier-né(ière-née).

primor nm splendeur f; élégance f; délicatesse f; merveille f.

primordial a primordial(e).

primoroso, a a exquis(e); délicat(e), soigné(e).

princesa nf princesse f.

principado nm *(territorio)* principauté f; *(título)* principat m.

principal a principal(e) // nm *(jefe)* patron m; *(capital)* capital m.

príncipe nm prince m.

principiante a débutant(e) // nm/f débutant/e.

principiar vt commencer.

principio nm *(comienzo)* commencement m; *(origen)* origine f; *(primera etapa)* début m; *(moral)* principe m; **a** ~**s de** au début de; **tener** o **tomar en** ~ commencer par.

pringar vt *(remojar)* graisser; *(manchar)* tacher de graisse; *(fam)* noircir, salir; blesser; **pringue** nm *(grasa)* graisse f; *(mancha)* saleté f, tache f de graisse.

prioridad nf priorité f.

prioritario, a a prioritaire.

prisa nf *(apresuramiento)* hâte f; *(rapidez)* rapidité f; *(urgencia)* urgence f; **a** o **de** ~ **en** hâte, vite; **estar de** o **tener** ~ être pressé(e).

prisión nf *(cárcel)* prison f; *(período de cárcel)* emprisonnement m; **prisionero, a** nm/f prisonnier/ière.

prisma nm prisme m.

prismático, a a prismatique; ~**s** nmpl jumelles fpl.

prístino, a a originel(le), pur(e).

privación nf privation f; *(falta)* besoin m.

privado, a a privé(e) // nm/f favori/te.

privanza nf faveur f.

privar vt priver; *(prohibir)* interdire // vi *(gozar de favor)* être en faveur; *(prevalecer)* prévaloir; ~**se** vr: ~**se de** se priver de; **privativo, a** a privatif(ive).

privilegiado, a a privilégié(e) // nm/f privilégié/e.

privilegiar vt accorder un privilège à.

privilegio nm privilège m; *(concesión)* concession f; ~ **fiscal** avantage fiscal; ~ **de invención** exclusivité f.

pro nm o f profit m // prep: **asociación** ~ **ciegos** association f en faveur des aveugles // pref: ~ **soviético/americano** pro-soviétique/américain; **en ~ de** en faveur de, au profit de.

proa nf proue f.

probabilidad nf probabilité f; (oportunidad, posibilidad) chance f.

probable a probable.

probador nm salon m d'essayage.

probanza nf preuve f.

probar vt (demostrar) prouver; (someter a prueba) éprouver, mettre à l'épreuve; (ropa) essayer; (comida) goûter // vi essayer, tenter; ~se essayer.

probatorio, a a probatoire; **documentos ~s del crimen** pièces fpl à conviction.

probidad nf probité f.

problema nm problème m.

probo, a a probe.

procaz a irsolent(e), effronté(e).

procedencia nf origine f, provenance f.

procedente a originaire; pertinent(e), sensé(e).

proceder vi (avanzar) venir; (originar) provenir, procéder; (actuar) agir, se comporter; (ser correcto) convenir // nm (acción) procédé m; (comportamiento) conduite f; (JUR): ~ **contra** entamer des poursuites contre; **procedimiento** nm méthode f; procédé m; cours m, processus m.

procesado, a a nm/f accusé/e, inculpé/e, prévenu/e.

procesar vt inculper, accuser.

procesión nf procession f.

proceso nm processus m; (lapso de tiempo) cours m; (JUR) procès m.

proclama nf (acto) proclamation f; (affiche) bans mpl; **proclamar** vt proclamer.

proclividad nf penchant m.

procreación nf procréation f.

procrear vt, vi procréer.

procurador, a nm/f fugitif/ive.

procurar vt (intentar) essayer de; (conseguir) procurer; (asegurar) assurer; (producir) produire.

prodigalidad nf prodigalité f; (generosidad) générosité f; (pey) profusion f, extravagance f.

prodigar vt prodiguer; (pey) dilapider.

prodigio nm prodige m; (milagro) miracle m; **prodigioso, a** a prodigieux(euse).

pródigo, a a prodigue; (pey) dépensier(ière) // nm/f dépensier/ière.

producción nf production f; (producto) produit m; ~ **en serie** production en série.

producir vt produire; (generar) engendrer; ~se se produire.

productividad nf productivité f.

productivo, a a productif(ive); (provechoso) profitable.

producto nm produit m; (producción) production f; (beneficio) fruit m.

productor, a a producteur(trice) // nm/f producteur/trice; travailleur/euse.

proemio nm préface f.

proeza nf prouesse f.

profanar vt profaner; outrager; violer.

profano, a a profane; irrévérencieux(euse); profane, ignorant(e); incorrect(e).

profecía nf prophétie f.

proferir vt prononcer; proférer.

profesar vt (declarar) déclarer, professer; (practicar) professer.

profesión nf profession f; **profesional** a professionnel(le).

profesor, a nm/f professeur m.

profesorado nm professorat m; (actividad docente) enseignement m.

profeta nm/f prophète/prophétesse; **profetizar** vt, vi prophétiser.

profiláctico, a a nm prophylactique m.

prófugo, a nm/f fugitif/ive.

profundidad nf profondeur f.

profundizar vt approfondir; (fig) approfondir, creuser // vi: ~ **en** pénétrer.

profundo, a a profond(e); (voz, sonido) bas(se); (impresión) fort(e); (misterio, oscuridad) profond, sombre.

profusión nf profusion f, abondance f; **profuso, a** a abondant(e).

progenie nf progéniture f, descendance f; race f, lignage m.

progenitor nm progéniteur m; los ~es (fam) les ancêtres mpl; les parents mpl.

programa nm programme m; **programación** nf programmation f, planification f; **programador, a** nm/f programmeur/euse;

programar vt programmer.

progresar vi progresser; **progresista** a, nm/f progressiste m/f; **progresivo, a** a (gradual) progressif(ive); (continuo) continu(e).

progreso nm progrès m.

prohibición nf défense f, interdiction f.

prohibido, a a défendu(e); **dirección prohibida** sens interdit; ~ **el paso** passage interdit.

prohibir vt défendre, interdire; **se prohibe fumar** défense de fumer.

prohijar vt adopter.

prójimo, a nm/f prochain m.

prole nf progéniture f.

proletariado nm prolétariat m; **proletario, a** a prolétarien(ne) // nm/f prolétaire m.

proliferación nf prolifération f; **proliferar** vi proliférer; **prolífico, a** a prolifique.

prolijidad nf prolixité f; **prolijo, a** a prolixe.

prólogo nm préface f.

prolongación nf (acto de prolongar) prolongation f; (extensión) extension f.

prolongado, a a (largo) étendu(e), grand(e); (alargado) prolongé(e), allongé(e).

prolongar vt prolonger; allonger.

promedio nm milieu m; moyenne f.

promesa nf promesse f.

prometedor, a a prometteur (euse).

prometer vt promettre; ~se vr se fiancer; **prometido, a** a promis(e); fiancé(e).

prominencia nf proéminence f.

prominente a proéminent(e).

promiscuo, a a confus(e); ambigu(ë).

promisión nf: **tierra de** ~ terre promise.

promoción nf promotion f; ~ **de ventas** promotion des ventes.

promontorio nm promontoire m.

promotor nm promoteur/trice.

promover vt promouvoir; (causar) occasionner.

promulgar vt divulguer; promulguer, publier.

pronosticar vt pronostiquer.

pronóstico nm pronostic m.

prontitud nf promptitude f; astuce f.

pronto, a a (preparado) prêt(e); (rápido) prompt(e); (astuto) astucieux(euse) // ad (rápidamente) rapidement, vite; (en seguida) tout de suite; (dentro de poco) bientôt; (temprano) tôt // nm: **tener** ~**s de enojo** avoir des coups de colère; **al** ~ tout d'abord, au début; **de** ~ brusquement, soudain; **por lo** ~ pour le moment.

prontuario nm abrégé m, manuel m, résumé m.

pronunciación nf prononciation f.

pronunciamiento nm soulèvement m, putsch m.

pronunciar vt prononcer; ~se vr se prononcer; (POL) se soulever.

propagación nf propagation f.

propaganda nf (política) propagande f; (comercial) publicité f; **propagandístico, a** a de propagande; publicitaire.

propagar vt propager, répandre.

propalar vt ébruiter, divulguer.

propasarse vr dépasser les bornes.

propensión nf penchant m.

propenso, a a: ~ a enclin(e) à; porté(e) à.

propiamente ad proprement; réellement; ~ **dicho** proprement dit.

propiciar vt favoriser; patronner.

propicio, a a propice; favorable.

propiedad nf propriété f; ~ **industrial/literaria** propriété industrielle/littéraire.

propietario, a nm/f propriétaire m/f.

propina nf pourboire m.

propinar vt donner à boire; (fam) flanquer.

propincuo, a a proche.

propio, a a propre; (mismo) lui-même, elle-même etc // nm messager m, courrier m.

proponente nm/f celui/celle qui propose.

proponer vt proposer; ~**se** vr se proposer.

proporción nf proportion f; (oportunidad) possibilité f; **proporciones** nfpl proportions fpl; **proporcionado, a** a proportionné(e); **proporcionar** vt (dar) fournir, procurer; (adaptar) proportionner.

proposición nf proposition f.

propósito nm intention f, dessein m; (intento) but m, propos m // a: a ~ à propos // ad: a ~ à dessein, exprès; a ~ de à propos de; **no viene a** ~ cela ne vient pas à propos.

propuesta nf proposition f.

propulsar vt propulser; (fig) promouvoir; **propulsión** nf propulsion f.

prorratear vt partager au prorata.

prórroga nf (demora) prolongation f; (COM) prorogation f; (JUR) sursis m; **prorrogable** a qui peut être prorogé(e); **prorrogar** vt (JUR) proroger; (aplazar) (posponer) subordonner.

prorrumpir vi éclater, fuser.

prosa nf prose f; **prosaico, a** a prosaïque, terre à terre.

prosapia nf lignée f, lignage m.

proscribir vt proscrire, interdire; **proscripción** nf proscription f, interdiction f; **proscrito, a** a proscrit(e), interdit(e) // nm/f proscrit/e.

prosecución nf poursuite f.

proseguir vt poursuivre // vi suivre; ~ **en** o **con una actitud** poursuivre dans une attitude.

proselitismo nm prosélytisme m.

prospección nf prospection f.

prospecto nm prospectus m.

prosperar vi prospérer; **prosperidad** nf prospérité f; (éxito) succès m; **próspero, a** a prospère; qui a du succès.

próstata nf prostate f.

prosternarse vr s'agenouiller; se prosterner.

prostíbulo nm maison f de tolérance.

prostitución nf prostitution f.

prostituir vt prostituer; ~**se** vr se prostituer.

prostituta nf prostituée f.

protagonista nm/f protagoniste m; **protagonizar** vt jouer.

protección nf protection f; **proteccionismo** nm protectionnisme m.

protector, a a protecteur(trice) // nm/f protecteur/trice.

proteger vt protéger; défendre; (patrocinar) patronner; **protegido, a** nm/f protégé/e; favori/te.

proteína nf protéine f.

protesta nf protestation f; (declaración) déclaration f (contre).

protestante a protestant(e).

protestar vt déclarer // vi protester; (reclamar) réclamer.

protocolo nm protocole m.

prototipo nm prototype m.

protuberancia nf protubérance f.

provecho nm profit m; (FINANZAS) bénéfice m; **¡buen** ~! bon appétit!; **en** ~ **de** au profit de.

proveedor, a nm/f fournisseur/euse.

proveer vt pourvoir; (preparar)

préparer; (*vacante*) pourvoir à, combler; (*negocio*) réaliser // vi: ~ a pourvoir à.

provenir vi: ~ de provenir de, venir de.

proverbio nm proverbe m.

providencia nf perspicacité f; (*fig*) providence f; ~s nfpl mesures fpl, dispositions fpl.

provincia nf province f; **provinciano, a** a provincial(e) // nm/f provincial/e.

provisión nf provision f; (*abastecimiento*) approvisionnement m, ravitaillement m; (*medida*) mesure f.

provisional a provisoire.

provisto, a pp de **proveer** // a approvisionné(e).

provocación nf provocation f.

provocar vt provoquer; (*alentar*) encourager; (*promover*) susciter; (*estimular*) stimuler; **provocativo, a** a provocant(e).

próximamente ad prochainement.

proximidad nf proximité f.

próximo, a a (*cercano*) proche; (*vecino*) voisin(e); (*el que viene*) prochain(e).

proyección nf projection f.

proyectar vt projeter.

proyectil nm projectile m; (*MIL*) projectile m, engin m.

proyecto nm (*TEC*) projet m; (*fig*) projet, ébauche f, esquisse f; (*estimación de costo*) devis m.

proyector nm (*CINE*) projecteur m; (*reflector*) réflecteur m.

prudencia nf (*sabiduría*) sagesse f; (*cautela*) prudence f.

prudente a raisonnable; sage; prudent(e).

prueba nf preuve f; (*ensayo*) essai m; (*saboreo*) dégustation f; ~s nfpl épreuves fpl; a ~ de à l'épreuve de; **sala de ~s** salon m d'essayage.

prurito nm (*MED*) prurit m, démangeaison f; (*fig*) envie f, désir m.

psico... pref psych(o); ~**análisis**

nm psychanalyse f; ~**analista** nm/f psychanalyste m/f; ~**logía** nf psychologie f; ~**lógico, a** a psychologique; **psicólogo, a** nm/f psychologue m/f; **psicópata** nm/f psychopathe m/f; ~**sis** nf inv psychose f.

psiquiatra nm/f psychiatre m/f; **psiquiátrico, a** a psychiatrique.

psíquico, a a psychique.

PSOE abr de *Partido Socialista Obrero Español*.

púa nf pointe f; (*BOT, ZOOL*) piquant m, épine f.

pubertad nf puberté f.

pubis nm pubis m.

publicación nf publication f.

publicar vt (*editar*) publier; (*hacer público*) rendre publique; (*vulgarizar*) vulgariser.

publicidad nf publicité f; **publicitario, a** a publicitaire.

público, a a (*público(ique*)) // nm public m; (*clientela*) clientèle f; **en** ~ en public.

puchera nf marmite f.

puchero nm marmite f; potée f; pitance f, croûte f.

puches nmpl bouillie f.

pude etc vb ver **poder**.

pudendo, a: **partes pudendas** parties honteuses // nm pénis m.

pudibundo, a a pudibond(e).

púdico, a a pudique, modeste; chaste.

pudiente a (*rico*) riche; (*poderoso*) puissant(e).

pudiera etc vb ver **poder**.

pudor nm (*modestia*) pudeur f, modestie f; (*vergüenza*) honte f.

pudoroso, a a pudique, pudibond(e).

pudrición nf putréfaction f.

pudrir vt pourrir; (*fam*) ennuyer, gêner.

pueblo nm peuple m; (*aldea*) village m.

puedo etc vb ver **poder**.

puente nm pont m; (*fig*) pause f; **hacer el** ~ (*fam*) faire le pont.

puerco, a nm/f porc/truie // a

(sucio) sale, cochon(ne); (obsceno)
cochon; ~ espín/jabalí o salvaje
porc-épic m/sanglier m; ~ de mar
cochon m de mer; ~ marino
dauphin m.

pueril a puéril(e); (pey) banal(e);
puerilidad nf puérilité f.

puerro nm poireau m.

puerta nf porte f; (de coche)
portière f; (fig) entrée f, seuil m;
(gol) buts mpl; a ~ cerrada à huis
clos; ~ giratoria tambour m.

puertaventana nf volet m.

puerto nm port m; (paso) défilé m;
(fig) refuge m; ~ aéreo aéroport m.

Puerto Rico nm Porto Rico f,
Puerto Rico f.

pues ad (entonces) donc;
(¡entonces!) alors!; (así que) si bien
que, par conséquent // conj (ya
que) puisque; ¡~! (sí) oui!

puesto, a pp de **poner** // a mis(e),
habillé(e) // nm (lugar, posición)
poste m, situation f; (trabajo) poste;
(COM) petite boutique, étal m (au
marché) // conj: ~ que puisque,
étant donné que // nm ponte f; ~ de
policía/socorro poste de police/de
secours; **puesta en marcha**/escena
mise f en marche/en scène; **puesta
del sol** coucher du soleil m.

púgil nm pugiliste m, boxeur m.

pugna nf lutte f, opposition f;
pugnacidad nf combativité f;
pugnar vi (luchar) lutter; (pelear)
combattre.

pujante a fort(e), vigoureux(euse)
puissant(e).

pujanza nf force f, vigueur f.

pujar vt enchérir // vi (en subasta)
surenchérir, monter; (luchar) lutter;
(vacilar) hésiter.

pujo nm (MED) épreinte f; (fam)
envie f, désir m.

pulcritud nf soin m, propreté f;
soin, délicatesse f.

pulcro, a a soigné(e), propre;
délicat(e).

pulga nf puce f.

pulgada nf pouce m.

pulgar nm pouce m.

pulido, a a poli(e); (ordenado)
soigné(e), raffiné(e); (cauteloso)
fin(e), rusé(e).

pulir, pulimentar vt polir.

pulmón nm poumon m.

pulmonía nf pneumonie f.

pulpa nf (masa) pâte f; (de fruta)
pulpe f.

púlpito nm chaire f.

pulpo nm poulpe m.

pulsación nf battement m;
pulsation f.

pulsador nm bouton m, poussoir m.

pulsar vt (tecla) jouer de; (botón)
appuyer sur // vi battre; (MED): ~ a
uno prendre le pouls à qn.

pulsera nf bracelet m.

pulso nm (ANAT) pouls m; (:
muñeca) poignet m; (fuerza) force f
dans les poignets; (firmeza) fermeté
f, (tacto) tact m.

pulular vi pulluler.

pulverizar vt pulvériser; (líquido)
vaporiser.

pulla nf pique f; grossièreté f.

punción nf ponction f.

pundonor nm point d'honneur m,
amour-propre m.

pungir vt piquer; élancer, lanciner.

punición nf punition f.

punitivo, a a punitif(ive).

punta nf pointe f; (fig) grain m,
brin m; horas ~s heures fpl de
pointe; **sacar** ~ a aiguiser; (lápiz)
tailler; **estar de** ~ en avoir par-
dessus la tête.

puntada nf (COSTURA) point m;
(fam) pique f; **no ha dado** ~ il se
l'est coulée douce.

puntal nm (ARQ) étai m, pilier m;
(fig) appui m.

puntapié nm coup de pied m.

puntear vt (marcar) pointer;
(coser) coudre; (MUS) jouer; pincer.

puntería nf (de arma) visée f;
(destreza) adresse f, précision f.

puntiagudo, a a pointu(e).

puntilla nf petite pointe; dentelle
fine; pointe à tracer; (andar) de ~s
(marcher) sur la pointe des pieds.

punto nm point m; (lugar) endroit

m; (*momento*) point, moment m; **a ~ à point**, à temps; **en ~** juste, tapant(e); **bajar/subir de ~** minimiser/exagérer; **~ de apoyo/de arranque** point d'appui/ de départ; **~ muerto** point mort; **~ y coma** point-virgule m; **~s suspensivos** points de suspension; **dos ~s** deux-points m.

puntuación *nf* nombre m de points; ponctuation f.

puntual a (*persona*) ponctuel(le); (*informe*) exact(e); juste; **puntualidad** *nf* ponctualité f; exactitude f, justesse f; **puntualizar** *vt* préciser; déterminer.

punzada *nf* piqûre f; (*MED*) élancement m.

punzante a (*dolor*) lancinant(e); (*herramienta*) piquant(e).

punzar *vt* (*pinchar*) piquer; (*perforar*) perforer; (*doler*) élancer // *vi* lanciner.

punzón *nm* pointeau m; burin m; poinçon m.

puñado *nm* poignée f.

puñal *nm* poignard m; **~ada** *nf* coup m de poignard; (*fig*) peine f, coup m; **~ada de misericordia** coup de grâce.

puñetazo *nm* coup de poing m.

puño *nm* (*ANAT*) poing m; (*cantidad*) poignée f; (*COSTURA*) poignet m, manchette f; (*de herramienta*) poignée f; **~s** *nmpl* poigne f.

pupa *nf* bouton m de fièvre, éruption f.

pupila *nf* pupille f.

pupilo *nm* pupille m, pensionnaire m.

pupitre *nm* pupitre m.

puré *nm* soupe f passée; **~ de patatas** purée f de pommes de terre.

pureza *nf* pureté f.

purga *nf* (*MED, POL*) purge f; (*TEC*) vidange f; **purgante** *nm* purge f, purgatif m; **purgar** *vt* nettoyer, purger; (*POL*) purger.

purgatorio *nm* purgatoire m.

purificar *vt* nettoyer, purifier; (*TEC*) raffiner.

puritano, a a puritain(e) // *nm/f* puritain/e.

puro, a a a pur(e); (*cielo*) limpide; (*casto*) pur, chaste // ad: **de ~ cansado/sucio** tellement fatigué/sale // *nm* cigare m.

púrpura *nf* pourpre m; **purpúreo, a** a pourpre, pourpré(e).

purrela *nf* vétille f.

pus *nm* pus m.

puse, pusiera etc *vb* ver **poner**.

pusilánime a pusillanime.

pústula *nf* (*MED*) pustule f.

puta *nf* putain f.

putativo, a a putatif(ive).

putrefacción *nf* putréfaction f; pourriture f.

pútrido, a a pourri(e), putride.

P.V.P. (abr de precio de venta al público) **PVP** m (prix de vente au public).

Q

q.e.p.d. abr de que en paz descanse.

q.e.s.m. abr de que estrecha su mano.

que pron (*sujeto*) qui; (*complemento*) que, qu' // *conj* que, qu'; **el momento en ~ llegó** le moment où il est arrivé; **lo ~ digo** ce que je dis; **dar ~ hablar** donner à parler; **le ruego ~ se calle** je vous prie de vous taire; **te digo ~ sí** je te dis que si; **yo ~ tú** à ta place.

qué a (m) quel; (f) quelle; (mpl) quels; (fpl) quelles // pron que, qu'; **¿~ quést-ce que, qu'est-ce qu';** **¡~ divertido!** comme c'est amusant!; **¿de ~ me hablas?** de quoi me parles-tu?; **¿~ tal?** comment allez-vous?, comment vas-tu?, comment ça va?; **¿~ hay de nuevo?** quoi de neuf?

quebrada *nf* ver **quebrado**.

quebradizo, a *a* cassant(e), fragile; (*persona*) fragile.

quebrado, a *a* (*roto*) cassé(e), brisé(e); (*pálido*) éteint(e); (*COM*) failli(e) // *nm/f* failli/e // *nf* ravin *m*, vallée encaissée.

quebradura *nf* (*fisura*) fissure *f*, cassure *f*; (*GEO*) découpure *f*; (*MED*) cassure.

quebrantadura *nf*, **quebrantamiento** *nm* (*acto*) cassement *m*; (*estado*) affaiblissement *m*.

quebrantar *vt* (*romper*) casser, briser; (*infringir*) violer, enfreindre, transgresser; **~se** *vr* (*persona*) ébranler, s'affaiblir; (*deshacerse*) se détériorer, se casser.

quebranto *nm* abattement *m*; (*decaimiento*) affaiblissement *m*, délabrement *m*; (*dolor*) affliction *f*, brisement de cœur *m*.

quebrar *vt* casser; briser; rompre // *vi* faire faillite; **~se** *vr* se briser, se rompre, se casser; (*MED*) se casser.

quedar *vi* (*permanecer*) rester, demeurer; (*seguir siendo*) rester; (*encontrarse*) se trouver; (*estar*) être; **~se** *vr*: **~se con** garder; **~** en convenir de; décider que; **~ por hacer** rester à faire; **~ ciego/mudo** devenir aveugle/sourd; **no te quedó bien ese vestido** ce vêtement ne te va pas; **~ en nada** ne pas se mettre d'accord.

quedo, a *a* calme, tranquille.

quehacer *nm* travail *m*, labeur *m*, besogne *f*.

queja *nf* plainte *f*; **quejarse** *vr* (*enfermo*) se plaindre, gémir; geindre; (*protestar*) se plaindre, protester; **quejido** *nm* gémissement *m*, plainte *f*; **quejoso, a** *a* mécontent(e).

quemado, a *a* brûlé(e); (*fig*) échaudé(e).

quemadura *nf* brûlure *f*.

quemar *vt* brûler; (*fig*) perdre, user // *vi* brûler; (*piel*) bronzer; **~se** *vr* se brûler; (*fig*) se faire du mauvais sang.

quemarropa: **a ~** *ad* à brûle-pourpoint, à bout portant.

quemazón *nf* brûlure *f*; (*calor*) canicule *f*; (*sensación*) démangeaison *f*.

quepo *etc vb ver* **caber**.

querella *nf* (*JUR*) plainte *f*; (*disputa*) querelle *f*.

querencia *nf* attachement *m*; instinct *m*.

querer *vt* (*desear*) vouloir; (*amar a*) aimer; **~se** *vr* s'aimer // *nm* affection *f*, amour *m*; **~ hacer algo** vouloir faire qch; **querido, a** *a* aimé(e) // *nm/f* ami/e, petit/e ami/e.

quesería *nf* fromagerie *f*.

queso *nm* fromage *m*; **~ crema/de bola** fromage mou ou fondu/de Hollande; **~ de cerdo** fromage de tête.

quicio *nm* gond *m*.

quiebra *nf* (*rotura*) cassure *f*, brisure *f*; (*grieta*) crevasse *f*; (*COM*) faillite *f*.

quiebro *nm* (*del cuerpo*) inflexion *f* du corps, écart *m*.

quien *pron* qui; **hay ~ piensa que** il y a des gens qui pensent que; **no hay ~ lo haga** il n'y a personne pour le faire.

quién *pron* qui.

quienquiera (*pl* **quienesquiera**) *pron* quiconque, n'importe qui.

quiero *etc vb ver* **querer**.

quieto, a *a* tranquille; immobile; **quietud** *nf* quiétude *f*, tranquillité *f*.

quijada *nf* mâchoire *f*.

quilate *nm* carat *m*.

quimera *nf* chimère *f*; **quimérico, a** *a* chimérique.

químico, a *a* chimique // *nm/f* chimiste *m/f* // *nf* chimie *f*.

quincalla *nf* quincaillerie *f*.

quince *num* quinze; **quincena** *nf* quinzaine *f*; **quincenal** *a* bimensuel(le).

quinientos *num* cinq cents.

quinina *nf* quinine *f*.

quinqué *nm* quinquet *m*.

quinta *nf ver* **quinto**.

quintal nm quintal m.

quinto, a a cinquième // nf villa f, maison f de campagne; (MIL) conscription f.

quiosco nm (de música) kiosque m à musique; (de periódicos) kiosque à journaux.

quirúrgico, a a chirurgical(e).

quise, quisiera etc vb ver **querer.**

quisquilloso, a a pointilleux (euse); chatouilleux(euse).

quiste nm kyste m.

quisto, a a: **bien/mal ~** bien/mal vu.

quita nf remise f d'une dette; **de ~ y pon** amovible.

quitaesmalte nm dissolvant m.

quitamanchas nm inv détachant m.

quitar vt enlever, ôter; (tomar) prendre; (despojar) dépouiller; ¡**quita de ahí!** hors d'ici!; **~se** vr s'enlever, s'ôter.

quitasol nm parasol m.

quite nm (esgrima) parade f; (evasión) évasion f; (TAUR): **dar el ~** écarter le taureau de son adversaire.

quizá(s) ad peut-être.

R

rabadilla nf (ANAT) croupion m; (ZOOL) râble m.

rábano nm radis m.

rabia nf (MED) rage f, (fig) rage, colère f; **rabiar** vi (MED) avoir la rage; (fig) enrager, rager; **está rabiando de dolor** il meurt de douleur.

rabillo nm (ANAT) petite queue; (parte delgada) queue.

rabino nm rabbin m.

rabioso, a a enragé(e); (fig) furieux(euse).

rabo nm queue f.

rabón, ona a à queue très courte.

R.A.C.E. nm (abr de Real Automóvil Club de España) ≈ TCF m.

racimo nm grappe f.

raciocinio nm raisonnement m.

ración nf ration f.

racional a (razonable) raisonnable; (lógico) rationnel(le); **racionalizar** vt rationaliser.

racionamiento nm rationnement m.

racionar vt distribuer la ration; rationner.

racismo nm racisme m; **racista** nm/f raciste m/f.

racha nf rafale f.

radar nm radar m.

radiador nm radiateur m.

radiante a rayonnant(e).

radical a (sustancial) essentiel(le); (arraigado) radical(e) // nm radical m.

radicar vi résider; **~ en** résider dans, tenir à; **~se** vr se domicilier; s'enraciner.

radio nm rayon m; (ANAT) radius m // nf radio f, poste m; **hablar por ~** passer à la radio // pref radio; **~activo, a** a radioactif(ive); **~difusión** nf radiodiffusion f; **~emisora** nf station f de radiodiffusion, poste m émetteur; **~grafía** nf radiographie f; **~grafiar** vt radiographier; **~teléfono** nm radiotéléphone m; **~telegrafía** nf radiotélégraphie f; **~terapia** nf radiothérapie f; **radioyente** nm/f auditeur/trice.

raer vt racler.

ráfaga nf rafale f; (de luz) jet m.

raído, a a (ropa) râpé(e); (persona) en haillons.

raigambre nf racines fpl.

raíz nf (pl **raíces**) racine f; **~ cuadrada** racine carrée; **a ~ de** à la suite de, aussitôt après.

raja nf (de melon etc) tranche f; (grieta) coupure f, fissure f; **rajar** vt couper en tranches; fendre, fissurer; **RAJARSE** vr se fendre.

rajatabla: a ~ *ad* point par point, rigoureusement.

ralea *nf* espèce *f*, race *f*.

ralo, a a (*escaso*) rare; (*espaciado*) clairsemé(e).

rallado, a a râpé(e); **rallador** nm râpe *f*; **ralladura** *nf* râpure *f*; **rallar** *vt* râper.

rama *nf* branche *f*; **ramada** *nf*, **ramaje** nm branchage m, ramure *f*; **ramal** nm embranchement m; (*de cordillera*) ramification *f*.

rambla *nf* (*de agua*) ravin m; (*avenida*) promenade *f*, avenue *f*.

ramificación *nf* (*empalme*) ramification *f*; (*fig*) conséquence *f*.

ramillete nm bouquet m, (*fig*) recueil m, collection *f*.

ramo nm rameau m, bouquet m, gerbe *f*; (*fig*) branche *f*; (*COM*) département m, branche.

rampa *nf* (*MED*) crampe *f*; (*plano*) rampe *f*.

ramplón, ona a vulgaire.

rana *nf* grenouille *f*.

rancio, a a rance; (*vino*) moelleux // nm (*suciedad*) graisse *f*.

rancho nm (*comida*) rata m, (*AM*) chaumière *f*.

rango nm rang m.

ranura *nf* (*de alcancía*) rainure *f*; (*de teléfono*) fente *f*.

rapacidad *nf* rapacité *f*.

rapar *vt* raser; (*los cabellos*) tondre; (*fam*) faucher, chiper; **~se** *vr* se faire tondre.

rapaz a (*ladrón*) rapace, voleur(euse); (*ZOOL*) rapace.

rapaz, a nm/f gamin/e, gosse m/f.

rape nm baudroie *f*; **al ~** à ras.

rapé nm râpé m.

rapidez *nf* rapidité *f*.

rápido, a a rapide; vertigineux (euse); pressé(e) // *ad* rapidement // nm (*tren*) rapide m; **~s** nmpl rapides mpl.

rapiña nm rapine *f*.

rapsodia *nf* rapsodie *f*, rhapsodie *f*.

raptar *vt* enlever.

rapto nm (*secuestro*) enlèvement

m, rapt m; (*impulso*) impulsion *f*, transport m.

raqueta *nf* raquette *f*.

raquítico, a a rachitique; (*fig*) mesquin(e).

raquitismo nm rachitisme m.

rareza *nf* rareté *f*; bizarrerie *f*.

raro, a a (*poco común*) rare; (*extraño*) bizarre, drôle; (*excepcional*) étrange, exceptionnel(le).

ras nm ras m; **a ~ de** au ras de.

rasar *vt* (*igualar*) égaliser; (*frotar*) raser.

rascacielos nm inv gratte-ciel m.

rascar *vt* (*con las uñas*) gratter; (*raspar*) racler; **~se** *vr* se gratter.

rasgadura *nf* déchirure *f*.

rasgar *vt* (*romper*) déchirer; (*despedazar*) dépecer.

rasgo nm trait m; **~s** nmpl traits mpl; **a grandes ~s** à grands traits.

rasguñar *vt* égratigner.

rasguño nm égratignure *f*; (*superficial*) éraflure *f*.

raso, a a (*liso*) plat(e), ras(e); (*a baja altura*) à basse altitude, bas(se) // nm satin m; **soldado ~** simple soldat.

raspador nm racloir m, raclette *f*.

raspadura *nf* raclage m, grattage m; (*marca*) raturage m.

raspar *vt* (*frotar*) gratter; (*rallar*) racler; (*arañar*) griffer, égratigner; (*limar*) limer, râper.

rastra *nf* (*huella*) trace *f*; (*carro*) fardier m; **a ~s** en traînant, à contrecœur; **pescar a la ~** pêcher à la traîne, raligner.

rastrear *vt* (*seguir*) suivre à la trace, suivre la piste de; (*laguna*, *río*) traîner au fond de l'eau.

rastrero, a a rampant(e); (*fig*) terre à terre m/f.

rastrillar *vt* (*AGR*) ratisser; (*TEC*) peigner.

rastrillo nm peigne m; râteau m.

rastro nm (*AGR*) râteau m; (*vestigio*) trace *f*, piste *f*; (*matadero*) abattoir m; **el R~** le marché aux Puces à Madrid.

rastrojo nm chaume m.

rasurador nm, **rasuradora** nf rasoir m électrique.

rasurarse vr se raser.

rata nf rat m.

ratear vt (robar) chaparder, voler; (distribuir) distribuer au prorata.

ratería nf filouterie f, filoutage m.

ratero, a a bas(se), vil(e) // nm/f voleur/euse.

ratificar vt ratifier.

rato nm moment m, instant m; **a ~s** par moments; **hay para ~** il y en a pour un bon moment; **pasar el ~** passer le temps.

ratón nm souris f; **ratonera** nf souricière f.

R.A.U. (= **república**).

raudal nm torrent m.

raya nf raie f, (límite) limite f, tener a ~ tenir à distance; **tela a ~s** tissu à rayures; **rayar** vt rayer; (subrayar) souligner // vi se distinguer, briller; **rayarse** vr se rayer; **rayar con** toucher.

rayo nm (del sol) rayon m; (de luz) rai m; (en una tormenta) foudre f; **~s X** rayons X.

rayón nm rayonne f.

raza nf race f, **~ humana** race humaine.

razón nf (raciocinio) raison f, (razonamiento) raisonnement m; (motivo) cause f, motif m; **'razón :'** 'pour tous renseignements s'adresser à ...'; **en ~ de** en raison de; **dar ~ a uno** donner raison à qn; **tener ~** avoir raison; **~ directa/inversa** rapport direct/inverse; **~ de Estado** raison d'Etat; **~ de ser** raison d'être; **razonable** a raisonnable; (justo, moderado) honnête, raisonnable; **razonamiento** nm (juicio) raisonnement m, jugement m; (argumento) raisonnement m; **razonar** vt raisonner; (cuenta) justifier // vi argumenter, réfléchir.

Rdo abr **de reverendo.**

re nm ré m.

re... pref: **~bueno** très bon;

~salado plein d'esprit; **~dulce** très doux (douce).

reabastecer vt ravitailler, réapprovisionner.

reabrir vt rouvrir.

reacción nf réaction f; **avión a ~** avion m à réaction; **~ en cadena** réaction en chaîne; **reaccionar** vi réagir; **reaccionario, a** a réactionnaire.

reacio, a a rétif(ive); (refractario) réfractaire; (rebelde) récalcitrant(e).

reactor nm réacteur m.

readaptación nf: **~ profesional** réadaptation professionnelle.

reafirmar vt réaffirmer.

reagrupar vt regrouper.

reajuste nm réajustement m; (fig) remaniement m.

real a (efectivo) réel(le); (del rey, fig) royal(e) // nm réal m.

realce nm (adorno) relief m; (lustre, fig) éclat m; **poner de ~** mettre en relief.

realidad nf réalité f; vérité f; présence f.

realista nm/f réaliste m/f.

realización nf réalisation f.

realizador, a nm/f (TV) réalisateur/trice; (CINE) producteur/trice.

realizar vt réaliser; (viaje) faire, effectuer; **~se** vr se réaliser.

realmente ad réellement.

realzar vt (TEC) rehausser, relever; (honrar) relever, rehausser; (embellecer) embellir; (exaltar) exalter; (acentuar) rehausser, accentuer.

reanimar vt (vigorizar) remonter; (alentar) ranimer, rallumer; **~se** vr se ranimer, se raviver.

reanudar vt renouer; reprendre.

reaparición nf réapparition f; rentrée f.

reata nf harnais m, trait m; **de ~** en file.

rebaja nf (descuento) ristourne f, réduction f, rabais m; (menoscabo) diminution f; **rebajar** vt (bajar) baisser; (*reducir*) rabattre, faire une réduction sur; (*disminuir*) diminuer; (*fig*) rabaisser.

rebanada *nf* tranche *f*.

rebaño *nm* troupeau *m*.

rebasar *vt* (*aussi* ~ *de*) dépasser; (*AUTO*) doubler.

rebatir *vt* (*rechazar*) réfuter; (*descontar*) déduire, enlever.

rebato *nm* alarme *f*, tocsin *m*; attaque *f* par surprise.

rebelarse *vr* se rebeller.

rebelde *a* (*revoltoso*) rebelle; (*indócil*) difficile, à problèmes // *nm/f* rebelle *m/f*; **rebeldía** *nf* rébellion *f*; (*desobediencia*) désobéissance *f*, indiscipline *f*; **rebelión** *nf* rébellion *f*, révolte *f*.

reblandecer *vt* ramollir.

rebosante a débordant(e).

rebosar *vi* déborder; (*abundar*) regorger.

rebotar *vt* rebondir; (*rechazar*) repousser; ~**se** *vr* rebondir.

rebote *nm* rebond *m*; **de** ~ **par** ricochet.

rebozado, a a enrobé(e).

rebozar *vt* couvrir, (*CULIN*) enrober.

rebozo *nm* façon de porter son manteau en se dissimulant le visage; **decir algo sin** ~ dire qch franchement.

rebusca *nf* recherche *f*.

rebuscado, a a recherché(e), démodé(e).

rebuscar *vt* rechercher.

rebuznar *vi* braire.

recabar *vt* obtenir; demander, solliciter.

recado *nm* (*comisión*) commission *f*; (*mensaje*) message *m*; (*accesorios*) accessoires *mpl*.

recaer *vi* retomber; ~ **en** échoir à, tomber sur; **recaída** *nf* rechute *f*.

recalcar *vt* serrer, presser; (*fig*) souligner, appuyer.

recalcitrante a récalcitrant(e).

recalcitrar *vi* reculer.

recalentar *vt* (*volver a calentar*) réchauffer; (*demasiado*) surchauf-

fer; ~**se** *vr* se réchauffer.

recámara *nf* garde-robe *f*; (*fig*) réserve *f*.

recambio *nm* rechange *m*.

recapacitar *vt* remémorer; réfléchir à ou sur // *vi* réfléchir.

recargado, a a alourdi(e); surchargé(e).

recargar *vt* recharger; alourdir; surcharger; ~ **los precios** majorer les prix.

recargo *nm* majoration *f*; excès *m*.

recatado, a a honnête, réservé(e); prudent(e), circonspect(e).

recatar *vt* cacher; ~**se** *vr* se défier.

recato *nm* réserve *f*; prudence *f*; pudeur *f*.

recaudador *nm* percepteur *m*, receveur *m*.

recaudar *vt* percevoir.

recelar *vt*: ~ **que** (*sospechar*) soupçonner que; (*temer*) craindre ou avoir peur que // *vi*, ~**se** *vr*: ~**(se) de** se méfier de; **recelo** *nm* méfiance *f*; **receloso, a** a méfiant(e), soupçonneux(euse) craintif(ive).

recepción *nf* réception *f*; **recepcionista** *nm/f* réceptionniste *m/f*.

receptáculo *nm* réceptacle *m*.

receptivo, a a réceptif(ive).

receptor, a *nm/f* receveur/euse // *nm* récepteur *m*.

recesión *nf* récession *f*.

receta *nf* (*CULIN*) recette *f*; (*MED*) ordonnance *f*.

recibidor, a *nm/f* celui/celle qui reçoit.

recibimiento *nm* (*recepción*) réception *f*; (*acogida*) accueil *m*.

recibir *vt* (*gen*) recevoir; (*dar la bienvenida*) accueillir; ~**se** *vr* obtenir un diplôme.

recibo *nm* reçu *m*, récépissé *m*, quittance *f*.

reciedumbre *nf* force *f*, vigueur *f*; sévérité *f*.

recién *ad* récemment, nouvellement; **el** ~ **nacido** le nouveau-né.

reciente a (actual) récent(e); (fresco) frais (fraîche).

recinto nm enceinte f.

recio, a a robuste, vigoureux(euse); corpulent(e); rigoureux (euse) fort(e) // ad fort; haut.

recipiente nm (receptáculo) récipient m.

reciprocidad nf réciprocité f.

recíproco, a a réciproque.

recital nm récital m.

recitar vt réciter, dire.

reclamación nf réclamation f.

reclamar vt réclamer // vi: ~ **contra** réclamer contre; ~ **en justicia** réclamer en justice.

reclamo nm (anuncio) réclame f; (tentación) attrait m, appel m.

reclinar vt incliner, pencher; ~**se** vr s'appuyer.

recluir vt incarcérer.

reclusión nf (prisión) réclusion f; (refugio) retraite f.

recluta nm/f recrue f, conscrit m // nf recrutement m, conscription f.

reclutamiento nm = **recluta** nf.

recobrar vt (recuperar) recouvrer, retrouver; (rescatar) reprendre; ~**se** vr revenir à soi.

recodo nm (de río, camino) coude m, tournant m; (de casa) recoin m.

recogedor, a nm/f (quien recoge) celui/celle qui recueille // nm ramasseuse f.

recoger vt (juntar) recueillir; (dinero) collecter; (AGR) ramasser; (guardar) ranger, garder; (pasar a buscar) (passer) prendre; (dar asilo) recueillir; ~**se** vr (retirarse) se retirer; (replegarse) se recueillir; (el pelo) relever; **recogido, a** a (quieto) calme; (retenido) retiré(e); **recogimiento** nm recueillement m; (del ganado) rentrée f.

•ecolección nf (de las mieses) récolte f; (colecta) collecte f.

recomendación nf (sugerencia) recommandation f; (elogio) appui m.

recomendar vt (aconsejar) recommander; (elogiar) louer, appuyer.

recompensa nf (premio) récompense f, prix m; (regalo) cadeau m; (gratificación) rétribution f.

recompensar vt (gratificar) récompenser; (premiar) primer.

recomponer vt recomposer, réparer; ~**se** vr (fam) se remettre.

reconciliación nf réconciliation f; **reconciliar** vt réconcilier.

recóndito, a a secret(ète).

reconfortar vt réconforter; ~**se con** se réconforter avec.

reconocer vt reconnaître; (registrar) fouiller; (MED) examiner, faire subir un examen médical; **reconocido, a** a reconnaissant(e); **reconocimiento** nm reconnaissance f; (confesión) aveu m; (MED) examen médical; (registro) fouille f; (gratitud) gratitude f.

reconquista nf reconquête f.

reconstituyente nm reconstituant m, tonique m.

reconstruir vt reconstruire.

recopilación nf (compendio) résumé m, abrégé m.

recopilar vt compiler.

récord a inv record inv // nm record m.

recordar vt rappeler // vi se rappeler; ~**se** vr: ~**se que** se souvenir que.

recorrer vt parcourir; **recorrido** nm parcours m; (fam) volée f; (de émbolo) course f.

recortado, a a à découpé(e).

recortar vt découper; **recorte** nm (acción) découpage m; (de prensa) coupure f; (de telas, chapas) recoupe f; **recortes** nmpl rognures fpl, chutes fpl.

recostado, a a à appuyé(e).

recostar vt (apoyar) appuyer; (inclinar) pencher.

recoveco nm détour m; (ángulo) repli m, recoin m.

recreación nf récréation f; (TEATRO, CINE) entracte m.

recrear vt (entretener) récréer, distraire; (volver a crear) recréer; **recreativo, a** a distrayant(e); récréatif(ive); **recreo** nm récréation f; passe-temps m inv; distraction f.

recriminar vt, vi récriminer; ~**se** vr s'accuser, s'incriminer.

recrudecer vt empirer // vi, ~**se** vr être en recrudescence.

recrudecimiento nm, **recrudescencia** nf recrudescence f.

recta nf ver **recto**.

rectángulo, a a rectangle // nm rectangle m.

rectificar vt rectifier; (volverse recto) redresser // vi se corriger.

rectitud nf (exactitud) exactitude f, rectitude f; (fig) droiture f, rectitude.

recto, a a droit(e) // nm rectum m // nf droite f.

rector, a a recteur(trice); directeur(trice).

recua nf troupeau m.

recuento nm vérification f, dénombrement m.

recuerdo nm souvenir m; ~**s** nmpl souvenir m, salutations fpl.

recular vi reculer; (fig) regresser.

recuperable a récupérable.

recuperación nf récupération f, recouvrement m.

recuperar vt récupérer; retrouver; ~**se** vr se remettre, se relever; récupérer; reprendre.

recurrir vi (JUR) faire appel, se pourvoir; ~ **a** recourir à, avoir recours à, faire appel à; se servir de; **recurso** nm (medio) recours m, moyen m; (medios) ressource f; (JUR) recours, pourvoi m.

recusar vt récuser, rejeter.

rechazar vt repousser; nier; décliner.

rechazo nm (retroceso) refoulement m; (rebote) contrecoup m,

ricochet m; (negación) refus m, rejet m.

rechifla nf sifflement prolongé; (fig) moquerie f, persiflage m; **rechiflar** vt siffler longuement; **rechiflarse** vr se moquer.

rechinar vi grincer; (gruñir) rechigner.

rechoncho, a a (fam) trapu(e), ramassé(e); (: inflado) gonflé(e).

red nf filet m; (de ferrocarriles etc) réseau m; (trampa) piège m.

redacción nf rédaction f.

redactar vt rédiger.

redada nf coup m de filet.

rededor nm: al o en ~ autour.

redención nf rédemption f; (de hipoteca) levée f.

redentor, a a rédempteur(trice).

redescubrir vt redécouvrir.

redicho, a a rebattu(e).

redil nm bercail m.

redimir vt racheter; (hipoteca) lever.

rédito nm intérêt m.

redoblar vt redoubler // vi (tambor) battre; (campanas) sonner.

redoble nm: al ~ del tambor tambour battant.

redomado, a a fieffé(e).

redonda nf ver **redondo**.

redondear vt arrondir; ~**se** vr s'arrondir.

redondel nm (círculo) rond m, cercle m; (TAUR) arène f.

redondo, a a (circular) rond(e); (claro) clair(e); (directo) catégorique, tout(e) net(te); (completo) complet(ète), total(e) // nf ronde f; **a la redonda** à la ronde.

reducción nf (disminución) réduction f; (MED) remboîtage m, remboîtement m.

reducido, a a réduit(e); limité(e).

reducir vt réduire; limiter; (MED) remboîter; ~**se** vr se réduire.

reducto nm réduit m.

redundancia nf (abundancia) abondance f; (cosa innecesaria) redondance f.

redundar vi: ~ en aboutir à.

reembolsar vt rembourser; **reembolso** nm remboursement m.

reemplazar vt remplacer; **reemplazo** nm remplacement m; de **reemplazo** (MIL) en disponibilité, en non-activité.

refacción nf (compostura) réparation f, réfection f; (reedificación) réfection, relèvement m.

refajo nm (enagua) jupon m; (falda) jupe f.

referencia nf (narración) récit m; (informe) compte-rendu m; (alusión) référence f; con ~ a en ce qui concerne.

referente a: ~ a se référant à, qui se rapporte à.

referir vt (contar) raconter; (relacionar) rapporter; ~se vr se rapporter, avoir trait, se référer; ~se a faire allusion à, parler de.

refinado, a a raffiné(e) // **refinación** nf raffinage m, affinage m.

refinamiento nm (esmero) raffinement m, recherche f; (distinción) distinction f.

refinar vt raffiner; (fig) polir; ~se vr apprendre les bonnes manières.

reflejar vt réfléchir, refléter; (manifestar) traduire, refléter.

reflejo, a a réfléchi(e); (movimiento) réflexe // nm reflet m.

reflexión nf réflexion f.

reflexionar vi réfléchir.

reflexivo, a a réfléchissant(e), réfléchi(e); (LING, fig) réfléchi(e).

reflujo nm reflux m.

refocilar vt réjouir, combler d'aise.

reforma nf réforme f, modification f, transformation f; ~ agraria réforme agraire.

reformar vt (modificar) réformer, transformer, modifier; (formar de nuevo) reformer; (ARQ) transformer; ~se vr se modifier.

reformatorio nm maison f de correction ou de redressement.

reforzar vt renforcer; (ARQ) consolider; (fig) réconforter.

refractario, a a réfractaire.

refrán nm proverbe m.

refregar vt frotter.

refrenar vt serrer la bride à.

refrendar vt (firma) contresigner, légaliser; (pasaporte) viser; (ley) ratifier, approuver.

refrescar vt rafraîchir; (recuerdos) raviver // vi se rafraîchir; ~se vr se rafraîchir; (tomar aire fresco) prendre l'air.

refresco nm rafraîchissement m.

refriega nf rencontre f, engagement m.

refrigeración nf réfrigération f.

refrigerador nm réfrigérateur m.

refrigerar vt (habitación) réfrigérer; (alimentos) congeler.

refuerzo nm renfort m; (TEC) renforçage m, renforcement m; ~s nmpl renforts mpl.

refugiado, a a nm//f réfugié/e.

refugiarse vr se réfugier.

refugio nm refuge m; (protección) protection f.

refulgencia nf resplendissement m.

refulgir vi resplendir, briller.

refundición nf refonte f.

refundir vt refondre, recouler.

refunfuñar vi grogner, bougonner, grommeler.

refutación nf réfutation f.

refutar vt réfuter; contredire.

regadera nf arrosoir m.

regadío nm terrain m d'irrigation.

regalado, a a donné(e) en cadeau, offert(e); doux(ouce), délicat(e), délicieux(euse); confortable, agréable.

regalar vt offrir, faire cadeau de; bien traiter.

regalía nf (fig) privilège m, prérogative f; (abono) prime f.

regaliz nm, **regaliza** nf réglisse f.

regalo nm (obsequio) cadeau m, présent m; (gusto) régal m; (comodidad) aisance f, confort m.

regañar vi se fâcher // vt gronder, disputer.

regaño nm (reprimenda) gronderie

f, semonce *f*; (*queja*) reproche *m*, grief *m*.

regañón, ona *a* ronchonneur(euse), bougon(ne).

regar *vt* arroser; (*fig*) répandre, semer.

regatear *vt* marchander // *vi* chipoter.

regateo *nm* (*COM*) marchandage *m*; (*al por menor*) vente *f* au détail; (*de pelota*) dribbling *m*; (*del cuerpo*) feinte *f*.

regazo *nm* giron *m*.

regencia *nf* palais gouvernemental.

regeneración *nf* régénération *f*.

regenerar *vt* régénérer.

regentar *vt* diriger, tenir, gérer.

regente *nm* (*POL*) régent *m*; (*IND*) gérant *m*.

régimen *nm* (*pl* **regímenes**) régime *m*; (*sistema de vida*) règle *f*.

regimiento *nm* régiment *m*.

regio, a *a* royal(e); (*fig*: *suntuoso*) somptueux(euse).

región *nf* région *f*; **regionalista** *nm/f* régionaliste *m/f*.

regir *vt* (*gobernar*) régir, gouverner; (*guiar*) guider; (*dirigir*) diriger // *vi* être en vigueur.

registrador *nm* contrôleur *m*.

registrar *vt* (*buscar en cajón*) fouiller; (*inspeccionar*) contrôler; (*anotar*) enregistrer; **~se** *vr* s'inscrire.

registro *nm* enregistrement *m*; (*MUS, libro*) registre *m*; (*inspección*) contrôle *m*; **~ civil** état civil.

regla *nf* règle *f*.

reglamentación *nf* réglementation *f*.

reglamentar *vt* réglementer; **reglamentario, a** *a* réglementaire.

reglamento *nm* règlement *m*.

reglar *vt* régler.

regocijado, a *a* (*divertido*) amusant(e); (*alegre*) joyeux(euse), gai(e).

regocijar *vt* réjouir; amuser.

regocijo *nm* joie *f*, allégresse *f*.

regodearse *vr* se délecter, se régaler.

regodeo *nm* satisfaction *f*; délectation *f*, plaisir *m*.

regresar *vi* revenir, rentrer.

regresivo, a *a* régressif(ive).

regreso *nm* retour *m*.

reguero *nm* (*canal*) rigole *f*; (*señal*) traînée *f*.

regulador *nm* régulateur *m*.

regular *a* (*normal*) normal(e), habituel(le); (*organizado*) régulier(ière); (*fam*) médiocre, moyen(ne) // *ad* comme ci, comme ça // *vt* (*controlar*) régler, réglementer; (*TEC*) régler; **por lo ~** en général; **~idad** *nf* régularité *f*; **~izar** *vt* régulariser.

regusto *nm* arrière-goût *m*.

rehabilitación *nf* réhabilitation *f*.

rehabilitar *vt* (*ARQ*) réhabiliter; (*reintegrar*) réintégrer; (*MED*) rééduquer; (*JUR*) restituer.

rehacer *vt* (*reparar*) réparer; (*volver a hacer*) refaire; **~se** *vr* (*fortalecerse*) se refaire, se remettre; (*dominarse*) se ressaisir.

rehén *nm* otage *m*.

rehilete *nm* (*dardo*) fléchette *f*; (*DEPORTE*) volant *m*.

rehuir *vt* fuir, refuser.

rehusar *vt* refuser // *vi* refuser de, se refuser à.

reina *nf* reine *f*; **reinado** *nm* règne *m*; **reinar** *vi* régner.

reincidir *vi* récidiver.

reincorporarse *vr*: **~ a** rejoindre.

reino *nm* royaume *m*; **el R~ Unido** le Royaume-Uni.

reintegrar *vt* (*reconstituir*) reconstituer; (*restituir*) rendre, restituer; (*dinero*) rembourser; **~se** *vr*: **~se a** être réintégré(e) à.

reír *vi* rire; **~se** *vr*: **~se de** se moquer de.

reiterar *vt* réitérer.

reivindicación *nf* demande *f*, exigence *f*; revendication *f*.

reivindicar *vt* (*reclamar*) revendiquer; (*restaurar*) rétablir.

reja nf (de ventana) grille f; (del arado) soc m.

rejilla nf (de ventana) grillage m; (de silla) cannage m; (de ventilación) bouche d'air f; (de coche) calandre m.

rejoneador nm toréador à cheval.

rejuvenecer vt, vi rajeunir; ~se vr (se) rajeunir.

relación nf relation f; **relaciones públicas** relations publiques; **con** ~ **a** par rapport à; **en** ~ **con** en rapport avec; **relacionar** vt rattacher, relier; **relacionarse** vr se mettre en rapport, être lié(e); se rapporter.

relajación nf relâchement m; (de músculos) relaxation f.

relajado, a a (disoluto) relâché(e); (MED) décontracté(e).

relajar vt relâcher; décontracter; ~se vr se relâcher, se décontracter.

relamer vt pourlécher.

relamido, a a (pulcro) recherché(e); (afectado) affecté(e).

relámpago nm éclair m; **visita** ~ visite f éclair; **relampaguear** vi faire des éclairs.

relatar vt raconter, narrer, relater.

relativo, a a relatif(ive); **en lo** ~ **a** relativement à, en ce qui concerne.

relato nm (narración) récit m; (informe) compte rendu m, rapport m.

relegar vt reléguer.

relevante a éminent(e), remarquable, hors ligne.

relevar vt (sustituir) relever, substituer; ~se vr se relayer; ~ de **un cargo** relever d'une charge.

relevo nm relève f; **carrera de** ~s course f de relais.

relieve nm (ARTE, TEC) relief m; (fig) importance f; ~s nmpl reliefs mpl; **alto/bajo** ~ haut-/bas-relief.

religión nf religion f; **religiosidad** nf religiosité f; (fig) scrupule m, exactitude f; **religioso, a** a religieux(euse); scrupuleux(euse); consciencieux(euse) // nm/f

religieux/euse // nm clerc m.

relinchar vi hennir.

relincho m hennissement m.

reliquia nf relique f; vestige m.

reloj nm horloge f, montre f; ~ **de pulsera** montre-bracelet f; ~ **despertador** réveille-matin m inv; ~**ero, a** nm/f horloger/ère.

reluciente a reluisant(e).

relucir vi briller, luire; (fig) briller.

relumbrante a éblouissant(e); brillant(e); étincelant(e).

relumbrar vi briller; étinceler.

rellano nm palier m.

rellenar vt (llenar) remplir; (CULIN) farcir; (COSTURA) rembourrer, bourrer.

relleno, a a rempli(e), plein(e); (CULIN) farci(e) // nm (CULIN) farce f; (de tapicería) rembourrage m; garnissage m.

remachar vt river, riveter, rabattre; (fig) mettre dans la tête; marteler.

remanente a rémanent(e).

remanso nm nappe f d'eau dormante; (fig) refuge m, havre m.

remar vi ramer.

rematado, a a fini(e), achevé(e).

rematar vt achever; (fig) parachever; (COM) brader; vendre aux enchères // vi mettre fin; se terminer.

remate nm fin f, terme m; (punta) pointe f; (ARQ, fig) couronnement m; (COM) adjudication f; **de** ~ complètement; **para** ~ pour finir.

remedar vt contrefaire, imiter.

remediar vt (subsanar) remédier à, porter remède à; (ayudar) aider, suppléer; (evitar) éviter, empêcher.

remedio nm (ayuda) remède m; (alivio) remède, arrangement m; (JUR) recours m; **poner** ~ **a** mettre fin à; **no tener más** ~ **no pas** pouvoir faire autrement; **sin** ~ sans remède, sans rémission.

remedo nm imitation f, copie f; (pey) pastiche m, contrefaçon f.

remendar vt raccommoder.

remesa nf remise f, envoi m, expédition f.

remesar vt envoyer.

remiendo nm raccommodage m; (chapucería) rafistolage m.

remilgado, a a (delicado) minaudier(ière), délicat(e); (afectado) maniéré(e), affecté(e).

remilgo nm minauderie f, simagrée f; sensiblerie f.

reminiscencia nf réminiscence f.

remisión nf remise f.

remiso, a a (reticente) réticent(e), peu enthousiaste; (indeciso) indécis(e).

remitir vt (mandar, posponer) remettre; (perdonar) pardonner // vi faiblir, diminuer, se calmer; (en carta): **remite**: X expéditeur: X; **remitente** nm/f expéditeur/trice.

remo nm (de barco) rame m; (deporte) aviron m.

remoción nf remuement m.

remojar vt (faire) tremper; (fam) arroser.

remojo nm: **dejar la ropa a ~** laisser le linge à tremper.

remolacha nf betterave f.

remolcador nm (NAUT) remorqueur m; (AUTO) remorque f, dépanneuse f.

remolinar vi tourbillonner.

remolino nm (de agua, polvo) remous m, tourbillon m; (de gente) remous.

remolque nm remorque f; llevar a ~ mettre en remorque.

remontar vt ressembler complètement; ~**se** vr remonter; el **vuelo** prendre son vol.

rémora nf rémora m.

remorder vt remordre; ~**se** vr ronger; ~**se la conciencia** se ronger la conscience.

remordimiento nm remords m.

remoto, a a (lointain(e), éloigné(e); (poco probable) peu probable.

remover vt remuer; ~**se** vr s'agiter, remuer.

remozar vt rajeunir, rafraîchir; ~**se** vr (se) rajeunir.

remuneración nf rémunération f; (premio) prix m.

remunerar vt rémunérer; (premiar) primer.

renacer vi renaître.

renacimiento nm renaissance f.

renal a rénal(e).

rencilla nf querelle f.

rencor nm rancune f; ~**oso, a** a rancunier(ière).

rendición nf reddition f; ~ **de cuentas** reddition de comptes.

rendido, a a (sumiso) rendu(e), soumis(e); (cansado) épuisé(e), rendu(e), rompu(e).

rendimiento nm (MIL) soumission f, respect m; (sumisión) soumission; (producción) rendement m, production f; (agotamiento) épuisement m; (TEC, COM) rendement.

rendir vt (vencer) vaincre, soumettre; (producir) rendre; (dar beneficio) rapporter; (agotar) épuiser; (dominar) dominer // vi produire; ~**se** vr (someterse) se soumettre; (cansarse) s'épuiser, se fatiguer; (en el juego) donner sa langue au chat; ~ **homenaje/culto** a rendre hommage/un culte à.

renegado, a a rénégat(e) // nm/f rénégat/e.

renegar vi (renunciar) renier; (blasfemar) blasphémer, renier; (fam) jurer; (quejarse) se plaindre.

RENFE nf (abr de Red Nacional de los Ferrocarriles Españoles) ≈ SNCF f.

renglón nm (línea) ligne f; (COM) rayon m; a ~ **seguido** tout de suite.

reniego nm juron m.

renombrado, a a renommé(e).

renombre nm renom m.

renovación nf (de contrato) renouvellement m; (ARQ) rénovation f.

renovar vt (gen) renouveler; (ARQ) rénover, remettre à neuf.

renta nf (ingresos) rente f; revenu m; (alquiler) loyer m; ~ **vitalicia** rente viagère.

rentable a rentable.

rentar vt rapporter.

rentero, a nm/f tributaire m/f.

rentista nm/f rentier/ière.

renuncia nf renonciation f, abandon m.

renuevo nm rejeton m.

renuncia nf renonciation f, abandon m.

renunciar vt renoncer, abandonner; ~ **a hacer** renoncer à faire.

reñido, a a brouillé(e), fâché(e); (duro) acharné(e); **estar ~ con uno** être fâché avec qn.

reñir vt (regañar) gronder, réprimander // vi (estar peleado) se disputer, se quereller; (combatir) disputer.

reo nm/f inculpé/e, accusé/e.

reojo: de ~ ad du coin de l'œil; (fig) de travers.

reorganizar vt réorganiser, remanier.

reorientar vt réorienter; (reajustar) réajuster.

reparación nf réparation f.

reparar vt réparer, remettre en état; (agravio) réparer; (suerte) rattraper; (observar) remarquer // vi: ~ **en** (darse cuenta de) s'apercevoir de, remarquer; (poner atención en) s'attacher à, s'arrêter à.

reparo nm (reparación) réparation f; (advertencia) remarque f, observation f; (duda) réserve f, réticence f; (dificultad) objection f; (resguardo) défense f, garantie f.

reparón, ona a critiqueur(euse) pointilleux(euse), tatillon(ne).

repartición nf (distribución) livraison f, (división) partage m, répartition f.

repartidor, a nm/f livreur/euse, distributeur/trice.

repartir vt (herencia) répartir, partager; (correo, naipes) distribuer; (deuda) partager; ~ **leña** administrer une volée.

reparto nm répartition f, (de correo) distribution f, (TEATRO, CINE) distribution f.

repasar vt repasser.

repaso nm (de lección) repassage m, révision f; (de ropa) raccommodage m, reprisage m.

repatriar vt rapatrier.

repecho nm côte f; **a ~ en** remontant.

repelente a qui repousse, rebutant(e).

repeler vt repousser, rejeter; (fig) rebuter, répugner, dégoûter.

repensar vt repenser.

repente nm (sobresalto) sursaut m, mouvement subit; (impulso) accès m; **de ~** tout à coup.

repentino, a a subit(e), soudain(e); inespéré(e).

repercusión nf répercussion f.

repercutir vi se répercuter; ~**se** vr retentir; ~ **en** se répercuter sur.

repertorio nm répertoire m.

repetición nf répétition f; (fam) rengaine f.

repetir vt répéter; (plato) reprendre // vi revenir; ~**se** vr (volver sobre tema) se répéter; (sabor) revenir.

repicar vt (desmenuzar) hacher menu; (campanas) sonner; ~**se** vr se vanter.

repique nm carillonnement m, volée f.

repiqueteo nm (de campanas) carillonnement m; (de tambor) tambourinage m.

repisa nf console f.

repito etc vb ver **repetir**.

replegar vt replier; (AVIAT) escamoter; ~**se** vr se replier.

repleto, a a plein(e), rempli(e).

réplica nf (respuesta) réplique f, répartie f, riposte f; (JUR) objection f; (ARTE) réplique f.

replicar vt, vi répliquer, répartir, riposter; (objetar) objecter.

repliegue nm (MIL) repli m, repliement m; (doblez) pli m; (recodo) détour m.

repoblación nf repeuplement m; (de río) rempoissonnement m, alevinage m.

repoblar vt repeupler; (de árboles) reboiser.

repollo nm chou pommé.

reponer vt remettre, replacer; (TEATRO) reprendre; ~se vr se remettre; ~ que répondre que.

reportaje nm reportage m.

reposacabezas nm inv appui-tête m inv.

reposado, a a (descansado) reposé(e); (calmo) calme, posé(e), tranquille.

reposar vi reposer.

reposición nf reposition f, remise f en place; (CINE) reprise f.

repositorio nm dépôt m, entrepôt m.

reposo nm (descanso) repos m.

repostar vt s'approvisionner, (AUTO) se ravitailler.

repostería nf pâtisserie f; (depósito) office m.

repostero, a nm/f pâtissier/ière.

reprender vt reprendre, réprimander; **represión** nf réprimande f, réprehension f.

represa nf barrage m, retenue f d'eau.

represalia nf représaille f.

representación nf représentation f.

representante nm/f représentant/e.

representar vt représenter; (edad) paraître; ~se vr se représenter.

representativo, a a représentatif(ive).

represión nf répression f.

reprimir vt réprimer; ~se vr se retenir.

reprobar vt reprocher.

réprobo, a nm/f réprouvé/e.

reprochar vt reprocher.

reproche nm reproche m.

reproducción nf reproduction f.

reproducir vt reproduire; ~se vr se reproduire.

reptil nm reptile m.

república nf république f; la R~ Arabe Unida (R.A.U.) la République

árabe unie (RAU); **republicano, a** a républicain(e) // nm/f républicain/e.

repudiar vt répudier; récuser; désavouer, renier; **repudio** nm répudiation f.

repuesto nm (pieza de recambio) pièce f de rechange; (abasteci-miento) provisions fpl.

repugnancia nf répugnance f.

repugnante a repoussant(e); répugnant(e).

repugnar vt répugner, dégoûter; vi, ~se vr (contradecirse) se contredire; (asquearse) se dégoûter.

repujar vt repousser.

repulgar vt ourler.

repulido, a a mis(e) avec recherche.

repulsa nf rejet m, refus m; réprimande f.

repulsión nf répulsion f; **repulsivo, a** a répulsif(ive).

repuntarse vr se mettre en colère; se brouiller.

reputación nf (notoriedad) réputation f; (popularidad) popularité f.

reputar vt réputer.

requebrar vt faire sa cour ou conter fleurette à.

requemado, a a (quemado) brûlé(e); (bronceado) hâlé(e).

requerimiento nm assignation f, sommation f, mise en demeure f.

requerir vt (rogar) requérir, prier; (exigir) requérir, exiger; (llamar) appeler, réclamer.

requesón nm fromage blanc.

requete... pref très.

requiebro nm (galanteo) propos galant; (adulación) galanterie f.

requisa nf (inspección) réquisition f; (MIL) revue f, inspection f.

requisito nm condition requise.

res nf bête f, animal m; ~ vacuna bête à cornes.

resabio nm (maña) vice m mauvaise habitude; (dejo) arrière goût m; (achaque) vice.

resaca nf (NAUT) ressac m; (COM

retraite f; (fam): **comer la ~** finir les restes.

resalado, a a (fam) vif(ive).

resaltar vi ressortir; (persona) se distinguer.

resarcimiento nm dédommagement m, indemnisation f.

resarcir vt dédommager, indemniser; **~se** vr se dédommager.

resbaladizo, a a glissant(e).

resbalar vi, **~se** vr glisser; (fig) faire un faux pas.

resbaloso, a a (AM) glissant(e).

rescatar vt (cautivos) racheter; (heridos) recueillir; (objeto) repêcher; (idea) reprendre.

rescate nm rachat m; **pagar un ~** payer une rançon.

rescindir vt résilier.

rescisión nf résiliation f.

rescoldo nm braises fpl; (fig) reste m, lueur f.

resecar vt dessécher; (MED) réséquer; **~se** vr se dessécher.

reseco, a a desséché(e); (fig) sec (sèche).

resentido, a a fâché(e), plein(e) de ressentiment, rancunier(ière).

resentimiento nm ressentiment m, rancœur f; hostilité f.

resentirse vr (debilitarse: persona) s'affaiblir; (: edificio) s'ébranler; **~ con** en vouloir à; **~ de** (consecuencias) se ressentir de.

reseña nf (cuenta) signalement m; (informe) notice f; (juicio) compte rendu m; **reseñar** vt signaler, relater; faire le compte rendu de.

reserva nf réserve f; (reservación) réservation f; (COM) garantie f // nm/f remplaçant/e; **a ~ de** sous réserve de; **tener en ~** tenir en réserve.

reservado, a a réservé(e); (retraído) renfermé(e) // nm cabinet particulier.

reservar vt (guardar) réserver; **mettre de côté**; (habitación, entrada) réserver; (callar) dissimuler; **~se** vr (prevenirse) se

réserver; (resguardarse) se ménager.

resfriado nm refroidissement m, rhume m.

resfriarse vr se refroidir; (MED) s'enrhumer.

resguardar vt protéger; (fig) défendre; **~se** vr prendre des précautions.

resguardo nm (defensa) défense f; (custodia) vigilance f; (garantía) garantie f; (vale) reçu m, reconnaissance f.

residencia nf résidence f, siège m.

residente a résidant(e) // nm/f résidant/e.

residir vi résider; **~ en** résider dans.

residuo nm résidu m; reste m.

resignación nf conformité f; résignation f.

resignar vt résigner; **~se** vr se résigner; **~se a o con** se résigner à.

resistencia nf (dureza) endurance f; (oposición, eléctrica) résistance f.

resistente a (duro, robusto) robuste, endurant(e); (que resiste) résistant(e).

resistir vt (soportar) résister à; supporter; (oponerse a) résister à; (aguantar) supporter, endurer // vi résister; **~se** vr: **~se a** se refuser à; se défendre contre.

resma nf rame f.

resol nm réverbération f du soleil.

resolución nf (decisión) décision f; (moción) résolution f; (determinación) détermination f.

resoluto, a a résolu(e).

resolver vt (soportar) résoudre; (decidir) décider de; **~se** vr se résoudre.

resollar vi respirer bruyamment.

resonancia nf (del sonido) résonance f; (repercusión) retentissement m.

resonante a résonnant(e).

resonar vi retentir.

resoplar vi s'ébrouer, souffler; **resoplido** nm ébrouement m.

resorte nm (pieza) ressort m;

(*elasticidad*) élasticité f; (*fig*) ficelle f, corde f.

respaldar vt écrire au verso; (*fig*) protéger, garantir; appuyer; ~**se** vr s'adosser; ~**se con** o **en** s'appuyer sur.

respaldo nm (*de cama*) tête f (de lit); (*de sillón*) dossier m; (*fig*) appui m; garantie f.

respectivo, a a respectif(ive); **en lo** ~ **a** en ce qui concerne.

respecto nm: **al** ~ **a** ce sujet, à cet égard; **con** ~ **a** quant à, en ce qui concerne; ~ **de** par rapport à.

respetable a (*venerable*) respectable; (*considerable*) considérable; (*serio*) important(e).

respetar vt respecter; (*honrar*) honorer; ~**se** vr se respecter.

respeto, a respect m, égard m; (*acatamiento*) déférence f; (*observación*) respect; ~**s** nmpl hommages mpl; **respetuoso, a** a (*cortés*) respectueux (euse); (*tolerante*) tolérant(e); (*sumiso*) soumis(e).

respingar vi regimber; ~**se** vr s'offenser; **respingo** nm regimbement m; (*fig*) sursaut m.

respiración nf respiration f; (*ventilación*) aération f.

respirar vi (*aspirar*) aspirer; (*expirar*) expirer; **respiratorio, a** a respiratoire; **respiro** nm respiration f; (*fig*) repos m, pause f.

resplandecer vi resplendir; **resplandeciente** a resplendissant(e); brillant(e); **resplandor** nm éclat m; (*del fuego*) flamboiement m.

responder vt répondre // vi répondre; objecter; correspondre; ~ **a/de/por** répondre à/de/pour.

responsabilidad nf responsabilité f.

responsable a responsable.

responso nm répons m.

respuesta nf réponse f.

resquebrajar vt fendiller; ~**se** vr se fendiller; (*pintura*) se craqueler; **resquebrajo** nm fente f, fêlure f.

resquemor nm remords cuisant; tourment m; rancœur f, ressentiment m.

resquicio nm (*de puerta*) fente f, jour m; (*hendedura*) fente f.

restablecer vt rétablir; ~**se** vr se rétablir, se remettre.

restallar vi claquer.

restante nm restant(e); **lo** ~ ce qui reste; **los** ~ **s** ceux qui restent.

restañar vt rétamer; (*sangre*) étancher.

restar vt (*MAT*) soustraire; (*fig*) enlever // vi rester.

restauración nf restauration f.

restaurán, restaurante nm restaurant m.

restaurar vt restaurer; (*recuperar*) récupérer.

restitución nf (*devolución*) restitution f; (*restablecimiento*) rétablissement m.

restituir vt (*devolver*) restituer; rendre; (*rehabilitar*) réhabiliter; ~**se** vr se réintégrer.

resto nm (*residuo*) reste m, restant m; (*apuesta*) pari m, va-tout m.

restregar vt frotter énergiquement.

restricción nf restriction f.

restrictivo, a a restrictif(ive).

restringir vt (*limitar*) restreindre; (*reducir*) réduire; (*coartar*) limiter.

resucitar vt, vi ressusciter.

resuelto, a pp de **resolver** // décidé(e); résolu(e).

resuello nm souffle m.

resultado nm (*conclusión*) issue f; (*desenlace*) aboutissement m; dénouement m; (*consecuencia*) conséquence f, résultat m.

resultante a résultant(e), résultat m.

resultar vi (*llegar a ser*) résulter; (*salir bien*) aller, satisfaire; (*convenir*); faire; (*fam*) être d'accord; ~ **de** s'ensuivre de; **me resulta** difícil **hacer** je trouve difficile de faire.

resumen nm (*compendio*) résumé m; (*comentario*) sommaire m, exposé m.

resumido, a a résumé(e).

resumir vt résumer; synthétiser.

retablo nm retable m.

retaguardia nf arrière-garde f, arrière m.

retahíla nf ribambelle f, kyrielle f.

retal nm coupon m.

retama nm genêt m.

retar vt provoquer; (desafiar) défier; (fam) reprocher, gronder.

retardar vt (demorar) retarder; (hacer más lento) ralentir.

retardo nm retard m.

retazo nm morceau m.

rete... pref très.

retén nm (TEC) bague f, renfort m; (reserva) réserve f.

retener vt (guardar) retenir, garder; (intereses) déduire; (conservar) conserver; ~se vr se retenir.

retina nf rétine f.

retintín nm tintement m.

retirada nf (MIL) retraite f; (de dinero) retrait m; (de embajador) rappel m; (refugio) retraite, refuge m; **retirado, a** a (distante) distant(e), écarté(e); (tranquilo) retiré(e); (jubilado) retraité(e).

retirar vt retirer; (jubilar) mettre à la retraite; ~se vr se retirer; (acostarse) aller se coucher, se retirer; **no se retire del teléfono** ne raccrochez pas.

retiro nm retraite f.

reto nm défi m, provocation f.

retocar vt (fotografía) retoucher; (peinado) donner un coup de peigne à; (maquillaje) raccorder, faire un raccord à.

retoño nm rejeton m.

retoque nm retouche f; (MED) symptôme m.

retorcer vt tordre; (fig) altérer; ~se vr se tordre; (mover el cuerpo) se tortiller.

retorcimiento nm torsion f; (MED) entorse f; (fig) entortillement m.

retórica nf rhétorique f; (fig) affectation f; ~s nfpl balivernes fpl.

retornar vt renvoyer // vi

retourner, revenir; **retorno** nm retour m; **aviso de retorno** accusé m de réception.

retortijón nm tiraillement m.

retozar vi (juguetear) folâtrer; (saltar) bondir, gambader.

retozón, ona a folâtre.

retracción nf rétraction f.

retractación nf rétractation f, dédit m.

retractar vt rétracter; ~se vr se rétracter, se reprendre.

retraer vt dissuader de, détourner de; ~se vr se retirer; **retraído, a** a renfermé(e), timide; **retraimiento** nm retraite f; (fig) réserve f, timidité f.

retransmisión nf retransmission f.

retransmitir nf retransmettre.

retrasado, a a (atrasado) retardataire; (MED) retardé(e).

retrasar vt (diferir) ralentir; (retardar) retarder // vi, ~se vr (atrasarse) arriver en retard; (producción) prendre du retard; (quedarse atrás) s'attarder.

retraso nm (tardanza) lenteur f; (atraso) retard m; **llegar con ~** arriver en retard; **~ mental** retard mental.

retratar vt faire le portrait de, portraiturer; (fotografiar) photographier; (fig) dépeindre; (fam): ~se contra un muro s'écraser contre un mur.

retrato nm (pintura) portrait m; (fotografía) photographie f.

retrato-robot nm portrait-robot m.

retreta nf retraite f.

retrete nm cabinets mpl, toilettes fpl.

retribución nf (recompensa) rétribution f; (pago) paiement m.

retribuir vt (pagar) rétribuer; (recompensar) récompenser.

retro... pref rétro...

retroactivo, a a rétroactif(ive).

retroceder vi (recular) reculer; (AUTO) rétrograder; (tropas) se replier; (*arma de fuego*) avoir du recul.

retroceso *nm* recul *m*; (MED) aggravation *f*; (*fig*) retour *m* en arrière, recul.

retrógrado, a *a* (*atrasado*) rétrograde; (POL) réactionnaire.

retropropulsión *nf* rétropropulsion *f*.

retrospectivo, a *a* rétrospectif (ive).

retrovisor *nm* rétroviseur *m*.

retumbante *a* résonnant(e), retentissant(e).

retumbar *vi* résonner, retentir.

reuma *nm* rhumatisme *m*.

reumático, a *a* (*dolor*) rhumatismal(e); (*persona*) rhumatisant(e).

reumatismo *nm* rhumatisme *m*.

reunificar *vt* réunifier.

reunión *nf* (*asamblea*) réunion *f*; (*fiesta*) fête *f*; (*reencuentro*) rencontre *f*, retrouvailles *fpl*.

reunir *vt* (*juntar*) rassembler; (*recoger*) recueillir; (*personas, cualidades*) réunir; ~**se** *vr* se réunir; se rassembler.

revalidación *nf* revalidation *f*.

revalidar *vt* revalider.

revalorar *vt* revaloriser.

revancha *nf* revanche *f*.

revelación *nf* révélation *f*.

revelado *nm* développement *m*.

revelar *vt* révéler; (FOTO) développer.

revendedor, a *nm/f* revendeur/euse; (*pey*) spéculateur/trice.

reventar *vt* crever; (*fam*: *plan*) faire échouer // *vi*, ~**se** *vr* (*estallar*) éclater; (*fam*: *morirse*) claquer.

reventón *nm* éclatement *m*.

reverberación *nf* réverbération *f*.

reverberar *vi* réverbérer.

reverbero *nm* réverbération *f*.

reverdecer *vi* reverdir.

reverencia *nf* révérence *f*.

reverenciar *vt* révérer, honorer.

reverendo, a *a* révérend(e).

reverente *a* révérencieux(euse).

reversión *nf* (*devolución*) réversion *f*; (*anulación*) annulation *f*.

reverso *nm* revers *m*, envers *m*.

revertir *vi* revenir, retourner.

revés *nm* revers *m*, envers *m*; (*fig*) revers *m*; (*fam*) mornifle *f*; **hacer al** ~ faire à l'envers; **volver algo al** ~ retourner.

revestir *vt* revêtir; (*cubrir de*) recouvrir; ~ **con** *o* **de** revêtir de.

revisar *vt* (*examinar*) réviser; (*rever*) revoir.

revisor *a nm/f* réviseur *m*, contrôleur *m*.

revista *nf* revue *f*, magazine *f*; (TEATRO) revue; (*inspección*) inspection *f*; **pasar** ~ a passer en revue.

revivir *vi* ressusciter; renaître, réapparaître.

revocación *nf* révocation *f*.

revocar *vt* révoquer.

revolcar *vt* renverser; (*fig*) terrasser; ~**se** *vr* se rouler, se vautrer; ~**se de dolor** se tordre de douleur.

revolotear *vi* voltiger; tourner.

revoloteo *nm* voltige *f*, voltigement *m*.

revoltijo *nm* fouillis *m*, salmigondis *m*; ~ **de huevos** œufs brouillés.

revoltoso, a *a* (*travieso*) turbulent(e), remuant(e); (*rebelde*) séditieux(euse).

revolución *nf* révolution *f*.

revolucionar *vt* révolutionner.

revolucionario, a *a* révolutionnaire // *nm/f* révolutionnaire *m/f*.

revólver *nm* revolver *m*.

revolver *vt* (*desordenar*) bouleverser, mettre sens dessus dessous; (*mover*) troubler, remuer; (*tantear en*) évaluer; (*investigar*) fouiller; (POL) troubler; (*hacer paquete*) empaqueter // *vi*: ~ **en** fouiller dans; ~**se** *vr* se retourner, se rouler; (*por dolor*) s'agiter; (*volver contra*) faire volte-face.

revuelco *nm* renversement *m*, chute *f*.

revuelo nm second vol, battement m d'ailes; (fig) trouble m, confusion f.

revuelto, a pp de **revolver** // a (mezclado) embrouillé(e), confus(e); (descontento) mécontent(e); (travieso) turbulent(e) // nf (motín) révolte f, sédition f; (conmoción) trouble m, confusion f; **dar vueltas y revueltas a un problema** tourner et retourner un problème.

revulsivo nm révulsif m.

rey nm roi m.

reyerta nf dispute f, querelle f, rixe f.

rezagado, a nm/f retardataire m/f.

rezagar vt (dejar atrás) laisser en arrière; (retrasar) retarder.

rezar vi prier // vt dire; **~ con** (fam) concerner, regarder.

rezo nm prière f.

rezongar vi grogner, ronchonner.

rezumar vt transpirer, laisser passer // vi suinter; **~se** vr suinter; (fig) se faire connaître.

ría nf embouchure f, estuaire m.

riada nf (crecida) crue f; (inundación) inondation f.

ribera nf (de río) rive f, berge f; (del mar) rivage m.

ribete nm (de vestido) bordure f, liséré m; (fig) traces fpl, côtés mpl.

ribetear vt border, passepoiler.

ricino nm ricin m.

rico, a a riche; (exquisito) exquis(e); (niño) adorable; (fam): **¡oye, ~!** oui, mon vieux!

rictus nm rictus m.

ridiculez nf extravagance f.

ridiculizar vt ridiculiser, couvrir de ridicule.

ridículo, a a ridicule // nm ridicule m.

riego nm (aspersión) aspersion f; (irrigación) arrosage m.

riel nm (del tren) rail m; (para cortinas) tringle f, chemin de fer m.

rienda nf rêne f, guide f; **dar ~ suelta** lâcher la bride.

riente a riant(e).

riesgo nm risque m; **correr el ~ de** courir le risque de.

rifa nf (lotería) tombola f, loterie f; (disputa) dispute f; **rifar** vt tirer au sort // vi se disputer; **rifarse algo** s'arracher ou se disputer qch.

rifle nm rifle m.

rigidez nf rigidité f, rigueur f; (fig) inflexibilité f, sévérité f.

rígido, a a rigide, raide; (fig) inflexible; sévère.

rigor nm (áspero) rigueur f; (inclemencia) inclémence f; **de ~** de rigueur; **riguroso, a** a (áspero) âpre; (severo) sévère, rigoureux(euse); (inclemente) inclément(e).

rimar vi rimer.

rimbombante a retentissant(e), ronflant(e); (fig) tapageur(euse), voyant(e).

rimel nm rimmel m.

rincón nm coin m.

rinoceronte nm rhinocéros m.

riña nf (disputa) dispute f; (pelea) rixe f, bagarre f.

riñón nm (ANAT) rein m; (CULIN) rognon m; (fig) cœur m, centre m; **tener riñones** avoir de l'estomac.

río vb ver **reir** // nm rivière f; (fig) fleuve m; **~ abajo/arriba** en aval/amont.

rioplatense a du Rio de la Plata.

ripio nm (residuo) résidu m; (cascotes) granats mpl, décombres mpl.

riqueza nf richesse f.

risa nf rire m.

risco nm roc m, rocher escarpé.

risible a (ridículo) ridicule; (jocoso) risible, drôle.

risotada nf éclat m de rire.

ristra nf chapelet m.

risueño, a a (sonriente) souriant(e); (contento) gai(e), joyeux(euse).

ritmo nm rythme m; **a ~ lento** lentement.

rito nm (costumbre) rite m; (reglas) rituel m.

ritual a rituel(le).

rival a rival(e); **~idad** nf rivalité f;

~**izar** vi: ~**izar con** rivaliser avec.

rizado, a a frisé(e) // nm frisure f.

rizar vt friser; ~**se** vr (el pelo) friser; (el mar) se rider.

rizo nm (de cabellos) boucle f, frisette f; (en el agua) ride f; **hacer o rizar el** ~ faire un looping, boucler la boucle.

RNE nf (abr de Radio Nacional de España) ≈ O.R.T.F.

roano, a a rouan(ne).

robar vt voler, dérober; (NAIPES) piocher.

roble nm chêne m, rouvre m.

robledo, robledal nm chênaie f, rouvraie f.

roblón nm rivet m.

robo nm (estafa) escroquerie f; (hurto) vol m.

robot nm robot m.

robustecer vt fortifier, rendre robuste.

robustez nf robustesse f.

robusto, a a robuste; vigoureux(euse).

roca nf (mineral) roche f; (peñasco) roc m, rocher m.

rocalla nf rocaille f.

roce nm (caricia) frôlement m, effleurement m; (frote) frottement m; **tener** ~ avoir des contacts.

rociada nf (aspersión) aspersion f; (fig) pluie f.

rociar vt (ropa) asperger; (flores) arroser.

rocín nm rosse f, roussin m.

rocío nm rosée f; bruine f.

rocoso, a a rocheux(euse).

rodaballo nm turbot m.

rodado, a a (con ruedas) roulé(e); (redondo) arrondi(e).

rodaja nf (rajada) rondelle f; (rueda) roulette f.

rodaje nm (TEC) rouages mpl; (CINE) tournage m; (AUTO): **en** ~ en rodage.

rodar vt (vehículo) roder; (escalera) dégringoler, dévaler; (viajar por) parcourir // vi rouler; (CINE) tourner.

rodear vt entourer, enclore // vi contourner; ~**se** vr: ~**se de amigos** s'entourer d'amis.

rodeo nm (acción) tour m; (ruta indirecta) détour m, crochet m; (evasión) subterfuge m.

rodezno nm (hidráulica) roue f hydraulique; (dentada) roue dentée.

rodilla nf genou m; **de** ~**s** à genoux.

rodillera nf genouillère f.

rodillo nm rouleau m; ~ **apisonador** rouleau compresseur.

rododendro nm rhododendron m.

roedor, a a rongeur(euse) // nm rongeur m.

roer vt (masticar) grignoter; (corroer, fig) ronger.

rogar vt, vi (pedir) demander; (suplicar) supplier; **se ruega no fumar** prière de ne pas fumer.

rogativa nf prière publique.

rojete nm rouge m, fard m.

rojizo, a a rougeâtre.

rojo, a a rouge // nm rouge m; **al** ~ **vivo** chauffé(e) au rouge; (fig) ardent(e).

rol nm rôle m.

roldana nf rouet m, réa m.

rollizo, a a potelé(e); dodu(e); cylindrique; rond(e).

rollo nm (de papel) rouleau m; (madera) bille f; (de película) rouleau, film m.

Roma n Rome.

romance a roman(e) // nm composition f poétique; (relación amorosa) idylle f, liaison f; **hablar en** ~ parler clairement.

romancero nm recueil m de 'romances' espagnols.

romántico, a a romantique.

romería nf (REL) pèlerinage m; (fiesta) fête patronale.

romero, a nm/f pèlerin m // nm romarin m.

romo, a a émoussé(e); (fig) abattu(e), affaibli(e).

rompecabezas nm inv casse-tête m inv; (juego) puzzle m.

rompehuelgas nm inv briseur m de grève, jaune m/f.

rompeolas nm inv brise-lames m inv.

romper vt (hacer pedazos) casser, briser; (fracturar) fracturer, rompre; (cascar) fêler, casser // (olas) déferler, briser; (sol, diente) percer; ~se vr (mecanismo, coche) se casser, se briser, se rompre; (reloj) s'arrêter, être en panne; ~ un contrato rompre un contrat; ~ a se mettre à; ~ en llanto éclater en sanglots; ~ con uno briser avec qn.

rompiente nm brisant m.

rompimiento nm rupture f; (quiebra) fente f.

ron nm rhum m.

roncar vi ronfler; (el viento) mugir; (amenazar) menacer.

ronco, a a (sin voz) enroué(e); (áspero) rauque.

roncha nf éruption cutanée.

ronda nf ronde f; (patrulla) ronde, guet m; (fam) tournée f.

rondalla nf (MUS) petite société philarmonique; (cuento) conte m.

rondar vi (dar vueltas) tourner autour de; (patrullar) faire une ronde dans // vi faire une ronde, inspecter; (fig) marauder, rôder.

rondón: de ~ ad sans crier gare.

ronquear vi être enroué(e).

ronquedad nf dureté f.

ronquido nm ronflement m.

ronzal nm licou m, licol m, longe f.

roña nf (mugre) crasse f; (astucia) ruse f.

roñoso, a a (mugriento) crasseux(euse); (inútil) inutile(e); (tacaño) ladre, avare.

ropa nf (vêtements mpl; ~ blanca linge m de maison, blanc m; ~ de cama literie f; ~ interior linge (de corps).

ropaje nm (ropa ceremoniosa) vêtements mpl; (fig) couverture f, manteau m, voile m.

ropavejero, a nm/f fripier/ière.

ropero nm armoire f à linge; (guardarropa) penderie f, garde-robe f // nm/f linger/ère.

roque nf tour f.

roquedal nm terrain rocailleux.

rosa a inv rose // nf rose f; (ANAT) tache de vin f, envie f; ~s nfpl popcorn m; ~ de los vientos rose des vents.

rosado, a, rosáceo, a a rose // nm rosé m.

rosal nm rosier m.

rosario nm (REL) chapelet m; (fig) chapelet m, série f.

rosca nf (de tornillo) filet m; (de humo) rond m; (pan, postre) couronne f.

rosetón nm rosace f; (AUTO) (croisement m) trèfle m.

rostro nm (cara) visage m, figure f; (semblante) visage, mine f, aspect m.

rotación nf rotation f; ~ de cultivos assolement m.

rotativo, a a rotatif(ive).

roto, a pp de **romper** // a cassé(e), brisé(e); (disipado) dissipé(e).

rótula nf rotule f.

rotular vt (titular, encabezar) mettre un en-tête à; (etiquetar) étiqueter.

rótulo nm (letrero, título) écriteau m; (etiqueta) enseigne f, panonceau m, nomenclature f.

rotundo, a a sonore, bien frappé(e).

rotura nf (rompimiento) rupture f; (quiebra) cassure f, brisure f; (MED) fracture f.

roturar vt défricher, défoncer.

rozado, a a usé(e)s.

rozadura nf éraflure f, écorchure f.

rozagante a fringant(e), pimpant(e), splendide.

rozar vt (frotar) frôler, effleurer; (arañar) griffer, égratigner; (arrugar) froisser, rider; (AGR) essarter; ~se vr se frôler, s'effleurer; (trabarse) s'entretailler; ~ con (fam) se frotter à.

roznar vi braire.

rte (abr de remite, remitente) expéditeur.

rúa nf rue f.

rubí nm rubis m.

rubicundo, a a rubicond(e); (de salud) éclatant(e) de santé.

rubio, a a blond(e) // nm/f blond/e.

rubor nm (timidez) honte f; (sonrojo) rougeur f; ~**izarse** vr (avergonzarse) rougir, avoir honte; (sonrojarse) rougir; ~**oso, a** a rougissant(e).

rúbrica nf rubrique f; (de la firma) paraphe m, parafe m; **rubricar** vt (firmar) parapher, parafer; (fig) signer; (concluir) terminer, couronner.

rucio, a a gris(e).

rudeza nf (tosquedad) rudesse f; (sencillez) simplicité f, rusticité f.

rudimento nm (principio) principe m; (noción) notion f.

rudo, a a (sin pulir) rude; (tosco) grossier(ière), rustique; (violento) violent(e); (vulgar) vulgaire, ordinaire; (estúpido) stupide.

rueca nf quenouille f.

rueda nf (de vehículo) roue f; (de molino) meule f; (rodaja) darne f; (corro) ronde f; ~ **delantera/trasera** roue avant/arrière; ~ **de prensa** conférence f de presse.

ruedo nm (contorno) contour m, limite f; (de vestido) ourlet m; (círculo) cercle m, circonférence f; (TAUR) arène f.

ruego vb ver **rogar** // nm prière f.

rufián nm ruf(f)ian m.

rugby nm rugby m.

rugido nm (de león) rugissement m; (fig) hurlement m.

rugir vi rugir, hurler.

rugoso, a a (arrugado) ridé(e); (áspero) rugueux(euse); (desigual) inégal(e).

ruibarbo nm rhubarbe f.

ruido nm bruit m; (alboroto) vacarme m, tapage m; (escándalo) chambard m, bruit; **ruidoso, a** a (estrepitoso) retentissant(e); (escandaloso) tapageur(euse); (fig) important(e).

ruin a (despreciable) méprisable;

(miserable) misérable, minable; (mezquino) mesquin(e), pingre.

ruina nf (ARQ) ruine f; (fig) délabrement m, décadence f, effondrement m.

ruindad nf bassesse f, vilenie f.

ruinoso, a a (desolado) en ruine, délabré(e); (decadente) décadent(e); (COM) ruineux(euse), désastreux(euse).

ruiseñor nm rossignol m.

rula, ruleta nf roulette f.

Rumania nf Roumanie f.

rumba nf rumba f.

rumbo nm (ruta) cap m, route f; (ángulo de dirección) direction f; (fig) cours m.

rumboso, a a pompeux(euse), fastueux(euse).

rumiante nm ruminant m.

rumiar vt ruminer, mâcher; (fig) ruminer, remâcher // vi ruminer.

rumor nm (ruido sordo) bruit sourd; (murmuración) bruit, rumeur f; ~**earse** vr: **se** ~**ea que** le bruit court que.

rupestre a rupestre.

ruptura nf (MED) fracture f, (fig) rupture f.

rural a rural(e).

Rusia nf Russie f.

ruso, a a russe.

rústico, a a (descortés) rustique, discourtois(e); (ordinario) rustaud(e), grossier(ière) // nm/f campagnard/e, paysan/ne.

ruta nf route f, itinéraire m.

rutina nf routine f; **rutinario, a** a (cotidiano) routinier(ière); (inculto) sans imagination, ignorant(e).

S

S abr de **santo, a**; abr de **sur**.

s. abr de **siglo**; abr de **siguiente**.

S/ abr de **su, sus.**

S.A. abr ver **sociedad.**

sábado nm samedi m.

sábana nf drap m; **se le pegan la ~s** il fait la grasse matinée.

sabandija nf bestiole f; chapardeur m; polisson m.

sabañón nm engelure f.

sabelotodo nm/f je-sais-tout m/f inv.

saber vt savoir; (llegar a conocer) apprendre; (tener capacidad de) connaître // vi: **~ a** avoir le goût de // nm savoir m; **a ~** à savoir, c'est à dire; ¡vete a ~! sait-on jamais!, va donc savoir!; ¿**sabes conducir**? sais-tu conduire?

sabiamente ad savamment; sagement.

sabiduría nf savoir m, science f; sagesse f.

sabiendas: a ~ ad sciemment.

sabihondo, a a pédant(e).

sabio, a a savant(e); (prudente) sage // (f) connaisseur/euse, savant/e.

sable nm sabre m.

sabor nm goût m, saveur f; **~ear** vt savourer; **~earse** vr se délecter, se régaler.

sabotaje nm sabotage m; **sabotear** vt saboter.

sabré etc vb ver **saber**.

sabroso, a a délicieux(euse) (fig) osé(e), audacieux(euse).

sacaclavos nm inv arrache-clou m.

sacacorchos nm inv tire-bouchon m.

sacapuntas nm inv taille-crayon m.

sacar vt (hacer salir) sortir; (quitar) enlever, retirer; (mostrar) montrer, faire voir; (citar) citer, nommer; (conseguir) obtenir; (inferir) en tirer; (producir) produire; (FOTO) prendre; (recibir) recevoir; (entradas) retirer, acheter; **~ a bailar** inviter à danser; **~ a flote** remettre à flot; **~ a luz** publier, faire paraître; **~ apuntes** prendre des notes; **~ en claro** tirer au clair;

~ la cara por alguien prendre la défense de qn; **~ la cuenta** faire le(s) compte(s); **~ punta a** aiguiser; (lápiz) tailler; **~ ventaja** prendre de l'avance; **~ adelante** (niño) élever; (proyecto) faire avancer.

sacerdote nm prêtre m.

saciar vt rassasier; satisfaire, assouvir; **saciedad** nf satiété f; satisfaction f, assouvissement m.

saco nm (gen) sac m; (gabán) veste f; (saqueo) pillage m; **~ (de) dormir** sac de couchage.

sacramento nm sacrement m.

sacrificar vt sacrifier; (ofrecer) offrir; **sacrificio** nm sacrifice m.

sacrilegio nm sacrilège m; **sacrílego, a** a sacrilège.

sacristán nm sacristain m.

sacro, a a sacré(e).

sacudida nf (zarandeada) agitation f; (sacudimiento) secousse f.

sacudir vt secouer; (asestar) assèner.

sádico, a a sadique; **sadismo** nm sadisme m.

saeta nf (flecha) flèche f; (de reloj) aiguille f; (brújula) boussole f.

sagacidad nf sagacité f.

sagaz a sagace; (astuto) astucieux(euse).

sagrado, a a sacré(e) // nm asile m, lieu m de refuge.

sagú nm sagou m.

Sáhara nm: **el ~** le Sahara.

sahumar vt désinfecter; parfumer.

sal vb ver **salir** // nf sel m.

sala nf (cuarto grande) salle f; (sala de estar) salle de séjour; (muebles) salon m; **~ de apelación/de justicia** cour f d'appel/de justice; **~ de espera** salle d'attente.

salado, a a salé(e); (fig) gracieux(euse), spirituel(le).

salar vt (echar en sal) saler; (sazonar) assaisonner.

salario nm salaire m.

salaz a salace.

salchicha nf saucisse f; **salchichería** nf charcuterie f.

salchichón nm saucisson m.

saldar vt solder; (fig) s'acquitter de, régler.

saldo nm solde f.

saldré etc vb ver **salir**.

saledizo, a a en saillie, saillant(e) // nm encorbellement m, saillie f.

salero nm salière f; (fig) charme m, piquant m.

salgo etc vb ver **salir**.

salida nf sortie f; (acto) départ m, sortie; (TEC) production f; (fig) issue f; (COM) écoulement m; (tiraje) tirage m; **calle sin ~** rue sans issue; **~ de emergencia** sortie f de secours.

saliente a (ARQ) saillant(e); (que se retira) sortant(e); (fig) prééminent(e) // nm Orient m, Levant m.

salino, a a salin(e).

salir vi (gen) sortir; (resultar) se révéler, résulter, marcher; (partir) partir; (aparecer) lever, pousser; (sobresalir) ressortir; **~se** vr fuir, s'échapper; **~ al encuentro de uno** aller au devant de qn; **~ a la superficie** faire surface; **~ caro/barato** être cher/bon marché; **~ de dudas** tenter d'y voir clair.

saliva nf salive f; **salivar** vi saliver.

salmantino, a a de Salamanque.

salmo nm psaume m; **~diar** vi psalmodier.

salmón nm saumon m.

salmuera nf saumure f.

salobre a saumâtre.

salón nm salon m, salle f; **~ de belleza/pintura** salon de beauté/peinture; **~ de baile** salle de bal.

salpicadero nm tableau m de bord.

salpicar vt (rociar) éclabousser; (esparcir) parsemer, répartir; (fig) parsemer, émailler.

salpullido nm éruption cutanée.

salsa nf sauce f; (fig) charme m, piquant m.

saltamontes nm inv sauterelle verte.

saltar vt bondir; (dejar de lado) partir, sauter // vi bondir, rebondir;

(al aire) s'élancer; (quebrarse) se briser, se rompre; (fig) exploser, éclater; **~se** vr sauter.

saltear vt (robar) voler (à main armée); (asaltar) assaillir; (espaciar) espacer; (CULIN) faire revenir, faire sauter.

saltimbanqui nm/f saltimbanque m/f, baladin m.

salto nm saut m; (fig) vide m; (DEPORTE) plongeon m.

saltón, ona a globuleux (euse), protubérant(e).

salubre a salubre.

salud nf santé f; (fig) bien-être m; **¡(a su) ~!** (à votre) santé!; **saludable** a (de buena salud) salubre; (provechoso) salutaire.

saludar vt saluer.

saludo nm salut m.

salvación nf salut m.

Salvador: El ~ nm Salvador m.

salvadoreño, a a du Salvador.

salvaguardia nf sauvegarde f, garantie f.

salvajada nf action f propre aux sauvages; atrocité f.

salvaje a sauvage; (necia) sauvageon(ne), sauvage; **salvajismo** nm, **salvajez** nf sauvagerie f, atrocité f.

salvar vt (rescatar) sauver; (resolver) résoudre; (cubrir distancias) franchir; (hacer excepción) exclure, écarter; **~se** vr se sauver.

salvavidas nm inv bouée f de sauvetage // a: **bote/chaleco/cinturón** ~ canot m/gilet m/bouée de sauvetage.

salvedad nf (calificación) réserve f, exception f; (de documento) certification f.

salvia nf sauge f, salvia m.

salvo, a a salvo (sauve) // ad salvo excepté, hormis; **a** ~ sain et sauf.

salvoconducto nm sauf-conduit m.

samba nf (AM) samba f.

san a saint m; **S~ Sebastián** Saint-Sébastien.

sanable a guérissable, curable.

sanar vt, vi guérir.

sanatorio nm sanatorium m, clinique f, hôpital m.

sanción nf sanction f; **sancionar** vt (aprobar) approuver; (imponer pena) infliger, sanctionner.

sancochar vt blanchir, cuire légèrement, faire revenir.

sandalia nf sandale f.

sándalo nm santal m.

sandez nf sottise f.

sandía nf pastèque m, melon m.

sandwich nm sandwich m.

saneamiento nm assainissement m; récompense f; (fig) remède m.

sanear vt assainir; compenser.

sangrante a saignant(e).

sangrar vt, vi saigner.

sangre nf sang m; **perder la ~ fría** perdre son sang-froid; **tener mala ~** être méchant(e).

sangría nf (ANAT) saignée f; (bebida) sangria f.

sangriento, a a sanglant(e).

sanguijuela nf sangsue f.

sanguinario, a a sanguinaire.

sanguíneo, a a sanguin(e).

sanidad nf santé f.

sanitario, a a sanitaire.

sano, a a (saludable) sain(e); (sin daños) en bon état, intact(e); (higiénico) hygiénique.

Santiago n: ~ (de Chile) Santiago.

santiamén nm: **en un ~** en un clin d'œil.

santidad nf sainteté f.

santificar vt sanctifier.

santiguar vt (fig) gifler; **~se** vr se signer.

santo, a a saint(e); (fig) miraculeux(euse) // nm/f saint/e // nm (jour m de) fête f; **~ y seña** mot de passe m.

santón nm santon m.

santuario nm sanctuaire m.

saña nf fureur f, rage f.

sapiencia nf sagesse f.

sapo nm crapaud m.

saque nm (TENIS) service m; (FUTBOL) coup m d'envoi.

saquear vt piller, mettre à sac; **saqueo** nm pillage m, sac m.

sarampión nm rougeole f.

sarcasmo nm sarcasme m.

sardina nf sardine f.

sardónico, a a sardonique.

sargento nm sergent m.

sarna nf gale f; **sarniento, a, sarnoso, a** a galeux(euse).

sartén nf poêle f.

sastre nm tailleur m; **sastrería** nf (arte) métier m de tailleur; (tienda) boutique f ou atelier m du tailleur.

satélite nm satellite m // a: **país ~** pays m satellite.

sátira nf satire f; (crítica) critique f.

satisfacción nf (contento) satisfaction f; (cumplimiento) compliment m, récompense f; (de deseo) satisfaction, assouvissement m; **satisfacer** vt satisfaire; (indemnizar) réparer, indemniser; **satisfacerse** vr se faire plaisir, se satisfaire; (vengarse) se venger; **satisfecho, a** pp de **satisfacer** // a (contento) satisfait(e), content(e); (vanidoso) satisfait de sa personne, content de soi.

saturar vt (saciar) saturer; (impregnar) imprégner.

saturnino, a a saturnin(e).

sauce nm saule m.

sauna nf sauna m.

savia nf sève f.

saxofón, **saxófono** nm saxophone m.

saya nf jupe f.

sayo nm casaque f.

sazón nf (madurez) maturité f; (fig) occasion f; (sabor) goût m, saveur f; **sazonado, a** a assaisonné(e); **sazonar** vt assaisonner; (fig) mûrir.

se pron se; ~ **mira en el espejo** il se regarde dans la glace; (acusativo con acción no reflexiva) on; ~ **habla francés** on parle français; (indefinido) ~ **acostumbra hacerlo** on prend l'habitude de le faire; (dativo) ~ **lo daré** je le lui donnerai; (a usted) je vous le donnerai; (*pronominal*) **acaba de bañarse** il vient de se baigner.

SE *abr de* **sudeste.**

S.E. *abr de* **Su Excelencia.**

sé *vb ver* **saber, ser.**

sea *etc vb ver* **ser.**

sebo *nm* (*de animal*) suif *m*, graisse *f*; (ANAT) sébum *m*.

seca *nf ver* **seco.**

secador *nm* séchoir *m*; ~ **de cabello** *o* **para el pelo** sèche-cheveux *m inv.*

secadora *nf* sécheresse *f*, essoreuse *f*.

secante *nm* buvard *m*.

secar *vt* (*ropa*) sécher; (*platos*) essuyer; ~**se** *vr* sécher; (*río*) se dessécher.

sección *nf* section *f*; (*en negocio*) rayon *m*; (*en diario*) page *f*, chronique *f*.

seco, a *a* sec(sèche) // *ad* sécheresse *f*; **a secas** tout court.

secretaría *nf* secrétariat *m*.

secretario, a *nm/f* secrétaire *m/f*.

secreto, a *a* secret(ète) // *nm* secret *m*.

secta *nf* secte *f*; **sectario, a** *a* sectateur(trice); sectaire.

sector *nm* secteur *m*.

secuaz *nm* partisan *m*.

secuela *nf* séquelle *f*, suite *f*.

secuestrar *vt* séquestrer; **secuestro** *nm* (*de bienes*) séquestre *m*, saisie *f*; (*de persona*) séquestration *f*, enlèvement *m*.

secular *a* séculier(ière).

secundar *vt* seconder.

secundario, a *a* secondaire.

sed *nf* soif *f*.

seda *nf* soie *f*.

sedante, sedativo *nm* calmant *m*, sédatif *m*.

sede *nf* siège *m*.

sedentario, a *a* sédentaire.

sedición *nf* sédition *f*; **sedicioso, a** *a* séditieux(euse) // *nm/f* rebelle *m/f*.

sediento, a *a* (*con sed*) assoiffé(e); (*ávido*) avide, assoiffé.

sedimentar *vt* déposer; ~**se** *vr* (*fig*) se calmer, s'apaiser.

sedimento *nm* sédiment *m*, dépôt *m*; (*residuo*) résidu *m*.

seducción *nf* séduction *f*.

seducir *vt* séduire; **seductor, a** *a* séduisant(e); (*engañoso*) trompeur(euse) // *nm/f* séducteur/trice.

segador, a *nm/f* faucheur/euse // *nf* faucheuse *f*; **segadora-trilladora** *nf* moissonneuse-batteuse *f*.

segar *vt* faucher.

seglar *a* (*laico*) laïque; (*lego*) séculier(ière).

segregación *nf* ségrégation *f*.

segregar *vt* séparer.

seguido, a *a* suivi(e) // *ad* (*directo*) tout droit; (*después*) après // *nf* suite *f*; **acto** ~ sur-le-champ.

seguimiento *nm* suite *f*, succession *f*.

seguir *vt* (*gen*) suivre; (*perseguir*) poursuivre; (*proseguir*) continuer, poursuivre; (*acompañar*) accompagner, suivre // *vi* (*gen*) suivre; (*continuar*) continuer à *ou* de; ~**se** *vr* se suivre; (*deducirse*) s'ensuivre; (*derivarse*) découler.

según *prep* selon // *ad* ça dépend, c'est selon.

segundo, a *a* deuxième, second(e) // *nm* seconde *f* // *nf* double-tour *m*; **de segunda mano** de seconde main, d'occasion.

segundón *nm* cadet *m*, puîné *m*.

segur *nf* (*hacha*) hache *f*; (*hoz*) faucille *f*.

seguramente *ad* (*con certeza*) sûrement; (*por supuesto*) certainement, sûrement.

seguridad *nf* (*tranquilidad*) sécurité *f*, sûreté *f*; (*certidumbre*) assurance *f*, certitude *f*; (*estabilidad*) sûreté.

seguro, a *a* (*cierto*) sûr(e), certain(e); (*fiel*) fidèle; (*firme*) ferme, sûr // *ad* certainement, à coup sûr // *nm* (*cierre*) sécurité *f*, sûreté *f*, cran *m* d'arrêt; (*COM*) assurance *f*; **dar por** ~ assurer, affirmer; ~ **contra terceros/a tod**

riesgo assurance au tiers/tous risques; **~s sociales** sécurité sociale.

seis num six.

seiscientos, as num six cents.

seísmo nm séisme m.

selección nf sélection f; **seleccionar** vt sélectionner, choisir.

selecto, a a choisi(e).

selva nf forêt f; **selvático, a** a forestier(ière); (salvaje) sauvage.

sellar vt sceller; timbrer; (monedas) frapper.

sello nm timbre m; (de goma) tampon m; (medicinal) cachet m; (fig) cachet.

semáforo nm (AUTO) feux mpl de signalisation; (FERROCARRIL) sémaphore m.

semana nf semaine f; **semanal** a hebdomadaire; **semanario, a** a hebdomadaire.

semblante nm aspect m.

semblanza nf notice f biographique; (retrato) portrait m.

sembrado, a a cultivé(e) // nm champ ensemencé.

sembrador, a nm/f semeur/euse // nf semoir m.

sembrar vt semer.

semejante a (parecido) semblable; (igual) pareil(le) // nm semblable m; **semejanza** nf (parecido) ressemblance f; (analogía) analogie f, similitude f.

semejar vi ressembler; **~se** vr se ressembler.

semen nm semence f.

sementera nf semailles fpl, terrain ensemencé, sems m.

semestral a semestriel(le).

semicírculo nm demi-cercle m.

semiconsciente a semi- ou demi-conscient(e).

semilla nf graine f, semence f.

seminario nm (REL) séminaire m; (AGR) pépinière f.

sémola nf semoule f.

sempiterna nf immortelle f.

Sena nf seine m.

Sena nm: **el ~ la** Seine.

senado nm sénat m; **senador, a** nm/f sénateur.

sencillez nf (naturalidad) simplicité f; (franqueza) franchise f.

sencillo, a a simple; (candoroso) simple, naïf(ïve).

senda nf sentier m.

sendero nm sentier m, sente f.

sendos, as a pl un(e) chacun(e); **les dio ~ golpes** il leur donna un coup à chacun.

senil a sénile.

seno nm (ANAT, fig) sein m; (vacío) cavité f.

sensación nf sensation f; sentiment m.

sensatez nf bon sens; **sensato, a** a sensé(e).

sensible a sensible; (apreciable) appréciable.

sensitivo, a, sensorio, a, sensorial a sensitif(ive), sensoriel(le).

sensual a sensuel(le).

sentada nf sentada m/f.

sentadillas: a ~ ad en amazone.

sentadero nm siège m.

sentado, a a assis(e); (fig) sensé(e), sage // nf séance f; **dar por ~** considérer comme bien établi.

sentar vt asseoir; (fig) jeter // vi convenir, aller bien; **~se** vr (persona) s'asseoir; (el tiempo) se stabiliser; (los depósitos) se déposer; **~ bien** (comida) réussir; **~ bien/mal** aller bien/mal.

sentencia nf (máxima) sentence f; (JUR) sentence, jugement m, arrêt m; **sentenciar** vt, vi juger.

sentencioso, a a sentencieux (euse).

sentido, a a susceptible // nm sens m; (conocimiento) connaissance f; **mi ~ pésame** mes sincères condoléances; **~ del humor** sens de l'humour.

sentimental a sentimental(e).

sentimiento nm (emoción) sentiment m; (sentido) peine f, tristesse f; (pesar) regret m.

sentir vt (percibir) sentir; (sufrir)

sentir, souffrir; *(lamentar)* regretter, être désolé(e) de // *vi (tener la sensación)* sentir; *(lamentarse)* se désoler // ~ *nm* sens *m*; ~**se bien/mal** se sentir bien/mal.

seña *nf* signe *m*; *(MIL)* contre-mot *m*; *(COM)* acompte *m*; ~**s** *nfpl* adresse *f*, coordonnées *fpl*.

señal *nf (marca)* marque *f*; *(signo)* marque, signe *m*, indice *m*; *(REL, COM)* signe *m*; **en** ~ **de** en signe de, comme preuve de; ~ **de tráfico** panneau *m* de signalisation; ~ **telefónica** tonalité *f*; **señalar** *vt (marcar)* marquer; *(indicar)* montrer; *(fijar)* fixer; **señalarse** *vr (distinguirse)* se distinguer; *(perfilarse)* se dessiner.

señero, a a seul(e), sans égal.

señor *nm* monsieur *m*; *(dueño)* maître *m*; *(forma de tratamiento)* monsieur *m*; **muy** ~ **mío** cher monsieur.

señora *nf (dama)* dame *f*; *(tratamiento de cortesía)* madame *f*; *(fam)* femme *f*; **Nuestra** ~ Notre-Dame.

señorear *vt* dominer, commander.

señoría *nf* seigneurie *f*.

señorío *nm* pouvoir *m*, autorité *f*; *(fig)* dignité *f*, gravité *f*.

señorita *nf (tratamiento)* mademoiselle *f*; *(mujer joven)* jeune fille *f*, demoiselle *f*.

señorito *nm* monsieur *m*; *(hijo de ricos)* fils *m* de famille, fils à papa.

señuelo *nm* leurre *m*.

sepa *etc vb ver* **saber.**

separación *nf* séparation *f*; *(distancia)* écartement *m*.

separar *vt* séparer; *(dividir)* diviser; ~**se** *vr* se séparer; *(dividirse)* se diviser, se démembrer; *(aislarse)* s'éloigner, s'écarter, s'isoler; *(deshacerse de algo)* se défaire; **separatismo** *nm* séparatisme *m*.

sepelio *nm* inhumation *f*, enterrement *m*.

sepia *nf* sépia *f*.

séptico, a *a* septique.

septiembre *nm* septembre *m*.

séptimo, a *a* septième.

sepultar *vt* ensevelir, enterrer; **sepultura** *nf (acto)* sépulture *f*; *(tumba)* tombe *f*, tombeau *m*; **sepulturero, a** *nm/f* fossoyeur *m*.

sequedad *nf* sécheresse *f*.

sequía *nf* sécheresse *f*.

séquito *nm* suite *f*; cortège *m*.

ser *vi (gen)* être; *(devenir)* devenir // *nm* être *m*; ~ **de** *(origen)* être de; *(hecho de)* être en; *(pertenecer a)* être à; **es la una** il est une heure; **es de ver** il faudrait voir; **es de esperar que** il faut espérer que; **era de ver** il fallait voir; **a no** ~ **que** si ce n'est que; **de no** ~ **así** sinon, autrement.

serenarse *vr* se calmer.

serenidad *nf* sérénité *f*, calme *m*.

sereno, a *a (claro, tranquilo)* serein(e), tranquille; *(calmado)* calme // *nm (humedad)* serein *m*; *(vigilante)* veilleur *m* de nuit, sereno *m*.

serie *nf (fila, lista)* série *f*; *(cadena)* chaîne *f*, suite *f*; **fuera de** ~ hors série, hors pair.

seriedad *nf* sérieux *m*.

serio, a *a* sérieux(euse); **en** ~ au sérieusement.

sermón *nm (REL)* sermon *m*.

serpentear *vi* serpenter.

serpentina *nf* serpentin *m*.

serpiente *nf* serpent *m*; ~ **boa** boa *m*; ~ **pitón** python *m*; ~ **de cascabel** serpent à sonnettes.

serranía *nf* montagne *f*, région montagneuse.

serrano, a *a* montagnard(e) // *nm/f* montagnard/e.

serrar *vt* = **aserrar.**

serrín *nm* = **aserrín.**

serrucho *nm* égoïne *f*.

servicial *a (atento)* serviable; *(pey)* servile.

servicio *nm* service *m*; **al** ~ **de** au service de.

servidor, a *nm/f* domestique *m*; **su seguro** ~, **(s.s.s.)** votre très humble serviteur; **servidumbre**

(sujeción) servitude f; *(criados)* domesticité f.

servil a servile.

servilleta nf serviette f.

servir vt servir; *(hacer favor)* rendre service ou être utile à / vi servir; *(tener utilidad)* être utile, servir; ~se vr se servir.

sesenta num soixante.

sesgar vt couper en biais.

sesgo nm biais m; *(fig)* tournure f, biais.

sesión nf séance f.

seso nm *(ANAT)* cervelle f; *(fig)* cervelle, bon sens, jugeotte f; ~s nmpl *(CULIN)* cervelle; **sesudo, a** a sensé(e), sage, prudent(e).

seta nf champignon m.

setecientos, as num sept cents.

seudo... pref pseudo-.

seudónimo nm pseudonyme m.

severidad nf *(rigor)* sévérité f; *(exactitud)* exactitude f, ponctualité f.

severo, a a *(serio)* sévère; *(austero)* austère.

Sevilla n Seville.

sexo nm sexe m; **sexual** a sexuel(le).

s.f. abr de sin fecha.

si conj si.

sí ad oui; *(después de frase negativa)* si / nm oui m // pron (m) lui, (f) elle, (mpl) eux, (fpl) elles; **claro que** ~ mais oui; mais si; **creo que** ~ je crois que oui; **entre** ~ en lui-même, à part soi.

sibarita nm/f sybarite m/f.

siderurgia nf sidérurgie f.

sidra nf cidre m.

siembra nf *(acción, tiempo)* semailles fpl; *(sembradío)* champ ensemencé.

siempre ad toujours / / conj **~** *(cada vez)* pourvu que, du moment que; *(dado que)* étant donné que; ~ **piensa que** je pense toujours que.

siempreviva nf immortelle f.

sien nf tempe f.

siento etc vb ver **sentar, sentir.**

sierra nf *(TEC)* scie f; *(cadena de*

montañas) chaîne f de montagnes; *(montaña)* montagne f.

siervo, a a serf(erve).

siesta nf sieste f.

siete num sept.

sífilis nf syphilis f.

sifón nm *(botella)* siphon m; *(agua)* eau gazeuse.

sigiloso, a a secret(ète); discret(ète).

sigla nf sigle m.

siglo nm siècle m.

significación nf *(sentido)* signification f, sens m; *(fig)* importance f.

significado nm *(sentido)* sens m, signification f; *(acepción)* acception f.

significar vt *(denotar)* signifier, avoir le sens de; *(notificar)* désigner, signifier; *(representar)* représenter; ~se vr se distinguer; **significativo, a** a significatif(ive).

signo nm signe m; ~ **de admiración o exclamación** point m d'exclamation; ~ **de interrogación** point d'interrogation.

sigo etc vb ver **seguir.**

siguiente a suivant(e).

siguió etc vb ver **seguir.**

sílaba nf syllabe f.

silbar vt, vi siffler; **silbato** nm sifflet m; **silbido** nm sifflement m.

silenciador nm silencieux m.

silenciar vt étouffer.

silencio nm silence m; **silencioso, a** a *(callado)* silencieux(euse); *(calmo)* calme, tranquille.

silicio nm silicium m.

silo nm silo m.

silueta nf silhouette f; aspect m; *(perfil)* profil m.

silvestre a sylvestre, forestier (ière); *(salvaje)* sauvage.

silvicultura nf sylviculture f.

silla nf *(asiento)* chaise f; *(de jinete)* selle f.

sillar nm *(piedra)* pierre f de taille; *(lomo)* dos m du cheval.

sillería nf sièges mpl.

sillón nm fauteuil m.

sima *nf* (*precipicio*) précipice *m*, gouffre *m*; (*abismo*) abîme *m*.

simbólico, a *a* (*alegórico*) symbolique; métaphorique; (*típico*) typique.

símbolo *nm* (*imagen*) symbole *m*; (*divisa*) emblème *m*.

simetría *nf* symétrie *f*.

simiente *nf* semence *f*.

símil *a:* ~ **piel** similicuir *m*, imitation *f* cuir.

similar *a* similaire.

simio *nm* singe *m*.

simpatía *nf* sympathie *f*; (*amabilidad*) gentillesse *f*; (*solidaridad*) solidarité *f*; **simpático, a** *a* sympathique; **simpatizar** *vi* sympathiser.

simple *a* (*sencillo*) simple; (*elemental*) élémentaire; (*mero*) simple, pur(e), seul(e) // *nm/f* simple d'esprit *m*; **simpleza** *nf* (*ingenuidad*) naïveté *f*; (*necedad*) sottise *f*, simplicité *f*; **simplicidad** *nf* simplicité *f*; **simplificar** *vt* simplifier.

simulación *nf* simulation *f*.

simulacro *nm* imitation *f*.

simular *vt* simuler.

simultáneo, a *a* simultané(e).

sin *prep* sans; ~ **que** *conj* sans que; ~ **embargo** cependant.

sinagoga *nf* synagogue *f*.

sincerarse *vr* (*justificarse*) se justifier; (*hablar con franqueza*) s'ouvrir, ouvrir son cœur.

sinceridad *nf* (*verdad*) vérité *f*, sincérité *f*; (*ingenuidad*) ingénuité *f*, naïveté *f*.

sincero, a *a* (*verdadero*) sincère; (*ingenuo*) ingénu(e), naïf(ïve).

síncope *nm* syncope *f*.

sincrónico, a *a* synchronique.

sindicado, a *a* syndical(e); ~**ista** *nm/f* syndicaliste *m/f*.

sindicar *vt* syndiquer; **sindicato** *nm* syndicat *m*.

sinfín *nm* infinité *f*.

sinfonía *nf* symphonie *f*.

singular *a* (*único*) unique; (*particu-*

lar) particulier(ière); ~**idad** *nf* singularité *f*; ~**izar** *vt* singulariser; ~**izarse** *vr* se singulariser, se caractériser; (*sobresalir*) se détacher.

siniestro, a *a* gauche; (*fig*) sinistre; **a diestra y a siniestra** à tort et à travers.

sinnúmero *nm* infinité *f*.

sino *nm* sort *m*, destin *m* // *conj* (*pero*) mais; (*salvo*) sauf.

sinónimo *nm* synonyme *m*.

sinrazón *nf* injustice *f*.

sinsabor *nm* (*pena*) peine *f*; (*molestia*) ennui *m*.

síntesis *nf* (*compendio*) synthèse *f*; (*suma*) somme *f*; **sintético, a** *a* synthétique; **sintetizar** *vt* synthétiser.

sintió *vb* ver **sentir**.

síntoma *nm* symptôme *m*.

sinvergüenza *nm/f* fripon/ne.

sionismo *nm* sionisme *m*.

siquiera *conj* même si // *ad* au moins; **ni** ~ même pas.

sirena *nf* sirène *f*.

sirte *nf* banc *m* de sable.

sirviente, a *a, nm/f* domestique *m/f*, serviteur *m*.

sirvo *etc vb* ver **servir**.

sisar *vt* (*cometer hurto*) carotter, chaparder; (*vestido*) échancrer.

sisear *vt, vi* siffler, huer.

sismógrafo *nm* sismographe *m*, séismographe *m*.

sistema *nm* système *m*; **sistemático, a** *a* systématique.

sitiar *vt* assiéger.

sitio *nm* (*lugar*) endroit *m*, lieu *m*; (*espacio*) place *f*; (*MIL*) siège *m*.

situación *nf* situation *f*; (*estatus*) statut *m*.

situar *vt* situer; (*asignar fondos*) assigner, affecter; ~**se** *vr* se situer, se placer; (*orientarse*) relever sa situation.

slip *nm* slip *m*.

s/n *abr de* sin número.

so *prep:* ~ **pretexto/pena de** sous prétexte/peine de.

SO *abr de* sudoeste.

sobaco nm aisselle f.

sobar vt pétrir; (castigar) rosser; (manosear) peloter, tripoter; (molestar) gêner.

soberanía nf souveraineté f.

soberano, a a souverain(e); (fig) magistral(e) // nm/f souverain/e.

soberbio, a a (altivo) coléreux (euse); (fig) magnifique, superbe // nf (orgullo) orgueil m, superbe f; (fig) magnificence f.

sobornar vt suborner, soudoyer; **soborno** nm subornation f, corruption f.

sobra nf (resto) reste m; (exceso) surplus m; ~s nfpl résidus mpl, déchets mpl; **de** ~ de trop, en trop; **sobrado, a** a (de sobra) de trop; (abundante) abondant(e) // ad largement, de trop; **sobrante** a restant e, en trop // nm reste m, restant m; **sobrar** vt excéder, dépasser // vi (tener de más) avoir en trop; (quedar) rester.

sobre prep (encima) sur; (por encima de, arriba de) au-dessus de; (más que) plus que; (además) en plus de; (alrededor de) environ, à peu près; (tratando de) sur // nm enveloppe f.

sobrecama nf dessus-de-lit m.

sobrecargar vt surcharger.

sobrecejo nm (ceño) froncement m de sourcils; (ARQ) linteau m.

sobrecoger vt (de miedo, de frío) saisir; (tomar por sorpresa) surprendre.

sobreexcitar vt surexciter.

sobrehumano a surhumain(e).

sobrellevar vt supporter; endurer.

sobremanera ad à l'excès, excessivement.

sobremesa nf (tapete) tapis m de table; (charla) dessert m.

sobrenatural a surnaturel(le).

sobrentender vt sous-entendre.

sobreponer vt (poner encima) superposer; (añadir) rajouter; ~**se a** surmonter, l'emporter sur.

sobreprecio nm augmentation f.

sobreproducción nf surproduction f.

sobrepujar vt (sobrepasar) surpasser; (dejar atrás) dépasser.

sobresaliente a qui dépasse, en saillie.

sobresalir vi (exceder) dépasser; (resaltar) ressortir.

sobresaltar vt (asustar) effrayer; (sobrecoger) faire sursauter // vi se détacher; **sobresalto** nm (movimiento) sursaut m; (susto) soubresaut m; (turbación) émotion f, trouble m.

sobrescrito nm adresse f.

sobretodo nm pardessus m.

sobrevalorar vt surévaluer.

sobrevenir vi survenir.

sobreviviente a survivant(e) // nm/f survivant/e.

sobriedad nf frugalité f.

sobrino, a nm/f neveu/nièce.

sobrio, a a (frugal) frugal(e); (moderado) modéré(e); (severo) sévère.

socaire nm côté m sous le vent; **al** ~ **de** à l'abri de.

socaliña nf astuce f, ruse f.

socarrón, ona a narquois(e); sournois(e).

socavar vt creuser; **socavón** nm galerie f; excavation f.

sociable a sociable.

social a social(e).

socialdemócrata a social-démocrate.

socialista a socialiste // nm/f socialiste m/f.

socializar vt socialiser.

sociedad nf (gen) société f; (COM) compagnie f; ~ **anónima** (SA) société anonyme (SA).

socio, a nm/f (miembro) sociétaire m/f, membre m; (COM) associé/e.

sociología nf sociologie f.

socorrer vt secourir; **socorro** nm (ayuda) secours m; (MIL) renfort m, secours.

soda nf (sosa) soude f; (bebida) soda m.

soez a grossier(ère).

sofá nm (pl ~s) sofa m, canapé m;
sofá-cama nm canapé-lit m.

sofisticación nf sophistication f.

soflamar vt duper.

sofocar vt suffoquer; (apagar)
étouffer; ~**se** vr étouffer; (fig)
rougir; **sofoco** nm étouffement m,
suffocation f; (fig) gros ennui.

sofrenar vt saccader.

soga nf corde f.

sois vb ver **ser**.

sojuzgar vt subjuguer, dominer.

sol nm soleil m.

solamente ad seulement.

solana nf endroit ensoleillé.

solapa nf (de chaqueta) revers m;
(de libro) rabat m; (fig) prétexte m;
solapado, a a sournois(e), dissimu-
lé(e); malicieux(euse).

solar a solaire // nm terrain m
vague.

solariega a: **casa** ~ manoir m,
gentilhommière f; résidence f
secondaire.

solaz nm distraction f, loisir m;
(alivio) consolation f, soulagement
m; **solazar** vt (divertir) récréer,
distraire; (aliviar) soulager.

soldada nf salaire m.

soldado nm soldat m.

soldador nm fer m à souder.

soldadura nf soudure f, soudage
m; (fig) remède m.

soldar vt souder.

soledad nf solitude f; (nostalgia)
regret m, nostalgie f.

solemne a majestueux(euse),
solennel(le); **solemnidad** nf solenni-
té f; **solemnizar** vt célébrer.

soler vi avoir l'habitude de.

solevantar vt soulever.

solfa nf, **solfeo** nm solfège m.

solicitación nf sollicitation f;
appel m; **solicitar** vt solliciter;
demander.

solícito, a a (diligente) empres-
sé(e); (cuidadoso) attentionné(e),
plein(e) d'attentions; **solicitud** nf
sollicitude f, empressement m;
demande f, requête f.

solidaridad nf solidarité f.

solidario, a a solidaire;
solidarizar vr: **solidarizarse con**
se solidariser avec.

solidez nf solidité f, cohésion f;
dureté f; stabilité f.

sólido, a a (compacto)
consistant(e); (firme) ferme;
(resistente) résistant(e), solide.

soliloquio nm soliloque m,
monologue m.

solista nm/f soliste m/f.

solitario, a a solitaire // nm/f
solitaire m/f // nm solitaire m.

soliviantar vt exciter à la
rébellion; irriter, monter contre;
provoquer de faux espoirs amer.

soliviar vt soulever; ~**se** vr se
dresser.

solo, a a seul(e); **a solas** seul,
tout(e) seul(e).

sólo ad seulement.

solomillo nm aloyau m.

soltar vt (dejar) lâcher;
(desprender) défaire, détacher;
(desarticular) désarticuler; (largar)
larguer.

soltero, a a célibataire // nm/f
célibataire m/f; **solterón, ona** nm/f
vieux garçon/vieille fille.

soltura nf action f de lâcher;
(gracia) aisance f, facilité f;
(desenvoltura) désinvolture f; (MED)
relâchement m.

soluble a soluble.

solución nf solution f; (arreglo)
dénouement m; **solucionar** vt
résoudre, solutionner.

solvencia nf solvabilité f.

solventar vt (pagar) acquitter,
payer; (resolver) résoudre.

sollamar vt flamber, griller.

sollo nm esturgeon m.

sollozo nm sanglot m.

sombra nf ombre f; (fig) signe m
~**s** nfpl obscurité f; **tener buena/
mala** ~ être sympathique/an-
pathique; porter bonheur/malheur

sombreador nm: ~ **de oj**
nuance f des yeux.

sombrerería nf chapellerie f
(negocio) magasin m de chapeaux

sombrerero, a *nm/f* chapelier/ière.

sombrero *nm* chapeau *m*.

sombrilla *nf* ombrelle *f*.

sombrío, a *a* (*oscuro*) obscur(e), sombre; (*sombreado*) ombragé(e); (*fig*) sombre, morne.

somero, a *a* sommaire.

someter *vt* soumettre; **~se** *vr* céder.

somnambulismo *nm* somnambulisme *m*; **somnámbulo, a** *nm/f* somnambule *m/f*.

somnífero, a *a* a somnifère // *nm* somnifère *m*.

somnolencia *nf* somnolence *f*.

somos *vb* ver **ser**.

son *vb* ver **ser** // *nm* son *m*.

sonado, a *a* (*famoso*) fameux (euse); (*escandaloso*) qui fait du bruit, scandaleux(euse).

sonaja *nf* hochet *f*; **~s** *nfpl* tambourin *m*.

sonante *a* (*sonoro*) sonore; (*que tintinea*) sonnant(e).

sonar *vt* sonner // *vi* sonner; tinter; (*pronunciarse*) se prononcer; (*ser conocido*) être familier(ière) ou connu(e); **~se** *vr* se moucher.

sonda *nf* sonde *f*; **sondaje** *nm* sondage *m*; **sondear** *vt* sonder; **sondeo** *nm* (*gen*) sondage *m*; (*TEC*) forage *m*; (*fig*) investigation *f*.

sónico, a *a* sonique.

sonido *nm* son *m*, bruit *m*, rumeur *f*.

sonoro, a *a* sonore.

sonreír *vi*, **~se** *vr* sourire; **sonriente** *a* souriant(e); **sonrisa** *nf* sourire *m*.

sonrojar *vt* faire rougir; **~se** *vr* rougir.

sonrojo *nm* honte *f*.

sonsacar *vt* (*sacar*) soutirer; (*engatusar*) enjôler; (*hacer hablar*) tirer les vers du nez.

sonsonete *nm* (*son monótono*) tambourinage *m*, tambourinement *m*; (*rezongo*) ton ironique ou railleur.

soñado, a *a* rêvé(e).

soñador, a *a nm/f* rêveur/euse.

soñar *vt*, *vi* rêver, songer; **~ con** rêver de.

soñoliento, a *a* endormi(e).

sopa *nf* soupe *f*, potage *m*; (*pan mojado*) trempette *f*, morceau *m* de pain; **sopera** *nf* soupière *f*; **sopero** *nm* assiette creuse.

sopesar *vt* soupeser.

sopetón *nm* taloche *f*.

soplador *nm* souffleur *m*; (*ventilador*) soufflet *m*.

soplar *vt* souffler // *vi* souffler; (*fam*) moucharder; **~se** *vr* (*fam: ufanarse*) rouler des mécaniques; **soplo** *nm* souffle *m*; (*fig*) mouchardage *m*, cafardage *m*; **soplo al corazón** souffle au cœur; **soplón, ona** *nm/f* mouchard/e.

sopor *nm* (*MED*) sopor *m*; (*fig*) assoupissement *m*, somnolence *f*; **soporífero, a** *a* soporifique // *nm* soporifique *m*, somnifère *m*.

soportable *a* supportable.

soportar *vt* supporter.

soporte *nm* support *m*.

soprano *nf* soprano *f*.

sorber *vt* (*chupar*) gober; (*inhalar*) inhaler; (*tragar*) avaler, engloutir; (*beber*) boire.

sorbete *nm* sorbet *m*.

sorbo *nm* (*trago*) trait *m*; (*chupada*) gorgée *f*.

sordera *nf* surdité *f*.

sórdido, a *a* a sordide; (*fig*) mesquin(e).

sordina *nf* sourdine *f*.

sordo, a *a* sourd(e) // *nm/f* sourd/e; **a sordas** en sourdine; **sordomudo, a** *a* sourd(e)-muet(te).

sorna *nf* goguenardise *f*.

sorprendente *a* surprenant(e), étonnant(e).

sorprender *vt* (*asombrar*) surprendre, étonner; (*asustar*, *MIL*) surprendre; **sorpresa** *nf* surprise *f*.

sortear *vt* (*número*) tirer au sort; (*dificultad*) éviter, esquiver.

sorteo *nm* (*lotería*, *tómbola*) tirage *m* au sort; (*certamen*) tirage.

sortija *nf* (*anillo*) bague *f*; (*bucle de pelo*) bouche *f*.

sortilegio nm sortilège m.

sosegado, a a calme, paisible.

sosegar vt calmer, apaiser; tranquilliser // vi reposer; **sosiego** nm calme m.

soslayar vt mettre en travers; (fig) éviter, esquiver; **soslayo: al o de soslayo** ad de côté, en travers, de travers.

soso, a a fade.

sospecha nf (duda) soupçon m, doute m; (suposición) supposition f; (recelo) suspicion f; **sospechar** vt (dudar) soupçonner; (suponer) supposer; (recelar) suspecter, avoir des doutes sur; **sospechoso, a** a suspect(e) // nm/f suspect/e.

sostén nm (apoyo) soutien m, appui m; (prenda femenina) bustier m, soutien-gorge m; (alimentación) nourriture f, en-cas m inv.

sostener vt (fig: apoyar) soutenir, appuyer; (: soportar) soutenir; (alimentar) nourrir; (alentar) entretenir; ~**se** vr se soutenir; (abastecerse) s'approvisionner; (seguir) continuer, suivre; **sostenido, a** a (mantenido) soutenu(e); (prolongado) prolongé(e); **valores sostenidos** valeurs soutenues.

sotana nf soutane f.

sótano nm sous-sol m.

sotavento nm côté m sous le vent; **a o de** ~ sous le vent.

soterrar vt enfouir.

soto nm (bosque) bois m; (matorral) buisson m.

soviético, a a soviétique.

soy vb ver **ser**.

sport nm: **vestido de** ~ vêtement m de sport.

Sr abr de **Señor**.

Sra(s) abr de **Señora(s)**.

Sres abr de **Señores**.

S.R.C. (abr de **se ruega contestación**) RSVP.

Sría abr de **secretaría**.

s.s.s. abr ver **servidor**.

Sta abr de **Santa**.

Sta(s) abr de **Señorita(s)**.

status nm inv statut m.

Sto abr de **Santo**.

su pron (m) son, (f) sa, (pl) ses; (de usted) votre, (pl) vos.

suave a (delicado) doux(douce), suave; (agradable) agréable; (liso) lisse; **suavidad** nf douceur f, suavité f; délicatesse f; **suavizar** vt adoucir; apaiser, calmer; **suavizarse** vr s'adoucir; se calmer.

subalterno, a a inférieur(e); subalterne // nm subalterne m.

subarrendar vt sous-louer, sous-bailler.

subasta nf vente f aux enchères, adjudication f; **subastar** vt mettre ou vendre aux enchères.

subconsciencia nf subconscience f; **subconsciente** a subconscient(e).

subcutáneo, a a sous-cutané(e).

subdesarrollado, a a sous-développé(e).

súbdito, a a, nm/f sujet/te.

subdividir vt (desdoblar) dédoubler; (partir) subdiviser.

subestimar vt sous-estimer.

subexpuesto, a a sous-exposé(e).

subido, a a (color) vif(vive); (precio) élevé(e) // nf montée f, (de cuesta) côte f, montée.

subir vt monter; (levantar) lever, relever; (aumentar) augmenter // vi monter; (aumentar) augmenter; s'élever; ~**se** vr monter; ~ **por la escalera** monter par l'escalier.

súbito, a a (imprevisto) subit(e) soudain(e); (precipitado) violent(e), impétueux(euse) // ad: (de) ~ soudain.

sublevación nf soulèvement m.

sublevar vt soulever.

sublimar vt sublimer.

sublime a sublime.

submarino, a a sous-marin(e) // nm sous-marin m.

suboficial nm sous-officier m.

subordinar vt subordonner, so mettre.

subrayar vt souligner.

subrepticio, a a subreptice.

subsanar vt réparer; excuser; corriger.

subscribir vt (firmar) souscrire; (respaldar) approuver; ~se vr (a una publicación) s'abonner; (obligarse) souscrire; **subscripción** nf souscription f.

subsidiario, a a subsidiaire.

subsidio nm (ayuda) subside m; (subvención) subvention f; (de enfermedad, huelga, paro etc) indemnité f, allocation f.

subsistencia nf subsistance f.

subsistir vi subsister.

subterfugio nm subterfuge m.

subterráneo, a a souterrain(e) // nm sous-sol m, cave f, tunnel m.

suburbano, a a suburbain(e).

suburbio nm (barrio) faubourg m; (afueras) environs mpl, alentours mpl, périphérie f.

subvención nf subvention f; **subvencionar** vt subventionner.

subversión nf subversion f; **subversivo, a** a subversif(ive); **subvertir** vt saper, miner.

subyacente a sous-jacent(e), subjacent(e).

subyugar vt subjuguer.

suceder vt, vi succéder; **sucesión** nf succession f.

sucesivamente ad: **y así ~ et** aussi de suite.

sucesivo, a a successif(ive); **en lo** ~ à l'avenir, désormais.

suceso nm événement m; (hecho) fait m; (incidente) incident m.

suciedad nf saleté f; (inmondicie f, impureté f; grossièreté f.

sucinto a (a succinct(e).

sucio, a a (a sale; (sórdido) sordide // ad malhonnêtement.

suculento, a a succulent(e); nutritif(ive).

sucumbir vi succomber.

sucursal nf succursale f.

sudamericano, a a sud-américain(e).

sudar vt (transpirar) transpirer, suer; (mojar) suer // vi transpirer.

sudario nm suaire m; linceul m.

sudeste nm sud-est m; **sudoeste** nm sud-ouest m.

sudor nm transpiration f, sueur f; ~**es** nmpl efforts mpl; ~**oso, a, sudoso, a, ~iento, a** a qui sue beaucoup, en sueur.

Suecia nf Suède f.

sueco, a a suédois(e).

suegro, a nm/f beau-père/belle-mère.

suela nf semelle f.

sueldo nm salaire m.

suele etc vb ver **soler**.

suelo vb ver **soler** // nm (tierra) sol m; (de casa) sol, plancher m.

suelto, a a (libre) libre, en liberté; (ágil) souple; (cómodo) commode, ample // nm monnaie f.

sueño vb ver **soñar** // nm sommeil m; (somnolencia) somnolence f; (lo soñado, fig) rêve m, songe m.

suero nm (MED) sérum m; (de manteca) petit-lait m.

suerte nf (destino) sort m, destin m; (azar) hasard m; (fortuna) chance f; (condición) sort; (género) sorte f, genre m; **de otra** ~ autrement; **de ~ que** en sorte que.

suéter nm sweater m, chandail m.

suficiencia nf capacité f, aptitude f; suffisant m; **suficiente** a suffisant(e); (capaz) capable.

sufragar vt aider; payer, supporter; financer.

sufragio nm (voto) suffrage m; (derecho de voto) suffrage, droit m de vote; (ayuda) aide f.

sufrido, a a (paciente) patient(e), endurant(e); (resignado) résigné(e).

sufrimiento nm (dolor) souffrance f, douleur f; (resignación) résignation f, patience f.

sufrir vt (padecer) souffrir de; (soportar) subir, supporter; (apoyar) supporter // vi souffrir.

sugerencia nf suggestion f.

sugerir vt (insinuar) suggérer; (motivar) motiver.

sugestión nf suggestion f; impression f; **sugestionar** vt suggestionner, impressionner; dominer, suggestionner.

sugestivo, a *a* stimulant(e); suggestif(ive).

suicida *nm/f* suicidé/e.

suicidio *nm* suicide *m*.

Suiza *nf* Suisse *f*.

suizo, a *a* suisse, de la Suisse // *nm/f* Suisse/sse.

sujeción *nf* assujettissement *m*; obligation *f*.

sujetar *vt* (*fijar*) fixer; (*detener*) tenir, retenir; (*fig*) assujettir, soumettre; ~**se** *vr* s'assujettir, s'astreindre; (*asirse*) s'accrocher.

sujeto, a *a* (*propenso*) sujet(te); (*sin libertad*) soumis(e) // *nm* sujet *m*; ~ a exposé à, soumis à.

suma *nf* somme *f*; **en** ~ en somme, somme toute; **sumadora** *nf* additionneuse *f*.

sumamente *ad* extrêmement, au plus haut point.

sumar *vt* (*adicionar*) additionner; (*añadir*) ajouter; (*totalizar*) totaliser, réunir; (*abreviar*) abréger, résumer // *vi*, ~**se** *vr* se joindre.

sumario, a *a* sommaire // *nm* instruction *f* judiciaire.

sumergible *a* submersible, sousmarin(e).

sumergir *vt* submerger; ~**se** *vr* plonger; **sumersión** *nf* submersion *f*; (*fig*) absorption *f*.

sumidero *nm* (*cloaca*) bouche d'égout *f*; (*TEC*) puisard *m*.

suministrador, a *nm/f* fournisseur *m*.

suministrar *vt* (*proveer*) fournir; (*abastecer*) approvisionner, fournir; **suministro** *nm* fourniture *f*; approvisionnement *m*; vivres *mpl*; distribution *f*.

sumir *vt* (*hundir*) enfoncer; (*sumergir*) submerger; ~**se** *vr* s'enfoncer; (*enflaquecerse*) se creuser.

sumisión *nf* soumission *f*.

sumiso, a *a* soumis(e).

sumo, a *a* énorme, suprême; extrême, suprême.

suntuoso, a *a* somptueux(euse).

supe *etc vb ver* **saber**.

supeditar *vt* (*sujetar*) opprimer, assujettir; (*fig*) subordonner.

super *nm* super *m* // *a* super.

superabundar *vi* surabonder.

superar *vt* surpasser; (*sobreponerse a*) surmonter, l'emporter sur; ~**se** *vr* se dépasser, se surpasser.

superávit *nm* excédent *m*.

supercarburante *nm* supercarburant *m*.

superchería *nf* supercherie *f*.

superestructura *nf* superstructure *f*.

superficial *a* superficiel(le).

superficie *nf* surface *f*.

superfluo, a *a* superflu(e).

superintendente *nm/f* surintendant/e.

superior *a* supérieur(e) // *nm/f* supérieur/e; **superioridad** *nf* supériorité *f*.

supermercado *nm* supermarché *m*.

supernumerario, a *a* surnuméraire.

superponer *vt* superposer.

supersónico, a *a* supersonique.

superstición *nf* superstition *f*; **supersticioso, a** *a* superstitieux(euse).

supervisor, a *nm/f* réviseur/euse, inspecteur/trice.

supervivencia *nf* survie *f*.

supiera *etc vb ver* **saber**.

suplantar *vt* supplanter; falsifier.

suplefaltas *nm/f inv* tête de Turc *f*; prête-nom *m*; suppléant *m*.

suplementario, a *a* supplémentaire.

suplemento *nm* supplément *a*; annexe *m*.

suplente *a* suppléant(e) // *nm/f* remplaçant/e.

súplica *nf* supplication *f*.

suplicante *nm/f* suppliant/e.

suplicar *vt* (*rogar*) suppli*r*; (*demandar*) prier, solliciter.

suplicio *nm* supplice *m*.

suplir *vt* (*compensar*) supplé*r*

(*reemplazar*) suppléer, remplacer // *vi*: ~ a o por suppléer à.

suponer *vt* supposer // *vi* avoir de l'autorité; **suposición** *nf* supposition *f*; hypothèse *f*.

supremacía *nf* suprématie *f*.

supremo, a *a* suprême.

supresión *nf* suppression *f*.

supresor   *nm*   dispositif   *m* antiparasite.

suprimir *vt* supprimer.

supuesto, a *a* (*hipotético*) supposé(e); (*fingido*) imaginaire // *nm* hypothèse *f*, supposition *f*; ~ que *conj* vu que, étant donné que; por ~ naturellement, évidemment.

sur *nm* sud *m*.

surcar *vt* (*la tierra*) sillonner, tracer un sillon dans; (*agua*) fendre; (*frente*) sillonner; **surco** *nm* (*AGR*) sillon *m*; (*arruga*) ride *f*.

surgir *vi* surgir; apparaître, faire son apparition.

surtido, a *a* assorti(e); approvisionné(e) // *nm* assortiment *m*.

surtidor, a   *a*   qui   fournit, fournisseur(euse) // *nm* jet *m*, pompe *f*.

surtir *vt* fournir, pourvoir // *vi* jaillir; ~se *vr* s'approvisionner, se pourvoir.

susceptible *a* susceptible; capable.

suscitar *vt* susciter.

suscribir *etc vt* = **subscribir** *etc*.

susodicho, a *a* susdit(e), susnommé(e).

suspender *vt* suspendre; **suspensión** *nf* suspension *f*.

suspenso, a *a* suspendu(e) // *nm*: quedar o estar en ~ rester ou être en suspens.

suspicacia *nf* méfiance *f*, défiance *f*.

suspicaz *a* méfiant(e).

suspirado, a *a* désiré(e) ardemment.

suspirar *vi* (*quejarse*) soupirer; (*anhelar*) soupirer, désirer.

suspiro *nm* soupir *m*; (*BOT*) pensée *f*.

sustancia *nf* substance *f*.

sustanciar *vt* abréger.

sustentar *vt* (*alimentar*) nourrir, sustenter; (*apoyar, afirmar, fig*) soutenir; **sustento** *nm* nourriture *f*; subsistance *f*; soutien *m*.

sustituir   *vt*   (*reemplazar*) remplacer; (*relevar*) substituer, remplacer; **sustituto, a** *nm/f* (*reemplazado*) substitut *m*, remplaçante/e; (*ayudante*) suppléant/e.

susto *nm* peur *f*.

sustraer *vt* soustraire; subtiliser; ~se *vr* se soustraire; se distraire, se détourner.

susurrar *vi* chuchoter, susurrer; (*rumorear*) murmurer, chuchoter; **susurro** *nm* murmure *m*.

sutil *a* (*agudo, fino*) subtil(e), mince; (*delicado*) subtil; (*tenue*) ténu(e); **sutileza** *nf* subtilité *f*.

suyo, a *a* (*de él, de ella*) à lui, à elle, un de ses; (*de ellos, ellas*) à eux, à elles, un des leurs; (*de Ud, de Uds*) à vous, un de vos; (*en las cartas*) bien à vous // *pron*: el ~ le sien; la suya la sienne.

svástica *nf* svastika *f*.

T

t *abr de* tonelada.

taba *nf* (*ANAT*) astragale *m*; (*juego*) osselets *mpl*.

tabaco *nm* tabac *m*.

taberna *nf* bar *m*, bistrot *m*, café *m*; **tabernero, a** *nm/f* (*encargado*) patron/ne de café; (*camarero*) garçon *m* (de café).

tabique *nm* cloison *f*.

tabla *nf* planche *f*; (*ARTE*) peinture *f* sur bois, panneau *m* de bois peint; (*estante*) tablette *f*, étagère *f*; (*de anuncios*) panneau d'affichage; (*lista, catálogo*) table *f*, tableau *m*;

(*mostrador*) étal m; (*de vestido*) pli plat; hacer ~s égaliser; **tablado** nm plancher m; scène f.

tablero nm planche f; (*pizarra*) tableau noir; (*de ajedrez, damas*) échiquier m; (AUTO) tableau de bord.

tablilla nf planchette f; (MED) éclisse f.

tablón nm grosse planche f; panneau, tableau m d'affichage; plongeoir m.

tabú nm tabou m.

tabular vt disposer en tables, dresser une liste de // a tabulaire.

taburete nm tabouret m.

tacaño, a a (*avaro*) ladre, avare; pingre; (*astuto*) astucieux(euse), rusé(e).

tácito, a a tacite.

taciturno, a a taciturne; triste.

taco nm (*tarugo*) cheville f, tampon m, taquet m; (BILLAR) queue f de billard; (*libro de billetes*) carnet m de tickets; (*manojo de billetes*) liasse f de billets; (AM) talon m; (fam: *bocado*) morceau m, carré m; (: *trago de vino*) coup m de vin.

tacón nm talon m.

táctico, a a a tactique // nm tacticien m // nf tactique f.

tacto nm tact m; (*acción*) toucher m.

tacha nf tache f, défaut m; **poner** ~ a blâmer.

tachar vt rayer, biffer, barrer; corriger; critiquer; ~ **de** reprocher, accuser.

tachonar vt clouter; galonner, enrubanner.

tafetán nm taffetas m; **tafetanes** nmpl drapeaux mpl; ~ **adhesivo** o **inglés** pansement m.

tafilete nm maroquin m.

tahona nf boulangerie f; moulin m.

tahur nm joueur invétéré; tricheur m.

taimado, a a rusé(e), sournois(e); de mauvaise humeur.

taja nf (*corte*) entaille f, coupure f; (*repartición*) tranche f, **tajada** nf

tranche f; **tajadura** nf coupure f; taillé à pic.

tajante a tranchant(e); (fig) catégorique.

tajar vt trancher, couper.

tajo nm (*corte*) coupure f; (*filo*) estafilade f; (GEO) brèche f, ravin taillé à pic.

tal a tel(le); ~ **vez** peut-être // pron (*persona*) quelqu'un/e; (*cosa*) ceci, cela; **una** ... (fam) une prostituée; ~ **como** tel(le) que; **es su padre y como** ~ ... c'est son père et en tant que tel ...; ~ **para cual** l'un vaut l'autre // ad: ~ **como** (*igual*) tel que; ~ **cual** (*como* es) tel que; **tal padre, cual el hijo** tel père, tel fils; **¿qué** ~? comment ça va?, comment vas-tu? comment allez-vous?; **¿qué** ~ **te gusta?** cela te plaît-il?, qu'en penses-tu? // conj: **con** ~ **de que** à condition que.

tala nf coupe f, taille f; (fig) dévastation f.

talabartero nm bourrelier m, sellier m.

taladrar vt percer.

taladro nm foret m, tarière f; trou percé avec le foret; ~ **neumático** perceuse f.

talante nm (*humor*) humeur f; (*voluntad*) gré m.

talar vt couper, abattre; tailler émonder; (fig) détruire.

talco nm talc m.

talego nm, **talega** nf sac m.

talento nm talent m; (*capacidad*) capacité f; (*don*) don m.

talidomida nm thalidomide f.

talismán nm talisman m.

talmente ad de telle manière tellement, si; à un tel degré exactement.

talón nm talon m.

talonario nm registre m à souch ~ **de cheques** carnet m de chèque chéquier m.

talud nm talus m.

talla nf (*estatura, fig, MED*) taille (*palo*) toise f; (ARTE) sculpture f.

tallado, a a taillé(e) // nm sculpture f.

tallar vt tailler; graver; (medir) toiser; (repartir) évaluer, apprécier // vi tailler.

tallarín nm nouille f.

talle nm (ANAT) taille f; (medida) mesure f, taille f; (física) silhouette f; (fig) forme f.

taller nm atelier m.

tallo nm (de planta) tige f; (de hierba) thalle m, brin m; (brote) pousse f, rejeton m; (col) chou m; (CULIN) fruit confit.

tamaño, a si gros(se), si grand(e) // nm taille f, grandeur f; **de ~ natural** grandeur nature.

tamarindo nm (árbol) tamarinier m; (fruta) tamarin m.

tambalearse vr être branlant, chanceler.

también ad (igualmente) aussi; (además) en plus, de plus.

tambor nm tambour m.

tamiz nm tamis m; **tamizar** vt tamiser.

tamo nm duvet m, mouton m.

tampoco ad non plus; **yo ~ lo compré** je ne l'ai pas acheté non plus.

tampón nm tampon m.

tan ad si, tellement; **~ es así que** tant il est vrai que.

tanda nf équipe f; couche f; série f, volée f (de coups); partie f; tour m.

tangente nf tangente f.

Tánger n Tanger.

tangible a tangible.

tango nm tango m.

tanque nm (depósito) réservoir m; (MIL) char d'assaut m, tank m; (AUTO) camion-citerne m; (NAUT) tanker m.

tantear vt (calcular) compter, calculer; (medir) mesurer; (probar) tâter, sonder, reconnaître; (tomar la medida: persona) tâter, sonder; (considerar) étudier, examiner // vi compter les points au jeu; **tanteo** nm calcul approximatif; tâtonnement m; sondage m; examen m, réflexion

f; essai m; **al tanteo** à vue d'œil.

tanto, a a (cantidad) tant de; **a las 3 y ~s** à 3 heures et quelques// ad (cantidad) tant, autant; (tiempo) si longtemps; **~ tú como yo** aussi bien toi que moi; **~ como** aussi autant que cela; **~ más ... cuanto que** d'autant plus ... que; **~ mejor/peor** tant mieux/ pis; **~ si viene como si va** ça m'est égal; **~ es así que** tant et si bien que; **por o por lo ~** par conséquent; **me he vuelto ronco de o con ~ hablar** je me suis enroué à force de tant parler // conj: **con ~ que** tellement que; **en ~ que** tant que; **hasta ~ (que)** jusqu'à ce que // nm (suma) somme f; (proporción) part f, pourcentage m; (punto, gol) but m; **al ~** au courant; **un ~ perezoso** un peu paresseux; **al ~ de que** sous prétexte de // pron: **cado uno paga ~** chacun paie tant; **a ~s de agosto** le tant du mois d'août.

tapar vt (cubrir) fermer; (envolver) recouvrir; (la vista) boucher; (persona) cacher; (falta) cacher; (AM) boucher, plomber; **~ se** vr se couvrir, se boucher.

taparrabo nm pagne m; (bañador) slip m, cache-sexe m inv.

tapete nm tapis m.

tapia nf mur m en pisé; **tapiar** vt élever un mur de clôture autour de.

tapicería nf tapisserie f; (para muebles) tissu m d'ameublement; (tienda) magasin m du tapissier.

tapiz nm (alfombra) tapis m; (tela tejida) tapisserie f; **tapizar** vt (pared, suelo) tapisser; (muebles) couvrir, recouvrir.

tapón nm (corcho) bouchon m; (TEC) bonde f; (MED) tampon m; **~ de rosca o de tuerca** couvercle m à vis.

taquígrafo, a nm/f sténographe m/f.

taquilla nf (donde se compra) guichet m; (suma recogida) recette f, **taquillero, a** a à succès, qui fait recette // nm/f guichetier/ière;

employé/e d'un guichet.

taquímetro nm tachéomètre m.

tara nf (defecto, COM) tare f; (tarja) taille f.

tarántula nf tarentule f.

tararear vi fredonner.

tardanza nf lenteur f; retard m.

tardar vi (tomar tiempo) mettre longtemps; être long(ue); (llegar tarde) tarder, arriver en retard; (demorar) retarder; ¿tarda mucho el tren? le train met longtemps?; a más ~ au plus tard; no tardes en venir ne tarde pas à venir.

tarde ad (hora) tard; (después de tiempo) tard, trop tard // (al atardecer) soir m; de ~ en ~ de temps en temps; ¡buenas ~s! bonjour; ~ bonsoir; a o por la ~ l'après-midi.

tardío, a (retrasado) tardif(ive); (lento) lent(e).

tardo, a lent(e); tardif(ive).

tarea nf tâche f, travail m; (ESCOL) devoir m; ~ de ocasión travail occasionnel.

tarifa nf tarif m; ~ completa plein tarif.

tarima nf plate-forme f; escabeau m, petit banc; estrade f.

tarjeta nf carte f; ~ postal carte postale.

tarraconense a tarragonais(e).

tarro nm pot m; bidon m, boîte f de ferblanc.

tarta nf (pastel) tarte f; (torta) galette f.

tartamudear vi bégayer; **tartamudo, a** a bègue // nm/f bègue m/f.

tartana nf (barco) tartane f; (carro) carriole f.

tartárico, a a: **ácido** ~ acide tartrique.

tártaro nm tartre m // a tartare.

tasa nf taxe f; (valoración) évaluation f, taxation f; (medida, norma) mesure f, règle f; ~ de interés taux m d'intérêt; **tasación** nf taxation f; évaluation f.

tasador nm commissaire-priseur.

tasajo nm viande séchée ou boucanée; morceau m de viande.

tasar vt taxer; (valorar) évaluer, estimer; (limitar) limiter, restreindre, rationner.

tasca nf bistrot m.

tatarabuelo nm trisaïeul m, arrière- arrière-grand-père m.

tatuaje nm tatouage m.

tatuar vt tatouer.

taumaturgo nm thaumaturge m.

taurino, a a taurin(e).

Tauro nm le Taureau; **ser (de)** ~ être (du) Taureau.

tauromaquia nf tauromachie f.

tautología nf tautologie f.

taxi nm taxi m.

taxidermia nf taxidermie f.

taxista nm/f chauffeur m de taxi.

taza nf tasse f; (de retrete) cuvette f; ~ **para café** tasse à café; **tazón** nm bol m; pot m.

te pron (complemento de objeto) te t'; (complemento indirecto) toi t'; (reflexivo) te, t'; ¿~ **duele mucho el brazo?** tu as très mal au bras?; ¿~ equivocas tu te trompes; ¡cálma~ calme-toi!

té nm thé m // nf té m.

tea nf torche f.

teatral a théâtral(e).

teatro nm théâtre m.

tecla nf touche f.

teclado nm clavier m.

teclear vi frapper, tapoter; (fam) chanceler.

tecleo nm (MUS) frappe f, jeu doigté m; tapotement m.

técnico, a a technique // (procedimie tos) technique f, méthode f; (ar oficio) technique, procédé m.

tecnócrata nm/f technocrate m

tecnología nf technologie **tecnológico, a** a technologique; **tecnólogo** nm technologue m/f.

techado nm toit m, toiture f.

techo nm (externo) toit m, toiture (interno) plafond m; **techumbre** toiture f.

tedio nm (aburrimiento) ennui

(apatía) apathie f, dégoût m,
répugnance f; (fastidio) nausée f,
aversion f; **tedioso, a** a
répugnant(e); ennuyeux(euse).

teja nf (azulejo) tuile f; (BOT)
limettier m; **pagar a toca ~** payer
comptant.

tejado nm toit m.

tejanos nmpl (blue-)jean m.

tejemaneje nm adresse f; habileté
f, manigances fpl; manipulation f;
intrigue f.

tejer vt tisser; (AM) tricoter; (fig)
ourdir; **tejido** nm tissu m; (telaraña)
toile d'araignée f; (estofa, tela)
étoffe f; (textura) tissure f.

tel, teléf abr de **teléfono**.

tela nf (material) tissu m; (telaraña)
toile d'araignée f; (de fruta)
membrane f; (en líquido) peau f;
(del ojo) taie f; **telar** nm (máquina)
métier m à tisser; (de teatro) cintre
m; **telares** nmpl usine f textile.

telaraña nf toile d'araignée f.

tele... pref telé...; **~comunicación**
nf télécommunication f; **~control**
nm télécontrôle m; **~diario** nm
journal télévisé; **~difusión** f, a a
télédiffusion f; **~dirigido, a** a
téléguidé(e); **~férico** nm téléphérique m; **~fonear** vi téléphoner;
~fónico, a a téléphonique;
~fonista nm/f standardiste m/f;
teléfono nm téléphone m; **~foto,**
~fotografía nf télégraphie
f; **telégrafo** nm télégraphe m;
~grama nm télégramme m;
~impresor nm téléimprimeur m;
téléscripteur m; **telémetro** nm
télémètre m; **~objetivo** nm
téléobjectif m; **~pático, a** a
télépathique; **~scópico, a** a
telescópique; **~scopio** nm télescope
m; **~silla** nf télésiège
m; **~spectador, a** nm/f
téléspectateur/trice; **~squí** nm
téléski m; **~tipista** nm/f télétypiste
m/f; **~tipo** nm télétype m;
~vidente nm/f téléspectateur/
trice; **~visar** vt téléviser; **~visión**
nf télévision f; **~visión en colores**

télévision-couleur; **~visor** nm téléviseur m.

telex nm téiex m.

telón nm rideau m; **~ de**
boca/seguridad rideau de scène/
fer; **~ de acero** (POL) rideau de fer;
~ de foro toile f de fond; **telonero, a**
nm/f artiste m/f qui passe en lever
de rideau.

tema nm (asunto) sujet m; (MUS)
thème m // nf (obsesión) marotte f,
idée f fixe; (manía, hostilidad) manie
f, hostilité f; **tener ~ a uno** faire la
conversation à qn; **temático, a** a
thématique // nf thématique f.

tembladera nf tremblement m;
(AM) bourbier m.

temblar vi trembler; **tembleque** a
tremblotant(e) // nm =
tembladera; **temblón, ona** a
trembleur(euse); **temblor** nm tremblement m; (AM) tremblement de
terre; **tembloroso, a** a tremblant(e).

temer vt craindre, avoir peur de //
vi craindre, avoir peur; **temo que**
llegue tarde je crains qu'il n'arrive
tard.

temerario, a a (descuidado)
téméraire; (arbitrario) arbitraire;
temeridad nf témérité f; acte m
arbitraire.

temeroso, a a (miedoso)
peureux(euse), craintif(ive); (que
inspira temor) redoutable.

temible a redoutable.

temor nm (miedo) crainte f, peur f;
(duda) soupçon m, doute m.

témpano nm (MUS) cymbale f; **~**
de hielo glaçon m; **~ de tocino**
flèche f de lard.

temperamento nm tempérament
m.

temperar vt tempérer, adoucir.

temperatura nf température f.

temperie nf température f.

tempestad nf tempête f;
tempestuoso, a a tempétueux(euse).

templado, a a (moderado) tempé-
ré(e); (abstemio) abstème, sobre;
(agua) tiède; (clima) tempéré,
doux(ouce); (MUS) accordé(e).

templanza nf modération f, tempérance f; abstention f; douceur f.

templar vt (moderar) tempérer, modérer; (furia) contrôler, calmer, apaiser; (clima) adoucir; (calor) tiédir, tempérer; (diluir) diluer; (afinar) accorder; (acero) tremper; (tuerca) serrer, ajuster // vi s'adoucir; ~se vr se tempérer, se modérer.

templario nm templier m.

temple nm (humor) humeur f; (ajuste) ajustage m; (afinación) accord m; (clima) température f; (pintura) détrempe f.

templete nm pavillon m, kiosque m.

templo nm (iglesia) église f; (pagano etc) temple m.

temporada nf saison f.

temporal a (no permanente) temporaire; (REL) temporel(le) // nm tempête f.

tempranero, a a précoce; hâtif(ive).

temprano, a a précoce // ad tôt, de bonne heure; (demasiado pronto) trop tôt.

ten vb ver **tener**.

tenacidad nf ténacité f, résistance f, endurance f, persévérance f, obstination f.

tenacillas nfpl pincettes fpl; pinces fpl à épiler; mouchettes fpl.

tenaz a (material) résistant(e); (persona) tenace; (mancha) persistant(e); (pegajoso) collant(e); (terco) obstiné(e), têtu(e).

tenaza(s) nf(pl) tenailles fpl; (MED) pinces fpl; (TEC) mors m; (ZOOL) pinces.

tendal nm bâche f, toile f.

tendedero nm séchoir m.

tendencia nf orientation f; inclination f, tendance f; (POL) tendance.

tendencioso, a a tendencieux (euse).

tender vt tendre; (ropa lavada) étendre; (vía férrea, cable) poser;

(cuerda) laisser filer, dérouler // vi tendre, viser; ~**se** vr s'étendre, s'allonger; (fig) se rendre, s'abandonner; ~ **la cama** faire le lit; ~ **la mesa** mettre la table.

ténder nm tender m.

tenderete nm séchoir m; échoppe f; éventaire m; étalage m; désordre m.

tendero, a nm/f commerçant(e).

tendido, a a (acostado) allongé(e), étendu(e); (colgado) accroché(e), pendu(e) // nm (ropa) étendage m; (TAUR) gradin m (exposé au soleil, à l'ombre); (colocación) pose f; (parte del tejado) égout m, pente f; a galope ~ au triple galop.

tendón nm tendon m.

tendré etc vb ver **tener**.

tenducho nm échoppe f, petite boutique.

tenebroso, a a ténébreux(euse), difficile; sinistre.

tenedor nm (CULIN) fourchette f; (poseedor) possesseur m, détenteur m; ~ **de libros** comptable m.

teneduría nf tenue f; comptabilité f.

tenencia nf occupation f, possession f; (posesión) tenance f; charge f.

tener vt (poseer) avoir; (sostener en la mano) tenir; (contener) contenir, tenir; (sentir) sentir; (ocuparse de) s'occuper de; (considerar) considérer, juger; ~ **suerte** avoir de la chance; ~ **permiso** avoir l'autorisation; (edad): ~ **10 años** avoir 10 ans; ¿**cuántos años tienes?** quel âge as-tu?; ~ **sed/hambre/frío/calor** avoir soif/faim/froid/chaud; ~ **ganas** avoir envie; ~ **celos** être jaloux(ouse); ~ **cuidado** faire attention; ~ **razón** avoir raison; (medir): ~ **un metro de ancho/de largo** mesurer ~ mètre de large/de long; ~ **a bien** juger bon; ~ **en cuenta** tenir compte de, considérer; ~ **a menos** trouver indigne de soi; ~ **a uno en más** (estima) tenir qn en estime; **a uno por...** prendre qn pour...;

por seguro être sûr(e); ~ **presente** se rappeler, ne pas oublier; (*dar a luz*) accoucher; ~ **que** (*obligación*) devoir, falloir; **tiene que ser así cela** doit être ainsi; **nos tiene preparada una sorpresa** il nous a préparé une surprise; **¿qué tiene?** qu'a-t-il?; **¿ésas tenemos?** ah, c'est comme ça!; **tiene un mes de muerto** cela fait un mois qu'il est mort; ~**se ya** (*erguirse*) se tenir debout; (*apoyarse*) s'appuyer; (*fig*) se tenir, se contrôler; (*considerarse*) s'estimer, se croire.

tenería *nf* tannerie *f*.

tengo *etc vb ver* **tener**.

tenia *nf* ténia *m*, taenia *m*.

teniente *nm* (*rango*) lieutenant *m*; (*ayudante*) adjoint *m*.

tenis *nm* tennis *m*; **tenista** *nm/f* joueur/euse de tennis.

tenor *nm* (*tono*) ton *m*; (*sentido*) teneur *f*; (*MUS*) ténor *m*; **a ~ de** d'après.

tensar *vt* tendre.

tensión *nf* tension *f*.

tenso, a *a* tendu(e).

tentación *nf* tentation *f*.

tentáculo *nm* tentacule *m*.

tentador, a *a* tentant(e), alléchant(e) // *nm/f* tentateur/trice.

tentar *vt* (*tocar*) tâter; (*seducir*) tenter, séduire; (*atraer*) attirer; (*probar*) tenter; (*lanzarse a*) se lancer à; (*MED*) sonder, tâter.

tentativa *nf* tentative *f*.

tentempié *nm* (*fam*) collation *f*, en-cas *m inv*.

tenue *a* (*delgado*) mince; (*alambre*) fin(e); (*insustancial*) futile; (*sonido*) faible, ténu(e); (*neblina*) léger(ère); (*lazo, vínculo*) fragile; **tenuidad** *nf* finesse *f*, futilité *f*; légèreté *f*; fragilité *f*; simplicité *f*.

teñir *vt* teindre, teinter, colorer; (*fig*) marquer; ~**se** *vr* se teindre.

teocracia *nf* théocratie *f*.

teología *nf* théologie *f*; **teólogo, a** *nm/f* théologien/ne.

teorema *nm* théorème *m*.

teoría *nf* théorie *f*; **en ~** en théorie.

teóricamente *ad* théoriquement; **teórico, a** *a* théorique // *nm/f* théoricien/ne; **teorizar** *vi* théoriser.

terapéutico, a *a* thérapeutique // *nf* thérapeutique *f*, thérapie *f*.

terapia *nf* thérapie *f*, thérapeutique *f*; ~ **laboral** thérapie par le travail.

tercer *num ver* **tercero**.

tercería *nf* médiation *f*, entremise *f*; intermédiaire *m*, entremise *f*.

tercero, tercer, a *a* troisième // *nm* (*árbitro*) tiers *m*, tierce personne *f*; (*JUR*) tiers arbitre.

terceto *nm* trio *m*.

terciado, a *a* en bandoulière; **azúcar** ~ sucre doux, cassonade *f*.

terciar *vt* diviser en trois; (*poner*) mettre en travers; (*llevar*) porter en bandoulière // *vi* (*participar*) intervenir; (*hacer de árbitro*) s'interposer; ~**se** *vr* se présenter.

terciario, a *a* tertiaire, troisième.

tercio *nm* tiers *m*.

terciopelo *nm* velours *m*.

terco, a *a* têtu(e), entêté(e); (*material*) résistant(e).

tergiversación *nf* interprétation fausse *ou* tendancieuse; vacillation *f*; **tergiversar** *vt* fausser, déformer, interpréter tendancieusement // *vi* vaciller, hésiter.

termas *nfpl* thermes *mpl*.

terminación *nf* (*final*) terminaison *f*, achèvement *m*; (*conclusión*) finition *f*, conclusion *f*.

terminal *a* (*final*) terminal(e) // *nm* plot *m*, borne *f* // *nf* terminus *m*.

terminante *a* formel(le); concluant(e), final(e); catégorique.

terminar *vt* (*completar*) finir; (*concluir*) conclure // *vi* (*llegar a su fin*) se terminer, finir; (*parar*) arrêter, cesser; (*acabar*) finir, terminer; ~**se** *vr* se terminer; ~ **de/por hacer algo** finir de/par faire qch.

término *nm* terme *m*; (*parada*) terminus *m*; (*límite*) point *m*; **en último** ~ finalement; **en ~s de** en termes de.

terminología *nf* terminologie *f*.

termodinámico, a *a* thermo-dynamique.

termómetro *nm* thermomètre *m*.

termonuclear *a* thermonu-cléaire.

termo(s) *nm* (bouteille) thermos *f* ®.

termostático, a *a* thermostatique.

ternera *nf* (*animal*) génisse *f*; (*carne*) veau *m*.

ternero *nm* veau *m*.

terneza *nf* tendresse *f*.

terno *nm* (*traje*) complet *m*; (*conjunto*) trio *m*.

ternura *nf* (*trato*) tendresse *f*; (*palabra*) parole affectueuse; (*blandura*) tendreté *f*.

terquedad *nf* obstination *f*, entêtement *m*; (*dureza*) dureté *f*.

terrado *nm* terrasse *f*.

terraplén *nm* remblai *m*; terrasse *f*; terre-plein *m*; côte *f*.

terrateniente *nm* propriétaire foncier.

terraza *nf* terrasse *f*.

terremoto *nm* tremblement *m* de terre.

terrenal *a* terrestre.

terreno *nm* (*tierra*) champ *m*; (*parcela*) terrain *m*; (*suelo*) sol *m*; (*fig*) domaine *m*.

terrero, a *a* terreux(euse); (*de la tierra*) de terre; (*vuelo*) bas(se), à ras de terre; (*fig*) bas.

terrestre *a* terrestre; (*ruta*) de terre.

terrible *a* terrible; (*fig*) violent(e); impressionnant(e).

territorio *nm* territoire *m*.

terrón *nm* motte *f*; (*de azúcar*) morceau *m*; **terrones** *nmpl* terres *fpl*.

terror *nm* terreur *f*; **terrorífico, a** *a* terrifiant(e), terrible; **terrorista** *nm/f* terroriste *m/f* // *a* terroriste.

terroso, a *a* terreux(euse).

terruño *nm* motte *f* de terre; (*fig*) pays natal, terroir *m*.

terso, a *a* clair(e); poli(e); pur(e); **tersura** *nf* pureté *f*, poli *m*, brillant *m*, éclat *m*.

tertulia *nf* réunion *f* entre amis; cercle *m*, groupe *m*; (*sala*) arrière-salle *f*.

tesar *vt* raidir.

tesis *nf inv* thèse *f*.

tesón *nm* ténacité *f*; fermeté *f*, opiniâtreté *f*.

tesorería *nf* (*cargo*) charge *f* du trésorier; (*oficina*) trésorerie *f*.

tesorero, a *nm/f* trésorier/ière.

tesoro *nm* butin *m*, trésor *m*; (*presupuesto público*) trésor (public); (*fig*) trésor.

testa *nf* (*cabeza*) tête *f*; (*frente*) front *m*.

testaferro *nm* homme *m* de paille.

testamentaría *nf* exécution *f* testamentaire.

testamentario, a *a* testamentaire // *nm/f* exécuteur/trice testamen-taire.

testamento *nm* testament *m*.

testar *vi* tester.

testarudo, a *a* têtu(e), entêté(e).

testera *nf* façade *f*.

testero *nm* façade *f*; pan *m* de mur.

testes *nmpl* testicules *mpl*.

testículo *nm* testicule *m*.

testificar *vt* attester, témoigner de; (*fig*) démontrer // *vi* témoigner.

testigo *nm/f* témoin *m*; ~ **de cargo/descargo** témoin à charge/décharge.

testimoniar *vt* témoigner de; (*fig*) prouver.

testimonio *nm* témoignage *m*, preuve *f*.

teta *nf* mamelon *m*; (*fam*) mamelle *f*, tétine *f*.

tétanos *nm* tétanos *m*.

tetera *nf* théière *f*.

tetilla *nf* mamelle *f*.

textil *a* textile // ~**es** *nmpl* textile *mpl*.

texto *nm* texte *m*; **textual** *a* textuel(le).

textura *nf* (*de tejido*) texture *f*, tissage *m*; (*de mineral*) structure *f*.

tez *nf* (*cutis*) peau *f* (*du visage* (*color*) teint *m*.

ti *pron* toi.

tía nf (pariente) tante f; (mujer cualquiera) bonne femme; (fam: pej: vieja) mère f, vieille f; (: prostituta) poule f, fille de joie f.

tibia nf ver tibio.

tibieza nf tiédeur f.

tibio, a a tiède // nf tibia m.

tiburón nm requin m.

tic nm tic m.

tictac nm tic-tac m.

tiempo nm temps m; (época, período) temps, époque f; (temporada) saison f; (edad) âge m; (de juego) période f, temps m; tandis que, en même temps que; a un o al mismo ~ en même temps, à la fois; al poco ~ au bout d'un moment; de ~ en ~ de temps en temps; hace buen/mal ~ il fait beau/mauvais temps; estar a ~ être à temps; hacer ~ gagner du temps.

tienda nf (COM) boutique f, magasin m; (de comida) épicerie f; (NAUT) vélum m, toile f; ~ de campaña tente f.

tienes etc vb ver tener.

tienta nf (MED) sonde f, (fig) sagacité f.

tiento nm (tacto) toucher m; (precaución) tact m, prudence f; (pulso) adresse f, sûreté f de main; (ZOOL) tentacule m; (de ciego) bâton m d'aveugle.

tierno, a a (blando, dulce) tendre, mou (molle); (fresco) frais (fraîche).

tierra nf terre f; (suelo) sol m; (país) pays m; ~ adentro à l'intérieur des terres.

tieso, a a raide; vif(vive); (fig) guindé(e); ferme, inflexible // ad fortement, fermement.

tiesto nm pot m à fleurs; (pedazo) tesson m.

tiesura nf raideur f; (fig) rigidité f, raideur; obstination f, entêtement m.

tifo nm typhus m.

tifón nm (huracán) typhon m; (de mar) raz-de-marée m inv, typhon.

tifus nm typhus m.

tigre nm tigre m.

tijera nf (AM) ciseaux mpl; (ZOOL) pinces fpl; (persona) mauvaise langue; de ~ pliant(e); ~s nfpl ciseaux mpl; (para plantas) sécateur m; **tijeretear** vt taillader // vi bavarder.

tildar vt accuser.

tilde nf (defecto) marque f; (trivialidad) vétille f.

tilín nm drelin m.

tilo nm tilleul m.

timar vt carotter; rouler; ~se vr (fam) se faire de l'œil.

timbal nm timbale f.

timbrar vt timbrer.

timbre nm (sello) cachet m; (impuesto) timbre m; (campanilla) sonnette f; (tono) timbre.

timidez nf timidité f.

tímido, a a timide.

timo nm escroquerie f.

timón nm gouvernail m; **timonel** nm timonier m.

tímpano nm (ANAT) tympan m; (MUS) tympanon m.

tina nf jarre f, cuve f; (baño) baignoire f; **tinaja** nf jarre f.

tinglado nm hangar m; tente f, auvent m, remise f; ruse f.

tinieblas nfpl ténèbres fpl.

tino nm adresse f; (MIL) adresse au tir; (juicio) bon sens; (moderación) sagesse f.

tinta nf ver tinto.

tinte nm teinture f; (tienda) teinturerie f; (carácter) tendance f; (barniz) vernis m.

tinterillo nm rond-de-cuir m.

tintero nm encrier m.

tintinear vt tintinnabuler.

tinto, a a teint(e) // nm rouge m // nf encre f; (TEC) teinte f; (ARTE) couleurs fpl.

tintorera nf requin m.

tintorería nf teinturerie f.

tintura nf teinture f.

tío nm (pariente) oncle m; (fam: viejo) père m; (: individuo) type m.

tiovivo nm chevaux mpl de bois, manège m.

típico, a a typique.

tiple nm soprano m // nf soprano f.

tipo nm (norma) type m; (patrón) modèle m; (clase) genre m, sorte f; (hombre) type; (ANAT) variété f, embranchement m; (IMPRENTA) caractère m; ~ **bancario/de descuento/de interés/de cambio** taux bancaire/d'escompte/d'intérêt/de change.

tipografía nf (tipo) typographie f; (lugar) imprimerie f; **tipográfico, a** a typographique.

tipógrafo, a nm/f typographe m/f.

tiquismiquis nmpl scrupules mpl ridicules; chichis mpl.

tira nf bande f, (fig) va-et-vient m; ~ **y afloja** tiraillements mpl.

tirabuzón nm tire-bouchon m.

tirado, a a (barato) courant(e), donné(e), bon marché; (fácil) facile // nf tirage m; (distancia) traite f; (serie) série f; **de una tirada** d'une seule traite.

tirador, a nm/f tireur/euse // nm poignée f; bouton m.

tiranía nf tyrannie f; **tirano, a** a tyrannique // nm/f tyran m.

tirante a tendu(e) // nm entretoise f; bride f, épaulette f; (correa) trait m; ~**s** nmpl bretelles fpl; **tirantez** nf tension f.

tirar vt (aventar) lancer, disperser; (dejar caer) jeter; (volcar) renverser; (derribar) abattre; (jalar) tirer; (desechar) chasser, jeter; (disipar) dissiper; (imprimir) tirer; (dar: golpe) flanquer // vi (disparar) tirer; (jalar) haler, tirer; (fig) attirer; (fam: andar) tourner; (tender a, buscar realizar) tendre à; (DEPORTE) tirer; ~**se** vr se jeter; (fig) se rabaisser; ~ **abajo** enfoncer; **tira más a su padre** il ressemble plus à son père; **ir tirando** aller comme ci comme ça; **a todo** ~ tout au plus.

tirita nf pansement adhésif.

tiritar vi grelotter.

tiro nm (lanzamiento) lancement m, jet m; (disparo) coup m de feu; (disparar) tir m; (DEPORTE) shoot m; (alcance) portée f, (de escalera) étage m, volée f; (golpe) coup m; (engaño) escroquerie f; ~ **al blanco** tir à la cible; **caballo de** ~ cheval m d'attelage; **andar de** ~**s largos** être sur son trente et un; **al** ~ (AM) tout de suite.

tirón nm (sacudida) secousse f, (de estómago) tiraillement m; **de un** ~ d'un seul coup.

tirotear vt tirer sur; ~**se** vr échanger des coups de feu; **tiroteo** nm fusillade f.

tísico, a a phtisique.

títere nm marionnette f, (fam) pantin m.

titilar vi trembloter; scintiller.

titiritero, a nm/f montreur m de marionnettes.

titubeante a titubant(e); (farfullante) bredouillant(e); (dudoso) hésitant(e); **titubear** vi tituber; (fig) hésiter; **titubeo** nm titubation f, chancellement m; hésitation f, bredouillage m.

titulado, a diplômé(e); qualifié(e).

titular a titulaire // nm/f titulaire m/f // nm gros titre, manchette f // vt intituler; ~**se** vr s'appeler; (tener derecho) se qualifier, obtenir un diplôme.

título nm titre m; (JUR) article m; (persona) noble m, personne titrée f; (certificado) diplôme m, titre; **a** ~ **de** à titre de.

tiza nf craie f.

tizna nf suie f; **tiznar** vt tacher de noir; (fig) noircir.

tizón, tizo nm tison m; (fig) tache f.

toalla nf serviette f.

tobillo nm cheville f.

tobogán nm luge f; (montaña rusa) toboggan m.

toca nf coiffe f.

tocadiscos nm inv tourne-disque m.

tocado, a a coiffé(e); (fam) toqué(e) // nm coiffure f.

tocador nm (mueble) coiffeuse f; (cuarto) cabinet m de toilette; (neceser) nécessaire m; (fam) toilettes fpl pour dames.

tocante a touchant(e).

tocar vt toucher; (MUS) jouer; (topar con) se heurter, toucher; (referirse a) toucher à; (padecer) souffrir; (el pelo) coiffer // vi (a la puerta) frapper; (ser de turno) être le tour de; (ser hora) être le moment de; (barco, avión) faire escale, atteindre; (atañer) concerner, regarder; ~se vr toucher, joindre; se couvrir (la tête); **por lo que a mí me toca** en ce qui me concerne; **esto toca en la locura** cela frôle la folie.

tocayo, a nm/f homonyme m.

tocino nm lard m.

todavía ad (aun) encore; (aún) toujours; ~ **más** encore plus; ~ **no** pas encore.

todo, a a tout(e); (cada) chaque; (sentido negativo): **en ~ el día lo he visto** je ne l'ai pas vu de toute la journée // ad tout, entièrement // nm tout m // pron: ~**s/todas** tous/toutes; **a toda velocidad** à toute vitesse; **estaba ~ ojos** il était tout yeux; **puede ser ~ lo honesto que quiera** il peut être aussi honnête que vous voulez; **en un ~** en un tout; **corriendo y ~**, **no llegaron a tiempo** même en courant, ils ne sont pas arrivés à temps; **con ~** malgré tout, néanmoins; **del ~** tout fait, absolument.

todopoderoso, a a tout(e)-puissant(e).

toga nf toge f, robe f.

Tokio n Tokyo.

toldo nm banne f; bâche f; parasol m.

toledano, a a tolédan(e).

tolerable a tolérable.

tolerancia nf tolérance f.

tolerar vt tolérer; (resistir) supporter.

toma nf prise f; (MED) dose f.

tomar vt prendre; (alquilar) louer // vi prendre; ~**se** vr prendre; ~ **por** se prendre pour; ~ **a bien/a mal** prendre du bon côté/du mauvais côté; ~ **en serio** prendre au sérieux; ~ **el pelo a alguien** se payer la figure de qn; ~**la con uno** prendre qn en grippe.

tomate nm tomate f; **tomatera** nf tomate f.

tomillo nm thym m.

tomo nm tome m; importance f, taille f.

ton abr de **tonelada** // nm: **sin ~ ni son** sans rime ni raison.

tonada nf chanson f.

tonalidad nf tonalité f.

tonel nm tonneau m.

tonelada nf tonne f; **tonelaje** nm tonnage m.

tonelero nm tonnelier m.

tónico, a a tonique // nm (MED) remontant m; (fig) tendance f.

tonificar vt fortifier, tonifier.

tonillo nm ton m monotone.

tono nm ton m; **fuera de ~** en disharmonie; **darse ~** faire l'important.

tontería nf sottise f, bêtise f, bricole f.

tonto, a a sot(te); (sentimental) fleur bleue // nm/f idiot/e; (payaso) clown m.

topacio nm topaze m.

topar vt (ZOOL) se heurter, se doguer; (tropezar) se heurter; (encontrar) rencontrer; (dar con) trouver // vi affronter; **el problema topa en eso** le problème consiste en cela.

tope a limite // nm butoir m, butée f; coup m de tête; (riña) bagarre f; (FERROCARRIL) tampon m; (AUTO) frein m; **al ~** emboîté(e).

tópico, a a topique // nm lieu commun, cliché m.

topo nm (ZOOL) taupe f; (fig) maladroit/e.

topografía nf topographie f; **topógrafo, a** nm/f topographe m.

toque nm attouchement m; (MUS)

sonnerie f; (fig) pierre de touche f; **dar un ~ a** mettre à l'épreuve; **~ de queda** couvre-feu m; **toquetear** vt tripoter, toucher.

toquilla nf fichu m; châle m.

torbellino nm nuée f (de poussière), (fig) tourbillon m.

torcedura nf torsion f.

torcer vt tordre; (curso) dévier; (la esquina) tourner; (MED) se fouler, se luxer; (cuerda) tresser; (persona) disposer en sa faveur // vi (desviar) obliquer; (pelota) dévier; **~se** vr (ladearse) gauchir; (desviarse) tourner mal; (MED) se tordre; (fracasar) échouer; **torcido, a** a tordu(e); (fig) retors(e) // nm boucle f.

tordo, a a gris(e) // nm étourneau m.

torear vt (fig) fuir; distraire, amuser // vi toréer; **toreo** nm tauromachie f; **torero, a** nm/f torero m.

tormenta nf tempête f; (fig) orage m, discussion f; tourmente f, nuage m.

tormento nm torture f; (fig) tourment m.

tornada nf retour m.

tornar vt (devolver) rendre; (transformar) transformer // vi retourner; **~se** vr (ponerse) devenir; (volverse) se transformer, se changer.

tornasol nm tournesol m.

tornasolado, a a brillant(e), changeant(e); chatoyant(e).

torneo nm tournoi m.

tornero, a nm/f tourneur/euse.

tornillo nm vis f.

torniquete nm (puerta) tourniquet m; (MED) garrot m.

torno nm tour m; (tambor) treuil m; **en ~ (a)** autour (de).

toro nm taureau m; (fam) bœuf m, taureau.

toronja nf pamplemousse m.

torpe a (poco hábil) maladroit(e); (necio) bête; (lento) lent(e);

(indecente) incorrect(e); (no honrado) bas(se).

torpedo nm torpille f.

torpeza nf maladresse f; manque m de grâce; lenteur f; lourdeur f; obscénité f; incorrection f.

torre nf tour f; (de petróleo) derrik m.

torrente nm torrent m.

tórrido, a a torride.

torsión nf torsion f.

torso nm torse m.

torta nf galette f; (fam) gifle f.

tortícolis nm torticolis m.

tortilla nf omelette f; (AM) crêpe de maïs.

tórtola nf tourterelle f.

tortuga nf tortue f.

tortuoso, a a tortueux(euse).

tortura nf torture f; **torturar** v torturer.

tos nf toux f; **~ ferina** coqueluche f.

tosco, a a grossier(ière).

toser vt endurer // vi tousser.

tostado, a a grillé(e); (color) foncé(e); (persona) hâlé(e) // nf tranche f de pain grillé.

tostar vt griller, rôtir; (café) torréfier, griller; (al sol) hâle bronzer; **~se** vr se hâler.

total a total(e) // ad bref; (al fin cabo) finalement // nm total m; que somme toute.

totalidad nf totalité f.

totalitario, a a totalitaire.

tóxico, a a toxique // nm toxique m.

tozudo, a a têtu(es).

traba nf lien m; (cadena) chaîne entrave f.

trabajador, a nm travailleur/euse // a travailleur(euse).

trabajar vt travailler; (ar labourer; (tomar cuidado) prend soin de; (esforzar: persona) s'efforcer de; (convencer) travailler à // vi travailler; (actuar) jouer; (forzarse) s'efforcer.

trabajo nm travail m; (tarea) tâch f, besogne f; (POL) classe ouvrière (fig) effort m, acharnement m; **tomarse el ~ de** se donner le mal de; **~ por turno/a destajo** travail par roulement/au forfait; **trabajoso, a** a pénible; (MED) pâle.

trabalenguas nm calembour m.

trabar vt lier; attraper; entraver, immobiliser; (amistad) nouer; **~se** vr s'emmêler; (reñir) se brouiller; **trabazón** f (TEC) assemblage m, (fig) liaison f, enchaînement m.

trabucar vt confondre; mettre sens dessus dessous.

tracción nf traction f; **~ delantera/trasera/a las 4 ruedas** traction avant/arrière/4 roues motrices.

tractor nm tracteur m.

tradición nf tradition f; **tradicional** a traditionnel(le).

traducción nf traduction f.

traducir vt traduire; **traductor, a** nm/f traducteur/trice.

traer vt (llevar) apporter; (ropa) porter; (imán) attirer; (incluir) contenir; (fig) causer, amener; **~se** vr manigancer; se comporter.

traficar vi trafiquer.

ráfico nm (COM) trafic m; (AUTO) circulation f, trafic.

ragaluz nm lucarne f; vasistas m.

ragar vt avaler // vt avaler; (devorar) engloutir; **~se** vr engloutir; (fig) avaler.

ragedia nf tragédie f; **trágico, a** a tragique.

rago nm (líquido) gorgée f; (comido de golpe) trait m; (fam) poisson f, bouteille f; coup dur.

aición nf trahison f; **traicionar** vt trahir; **traidor, a, traicionero, a** m/f traître/esse.

aigo etc vb ver **traer**.

aje vb ver **traer** // nm (gen) êtement m; (de hombre) costume ; (vestimenta típica) costume ; (fig) aspect m; **~ de baño** maillot e bain m.

ajera etc vb ver **traer**.

ajín nm transport m; (fam) allées venues fpl; besogne f; **trajinar** vt

transporter; tromper // vi s'affairer; trimer.

trama nf (de tejido) trame f; (fig) intrigue f; (: intriga) intrigue f; **tramar** vt tramer.

tramitar vt (asunto) faire suivre son cours à; (negociar) s'occuper de, faire les démarches pour; **trámite** nm (paso) démarche f; (JUR) cours m; (requisito) formalité f; **trámites** nmpl méthode f.

tramo nm (de tierra) lot m; (de escalera) étage m, marche f; (de vía) tronçon m.

tramoya nf machine f, machinerie f; (fig) machination f; **tramoyista** nm/f machiniste m; (fig) intrigant/e.

trampa nf (en el suelo) trappe f; (en la caza) piège m; (prestidigitación) truc m; (engaño) traquenard m; (fam) escroquerie f; (de pantalón) braguette f; **trampear** vt tricher // vi vivre d'expédients, escroquer; **trampista** nm/f = **tramposo**.

trampolín nm tremplin m.

tramposo, a a tricheur(euse) // nm/f menteur/euse.

tranca nf trique f; poutre f, barre f; **trancar** vt barrer, barricader // vi marcher à grands pas.

trance nm moment m difficile; moment critique; (estado hipnotizado) transe f.

tranco nm enjambée f.

tranquilidad nf tranquillité f; paix f; **tranquilizar** vt tranquilliser; apaiser; **tranquilo, a** a tranquille; pacifique; serein(e); paisible.

transacción nf transaction f.

transbordador nm transbordeur m, bac m.

transbordar vt transborder; **~se** vr changer; **transbordo** nm transbordement m, changement m.

transcurrir vi s'écouler; se passer.

transcurso nm période f.

transeúnte a passant(e), passager(ère) // nm/f passant/e.

transferencia nf transfert m; (COM) virement m.

transferir vt transférer; (aplazar) ajourner.

transfigurar vt transfigurer.

transformador nm transformateur m.

transformar vt transformer; convertir.

tránsfuga nm/f (MIL) déserteur m; (POL) transfuge m/f.

transgresión nf transgression f.

transición nf transition f.

transido, a mourant(e), transi(e).

transigir vi transiger.

transistor nm transistor m.

transitar vi passer; **tránsito** nm passage m; (AUTO) circulation f; (parada) escale f; **transitorio, a** a transitoire.

transmisión nf (TEC) transmission f; (transferencia) transfert m; ~ **en directo/en circuito** transmission directe/en circuit.

transmitir vt transmettre; (RADIO, TV) retransmettre.

transparencia nf transparence f; clarté f; (foto) diapositive f; **transparentar** vt transparaître // vi être transparent(e); **transparente** a transparent(e); visible; diaphane // nm rideau m.

transpirar vi transpirer.

transponer vt transposer; traverser // vi dépasser; disparaître; ~**se** vr disparaître; s'assoupir.

transportación nf transport m.

transportar vt transporter; transférer; **transporte** nm transport m; (COM) affrètement m; (NAUT) bateau m de transport.

tranvía nm tramway m.

trapecio nm trapèze m.

trapero, a nm/f chiffonnier/ière m.

trapiche nm moulin m.

trapicheos nmpl (fam) trafic m, cuisine f, manigance f.

trapisonda nf (jaleo) chahut m; (estafa) escroquerie f.

trapo nm (tela) chiffon m; (de cocina) torchon m, chiffon.

traqueteo nm pétarade f; cahot m.

tras prep (detrás) derrière; (después) après; ~ **de** non seulement.

trascendencia nf importance f; transcendance f; **trascendental** a important(e), grave; **trascender** vi (oler) embaumer; (saber a) sentir; (noticias) commencer à être connu; ~ **a** (evocar) évoquer; (suceso) s'étendre à, toucher.

trasegar vt transvaser; déranger; mettre en désordre.

trasero, a a postérieur(e) // nm (ANAT) derrière m, postérieur m; ~**s** nmpl parents mpl, aïeux mpl.

trasfondo nm fond m.

trasgredir vt transgresser.

trashumante a transhumant(e).

trasladar vt déplacer; transporter; différer, reporter; copier; traduire; **traslado** nm transfert m; déplacement m, déménagement m.

traslucir vt révéler; ~**se** vr être translucide; (fig) se manifester apparaître.

trasluz nm lumière tamisée.

trasnochar vi veiller; souffrir d'insomnie; passer une nuit blanche.

traspasar vt (bala) transpercer (piso) céder; (calle) traverser (límites) enfreindre, dépasser; (ley) transgresser.

traspaso nm cession f; (fig) tourment m.

traspié nm faux pas; croc- e jambe m; (fig) indiscrétion f.

trasplantar vt transplanter.

traste nm (MUS) touche f; d al ~ **con algo** détruire qch.

trastienda nf arrière-boutique (fig) savoir-faire m.

trasto nm vieux meuble; engin attirail m; (pey) vieillerie f, saleté propre à rien m/f.

trastornado, a a (loco) dét qué(e); (agitado) turbulent(e).

trastornar vt déranger; (détraquer; troubler; dérégler; tourner la tête; ~**se** vr se ruin

trastorno nm bouleversement m; dérangement m.

trasunto nm copie f.

tratable a traitable, agréable.

tratado nm traité m.

tratamiento nm traitement m; (título) titre m.

tratar vt (ocuparse de) s'occuper de; (manejar, TEC) traiter; (MED) traiter, soigner // vi: ~ de (hablar sobre) traiter de, porter sur; (COM) négocier en, faire le commerce de; (negociar) négocier; (intentar) essayer de; tenter de; ~se vr se fréquenter; **trato** nm traitement m; (relaciones) commerce m, fréquentation f; (comportamiento) façons fpl, manières fpl; (COM) marché m; (título) titre m.

trauma nm trauma m.

través nm (fig) revers m, malheur m; al ~ ad au travers; a ~ de prep au travers de, à travers; de ~ en travers.

travesaño nm traverse f, entretoise f; traversin m.

travesía nf passage m; traversée f.

travesura nf diablerie f, niche f, espièglerie f.

travieso, a a espiègle, polisson(ne); méchant(e); (astucieux(euse), malin(igne) // nf **traviesa** f, (ARQ) mur m.

trayecto nm (ruta) parcours m, chemin m; (viaje) trajet m; (curso) cours m; **trayectoria** nf trajectoire f, course f; (fig) cours m.

traza nf (ARQ) plan m; (aspecto) air m, allure f; (señal) trace f; (pey) **tratzamiento** m; (habilidad) débrouillardise f.

trazado, a a fait(e) // nm tracé m; (fig) forme f.

trazar vt (ARQ) tracer; (plan) indiquer; (plan) tirer; **trazo** nm (línea) trait m; (bosquejo) ébauche f, esquisse f.

trébol nm trèfle m.

trece num treize.

trecho nm tronçon m, passage m; distance f, intervalle m; moment m.

de ~ en ~ de loin en loin.

tregua nf (MIL) trêve f; (fig) répit m.

treinta num trente.

tremendo, a a terrible; énorme; impressionnant(e); (fam) grand(e), terrible; formidable.

trémulo, a a tremblant(e).

tren nm train m; ~ de aterrizaje train d'atterrissage.

trenza nf tresse f.

trenzar vt tresser // vi faire des entrechats; ~se vr se mêler, se mélanger.

trepadora nf plante grimpante.

trepar vt, vi grimper, monter; (TEC) percer.

trepidación nf trépidation f.

trepidar vi trembler.

tres num trois.

tresillo nm ensemble m d'un canapé et de deux fauteuils; (MUS) triolet m.

treta nf feinte f; artifice m.

triángulo nm triangle m.

tribu nf tribu f.

tribuna nf tribune f.

tribunal nm (juicio) jugement m; (comisión, fig) tribunal m.

tributar vt payer; témoigner; remercier; témoigner de; **tributo** nm tribut m, impôt m.

trigal nm champ m de blé.

trigo nm blé m; ~s nmpl champs mpl de blé.

trigueño, a a châtain clair; basané(e).

trillado, a a rebattu(e).

trilladora nf batteuse f.

trillar vt (fig) user; (AGR) battre, dépiquer.

trimestral a trimestriel(le).

trimestre nm trimestre m.

trincar vt attacher; rompre; immobiliser.

trinchar vt découper, trancher.

trinchera nf (fosa) tranchée f; (para vía) percée f; (impermeable) trench-coat m.

trineo nm traineau m.

trinidad nf trinité f.

trino nm trille m.

trinquete nm (TEC) encliquetage m; (NAUT) mât m de misaine.

tripa nf (ANAT) boyau m, tripe f; (fam) ventre m, tripe.

triple num triple.

triplicado a: por ~ en triple exemplaire.

tripulación nf équipage m; **tripular** vt (barco) former l'équipage de; (AUTO) piloter.

triquiñuela nf subterfuge m.

tris nm explosion f; **en un** ~ en un instant.

triste a (afligido) triste; (sombrío) mélancolique; (desolado) désolé(e); (lamentable) pauvre; (viejo) étiolé(e), flétri(e); **tristeza** nf tristesse f, désolation f.

triturar vt (moler) broyer, moudre; (mascar) mâcher.

triunfar vi triompher; réussir; **triunfo** nm victoire f, triomphe m.

trivial a banal(e).

triza nf miette f, grain m; **trizar** vt mettre en morceaux.

trocar vt (COM) troquer; (dinero, de lugar) changer; (palabras) échanger; (confundir) mélanger; (vomitar) vomir, rendre.

trocha nf (sendero) sentier m; (atajo) raccourci m.

troche: a ~ **y moche** ad à tort et à travers.

trofeo nm (premio) trophée m; (éxito) succès m.

troj(e) nf grenier m.

tromba nf trombe f.

trombón nm trombone m.

trombosis nf thrombose f.

trompa nf trompe f; (trompo) toupie f; (hocico) museau m; (fam) coup de poing m; cuite f.

trompeta nf trompette f; (clarín) clairon m.

trompo nm toupie f.

trompón nm coup fort.

tronado, a a usé(e), fichu(e).

tronar vt tonner // vi tonner; (fig) fulminer; (fam) faire banqueroute, échouer.

tronco nm tronc m; (de planta) tige f.

tronchar vt scier, abattre; briser; vaincre; décevoir; ~**se** vr tomber.

tronera nf hublot m.

trono nm trône m.

tropa nf troupe f; (gentío) foule f.

tropel nm (muchedumbre) cohue f; (prisa) hâte f; (montón) tas m.

tropelía nm violence f, sauvagerie f.

tropezar vi trébucher; (fig) se tromper; ~ **con** (encontrar) rencontrer, buter, tomber sur; (topar con) se heurter à; (reñir) se battre avec; **tropezón** nm faux pas; erreur f, maladresse f.

tropical a tropical(e).

tropiezo nm faux pas; encombre m; difficulté f; discussion f, histoire f.

trotamundos nm inv globe-trotter m.

trotar vi trotter; **trote** nm trot m; (fam) activité f, boulot m; **de mucho trote** résistant(e), à toutes épreuves.

trotskista a trotskiste.

trovador nm troubadour m.

trozo nm morceau m.

truco nm (habilidad) adresse f; talent m; (engaño) truquage m; trucage m; ~**s** nmpl truc m.

truculento, a a effrayant(e); truculent(e).

trucha nf (pez) truite f; (TEC) chèvre f.

trueno nm tonnerre m; (estampido) explosion f; (de arma) détonation f.

trueque nm troc m, échange m.

trufa nf truffe f; (fig) blague f, piège f.

truhán, ana nm/f truand/e.

truncado, a a tronqué(e).

truncar vt tronquer; interrompre; nuire à.

tu a (m) ton; (f) ta; (pl) tes.

tú pron tu.

tubérculo nm tubercule m.

tuberculosis nf tuberculose f.

tubería nf tuyauterie f; (conducto) conduite f.

tubo nm tube m; ~ **de ensayo** tube à essai, éprouvette f; ~ **de escape** pot d'échappement m.

tuerca nf écrou m.

tuerto, a a borgne // nm offense f, tort m, injustice f; **a tuertas** à l'envers.

tuétano nm (ANAT) moelle f; (BOT) sève f; (fig) essence f.

tufo nm émanation f; (fig: pey) relent m.

tul nm tulle m.

tulipán nm tulipe f.

tullido, a a impotent(e), estropié(e); (cansado) rompu(e).

tumba nf (sepultura) tombe f; (sacudida) sursaut m; (voltereta) cabriole f, culbute f.

tumbar vt renverser, faire tomber; (doblar) courber, fléchir; (fam) coucher, tomber // vi s'incliner; ~**se** vr s'étendre; se vautrer.

tumbo nm chute f; cahot m; moment m critique.

tumido, a a enflé(e).

tumor nm tumeur f.

tumulto nm tumulte m.

tuna nf ver **tuno**.

tunante a coquin(e).

tunda nf tonte f, tonsure f; raclée f; **tundir** vt tondre, raser; rosser, frapper; vaincre.

túnel nm tunnel m.

Túnez nm Tunisie f; (ciudad) Tunis.

única nf tunique f.

uno, a a nm/f coquin/e // nm (BOT) nopal m; (MUS) orchestre m d'étudiants.

tuntún: al ~ ad au petit bonheur, au jugé.

tupido, a a serré(e); épais(se); lourd(e), gauche.

turba nf foule f.

turbación nf trouble m; désordre m.

turbado, a a trouble, confus(e); troublé(e).

turbar vt troubler; (incomodar) gêner; ~**se** vr se décontenancer.

turbina nf turbine f.

turbio, a a trouble; (lenguaje) confus(e), obscur(e) // ad trouble.

turbión nf (fig) grosse giboulée.

turbohélice nm turbohélice m.

turbulencia nf turbulence f; (fig) trouble m; **turbulento, a** a trouble; (fig) turbulent(e); troublé(e).

turco, a a turc(turque).

turismo nm tourisme m; (coche) voiture f de tourisme; **turista** nm/f touriste m/f; **turístico, a** a touristique.

turnar vi alterner, se succéder; **turno** nm (INDUSTRIA) service m, équipe f; (oportunidad, orden de prioridad) tour m.

turquesa nf turquoise f.

Turquía nf Turquie f.

turrón nm touron m; sorte de nougat m; (fam) sinécure f.

tutear vt tutoyer.

tutela nf tutelle f; **tutelar** a tutelaire // vt protéger.

tutor, a nm/f tuteur/trice.

tuve, tuviera etc vb ver **tener**.

tuyo, a a (m) ton; (f) ta; (pl) tes // pron tien(ne); **los** ~**s** (fam) les tiens.

TVE nf (abr de Televisión Española) ≈ ORTF m.

U

u conj ou.

ubérrimo, a a très fertile.

ubicar vt nommer; placer, établir; ~**se** vr se trouver, être situé.

ubicuo, a a ubiquiste, qui a le don d'ubiquité.

ubre nf mamelle f, pis m.

U.C.D. abr de Unión del Centro Democrático.

Ud(s) abr de **usted(es)**.

ufanarse vr être fier(ière); se vanter.

ufano, a a fier(ière), orgueilleux(euse).

U.G.T. abr de *Unión General de Trabajadores.*

úlcera nf ulcère m.

ulcerar vt ulcérer; **~se** vr être exaspéré(e).

ulterior a (*más allá*) prochain(e); (*subsecuente, siguiente*) ultérieur(e); **~mente** ad ultérieurement.

últimamente ad (*recientemente*) dernièrement; (*finalmente*) enfin; (*como último recurso*) en dernier recours.

ultimar vt conclure; (*finalizar*) mettre la dernière main à.

último, a a dernier(ière); ultime; final(e) // nm/f dernier/ière; **en las últimas** à l'article de la mort.

ultra a ultra.

ultrajar vt outrager.

ultraje nm outrage m.

ultramar nm outre-mer m.

ultramarino, a a d'outre-mer; **~s** nmpl produits mpl d'outre-mer; **tienda de ~s** épicerie f.

ultranza: a ~ ad à outrance.

ultrasónico, a a supersonique.

ultratumba: de ~ ad d'outre-tombe.

ulular vi ululer.

umbral nm seuil m; (*fig*) premier pas; (: *borde*) bord m, seuil.

umbroso, a, **umbrío, a** a ombreux(euse).

un det, num ver **uno**.

unánime a unanime; **unanimidad** nf unanimité f.

unción nf onction f; **extrema ~** extrême-onction.

uncir vt atteler.

undular vi ver ondular.

ungir vt oindre.

ungüento nm onguent m; (*fig*) adoucissant m, pommade f.

únicamente ad seulement.

único, a a unique; (*solo*) unique, seul(e).

unidad nf unité f.

unido, a a uni(e).

unificar vt unifier.

uniformar vt (*poner uniforme*) donner un uniforme à; (*normalizar*) uniformiser.

uniforme a uniforme; égal(e); (*color*) monotone; (*superficie*) uni(e) // nm uniforme m; **uniformidad** nf égalité f, uniformité f; (*llaneza*) plat m.

unilateral a unilatéral(e).

unión nf (*hacer unidad*) union f; (*reunión*) réunion f; (*armonía*) accord m, concorde f; **la U~ Soviética** l'Union Soviétique.

unir vt (*juntar*) unir; (*atar*) rattacher, relier; (*combinar*) lier, combiner // vi lier; **~se** vr s'associer, s'unir; (*compañías*) faire la jonction, se joindre; (*ingredientes*) se mélanger.

unísono nm unisson m.

universal a universel(le).

universidad nf université f.

universo nm univers m.

uno, a un, **una** num, det un(e) // pron un/e; quelqu'un/e; **~s** des, quelques; **~ a ~, ~ por ~** un par un, un à un; **estar en ~** être entièrement d'accord; **una de dos** de deux choses l'une; **~ que otro** quelques, quelques rares; **~s y otros** les uns et les autres; **~ y otro** l'un et l'autre.

untar vt (*manchar*) tacher; (*remojar*) imbiber; (*MED*) enduire; (*con aceite*) graisser; (*fig*) suborner; **~se** vr s'enduire.

unto nm graisse f; (*MED*) onguent m.

uña nf (*ANAT*) ongle m; (*garra*) griffe f; (*casco*) sabot m; (*arrancaclavos*) arrache-clou m.

uranio nm uranium m.

urbanidad nf courtoisie f, politesse f.

urbanismo nm urbanisme m.

urbanización nf ensemble urbain, urbanisation f.

urbano, a a (*de ciudad*) urbain(e); (*cortés*) poli(e).

urbe nf cité f, ville importante.

urdimbre nf (*de tejido*) chaîne f; (*intriga*) machination f.

urdir vt ourdir; (fig) manigancer, ourdir.

úrea nf urée f.

uretra nf urètre m.

urgencia nf urgence f; (prisa) presse f.

urgente a (de prisa) urgent(e); (insistente) péremptoire.

urgir vi être urgent, presser.

urinario, a a urinaire // nm urinoir m.

urna nf urne f.

urología nf urologie f.

urraca nf pie f.

URSS nf: la ~ l'URSS f.

Uruguay nm: el ~ (l')Uruguay m.

uruguayo, a a uruguayen(ne).

usado, a a usé(e).

usanza nf usage m.

usar vt utiliser; (ropa) porter; (tener costumbre) avoir l'habitude de; ~se vr être à la mode, se porter.

uso nm (empleo) usage m; (TEC) usure f; (costumbre) usage, coutume f; (moda) port m, mode f; al ~ en usage, en vogue; al ~ de à la manière de.

usted pron vous.

usual a (acostumbrado) courant(e); (normal) usuel(le).

usuario, a nm/f usager/ère.

usufructo nm usufruit m.

usura nf usure f; **usurero, a** nm/f usurier/ière.

usurpar vt usurper.

utensilio nm ustensile m.

útero nm utérus m.

útil a (empleable) utile; (apto) qui convient // nm outil m; **utilidad** nf utilité f; (provecho) revenu m; **utilizar** vt utiliser; (adueñarse) s'emparer de.

utopía nf utopie f; **utópico, a** a utopique.

uva nf raisin m.

V

v abr de **voltio**.

V abr de **usted**.

va vb ver **ir**.

vaca nf (animal) vache f; (carne) bœuf m; (cuero) vache, vachette f.

vacaciones nfpl vacances fpl.

vacante a vacant(e) // nf vacance f.

vacar vi être vacant(e); ~ a/en vaquer à.

vaciado, a a (hecho en molde) moulé(e); (hueco) évidé(e) // nm moule m.

vaciar vt vider; (verter, arrojar) vider, jeter; (ahuecar) évider; (moldear) mouler // vi (río) se jeter; ~se vr se vider; (fig) s'épancher, s'ouvrir.

vaciedad nf niaiserie f, fadaise f.

vacilación nf vacillation f, hésitation f; **vacilante** a vacillant(e), chancelant(e); (persona) hésitant(e); (luz) vacillant(e); (fig) indécis(e).

vacilar vi chanceler; (memoria, fig) hésiter; (luz) vaciller.

vacío, a a (desocupado) vide, vacant(e); (vano) creux(euse), vain(e) // nm creux m; vide m.

vacuna nf ver **vacuno**.

vacunar vt vacciner.

vacuno, a a bovin(e) // nf vaccin m.

vacuo, a a vide.

vadear vt (río) passer à gué; (problema) vaincre, surmonter; (persona) sonder, tâter; **vado** nm (de río) gué m; (solución) solution f; (descanso) creux m, pose f.

vagabundo, a a errant(e); (pey) vagabond(e) // nm vagabond m.

vagamente ad vaguement.

vagancia nf vagabondage m; fainéantise f, paresse f.

vagar vi errer, vaguer, vagabonder; (ocioso) flâner // nm oisiveté f, loisir m.

vagido nm vagissement m.

vagina nf vagin m.

vago, a a errant(e); (flojo) fainéant(e); (sin uso) inutile; (vacío) vide; (fig: indefinido) vague, flou(e), indéfini(e) // nm/f (perezoso) fainéant/e; (vagabundo) vagabond/e.

vagón nm wagon m.

vaguedad nf vague f.

vaho nm (vapor) vapeur f; (olor) exhalaison f; (respiración) souffle m.

vaina nf fourreau m.

vainilla nf vanille f.

vais vb ver **ir**.

vaivén nm va-et-vient m.

vajilla nf vaisselle f.

val, valdré etc vb ver **valer**.

vale nm bon m; (recibo) reçu m; (pagaré) billet à ordre m.

valedero, a a valable.

valenciano, a a valencien(ne).

valentía nf (coraje) courage m; (valor) vaillance f; (pey) forfanterie f, fanfaronnade f; (acción) action courageuse; **valentón, ona** a fanfaron(ne).

valer vt valoir; (significar) vouloir dire, aller // vi être utile; être valable; être capable; ~**se** vr se valoir, se servir; ~**se de** profiter de // nm valeur f; ~ **la pena** valoir la peine; ~ **por** compter pour; ~**se por sí mismo** se débrouiller tout seul; ¿**valé?** ça va?

valeroso, a a vaillant(e), courageux(euse).

valgo etc vb ver **valer**.

valía nf valeur f.

validar vt valider.

validez nf validité f.

valido, a a estimé(e), apprécié(e), favori(te).

válido, a a valide.

valiente, a a valide; (pey) fanfaron(ne) // nm brave m, héros m.

valija nf (maleta) valise f; (mochila) sacoche f; (fig) courrier m, valise diplomatique.

valimiento nm crédit m, faveur f.

valioso, a a précieux(euse).

valor nm valeur f; importance f; courage m; (fig) renom m; ~**es** nmpl valeurs fpl, titres mpl; ~**ación** nf évaluation f; ~**ar** vt évaluer; surévaluer; estimer.

vals nm valse f.

válvula nf valvule f.

valla nf clôture f; (DEPORTE) haie f; (fig) obstacle m.

valladar, vallado nm (cerca) palissade f; (de defensa) barrière f, obstacle m.

vallar vt palissader, clôturer.

valle nm vallée f.

vallisoletano, a a de Valladolid.

vamos vb ver **ir**.

vampiro, iresa nm/f vampire m.

van vb ver **ir**.

vanagloriarse vr se glorifier.

vándalo, a a vandale.

vanguardia nf avant-garde f.

vanidad nf vanité f; superficialité f.

vanidoso, a a présomptueux (euse); vaniteux(euse); suffisant(e).

vano, a a (irreal) vain(e), irréel(le); (irracional) irrationnel(le); (inútil) vain; (persona) vide; creux(euse), (frívolo) frivole.

vapor nm (gas) gaz m; (vaho) vapeur f; (barco) bateau m à vapeur, vapeur m; (neblina) vapeur f, brouillard m; ~**es** nmpl (MED) vapeurs fpl; **al** ~ (CULIN) à la vapeur; **a todo** ~ à toute vapeur, rapidement; ~**izar** vt vaporiser; ~**oso, a** a vaporeux(euse); (vahos) embué(e).

vapulear vt (persona) fouetter, rosser; (alfombra) battre; (fig) éreinter, esquinter.

vaquero, a a des vaches, des vachers // nm vacher m.

vara nf perche f; (TEC) brancard m.

varada nf échouement m.

varar vt (lanzar) lancer; (encaller) échouer; ~**se** vr mouiller; échouer.

varear vt battre; (fruta) gauler.

variable a variable, changeant(e) // nf variable f.

variación nf variation f.

variar vt varier; (modifier)

modifier; (*cambiar de posición*) changer de position, bouger // *vi* varier; **variedad** *nf* variété *f.*

varilla *nf* baguette *f*; (*BOT*) brin *m*; (*TEC*) tringle *f*; (*de rueda*) rayon *m.*

vario, a *a* (*variado*) divers(e), différent(e); (*multicolor*) multicolore; (*cambiable*) variable, changeant(e).

varón *nm* homme *m*; **varonil** *a* viril(e).

Varsovia *n* Varsovie.

vas *vb* ver **ir.**

vascongado, a, vascuence, vasco, a *a* basque.

vasija *nf* pot *m.*

vaso *nm* verre *m*; (*ANAT*) vaisseau *m.*

vástago *nm* (*BOT*) rejeton *m*, rejet *m*; (*TEC*) tige *f*, tringle *f*; (*fig*) rejeton.

vasto, a *a* vaste.

Vaticano *nm*: el ~ le Vatican.

vaticinio *nm* vaticination *f*, prédiction *f.*

vaya *etc vb* ver **ir.**

Vd *abr de* **usted.**

Vda *abr de* viuda de.

Vds *abr de* **ustedes.**

ve *vb* ver **ir, ver.**

vecinal *a* vicinal(e).

vecindad *nf* (*localidad*) voisinage *m*; (*comunidad*) population *f*, habitants *mpl*, voisins *mpl.*

vecindario *nm* voisinage *m*; population *f*, habitants *mpl.*

vecino, a *a* voisin(e) // *nm/f* voisin/e; habitant/e.

veda *nf* défense *f*, interdiction *f.*

vedado *nm* chasse gardée.

vedar *vt* (*prohibir*) défendre, interdire; (*impedir*) empêcher.

vega *nf* (*llanura*) plaine cultivée; (*valle*) vallée *f* fertile.

vegetal *a* végétal(e) // *nm* végétal *m.*

vehemencia *nf* (*pasión*) passion *f*, impétuosité *f*; (*fervor*) ferveur *f*; (*deseo febril*) ardeur *f*, véhémence *f*; (*violencia*) violence *f*; **vehemente** *a* passionné(e), impétueux(euse);

---

fervent(e); violent(e); fort(e), véhément(e).

vehículo *nm* véhicule *m.*

veía *etc vb* ver **ver.**

veinte *num* vingt.

vejación *nf* vexation *f*, brimade *f.*

vejar *vt* (*irritar*) irriter; (*humillar*) humilier; (*molestar*) brimer, vexer.

vejez *nf* vieillesse *f.*

vela *nf* (*insomnio*) nuit blanche, insomnie *f*; (*vigilia, trabajo*) veille *f*; (*de cera*) bougie *f*, chandelle *f*; (*NAUT*) voile *f.*

velado, a *a* voilé(e); (*sonido*) voilé, étouffé(e); (*fig*) obscur(e) // *nf* veillée *f*, soirée *f.*

velador *nm* veilleur *m*; bougeoir *m*; guéridon *m*, table de nuit *f.*

velar *vt* (*hacer guardia*) veiller; (*cubrir*) voiler; (*fig*) voiler, dissimuler // *vi* veiller.

veleidad *nf* (*ligereza*) inconstance *f*, légèreté *f*; (*capricho*) velléité *f.*

velero *nm* (*NAUT*) voilier *m*, bateau *m* à voiles; (*AVIAT*) planeur *m.*

veleta *nf* (*para el viento*) girouette *f*; (*PESCA*) flotteur *f*, bouchon *m.*

velo *nm* voile *m*; (*FOTO*) filtre *m*; (*fig*) prétexte *m.*

velocidad *nf* vitesse *f*, vélocité *f*; (*TEC, AUTO*) vitesse.

velocímetro *nm* compteur *m* de vitesse.

velódromo *nm* vélodrome *m.*

veloz *a* rapide, véloce.

vello *nm* duvet *m.*

vellocino *nm* toison *f.*

vellón *nm* toison *f*; flocon *m* de laine.

velloso, a *a* duveté(e).

velludo, a *a* velu(e) // *nm* velours *m*, peluche *f.*

ven *vb* ver **venir.**

vena *nf* veine *f*; (*fig*) crise *f*, impulsion *f*; **tiene ~ de pintor** il est peintre né.

venablo *nm* javelot *m.*

venado *nm* cerf *m.*

venal *a* (*ANAT*) veineux(euse); (*pey*) vénal(e); ~**idad** *nf* vénalité *f.*

vencedor, a *a* victorieux(euse).

vencer vt (*dominar*) vaincre, battre, dominer; (*derrotar*) vaincre; (*superar*, *controlar*) dominer; (*imponerse*) l'emporter sur, battre; (*romper*) briser; (*hacer ceder*) renverser; (*llegar a la cima*) gravir // vi (*triunfar*) triompher; (*plazo*) échoir, arriver à échéance; ~se vr (*doblarse*) ployer, se tordre, se gauchir; **vencido**, a a (*derrotado*) vaincu(e); (COM) échu(e), venu(e) à échéance // ad: **pagar vencido** payer après échéance; **vencimiento** nm ploiement m, torsion f; échéance f, terme m, expiration f.

venda nf bande f.

vendaje nm bandage m.

vendar vt bander.

vendaval nm vent m de tempête, tourmente f.

vendedor, a nm/f vendeur/euse.

vender vt vendre; ~ **al contado/al por mayor/al por menor** vendre comptant/en gros/au détail.

vendimia nf vendange f; **vendimiar** vt vendanger; (*fig*) récolter.

vendré etc vb ver **venir**.

veneno nm poison m; **venenoso, a** a vénéneux(euse).

venera nf coquille Saint-Jacques f.

venerable a vénérable.

veneración nf vénération f.

venerar vt (*reconocer*) vénérer; (*adorar*) adorer.

venéreo, a a vénérien(ne).

venero nm (*veta*) gisement m; (*fuente*) source f.

venezolano, a a vénézuélien(ne).

Venezuela nf Venezuela m.

venganza nf vengeance f, **vengar** vt venger; **vengarse** vr se venger, tirer vengeance; **vengativo, a** a vindicatif(ive).

vengo etc vb ver **venir**.

venia nf pardon m; permission f, autorisation f.

venial a véniel(le).

venida nf (*llegada*) venue f, arrivée

f; (*regreso*) retour m; (*fig*) impétuosité f.

venidero, a a futur(e), à venir.

venir vi venir; (*llegar*) arriver; (*fig*) provenir; (*ocurrir*) arriver; (*ser apto*) se trouver, être; (BOT) croître, pousser; ~ **bien/mal** aller bien/mal; **el año que viene** l'an prochain; ~**se abajo** s'effondrer, s'écrouler.

venta nf (COM) vente f; (*posada*) auberge f; ~ **al contado/al por mayor/al por menor** o **al detalle** vente au comptant/en gros/au détail; ~ **de liquidación** soldes fpl.

ventaja nf avantage m; **ventajoso, a** a avantageux(euse).

ventana nf fenêtre f; ~ **de guillotina/salediza** fenêtre à guillotine/à encorbellement; ~ **de la nariz** narine f; **ventanilla** nf (*de taquilla*) guichet m; (*de auto*) glace f.

ventear vt (*ropa*) exposer à l'air; (*oler*) flairer // vi (*investigar*) quêter; (*soplar*) venter, faire du vent; ~**se** vr (*romperse*) se briser; (*ampollarse*) se faire des ampoules, se boursoufler; (*secarse*) s'assécher (ANAT) vesser.

ventilación nf ventilation f, aération f.

ventilar vt ventiler, aérer; (*secar*) mettre à sécher; (*fig*) éclaircir; faire savoir.

ventisca nf bourrasque f de neige **ventisquero** nm bourrasque f de neige; glacier m.

ventosear vi lâcher des vents.

ventoso, a a venteux(euse).

ventrílocuo, a nm/f ventriloque m/f; **ventriloquia** nf ventriloquie f.

ventura nf (*felicidad*) bonheur f (*buena suerte*) chance f; (*destin*) destin m, hasard m; **a la (buena)** à l'aventure, au hasard; **venturos** a heureux(euse); chanceux(euse)

veo etc vb ver **ver**.

ver vt, vi voir; (*investigar*) regard ~**se** vr (*encontrarse*) se rencontr se retrouver; (*dejarse* apparaître, être visible; (*hallarse: en un apuro*) se trouver // *nm* aspect *m*, allure *f*; **a ~** voyons; **no tener nada que ~ con** n'avoir rien à voir avec; **a mi modo de ~** selon moi; **de buen/mal ~** d'un bon/mauvais œil; **a mi ~** d'après moi; **a más/hasta más ~** au revoir.

vera *nf* bord *m*.

veracidad *nf* véracité *f*.

veranear *vi* passer ses vacances d'été.

veraneo *nm* vacances *fpl*.

veraniego, a a estival(e), d'été.

verano *nm* été *m*.

veras *nfpl* vérités *fpl*; **de ~** vraiment.

veraz a véridique.

verbal a verbal(e).

verbena *nf* fête *f*, kermesse *f*.

verbigracia ad par exemple.

verbo *nm* verbe *m*; **~rragia** *nf* verbosité *f*, logorrhée *f*; **verboso, a** a verbeux(euse).

verdad *nf* (*lo verídico*) vérité *f*, vrai *m*; (*fiabilidad*) vérité *f* // ad sérieusement, vraiment; **~ de ~** a vrai, pour de bon; **a decir ~** à vrai dire, à la vérité; **verdadero, a** a (*veraz*) véritable; (*fiable*) vrai(e), véritable; (*persona*) qui dit la vérité, sincère; (*fig*) authentique.

verde a vert(e); (*sucio*) paillard(e), égrillard(e), licencieux(euse) // *nm* vert *m*; (*BOT*) verdure *f*, vert; **viejo/viuda ~** un vieux beau/une vieille coquette; **~ar, ~cer** vi verdir; **verdor** *nm* (*lo verde*) couleur verte; (*BOT*) verdure *f*; (*fig*) verdeur *f*.

verdugo *nm* (*fig*) bourreau *m*; (*látigo*) fouet *m*; (*BOT*) rejeton *m*; (*cardenal*) bleu *m*.

verdulero, a *nm/f* marchand(e) de légumes.

verdura *nf* vert *m*, couleur *f* verte, verdure *f*; **~s** *nfpl* légumes verts.

vereda *nf* sentier *m*.

veredicto *nm* verdict *m*.

vergonzoso, a a honteux(euse); (*tímido*) timide.

vergüenza *nf* honte *f*; (*timidez*) timidité *f*; (*pudor*) pudeur *f*.

verídico, a a véridique.

verificar *vt* vérifier; (*llevar a cabo*) réaliser, effectuer; **~se** *vr* avoir lieu.

verja *nf* grille *f*.

vermut *nm* vermouth *m*.

verosímil a probable; vraisemblable.

verruga *nf* verrue *f*.

versado, a a: **~** en versé(e) dans.

versar *vi* tourner autour.

versátil a versatile.

versión *nf* (*interpretación*) version *f*, interprétation *f*; (*traducción*) traduction *f*.

verso *nm* vers *m*.

vértebra *nf* vertèbre *f*.

verter *vt* (*vaciar*) verser, renverser; (*tirar*) jeter, renverser // *vi* couler.

vertical a vertical(e).

vértice *nm* sommet *m*.

vertiente *nf* versant *m*, pente *f*.

vertiginoso, a a vertigineux(euse).

vértigo *nm* vertige *m*; (*mareo*) étourdissement *m*.

vesícula *nf* vésicule *f*.

vespertino, a a vespéral(e), du soir.

vestíbulo *nm* (*entrada*) vestibule *m*, entrée *f*; (*de teatro*) hall *m*.

vestido *nm* (*ropa*) habillement *m*, vêtement *m*; (*de mujer*) robe *f*.

vestigio *nm* (*trazo*) vestige *m*; (*señal*) trace *f*; **~s** *nmpl* restes *mpl*.

vestimenta *nf* vêtement *m*, vêtements *mpl*.

vestir *vt* (*poner: ropa*) habiller, vêtir; (*llevar: ropa*) habiller, porter; (*cubrir*) couvrir, habiller; (*pagar: ropa*) habiller; (*hacer: ropa: sastre*) tailler // *vi* (*ponerse: ropa*) s'habiller; (*verse bien*) classer, poser, faire bien; **~se** *vr* (*cubrirse*) s'habiller; se couvrir; (*MED*) se lever.

vestuario *nm* (*conjunto de ropa*) garde-robe *f*; (*TEATRO*) vestiaire *m*.

veta *nf* (*vena*) veine *f*, filon *m*.

(raya) rayure f; (de madera) veine.

vetar vt opposer, mettre son veto à.

veteranía nf ancienneté f.

veterano, a a de longue expérience; vieux(vieille); (fig) qui a vécu.

veterinario, a a vétérinaire // nm/f vétérinaire m/f // nf médecine f vétérinaire.

veto nm veto m.

vetusto, a a vétuste.

vez nf fois f; (turno) tour m; **a la ~ que** en même temps que; **a su ~** à son tour; **cada ~ más/menos/peor/mejor** de plus en plus/moins en moins/pire en pire/mieux en mieux; **de una ~** une fois pour toutes; **de una (sola) ~** d'un seul coup; **en ~ de** au lieu de; **una que otra ~** de temps à autre, rarement; **una y otra ~** maintes et maintes fois; **érase una ~** il était une fois; **7 veces 9** 7 fois 9; **hacer las veces de** tenir lieu de, faire fonction de.

v.g., v.gr. abr de **verbigracia**.

vía nf voie f // prep via; **por ~ judicial** par voie de justice; **por ~ oficial** officiellement; **por ~ de** sous forme de; **en ~ de** en voie de; **~ aérea** par avion; **~ férrea** voie ferrée.

viaducto nm viaduc m.

viajante a voyageur(euse).

viajar vi voyager; **viaje** nm voyage m; (gira) tournée f; (NAUT) croisière f; **estar de viaje** être en voyage; **viaje de ida (y vuelta)** voyage aller (et retour); **viaje de novios** voyage de noces; **viajero, a** a voyageur(euse), (ZOOL) migrateur // nm/f (quien viaja) voyageur/euse; (pasajero) passager/ère.

vianda nf nourriture f.

viandante nm/f (viajero) voyageur/euse; (transeúnte) personne f qui est de passage, vagabond/e.

viático nm viatique m.

víbora nf vipère f.

vibración nf vibration f.

vibrante a vibrant(e).

vibrar vt, vi vibrer.

vicario nm vicaire m.

vicepresidente nm/f vice-président/e.

viciado, a a (corrompido) corrompu(e), vicié(e); (contaminado) contaminé(e).

viciar vt (pervertir) vicier, pervertir; (adulterar) falsifier; (falsificar) corrompre, pervertir; (JUR) rendre nul, vicier; (estropear) gâter, gâcher; (sentido) fausser; ~**se** vr se vicier, se gauchir.

vicio nm (libertinaje) vice m; (mala costumbre) mauvaise habitude; (mimo) gâterie f; (alabeo) gauchissement m; **vicioso, a** a (muy malo) vicieux(euse); (corrompido) corrompu(e); (mimado) gâté(e) // nm/f libertin/e; dépravé/e; pervers/e.

vicisitud nf vicissitude f.

víctima nf victime f.

victoria nf victoire f; **victorioso, a** a victorieux(euse).

vicuña nf vigogne f.

vid nf vigne f.

vida nf vie f; **de por ~** pour toujours, pour la vie; **de la/mi ~** jamais de la vie; **estar con ~** être en vie.

vidente nm/f voyant/e.

vidriar vr devenir vitreux.

vidriero, a nm/f verrier m // n (ventana) vitrage m; (puerta) porte vitrée; (vitral) vitrail m.

vidrio nm verre m; **vidrioso, a** a vitreux(euse); fragile; délicat(e); transparent(e); glissant(e).

viejo, a a a vieux(vieille) // nm/f vieux/vieille.

vienes etc vb ver **venir**.

vienés, esa a viennois(e).

viento nm vent m; (olfato) flair m.

vientre nm ventre m; (matr) entrailles fpl; ~**s** nmpl intestins m;

viernes nm inv vendredi m.

Vietnam nm: **el ~** le Viet-Nam.

vietnamita a vietnamien(ne).

viga nf poutre f.

vigencia nf vigueur f; **vigente** a en vigueur; qui prévaut.

vigésimo, a a vingtième.

vigía nm vigie f // nf (atalaya) poste m de guet; (acción) guet m.

vigilancia nf surveillance f; (cuidado) vigilance f; **vigilar** vt surveiller // vi surveiller; veiller, être vigilant(e).

vigilia nf veille f; **comer de ~** faire maigre.

vigor nm vigueur f; **~oso, a** a vigoureux(euse).

vil a vil(e), bas(se); **~eza** nf bassesse f, vilenie f.

vilipendiar vt vilipender.

vilo: en ~ ad en l'air.

villa nf (pueblo) (petite) ville f; (municipalidad) ville, municipalité f.

villano, a a roturier(ière); (fig) rustre, grossier(ière).

villorrio nm petit village, trou m.

vinagre nm vinaigre m.

vinculación nf (lazo) lien m; (acción) action f de lier.

vincular vt lier; attacher; violer; forcer; fonder; **vínculo** nm lien m.

vindicar vt venger; défendre; (JUR) revendiquer.

vine etc vb ver **venir**.

vinicultura nf viniculture f.

viniera etc vb ver **venir**.

vino nm vin m.

viña nf vigne f.

violar vt violer.

violencia nf (fuerza) violence f; (embarazo) gêne f, contrainte f; (acto injusto) viol m, injustice f; **violentar** vt violenter; faire violence à; violer; forcer; **violento, a** a violent(e); sauvage; furieux (euse); forcé(e); gêné(e), mal à l'aise; gênant(e); falsifié(e).

violeta nf violette f.

violín nm violon m.

violón nm contrebasse f.

viraje nm virage m; (fig) revirement m, tournant m.

virar vt, vi virer.

virgen a vierge // nf vierge f.

Virgo nm la Vierge f; **ser (de) ~** être (de la) Vierge f.

viril a viril(e); **~idad** nf virilité f.

virote nm vireton m.

virtualmente ad (en potencia) virtuellement; (en realidad) en réalité.

virtud nf vertu f; **virtuoso, a** a vertueux(euse) // nm/f virtuose m/f.

viruela nf variole f, petite vérole f; **~s** nfpl boutons mpl de variole.

virulento, a a virulent(e).

virus nm virus m.

visado, a a visé(e), marqué(e) d'un visa // nm visa m.

visar vt viser.

viscoso, a a visqueux(euse).

visera nf visière f.

visibilidad nf visibilité f.

visible a visible; (fig) évident(e), clair(e).

visión nf (ANAT) vision f; (fantasía) fiction f, illusion f; (panorama) vue f; **visionario, a** a (que preve) visionnaire; (alucinado) halluciné(e) // nm/f visionnaire f; halluciné/e.

visita nf visite f; **~s** nfpl invités mpl; visiter vt visiter; rendre visite à; (inspeccionar) faire une visite de.

vislumbrar vt apercevoir; (fig) entrevoir; **vislumbre** nf lueur f; (centelleo) reflet m, lueur; (idea vaga) soupçon m, indice m.

viso nm (del metal) moirure f, chatoiement m; (de tela) moirage m, moire f; (aspecto) apparence f.

víspera nf veille f.

vista nf vue f; (mirada) coup d'œil m // nm douanier f; **hacer la ~ gorda** fermer les yeux; **volver la ~** jeter un coup d'œil en arrière; **está a la ~ que** il est incontestable que; **conocer de ~** connaître de vue; **en ~ de**, étant donné; **¡hasta la ~!** à bientôt!; **con ~s a** en prévision de; **vistazo** nm coup d'œil m.

visto, a pp de ver; vb ver **vestir** // a vu(e) // nm: **~ bueno** approbation f; **~ bueno** vu et approuvé; **por lo**

~ apparemment; **está ~ que** il est
évident que; **~ que** *conj* vu que,
attendu que.

vistoso, a *a* voyant(e); (*alegre*)
joyeux(euse), (*pey*) gueulard(e).

vital *a* vital(e); (*fig*) fondamen-
tal(e); (*persona*) vivace, plein(e) de
vie; **~icio, a** *a* à vie.

vitamina *nf* vitamine *f*.

vitorear *vt* acclamer.

vítreo, a *a* à vitré(e).

vitrina *nf* vitrine *f*.

vituperar *vt* blâmer, reprocher,
vituperio *nm* (*condena*) blâme *m*,
reproche *m*; (*censura*) blâme;
(*insulto*) insulte *f*, honte *f*.

viudo, a *nm/f* veuf/veuve.

vivacidad *nf* (*vigor*) vivacité *f*,
(*vida*) vie *f*, vigueur *f*; (*alegría*) joie
f.

vivaracho, a *a* vif(ive), pétu-
lant(e); superficiel(le), attirant(e);
brillant(e), étincelant(e).

vivaz *a* (*que dura*) vivace; (*vigoro-
so*) vigoureux(euse); (*vivo*) vif(ive),
intelligent(e).

víveres *nmpl* vivres *mpl*.

vivero *nm* pépinière *f*; vivier *m*.

viveza *nf* vivacité *f*; (*agudeza*)
saillie *f*.

vivienda *nf* (*alojamiento*) héberge-
ment *m*; (*morada*) demeure *f*, logis
m, logement *m*.

viviente *a* vivant(e).

vivificar *vt* vivifier.

vivir *vt, vi* vivre.

vivo, a *a* vivant(e); (*fig*) vif
(ive); (*astuto*) malin(igne), dé-
brouillard(e); **llegar a lo ~** arriver
au point délicat.

vizcaíno, a *a* biscaïen(ne).

Vizcaya *nf* Biscaye *f*.

vocablo *nm* mot *m*, vocable *m*.

vocabulario *nm* vocabulaire *m*.

vocación *nf* vocation *f*.

vocal *a* vocal(e); **~izar** *vt*
vocaliser.

vocear *vt* (*para vender*) crier (à
tue-tête); (*aclamar*) acclamer; (*fig*)
proclamer // *vi* crier; **vocerío** *nm*,
vocería *nf* cris *mpl*, clameur *f*.

vocero *nm* porte-parole *m inv*.

vociferar *vt* vociférer; proclamer
// *vi* crier.

vocinglero, a *a* criailleur(euse);
loquace, bavard(e); évident(e),
clair(e).

vol *abr de* **volumen**.

volante *a* volant(e) // *nm* (*de
máquina, coche*) volant *m*; (*de reloj*)
balancier *m*; (*nota*) note *f*,
circulaire *f*.

volar *vt* (*demolir*) faire sauter // *vi*
voler; (*el tiempo*) passer.

volátil *a* volatil(e); (*fig*) incons-
tant(e), changeant(e).

volcán *nm* volcan *m*; **~ico, a** *a*
volcanique.

volcar *vt* (*tirar*) renverser; (*tumbar, derribar*) verser, renverser;
(*vaciar*) vider, renverser; (*voltear*)
retourner; (*caer*) renverser, capoter; agacer; impatienter; faire
changer d'avis // *vi* se renverser;
~se *vr* faire des efforts.

volición *nf* volition *f*.

volteador, a *nm/f* voltigeur/euse.

voltear *vt* faire tourner, voltiger;
retourner; sonner à toute volée;
faire voltiger // *vi* voltiger,
exécuter.

voltio *nm* volt *m*.

voluble *a* instable, versatile.

volumen *nm* volume *m*; **voluminoso, a** *a* volumineux(euse), encom-
brant(e).

voluntad *nf* volonté *f*; (*deseo*)
envie *f*, désir *m*; (*afecto*) inclination
f, tendresse *f*.

voluntario, a *a* volontaire // *nm/f*
volontaire *m/f*.

voluntarioso, a *a* plein(e) de
bonne volonté.

voluptuoso, a *a* voluptueux(euse),
sensuel(le).

volver *vt* (*dar vuelta*) tourner;
(*voltear*) retourner; (*poner al revés*)
retourner; (*mover*) bouger, tourner;
(*página*) tourner; (*abrir*) ouvrir;
(*cerrar*) fermer; (*devolver*) retourner; (*visita*) rendre; (*transformar*)
transformer, changer // *vi* revenir

retourner; **~se** vr devenir; **~ la espalda** tourner le dos; **~ bien por mal** rendre le bien pour le mal; **~ triste/furioso** rendre triste/furieux; **~ a hacer** refaire, faire de nouveau, recommencer à faire; **~ en sí** revenir à soi; **~se atrás** revenir en arrière.

vomitar vt vomir; (revelar) avouer // vi rendre; **vómito** nm (acto) vomissement m; (resultado) vomisserie f, vomi m.

voraz a vorace; (fig) destructeur (trice).

vórtice nm tourbillon m.

vosotros pron vous.

votación nf (acto) vote m; (voto) scrutin m.

votar vt voter.

voto nm (al votar) vote m; (promesa) vœu m; (deseo) vœu, souhait m; (conjunto de votos) voix f, suffrage m; (maldición) juron m; blasphème m.

voy vb ver **ir**.

voz nf voix f; (tono) ton m; (grito) cri m; (chisme) ragot m; (LING) mot m; **dar voces** pousser des cris; **a media ~** à mi-voix; **a ~ en cuello o en grito** à tue-tête; **de viva ~** de vive voix; **en alta ~** à haute voix; **~ de mando** nm f.

vuelco nm chute f, culbute f; (fig) bouleversement m.

vuelo vb ver **volar** // nm vol m; (encaje) dentelle f; (de vestido) ampleur f; (fig) envolée f, envergure f; **coger al ~** comprendre à demi-mot; **tirar al ~** tirer au vol.

vuelta nf (turno) tour m; (cambio de dirección) demi-tour m; (curva) courbe f; (regreso) retour m; (revolución) révolution f, tour m complet sur soi-même; (paseo, circuito) tour; (de papel, tela) verso m; (cambio) monnaie f; **~ cerrada** virage m en épingle à cheveux; **a la ~** à la page suivante; al verso; **a la ~** au retour; **a ~ de correo** par retour du courrier; **buscar las ~s a**

uno chercher à prendre qn en défaut; **dar ~s** tourner en rond, retourner; **dar ~s a una idea** retourner une idée dans sa tête; **estar de ~** (fam) être revenu de tout, être désabusé; **dar una ~** faire un tour.

vuelto pp de **volver**.

vuelvo etc vb ver **volver**.

vuestro, a a votre; (pl) vos // pron: **el ~** le vôtre; **la vuestra** la vôtre; **los ~s/las vuestras** les vôtres.

vulcanizar vt vulcaniser.

vulgar a ordinaire; commun(e), banal(e); **~idad** nf vulgarité f; banalité f, trivialité f; **~idades** nfpl stupidités fpl; **~izar** vt vulgariser.

vulnerable a vulnérable.

vulnerar vt (dañar) blesser; (perjudicar) causer préjudice à.

vulpino, a a relatif(ive) au renard; (fig) rusé(e).

W

Washington n Washington.

wáter nm toilettes fpl.

whisky nm whisky m.

X

xenofobia nf xénophobie f; **xenófobo, a** nm/f xénophobe m/f.

xilófono nm xylophone m.

Y

y conj et.

ya ad déjà; (antes) avant, autrefois; (ahora) maintenant; (en seguida) tout de suite; (pronto) à l'instant //

excl d'accord // *conj* (*ahora* (*que*)) puisque, du moment que; ~ **lo sé je le sais;** ~ **dice que sí,** ~ **dice que no** tantôt c'est oui, tantôt c'est non; ~ **que** puisque, du moment que.

yacer *vi* gésir.

yacimiento *nm* gisement *m.*

yanqui *a* yankee.

yate *nm* yacht *m.*

yazco *etc vb ver* **yacer.**

yegua *nf* jument *f.*

yema *nf* (*del huevo*) jaune d'œuf *m*; (*BOT*) bourgeon *m*; (*fig*) meilleur *m*, crème *f*; ~ **del dedo** bout *m* du doigt.

yerba *nf* herbe *f.*

yergo *etc vb ver* **erguir.**

yermo, a *a* désert(e) // *nm* désert *m.*

yerno *nm* gendre *m*, beau-fils *m.*

yerro *etc vb ver* **errar.**

yerto, a *a* raide, rigide.

yesca *nf* amadou *m*; (*fig*) aiguillon *m.*

yeso *nm* (*GEO*) gypse *m*; (*ARQ*) plâtre *m.*

yodo *nm* iode *m.*

yugo *nm* joug *m.*

Yugoslavia *nf* Yugoslavie *f.*

yunque *nm* enclume *f.*

yunta *nf* attelage *m.*

yuntero *nm* laboureur *m.*

yute *nm* jute *m.*

yuxtaponer *vt* juxtaposer; **yuxtaposición** *nf* juxtaposition *f.*

Z

zafar *vt* défaire, affranchir; (*superficie*) dégager; ~**se** *vr* se sauver, s'esquiver; se dérober, se cacher; (*TEC*) se démettre, se déboîter.

zafio, a *a* grossier(ière), fruste.

zafiro *nm* saphir *m.*

zaga *nf* arrière *m*, derrière *m.*

zagal, a *nm/f* garçon *m*, jeune homme/fille.

zaguán *nm* vestibule *m.*

zahareño, a *a* sauvage, hagard(e); timide.

zaherir *vt* critiquer, blâmer; blesser, mortifier.

zahorí *nm* devin *m.*

zaino, a *a* zain: traître(sse): sauvage.

zalagarda *nf* tapage *m.*

zalamería *nf* cajolerie *f*, flatterie *f*; **zalamero, a** *a* flatteur(euse), cajoleur(euse); huileux(euse).

zamarra *nf* (*piel*) peau *f* de mouton; (*saco*) pelisse *f.*

zambo, a *a* cagneux(euse).

zambra *nf* fête *f*, tapage *m.*

zambullirse *vr* se baigner, plonger; (*ocultarse*) se cacher.

zampar *vt* (*esconder*) fourrer; (*comer*) avaler, engloutir; (*arrojar*) flanquer // *vi* dévorer; ~**se** *vr* s'engouffrer; se fourrer.

zanahoria *nf* carotte *f.*

zancada *nf* enjambée *f.*

zancadilla *nf* croc-en-jambe *m*; (*fig*) piège *m.*

zancajo *nm* (*ANAT*) (os *m* du) talon *m*; (*fig*) avorton *m.*

zanco *nm* échasse *f.*

zancudo, a *a* qui a de longues jambes.

zángano *nm* faux bourdon; (*fig*) fainéant *m*, paresseux *m*; idiot *m.*

zanja *nf* (*foso*) fossé *m*, tranchée *f*; (*tumba*) fosse *f*, tombe *f*; **zanjar** (*fosa*) creuser; (*problema*) régler (*conflicto*) résoudre.

zapa *nf* (*piel*) peau *f* de squale; (*pala*) pelle *f* (de sapeur).

zapapico *nm* pioche *f.*

zapar *vt, vi* saper.

zapata *nf* chaussure montante.

zapatear *vt* (*tocar*) frapper pied; (*patear*) donner des coups pied; (*fam*) fouler aux pieds // frapper le sol en cadence.

zapatería *nf* (*oficio*) cordonnerie *f*; (*tienda*) boutique *f* de savetier; (*fábrica*) fabrique *f* de chaussures

zapatero, a *a* dur(e), coriace // *nm/f* cordonnier/ière.

zapatilla *nf* chausson *m.*

zapato *nm* chaussure *f.*

zaquizamí *nm* galetas *m.*

zarabanda *nf* sarabande *f.*

zaranda *nf* passoire *f.*

zarandear *vt* cribler; *(fam)* secouer.

zaraza *nf* indienne *f* de coton.

zarcillo *nm* boucle d'oreille *f.*

zarco, a *a* bleu clair.

zarpa *nf* (*garra*) griffe *f*; (*mancha*) tache *f.*

zarpar *vi* lever l'ancre.

zarrapastroso, a *a* débraillé(e), mal ficelé(e).

zarza *nf* (*BOT*) ronce *f*; **zarzal** *nm* (*matorral*) buisson *m.*

zarzamora *nf* mûre *f* sauvage.

zarzuela *nf* sorte d'opérette.

zigzag *a* zigzag; **zigzaguear** *vi* zigzaguer.

zócalo *nm* soubassement *m.*

zoco, a *a* gaucher(ère).

zona *nf* zone *f*, région *f.*

zoología *nf* zoologie *f*; **zoológico, a** *a* zoologique // *nm* zoo; **zoólogo, a** *nm/f* zoologue *m/f.*

zopenco, a *a* (*fam*) abruti(e).

zoquete *nm* (*madera*) morceau *m*

de bois; (*pan*) quignon *m*; (*fam*) cruche *f.*

zorro, a *a* rusé(e) // *nm/f* renard/e.

zote *a* (*fam*) sot(te).

zozobra *nf* (*fig*) inquiétude *f*, angoisse *f.*

zozobrar *vi* chavirer; (*hundirse*) sombrer, couler; (*fig*) sombrer, échouer.

zueco *nm* sabot *m.*

zumbar *vt* (*burlar*) railler; (*golpear*) flanquer une raclée // *vi* bourdonner; (*fam*) frôler; **~se** de se moquer de; **zumbido** *nm* bourdonnement *m*; (*fam*) claque *f.*

zumbón, ona *a* moqueur(euse) // *nm/f* moqueur/euse.

zumo *nm* jus *m*; (*fig*) suc *m.*

zurcir *vt* (*coser*) raccommoder, repriser; (*fig*) rassembler.

zurdo, a *a* gaucher(ère).

zurra *nf* (*TEC*) corroyage *m*; (*fam*) drayage *m*, raclée *f*, volée *f.*

zurrar *vt* (*TEC*) corroyer; (*fam*) rosser; malmener, éreinter; critiquer.

zurriago *nm* fouet *m.*

zurrón *nm* gibecière *f.*

zutano, a *nm/f* un Tel/une Telle.

LISTA DE VERBOS

1 Participe présent *2* Participe passé *3* Présent *4* Imparfait *5* Futur *6* Conditionnel *7* Subjonctif présent

acquérir *1* acquérant *2* acquis *3* acquiers, acquérons, acquièrent *4* acquérais *5* acquerrai *7* acquière

ALLER *1* allant *2* allé *3* vais, vas, va, allons, allez, vont *4* allais *5* irai *6* irais *7* aille

asseoir *1* asseyant *2* assis *3* assieds, asseyons, asseyez, asseyent *4* asseyais *5* assiérai *7* asseye

atteindre *1* atteignant *2* atteint *3* atteins, atteignons *4* atteignais *7* atteigne

AVOIR *1* ayant *2* eu *3* ai, as, a, avons, avez, ont *4* avais *5* aurai *6* aurais *7* aie, aies, ait, ayons, ayez, aient

battre *1* battant *2* battu *3* bats, bat, battons *4* battais *7* batte

boire *1* buvant *2* bu *3* bois, buvons, boivent *4* buvais *7* boive

bouillir *1* bouillant *2* bouilli *3* bous, bouillons *4* bouillais *7* bouille

conclure *1* concluant *2* conclu *3* conclus, concluons *4* concluais *7* conclue

conduire *1* conduisant *2* conduit *3* conduis, conduisons *4* conduisais *7* conduise

connaître *1* connaissant *2* connu *3* connais, connaît, connaissons *4* connaissais *7* connaisse

coudre *1* cousant *2* cousu *3* couds, cousons, cousez, cousent *4* cousais *7* couse

courir *1* courant *2* couru *3* cours, courons *4* courais *5* courrai *7* coure

couvrir *1* couvrant *2* couvert *3* couvre, couvrons *4* couvrais *7* couvre

craindre *1* craignant *2* craint *3* crains, craignons *4* craignais *7* craigne

croire *1* croyant *2* cru *3* crois, croyons, croient *4* croyais *7* croie

croître *1* croissant *2* crû, crue, crus, crues *3* croîs, croissons *4* croissais *7* croisse

cueillir *1* cueillant *2* cueilli *3* cueille, cueillons *4* cueillais *5* cueillerai *7* cueille

devoir *1* devant *2* dû, due, dus, dues *3* dois, devons, doivent *4* devais *5* devrai *7* doive

dire *1* disant *2* dit *3* dis, disons, dites, disent *4* disais *7* dise

dormir *1* dormant *2* dormi *3* dors, dormons *4* dormais *7* dorme

écrire *1* écrivant *2* écrit *3* écris, écrivons *4* écrivais *7* écrive

ÊTRE *1* étant *2* été *3* suis, es, est, sommes, êtes, sont *4* étais *5* serai *6* serais *7* sois, sois, soit, soyons, soyez, soient

FAIRE *1* faisant *2* fait *3* fais, fais, fait, faisons, faites, font *4* faisais *5* ferai *6* ferais *7* fasse

falloir *2* fallu *3* faut *4* fallait *5* faudra *7* faille

FINIR *1* finissant *2* fini *3* finis, finis, finit, finissons, finissez, finissent *4* finissais *5* finirai *6* finirais *7* finisse

fuir *1* fuyant *2* fui *3* fuis, fuyons, fuient *4* fuyais *7* fuie

joindre *1* joignant *2* joint *3* joins, joignons *4* joignais *7* joigne

lire *1* lisant *2* lu *3* lis, lisons *4* lisais *7* lise

luire *1* luisant *2* lui *3* luis, luisons *4* luisais *7* luise

maudire *1* maudissant *2* maudit *3*

337

maudis, maudissons *4* **maudissait**
7 **maudisse**

mentir *1* **mentant** *2* **menti** *3*
mens, mentons *4* **mentais** *7*
mente

mettre *1* **mettant** *2* **mis** *3* **mets,**
mettons *4* **mettais** *7* **mette**

mourir *1* **mourant** *2* **mort** *3*
meurs, mourons, meurent *4*
mourais *5* **mourrai** *7* **meure**

naître *1* **naissant** *2* **né** *3* **nais, naît,**
naissons *4* **naissais** *7* **naisse**

offrir *1* **offrant** *2* **offert** *3* **offre,**
offrons *4* **offrais** *7* **offre**

PARLER *1* **parlant** *2* **parlé** *3*
parle, parles, parle, parlons,
parlez, parlent *4* **parlais, parlais,**
parlait, parlions, parlez,
parlaient *5* **parlerai, parleras,**
parlera, parlerons, parlerez,
parleront *6* **parlerais, parlerais,**
parlerait, parlerions, parleriez,
parleraient *7* **parle, parles,**
parle, parlions, parliez, parlent
impératif **parle, parlez!**

partir *1* **partant** *2* **parti** *3* **pars,**
partons *4* **partais** *7* **parte**

plaire *1* **plaisant** *2* **plu** *3* **plais,**
plaît, plaisons *4* **plaisais** *7* **plaise**

pleuvoir *1* **pleuvant** *2* **plu** *3* **pleut,**
pleuvent *4* **pleuvait** *5* **pleuvra** *7*
pleuve

pourvoir *1* **pourvoyant** *2* **pourvu** *3*
pourvois, pourvoyons, pourvoient
4 **pourvoyais** *7* **pourvoie**

pouvoir *1* **pouvant** *2* **pu** *3* **peux,**
peut, pouvons, peuvent *4* **pouvais**
5 **pourrai** *7* **puisse**

prendre *1* **prenant** *2* **pris** *3*
prends, prenons, prennent *4*
prenais *7* **prenne**

prévoir *like* **voir** *5* **prévoirai**

RECEVOIR *1* **recevant** *2* **reçu** *3*
reçois, reçois, reçoit, recevons,
recevez, reçoivent *4* **recevais** *5*
recevrai *6* **recevrais** *7* **reçoive**

RENDRE *1* **rendant** *2* **rendu** *3*
rends, rends, rend, rendons,
rendez, rendent *4* **rendais** *5*
rendrai *6* **rendrais** *7* **rende**

résoudre *1* **résolvant** *2* **résolu** *3*
résous, résolvons *4* **résolvais** *7*
résolve

rire *1* **riant** *2* **ri** *3* **ris, rions** *4* **riais**
7 **rie**

savoir *1* **sachant** *2* **su** *3* **sais,**
savons, savent *4* **savais** *5* **saurai**
7 **sache** *impératif* **sache, sachons,**
sachez

servir *1* **servant** *2* **servi** *3* **sers,**
servons *4* **servais** *7* **serve**

sortir *1* **sortant** *2* **sorti** *3* **sors,**
sortons *4* **sortais** *7* **sorte**

souffrir *1* **souffrant** *2* **souffert** *3*
souffre, souffrons *4* **souffrais** *7*
souffre

suffire *1* **suffisant** *2* **suffi** *3* **suffis,**
suffisons *4* **suffisais** *7* **suffise**

suivre *1* **suivant** *2* **suivi** *3* **suis,**
suivons *4* **suivais** *7* **suive**

taire *1* **taisant** *2* **tu** *3* **tais, taisons**
4 **taisais** *7* **taise**

tenir *1* **tenant** *2* **tenu** *3* **tiens,**
tenons, tiennent *4* **tenais** *5*
tiendrai *7* **tienne**

vaincre *1* **vainquant** *2* **vaincu** *3*
vaincs, vainc, vainquons *4*
vainquais *7* **vainque**

valoir *1* **valant** *2* **valu** *3* **vaux,**
vaut, valons *4* **valais** *5* **vaudrai** *7*
vaille

venir *1* **venant** *2* **venu** *3* **viens,**
venons, viennent *4* **venais** *5*
viendrai *7* **vienne**

vivre *1* **vivant** *2* **vécu** *3* **vis, vivons**
4 **vivais** *7* **vive**

voir *1* **voyant** *2* **vu** *3* **vois, voyons,**
voient *4* **voyais** *5* **verrai** *7* **voie**

vouloir *1* **voulant** *2* **voulu** *3* **veux,**
veut, voulons, veulent *4* **voulais** *5*
voudrai *7* **veuille** *impératif*
veuillez.

TABLEAU DE CONJUGAISONS

1 Gerundio *2* Imperativo *3* Presente *4* Pretérito *5* Futuro *6* Presente del subjuntivo *7* Imperfecto del subjuntivo *8* Participio de pasado *9* Imperfecto

Un etc signifie que le radical irrégulier se retrouve à toutes les personnes - ex: oír 6 oiga, oigas, oiga, oigamos, oigáis, oigan.

acertar *2* acierta *3* acierto, aciertas, acierta, aciertan *6* acierte, aciertes, acierte, acierten

acordar *2* acuerda *3* acuerdo, acuerdas, acuerda, acuerdan *6* acuerde, acuerdes, acuerde, acuerden

advertir *1* advirtiendo *2* advierte *3* advierto, adviertes, advierte, advierten *4* advirtió, advirtieron *6* advierta, adviertas, advierta, advirtamos, advirtáis, adviertan *7* advirtiera *etc*

agradecer *3* agradezco *6* agradezca *etc*

aparecer *3* aparezco *6* aparezca *etc*

aprobar *2* aprueba *3* apruebo, apruebas, aprueba, aprueban *6* apruebe, apruebes, apruebe, aprueben

atravesar *2* atraviesa *3* atravieso, atraviesas, atraviesa, atraviesan *6* atraviese, atravieses, atraviese, atraviesen

caber *1* quepo *4* cupe, cupiste, cupo, cupimos, cupisteis, cupieron *5* cabré *etc* *6* quepa *etc* *7* cupiera *etc*

caer *1* cayendo *3* caigo *4* cayó, cayeron *6* caiga *etc* *7* cayera *etc*

calentar *2* calienta *3* caliento, calientas, calienta, calientan *6* caliente, calientes, caliente, calienten

cerrar *2* cierra *3* cierro, cierras, cierra, cierran *6* cierre , cierres, cierre, cierren

COMER *1* comiendo *2* come, comed *3* como, comes, come, comemos,

coméis, comen *4* comí, comiste, comió, comimos, comisteis comieron *5* comeré, comerás, comerá, comeremos, comeréis, comerán *6* coma, comas, coma, comamos, comáis, coman *7* comiera, comieras, comiera, comiéramos, comierais, comieran *8* comido *9* comía, comías, comía, comíamos, comíais, comían

conocer *3* conozco *6* conozca *etc*

contar *2* cuenta *3* cuento, cuentas, cuenta, cuentan *6* cuente, cuentes, cuente, cuenten

costar *2* cuesta *3* cuesto, cuestas, cuesta, cuestan *6* cueste, cuestes, cueste, cuesten

dar *3* doy *4* di, diste, dio, dimos, disteis, dieron *7* diera *etc*

decir *2* di *3* digo *4* dije, dijiste, dijo, dijimos, dijisteis , dijeron *5* diré *etc* *6* diga *etc* *7* dijera *etc* *8* dicho

despertar *2* despierta *3* despierto, despiertas, despierta, despiertan *6* despierte, despiertes, despierte, despierten

divertir *1* divirtiendo *2* divierte *3* divierto, diviertes, divierte, divierten *4* divirtió, divirtieron *6* divierta, diviertas, divierta, divirtamos, divirtáis, diviertan *7* divirtiera *etc*

dormir *1* durmiendo *2* duerme *3* duermo, duermes, duerme, duermen *4* durmió, durmieron *6* duerma, duermas, duerma, durmamos, durmáis, duerman *7* durmiera *etc*

empezar 2 empieza 3 empiezo,
empiezas, empieza, empiezan 4
empecé 6 empiece, empieces,
empiece, empecemos, empecéis,
empiecen

encontrar 2 encuentra 3 encuentro,
encuentras, encuentra, encuentran
6 encuentre, encuentres, encuentre, encuentren

entender 2 entiende 3 entiendo,
entiendes, entiende, entienden 6
entienda, entiendas, entienda,
entiendan

ESTAR 2 está 3 estoy, estás, está,
están 4 estuve, estuviste, estuvo,
estuvimos, estuvisteis, estuvieron 6
esté, estés, esté, estén 7 estuviera
etc

HABER 3 he, has, ha, hemos, han 4
hube, hubiste, hubo, hubimos,
hubisteis, hubieron 5 habré *etc* 6
haya *etc* 7 hubiera *etc*

HABLAR 1 hablando 2 hablas, hablad
3 hablo, hablas, habla, hablamos,
habláis, hablan 4 hablé, hablaste,
habló, hablamos, hablasteis,
hablaron 5 hablaré, hablarás,
hablará, hablaremos, hablaréis,
hablarán 6 hable, hables, hable,
hablemos, habléis, hablen 7
hablara, hablaras, hablara, hablá-
ramos, hablarais, hablaran 8
hablado 9 hablaba, hablabas,
hablaba, hablábamos, hablabais,
hablaban

hacer 2 haz 3 hago 4 hice, hiciste,
hizo, hicimos, hicisteis, hicieron 5
haré *etc* 6 haga *etc* 7 hiciera *etc* 8
hecho

instruir 1 instruyendo 2 instruye 3
instruyo, instruyes, instruye,
instruyen 4 instruyó, instruyeron 6
instruya *etc* 7 instruyera *etc*

ir 1 yendo 2 ve 3 voy, vas, va, vamos,
vais, van 4 fui, fuiste, fue, fuimos,
fuisteis, fueron 6 vaya, vayas,

vaya, vayamos, vayáis, vayan 7
fuera *etc* 8 iba, ibas, iba, íbamos,
ibais, iban

jugar 2 juega 3 juego, juegas, juega,
juegan 4 jugué 6 juegue *etc*

leer 1 leyendo 4 leyó, leyeron 7
leyera *etc*

morir 1 muriendo 2 muere 3 muero,
mueres, muere, mueren 4 murió,
murieron 6 muera, mueras,
muera, muramos, muráis, mueran
7 muriera *etc* 8 muerto

mostrar 2 muestra 3 muestro,
muestras, muestra, muestran 6
muestre, muestres, muestre,
muestren

mover 2 mueve 3 muevo, mueves,
mueve, mueven 6 mueva, muevas,
mueva, muevan

negar 2 niega 3 niego, niegas, niega,
niegan 4 negué 6 niegue, niegues,
niegue, neguemos, neguéis,
nieguen

ofrecer 3 ofrezco 6 ofrezca *etc*

oír 1 oyendo 2 oye 3 oigo, oyes, oye,
oyen 4 oyó, oyeron 6 oiga *etc* 7
oyera *etc*

oler 2 huele 3 huelo, hueles, huele,
huelen 6 huela, huelas, huela,
huelan

parecer 3 parezco 6 parezca *etc*

pedir 1 pidiendo 2 pide 3 pido, pides,
pide, piden 4 pidió, pidieron 6 pida
etc 7 pidiera *etc*

pensar 2 piensa 3 pienso, piensas,
piensa, piensan 6 piense, pienses,
piense, piensen

perder 2 pierde 3 pierdo, pierdes,
pierde, pierden 6 pierda, pierdas,
pierda, pierdan

poder 1 pudiendo 2 puede 3 puedo,
puedes, puede, pueden 4 pude,
pudiste, pudo, pudimos, pudisteis,
pudieron 5 podré *etc* 6 pueda,
puedas, pueda, puedan 7 pudier
etc

340

...er 2 pon 3 pongo 4 puse, pusiste,
..uso, pusimos, pusisteis, pusieron 5
..ondré etc 6 ponga etc 7 pusiera
..c 8 puesto

..erir 1 prefiriendo 2 prefiere 3
..refiero, prefieres, prefiere,
..refieren 4 preferí, prefirió, prefirieron 6
..refiera, prefieras, prefiera,
..refiramos, prefiráis, prefieran 7
..refiriera etc

..erer 2 quiere 3 quiero, quieres,
..quiere, quieren 4 quise, quisiste,
..quiso, quisimos, quisisteis,
..quisieron 5 querré etc 6 quiera,
..quieras, quiera, quieran 7 quisiera
..tc

..r 2 ríe 3 río, ríes, ríe, ríen 4 rio,
..ieron 6 ría, rias, ría, riamos, riáis,
..ían 7 riera etc

..etir 1 repitiendo 2 repite 3 repito,
..epites, repite, repiten 4 repitió,
..epitieron 6 repita etc 7 repitiera
..tc

..ar 2 ruega 3 ruego, ruegas, ruega,
..uegan 4 rogué 6 ruegue, ruegues,
..uegue, rueguemos, rueguéis,
..ueguen

..er 3 sé 4 supe, supiste, supo,
..upimos, supisteis, supieron 6
..abré etc 6 sepa etc 7 supiera etc
..tc

..r 2 sal 3 salgo 5 saldré etc 6 salga
..tc

..uir 1 siguiendo 2 sigue 3 sigo,
..igues, sigue, siguió 4 siguió,
..iguieron 6 siga etc 7 siguiera etc

..tar 2 sienta 3 siento, sientas,
..sienta, sientan 6 siente, sientes,
..siente, sienten

..tir 1 sintiendo 2 siente 3 siento,
..ientes, siente, sienten 4 sintió,
..intieron 6 sienta, sientas, sienta,
..intamos, sintáis, sientan 7 sintiera
..tc

SER 2 sé 3 soy, eres, es, somos, sois,
son 4 fui, fuiste, fue, fuimos,
fuisteis, fueron 6 sea etc 7 fuera
etc 9 era, eras, era, éramos, erais,
eran

servir 1 sirviendo 2 sirve 3 sirvo,
sirves, sirve, sirven 4 sirvió,
sirvieron 6 sirva etc 7 sirviera etc

soñar 2 sueña 3 sueño, sueñas, sueña,
sueñan 6 sueñe, sueñes, sueñe,
sueñen

tener 2 ten 3 tengo, tienes, tiene,
tienen 4 tuve, tuviste, tuvo,
tuvimos, tuvisteis, tuvieron 5
tendré etc 6 tenga etc 7 tuviera etc

traer 1 trayendo 3 traigo 4 traje,
trajiste, trajo, trajimos, trajisteis,
trajeron 6 traiga etc 7 trajera etc

valer 4 val 3 valgo 5 valdré etc 6
valga etc

venir 2 ven 3 vengo, vienes, viene,
vienen 4 vine, viniste, vino,
vinimos, vinisteis, vinieron 5
vendré etc 6 venga etc 7 viniera
etc

ver 3 veo 6 vea etc 8 visto 9 veía etc

vestir 1 vistiendo 2 viste 3 visto,
vistes, viste, visten 4 vistió,
vistieron 6 vista etc 7 vistiera etc

VIVIR 1 viviendo 2 vive 3 vivo,
vives, vive, vivimos, vivís, viven 4
viví, viviste, vivió, vivimos,
vivisteis, vivieron 5 viviré,
vivirás, vivirá, viviremos, viviréis,
vivirán 6 viva, vivas, viva, vivamos, viváis,
vivan 7 viviera, vivieras, viviera,
viviéramos, vivierais, vivieran 8
vivido 9 vivía, vivías, vivía,
vivíamos, vivíais, vivían

volver 2 vuelve 3 vuelvo, vuelves,
vuelve, vuelven 6 vuelva, vuelvas,
vuelva, vuelvan 8 vuelto

LES NOMBRES

LOS NÚMEROS

un (une)/premier(ère)	1	un, uno(a)/primer, primero(a)
deux/deuxième	2	dos/segundo(a)
trois/troisième	3	tres/tercer, tercero(a)
quatre/quatrième	4	cuatro/cuarto(a)
cinq/cinquième	5	cinco/quinto(a)
six/sixième	6	seis/sexto(a)
sept/septième	7	siete/séptimo(a)
huit/huitième	8	ocho/octavo(a)
neuf/neuvième	9	nueve/noveno(a), nono(a)
dix/dixième	10	diez/décimo(a)
onze/onzième	11	once/undécimo(a)
douze/douzième	12	doce/duodécimo(a)
treize/treizième	13	trece/decimotercio(a), decimotercero(a)
quatorze	14	catorce/decimocuarto(a)
quinze	15	quince/decimoquinto(a)
seize	16	dieciséis/decimosexto(a)
dix-sept	17	diecisiete/decimoséptimo(a)
dix-huit	18	dieciocho/decimooctavo(a)
dix-neuf	19	diecinueve/decimonoveno(a), decimonono(a)
vingt/vingtième	20	veinte/vigésimo(a)
vingt et un/vingt-et-unième	21	veintiuno
vingt-deux/vingt-deuxième	22	veintidós
trente/trentième	30.	treinta
trente et un	31	treinta y uno(a)
trente deux	32	treinta y dos
quarante	40	cuarenta
quarante et un	41	cuarenta y uno(a)
cinquante	50	cincuenta
soixante	60	sesenta
soixante-dix	70	setenta
soixante-et-onze	71	setenta y uno(a)
soixante douze	72	setenta y dos
quatre-vingts	80	ochenta
quatre-vingt-un	81	ochenta y uno(a)
quatre-vingt-dix	90	noventa
quatre-vingt-onze	91	noventa y uno(a)
cent/centième	100	cien, ciento
cent un/cent-unième	101	ciento uno(a)
deux cents	200	doscientos(as)
trois cents	300	trescientos(as)
trois cent un	301	trescientos(as) uno(a)
quatre cents	400	quatrocientos(as)
cinq cents	500	quinientos(as)
six cents	600	seiscientos(as)
sept cents	700	setecientos(as)
huit cents	800	ochocientos(as)
neuf cents	900	novecientos(as)
mille/millième	1000	mil/milésimo(a)
mille deux	1002	mil dos
cinq mille	5000	cinco mil
un million/millionième	1,000,000	un millón

EXEMPLES	**EJEMPLOS**
il arrive le 7 (mai)	va a llegar el 7 (de mayo)
il habite au 7	vive en el número 7
le chapitre/la page 7	el capítulo/la página 7
il habite au 7ème étage	vive al 7° piso
il est arrivé le 7ème	llegó el 7°
une part d'un septième	una parte de un séptimo
1er, 2ème, 3ème, 4ème, 5ème	1°(1°), 2°(2°), 3°(3°), 4°(4°), 5°(5°)

> N.B. - Usage des nombres ordinaux:
> Dans l'espagnol courant on n'emploie
> que les douze premiers nombres
> ordinaux, les autres étant remplacés
> par les nombres cardinaux correspondants.

L'HEURE

*quelle heure est-il? c'est ou il
est*
à quelle heure? à

LA HORA

¿qué hora es? es/son

¿a qué hora? a

minuit	00.00	medianoche, las doce (de la noche)
une heure (du matin)	01.00	la una (de la madrugada)
une heure dix	01.10	la una y diez
une heure et quart,
une heure quinze	01.15	la una y cuarto o quince
une heure et demie,
une heure trente	01.30	la una y media o treinta
deux heures moins le quart,
une heure quarante-cinq	01.45	las dos menos cuarto, la una
cuarenta y cinco
deux heures moins dix,
une heure cinquante	01.50	las dos menos diez, la una
cincuenta
midi	12.00	mediodía, las doce (de la tarde)
une heure (de l'après-midi),
treize heures	13.00	la una (de la tarde),
las trece
sept heures (du soir),
dix-neuf heures	19.00	las siete (de la tarde),
las diecinueve (horas)
neuf heures et demie (du
soir), vingt et une heures trente	21.30	las nueve y media (de la noche),
las veintiuna (horas) y media.